모기로 총서

세계사상의 고전

Historiai
by Herodotos

코기토 총서 035
세계사상의 고전

역사

헤로도토스 지음 | 김봉철 옮김

도서출판 길

옮긴이 **김봉철**(金奉哲)은 1957년 전남 곡성에서 태어나 서울대 서양사학과를 졸업했다. 같은 대학교 대학원에서
「이소크라테스의 정치사상: 기원전 4세기 폴리스의 위기에 대한 인식을 중심으로」로 박사학위를 받았다. 그리스
아테네 대학 대학원 역사고고학과에서 수학하고 영국 옥스퍼드 대학 고전학과 방문학자로 연구한 바 있다.
고대 그리스의 정치, 문화, 집단정신, 오리엔트와의 관계에 대한 논문들을 썼고, 주요 논문으로는 「고대
아테네의 사회변화와 고등교육의 역할」, 「고대 그리스에서의 유럽의 형성과정에 관한 역사적 분석」, 「고전기
아테네의 종교적 추방자에 관한 연구」, 「헤로도토스의 역사서술과 그리스 신화」 등이 있다. 저서로 『그리스
신화의 변천사: 시대와 신화』(도서출판 길, 2014), 『전환기 그리스의 지식인, 이소크라테스』(신서원, 2004), 『영원한
문화도시, 아테네』(청년사, 2002), 『서양고대사강의』(공저, 한울, 2011), 『유럽중심주의 세계사를 넘어 세계사들
로』(공저, 푸른역사, 2009) 등이 있으며, 역서로는 『그리스 민주정의 탄생과 발전』(한울, 2001)이 있다. 현재 아주대
사학과 교수로 있다.

세계사상의 고전

역사

2016년 11월 25일 제1판 제1쇄 발행
2017년 10월 20일 제1판 제2쇄 발행

2020년 4월 10일 제1판 제3쇄 인쇄
2020년 4월 20일 제1판 제3쇄 발행

지은이 | 헤로도토스
옮긴이 | 김봉철
펴낸이 | 박우정

기획 | 이승우
편집 | 좌세훈
전산 | 최원석

펴낸곳 | 도서출판 길
주소 | 06032 서울 강남구 도산대로 25길 16 우리빌딩 201호
전화 | 02) 595-3153   팩스 | 02) 595-3165
등록 | 1997년 6월 17일 제113호

ISBN 978-89-6445-136-6 93900

키케로에 의해 '역사의 아버지'라고 불린 서양 최초의 역사가 헤로도토스(Herodotos)

헤로도토스는 추방과 유랑이 반복된 불안한 삶 속에서도 그리스-페르시아 전쟁을 일관되게 탐구하여 일생의 역작 『역사』를 남겼다. 그의 역사서에 담긴 서술 동기 및 서술 목적, 서술 대상, 탐구 방식은 후대 역사서술의 선구적인 모범이 되었다. "할리카르네소스의 헤로도토스는 그의 탐구 결과를 다음과 같이 밝힌다. 이는 인간들이 이룬 일들이 시간이 흐르면서 잊히지 않도록 하고, 또 헬라스인들과 이방인(異邦人)들이 보여 준 위대하고 놀라운 행적들과 특히 그들이 서로 전쟁을 벌인 원인이 세상에 널리 알려지도록 하려는 것이다."
(제1권 제1장)

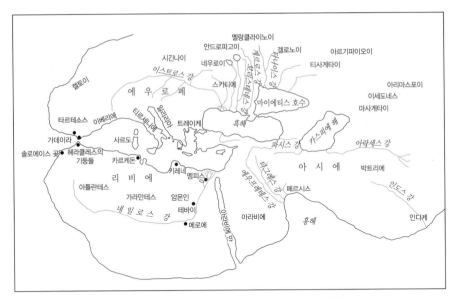

멜랑클라이노이
안드로파고이 겔로노이 아르기파이오이
시긴나이 네우로이 티사게타이
이스트로스 강 스키티에 아리마스포이
켈토이 에우로페 이세도네스
마이에티스 호수 마사게타이
타르테소스 이베리에 티레세니에 흑해
가데이라 사르도 트레이케 파시스 강 카스피에 해 아라세스 강
솔로에이스 곶 헤라클레스의
기둥들 카르케돈 키레네 박트리에
리비에 멤피스 아시에
아틀란테스 페르시스 인도스 강
가라만테스 암몬인
테바이 아라비에 홍해 인디케
네일로스 강
메로에

헤로도토스의 서술에 근거한 가상(假想) 지도
이 지도는 헤로도토스가 그린 지도가 아니고 그의 『역사』에 기술된 세계지리를 바탕으로 구성된 가상 지도
다. 헤로도토스는 세계를 에우로페, 아시에, 리비에의 세 대륙으로 구분하나, 아직은 이들 대륙의 많은 부분
을 알지 못했다.

살라미스 해전의 영웅 테미스토클레스(Themistokles)
테미스토클레스는 기원전 480년대 아테나이의 대표적인 정치가로 아테나이 해군력을 육성한 후, 살라미스
해전을 주도하여 그리스군의 대승을 이끌었다.

페르시아 궁수들(기원전 6~5세기경 벽돌벽 부조)
고대 그리스군은 중무장 보병을 위주로 근접 전투를 벌인 반면, 페르시아군은 기병과 궁수를 활용하는 원거리 공격을 선호했다.

페르시아의 다레이오스 왕과 크세륵세스(기원전 6~5세기 페르세폴리스 왕궁 부조)
왕좌에 앉은 사람이 다레이오스 왕이고 그 뒤에 왕세자 신분의 크세륵세스가 서 있다. 페르시아의 세 차례 그리스 침입은 모두 이들 두 왕 때에 일어났다.

빌헬름 폰 카울바흐(Wilhelm von Kaulbach, 1805~74)의 「살라미스 해전」(1868)
살라미스 섬과 육지 사이의 좁은 해협에서 뒤엉켜 싸우는 그리스 해군과 페르시아 해군으로, 오른편 살라미스 쪽 그리스군의 공세적 모습과 왼편 육지 쪽 페르시아군의 수세적 모습이 대조를 이룬다.

마라톤 평원에 있는 아테나이인 전사자들의 합동무덤
아테나이인들은 이들 전사자들의 업적을 기려 그들이 쓰러진 전투 현장에 무덤을 만들었다. "마라톤의 이 전투에서 이방인들은 약 6,400명이 전사하고 아테나이인들은 192명이 전사했다."(제6권 제117장)

자크-루이 다비드(Jacques-Louis David, 1748~1825)의 「테르모필라이의 레오니데스」(1814)
결사항전을 각오한 스파르테 레오니데스 왕(중앙)의 의연한 모습이 엿보인다. "헬라스인들은 자신들이 산을 돌아온 자들의 손에 죽게 되리라는 것을 알고 있었으므로, 목숨을 돌보지 않고 저돌적으로 자신이 가진 모든 힘을 다해 이방인들에게 맞섰다. 이제 헬라스인들은, 그들 대부분의 창이 이미 부러진 터라, 칼을 휘둘러 페르시스인들을 죽였다. 레오니데스도 이 전투에서 최고로 용감히 싸우다가 전사했고 다른 유명한 스파르테인들도 그와 함께 전사했다."(제7권 제223~24장)

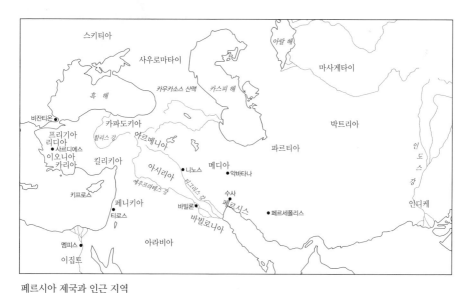

페르시아 제국과 인근 지역
페르시아 제국은 고대 지중해와 오리엔트 지역에 수립된 당대 최대의 제국이었다. 인구수와 자원의 측면에서 보면 그리스인 국가들은 페르시아 제국의 전쟁 상대가 될 수 없었다.

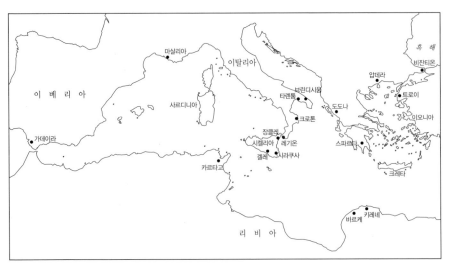

고대 지중해 세계
지중해 세계는 고대인들의 생활 무대이자 교류 공간이었다. 특히 포이니케인들은 식민시 카르타고를 중심으로 왕성한 해상 활동을 벌였고, 그리스인들도 그리스 본토와 남부 이탈리아와 시켈리아 등에 거주하며 지중해의 중심 세력으로 대두했다.

고대 그리스와 에게 해 일대
고대 그리스인들은 대부분 그리스 본토와 에게 해 섬들 및 연안 지역에 거주했다. 그리스인들은 다도해인 에게 해의 수많은 섬들을 징검다리 삼아 안전하게 내왕할 수 있었다.

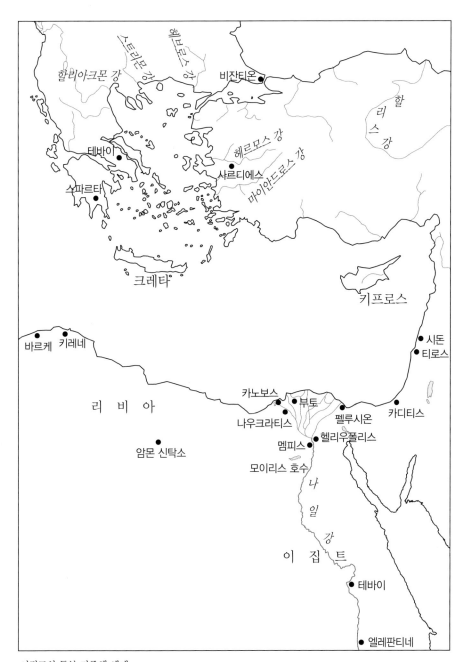

이집트와 동부 지중해 세계
이집트(아이깁토스)는 고대 지중해 세계에서 가장 풍요로운 부국이자 가장 선진적인 문화국가였다. 많은 외국인들이 이집트를 찾았는데, 그리스인들은 계절풍을 이용해서 크레타를 거쳐 항해하거나 에게 해와 소아시아와 시돈 등을 거쳐 육로 여행 혹은 연안 항해를 하여 이집트로 가곤 했다.

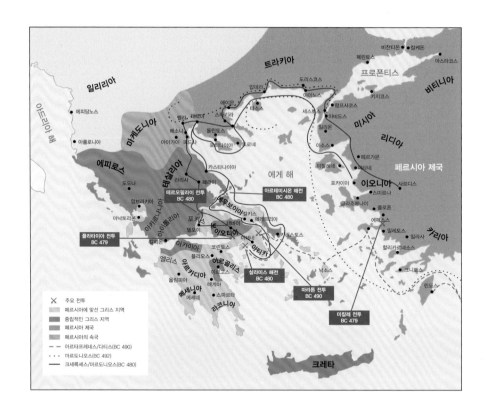

아드리아해

일리리아

에피담노스

아폴로니아

마케도니아

에피로스

도도나

암브라키아

아낙토리온

아이톨리아

칼리돈

아카이아

엘리스

올림피아

아르카디아

메세니아

라코니아

메세네

스파르타

테게아

테살리아

라리사

페라이

테르모필라이 전투
BC 480

포키스

멜로이

테바이

아르골리스
아르고스

코린토스

아테나이
아티카

트라키아

압데라

아이노스

멜라 · 테르마

메소네

아이가이 피드나

포티다이아
토로네

올린토스

에우보이아

아르테미시온 해전
BC 480

보이오티아

에레트리아

살라미스 해전
BC 480

마라톤 전투
BC 490

드리스코스

스키아토스
타소스

세스토스
아비도스

일리온

이오스

페르가몬

미틸레네
아타르네

포카이아

클라조메나이

콜로폰

에페소스

밀레토스

할리카르나소스

크니도스

로도스

비잔티온 칼케돈

페린토스

프로폰티스

아스타코스

키지코스

비티니아

람프사코스

미시아

리디아

사르디스

페르시아 제국

이오니아

스미르나

마그네시아

밀라사

카리아

크레타

에게 해

플라타이아 전투
BC 479

미칼레 전투
BC 479

낙소스

✕ 주요 전투
　페르시아에 맞선 그리스 지역
　중립적인 그리스 지역
　페르시아 제국
　페르시아의 속국
- - - 아르타프레네스/다티스(BC 490)
· · · · 마르도니오스(BC 492)
――― 크세륵세스/마르도니오스(BC 480)

그리스-페르시아 전쟁 시기의 그리스 세계

페르시아군의 그리스 원정은 세 차례에 걸쳐 일어났다. 첫 번째 원정은 자연재해로 중도에 포기했고 두 번째 원정은 마라톤 전투에서 패해 실패했다. 세 번째 원정은 페르시아 왕이 직접 이끈 정벌이었는데, 테르모필라이 전투에서는 승리했지만 살라미스 해전과 플라타이아 전투에서 패해 역시 실패하고 말았다. 이후 페르시아 제국은 오랫동안 에게 해 일대에서 영향력을 상실했다.

헤로도토스의 『역사』를 어떻게 읽을 것인가[1]

김봉철

헤로도토스의 생애와 행적

헤로도토스(Herodotos)는 고대 그리스의 대표적인 역사가이며, 서양에서는 '역사의 아버지'로 불린다. 그가 저술한 『역사』는 현존하는 서양 최초의 역사서로 간주된다. 하지만 이처럼 중요한 인물임에도 불구하고 그의 생애에 대한 정보는 아주 미미한 편이다. 헤로도토스에 대해 말해 주는 동시대 자료는 그 자신의 『역사』가 유일하고, 나머지 것들은 모두 한참 후대의 자료들이다. 물론 우리는 그의 『역사』를 통해 그의 관심사와 관점, 그의 가치관과 구체적인 생각들을 살펴볼 수 있지만, 그의 생애와 행적에 관해서는 좀처럼 파악하기 어렵다. 그나마 『역사』에서 파악할 수 있는 것은 헤로도토스가 할리카르나소스 출신이고 그리스인과 페르시아인의 전쟁에 대한 기록을 남겼

---

1 이 글은 내가 발표한 논문들인 「헤로도토스의 『역사』의 사료비판 사례」, 『서양고전학연구』 9, 1995. 12; 「헤로도토스의 판단사례 분석」, 『인문논총』(아주대학교) 7, 1996. 12; 「고대 그리스인의 이집트여행」, 『서양사연구』 32, 2005. 5; 「헤로도토스와 그리스 신화서술: 제우스 서술을 중심으로」, 『서양고대사연구』 27, 2010. 12; 「지중해세계 최초의 역사서, 헤로도토스의 『역사』」, 『서양사론』 109, 2011. 6; 「헤로도토스의 역사서술과 그리스 신화」, 『서양고대사연구』 32, 2012. 9를 요약 혹은 추가·보완한 것임을 밝힌다.

다는 점, 그가 그리스인들의 나라들뿐 아니라 이집트·아라비아·페니키아·트라키아 등 지중해 일대의 여러 지역을 방문했다는 점 정도다. 더욱이 후대의 자료들도 단편적 정보만을 전해 줄 뿐이다.

헤로도토스는 할리카르나소스인이었다고 한다. 헤로도토스도 자신이 할리카르나소스 출신임을 밝혔고 다른 자료들도 그렇게들 말한다. 할리카르나소스는 그리스의 트로이젠인들이 소아시아의 카리아 지역에 세운 국가로 오늘날 터키의 보드룸(Bodrum)에 해당한다. 그는 한때 이탈리아 남부의 투리(Thurii)에 거주하여 투리인으로 불리기도 했다. 그렇지만 『역사』에서 스스로를 할리카르나소스인으로 언급한 것을 볼 때, 헤로도토스는 할리카르나소스를 자신의 조국으로 여겼음을 알 수 있다.

헤로도토스가 언제 태어났는지는 분명치 않다. 겔리우스(A. Gellius)가 헤로도토스의 출생 시기에 대한 단서를 제공해 주는데, 그에 따르면 헤로도토스가 53세 때 펠로폰네소스 전쟁이 시작되었다고 한다. 그러므로 펠로폰네소스 전쟁이 발발한 기원전 431년을 기점으로 계산하면, 헤로도토스는 기원전 484년경에 태어났다고 할 수 있다. 이 출생 연대는 헤로도토스의 행적 중 시기 추정이 가능한 투리의 식민사업 시기(기원전 443년경)와도 부합하므로 대체로 수용되고 있다.

헤로도토스의 출신 가문에 대한 언급은 서기 11세기경 수이다스 사전의 언급이 유일하다. 이 사전의 '헤로도토스' 항목에는 헤로도토스가 릭세스와 드리오의 아들이며 저명한 인물이었다고 전한다. 이것만으로는 헤로도토스 출신 가문의 위상을 파악할 수 없다. 하지만 헤로도토스가 지중해 일대의 여러 지역을 여행했다는 점과 『역사』라는 장편의 역작을 저술했다는 점을 감안하면, 그는 고급교육을 받은 부유한 상류계층에 속했음이 분명하다. 또 수이다스 사전에 따르면, 헤로도토스 일족이 할리카르나소스의 참주 릭다미스(Lygdamis) 때문에 조국을 떠났다가 나중에 귀국하여 참주를 축출했다고 하니, 그의 가문은 참주의 정치적 반대세력이었던 것으로 보인다. 이는 헤로도 토스의 가문이 정치적으로도 영향력 있는 가문이었음을 짐작케 한다.

헤로도토스의 구체적인 행적도 파악하기 어렵다. 수이다스 사전에 따르면, 헤로도토스가 참주 릭다미스 때문에 사모스로 갔고 사모스 에서 『역사』를 저술한 후 할리카르나소스에 귀국해 참주를 축출했다 고 한다. 그리고 그 후 시민들과의 불화 때문에 자진 출국 하여 투리 에 가서 살다가 그곳 혹은 마케도니아 펠라에서 사망했다고 한다. 현 재로서는 수이다스의 진술 이외에 다른 자료가 없기 때문에, 그것과 여타 방증자료를 토대로 헤로도토스의 행적과 시기를 추정하는 수 밖에 없다. 우선 그의 추방과 복귀 행적은 나름의 근거가 있어 보인 다. 당시 할리카르나소스에 일련의 정치적 변화가 일어났을 가능성 이 있기 때문이다. 할리카르나소스는 그리스-페르시아 전쟁[2] 초기에 친(親)페르시아 정책을 표방한 국가였다. 페르시아군이 기원전 480년 에 그리스에 침입할 때 할리카르나소스의 여성 참주 아르테미시아 (Artemisia)가 페르시아 편에서 싸웠던 것이다(제7권 제99장과 제8권 제87~88장 참조). 헤로도토스 때의 참주 릭다미스는 이 아르테미시 아의 후계 참주였다고 한다. 이처럼 릭다미스가 아르테미시아 가문 에 속하고 가문의 참주직을 이어받았다고 하면, 그 역시 아르테미시 아와 같은 친페르시아 정책을 표방했다고 볼 수 있다. 이는 그리스인 들이 기원전 478/7년에 반(反)페르시아적 성격의 델로스 동맹을 결 성했을 때 할리카르나소스가 동맹에 불참한 것을 보아도 확인된다. 그런데 기원전 454/3년의 동맹국들 공납금 명부에 할리카르나소스 의 이름이 처음 나타난다. 할리카르나소스의 친페르시아 정책이 반

---

2 '그리스-페르시아 전쟁'은 기원전 492~479년에 일어난 그리스인과 페르시 아군의 군사적 충돌을 가리키는 명칭이다. 기존의 '페르시아 전쟁'이라는 명 칭은 그리스 중심적 의미를 지녀서 이를 '그리스-페르시아 전쟁'이라는 중립 적 명칭으로 부르기로 한다.

페르시아 정책으로 바뀐 것이다. 이는 지배세력의 변화를 뜻하는 것으로 참주체제의 붕괴 가능성을 말해 준다. 따라서 헤로도토스 일가가 참주에게 추방되었다가 복귀하여 참주를 축출했다고 말한 수이다스의 진술은 신뢰할 만하다. 그럴 경우, 헤로도토스의 할리카르나소스 복귀는 기원전 454/3년 무렵이었을 것으로 보인다.

헤로도토스가 투리에 거주한 사실도 다른 자료들을 통해 입증된다. 고대의 많은 자료들이 헤로도토스를 투리인으로 부르거나 그의 투리 거주 사실을 언급하고 있는 것이다. 헤로도토스가 투리에 거주한 시기는 적어도 기원전 443년 이후다. 아테네인들이 투리에 식민한 시기가 기원전 443년경이므로, 헤로도토스는 그때 혹은 그 후에 투리에 거주했을 것으로 보인다. 헤로도토스는 투리에 거주한 것 외에도 지중해 일대 여러 지역을 여행했다고 한다. 그가 그 많은 지역을 언제 여행했는지는 규명하기 어렵다. 다만 헤로도토스가 『역사』에서 이집트의 아미르타이오스(Amyrtaios) 봉기를 과거지사로 언급한 것을 보건대, 이집트 여행은 기원전 448년 이후 이뤄졌을 것으로 보인다.

이렇듯 헤로도토스는 추방과 복귀, 재출국, 오랜 해외 체류와 여행으로 점철되는 불안정한 삶을 살았던 것으로 보인다. 『역사』는 그런 와중에 저술되었다. 수이다스 사전에 따르면, 그가 사모스에서 『역사』 전권을 저술했다고 하지만, 이는 잘못된 진술인 것 같다. 『역사』에 펠로폰네소스 전쟁을 가리키는 언급이 나오기 때문이다. 따라서 『역사』는 펠로폰네소스 전쟁이 발발한 이후인 기원전 420년대에 완성되었다는 주장이 수용되고 있다. 『역사』 저술 시기의 상한선은 헤로도토스의 첫 번째 추방 시기라고 할 수 있다. 이런 점에서 사모스에서도 『역사』의 일부가 저술되었을 가능성은 있다. 하지만 그 방대한 저술은 단기간에 이뤄졌다기보다 오랜 기간의 여행과 집필 작업이 축적되어 기원전 420년대에 완성된 것이라 하겠다. 그의 말년 행적 역시 오리무중이다. 대체로 헤로도토스의 행적이나 저술 내용 중에 기원전 410년대와 관련된 사항이 전혀 없기 때문에, 그의 저술 작업과 생애는 기원전 420년대에 종결되었다고 보는 것이 일반적이다.

헤로도토스와 그리스-페르시아 전쟁

그리스-페르시아 전쟁은 기원전 492~479년에 그리스인들과 페르시아군 사이에 일어난 대규모 전쟁이었다. 전쟁의 발단은 페르시아 왕에 대한 이오니아 지역 그리스인들의 반란(기원전 499~493년)이었다. 밀레토스를 비롯한 그리스인 국가들이 자신들의 주권 회복을 위해 페르시아 왕에게 항거했고 아테네 등의 그리스 본토 국가들이 이를 지원했다. 그러나 페르시아는 이오니아 지역의 반란을 진압했고, 그 반란을 지원한 그리스인들을 응징하고자 그리스 본토에 대한 군사 원정을 단행했다. 그 결과 전쟁은 페르시아군의 그리스 원정과 그리스인의 응전으로 진행되었다. 전쟁은 세 차례에 걸쳐 일어났다. 첫 번째는 기원전 492년에 페르시아 장군 마르도니오스가 그리스 원정에 나서 트라키아와 마케도니아까지 진격했다가 아토스 곶에서 풍랑을 만나 철수하고 말았다. 두 번째로는 기원전 490년에 페르시아 장군들인 다티스와 아르타프레네스가 그리스 원정에 나서 아티카의 마라톤에 상륙했지만 아테네와 플라타이아의 연합군에 패하고 퇴각했다. 세 번째로는 기원전 480년에 페르시아 왕 크세륵세스가 직접 대규모 군대를 이끌고 그리스에 침입했다. 페르시아군은 테르모필라이 전투에서 승리하며 그리스인들을 위기로 몰아넣었지만, 살라미스 해전과 플라타이아 전투에서 패해 기원전 479년에 그리스에서 완전히 철수했다.

그리스-페르시아 전쟁은 그리스인들의 역사에서 중대한 전환점이 되었다. 페르시아군은 그리스에서 폴리스가 성립한 이후 그리스 본토에 대규모로 원정한 최초의 외국 군대였다. 더욱이 상대는 동방의 대제국 페르시아였다. 페르시아는 당시 그리스인들이 알고 있던 아시아 전역을 통치하고 이집트와 리비아까지 장악한 최강국이었다. 그런 대국에 승리를 거둔 그리스인들의 자긍심은 고조되었다. 그들은 대국 페르시아를 물리치고 자유와 주권을 지켜냈다는 것에 자랑스러워 했고 자신들의 국가제도와 문화에 큰 자부심을 가졌다. 그 후 그리스는 고전기 시대의 번영과 문화적 흥성을 누리게 되었다. 특히 아테네인들은 승전의 공로를 기반으로 스파르타인들과 함께 그리스의 대표적 강국이 되어 그리스의 발전을 선도했다.

헤로도토스는 그리스-페르시아 전쟁의 역사적 의미를 잘 이해하고 있었다. 그는 이 전쟁을 그리스인들과 이방인들(즉 비그리스인들) 간의 싸움으로 이해했다. 그는 그것이 후대에 잊히지 않고 길이 전해져야 할 만큼 그리스인들과 이방인들의 역사에서 중요한 의미를 갖는 전쟁이라고 보았다. 또한 그는 그리스인 국가들과 페르시아 제국의 여러 지역을 여행하며 전쟁의 여파를 직접 체험할 수 있었다. 비록 헤로도토스가 직접 전쟁을 경험하지는 못했지만, 그의 시대에는 아직 전쟁의 기억이 남아 있었다.

게다가 전쟁 후에도 여전히 페르시아의 위협은 잠재해 있었다. 전쟁은 기원전 479년에 그리스인의 승리로 일단락되었지만, 페르시아인의 재침 위협은 상존했고 그리스인의 경계심도 늦춰지지 않았다. 결국 그러한 상황에서 기원전 478/7년에 델로스 동맹이 결성되었고, 그 후에는 아테네를 맹주로 하는 델로스 동맹과 페르시아 간에 일종의 냉전이 전개되었다.

헤로도토스의 삶은 그리스-페르시아 전쟁과 긴밀하게 연관된다. 헤로도토스는 전쟁의 와중에서 태어났고 페르시아 문제는 그의 조국이나 다른 그리스인들에게도 현존하는 문제였다. 그의 조국 할리카르나소스의 대(對)페르시아 외교는 친페르시아적 입장과 반페르시아적 입장을 오가는 행보를 보였다. 할리카르나소스는 페르시아군이 그리스 원정을 벌일 때에는 페르시아 편을 들다가 기원전 5세기 중엽에는 페르시아에 반대하는 델로스 동맹에 참여했던 것이다. 이처럼 헤로도토스는 조국의 현실과 자신의 외유(外遊) 경험을 바탕으로 그리스인과 이방인들 사이 대립이 갖는 역사적 의미를 인식했던 것으로 보인다. 그래서 그는 그 전쟁에 주목했고 전쟁의 실상과 전쟁의 원인을 알리고자 『역사』를 저술한 것이다.

여행가 헤로도토스

헤로도토스는 지중해 일대를 자주 여행하곤 했다. 그는 그리스인 국가뿐 아니라 멀리 이집트, 아라비아, 페니키아, 트라키아 등의 여러 지역을 방문했다고 한다. 현재의 자료 여건상 그가 어느 지역을 방문했는지를 정확하게 규명하기란 어렵다. 다만 『역사』 속의 진술을 근거로 추정하면, 그가 이집트, 페니키아, 바빌론, 아라비아, 리디아, 흑해 연안의 스키타이 지역을 여행했다고 볼 수 있다. 반면에 페르시아 제국의 수도와 중심부는 방문하지 않았던 것 같고, 에티오피아, 인도, 스키타이 이북 지역은 방문한 적이 없었다. 헤로도토스가 방문한 대표적인 해외 지역은 이집트다.

헤로도토스는 기원전 449년 이후의 어느 나일 강 범람기에 이집트를 여행했던 것으로 보인다. 그는 『역사』에서 이집트의 이나로스와 아미르타이오스가 페르시아 지배에 항거한 일을 과거의 일로 서술한다(제3권 제15장 참조). 그런데 투키디데스(Thukydides)는 기원전 449년에 아테네군 일부가 아미르타이오스를 지원하여 이집트로 항해했다고 말한다. 아미르타이오스의 항거가 언제 끝났는지는 알 수 없지만, 어쨌든 헤로도토스는 기원전 449년 이후에 이집트를 방문했음이 분명하다. 또 헤로도토스는 자신이 나일 강의 범람을 직접 목격했음을 드러낸다. 즉 나일 강이 범람하면 강물이 피라미드 근처까지 넘친다든지, 범람으로 물에 잠긴 이집트 도시들이 흡사 에게 해의 섬들처럼 보인다고 언급(제2권 제97장 참조)한 것이다. 나일 강은 하지 이후에 수위가 상승했다고 하니, 헤로도토스는 여름철에, 이르면 7월경에 이집트를 여행했을 것으로 추정된다. 여름철의 나일 강 항해는 비교적 순탄한 편이었다고 한다. 헤로도토스 역시 주로 나일 강을 통해 이집트를 여행했다. 그가 방문한 도시들은 대개 나일 강 유역에 위치했다.

헤로도토스는 처음에 카노보스 하구를 통해 이집트에 입국했고 나일 강 지류를 따라 나우크라티스와 사이스를 거쳐 멤피스로 여행했던 것 같다. 그는 사이스에서 나일 강의 근원지에 대한 이야기를 듣고 그 근원지에 대한 의문을 풀기 위해 상류 쪽으로 계속 여행했다. 그는 기자의 대(大)피라미드를 거쳐 멤피스에 이르렀다. 그는 멤피스에 머물면서 멤피스의 헤파이스토스 신전 사제들에게서 이집트의 역사와 문물에 대해 이야기를 많이 들었다. 헤로도토스는 이들의 이야기가 맞는지 확인하기 위해 테바이와 헬리우폴리스를 방문하기도 했고, 나일 강의 근원지를 찾아 상류 쪽으로 엘레판티네까지 올라갔다. 엘레판티네에서 더는 가지 못하고 하류 쪽으로 올 때는 테바이와 멤피스를 거쳐 펠루시온에 이르렀을 것으로 보인다.

헤로도토스가 얼마 동안 이집트에 머물렀는지는 확실치 않지만, 그가 이집트에서 겨울을 보낸 것 같지는 않다. 그는 지중해 항해 시기를 고려하여 겨울이 오기 전에 이집트를 떠났을 것이다. 그럴 경우 헤로도토스가 이집트에 머문 기간은 3개월 내지 5개월 정도였을 것으로 보인다.

헤로도토스의 이집트 여행은 그가 왜 여행을 다녔는지를 설명해 준다. 헤로도토스의 여행은 개인적인 여행이었지만, 단순히 여가생활을 즐기고 이국적 풍경을 구경하기 위한 것이 아니었다. 그의 이집트 여행은 『역사』를 위한 자료를 수집하고 확인하는 과정이었다. 그는 멤피스에서 사제들에게 이야기를 듣고 테바이와 헬리우폴리스를 찾아갔는데, 이는 그곳 사람들이 멤피스의 사제들과 똑같은 이야기를 하는지 알고 싶어서였다고 한다. 특히 헤로도토스는 나일 강의 근원지를 찾는 데에 많은 공을 들였다. 그는 사이스에서 그것에 대한 이야기를 듣고 스스로 그것을 찾아보기 위해 엘레판티네까지 올라갔다. 그는 또 이집트에서 들은 헤라클레스 이야기에 의문을 품고 이를 해소하기 위해 페니키아의 티레로 항해했다고 한다(제2권 제44장 참조). 헤로도토스는 이집트를 여행하면서 나일 강과 거대한 건축물뿐 아니라 이집트의 역사와 문물·풍습·자연환경에 대해 스스로 목격하고 들은 것을 『역사』에서 자세히 기술했다. 그의 여행은 『역사』 저술의 토대였던 셈이다.

『역사』의 구성과 내용

현재 『역사』의 대표적인 텍스트는 하인리히 슈타인(Heinrich Stein)의 텍스트와 카롤루스 후데(Carolus Hude)의 텍스트를 들 수 있다. 이들 텍스트의 원문 자료는 서기 10~16세기경의 필사본과 서기 1~5세기경의 파피루스들이다. 현재 텍스트들은 이들 원문 자료를 기반으로 편찬된 것들이다. 현재의 텍스트들은 모두 9권으로 구성되어 있는데, 헤로도토스의 원문에는 현재 텍스트처럼 권과 장의 구분이 없었고 또 구두점도 사용되지 않았다. 그러한 구분 방식과 부호 사용은 책의 인용과 독자들의 편의를 위해 후대에 도입된 것이다.

헤로도토스의 주제는 그리스인과 이방인들 사이의 전쟁이었다. 그는 『역사』에서 전쟁의 경과뿐 아니라 전쟁의 원인에 대해서도 설명하고자 했다. 그러자면 우선 그리스인들과 이방인들의 대립과 전쟁의 기원을 밝혀야 했다. 헤로도토스는 제1권의 서두에서 그 대립의 신화적 사례들을 먼저 소개한 후, 자신이 규명한 역사상의 사례를 설명한다. 그는 그리스인들과 이방인들 사이 대립의 역사적 시작은 리디아 크로이소스 왕의 군사 원정에서 비롯했다고 본다. 그는 크로이소스가 '헬라스인들에게 맨 처음으로 해악을 저지른 사람'이고 '이방인 중에서 최초로 일부 헬라스인들을 정복하여 조세를 내도록 했다'고 언급한다(제1권 제5~6장 참조).

그러나 기원전 546년에 크로이소스가 페르시아의 키로스에게 패배한 후부터 그리스인들과의 대립을 주도한 이방인은 페르시아인들이었다. 이에 따라 헤로도토스의 『역사』는 페르시아 왕들의 치세를 기준으로 서술되고, 『역사』의 이야기는 페르시아의 팽창과 정복을 중심으로 전개된다. 제1권은 키로스 2세의 치세(기원전 558~529년)를 다룬다. 즉 그가 메디아를 멸망시키고 페르시아를 건설한 내력과 리디아·이오니아 및 바빌론 등을 정복한 과정이 묘사된다. 제2권과 제3권 일부(제3권 제1~66장)는 캄비세스 2세의 치세(기원전 529~522년)에 대한 이야기다. 그의 행적으로는 이집트 정복과 에티오피아 원정이 서술된다. 제3권 나머지(제3권 제67~160장)와 제4~6권은 다레이오스 1세의 치세(기원전 522~486년)를 다룬다. 그 시기에는 바빌론 재정복, 스키타이 원정, 리비아와 트라키아 정복, 이오니아 반란과 진압, 마르도니오스의 그리스 원정(기원전 492년), 다티스의 그리스 원정(기원전 490년)이 발생했다. 제7~9권은 크세륵세스 1세 시기(기원전 486~465년)를 다룬다. 이 시기에는 페르시아군의 그리스 원정(기원전 480~479년)이 대표적으로 서술된다. 그러므로 헤로도토스의 『역사』는 키로스 2세에서 크세륵세스 1세 때까지, 시기적으로는 기원전 558년에서 479년까지의 약 80년의 역사를 다루고 있다.

그러나 헤로도토스는 페르시아의 군사 원정만 다룬 것이 아니었다. 오히려 페르시아 왕들이 벌인 군사 원정 자체보다는 그들이 원정한 지역과 종족들의 지리, 관습, 종교, 역사를 서술하는 데 더 많은 지면을 할애했다. 그래서 『역사』는 고대 이집트(제2권 제5~182장), 리비아(제4권 제168~99장), 바빌론(제1권 178~87장, 제192~200장), 페르시아(제1권 제131~40장), 스키타이(제4권 제5~82장) 등에 대한 지리적·민속학적 정보를 풍부하게 제공해 준다. 더욱이 현재에도 여전히 이들 지역에 대한 문자 사료가 크게 부족한 상황이기 때문에 헤로도토스의 『역사』는 고대 지중해 세계에 대한 입문서로 통한다. 또한 『역사』는 간간히 그리스-페르시아 전쟁 이전의 그리스 초기 역사에 대해 언급하기도 한다. 예를 들어 아테네의 경우에는 참주정의 성립 및 붕괴(제1권 제59~64장, 제5권 제55~65장)와 클레이스테네스 개혁(제5권 제66~69장)에 대해, 스파르타의 경우에는 리쿠르고스 입법과 테게아 전쟁(제1권 제65~68장)과 스파르타 왕제(제6권 제51~58장)에 대해 유익한 정보를 제공해 준다.

'역사의 아버지' 헤로도토스

헤로도토스는 그리스-페르시아 전쟁에 대한 탐구를 통해 『역사』를 저술했다. 책 제목인 '역사'는 그리스어 '히스토리아이'(historiai)를 번역한 말인데, 이는 '히스토리아'(historia)의 복수형이다. 당시 '히스토리아'는 '탐구, 탐구를 통해 얻은 지식, 탐구 결과에 대한 서술'이라는 뜻을 지닌 말이었다. 이 말은 오늘날처럼 '역사', '역사학'을 가리키는 것이 아니고 모든 지식 영역에서의 '탐구'를 가리키는 일반적인 용어였다.

그리스인들의 탐구적 전통은 기원전 6세기 이오니아 지방의 자연철학자들에게서 나타났다. 자연철학자들은 자연현상에 대한 신화적 설명 방식을 비판하고 합리적 추론을 통해 자연계를 이루는 만물의 근원(arche)을 밝히고자 했다. 예를 들어 밀레토스의 탈레스(Thales)는 만물의 근원이 물이라고 보았고 지진 현상도 포세이돈의 행위가 아니라 순전히 자연적 현상일 뿐이라고 주장했다. 또 아낙시메네스(Anaximenes)는 만물의 근원이 공기라고 보았고, 헤라클레이토스(Herakleitos)는 만물의 근원이 끊임없이 변화한다고 주장했다. 이들의 주장은, 비록 과학적 논증에까지는 이르지 못했지만, 적어도 기존의 설명을 비판하고 새로운 해석을 시도했다는 점에서 탐구 정신의 본보기가 되었다. 자연철학의 탐구 정신은 기원전 5세기의 소피스트 운동으로 이어졌다. 소피스트들은 자연 대신 인간사회를 탐구 대상으로 삼았고 합리적 사유를 통해 전통적 가치를 부정하기도 했다.

헤로도토스는 이러한 탐구의 전통 속에서 자신의 분야를 개척했다. 헤로도토스의 탐구 결과인『역사』는 그 주제나 서술 형식에서 특별한 양상을 지니고 있었다. 그의 탐구 활동은 인간의 과거 행적에 대한 것이었고 탐구 결과도 운문이 아니라 산문으로 서술되었다. 말하자면 역사서술이라는 새로운 문학 장르가 등장한 것이다. 하지만 헤로도토스 이전에도 그와 유사한 활동을 한 저술가들이 존재했다. 람프사코스의 카론(Charon)과 밀레토스의 헤카타이오스(Hekataios) 등이 대표적인 사례다. 이들 가운데 헤로도토스와의 관계를 구체적으로 확인할 수 있는 인물은 헤카타이오스뿐이다. 헤로도토스는『역사』에서 헤카타이오스의 이름을 몇 번 언급하는데, 둘의 관심 분야와 행적, 일부 저술 내용이 유사하기 때문이다. 헤카타이오스도 여행 경험이 많고 지리와 민속학, 계보와 기원에 대한 저술을 남겼다고 한다. 또 그가 썼다는 한 저술의 서문은 헤로도토스의『역사』서문처럼 자신의 출신지, 이름, 저술 동기를 기록하고 있다. 따라서 헤로도토스의 역사서술이 선배 저술가들의 영향을 받았음을 부인하기 어렵다. 하지만 이전 저술가들의 작품은 거의 남아 있지 않고 헤로도토스의 『역사』가 현존하는 최고(最古)의 역사서이기에 헤로도토스는 흔히 지중해 세계 최초의 역사가로 통한다.

그렇다면 헤로도토스는 왜 '역사의 아버지'라는 평가를 받는 것일까? 헤로도토스의 역사 인식이 잘 드러나는 대목은『역사』의 서문인데, 거기서 그는 다음과 같이 자신의 서술 주제와 목적을 분명하게 제시한다.

할리카르네소스의 헤로도토스는 그의 탐구 결과를 다음과 같이 밝힌다. 이는 인간들이 이룬 일들이 시간이 흐르면서 잊히지 않도록 하고, 또 헬라스인들과 이방인(異邦人)들이 보여 준 위대하고 놀라운 행적들과 특히 그들이 서로 전쟁을 벌인 원인이 세상에 널리 알려지도록 하려는 것이다.

헤로도토스는 그리스인들과 이방인들의 행적과 그들의 전쟁 원인을 규명하겠다고 말한다. 이 책의 핵심 주제는 단연 그리스-페르시아 전쟁이다. 그 전쟁은 헤로도토스 개인뿐 아니라 그리스 전체에 심대한 영향을 끼친 사건이었다. 페르시아는 당시 지중해 세계에서 최강국이었는데, 그런 페르시아가 소규모 국가인 폴리스들의 연합군에 연이어 패배했다는 것은 그리스인들에게 경이로운 사건이었다. 더욱이 페르시아의 군사적 위협은 완전히 사라진 것이 아니었고, 페르시아 문제는 여전히 그리스인들에게 중요한 관심사였다. 헤로도토스는 이와 같은 그리스-페르시아 전쟁의 역사적 의미를 충분히 인식하고 그에 대한 기록을 남기고자 했던 것이다. 그의 이런 관심사는 이전의 시인이나 산문 작가들의 주제와는 달랐다. 그것은 신화나 영웅들의 이야기가 아니었고 기원전 492~479년에 실제로 일어났던 사건이었다. 그는 역사상 실재한 인간들의 행적을 주제로 선정하여 그에 대한 체계적인 탐구를 시도했던 것이다.

헤로도토스의 역사서술은 단순한 연대기에 머물지 않는다. 그는 전쟁 과정을 서술할 뿐 아니라 전쟁의 원인에 대해서도 알고자 했다. 그는 자신이 수집한 정보를 나열하고 시대순으로 배열하는 것에 만족하지 않고, 사건의 원인을 규명함으로써 자신의 역사서술을 더욱 체계화했다. 헤로도토스는 전체 서술 구도를 그리스인들과 이방인들의 대립관계 속에서 설정하고 페르시아인들의 그리스 원정이 있기까지의 이방인들 행적을 추적한다. 그의 주된 이야기는 이방인들 즉 리디아인들과 페르시아인들의 팽창과 정복 과정에 대한 것이다. 그러므로 전쟁 원인에 대한 이야기는 이방인들의 세력 확장과 그것에 대한 그리스인들의 대응으로 정리되고, 인과관계의 중심적 화두는 자유와 예속의 문제로 귀결된다.

헤로도토스가 『역사』를 저술한 목적은 시간이 흐르면서 인간의 일이 기억에서 사라지는 것을 막고 그것을 세상에 알리는 데 있다. 과거의 인간사가 구전에 의해 전해지는 한, 그것에 대한 기억은 흐려지고 결국은 잊히기 마련이었다. 헤로도토스는 중요한 인간사가 자신의 기록을 통해 계속 기억되고 널리 알려지기를 원했다. 그는 기억에서 사라져 가는 과거 인간들의 위대한 행적을 탐구하고 밝혀내 영원히 기억될 유산으로 만들어 준 공로자다. 그의 이런 행위는 히스토리아의 시작이었다. 그 후 헤로도토스의 『역사』에 담긴 서술 동기 및 서술 목적, 서술 대상, 탐구 방식은 '히스토리아'(=역사)의 본보기가 되었다. 여기서 비로소 '히스토리아'라는 말이 역사와 관련된 특별한 의미를 지니게 되었다.

헤로도토스는 역사서술의 주제와 목적을 공언하는 것으로 그치지 않았다. 그는 구체적인 탐구와 서술 작업을 통해서도 자신이 역사의 원조임을 분명하게 보여 주었다. 그는 시간적으로는 자신이 직접 체험하지 못한 먼 과거의 사건을 다루었다. 공간적으로는 그리스인들과 페르시아인들뿐 아니라 페르시아인들의 지배 아래에 있는 모든 이방인 지역을 다루었다. 하지만 아직 역사서술의 전통이 확립되지 않았고, 또 정보의 교류가 원활한 상황도 아니었다. 그의 탐구 작업은 두 부분으로 나누어, 역사서술에 필요한 기본 자료를 수집하는 일과 수집 자료들의 진위를 분간하고 해석하는 일로 구분할 수 있다.

헤로도토스는 우선 역사 자료를 스스로 수집하며 다니는, 말하자면 '발로 뛰는 역사가'가 되어야 했다. 그의 탐구를 위한 최우선 과제는 자신이 직접 여러 지역을 여행하면서 목격하고 청취한 것들을 사료로 수집하는 것이었다. 그래서 그는 역사서술에 필요한 지역을 가능한 한 직접 방문하고자 했다. 직접 방문하기 어려운 지역은 그곳을 직접 방문한 다른 사람들의 경험을 통해 자료를 수집하곤 했다. 헤로도토스의 여행은 단순한 관광이 아니고 귀중한 정보를 청취하고 자료를 수집하는 학술조사의 성격을 아울러 지니고 있었다.

헤로도토스는 물론 구전에 의한 자료보다 문자 자료나 자신의 목격을 더욱 신뢰했다. 그는 이집트 멤피스에서 헤파이스토스 신전 사제들에게서 이야기를 듣고 그것을 더 확인하기 위해 이집트인 중에서 '가장 박식하다'는 헬리우폴리스인들을 찾아갔다(제2권 제3장 참조). 디오니소스나 판과 같은 신들에 대한 서술에서는 연력을 기록하는 이집트인들의 말을 더 신뢰한다(제2권 제145~46장 참조). 또 그는 이집트에서 티로스의 헤라클레스 신전 이야기를 듣고 그곳을 확인하기 위해 페니키아의 티로스를 직접 방문했고, 티로스에서 들은 이야기를 확인하려고 나아가 타소스를 방문하기도 했다(제2권 제44장 참조). 헤로도토스가 구전 사료를 확인하려고 직접 현장을 방문한 사례는 이 밖에도 많다. 그럼에도 불구하고 그가 확보한 자료들은 대부분 구전 자료였다. 헤로도토스의 『역사』에서 자주 쓰이는 표현 중 하나가 출처를 밝히는 표현이다. 즉 '(이집트인들은) 말하기를', '(페르시아인들의) 말에 따르면', '……라고들 한다', '내가 듣기에는' 등의 표현이 빈번히 등장하는 것이다. 그는 자료의 출처를 밝힘으로써 자신의 견해와 타인의 진술을 분명히 구분하고자 했다.

불완전한 구전 자료 속에서도 헤로도토스는 자신의 역사서술이 진실을 추구한다는 점을 잊지 않았다. 그래서 그는 자신이 들은 말을 곧이곧대로 믿지 않았고, 남의 말을 근거 자료로 사용할 때에는 '(그들의) 말이 사실이라면' 등의 표현을 쓰곤 했다. 헤로도토스는 그의 자료들이 자신의 견문 범위 내에서 얻어진 것뿐이고 정확한 자료가 아님을 인식하고 있었다. '나는 정확히 알지 못한다'나 '우리가 아는 한', '내가 최대한 알아낸 바로는' 등의 표현은 자료에 대한 그의 유보적인 태도를 보여 준다고 하겠다.

헤로도토스가 자신의 자료를 역사서술에 이용하는 방식은 두 가지다. 하나는 자료들의 신뢰성에 대한 개인적 판단을 곁들여 활용하는 방식이고, 다른 하나는 개인적 판단 없이 자신이 들은 대로 자료들을 나열하는 방식이다.

자료들의 신뢰성에 대해 개인적 판단을 내릴 경우, 헤로도토스는 자신의 견문과 체험에 의한 지식이나 상식을 근거로 판단한다. 예를 들어 그는 그리스의 도도나 신탁소가 이집트에서 유래했다는 전승을 소개하면서 이집트 사제들의 말과 도도나 예언녀들의 말을 언급하고 자신의 견해를 추가한다. 즉 이집트의 테바이 사제들은 말하기를, 페니키아인들이 테바이의 여사제를 잡아가 그리스에 팔았고 그녀가 그리스 최초의 신탁소를 세웠다고 한다. 한편 도도나 예언녀들의 말에 의하면, 검은 비둘기가 이집트의 테바이에서 도도나로 날아와 인간처럼 말하며 그곳에 제우스의 신탁소를 만들라고 했다 한다. 헤로도토스는 이런 이야기들을 듣고 자신의 견해를 정리한다. 그는 이집트 사제들의 말을 사실로 받아들이고 도도나 예언녀들의 말과 현행 관습을 그것에 대한 증거로 제시한다. 그는 도도나 예언녀들이 검은 비둘기라고 말한 것을 설명하면서, 그녀를 비둘기로 표현한 것은 그녀가 다른 사람들이 알아들을 수 없는 외국어를 했기 때문이고, 비둘기가 인간의 말을 했다는 것은 나중에 그녀가 그리스어를 배웠기 때문이며, 비둘기를 검다고 한 것은 그녀가 이집트인이었기 때문이라고 해석한다. 또 이집트 테바이의 예언 방식과 도도나의 예언 방식이 서로 비슷하다는 점도 근거로 제시한다(제2권 제54~58장 참조). 이처럼 헤로도토스는 자신이 들은 이야기가 옳은지를 나름의 근거에 의해 판단하려고 했다. 물론 그의 판단과 판단 근거들은 대체로 개인적 경험에 의한 추론인 만큼 합리적이고 객관적인 판단으로 보기는 어렵다. 이와 같은 한계에도 불구하고 헤로도토스가 자신이 듣거나 관찰한 것들의 신뢰성을 파악하기 위해 노력한 점은 높이 평가할 만하다.

그러나 헤로도토스는 자신이 판별하기 어려운 경우에는 자신이 들은 정보를 개인적 판단 없이 독자들에게 전달하곤 한다. 그래서 그는 "아이깁토스인들이 말한 이런 이야기들을 믿는 사람이라면 그들의 이야기를 그대로 활용하면 될 것이다. 내가 나의 모든 이야기에서 정해 둔 원칙은, 각 사람들이 말한 것을 내가 들은 그대로 적는다는 것이다"(제2권 제123장 참조)라고 말한 바 있다. 또 두 이야기를 나열한 후, "이들 둘에 대해서는 누구든 자신이 더 믿을 만하다고 여기는 쪽을 따르면 될 것이다"(제2권 제146장 참조)라고 말하기도 하고, "폴리크라테스 죽음의 이유로는 이 두 가지가 전하는데, 이 중 어떤 것이든 각자가 원하는 것을 믿으면 된다"(제3권 제122장 참조)라고 하기도 했다.

이처럼 저자 자신이 믿지 않는 이야기도 그대로 적었기 때문에『역사』에는 믿을 수 없는 내용이 많이 포함되어 있다. 그러나 헤로도토스는 명백히 자신의 판단과 남의 이야기를 구분해서 서술한다. 그러므로『역사』를 읽을 때는 헤로도토스의 판단이 들어간 진술인지 아니면 헤로도토스가 타인의 진술을 그냥 전달하는 것인지를 엄격히 구분할 필요가 있다.

헤로도토스가 자신이 얻은 구전 자료를 그냥 나열만 하고 진위 판별을 하지 않았다고 해서, 그를 비판 정신이 부재하다고 비난할 수는 없다. 헤로도토스의『역사』를 제대로 읽기 위해서는 헤로도토스의 탐구 여건을 먼저 고려해야 한다. 사료가 불완전하고 부족하여 과거에 대한 진실 규명이 힘든 여건 속에서 인간의 옛일을 기술하기란 실로 어려운 작업이었다. 헤로도토스의 역사서술에 사료 비판 과정이 다소 미흡하게 나타난 것은 믿을 만한 사료를 구하기 어려운 여건의 문제이지 그의 사료 비판 인식 수준의 문제는 아니라고 본다. 헤로도토스는 인간의 의미 있는 행적과 그 원인을 규명하기 위해 수많은 자료를 수집하고 또 주어진 여건에서 진실을 위한 사료 비판의 노력을 기울였다는 점에서 '역사의 아버지'로서의 면모를 충분히 갖추었다고 하겠다.

'신화'에서 '역사'로 나아가기

헤로도토스의『역사』는 그리스-페르시아 전쟁이라는 인간의 이야기를 다룬다. 그것은 신이나 반(半)신적 영웅들의 공상적인 이야기가 아니라 인간들의 실제 사건에 대한 기록이다. 또한 그는 인간사를 신의 뜻이나 계시로 설명하지 않고 인간 중심의 세속적 인과관계로 설명하고자 했다. 그래서 그는 신화가 아닌 역사서술을 통해 인간사의 내력을 설명한 '최초의 역사가'로 평가받고 있다.

헤로도토스는 그리스의 신들이 이집트에서 유래하고 그리스 신화의 체계는 호메로스와 헤시오도스 때에 확립되었다고 본다. 그는 "(그리스인들의) 거의 모든 신들의 이름 역시 아이깁토스에서 헬라스로 들어온 것들이다. 나는 탐문을 통해 신들의 이름이 이방인들에게서 유래했다는 것을 알았다. 나는 그것들이 주로 아이깁토스에서 들어왔다고 생각한다"(제2권 제50장 참조), "각 신들이 어디에서 생겨났는지 혹은 그들 모두가 처음부터 죽 존재했는지, 또 그들이 어떤 모습이었는지에 대해 헬라스인들이 알게 된 것은 말하자면 엊그제의 일이라 하겠다. …… 바로 이들(헤시오도스와 호메로스)이 헬라스인들을 위해 신의 계보를 만들고 신들에게 호칭을 부여했고 또 각 신들에게 영예와 기술을 부여하고 그들의 형상을 표현했던 자들이다"(제2권 제53장 참조)라고 말한다. 즉 그는 그리스 신화가 두 과정을 거쳐 형성되었다고 본다. 첫 번째 과정은 이집트 신들의 이름이 그리스에 유입되어 종래에 집단화되어 있던 신들이 개별적 이름을 갖게 된 것을 말하고, 두 번째 과정은 헤시오도스와 호메로스가 신들의 신화를 구체적으로 창시한 것을 가리킨다. 이처럼 헤로도토스는 그리스 신화를 현실과 무관한 가상의 이야기로 인식했다. 그래서 그는 그리스 신화를 신뢰하지 않았고 중요한 이야기 소재로 다루지도 않았다.

신화에 대한 헤로도토스의 인식이 분명히 드러나는 것은 특히 그리스인들과 이방인들의 분쟁 원인에 대한 서술 대목이다. 헤로도토스는 『역사』 제1권 제1~5장의 서술에서 이오, 에우로페, 메데이아, 헬레네 이야기를 언급한다. 이 네 여성은 모두 신화적인 인물들이다. 신화에서는 제우스의 사랑을 받은 이오가 헤라의 질투에 의해 이집트까지 쫓겨 갔다고 하는데, 『역사』에서는 페니키아인들이 이오를 이집트로 데려갔다고 전한다. 또 신화에서는 황소로 변신한 제우스가 페니키아의 공주 에우로페를 유혹하여 크레타로 데려갔다고 하는데,『역사』에서는 크레타인들이 페니키아의 티로스에 가서 에우로페 공주를 강탈해 갔다고 한다.『역사』에서는 메데이아와 헬레네도 신화와 다르게 묘사된다. 신화에서는 메데이아가 자발적으로 이아손을 따라나섰다고 하지만,『역사』에서는 그리스인들이 그녀를 약탈했다고 전한다. 헬레네의 경우에도 신화에서는 알렉산드로스가 신들의 뜻에 따라 헬레네를 데려갔다고 하는데,『역사』에서는 알렉산드로스가 메데이아 약탈 이야기를 듣고서 헬레네를 납치하게 되었다고 전한다.『역사』의 이런 서술은 모두 기존의 신화서술과는 배치된다. 『역사』에서는 대개 신화적 요소가 사라지고 순전히 인간적인 사건으로 기술되고 있는 것이다. 더욱이 헤로도토스는 이와 같은 신화적 사건들을 그리스인들과 이방인들 간의 분쟁 원인으로 간주하지 않는다. 그는 분쟁의 시작이 크로이소스에게서 비롯한다고 본다. 그리스인의 자유를 빼앗고 통치한 크로이소스의 행위는 신화와 무관한 순전히 세속적인 일이었다. 그는 신화보다는 인간들의 행위를 중심으로 역사의 인과관계를 설명하고자 했던 것이다.

그러나 헤로도토스가 신화적 사고에서 완전히 벗어났다고 보기는 어렵다. 그는 신들에 대한 언급을 되도록 자제하려는 모습을 보였다. 그는 이집트인들에게서 신들에 대한 이야기를 들은 후 "나는 내가 들은 이야기 가운데 신들에 대한 것은 그들의 이름 말고는 자세히 말하고 싶지 않다. …… 앞으로 내가 신들에 대해 언급한다면, 이야기의 진행상 부득이한 경우에만 그럴 것이다"(제2권 제3장 참조)라고 말했고, 이집트인들의 동물숭배에 대해 서술하면서 "만약 내가 그 동물들이 신성한 것으로 봉헌된 이유에 대해 말한다면 신에 관련된 일들을 이야기하게 될 텐데, 이는 내가 이야기하기를 가장 꺼리는 것들이다. 나는 이제껏 이런 일들에 대해서는 살짝만 건드려 언급했고 그것도 어쩔 수 없는 상황에서만 말했을 뿐이다"(제2권 제65장 참조)라고 밝혔다. 실제로 헤로도토스는 신들과 제식에 대한 '신성한 이야기'를 알고 있으면서도 굳이 서술하지 않는다. 그런데 그가 신들에 대한 이야기를 꺼려 한 주된 이유는 신들에 대한 불경을 우려했기 때문이다. 그는 이집트인의 제식과 종교적 관행을 서술하면서도 그것과 관련된 신의 이름을 거론하는 것은 불경한 일이라고 주장한다. 그리스인의 테스모포리아 제전에 대해서도 "경건함을 잃지 않을 정도까지만 이야기하고 그 이상은 말하지 않겠다"(제2권 제171장 참조)라고 단호한 태도를 보인다. 또 헤라클레스의 모험 이야기를 일부 서술하고는 "이런 이야기를 한 우리에게 부디 신과 영웅들께서 호의를 베푸시길 바라마지 않는다"(제2권 제45장 참조)라고 용서를 구하기도 했다. 헤로도토스는 이처럼 신들에 대한 언급을 가급적 자제했다. 그는 그리스인들의 전통적인 신앙과 신화를 일관되게 부인할 정도로 혁신적이지는 못했다. 당시 그리스인 대부분은 자신들의 전통적인 신앙을 부정하지 못했고 무신론자는 더더욱 아니었다. 신들에 대한 헤로도토스의 신중한 태도는 당시 그리스인들의 이런 태도를 반영한 것이라 하겠다. 그의 한계는 그의 시대의 한계였던 것이다.

신들에 대한 이야기를 꺼렸지만, 헤로도토스의 역사서술에는 그리스 신화가 자주 등장한다. 그것은 여담을 위한 소재가 되기도 하고 그의 논거를 위해 활용되기도 한다. 그는 때로는 신화의 내용을 부정하기도 하고 때로는 내용을 수정하여 받아들이기도 하고, 때로는 자신의 견해를 표명함이 없이 신화를 소개하기만 한다. 헤로도토스는 가능하다면 자신의 견문 지식이나 현실적 타당성에 입각해 신화를 부정 혹은 수정하고자 했다. 그러나 아무런 논평 없이 신화를 그냥 전해 주기도 했다. 예를 들어 아테나와 포세이돈의 경쟁 이야기, 디오니소스의 탄생과 양육 이야기, 에우로페를 찾아 나선 카드모스의 항해 이야기가 그 사례다. 아마 그 신화들에 대한 논평을 꺼렸거나 아니면 신화들에 대해 판단할 수 있는 근거가 충분치 않았기 때문이었던 것 같다.

이처럼 신화에 대한 헤로도토스의 입장은 모순된 양상을 보인다. 그는 신들에 대한 경외감에서 신들의 이야기를 꺼리면서도 신화를 자주 거론한다. 그래도 그의 신화서술에 나타나는 특징은 기본적으로 탈(脫)신화화한 역사를 기술하고자 노력했다는 점이다. 적어도 그는 그리스 신화를 무비판적으로 수용하지는 않았다. 그는 사정이 허락하는 한 기존의 신화를 그대로 받아들이지 않고 재해석하고자 노력했던 것이다.

헤로도토스의 그리스 중심주의와 다문화 인식

고대 그리스인의 정체성은 그 개인이 속한 사회적 혹은 정치적 범주에 따라 다양하게 나타났다. 예를 들어 가족이나 부족·국가(폴리스)의 성원으로서 소속감을 갖기도 하고, 그리스인으로서 정체성을 지니기도 했다. 그중 대표적인 정체성은 폴리스 구성원으로서의 정체성이었다. 그러나 그리스-페르시아 전쟁 후에는 전에 비해 그리스인으로서의 정체성이 좀 더 강화되었다. 그리스인은 전쟁 이전부터 자신들과 이방인을 구분했다. 이방인을 나타내는 '바르바로이'(barbaroi)는 그리스어를 사용하지 않는 자들을 가리키는 말이었다. 이는 언어의 차이에 따른 구분이었을 뿐이고 그 구분에 어떤 가치판단이 포함되지는 않았다. 그런데 전쟁 이후에 구분 의식은 더욱 확고해지고 나아가 그리스인의 우월 의식으로 발전했다. 다수의 그리스인 국가들이 이방인인 페르시아의 침입에 공동으로 대처하면서 자신들의 유대를 확인했고, 전쟁의 승리를 통해 그들의 역량과 가치에 대한 긍지가 고조되었던 것이다. 이제 그리스인들은 자신들의 본성과 가치가 이방인들보다 더 우월하다고 여겼다. 즉 자신들은 검약과 절제의 미덕을 갖추고, 군사적으로 용맹하고, 자유를 애호하고, 합리적으로 사유하고, 탁월한 도덕과 교양을 갖춘 자들인 데 비해 이방인들은 사치와 무절제에 빠져 있고, 군사적으로 비겁하고, 복종을 좋아하는 노예근성을 타고났고, 지적으로 결핍되고, 무지하고 부도덕한 자들로 여겼던 것이다. 이와 같은 이분법적 인식은 전쟁 이후의 그리스인들 문헌에 자주 등장한다.

　헤로도토스에게서는 조국 할리카르나소스에 대한 충성심보다 그리스인으로서의 정체성이 더욱 두드러지게 나타난다. 헤로도토스도 대체로 조국 할리카르나소스를 우호적으로 묘사했다고 할 수 있다. 그는 『역사』에서 할리카르나소스를 자주 언급하지는 않지만, 할리카르나소스인들인 아르테미시아·파네스·크세이나고레스의 행적을 찬미한다. 특히 아르테미시아는 크세륵세스 왕의 그리스 원정 때 참전하여 왕에게 큰 총애를 받은 인물로 묘사된다. 그러나 헤로도토스는 할리카르나소스인의 불미스러운 행적을 언급하기도 했다. 즉 과거에 아가시클레에스라는 할리카르나소스인이 규범에 어긋난 일을 하여 할리카르나소스인들이 트리오피온 신전에 출입하지 못하게 되었다는 것이다(제1권 제144장 참조). 따라서 헤로도토스가 할리카르나소스에 대해 우호적인 태도를 보이기는 했지만, 특별히 할리카르나소스 중심적 인식을 드러냈다고 보기는 어렵다.

　그에 비해 헤로도토스의 그리스 중심적 인식은 보다 분명하게 나타난다. 『역사』에 나타난 헤로도토스의 서술 관점은 기본적으로 그리스인의 입장이었다. 『역사』가 그리스어로 저술되고 주 독자도 그리스인들이었으니만큼, 그런 관점은 사실 당연한 것이라 하겠다.

　우선 방위 표현에서 헤로도토스의 그리스 중심적 시각이 나타난다. 그는 소아시아의 할리스 강을 기준으로 서쪽을 가리킬 때에는 '할리스 강 안쪽'이라고 표현하고, 강의 동쪽을 가리킬 때에는 '할리스 강 너머'라고 표현한다(제1권 제6장, 제103장 참조). '할리스 강 안쪽'은 강을 어느 쪽에서 보느냐에 따라 강의 동쪽이 되기도 하고 강의 서쪽이 되기도 한다. 여기서 그것이 강의 서쪽을 나타낸 것이라면 그리스인의 관점에서 방위를 표현한 것이 된다. 이와 같은 점은 다른 지명을 표현할 때에도 나타난다. 예를 들어 그리스인들의 서쪽에 위치한 헤라클레스 기둥들을 기준으로 하면, '헤라클레스 기둥들 너머'는 기둥들의 서쪽을 가리킨다(제1권 제203장 참조). 또한 '아케론 강 안쪽'도 아케론 강의 동쪽을 나타낸다(제8권 제47장 참조). 그리스인 중심의 방향 감각은 그리스인들의 북쪽과 남쪽에 사는 자들의 방위를 나타낼 때에도 역시 확인된다. 하지만 그리스인들과 반대의 방향 감각이 표출되기도 하는데, 이는 페르시아 군대가 그리스로 진군하는 대목에만 나온다. 즉 마케도니아의 동쪽을 말할 때 '마케도니에 안쪽'이라 표현하고, 유럽의 아시아 쪽 지역을 말할 때 '에우로페의 앞쪽'이라고 표현했던 것이다(제6권 제44장, 제7권 제126장 참조). 이런 표현이 그리스로 진군하는 대목에만 나오는 것을 보면, 헤로도토스가 진군하는 페르시아 군대의 입장에서 묘사하려 했거나 자신이 수집한 자료들의 표현을 그대로 사용했을 가능성이 크다.

외국의 지명이나 문물의 명칭에서도 헤로도토스의 그리스 중심적 관점이 드러난다. 그는 외국의 지명과 종족 이름을 그리스식으로 표현하곤 했다. 예를 들어 이집트의 도시 이름을 그리스식으로 헬리우폴리스, 헤르메오폴리스, 네에폴리스라고 불렀는데, 이들 이름은 현지 지명이 아니고 그리스식으로 해석한 것들이다. 즉 그 이름들은 그리스말로 '헬리오스의 도시', '헤르메스의 도시', '신도시'를 뜻하기 때문이다. 헤로도토스는 이방인 종족들의 이름도 그리스식으로 부르곤 했다. 안드로파고이, 이크티오파고이, 로토파고이, 멜랑클라이노이가 그 예들이다. 안드로파고이는 그리스어로 '사람'·'인간'을 뜻하는 '아네르'와 '먹다'를 뜻하는 '파게인'의 합성어로 '인육을 먹는 자들', '식인하는 자들'을 의미한다. 마찬가지로 이크티오파고이는 '물고기를 먹는 자들'을, 로토파고이는 '로토스를 먹는 자들'을 의미한다. 또 멜랑클라이노이는 '검다'라는 뜻의 그리스어 '멜라스'와 '외투'·'겉옷'을 나타내는 '클라니스'의 합성어로 '검은색 옷을 입은 자들'을 의미한다.

특히 헤로도토스는 외국의 신들을 그리스 신의 이름으로 부르는 일이 허다했다. 예를 들어 이집트의 아몬을 제우스, 이시스를 데메테르, 오시리스를 디오니소스, 호루스를 아폴론으로 불렀고, 아시리아의 밀리타, 아라비아의 알릴라트, 페르시아의 미트라를 모두 아프로디테라고 불렀다. 또 스키타이 신들도 파파이오스를 제우스, 타비티를 히스티아, 고이토시로스를 아폴론, 아르김파사를 아프로디테, 타기마사다스를 포세이돈으로 불렀다. 물론 그가 외국 신들의 현지 이름을 소개한 경우도 있지만, 그보다는 대체로 그리스 신의 이름으로 외국 신들을 부르곤 했다. 이는 외국 신들의 이름에 생소한 그리스인 독자들을 고려한 것일 수 있지만, 그래도 그리스인 위주의 인식을 드러낸 것이라 하겠다. 그래서 외국 신들에 대한 헤로도토스의 서술에서는 외국 신과 그리스 신을 확실히 구분해 읽어야 한다. 예를 들어 이집트 서술에 등장하는 디오니소스 이름은 그리스 신을 가리키는 경우도 있고 이집트 신을 가리키는 경우도 있다. 이를 구분하지 않으면 그리스 신화와 이집트 신화가 잘못 뒤섞여 심각한 오해를 초래할 수 있는 것이다.

헤로도토스의 그리스 중심적 시각은 방위와 명칭뿐 아니라 이방인에 대한 인식에서도 확인된다. 그가 특히 그리스인들과 이방인들의 차이로 부각하는 것은 자유와 예속에 대한 것이었다. 이처럼 대조적인 인식은 『역사』에서 수시로 표출된다. 『역사』의 핵심 주제가 그리스인들과 이방인들이 자유와 예속을 놓고 벌인 전쟁인 만큼, 자유와 예속이라는 가치 대립은 반복되어 나타난다. 헤로도토스는 이 전쟁의 기원을 설명할 때에도 자유와 예속을 언급한다. 그는 그리스인들과 이방인들 사이 대립의 역사를 크로이소스라는 인물로부터 설명하는데, 크로이소스는 최초로 그리스인들을 복속시켜 그리스인들에게서 자유를 빼앗은 자로 묘사된다. 크로이소스의 리디아 왕국을 멸망시킨 페르시아인들도 그리스인들을 지배하고 예속시킨 자들로 언급된다(제1권 제5~6장, 제27~28장, 제130장, 제169장 참조). 전쟁 과정에서도 자유의 명분은 그리스인들의 저항을 정당화하는 근거로 제시되곤 한다. 이오니아인들이 페르시아에 항거할 때 포카이아의 디오니시오스는 자신들이 자유민이냐 노예냐를 가르는 고비에 처해 있다고 말했고, 마라톤 전투 때에 아테네의 장군 밀티아데스는 자유와 예속의 논리를 들어 전쟁을 독려했고(제6권 제11장과 제109장 참조), 플라타이아 전투 때도 스파르타인 파우사니아스가 그 전투를 "지금 헬라스가 자유를 누리느냐 아니면 예속되느냐를 가르는 아주 중요한 싸움"(제9권 제60장 참조)이라고 묘사했던 것이다.

『역사』에서 페르시아인들은 자유를 누리지 못하는 예속적인 존재로 묘사된다. 이는 자유를 추구하는 그리스인들과 대조를 이룬다. 예를 들어 그리스 사절들이 한 페르시아 장군에게 말하기를, 그는 노예이고 자유를 겪어 보지 못했지만 자신들은 자유를 누리는 자들이라고 한다. 그래서 페르시아인은 그리스인들이 왜 그렇게 자유를 위해 싸우는지 이해하지 못한다는 것이다. 그 사절들은 또한 페르시아 왕의 면전에서도 부복(俯伏)을 거부했다(제7권 제135~36장 참조). 왕에 대한 부복은 바닥에 완전히 엎드려 경배하는 것이니, 이는 페르시아인들의 복종적 관행을 잘 보여 주는 것이었다. 스파르타 사절들이 부복을 거부한 이유는 자유민으로서 품위를 지키려는 것이었다. 또 헤로도토스는 페르시아인 오타네스의 후손들이 페르시아인 중에서 유일하게 자유를 누린다고 말했다(제3권 제83장 참조). 헤로도토스에 의하면, 오타네스 후손들이 자유를 누린 것은 오타네스의 특별한 공로 덕분이고 예외적인 사례였다. 이는 페르시아인 대부분이 자유를 누리지 못한다는 것을 의미한다. 여기서도 자유를 애호하는 그리스인들과 예속적인 이방인들의 모습이 상반되게 그려진다.

하지만 헤로도토스의 그리스 중심적 성향은 다른 그리스인들에 비하면 편파성이 덜한 셈이었다. 당시 그리스인들의 저술에는 차별적 우월 의식이 빈번하게 표출되고 있었다. 하지만 헤로도토스는 그리스인들의 우월 의식을 제한적으로 표현했을 뿐이다. 그는 그리스인을 찬미하고 이방인들을 비판하기도 했지만, 우월한 그리스인과 열등한 이방인이라는 이분법적 태도를 고수하지 않았다. 그는 그리스인의 어리석음을 지적하기도 하고 이방인의 제도와 가치를 찬미하기도 했다. 그는 페르시아인의 법과 관습, 바빌론인의 관습, 이집트인의 지혜와 경건성, 스키타이인의 지혜를 크게 찬미했고, 그리스의 일부 신앙과 종교제식이 이집트에서 기원했다고 주장한 것이다. 그래서 후일 헤로도토스는 이방인을 애호한다는 비판을 받을 정도였다.

헤로도토스는 기본적으로 그리스인뿐 아니라 여러 이방인 종족들의 풍습과 문화가 지닌 고유한 가치를 존중했다. 그는 페르시아의 크세르크세스 왕이 외국의 신앙과 관습을 무시한 데 대해 비판하면서, 모든 사람들은 바로 자신들의 관습을 최상의 관습으로 여긴다고 주장한다. 그는 장례 때 시신을 태우는 그리스인들의 관습과 시신을 먹는 인도인들의 관습을 사례로 들면서, 사람들은 각자 자신들의 방식대로 장례를 치르기를 선호한다고 설명한다(제3권 제38장 참조). 인간들의 다양한 문화를 어느 하나의 문화를 기준으로 판단해서는 안 된다는 것이 헤로도토스의 입장이었다. 이처럼 헤로도토스는 이방인의 관습과 가치의 소중함을 인정하는 일면도 지니고 있었다. 헤로도토스가 그리스인과 페르시아인뿐 아니라 다양한 종족들의 이야기를 자세히 서술한 것은 각 종족들에 대한 그의 고른 관심 덕분이었다.

헤로도토스에 대한 평가

헤로도토스의 『역사』는 출간 이후부터 많은 관심과 비판의 대상이 되어 왔다. 고대 때부터 그에 대한 평가는 크게 엇갈렸다. 한쪽에서는 그를 역사서술의 개척자 혹은 대표자로 평가하고자 했고, 다른 쪽에서는 그를 신뢰하기 어려운 거짓말쟁이로 평가해 왔다. 아리스토텔레스(Aristoteles)는 역사와 시를 구분하여 그 차이를 설명하면서, 역사서술의 사례로 헤로도토스를 든다. 이는 아리스토텔레스가 헤로도토스를 역사서술의 대표적인 인물로 여겼음을 의미한다. 그 후 역사의 원조로서 헤로도토스의 명성은 키케로(Cicero)의 언급을 통해 공식화되었는데, 키케로는 헤로도토스를 '역사의 아버지'로 지칭했던 것이다. 솔리누스(Solinus)도 이러한 평가를 이어받아 헤로도토스를 '역사의 건설자들'에 포함시켰다. 반면 투키디데스는 헤로도토스 역사서술의 신뢰성을 은근히 비판한다. 투키디데스는 말하기를, 자신의 글에 설화(說話)가 없어서 듣기에 재미가 덜할 것이지만 자신은 영원히 간직될 재산으로서 작품을 쓴다고 했다(투키디데스, 『역사』 제1권 제22장 제4절 참조). 이는 흔히 헤로도토스를 겨냥한 발언으로 해석된다. 즉 헤로도토스의 글은 재미있는 이야기가 많아 듣기에 좋지만 영원히 간직될 가치가 부족하다는 비판을 담고 있는 것이다. 헤로도토스를 '역사의 아버지'라고 부른 키케로도 헤로도토스의 글에는 거짓된 이야기가 수없이 많다고 비판했다. 사료 비판에 관한 한, 헤로도토스는 그리 좋은 평판을 누리지 못했다. 그의 『역사』에는 공상적이고 허황된 이야기와 믿을 수 없는 거짓말이 많아 역사서로서 신뢰하기 어렵다는 평가가 이미 고대부터 제기되어 왔다. 고대인들은 대체로 헤로도토스를 재미있는 이야기꾼으로 여겼던 것이다. 헤로도토스 서술의 신뢰성에 대한 부정적 평가는 근대에 와서도 계속 유지되었다. 특히 19세기에 문헌 고증 위주의 실증사학과 객관적 역사서술이 강조되면서 투키디데스의 위상이 부각되고 상대적으로 헤로도토스의 입지는 축소되었다.

헤로도토스 평가가 긍정적으로 변하게 된 것은 20세기에 들어와서다. 문헌 위주의 전통적 역사 연구 방식에 비판이 제기되고 인류학, 지리학, 민속학 등에 대한 관심이 높아지면서 헤로도토스의 역사서술에 대한 평가가 달라진 것이다. 헤로도토스의 『역사』는 고대의 정치뿐 아니라 종교, 신화, 풍습, 지리 및 동식물 등 다양한 주제를 다루고 있어 고대 세계에 대한 지식의 보고(寶庫)로 부각되었다. 지역적으로도 그리스뿐 아니라 페르시아, 리디아, 이집트, 스키타이, 바빌론 등의 지역을 다루고 있어서 고대 세계의 지역사 연구에 귀중한 자료가 되고 있다. 사실 고대 이집트와 페르시아·스키타이 등에 대한 자국민의 역사서술이 부족하기 때문에 일단은 헤로도토스의 『역사』

를 기준으로 그들의 역사를 구성할 수밖에 없다. 이런 면에서 헤로도 토스의 『역사』는 고대 지중해 세계의 공통 역사서라 할 만하다.

물론 헤로도토스 역사서술의 신뢰성에 대한 의문은 여전히 남아 있다. 그러나 역사서술의 선구자 헤로도토스를 후대의 시각으로 평 가해서는 안 된다. 특히 19세기 이후에 확립된 근대 역사학의 엄격한 기준에 따라 그를 평가하는 것은 시대착오적 오류에 빠지기 쉽다. 헤 로도토스에 대한 진정한 평가를 하자면, 우선 그의 탐구 여건에 대한 고려가 전제되어야 할 것이다. 그리스-페르시아 전쟁에 대한 자료 가 불완전하고 미흡했던 기원전 5세기에 한 개인이 오랜 과거의 일 을 규명하여 기록한다는 것은 실로 버거운 작업이었다. 그런 여건에 서 역사가 헤로도토스는 지중해 지역 도처를 직접 여행하며 자료를 수집하고 정리하여 『역사』를 저술했다. 더욱이 신뢰하기 어려운 구 전 자료들 속에서도 나름의 사료 비판을 통해 최대한 진실을 규명하 고자 한 것은 대단한 업적이 아닐 수 없다. 따라서 헤로도토스의 『역 사』를 평가할 때에는 결과로만 판단하지 말고 그것이 어떤 탐구 여 건에서 저술되었는지를 함께 고찰할 필요가 있다. 그래야만 헤로도 토스 작업의 역사적 의미가 더욱 분명히 부각될 것이기 때문이다.

【 옮긴이의 말 】

헤로도토스 저작 『역사』의 원본 텍스트는 현존하지 않고, 지금의 텍스트는 주로 중세 필사본들에 의거한 것이다. 서기 2세기의 파피루스 단편이 『역사』의 가장 오랜 필사본이지만 극히 일부 대목만을 전할 뿐이다. 전체 텍스트를 전해 주는 가장 오랜 필사본은 서기 10세기경의 라우렌티아누스(Laurentianus) 사본이다. 이외에도 서기 11~14세기경의 로마누스(Romanus) 필사본과 바티카누스(Vaticanus) 필사본 등이 전체 텍스트를 전해 준다. 그러나 이들 필사본은 내용이 정확하게 일치하지 않기 때문에, 기존의 파피루스 사본과 중세의 필사본들을 바탕으로 『역사』의 텍스트 복원 작업이 진행되었다. 복원된 텍스트 중 대표적인 것은 슈타인 텍스트(H. Stein, *Herodoti Historiae*, 5 vols., 제5판, Berlin, 1883~93)와 후데 텍스트(C. Hude, *Herodoti Historiae*, 2 vols., 제3판, Oxford, 1927)다. 현재 텍스트의 권과 장 구분, 구두점은 모두 근대의 텍스트 편집 과정에서 이뤄진 것이다.

이 번역은 슈타인 텍스트(제5판)를 근간으로 했고, 주석을 위해 R. W. Macan, *Herodotus, The Fourth, Fifth, and Sixth Books*, 2 vols., London, 1895; *Herodotus, The Seventh, Eighth, and Ninth Books*, 2 vols., London, 1908; W. W. How & J. Wells, *A Commentary on*

Herodotus, 2 vols., Oxford, 1957; R. A. McNeal, *Herodotus Book 1*,
London, 1986; D. Asheri 외, *A Commentary on Herodotus Books I
～IV*, Oxford, 2007; A. M. Bowie, *Herodotus. Histories Book VIII*,
Cambridge Univ. Press, 2007; M. A. Flower, *Herodotus. Histories
Book IX*, Cambridge Univ. Press, 2002를 참고했다. 기존 번역본으
로는 A. D. Godley, *Herodotus,* 4 vols., Harvard Univ. Press, 1966～
71; A. de Selincourt, *Herodotus. The Histories*, Harmondsworth,
1954; D. Grene, *The History. Herodotus*, The Univ. of Chicago
Press, 1987; R. Waterfield, *Herodotus. The Histories*, Oxford Univ.
Press, 1998; R. B. Strassler, *The Landmark Herodotus*, N.Y., 2007;
천병희, 『역사』, 숲, 2009를 참고했다.

　나는 헤로도토스의 원문을 가급적 충실하게 직역하는 것을 목표로
삼았다. 헤로도토스의 『역사』는 서양에서 가장 오래된 역사학 고전
이므로 그 문장과 자구 하나하나가 독자에게 충실하게 전달될 필요
가 있다. 읽기에 쉬운 의역을 하다 보면 그의 서술이 갖는 역사성을
놓치는 오류를 범할 수 있기 때문이다. 물론 문장의 가독성을 무시할
수 없어 필요할 경우 의역을 하기도 했지만, 원칙적으로 원문 자구에
충실한 번역을 했음을 밝힌다. 그러다 보니 외국어 표기도 아티카 방
언이나 영어식 표기를 사용하지 않고 헤로도토스가 사용한 원어와
이오니아 방언을 그대로 존중했다.

　나는 고대 그리스 역사를 전공하면서 헤로도토스의 도움을 많이
받았다. 헤로도토스의 『역사』는 아득한 고대 그리스의 세계를 탐사
할 때 필수적인 안내서가 되었다. 또 그를 통해 그리스인들의 역사
인식과 역사서술을 이해했고, 그리스인들의 정체성과 이방인에 대한
인식, 그리스 신화와 종교에 접근할 수 있었다. 이런 의미에서 『역사』
의 번역은 나에게 막중한 과업이면서도 동시에 크나큰 기쁨이었다.
더욱이 헤로도토스의 『역사』에는 광대한 시공(時空)을 아우르는 수많
은 인간의 이야기가 다채롭게 기록되어 있다. 그것들은 필요할 때마

다 언제든 꺼내 쓸 수 있는 방대한 자료가 된다. 인간만큼 인간을 잘 아는 존재는 없고 인간만큼 인간을 잘 알게 해 주는 존재도 없다. 이 점에서 헤로도토스의 『역사』는 다양한 시공 속의 인간 묘사를 통해 인간과 인간성을 알게 해 주는 귀중한 보고라 할 수 있다.

이 번역 작업에서도 많은 사람들의 도움을 받았다. 먼저 번역 작업을 지원해 준 구원장학재단에 감사드린다. 또 학술적·개인적 교류를 통해 옮긴이의 지적 성장과 번역 작업에 큰 도움을 준 아주대 인문대학의 모든 동료 교수들에게도 깊은 감사의 마음을 전한다. 그리고 고전번역 출간이라는 원대한 의욕을 지니고 이 번역 작업을 성원해 준 '도서출판 길'과 이승우 실장께도 감사 드린다. 마지막으로 오랜 번역 작업을 직접 지켜보며 여러모로 도움을 준 가족에게 고마움을 전한다.

2016년 10월

아주대 다산관 연구실에서
김봉철 씀

차례

제 1 권

제 2 권

제 3 권

제 4 권

제 6 권

제 7 권

제 8 권

제 9 권

【 일러두기 】

✦ 그리스 문자의 표기는 가능한 한 로마자로 바꿔 적었다. 그리스 문자의
로마자 표기법은 페르세우스 디지털 라이브러리(Perseus Digital Library:
www.perseus.tufts.edu)의 어형론적 분석 규칙을 따르되, 필요한 경우가
아니면 장단모음을 구분하지 않았다. 예를 들어 β는 b, δ는 d로 하고, ε와
η는 장단 구분 없이 모두 e로 표기했다.

✦ 그리스어의 한글 표기는 한국서양고전학회의 '고전희랍어 우리말 표
기법안'(「한국서양고전학회 소식」, 제2호, 1987) 중 '한글표기'를 따랐
다. 단 υ는 현재 그리스어 발음을 존중하여 '이'로 적었다. 또 외래어 표
기법에 따라 장모음의 장음 표기는 하지 않았고, 이중모음은 각 단모음의
음가를 살려서 표기했다. 예를 들어 Doriees(Δωριέες)는 '도리에스'로,
Heraklees(Ἡρακλέης)는 ε와 η가 서로 다른 음가를 가지므로 '헤라클레
에스'로 표기했다.

✦ 한글 쓰기를 원칙으로 했으나, 의미 전달을 위해 불가피한 경우에는 ( )
안에 한자를 병기했다.

✦ 그리스어 고유명사 표기는 헤로도토스의 원어 표기에 따라 이오니아 방
언을 그대로 적었다. 이는 헤로도토스의 역사적 표현을 존중하려는 것이
다. 그러나 이오니아 방언이 아티카 방언에 비해 생소한 만큼 중요한 단어
는 독자들의 편의를 위해 '찾아보기'에서 아티카 방언이나 영어식 표기를
병기했다. 예를 들어 아시에(Asie, 아시아Asia), 아이깁토스(Aigyptos, 이

집트Egypt), 아테나이에(Athenaie, 아테나Athena)라고 적었다. 한편 텍스트 본문 외의 옮긴이 주 등에서는 필요한 경우 헤로도토스의 원어를 쓰지 않고 보다 대중화된 표현(영어식 표기나 아티카 방언)을 사용했다. 예를 들어 텍스트 본문에서는 '아시에', '아이깁토스', '아테나이에'라 표기하고, 텍스트 본문 외의 옮긴이 주 등에서는 '아시아', '이집트', '아테나'라고 적었다.

✦ 종족이나 주민 등의 집단 명칭은 그 명칭이 유래한 지명이나 인명을 기준으로 표기했다. 그 지명이나 인명은 헤로도토스가 언급한 용례를 그대로 따랐다. 예를 들어 '아테나이오이'는 '아테나이인들', '페르사이'는 '페르시스인들', '스키타이'는 '스키티에인들'로 표기했다. 그러나 집단 명칭의 기준이 되는 지명이나 인명이 언급되지 않는 경우에는 본문에 언급된 집단 명칭을 그대로 따랐다. 예를 들어 '아길라이오이', '간다리오이'는 그대로 표기했다.

✦ 본문의 모든 주석은 텍스트의 이해를 돕기 위해 옮긴이가 작성한 것이다.

✦ 본문에서 [ ] 안의 부분은 원래 텍스트가 아니고 후대의 가필(加筆)이나 오기(誤記)로 간주되는 대목이다. 또 텍스트의 누락 부분을 복원한 대목도 [ ] 안에 표시했다. [ ] 대목마다 따로 옮긴이 주를 달아 각각의 상황을 설명했다.

제 1 권

할리카르네소스[1]의 헤로도토스는 그의 탐구 결과[2]를 다음과 같이   1
밝힌다. 이는 인간들이 이룬 일들이 시간이 흐르면서 잊히지 않도록
하고, 또 헬라스인들과 이방인(異邦人)들[3]이 보여 준 위대하고 놀라운
행적들과 특히 그들이 서로 전쟁을 벌인 원인이 세상에 널리 알려지
도록 하려는 것이다.[4]

페르시스의 학식 있는 자들은 포이니케인들이 불화의 원인이었다
고 말한다. 포이니케인들이 홍해라고 불리는 바다에서 이쪽 바다[5]로

---

1   소아시아 이오니아 지방 남쪽에 위치한 고대 그리스인의 국가. 현재 터키의
    보드룸(Bodrum)에 해당한다.

2   '탐구 결과'는 '히스토리에'(historie)를 번역한 말이다. '히스토리에'는 (1)탐
    구 혹은 추구, (2)탐구 결과, 탐구를 통해 얻은 지식, (3)탐구 결과에 대한 기
    술 혹은 이야기를 의미했다. 원래 '히스토리에'는 역사서술과 특별히 관련된
    말이 아니고 모든 영역의 지식에 대한 '탐구 활동'과 연관된 말이었다. 하지만
    헤로도토스가 자신의 역사 탐구를 '히스토리에'로 표현하고 그 결과를 역사
    서로 저술한 이래, 헤로도토스의 역사서에 담긴 서술 동기 및 서술 목적, 서술
    대상, 탐구 방식은 역사서술의 선구적인 모범이 되었다.

3   '헬라스인들'은 '헬레네스'(Hellenes)를, '이방인들'은 '바르바로이'(barbaroi)
    를 번역한 말이다. '바르바로이'는 '헬라스인들'과 말이 다른 비(非)헬라스인
    들을 지칭하는데, 이 책에서는 '바르바로이'를 '이방인들'로 번역하기로 한다.
    '바르바로이'를 '야만족'이라고 번역하면 미개하고 열등한 종족이라는 부정
    적 의미를 내포하므로 적절하지 않고, 또 '이민족'이라는 표현도 당시 고대 세
    계에서 '민족'의 개념과 실체가 아직 정립되지 않았기에 적절치 않다. 고대 그
    리스인들은 흔히 인간 전체를 그리스인(즉 헬라스인)과 이방인으로 구분하곤
    했는데, 이는 그리스 중심적인 이분법적 구분이라 하겠다.

4   이 서문이 원래의 헤로도토스 텍스트에서 본문에 속했는지 아니면 별도의 서
    문이었는지는 지금도 논란거리다. 서문이 본문 필사본과는 따로 발견되었기
    때문이다. 그래서 텍스트 편찬자들에 따라 서문을 본문에 포함시키기도 하고
    따로 적기도 한다. 이렇게 저자 이름과 저술 목적을 밝히는 서문은 헤로도토
    스 이전의 헤카타이오스와 이후의 투키디데스에게서도 나타나고, 투키디데스
    의 경우에는 서문이 본문에 포함되어 있다. 그래서 옮긴이는 이 서문을 헤로
    도토스의 본문에 속하는 일부로 보아 제1권 제1장에 포함시켰음을 밝힌다.

들어왔는데, 그들은 지금 자신들이 살고 있는 지역에 정착하자 곧이어 원거리 항해에 종사했다고 한다. 포이니케인들은 아이깁토스와 아시리에의 물품들을 싣고 다른 곳들도 갔고 특히 아르고스에도 들렀다고 한다. 당시 아르고스는 지금 헬라스라고 불리는 지역에 있는 나라들 가운데 모든 면에서 뛰어났다. 포이니케인들은 이 아르고스에 도착하여 그들의 물품을 내놓았다고 한다.[6] 그들이 도착한 지 닷새쨋가 엿새째 날에 물건이 거의 다 팔렸을 때, 왕의 딸이 많은 여자들과 함께 바닷가로 나왔다고 한다. 그녀의 이름은 이나코스의 딸 이오였다고 하는데, 헬라스인들도 그와 똑같이 말한다. 그 여자들은 선미(船尾) 근처에 서서 가장 맘에 드는 물건들을 사고 있었다고 한다. 그런데 그때 포이니케인들이 서로를 충동이며 그녀들에게 덤벼들었다고 한다. 여자들은 대부분 도망쳤지만, 이오는 다른 여자 몇 명과 함께 붙잡혔다고 한다. 이에 포이니케인들은 그녀들을 배에 태우고 아이깁토스를 향해 출항했다고 한다.

2   페르시스인들은 말하기를, 이렇게 해서 이오가 아이깁토스로 가게 되었고—하지만 헬라스인들은 그렇게 말하지 않는다[7]—, 이것이 부

---

5   헤로도토스가 말하는 '홍해'는 오늘날의 홍해가 아니고 페르시아 만 부근의 바다, 즉 오늘날의 인도양을 가리킨다. 반면에 그는 오늘날의 홍해에 대해서는 아라비아 해만(海灣)이라고 부른다(제2권 제11장. 이하 특별한 언급이 없으면 모두 이 책의 권과 장을 말한다.). 한편 '이쪽 바다'는 오늘날의 지중해를 가리킨다. 헤로도토스는 그리스인 중심의 지리적 입장에서 지중해를 그들과 가까운 '이쪽 바다'로 표현하고 있는 것이다.

6   헤로도토스는 자신이 말하는 이야기의 출처를 비교적 충실하게 밝힌다. 헤로도토스가 남에게서 들은 이야기를 전하는 대목은 헤로도토스 자신의 이야기와 명확히 구분될 필요가 있다. 그래서 이 책에서는 헤로도토스가 남의 이야기를 전하는 경우에는, '……라고 한다'의 표현을 생략하지 않고 명기하기로 한다. 사실 이는 문맥상 매끄럽지 않고 번거로운 표현이지만, 헤로도토스 자신의 판단에 의한 서술과 그가 남에게서 듣고 전하는 서술을 엄격하게 구분할 필요가 있기 때문에 굳이 그렇게 표현하려는 것이다.

당 행위의 첫 번째 시작이었다고 한다. 그들의 말에 의하면, 그 후에 어떤 헬라스인들―페르시스인들은 이들의 이름을 말하지 못한다―이 포이니케의 티로스에 가서 왕의 딸인 에우로페를 강탈해 갔다고 한다. 이 헬라스인들은 아마 크레테인들이었을 것 같다. 페르시스인들은 말하기를, 거기까지는 서로 똑같이 되갚은 것이었지만 그 후 두 번째 부당 행위의 원인은 헬라스인들이었다고 한다. 헬라스인들이 기다란 배[8]를 타고 콜키스의 아이아 및 파시스 강까지 항해했고 거기서 그들이 목표로 한 여러 용무들을 완수하고서 왕의 딸인 메데이에를 강탈해 갔다는 것이다.[9] 콜키스 왕은 헬라스에 사절을 보내 약탈에 대한 배상을 요청하고 딸을 되돌려 줄 것을 요구했다고 한다. 그러나 헬라스인들은 저들이 아르고스의 이오를 약탈한 행위에 대해 아무런 배상을 해 주지 않았다고 대답하고, 따라서 자신들도 저들에게 아무것도 주지 않겠다고 말했다 한다.

그 후 다음 세대 때에 프리아모스의 아들 알렉산드로스[10]가 이 이야기를 듣고, 자신은 아내를 헬라스에서 약탈해 얻겠다고 결심했다 한다. 그는 자신이 아무런 배상을 하지 않아도 될 것임을 확실히 알

---

7 그리스 신화에서는 제우스의 사랑을 받은 이오가 헤라의 질투에 의해 이집트까지 쫓겨 갔다고 한다.

8 '기다란 배'는 선체가 길쭉한 전선(戰船)을 가리킨다. 반면 선체가 둥근 배는 상선(商船)을 말한다. 전선은 전투에 필요한 기동력을 높이기 위해 선체를 길쭉하게 만들고, 상선은 화물을 많이 선적하기 위해 전선보다 폭이 넓고 흘수(吃水)도 더 깊다. 고대 그리스에서 배를 움직인 주요 동력은 노를 젓는 인력과 돛에 가해지는 풍력이었다. 전선과 상선 모두 노와 돛을 함께 갖추고 있었지만, 전선에서는 노가, 상선에서는 돛이 주로 이용되었다.

9 이아손이 지도하는 헬라스 영웅들이 펼친 아르고호(號)의 항해 모험을 가리킨다. 이아손 등은 황금 양털을 찾아 콜키스에 갔다가 콜키스의 왕녀 메데이아의 도움을 받아 목적을 달성한 후 메데이아와 함께 귀국했다고 한다.

10 알렉산드로스 대신 파리스(Paris)라는 이름으로도 불린다. 호메로스도 『일리아스』에서 알렉산드로스와 파리스라는 이름을 함께 사용한다.

고 있었던 것이다. 이는 헬라스인들이 아무 배상을 하지 않았기 때문이었다고 한다. 그리하여 그는 헬레네를 납치해 갔는데, 처음에 헬라스인들은 사절을 보내 헬레네를 되돌려 줄 것을 요구하고 약탈에 대한 배상을 청구하기로 결정했다 한다. 그러나 그들이 그런 요구를 제의하자 트로이에인들은 그들에게 메데이아 약탈을 내세우며, 헬라스인들이 자신들은 아무 배상도 하지 않고 또 반환 요청 받은 메데이에를 돌려주지도 않으면서 남들에게선 배상을 바라고 있다고 말했다 한다.

4   페르시스인들은 말하기를, 이때까지는 서로 그저 여자들을 약탈하는 정도였지만 이후에는 헬라스인들의 책임이 매우 컸다고 한다. 즉 그들이 에우로페 원정[11]을 나서기 전에 헬라스인들이 먼저 아시에에 군사 원정을 시작했다는 것이다. 페르시스인들은 "우리 생각에는, 여자들을 약탈하는 것은 불량한 자들의 행동이지만 일단 그녀들이 약탈된 이상 그녀들을 위해 보복한다고 열을 올리는 일은 어리석은 자들의 행동이고, 약탈된 여자들에 대해 관심을 끊는 것이 현명한 자들의 행동이오. 그 여자들이 정녕 원치 않았다면 납치당하지 않았을 게 분명하기 때문이오"라고 말한다. 페르시스인들의 말로는, 아시에 사람들은 여자들이 약탈된 것을 전혀 중요하게 여기지 않았으나 헬라스인들이 라케다이몬의 한 여자[12] 때문에 대군을 소집하고 아시에로 진격하여 프리아모스 군대를 격멸했다고 한다. 그래서 그 이후로 페르시스인들은 헬라스인들을 늘 자신들의 적으로 생각했다고 한다.

----

11 여기서 '에우로페'는 인명이 아닌 지명이다. 에우로페는 아시아, 리비아와 구분되는 땅 이름으로 사용되었다(제2권 제16장과 제4권 제42장 참조). 본문에서 말하는 '에우로페' 원정은 기원전 492~479년에 일어난, 페르시아인의 그리스 원정을 가리킨다.

12 트로이 왕자 알렉산드로스가 납치한 헬레네. 그녀는 스파르타 메넬라오스 왕의 왕비였다.

페르시스인들은 아시에와 그곳에 거주하는 [이방인][13] 종족[14]들이 자기들에게 속한다고 여기는 반면 에우로페와 헬라스인들에 대해서는 자기들과 별개라고 생각하기 때문이다.

페르시스인들은 일이 그렇게 된 것이라고 말한다. 그들은 헬라스 5
인들에 대한 자신들의 적대 관계가 일리온[15] 점령으로 인해 시작되었다고 본다. 반면에 포이니케인들은 이오에 관한 페르시스인들의 이야기에 동의하지 않는다. 포이니케인들의 말로는, 자신들이 그녀를 강탈하여 아이깁토스로 데려간 것이 아니라고 한다. 그녀는 아르고스에서 그 배의 선장과 동침을 했다는 것이다. 그러다 자신이 임신한 것을 알게 되자 부모에게 창피스러워, 자신의 일이 알려지지 않도록 그녀가 스스로 원해 포이니케인들과 함께 출항했다고 한다.

이상의 이야기는 페르시스인들과 포이니케인들이 말한 것이다. 하지만 나로서는 그 일들에 대해 그것들이 이렇게 혹은 저렇게 일어났다는 말을 하지 않겠다. 나 자신은 헬라스인들에게 맨 처음으로 해악을 저지른 사람을 알고 있는데 우선 이 사람에 대해 언급한 다음에,

---

13 하인리히 슈타인(Heinrich Stein)은 이 대목이 헤로도토스의 원래 텍스트에 해당하지 않는다고 보아 [ ] 표시를 했다.

14 '종족'(種族)은 에트노스(ethnos)를 번역한 말이다. 에트노스가 국가 형태를 의미할 때에는 폴리스와 달리 중심 도시가 없는 부족연합체를 가리킨다. 한 편 에트노스가 집단 명칭으로 사용될 때에는 다양한 범주를 포괄한다. 따라서 에트노스는 문맥에 따라 다르게 번역될 수 있다. 그리스인, 이집트인, 리디아인 등을 가리킬 때에는 종족으로 번역하는 것이 적합하다. 특히 이들을 민족으로 번역하는 것은 적절치 않다. 민족은 근대적인 개념이고 정치적인 의지가 포함된 것이기 때문이다. 민족이 성립하려면 공동의 혈통, 영토, 문화 같은 객관적인 기준과 함께 구성원들의 공통적인 소속감 같은 주관적인 기준이 충족되어야 한다. 종족은 민족 이전의 상태라 할 수 있다. 종족은 공동의 조상과 공동의 역사적 경험을 가진 집단이다. 옮긴이는 에트노스를 대개 '종족'으로 번역했고, 문맥에 따라 '국가'로 번역하기도 했다.

15 트로이의 다른 이름.

이야기를 계속해 나갈 것이며 인간들의 크고 작은 도시들에 대해 모두 똑같이 다룰 것이다. 이전에 한때 강성했던 도시들 가운데 많은 경우들이 지금은 미약해졌기 때문이다. 또한 나의 시대에 강성한 도시들이 이전에는 미약한 도시였다. 나는 인간의 행운이 항상 같은 곳에 머물지 않는다는 것을 알고 있으므로, 그 둘을 모두 똑같이 언급할 것이다.

6   크로이소스는 리디에 태생으로 알리아테스의 아들이었는데, 할리스 강 안쪽[16]에 사는 종족들의 통치자였다. 할리스 강은 남쪽[17]에서 발원하여 시리에와 파플라고니아 사이를 흐르다가 북쪽을 향해 에욱세이노스라고 불리는 바다[18]로 흘러 나간다. 우리가 알기에, 크로이소스는 이방인 중에서 최초로 일부 헬라스인들을 정복하여 조세를 내도록 했고 일부 헬라스인들과는 우호 관계를 맺었다. 그는 이오네스인, 아이올레스인, 아시에의 도리에스인을 정복했지만, 반면에 라

----

16 할리스 강은 소아시아에 위치한 강이다. '할리스 강 안쪽'은 강의 서쪽을 가리키는데, 여기서 헤로도토스는 그리스인을 기준으로 지리적 방향을 설정하고 있다.

17 헤로도토스는 방위를 표시할 때 태양과 별 등 천체의 움직임이나 바람의 방향 같은 자연현상을 기준으로 삼았다. 그래서 태양이 뜨고 지는 방향, 하루 중 태양이 위치해 있는 방향, 특정 바람이 불어오는 방향을 기준으로 방위를 표현했다. 이에 따라 그는 '해가 뜨는 쪽', '아침 방향'은 동쪽으로, '해가 지는 쪽', '저녁 방향'은 서쪽으로, '정오 방향'은 남쪽으로, '큰곰자리 방향'은 북쪽으로 표현했다. 여기서 아침, 정오, 저녁 방향은 각각 그때에 태양이 위치한 동쪽, 남쪽, 서쪽을, 큰곰자리 방향은 큰곰자리가 위치한 북쪽을 말한다. 또한 동풍인 에우로스는 동쪽(혹은 남동쪽)을, 서풍인 제피로스, 남풍인 노토스, 북풍인 보레아스는 각각 서쪽, 남쪽, 북쪽을 가리키는 말로 사용된다. 이 책에서는 태양의 위치나 바람의 방향을 기준으로 하는 표현은 직역하지 않고 그냥 동서남북의 방향으로 번역하며, '동쪽의 해 뜨는 방향' 같은 표현들은 헤로도토스의 표현을 존중하여 원어대로 번역하기로 한다.

18 '에욱세이노스(Euxeinos)라고 불리는 바다'는 오늘날의 흑해를 말한다. 헤로도토스는 흑해를 '에욱세이노스 폰토스' 혹은 그냥 '폰토스'로 표현한다.

케다이몬인들[19]과는 우호 관계를 맺었던 것이다. 크로이소스가 통치하기 이전에는 모든 헬라스인들이 자유를 누리고 있었다. 크로이소스 시대 이전에 있었던, 킴메리에인의 이오니에 원정은 그곳 국가[20]들을 정복하지 않고 습격을 통해 약탈하는 정도였던 것이다.

그런데 헤라클레에스의 후손들이 지니고 있던 지배권이 크로이소 7
스 가문 ― 이는 메름나다이라고 불렸다 ― 으로 넘어간 과정은 다음과 같다. 칸다울레스 ― 헬라스인들은 그를 미르실로스라고 부른다 ― 는 사르디에스의 통치자였는데, 그는 헤라클레에스의 아들인 알카이오스의 후손이었다. 알카이오스의 아들은 벨로스이고 벨로스의 아들은 니노스였는데, 니노스의 아들인 아그론이 헤라클레에스 가문 최초로 사르디에스의 왕이 되었고 미르소스의 아들 칸다울레스가 그

---

19 '라케다이몬인들'은 '라케다이모니오이'(Lakedaimonioi)를 번역한 말이다. '라케다이모니오이'는 '스파르티에타이'(Spartietai, '스파르테인들')와 구분된다. 흔히 '스파르티에타이'는 스파르타의 자유민을 가리키고, '라케다이모니오이'는 스파르타 자유민과 페리오이코이를 포함하는 범주로 사용되었다. 스파르타의 자유민과 예속민 구성에 대해서는 제1권 제67장의 옮긴이 주 참조.

20 '국가'는 폴리스(polis)를 번역한 말이다. 폴리스는 고대 그리스 특유의 국가 형태로, 중심 도시와 주변 지역으로 이루어진 소규모 국가였다. 중심 도시는 국가를 대표하는 명칭이 되기도 했지만, 그렇다고 도시가 국가와 동일시되지는 않는다. 그래서 폴리스를 '도시국가'로 이해하는 것은 적절하지 않다. 폴리스는 다양한 의미를 갖는 말이었다. 폴리스는 원래 '성채, 요새'를 뜻했지만, 나중에 '도시', '국가'라는 뜻도 갖게 되었다. 그래서 폴리스에 대한 번역어는 문맥에 따라 달라질 수밖에 없다. 옮긴이는 그리스의 폴리스를 대개 '국가'로 번역했고, 문맥에 따라 '도시'로 번역하기도 했다. 폴리스가 포위와 점령의 대상으로 언급된다든지 성벽과 함께 언급되는 경우에는 '도시'로 번역했다. 또 이집트, 메소포타미아 지역 등에서는 폴리스라는 국가 형태가 존재하지 않았으므로, '도시'로 번역하는 것이 적절하다. 그리스인의 식민 활동 초기에 '폴리스'를 세운다고 할 때에도 아직 미완의 폴리스인지라 '도시'라 할 수 있다.

가문의 마지막 왕이었다. 아그론 이전에 이 나라의 왕이었던 자들은 아티스의 아들인 리도스의 후손이었다. 이 리디에 전체 주민들의 이름은 리도스의 이름을 따서 불리게 되었고, 그전에는 메이오네스인들이라고 불렸다. 바로 이들에게서 헤라클레에스 후손들이 신탁에 따라 통치권을 넘겨받아 차지했는데, 그 헤라클레에스 후손들이란 헤라클레에스와 이아르다노스의 한 여자 노예 사이에 태어난 자들이었다. 그들은 부자 세습으로 왕위를 물려 가며 미르소스의 아들 칸다울레스에 이르기까지 22대의 인간 세대, 즉 505년 동안 통치했다.

8 이 칸다울레스는 자신의 아내를 무척 사랑했는데, 어찌나 사랑했던지 모든 여자들 중에서 그녀가 단연 가장 아름답다고 생각했다. 그런 생각을 하던 차에, 그에게 마침 다스킬로스의 아들인 기게스라는 신하가 있었다. 기게스는 칸다울레스가 호위대 중에서 가장 총애하는 자였다. 칸다울레스는 이 기게스에게 가장 중요한 일들을 다 털어놓곤 했는데, 특히 왕비의 자태에 대해서도 격찬을 늘어놓았다. 그 후 오래지 않아, 칸다울레스는 불행에 처할 운명이었는지라, 기게스에게 이렇게 말했다. "기게스여, 내가 생각하기에 그대는 왕비의 자태에 대해 내가 하는 말을 믿지 않고 있네. 사실 사람들은 눈보다는 귀를 덜 믿는 편이니까. 그러니 그대가 그녀의 벗은 몸을 보도록 하게." 이에 기게스는 큰 소리로 말했다. "전하, 저에게 저의 왕비님의 벗은 몸을 보라고 명하시다니 무슨 당치 않은 말씀이십니까? 여자의 옷이 벗겨지면 동시에 그녀의 존엄성도 함께 벗겨지는 것입니다. 인간들은 예로부터 우리가 마땅히 배워야 할 훌륭한 이치들을 발견했습니다. 그 이치들 중의 하나가 이런 것인데, 즉 각자 자신의 것만 바라보라는 것입니다. 저는 왕비님이 모든 여자들 중에서 가장 아름답다고 믿습니다. 전하께 부탁드리오니, 저더러 법도에 어긋난 일을 하라고 명하지 말아 주십시오."

9 기게스는 이렇게 말하면서 왕의 지시를 거절했다. 그는 그 일로 인해 자신에게 어떤 해악이 발생하지나 않을까 두려웠던 것이다. 그러

나 칸다울레스는 다음처럼 대답했다. "기게스여, 용기를 내게. 내가 그대를 시험코자 이런 말을 하는 것이 아닌가 하여 날 두려워하지 말 것이며, 또한 내 왕비가 그대에게 어떤 해를 끼치지 않을까 하여 그녀를 두려워하지도 말게. 여하간 나는 그대가 보고 있다는 걸 그녀가 전혀 알지 못하도록 조치할 걸세. 나는 그대를 우리가 함께 잠을 자는 방으로 데려가서 열린 문 뒤에 세워 놓을 것이네. 내가 먼저 들어가 있으면 나중에 왕비도 침실로 들어올 것이네. 그런데 출입문 가까이에 의자 하나가 놓여 있네. 왕비는 옷들을 벗어 하나씩 의자 위에 얹어 놓을 것이고, 그러면 그대는 충분히 여유 있게 그녀를 바라볼수 있을 거네. 그런 후 그녀가 의자에서 침대로 다가올 때 그대가 그녀의 등 뒤에 있게 되면, 그때 그녀에게 들키지 않도록 조심해서 문으로 빠져나가게."

기게스는 이를 도저히 회피할 수가 없어서 그리하기로 했다. 칸다울레스는 침실에 들 시간이 되었다고 생각되자, 기게스를 방으로 데려갔고 그 후 곧 왕비도 방에 들어왔다. 그녀가 들어와 옷들을 의자에 얹어 놓는 동안 기게스는 그녀를 바라보았다. 그리고 그녀가 침대로 향할 때 그가 그녀의 등 뒤에 있게 되자, 슬쩍 밖으로 빠져나왔다. 그런데 그녀는 그가 밖으로 나가는 것을 목격했다. 그녀는 그것이 남편의 소행임을 알아차렸다. 그녀는 수치스러웠지만 소리를 지르지 않았고 또 자신이 알아차렸다는 티를 보이지 않았다. 그녀는 맘속으로 칸다울레스에게 복수할 생각을 품었던 것이다. 리디에인들에게나 여타 대부분의 이방인들에게는 벗은 몸을 내보이는 일은 남자라도 큰 수치로 여겨졌기 때문이다.

그리하여 그때 그녀는 아무런 내색을 하지 않고 잠자코 있었다. 그러나 그녀는 날이 밝자마자 곧 그녀가 보기에 왕실 하인들 중에서 자신에게 가장 충성스럽다고 생각되는 자들에게 채비를 갖추도록 하고 기게스를 불렀다. 그는 그녀가 지난밤에 일어난 일을 알고 있으리라곤 전혀 생각하지 못한 채, 부름을 받고 나아갔다. 그는 전에도 왕

10

11

비가 부를 때면 그녀를 알현하곤 했기 때문이다. 기게스가 도착하자 그녀가 이렇게 말했다. "기게스여, 지금 그대 앞에 두 가지 길이 놓여 있으니, 이 중에서 어느 쪽 길을 가고 싶은지 선택하도록 하시오. 그대가 칸다울레스를 죽이고 나와 리디에인들의 왕권을 차지하든지, 아니면 그대가 이후에도 모든 일에서 칸다울레스에게 복종하여 그대가 봐서는 안 되는 것을 보는 일이 없게끔 지금 바로 그대 자신이 죽어야만 하는 것이오. 이 일을 꾸민 그 자가 죽든지, 아니면 나의 벗은 몸을 보고 관습에 어긋난 일을 행한 그대가 죽든지 해야 하는 거요." 기게스는 한동안 그녀의 말에 놀라 망연자실했으나, 이내 자신에게 그러한 선택을 강요하지 말아 달라고 그녀에게 간청했다. 하지만 그는 그녀를 설득하지 못했고, 정말로 자신이 왕을 죽이든지 아니면 자신이 남들에게 죽든지 해야 하는 불가피한 상황에 놓인 것을 알았다. 이에 그는 자신이 살아남는 것을 택했다. 그는 그녀에게 이렇게 물었다. "저는 저의 왕을 죽이는 것을 원치 않는데도 왕비님께서 그리하라 강요하시니, 경청하옵건대 우리가 어떤 방식으로 그를 공격할 것인지 말씀해 주십시오." 이에 그녀가 대답하여 말했다. "그가 나의 벗은 몸을 그대에게 보도록 한 바로 그 장소에서 공격이 이뤄질 것이오. 그가 잠들었을 때 공격하도록 하시오."

12 그들이 음모를 준비하고 밤이 되었을 때 기게스는 그녀를 따라 침실로 들어갔다. 그는 풀려나지 못했고 어떻게든 탈출할 수도 없었으며, 그 자신 아니면 칸다울레스가 죽어야만 했기 때문이다. 그녀는 그에게 단검을 주고 바로 그 문 뒤에 그를 숨겼다. 그 후 칸다울레스가 잠이 들자 기게스는 슬그머니 나와 그를 죽이고 왕비와 왕권을 차지했다. [파로스인 아르킬로코스는 기게스와 같은 시대에 살았는데, 그의 약강 3보격[21] 시에서 기게스를 언급한 바 있다.][22]

───────

21 '약강 3보격(步格)'은 그리스어 '이암보스 트리메트로스'(iambos trimetros)를 번역한 말이다. 이암보스는 고대 그리스 시가 운율 단위의 하나인데, 단음

그리하여 기게스는 리디에의 왕권을 차지했으며 델포이의 신탁을   13
통해 지위가 확고해졌다. 리디에인들이 칸다울레스의 참상에 대해
크게 분노하여 무기를 들었을 때, 기게스의 일파와 여타 리디에인들
은 이렇게 합의를 보았기 때문이다. 즉 만일 신탁이 기게스가 리디에
인들의 왕이라는 응답을 내린다면 그가 왕이 되고, 그렇지 않으면 그
가 권력을 헤라클레에스 후손들에게 돌려준다는 합의였다. 신탁은
그렇다는 응답을 내렸고 기게스는 그렇게 왕이 되었다. 그렇지만 피
티에 여사제[23]는 다음과 같은 말도 했는데, 즉 헤라클레에스의 후손
들이 기게스의 5대째 후손[24]에게 복수를 한다는 것이었다. 하지만 리
디에인들도 그들의 왕들도, 그 말이 실현되기 전에는, 그것을 전혀
중히 여기지 않았다.

이런 식으로 메름나다이 가문은 헤라클레에스의 후손들에게서 통   14
치권을 빼앗아 장악했다. 한편 기게스는 왕이 되고 나서 적잖은 봉헌
물을 델포이로 보냈다. 델포이에 있는 모든 은제(銀製) 봉헌물들 중
에는 그가 바친 것이 가장 많다. 그는 은 외에도 막대한 금을 봉헌했
는데, 그중 가장 언급할 가치가 있는 것은 6개 황금 혼주용기(混酒容
器)[25]다. 이것들은 코린토스인의 보고(寶庫)[26] 안에 놓여 있는데, 그 무

과 장음으로 이루어진 단장격(短長格) 혹은 약강격(弱强格) 음보(音步)를 말
한다. 트리메트로스는 시의 1행이 3개 음보로 구성된 것을 일컫는다.

22 [ ] 안은 헤로도토스의 원문이 아니고 후대의 필사본에 추가된 대목으로 간
주된다.

23 피티에 여사제는 피토의 아폴론 신전에서 신에게 봉사하는 여성 사제를 가
리킨다. 그녀는 아폴론의 신탁을 전하는 예언녀 역할을 했다. 피토는 델포이
가 위치한 파르나소스 산기슭 일대를 가리키는 지명이었다.

24 고대 그리스에서 서수 표현은 기준 시점도 포함하기 때문에, 여기서 '5대째
후손'은 기게스의 4대 후손인 크로이소스를 말한다.

25 여기서 '혼주용기'는 '크라테르'(krater)를 번역한 말이다. 고대 그리스인들
은 포도주를 원액으로 마시지 않고 물로 희석하여 마셨는데, 이때 포도주와

게가 30탈란톤[27]에 이른다. 그러나 곧이곧대로 말하자면, 그곳은 코린토스인의 국가 보고가 아니고 에에티온의 아들 킵셀로스의 것이다. 우리가 알기에, 이 기게스는 고르디에스의 아들인 프리기에 왕 미데스 이후로 델포이에 봉헌물을 바친 최초의 이방인이다. 미데스 왕도 그가 앉아 판결을 내리던 왕좌를 봉헌물로 바친 바 있는데, 이것은 아주 볼만하다. 이 의자는 기게스의 혼주용기들이 있는 바로 그곳에 함께 보관되어 있다. 델포이인들은 기게스가 봉헌한 이들 황금과 은제 물품에 대해 봉헌한 자의 이름을 따서 기가다스라고 부른다.

15   기게스 역시 통치 기간에 밀레토스와 스미르네 원정을 단행했고 콜로폰 시를 점령했다. 그러나 그의 재위 38년 동안에 그 밖의 다른 중요한 일이 일어나지 않았으므로 기게스에 대해서는 이 정도로 언급해 두고, 이제 기게스 다음에 왕이 된 그의 아들 아르디스에 대해 언급하겠다. 아르디스는 프리에네를 점령하고 밀레토스를 공격했다. 그리고 킴메리에인들이 유목 스키티에인들에 의해 자신들의 고토(故土)에서 내몰려 아시에로 들어와 아크로폴리스를 제외한 사르디에스 전역을 점령했던 것도 바로 아르디스가 사르디에스를 통치하고 있을 때였다.

16   아르디스는 49년 동안 왕위를 누렸고 그의 아들 사디아테스가 왕위를 계승했다. 사디아테스는 12년 동안 왕으로 있었고 그다음에는 사디아테스의 아들 알리아테스가 계승했다. 알리아테스는 데이오케스의 후손인 키악사레스 및 메디아인들과 전쟁을 했고 킴메리에인을

물을 섞는 용기를 크라테르라고 부른다.

26 델포이의 아폴론 신전은 고대 그리스에서 가장 유명한 신탁 신전이었는데, 대개 그리스인들은 폴리스별로 델포이에 보고를 만들어 자신들이 바친 귀중한 봉헌물들을 보관했다.

27 무게 단위. 1탈란톤(talanton)은 오늘날 기준으로 약 26킬로그램에 해당한다.

아시에에서 몰아냈다. 또 그는 콜로폰에 의해 식민화된[28] 스미르네를
점령했고 클라조메나이를 공격했다. 그런데 그는 클라조메나이인들
에게서 자신이 원하는 바를 이루지 못하고 물러났으며 오히려 큰 피
해를 입었다. 그가 치세 중에 보인 다른 행적 중에서 가장 언급할 만
한 것은 다음과 같다.

그는 부왕(父王)이 수행하던 전쟁을 넘겨받아 밀레토스인과 전쟁을   17
계속했다. 그는 밀레토스에 진군해 다음과 같은 방식으로 포위 공격
을 하곤 했다. 즉 그는 들판에 곡식이 무르익으면 바로 그때에 그곳
에 침입하곤 했다. 그는 시링그스, 펙티스, 저음 및 고음 아울로스[29]에
맞추어 군대를 진군시켰다. 그리고 밀레토스에 진입할 때마다, 시골
의 가옥들을 부수거나 방화하지 않았고 그 문짝들을 잡아떼지도 않
았으며 그것들을 온전하게 그대로 놔두곤 했다. 하지만 그는 들판의
수목과 곡식을 망쳐 놓고 돌아오곤 했다. 밀레토스인들은 해상을 지
배하고 있었으므로 그가 군대로 포위 공격을 해도 소용이 없었던 것
이다. 리디에인이 밀레토스인들의 가옥을 파괴하지 않은 이유는 이
러하다. 즉 밀레토스인들이 그곳을 거점으로 하여 들판에 씨를 뿌리
고 경작할 수 있도록 하기 위해, 또 그가 쳐들어갔을 때 무언가 저들
이 일구어 놓은 것을 망가뜨릴 수 있도록 하기 위해서였다.

---

28 그리스인들의 식민 활동은 대개 기원전 8세기 후반과 7세기에 이루어졌다.
    식민 활동은 모국의 인구 증가와 토지 부족으로 인한 사회적 문제를 해결하
    기 위한 조치였다. 고대 그리스의 식민시 건설은 근대의 식민지 건설과는 다
    른 것이었다. 근대의 식민지는 본국의 영토 확장이고 본국의 일부로서 본국
    과 유기적인 정치적 관계를 유지했지만, 고대 그리스의 식민시는 모국과는
    별도의 독립적인 국가였다. 모국의 주민들이 집단 이주를 하여 새로 국가를
    건설하면, 모국에 예속되지 않고 독자적인 국가를 운영했던 것이다.

29 시링그스(syringgs)와 아울로스(aulos)는 관악기인데, 시링그스는 오늘날
    의 피리처럼 생긴 악기고 아울로스는 클라리넷처럼 생긴 악기다. 펙티스
    (pektis)는 하프처럼 생긴 현악기다.

18   그는 이런 식으로 11년 동안 전쟁을 계속했다. 그동안에 밀레토스인들은 두 차례 대참패를 겪었는데, 한 번은 자국 내 리메네이온에서 싸울 때이고 또 한 번은 마이안드로스 강 유역에서 싸울 때였다. 그 11년 가운데 6년은 아직 아르디스의 아들 사디아테스가 리디에인을 통치할 때였다. 그때에는 그가 밀레토스에 대한 원정을 수행했다. 그 전쟁을 시작한 것은 바로 이 사디아테스였던 것이다. 그 6년에 이어 나머지 5년 동안에는 사디아테스의 아들 알리아테스가 전쟁을 수행했다. 그는, 내가 이미 앞서도 밝힌 바처럼, 부왕에게서 전쟁을 넘겨받아 열심히 전쟁에 매진했다. 그런데 키오스인만 빼고는 이오네스인들 중에서 어느 누구도 밀레토스인을 도와 전쟁 부담을 덜어 주지 않았다. 키오스인들은 자신들이 받았던 것에 대해 똑같이 보답하느라 그들을 도왔다. 그전에 키오스인이 에리트라이인과 전쟁을 벌일 때 밀레토스인들이 키오스인을 도와준 적이 있었기 때문이다.

19   그런데 12년째 되는 해에 리디에 군대에 의해 곡식이 불태워졌을 때 마침 다음과 같은 일이 일어났다. 즉 곡식에 불이 붙자마자 바람에 불이 날려, 아세소스의 아테나이에라고 불리는 아테나이에 여신의 신전에 불이 붙었고 신전은 불길에 싸여 소실(燒失)되고 말았다. 그때는 당장 그 일이 전혀 중시되지 않았다. 그러나 군대가 사르디에스로 돌아온 이후 알리아테스가 병에 걸렸다. 그는 자신의 병이 꽤 오래 지속되자, 누군가의 조언을 받았든지 혹은 그 스스로 자신의 병에 대해 신에게 물을 생각을 했든지 간에, 신탁 사절들을 델포이로 보냈다. 그러나 그들이 델포이에 도착했을 때, 피티에 여사제는 그들이 밀레토스 지역 아세소스에서 불태운 아테나이에 신전을 재건하기 전에는 신탁을 내리지 않을 것이라고 말했다.

20   나는 델포이인들에게 들어서 그런 일이 일어났다는 것을 알고 있다. 하지만 밀레토스인들은 거기에 다음과 같은 이야기를 덧붙인다. 즉 킵셀로스의 아들 페리안드로스가 그때에 밀레토스를 통치하던 참주[30] 트라시불로스와 대단히 친한 친구 사이였는데 알리아테스에

게 내려진 신탁에 대해 듣고서, 트라시불로스가 그것을 미리 알고 다가올 사태에 대해 협의할 수 있도록 그에게 신탁을 알려 주러 사절을 파견했다는 것이다.

밀레토스인들은 그런 일이 있었다고 말한다. 한편 알리아테스는 21 델포이의 응답을 전해 듣자마자 곧 밀레토스에 사절을 보냈는데, 신전을 건설하는 동안에 트라시불로스 및 밀레토스인들과 휴전을 맺기를 원했던 것이다. 그리하여 그의 사절이 밀레토스를 향해 떠났다. 하지만 트라시불로스는 모든 이야기를 이미 정확하게 알고 있었고 또 알리아테스가 하고자 하는 일을 파악하고 있었는지라, 다음과 같은 계획을 꾸몄다. 그는 그 자신의 것이든 혹은 주민 개인의 것이든 간에 도시 안에 있는 식품들을 모두 시장에 모아 놓고 밀레토스인들에게 명하기를, 자신이 신호를 보내면 그때 모두들 맘껏 마시고 서로 함께 잔치를 즐기라고 했던 것이다.

그런데 트라시불로스가 그렇게 행동하고 명령을 내린 이유는 이러 22 했다. 즉 사르디에스의 사절이 가득 쌓인 막대한 양의 식품과 흥겹게

---

30 '참주'(僭主)는 티라노스(tyrannos)를 번역한 말이다. 고대 그리스에서 '티라노스'는 흔히 비합법적 방식으로 집권한 통치자를 뜻하는 말로 사용되었다. '참주'는 우리에게 생소한 말이지만, '멋대로 신분에 넘치는 칭호를 자칭하는 군주'를 뜻하므로 '티라노스'와 어느 정도 의미가 통한다. 기원전 7~6세기 그리스에는 많은 참주들이 등장했는데, 이는 대개 귀족들의 정치권력이 약화되는 과정에서 나타났다. 이 참주들은 대개 반(反)귀족적이고 친(親)평민적이었다. 대표적 사례는 아르고스의 페이돈(Pheidon), 사모스의 폴리크라테스(Polykrates), 코린토스의 킵셀로스(Kypselos), 아테네의 페이시스트라토스(Peisistratos)다. 기원전 5세기 이후도 시라쿠사이의 디오니시오스 1세와 페라이의 이아손 같은 참주가 출현했다. 그런데 당시 '티라노스'는 비합법적 방식으로 집권한 통치자뿐 아니라 다른 일반 통치자를 포함하는 말로도 사용되었으므로, 이 책에서는 티라노스를 문맥에 따라 '참주' 혹은 '통치자'로 번역했다. 한편 이 책에는 통치자를 가리키는 '바실레우스'(basileus)와 '모나르코스'(monarchos)라는 말도 사용되는데, 그것들은 각각 '왕'과 '군주'로 번역했음을 밝힌다.

즐기는 사람들을 보고 그것을 알리아테스에게 전하도록 하기 위해서
였다. 실제로 일은 그렇게 되었다. 사절은 그 광경을 목격했고 리디
에 왕이 그더러 전하라 한 전갈을 트라시불로스에게 전한 다음 사르
디에스로 돌아갔던 것이다. 내가 들어 알기에는, 다름 아닌 바로 이
때문에 그들 간에 화해가 성립되었다. 알리아테스는 밀레토스의 식
량 부족이 심각한 수준이며 사람들이 극심한 곤경에 빠져 있다고 생
각했었는데, 밀레토스에서 사절이 돌아오자 그에게서 자신이 예상했
었던 것과는 정반대의 이야기를 들은 것이다. 그리하여 그들 간에는
서로 우방 및 동맹국이 된다는 조건하에 화해가 성립되었다. 그리고
알리아테스는 아세소스에 아테나이에 신전을 하나가 아니고 두 개를
세웠으며, 병에서 회복했다. 알리아테스가 밀레토스인들과 트라시불
로스에 대해 전쟁을 벌이는 동안에 그러한 일이 일어난 것이다.

23   트라시불로스에게 신탁 내용을 알려 준 이 페리안드로스는 킵셀로
스의 아들이었다. 페리안드로스는 당시에 코린토스를 통치하던 참주
였다. 코린토스인들의 말—레스보스인들도 이들의 말에 동의한다—
에 의하면, 그의 생애 동안에 아주 놀라운 일이 하나 일어났는데 즉
메팀나인 아리온이 돌고래의 등에 실려 타이나론까지 보내졌던 것이
다. 아리온은 당시에 누구에게도 뒤지지 않는 훌륭한 키타레[31] 연주
자이자 가객(歌客)이었다. 그는 우리가 아는 사람 중에서 최초로 디
티람보스[32]를 짓고 이름을 붙였으며 또 코린토스에서 그것을 공연했
던 사람이다.

24   그들의 말에 의하면, 아리온은 오랫동안 페리안드로스의 궁전에서
지내다가 이탈리에와 시켈리에로 항해하기를 원했으며, 그곳에서 많
은 돈을 번 후 다시 코린토스로 되돌아가고자 했다 한다. 그는 타라

31 키타레(kithare)는 고대 그리스의 현악기로, 모양은 삼각형이고 7개의 줄이
    달려 있다. 오늘날 '기타'라는 이름은 키타레에서 유래한 것이다.
32 일종의 춤곡으로 디오니소스 신에 대한 찬가.

스[33]에서 출발했는데, 그가 코린토스인 외에는 아무도 신뢰하지 않았으므로 코린토스인들의 배를 빌렸다고 한다. 그러나 그들은 대해로 나오자 아리온을 바다에 내던지고 그의 돈을 차지하고자 했다 한다. 아리온은 이를 알아채고 그들에게 돈을 다 내놓겠으니 목숨은 살려 달라고 간청했다 한다. 하지만 선원들은 그의 설득에 따르지 않았고, 그에게 육지에서 묻히고 싶으면 자살을 하든지 아니면 즉시 바다로 뛰어들라고 명령했다 한다. 이런 곤경에 처해 아리온은 그들이 그리하기로 결정했다면 자신이 제반 복장을 갖춰 입고 후갑판(後甲板)에 서서 노래를 부르게 해 달라고 간청했다 한다. 그리고 노래를 부른 후에 자살하겠다고 약속했다 한다. 그들은 세상에서 제일가는 가객의 노래를 듣게 되어 기쁜 마음에, 선미에서 배의 중앙으로 물러났다고 한다. 그는 제반 복장을 갖춰 입고서 키타레를 들고 후갑판에 선 채 고음조 노래[34]를 완창했다고 한다. 그리고 노래를 마치자 제반 복장을 갖춰 입은 채로 스스로 바다에 뛰어들었다고 한다. 그 후 선원들은 코린토스를 향해 항해했고, 그를 돌고래가 등에 태워 타이나론으로 데려갔다고 한다. 그는 뭍에 오르자 자신의 복장을 그대로 갖춘 채 코린토스로 갔으며, 그곳에 도착해서는 자신에게 일어난 일을 모두 이야기했다고 한다. 페리안드로스는 아리온이 하는 말을 믿지 않고서 그를 감시하여 아무 데도 가지 못하도록 했으며 선원들의 동태를 주의 깊게 살폈다고 한다. 선원들이 도착하자 페리안드로스는 그들을 불러 아리온에 대해 무슨 할 말이 있는지를 물어보았다고 한다. 이에 그들은 아리온이 이탈리아에 어딘가에서 무사히 지내고 있을 것이고 그들이 떠나올 때에도 타라스에서 잘 지내고 있었다고 대답했다 한다. 그런데 그때 아리온이 바다에 뛰어들던 모습 그대로 그들 앞에 나타났다고 한다. 그러자 그들은 깜짝 놀라 자신들에 대한 추궁

33 이탈리아 남부의 타란토(Taranto, 라틴명 타렌툼).
34 '고음조 노래'(orthios nomos)는 아폴론을 찬미하는 노래다.

을 부인할 수 없었다고 한다. 이상은 코린토스인들과 레스보스인들이 말한 내용이다. 타이나론에는 아리온이 봉헌한 조그만 청동상이 있는데, 그것은 돌고래에 올라탄 한 남자의 모습이다.

25 리디에인 알리아테스는 밀레토스인들과의 전쟁을 다 치르고 그 후에 죽었는데, 57년 동안 왕위를 누렸다. 그는 병에서 회복되자 그의 가문에서는 두 번째로 델포이에 봉헌물을 바쳤는데, 그것은 거대한 은제 혼주용기와, 접합된 철로 만든 받침대였다. 이것은 델포이에 있는 모든 봉헌물들 중에서도 아주 볼만했는데, 키오스인 글라우코스가 만든 작품이었다. 당시에 그는 모든 사람들 중에서 유일하게 철의 접합술을 고안해 낸 자였다.

26 알리아테스가 죽자 알리아테스의 아들 크로이소스가 왕위를 물려받았는데,[35] 그때 그의 나이 35살이었다. 그는 헬라스인들 중에서 제일 먼저 에페소스인들을 공격했다. 에페소스인들은 그의 포위 공격을 받자, 아르테미스 신전에서 도시 성벽까지 밧줄로 연결하여 자신들의 도시를 아르테미스에게 봉헌했다. 당시에 포위 공격을 당하던 옛 도시와 그 신전 사이의 거리는 7스타디온[36]이다. 크로이소스는 에페소스인들을 맨 먼저 공격하고 다음으로는 이오네스인과 아이올레스인 도시들을 각각 차례로 공격했는데, 그들을 공격하면서 각기 다른 이유를 댔다. 그는 아주 중대한 이유를 찾을 수 있는 경우에는 그것을 이유로 내걸었지만, 그들 중 일부에 대해서는 정말 사소한 이유를 들어 공격했다.

27 이제 아시에의 헬라스인들이 그에게 복속되어 조공을 바치게 되자, 다음으로 그는 선박을 건조하여 섬 주민들을 공격하고자 꾀했다. 그런데 선박 건조를 위한 만반의 준비가 갖추어졌을 때 어떤 자들의 말로는 프리에네인 비아스가 사르디에스에 와서—하지만 또 어떤

35 크로이소스의 통치는 기원전 560년에 시작되었던 것으로 보인다.

36 길이 단위. 1스타디온(stadion)은 오늘날 기준으로 약 177.6미터에 해당한다.

자들은 미틸레네인 피타코스가 왔다고 말한다―, 헬라스에 대해 무언가 새로운 소식을 묻는 크로이소스의 질문을 받고 다음과 같이 대답하여 선박 건조를 중단시켰다고 한다. "전하, 섬 주민들이 사르디에스와 전하를 공격할 생각으로 수많은 말들을 사들이고 있습니다." 크로이소스는 그의 말을 진실이라고 여겨 이렇게 말했다고 한다. "제발 신(神)들이 섬 주민들로 하여금 말들을 이용해 리디에인의 아들들을 공격할 생각을 하게 해 주신다면 좋을 텐데." 이에 그가 대답하여 말했다고 한다. "전하, 제가 보기에 전하께서는 섬 주민들이 육지에서 말을 타고 다닐 때 그들을 사로잡기를 간절히 바라시는 것 같은데, 참으로 지당하신 소망입니다. 그러나 섬 주민들이 전하께서 자신들을 공격하려고 선박을 건조한다는 소식을 들으면 그 즉시 그들이 무엇을 기원할 것이라고 전하께서는 생각하십니까? 바로 그들은 전하께서 예속시킨 육지에 사는 헬라스인들을 위해 전하께 보복하고자, 바다에서 리디에인들을 사로잡게 해 달라고 기원하지 않겠습니까?" 크로이소스는 그의 결론에 크게 기뻐했으며, 그의 말이 적절하다고 여겨졌으므로 조언을 받아들여 선박 건조를 중단했다고 한다. 그리하여 크로이소스는 섬에 사는 이오네스인들과 우호 관계[37]를 맺었다.

세월이 흐르면서 할리스 강 안쪽에 사는 거의 모든 주민들이 크로 28 이소스에게 복속되었다. 크로이소스는 킬리키에인과 리키에인을 제외한 나머지 모든 사람들을 자신의 휘하에 예속시켰다. 이들은 [리디에인, 프리기에인, 미시에인, 마리안디노이인, 칼리베스인, 파플라고니아인, 티노이인과 비티니아인 ―이들 둘은 트레이케인이다―, 카리에인, 이오네스인, 도리에스인, 아이올레스인, 팜필리아인들인

---

37 원문의 '크세이니에'(xeinie)는 빈객에 대한 '우대·우호'를 뜻하는 말이지만, 여기서는 서로 다른 국가나 개인 사이에 외빈으로 환대할 것을 약정한 상호적인 우호 관계를 의미한다.

데] 복속되었고 [크로이소스에 의해 리디에 왕국에 병합되었던 것이다.]**38**

29   당시에 생존해 있던 헬라스의 다른 모든 현인들이 최고의 풍요를 누리는 사르디에스를 각자 이러저런 때에 찾아갔는데, 특히 아테나이인 솔론도 그곳을 찾았다.**39** 그는 아테나이인들의 요구에 따라 그들에게 법률을 제정해 준 다음, 10년 동안 고국에서 떠나 있었다. 그는 세상 구경을 한다는 구실로 항해에 나섰지만, 사실은 자신이 제정한 법률들 가운데 어떤 것도 자신이 부득이하게 폐지하는 일이 없도록 하기 위해서였다. 왜냐하면 아테나이인들 자신은 그런 일을 할 수 없었기 때문이다. 그들은 솔론이 그들에게 만들어 준 법률을 10년 동안 준수하도록 엄숙한 맹세를 통해 규제되어 있었던 것이다.

30   그래서 솔론은 바로 이런 이유와 세상 구경을 위해 해외로 나가 아이깁토스에서 아마시스를 방문했고 특히 사르디에스로 크로이소스를 찾아갔다. 그가 도착하자 크로이소스는 왕궁에서 그를 환대했다. 그 후 사흘째인가 나흘째 날에, 시종들은 크로이소스의 명을 받아 솔론을 데리고 보고들을 두루 돌아다니며 그곳의 모든 것들이 얼마나 대단하고 귀한 것들인지를 보여 주었다. 솔론이 모든 것을 살펴보고 곰곰이 생각하고 있을 때, 마침 기회가 되어 크로이소스가 그에게 이와 같이 물었다. "아테나이인 빈객이여, 우리는 당신의 지혜와 여행에 대해 많은 이야기를 들었소. 당신은 지혜를 사랑하여 세상 구경

---

38 슈타인은 이 대목이 헤로도토스의 원래 텍스트에 해당하지 않는다고 보아 [ ] 표시를 했다.

39 솔론이 크로이소스를 방문했다는 이 일화는 역사적 사실로 보기 어렵다. 솔론의 개혁은 기원전 594년에 실시되었고 리디아 왕 크로이소스의 재위 기간은 기원전 560~546년이었기 때문이다. 헤로도토스는 솔론이 개혁 직후 10년 동안 아테네를 떠나 있었고 그 기간 중에 크로이소스를 방문했다고 말한다. 그런데 그때는 크로이소스가 아직 왕이 되기 이전이었으므로, 솔론의 크로이소스 왕 방문 일화는 가공의 이야기라 하겠다.

을 하느라고 많은 곳을 돌아다녔다고 합디다. 그래서 이제 나는 그대
가 정말 모든 사람 중에서 가장 행복한 자를 만난 적이 있는지 간절
히 묻고 싶소." 크로이소스는 자신이 사람들 중에서 가장 행복하다고
여기고 그러한 질문을 했다. 그러나 솔론은 전혀 발림 말을 하지 않
고 진실에 따라 말했다. "전하, 아테나이인 텔로스가 그런 자입니다."
크로이소스는 그 말에 깜짝 놀라 성화같이 물었다. "어찌하여 그대
는 텔로스가 가장 행복한 사람이라고 판단하는 거요?" 솔론이 대답
했다. "우선 텔로스의 국가가 크게 번성했고, 그의 아들들은 탁월하
고 훌륭한 자들이었습니다. 그리고 그는 그들 모두에게서 다시 아이
들이 태어나고 그 아이들이 다 무사히 장성한 것을 눈으로 지켜보았
습니다. 더욱이 그는 우리의 기준으로 볼 때 유복한 삶을 누리다가,
대단히 영광스러운 죽음을 맞았습니다. 그는 아테나이인들이 엘레우
시스에서 이웃 주민들과 전쟁을 벌였을 때 함께 참전하여 적들을 격
퇴하고 참으로 장렬하게 전사했던 것입니다. 그래서 아테나이인들은
그가 전사한 바로 그곳에서 그에 대한 공공 장례를 치러 주고 그에게
크나큰 경의를 표했습니다."

솔론이 텔로스에 대해 그의 행복한 점들을 여러 가지로 언급하며 31
크로이소스의 호기심을 부추기자, 크로이소스는 솔론이 텔로스 다음
에 두 번째로 행복하다고 본 사람은 누구인지를 물었다. 그는 적어도
두 번째 사람은 분명히 자신일 것이라고 생각했다. 이에 솔론이 말했
다. "클레오비스와 비톤입니다. 이들은 아르고스에서 태어난 자들인
데 유복한 생활을 누렸고 게다가 다음과 같이 대단한 체력도 지녔습
니다. 그들 둘 다 똑같이 경기 우승자들이었고 특히 이런 이야기도
전해 오고 있습니다. 언젠가 아르고스에서 헤레 제전이 열렸을 때 그
들의 어머니가 우마차를 타고 꼭 신전으로 가야만 했는데, 소들이 들
판에서 제시간에 도착하지 않았습니다. 이에 시간에 쫓기자, 그 젊은
아들이 스스로 멍에를 둘러쓰고 어머니가 타고 있는 우마차를 끌었
습니다. 그들은 45스타디온을 끌고 가 신전에 도착했습니다. 그들은

일을 완수하고 제전에 모인 사람들에게 모습을 드러낸 다음 가장 고귀한 죽음을 맞았습니다. 신께서는 이들을 통해 인간에게는 살아 있음보다 죽음이 더 좋은 것임을 보여 주셨습니다. 어찌된 일인가 하면, 아르고스 남자들이 그 젊은이들 주위에 둘러서서 그들의 체력을 찬양했고, 아르고스 여자들은 그러한 아들들을 둔 어머니를 칭찬했던 것입니다. 그러자 어머니는 아들들의 행동과 그에 대한 찬사에 너무 기쁜 나머지 신상 앞에 서서, 그녀에게 그토록 큰 영예를 바친 자신의 아들들 클레오비스와 비톤에게 인간이 얻을 수 있는 최상의 것을 베풀어 달라고 기도했습니다. 기도가 끝난 후 그 젊은이들은 제사를 지내고 연회에 참석한 다음 신전 안에 누워 잠이 들었는데 다시는 일어나지 못하고 거기서 죽음을 맞았던 것입니다. 아르고스인들은 그들을 훌륭한 자들이라고 여겨 그들의 상을 만들어서 델포이에 봉헌했습니다."

32   이렇게 솔론이 이들을 두 번째로 행복한 사람으로 지정하자, 크로이소스는 화가 나서 말했다. "아테나이인 빈객이여, 그대에게는 우리들의 행복이 얼마나 보잘것없는 것으로 보이기에, 우리를 일반 평민들보다도 못하다고 여기는가?" 이에 솔론이 말했다. "크로이소스여, 전하께서는 저에게 인간들의 일에 대해 물으셨는데, 저는 신이 정말 시기심 많고 혼란스러운 존재임을 잘 알고 있습니다. 인간은 오랜 세월 자신이 원치 않는 일들을 많이 보고 겪을 테니 말입니다. 저는 인간의 수명을 70살로 본답니다. 이 70년은 윤달을 빼면 2만 5,200일입니다. 그러나 계절이 시의(時宜)에 맞게 일치되도록 2년마다 1달을 두어 기간을 더 늘리고자 한다면, 70년 동안에 윤달이 35개가 되고 이들 윤달의 일수는 1,050일이 됩니다. 그러면 70년의 전체 일수는 2만 6,250일이 되는데[40] 그중 어느 날도 똑같은 일이 일어나는 날

---

40   헤로도토스는 솔론의 입을 빌려 고대 그리스의 달력을 설명하고 있다. 그에 의하면 윤달이 없을 경우 1년은 360일이 되는데, 이는 1년이 12달이고 1달

은 없습니다. 그런즉, 크로이소스여, 인간은 전적으로 우연한 존재입니다. 지금 제가 보기에 전하께서는 대단히 부유하시고 많은 사람들의 왕이십니다. 그러나 저는 전하께서 유복하게 생을 마감하셨다는 말을 듣기 전에는 전하께서 저에게 물으신 그 질문에 답할 수 없습니다. 대부호라 해도, 행운이 그를 잘 보살펴 결국 그가 온갖 좋은 것을 다 누리며 삶을 잘 마감하는 것이 아니라면, 그는 하루 벌어 사는 자보다 더 행복한 것이 아니기 때문입니다. 사실 많은 대부호들이 불운을 겪기도 하고, 반면에 변변찮은 재산을 가진 자들이 운이 좋은 경우도 많습니다. 큰 부자이면서 불운한 사람은 운이 좋은 사람에 비해 단 두 가지 점에서 유리하지만, 운이 좋은 사람은 부자이면서 불운한 자에 비해 여러 점에서 유리합니다. 즉 후자는 자신의 욕구를 좀 더 잘 성취할 수 있고 또 자신에게 닥쳐오는 큰 재앙을 좀 더 잘 견딜 수 있습니다. 그에 반해 전자는 다음과 같은 점들에서 후자보다 유리합니다. 즉 그는 재앙과 욕구에 대해 후자만큼 그렇게 잘 대처할 수는 없지만, 행운이 작용하여 그것들을 모면하게 됩니다. 그는 또 불구도 아니고 질병도 없으며 재해도 겪지 않거니와 좋은 자식들을 두며 용모도 훌륭합니다. 이에 덧붙여 그가 생을 유복하게 마감하게 된다면, 그가 바로 전하께서 찾으시는 그런 사람이고 능히 행복하다고 불릴 만한 사람입니다. 그러나 그가 죽기 전까지는 일단 기다릴 것이며, 그를 행복하다고 일컫지 말고 운이 좋다라고 하십시오. 사실 사람으로서 이것들을 다 함께 가질 수 있는 자는 하나도 없습니다. 이는 마치 한 나라가 독자적으로 모든 것을 갖추어 자족할 수 없고 어

이 30일로 계산되었음을 의미한다. 또 윤달을 2년에 한 번씩 둘 경우에는 1년의 평균 일수가 375일이 된다. 이는 헤로도토스가 잘못 기술한 듯싶은데, 당시 그리스의 달력에서는 한 달이 29일 혹은 30일로 계산되었고 또 윤달이 2년마다 반드시 개설되지는 않았던 것이다. 실제로는 19년에 7번 윤달을 두는 방식과 8년에 3번 윤달을 두는 방식이 가장 많이 사용되었다.

떤 것은 갖고 있되 다른 것은 없는 것과 같습니다. 가장 많은 것을 갖고 있는 나라, 그 나라가 최상의 나라입니다. 사람도 마찬가지로 혼자서 자급자족하지는 못합니다. 그 또한 어떤 것은 가지고 있지만 다른 것은 결여되어 있으니 말입니다. 그것들 중에서 가장 많은 것들을 계속 가지고 있다가 나중에 유복하게 생을 마감하는 사람이라면, 전하, 제 생각에는 그가 바로 그렇게 불릴 만하다고 봅니다. 무릇 모든 일의 결말을 살피고 그것이 어떻게 귀결될 것인지를 주시해야 합니다. 신이 사람들에게 언뜻 행복의 모습을 보여 주었다가 나중에 철저하게 뒤집는 경우가 실로 허다하기 때문입니다."

33   솔론의 이러한 말은 크로이소스의 마음에 전혀 들지 않았고, 이에 크로이소스는 그를 하찮게 여겨 물리쳤다. 크로이소스는 현재의 번영을 무시하고 모든 일의 결말을 살피라고 말한 그를 매우 어리석은 자라고 생각했던 것이다.

34   하지만 솔론이 떠난 후, 크로이소스에게 신의 큰 벌이 내려졌다. 추측건대 그 이유는 그가 자신을 모든 인간 중에서 가장 행복한 사람으로 여겼던 탓인 것 같다.[41] 그 후 곧 그는 잠을 자는 동안에 꿈을 꾸게 되었는데, 꿈은 장래에 그의 아들에게 불행한 일이 생길 거라는 사실을 그에게 알려 주었다. 크로이소스에게는 아들이 둘 있었다. 그중

---

41 이 대목에는 헤로도토스의 히브리스(hybris)-네메시스(nemesis) 관념이 잘 나타나 있다. 히브리스는 '오만·교만'을 뜻하고 네메시스는 '분노·복수·징벌'을 의미한다. 히브리스-네메시스 관념이란 인간이 오만을 부리면 인간의 본분을 벗어나 지나친 과욕을 부리게 되어 결국 그에 대한 응분의 징벌을 받는다는 관념이다. 인간은 덧없는 유한한 존재이기 때문에 자신의 분수를 알고 신에게 겸허한 자세를 갖추어야 파멸되지 않는다는 것이다. 여기서 헤로도토스는 크로이소스의 불행을 크로이소스 자신의 오만에 대한 신의 징벌로 해석한다. 즉 크로이소스가 물질적 풍요를 누리며 자신이 세상에서 가장 행복하다는 정신적 자만심을 갖게 되고, 바로 이 때문에 신의 징벌을 받았다는 것이다. 이런 히브리스-네메시스 관념은 헤로도토스 말고도 당시 그리스의 많은 문헌들에서 자주 나타난다.

한 명은 완연한 불구였는데 바로 벙어리였다. 하지만 다른 한 명은 모든 면에서 또래들 가운데 가장 탁월했다. 그의 이름은 아티스였다. 그런즉 그 꿈은 크로이소스에게 이 아티스에 대해 알려 준 것이었는데, 즉 아티스가 쇠로 된 창에 찔려 죽는다는 것이었다. 크로이소스는 잠에서 깨어나 곰곰이 생각해 보고, 그 꿈이 두려워서 우선 그의 아들을 혼인시켰다. 그러고는 지금까지 늘 리디에 군대를 지휘하곤 했던 그의 아들을 이제는 더 이상 그러한 일로 파견하지 않았다. 또 크로이소스는 투창과 창, 그리고 그 밖에 사람들이 전쟁에서 쓰는 모든 무기들을 남성의 거실에서 들어내어 내실(內室)들에 쌓아 두었는데, 이는 그런 무기가 걸려 있다가 혹시 아들에게 떨어지지 않게 하려는 것이었다.

그런데 크로이소스가 아들의 혼인 준비를 하고 있을 때에 웬 사람 35 이 사르디에스로 찾아왔다. 그는 불행에 처한 자로 손이 더럽혀져 있었는데, 태생이 프리기에이며 왕가 출신이었다. 그는 크로이소스의 궁전으로 나아가 그곳의 관습에 따라 정화받게 해 달라고 간청했고, 이에 크로이소스는 그를 정화시켜 주었다. 리디에인들에게서나 헬라스인들에게서나 정화 방식은 서로 비슷하다. 크로이소스는 관례에 따라 의식을 행한 후에, 그가 어디에서 왔으며 누구인지를 다음과 같은 말로 물었다. "이보시오, 그대는 대체 누구이며 프리기에의 어느 곳에서 왔기에 내 앞에서 탄원자[42]가 된 거요? 그대는 어떤 남자 혹은 여자를 살해했던 거요?" 그가 대답했다. "전하, 저는 미데스의 아들 고르디에스의 아들이며 이름은 아드레스토스라고 합니다. 저는 본의 아니게 제 형제를 죽여 아버지에게 쫓겨났고 모든 것을 빼앗긴 후 여기로 온 것입니다." 크로이소스가 그에게 이렇게 답했다. "마침

---

42 곤경에 처한 죄인 등이 신전이나 외국의 유력자를 찾아가 보호를 요청할 경우, 그러한 자를 탄원자라고 한다. 흔히 탄원자는 올리브 나뭇가지를 들고 찾아가 탄원을 요청했다고 한다.

그대는 내 친구 집안의 자손이니, 그대는 친구를 찾아온 거요. 그대는 내 집에 머무는 동안 아무것도 부족함이 없을 것이오. 그대의 불행에 대해서는 되도록 별 신경 쓰지 마시오. 그러는 것이 그대에게 가장 이로울 거요."

36   그리하여 아드레스토스는 크로이소스의 궁전에 머물게 되었다. 그런데 바로 그 무렵에 미시에의 올림포스 산[43]에 거대한 멧돼지 한 마리가 출현했다. 멧돼지는 그 산을 거점으로 출몰하여 미시에인들의 경작지를 망쳐 놓곤 했다. 미시에인들이 몇 번이나 멧돼지를 뒤쫓았지만 도저히 그 짐승을 처치하지 못하고 오히려 그것에게서 피해를 입었다. 그러자 마침내 미시에인의 사절들이 크로이소스에게로 와서 다음처럼 말했다. "전하, 정말 엄청나게 큰 멧돼지 한 마리가 우리의 땅에 나타나서 경작지를 망치고 있습니다. 우리는 그것을 처치하려고 하지만 그러지를 못하고 있습니다. 그래서 전하께 간청하오니, 우리가 그것을 우리의 땅에서 몰아낼 수 있도록 전하의 아드님과 엄선된 장정(壯丁)들 및 사냥개들을 우리와 함께 보내 주시옵소서." 그들이 이같이 간청했지만, 크로이소스는 꿈의 예언을 상기하고 그들에게 다음과 같이 말했다. "내 아들에 대해서는 더 이상 말하지 마시오. 나는 그를 그대들과 함께 보내지 않을 것이니 말이오. 그는 갓 혼인한 처지이고 거기에 푹 빠져 있기 때문이오. 그렇지만 나는 엄선된 리디에인들과 사냥개들을 모두 보내 줄 것이고, 그곳에 가는 자들에게 그 짐승을 그대들의 땅에서 몰아내도록 최선을 다해 도우라고 명하겠소."

37   그의 대답은 이러했다. 그러자 미시에인들은 그 말에 흡족해 했다. 하지만 그때 크로이소스의 아들이 미시에인들이 요청한 것을 전

---

43 프리기아와 비티니아의 경계 지역에 위치한 산으로 소아시아에서 가장 높은 산. 흔히 그리스의 올림포스 산과 구분하여 미시아 올림포스 산이라고 불린다.

해 듣고 안으로 들어왔다. 크로이소스가 자신의 아들을 미시에인들과 함께 보내지 않겠다고 밝히자 청년이 이렇게 말했다. "아버님, 예전에는 전쟁과 사냥에 나가 좋은 명성을 얻는 것이 우리에게 가장 훌륭하고 고결한 일이었습니다. 그러나 이제 아버님이 저한테서 일말의 비겁함이나 나약함을 발견하신 것도 아니면서 저더러 그 두 가지 일을 모두 못하게 막으시니, 제가 시장에 드나들 때에 무슨 면목으로 나설 수 있겠습니까? 시민[44]들은 과연 저를 어떤 사람으로 생각할 것이며 또 갓 혼인한 제 신부는 저를 어떤 사람으로 보겠습니까? 그녀는 자신이 어떤 남편과 함께 살고 있다고 생각하겠습니까? 그러니 아버님께서는 제가 이 사냥에 나가도록 허락하시든지, 아니면 아버님께서 이리하시는 것이 저에게 더 좋은 일임을 말로 납득시켜 주십시오."

크로이소스가 다음과 같이 대답했다. "아들아! 내가 이런 일을 하 **38**는 것은 내가 너에게서 어떤 비겁함이나 달리 탐탁찮은 면을 발견해서가 아니고, 내가 잠을 자던 중 꿈속에 환영이 나타나 네가 단명할 것이라고 말했기 때문이란다. 네가 쇠로 된 창에 찔려 죽는다더구나. 내가 서둘러 너를 이렇게 혼인시킨 것도 그 환영 때문이고 내가 이번 일에 너를 보내지 않는 것도 그 때문이다. 내가 살아 있는 동안에라도 너를 몰래 구출할 수 있을까 해서 너를 지키는 거란다. 너는 나의 하나뿐인 아들이니 말이다. 또 다른 아들은 청력이 못쓰게 되어, 나는 그를 아들로 여기지 않기 때문이다."

청년은 다음과 같이 대답했다. "아버님, 아버님께서 그와 같은 환 **39**

---

44 '시민'은 폴리에테스(polietes)를 번역한 말이다. 시민은 국정에 참여할 수 있는 참정권을 지닌 자유민을 일컫는다. 고대 세계에서 시민의 범주와 시민이 행사하는 참정권의 범위는 국가마다 달랐다. 한편 아스토스(astos)는 도시에 거주하는 도시민을 말하는데, 이 책에서는 아스토스를 문맥에 따라 '시민' 혹은 '도시민' 등으로 번역했다.

영을 보고 저를 지켜 주시는 것은 아무런 잘못이 아닙니다. 하지만 아버님께서는 그 꿈을 잘못 이해하시고 의미를 제대로 파악하지 못하고 계시니, 제가 마땅히 아버님께 그 점을 말씀 드리는 게 옳다고 봅니다. 아버님께서는 그 꿈이 제가 쇠로 된 창에 의해 죽게 될 것임을 알려 주었다고 말씀하십니다. 그러나 멧돼지에게 무슨 손이 있으며 또 아버님이 두려워하시는 쇠로 된 창이 어찌 있겠습니까? 만일 그 꿈이 제가 엄니나 혹은 그 짐승에게 어울리는 다른 어떤 것에 의해 죽게 될 거라고 말했다면, 아버님께서는 마땅히 지금처럼 하셔야 합니다. 그러나 꿈은 창에 의한 것이라 했습니다. 이번 싸움은 사람을 상대로 하는 것이 아닌 만큼, 제가 가도록 해 주십시오."

40   크로이소스가 대답했다. "아들아, 그 꿈에 대한 너의 설명에 내 승복하마. 나는 네 말에 설복되어 입장을 바꿨다. 네가 사냥에 나가도록 허락하마."

41   크로이소스는 이렇게 말한 후 프리기에인 아드레스토스를 불러오게 하고, 그가 도착하자 다음과 같이 말했다. "아드레스토스여, 나는 그대가 끔찍한 불행에 처해 있었을 때―지금 그에 대해 그대를 질책하는 것이 아니오―, 그대를 정화시켜 내 집에 받아들이고 모든 비용을 들여 부양했소. 이처럼 내가 그대에게 은혜를 베풀었으니, 그대는 나에게 은혜를 갚아야 할 의무가 있소. 그래서 내 그대에게 부탁하니, 사냥에 나서는 내 아들의 보호자가 되어 주시오. 도중에 어떤 불한당 같은 도적들이 출현하여 그대들에게 해를 입히지 않도록 말이오. 더욱이 그대도 활약을 통해 명성을 얻을 수 있는 곳으로 가는 것이 당연한 거 아니겠소. 그대의 조상들도 그렇게 했고, 게다가 그대는 대단한 힘을 지녔으니 말이오."

42   아드레스토스가 대답했다. "전하, 다른 경우라면 제가 그와 같은 과업에 나서지 않을 겁니다. 저처럼 이렇게 불행에 처해 있는 자가 다복한 동료들과 함께 동행하는 것은 적절치 않은 일이며 또 저 자신도 그러기를 원치 않으므로, 저는 여러 이유에서 그러기를 마다할 겁

니다. 그러나 이제 전하께서 그토록 열망하시고 저 또한 전하를 기쁘게 해 드려야 하므로—저는 전하께 은혜를 갚아야 할 의무를 지고 있으니 말입니다—, 기꺼이 이 일을 맡고자 합니다. 전하께서 저더러 잘 보호하라고 명하신 전하의 아드님은, 제가 돌보는 한, 아무 탈 없이 전하께 돌아올 것으로 기대하셔도 됩니다."

아드레스토스는 크로이소스에게 이와 같이 대답했다. 그 후 그들 43 은 엄선된 청년들과 사냥개들을 대동하고 길을 떠났다. 그들은 올림 포스 산에 도착하자 그 짐승을 찾아 나섰다. 그리고 짐승을 발견하자 둥글게 둘러서서 그것을 향해 창을 던졌다. 그런데 그때 아드레스토스라고 불리는 빈객, 즉 살인 행위를 정화받았던 바로 그 자가 멧돼지를 향해 던진 창이 빗나가 공교롭게도 크로이소스의 아들을 맞혔다. 그리하여 크로이소스의 아들이 창에 찔려 해를 입었으니, 그로써 꿈속의 예언이 실현된 것이었다. 이에 어떤 자가 그 일을 크로이소스에게 알리기 위해 달려갔으며, 사르디에스에 도착하자 멧돼지와 벌인 싸움과 그의 아들이 죽은 일을 그에게 전했다.

크로이소스는 아들의 죽음에 망연자실했으며, 아들을 죽인 자가 44 바로 자신이 살인 행위를 정화시켜 준 그 사람이었기에 더욱더 애통해 했다. 그는 그 불행으로 큰 슬픔에 빠져, 한편으로는 자신이 빈객에게 당한 일에 증인을 세우기 위해 정화의 신 제우스의 이름을 불렀으며 또 한편으로는 화로의 신 제우스[45]와 우애의 신 제우스의 이름을 불렀는데, 그는 동일한 신을 이런 이름들로 불렀던 것이다. 그가 화로의 신 제우스를 부른 것은 자신이 그 빈객을 집으로 받아들여 멋

---

45 '화로의 신 제우스'는 '에피스티오스 제우스'(epistios Zeus)를 번역한 말이다. '에피스티오스'는 '위에'·'앞에'를 뜻하는 '에피'(epi)와 '화로'·'집'·'가정'을 뜻하는 '히스티에'(histie)의 합성어로, '화로의'·'가정의'라는 의미를 지닌다. '에피스티오스'라는 별명은 화로가 놓인 가정을 지키는, 가정의 신 제우스를 가리킨다.

모르고 아들의 살인자를 돌보았기 때문이고, 우애의 신 제우스를 부른 것은 아들의 보호자로 딸려 보낸 자가 가장 해로운 적임을 알았기 때문이다.

45   그 후 리디에인들이 시신을 운구해 돌아왔고 살인자가 그 뒤를 따라왔다. 아드레스토스는 시신 앞에 나가 서서 두 손을 죽 내밀고 스스로를 크로이소스에게 내맡겼으며, 자기를 시신 곁에서 죽여 달라고 청했다. 그는 자신이 이전에 겪은 불행과 게다가 또 자신을 정화시켜 준 사람을 망쳐 놓은 일을 언급하며, 이제 자신은 더는 살 가치가 없다고 말했다. 크로이소스는 아드레스토스가 이렇게 말하는 것을 듣자, 비록 자신이 그토록 큰 불행에 처해 있었음에도 불구하고, 그를 불쌍히 여겨 말했다. "빈객이여, 그대 자신이 스스로 죽어 마땅하다고 밝히므로, 나는 그대에게서 모든 보상을 받은 거요. 그대가 그런 일을 저질렀다고 해도 본의가 아닌 한, 그대는 나의 불행을 불러온 원인이 아니오. 그 원인은 이미 예전에 내게 미래의 이런 일을 예언했던 어떤 신이라오." 크로이소스는 응분의 방식에 따라 아들의 장례를 치렀다. 한편 미데스의 아들인 고르디에스의 아들 아드레스토스 즉 자신의 형제를 살해하고 또한 자신을 정화시켜 준 사람을 망쳐 놓은 이 자는, 그가 아는 모든 사람들 중에서 자신이 가장 불행한 자라고 믿고, 무덤 주변에 사람들이 없어 조용해졌을 때 무덤 곁에서 스스로 목숨을 끊었다.

46   크로이소스는 아들을 잃고서 2년 동안 깊은 슬픔에 잠겨 있었다. 그러나 그 후 키악사레스의 아들 아스티아게스의 지배가 캄비세스의 아들 키로스에 의해 붕괴되고 페르시스인들의 세력이 커지자, 크로이소스는 이제 슬픔을 거두었다. 대신 그는, 자신이 할 수 있는 한, 페르시스인들이 너무 강성해지기 전에 그들의 세력 확장을 막기 위한 방법을 강구하기 시작했다. 그렇게 작정한 후 그는 즉시 헬라스와 리비에의 신탁소들을 시험해 보았다. 그는 여러 신탁소에 각기 사절들을 보냈는데, 그중 일부는 델포이로, 또 일부는 포키스의 아바이

로, 일부는 도도네로 갔다. 또 일부는 암피아레오스와 트로포니오스로 보내졌고 다른 일부는 밀레토스의 브랑키다이로 보내졌다. 이상은 크로이소스가 신탁을 물으러 보낸 헬라스의 신탁소들이다. 한편 그는 리비에의 암몬에게도 신탁을 구하러 사절들을 보냈다. 그는 이들 신탁소들의 통찰력이 어떤지를 시험하러 사절을 보낸 것인데, 이는 진실을 통찰하는 곳이 나타나면 그곳들에 다시 사절을 보내 페르시스인들에 대한 군사 원정에 착수해야 할지를 묻기 위해서였다.

그는 신탁소들을 시험하러 리디에인들을 파견하면서 그들에게 다 47
음과 같은 지시를 내렸다. 즉 그들이 사르디에스를 출발한 날로부터 이후 기간을 날수로 세어 백 일째 되는 날에 신탁을 구하여, 알리아테스의 아들인 리디에 왕 크로이소스가 그때 마침 무엇을 하고 있는지를 물어보도록 했다. 그리고 예언으로 내려지는 각 신탁들을 모두 기록하여 자신에게 가져오도록 했다. 그때 다른 신탁소들이 어떤 답변을 내렸는지에 대해서는 아무도 이야기해 주지 않는다. 하지만 델포이에서는 리디에인들이 신탁을 구하러 신실(神室)로 들어가 자신들이 지시받은 것을 물어보자마자 즉시 피티에 여사제가 6보격 운율[46]로 다음과 같이 말했다.

나는 모래알의 개수도 바다의 크기도 알고,
벙어리를 이해하고 침묵하는 자의 말도 알아듣노라.
내 후각에는 청동용기 속에서 양고기와 함께 삶기는,
껍질이 딱딱한 거북이의 냄새가 풍겨 오는구나.
그 아래의 바닥은 청동이고 위의 뚜껑도 청동이로다.

피티에 여사제가 이런 신탁을 내리자, 리디에인들은 그것을 기록 48

---

46 '6보격 운율'은 그리스어 '헥사메트로스 토노스'(hexametros tonos)를 번역한 말이다. 6보격은 시의 각 행이 6개의 음보로 이루어진 것을 말한다.

하여 사르디에스로 돌아왔다. 여러 곳으로 보내졌던 다른 사절들도 신탁들을 가지고 도착하자, 크로이소스는 신탁을 하나하나 펼쳐서 적힌 것을 살펴보았다. 그중 어느 것도 그의 마음에 들지 않았다. 그러나 델포이로부터의 신탁을 듣는 순간, 그는 곧바로 기도를 올리고 신탁을 받아들였다. 그는 델포이의 신탁만이 진짜 유일한 것이라고 여겼는데, 이는 그 신탁이 바로 그가 한 일을 알아냈기 때문이다. 사실 그는 신탁소들에 사절들을 보낸 후에, 약속된 날을 지켜 다음과 같은 일을 꾸몄다. 그는 사람들이 도저히 알아낼 수도 없고 추측할 수도 없는 일을 궁리해 냈는데, 즉 거북이와 양 고기를 잘라 내어 함께 청동 솥에 넣고 그 위에 청동 뚜껑을 얹은 채 삶았던 것이다.

49 델포이에서 크로이소스에게 내려진 신탁은 이러했다. 한편 암피아레오스 신탁소의 경우, 리디에인들이 성소에서 관례적인 의식을 행했을 때 그들에게 어떤 답변이 내려졌는지에 대해 나는 말할 수가 없다. 사실 그에 대한 언급이 전혀 없기 때문이다. 다만 크로이소스가 여기서도 믿을 만한 신탁을 받았다고 여겼다는 것만 말할 수 있을 뿐이다.

50 그 후 크로이소스는 막대한 제물로 델포이의 신에게 환심을 사고자 했다. 그는 각종 제물 동물 3,000마리를 바쳤고, 거대한 장작더미를 쌓고 금과 은을 입힌 침상들과 황금 술잔들, 자줏빛 의복들, 키톤[47]들을 불태웠다. 이로써 그는 신이 더 많은 호의를 베풀어 주기를 염원했던 것이다. 그는 또 모든 리디에인들에게 각자가 가진 것을 무엇이든 신에게 바치라고 명했다. 제물을 바치고 나자 그는 막대한 양의 금을 녹여 금괴를 만들게 했는데, 금괴 크기를 긴 변은 6팔라이스

---

47 고대 그리스인은 옷감을 재봉하지 않고 직사각형 형태의 천을 몸에 둘러 옷으로 입었는데, 그중 안에 입는 옷이 키톤(chiton)이고 키톤 위에다 입는 옷이 히마티온(himation)이었다.

테,[48] 짧은 변은 3팔라이스테, 높이는 1팔라이스테로 했다. 그 개수는 117개였는데, 그중 4개는 순금으로 만들어졌고 각 무게가 2.5탈란톤에 달했다. 나머지 것들은 은과 합금된 금괴였고 각 무게는 2탈란톤이었다. 그는 또 순금으로 사자상을 만들게 했는데, 그 무게가 10탈란톤이었다. 이 사자상은 델포이 신전이 불에 탔을 때 금괴들에서 떨어져 나왔다. 그것은 금괴들을 대좌(臺座)로 하여 세워져 있었던 것이다. 지금 그것은 코린토스인의 보고 안에 보관되어 있는데, 무게는 6.5탈란톤에 불과하다. 그중 3.5탈란톤이 불에 녹아 버렸기 때문이다.

크로이소스는 이들 봉헌물이 완성되자 그것들을 델포이로 보냈다. 51 그는 다른 것들도 함께 보냈는데, 이것은 각각 금과 은으로 만든 두 개의 대형 혼주용기였다. 그중 금제 용기는 신전으로 들어가자면 오른편에 세워져 있었고 은제 용기는 왼편에 세워져 있었다. 이것들 역시 신전이 불에 탔을 때에 옮겨졌는데, 무게가 8.5탈란톤 12므네아[49]에 이르는 금제 용기는 클라조메나이인의 보고 안에 보관되어 있다. 한편 은제 용기는 신전 전실(前室) 구석에 놓여 있는데, 600암포레우스[50]가 들어간다. 델포이인들은 이것을 테오파니아 제전[51] 때에 혼주용기로 쓴다. 델포이인들은 그것이 사모스인 테오도로스의 작품이라고 말하는데, 나도 그렇게 생각한다. 나에게는 그것이 범상치 않은 물건으로 보이기 때문이다. 크로이소스는 또한 은제 항아리도 네 개 보냈는데, 그것들은 코린토스인의 보고 안에 보관되어 있다. 그는 성

---

48 길이 단위. 1팔라이스테(palaiste)는 오늘날 기준으로 약 7.4센티미터에 해당한다.

49 무게 단위. 1탈란톤(talanton)은 60므네아다. 오늘날 기준으로 1탈란톤은 약 26킬로그램, 1므네아(mnea)는 약 430그램에 해당한다.

50 액체의 부피 단위. 1암포레우스(amphoreus)는 오늘날 기준으로 약 39리터에 해당한다.

51 테오파니아(Theophania) 제전은 델포이에서 열렸는데 태양신 아폴론의 재현을 기념하는 제전이었다.

수를 뿌리는 용기도 두 개 바쳤는데, 하나는 금으로 만든 것이고 또 하나는 은으로 만든 것이다. 그중 금제 용기에는 라케다이몬인들의 것이라는 명문(銘文)이 새겨져 있어서, 그들은 그것이 자신들의 봉헌물이라고 주장하지만 그들의 주장은 잘못된 것이다. 이것 역시 크로이소스의 봉헌물인데, 어떤 델포이인이 라케다이몬인들의 환심을 사려고 그 명문을 새겨 놓았던 것이다. 나는 그 사람의 이름을 잘 알고 있지만 언급하지는 않겠다. 소년상―그 손을 통해 물이 흐른다―은 확실히 라케다이몬인들의 봉헌물이지만, 성수 용기는 둘 다 그들의 봉헌물이 아니다. 이 밖에도 크로이소스는 명문이 새겨지지 않은 많은 봉헌물을 함께 보냈으며, 원형의 은제 그릇들과 3페키스[52] 길이의 황금 여인상도 보냈다. 델포이인들은 그 여인상이 크로이소스의 빵 굽는 여인의 모습이라고 말한다. 그뿐 아니라 크로이소스는 자신의 아내가 하고 있던 목걸이들과 허리띠들도 봉헌물로 바쳤다.

52 크로이소스가 델포이에 보낸 봉헌물들은 이러한 것이었다. 한편 그는 암피아레오스의 용기와 불행[53]에 대해 듣고서, 암피아레오스에게 전체가 똑같이 금으로 된 방패와 전체가 순금으로 된 창을 바쳤다. 그 창 자루는 창끝과 똑같게 금으로 되어 있었다. 이 두 봉헌물은 모두 나의 시대에도 테바이에 있었는데, 테바이의 이스메니오스 아폴론[54] 신전 내에 놓여 있었다.

---

52 길이 단위. 1페키스(pechys)는 오늘날 기준으로 약 44.4센티미터에 해당한다.

53 암피아레오스는 그리스의 전설적인 예언자다. 그는 아르고호의 모험 등에 참여한 용감한 영웅으로도 유명했다. 그는 테바이에 대한 7인의 공격이 실패하리라는 것을 미리 알고 공격에 참여하지 않으려 했다. 그러나 아내의 꾐에 빠져 참전할 수밖에 없게 되자 자식들에게 어머니에 대해 복수할 것을 명하고 출전했다. 그는 전투 도중 위기에 처했지만 제우스에게 구조되어 불멸의 존재가 되었다고 한다.

54 '이스메니오스'(Ismenios)는 테바이의 강 이스메노스(Ismenos)에서 유래한

크로이소스는 이 선물들을 신전들로 가져갈 리디에인들에게 명하 53
여, 그가 페르시스인들과 전쟁을 해야 할 것인지와 그럴 경우 다른
세력을 우방으로 맞이해야 할 것인지에 대해 신탁을 묻도록 했다. 리
디에인들은 그들이 파견된 목적지들에 도착하자 봉헌물을 바치고 신
탁을 구했다. 그들은 말하기를, "리디에인들과 다른 종족들의 왕, 크
로이소스는 이곳의 신탁이 인간들 사이에서 유일한 것이라고 여겨
그대들의 통찰에 걸맞은 선물들을 보냈습니다. 이제 그는 페르시스
인들과 전쟁을 해야 할 것인지와 그럴 경우 다른 세력을 동맹군으로
맞이해야 할 것인지를 그대들에게 문의 드리는 바입니다"라고 했다.
그들이 이렇게 문의하자 두 신탁소의 대답은 동일하게 나왔는데, 즉
크로이소스가 페르시스인들과 전쟁을 한다면 거대한 제국을 멸망시
킬 거라고 그에게 예언했던 것이다. 그리고 헬라스인들 가운데 가장
강력한 자들을 찾아내 그들을 우방으로 맞이하라고 권고했다.

크로이소스는 사절들이 가져온 신의 대답을 듣고, 신탁들에 대해 54
크게 기뻐했으며 자신이 키로스의 왕국을 멸망시킬 것으로 확신했
다. 이에 그는 다시 피토에 사람을 보내 델포이인들에게 1인당―그
는 델포이의 인구수를 이미 알고 있었다―금화 2스타테르[55]를 선물
했다. 이에 델포이인들은 그 보답으로 크로이소스와 리디에인들에게
신탁 문의의 우선권, 각종 부담 면제, 제전의 상석권(上席權)을 부여
했으며 그들 중 델포이 시민이 되기를 바라는 자는 누구든 영구적으
로 시민이 되도록 허용했다.

크로이소스는 델포이인들에게 선물을 준 후 세 번째로 신탁을 물 55
었다. 그는 그곳 신탁의 진실성을 알게 되었으므로 그것을 철저히 활

명칭으로 '이스메노스의'라는 뜻을 지닌다. 이스메노스 강 부근에는 아폴론
의 신전이 있었다고 한다. '이스메니오스 아폴론'은 바로 그 신전에 모신 아
폴론을 지칭하는 것이라 하겠다.

55 그리스의 주조화폐. 보통은 금화였으나 은화도 사용되었다.

용하고자 했던 것이다. 그가 신탁을 구한 질문은 자신의 왕권이 오랫동안 유지될 수 있겠느냐는 것이었다. 그에 대해 피티에 여사제는 다음과 같이 응답했다.

> 부드러운 발의 리디에인이여, 노새가 메디아인들의 왕이 되거든
> 그때에는 자갈 많은 헤르모스 강을 따라 도망갈지니라.
> 그대로 머물지도 말고, 겁쟁이가 된다고 부끄러워하지도 말지니라.

56 　이러한 신탁이 전해지자, 크로이소스는 그것에 대해 단연 최고로 기뻐했다. 그는 사람 대신에 노새가 메디아인들의 왕이 되지는 못할 터이니 그 자신이나 후손들이 왕권을 잃지 않을 거라고 여겼던 것이다. 그 후 크로이소스는 우방으로 삼을, 가장 강력한 헬라스인들이 누구인지를 유심히 조사했으며, 조사를 통해 도리에스인에 속하는 라케다이몬인들과 이오네스인에 속하는 아테나이인들이 걸출하다는 것을 알았다. 이들 이오네스인들과 도리에스인들은 매우 탁월한 자들이었는데, 옛날에 전자는 펠라스기에족이었고 후자는 헬라스족이었다. 펠라스기에족은 이제껏 다른 곳으로 이주한 적이 없지만, 헬라스족은 자주 이동해 다녔다. 그들은 데우칼리온 왕 시대에는 프티아 지역에 거주했고 헬렌의 아들 도로스의 시대에는 오사 산과 올림포스 산 기슭의, 히스티아이오티스라 불리는 지역에서 살았다. 그러나 그들은 나중에 카드모스 후손들에게 히스티아이오티스에서 쫓겨나 핀도스에서 살았는데, 그곳에서 마케드논족으로 불렸다. 그 후 그들은 다시 드리오피스로 이동했고, 또 드리오피스에서 결국 펠로폰네소스로 들어왔는데 거기서 도리에스인으로 불리게 되었다.

57 　나는 펠라스기에인들이 어떤 언어를 사용했는지 확언할 수 없다. 그러나 티르세니에인들[56] 위쪽의 크레스톤 시(市)에 사는 펠라스기에인들—이들은 지금 도리에스인이라 불리는 자들과 인접해 살았는데, 그때엔 지금 테살리오티스라 불리는 지역에 살고 있었다—과 헬

레스폰토스의 플라키에와 스킬라케를 세운 펠라스기에인들─이들은 아테나이인들과 함께 살던 자들이었다─, 또 펠라스기에인들의 도시였다가 나중에 이름을 바꾼 다른 모든 곳들을 근거로 말해야 한다면, 즉 이들 모두를 근거로 말해야 한다면, 펠라스기에인은 헬라스어가 아닌 다른 언어를 사용한 자들이었다. 그리고 모든 펠라스기에인이 그와 같았다면, 펠라스기에인에 속한 아티케족도 헬라스인으로 전환하면서 동시에 자신들의 언어도 바꾸었음이 분명하다. 크레스톤인이나 플라키에인은, 그들끼리는 언어가 같지만, 지금 그들과 이웃해 사는 자들과는 누구와도 언어가 다르다. 이는 그들이 그 지역으로 이동할 때 갖고 간 언어의 특성을 여전히 보존하고 있음을 명백히 보여 준다.

한편 헬라스인들은, 내가 보기에 분명코, 그들이 처음 생겨날 때부터 죽 똑같은 언어를 사용해 왔다. 그들은 펠라스기에인들과 분리되어 있을 때는 세력이 미약했다. 그러나 처음에 미약하게 시작했다가 여러 종족들이 합한 집단으로 확대되었다. 주로 펠라스기에인들과 그 밖의 많은 이방인 종족들이 그들에게 합류했던 것이다. 내 생각엔, 그전에 펠라스기에족이 헬라스어를 사용하지 않았을 때에는 결코 펠라스기에족의 수가 크게 증가하지 않았던 것 같다.

크로이소스는 이 국가들[57] 중 아티케인들이 당시 아테나이의 참주 59

56 흔히 이탈리아의 에트루리아인들을 가리키지만, 여기서는 에트루리아인들로 보기 어렵다. 에트루리아인들의 위쪽에 있었다는 크레스톤(Kreston) 시가 확인되지 않기 때문이다. 그보다는 트라키아의 크레스토니아(Krestonia)인들 부근의 주민들이 아닐까 한다. 트라키아의 크레스토니아인들에 대해서는 제5권 제3장 참조.

57 '국가'는 에트노스를 번역한 말이다(제1권 제4장의 옮긴이 주 참조). 여기서 '이 국가들'은 제1권 제56장에 나오는 '아테나이인들'과 '라케다이몬인들'을 가리킨다. 크로이소스는 이들을 가장 강력한 그리스인들이라 여겨 자신의 우방으로 삼고자 했다. 제1권 제59∼69장은 이 '아테나이인들'과 '라케다이

였던, 히포크라테스의 아들 페이시스트라토스에 의해 억압당하고 분열되어 있음을 알게 되었다. 히포크라테스가 일반 개인으로서 올림피아 제전을 관람하던 중에 그에게 큰 이적(異蹟)이 일어났다. 그가 제물을 바치고 나자 그곳에 놓여 있던, 고기와 물이 가득 찬 솥들이 불을 피우지 않았는데도 끓어 넘치는 것이었다. 라케다이몬인 킬론이 마침 그곳에 있다가 이적을 보고서 히포크라테스에게 충고했다. 즉 우선 무엇보다도 아이를 낳을 수 있는 아내를 집으로 들이지 말고, 이미 아내가 있다면 그때에는 그녀를 내쫓고 또 만일 아들이 있다면 관계를 끊으라는 충고였다. 킬론이 이렇게 조언했지만 히포크라테스는 따르려 하지 않았다. 그리고 그 후 히포크라테스에게서 바로 이 페이시스트라토스가 태어났다. 페이시스트라토스는 아테나이에서 알크메온의 아들 메가클레에스가 이끄는 해안 사람들과 아리스톨라이데스의 아들 리쿠르고스가 이끄는 평원 사람들 간에 내분이 벌어졌을 때, 참주가 되려는 생각으로 제3의 파당을 규합했다. 그는 일당을 끌어모아 자신이 산악 사람들의 지도자임을 자처하고, 다음과 같은 계획을 꾸몄다. 그는 자기 자신과 노새들에게 상처를 입힌 후, 적들에게서 도망쳐 오는 것처럼 시장으로 수레를 몰고 갔다. 그는 자신이 수레를 타고 시골로 가고 있을 때 적들이 자신을 죽이려 했다고 말했다. 그는 시민들에게 자신에 대한 호위대를 붙여 달라고 요청했다. 그는 이전에 메가라 원정에서 장군직을 맡아 니사이아를 점령하고 다른 큰 공적들도 세웠던지라 호의적인 명성을 누리고 있었다. 이에 아테나이 시민들은 그에게 속아, 시민들 중에서 선발한 자들을 그에게 호위대로 내주었다. 이들은 페이시스트라토스의 창병대가 아니라 곤봉대가 되었다. 이들이 나무 곤봉을 들고 그를 따라다녔기 때문이다. 이들은 페이시스트라토스와 함께 봉기하여 아크로

몬인들'의 상황을 서술하는 대목이다.

폴리스를 점령했다. 그리하여 페이시스트라토스는 아테나이인들을 지배하게 되었지만,[58] 관직 체계를 어지럽히지도 않았고 법률을 바꾸지도 않았다. 그는 기존 법률에 따라 국가를 통치했고 국무를 훌륭하게 잘 정리했다.

그 후 오래지 않아 메가클레에스 일파와 리쿠르고스 일파가 뜻을 같이하고 그를 몰아냈다. 그렇게 페이시스트라토스는 처음으로 아테나이를 장악했지만, 참주 지배를 아직 확고하게 정립하지 못하고 지배권을 잃고 말았다. 하지만 페이시스트라토스를 몰아낸 자들은 또다시 서로 내분을 일으켰다. 그런데 메가클레에스는 내분으로 곤경에 처하자 페이시스트라토스에게 사절을 보내, 참주가 되는 조건으로 자신의 딸을 아내로 맞이할 의향이 있느냐고 물었다. 페이시스트라토스가 제안을 받아들이고 조건에 동의하자 그들은 그의 귀환을 위한 계획을 꾸몄는데, 내가 판단하기에 이는 정말 어리석기 짝이 없는 것이었다. 헬라스인은 예로부터 더 현명하고 덜 어리석다는 점에서 이방인 종족과 구별되어 왔는데도, 그들은 헬라스인 중에서 가장 지혜롭다고 일컫는 아테나이인들에게 다음과 같은 계략을 꾸몄던 것이다. 파이아니아 구(區)[59]에 피아라는 이름의 한 여성이 있었는데, 키가 3닥틸로스가 모자란 4페키스[60]였으며 게다가 용모도 아름다웠

58 기원전 560년에 일어난 페이시스트라토스의 첫 참주 집권을 가리킨다. 그러나 곧 물러난 그는 다시 기원전 550년에 참주로 등장했다가 역시 퇴출되고 만다. 페이시스트라토스가 세 번째로 참주가 된 것은 기원전 539년으로 추정되는데, 그는 이후 사망할 때까지 10여 년 동안 아테네의 참주로 지냈다. 페이시스트라토스의 두 번째와 세 번째 참주 집권에 대해서는 제1권 제60~64장에 언급되어 있다.

59 '구'(區)는 아테네의 기본 행정 단위인 '데모스'(demos)를 번역한 말이다. 데모스가 행정 단위로 언급될 경우, '구' 혹은 '지구'(地區)로 번역하기로 한다.

60 페키스와 닥틸로스(daktylos)는 길이 단위이고, 24닥틸로스가 1페키스(약 44.4센티미터)를 이룬다. 오늘날 기준으로 1닥틸로스는 약 1.85센티미터다.

다. 그들은 이 여성을 완전 무장 시켜 전차에 태우고 그녀가 가장 근사하게 보일 수 있는 자세를 취하도록 가르쳐 준 후 시내로 전차를 몰고 갔다. 그들은 자신들에 앞서 전령들을 먼저 보냈다. 전령들은 시내에 도착하자 그들이 지시받은 대로 시민들에게 이렇게 포고했다. "아테나이인들이여, 페이시스트라토스를 진심으로 환영하시오. 아테나이에 여신께서 인간들 중에 그를 가장 소중히 여기시어 손수 그를 자신의 아크로폴리스[61]로 데려오고 계십니다." 전령들은 여기저기 돌아다니며 그렇게 말했다. 그러자 아테나이에가 페이시스트라토스를 데려온다는 소문이 곧바로 여러 구로 퍼졌다. 도시민들은 그 여성이 진짜 아테나이에 여신이라고 믿으며 이 인간 여성에게 경배하고 페이시스트라토스를 환영했다.

61 　페이시스트라토스는 앞서 말한 방식으로 참주 권력을 되찾은 후, 메가클레에스와 맺은 협약에 따라 메가클레에스의 딸과 혼인했다. 그러나 그에게는 이미 청년기의 아들들이 있었고 알크메오니다이 가문[62]이 저주를 받았다고들 이야기되었기 때문에, 새로 맞이한 아내에게서 자식들이 생기는 것을 원치 않아 비정상적인 방식으로 그녀와 성행위를 했다. 처음에 그의 아내는 이를 숨겼지만 나중에는, 물음을 받고 그랬든 아니면 받지 않고 그랬든 간에, 자신의 어머니에게 말했고 그 어머니는 또 남편에게 말했다. 메가클레에스는 이에 분노하여 그간 분쟁을 벌이던 적들과 화해했다. 페이시스트라토스는 자신을 겨냥한 일의 동태를 파악하고 완전히 조국을 떠났다. 그는 에레트

여기서 그녀의 키는 3페키스 21닥틸로스로 오늘날 기준으로 대략 172센티미터에 해당한다.

61　아테나 여신은 아테네의 수호신이고, 그 여신의 신전이 아크로폴리스에 위치해 있었다.

62　아테네의 유명 귀족 가문. 페이시스트라토스의 장인 메가클레스도 이 가문 출신이다. 알크메오니다이 가문은 예전에 킬론 일파를 살해한 죄 때문에 저주를 받았다고 전한다. 킬론의 일에 대해서는 제5권 제71장 참조.

리아에 도착하자 아들들과 함께 상의했다. 그 결과 참주 권력을 다시 되찾자는 히피아스의 견해가 좌중을 압도했다. 이에 그들은 자신들에게 어떻게든 신세를 진 모든 국가들로부터 기부금을 끌어모았다. 많은 국가들이 막대한 금액을 제공했으며, 특히 테바이인들이 가장 많은 금액을 냈다. 간단히 줄여 말하자면, 그 후 시간이 지나 그들의 귀환을 위한 만반의 준비가 갖추어졌다. 펠로폰네소스에서 아르고스인 용병들이 도착했고 릭다미스라고 불리는 낙소스인이 자발적으로 그들에게 왔던 것이다. 이 릭다미스는 아주 대단한 열의를 지니고 금전과 병력을 모아 왔다.

그들은 11년째 되는 해에 에레트리아를 떠나 귀국했다. 그들이 아 **62** 티케에서 제일 먼저 점령한 곳은 마라톤이었다. 그들이 이곳에 주둔해 있는 동안에 도시에서 그들 분파의 사람들이 찾아왔고 또한 농촌의 여러 구에서 자유보다도 참주 지배를 선호하는 사람들이 몰려왔다. 이들이 이렇게 모여들었지만, 도시의 아테나이인들은 페이시스트라토스가 금전을 모으고 나중에 마라톤을 점령하는 동안에도 그에 대해 아무 관심을 갖지 않았다. 그러나 페이시스트라토스가 마라톤에서 아테나이 시로 진군한다는 소식을 듣자 그때서야 그를 향해 출격했다. 그들은 귀환자들에게 맞서기 위해 전 병력을 동원해 나섰다. 페이시스트라토스 무리는 마라톤을 출발하여 도시로 진군하던 중 팔레네[63]의 아테나이에 신전에 이르러 상대와 마주쳤다. 이에 그들은 서로 마주 보고 진을 쳤다. 그때 아카르나니아의 예언자 암필리토스가, 신의 인도에 따라, 페이시스트라토스에게 출두했는데 그는 페이시스트라토스에게 와서 다음과 같은 예언을 6보격 운율로 읊었다.

투망이 던져지고 그물이 활짝 펼쳐져 있으니,

---

63 아테네와 마라톤 사이에 있던 지구(地區). 펜텔리코스 산의 남쪽에 위치해 있었다. 아테나 여신의 신전이 있었던 곳으로 유명하다.

달 밝은 밤에 다랑어들이 떼를 지어 달려들지니라.

63   신의 영감을 받은 암필리토스가 이처럼 그에게 예언하자, 페이시
스트라토스는 예언이 뜻하는 바를 이해하고서 그 예언을 받아들이겠
다고 말하고는 군대를 이끌고 갔다. 한편 도시에서 온 아테나이인들
은 그때 마침 점심 식사[64]를 하느라 분주했으며 그들 중 일부는 식사
를 마친 후 주사위놀이를 하고 있었고 또 일부는 잠을 자고 있었다.
이에 페이시스트라토스 무리는 아테나이인들을 공격하여 패주시켰
다. 이들이 도망가자 페이시스트라토스는 아테나이인들이 더는 결집
하지 않고 흩어져 있도록 매우 현명한 계책을 생각해 냈다. 그는 아
들들을 말에 태워 먼저 내보냈는데, 그들은 도주하는 자들을 따라잡
아 페이시스트라토스에게서 지시받은 바를 전달했다. 이들에게 두려
워 말고 각자 자신의 집으로 돌아가라고 말했던 것이다.

64   아테나이인들이 이 말에 따랐고, 페이시스트라토스는 그렇게 세
번째로 아테나이를 장악했다. 그는 이번에는 다수의 용병과 금전 수
입을 활용하여 참주 지배를 확고하게 수립했는데, 금전 수입은 일부
는 아테나이 현지에서 또 일부는 스트리몬 강 유역에서 들어온 것이
었다. 그는 또 바로 도망가지 않고 버틴 아테나이인들의 아들들을 인
질로 붙잡아 낙소스에 데려다 놓았다. 페이시스트라토스는 이미 전
쟁을 통해 낙소스도 정복하여 릭다미스에게 그곳을 맡겨 놓았던 것

---

64 고대 그리스에서는 시대에 따라 식사 시간이 달랐다. 초기에는 동이 튼 후
에 먹는 조식(ariston), 한낮에 먹는 점심(deipnon), 저녁에 먹는 석식
(dorpon)으로 이루어졌지만, 기원전 5~4세기의 고전기 아테네에서는 가벼
운 점심(ariston)과 저녁의 만찬(deipnon)으로 이루어졌던 것 같다. 기원전
4세기부터 다시 조식(akratisma)이 추가되었다. 그러므로 ariston이라는 말
은 아침 식사를 뜻하기도 하고 점심 식사를 의미하기도 했다. 이 대목에서는
식후에 주사위놀이를 하고 잠을 자기도 했다고 서술되어 있으므로, 문맥상
점심 식사로 보는 것이 타당하다.

이다. 그뿐 아니라 페이시스트라토스는 신탁에 따라 델로스 섬을 정화했는데, 정화 방식은 다음과 같았다. 즉 그는 신전에서 바라다 보이는 모든 지역 내에서 시신들을 파내어 델로스 섬의 다른 지역으로 이장했던 것이다. 그리하여 페이시스트라토스는 아테나이에서 참주가 되었고, 아테나이인들은 일부는 전쟁에서 사망하고 또 일부는 알크메오니다이 가문과 함께 조국에서 도망쳤다.

크로이소스는 아테나이인들이 이때 그러한 상황에 처해 있음을 알 65 았다. 반면에 라케다이몬인들에 관해서는 그들이 큰 곤경에서 벗어나 이젠 전쟁에서 테게에인들을 누르고 있음을 알았다. 레온과 헤게시클레에스가 스파르테 왕으로 있을 때, 라케다이몬인들은 다른 전쟁들에서는 모두 성공했지만 유독 테게에인과 벌인 전쟁에서는 늘 실패했다. 또 라케다이몬인들은 전에는 거의 모든 헬라스인들 중에서 가장 열악한 정치체제를 갖고 있었고 또 그들 서로 간에나 외국인들[65]에 대해서나 별반 교제를 하지 않았다. 하지만 그들은 다음의 방식으로 체제를 변경하여 훌륭한 정치체제를 만들었다. 즉 명망 있는 스파르테인인 리쿠르고스가 신탁을 얻으러 델포이에 갔는데, 그가 신전의 신실로 들어가자 곧 피티에 여사제가 다음과 같이 말했다.

리쿠르고스여, 제우스와 올림포스에 머무는 모든 신들의
총애를 받는 그대가 나의 풍요로운 신전에 왔도다. 내가 예언할 때
그대를 신으로 봐야 할지 인간으로 봐야 할지 잘 모르겠도다.
하지만 리쿠르고스여, 그래도 내가 보기엔 그대가 신인 것 같도다.

---

65 '외국인들'은 '크세이노이'(xeinoi: 크세이노스xeinos의 복수형)를 번역한 말이다. 그리스인들은 그리스인이 아닌 자들을 '바르바로이'로 불렀고 같은 그리스인들끼리도 국가가 다르면 '크세이노이'로 칭했다. 따라서 '크세이노이'는 '바르바로이'와 다른 개념이다. 이 책에서는 '크세이노이'는 '외국인들', '바르바로이'는 '이방인(들)'로 번역하기로 한다. '바르바로이'를 '이방인(들)'로 번역한 이유에 대해서는 제1권 제1장의 옮긴이 주 참조.

어떤 자들은 말하기를, 피티에 여사제가 그것에 덧붙여 현재 스파르테에 수립된 정치체제를 그에게 불러 주었다고 한다. 그러나 라케다이몬인들 자신의 말로는, 리쿠르고스가 자신의 조카이며 스파르테 왕인 레오보테스의 후견인이었을 때 그 체제를 크레테에서 들여왔다고 한다. 그는 후견인이 되자 즉시 모든 법률을 변경했으며 누구도 새 법률을 어기지 못하도록 지켰다. 그 후 리쿠르고스는 전쟁에 관한 제도인 서약부대, 30인 부대, 공동 식사 제도를 만들었으며, 그것에 덧붙여 감찰관과 원로회도 수립했다.[66]

66   라케다이몬인들은 이와 같이 체제를 바꾸어 훌륭한 정치체제를 갖추었으며, 리쿠르고스가 죽자 그의 성소를 건립하고 지금도 그를 성대하게 숭배한다. 그들은 땅이 비옥하고 인구수도 상당했으므로 곧바로 성장하여 번성하게 되었다. 또 그들은 이제 평온하게 사는 데 만족하지 않았다. 그들은 자신들이 아르카디에인들보다 더 강하다고 여겨, 아르카디에 전체 땅을 염두에 두고 델포이에 신탁을 물었다. 이에 피티에 여사제는 그들에게 신탁을 내렸다.

그대는 나에게 아르카디에를 요구하는가?
대단한 것을 요구하는구나. 나는 그대에게 그걸 주지 않겠노라.

------

66   스파르타의 군대 단위인 '에노모티아'(enomotia), 즉 서약부대는 각기 서약한 군사들로 구성된 부대이므로 그렇게 불렸다. 스파르타의 대표적인 정치조직으로는 2명의 왕, 5명의 감찰관, 30명으로 구성된 원로회, 그리고 시민들의 민회가 있었다. 여기서 '감찰관'은 '에포로스'(ephoros)를, '원로회'는 '게론테스'(gerontes)를 번역한 말이다. 스파르타 왕은 전쟁과 원정에서 최고지휘관 역할을 수행했지만, 평상시의 정치적 권한은 미약했다. 평상시의 최고행정관은 매년 선출되는 감찰관들이었는데, 이들은 국가행정과 재판을 담당하고 민회와 원로회를 주재했다. 원로회는 왕 2명과 60세 이상의 시민 28명으로 구성되었는데, 종신직으로 법안 제안권과 재판권 등을 행사했다. 스파르타의 주권기구는 30세 이상 남성 시민들의 총회인 민회였다. 민회는 입법 및 국가정책을 논의하고 감찰관과 원로회 의원들을 선출했다.

아르카디에에는 도토리를 먹는 사람들이 많아 그들이 그대를 막으리라.
하지만 나는 그대에게 인색하지 않으리.
내 그대에게 테게에 땅을 주겠으니, 그대는 그곳을
발로 밟으며 춤추고 그 비옥한 평야를 밧줄로 측량할 수 있으리라.

라케다이몬인들은 이 신탁을 전해 듣자, 다른 아르카디에인들은 내
버려 두고 테게에인에 대한 군사 원정에 나섰다. 이때 그들은 족쇄를
가지고 갔는데, 모호한 신탁을 믿고 자신들이 테게에인을 예속시킬
것으로 여겼기 때문이다. 그러나 그들은 교전에서 패했으며, 그들 중
포로로 잡힌 자들은 자신들이 가져간 족쇄를 차고 밧줄로 땅을 측량
하며 테게에의 평야를 경작했다. 그들이 묶였던 바로 그 족쇄들은 나
의 시대에까지도 테게에에 그대로 남아 있었는데, 알레에[67] 아테나이
에의 신전 주변에 걸려 있었다.
　그렇듯 스파르테인들[68]은 테게에인들과 벌인 이전의 전쟁에서는　67

67　'알레에'(Alee)는 아테나 여신의 별명인데, 헤로도토스는 주로 테게아의 아
　　테나 여신을 언급할 때 '알레에 아테나이에'라고 부른다. '알레에'라는 별명
　　은 아르카디아의 도시 알레에와 연관된 것으로 보인다. 알레에에는 알레에
　　아테나의 신전이 있었다고 한다.

68　'스파르티에테스'(Spartietes)의 복수형 '스파르티에타이'(Spartietai)를 번
　　역한 말. 스파르타 사회는 불평등한 신분사회였는데, 상층에는 '스파르티에
　　타이'라는 자유민이 존재하고 중간층에는 페리오이코이(Perioikoi)라는 반
　　(半)예속민이, 하층에는 '헤일로테스'(Heilotes)라는 예속민이 존재했다. '스
　　파르티에타이'는 스파르타 시민으로서 정치와 국방만 담당하고 다른 생업에
　　는 종사하지 않았다. '페리오이코이'는 '주변', '변두리'(peri)에 거주하는 자
　　들을 말한다. 이들은 시민으로서 참정권은 지니지 못했지만 일부 자치권을
　　누리고 국가에 대한 납세와 군사 의무도 있었다. 또 자신의 토지를 경작하고
　　상업이나 수공업에도 종사했다. '헤일로테스'는 피정복민인 선주민(先住民)
　　과 메세니아인들로 이루어졌는데, 국가에 예속된 부자유민이었다. 대개 농업
　　에 종사했는데 철저한 통제를 받으며 예속 생활을 했다. 이들은 스파르타인
　　들의 억압적 지배에 저항하는 집단봉기를 수차례 벌이기도 했다. '헤일로테

늘 계속해서 패했지만, 이제 크로이소스 시대에 아낙산드리데스와 아리스톤이 라케다이몬의 왕이었을 때에는 전쟁에서 테게에인들보다 우세해졌다. 그렇게 된 사정은 다음과 같다. 스파르테인들은 전쟁에서 테게에인들에게 늘 패배하자, 델포이에 신탁 사절을 보내 어떤 신을 달래면 전쟁에서 테게에인을 이길 수 있는지 물었다. 이에 피티에 여사제는 그들에게 아가멤논의 아들 오레스테스의 유골을 가지고 돌아가라는 신탁을 내렸다. 그러나 오레스테스의 무덤을 찾지 못하자 그들은 다시 신에게 사절을 보내 오레스테스가 묻혀 있는 장소가 어디인지 물었다. 피티에 여사제는 이를 묻는 사절들에게 이렇게 말했다.

> 아르카디에의 평탄한 땅에 테게에라는 곳이 있나니,
> 그곳에는 강력한 필연에 의해 두 개의 바람이 불고,
> 타격이 반격을 부르며 재난 위에 재난이 겹치도다.
> 거기서 생명을 낳는 대지가 아가멤논의 아들을 품고 있나니,
> 그를 데려가면 그대는 테게에의 주인이 될지니라.

라케다이몬인들이 이를 듣고 사방을 찾아보았지만 여전히 그 무덤을 발견하지 못했다. 그러다가 마침내 선행자(善行者)들[69]이라 불리는 스파르테인들 중의 한 명인 리케스가 그곳을 발견했다. 이 선행자들은 매년 최연장자들로 기사단에서 물러나는 다섯 시민들이다. 이들은 기사단에서 물러나는 해에 스파르테인들의 국가를 위해 쉴 새 없이 이리저리 파견되게끔 되어 있다.

68 이들 중 한 명인 리케스가 그의 행운과 지혜 덕분에 테게에에서 그

스'는 '헤일로타이'(Heilotai)라고도 불렸다.

69 '아가토에르고이'(agathoergoi)를 번역한 말. 말 그대로 '선한 일을 하는 자들'을 의미한다.

무덤을 찾아냈다. 그때는 라케다이몬인들이 테게에인들과 서로 내왕하고 있었는데, 그는 테게에의 한 대장간에 들어가 철이 연마되는 것을 보고 자신이 목격한 작업에 놀라움을 금치 못했다. 그러자 그가 놀라는 것을 알아챈 대장장이가 일을 멈추고 말했다. "라코니아 친구여, 그대는 지금 철을 다루는 작업에도 이처럼 놀라워하는데, 내가 본 것을 보았다면 정말 깜짝 놀랐을 것이오. 내가 이 마당에서 우물을 만들려고 땅을 파다가 우연히 길이가 7페키스에 이르는 관을 보게 되었다오. 나는 지금의 사람들보다 더 큰 사람들이 있었다는 걸 믿지 못했기에 관을 열어 보았는데 시신의 키가 관의 길이와 똑같다는 걸 알았소. 나는 길이를 잰 후 다시 묻어 놓았소." 대장장이가 그렇게 자신이 본 것을 말해 주자, 리케스는 대장장이의 말을 곰곰이 생각해 보고, 이 시신이 바로 신탁에서 말하는 오레스테스가 분명하다고 추정했다. 그의 추론은 이러했다. 즉 대장장이의 두 개의 풀무를 보고 그것을 두 개의 바람이라고 파악했고, 망치와 모루는 타격과 반격, 연마된 철은 재난 위에 겹친 재난으로 파악했다. 그는 철의 발견이 인간에게 해를 끼쳤다고 보아 이처럼 추정했던 것이다. 그는 그렇게 추정하고 스파르테로 돌아가서 라케다이몬인들에게 모든 일을 이야기했다. 이에 그들은 가짜로 구실을 대어 그를 고소하고 추방했다. 리케스는 테게에로 가서 대장장이에게 자신의 곤경을 이야기하고 그의 마당을 빌리려고 했지만 그가 빌려주려 하지 않았다. 그러나 마침내 리케스는 그를 설득하는 데 성공했고 그곳에 거주하게 되자, 무덤을 파헤치고 유골을 모아 스파르테로 가져갔다. 이후로는 양측이 전쟁에서 서로 힘을 겨룰 때마다 라케다이몬인들이 단연 우세하게 되었다. 그래서 이제 라케다이몬인들은 펠로폰네소스의 대부분 지역들을 정복했다.

크로이소스는 이 모든 것을 알고 사절들에게 선물을 들려 스파르 69 테로 보내 동맹을 요청하도록 했는데, 그들이 무슨 말을 해야 할지를 일러 놓았다. 그들은 스파르테에 가서 말했다. "리디에인들과 여타 종족들의 왕이신 크로이소스께서 우리를 보냈는데, 그는 이렇게 말씀하셨습니다. '라케다이몬인들이여, 신은 나에게 헬라스인을 친구로 삼으라는 신탁을 내리셨소. 내가 알기에 당신들은 헬라스에서 제일가는 자들이니, 나는 진정 신탁에 따라 당신들에게 청하는 바이오. 나는 속임수와 기만 없이 당신들의 우방 및 동맹국이 되기를 원하오.'" 크로이소스가 사절을 통해 이처럼 제안하자, 라케다이몬인들은 그들 자신도 이미 크로이소스에게 내려진 신탁에 대해 들었는지라 리디에인들의 방문에 크게 기뻐하고 우애와 동맹에 관한 서약을 공언했다. 그런데 사실 크로이소스가 전에 그들에게 베풀었던 은전(恩典)이 그들을 사로잡은 터였다. 일찍이 라케다이몬인들이 지금 라코니아의 토르낙스[70]에 세워져 있는 아폴론상을 위해 쓰려고 사르디에스로 금을 사러 사람을 보낸 적이 있었다. 그때 크로이소스는 금을 사러 온 그들에게 금을 거저 선사했던 것이다.

70   이러한 이유에서, 그리고 또 크로이소스가 모든 헬라스인들 중에서 그들을 우선 선호하여 우방으로 선택했기 때문에, 라케다이몬인들은 동맹을 받아들였다. 그래서 그들은 그가 요청할 경우 언제든 응할 태세를 갖추었다. 또한 그들은 크로이소스에게 선물로 답례하고자 청동제 혼주용기를 만들어 보냈는데, 그것은 바깥 가장자리에 작은 형상들이 새겨져 있고 300암포레우스를 담을 수 있는 크기였다. 하지만 이 혼주용기는 사르디에스에 도착하지 않았는데, 그 이유에 대해서는 다음의 두 이야기가 전해진다. 라케다이몬인들의 이야기로는, 혼주용기가 사르디에스로 운반되던 중 사모스 근처에 이르렀을 때 사모스인들이 이를 알고 기다란 배로 공격하여 그것을 빼앗아 갔다고 한다. 그러나 사모스인들 자신의 이야기로는, 혼주용기를 가져가던 라케다이몬인들이 너무 늦게 와서 사르디에스와 크로이소스가

---

70 스파르타의 북동쪽에 있는 산.

이미 정복되었다는 소식을 듣고는 혼주용기를 사모스에서 팔았다고 한다. 그래서 몇몇 개인이 그것을 사들여 헤레 신전에 봉헌했다고 한다. 아마 그것을 팔아넘긴 자들이 스파르테에 돌아와서 그것을 사모스인들에게 탈취당했다고 말했을 수도 있다. 혼주용기에 관한 이야기는 이러하다.

크로이소스는 신탁의 뜻을 잘못 알고 카파도키에 군사 원정에 나 71 섰다. 그는 자신이 키로스와 페르시스 왕국을 멸망시킬 것으로 기대했던 것이다. 크로이소스가 페르시스인들에 대한 정벌 준비를 하고 있을 때, 산다니스라는 이름의 한 리디에인이 크로이소스에게 조언했다. 그는 이전부터 지혜로운 자로 여겨졌지만, 이 조언을 한 이후에 리디에인들 사이에서 큰 명성을 누리게 되었다. "전하, 전하께서 지금 정벌하시려고 준비하는 사람들은 바지와 여타 옷들을 다 가죽으로 해 입고, 땅이 척박하여 그들이 원하는 만큼이 아니라 가진 만큼만 먹는 자들입니다. 게다가 그들은 포도주를 마시지 않고 물을 마시며, 무화과나 그 외의 좋은 것들도 먹지 못합니다. 이들에게는 정말 아무것도 없는데, 전하께서 그들을 정복하신다면 그들에게서 무엇을 빼앗을 것인지요? 그러나 반대로 전하께서 패하신다면 좋은 것들을 얼마나 많이 잃게 될지 유념하시옵소서. 그들이 일단 우리의 좋은 것들을 맛보게 되면 그것들을 꽉 붙잡을 것이고 예서 내쫓기지도 않을 것이기 때문입니다. 저는 지금 페르시스인이 리디에를 정벌하려는 생각을 갖지 않도록 해 주신 신들께 감사하고 있습니다." 그가 이렇게 말했지만 크로이소스를 설득하지는 못했다. 사실 페르시스인들은 리디에인들을 멸망시키기 이전에는 화려하고 좋은 것들을 전혀 갖고 있지 않았던 것이다.

카파도키에인들은 헬라스인들에게 시리오이[71]라고 불린다. 이들 72

---

[71] 시리오이(Syrioi)는 '시리아인들'을 뜻하는 말이다. 헤로도토스는 그리스인들이 '아시리오이' 즉 '아시리아인들'을 '시리오이'라고 불렀다고 말한다

시리에인들은 페르시스인들이 지배하기 이전에는 메디아인들에게 예속되어 있었으나 이때에는 키로스의 통치를 받고 있었다. 메디아 왕국과 리디에 왕국의 경계는 할리스 강이었다. 할리스 강은 아르메니에의 산지에서 흘러나와 킬리키에를 지나고 그 후에는 오른편에는 마티에네인을, 왼편에는 프리기에인을 끼고 흐른다. 그리고 이들 지역을 지난 후로는 북쪽을 향해 흐르면서 카파도키에의 시리에인을 왼편의 파플라고니아인과 갈라놓는다. 이처럼 할리스 강은 키프로스 맞은편의 바다[72]에서 에욱세이노스 폰토스에 이르기까지 아시에 하부 지역[73]의 거의 전부를 떼어 놓고 있다. 여기가 이 지역 전체에서 폭이 가장 좁은 목 지점이다. 옷을 잘 동여맨 사람이 이곳을 여행하는 데에는 5일이 걸린다.[74]

73   크로이소스는 다음과 같은 이유 때문에 카파도키에 군사 원정에 나섰다. 즉 그가 자신의 몫에다 영토를 더 추가하려는 열망을 품었

(제7권 제63장). 헤로도토스는 이 책에서 '시리오이'라는 표현을 매우 광범위하게 사용한다. 그는 바빌론, 페니키아, 팔레스타인, 소아시아의 카파도키아 주민들에 대해서도 '시리오이'라고 부른다. 그는 '시리오이'를 과거 아시리아 제국에 포함되었던 주민들에 대한 통칭으로 사용했던 것으로 보인다.

72 '키프로스 맞은편의 바다'는 오늘날의 지중해를 가리킨다.

73 아시아 하부 지역은 할리스 강 서쪽에 있는, 아시아의 서부 지역을 가리킨다.

74 소아시아 반도를 가로질러 지중해에서 흑해까지의 최단거리는 약 300마일, 즉 480킬로미터에 이르기 때문에 이를 5일 걸리는 여정으로 본 헤로도토스의 서술은 오류인 것 같다. 이와 유사한 표현("거기서 에욱세이노스 폰토스의 시노페까지는 옷을 잘 동여맨 사람이 직선거리로 갈 때 5일 걸리는 여정이다")이 나오긴 하지만(제2권 제34장), 5일은 15일의 잘못된 표기로 보는 주장이 우세하다. 고대 그리스에서는 숫자를 알파벳으로 표기했는데, 15(ιε´)에서 ι를 누락하여 5(ε´)로 잘못 적었을 가능성이 크다는 것이다. 15일로 볼 경우 여행자는 하루에 약 32킬로미터를 걷는 셈이 된다. 이는 여행자가 하루에 150스타디온(약 27킬로미터)만큼 여행한다고 본 헤로도토스의 언급(제5권 제53장)과도 어느 정도 일치한다.

기 때문이기도 하지만, 그보다도 특히, 그가 신탁을 신뢰하고 아스티아게스를 위해 키로스에게 복수하고자 했기 때문이다. 키악사레스의 아들 아스티아게스는 메디아 왕으로 크로이소스의 매부였는데, 캄비세스의 아들 키로스가 아스티아게스를 복속시켰던 것이다. 아스티아게스가 크로이소스의 매부가 된 과정은 다음과 같다. 유목 스키티에인의 한 무리가 내분을 일으키고 메디아 땅으로 피신했다. 이때 메디아를 지배하던 통치자는 데이오케스의 아들인 프라오르테스의 아들 키악사레스였다. 키악사레스는 처음에는, 이들 스키티에인이 자신의 탄원자들이었으므로, 그들을 잘 대우했다. 그는 그들을 크게 존중했으므로 그들에게 아이들을 맡겨 그들의 언어와 궁술을 배우도록 했다. 그 후 시간이 흘러, 스키티에인들은 늘 사냥을 하러 다녔고 그때마다 무언가 잡은 것을 가져오곤 했다. 그런데 한번은 공교롭게 아무것도 잡지 못했다. 그들이 빈손으로 돌아오자, 키악사레스ー그는, 여기서 보여 주듯이, 화를 잘 내는 사람이었다ー는 그들을 박대하고 무시했다. 그들은 키악사레스에게 그런 일을 당하자 자신들이 부당한 일을 겪었다고 여겨 다음의 계획을 세웠다. 즉 그들이 가르치는 아이들 중 한 명을 토막 내 잘라 그들이 흔히 짐승을 조리하던 것과 똑같이 조리한 다음, 키악사레스에게 가져가 진짜 사냥물인 양 바친 후 되도록 빨리 사르디에스에 있는 사디아테스의 아들 알리아테스에게로 향한다는 계획이었다. 이 계획은 그대로 실현되었다. 키악사레스 및 그와 동석한 빈객들은 이 살코기들을 먹었고 스키티에인들은 계획을 실행한 후 알리아테스에게 가서 그의 탄원자가 되었다.

그 후 키악사레스는 그 스키티에인들을 요구했지만 알리아테스가 74 그들을 인도하지 않았으므로 리디에인과 메디아인 사이에는 전쟁이 일어나 5년 동안 계속되었다. 그 전쟁에서 때로는 메디아인이 리디에인을 이기기도 했지만 때로는 반대로 리디에인이 메디아인을 이기기도 했다. 한번은 야간 전투 같은 것을 벌이기도 했다. 그들이 팽팽하게 전쟁을 끌어가던 중 6년째 해에 한 전투가 벌어졌는데, 교전 도중에 갑자기 낮이 밤으로 변했던 것이다. 밀레토스인 탈레스는 이 일식이 일어날 것이라고 이오네스인들에게 예언한 바 있는데, 일식이 실제로 발생한 바로 그해에 그런 일이 일어날 것이라 예측했었다.[75] 리디에인과 메디아인은 낮이 밤으로 변하는 것을 보자 싸움을 멈추고 둘 다 더욱 열성적으로 평화 체결을 모색했다. 그들을 화해시킨 것은 바로 킬리키에인 시엔네시스와 바빌론인 라비네토스였다. 이들이 바로 양측이 맹약을 맺도록 주선했고 서로 간의 혼인을 성사시켰다. 두 사람은 알리아테스가 딸 아리에니스를 키악사레스의 아들 아스티아게스와 혼인시키도록 결정했던 것이다. 그처럼 강력한 결속이 없이는 협약이 효력을 유지하지 못할 것이었기 때문이다. 이들 종족은 헬라스인의 방식대로 맹약을 맺었고, 게다가 자신들 팔의 살갗을 베어서로 상대의 피를 핥았다.

75   키로스는 아스티아게스가 자신의 외조부였음에도 불구하고 그를 복속시켰는데, 그 이유는 내가 나중에 가서 설명할 것이다.[76] 크로이소스는 이에 대해 키로스에게 불만을 품고, 자신이 페르시스인들에 대해 원정할 것인지를 신탁에 물으러 사절을 보냈다. 그리하여 모호한 신탁이 도착하자 그는 신탁이 자신에게 유리한 것이라 여겨 페르시스인들의 영토로 진군했다. 내 생각에는, 크로이소스가 할리스 강에 이르렀을 때 그곳에 있는 다리들을 통해 군대를 건너게 했다고 본다. 그러나 헬라스인들의 대체적인 이야기로는, 밀레토스인 탈레스가 군대를 건너게 했다고 한다. 그들의 이야기에 의하면, 크로이소스는 군대가 강을 어떻게 건너야 할지를 알지 못해 당혹해 하고 있었는데—내가 말한 다리들은 그때 없었다고 한다—, 그때 진영에 함께 있던 탈레스가 군대의 왼쪽에서 흐르는 강을 오른쪽으로도 흐르도록 했다는 것이다. 그는 이렇게 일을 했다고 한다. 즉 진영 위쪽의 상류

---

75 이 일식은 기원전 585년에 일어났다고 한다.

76 제1권 제107~30장 참조.

에서부터 반원 모양의 깊은 도랑을 파기 시작했는데, 이는 강물이 옛수로에서 벗어나 도랑을 따라 흘러 진영 뒤쪽으로 지나가고 진영을 지난 후에는 다시 옛 수로로 흘러들도록 하기 위해서였다. 그리하여 강이 그처럼 갈라지자 곧바로 양쪽에서 모두 건널 수 있었다. 또 어떤 사람들의 말로는, 옛 수로가 전부 말라 버렸다고 한다. 그러나 나는 이를 믿지 않는다. 그랬다면 나중에 귀환할 때 그들이 어떻게 강을 건넜을 것인가?

크로이소스는 군대와 함께 강을 건넌 후 카파도키에의 프테리에라 76 불리는 곳에 도착했다. 프테리에는 이 지역에서 가장 막강한 곳이고 에욱세이노스 폰토스 연안의 시노페 시와 대략 같은 선상에 위치해 있다. 그는 그곳에 진을 치고 시리에인들의 농지를 유린했다. 그리고 프테리에인의 도시를 점령하고 주민들을 노예로 삼았으며, 그 주변 지역을 모두 점령했다. 그는 또 자신에게 아무런 잘못을 저지르지 않았는데도 시리에인들을 그들의 본거지에서 내쫓았다. 한편 키로스는 자신의 군대를 소집하고 도중의 주민들을 모두 끌어모아 크로이소스와 맞섰다. 그는 군대를 출정시키기 전에 이오네스인들에게 사절을 보내 그들이 크로이소스에게서 이탈하도록 꾀했다. 그러나 이오네스인들은 그에 따르려 하지 않았다. 키로스가 도착하여 크로이소스와 대진(對陣)하자, 그들은 프테리에 지역에서 전력을 다해 대결했다. 전투는 치열했고 양측에서 많은 인원이 전사했다. 그러다 마침내 밤이 다가오자 그들은 어느 쪽도 승리를 거두지 못하고 갈라졌다. 양측 군대는 이처럼 격렬한 싸움을 벌였다.

크로이소스는 자신의 군대 병력 수가 마뜩찮았다. 전투에 참전한 77 크로이소스 군대는 키로스 군대에 비해 수가 훨씬 적었던 것이다. 그렇게 마뜩찮던 그는 다음 날 키로스가 공격을 해 오지 않자 사르디에스로 떠났다. 그는 맹약에 따라 아이깁토스인들에게 지원을 요청하고—그는 라케다이몬인과 동맹을 맺기 이전에 아이깁토스 왕 아마시스와도 동맹을 체결했었다—, 바빌론인들도 불러오고—크로이소스는 이들과도 동맹을 맺은 바 있는데 이때 바빌론인을 통치하고 있던 자는 라비네토스였다―, 또 라케다이몬인들에게도 정해진 시기에 합류하도록 기별할 작정이었다. 그는 이들 병력을 규합하고 자신의 군대를 소집하여, 겨울이 지난 후 초봄에 페르시스인들에 대한 군사 원정에 나설 생각이었던 것이다. 크로이소스는 이런 생각을 품고서 사르디에스에 도착하자, 동맹국들에 사절들을 보내 향후 다섯 번째 달에 사르디에스로 모이도록 미리 공지했다. 한편 그는 자신의 곁에서 함께 페르시스인과 전투를 벌였던 용병 군대를 모두 해산해서 떠나게 했다. 그는 그들이 그처럼 비등하게 싸운 터에 키로스가 사르디에스를 공격해 오리라고는 전혀 예상치 못했던 것이다.

78   크로이소스가 이런 생각을 하고 있을 때, 도시의 교외 전역이 뱀으로 들끓게 되었다. 뱀들이 출현하자, 말들은 풀 뜯는 것을 그만두고 뱀들에게로 가서 그것들을 먹어치웠다. 크로이소스는 이를 보고 어떤 징조라고 생각했는데, 사실 그러했다. 그는 즉시 텔메소스의 징조 해석자들[77]에게 사절을 보내 물었다. 사절들은 텔메소스에 도착하여 텔메소스인들에게서 그 징조가 내포한 의미에 대해 들었지만, 그것을 크로이소스에게 전할 수 없었다. 그들이 배를 타고 사르디에스로 돌아가기도 전에 크로이소스가 포로가 되었기 때문이다. 그렇지만 텔메소스인들의 판단은 다음과 같았다. 즉 외국 군대가 크로이소스의 나라에 침입할 예정이고 그 군대가 와서 토착민들을 복속시킬 것이라고 했던 것이다. 그들 말로는, 뱀은 땅의 자식이지만 말은 적이고 외부자라 했다. 텔메소스인들은 사르디에스와 크로이소스 자신에 관한 일을 전혀 알지 못하고서 크로이소스에게 그렇게 대답했는데, 그때는 이미 그가 포로가 되어 있었다.

79   크로이소스가 프테리에 전투 이후 철군하자마자, 키로스는 그가

---

77 리키아의 텔메소스에서 징조를 해석하던 아폴론 사제들.

군대를 해산할 생각으로 떠났음을 알았다. 키로스는 숙고한 끝에, 리디에인의 병력이 재차 소집되기 전에 되도록 빨리 사르디에스로 진격하는 것이 상책임을 깨달았다. 그는 이런 판단이 들자 신속하게 행동에 옮겼다. 그는 리디에로 군대를 몰고 가서 그 자신이 진격 소식을 알리는 전령으로서 크로이소스 앞에 나섰다. 이때 크로이소스는 일이 자신의 예상과 다르게 진행되자 큰 곤경에 처했지만, 그래도 리디에인들을 이끌고 전쟁에 나섰다. 당시 아시에에는 리디에인보다 더 용감하거나 호전적인 종족은 없었다. 그들은 말을 타고 싸웠고 긴 창을 들고 다녔으며 승마에 능했다.

양측은 사르디에스 시 앞의 나무가 없는 넓은 평원에서 마주쳤다. 80 이 평원을 가로질러 힐로스 강과 그 외 여러 강들이 흐르는데, 강들은 그중 가장 큰, 헤르모스라 불리는 강으로 합류해 흘러든다. 헤르모스 강은 어머니신(神) 딘디메네[78]의 성스러운 산에서 발원하여 포카이아 시에서 바다로 흘러 나간다. 이때 키로스는 리디에인들이 전열을 갖춘 것을 보고 그들의 기병대가 두려워, 메디아인 하르파고스의 조언에 따라 다음처럼 조치했다. 그는 식량과 물자를 싣고 군대를 따라온 낙타들을 모두 모아 짐을 풀게 하고 그 위에 기병 갑옷을 입은 자들을 태웠다. 낙타들이 그런 채비를 갖추자, 그는 낙타들을 군대의 전면에 내세워 크로이소스의 기병들과 맞서도록 명령했다. 그리고 보병들이 낙타들을 뒤따르도록 명했고 모든 기병들을 보병 뒤에 배치했다. 이에 모두가 전열을 갖추었을 때 그는 명령을 내려, 다른 리디에인들 중에서 방해되는 자는 살려 두지 말고 모두 죽이되 크로이소스 자신만은, 설사 그가 붙잡힐 때 항거한다 할지라도, 죽이지 말라고 했다. 그는 이런 명령들을 내렸다. 그가 낙타들을 기병들과

---

[78] 딘디메네(Dindymene)는 프리기아의 여신 키벨레(Kybele)의 다른 이름이었다고 한다. '딘디메네'라는 이름은 키벨레 신전이 있었다고 전하는 프리기아의 딘디모스 산 혹은 키벨레의 어머니 딘디메에서 유래했을 것으로 보인다.

대적하도록 배치한 것은 다음과 같은 이유에서였다. 즉 말은 낙타를 무서워하고 낙타의 모습을 보거나 그 냄새를 맡는 것을 견디지 못하기 때문이다. 바로 이런 이유 때문에, 크로이소스의 기병을 무용지물로 만들기 위한 책략이 꾸며졌던 것이다. 기실 그 리디에인은 기병을 써서 승리의 영예를 얻을 작정이었다. 그런데 전투가 시작되어 말들이 낙타들의 냄새를 맡고 낙타들을 보자마자 뒤돌아 도망을 쳤고, 크로이소스의 희망은 무너지고 말았다. 그럼에도 불구하고 이후에 리디에인들은 전혀 비겁하지 않았다. 그들은 사태를 파악하자 말에서 뛰어내려 보병으로 페르시스인들과 싸웠던 것이다. 결국 양측에서 많은 전사자가 생긴 후에, 리디에인들은 패주했으며 성벽 안에 갇힌 채 페르시스인들에게 포위되고 말았다.

81   이렇게 그들은 포위 상태에 놓이게 되었다. 그러나 크로이소스는 포위 공격이 오랫동안 계속될 것이라 여기고, 그의 성채에서 동맹국들에 또다시 사절들을 파견했다. 이전의 사절들은 동맹국들에 향후 다섯 번째 달에 사르디에스로 모이도록 미리 공지하러 파견되었지만, 이번 사절들은 지금 크로이소스가 포위되어 있으니 되도록 빨리 도우러 오라는 요청을 하러 파견되었다.

82   이에 크로이소스는 다른 동맹국들뿐 아니라 특히 라케다이몬인들에게도 사절을 보냈다. 그러나 바로 이때 라케다이몬인들 자신도 티레에라 불리는 지역을 놓고 아르고스인과 분쟁을 벌이고 있었다. 이 티레에는 아르고스 영토의 일부였는데 라케다이몬인들이 이를 떼어내어 차지해 버렸기 때문이다. 당시에는 서쪽으로 말레에까지의 땅이 아르고스인들의 영토에 속했는데, 육지의 땅뿐 아니라 키테라 섬과 그 외 다른 섬들도 그에 포함되어 있었다. 아르고스인들은 떼어져 나간 자신들의 땅을 되찾으러 왔는데, 이때 양측은 의논한 결과 다음처럼 합의했다. 즉 양측에서 300명씩 싸우기로 하고 누구든 이기는 쪽이 그 땅을 갖기로 한 것이다. 또 그들이 싸우는 동안 양측 군대의 대다수 병력은 각기 자기 나라로 물러가고 그곳에 남아 있지 않기로

했다. 이는, 만일 군대들이 남아 있을 경우, 어느 한쪽 군대가 자기편 군사들이 지는 것을 보고 도우러 오지 않을까 하는 우려 때문이었다. 이렇게 합의한 후 그들은 그곳을 떠났으며, 양측에서 각기 선발된 군사들이 남아 전투를 치렀다. 그러나 그들의 싸움은 우열을 가리기가 어려웠고 결국 600명 군사 가운데 세 명만이 살아남았다. 그들은 아르고스인 알케노르와 크로미오스, 라케다이몬인 오트리아데스였다. 이들은 밤이 되도록 생존해 있었다. 그런데 두 아르고스인은 자신들이 승리했다고 여겨 아르고스로 달려간 반면, 라케다이몬인 오트리아데스는 아르고스 전사자들의 무장(武裝)을 벗겨 내 그 무장들을 자국 진영에 갖다 놓고 제 자리를 지켰다. 이튿날 양측이 결과를 알아보기 위해 그곳에 왔다. 한동안 그들은 각기 자신들이 승리했다고 주장했다. 아르고스인들은 자신들이 더 많이 살아남았다고 말했고, 라케다이몬인들은 아르고스인들이 모두 도망간 반면 자신들의 병사는 남아서 전사한 적들의 무장을 벗겨 냈다고 주장했던 것이다. 그러다 결국 논쟁이 비화되어 전투를 벌이게 되었고, 양측에서 많은 전사자들이 생겼지만 라케다이몬인들이 승리를 거두었다. 아르고스인들은 전에는 관행상 머리를 길게 길렀지만 이때부터는 머리를 짧게 깎았고, 또한 티레에를 회복하기 전에는 어떤 아르고스인도 머리를 길게 길러서는 안 되고 아르고스 여성들은 금장식을 몸에 둘러서도 안 된다는 법률을 저주 조항을 덧붙여 제정했다. 한편 라케다이몬인들은 이와 반대되는 법률을 제정했다. 그들은 전에는 머리를 길게 기르지 않았는데 이때부터 머리를 길게 기르기로 했던 것이다. 300명 가운데 유일하게 살아남은 오트리아데스는 동료 병사들이 모두 죽었는데 혼자만 스파르테로 돌아가는 것을 수치스럽게 여겨 바로 그 티레에에서 스스로 목숨을 끊었다고 한다.

포위당한 크로이소스를 도와 달라고 요청하러 사르디에스의 사절 83 이 도착했을 때, 스파르테인들은 이런 상황에 처해 있었다. 그럼에도 불구하고 그들은 사절의 이야기를 듣자 이내 그를 돕고자 준비했다.

그런데 그들이 채비를 갖추고 선박이 준비되었을 때, 리디에인의 성채가 점령되고 크로이소스가 포로로 잡혔다는 또 다른 전갈이 도착했다. 이에 그들은 크게 비통해 했지만 지원 준비를 그만두었다.

84   사르디에스가 점령당한 과정은 다음과 같다. 크로이소스가 포위된 지 14일째 되는 날에 키로스는 자신의 군대에 기병들을 보내 맨 먼저 성벽에 오르는 자에게는 상을 내리겠다고 공표했다. 그 후 그의 군대가 공격을 시도했지만 성공하지 못했다. 이때 다른 사람들은 모두 포기했지만 히로이아데스라는 이름의 한 마르도스족이 아크로폴리스[79]에서 경비병이 한 명도 배치되지 않은 쪽으로 올라가려고 시도했다. 이 지점을 통해 혹시 아크로폴리스가 점령될 거라는 염려는 전혀 없었던 것이다. 아크로폴리스의 그 지점은 깎아지른 절벽이고 난공불락이었기 때문이다. 과거에 사르디에스의 옛 왕 멜레스가 후궁이 그에게 낳아 준 사자(獅子)를 데리고 돌면서 그 지점만 거치지 않았다. 텔메소스인들이 판정하기를, 그 사자가 성벽을 두루 돌면 사르디에스가 함락되지 않으리라고 했던 것이다. 이에 멜레스는 아크로폴리스가 공격받을 여지가 있는 다른 성벽 지점은 다 돌았는데, 이 지점은 깎아지른 절벽에 난공불락이어서 그냥 간과했다. 그곳은 사르디에스 시(市)에서 트몰로스 산 쪽으로 향해 있다. 그런데 이 마르도스족 히로이아데스는 그 전날 한 리디에인이 위에서 굴러떨어진 투구를 찾으러 아크로폴리스의 이 지점으로 내려와 그것을 집어 가는 것을 보고, 이를 주목하여 명심해 두었다. 그리고 이제 그 자신이 그곳으로 올라갔고 다른 페르시스인들도 그를 따라 올라갔다. 이윽고 수많은 병사들이 성채에 오르자 사르디에스는 그렇게 함락되고 도시

[79] 아크로폴리스는 '아크로스'(akros, 가장 높은)와 '폴리스'(polis, 도시)의 합성어로 그리스의 도시에서 가장 높은 곳을 가리키는 말이었다. 흔히 아크로폴리스는 군사적 요새이자 종교적 중심지로 사용되었다. 현재는 아테네의 아크로폴리스가 가장 유명하다.

전체가 유린되었다.

그런데 크로이소스 자신에게 다음과 같은 일이 일어났다. 그에게 85
는 내가 앞서도 언급한 아들이 있었는데, 그 아들은 다른 점들에서는
좋았지만 벙어리였다.[80] 크로이소스는 예전에 번성했을 때 그 아들
을 위해 자신이 할 수 있는 모든 일을 다 했는데, 다른 일들도 도모했
지만 특히 그에 관한 신탁을 물으러 델포이에도 사절을 보냈다. 이에
피티에 여사제가 다음과 같이 대답했다.

> 수많은 사람들의 왕, 리디에족의 크로이소스여, 참 어리석은 자여.
> 그대 아들이 말을 하여, 고대하던 그의 목소리를 궁전에서 듣기를 바
> 라지 말라.
> 그러지 않는 것이 그대에게 훨씬 좋으리라.
> 그가 처음으로 말을 하는 그날은 불행한 날이 될 것이니.

성채가 점령되었을 때, 한 페르시스인이 크로이소스를 알아보지 못
하고 그를 죽이기 위해 다가갔다. 이때 크로이소스는 페르시스인이
오는 것을 보았지만 당면한 불행 탓에 별로 개의치 않았다. 그로서는
자신이 무기에 맞아 죽는다고 해도 매한가지였던 것이다. 그러나 이
벙어리 아들은 페르시스인이 오는 것을 보자, 두렵고 괴로워서 말문
이 터져, 소리를 질렀다. "이봐, 크로이소스를 죽이지 마." 이것이 그
가 입 밖에 낸 최초의 말이었는데, 그 후로 그는 평생 말을 할 수 있
었다.

그리하여 페르시스인들은 사르디에스를 점령하고 크로이소스 자 86
신을 포로로 붙잡았다. 크로이소스는 14년 동안 통치했고[81] 14일 동
안 포위당해 있었다. 그는 신탁의 예언대로 거대한 제국을 멸망시켰

---

80 제1권 제34장과 제38장 참조.
81 기원전 560~546년.

는데 바로 자신의 제국이었다. 페르시스인들은 그를 붙잡아 키로스에게 데려갔다. 키로스는 거대한 장작더미를 쌓은 후 족쇄를 채운 크로이소스를 그 위로 오르게 했는데, 그 곁에는 14명의 리디에 소년들도 함께 있었다. 키로스가 이렇게 한 의도는, 어떤 신에게 이들을 만물[82]로 바치려 했든가, 아니면 자신의 어떤 서약을 실행하고 싶어서 그랬든가, 아니면 크로이소스가 신을 경외하는 자라는 말을 듣고 신들 중 누군가가 크로이소스가 산 채로 불타 죽지 않도록 그를 구해 줄지 알고 싶어서 그 때문에 그를 장작더미 위에 오르게 했든가다. 어쨌든 키로스는 그렇게 했다고 한다. 한편 장작더미 위에 서 있던 크로이소스는 그처럼 큰 곤경에 처한 상황에서도, 솔론이 했던 말이 참 신령스럽구나 하는 생각이 들었다고 한다. 솔론은 그 누구도 살아 있는 동안에는 행복한 자가 아니라고 말했던 것이다. 이런 생각이 들자, 크로이소스는 오랜 침묵에서 벗어나 깊은 한숨을 쉬며 탄식하고, 솔론이라는 이름을 세 번 불렀다고 한다. 키로스는 이를 듣자 통역들에게 크로이소스가 누구의 이름을 부르는 것인지 물어보라고 명했으며, 이에 그들은 크로이소스에게 가서 물었다고 한다. 크로이소스는 그런 물음을 받고 한동안 묵묵부답이었지만 나중에는 어쩔 수가 없어 말했다고 한다. "그는 내가 많은 돈을 들여서라도 모든 통치자들이 한번 대화를 나누게 하고픈 그런 사람이오." 크로이소스가 이렇게 모호한 말을 하자, 그들은 다시 그가 한 말이 무슨 뜻인지 물어보았다. 그들이 끈질기게 조르고 성가시게 굴었으므로, 결국 크로이소스는 아테나이인 솔론이 처음에 어떻게 오게 되었고 그가 크로이소스 자신의 모든 번영을 다 구경한 후 그런 식으로 이야기하며[83] 대수롭지 않게 여겼다는 것을 말해 주었다. 또 솔론이 크로이소스 자신

---

82 그리스어 아크로티니온(akrothinion)을 번역한 말. 경작이나 전쟁 등에서 처음으로 얻는 성과를 가리킨다.

83 제1권 제32장 참조.

에 대해 언급한 것이라기보다 오히려 모든 인간 특히 스스로 행복하다고 여기는 사람들에 대해 언급한 것인데도, 자신에게 모든 일이 솔론이 말한 그대로 일어났다고 말해 주었다. 크로이소스가 이렇게 말하는 동안, 이미 장작더미에 불이 붙어 가장자리가 타올랐다고 한다. 키로스는 크로이소스가 말한 내용을 통역들에게 전해 듣고 마음을 고쳐먹었다. 그는 자신도 인간이면서 자신 못지않게 유복했던 다른 인간을 산 채로 불태우려 했다고 생각했다. 게다가 그는 응보가 두려웠고 인간사에서는 그 어느 것도 확실한 게 없다는 생각이 들었다. 그래서 그는 타오르는 불을 되도록 빨리 진화하고 크로이소스와 크로이소스의 곁에 있던 자들을 끌어내리도록 명령했다고 한다. 이에 페르시스인들이 불을 끄려고 했지만 여전히 불을 진압할 수가 없었다고 한다.

리디에인들의 말로는, 이때 크로이소스가 키로스의 개심(改心)을 87 알게 되었고, 모든 사람들이 불을 끄려 했어도 여태 불을 잡지 못하는 것을 보자 아폴론 신을 큰 소리로 불렀다고 한다. 그는 신에게 간청하기를, 만일 신이 자신에게서 무언가 맘에 드는 선물을 받은 적이 있다면 여기에 임하시어 자신을 현재의 곤경에서 구해 달라고 했다 한다. 그가 눈물을 흘리며 신에게 간청하자, 청명하고 바람 하나 없는 하늘에서 갑자기 구름이 모여들고 폭풍이 몰아치며 엄청난 폭우가 쏟아져서 불이 꺼졌다고 한다. 그러자 키로스는 크로이소스가 신의 총애를 받는 선한 인물이라는 것을 알고 그를 장작더미에서 내려오게 한 후 이렇게 물었다고 한다. "크로이소스여, 도대체 어떤 인간이 그대를 부추겨 내 나라를 공격하게 하고 나의 친구가 되기보다 적이 되라고 했는가?" 이에 그가 대답했다. "전하, 전하께는 복이 되고 저에게는 불행이 된, 그 일을 행한 것은 저 자신입니다. 그러나 이 일의 원인은 저더러 군사 원정에 나서라고 부추긴 헬라스인들의 신입니다. 평화보다 전쟁을 더 좋아할 만큼 어리석은 자는 없기 때문입니다. 평화 시에는 아들이 아버지의 장례를 치르지만, 전쟁 시에는 아버지가 아들의 장례를 치르니까요. 하지만 일이 이렇게 된 것은 아마도 신령의 뜻인 듯합니다."

88 　크로이소스가 이렇게 말하자, 키로스는 그를 풀어 준 후 자신의 곁에 앉히고 그를 극진히 배려했다. 또한 키로스와 키로스의 측근들은 하나같이 크로이소스를 보고 경탄했다. 하지만 크로이소스는 생각에 잠겨 잠자코 있었다. 그러나 잠시 후 그는 고개를 돌려 페르시스인들이 리디에인의 도시를 약탈하는 것을 보고서 말했다. "전하, 제가 마음속에 품고 있는 것을 전하께 말씀 드려야 합니까 아니면 지금 침묵을 지켜야 합니까?" 키로스는 그에게 말하고 싶은 것은 무엇이든 주저 없이 말하라고 명했다. 이에 크로이소스가 키로스에게 물었다. "이 많은 무리가 대체 무슨 일을 저렇게 열심히 하고 있는 겁니까?" 그러자 키로스가 말했다. "그들은 그대의 도시를 노략질하고 그대의 재물을 약탈하고 있소." 크로이소스가 이에 대답했다. "지금 그들이 약탈하는 것은 저의 도시도 아니고 저의 재물도 아닙니다. 이것들은 이제 제 것이 아니기 때문입니다. 그들은 전하의 것을 약탈하고 있는 것입니다."

89 　크로이소스가 한 말은 키로스의 관심을 끌었다. 키로스는 다른 사람들을 물리친 후, 크로이소스에게 현재 상황에서 무엇이 문제라고 보는지를 물었다. 이에 크로이소스가 말했다. "신들께서 저를 전하의 노예로 주신 이상, 제가 무언가를 더 잘 보게 된다면 그것을 마땅히 전하에게 알려 드려야 할 것입니다. 페르시스인들은 천성이 거만하고 재물이 없는 자들입니다. 만일 전하께서 그들이 막대한 재물을 약탈해 가지도록 놔두신다면, 그들로 인해 다음과 같은 일이 전하께 일어날 수 있습니다. 즉 그들 중 가장 많은 재물을 장악한 자가 전하께 반란을 일으킬 것으로 예상되는 것입니다. 그러니 이제 제가 드린 말씀이 전하의 마음에 드신다면, 이렇게 하시옵소서. 모든 성문에 전하의 호위병들로 보초를 세워, 약탈 재물을 가지고 나가는 자들에게서 그것을 빼앗고 제우스에게 십일조로 바쳐야 한다고 말하도록 하시옵

소서. 그러면 전하께서는 재물을 강제로 탈취한다고 해서 그들에게 미움을 사지 않을 것이고, 그들도 전하의 행동이 정당하다고 인정하여 기꺼이 재물을 넘겨줄 것입니다."

키로스는 그 말을 듣고, 자신에게 좋은 조언을 해 주었다고 여겨 90 대단히 기뻐했다. 그는 크로이소스를 크게 칭찬하고 호위병들에게 크로이소스가 조언한 대로 이행할 것을 명했다. 이어 그는 크로이소스에게 이렇게 말했다. "크로이소스여, 그대가 왕자(王者)로서 내게 유익한 행동과 말을 해 줄 채비가 되어 있으니, 그대가 당장 갖고 싶은 선물이 있다면 무엇이든 나에게 청하시오." 이에 크로이소스가 말했다. "주인이시여, 제가 신들 중에서 가장 경외했던 헬라스인들의 신[84]에게 이 족쇄들을 보내 잘 섬기는 자들을 기만하는 것이 그 신의 관행인지를 묻도록 허락해 주신다면, 그것이 저에게는 가장 큰 기쁨일 것입니다." 이에 키로스는 그 신에게 무엇을 항의하려고 이런 부탁을 하는지 물었다. 크로이소스는 자신의 모든 의도와 신탁들의 응답, 특히 자신의 봉헌물들, 그리고 자신이 신탁에 고무되어 페르시스인들을 공격하게 된 내력을 키로스에게 다시 들려주었다. 이렇게 말하고서 그는 신에게 이를 항의할 수 있도록 허락해 달라고 다시 부탁하면서 말을 맺었다. 이에 키로스가 웃으면서 말했다. "크로이소스여, 나는 기꺼이 그것을 들어주겠소. 또한 앞으로도 그대가 요청하는 것은 무엇이든 다 들어주겠소." 크로이소스는 이 말을 듣고 리디에인들을 델포이로 보내, 자신의 족쇄들을 신전 입구에 올려놓고 신에게 이렇게 물어보라고 지시했다. 즉 크로이소스가 키로스의 제국을 멸망시킬 것이라고 하면서 신탁을 통해 그를 부추겨 페르시스인들을 공격하게 했는데, 이에 대해 부끄럽지 않느냐고 물어보라 했던 것이다. 또 원정으로 얻은 맏물이 이런 것이라며 족쇄들을 보여 주라고

---

84 아폴론.

했다. 그는 신에게 그것들을 물어보라고 했으며, 또 배은망덕이 헬라스 신들의 관행인지를 물어보라고 지시했다.

91   리디에인들이 도착하여 지시받은 대로 말하자, 피티에 여사제들은 이렇게 대답했다고 한다. "어느 누구든, 하물며 신조차도, 정해진 운명을 피할 수는 없지요. 크로이소스는 5대째 조상[85]의 죗값을 치른 거요. 그 조상은 헤라클레에스 후손들의 호위대였는데, 여자의 간계에 이끌려 주군을 살해하고 자신에게 전혀 걸맞지 않은 주군의 영예를 차지했던 것이오. 록시에스[86]께서는 사르디에스의 불행이 크로이소스 자신의 대가 아니라 크로이소스의 아들 대에 일어나기를 희구했지만 운명을 비켜 가게 할 수는 없으셨소. 그러나 신께서는 운명이 허용하는 한도에서 나름의 뜻을 이루어 그에게 은혜를 베푸셨소. 즉 신께서는 사르디에스의 함락을 3년 동안 늦추셨으니, 자신이 정해진 시기보다 3년이나 후에 포로로 잡힌 것임을 크로이소스가 알아야 할 것이오. 다음으로, 신께서는 그가 불에 타는 것을 막아 주셨소. 크로이소스가 자신에게 내려진 신탁에 대해 불평하는 것은 옳지 않소. 록시에스께서는 크로이소스에게 예언하시기를, 그가 페르시스인들을 공격한다면 거대한 제국을 멸망시킬 것이라고 하셨소. 그러므로 그것에 대해 그가 올바른 조언을 구하고자 했다면, 사절을 보내 신께서 말씀하신 제국이 그 자신의 제국인지 아니면 키로스의 제국인지를

---

85 크로이소스까지의 리디에 왕계는 기게스, 아르디스, 사디아테스, 알리아테스, 크로이소스로 이어지는데, 여기서 5대째 조상은 기게스를 말한다.

86 아폴론의 별명. '록시에스'(Loxies)는 '비스듬한, 경사진, 모호한'을 뜻하는 '록소스'(loxos)에서 유래했다고 하는데, 태양이 비스듬한 황도대(黃道帶)를 따라 돌기 때문에 그런 별명이 붙었다고도 하고, 아폴론의 신탁이 모호한 말로 표현되는 데서 그랬다고도 한다. 한편 아폴론이 제우스의 뜻을 전하는 신이기 때문에 '말하다'라는 뜻의 '레게인'(legein)에서 별명이 유래했다고도 한다. 이런 해석에 따르면, '록시에스'라는 별명은 신탁의 신 혹은 태양신으로서의 아폴론을 가리키는 것이라 하겠다.

물어보았어야 하는 거요. 그러나 크로이소스는 그 말씀을 이해하지 못했고 더는 묻지도 않았으니, 자신의 책임으로 봐야 할 것이오. 또 크로이소스가 마지막 신탁을 물었을 때 록시에스께서는 그에게 노새에 대해 말씀하셨는데, 그는 이것도 이해하지 못했소. 사실 그 노새는 바로 키로스였소. 키로스는 종족이 다른 부모에게서 태어났는데, 어머니는 고귀한 혈통이었지만 아버지는 비천한 혈통이었소. 즉 어머니는 메디아인으로 메디아 왕 아스티아게스의 딸이었지만, 아버지는 페르시스인으로 메디아인의 지배를 받고 있었고 모든 점에서 그녀보다 뒤지면서도 자신의 주인아씨와 혼인했던 것이오." 피티에 여사제가 리디에인들에게 이렇게 대답하자, 그들은 이 대답을 사르디에스로 가져가서 크로이소스에게 보고했다. 그러자 크로이소스는 이를 듣고 신의 잘못이 아니고 자신의 잘못임을 인정했다. 이상은 크로이소스의 통치와 이오니에가 최초로 정복된 일에 관한 이야기다.

헬라스에는 크로이소스가 바친 봉헌물이 앞서 언급한 것들 외에도 많이 있다. 보이오티에의 테바이에는 그가 이스메니오스 아폴론에게 바친 황금 삼족의자가 있고, 에페소스에는 황금 암소들과 수많은 기둥들이 있으며 델포이의 프로나이에 신전[87]에는 대형 황금방패가 있다. 이것들은 나의 시대에까지도 아직 남아 있었지만 다른 봉헌물들은 완전히 파괴되고 말았다. 밀레토스의 브랑키다이에 있는 크로이소스의 봉헌물들은, 내가 들어 알기로는, 델포이의 것들과 무게가 같고 서로 닮아 ……[88] 그가 델포이와 암피아레오스에 바친 봉헌물들

92

---

87 '프로나이에'(Pronaie)는 '프로나이에 아테나이에'를 가리킨다. 여기서 '프로나이에'는 아테나 여신의 별명으로 사용되는데, '신전 앞'을 뜻한다. 델포이의 '프로나이에 신전'은 아폴론 신전 앞에 세워져 있던 아테나 신전을 가리킨다. 제8권 제37장과 제39장 참조.

88 슈타인 텍스트의 누락 대목인데. 슈타인은 "있으며, 후일 페르시스인들이 약탈하여 수사로 가져갔다"라는 구절이 있을 것으로 추정한다. 그럴 경우, "무게가 같고 서로 닮았으며, 후일 페르시스인들이 약탈하여 수사로 가져갔다"

은 그 자신의 것으로 아버지에게서 물려받은 재산의 맏물들이었다. 그러나 다른 봉헌물들은 크로이소스의 한 적대자[89]의 재산에서 나온 것이었는데, 그는 크로이소스가 왕이 되기 전에 크로이소스의 반대편에 서서 크로이소스 대신 판탈레온이 리디에 왕이 되도록 적극적으로 지원한 자였다. 판탈레온은 알리아테스의 아들이며 크로이소스와는 이복형제간이었다. 크로이소스는 알리아테스가 카리에 여성에게서 얻은 자식이었지만 판탈레온은 이오니에 여성에게서 얻은 자식이었다. 크로이소스는 아버지에게서 권력을 넘겨받아 왕국을 통치하게 되자, 그 적대자를 소면(梳綿) 기구[90] 위로 끌어 올려 죽였다. 크로이소스는 전에 이미 그 자의 재산을 신에게 바치기로 했었기에, 이제 그것을 앞서 언급한 방식에 따라 앞서 언급한 곳에 봉헌했다. 크로이소스의 봉헌물들에 대해서는 이 정도로 말해 두겠다.

93   리디에 땅에는, 트몰로스 산에서 흘러 내려오는 사금 말고는, 기록할 만한 경이로운 일들이 다른 나라들처럼 그렇게 많지는 않다. 그러나 그곳에는 아이깁토스와 바빌론의 건축물들을 제외하면 단연 최대인 건축물이 하나 세워져 있다. 즉 크로이소스의 아버지 알리아테스의 무덤이 그것인데, 기단은 거대한 돌로 이루어져 있고 무덤의 나머지 부분은 흙을 쌓은 봉분이다. 이것은 시장 상인들과 장인들, 매춘부들이 만든 것이다. 무덤 위에는 나의 시대까지도 5개 표석(標石)이 남아 있었는데, 거기에는 이들 각 집단이 했던 작업이 기록되어 있었다. 이를 계산해 보면, 매춘부들의 작업량이 가장 많았던 것으로 나

가 된다.

89 사디아테스(Sadyattes)를 일컫는 것으로 보인다. 사디아테스는 크로이소스가 왕자였을 때 대부(貸付)를 거절하여 크로이소스의 미움을 샀다고 한다. 이때 크로이소스는 자신이 왕이 되면 사디아테스의 재산을 신에게 바치기로 서약했다고 한다.

90 소면 기구는 동식물의 엉킨 섬유를 분리하고 가지런히 정리하는 작업 도구인데, 여기서는 소면 기구와 비슷하게 생긴 고문 도구를 일컫는다.

타난다. 리디에 평민의 딸들은 모두 자신들이 혼인할 수 있을 때까지 지참금을 모으기 위해 매춘부로 일한다. 그들은 그 지참금으로 자기 스스로 혼인을 하는 것이다. 무덤 둘레는 6스타디온 2플레트론[91]이고 너비는 13플레트론이다. 무덤 근처에는 커다란 호수가 하나 있는데, 리디에인들의 말에 의하면, 그곳에는 항상 물이 차 있다고 한다. 그 호수는 기가이에[92]라고 불린다. 알리아테스의 무덤은 그와 같은 것이다.

리디에인들은, 딸자식들에게 매춘부 일을 하게 하는 것 말고는, 헬 94 라스인들과 관습이 거의 같다. 하지만 그들은, 우리가 알기에, 인간들 중에서 최초로 금은 주화를 주조하여 사용했고 최초로 소매상을 했던 자들이다. 또 리디에인들 자신의 말로는, 현재 그들과 헬라스인들에게서 통용되는 놀이들은 자신들이 창안한 것이라고 한다. 그들은 말하기를 자신들이 티르세니에에 식민할 바로 그 무렵에 그 놀이들이 자신들 사이에서 창안되었다고 하는데, 그것에 관한 그들의 이야기는 다음과 같다. 마네스의 아들 아티스가 왕이었을 때, 리디에 전역에 극심한 기근이 발생했다고 한다. 리디에인들은 한동안 잘 참고 견뎌 냈지만 이후에도 기근이 그치질 않자 구제책을 모색했는데, 그들 각자가 각양각색의 대책을 고안해 냈다고 한다. 그리하여 그때 주사위놀이, 공기놀이, 공놀이 및 그 외의 온갖 종류의 놀이들이 장기놀이만 빼고는 모두 창안되었다고 한다. 장기놀이에 대해서는 리디에인들이 그들 자신의 창안물이라고 주장하지 않는 것이다. 그들은 이 놀이들을 발명하고 기근에 대해 다음처럼 대처했다고 한다. 즉 그들은 격일제로 하루는 음식을 찾지 않도록 온종일 놀이만 했고 다른 하루는 놀이를 그만두고 식사를 했다고 한다. 그들은 이런 방식으로 18년을 지냈다고 한다. 그러나 기근이 누그러지지 않고 오히려 더 기

---

91 길이 단위. 1플레트론(plethron)은 오늘날 기준으로 약 29.6미터에 해당한다.
92 '기게스 호수'라는 뜻이다.

승을 부리자, 그들의 왕은 모든 리디에인을 두 편으로 나누어 어느 편이 그곳에 남고 어느 편이 국외로 떠날지 제비를 뽑게 했다고 한다. 그리고 그곳에 남는 것으로 제비를 뽑은 자들에 대해서는 그 자신을 왕으로 지명하고 반면에 떠나는 자들에 대해서는 티르세노스라 불리는 자신의 왕자를 왕으로 지명했다고 한다. 그들 중 조국을 떠나기로 제비를 뽑은 자들은 스미르네로 내려가 배를 건조한 후, 자신들에게 필요한 모든 물품을 갖추고 생계와 나라를 찾아 출항했다고 한다. 그들은 도중에 여러 종족들을 지나친 후 옴브리코이인들[93]의 땅에 도착했고 그곳에 도시들을 건설하여 지금까지도 살고 있다고 한다. 그들은 이제 리디에인들이라는 이름 대신에 그들을 이끌고 온 왕자의 이름을 따서 자신들의 이름을 바꾸었는데, 그의 이름을 따 자신들을 티르세니에인들[94]이라고 불렀다고 한다. 그러나 리디에인들 자신은 그처럼 페르시스인들에게 예속되고[95] 말았다.

---

93 이탈리아의 움브리아인들.

94 이탈리아의 에트루리아인들.

95 '예속되다'는 '노예로 만들다, 예속시키다'라는 뜻의 동사 '둘룬'(douloun) 의 수동태 표현을 번역한 말이다. 헤로도토스는 개인들이나 국가들의 지 배-예속 관계를 표현할 때, '둘룬'이라는 말을 자주 사용한다. 그런데 그 말이 국가들의 지배-예속 관계를 가리킬 때에는 '노예로 만들다'보다는 '예속 시키다, 복속시키다'라는 번역이 더 적절하다고 본다. 한 국가가 타국에 정 복되어 주권을 잃고 속국이 되는 것은 복속 혹은 예속에 해당한다. 넓게 보 면 '노예'라는 번역어가 그리스인의 자유와 이방인의 부자유를 대비하는 역 할을 한다면, 더욱 신중하게 번역되어야 한다. 헤로도토스는 페르시아의 주변국들이 페르시아에게 정복된 상태를 '둘룬', '둘로스'(doulos), '둘로시 네'(doulosyne)라는 말로 표현한다. '둘로스'는 '노예, 예속민'을 뜻하고, '둘 로시네'는 '노예 상태, 예속 상태'를 뜻하는 말이다. 사실 페르시아가 극단적 인 전제정을 실시하거나 피정복민들을 노예로 취급하여 혹사했다고 보기는 어렵다. 페르시아 지배하의 속국은 정치적 자유(주권)를 상실하고 세금을 수 탈당하지만, 속국 주민들의 자유가 전적으로 억압된 것은 아니었다. 속국 주 민들의 경제적 자유(소유권)와 문화적 자율성은 보장받았다. 그것은 법적인

그러면 이제부터 우리의 이야기는 크로이소스의 왕국을 멸망시킨 95
키로스가 과연 누구였으며 또 페르시스인이 어떻게 해서 아시에를
지배하게 되었는지를 살펴보게 된다. 나는 그것들에 대해 키로스에
관한 일을 찬양하지 않고 실제 그대로를 말하고자 하는 일부 페르시
스인들의 이야기에 따라 서술할 것이다. 하지만 나는 키로스에 대해
밝힐 수 있는 또 다른 이야기를 세 가지나 알고 있다.

아시리에인들이 아시에 상부 지역[96]을 520년 동안 통치했을 때,[97] 96
아시리에인들에게 처음 저항하기 시작한 것은 메디아인들이었다. 이
들은 자유를 위해 아시리에인들과 싸우며 용감하게 행동했고, 마침
내 예속에서 벗어나 자유를 찾게 되었다. 그들 이후에 다른 종족들도
메디아인들이 한 대로 똑같이 했다. 그래서 대륙의 모든 종족들은 독
립을 누렸지만, 다음과 같이 해서 다시 압제를 받게 되었다. 메디아
인 가운데 데이오케스라고 불리는 영리한 인물이 있었는데, 그는 프
라오르테스의 아들이었다. 이 데이오케스는 참주가 되려는 열망에
사로잡혀 다음처럼 행동했다. 당시 메디아인들은 촌락별로 거주하고
있었고 데이오케스는 이미 자신의 촌락에서 큰 명성을 누리고 있었
는데, 이제 더욱더 열심히 공을 들여 정의를 실행했다. 당시에 메디
아 전역에서는 극심한 무법이 자행되고 있었지만, 그는 정의와 부정
이 양립할 수 없음을 잘 알고서 그렇게 행동했던 것이다. 이에 같은
촌락에 사는 메디아인들은 그의 행동을 보고 그를 자신들의 재판관
으로 선출했다. 그는 권력을 추구하고 있었는지라 정직하고 공정하
게 처신했고, 그런 행동을 통해 자신의 촌락민들에게서 적잖은 찬사

자유를 박탈당하고 주인에게 완전히 예속된 노예와는 다른 상태였다. 그래
서 옮긴이는 그 말들이 페르시아와 다른 국가들 간의 지배-예속 관계를 나
타낼 때는 '노예'보다는 '예속'의 개념으로 번역했다.

96 아시아 상부 지역은 할리스 강의 동쪽에 있는, 아시아 동부 지역을 가리킨다.

97 기원전 1229~709년.

를 받았다. 그래서 다른 촌락의 주민들도 데이오케스만이 유독 공정하게 재판한다는 것을 알게 되었다. 종래에 부당한 판결을 받아 오던 그들은 이제 그에 대한 이야기를 듣고 기꺼이 데이오케스를 찾아와 그에게 재판을 받았다. 그래서 결국 그들은 그가 아닌 다른 자에게는 재판을 맡기지 않았다.

97   데이오케스의 재판이 사실에 부합되게 이뤄진다는 말을 듣고 그를 찾아오는 사람들이 계속 늘어나자, 데이오케스는 모든 것이 자신에게 맡겨져 있음을 깨닫고 자신이 예전에 앉아서 재판했던 그곳에 더는 앉지 않으려 했으며 이제는 재판을 하지 않겠다고 말했다. 자신의 일은 아예 도외시하고 온종일 이웃 사람들의 일을 재판하다 보니 자신에게는 아무 이익이 되지 않는다는 이유에서였다. 그리하여 촌락마다 강도와 무법이 이전보다 훨씬 더 증가했다. 이에 메디아인들은 모두 한곳에 모여 현상황에 대해 서로 의견을 나누었다. 내가 생각하기에는 특히 데이오케스의 친구들이 주로 말을 했는데, 그들의 말은 이러했다. "우리는 지금과 같은 식으로는 이 나라에서 살아갈 수 없으니, 자 이제 우리 자신을 위한 왕을 세웁시다. 그러면 나라가 잘 다스려지고 우리 자신도 각자의 일에 열중하게 되어 우리가 무법에 의해 파멸되는 일은 없을 겁니다." 그들은 이렇게 말하며 왕의 지배를 받자고 서로를 설득했다.

98   그러자 곧 누구를 왕으로 세울 것인가 하는 문제가 제기되었는데, 모든 사람들이 이구동성으로 데이오케스를 천거하고 찬미하자 그들은 결국 그를 자기네 왕으로 삼기로 합의했다. 그러자 데이오케스는 그들더러 왕의 권력에 걸맞은 궁전을 자신에게 지어 주고 호위대를 써서 자신의 힘을 강화시켜 달라고 요구했다. 이에 메디아인들은 그렇게 해 주었다. 그들은 그가 지정한 나라 안의 처소들에 거대하고 견고한 궁전들을 지어 주었고 그가 전체 메디에인들 중에서 호위대를 선발하도록 허용했던 것이다. 한편 그는 권력을 장악하자 메디아인들에게 강제로 성채 도시 하나를 만들고 그곳을 지키도록 했으며

다른 도시들에는 큰 관심을 갖지 못하게 했다. 메디아인들은 이 요구도 받아들였다. 그래서 그는 오늘날 악바타나라고 불리는 거대하고 강력한 성채를 지었는데, 이는 원형 성벽들을 겹겹이 두른 것이었다. 이 성채는 안쪽 원형 성벽이 바깥쪽 원형 성벽보다 단지 성가퀴[98] 높이만큼만 더 높도록 설계되었다. 성채가 그렇게 된 것은 약간은 그곳이 언덕에 위치해 있다는 점 덕분이기도 했지만 그보다는 오히려 의도적으로 그렇게 설계된 것이었다. 원형 성벽은 모두 합해 7개이며, 맨 안쪽 마지막 성벽 안에는 궁전과 보고들이 위치해 있다. 이 성벽들 가운데 최대의 것은 그 길이가 아테나이를 에워싼 성벽과 비슷하다.[99] 첫 번째 원형 성벽의 성가퀴는 흰색이고, 두 번째 것은 검은색, 세 번째 것은 자주색, 네 번째 것은 푸른색, 다섯 번째 것은 주황색이다. 다섯 성벽의 성가퀴들은 이렇게 색칠이 되어 있다. 하지만 마지막 두 성벽의 성가퀴는 하나는 은으로 도금되고 다른 하나는 금으로 도금되어 있다.

데이오케스는 자신을 위해 궁전 주위에 이들 성벽을 쌓고 다른 백성들에게는 성벽 바깥에 거주하도록 명했다. 건설 작업이 전부 다 끝나자, 데이오케스는 다음과 같은 규율을 처음으로 제정했다. 즉 아무도 왕의 면전으로 출입할 수 없고 모든 일은 전령을 통해 처리되어야 한다. 또 왕은 어느 누구에게도 모습을 보여서는 안 되며, 더욱이 누구를 막론하고 왕의 앞에서 웃거나 침 뱉는 행위는 무례한 일로 간주된다는 것이었다. 데이오케스는 자신과 관련해서 이 규정들을 격식화했는데, 그 이유는 그의 동년배들—이들은 그와 함께 자라나고 그 못지않은 집안 출신이며 남성적 덕성도 그에게 뒤지지 않는 자들이

99

---

98 몸을 숨겨 적을 감시하거나 공격하기 위해 성 위에 낮게 쌓은 담.

99 아테네 성벽은 길이가 60스타디온 정도 되었다고 한다(투키디데스, 『역사』 제2권 제13장 제7절 참조). 60스타디온은 오늘날 기준으로 약 11킬로미터에 해당한다.

었다―이 그를 보고서 마음이 언짢아 모반을 꾀하지 않도록 하고 또한 그들이 그를 보지 못함으로써 그가 이제 아주 달라졌다고 믿도록 하기 위해서였다.

100   데이오케스는 이런 문제들을 잘 정비하고 참주 지배를 통해 자신의 권력을 강화한 후, 정의의 엄격한 수호자가 되었다. 사람들이 소장을 적어 그에게 들여보내면 그는 자신에게 들어온 사안들을 판결하여 그것을 다시 내보내곤 했다. 그는 재판에 대해서는 이렇게 처리했고, 다른 문제들에 대해서도 다음처럼 정비했다. 데이오케스는 누가 죄를 범한다는 소식을 들으면 그를 데려오게 하여 각각의 죄행에 합당한 처벌을 내리곤 했던 것이다. 데이오케스가 다스리는 나라의 전역에는 그의 밀정과 염탐꾼들이 깔려 있었다.

101   그때 데이오케스는 메디아족 하나만 통합하여 통치했다. 그가 통합한 메디아인의 부족들은 다음과 같은데, 부사이족, 파레타케노이족, 스트루카테스족, 아리잔토이족, 부디오이족, 마고이[100]족이 그들이다. 이들이 바로 메디아인의 부족들이다.

102   데이오케스에게는 프라오르테스라는 아들이 있었는데, 데이오케스가 53년간 통치한 후[101] 죽자 그가 왕위를 물려받았다. 그런데 프라오르테스는 왕위를 물려받자 메디아인만을 통치하는 것으로 만족하지 않았다. 그는 페르시스인들에 대한 원정에 나섰는데, 그들은 그가 맨먼저 공격한 자들이었고 또 그가 제일 먼저 메디아인들에게 복속시킨 자들이었다. 그후 그는 강력한 이 두 종족을 휘하에 두고 아시에

100 헤로도토스의 저술에서 마고스는 두 가지 의미로 나타난다. 하나는 메디아 부족의 이름으로 마고스족을 뜻하는데, 마고이는 마고스의 복수형이다. 또 하나는 페르시아의 국가 제사를 주관하고 예언자로서 꿈을 해몽하는 종교 사제를 가리킨다.

101 메디아 왕국 데이오케스 왕의 재위 기간은 기원전 700~647년이고, 프라오르테스 왕은 기원전 647~625년, 키악사레스 왕은 기원전 625~585년, 아스티아게스 왕은 기원전 585~550년이다.

의 종족들을 잇달아 정복해 갔다. 그리고 그는 마침내 아시리에인들과 특히 니노스[102]를 차지하고 있던 아시리에인들을 공격하기에 이르렀다. 이 아시리에인들은 전에는 전체를 통치했지만 당시에는 동맹군들이 이탈하여 혼자 고립되어 있었다. 그럼에도 그들은 자체만으로도 여전히 강성했다. 이들을 정벌하면서 프라오르테스 자신과 그의 병력 다수가 사망했다. 프라오르테스는 22년을 통치하고 죽었다.

프라오르테스가 죽자, 데이오케스의 아들인 프라오르테스의 아들 키악사레스가 그를 승계했다. 키악사레스는 선조들보다 훨씬 더 호전적인 인물이었다고 한다. 그는 최초로 아시에의 군대를 로코스[103]별로 조직했고, 또 최초로 창병, 궁수, 기병을 각각 따로 편성했다. 그 이전에는 모두가 구분 없이 뒤죽박죽으로 뒤섞여 있었던 것이다. 키악사레스는 전투 도중 낮이 밤으로 변했을 때 리디에인과 싸웠던 바로 그 인물이고[104] 또 할리스 강 너머의 아시에[105] 전체를 자신의 지배하에 통합한 인물이었다. 그는 자신의 휘하에 있는 모든 속민(屬民)들을 규합하여 니노스 원정에 나섰다. 그는 아버지의 원수를 갚고 이 도시를 파괴할 생각이었다. 그런데 그가 아시리에인과 싸워 승리를 거두고 니노스를 포위 공격 하고 있을 때 대규모의 스키티에 군대가 그를 공격했다. 스키티에 군대는 프로토티에스의 아들 마디에스 왕이 이끌고 있었다. 스키티에 군대는 킴메리에인들을 에우로페에서

103

---

102 니네베.

103 로코스(lochos)는 군대의 소규모 부대를 말하는데, 시기와 지역에 따라 그 규모가 다양하게 나타난다. 여기서 언급되는 메디아 군대의 로코스에 대해서는 자세한 내막을 알 수 없다. 한편 그리스의 경우 로코스의 구성원이 24명 혹은 100명이었다고 언급되기도 하는데, 스파르타 군대에서는 100명에서 200명 사이였을 것으로 추정된다. 스파르타의 로코스에 대해서는 제9권 제53장의 옮긴이 주 참조.

104 제1권 제74장 참조.

105 할리스 강 동쪽 지역.

몰아낸 후 아시에로 진군해 왔는데, 도주하는 자들을 추적하다 이렇게 메디아 땅에 이르게 되었던 것이다.

104   마이에티스 호수[106]에서 파시스 강과 콜키스까지는 옷을 잘 동여맨 사람에게 30일 여정이다. 그런데 콜키스에서 메디아 땅으로 진입하기는 그리 먼 거리가 아니다. 그 사이에는 사스페이레스라는 종족이 하나 있을 뿐이어서 이들을 지나면 메디아 땅 안으로 들어서게 된다. 그러나 스키티에인들은 이 길을 통해 침입하지 않고 훨씬 더 먼 위쪽 길로 들어가 카우카소스 산맥을 오른쪽에 끼고 침입했다. 메디아인들은 거기서 스키티에인들와 대적하여 전투에서 패했으며 그들의 지배권을 상실했다. 이제 스키티에인들이 아시에 전체를 장악하게 되었다.

105   그 후 스키티에인들은 아이깁토스를 향해 진격했다. 그들이 팔라이스티네의 시리에에 이르렀을 때, 아이깁토스 왕 프삼메티코스가 그들을 만나 선물을 주고 간청하면서 더는 진군하지 못하게 막았다. 이에 그들이 물러나 시리에의 아스칼론 시에 이르렀을 때, 대부분의 스키티에인들은 아무런 해를 끼치지 않고 그곳을 지나쳤지만 뒤에 처진 일부 소수의 스키티에인들이 천상의 아프로디테[107] 신전을 약탈했다. 내가 들어서 알기로는, 이 신전이 이 여신의 모든 신전들 가운데 가장 오래된 것이다. 키프로스의 신전도, 키프로스인들 자신이 말하듯이, 이곳에서 유래했고, 또 키테라의 신전은 이 시리에에서 온 포이니케인들이 건립한 것이기 때문이다. 여신은 아스칼론의 신전을

---

106   오늘날의 아조프(Azov) 해.

107   '천상의 아프로디테'는 '우라니에 아프로디테'(uranie Aphrodite)를 번역한 말이다. 헤로도토스는 외국 신들의 호칭을 현지 이름으로 부르기도 하지만 대개는 그리스 신의 이름으로 부른다. '천상의 아프로디테'는 아시리아의 밀리타(Mylitta), 아라비아의 알릴라트(Alilat), 페르시아의 미트라(Mitra) 같은 동방의 여신을 그리스식으로 부른 것이다(제1권 제131장 참조).

약탈한 스키티에인들과 그 후손이 대대로 여성병[108]을 앓게 했다. 그리하여 스키티에인들은 이 때문에 자신들이 그 병을 앓게 되었다고 말하고, 또 스키티에 땅을 방문하면 스키티에인들이 에나레스라고 부르는 이 환자들의 상태가 어떠한지를 볼 수 있다고 말한다.

스키티에인들은 아시에를 28년간 지배했고, 그들의 난폭함과 방자 106
함 때문에 모든 것이 황폐해졌다. 그들은 모든 사람들에게 세금을 부과하여 징수했을 뿐만 아니라 그 세금 말고도 말을 타고 돌아다니면서 각 사람들이 가진 재산을 무엇이건 약탈하곤 했던 것이다. 키악사레스와 메디아인들은 이 스키티에인들을 연회에 초대하여 술에 취하게 한 다음 그들을 대부분 학살했다. 그리하여 메디아인들은 자신들의 왕국을 되찾았고 예전에 자신들이 다스리던 자들을 다시 그대로 통치하게 되었다. 그들은 또한 니노스를 점령했고—그들이 어떻게 점령했는가에 대해서는 내가 다른 대목에서 밝힐 것이다[109]—, 바빌론 지역을 제외한 아시리아 전역을 복속시켰다.

그 후 키악사레스가 스키티에인이 지배한 기간까지 합해 40년간 107
왕으로 있다가 죽자, 그의 아들 아스티아게스가 왕위를 물려받았다. 아스티아게스에게는 그가 만다네라고 이름 지은 딸이 하나 있었다. 아스티아게스는 그녀가 오줌을 엄청나게 많이 누어 그 결과 오줌물이 자신의 도시를 가득 채우고 또한 아시에 전체로 흘러넘치는 꿈을 꾸었다. 이에 그는 해몽하는 마고스들에게 그 꿈에 대해 이야기했는데, 그들에게서 자세한 해몽을 듣고 두려움이 생겼다. 그 후 이 만다네가 남자를 맞이할 나이가 되자, 아스티아게스는 그 꿈이 두려워 그녀를 자신의 집안에 걸맞은 메디아인들과는 혼인시키지 않았다. 대신 캄비세스라는 이름의 페르시스인이 좋은 가문 출신이며 성품이

---

108 남성이 여성화되는 병을 말하는 듯한데, 성교 불능이나 소년애를 뜻하는 것으로 보기도 한다.

109 하지만 헤로도토스의 『역사』에는 그에 대한 추가 설명이 나타나지 않는다.

조용하다는 것을 알고서 그녀를 캄비세스와 혼인시켰는데, 캄비세스가 메디아인의 중간층보다 훨씬 더 지위가 낮다고 생각했던 것이다.

108　　만다네가 캄비세스와 혼인한 첫해에 아스티아게스는 또 꿈을 꾸었는데, 그의 딸의 음부에서 포도나무가 자라더니 그 포도나무가 아시에 전역으로 뻗어 가는 꿈이었다. 그는 꿈에서 이를 본 후 그것을 해몽가들에게 알렸고, 산달이 가까운 딸을 페르시스인들에게서 데려오도록 했다. 그녀가 도착하자 그는 그녀가 낳을 자식을 죽이려는 생각으로 그녀를 감시했다. 그 꿈에 대해 마고스 해몽가들은 아스티아게스의 딸의 자식이 그 대신 왕이 될 것이라고 해석했기 때문이다. 아스티아게스는 이를 막고자 하여, 키로스가 태어나자 자신의 친족인 하르파고스를 불렀다. 그는 메디아인들 중에서 가장 믿을 만하고 아스티아게스의 모든 재산을 관리하는 자였다. 아스티아게스는 그에게 이렇게 말했다. "하르파고스여, 내가 그대에게 무슨 일을 맡기든, 그대는 일을 그르치지 말 것이며 나를 기만하지 말고 내가 아닌 다른 자들 편을 들지 말게. 그랬다간 훗날 그대 자신이 파멸에 빠지게 될 걸세. 그대는 만다네가 낳은 이 아이를 받아 그대 집으로 데려가서 죽이도록 하게. 그런 후에 어떤 식으로든 그대가 좋을 대로 매장하게." 이에 하르파고스가 대답했다. "전하, 전하께서 보시기에 과거에 이 몸은 전하의 심기를 불편하게 해 드린 적이 없으며, 이후로도 전하께 절대 잘못을 저지르지 않도록 유념할 것입니다. 전하께서 그 일이 이루어지길 바라신다면, 저는 마땅히 성심껏 제 소임을 다할 것입니다."

109　　하르파고스는 이렇게 대답한 후, 죽음을 위해 옷을 차려 입힌 아이를 받아 들고 눈물을 흘리면서 집으로 돌아갔다. 집에 도착하자 그는 아내에게 아스티아게스가 했던 이야기를 죄다 털어놓았다. 그러자 그녀가 그에게 말했다. "그럼 이제 당신은 어쩔 생각이세요?" 이에 그가 대답했다. "나는 아스티아게스가 명령한 대로 하지 않을 거요. 그가 제정신을 잃고 지금보다 더 심하게 광분한다고 해도, 나는 그의

견해에 따르지 않을 것이고 이와 같은 살인에서 그의 조력자가 되지도 않을 것이오. 나는 여러 이유에서 아이를 죽이지 않을 거요. 우선 그 아이는 나 자신과 친척이고, 더욱이 지금 아스티아게스는 연로한 데다 남자 후손도 없기 때문이오. 만약 아스티아게스가 죽은 후에 통치권이 이 딸, 즉 지금 그가 내 손을 통해 그녀의 아들을 죽이려 하는 바로 그 딸에게로 넘어가기라도 하면, 이후로 나에게는 엄청난 위험 말고 그 무엇이 남아 있겠소? 지금 나의 안위를 위해서는 이 아이를 죽여야 하지만, 그래도 아이를 죽이는 역할은 내 부하들이 아니라 아스티아게스의 부하들 중 한 명이 맡아야 하오."

하르파고스는 이렇게 말하고, 곧바로 아스티아게스의 한 소치기에 110게 심부름꾼을 보냈다. 하르파고스가 알기에는, 그 소치기가 그 일에 가장 적합한 곳에서 그리고 맹수가 가장 많이 득실대는 산에서 소들을 먹이고 있었다. 소치기는 이름이 미트라다테스였고 동료 노예인 아내와 함께 살고 있었다. 그가 함께 사는 아내의 이름은 헬라스 말로 키노였고 메디아 말로는 스파코였다. 메디아인들은 암캐를 스파코라고 부르는 것이다.[110] 이 소치기가 소들을 먹이는 산기슭은 악바타나 북쪽에 있는데 에욱세이노스 폰토스 쪽을 향해 있다. 여기서 사스페이레스인들 쪽으로 나 있는 메디아 땅은 매우 높은 산지고 숲도 울창하지만, 나머지 메디아 땅은 모두 평지다. 소치기가 부름을 받고 급히 서둘러 도착하자, 하르파고스는 다음과 같이 말했다. "아스티아게스 전하께서 너에게 명하시기를, 이 아이가 되도록 빨리 죽게끔 그를 데려가 산속의 가장 외진 곳에 내버리라고 하신다. 또한 전하께서는 나더러 너에게 이렇게 말하라고 명하셨는데, 즉 네가 그를 죽이지 않고 어떤 식으로든 살려 둔다면 너는 더없이 참혹한 죽음을 맞게 될

---

110 키노(Kyno)라는 이름은 개를 의미하는 그리스어 키온(kyon)에서 파생된 것이다. 헤로도토스는 개를 뜻하는 페르시아 말 스파코를 그리스어로 옮겨 그녀의 이름을 부르고 있다.

거라고 하셨다. 또한 나는 이 아이가 내다 버려졌는지 살펴보라는 명령을 받았다."

111 이 말을 들은 소치기는 아이를 안아 들고는 왔던 길을 다시 돌아 그의 거처에 도착했다. 이때 마침 그의 아내도 산달이 되어 매일같이 해산을 기다리던 참이었는데, 아무래도 신령의 뜻이었는지, 소치기가 도시에 나와 있는 동안에 아이를 출산했다. 이들 두 사람은 서로에 대해 염려하고 있었는데, 남편은 아내의 해산을 걱정했고 반면 아내는 하르파고스가 이례적으로 자기 남편을 부른 것에 걱정이 되었다. 그래서 소치기가 돌아와 그녀 앞에 나타났을 때, 아내는 예기치 않게 그의 모습을 보자 먼저 하르파고스가 왜 그렇게 급히 그를 불러 보냈는지 물었다. 이에 그가 말했다. "여보, 나는 도시에 가서 내가 보지 말았어야 하고 또 우리의 주인님들께 일어나지 않았어야 할 그런 일을 보고 들었다오. 하르파고스 님의 집은 온통 울음소리로 가득 차 있었고 나는 깜짝 놀라 안으로 들어갔소. 그곳에 들어서자마자 숨을 헐떡이며 크게 울어 대는 한 어린아이가 놓여 있는 걸 보았는데, 아이는 금과 갖은 색상의 의복으로 치장되어 있었소. 하르파고스 님은 나를 보더니 명하시기를, 되도록 빨리 그 아이를 안아 들고 산중에서 맹수가 가장 득실대는 곳으로 데려가 내버리라고 하셨소. 그는 말씀하시기를 나에게 이 일을 지시한 것은 아스티아게스 전하라고 하셨고, 만일 내가 그 일을 하지 않으면 나를 벌하겠다고 크게 위협하셨다오. 그래서 나는 아이를 안고서 데리고 나왔는데 나는 그 아이가 어떤 종복의 자식이겠거니 생각했소. 나는 그 아이가 누구에게서 태어났는지를 전혀 추측할 수 없었기 때문이오. 그러나 나는 아이가 금과 의복으로 치장된 것을 보고, 더욱이 하르파고스 님의 집에서 곡소리가 터져 나오는 것을 보고 놀라움을 금치 못했다오. 그런데 나는 곧 돌아오는 길에 나를 도시 밖으로 바래다주고 그 갓난아이를 건네준 하인에게서 모든 이야기를 전해 들었소. 즉 그 아이가 바로 아스티아게스 전하의 따님 만다네와 키로스의 아들 캄비세스 사이의

아들이며 아스티아게스 전하께서 아이를 죽이라고 명령했다는 것이
오. 자, 이게 그 아이요."

소치기는 이렇게 말하면서 곧바로 덮개를 벗겨 아이를 보여 주었 112
다. 그녀는 아이가 크고 잘생긴 것을 보자, 눈물을 흘리면서 남편의
두 무릎을 붙들고 아이를 결코 내버리지 말라고 간청했다. 그러나 남
편은 자신이 달리 어찌할 수가 없다고 말했다. 하르파고스가 보낸 염
탐꾼들이 사정을 살피러 찾아올 것이며 만일 자신이 그 일을 하지 않
으면 매우 참혹하게 죽게 되리라는 것이었다. 그녀는 남편을 설득할
수 없자, 이번에는 이와 같이 말했다. "이제 저로서는 당신더러 그 아
이를 내버리지 말라고 설득할 수 없으니, 그 아이가 내다 버려진 것
을 반드시 보여야만 한다면 이렇게 하세요. 실은 저도 아이를 낳았는
데 죽은 아이였어요. 그러니 이 죽은 아이를 데려가 내버리고, 아스
티아게스 전하 따님의 아이는 우리가 낳은 자식인 것처럼 키웁시다.
그러면 당신은 주인님들에게 잘못을 범한들 발각되지 않을 테고 우
리에게도 그것이 괜찮은 결정이 아닐까 해요. 죽은 아이는 왕실의 장
례를 치르게 되고 살아남은 아이는 목숨을 잃지 않을 테니까요."

소치기는 현재 상황에서 아내가 정말로 좋은 조언을 해 주었다고 113
생각하여, 즉시 그녀의 말대로 했다. 그는 죽이려고 데려온 아이를
아내에게 건네주고 반면 자신의 죽은 아이는 다른 아이를 담아 데려
온 상자에 넣었다. 그리고 다른 아이의 온갖 장식물로 죽은 아이를
치장한 후 산속의 가장 외진 곳으로 갖다 놓았다. 아이를 내버린 지
사흘 째가 되자, 소치기는 자신의 조수 한 명에게 그 아이를 지키라
고 맡겨 둔 채 도시로 들어갔다. 그는 하르파고스의 집으로 가서 아
이의 시신을 보여 줄 준비가 되어 있다고 말했다. 이에 하르파고스는
자신의 호위대 가운데 가장 믿을 만한 자들을 보내, 그들을 통해 시
신을 살펴보고 소치기의 아이를 매장했다. 그래서 한 아이는 묻혔고,
반면에 훗날 키로스로 불리게 되는 다른 아이는 소치기의 아내가 거
두어 양육했다. 하지만 그녀는 이때 그에게 키로스가 아니고 무언가

다른 이름을 붙여 주었다.

114   그 아이가 열 살이 되었을 때, 그에게 다음과 같은 일이 일어나 그의 정체가 드러났다. 그가 이 소치기들의 축사들이 있던 촌락에서 놀던 중이었다. 또래의 다른 소년들과 함께 촌락 내 길에서 놀고 있었던 것이다. 소년들은 놀이를 하면서 소치기의 아들로 불리던 그 소년을 자신들의 왕으로 뽑았다. 그러자 그는 소년들의 역할을 분담하여, 그들 중 일부에게는 집짓는 일을 맡기고 일부에게는 자신의 호위대가 되도록 배정했다. 또 그들 중 한 명에게는 아마도 왕의 눈[111] 역할을 하도록 맡기고 다른 한 명에게는 자신에게 보고를 전달하는 특권을 부여했다. 이렇게 그는 모든 소년들에게 각자의 임무를 지정해 주었다. 그런데 그와 함께 놀던 소년들 가운데 한 명이 메디아에서 저명한 인물인 아르템바레스의 아들이었다. 그 소년은 키로스가 내린 명령을 이행하지 않았기 때문에 키로스는 다른 소년들에게 그를 체포하라고 명했다. 그들이 명령에 따르자 키로스는 그 소년을 매우 호되게 다루고 매질했다. 그 소년은 풀려나자마자, 자신의 지위에 합당치 않은 일을 당했다고 여겨 더더욱 분개하여, 도시로 돌아가 자신의 아버지에게 키로스에게 당한 일을 하소연했다. 하지만 물론 그 소년은 그를 키로스라 부르지 않고 —그때에는 아직 그것이 그의 이름이 아니었기 때문이다— 아스티아게스의 소치기 아들이라고 불렀다. 아르템바레스는 화가 나 자신의 아들을 데리고 아스티아게스에게 가서, 아들이 부당한 일을 당했다고 말했다. "전하, 우리는 전하의 노예인 소치기의 아들에게서 이러한 모욕을 받았나이다." 그러면서 그는 아들의 양어깨를 보여 주었다.

115   아스티아게스는 이 말을 듣고 살펴본 후, 아르템바레스의 위신을 위해 그의 아들에 대한 복수를 해 주려고 소치기와 그의 아들을 불

---

111 페르시아 왕은 '왕의 귀'나 '왕의 눈'이라는 직책을 두어 지방행정을 감찰했다.

러오게 했다. 두 사람이 출두하자 아스티아게스는 키로스를 바라보면서 말했다. "너는 이런 미천한 자의 자식인 주제에 어찌 감히 나의 주요 신하의 아들을 이리도 치욕스럽게 다루었느냐?" 이에 키로스가 대답했다. "주인님, 제가 이 아이에게 한 일은 정당한 것입니다. 저 아이도 포함된, 촌락의 아이들이 놀이를 하면서 저를 그들의 왕으로 세웠기 때문입니다. 그들은 제가 그 자리에 가장 적합하다고 여겼던 것입니다. 그런데 다른 아이들은 제 명령을 이행했지만, 이 아이는 제 명령에 따르지 않고 저를 아예 무시하다 결국 벌을 받은 것입니다. 만일 제가 이 때문에 벌을 받아 마땅하다면 그 벌을 받겠습니다."

그 소년이 이렇게 말했을 때, 아스티아게스는 언뜻 그가 누군지 알 116
것 같은 생각이 들었다. 아스티아게스의 생각에는, 소년의 얼굴 생김새가 자신의 얼굴과 비슷했고 그의 대답이 보기보다 더 자유민다웠으며 또 아이를 내버린 시기가 그 소년의 나이와 일치했던 것이다. 아스티아게스는 이런 모든 것에 깜짝 놀라 한동안 말을 잃었다. 그러나 겨우 정신을 차린 후, 소치기만 홀로 데리고 심문하기 위해 아르템바레스를 내보낼 양으로 말했다. "아르템바레스여, 그대와 그대 아들이 아무 불만을 갖지 않도록 내가 이 일을 처리하겠소." 이렇게 그는 아르템바레스를 내보내고 시종들은 아스티아게스의 명령에 따라 키로스를 안으로 데려갔다. 이윽고 소치기만이 홀로 남게 되었을 때, 아스티아게스는 소치기에게 그 아이를 어디서 얻었으며 누가 그 아이를 건네주었는지 물었다. 소치기는 그가 자신의 아들이며 그를 낳은 어미는 여전히 자신의 집에 있다고 대답했다. 이에 아스티아게스는 소치기에게 혹독한 고초를 겪으려 하다니 현명치 않다고 말했고, 그렇게 말하는 동시에 호위병들에게 소치기를 체포하라는 신호를 보냈다. 소치기는 고초를 당할 처지에 이르자 실제의 이야기를 털어놓았다. 그는 처음부터 시작하여 그간의 일을 사실대로 설명했고, 급기야 왕에게 빌며 자신을 용서해 달라고 간청하기에 이르렀다.

소치기가 진실을 밝히자 아스티아게스는 이제 소치기는 그다지 염 117

두에 두지 않았으나. 하르파고스에 대해 크게 격노하여 호위병들에게 그를 불러오라고 명령했다. 하르파고스가 앞에 출두하자, 아스티아게스가 그에게 물었다. "하르파고스여, 그대는 내가 그대에게 건넸던 나의 딸의 아들을 어떻게 죽였는가?" 하르파고스는 소치기가 그 안에 있는 것을 보자, 거짓말을 했다간 반박을 당해 들통나지 않을까 우려하여 거짓말의 길을 택하지 않고 다음처럼 말했다. "전하, 저는 아이를 건네받았을 때, 어떻게 하면 제가 전하께서 흡족하시게끔 일을 처리하고 또 전하께 과오를 범하지 않으면서도 전하의 따님이나 전하 자신께 살해자로 보이지 않을 수 있을까 곰곰이 생각했습니다. 그래서 저는 다음과 같이 했습니다. 저는 이 소치기를 불러 아이를 건네면서, 아이를 죽이라고 명령하신 것은 전하라고 말했습니다. 어떻든 저의 그 말은 거짓이 아니었습니다. 전하께서 그렇게 명령하셨기 때문입니다. 하지만 저는 이 자에게 아이를 건네면서, 아이를 외진 산속에 내다 버리고 아이가 죽을 때까지 지켜보라는 지시를 내렸습니다. 그리고 만일 그가 지시대로 이행하지 않는다면 혼내 주겠다고 온갖 협박을 가했습니다. 그 후 그가 명령대로 실행하여 아이를 죽였을 때, 저는 내관들 중에서 가장 믿을 만한 자들을 보내서 그들을 통해 아이 시신을 확인하고 매장했습니다. 전하, 이 일은 그렇게 된 것이고, 아이는 그렇게 죽었습니다."

118   하르파고스는 이렇게 사실대로 이야기했다. 아스티아게스는 그간의 일을 알고 분노가 치밀었지만 이를 내색하지 않고, 우선 자신이 그 일에 대해 소치기에게서 들은 그대로 하르파고스에게 다시 말해 주었다. 그리고 그처럼 되풀이해서 이야기한 다음, 그 아이가 살아 있으며 결국 일이 잘되었다는 말도 해 주었다. 이어서 그는 말했다. "사실 나는 이 아이에게 저지른 일로 마음이 크게 괴로웠고 나의 딸과 사이가 틀어져 부담이 적지 않았네. 이제 운이 좋은 쪽으로 바뀌었으니, 그대의 아들을 새로 온 아이에게 보내 주고 그대는 나와 함께 정찬(正餐)을 하러 오게. 나는 그 아이를 구해 주신 데 대한 보답

으로 이 영예가 돌아갈 신들에게 제물을 바치려 한다네."

하르파고스는 이 말을 듣고서 왕에게 엎드려 경배했다. 그리고 자 119
신의 잘못이 유익한 결과를 불러오고 이런 상서로운 때에 정찬 초대
를 받게 되니, 이를 대단한 일로 생각하며 집으로 갔다. 하르파고스
에게는 열세 살가량 되는 외아들이 있었는데, 그는 집에 들어가자마
자 곧 그 아들을 보내며 아스티아게스의 궁으로 가서 왕이 명하는 것
은 무엇이든 하라고 일러두었다. 그리고 하르파고스는 기쁨에 겨워
자신에게 일어난 일을 아내에게 다 말해 주었다. 한편 아스티아게스
는 하르파고스의 아들이 도착하자 그를 죽여서 갈기갈기 찢어 그 살
의 일부는 굽고 일부는 삶아서 조리를 한 다음 모든 준비를 갖춰 놓
았다. 정찬 시간이 되었을 때 하르파고스와 다른 빈객들이 자리에 나
타났다. 그런데 다른 빈객들과 아스티아게스 자신의 앞에는 푸짐한
양고기 요리가 차려진 데 반해, 하르파고스 앞에는 그 자신의 아들로
만들어진 요리가 차려졌다. 그 요리는 머리와 손발을 제외한 나머지
모든 부위들로 만든 것이었다. 머리와 손발은 따로 바구니에 감춰져
있었다. 하르파고스가 음식을 실컷 먹은 것으로 보이자, 아스티아게
스는 그에게 맛있게 식사를 했느냐고 물었다. 이에 하르파고스는 매
우 맛있게 먹었다고 대답했다. 그때 미리 지시받은 자들이 바구니에
감춰진 그의 아들의 머리와 손발을 가지고 들어와 하르파고스 앞에
서서, 바구니를 열고 그중 원하는 것을 집으라고 말했다. 하르파고스
는 그 말에 따라 바구니를 열었는데, 그 속에 자기 아들의 남은 부위
들이 들어 있는 것을 발견했다. 그러나 그는 그것을 보고서도 놀라지
않고 태연했다. 아스티아게스가 그에게 어떤 짐승의 고기를 먹었는
지 알겠느냐고 물었다. 이에 그는 알고 있다고 말했으며, 또 자신은
왕께서 하시는 일을 다 흡족히 여긴다고 말했다. 그는 이처럼 대답한
후, 아들의 남은 살들을 집어 들고 집으로 갔다. 내가 생각하기에, 그
는 그때 그것들을 모두 모아 매장하고자 했던 것 같다.

아스티아게스는 하르파고스를 이렇게 징벌했다. 한편 그는 키로스 120

에 대해 협의하기 위해, 자신의 꿈을 그처럼 해몽했던 바로 그 마고스들을 불렀다. 그들이 도착하자 아스티아게스는 자신의 꿈을 어떻게 해몽했는지를 물었다. 그들은 전과 똑같이 대답했는데, 만일 그 소년이 일찍 죽지 않고 살아 있다면 그가 반드시 왕이 될 것이라고 말했다. 이에 아스티아게스는 그들에게 대답했다. "그 소년은 생존해 있소. 그런데 그가 시골에서 살고 있을 때 촌락의 아이들이 그를 왕으로 세웠소. 그는 마치 진짜 왕들이 하듯이 모든 일을 수행했소. 그는 호위병, 문지기, 전령 및 그 밖의 모든 직책을 각기 지정하여 다스렸던 거요. 그럼 그대들이 보기에 이것은 무엇을 가리키는 것 같소?" 마고스들이 말했다. "만일 그 아이가 생존해 있고 사전의 의도(意圖) 없이 왕이 된 것이라면, 그에 대해서는 아무 염려 마시고 기운 내시옵소서. 그가 두 번씩이나 왕이 되지는 않을 것이기 때문입니다. 저희의 예언 중에서도 어떤 것들은 정말 하찮게 끝나 버리고 또 꿈의 실현도 가끔은 시시하게 나타납니다." 이에 아스티아게스가 다음과 같이 말했다. "마고스들이여, 나도 역시 그대들의 생각에 대체로 동의하노니, 그 아이가 왕으로 불렸으니 꿈은 실현된 것이며 나는 이제 더는 그 아이를 두려워할 일이 없소. 하지만 그대들은 나의 집안과 그대들에게 가장 안전한 방안이 무엇일지를 숙고하여 나에게 조언해 주시오." 이에 대해 마고스들이 말했다. "전하, 전하의 왕권이 번성하는 것은 저희에게도 매우 중요한 일입니다. 그렇지 않을 경우엔 왕권이 딴 데로 가서 이 페르시스 소년에게로 돌아가고, 우리 메디아인들은 페르시스인들과 다른 외국인이므로 그들에게 예속되어 하찮게 여겨질 것이니까요. 그러나 저희의 동국인(同國人)인 전하께서 왕으로 계시는 동안에는, 저희도 함께 통치에 참여하고 또 전하에게서 큰 영예를 부여받고 있습니다. 그러니 저희로서는 필히 전하와 전하의 왕권에 대해 관심을 갖지 않을 수 없습니다. 지금 저희가 무엇인가 우려할 만한 것을 보았다면 전하께 모두 미리 말씀 드렸을 것입니다. 그러나 이제 그 꿈이 하찮은 일로 끝나, 저희들은 안심이 되오며

권하옵건대 전하께서도 안심하시기를 바라옵니다. 이 아이는 전하의 눈에 띄지 않게 페르시스인들과 그의 부모에게로 보내도록 하시옵소서."

아스티아게스는 이 말을 듣고 기뻐했으며 키로스를 불러 이렇게 말했다. "얘야, 내가 실현되지도 않을 꿈속의 환영 때문에 너에게 잘못을 저질렀건만, 너는 네 명운에 따라 살아남았구나. 그러니 이제 너는 기쁜 마음으로 페르시스인들에게 가도록 해라. 내가 호위대를 딸려 보낼 것이니라. 그곳에 가면 너는 소치기 미트라다테스와 그의 아내와는 신분이 다른 네 아버지와 어머니를 만나게 될 것이다." 121

아스티아게스는 이렇게 말하고 키로스를 떠나보냈다. 그가 캄비세스의 집으로 돌아가자, 그의 부모가 그를 맞아들였다. 그들은 키로스를 맞이한 후 그에 관한 이야기를 듣고서 크게 기뻐했다. 그들은 그가 예전에 바로 죽었다고 생각했던 것이다. 그들은 그가 어떻게 해서 살아남게 되었는가를 그에게 물었다. 이에 키로스가 말하기를, 이제까지 자신은 아무것도 모르고 크게 잘못 알고 있었는데 오는 길에 자신의 모든 불행에 대해 들어서 알게 되었다고 했다. 그는 자신이 아스티아게스의 소치기 아들인 줄 알았으나, 그곳에서 오는 도중에 호위병들에게 모든 이야기를 들었다는 것이었다. 그는 또 자신이 소치기의 아내에 의해 양육되었다고 말하고 끊임없이 그녀를 찬미했으며, 이야기 내내 키노를 언급했다. 이에 그의 부모는 이 이름을 받아들여, 자신들의 아들이 살아남은 일을 페르시스인들이 더욱 신성하게 여기도록 하려고, 키로스가 내버려졌을 때 암캐가 그를 키웠다는 소문을 퍼뜨렸다. 122

이 소문은 여기서 생겨났던 것이다. 그런데 키로스가 장성하여 그의 또래 중에서 가장 용감하고 사랑받는 존재가 되자, 하르파고스는 아스티아게스에 대해 복수할 생각으로 키로스에게 선물을 보내 그와 가까이 지냈다. 하르파고스는 보통 사람에 불과한 자신으로서는 아스티아게스에게 복수할 수 없으리라 여기고, 키로스가 커 가는 것 123

을 보자 그를 제 편으로 삼으려 했다. 하르파고스는 키로스의 불행이 자신의 불행과 비슷하다고 보았기 때문이다. 그런데 그는 그전에 이미 다음과 같은 일을 수행하고 있었다. 즉 하르파고스는, 아스티아게스가 메디아인들에게 가혹하게 대했는지라, 메디아 최고위 인사들과 일일이 교섭하여 그들에게 키로스를 지도자로 추대하고 아스티아게스를 왕위에서 축출하자고 설득했던 것이다. 하르파고스는 이 일을 완수하고 모든 준비가 끝나자, 당시 페르시스인들 사이에서 거주하던 키로스에게 자신의 생각을 알리고 싶어 했다. 그러나 길에 경비가 삼엄해서 다음의 방안 외에는 달리 방법이 없었다. 그는 토끼 한 마리를 준비하여 배를 가른 후 토끼털은 전혀 손상시키지 않고 자신의 생각을 적은 서한을 안에 집어넣었다. 그리고 토끼의 배를 다시 꿰매고 자신의 가장 충성스러운 하인에게 마치 사냥꾼인 양 사냥그물을 들려주어 페르시스인들에게 보냈다. 이때 하르파고스는 하인에게 구두로 지시를 내려, 키로스에게 토끼를 갖다 주고 키로스 자신이 주위에 아무도 없을 때 손수 토끼 배를 절개하라는 말을 전하게 했다.

124　　이 일은 그대로 이뤄졌고, 키로스는 토끼를 받아 배를 갈라 보았다. 그는 그 안에 서한이 들어 있는 것을 발견하고 그것을 꺼내 읽었다. 거기에는 다음과 같은 글이 적혀 있었다. "캄비세스의 아드님이시여, 신들께서는 당신을 돌보고 계십니다. 그렇지 않다면 당신이 이처럼 행운을 누리지는 못했을 테니까요. 이제 당신을 죽이려 한 아스티아게스에게 복수하십시오. 그의 뜻에 따랐다면 당신은 이미 죽은 몸이니까요. 그러나 당신은 신들과 저의 뜻에 따라 살아남았습니다. 저는 당신이 자신에게 어떤 일이 일어났는지, 또 제가 당신을 죽이지 않고 소치기에게 넘긴 탓에 아스티아게스에게 어떤 일을 당했는지 이미 오래전부터 다 알고 있으리라 생각합니다. 만일 당신이 저의 조언에 따르신다면, 당신은 아스티아게스가 다스리는 바로 이 모든 지역을 그대로 통치하게 될 것입니다. 당신은 페르시스인들이 반란을 일으키도록 설득하여 군대를 이끌고 메디아인들을 공격하십시오. 만일

제가 아스티아게스에 의해 당신에게 대항할 장군으로 임명되거나 혹은 메디아 명사들 가운데 다른 누가 장군으로 임명된다면, 일은 당신이 바라는 대로 될 것입니다. 이 최고위 인사들은 아스티아게스에게서 이탈하여 당신에게 합류하고 아스티아게스를 폐위하려 할 것이기 때문입니다. 그러므로 여기서는 모든 준비가 되었으니, 이제 당신은 제가 말씀 드린 대로 하시고 신속히 행동에 나서십시오."

키로스는 이 말을 듣고, 어떤 절묘한 방법으로 페르시스인들을 설 125
득하여 반란을 일으키게 할지 궁리했으며 궁리 끝에 다음의 방식이 가장 적절하다고 여겼다. 그리고 그는 그것을 실행했다. 즉 그는 자신이 의도하는 바를 파피루스말이에 적은 후 페르시스인들의 회의를 소집했다. 그리고 거기에서 파피루스말이를 펼쳐 큰 소리로 읽기를, 아스티아게스가 자신을 페르시스인들의 장군으로 임명했다고 했다. 그는 이어 말했다. "페르시스인들이여, 이제 내가 그대들에게 명하노니, 각자 낫을 들고 내 앞으로 나오시오." 키로스는 이와 같이 명령했다. 페르시스인들에게는 여러 부족들이 있는데, 키로스는 그들 가운데 일부 부족들을 소집하여 메디아인들에게 반란을 일으키도록 설득했다. 이 부족들은 파사르가다이족과 마라피오이족, 마스피오이족인데, 나머지 모든 페르시스인들이 이들에게 의존하고 있었다. 그중 파사르가다이족이 최고의 부족인데, 페르시스 왕들이 배출된 아카이메니다이 가문[112]도 이 부족에 속한다. 또 다른 페르시스인 부족들로는 판티알라이오이족과 데루시아이오이족, 게르마니오이족이 있는데,

---

112 고대 그리스의 일부 국가들은 다양한 범주의 사회집단으로 구성되었는데, 그중 가장 광범위한 것이 부족(phyle)이고 그다음이 프라트리아(phratria, 형제족, 종족宗族), 씨족(genos), 가족(oikia)이었다. 헤로도토스는 페르시아인들의 사회집단을 언급하면서 게노스, 프레트레(phretre)라는 표현을 사용하는데, 게노스보다 더 광범위한 집단은 언급되지 않고 프레트레가 게노스의 하위 집단으로 묘사된다. 그래서 이 책에서는 페르시아인들에 한해 게노스를 '부족', 프레트레를 '가문' 혹은 '일족'으로 번역하기로 한다.

이들은 모두 농민이다. 그 외의 나머지 부족인 다오이족과 마르도스족, 드로피코족, 사가르티오이족은 목축민이다.

126   그들 모두가 명령받은 대로 낫을 들고 나오자, 마침 페르시스에 각면이 18 혹은 20스타디온에 이르는 가시나무투성이의 땅이 있었기에, 키로스는 그들에게 이 땅을 하루 안에 개간하라고 명했다. 페르시스인들이 자신들에게 부과된 일을 끝마치자, 키로스는 두 번째로 그들에게 명하기를 내일은 깨끗이 몸을 씻고 나오라고 했다. 그사이에 키로스는 그의 아버지의 염소와 양, 소 떼를 모두 한곳에 모아 도살하고 그것들로 페르시스 군대를 대접할 준비를 했으며, 게다가 포도주와 가장 맛있는 음식들도 아울러 준비했다. 이튿날 페르시스인들이 나오자, 키로스는 그들을 풀밭에 비스듬히 눕게 하고[113] 성대하게 음식을 대접했다. 성찬이 끝난 후에, 키로스는 그들에게 전날의 형편과 현재의 형편 가운데 어떤 것이 더 좋으냐고 물었다. 이에 그들은 그 차이가 크다고 말했다. 전날은 온통 고생만 했지만, 오늘은 모두 좋다는 것이었다. 키로스는 그들의 말을 받아 자기 생각을 모두 털어놓았다. "페르시스인들이여, 이것이 여러분이 처한 사정이오. 만일 여러분이 내 말에 따르고자 한다면, 여러분은 현재와 같은 즐거운 일들과 그 밖의 수많은 즐거운 일들을 아울러 누리고 노예처럼 고역(苦役)도 겪지 않을 것이오. 그러나 내 말을 따르려 하지 않는다면, 여러분은 어제의 일과 비슷한 노역을 수없이 겪을 것이오. 그러니 이제 내 말대로 하여 자유민이 되시오. 내가 생각하기에, 나 자신은 원래 신의 섭리에 의해 이 일을 맡도록 태어났소. 나는 또한 여러분이 전쟁이나 다른 모든 일에서 메디아인들에게 뒤지지 않는다고 생각하

---

113 그리스인들은 와상(臥床)에서 옆으로 비스듬히 누운 자세로 식사를 하곤 했다. 여기서 헤로도토스는 페르시아인 역시 그런 자세로 식사를 한 것으로 적고 있다. 그리스인의 와상 위 식사에 대해서는 제6권 제139장의 옮긴이 주 참조.

오. 실로 사정이 이러하니, 되도록 빨리 아스티아게스에게 반란을 일으키시오."

페르시스인들은 이제 자신들의 지도자를 얻고서 기꺼이 자유민이 되고자 했다. 과거에도 그들은 메디아인들에게 지배받는 것을 불만스레 여겨 왔다. 한편 아스티아게스는 키로스가 이런 일을 벌이고 있음을 전해 듣자, 사자를 보내 그를 소환했다. 키로스는 사자에게 이르기를, 자신은 아스티아게스가 바라는 것보다 더 일찍 그에게 도달할 것이라고 전하도록 했다. 아스티아게스는 이 말을 듣고 모든 메디아인들을 무장시켰으며, 정신이 나가 자신이 하르파고스에게 저지른 일을 잊고서 하르파고스를 메디아인들의 장군으로 임명했다. 메디아인들이 진군하여 페르시스인들과 맞닥뜨리게 되자, 그중 일부는 전투를 벌였으나—이들은 하르파고스의 계획에 가담하지 않은 자들이었다—, 다른 일부는 페르시스인들에게로 탈주했고 대부분은 일부러 미적거리다가 도주해 버렸다.

메디아 군대가 그처럼 치욕스럽게 패배했음에도, 아스티아게스는 그 소식을 듣자마자 키로스를 위협하는 말을 내뱉었다. "그래도 키로스는 무사하지 못할 거야." 이렇게 말한 후 그는 우선 자신에게 키로스를 풀어 주도록 설득했던 마고스 해몽가들을 말뚝에 박아 매달았고, 다음으로는 도시에 남아 있던 메디아인들을 노소를 막론하고 모두 무장시켰다. 그는 이들을 이끌고 나가 페르시스인들과 싸움을 벌였으나 패배하여, 아스티아게스 자신마저 생포되고 그가 이끌고 간 메디아 군대는 모두 전사했다.

아스티아게스가 포로가 되자 하르파고스는 그에게 와서 크게 기뻐하며 조롱을 퍼부었다. 하르파고스는 아스티아게스의 맘을 아프게 하는 다른 말들도 쏟아냈을뿐더러, 특히 아스티아게스가 자신에게 아들의 인육을 식사로 대접했던 정찬을 떠올리면서, 이제 왕이 아니고 대신에 노예가 되었으니 어떠하냐고 물었다. 이에 아스티아게스는 하르파고스를 주시하면서, 키로스가 한 일을 하르파고스 자신이

127

128

129

한 것으로 간주하느냐고 되물었다. 하르파고스는 말하기를, 바로 자신이 키로스에게 편지를 썼으니 그 일은 마땅히 자신이 이룬 것이라고 했다. 그러자 아스티아게스는 정말 하르파고스야말로 모든 사람들 중에서 가장 어리석고 가장 부당한 자라고 말했는데, 가장 어리석다는 말은 지금의 일이 하르파고스에 의해 실현된 것이라면 그가 왕이 될 수 있었을 텐데 남에게 권력을 넘겨주었기 때문이고, 또 가장 부당하다는 말은 그 정찬을 이유로 메디아인들을 예속민으로 만들었기 때문이라고 했다. 만일 그가 어찌했든 왕권을 남에게 넘겨야 하고 그 자신이 가져서는 안 될 상황이었다면, 그 좋은 것을 페르시스인보다는 메디아인 중 누군가에게 넘겨주는 편이 더 옳았을 것이라고 했다. 그리하여 그에 대해 아무런 잘못이 없는 메디아인들이 이제 주인이 아니라 노예가 되었고 반면에 예전엔 메디아인들의 노예였던 페르시스인들이 이제는 주인이 되었다고 했다.

130   이렇게 아스티아게스는 35년간 왕위를 누린 후 왕위에서 축출되었고, 메디아인들은 스키티에인들이 지배한 기간을 제외하면 128년 동안[114] 할리스 강 너머의 아시에[115]를 다스리다가 아스티아게스의 잔혹함 탓에 페르시스인들에게 굴복하게 되었다. 나중에 메디아인들은 자신들이 한 일을 후회하고 다레이오스에게 봉기를 일으켰지만,[116]

---

114 128년의 통치 기간 언급은 헤로도토스의 다른 설명과 모순된다. 헤로도토스에 따르면, 메디아인이 메디아인 이외의 아시아 종족들을 통치한 것은 프라오르테스 왕(22년간 재위) 때였으며(제1권 제102장 참조), 메디아인이 할리스 강 동쪽의 아시아 전체를 지배한 것은 키악사레스 왕 때이고(제1권 제103장 참조), 키악사레스는 스키티에인 지배 28년을 포함하여 40년간 왕으로 있었다고 한다(제1권 106장과 제107장 참조). 그 후 아스티아게스가 35년째 왕으로 있었으니(제1권 제130장 참조), 메디아인이 할리스 강 동쪽의 아시아를 지배했다고 볼 만한 기간은 스키티아이 지배를 빼고 69년이므로 128년에 미치지 못한다.

115 할리스 강의 동쪽 지역.

봉기 후 전투에서 패해 다시 복속되고 말았다. 그렇지만 이때 아스티아게스의 통치 시기에는 페르시스인들과 키로스가 메디아인들에게 반기를 들었으며 그 이후로 아시에를 지배했다. 한편 키로스는 아스티아게스에게 그 밖에 달리 해를 끼치지 않았고 그가 죽을 때까지 자신의 곁에서 지내게 했다.

이상은 키로스가 태어나고 양육되어 왕이 된 내력이다. 그 후에 그는, 내가 앞서 언급했듯이, 부당한 일을 일으킨 크로이소스를 정복했고, 그렇게 크로이소스를 정복함으로써 아시에 전체를 지배하게 되었다.

내가 알기에, 페르시스인들에게는 다음과 같은 관습이 있다. 그들은 관습적으로 신상과 신전, 제단을 만들어 세우지 않으며 그렇게 하는 자들을 어리석다고 여긴다. 그 이유는, 내가 생각하기엔, 페르시스인들은 헬라스인들이 그러듯이 신들이 인간의 형상을 하고 있다고는 믿지 않았기 때문이다. 그들은 산꼭대기에 올라가 제우스에게 제물을 바치는 관습이 있는데, 그들은 원형의 하늘 전체를 제우스라고 부른다. 그들은 해와 달, 대지, 불, 물, 바람에게도 제사를 지낸다. 처음에는 그들이 이들에게만 제사를 지내다가 나중에는 우라니에[117]에게도 제사 지내는 법을 배웠는데, 이는 아시리에인과 아라비에인들에게서 배운 것이다. 아시리에인은 아프로디테를 밀리타라 부르고 아라비에인은 알릴라트, 페르시스인은 미트라[118]라고 부른다.

---

116 기원전 520년.

117 '우라니에'(Uranie)는 '우라니에 아프로디테', 즉 '천상의 아프로디테'를 가리킨다. 제1권 105장과 제4권 제59장 참조.

118 미트라(Mitra)는 태양신 미트라스(Mithras)를 가리키는 것으로 보인다. 그런데 미트라스는 남성신이므로 여성신 아프로디테와 비견될 수 없다. 이는 헤로도토스가 잘못 기술한 것으로 보이는데, 아마 여신 아나히타(Anahita)와 미트라스를 혼동했거나 어머니신(神) 메테라(Metera)를 미트라(Mitra)로 잘못 적었을 가능성이 크다.

132　페르시스인들은 앞서 언급한 신들에 대해 다음과 같은 방식으로 제식을 확립했다. 그들은 제사를 지내고자 할 때 제단을 만들지도 않고 불을 피우지도 않으며 헌주(獻酒)를 하지도 않고 아울로스를 쓰지도 않으며 화관을 사용하지도 않고 보리알을 쓰지도 않는다. 대신에 페르시스인들은 신들 중 누군가에게 제물을 바치고 싶으면 짐승 제물을 정결한 곳으로 끌고 가서 그 신의 이름을 부르는데, 이때는 대개 도금양나무를 자신의 티아라[119]에 둘러 장식한다. 제물을 바치는 자가 자기 혼자만을 위해 행복을 기원하는 것은 허용되지 않으며, 전체 페르시스인들과 왕이 행복하게 지내기를 기도한다. 그 자신도 전체 페르시스인에 포함되기 때문이다. 그는 짐승 제물을 갈기갈기 잘라서 고기를 삶은 후, 가장 부드러운 풀―대개는 트리필론[120]―을 바닥에 뿌리고 그 위에 고기를 모두 올려놓는다. 그가 이렇게 하고 나면 마고스 한 명이 그리로 와서 신들의 탄생에 대한 찬가를 노래하는데, 그들의 주문은 그런 종류의 것이라고 한다. 마고스 없이는 제물을 바치지 않는 것이 페르시스인들의 관습이다. 이렇게 제물을 바친 자는 잠시 기다렸다가 고기를 들고 나가 자기 뜻대로 처분한다.

133　페르시스인들은 으레 모든 날 중에서 각자 자신이 태어난 생일을 가장 영예로운 날로 여긴다. 그들은 이날에는 다른 날보다 더 풍성한 식사를 차리는 것이 마땅하다고 생각한다. 그중 부귀한 자들은 그날 황소와 말, 낙타, 당나귀를 큰 화덕에서 통째로 구워 차려 놓지만, 가난한 자들은 작은 종류의 가축들을 차려 놓는다. 그들은 주된 음식들을 적게 먹는 반면에 후식은 여러 가지이고 한꺼번에 나오지 않는다. 따라서 페르시스인들은 말하기를, 헬라스인들에게는 식사 후에 딱히 언급할 만한 후식들이 나오지 않기에 헬라스인은 식사를 마치고도

119　티아라(tiara) 혹은 티아라스(tiaras)는 페르시아인이 쓰던 모자다.

120　트리필론(tripyllon)은 3개(tri)의 잎(pyllon)을 가진 풀을 말한다. 토끼풀인 클로버가 이에 해당한다.

여전히 배가 고프다고 한다. 만일 헬라스인들에게도 무엇인가 후식이 나온다면 그들이 계속 먹어 댈 것이라고 한다. 페르시스인들은 포도주를 대단히 좋아하며, 그들에게는 남 앞에서 토하거나 방뇨하는 것이 금지되어 있다. 이것은 그렇게 준수되고 있다. 그런데 또 페르시스인들은 술 취한 상태에서 가장 중요한 일들을 협의하는 관습이 있다. 이때 협의하여 동의한 안건이 있다면 이것은 그들이 협의할 때 머문 집의 주인이 이튿날 술이 깬 상태에서 그들에게 다시 제안한다. 만일 술이 깬 상태에서도 동의가 이뤄지면 그것을 채택해 쓰고, 동의를 얻지 못하면 폐기한다. 또 그들이 맨 정신일 때 미리 협의한 안건이 있다면 그것은 술 취한 상태에서 다시 논의한다.

페르시스인들이 길에서 서로 마주칠 때 마주친 두 사람이 같은 신 **134** 분인지 아닌지는 몸짓에 따라 분간할 수 있다. 같은 신분일 경우에 그들은 인사말 대신에 서로 입을 맞추기 때문이다. 그러나 어느 한 사람이 조금 열등하다면 그들은 뺨에다 입을 맞춘다. 또 어느 한 사람이 상대보다 현저히 미천한 태생이라면 높은 상대 앞에 엎드려 경의를 표한다. 페르시스인들은 모든 사람들 가운데 자신과 가장 가까이에 사는 자들을 자신들 다음으로 존중하고, 그다음에는 두 번째로 가까이 사는 자들을 존중한다. 그리고 그다음에는 자신들과 가까운 순서에 따라 존중한다. 그래서 자신들로부터 가장 멀리 떨어져 사는 자들을 가장 덜 존중한다. 그들은 그들 자신이 모든 면에서 인간들 가운데 단연 최고라고 생각하며, 다른 자들은 자신들과 가까운 거리 순서대로 미덕을 지닌다고 여기고 자신들로부터 가장 멀리 떨어져 사는 자들이 가장 열등하다고 생각하는 것이다. 메디아인들이 통치할 때에는 여러 종족들이 서로를 지배하기도 했다. 메디아인들은 전체 종족들을 모두 지배하면서 특히 자신들과 가장 가까이에 사는 자들을 지배했다. 한편 이들은 자신들과 이웃해 사는 자들을 지배하고 또 그들은 다시 자신들과 이웃한 자들을 지배했는데, 이는 페르시스인들이 사람들을 순서에 따라 존중한 것과 똑같은 방식이었다. 그

래서 각 종족은 나아가면서 순서대로 지배하고 관리했던 것이다.[121]

135   페르시스인들은 외국의 관습을 그 누구보다도 더 잘 받아들인다. 그들은 메디아인의 의상이 자신들의 것보다 더 아름답다고 여겨 그 것을 착용하고, 전쟁할 때에는 아이깁토스인의 갑옷을 입는다. 또한 그들은 온갖 종류의 향락을 배워서 자기네 관습으로 삼는데, 특히 헬라스인에게서 배워 소년과의 남색(男色)을 행한다. 페르시스인들은 각자 여러 정실 아내와 혼인하고 또 그보다 훨씬 더 많은 첩실을 거느린다.

136   페르시스인들에게 전쟁에서 용감한 것 다음으로 부각되는 남성적 덕성은 아들을 많이 생산하는 것이다. 왕은 아들을 가장 많이 생산하는 자에게 해마다 선물을 보낸다. 그들은 수가 많아야 힘이 있다고 생각하는 것이다. 그들은 아들들에게 다섯 살부터 시작하여 스무 살 때까지 오직 세 가지, 즉 말타기와 활쏘기와 정직하게 말하기를 가르친다. 아들은 다섯 살이 되기 전에는 아버지에게 보이지 않고 여성들과 함께 지낸다. 이렇게 하는 이유는, 만일 아들이 양육 중에 죽을 경

---

121 헤로도토스는 여기서 페르시아인이 주변 종족을 평가하는 방식과 메디아인이 주변 종족을 통치하는 방식이 똑같은 것이라고 말한다. 그런데 헤로도토스는 메디아인의 통치 방식을 설명하면서 한 종족이 이웃 종족을 순서대로 다스린다고만 말할 뿐 각 종족들의 지배권이 중앙에서 멀어질수록 단계별로 차등화된다는 언급은 하지 않는다. 그렇다면 메디아인의 통치 방식과 페르시아인의 주변 종족 평가 방식이 거리에 따라 비례적으로 차별화된다고 볼 수 없으므로, 그 두 방식을 똑같은 것으로 보기는 어렵다. 만일 그 둘을 똑같다고 본 헤로도토스의 언급이 옳다면, 메디아인 지역으로부터 멀어질수록 각 종족의 지배권이 약화되었음을 의미한다. 한편, '각 종족은 나아가면서 순서대로 지배하고 관리했다'의 '각 종족'은 페르시아 왕국이 아니라 메디아 왕국의 종족들을 가리킨다. 페르시아인들은 중앙에서 총독들을 파견하여 직접 지배했다고 하기 때문이다(제3권 제89장 참조). 여기서 '관리하다'는 남을 대신하여 대리통치하는 것을 가리키며, 직접 다스린다는 뜻의 '지배하다'와는 구분된다.

우 아버지에게 슬픔을 안겨 주는 일이 없도록 하기 위해서다.

나는 이 관습이 좋다고 생각하며 다음과 같은 관습도 마음에 든다. 137
즉 왕 자신도 한 번의 죄 때문에 사람을 죽이지는 못하고, 다른 페르
시스인들 중 어느 누구도 한 번의 잘못 때문에 자기 하인들에게 치
명적 해를 입히지 못한다. 그러나 그들이 숙고한 결과 죄인의 악행이
공로보다 더 많고 더 중대하다고 판단할 경우에는 맘껏 노여움을 터
뜨릴 수 있다. 그들은 어느 누구도 결코 자신의 아버지나 어머니를
죽이지 않는다고 말한다. 그들의 말로는, 그런 일들이 일어날 때마다
조사해 보면 그 자들은 으레 몰래 바꿔친 자식이거나 혼외 자식인 것
으로 나타난다고 한다. 그들은 말하기를, 진짜 부모가 제 자식에 의
해 살해당하는 것은 있을 수 없는 일이라는 것이다.

페르시스인들은 그들이 해서는 안 되는 모든 일에 대해 말하는 것 138
도 금지되어 있다. 그들은 거짓말하는 것을 가장 수치스러운 일로 여
기고 그다음으로는 빚지는 것을 수치스럽게 여긴다. 그것에는 다른
많은 이유들도 있지만 특히 채무자란 무언가 거짓말을 할 수밖에 없
기 때문이라고 한다. 도시민 중에서 나병이나 백색증[122]에 걸린 자는
시내로 들어오지 못하고 다른 페르시스인들과 교유하지도 못한다.
그들은 말하기를, 태양에 대해 무언가 잘못을 범해서 그런 병에 걸린
것이라고 한다. 많은 사람들은 그런 병에 걸린 외국인을 모두 나라
밖으로 추방하고 또 흰 비둘기들도 똑같은 이유를 들어 내쫓는다. 그
들은 강에서 오줌을 누지도 않고 침을 뱉지도 않고 손을 씻지도 않으
며, 또한 다른 사람이 그렇게 하는 것을 내버려 두지도 않는다. 그들
은 무엇보다도 특히 강을 숭배한다.

---

122 백색증, 즉 레우케(leuke)는 일종의 피부병인데, 현재로서는 정확한 병명과
증상을 파악할 수 없다. 다만 그리스어 '레우코스'(leukos)가 흰색을 뜻하
므로 흰색의 증상이 나타나는 피부병이었을 것으로 추정된다. 아리스토텔
레스에 따르면, 백색증은 가벼운 증상의 나병이었던 것 같다.

139   페르시스인들에게 흔히 나타나는 또 다른 관행은 다음과 같다. 이는 페르시스인들 자신은 알지 못하지만 우리가 알게 된 것이다. 즉 페르시스인의 이름은 그의 신체적 특징이나 기품과 합치하는데, 이름들이 모두 똑같은 문자로 끝난다. 도리에스인은 그 문자를 산이라고 부르지만, 이오네스인은 시그마라고 부른다.[123] 자세히 조사해 보면 페르시스인의 이름들이, 일부만이 아니라 모두가 하나같이, 이 문자로 끝난다는 것을 알게 될 것이다.

140   이상은 내가 페르시스인들에 대해 확실히 알고 말할 수 있는 것들이다. 그러나 죽은 자에 관한 다음의 이야기, 즉 페르시스 남자의 시신은 새나 개가 끌고 다니며 갈기갈기 찢어 놓기 이전에는 매장되지 않는다는 이야기는 비밀스럽고 모호하게 언급된다. 나는 마고스들이 그렇게 한다는 것은 확실히 알고 있다. 그들은 공개적으로 그렇게 하기 때문이다. 그러나 사실 페르시스인들은 시신에 밀랍을 바르고 나서 땅에 매장한다. 마고스들은 다른 사람들과 크게 다르고 또 아이깁토스의 사제들과도 크게 다르다. 아이깁토스의 사제들은, 제물로 바치는 경우가 아니라면, 살아 있는 생물을 죽이는 것은 부정하다고 여기기 때문이다. 하지만 마고스들은, 개와 사람을 제외하고는, 모든 것들을 자기 손으로 죽인다. 그들은 매우 경쟁적으로 그런 일을 하는데, 개미와 뱀, 그리고 기어 다니고 날아다니는 모든 것들을 무차별적으로 죽인다.[124] 나는 이 관습에 대해서는 그것이 처음부터 그래 왔

---

123 헬라스인이 '시그마'(sigma)라고 부르는 문자는 σ 혹은 ς로 표시되는데, 그 음가는 영어의 알파벳 s와 같다. 헤로도토스는 여기서 같은 헬라스인인 도리스인들이 그 문자를 산(san)이라고 불렀다고 소개한다.

124 페르시아에서 개는 주신(主神) 아후라 마즈다(Ahura Mazda)에게 바쳐지는 신성한 동물로 여겨졌기 때문에 함부로 죽일 수 없었지만, 기어 다니는 것과 날아다니는 것들은 악의 신 아리만(Ahriman)의 창조물로 여겨져서 쉽게 죽일 수 있었다.

던 대로 놔두고,[125] 이전의 이야기로 돌아간다.

리디에인들이 페르시스인들에게 정복되자마자, 이오네스인들과 아 141
이올레스인들은 즉시 사르디에스의 키로스에게 사절들을 보내 크로
이소스에게 그랬던 것과 똑같은 조건으로 그에게 예속되기를 바란다
고 했다. 그러자 키로스는 그들이 제안하는 것을 듣고 그들에게 다음
의 이야기를 들려주었다. 그는 말하기를, 예전에 한 아울로스 연주자
가 바닷속에 물고기들이 있는 것을 보고 그 물고기들이 뭍으로 뛰어
오를 거라 생각하여 아울로스를 연주했다고 한다. 그러나 그는 자신
의 기대가 무너지자 그물을 던져 수많은 물고기를 포획해 물 밖으로
끌어 올렸고, 물고기들이 펄떡거리는 것을 보고 그것들을 향해 이렇
게 말했다 한다. "이제 춤을 멈추어라. 내가 아울로스를 연주할 때 너
희들은 나와서 춤추려 하지 않았거늘." 키로스가 이오네스인들과 아
이올레스인들에게 이 이야기를 들려준 이유는 다음과 같다. 즉 예전
에 키로스 자신이 사절들을 보내 그들더러 크로이소스에게서 이탈하
라고 요청했을 때 이오네스인들이 그에 따르지 않다가, 이제 일이 다
끝난 마당에 키로스에게 복종하겠다고 했기 때문이다. 그래서 키로
스는 화가 나서 그들에게 그렇게 말했던 것이다. 한편 이오네스인들
은 자신들의 국가들에 전해진 키로스의 답을 듣자, 각기 주위에 성벽
을 쌓고 밀레토스인을 제외한 모든 이오네스인들이 판이오니온에 집
결했다. 키로스는 이들 밀레토스인들하고만 크로이소스가 그랬던 것
과 똑같은 조건으로 협약을 맺었기 때문이다. 그래서 나머지 이오네
스인들은 스파르테에 이오네스인들을 도와 달라고 요청하는 사절들
을 보내기로 만장일치로 결정했다.

판이오니온을 점유한 이 이오네스인들은 우리가 아는 모든 인간들 142

---

125 헤로도토스는 각국의 관습을 그 자체로 존중하는 경향이 있다(제3권 제38장
참조). 여기서 헤로도토스는 페르시아 관습에 대한 서술을 마치면서 부가적
인 설명을 달지 않고 다른 이야기로 넘어가고자 한다.

가운데 가장 기후와 계절이 좋은 곳에 자신들의 국가들을 세웠다. 이들 지역보다 위쪽이나 아래쪽에 있거나 혹은 동쪽이나 서쪽에 있는 그 어느 곳도 이오니에와는 사정이 달랐는데, 어떤 곳은 추위와 습기 때문에 또 어떤 곳은 더위와 가뭄 때문에 어려움을 겪는다. 이오네스인들은 모두 동일한 언어를 쓰는 것이 아니고 네 가지 다른 방언들을 사용한다. 이들 중 맨 남쪽에 위치한 국가가 밀레토스이고 그다음으로 미우스와 프리에네가 위치해 있다. 이들은 카리에 내에 자리를 잡고 있고 그들끼리 동일한 방언을 사용한다. 또 에페소스, 콜로폰, 레베도스, 테오스, 클라조메나이, 포카이아는 리디에에 위치해 있다. 이들 국가는 앞서 언급한 방언과는 다른 말을 쓰며, 그들끼리 동일한 방언을 사용한다. 그 밖에 세 이오니에 국가가 있는데, 그중 둘은 사모스와 키오스 섬에 위치해 있고 다른 하나인 에리트라이는 육지에 위치해 있다. 지금 키오스인과 에리트라이인은 같은 방언을 사용하지만, 사모스인은 자기들만의 방언을 사용한다. 이것들이 네 가지 다른 방언이다.

143   이 이오네스인들 중에서 밀레토스인들은 키로스와 협약을 체결한 터라 두려움에서 벗어나 있었고, 그들 중 섬 주민들 역시 두려울 것이 없었다. 아직은 포이니케인들이 페르시스인에게 복속되지 않았고 페르시스인들 자신은 뱃사람들이 아니었기 때문이다. 그런데 이 이오네스인들은 다름 아닌 다음과 같은 이유 때문에 나머지 이오네스인들과 갈라져 있었다. 당시에 헬라스족은 전체가 미약한 존재였으며 그중에서도 이오네스인들이 단연 가장 미미하고 보잘것없었다. 그들에게는 아테나이 말고는 저명한 도시가 전혀 없었기 때문이다. 그 밖의 이오네스인들과 아테나이인은 이오네스인으로 불리기를 원하지 않아 그 이름을 기피했다. 내가 보기에는 지금도 그들 중 대부분이 그 이름을 수치스럽게 여기는 것 같다. 그러나 이들 12개 국가는 그 이름을 찬양하고 그들 스스로 성소를 세웠으며, 그곳을 판이오니온이라고 이름 지었다. 그들은 그 밖의 이오네스인들에게는 그 성

소를 함께 쓰지 못하게 하기로 결정했다. 하지만 스미르네인들을 제외하고는 아무도 그곳을 함께 쓰겠다고 요청하지 않았다.

이와 마찬가지로 지금 펜타폴리스 지역—이 지역은 예전에 헥사폴리스[126] 지역으로 불렸다—의 도리에스인들도 이웃에 사는 도리에스인들 중 누구도 트리오피온 신전에 들어가지 못하게 했고 또 그들 자신 중에서도 신전에 부당한 짓을 저지른 자들에게는 신전을 함께 쓰지 못하게 막았다. 그들은 옛날에 트리오피온 아폴론을 기리는 경기에서 우승한 자들에게 청동 삼족의자를 수여했는데, 삼족의자를 받은 자들은 그것을 신전 밖으로 가져가면 안 되고 그곳에서 신에게 봉헌하게 되어 있었다. 그런데 한번은 아가시클레에스라고 불리는 할리카르네소스인이 우승한 후, 규범을 어기고 삼족의자를 자신의 집으로 가져가 단단히 매달아 놓았다. 이런 이유 때문에 5국 즉 린도스, 이엘리소스, 카메이로스, 코스, 크니도스는 여섯 번째 국가인 할리카르네소스가 신전을 쓰지 못하게 막았다. 그들은 그때 할리카르네소스인들에게 이런 처벌을 내렸던 것이다.

이오네스인들이 12개 국가를 만들고 그 이상은 받아들이려고 하지 않았던 이유는, 내가 생각하기에, 이러하다. 즉 그들이 펠로폰네소스에 거주할 당시 그들 가운데 12개 지역이 존재했는데, 이는 이오네스인들을 쫓아냈던 아카이에인들[127]이 현재 12개 지역으로 나뉘어 있는

144

145

---

126 펜타폴리스는 5개의 폴리스 즉 5국(國)을 의미하고, 헥사폴리스는 6국을 의미한다.

127 헤로도토스는 '아카이오이'(Achaioi), 즉 '아카이에인들'을 세 의미로 사용한다. 하나는 펠레폰네소스 북부 아카이에 지역의 주민들을 일컫고, 하나는 테살리아 프티오티스의 아카이에인들, 또 하나는 그리스인을 뜻하는 명칭으로서의 아카이에인을 일컫는다. 이 중 프티오티스의 아카이에인에 대한 언급은 제7권 일부에 나오고(제132장, 제173장, 제185장, 제196~98장), 그리스인을 뜻하는 명칭으로는 특히 호메로스 서사시에서 자주 사용하는데 헤로도토스에게서는 제2권 제120장에서 한 번 언급된다. 헤로도토스가 그

것과 흡사하다. 아카이에인들의 12개 지역은, 시키온에서 가장 가까운 펠레네, 그다음의 아이게이라, 아이가이 — 이곳에는 쉬임없이 흐르는 크라티스 강이 있으며, 이탈리에의 크라티스 강은 이 강에서 이름을 딴 것이다 —, 부라, 헬리케 — 이곳은 이오네스인들이 아카이에인들과 벌인 전투에서 패한 후 도피해 간 곳이다 —, 아이기온, 리페스, 파트레스, 파레스, 올레노스 — 이곳에는 페이로스라고 하는 큰 강이 흐른다 —, 디메, 그리고 이들 중 유일하게 내륙에 거주하는 트리타이에스다. 이들 12개 지역은 지금 아카이에인들의 것이지만, 그때는 이오네스인들의 것이었다.

146   바로 이런 이유 때문에 이오네스인들은 12개 국가를 만들었다. 이들 이오네스인이 그 밖의 이오네스인들보다 더 순수한 이오네스인이거나 더 고귀한 태생이기 때문에 그랬다고 주장하는 것은 참으로 어리석은 일이다. 그들의 적지 않은 성원들이 에우보이아 출신의 아반테스인들[128]인데, 이들은 이오네스인이라는 이름에 끼지 못하는 자들이다. 또한 오르코메노스의 미니아인, 카드모스 후손들, 드리오피스인, 포키스 이탈자들, 몰로소이인, 아르카디에의 펠라스기에인, 에피다우로스의 도리에스인들이 그들과 섞여 있고 그 밖의 많은 종족들도 함께 섞여 있다. 그들 중에는 아테나이의 공회당[129]에서 출발하고 자신들이 이오네스인들 가운데 가장 고귀한 태생이라고 생각하던 자

━━━━ ▅▅

밖의 다른 대목에서 언급한 아카이에인들은 펠레폰네소스의 아카이에 주민들을 가리킨다.

128 아반테스(Abantes)인들은 트라키아인들로, 포키스의 아바이에서 에우보이아로 이주해 왔다고 한다.

129 '프리타네이온'(prytaneion)을 번역한 말. 아테네의 프리타네이온은 500인 협의회 상임위원들인 프리타니스(prytanis)들이 머물며 업무를 보던 관청으로 아고라에 있었다. 그곳에는 꺼지지 않는 국가의 화로가 놓여 있었는데, 식민자들이 해외로 식민을 나갈 경우에는 이곳에 있는 모시(母市)의 화로에서 불을 채취해 나갔다고 한다.

들이 있었는데, 이들은 식민시에 아내들을 함께 데려오지 않고 자신들에게 부모가 살해된 카리에 여자들을 아내로 취했다. 바로 이 살육 때문에 이 여자들은 자신들의 남편과 함께 식사도 하지 않고 남편의 이름을 부르지도 않겠다는 규약을 만들어 자신들 스스로 맹세했으며 이를 딸들에게도 전해 주었다. 이는 그 남편들이 그녀들의 아버지와 남편, 자식들을 살해했고 그렇게 한 후 그녀들과 함께 혼인해 살았기 때문이다.

이것은 밀레토스에서 일어난 일이었다. 이들 이오네스인 중에서 일부는 히폴로코스의 아들 글라우코스의 후손들인 리키에인들을 왕으로 세웠고, 일부는 멜란토스의 아들 코드로스의 후손들인 필로스의 카우코네스인들을, 또 일부는 이들 양쪽을 모두 왕으로 세웠다. 그러나 어쨌든 그들이 다른 이오네스인들보다는 그 명칭을 더욱 애호하는지라, 그들이 순수한 태생의 이오네스인이라고 해 두자. 그렇지만 아테나이인의 후손이고 아파투리아 제전[130]을 거행하는 자들은 모두 이오네스인이다. 그들은 에페소스인과 콜로폰인을 제외하곤 모두 그 제전을 거행한다. 이오네스인들 가운데 이들만이 아파투리아 제전을 거행하지 않는데, 이들은 한 살인 사건을 구실로 그리하고 있다.

판이오니온은 미칼레의 성역으로 북쪽을 향해 있고, 이오네스인들이 공동의 합의하에 헬리케의 포세이데온에게 바친 곳이다. 미칼레는 서쪽으로 사모스의 맞은편에까지 뻗어 있는, 육지의 곶이다. 이오네스인들은 각자의 국가들로부터 이곳으로 와서 함께 모여 그들이 판이오니아라고 부르는 제전을 거행하곤 했다. [이오네스인의 제전들만이 이런 것은 아니고 전체 헬라스인들의 모든 제전 이름들도, 마

147

148

---

130 아파투리아 제전은 아테네와 이오니아의 국가들에서 거행되던 제전으로 각 프라트리아(종족)별로 진행되었다. 그해에 처음 성년이 된 시민들은 이 제전에서 프라트리아의 구성원으로 공식적인 승인을 받았다.

치 페르시스인의 이름들이 그런 것처럼, 똑같이 동일한 문자로 끝난다.]**131**

149   이상은 이오네스인의 국가들이고, 다음은 아이올레스인의 국가들인데 프리코니스라 불리는 키메, 레리사이, 네온테이코스, 템노스, 킬라, 노티온, 아이기로에사, 피타네, 아이가이아이, 미리나, 그리네이아가 그것들이다. 이들은 아이올레스인의 오랜 국가들로 모두 11개다. 그들 중 하나였던 스미르네가 이오네스인들에 의해 떨어져 나갔기 때문이다. 이 육지의 국가들도 원래 12개였던 것이다. 이들 아이올레스인들은 이오네스인들보다 더 비옥한 땅에 정착했지만 기후는 그들만큼 좋지가 않았다.

150   아이올레스인들이 스미르네를 잃게 된 내력은 다음과 같다. 일부 콜로폰인들이 내분에서 패해 자신들의 조국에서 추방되었는데, 스미르네인들이 그들을 받아 주었다. 그런데 그 후 이들 콜로폰 추방자들은 스미르네인들이 성벽 밖에서 디오니소스 제전을 거행할 때를 기다렸다가 성문을 닫아걸고 도시를 차지해 버렸다. 이에 모든 아이올레스인들이 스미르네를 도우러 왔고 결국은 협약이 체결되어, 이오네스인들이 아이올레스인들에게 동산(動産) 재물을 넘겨주면 아이올레스인들이 스미르네를 떠나기로 했다. 그래서 스미르네인들이 그렇게 한 후, 11개 국가들은 그들을 분담하여 각기 자신들의 시민으로 삼았다.

151   이들 국가는, 이데 산에 자리 잡은 국가들을 제외한, 육지에 있는 아이올레스인 국가들이다. 이데 산의 국가들은 따로 분리되어 있기

---

131 슈타인은 이 대목이 헤로도토스의 원래 텍스트에 해당하지 않는다고 보아서 [ ] 표시를 했다. [ ] 안은 본문의 맥락과 어울리지 않기 때문에 흔히 후대 주석가들이 가미한 대목으로 간주된다. 여기서는 페르시아인들의 이름이 그리스 문자 시그마로 끝나는 것처럼(제1권 제139장 참조), 그리스인들의 제전 이름도 모두 그리스 문자 알파(α)로 끝난다는 것을 설명하고 있다.

때문이다. 한편 섬에 사는 아이올레스인들로는, 레스보스에 다섯 개 국가가 위치해 있으며(레스보스에 있던 여섯 번째 국가인 아리스바는 동족인 메튐나인에게 예속되고 말았다), 테네도스에 하나의 국가가 있고 이른바 '백도'(百島)[132]에도 또 하나의 국가가 있다. 그때 레스보스인들과 테네도스인들은 섬에 사는 이오네스인들과 마찬가지로 두려울 것이 없었다. 그러나 나머지 아이올레스 국가들은 공동으로 합의하여, 이오네스인들이 이끄는 대로 기꺼이 그들을 따르기로 했다.

이오네스인과 아이올레스인의 사절들이 스파르테에 도착했을 152 때―이 일은 정말 신속하게 진행되었다―, 그들은 피테르모스라는 이름의 포카이아인을 선택해 그가 전체를 대표하여 연설하도록 했다. 그는 되도록 많은 스파르테인들이 모여 자신의 연설을 듣게 하려고 진홍색 옷을 두르고 나타나, 그들 앞에 서서 장황한 연설로 자신들을 도와 달라고 요청했다. 그러나 라케다이몬인들은 그의 말을 귀담아 듣지 않았고 결국 이오네스인을 돕지 않기로 결정했다. 이에 이오네스인들은 그곳을 떠났다. 그러나 라케다이몬인들은 그들이 이오네스인 사절들을 퇴짜 놓았음에도 불구하고 오십노선에 사람들을 실어 파견했는데, 내가 생각하기에, 이는 키로스와 이오니에의 사정을 면밀히 살피기 위해서였던 것 같다. 이들은 포카이아에 도착하자 자신들 가운데 가장 명망이 높은 라크리네스라는 자를 사르디에스로 보내 키로스에게 라케다이몬인들의 결의를 고지하게 했는데, 즉 라케다이몬인들이 방관하지 않을 테니 헬라스 땅의 어떤 국가도 파괴하지 말라고 했던 것이다.

그 사절이 이렇게 말하자, 키로스는 자신의 곁에 임석해 있던 헬라 153 스인들에게 라케다이몬인들이 도대체 어떤 자들이고 또 그 수가 얼

---

132 헤카톤 네소이(hekaton nesoi), 즉 '백 개의 섬들'인 '백도'는 레스보스와 육지 사이에 있는 수많은 작은 섬들을 가리키는데, 이 섬들의 주민은 하나의 국가로 통합되어 있었다.

마나 되기에 자신에게 이런 말을 통지하느냐고 물었다고 한다. 그는 대답을 듣고 나서, 스파르테 사절에게 이렇게 말했다고 한다. "나는 사람들이 모여 맹세를 하면서도 서로를 속이는 장소를 도시 한가운데에 따로 두는 그러한 자들을 결코 두려워해 본 적이 없소. 내가 건강을 유지한다면, 이들이 이오네스인의 불행이 아니라 그들 자신의 불행을 이야깃거리로 삼게 해 주겠소." 키로스가 내던진 이 말은 헬라스인 전체를 겨냥한 것이었는데, 헬라스인들은 시장을 세워 거기서 물건을 사고팔기 때문이다. 페르시스인들 자신은 관행상 시장을 이용하지도 않고 아예 시장이라는 것을 갖고 있지도 않다. 그 후 키로스는 사르디에스를 페르시스인 타발로스에게 맡기고 크로이소스와 다른 리디에인들의 황금은 리디에인 팍티에스에게 운반하도록 한 다음, 자신은 크로이소스를 대동하고 악바타나로 떠났다. 그는 처음에 이오네스인을 전혀 안중에 두지 않았다. 당시 그에게는 바빌론과 박트리에족, 사카이인, 아이깁토스인이 장애가 되었기 때문이다. 그는 이들에 대해서는 자신이 직접 군대를 이끌고, 이오네스인에 대해서는 다른 장군을 보낼 작정이었다.

154 그러나 키로스가 사르디에스를 떠나자, 팍티에스는 리디에인들을 부추겨 타발로스와 키로스에게 반란을 일으키도록 했다. 그는 해안으로 내려가서, 사르디에스의 모든 황금이 자신에게 있었는지라, 용병을 고용했으며, 해안 사람들에게 자신과 함께 진군하자고 설득했다. 그리고 나서 그는 사르디에스로 진격하여 타발로스를 아크로폴리스에 몰아넣고 포위해서 공격했다.

155 키로스는 진군 도중에 이 소식을 듣고 크로이소스에게 이렇게 말했다. "크로이소스여, 내가 이 일에서 어떤 결말을 보게 되겠소? 아무래도 리디에인들은 앞으로도 끊임없이 나에게 말썽을 일으키고 그들 자신도 계속 곤란을 겪을 것 같소. 나는 그들을 노예로 삼는 것이 가장 좋지 않을까 생각하오. 내가 보기엔 지금 내가 아버지를 죽이고 그 자식들은 살려준 자와 똑같은 행동을 한 것 같으니 말이오. 나 역

시 리디에인들에게 단연 아버지 이상의 존재였던 그대를 잡아가면서
도 도시는 리디에인들 자신에게 넘겨주었는데, 그런 후에 그들이 나
에게 반란을 일으켰다고 하니 놀라울 뿐이오." 키로스가 그렇게 자신
의 생각을 말했다. 그러나 크로이소스는 그가 사르디에스를 파멸시
키지 않을까 우려하여 다음처럼 대답했다. "전하, 전하의 말씀이 지
당하십니다. 하지만 진노를 가라앉히시고, 이전의 분란이나 지금의
분란에 대해 아무런 잘못이 없는 유서 깊은 도시를 파괴하지 마시옵
소서. 이전의 분란은 제가 저지른 일이니 제가 그 죗값을 치르는 것
입니다. 그러나 이번 분란에 대해 잘못을 저지른 자는 전하께서 사르
디에스를 맡기신 팍티에스이므로, 정녕 이 자가 벌을 받도록 하시옵
소서. 부디 리디에인들을 용서해 주시고, 이제 그들이 반란을 일으키
거나 전하께 위협을 주는 일이 없도록 그들에게 다음과 같이 명하시
옵소서. 즉 그들에게 지령을 보내 전쟁 무기를 지니지 못하도록 금하
시고, 그들이 겉옷 안에 키톤을 받쳐 입고 발에 장화를 신으라고 명
하시옵소서. 또 그들 자신은 키타레와 리라를 연주하고, 아들들에게
는 소매상 일을 가르치라고 명하시옵소서. 전하, 그러면 곧 전하께서
는 그들이 남성이 아니라 여성처럼 되는 것을 보시게 되고, 따라서
이제 그들이 반란을 일으켜 전하께 위협을 주는 일은 없을 것입니다."

　크로이소스는 키로스에게 그런 조언을 했는데, 리디아인으로서는 156
그렇게 하는 편이 노예가 되어 팔려 가는 것보다 더 낫다고 보았기
때문이다. 크로이소스는 자신이 만일 적절한 해명을 제시하지 못할
경우에는 키로스의 마음을 바꾸도록 설득할 수 없음을 알고 있었고,
또 리디에인들이 이번 곤경을 모면한다 해도 나중에 다시 페르시스
인들에게 반란을 일으켜 파멸되지나 않을까 우려했던 것이다. 키로
스는 그 조언에 기뻐했고, 분노를 누그러뜨리며 조언에 따르겠다고
말했다. 그는 메디아인 마자레스를 불러 크로이소스가 조언한 내용
을 리디에인들에게 포고하라고 명했으며, 또 리디에인들과 함께 사
르디에스를 공격한 다른 자들을 모두 노예로 만들고 팍티에스 자신

은 어떻게든 산 채로 잡아 자기에게 데려오라고 명했다.

157   키로스는 진군 도중에 이렇게 지시한 후에 페르시스인들의 본국[133]으로 행군해 갔다. 한편 팍티에스는 자신을 향해 오는 군대가 가까이 다가왔다는 말을 듣고 두려워서 키메로 피신해 달아났다. 메디아인 마자레스는 당시 자신이 맡고 있던 일단의 키로스 군대를 데리고 사르디에스로 진격했으나 팍티에스 무리가 이제 사르디에스에 없다는 것을 알자, 우선 리디에인들을 강요하여 키로스의 명령을 이행하도록 했다. 그의 명령으로 인해 리디에인들은 자신들의 모든 생활 방식을 바꾸었다. 그다음에 마자레스는 키메에 사절을 보내 팍티에스를 넘겨 달라고 요구했다. 그러자 키메인들은 브랑키다이의 신[134]에게 조언을 구하기로 결정했다. 그곳에는 오래전에 건립된 신탁소가 있었는데, 모든 이오네스인들과 아이올레스인들이 늘상 그곳에서 신탁을 묻곤 했던 것이다. 이곳은 판오르모스 항구 위편의, 밀레토스 영내에 있다.

158   키메인들은 브랑키다이로 신탁 사절들을 보내, 팍티에스에 대해 어떻게 해야 신들의 마음에 들겠는지를 물었다. 그들이 이렇게 물은 데 대해 팍티에스를 페르시스인들에게 인도하라는 신탁이 내려졌다. 키메인들은 자신들에게 전해진 신탁을 듣고서 팍티에스를 인도하려고 했다. 그런데 그들의 다수가 그러려고 했음에도, 시민들 간에 명망이 높던, 헤라클레이데스의 아들 아리스토디코스는 키메인들이 그러지 못하게 제지했다. 그는 그 신탁을 믿지 않았으며 신탁 사절들이 참말을 한 것이 아니라고 생각했다. 그래서 결국 또 다른 신탁 사절들이 팍티에스에 대해 재차 물으러 갔는데, 그중에는 아리스토디코

---

133 '페르시스인들의 본국'이란 페르시아인들의 원래 거주지이자 제국의 중심부인 페르시아 지역을 가리킨다.

134 아폴론. 밀레토스의 브랑키다이(Branchidai)에는 아폴론의 신탁소가 있었다(제2권 제159장 참조).

스도 끼어 있었다.

그들이 브랑키다이에 도착했을때, 그들을 대표하여 아리스토디코
스가 다음처럼 물으며 신탁을 구했다. "오 주여, 리디에인 팍티에스
가 페르시스인들에 의한 폭력적인 죽음을 피해 탄원자로서 저희를
찾아왔습니다. 페르시스인들은 우리 키메인들에게 그를 내놓으라고
명하면서 그를 요구하고 있습니다. 하지만 저희는, 페르시스인들의
세력이 두렵긴 하지만, 저희가 둘 중에서 어떤 것을 행해야 할지를
당신께서 명확하게 밝히실 때까지 지금껏 탄원자인 그를 감히 인도
하려고 하지 않았습니다." 아리스토디코스가 이렇게 묻자 신은 다시
그들에게 똑같은 신탁을 내려, 팍티에스를 페르시스인들에게 인도하
라고 지시했다. 이에 대해 아리스토디코스는 의도적으로 다음과 같
은 일을 저질렀다. 즉 그는 신전 주위를 빙빙 돌며 신전 안에 둥지를
틀고 살던 참새들과 다른 새들의 무리를 모두 내쫓았다. 그가 그러고
있을 때, 지성소 안으로부터 아리스토디코스를 향해 웬 목소리가 들
려왔는데, 그 말은 이러했다고 한다. "인간들 중에서 가장 불경한 자
여, 어찌 감히 이런 짓을 하는가? 그대는 나의 탄원자들을 내 신전에
서 빼내려는가?" 이에 아리스토디코스는 당황하지 않고 말했다고 한
다. "주여, 당신께서는 당신의 탄원자들을 이렇게 도와주시면서, 키
메인들에게는 그들의 탄원자를 인도하라고 명하십니까?" 그러자 신
은 다시 그에게 대답했다고 한다. "그래, 내가 그대들에게 그리 명하
는 것은 그대들이 불경을 저지르고 더 일찍 멸망하여 이후로는 다
시 탄원자들의 인도에 관한 신탁을 물으러 오지 못하게 하려는 것이
니라."

키메인들은 자신들에게 전해진 신탁을 듣자, 팍티에스를 미틸레네
로 보냈다. 그들은 그를 인도함으로써 자신들이 멸망하는 것도 원치
않았고, 또 자신들이 그를 데리고 있다가 페르시스인들에게 포위당
하는 것도 원치 않았기 때문이다. 미틸레네인들은 마자레스가 팍티
에스를 넘기라는 전갈을 보내자, 얼마간의 대가를 받고 그를 넘길 작

정이었다. 나는 그 대가가 얼마나 되었는지 정확하게 말할 수 없다. 그것은 성사되지 않았기 때문이다. 키메인들은 미틸레네인들이 그런 일을 하고 있다는 것을 알고서, 레스보스로 배 한 척을 보내 팍티에스를 키오스로 옮겼던 것이다. 하지만 거기서 그는 키오스인들에 의해 국가 수호신 아테나이에의 신전에서 끌려나와 인도되고 말았다. 이때 키오스인들은 아타르네우스를 대가로 받고 그를 인도했다. 아타르네우스는 레스보스의 맞은편인 미시에 땅에 있는 곳이다. 페르시스인들은 팍티에스를 인도받은 후, 그를 키로스에게 보여 주기 위해 잘 감시했다. 한편 그 후 오랫동안 키오스인들은 이 아타르네우스에서 거둔 보리 알갱이들을 어떤 신에게든 제물로 쓰지 않았고[135] 거기서 자란 곡물로는 과자 제물을 만들지 않았다. 이곳에서 생겨난 모든 것들은 어떤 제식에서건 다 배제되었던 것이다.

161   키오스인들은 그때 팍티에스를 인도했다. 그 후 마자레스는 타발로스 포위 공격에 가담했던 자들을 공격하여, 한편으로는 프리에네인들을 노예로 삼았고 또 한편으로는 마이안드로스 평원 전역을 휩쓸고 다니며 자신의 군대에 그곳을 약탈하도록 했으며 마그네시에에 대해서도 똑같은 짓을 했다. 그 후 곧 마자레스는 병으로 죽었다.

162   마자레스가 죽은 후 하르파고스가 후임 지휘관으로 내려왔는데, 그 역시 메디아 태생이었다. 그는 메디아 왕 아스티아게스에게서 도리에 어긋난 식사를 대접받았으며 키로스가 왕이 되도록 도움을 주었던 바로 그 하르파고스였다. 이 하르파고스는 그때 키로스에 의해 장군으로 임명되었는데, 이오니에에 도착하자 흙보루들을 세워 도시들을 점령했다. 그는 주민들을 성안으로 몰아 가둔 후에 성벽들에 맞

---

135 그리스인들은 제사 의식을 처음 시작할 때 손을 씻고 보리 알갱이들을 제단이나 동물 제물의 머리에 뿌렸다고 한다. 아타르네우스에서 거둔 보리는 부정한 행위를 통해 얻은 산물이었기 때문에 신성한 제사 의식에 사용되지 못했다.

대어 흙보루들을 쌓아 올려 도시들을 함락시키곤 했던 것이다.

그는 이오니에에서 맨 먼저 포카이아를 공격했다. 이들 포카이아 163
인은 헬라스인들 중에서 최초로 장거리 항해를 했던 자들이고, 아드
리에스 해[136]와 티르세니에, 이베리에, 타르테소스[137]를 처음 알린 것
도 이들이다. 이들은 항해할 때 선체가 둥근 배를 타지 않고 오십노
선을 이용했다.[138] 그들은 타르테소스에 도착해서 아르간토니오스라
불리는 타르테소스인의 왕과 친한 사이가 되었는데, 그는 타르테소
스를 80년 동안 통치했고 120세의 수(壽)를 누렸다. 포카이아인들이
이 왕과 아주 가까워지자, 처음에 그는 그들에게 이오니에를 떠나 자
신의 나라에서 어디든 원하는 곳에 정착해 살라고 권유했다. 그러나
그 후 포카이아인들을 상대로 그러한 설득이 무산되자, 그는 그들에
게서 메디아인들의 세력이 커지고 있다는 말을 듣고 그들에게 도시
주위에 성벽을 쌓도록 돈을 주었다. 이때 그는 아낌없이 큰돈을 주었
다. 성벽 둘레가 수 스타디온이나 되고 또 성벽 전체가 거대한 돌로
잘 짜 맞추어져 있기 때문이다.

포카이아인의 성벽은 그런 식으로 완공되었다. 한편 하르파고스는 164

---

136 오늘날의 아드리아(Adria) 해.

137 오늘날 에스파냐의 남부 지역. 후일 타르테소스는 헤로도토스가 가데이라
(Gadeira)라고 부른(제4권 제8장 참조) 가데스(Gades)와 동일시되기도
했다.

138 선체가 둥근 배는 상선을 가리킨다. 오십노선은 배의 양쪽에 노가 25개씩
달린 배인데, 상선에 비해 중량이 가볍고 기동성이 좋아 전쟁이나 약탈 행
위에 자주 이용되었다. 따라서 포카이아인들이 상선이 아니라 오십노선을
이용했다는 것은 그들이 상인보다는 정복자나 해적으로 활동했음을 암시한
다. 오십노선은 노가 1단으로 된 것인데, 나중에 배의 속도를 높이기 위해
노가 늘어나면서 노를 2단 혹은 3단으로 장착한 이단노선 혹은 삼단노선이
등장했다. 이단노선은 기원전 8세기 말에 등장하고 삼단노선은 기원전 6세
기에 등장하는데, 헤로도토스 시대의 그리스에서는 삼단노선이 일반적으로
사용되었다. 삼단노선의 노는 대개 170개 정도였다.

군대를 진격시켜 포카이아인들을 포위 공격 했다. 그는 포카이아인들에게 제안하기를, 만일 그들이 성벽 중에서 성가퀴를 한 군데 무너뜨리고 집을 한 채만이라도 바칠 의향이 있다면 자신은 그것으로 만족할 것이라고 말했다. 그러나 포카이아인들은 자신들이 예속되는 것에 번민하며, 하루 동안 협의를 한 후에 대답을 주겠노라고 말했다. 또 자신들이 협의하는 동안 성벽에서 군대를 철수하여 달라고 그에게 요청했다. 이에 하르파고스는 말하기를, 자신은 그들이 무엇을 하려고 하는지 잘 알고 있지만 그래도 그들이 협의하도록 허용하겠다고 했다. 그리하여 하르파고스가 군대를 성벽에서 철수한 바로 그 동안에 포카이아인들은 오십노선들을 바다로 끌고 가 그것들에 자신들의 자식들과 여자들과 모든 동산 재물들을 실었고, 그 외에도 신전들의 조각상들과, 여타 봉헌물들을 청동이나 돌 혹은 그림으로 된 것을 빼곤 모두 실었다. 그러고는 그들 자신도 승선하여 키오스로 항해했다. 이에 페르시스인들은 사람들이 아무도 없는 포카이아를 점령했다.

165   포카이아인들은 오이누사이라고 불리는 섬들을 키오스인들에게서 사려고 했지만, 키오스인들은 그 섬들이 이후에 무역지가 되고 그로 인해 자신들의 섬이 무역에서 배제되지 않을까 우려해서 섬들을 그들에게 팔려고 하지 않았다. 그러자 포카이아인들은 키르노스[139]로 출항할 준비를 했다. 그들은 그보다 20년 전에 신탁에 따라 키르노스에 알랄리에라는 이름의 도시를 건설해 놓았던 것이다. 아르간토니오스는 그때 이미 죽고 없었다. 그들은 키르노스로 출항할 즈음 우선 포카이아로 항해하여, 하르파고스에게서 도시를 넘겨받아 지키고 있던 페르시스인들의 수비대를 학살했다. 그 일을 마친 후에는, 그들 중에서 키르노스로 항해하지 않고 남은 자에게 모두 큰 저주를 내렸

---

139 코르시카 섬.

다. 그뿐 아니라 그들은 쇳덩어리를 하나 바다에 가라앉히고, 그 쇳덩어리가 다시 떠오르기 전에는 포카이아에 돌아오지 않겠다고 맹세했다. 그런데 그들이 키르노스로 출항 준비를 하는 동안에, 시민들 중 절반 이상이 자신들의 도시와 그곳의 익숙한 생활에 대한 그리움과 애틋함에 젖어 맹세를 저버리고 포카이아로 되돌아갔다. 그러나 그들 중 맹세를 지킨 자들은 오이누사이에서 돛을 올리고 출항했다.

그들은 키르노스에 도착하자 자기네보다 먼저 와서 살던 자들과 166 함께 공동으로 5년 동안 거주했으며 그곳에 성소들도 건립했다. 그런데 그들이 늘상 모든 이웃 주민들을 공격하여 약탈하곤 했기 때문에, 티르세니에인들과 카르케돈[140]인들이 서로 연합하여 각기 60척의 배를 거느리고 그들을 공격했다. 이에 포카이아인들 자신도 그 수가 60척에 이르는 함대에 병력을 갖추고 사르도니온 해[141]로 불리는 곳에서 적과 맞섰다. 그들은 교전을 벌였고 결국 해전에서 포카이아인들이 일종의 '카드메이아 승리'[142]를 거두었다. 그들의 배 40척이 파

---

140 카르케돈(Karchedon)은 카르타고를 가리킨다.

141 오늘날의 사르디니아 섬 서쪽 바다.

142 '카드메이아(Kadmeia) 승리'는 승자도 패자와 다름없는 큰 희생을 치른 승리를 말한다. '카드메이아 승리'라는 말의 유래는 두 가지로 설명된다. 하나는 카드모스의 테바이 건국 일화와 연관된 것이고, 다른 하나는 카드모스의 후손인 폴리네이케스와 에테오클레스의 테바이 왕권 쟁탈전과 연관된 것이다. 테바이를 건국할 때 카드모스가 죽인 큰 뱀의 이빨들에서 많은 전사들이 태어났는데 그들은 서로 전투를 벌여 최후의 다섯 명이 남을 때까지 싸웠다고 한다. 즉 최후의 다섯 명은 승리를 거두고 테바이인의 조상이 되었지만, 그들의 동료 대부분은 전사했던 것이다. 또 폴리네이케스와 에테오클레스의 왕권 쟁탈전에서는 당시 테바이 왕 에테오클레스가 폴리네이케스의 테바이 공격을 막아냈지만 전투 중에 폴리네이케스와 에테오클레스가 모두 사망했다고 한다. 즉 에테오클레스 측이 승리했지만 승리한 측 역시 에테오클레스의 사망이라는 큰 희생을 치렀던 것이다. 여기서 '카드메이아'는 '카드모스'의 형용사이므로, '카드메이아 승리'는 '카드모스의 승리' 혹은 '카드모스 후손(즉 테바이인)의 승리'를 일컫는다.

괴되었고 남은 20척도 무용지물이 되었던 것이다. 이 배들의 앞머리 충각(衝角)이 구부러져 훼손되었기 때문이다. 그래서 그들은 알랄리에로 배를 돌려 자신들의 자식과 여자들, 그리고 자신들의 배가 나를 수 있는 다른 재물들을 모두 배에 실었고, 그런 후에 키르노스를 떠나 레기온으로 항해했다.

167   한편 카르케돈인들과 티르세니에인들은 파손된 포카이아 배들의 선원들을 [제비뽑기로 나눠 가졌는데, 티르세니에인들 중의 아길라이오이인들이] 단연 가장 많은 인원을 배당받았다.[143] 아길라이오이인[144]들은 이들을 데리고 나가 돌로 쳐 죽였다. 그런데 그 후 아길라이오이인들에게는 양 떼든 운송용 동물이든 사람이든 간에 돌에 맞아 죽은 포카이아인들이 묻혀 있는 데를 지나면 모두 하나같이 몸이 뒤틀리고 불구가 되고 마비되는 일이 일어났다. 그러자 아길라이오이인들은 자신들이 지은 죄에 대해 보상하려고 델포이에 사람을 보냈다. 피티에 여사제는 그들에게 어떤 일을 시행하도록 지시했는데, 아길라이오이인들은 지금도 여전히 이를 이행하고 있다. 그들은 죽은 포카이아인들을 위해 성대하게 제사를 지내고 육상 경기와 전차 경주를 거행하고 있는 것이다. 포카이아인들 중에서 이들은 그러한 운명을 맞이했지만, 그들 중 레기온으로 도망간 자들은 그곳을 거점으로 하여 오이노트리에[145] 땅에 지금 히엘레[146]라 불리는 도시를 세웠다. 그들이 이 도시를 건설한 것은 피티에 여사제가 신탁에서 그들에게 세우라고 한 키르노스가 키르노스 섬이 아니고 영웅 키르노스[147]

─────────

143   [ ] 안은 슈타인이 추정하여 삽입한 대목이다.
144   에트루리아 남부의 주민들. 그들의 도시는 나중에 카에레(Caere)라고 불렸다.
145   이탈리아 남부에 위치한 지역.
146   후일의 엘레아(Elea).
147   영웅 키르노스는 헤라클레스의 아들이다. 영웅 키르노스를 세운다는 말은

라는 것을 어느 포세이도니아인에게 듣고서였다.

이오니에의 포카이아인들에게 일어난 일은 이러했고, 한편 테오스 168
인들도 포카이아인들과 비슷하게 행동했다. 하르파고스가 흙보루들
을 쌓아 그들의 성곽을 점령하자, 테오스인들은 모두 배를 타고 트레
이케로 출항하여 그곳에 압데라 시를 세웠던 것이다. 사실 그들 이전
에 클라조메나이인 티메시오스가 그곳에 도시를 세운 바 있었지만
일이 잘되지 않아 트레이케인들에게 쫓겨나고 말았다. 하지만 그는
지금 압데라의 테오스인들에게 영웅으로 추앙받고 있다.

이오네스인들 중에서 예속되는 것을 참지 못하고 조국을 떠난 것 169
은 포카이아인들과 테오스인들뿐이었다. 반면에 나머지 이오네스인
들은, 밀레토스인을 제외하곤, 조국을 떠난 자들과 마찬가지로 하르
파고스와 전쟁을 벌였고 용감하게 행동하여 각자 자신의 나라를 위
해 싸웠지만, 전쟁에서 패해 점령당하자 각자의 나라에 그대로 남아
시키는 대로 했다. 한편 밀레토스인들은, 내가 앞서 언급한 것처럼,
키로스 자신과 협약을 맺은 터라서 평온함을 누렸다. 이렇게 하여 이
오니에는 두 번째로 예속되었다.[148] 그런데 하르파고스가 육지의 이
오네스인들을 장악하자, 섬에 사는 이오네스인들은 자신들도 똑같이
될까 두려워 키로스에게 스스로 항복했다.

이오네스인들은 이런 아픔을 겪었음에도 판이오니온에 함께 모였 170
는데, 내가 듣기로는, 이때 프리에네인 비아스가 그들에게 대단히 유
익한 의견을 제시했다고 한다. 만일 그들이 그 의견에 따랐더라면 헬
라스인들 중에서 가장 크게 번성할 수 있었을 것이다. 그는 이오네스
인들에게 공동으로 출범(出帆)하여 사르도[149]로 가서 그곳에 모든 이

영웅 키르노스에 대한 숭배 제식을 수립함을 가리킨다.

148 이오니아를 최초로 예속시킨 사람은 리디아의 크로이소스다. 제1권 제28장
참조.

149 사르도(Sardo)는 오늘날의 이탈리아 사르데냐(Sardegna) 섬이다.

오네스인의 도시를 하나 세우라고 제안했던 것이다. 그렇게 하면 그들이 모든 섬들 중 최대의 섬[150]에 살면서 다른 사람들을 지배하고 그들 자신은 예속에서 벗어나 번성하리라는 것이었다. 하지만 그들이 이오니에에 머물면 앞으로 자유를 누리지 못할 것으로 보인다고 했다. 이는 이오네스인들이 이미 패배한 뒤에 프리에네인 비아스가 제시한 의견이었다. 한편 이오니에가 패배하기 이전에 밀레토스인 탈레스—그의 혈통은 포이니케인으로부터 기원했다—가 제시한 의견도 유익한 것이었다. 그는 이오네스인들이 단일한 협의회 회관을 지어, 테오스가 이오니에의 중앙이니, 그것을 테오스에 두고, 그곳의 다른 모든 국가들은 흡사 데모스인 것처럼 여길 것을 제안했다.[151] 비아스와 탈레스는 그들에게 이러한 의견을 제시했다.

171   하르파고스는 이오니에를 정복한 후 카리에인과 카우노스인, 리키에인에 대한 원정을 실시했는데, 그때 이오네스인들과 아이올레스인들도 함께 거느리고 갔다. 이들 가운데 카리에인들은 여러 섬들에서 육지로 건너온 자들이었다. 옛날에 그들이 미노스 왕의 지배를 받으

---

150 헤로도토스는 여기서 사르데냐 섬이 최대의 섬이라고 잘못 기술하고 있다. 사실은 시칠리아 섬이 사르데냐보다 더 크지만, 당시 그리스인들은 섬들의 크기에 대해 정확한 정보를 갖지 못했던 것 같다. 기원전 1세기 말의 그리스 지리학자 스트라본은 사르데냐가 최대의 섬이라는 주장을 부정한다(스트라본, 『지리지』 제14권 제2장 제10절 참조).

151 탈레스는 이오니아 국가들의 통합체를 구상했는데, 그 안에서 각 국가는 데모스와 같은 위상을 지닌다는 것이었다. 데모스는 폴리스의 기본 행정 단위인 구(區)를 말한다. 여기서 데모스의 위상은 협의회와의 관계 속에서 파악될 필요가 있다. 아테네의 경우 불레(Bule) 즉 협의회는 10개 부족들에서 부족별로 50명씩 선출되었는데, 부족마다 데모스별로 선출 인원이 할당되었다고 한다. 즉 협의회는 데모스별로 선출된 의원들의 집합체였다. 따라서 협의회 회관은 데모스의 대표자들이 모여 집무를 보는 관청이고, 데모스는 중앙 기관을 구성하는 지역구와 같은 것이었다. 협의회에 대해서는 제5권 제72장의 옮긴이 주 참조.

며 렐레게스라고 불렸을 때에는 섬들에 거주하고 있었던 것이다. 내가 남에게 들어 최대한 알아낸 바로는, 그들은 미노스에게 공세(貢稅)를 바치지 않았다. 하지만 그들은 미노스가 필요로 할 때마다 그의 배들에 인원을 제공했다. 미노스가 넓은 지역을 정복하고 전쟁에서 승리를 거두었는지라, 이 시기에 카리에족은 모든 종족들 중에서도 단연 최고의 명성을 누렸다. 또 그들이 창안하여 헬라스인들이 사용한 것이 셋 있었다. 카리에인은 처음으로 투구에 깃 장식을 매달았고, 처음으로 방패에 문장을 표시했으며, 또 처음으로 방패의 손잡이를 만든 것도 이들이었다. 그전에는 방패를 사용하는 모든 사람들이 흔히 손잡이 없이 방패를 휴대하고 다녔고, 목과 왼쪽 어깨에 두른 가죽 혁대로 방패를 다루었다. 그 후 오랜 세월이 흐른 뒤 도리에스인들과 이오네스인들이 카리에인들을 섬들에서 내쫓았고, 그렇게 해서 카리에인들은 육지로 오게 되었다. 이상은 크레테인들이 카리에인들에게 일어난 일들을 이야기해 준 것이다. 하지만 카리에인들 자신은 그 이야기에 동의하지 않는데, 그들은 자신들이 육지의 토착민이며 내내 지금과 똑같은 이름을 써 왔다고 주장한다. 그들은 그 증거로 밀라사에 있는 카리에의 옛 제우스 성소를 제시하는데, 미시에인들과 리디에인들도 카리에인들과 같은 혈족으로서 그 성소를 함께 사용한다. 카리에인들의 말로는, 리도스와 미소스가 카르의 형제[152]였다는 것이다. 그래서 이들은 그 성소를 함께 쓰지만, 다른 종족 출신 사람들은 설사 그들이 카리에인들과 똑같은 말을 사용한다고 해도 그 성소를 함께 쓰지 못한다.

카우노스인들은, 내가 생각하기에, 그 지역의 토착민들이다. 그렇 172
지만 그들은 자신들이 크레테로부터 왔다고 말한다. 언어에서는 카우노스인들이 카리에인들을 따라 비슷해졌든지 혹은 카리에인들이

---

152 리도스, 미소스, 카르는 각각 리디에인, 미시에인, 카리에인의 시조였다고
    전해진다.

카우노스인들을 따라 비슷해졌든지 했다―나로서는 이를 정확하게
판별할 수가 없다. 그러나 관습에서는 카우노스인들이 카리에인 및
그 밖의 사람들과는 크게 다르다. 그들이 최고로 치는 일은 남자와
여자, 아이들이 모두 연령과 우애에 따라 무리를 지어 주연(酒宴) 모
임을 갖는 것이다. 또 그들 사이에 외국의 신성한 제식들이 확립되기
도 했지만 그 후 그것을 번복하고 조상 전래의 신들만을 섬기기로 결
정했다. 그때 징집 연령의 모든 카우노스인들이 무장을 갖추고 창으
로 허공을 찌르며 칼린다의 경계까지 진격해 갔는데, 그들은 자신들
이 외국의 신들을 내쫓고 있다고 말했다.

173   카우노스인들은 이와 같은 관습이 있다. 한편, 리키에인들은 옛날
에 크레테로부터 왔다―옛날에는 크레테 전체를 이방인이 차지하고
있었던 것이다. 크레테에서는 에우로페의 아들들인 사르페돈과 미노
스가 왕위를 놓고 서로 다툰 적이 있었다. 그때 내분에서 미노스가
승리하자 미노스는 사르페돈 자신과 그의 일파를 내쫓았고, 쫓겨난
자들은 아시에의 밀리아스 땅에 이르렀다. 그런데 지금 리키에인이
살고 있는 지역이 바로 옛날에 밀리아스였고 당시 밀리아스인들은
솔리모이라고 불렸다. 사르페돈이 그들을 통치하는 동안에 그들은
테르밀라이라고 불렸는데, 이는 그들이 크레테에서 가져온 이름이었
고 지금도 리키에인의 이웃 주민들은 리키에인을 그렇게 부른다. 그
러나 판디온의 아들 리코스가 역시 자신과 형제간인 아이게우스에게
아테나이에서 쫓겨나 사르페돈을 찾아 테르밀라이인들의 나라에 온
뒤로는, 조만간에 리코스의 이름을 따 차츰 리키에인으로 불리게 되
었다. 그들의 관습은 일부는 크레테의 것이고 또 일부는 카리에의 것
이다. 하지만 그들은 그들 이외 어떤 사람들과도 일치하지 않는, 그
들만의 독특한 관습이 하나 있다. 즉 자신들의 이름을 아버지가 아니
라 어머니 쪽을 따라 부르는 관습이다. 그들 중 어떤 자가 그의 이웃
에게 누구인지 물으면 질문을 받은 자는 자신이 여차여차한 어머니
의 자식이라고 설명하고 그 어머니의 어머니들의 이름을 나열할 것

이다. 또 여자 시민이 노예와 혼인하면 그녀의 자식들은 고귀한 태생으로 간주된다. 그러나 남자 시민이, 그가 비록 그들 중에서 제일가는 자라 할지라도, 외국인 여자나 첩을 취한다면 그의 자식들은 불명예스러운 존재가 된다.

카리에인들은 그때 찬란한 활약을 하나도 보여 주지 못한 채 하르파고스에게 예속되고 말았다. 사실 카리에인들 자신도 찬란한 활약을 보여 주지 못했을뿐더러 이 지방에 사는 헬라스인들 역시 그런 활약을 보여 주지 못했다. 그곳에는 다른 헬라스인들뿐 아니라 라케다이몬에서 식민 온 크니도스인들도 살고 있다. 크니도스인들의 지역은 바다 쪽으로 향해 있는데, 트리오피온이라고 불린다. 그 지역은 비바시에 반도에서 시작되며, 크니도스 전체가 일부 협소한 지대만 빼고 바다로 둘러싸여 있다. 그 경계는 북쪽으로는 케라메이코스 만과 접해 있고 남쪽으로는 시메와 로도스의 앞바다에 접해 있다. 크니도스인들은, 하르파고스가 이오니에를 정복하는 동안에 자신들의 나라를 섬으로 만들려고, 폭이 5스타디온 정도인 이 협소한 지대의 땅을 파냈다. 그러면 그들의 모든 지역이 참호 안쪽에 있게 될 것이었다. 왜냐하면 크니도스 영토의 육지 쪽 경계 지점에, 그들이 땅을 파는 지협이 위치해 있기 때문이다. 실로 크니도스인들은 많은 인원을 동원하여 작업을 벌였다. 그런데 일꾼들이 보통의 경우보다 더 자주 그리고 더 신기하게도 돌의 파편에 몸의 다른 부위들과 특히 눈에 상처를 입는 것으로 나타나자, 크니도스인들은 무엇이 자신들을 방해하는지를 물으러 델포이에 신탁 사절들을 보냈다. 이에, 크니도스인들 자신의 말에 따르면, 피티에 여사제가 3보격 운율로 이렇게 대답했다고 한다.

지협에 성벽을 쌓지도 땅을 파지도 말라.
제우스께서 원하셨다면 이미 섬으로 만드셨을 것이니.

피티에 여사제가 그렇게 신탁을 내리자 크니도스인들은 땅 파는 것을 중지했다. 그리고 하르파고스가 군대를 이끌고 쳐들어왔을 때, 싸우지도 않고 항복해 버렸다.

175 할리카르네소스 위쪽의 내륙에는 페다사인들이 살고 있었다. 그런데 그들과 이웃 주민들에게 무언가 해로운 일이 일어나려 할 때마다 아테나이에 여사제에게 긴 수염이 나곤 했다. 이런 일이 그들에게 세 번 일어났다. 카리에 부근의 주민들 중에서 이들만이 한동안 하르파고스에게 항거했는데, 그들은 리데라고 불리는 고지를 요새화하여 극심하게 그를 괴롭혔다.

176 그러다 결국 페다사인들도 진압되고 말았다. 한편 리키에인들은, 하르파고스가 크산토스 평원으로 군대를 몰고 왔을 때, 그에게 맞서 나아가 소수임에도 불구하고 대군과 싸우며 용맹을 떨쳤다. 그러나 패배하여 도시[153] 안에 갇히게 되자, 자신들의 아내와 자식들, 재물과 하인들을 아크로폴리스에 모아 놓은 다음 아크로폴리스 전체에 불을 질러 모두 불태워 버렸다. 이렇게 한 후 그들은 서로 엄격한 서약을 하고 적들에게 돌격했는데, 그때 크산토스인들이 모두 전사했다. 현재 자신이 리키에인이라고 주장하는 크산토스인들 가운데 80가족을 제외한 대다수가 외국인 출신이다. 이들 80가족은 그때 마침 외국에 나가 있는 통에 살아남은 자들이다. 이리하여 하르파고스는 크산토스를 점령했고 카우노스도 비슷한 방식으로 점령했다. 카우노스인들 역시 대체로 리키에인들을 본떠 행동했기 때문이다.

177 그때 하르파고스는 아시에의 하부 지역을 유린했고 키로스 자신은 아시에의 상부 지역을 유린했는데, 키로스는 어떤 종족도 남겨 두지 않고 모두 정복했다. 이제 나는 이들 종족 가운데 대부분은 언급하지 않을 것이다. 다만 키로스에게 엄청난 고통을 안겨 준 종족들과 또

---

153 여기서 도시는 크산토스(Xanthos)를 일컫는다. 크산토스는 리키에 지역의 최대 도시로 크산토스 강 하구 근처에 위치했다.

언급할 가치가 가장 큰 종족들에 대해서만 거론하겠다.

　키로스는 육지의 종족들을 모두 자신의 휘하에 예속시킨 후, 아시
리에인들을 공격했다. 아시리에에는 필시 다른 대도시들도 많지만,
그중 가장 유명하고 가장 강력한 도시는 니노스가 파괴된 뒤 왕궁이
세워진 바빌론이었다. 바빌론은 실로 다음과 같은 도시다. 바빌론은
광대한 평원에 위치해 있고 사각형 모양인데 각 변의 길이가 120스
타디온에 이른다. 그래서 이 도시의 둘레는 모두 합해 480스타디온
이 된다. 바빌론 시의 크기는 이러한 정도이며, 그곳은 우리가 아는
여타 도시와는 다르게 꾸며져 있다. 우선 물이 가득한 깊고 넓은 해
자가 둘러져 있고 다음으로는 폭이 50왕실페키스이고 높이가 200페
키스인 성벽이 있다. 왕실페키스[154]는 일반 페키스의 길이보다 3닥틸
로스가 더 길다.

　또한 나는 그 해자에서 나온 흙이 어디에 쓰였는지, 그리고 그 성
벽이 어떤 식으로 지어졌는지를 설명하지 않을 수 없다. 그들은 해자
를 파내면서, 그것을 파낼 때 나온 흙으로 벽돌을 만들었다. 그리고
벽돌이 넉넉하게 만들어지면 그것들을 가마에 넣어 구웠다. 그런 후
그들은 뜨거운 역청을 접합제로 쓰고 벽돌을 30켜 쌓을 때마다 한 번
씩 갈대 엮은 것을 채워 넣으면서, 우선 해자의 둑을 쌓고 다음에는
성벽 자체를 똑같은 방식으로 쌓았다. 그들은 성벽 위에 양쪽 가장자
리를 따라 단칸 건물들을 서로 마주 보게 지었다. 이들 건물 사이에
는 사두마차가 지날 만큼의 공간이 있었다. 또 성벽을 빙 둘러 100개
의 문이 세워져 있었는데, 모두 청동으로 되어 있고 문기둥과 상인방
(上引枋)도 마찬가지로 청동으로 되어 있었다. 바빌론에서 8일 여정
의 거리만큼 떨어진 곳에 또 하나의 도시가 있다. 그 도시의 이름은

---

154 그리스어 '바실레이오스 페키스'(basileios pechys)를 번역한 말. 단위 길이
　　가 일반 페키스보다 길었다. 오늘날 기준으로 일반 페키스는 약 44.4센티미
　　터인 데 비해 왕실페키스는 약 50센티미터였다.

이스다. 그곳에는 그리 크지 않은 강이 하나 있다. 그 강의 이름도 이스다. 이 강은 에우프라테스 강으로 흘러들어 간다. 이 이스 강은 강물과 더불어 수많은 역청 덩어리들을 쏟아 낸다. 바빌론 성벽에 쓰인 역청은 이곳에서 왔다.

180   바빌론은 이런 식으로 축성되었다. 그런데 바빌론 시는 두 구역으로 나뉘어 있다. 에우프라테스라 불리는 강이 도시 한가운데를 갈라 놓고 있기 때문이다. 에우프라테스 강은 아르메니에에서 흘러오는데, 수심이 깊고 유속이 빠른 거대한 강이다. 이 강은 홍해로 흘러 나간다.[155] 양쪽 성벽은 강으로 내리벋어 모퉁이를 이루고 있다. 그리고 성벽들은 거기서 굽어져 강의 양안(兩岸)을 따라 낮은 벽돌담 형태로 뻗어 있다. 도시에는 3층과 4층짜리 집이 가득 들어서 있으며, 일직선의 도로들이 도시를 교차하는데, 일부 도로들은 강과 나란히 나 있고 또 일부 도로들은 그것들을 가로질러 강 쪽으로 이어져 있다. 강을 따라 늘어선 낮은 담에는 각 도로가 끝나는 곳마다 샛문이 설치되어 있었는데, 도로의 수만큼 샛문들이 있었다. 이 샛문들 역시 청동으로 되어 있었고 ……[156] 강으로 통해 있었다.

181   사실 이 성벽은 도시의 흉갑 같은 것이고 그 안에 성벽이 또 하나 둘러져 있는데, 이것은 바깥 성벽에 비해 그다지 많이 약하지는 않지만 폭이 더 좁다. 바빌론 시 양쪽 구역의 중앙에는 모두 담이 둘러져 있는데, 그중 한 곳에는 높고 튼튼한 담으로 둘러싸인 왕궁이 있고 다른 곳에는 청동문이 달린 제우스 벨로스[157]의 성소가 있다. 이 성소

---

155 여기서의 홍해는 페르시아 만 부근의 바다 즉 오늘날의 인도양을 가리킨다.

156 슈타인 텍스트의 누락 대목인데, 슈타인은 강으로 내려가는 통로에 대한 언급이 있었을 것으로 추정한다.

157 벨로스는 아시리아인의 최고신으로 벨(Bel) 신 혹은 바알(Baal) 신이라고 불린다. 헤로도토스는 그 신을 그리스 신 제우스와 동일시하여 제우스 벨로스라고 부른다.

는 나의 시대에도 여전히 그곳에 있었는데, 사각형 모양이고 각 면이 2스타디온이다. 이 성소의 중앙에는 견고한 탑이 세워져 있는데, 그 길이와 너비가 1스타디온이다. 그리고 이 탑 위에 또 다른 탑이 세워지고 그 탑 위에 또 탑이 세워지고 해서 탑이 모두 8개에 이른다. 이들 탑에 오르는 통로는 외부에서 모든 탑들의 주위를 빙 둘러 가도록 건설되었다. 이 통로 중간쯤에는 휴식처와 쉴 수 있는 좌석들이 있어서, 탑에 오르는 자들이 그곳에 앉아서 휴식을 취한다. 마지막 꼭대기 탑에는 커다란 신전이 있다. 그 신전 안에는 좋은 덮개가 깔린 큰 침상이 하나 있고 그 곁에는 황금 탁자가 놓여 있다. 하지만 그 안에는 어떤 조각상도 세워져 있지 않으며, 밤에는 그 지역의 토착민 여성 한 명만을 빼고는 어떤 인간도 그곳에서 잠을 자지 않는다. 이 신의 사제들인 칼다이아인들의 말에 의하면, 이 여성은 신이 모든 여성들 중에서 선택한 자라고 한다.

이 칼다이아인들은 신이 직접 신전에 왕림하여 침상에 누워 쉰다 182 고 말하지만, 나는 그들의 말을 믿지 않는다. 아이깁토스인들의 말에 의하면, 아이깁토스의 테바이에서도 역시 마찬가지라고 한다. 거기서도 역시 한 여성이 테바이에우스[158] 제우스의 신전에서 잠을 자고, 바빌론과 테바이 신전의 이 여성들은 둘 다 어떤 남성과도 동침을 하지 않는다고 하기 때문이다. 또한 리키에의 파타라에 있는 신의 예언녀도, 그곳에 가 있을 때면 역시 마찬가지다. 그곳에선 신탁소가 항상 열려 있는 것이 아니기 때문이다.[159] 하지만 그녀는 그곳에 가 있을 때면 늘 밤 동안 신전 안에서 갇혀 지낸다.

바빌론의 성소에는 아래쪽에 신전이 또 하나 있다. 그 안에는 황금 183

---

158 제우스의 별명. 테바이에우스(Thebaieus)는 '테바이의'라는 뜻을 지니는데, 여기서는 이집트 테바이의 신 제우스(실은, 이집트의 아몬 신)를 가리킨다.

159 파타라의 신탁소는 아폴론의 것인데, 아폴론은 겨울 무렵 6개월 동안만 이곳에서 신탁을 내리고 나머지 6개월은 델로스에서 신탁을 내렸다고 한다.

으로 된 제우스의 대형 좌상이 안치되어 있고 그 곁에는 큰 황금 탁자가 놓여 있는데, 대좌와 의자도 황금으로 되어 있다. 칼다이아인들의 말에 의하면, 이것들을 만드는 데에 800탈란톤의 금이 들었다고 한다. 신전 바깥에는 황금 제단이 있으며, 또 다 자란 짐승들을 제물로 바치는 큰 제단이 하나 더 있다. 황금 제단 위에는 젖먹이 짐승들만을 제물로 바칠 수 있기 때문이다. 하지만 칼다이아인들은 이 신에 대한 제전을 거행할 때마다 매년 1,000탈란톤의 유향을 더 큰 제단 위에서 피워 올린다. 또한 이 성역에는 12페키스 높이의 순금 남자상이 그때[160]에도 여전히 서 있었다. 내 자신이 그 상을 본 것은 아니지만, 나는 지금 칼다이아인들이 이야기한 바를 그대로 전한다. 히스타스페스의 아들 다레이오스는 이 조각상을 손에 넣고자 했지만 감히 실행하지는 못했다. 반면에 다레이오스의 아들 크세륵세스는 그것을 손에 넣었으며, 또한 그것을 옮기지 못하게 저지하던 사제마저 죽였다. 실로 이 성소는 이렇게 장식되어 있고, 그 밖에도 개인이 바친 봉헌물들이 많이 있다.

184 　이 바빌론에는 성벽과 성소들을 더욱더 치장한 왕들이 그 밖에도 여럿 있었는데—이들에 대해서는 내가 『아시리에사(史)』에서 서술할 것이다[161]—, 특히 그중에 둘이 여성이었다. 이들 중 첫 번째 여왕은 나중의 여왕보다 다섯 세대 앞선 통치자였는데, 그녀의 이름은 세미라미스였다. 그녀는 평원 지대에 제방들을 만들었는데, 그것들은 정말 볼만하다. 그전에는 으레 강이 평원 전체로 넘쳐 범람하곤 했던 것이다.

185 　그녀 다음의 두 번째 여왕은 이름이 니토크리스였으며 첫 번째 여왕보다 더 현명했다. 그녀는 한편으로 내가 다음에 자세히 언급하게 될 기념물들을 남겨 놓았고, 또 한편으로는 메디아인들의 세력이 강

---

160 키로스가 바빌론을 정복했을 때.

161 헤로도토스가 언급한, 그의 『아시리아사』라는 저술은 현존하지 않는다.

대하고 활력에 넘치며 다른 도시들뿐 아니라 그중에 특히 니노스도 그들에게 함락되는 것을 보고서, 자신이 할 수 있는 최상의 방어책을 강구했다. 우선 그녀는 도시의 중심을 통과해 흐르는 에우프라테스 강에 대한 조치를 취했다. 전에는 이 강이 곧게 흐르고 있었는데, 그녀는 도시 위쪽에 운하들을 파서 강의 흐름을 구불구불하게 만들어 그 결과 강이 아시리에의 한 마을을 세 번이나 지나게 되었다. 에우프라테스 강이 지나가는 그 마을의 이름은 아르데리카다. 지금도 이쪽 바다[162]에서 바빌론으로 여행하는 자들은 에우프라테스 강을 따라 아래로 항해할 때 3일 동안 세 번이나 이 마을을 지나게 된다. 그녀는 이런 일을 수행하고 또한 강의 양안에 크기와 높이에서 가히 놀랄 만한 규모의 둑을 쌓았다. 그녀는 또 바빌론 위쪽 멀리에 호수 터를 하나 파게 했는데, 그 터를 강에서 좀 가까운 곳에 잡게 했다. 그리고 물이 나오게끔 항상 깊게 파도록 했고, 너비에서는 그 둘레 길이가 420스타디온이 되게 만들었다. 이 호수 터를 파내면서 나온 흙은 강의 양안을 따라 둑을 쌓는 데에 사용했다. 터를 다 파내자 그녀는 돌을 운반해 와 그 주위에 둥글게 테두리를 만들었다. 그녀가 이 두 가지 일, 즉 강을 구불구불하게 만들고 터를 파서 늪으로 바꾼 목적은 강물이 잦은 굴곡을 통해 흩어져 더욱 느려지고, 바빌론으로 항해하는 뱃길이 구불구불해지고, 그런 다음에 호수를 멀리 우회하여 흐르도록 하기 위해서였다. 이런 공사들이 시행된 곳은 메디아에서 들어오는 관문들과 지름길이 위치한 지역이었는데, 이는 메디아인들이 그녀의 백성들과 접촉하여 그녀의 사정을 알아내지 못하도록 하기 위해서였다.

니토크리스는 이런 방어물들로 도시를 에워쌌으며, 또 이것들을 186 바탕으로 다음의 작업을 추가로 시행했다. 바빌론 시는 두 구역으로 나뉘어 있고 강이 도시 한가운데로 흘렀기 때문에, 이전 왕들의 시대에는 누가 도시의 한 구역에서 다른 구역으로 가려면 배를 타고 건너가야 했는데, 내가 생각하기에, 이는 귀찮은 일이었다. 하지만 그녀는 이에 대해서도 대책을 마련했다. 그녀는 호수 터 파는 일을 하고서 바로 그 작업을 바탕으로 다음과 같은 또 하나의 기념물을 남겼던 것이다. 그녀는 거대한 돌들을 떼어 내게 했으며, 이윽고 돌들이 마련되고 호수 터 파는 일이 끝나자 강의 흐름을 파 놓은 호수 터로 모두 돌려놓았다. 그리고 그곳이 강물로 채워지는 동안에 옛 수로가 마르게 되자, 그녀는 성벽 건설 때와 똑같은 방식으로 구운 벽돌들로 도시 내에 강둑을 쌓게 하고 샛문들에서 강으로 내려가는 하강로(下降路)들을 축조했다. 그리고 또한 파낸 돌들을 써서 도시의 중심쯤에 다리를 건설하게 했는데, 그 돌들은 쇠와 납으로 연결했다. 그녀는 날이 새면 다리에 사각형 널빤지들을 깔아 놓았고 그 위로 바빌론인들이 건너다녔다. 그러나 밤에는 다음의 이유 때문에, 즉 사람들이 밤에 건너다니며 서로의 것을 훔치지 않도록 하기 위해 이 널빤지들을 철거했다. 한편 파 놓은 터가 강물로 가득 차 호수가 되고 다리 공사가 다 마무리되자, 그녀는 에우프라테스 강을 호수에서 옛 수로로 돌려놓았다. 이로써 파 놓은 터는 늪이 되어 본래의 목적에 부합하는 것으로 보였고, 바빌론 시민들은 자신들을 위해 마련된 다리를 갖게 되었다.

187   이 여왕은 또 다음과 같은 속임수를 꾸며 냈다. 그녀는 도시에서 가장 통행이 빈번한 문 위에, 바로 그 문의 맨 상단에다 높이 자신의 무덤을 만들도록 했는데, 그 무덤에 다음과 같은 글을 새기도록 했다. "나 이후에 즉위한 바빌론 왕들 가운데 돈에 궁핍한 자가 있다면 이 무덤을 열어 원하는 만큼 돈을 갖도록 하라. 그러나 돈에 궁한 경우가 아니라면 다른 이유로는 열지 말도록 하라. 그랬다간 더 좋지 않을 터이니." 이 무덤은 왕위가 다레이오스에게 돌아갈 때까지 아무도 건드리지 않았다. 그러나 다레이오스는 이 문을 전혀 사용하지 않

는 것을, 또 돈이 안에 들어 있고 문구가 그리하도록 권하는데도 돈을 가져가지 않는 것을 정말 이상하다고 생각했다. 하지만 그는 자신이 문을 통과할 때 머리 위에 시신이 놓여 있다는 이유 때문에 이 문을 사용하지 않았다. 그는 무덤을 열어 보았는데, 안에 돈은 전혀 없었고 시신과 함께 다음의 글귀만이 있었다. "그대가 돈에 물릴 줄 모르는 탐욕가가 아니라면 죽은 자의 관을 열지는 않았으리라." 이 여왕은 그런 사람이었다고 한다.

키로스는 그때 이 여왕의 아들에 대해 원정을 벌였는데, 그 아들은 아버지 라비네토스의 이름을 물려받았고 아시리에를 통치하고 있었다. 대왕[163]이 출정할 때에는 곡물과 가축들을 집에서 잘 준비해 간다. 특히 수사[164]를 지나 흐르는 코아스페스 강의 물도 함께 가져가는데, 왕은 이 강의 물만 마시며 다른 강의 물은 마시지 않는다. 사람들은 이 코아스페스 강의 물을 끓인 후 은제 용기에 담아서, 노새들이 끄는 수많은 사륜마차에 싣고 다니며 왕이 가는 곳이면 어디든지 따라간다.

188

---

163 헤로도토스는 페르시아 왕을 칭할 때 특별히 '대왕'(basileus ho megas)이라는 명칭을 사용하곤 한다. 그런데 이는 헤로도토스뿐 아니라 고대 그리스인들이 페르시아 왕을 부를 때 흔히 사용하던 명칭이었다. 그리스인들은 페르시아 왕이 자국과 다른 대국(大國)의 왕임을 충분히 인식하고 있었던 것이다.

164 티그리스 강 하류 동편의 대도시로, 후대 페르시아 왕국의 수도. 키로스 왕(2세) 때는 파사르가다이(Pasargadai)가 페르시아 왕국의 수도였고 캄비세스 왕(2세) 때에는 수사(Susa), 다레이오스 왕(1세) 이후로는 페르세폴리스(Persepolis)가 수도였다고 한다. 그러나 왕국 내에 왕궁이 여럿 존재했기 때문에, 페르시아 왕국의 수도는 여러 개라 할 수 있다. 다레이오스 왕이 페르세폴리스를 건설하여 왕국의 행정 수도로 삼았지만, 왕들은 대개 수사와 악바타나(엑바타나) 등의 왕궁에서 지내곤 했다. 특히 겨울철에는 왕이 수사의 왕궁에서 지냈다고 한다. 헤로도토스는 페르세폴리스를 전혀 언급 않고, 수사를 페르시아 왕의 대표적인 거처이자 페르시아 왕국의 정치 중심지로 묘사한다.

189   키로스가 바빌론으로 진군할 때 긴데스 강[165]에 이르렀다. 그 강은 마티에네인들의 산지에서 발원하고 다르다나이인들의 지역을 지나 다른 강인 티그레스 강으로 흘러들며, 티그레스 강은 다시 오피스 시를 지나 홍해로 흘러든다. 그런데 키로스가 배를 타야 건널 수 있는 이 긴데스 강을 건너고자 할 때에, 그의 신성한 백마들 가운데 한 마리가 제멋대로 강물로 뛰어들어 강을 건너려고 했다. 하지만 그 말은 강에 휩쓸려 물속으로 사라져 버렸다. 키로스는 이런 난폭한 짓을 저지른 강에 크게 분노하여, 이후에는 여자들도 무릎에 물을 적시지 않고 쉽게 강을 건널 정도로 강을 무력하게 만들겠다고 위협했다. 그렇게 위협한 후 키로스는 바빌론을 향한 진군을 멈추고 그의 군대를 둘로 나누었다. 그리고 군대를 나눈 다음 긴데스 강 양쪽의 강안(江岸)을 따라 사방으로 흐르는 180개 수로를 구획하고 땅에 줄을 그었으며, 그 줄에 따라 군대를 정렬시켜 땅을 파도록 명했다. 엄청나게 많은 인원이 작업에 동원되었기에 공사는 완공되었지만, 그들은 거기서 공사를 끝내느라 온 여름철을 다 보내고 말았다.

190   키로스는 긴데스 강의 물을 360개 수로로 분리함으로써 강을 응징한 후 이듬해 봄이 밝아오자, 바빌론을 향해 진격해갔다. 이에 바빌론인들은 도시 밖으로 출격하여 키로스를 기다렸다. 키로스가 바빌론 가까이에 진격했을 때, 바빌론인들은 그와 교전을 벌였으나 패하여 도시 안으로 쫓겨 돌아갔다. 그들은 이미 전부터 키로스가 호전적인 자임을 알고 있었고 또 그가 모든 종족들을 무차별로 공격하는 것을 보았는지라, 아주 여러 해 동안의 식량을 비축해 놓았다. 그래서 이때 그들은 포위 공격에 대해 전혀 개의치 않았다. 반면에 키로스는, 포위 기간이 더욱더 길어지고 아무런 성과도 거두지 못하자, 어찌할 바를 몰랐다.

---

165   오늘날의 디얄라(Diyala) 강.

그때 누군가가 곤경에 처한 키로스에게 조언을 해 주었든지 아니 191
면 그 스스로 자신이 해야 할 바를 터득했든지 간에, 그는 다음과 같
은 일을 행했다. 즉 강이 바빌론 시로 유입되는 입구에 대부분의 군
대를 배치하고 또 강이 도시에서 빠져나가는 도시의 뒤쪽에 따라 군
대를 배치한 다음, 그의 군사들에게 걸어서 강을 건널 만하다고 보이
면 강의 수로를 따라 도시 안으로 침입하라고 했다. 군대를 배치하
고 그런 명령을 내린 후에, 그 자신은 쓸모없는 병력을 이끌고 그곳
을 떠났다. 키로스는 호수에 도착하자, 저 바빌론 여왕이 강과 호수
에 대해 행했던 것과 똑같은 일을 재현했다. 즉 운하를 통해 당시 늪
지였던 호수로 강물을 돌림으로써, 강의 수위가 낮아져 사람들이 옛
수로를 건널 수 있게 만들었던 것이다. 이렇게 되자, 바로 그런 의도
하에 배치해 둔 페르시스인들이 사람의 허벅지 중간쯤에까지 에우
프레테스 강의 수위가 낮아졌을 때 강의 수로를 따라 바빌론 안으로
쳐들어갔다. 만일 이때 바빌론인들이 키로스가 하려는 일을 미리 들
었거나 알았더라면, 페르시스인들이 도시 안으로 들어오도록 내버려
두었다가 그들을 완전히 궤멸할 수 있었을 것이다. 왜냐하면 바빌론
인들이 강 쪽으로 나 있는 모든 샛문들을 닫고 강의 양안을 따라 축
조된 담 위로 올라갔더라면 페르시스인들을 마치 함정에 빠트린 것
처럼 포획할 수 있었을 것이기 때문이다. 그러나 그때 페르시스인들
은 전혀 들키지 않고 그들에게 다가갔다. 그곳 주민들의 이야기로는,
그 도시의 규모가 워낙 커서 도시의 외곽 지역들이 점령되었을 때에
도 도시 중심부에 사는 바빌론인들은 자신들이 점령된 사실을 알지
못했다고 한다. 그때 마침 그들은 축제를 거행하는 중이어서, 그 사
실을 확실히 알기 전까지는 계속 춤을 추고 흥겹게 놀았다고 한다.
  이렇게 해서 바빌론은 그때 최초로 점령되었다.[166] 나는 바빌론의 192

---

166 기원전 538년.

세력이 얼마나 대단한지를 다른 여러 방법도 있지만, 특히 다음과 같은 방법으로 보여 주겠다. 대왕이 통치하는 모든 영토는, 세금 이외에, 대왕 자신과 그의 군대를 부양하기 위해 여러 구역으로 구분되어 있다. 그런데 1년 열두 달 가운데 넉 달 동안은 바빌론 지역이 그를 부양하고, 여덟 달 동안은 나머지 아시에 전체가 부양한다. 이처럼 아시리에 지역은 세력 면에서 아시에 전체의 3분의 1에 해당한다. 또한 이 지역의 총독 관구—페르시스인들은 이를 사트라페이에라고 부른다—는 모든 총독 관구 중에서도 단연 가장 강성하다. 왕에 의해 이 관구를 맡은 아르타바조스의 아들 트리탄타이크메스에게는 매일 은으로 가득 찬 1아르타베의 수입이 들어왔다. 페르시스의 도량형 단위인 아르타베는 아티케 메딤노스보다 3아티케 코이닉스만큼 더 많은 양이다.[167] 또 트리탄타이크메스는 거기서 전쟁용 군마들 외에도 개인적으로 말들을 소유했는데, 수컷 종마는 800필이고 암말이 1만 6,000필이었다. 수컷 한 필이 암말 20필과 교미한 것이다. 게다가 그는 워낙 많은 수의 인도스산 개들을 길렀으므로, 평원에 있는 네 개의 대규모 촌락들이 다른 모든 세금들에서는 면제된 채 개들에 대한 먹이를 대도록 지정될 정도였다. 바빌론의 총독이 지닌 재력은 이와 같은 정도였다.

193   아시리에 땅에는 비가 적게 내리는데, 그나마 이 비가 곡물의 뿌리를 자라게 해 준다. 그렇지만 곡물이 무르익어 낟알이 맺게 되는 것은 강으로부터 관개한 덕분이다. 여기서는 아이깁토스에서처럼 강 자체가 들판으로 흘러넘치는 것이 아니고, 손과 켈로네이온[168]을 써

----

167 1메딤노스(medimnos)는 48코이닉스(choinix)이므로 1아르타베(artabe)는 51코이닉스가 된다. 오늘날 기준으로, 1메딤노스는 약 51.8리터이고 1코이닉스는 약 1리터이므로, 1아르타베는 약 54.8리터에 해당한다.

168 켈로네이온(keloneion)은 켈론(kelon)이라고도 하는데, 강으로부터 관개용 도랑으로 물을 퍼내는 장치를 가리킨다. 긴 장대 끝에 달린 물통에 강물

서 물을 댄다. 바빌론 지역 전체가 아이깁토스와 마찬가지로 이리저리 수로들로 갈라져 있기 때문이다. 그중 가장 큰 수로는 배가 통행할 수 있으며, 겨울에 해가 뜨는 쪽[169]을 향해 에우프레테스 강에서 다른 강, 즉 니노스 시(市) 부근에 위치한 티그레스 강으로 흘러간다. 이 지역은 우리가 아는 모든 지역 중에서 데메테르의 결실[170]을 단연 최대로 산출한다. 무화과나무나 포도나무 혹은 올리브나무와 같은 다른 수목들은 아예 키우려고 하지 않는다. 그러나 데메테르의 결실은 아주 산출이 잘되어, 대체로 200배의 수확을 거두고 최대 풍작일 경우에는 300배의 수확을 거두기도 한다. 여기서 자라는 밀과 보리의 잎들은 쉽사리 너비가 4닥틸로스에 이른다. 기장과 참깨의 경우 그 식물이 얼마나 크게 자라는가를 나는 잘 알고 있지만, 그것을 언급하지는 않겠다. 바빌론 지역에 가 보지 못한 자들은 내가 곡물에 대해 언급한 내용조차 크게 불신한다는 것을 잘 알고 있기 때문이다. 바빌론인들은 올리브유를 전혀 사용하지 않고 단지 참깨로 만든 기름만 쓴다. 그곳에는 평원 전역에서 야자나무가 자라고 그것들 대부분이 열매를 맺는데, 그들은 이 열매들을 가지고 식량과 술·꿀을 만든다. 그들은 이들 야자나무를 무화과나무와 같은 방식으로 재배하는데, 다른 점들에서도 그렇지만 특히 헬라스인들이 웅성(雄性) 야자나무라고 부르는 것들의 열매를 대추야자나무들에 묶어 준다는 점에서도 그러하다. 이는 몰식자(沒食子)벌이 대추야자 열매 속으로 들어

을 담아 중심축으로 회전시킨 후 강 밖의 관개용 도랑에 물을 퍼내는 장치였다.

169 '겨울에 해가 뜨는 쪽'은 남동쪽을 말한다. 그리스는 지구의 북반부에 위치해 있어서 동지 때에는 해가 정동쪽에서 뜨지 않고 남동쪽에서 뜬다. 한편 '겨울에 해가 지는 쪽'은 남서쪽, '여름에 해가 뜨는 쪽'은 북동쪽, '여름에 해가 지는 쪽'은 북서쪽을 각각 가리킨다.

170 '데메테르의 결실'은 보리·밀 등의 곡물을 일컫는다. 그리스의 데메테르 여신은 농경신으로서 주로 보리나 밀 등의 곡물을 주관하는 신이었다.

가 그것을 익게 하고 야자열매가 떨어지지 않도록 하기 위해서다. 옹성 야자나무들에는 야생 무화과나무와 마찬가지로 그 열매 속에 몰식자벌이 들어 있기 때문이다.

194   나는 이제 이 지역의 모든 것들 중에서 내가 바빌론 시 다음으로 가장 놀랍게 생각하는 것을 서술하고자 한다. 그들이 강을 따라 바빌론으로 갈 때 타고 다니는 배는 선체가 둥글고 전부 가죽으로 되어 있다. 그 배들은 아시리에보다 더 상류 쪽에 위치한 아르메니에에서 만들어진다. 그들은 우선 버드나무를 잘라 배의 형틀을 만든 후, 바깥에서 그 위에 가죽을 펼쳐 덮어씌우고 선체 같은 것을 만든다. 그들은 배의 후미를 따로 확장하지도 않고 뱃머리를 좁히지도 않으며, 배를 방패처럼 원형으로 해 놓는다. 그리고 이 배를 모두 짚으로 채우고 화물을 가득 실은 후에, 강을 따라 떠내려가게 한다. 그들은 대개 술이 가득 담긴 야자나무 통들을 아래로 운반한다. 배는 노두 개와 똑바로 선 남자 두 명에 의해 조종되는데, 한 명은 노를 안쪽으로 끌어당기고 다른 한 명은 노를 바깥쪽으로 밀어낸다. 이 배들은 아주 크게 만든 것도 있고 작게 만든 것도 있다. 그중 가장 큰 배는 5,000탈란톤의 화물도 실을 수 있다. 각 배에는 살아 있는 당나귀가 한 마리 타고 있으며 좀 더 큰 배에는 여러 마리가 타고 있다. 그들이 배를 타고 바빌론에 도착하여 화물을 처분한 후에는, 배의 형틀과 모든 짚을 공매(公賣)하고 가죽은 당나귀 등에 실어 아르메니에로 떠난다. 유속이 워낙 빨라 도저히 강을 거슬러 항해할 수가 없기 때문이다. 이 때문에 그들은 배를 목재가 아니라 가죽으로 만드는 것이다. 당나귀를 몰아 아르메니에로 돌아가면, 그들은 다시 똑같은 방식으로 배를 만든다.

195   그들의 배에 관한 이야기는 이러하다. 한편 그들은 다음과 같은 의복을 착용하는데, 발까지 내려오는 린넨 키톤을 입고 그 위에 양모로 만든 키톤을 또 하나 걸치며 조그만 흰 겉옷을 몸에 두른다. 그들은 그 지방 특유의 신발을 신는데, 그것은 보이오티에의 끈신발[171]과 유

사하다. 그들은 머리를 길게 기르고 머리에 건(巾)을 쓰며 온몸에 향유를 바른다. 또 그들은 각자 자신의 인장(印章)과 수공예 지팡이를 지니고 있다. 각 지팡이 표면에는 사과나 장미, 혹은 백합이나 독수리, 혹은 그 밖의 다른 형상이 새겨져 있다. 그들에게는 도안이 없는 지팡이를 들고 다니지 않는 것이 관례이기 때문이다.

이상은 그들이 몸에 착용하는 것들에 관한 서술이다. 한편 그들이 확립한 관습들은 다음과 같다. 그중, 우리가 판단하기에, 가장 현명한 관습은 이러한 것인데, 이는 내가 듣기에 일리리아의 에네토이인들도 행하는 관습이다. 즉 모든 마을에서는 매년 한 번씩 다음의 일이 행해지곤 했다. 그들은 처녀들이 혼기에 이르면 이들을 모두 모이게 하여 다 함께 한곳으로 데려가곤 했다. 그러면 수많은 남자들이 그들 주위에 둘러서고, 포고인(布告人)이 처녀들을 한 명씩 세워 경매에 붙였는데 그들 모두 가운데 가장 아름다운 처녀를 맨 처음에 내놓곤 했다. 그녀가 큰돈을 받고 팔리고 나면, 그녀 다음으로 아름다운 처녀를 경매에 내놓았다. 그녀들은 모두 아내로서 팔려나갔다. 혼기에 이른 바빌론인들 중에서 부유한 남자들은 남들보다 더 비싼 값을 매겨 가장 아름다운 여자들을 사들였다. 그에 반해 혼기에 이른 평민들은 아름다운 용모는 바라지 않고 돈과 못생긴 처녀들을 취했다. 포고인이 용모가 아름다운 저녀들을 다 팔고 나면 가장 못생긴 저녀나 혹은 그들 중에 불구인 처녀가 있는 경우 그녀를 세워 놓고, 누가 가장 적은 돈을 받고 그녀와 혼인하기를 원하는지 포고했으며 결국 그녀는 가장 적게 받겠다고 제시한 자에게 아내로 주어졌기 때문이다. 그 돈은 용모가 아름다운 처녀들을 팔아 생긴 것이었고, 그렇게 하여 아름다운 처녀들이 못생긴 처녀들과 불구의 처녀들을 시집보낸 것이다.

196

---

171 '끈신발'은 그리스어 '히포데마'(hypodema)를 번역한 말이다. 히포데마는 '끈으로 발밑에 묶은 신바닥'을 뜻하는데, 흔히 끈으로 매어 신는 '끈신발'을 가리킨다.

그들은 다 제 딸이라도 자기가 원하는 자에게 시집보낼 수가 없었고, 또한 처녀를 산 자도 보증인 없이는 그녀를 데려갈 수가 없었다. 그는 자신이 정말로 그녀와 혼인할 것임을 확증하는 보증인을 세워야 했고, 그렇게 해야만 그녀를 데려갈 수 있었던 것이다. 만일 그들 간에 의견이 맞지 않으면 돈을 돌려주는 것이 관례였다. 그리고 다른 마을에서 온 사람도 그가 원한다면 처녀를 살 수 있었다. 이것은 그들의 가장 훌륭한 관습이었지만 지금은 존속하지 않는다. 대신 그들은 근래에 [여자들이 부당한 일을 겪지 않고 또 그녀들이 다른 도시로 끌려 가지 않도록 하기 위해][172] 다른 방법을 창안해 냈다. 바빌론이 점령되면서 그들이 어려움을 겪고 파산하게 되자, 생계가 궁핍한 평민들이 모두 자신의 딸들에게 매춘 일을 시키고 있는 것이다.

197   그다음으로 현명한 그들의 관습은 다음과 같은 것이다. 즉 그들은 병자(病者)들을 시장으로 데리고 나간다. 그들은 의사들을 쓰지 않기 때문이다. 행인 중에 누가 그 병자가 앓는 것과 같은 종류의 병을 자신이 직접 앓은 적이 있거나 혹은 남이 앓은 것을 본 적이 있다면, 병자들에게 다가가 그 병에 대해 조언해 준다. 그들은 병자에게 다가가 자신이 어떻게 하여 같은 병에서 벗어났는지 혹은 자신이 목격하기에 남이 어떻게 하여 그로부터 벗어났는지를 조언해 주며 그리하라고 권한다. 그들 중 어느 누구도 병자에게 가서 무슨 병을 앓는가를 물어보지 않고, 말없이 그냥 병자를 지나칠 수가 없다.

198   그들은 시신에 벌꿀을 발라 매장하며, 그들의 만가(輓歌)는 아이깁토스인들의 만가와 비슷하다. 바빌론 남자는 자신의 아내와 몸을 섞고 나면, 늘 향을 피워 올려서 그 가까이에 앉고 그 아내도 맞은편에서 똑같이 행한다. 그리고 동이 트면 그들은 둘 다 몸을 씻는다. 그들은 몸을 씻기 전에는 어떤 그릇도 만지지 못하기 때문이다. 한편 아

----

172 [ ] 안의 구절은 전후 문맥상 들어맞지 않기 때문에, 헤로도토스의 원문으로 보기 어렵고 나중에 추가된 것이라는 주장이 제기되고 있다.

라비에인들 역시 이와 똑같이 행한다.

바빌론인들에게서 가장 수치스러운 관습은 다음과 같은 것이다. 199 그곳에 사는 여자는 누구나 다 일생에 한 번 아프로디테 신전에 앉아 있다가 낯선 남자와 동침을 하게 되어 있다. 부유한 재산으로 자존심이 강한 많은 여자들은 다른 여자들과 섞여 있는 것을 꺼려하여, 가축들이 끄는 덮개 달린 수레를 타고 신전으로 가 자리를 잡는다. 이때 수많은 시종들이 그녀들의 뒤를 따른다. 그러나 대부분의 여자들은 다음처럼 행한다. 그 여자들은 끈으로 만든 관을 머리에 두르고 아프로디테의 성역 내에 앉아 있는데, 그 수가 실로 많다. 그중에는 새로 도착하는 여자들이 있는가 하면 반대로 그곳을 떠나는 여자들도 있는 것이다. 그 여자들 사이로 직선으로 그어진 통로들이 사방으로 나 있고, 그 길을 통해 낯선 남자들이 지나가며 여자들을 고른다. 여자가 일단 그곳에서 자리에 앉게 되면, 낯선 남자 중 누군가가 그녀의 무릎에 은화를 던지고 신전 밖에서 그녀와 동침하기 전에는 집으로 돌아가지 못한다. 그는 은화를 던질 때 모름지기 이렇게 말해야 한다. "밀리타 여신의 가호가 그대에게 있기를." 아시리에인들은 아프로디테를 밀리타라고 부르는 것이다. 은화의 액수는 얼마라도 괜찮다. 여자는 그 돈을 거절하지 못할 테니 말이다. 그녀가 그것을 거절하지 않는 것이 관례다. 던져진 은화는 이제 신성한 돈이 되기 때문이다. 여자는 자신에게 은화를 던진 첫 번째 사람을 따라가고 결코 그를 거부하지 않는다. 그와 동침하고 나면 그녀는 이제 여신에 대한 의무를 다하게 되어 집으로 돌아간다. 그 후에는 아무리 많은 돈을 준다 해도 그녀를 차지할 수 없게 된다. 그런데 그때 용모가 아름답고 키가 큰 여자들은 일찍 집으로 돌아가지만, 그들 중 못생긴 여자들은 규정을 이행하지 못해 오랫동안 기다린다. 그중 일부는 3년 혹은 4년 동안이나 머물러 있는 것이다. 키프로스의 일부 지역에도 이와 유사한 관습이 있다.

이것들이 바빌론인들이 확립한 관습들이다. 한편 그들 중에는 물 200

고기 외에는 다른 것을 전혀 먹지 않는 씨족이 셋 있다. 그들은 물고기를 잡아 햇볕에 말린 후 다음과 같이 한다. 즉 그들은 물고기를 절구에 넣고 공이로 빻아서 그 가루를 신돈[173] 천으로 거른다. 그리고 자신들이 원하는 대로 어떤 자들은 마자처럼 반죽해서 먹기도 하고 어떤 자들은 아르토스식(式)으로 구워서 먹는다.[174]

201   키로스는 이 종족도 역시 정복하고 나자, 이제 마사게타이인들을 자신의 지배하에 두고 싶어 했다. 이 마사게타이족은 동쪽의 해 뜨는 방향으로 아락세스 강 너머의 이세도네스인들 맞은편에 살고 있는데, 인구도 많고 용감하다고 한다. 어떤 자들은 마사게타이족이 스키티에인이라고 말하기도 한다.

202   아락세스 강이 이스트로스 강[175]보다 더 크다고 말하는 사람도 있고 더 작다고 말하는 사람도 있다. 아락세스 강에는 레스보스 섬과 크기가 비슷한 섬이 여럿 있다고 하며, 그 섬들에는 땅에서 캐낸 온갖 종류의 뿌리를 여름 동안 먹고 사는 사람들이 있다고 한다. 그들은 또 자신들이 발견한 나무들의 열매들이 잘 익으면 그것들을 식량으로 저장하여 겨울에 먹는다고 한다. 그들은 또한 다음과 같은 특별한 열매를 맺는 나무들도 발견했다고 한다. 그들이 무리 지어 함께 모여 불을 피울 때면 불 주위에 둥글게 둘러앉아 그 열매들을 불속으로 던졌다고 하는데, 그러면 던져진 열매가 타면서 나는 냄새를 맡고 마치 헬라스인들이 포도주에 취하듯이 그 냄새에 취한다고 한다. 그리고 그 열매를 불에 더 많이 던질수록 더욱더 취하게 되고, 결국에는 일어나서 춤을 추고 노래를 부르게 된다고 한다. 이것이 그들의 생활 방식이라고들 한다. 한편 아락세스 강은, 키로스가 360개 수

---

173 신돈(sindon)은 모슬린의 일종으로 올이 고운 천이다.

174 마자(maza)는 물을 섞어 반죽한 보리 과자인데 굽지 않고 먹었으며, 아르토스(artos)는 구워서 먹는 밀빵을 말한다.

175 오늘날의 다뉴브(Danube) 강.

로로 나눈 긴데스 강과 마찬가지로, 마티에네인들의 땅에서 발원해 40개 하구를 통해 흘러 나가는데, 이 하구들은 하나만 빼고는 모두 습지와 늪지대로 유출된다. 이들 늪지대에는 물고기를 날것으로 먹고 관례적으로 물개가죽 옷을 입는 사람들이 살고 있다고 한다. 아락세스 강의 나머지 한 하구는 툭 터진 물길을 통해 카스피에 해로 흘러간다.

카스피에 해는 독자적인 바다이며 다른 바다와 연결되어 있지 않 203 다. 헬라스인들이 항해하는 바다와 헤라클레에스 기둥들[176] 너머의 아틀란티스라 불리는 바다, 그리고 홍해는 모두 하나로 연결되어 있기 때문이다. 그러나 카스피에 해는 그것과는 다른 독자적인 바다다. 그 길이는 노를 저어 항해할 경우 15일 걸리는 거리이고, 폭은 그중 가장 넓은 곳에서 8일 걸리는 거리다. 이 바다의 서쪽 연안을 따라 카우카소스 산맥이 뻗어 있는데, 이 산맥은 모든 산들 가운데 크기가 최대이고 높이도 최고다. 카우카소스 산맥 내에는 여러 다양한 종족들이 살고 있는데, 그 대부분은 야생수목의 열매를 먹고 산다. 이곳에는 다음과 같은 종류의 잎을 지닌 나무들이 있다고 하는데, 사람들이 그 잎을 갈아서 물과 섞은 후 그것으로 자신들의 옷에 형상을 그려 넣었다고 한다. 그 형상은 지워지지 않고 마치 처음부터 짜 넣은 것처럼 양모 옷감과 함께 퇴색되어 간다고 한다. 한편 이곳 사람들은 마치 가축들처럼 공개적으로 성행위를 한다고 한다.

카스피에 해라고 불리는 이 바다의 서쪽으로는 카우카소스 산맥이 204

---

176 그리스 신화에 의하면, 헤라클레스가 티린스 왕 에우리스테우스(Eurystheus)의 명령을 받고 게리오네스의 소 떼를 훔치러 갈 때 그 소 떼를 쫓아 유럽에서 리비아(오늘날의 아프리카)로 건너갔다고 한다. 이때 그가 두 대륙의 경계에 기둥 2개를 세웠다고 하는데, 두 기둥은 헤라클레스의 이름을 따 '헤라클레스 기둥들'이라고 불렸다. 그리스인이 말한 '헤라클레스 기둥들'은 오늘날의 지브롤터 해협을 가리킨다고 하겠다. 헤라클레스와 게리오네스 소 떼에 대해서는 제4권 제8장 참조.

맞닿아 있지만, 동쪽의 해 뜨는 방향으로는 눈으로 보아 끝이 없는 크기의 평원이 펼쳐져 있다. 이 대규모 평원의 꽤 넓은 부분을 마사게타이인들이 차지하고 있는데, 키로스는 바로 이들을 정벌할 심산이었다. 키로스에게 그렇게 하도록 부추기고 독려할 만한 여러 중대한 이유들이 있었기 때문이다. 첫째 그를 인간 이상의 특별한 존재로 여기게 만든 그의 출생, 둘째 그의 전쟁들에 따라다닌 행운이 그 이유들이었다. 키로스가 진군하고자 했던 곳에서는 어떤 종족도 그를 피해 갈 수가 없었기 때문이다.

205   그때 마사게타이인의 왕은 죽고 없었고, 그의 아내인 여왕이 다스리고 있었다. 그녀의 이름은 토미리스였다. 키로스는 그녀에게 전갈을 보내 그녀를 아내로 맞이하고 싶다고 겉치레로 구애했다. 그러나 토미리스는 그가 마음에 두고 있는 것이 자신이 아니라 마사게타이 왕위임을 알아차리고 그의 접근을 거절했다. 그 후 키로스는 자신의 계략이 성사되지 못하자, 아락세스 강 쪽으로 진군하여 공공연하게 마사게타이인들에 대한 원정에 나섰다. 그는 군대가 건널 수 있도록 강에 다리를 만들고 또 강을 건너게 해 줄 배들 위에 망루를 설치하게 했다.

206   그가 이런 작업을 벌이고 있을 때, 토미리스는 그에게 사절을 보내이렇게 말했다. "메디아인들의 왕이여, 그대가 지금 열심히 벌이고 있는 일을 중단하시오. 그 일이 완성되었을 때 그것이 그대에게 이익이 될지 아닐지는 그대가 알 수 없는 것이니 말이오. 그러니 그대는 그 일을 멈추고 그대 자신의 백성들이나 다스리도록 하고, 우리가 다스리는 백성들은 우리가 다스리도록 그냥 두고 보시오. 그러나 그대는 이 제안을 받아들이려 하지 않을 테고, 어쨌든 평화를 누리기보다는 다른 조치를 취하려고 하겠지요. 그대가 정녕 마사게타이인들을 시험해 보기를 몹시도 원한다면, 강을 다리로 연결하는 수고스러운 일을 이제 그만두고 우리가 강에서 3일 여정의 거리만큼 물러날 테니 우리의 땅으로 건너오시오. 그러나 만일 반대로 우리를 당신들

의 땅으로 맞아들이고 싶다면, 그대 역시 똑같은 거리만큼 물러나도록 하시오." 이 말을 듣고 키로스는 페르시스인의 주요 명사(名士)들을 불러 모이게 한 후, 그들에게 그 문제를 회부하고 자신이 어떻게 해야 할 것인지에 대한 조언을 구했다. 그들의 의견은 모두 일치했는데, 토미리스와 그녀의 군대를 그들의 땅으로 맞아들이자고 주장했던 것이다.

그러나 마침 그 자리에 있던 리디에인 크로이소스는 이 의견을 비판하고, 앞서 제기된 의견에 반대되는 의견을 제시했다. 그의 말은 이러했다. "전하, 제가 전에도 전하께 말씀 드린 바 있듯이, 제우스께서 저를 전하에게 보내 주셨으니 전하의 집에 해가 되는 위험을 보면 제 온 힘을 다해 그것을 막아 낼 것입니다. 제가 겪은 쓰라린 불행은 저에게 가르침이 되었습니다. 만일 전하께서 전하 자신과 전하 휘하의 군대를 불멸의 존재라고 생각하신다면, 제가 전하께 조언을 드릴 이유가 없을 것입니다. 하지만 전하와 전하께서 지배하는 다른 자들이 모두 한낱 인간이라는 점을 알고 계신다면, 무엇보다도 먼저 인간지사(人間之事)는 수레바퀴처럼 돌고 도는 것이어서 같은 사람이 계속 행운을 누리게 하지는 않는다는 점을 통촉하시옵소서. 그래서 저는 지금 제기된 문제에 대해 여기 계신 분들과는 생각이 반대입니다. 만일 우리가 적들을 나라 안으로 맞아들이고자 한다면, 거기에는 다음과 같은 위험이 도사리고 있으니 말입니다. 즉 전하께서 패하실 경우에는 전하께서 모든 영토를 상실하고 맙니다. 마사게타이인이 승리한다면 그들은 분명 퇴각하려 하지 않고 전하의 영토로 진군할 것이기 때문입니다. 또 전하께서 승리를 거두신다 해도, 저들의 땅으로 건너가 마사게타이인들에게 승리를 거두고 도주하는 그들을 공격하는 것만큼의 승리에는 미치지 못할 것입니다. 저는 전하께서 적들에게 승리를 거두신 후 곧장 토미리스의 나라로 진격해 가실 것으로 생각하여, 이것을 앞의 경우와 대조해 보려는 것입니다. 제가 지금껏 말씀 드린 것 말고도, 캄비세스의 아드님 키로스께서 일개 아녀자에게 양보하여 퇴각한다는 것은 치욕스럽고 참을 수 없는 일입니다. 그러니 이제 제 생각에는, 우리가 강을 건너 저들이 후퇴하는 데만큼 진군한 후에 다음처럼 행하여 저들을 제압하고자 시도하는 것이 옳다고 봅니다. 제가 들어 알기로, 마사게타이인은 페르시스인의 좋은 문물을 알지 못하고 화려하고 근사한 것들을 아직 경험하지 못했기 때문입니다. 그래서 이러한 자들을 위해 많은 가축들을 아낌없이 잡아 조리하여 우리 진영에서 잔치를 베풀고 더욱이 희석되지 않은 포도주가 담긴 술동이와 각종 음식들을 후하게 내놓도록 하시옵소서. 그렇게 한 후에는 가장 허약한 병력만 남겨 놓고 나머지 군대는 다시 강으로 후퇴하도록 하시옵소서. 제 생각이 그릇되지 않는다면 저들은 수없이 많은 좋은 것들을 보고 그것들을 향해 달려들 것이며, 그러면 우리는 막대한 성과를 올릴 수가 있을 것이옵니다.'

208   그리하여 이들 두 의견이 대립되었다. 이에 키로스는 앞서의 의견을 버리고 크로이소스의 의견을 택하여, 토미리스에게 자신이 그녀의 땅으로 건너갈 것이니 그녀의 군대를 퇴각시키라고 요구했다. 그러자 토미리스는 자신이 처음에 약속했던 대로 후퇴했다. 키로스는 그가 왕위를 물려줄 작정이었던[177] 자신의 아들 캄비세스에게 크로이소스를 맡겼으며, 만일 마사게타이인들을 향한 도강(渡江)이 성공하지 못할 경우라도 크로이소스를 높이 공경하고 극진히 후대하라고 아들에게 지시했다. 이렇게 지시를 내려서 그들을 페르시스 땅으로 돌려보내고 키로스 자신과 그의 군대는 강을 건넜다.

209   아락세스 강을 건넌 후 밤이 되어 마사게타이인들의 땅에서 잠을 자고 있을 때, 키로스는 다음과 같은 꿈을 꾸었다. 키로스는 꿈에서 히스타스페스 장남의 양어깨에 날개가 달려 있는 것을 보았는데,

___

177 여기서는 이때까지도 아직 키로스가 캄비세스의 왕위 계승권을 공개적으로 천명하지 않은 것으로 나온다. 그러나 페르시아인들의 규범에 따르면, 왕이 원정을 떠나기 전에 왕의 후계자를 지명해야 했다고 한다(제7권 제2장 참조).

그 장남이 그중 한쪽 날개로는 아시에에, 다른 쪽 날개로는 에우로페에 그늘을 지게 한다고 여겨졌다. 아르사메스의 아들 히스타스페스는 아카이메니다이 가문의 사람이었는데, 다레이오스가 그의 장남이었다. 다레이오스는 그때 나이가 약 20세 정도 되었으며, 페르시스 땅에 머물러 있었다. 그는 아직 군사 원정에 나설 만한 나이가 아니었기 때문이다. 키로스는 잠에서 깨어나자 그 환영에 대해 혼자 생각해 보았다. 그는 그 환영을 매우 중요하다고 여겨서, 히스타스페스를 데려오게 한 후 그를 혼자만 곁에 불러 말했다. "히스타스페스여, 그대의 아들이 나와 내 왕국에 모반을 꾸미다가 발각이 되었소. 내가 어떻게 그것을 확실히 알게 되었는지를 설명하리다. 신들께서는 나를 아껴 돌보시고, 장차 일어날 모든 일에 대해 내게 미리 알려 주신다오. 그런데 지난밤에 잠을 자던 중 꿈에서 그대의 장남의 양어깨에 날개가 달려 있는 것을 보았는데, 그가 그중 한쪽 날개로는 아시에에, 다른 쪽 날개로는 에우로페에 그늘을 지게 했었소. 그래서 이 환영으로 미루어 볼 때, 그대의 장남이 나에게 모반을 꾸미고 있음이 실로 분명하오. 그러니 그대는 이제 되도록 빨리 페르시스 땅으로 돌아가, 내가 이곳을 정복한 후 그곳으로 귀국하게 되면 그대 아들을 심문하게끔 내 앞에 대령하도록 조처하시오."

키로스는 다레이오스가 자신에게 모반을 꾀하고 있다고 생각하여 210 이렇게 말했다. 그러나 사실 신령이 그에게 계시한 것은 그 자신이 지금 있는 이 땅에서 죽을 것이고 그의 왕위가 나중에 다레이오스에게 돌아가리라는 것이었다. 키로스의 말에 대해 히스타스페스는 이렇게 대답했다. "전하, 전하께 모반을 꾀하는 페르시스인은 결코 태어나지 말았으면 합니다만, 그래도 그런 자가 있다면 되도록 빨리 죽여야 할 것입니다. 전하께서는 페르시스인들이 예속에서 벗어나 자유민이 되게 하셨고 또 그들이 남들의 지배를 받던 상태에서 벗어나 모두를 지배하도록 하셨으니 말입니다. 정녕 제 자식이 전하께 불온한 일을 꾸민다고 환영이 계시한 것이라면, 저는 전하께서 뜻대로 처리하시도록 전하께 그를 인도할 것입니다."

211   히스타스페스는 이렇게 대답한 후, 키로스를 위해 아들 다레이오스를 감시하려고 아락세스 강을 건너 페르시스 땅으로 돌아갔다. 한편 키로스는 아락세스 강에서 하루 여정의 거리만큼 진군한 후 크로이소스가 조언한 대로 행했다. 그런 다음 키로스와 페르시스인들의 견실한 부대는 쓸모없는 병력을 남겨 놓고 아락세스 강으로 퇴각했다. 이에 마사게타이 군대의 3분의 1 병력이 키로스 군대의 잔류 병사들을 공격하여, 저항하는 그들을 살해했다. 마사게타이인들은 적들을 제압한 후, 눈앞에 차려진 잔치 음식을 보자 기대어 누워 성찬을 즐겼으며, 음식과 포도주를 잔뜩 먹고 나서 잠이 들었다. 그러자 페르시스인들이 그들을 습격하여 그들 중 많은 자들을 살해했고 그보다 훨씬 더 많은 자들을 포로로 잡았다. 포로 중에는 다른 자들도 있었지만 특히 여왕 토미리스의 아들도 있었는데, 그는 마사게타이인들의 장군으로 이름은 스파르가피세스였다.

212   토미리스는 자신의 군대와 아들에게 일어난 일에 대해 듣고, 키로스에게 사절을 보내 다음과 같이 말했다. "피에 굶주린 키로스여, 그대가 무력으로 싸우지 않고 포도 열매와 같은 그런 약물로 기만하여 내 아들을 제압한 것이라면, 이번 일을 가지고 결코 우쭐대지 마시오. 당신들 페르시스인이라고 해도 그것을 가득 마시면 분별을 잃게 되고, 따라서 포도주가 몸속으로 내려가면서 고약한 말들이 자꾸 입으로 올라오게 되지요. 그런즉 내가 이제 좋은 충고의 말을 해 줄 테니 그것을 받아들이시오. 그대는 이미 마사게타이 군대의 3분의 1에 대해 못된 짓을 했지만, 나에게 아들을 돌려주고서 아무 탈 없이 이 나라에서 떠나도록 하시오. 그러나 만약 그대가 그렇게 하지 않는다면, 마사게타이인의 주님이신 태양에게 진실로 맹세하노니, 피를 탐하는 그대를 피에 물리게 해 주겠소."

213   이 말이 키로스에게 전달되었지만, 그는 이에 전혀 개의치 않았다. 한편 토미리스 여왕의 아들 스파르가피세스는 포도주 취기에서 깨어

나 자신이 비참한 처지에 놓인 것을 알자, 키로스에게 자신의 포박을 풀어 달라고 간청하여 그리하도록 허락 받았다. 이에 그는 포박에서 풀려나 손을 마음대로 쓸 수 있게 되자마자, 스스로 목숨을 끊고 말았다.

그는 이와 같이 생을 마감했다. 한편 토미리스는 키로스가 자신의 214 말을 듣지 않자 자신의 모든 병력을 끌어모아 키로스와 대적했다. 나는 이 전투가 이방인들 간에 벌어진 전투 가운데 가장 격렬했다고 본다. 내가 듣기에는, 그것이 실제로 그러했다고 한다. 처음에는 그들이 멀찌감치 떨어져서 서로에게 활을 쏘아 대다가, 나중에 화살이 다 떨어지자 창과 단검을 가지고 서로 맞붙어 싸웠다고 한다. 그들은 오랫동안 맞붙어 싸웠고 어느 편도 물러서려 하지 않았다고 한다. 그러나 결국 마사게타이인이 승리를 거두었다. 페르시스 군대의 수많은 병사들이 그곳에서 사망했고 더군다나 키로스 자신도 목숨을 잃었다. 그의 재위 기간은 모두 해서 29년이었다.[178] 토미리스는 가죽부대에 사람의 피를 가득 채우고, 페르시스인 사망자들 사이에서 키로스의 시신을 찾아다녔다. 이윽고 그를 발견하자 그녀는 그의 머리를 가죽부대 속에 넣고, 그의 시신을 능멸하여 다음처럼 말했다. "나는 살아 있고 전투에서 그대에게 승리했건만, 그대는 속임수로 내 아들을 사로잡아 나를 파멸시켰소. 하지만 나는 내가 앞서 으르던 대로 그대를 피에 물리게 해 주겠소." 실로 키로스의 죽음에 대해서는 수많은 이야기들이 나돌고 있지만, 내가 보기에는 위의 이야기가 가장 믿을 만한 것이다.

마사게타이인들은 스키티에인들과 똑같은 복장을 착용하며, 또 그 215 들과 똑같은 생활 방식을 지니고 있다. 그들은 기병도 되고 보병도 되며―그들은 이 두 방식을 함께 사용하는 것이다―, 궁수도 되고

---

178 기원전 558~529년.

창병도 된다. 또 그들은 대개 사가리스[179]를 들고 다닌다. 그들은 모든 것들에 금과 청동을 사용한다. 창끝과 화살촉, 전투 도끼에는 모두 청동을 사용하고, 머리 장식과 허리띠, 가슴띠에는 금으로 장식하는 것이다. 그들은 또한 말들에 대해서도 마찬가지인데, 말의 앞가슴에는 청동 흉갑(胸甲)을 두르고 고삐와 재갈, 말머리의 측면 장식에는 금을 사용한다. 그들은 철이나 은을 전연 사용하지 않는다. 그들의 나라에는 철이나 은이 전혀 나지 않기 때문이다. 반면에 금과 청동은 대단히 풍부하다.

216   그들이 사용하는 관습은 다음과 같다. 그들은 각자 자신의 아내와 혼인하지만 아내들을 공유한다. 헬라스인들은 스키티에인들이 그렇게 한다고 말하지만, 그런 관행은 스키티에인들이 아니라 마사게타이인들의 것이다. 한 마사게타이 남자가 어떤 여자에게 마음이 있다면 자신의 화살통을 그녀의 수레 앞에 걸어 놓고서 아무 거리낌 없이 그녀와 동침을 한다. 그들에게 인간 수명의 한계가 달리 지정되어 있지는 않다. 그렇지만 어떤 자가 몹시 연로해지면, 모든 친척들이 함께 모여 다른 가축들과 더불어 그를 제물로 잡아 죽이고 그 고기들을 삶아서 잔치를 벌인다. 그들은 이것을 가장 행복한 죽음으로 여긴다. 반면 병으로 죽은 자의 경우에는 먹지 않고 땅에 묻는데, 그들은 그가 제물로서 죽지 못하게 된 것을 불행으로 간주한다. 마사게타이인들은 땅에 아무런 씨앗도 뿌리지 않으며, 가축과 물고기를 먹고 산다. 물고기들은 아락세스 강에서 풍부하게 잡힌다. 또한 그들은 우유를 마신다. 그들은 신들 중에서 태양만을 섬기며 태양에게 말을 제물로 바친다. 그런 제물을 바치는 의도는 이러하다. 즉 그들은 신들 중에서 가장 날쌘 신에게 모든 필멸의 생물 가운데 가장 날쌘 것을 바친다는 것이다.

---

179   사가리스(sagaris)는 스키타이인들이 사용한 전투용 도끼를 가리킨다.

제 2 권

키로스가 죽자 캄비세스가 왕위를 이어받았다.[1] 캄비세스는 키로 1
스와, 파르나스페스의 딸 카산다네 사이에 태어난 아들이었다. 카산
다네가 먼저 죽었을 때 키로스 자신이 크게 애통해 했으며, 그의 지
배하에 있는 모든 사람들에게도 그녀를 애도하라고 명령했다. 이 여
성과 키로스의 아들인 캄비세스는 이오네스인들과 아이올레스인들
을 아버지로부터 물려받은 노예들로 여겼다. 그는 아이깁토스 원정
을 실시했는데, 이때 그가 통치하는 다른 자들과 더불어 특히 그의
지배를 받는 헬라스인들도 함께 데려갔다.

아이깁토스인들은, 프삼메티코스가 그들의 왕이 되기 전까지는, 자 2
신들이 모든 인간들 중에서 맨 먼저 생겨난 자들이라고 여겼다. 그러
나 프삼메티코스는 왕이 되자[2] 누가 맨 먼저 생겨난 자들인지를 알고
싶어 했으며, 그 이후로 아이깁토스인들은 프리기에인들이 자신들보
다 먼저 생겨났고 자신들은 그 외의 다른 자들보다 먼저 생겨났다고
여긴다. 프삼메티코스는 탐문을 통해 인간들 중에서 누가 맨 먼저 생
겨났는지를 알아낼 수가 없자, 다음과 같은 방법을 고안해 냈다. 즉
그는 임의로 정한 사람들의 신생아 두 명을 한 목자에게 데려가, 그
들을 가축들 속에서 다음처럼 키우라고 맡겼다. 그는 목자에게 어
느 누구도 그들의 면전에서는 절대로 말을 하지 말고, 외딴집에 그들
만 따로 있게 하고, 때가 되면 그들에게 염소들을 데리가 젖을 배불
리 먹이고 또 그 밖의 다른 일들도 잘 수행하라고 명령했던 것이다. 프
삼메티코스가 이렇게 행동하고 명령한 것은 아기들이 옹알이를 그만
하게 될 때 어떤 말을 맨 먼저 입 밖에 내는지 듣고 싶어서였다. 그리
고 실제로 그런 일이 일어났다. 목자가 그 일을 맡고 2년이 흐른 어느
날 문을 열고 들어가자, 두 아이가 모두 양손을 뻗은 채 그에게 달려
들며 "베코스"라고 외쳤던 것이다. 목자는 처음에 이 말을 듣고서 잠

---

1 기원전 529년.

2 기원전 664년경.

자코 있었다. 그러나 그가 자주 들러 아이들을 돌볼 때 아이들이 같은 말을 반복했으므로 그는 이를 주인에게 알렸고, 명을 받아 아이들을 주인의 면전으로 데려갔다. 프삼메티코스는 자신이 직접 아이들의 말을 듣고서 대체 어떤 사람들이 무엇을 베코스라고 부르는지 탐문했으며, 탐문 결과 프리기에인들이 빵을 그렇게 부른다는 것을 알았다. 그래서 아이깁토스인들은 이러한 일을 근거로 판단하여, 프리기에인들이 자신들보다 더 오래된 사람들이라는 것을 인정했다. 이상의 이야기는 내가 멤피스의 헤파이스토스[3] 사제들에게 들은 것이다. 반면에 헬라스인들은 다른 터무니없는 이야기들을 많이 하는데, 프삼메티코스가 어떤 여자들의 혀를 자른 다음 아이들을 그녀들과 함께 지내도록 했다는 이야기도 하는 것이다.

3   헤파이스토스 사제들은 그 아이들의 양육에 대해 그와 같은 이야기를 해 주었다. 나는 또 멤피스에서 사제들과 대화하면서 다른 것들에 대한 이야기도 들었다. 그리고 나는 다음의 이유에서 테바이와 헬리우폴리스[4]에도 가 보았는데, 즉 그곳 사람들도 내가 멤피스에서 들었던 것과 같은 이야기를 하는지 알고 싶어서였다. 헬리우폴리스인들은 아이깁토스인 중에서 가장 박식하다고들 하기 때문이다. 그런데 나는 내가 들은 이야기 가운데 신들에 대한 것은 그들의 이름 말고는 자세히 말하고 싶지 않다. 나는 모든 사람들이 신들에 대해 똑같이 알고 있다고 생각하기 때문이다. 앞으로 내가 신들에 대해 언급한다면, 이야기의 진행상 부득이한 경우에만 그럴 것이다.

4   그러나 인간에 관한 일에서는 그들 모두가 하나같이 다음처럼 말했다. 그들의 말로는, 아이깁토스인들이 모든 인간들 가운데 최초로

---

3 헤로도토스는 이집트 신들의 이름을 흔히 그리스 신들의 이름으로 부르곤 한다. 이 헤파이스토스는 이집트의 프타(Ptah) 신을 가리킨다.

4 헬리우폴리스(Heliupolis)는 '헬리오스(Helios)의 도시'를 말하는데 그리스어로는 '태양의 도시'를 뜻한다.

역년(曆年)을 창안하고 그것을 12개 시기로 나누었다고 한다. 그들은 별들에 근거하여 이것을 창안했다고 한다. 내가 생각하기에는, 그들의 계산 방식이 헬라스인들의 것보다 더 현명하다. 헬라스인들은 계절을 맞추기 위해 2년마다 윤달을 하나 집어넣지만, 아이깁토스인들은 12개 달을 각기 30일로 잡고 매년 그 일수(日數)에 5일을 추가함으로써 계절의 순환이 역년과 일치해 돌아가도록 하기 때문이다. 또한 그들은 말하기를, 아이깁토스인들이 12신의 명칭을 최초로 사용했고 헬라스인들은 이들로부터 그것을 받아들였다고 한다. 또 아이깁토스인들이 최초로 신들에게 제단과 신상, 신전을 만들어 주었으며 돌에 형상을 최초로 새겨 넣은 것도 아이깁토스인들이라고 한다. 그리고 그들은 자신들이 진술한 것들이 대부분 실제로 그러함을 증명해 보였다. 그들은 최초로 아이깁토스 왕이 된 인간이 민[5]이었다고 말한다. 그의 치세 때에는 테바이 주(州)[6]를 제외한 아이깁토스 전역이 늪지대였으며, 아이깁토스에서 현재 모이리스 호수의 아래쪽[7]에 위치한 지역은 모두 물속에 있었다고 한다. 이 호수는 바다에서 강을 거슬러 항해할 때 7일 걸리는 곳이다.

나는 이 지역에 대한 그들의 이야기가 옳다고 생각한다. 지혜 있는 5 사람이라면 누구나, 그 이야기를 사전에 들은 적이 없다고 해도, 그곳을 보면 현재 헬라스인들이 배를 타고 다니는 아이깁토스 지역은 아이깁토스인들이 새로 획득한 땅이고 강의 선물임을 분명히 알 수 있기 때문이다. 또한 이 호수의 위쪽으로 항해하여 3일 걸리는 지역

---

5 전설적인 이집트 초대 왕. 민(Min)은 상(上)이집트와 하(下)이집트를 통합하여 통일왕국을 건설한 왕으로 추정된다. 메네스(Menes)라고도 불렸다.

6 노모스(nomos)를 번역한 말. 이집트의 행정 구역을 일컫는다.

7 헤로도토스가 이집트를 서술하는 데서 위쪽과 아래쪽 방향의 기준이 되는 것은 나일 강의 흐름이다. 즉 위쪽은 나일 강의 상류인 남쪽을 말하고 아래쪽은 하류인 북쪽을 말한다.

까지도, 비록 저들이 이곳에 대해 그런 언급을 하지는 않았지만, 앞서의 지역과 똑같음을 분명히 알 수 있다. 아이깁토스 땅의 성질은 다음과 같기 때문이다. 우선 먼저, 당신이 배를 타고 아이깁토스로 갈 때 육지에서 하루 거리만큼 떨어진 곳에서 측연선(測鉛線)을 내리면 진흙을 길어 올리고 바다 깊이가 11오르기이에[8]임을 알게 될 것이다. 이는 육지의 퇴적물이 거기까지 와 있음을 보여 준다.

6 　한편, 우리가 아이깁토스를 플린티네에서 카시오스 산 기슭에 있는 세르보니스 호수까지로 한정할 경우, 아이깁토스 자체의 해안 길이는 60스코이노스[9]다. 즉 이 두 지점 사이가 60스코이노스라는 말이다. 좁은 땅을 가진 사람들은 오르기이에를 단위로 땅을 측정하고, 덜 좁은 땅을 가진 사람들은 스타디온을, 넓은 땅을 가진 사람들은 파라상게스를, 아주 광대한 땅을 가진 사람들은 스코이노스를 단위로 땅을 측정한다. 여기서 파라상게스[10]는 30스타디온에 해당하고 아이깁토스의 측정 단위인 스코이노스는 60스타디온에 해당한다.

7 　그래서 아이깁토스의 해안 길이는 3,600스타디온이 된다. 여기서부터 내륙 쪽으로 헬리우폴리스까지의 아이깁토스는 폭이 넓은 지역인데, 전반적으로 평탄하고 물기가 많은 진흙땅이다. 해안에서 헬리우폴리스를 향해 올라가는 길의 거리는 아테나이의 12신 제단에서 피사의 올림피오스[11] 제우스 신전으로 가는 길의 거리와 거의 비슷하다. 이 두 길의 거리를 계산해 본 사람은 그 길이가 똑같지는 않지만 둘의 차이가 채 15스타디온이 안 될 정도로 미미함을 알 수 있을 것

8　길이 단위. 1오르기이에(orgyie)는 오늘날 기준으로 약 1.77미터에 해당한다.

9　길이 단위. 1스코이노스(schoinos)는 오늘날 기준으로 약 10.656킬로미터에 해당한다.

10　길이 단위. 1파라상게스(parasanges)는 오늘날 기준으로 약 5.328킬로미터에 해당한다.

11　'올림피오스'는 제우스의 별명으로 자주 사용되었는데, '올림포스의'를 뜻한다.

이다. 아테나이에서 피사까지의 길은 1,500스타디온에서 15스타디온이 부족하지만, 해안에서 헬리우폴리스까지의 길은 이 수치를 꼭 채우는 거리이기 때문이다.

헬리우폴리스에서 더 위쪽으로 올라가면 아이깁토스가 좁아진다. 8 한쪽으로는 아라비에 산맥이 나란히 뻗어 있는데, 이 산맥은 북에서 남으로 나아가며 홍해라 불리는 바다를 향해 위쪽[12]으로 쭉 뻗쳐 있다. 그 산맥 안에는 채석장들이 있는데, 멤피스의 피라미스[13]들을 만드는 데 쓰인 석재들은 여기서 깎아 낸 것들이다. 그곳에서 산맥은 내가 앞서 말한 곳으로 방향이 굽어져서 끝이 난다. 내가 듣기에는, 이 산맥에서 가장 넓은 곳은 동에서 서로 갈 때 두 달 걸리고 그 동쪽 끝에서는 유향을 산출한다고 한다. 이 산맥은 그와 같은 것이다. 반면에 아이깁토스의 다른 한쪽에는 리비에 쪽으로 또 다른 바위 산맥이 하나 뻗어 있는데, 그 산맥 안에는 피라미스들이 있다. 이 산맥은 모래로 뒤덮여 있으며, 아라비에 산맥과 똑같은 식으로 남쪽을 향해 뻗어 있다. 헬리우폴리스부터는 아이깁토스 땅이 넓지 않고, 강을 거슬러 14일[14]간 항해하는 동안은 아이깁토스의 폭이 좁다. 앞서 말한 산맥들 사이에는 평지가 놓여 있는데, 내가 생각하기에, 그중 가장 좁은 곳에서 아라비에 산맥으로부터 리비에 산맥으로 불리는 데까지는 길어야 200스타디온인 것 같다. 한편 거기서부터 아이깁토스는 다시 넓어진다. 아이깁토스 땅의 성질은 그러한 것이다.

헬리우폴리스에서 테바이까지 강을 거슬러 항해하는 데에는 9일 9 걸리고 거리는 4,860스타디온인데, 이는 81스코이노스에 해당한다. 아이깁토스의 스타디온 길이를 합쳐 보면, 해안 길이는 내가 앞서 언

---

12 남쪽을 가리킨다.

13 피라미드. 고대 이집트의 사각뿔 모양의 건축물.

14 필사본에는 '4일'로 되어 있으나, 슈타인 텍스트에는 '14일'로 나와 있다. 이는 '4일'이 제2권 제9장의 서술과 부합하지 않기 때문이다.

급했듯이 3,600스타디온이고 해안에서 내륙으로 테바이까지의 거리는 이제 밝히려 한다. 그 거리는 6,120스타디온이다. 또 테바이에서 엘레판티네라고 불리는 도시까지는 1,800스타디온이다.

10   그래서 내가 언급한 이 나라의 대부분 지역은, 사제들이 나에게 말해 주고 나 자신도 그렇다고 생각하듯이, 아이깁토스인이 추가로 획득한 땅이다. 내가 보기에는 멤피스 시 위쪽에 위치한 앞의 두 산맥 사이의 지역이 과거에 바다의 만이었을 것 같기 때문이다. 그 지역은 마치 일리온, 테우트라니아, 에페소스의 주변 지역들 및 마이안드로스 평원과 같다. 이런 작은 지역들을 아이깁토스의 큰 지역과 비교하자면 말이다. 퇴적 작용으로 이들 지역을 형성한 강들 가운데 어느 것도 규모에서는 네일로스 강의 한 하구―네일로스 강에는 하구가 5개 있다―에도 견줄 수가 없다. 이 강들 외에도 규모는 네일로스 강에 미치지 못하지만 큰 효과를 거둔 강들이 있다. 그에 대해 나는 다른 강들의 이름과 특히 아켈로스 강의 이름을 댈 수 있다. 이 강은 아카르나니아를 통과해 바다로 흘러 나가는데, 이미 에키나데스 군도의 절반을 육지로 만들어 놓았다.

11   아이깁토스에서 멀지 않은 아라비에 지역에는 홍해라 불리는 곳에서 뻗어 온 해만(海灣)[15]이 하나 있는데, 그 길이와 폭이 어느 정도인지는 내가 이제 말할 참이다. 길이로 보면, 만의 가장 안쪽에서 출발해 넓은 바다로 노를 저어 항해하는 데 40일 걸리는 거리다. 하지만 폭으로 보면, 만의 폭이 가장 넓은 곳에서 건너가는 데 한나절이 걸린다. 여기서는 매일 밀물과 썰물 현상이 나타난다. 내 생각에는 아이깁토스도 예전에 이와 같은 만이었는데, 북쪽의 바다[16]에서 아이티

---

15 여기서의 해만, 즉 바다의 만은 오늘날의 홍해를 가리킨다. 헤로도토스는 이를 홍해라 부르지 않고 아라비에 만이라고 부른다. 헤로도토스가 말하는 홍해는 오늘날의 인도양을 지칭한다.

16 오늘날의 지중해.

오피에 쪽으로 뻗은 것이었다. 그 반면 내가 이제 말하고자 하는 아라비에 만[17]은 남쪽 바다에서 시리에 쪽으로 뻗은 것이었다. 이들 만(灣)은 그 끝부분이 서로 근접할 정도로 뻗어 있어서, 그 사이의 좁은 땅이 겨우 둘을 갈라놓고 있었다. 만약 네일로스 강이 이제 물길을 돌려 이 아라비에 만 쪽으로 흘러들게 된다면, 이 만이 강물로 인해 2만 년 내에 퇴적물로 메워지는 것을 무엇으로 막을 수 있겠는가? 내가 예상하기로는 1만 년 내에 메워질 것이다. 그렇다면 이것보다 훨씬 더 큰 만이라 해도 내가 태어나기 이전의 오랜 세월 동안에 그처럼 크고 활동적인 강에 의해 어찌 메워지지 않았을 것인가?

그래서 나는 아이깁토스에 대해 그런 말을 하는 사람들을 믿으며, 12 나 자신도 정말 그렇게 생각한다. 왜냐하면 나는 아이깁토스가 이웃 지역보다 바다로 더 돌출해 있고 조개껍데기들이 산중에서 나타나며 또 피라미스들까지 부식될 정도로 소금이 지표면에 드러나 있고 멤피스의 위쪽에 있는 산이 아이깁토스에서 유일한 모래 산임을 보았기 때문이다. 그뿐 아니라 아이깁토스의 땅은 인접한 아라비에나 리비에, 시리에ー아라비에의 해안에는 시리에인들이 거주하고 있는 것이다ー지역들과 전혀 비슷하지 않으며, 아이티오피에에서 강물에 떠내려 온 진흙과 충적토라 할 만큼 검고 잘 부스러진다. 우리가 알기에, 리비에의 땅은 그보다 너 붉고 너 모래낳이며, 아라비에와 시리에의 땅은 더 점토질이고 돌이 많다.

또 사제들은 나에게 이 나라에 관한 강력한 증거를 말해 주었다. 13 즉 모이리스가 왕이었을 때에는 강이 최소 8페키스만 상승해도 멤피스 아래쪽의 아이깁토스가 다 범람했다고 한다. 내가 사제들에게 이 이야기를 들은 것은 모이리스가 죽은 지 900년이 채 되지 않았을 때였다. 그러나 지금은 강이 최소 15페키스나 16페키스 정도로 상승하

<hr>

17 오늘날의 홍해.

지 않으면 아이깁토스에서 강물이 넘치지 않는다. 내가 생각하기에
는 아이깁토스인 중에서 모이리스 호수 아래쪽에 사는 사람들과 특
히 델타[18]라고 불리는 곳에 사는 사람들은, 만약 그 지역이 이와 같
은 비율로 계속 높아지고 똑같이 면적도 넓어져 네일로스 강이 그곳
에서 더는 범람하지 않는다면, 예전에 아이깁토스인들 자신이 헬라
스인들이 겪을 것이라고 말했던 그런 일을 앞으로 영원히 겪게 될 것
으로 보인다. 아이깁토스인들은 헬라스인들의 모든 지역에 비가 내
리고 자신들과 달리 강물로 관개하지 않는다는 말을 듣고서, 헬라스
인들이 언젠가는 큰 기대에 어긋나게 처참한 기아에 시달릴 것이라
고 말한 바 있기 때문이다. 이 말은 만일 신께서 헬라스인들에게 비
를 내려주지 않고 가뭄을 겪도록 하신다면 헬라스인들이 굶어 죽게
될 거라는 의미였다. 헬라스인들에게는 제우스 말고는 달리 물의 원
천이 존재하지 않기 때문이다.

14   아이깁토스인들은 헬라스인들에 대해 이와 같은 말을 하는데, 타
당한 말이다. 그러나 나는 이제 아이깁토스인 자신들은 사정이 어떠
한지를 기술하고자 한다. 만일, 내가 앞서 말한 대로, 멤피스 아래쪽
지역—이곳이 바로 상승하는 지역이다—이 과거와 같은 비율로 계
속 상승한다면 이곳에 사는 아이깁토스인들이 기아에 허덕일 것은
뻔한 일 아닌가? 그들의 지역에 비도 내리지 않고 또 강물도 경작지
로 흘러넘칠 수 없다면 말이다. 이들은 지금 다른 모든 인간들이나
자신들 이외의 아이깁토스인들보다 품을 덜 들여 땅에서 곡물을 수
확하고 있는 것이다. 이들은 힘든 일을 전혀 하지 않는데, 쟁기로 농
지를 갈지도 않고 괭이질도 하지 않으며 다른 사람들이 수확과 관련
해 행하는 여타 작업도 전혀 하지 않는다. 대신에 강이 저절로 상승

---

18 삼각주. 강과 바다가 만나는 어귀에 강물이 운반한 토사가 쌓여 이루어진 지
    형인데, 대개 그리스 문자 델타(Δ)와 비슷한 삼각형이어서 델타라고 불린다.
    이집트 나일 강의 델타가 가장 유명하다.

해서 경작지에 물을 댔다가 나중에 그 물이 다시 빠지게 되면, 그때
서야 각자가 자신의 경작지에 씨앗을 뿌리고 그 안에 돼지들을 몰아
넣는다. 그리고 돼지들이 씨앗을 밟아 놓으면 이후에 수확기를 기다
렸다가 돼지들을 이용해 곡식을 탈곡하고 그것을 모아 저장한다.

이오네스인들은 델타 지역만이 아이깁토스라고 말한다. 그들 말 15
에 의하면, 아이깁토스는 해안의 경우 페르세우스의 망루라 불리는
곳에서부터 펠루시온의 염장(鹽藏) 작업장―두 지점 사이의 거리
는 40스코이노스에 이른다―까지이고 바다에서 내륙 쪽으로는 케
르카소로스 시―여기서 네일로스 강이 펠루시온과 카노보스 하구
쪽으로 나뉘어 흐른다―에까지 뻗어 있다고 한다. 그리고 아이깁토
스의 나머지 지역은 일부는 리비에 땅이고 일부는 아라비에 땅이라
고 한다. 우리가 아이깁토스에 관한 이오네스인들의 이런 견해를 따
르기로 한다면, 그들의 주장을 활용하여, 예전에 아이깁토스인들에
게는 나라가 없었음을 입증할 수 있을 것이다. 실로 델타 지역은, 아
이깁토스인들 스스로가 그렇게 말하고 나 자신도 그에 동의하듯, 강
에 의한 충적 지대이고 말하자면 새로 생겨난 땅이기 때문이다. 그래
서 그전에는 그들에게 국토가 없었다고 한다면, 어찌하여 그들은 쓸
데없이 자신들이 맨 먼저 생겨난 인간이라고 생각한 것인가? 그들
은 이런아이들의 실험을 통해 그 아이들이 낸 먼저 입 밖에 내는 말
이 어떤 말인지를 알아볼 필요도 없었던 것이다. 나는 이오네스인들
이 델타라고 부르는 지역이 생겨나면서 동시에 아이깁토스인들도 같
이 출현했다고 생각하지는 않는다. 나는 그들이 인류가 생겨난 이래
로 쭉 존재해 왔다고 보며, 그들의 땅이 차츰 확장되자 그들 중 다수
는 그대로 남고 또 다수는 새로운 땅으로 내려갔다고 생각한다. 실제
로 옛날에는 테바이가 아이깁토스라고 불렸는데, 이 지역은 둘레가
6,120스타디온이다.

그러므로 이에 대한 우리의 견해가 옳다고 한다면, 아이깁토스에 16
관한 이오네스인들의 생각은 잘못된 것이다. 반면 이오네스인들의

견해가 옳다고 하면, 나는 헬라스인들과 이오네스인들 자신이 전 세계는 세 부분 즉 에우로페와 아시에와 리비에로 되어 있다고 이야기할 때 그들이 잘못 계산한 것임을 보여 줄 수 있다. 만일 아이깁토스의 델타가 아시에에도 속하지 않고 리비에에도 속하지 않으면 그들은 그 지역을 네 번째 부분으로 추가해야 한다. 그들의 설명에 따르면, 네일로스 강은 아시에와 리비에를 가르는 강이 아니기 때문이다. 네일로스 강은 이 델타의 정점에서 나뉘어 델타를 돌아 흐르므로 델타는 아시에와 리비에 사이의 땅이 되어야 할 것이다.

17   이제 이오네스인들의 견해는 제쳐놓고 이 문제에 관한 우리의 생각을 말하면 이러하다. 즉 킬리키에는 킬리키에인들이 사는 지역이고 아시리에는 아시리에인들이 사는 지역이듯이, 아이깁토스는 아이깁토스인들이 사는 모든 지역을 가리킨다. 그리고 우리는, 올바로 말해서, 아이깁토스인들의 국경 말고는 아시에와 리비에의 경계를 알지 못한다. 그러나 우리가 헬라스인들의 관행적 견해를 따른다면, 카타두포이[19]와 엘레판티네 시에서부터 시작되는 아이깁토스 전체가 둘로 나뉘어 양쪽이 다른 이름을 갖는다고 생각해야 할 것이다. 아이깁토스의 한쪽은 리비에에 속하고 다른 한쪽은 아시에에 속하게 된다. 네일로스 강은 카타두포이에서 시작하여 아이깁토스 한가운데를 지나 바다로 흘러가면서 아이깁토스를 둘로 나누기 때문이다. 지금 네일로스 강은 케르카소로스 시까지는 한 줄기로 흐르지만 이 도시 이후부터는 강물이 세 줄기로 나뉜다. 이 가운데 동쪽을 향해 흐르는 것은 펠루시온 하구라고 불린다. 한편 서쪽을 향해 흐르는 강줄기는 카노보스 하구라고 불린다. 그리고 직진해 흐르는 네일로스 강줄기는 다음과 같은 것이다. 즉 이 강줄기는 상류에서 흘러내려 델타의 정점에 도달하고 이후로는 갈라져서 델타의 한가운데를 지나 바다

---

19 카타두포이(katadupoi)는 나일 강 상류의 대규모 폭포들을 가리킨다.

로 흘러 나간다. 이 강줄기는 그 수량(水量)에서나 명성에서 다른 것들에 비해 전혀 뒤지지 않는다. 이것은 세벤니토스 하구라고 불린다. 그런데 이 세벤니토스 하구에서 또 다른 두 하구가 갈라져 나와 바다로 흘러간다. 이것들의 이름은 하나는 사이스 하구이고 다른 하나는 멘데스 하구다. 또한 볼비티논 하구와 부콜리콘 하구도 있는데, 이것들은 자연 하구가 아니고 땅을 파서 만든 하구다.

암몬의 한 신탁도 나의 견해, 즉 아이깁토스의 규모는 내가 말한 18 정도의 크기라는 견해를 입증해 준다. 나는 아이깁토스에 관한 내 자신의 견해가 형성된 이후에 그 신탁 이야기를 들었다. 마레아 시와 아피스 시의 사람들은 리비에 부근의 아이깁토스에 사는데, 자신들이 아이깁토스인이 아니라 리비에인이라고 여겼고 제물에 관한 종교적 관례를 달갑지 않게 여겼다. 그들은 암소 고기를 금하는 계율을 원치 않았으므로, 암몬에게 사절을 보내 자신들과 아이깁토스인들 사이에는 아무것도 공통적인 것이 없다고 말했다. 그들은 자신들이 델타 지역 외부에 살고 있고 그곳 사람들과 서로 합치되는 바도 없으니 자신들이 모든 것을 먹을 수 있게 해 달라고 말했다. 그러나 신은 그들이 그리하도록 허락하지 않았다. 신은 말하기를, 네일로스 강이 흐르면서 물을 대 주는 지역은 다 아이깁토스이고 엘레판티네 시이래쪽에 살며 이 강물을 마시는 사람들은 모두 이이깁토스인이라고 했던 것이다. 그들에게 내려진 신탁은 이러했다.

네일로스 강이 범람할 때에는 델타 지역뿐 아니라 리비에라 불리 19 는 땅과 아라비에라 불리는 땅에서도 강의 양쪽으로 이틀 여정의 거리에 있는 지역에까지 강물이 흘러넘치는데, 때로는 그보다 더 멀리 가기도 하고 때로는 덜 가기도 한다. 이 네일로스 강의 성질에 대해 나는 사제들이나 다른 누구에게서도 아무런 지식을 얻을 수 없었다. 나는 다음과 같은 문제, 즉 네일로스 강이 하지 때부터 시작하여 100일 간은 범람하며 흘러오다가 그 기간의 일수가 차면 이제 반대로 물이 빠져 줄어들고 다시 하지가 될 때까지는 겨울 내내 수위가 낮게 유지되는 이유를 이들에게서 꼭 들어 보고 싶었다. 내가 그들에게 네일로스 강이 다른 강과는 본래적으로 반대되는 특성 같은 것이 있는가를 탐문했을 때, 이에 대해 아이깁토스인들에게서는 아무것도 얻어 낼 수가 없었다. 나는 앞서 언급한 문제들에 대해 알고 싶어서 탐문을 했으며, 또한 모든 강들 중에서 왜 여기서만 강에서 바람이 불어오지 않는지에 대해서도 탐문했다.

20   그러나 일부 헬라스인들은 자신의 지혜를 드러내고 싶어서 이 네일로스 강에 대해 세 가지 견해를 제시한 바 있다. 나는 그중 두 견해에 대해서는 언급할 가치가 없다고 보아, 단지 그것들이 어떤 것인지만 알려 주고자 한다. 그중 하나는 에테시아이 바람[20]이 네일로스 강을 범람하게 만드는 원인이라고 말하는데, 그 바람이 네일로스 강이 바다로 흘러가는 것을 막는다고 한다. 하지만 에테시아이가 불지 않는데도 네일로스 강이 똑같은 양상을 보이는 경우가 자주 있다. 게다가 에테시아이가 원인이라면 에테시아이와 반대 방향으로 흐르는 다른 강들 역시 네일로스 강과 마찬가지로 똑같은 일을 겪어야 마땅하다. 더군다나 그 강들은 크기가 네일로스 강보다 더 작고 강물의 흐름도 더 약하기 때문에 더욱 심하게 겪어야 마땅하다. 그러나 시리에에도 리비에에도 강이 많지만 그중 어느 것도 네일로스 강과 똑같은 양상을 보이지는 않는다.

21   두 번째 견해는 앞서 말한 것에 비해 덜 합리적이지만 말하기에는 더 경이롭다. 이 견해에 의하면, 네일로스 강이 오케아노스에서 흘러오기 때문에 이런 양상을 보이며 오케아노스는 전 세계를 둘러싸고 흐른다 한다.

22   세 번째 견해는 그중 가장 그럴듯해 보이지만, 실은 진실과 가장 동떨어진다. 이 견해에 따르면 네일로스 강이 녹은 눈에서 발원하여

---

20 에테시아이(Etesiai)는 주기적인 계절풍인데 여름철에 지중해에서 불어오는 북서풍이다.

흐른다고 하는데, 이는 전혀 이치에 맞지 않기 때문이다. 네일로스 강은 리비에에서 발원하여 아이티오피에 한가운데를 통과해 흐르다가 아이깁토스로 빠져나간다. 이처럼 가장 더운 곳에서 대체로 더 서늘한 곳으로 흐르는데, 그렇다면 어찌 그 강이 눈에서 발원하여 흐를 수 있겠는가? 이 문제에 대해 추론할 줄 아는 사람에게, 네일로스 강이 눈에서 발원하여 흐를 리 없음을 입증해 주는 첫 번째의 가장 강력한 증거는 리비에와 아이티오피에 같은 지역에서 불어오는 더운 바람이다. 두 번째 증거는 그 지역이 늘 비도 없고 얼음도 얼지 않는 곳이며, 눈이 내리고 나면 반드시 5일 내에 비가 내린다는 것이다. 따라서 이들 지역에서는 눈이 오면 비도 내리게 되어 있다. 세 번째 증거는 태양열로 인해 그곳 사람들의 피부가 검다는 것이다. 또한 솔개와 제비가 일 년 내내 그곳에 머물며 떠나지 않고, 두루미도 스키티에 지방에 겨울 추위가 찾아오면 이를 피해 겨울을 지내려고 이들 지역으로 날아든다. 만일 네일로스 강이 통과해 흐르고 강이 발원하는 이 지역에 조금이라도 눈이 내린다면, 응당 필연적으로, 그러한 일들은 결코 일어나지 않을 것이다.

오케아노스에 대해 언급한 자는 이야기를 불확실한 데로 끌고 간 23
것이어서 논박하기가 불가능하다. 나로서는 오케아노스라는 강이 있다는 것을 알지 못하기 때문이다. 나는 호메로스나 혹은 그보다 이전 시기의 시인들 중 누군가가 그 이름을 만들어 내어 자신의 시 속에 끼워 넣었을 것으로 생각한다.

내가 앞서 제시된 견해들을 비난한 이상 이 모호한 일에 대해 나 24
자신의 견해를 내놓아야 한다면, 네일로스 강이 여름에 범람하는 이유에 대한 내 생각을 말하고자 한다. 겨울철에 태양은 폭풍 때문에 종전의 경로에서 밀려나 리비에 상부 지역[21] 위로 지나가게 된다. 되

---

21 여기서 '상부 지역'은 내륙 지역을 말한다. 헤로도토스를 포함해 고대 그리스 인들은 관례적으로 바다를 아래쪽으로 보고 육지는 위쪽으로 보았다. 그래

도록 간략히 설명하자면, 내 모든 이야기는 이런 것이다. 즉 이 신(神)[22]이 가장 가까이서 바로 위를 지나는 지역에서는 어디서나 물 부족이 가장 심하고 강물이 마르기 마련이다.

25   이를 좀 더 자세히 설명하자면 이렇다. 태양이 리비에 상부 지역을 통과할 때에는 다음의 현상을 일으킨다. 그 지역의 대기가 항상 쾌청하고 땅은 뜨겁고 바람은 서늘한지라, 태양이 이곳을 지날 때에는 그것이 여름에 중천을 지날 때마다 일으키곤 하는 일을 똑같이 일으킨다. 태양이 수분을 자신에게로 끌어들인 후 그것을 상부 지역으로 밀어내면 바람이 그것을 받아 흩뿌려서 소진시키는 것이다. 그러므로 이 지역에서 불어오는 바람인 남풍과 남서풍은 당연히 모든 바람 중에서도 단연 가장 많은 비를 품고 있다. 그런데 내 생각에는 태양이 해마다 네일로스 강에서 끌어온 수분을 모두 내보내지 않고 일부는 자신의 주위에 남겨 놓는 것 같다. 겨울 기세가 잠잠해지면 태양은 다시 중천으로 복귀하고 그 이후로는 모든 강에서 똑같이 수분을 끌어들인다. 그동안에 다른 강들은 그들 지역에 비가 많이 내리고 계곡도 많은지라, 그 강들에 쏟아진 많은 빗물이 합쳐져서 큰물을 지어 흐른다. 그러나 여름에는 그들에게 비가 부족하고 태양이 강의 수분을 끌어들이기 때문에 그 강들의 수량이 크게 줄어든다. 그에 반해 네일로스 강은 비가 내리지 않는 데다 이 시기에 강의 수분이 태양에 흡수되는 유일한 강이어서 당연히 여름보다 수량이 크게 줄어든 채 흐른다. 왜냐하면 여름에는 네일로스 강이 다른 모든 강들과 똑같이 태양에 수분을 흡수당하지만 겨울에는 네일로스 강만 유일하게 그런 일을 겪기 때문이다.

서 바다에서 내륙 쪽으로 가는 것을 '올라가다'라고, 내륙에서 바다 쪽으로 가는 것은 '내려가다'라고 표현했다. 따라서 이 책에서 '상부 지역'으로 번역한 대목은, 별도의 설명이 없을 경우, 내륙 지역을 의미한다.

22   태양신. 이집트인들은 태양을 신격화하여 숭배했다.

그리하여 나는 태양이 바로 이들 문제를 일으키는 원인이라고 생   26
각한다. 나는 이 지역의 대기가 건조한 원인도 역시 태양이라고 보는
데, 태양은 자신이 지나는 경로를 뜨겁게 달구는 것이다. 그래서 리
비에 상부 지역에는 항상 여름이 계속된다. 하지만 만일 하늘의 방
위가 바뀌어 현재 하늘에서 북풍과 겨울이 위치한 곳에 남풍과 정오
(正午)가 자리하고 또 현재 남풍이 위치한 곳에 북풍이 자리하게 된
다면, 말하자면 이들이 그렇게 바뀐다면, 태양은 겨울과 북풍에 의해
중천에서 밀려나, 마치 현재 태양이 리비에 상부 지역 위를 지나듯
이, 에우로페 상부 지역 위를 지나갈 것이다. 또한 내가 예상하기로
는 태양이 에우로페 전역을 통과하면서 현재 태양이 네일로스 강에
불러일으키는 것과 똑같은 현상을 이스트로스 강에도 일으킬 것이다.

나는 네일로스 강에서 바람이 불어오지 않는 이유에 대해 다음처   27
럼 생각한다. 즉 몹시 더운 지역에서는 당연히 바람이 불어오지 않는
다. 바람은 보통 어딘가 추운 지역에서 불어오는 것이다.

이것들은 지금 그대로 또 처음 때 그랬던 그대로 내버려 두기로 하   28
자. 그런데 네일로스 강의 원천들에 대해서는 나와 이야기를 나눈 아
이깁토스인, 리비에인, 헬라스인 가운데 어느 누구도 자신이 알고 있
다고 주장하지 못했다. 아이깁토스의 사이스 시에서 아테나이에[23]의
성물(聖物)들을 담당하는 서기만이 그것을 안다고 했을 뿐이다. 그
서기가 그것을 정확하게 알고 있다고 말했을 때 나는 그가 농담을 하
는 것이라고 생각했다. 그가 말해 준 내용은 이렇다. 즉 테바이스의
시에네 시와 엘레판티네 사이에 봉우리가 뾰죽한 산이 둘 있는데, 그
산의 이름이 하나는 크로피 산이고 다른 하나는 모피 산이다. 바로
이 산들의 중간에서 네일로스 강의 원천들이 흘러나오는데, 그 깊이
는 헤아릴 수가 없다고 한다. 그리고 그 물의 절반은 북쪽을 향해 아

---

23   이집트의 네이트(Neith) 여신.

이집토스로 흐르고 절반은 남쪽을 향해 아이티오피에로 흐른다고 한다. 서기가 말하기로, 그 원천들의 깊이를 헤아릴 수 없다는 것은 이미 아이집토스 왕 프삼메티코스 왕이 실험해 보았다고 한다. 왕은 밧줄을 수천 오르기이에만큼 꼬아 그곳에 내려 보냈는데, 바닥에 이를 수가 없었다는 것이다. 만일 서기의 말이 사실이라면, 내 생각에는, 이는 그곳에 일종의 강력한 소용돌이와 산 쪽으로 솟구쳐 오르는 역류가 있어서 밑으로 내려 보낸 수심 측정 밧줄이 바닥에 닿을 수 없음을 보여 준 것이다.

29   나는 그 서기 말고 다른 사람들에게서는 아무것도 알아내지 못했다. 그러나 내가 엘레판티네 시까지 직접 가서 보고 그 이후에는 남의 이야기를 들어 탐구하며, 최대한 알아낼 수 있었던 것은 다음과 같다. 엘레판티네 시에서 위쪽으로 들어가면 땅이 가팔라진다. 여기서는 마치 소를 묶듯이 배를 양쪽에서 밧줄로 묶어 나아가야 한다. 밧줄이 끊어지게 되면, 배는 물살의 힘에 이끌려 떠내려 가 버린다. 이 지역은 배로 4일 걸리는 거리인데, 이곳의 네일로스 강은 마이안드로스 강처럼 굽이지어 흐른다. 이런 식으로 배를 타고 지나야 하는 거리는 12스코이노스에 이른다. 그 후에는 평탄한 평지에 닿게 되는데, 여기서 네일로스 강은 섬 하나를 돌아서 흐른다. 그 섬의 이름은 타콤프소다. 엘레판티네 위쪽으로는 아이티오피에인들이 사는데, 그 섬의 주민도 절반은 아이티오피에인들이고 절반은 아이집토스인들이다. 섬 가까이에는 큰 호수가 하나 있고, 호수 주변에는 아이티오피에인 유목민들이 살고 있다. 호수를 배로 건너면 네일로스 강의 강줄기에 닿게 될 것인데, 그 강줄기는 이 호수로 흘러든다. 그 후에는 배에서 내려 40일 동안 강을 따라서 여행하게 될 것이다. 그곳의 네일로스 강에는 날카로운 바위들이 돌출해 있고 암초가 많아서 배를 타고 갈 수 없기 때문이다. 40일 사이에 이 지역을 통과하고 나면, 이제 다시 다른 배를 타고 12일 동안 항해한 후 메로에라고 불리는 큰 도시에 도착하게 될 것이다. 이 도시는 전체 아이티오피에의 모시(母

市)라고 한다. 이곳 주민들은 신 중에서 제우스와 디오니소스[24]만을 숭배한다. 그들은 이 신들을 크게 경배하며, 제우스의 신탁소도 두고 있다. 그들은 이 신이 신탁을 통해 명령할 때에는 그가 명하는 곳이 어디든 간에 그곳으로 원정군을 보낸다.

이 도시에서부터, 엘레판티네에서 아이티오피에의 모시까지 가는 데 걸렸던 것과 똑같은 시일만큼 다시 배를 타고 가면 탈주자들의 땅에 이르게 될 것이다. 이 탈주자들은 아스마크라고 불리는데, 이 말은 헬라스인들의 말로 왕의 왼쪽에 서 있는 자들을 의미한다.[25] 이들은 24만 아이깁토스인 전사들이었는데, 다음의 이유 때문에 이탈하여 이 아이티오피에인들에게로 가담했다. 즉 프삼메티코스 왕 때에 엘레판티네 시에는 아이티오피에인들에 대비한 수비대가 배치되어 있었고, 펠루시온의 다프나이에는 아라비에인들과 아시리에인들에 대비한 수비대가, 마레아에는 리비에인들에 대비한 수비대가 각각 배치되어 있었다. 나의 시대에도 여전히 이들 수비대는 프삼메티코스 치세 때와 똑같은 식으로 페르시스인들에 의해 유지되고 있다. 페르시스인들이 엘레판티네와 다프나이에서 경계를 서고 있는 것이다. 그런데 그때 아이깁토스인들은 3년 동안 수비대 근무를 했는데도, 아무도 그들이 수비 임무를 벗어나도록 해 주지 않았다. 이에 그들은 최의를 열고 공동으로 결정하여, 모두가 프삼메티코스에게 반란을 일으키고 아이티오피에로 넘어갔다. 프삼메티코스는 이 소식을 듣고 그들을 추격했다. 그는 그들을 따라잡자, 장광설을 늘어놓으며 그들에게 조상 전래의 신들과 처자식을 버리지 말라고 호소했다. 그러자 그들 중 한 명이 자신의 성기(性器)를 보여 주면서, 이것이 있는 곳이

30

---

24 제우스와 디오니소스는 이집트의 신들인 아몬(Amon)과 오시리스(Osiris)를 지칭한다.

25 아스마크(Asmach)는 왼쪽을 의미하는 이집트 말에서 유래한 것으로 보이는데, 흔히 왼쪽은 오른쪽보다 덜 중요하게 여겨졌다.

라면 어디서든 자신들이 처자식을 갖게 될 것이라고 말했다 한다. 그후 이들은 아이티오피에에 도착하자, 아이티오피에 왕에게 자신들을 의탁했다. 이에 왕은 그들에게 다음과 같은 보상을 내렸다. 즉 당시 아이티오피에인들 중에 왕과 반목한 자들이 일부 있었는데, 왕은 아이깁토스인들에게 그들을 몰아내고 그들의 땅에서 살라고 명했던 것이다. 그들이 아이티오피에인들과 함께 살게 되자, 아이티오피에인들은 아이깁토스인들의 관습을 배워 전보다 더 개화되었다.

31   이제 네일로스 강에 대해서는, 아이깁토스 내에서 흐르는 구간을 제외하고, 수로와 육로를 통해 넉 달 걸리는 구간까지는 알려져 있다. 합산해 보면, 엘레판티네에서 이 탈주자들의 땅까지 가는 데에 그만한 달수가 소요되는 것으로 나오기 때문이다. 네일로스 강은 그곳 서쪽의 해 지는 방향에서 흘러온다. 그러나 그곳 이후에 대해서는 아무도 확실하게 말해 줄 수 있는 사람이 없다. 그 지역은 뜨거운 태양 볕으로 인해 사막 지대이기 때문이다.

32   그러나 나는 키레네인들에게서 다음과 같은 말을 들었다. 그들 말로는 자신들이 암몬의 신탁소에 가서 암몬인의 왕 에테아르코스와 대화를 나눈 적이 있는데, 다른 이야기들을 하다가 마침 네일로스 강에 관한 대화를 하게 되자, 그 강의 원천들을 아무도 알지 못한다는 이야기가 나왔다고 한다. 그리고 에테아르코스는 언젠가 나사모네스인들이 자신을 방문했었다는 이야기를 했다고 한다. 나사모네스족은 리비에인에 속하며, 시르티스 지역과 시르티스에서 동쪽으로 약간 떨어진 지역에 살고 있다. 나사모네스인들이 그를 방문했을 때, 그들은 리비에 사막에 대해 무언가 더 말해 줄 것이 있느냐는 질문을 받고 이러한 이야기를 했다고 한다. 즉 그들 중에 유력 인사들의 방자한 자제들이 일부 있었는데, 이들은 성인이 되자 다른 엉뚱한 일도 많이 꾸몄을뿐더러 특히 자신들 중 다섯 명을 제비 뽑아 리비에 사막을 탐사하도록 하여 지금까지 가장 멀리 가서 본 자들보다 더 많이 볼 수 있는지 살펴보게 했다 한다. 리비에 북쪽 바다의 해안―아이

깁토스에서 시작하여 리비에의 끝 지점인 솔로에이스 곶에 이르기까지의 해안—에는, 헬라스인들과 포이니케인들이 차지한 지역을 빼고는, 해안 전역에 걸쳐 리비에인들과 리비에인의 여러 부족이 살고 있다. 하지만 바다와 바다로 내려온 사람들의 지역 너머로 내륙 쪽의 리비에에는 야수들이 우글거린다. 그리고 야수들이 우글거리는 지역보다 더 내륙 쪽으로 들어가면 전혀 물이 없고 아무것도 살지 않는 불모의 사막이 나온다. 그런데 동료들에 의해 사막으로 파견된 그 청년들은 이런 말을 했다고 한다. 즉 그들은 물과 식량을 충분히 갖추고 맨 처음에는 사람들이 사는 지역을 지나갔으며 그곳을 통과하고 나서는 야수들이 우글거리는 지역에 이르렀고 그다음에는 서쪽으로 길을 잡아 사막을 지나갔다고 한다. 그리고 넓은 사막을 건넌 후, 여러 날 만에 한 평원에 나무들이 자라는 것을 보았고 이에 그리로 다가가 나무들 위에 달린 열매를 따려고 했다 한다. 그런데 그들이 열매를 따고 있을 때, 보통 사람보다 작은 소인(小人)들이 다가와서 그들을 붙잡아 갔다고 한다. 나사모네스인들은 소인들이 하는 말을 알아듣지 못했고 나사모네스인들을 데려간 자들 역시 나사모네스인들이 하는 말을 알아듣지 못했다고 한다. 소인들은 넓은 늪지대를 지나 나사모네스인들을 데려갔으며 그곳을 지나 한 도시에 도착했는데, 이곳에서는 모두가 그들을 데려긴 자들과 체구가 똑같고 피부가 검었다고 한다. 그 도시 옆으로 큰 강이 하나 흐르고 있었는데, 강은 서쪽에서 해 뜨는 방향으로 흐르고 강 속에는 악어들이 보였다고 한다.

  그럼 암몬인 에테아르코스의 이야기는 이 정도만 밝히기로 한다. 33 다만 하나 덧붙이자면, 키레네인들이 전하기를, 에테아르코스는 그 나사모네스인들이 돌아왔고 그들이 방문한 곳의 사람들은 모두 마법사들이었다고 말했다 한다. 한편 에테아르코스는 그 도시 옆으로 흐르는 강이 네일로스 강이라고 추측했는데, 이는 실로 이치에 맞는 생각이다. 네일로스 강은 리비에에서 발원하여 리비에 한가운데를 가르며 흐르고, 내가 명확한 것을 바탕으로 미지의 것을 추론해 짐작하자면, 네일로스 강은 이스트로스 강과 마찬가지로 같은 거리에 있는 수원(水源)에서 발원해 흐르기 때문이다. 이스트로스 강은 켈토이인들 지역에 있는 피레네 시에서 발원해 에우로페 한가운데를 가르며 흐른다. 켈토이인들은 헤라클레에스 기둥들 너머에 살며, 에우로페에 거주하는 자들 중에서 가장 서쪽에 사는 키네시오이인들과 인접해 있다. 이스트로스 강은 에우로페 전역을 통과해 에욱세이노스 폰토스로 흘러들며, 밀레토스의 식민자들이 사는 이스트리에에서 끝이 난다.

34 이스트로스 강은 사람들이 사는 지역을 통해 흘러서 아는 사람들이 많지만, 네일로스 강의 원천들에 대해서는 말할 수 있는 사람이 없다. 네일로스 강이 통과하는 리비에 지역은 사람이 살지 않는 사막이기 때문이다. 네일로스 강의 경로에 대해 내가 탐구하여 최대한 알아낸 것들은 다 이야기했다. 네일로스 강은 아이깁토스로 흘러 나간다. 아이깁토스는 킬리키에 산악 지대와 대략 반대편에 자리하고 있다. 거기서 에욱세이노스 폰토스의 시노페까지는 옷을 잘 동여맨 사람이 직선거리로 갈 때 5일 걸리는 여정이다. 시노페는 이스트로스 강이 바다로 흘러들어 가는 지점의 맞은편에 있다. 그래서 나는 리비에 전역을 통과하는 네일로스 강이 이스트로스 강과 길이가 같다고 생각한다.

35 네일로스 강에 대해서는 이 정도로 말해 두겠다. 하지만 나는 이제 아이깁토스에 대해 상세한 이야기를 하려고 하는데, 그곳에는 어느 지역보다도 불가사의한 것이 더 많고 또 어떤 지역에 비해서도 말로 다 표현할 수 없는 건조물이 더 많기 때문이다. 이런 이유로 나는 아이깁토스에 대해 더욱 많은 이야기를 할 것이다.

아이깁토스인들의 기후가 남다르고 그들의 강이 다른 강들과 성질이 상이한 것처럼, 아이깁토스인들이 만든 관습과 규범은 거의 모두 다른 사람들의 것과 정반대다. 아이깁토스인들은 여자들이 시장에서 사고파는 일을 하는 반면, 남자들은 집 안에서 베를 짜는 일을 한다. 또한 다른 사람들은 베를 짤 때 씨줄을 위로 밀어 올리지만 아이깁토스인들은 아래로 밀어 내린다. 짐을 나를 때에는 남자들은 머리에 이고 여자들은 어깨 위에 얹는다. 또 소변을 볼 때에는 여자들은 똑바로 서서 보고 남자들은 앉아서 본다. 그들은, 창피하나 불가피한 일은 몰래 해야 하고 창피하지 않은 일은 공개적으로 해야 한다고 여겨, 용변은 집 안에서 보고 식사는 집 밖의 거리에서 한다. 여자는 남신에 대해서든 여신에 대해서든 사제직을 맡지 않는 반면, 남자들은 모든 남신과 여신에 대해 사제직을 맡아본다. 아들들은 자신이 원치 않으면 부모를 꼭 부양하지 않아도 되지만, 딸들은 자신이 원치 않아도 반드시 부모를 부양해야만 한다.

다른 곳에서는 신들의 사제들이 머리를 기르지만, 아이깁토스에서 36는 사제들이 삭발을 한다. 다른 사람들의 경우 죽은 자를 애도할 때 가장 애통해 하는 자들은 머리를 깎는 것이 관례지만, 아이깁토스인들은 상(喪)을 당하면 그전까지 깎아 왔던 머리카락과 수염이 자라도록 내버려 둔다. 또한 다른 사람들은 동물들과 따로 지내지만, 아이깁토스인들은 동물들과 함께 지낸다. 다른 사람들은 모두 밀과 보리를 먹고 살지만, 아이깁토스인들에게는 그것들을 먹고 사는 것이 크나큰 치욕이 된다. 대신에 그들은 올리라^{26}를 곡식으로 먹고 사는데 일부 사람들은 이것을 제이아라고 부른다. 아이깁토스인들은 곡식가루를 발로 반죽하는 데 비해 진흙은 손으로 반죽하고 인분도 손으로 치운다. 다른 사람들은, 아이깁토스인들에게서 관습을 배운 자들을 빼고는, 모두 자신들의 성기를 원래 생긴 그대로 두지만, 아이깁토스인들은 할례를 행한다. 모든 아이깁토스 남자들은 각자 옷을 두 벌 입지만 여자들은 모두 한 벌만 입는다. 다른 사람들은 돛의 고리와 밧줄을 선체 바깥에 달지만, 아이깁토스인들은 안에다 단다. 헬라스

---

26 올리라(olyra)는 호밀에 가까운 곡물을 일컫는다.

인들은 손을 왼쪽에서 오른쪽으로 움직이며 글자를 쓰고 수를 셈하지만, 아이깁토스인들은 반대로 오른쪽에서 왼쪽으로 움직인다. 그러면서도 그들은 자신들이 오른쪽 방향으로 하고 헬라스인들이 왼쪽 방향으로 한다고 말한다. 아이깁토스인들은 문자를 두 종류 사용하는데, 그중 하나는 신성문자, 다른 하나는 민용문자(民用文字)라고 불린다.

37   아이깁토스인들은 다른 어떤 사람들보다 더 특별나게 경건한 자들이며, 다음과 같은 규율을 지킨다. 즉 그들은 청동 잔으로 음료를 마시는데, 매일 그것을 깨끗이 닦는다. 누구는 하고 누구는 하지 않는 것이 아니라 그들 모두가 그렇게 한다. 또 그들은 언제나 갓 세탁한 아마포(亞麻布) 옷을 입고 다니는데, 이에 특별히 신경을 쓴다. 그들이 할례를 행하는 것도 청결을 위해서다. 그들은 근사하게 보이는 것보다 청결을 더 우선시하는 것이다. 사제들은 이틀에 한 번씩 전신의 털을 깎는데, 이는 신들을 모시는 자신들에게 이나 다른 불결한 게 생기지 않도록 하려는 것이다. 사제들은 오직 아마포로 만든 옷과 파피루스로 만든 끈신발만 신는다. 그 외의 다른 옷과 다른 끈신발은 착용할 수 없게 되어 있다. 그들은 매일같이 낮에 두 번, 밤에 두 번씩 찬물로 몸을 씻는다. 이 밖에도 그들은, 말하자면, 셀 수 없이 많은 종교적 관례를 수행한다. 하지만 그들은 적잖은 혜택도 누린다. 그들은 자신의 재산을 소비하거나 지출하지 않기 때문이다. 그들을 위해 신성한 음식이 마련되고, 쇠고기와 거위고기가 각자에게 매일 다량으로 제공되며 포도주도 지급된다. 그러나 그들은 물고기를 먹을 수 없게 되어 있다. 아이깁토스인들은 그들의 나라에 키아모스[27]를 전혀 파종하지 않으며, 설사 자라나는 것이 있다고 해도 그것을 날로든 익혀서든 먹지 않는다. 사제들은 키아모스를 정결하지 않

---

27 키아모스(kyamos)는 콩과의 식물이다.

은 콩류라고 생각하여 그것을 보는 것조차 꺼린다. 각 신들을 모시는 사제는 한 명이 아니고 다수이며, 그중 한 사람이 최고 사제다. 사제 중 누가 죽으면 그의 아들이 그를 대신해 맡는다.

아이깁토스인들은 수소들을 에파포스[28]의 것이라고 생각하여, 이   38
때문에 그것들을 다음처럼 검사한다. 즉 수소에게서 검은 털이 하나라도 발견되면, 그 소는 순수하지 못하다고 간주된다. 사제들 가운데 그 일을 맡도록 지정된 한 명이 수소가 똑바로 서 있을 때와 드러누워 있을 때 모두 검사한다. 그는 또 내가 나중에 다른 데[29]에서 언급할 특정한 표시들이 없는지를 알아보려고 소의 혀를 잡아당겨 본다. 그는 꼬리털이 본성에 맞게 자라는지도 살펴본다. 만일 수소가 이 모든 점에서 순수할 경우, 사제는 그 뿔들에 파피루스를 감아 표시한 후 그 위에 봉인을 위한 진흙을 바르고 반지로 날인한다. 그렇게 하면 사람이 수소를 끌고 간다. 그러나 그런 표시가 없는 것을 제물로 바치는 자에게는 사형 처벌이 내려진다. 그 수소에 대한 검사는 이러한 식으로 이뤄지는 한편, 그것을 제물로 바치는 방식은 다음과 같다.

그들은 표시가 된 수소를 제사가 거행되는 제단으로 데려가서 불   39
을 피운다. 그런 다음 제단 위에서 희생동물의 머리 위에 포도주를 뿌리고 신의 이름을 부른 후에 동물의 숨을 끊는다. 그 동물을 죽인 후에는 머리를 잘라 낸다. 그리고 몸통은 가죽을 벗기고, 머리는 그것에 숱한 저주를 퍼부은 다음 가지고 간다. 만일 시장이 있고 헬라스 상인들이 그들과 함께 거주하는 곳이라면 머리를 시장으로 가져가서 처분하지만, 그들 곁에 헬라스인들이 없는 곳에서는 그것을 강속에 던져 버린다. 그들은 그 머리에 다음과 같은 말로 저주를 내리는데, 즉 제물을 바치는 그들 자신이나 전체 아이깁토스에 어떤 불행

---

28 에파포스(Epaphos)는 그리스 신화에서 제우스와 이오의 아들로 나오는데, 여기서는 이집트의 황소 신 아피스(Apis)를 지칭한다.

29 제3권 제28장 참조.

이 닥치려 한다면 불행이 그 머리 위에 떨어지도록 하라는 것이다. 제물로 바치는 동물들의 머리에 관해서와 포도주를 뿌리는 일에 관해서는 모든 아이깁토스인이 모든 제사에서 똑같이 동일한 관례를 따르고 있으며, 이런 관례 때문에 아이깁토스인은 생명을 지닌 존재의 머리라면 어떤 것도 먹으려 하지 않는다.

40   그러나 희생동물의 내장을 꺼내고 그 동물을 태우는 방식은 제물마다 다르게 정해져 있다. 이제 나는 그들이 최고의 여신으로 여기며 최대의 제전을 거행하는 그 여신[30]에 대해 ……[31] 이야기하겠다. 그들은 소의 가죽을 벗기고 나서 기도를 드린 다음 위장을 모두 꺼내고 다른 내장과 지방질은 몸통 안에 그대로 남겨 둔다. 소의 다리, 허리 끝부분, 어깨와 목도 잘라 낸다. 그런 후에 그들은 소의 남은 몸통에 깨끗한 빵, 꿀, 건포도, 무화과, 유향, 몰약 및 다른 향료들을 가득 넣어 채운 다음 그 위에 올리브유를 듬뿍 부어 불로 태운다. 그들은 제사에 앞서 단식을 하고 제사를 치르는데, 제물이 타는 동안에는 모두가 가슴을 치며 애도하다가 애도가 끝나면 제물의 남은 부분으로 연회를 베푼다.

41   모든 아이깁토스인들은 흠결 없는 수소와 수송아지들을 제물로 바친다. 하지만 암소들은 제물로 바칠 수 없는데, 이것들은 이시스에게 바쳐진 신성한 동물인 것이다. 이시스의 형상은 헬라스인들이 이오를 묘사한 것과 똑같이 소의 뿔이 난 여성의 모습이기 때문이다. 아이깁토스인들은 다 똑같이 모든 가축 중에서 암소를 최고로 숭앙한다. 이 때문에 아이깁토스인은 남성이나 여성이나 모두 헬라스인과는 입을 맞추려 하지 않고, 헬라스인의 칼이나 쇠꼬챙이나 솥을 사용하려 하지 않으며, 흠결 없는 쇠고기라 해도 헬라스의 칼로 자른 것

---

30 이집트의 여신 이시스(Isis).

31 슈타인 텍스트의 누락 대목인데, 일부 학자들은 여신의 이름 이시스에 대한 언급이 있었을 것으로 추정한다.

은 먹으려 하지 않는다. 그들은 소가 죽으면 다음처럼 장례를 치른다. 즉 암소는 강물에 던지고, 수소는 각자의 교외 지역에 땅을 파고 묻는데 이를 표시하려고 한쪽 혹은 양쪽 뿔을 땅 위에 드러나게 해 놓는다. 그 후 사체가 모두 썩고 지정한 때가 되면 프로소피티스라고 불리는 섬에서 각 도시로 바리스[32]가 도착한다. 그 섬은 델타 지역에 있으며 둘레가 9스코이노스에 이른다. 이 프로소피티스 섬에는 다른 도시들도 많지만, 소의 뼈들을 수거할 바리스들이 출항하는 도시는 아타르베키스라고 불리는 곳이다. 그곳에는 아프로디테[33]의 신성한 신전이 세워져 있다. 이 도시에서 많은 사람들이 일부씩 각기 여러 도시들로 항해하고 거기서 수소의 뼈들을 파내어 가져온 다음 모두 한곳에 묻는다. 그들은 다른 가축들도 죽으면 소들에게 하는 것과 똑같은 방식으로 장례를 치른다. 이 가축들에 관한 그들의 관습 역시 그러하다. 그들은 그 가축들도 죽이지 않기 때문이다.

테바이에우스 제우스의 신전을 짓는 자들, 혹은 테바이 주 사람들 42 은 모두 염소를 희생제물로 바치고 양은 가까이 하지 않는다. 모든 아이깁토스인들이 똑같이 동일한 신들을 숭배하지는 않기 때문이다. 예외가 있다면 이시스와 오시리스인데, 그들은 오시리스가 바로 디오니소스라고 말한다. 이시스와 오시리스는 아이깁토스인 모두가 숭배하는 신이다. 반면에 멘데스의 신전을 갖고 있는 자들, 혹은 멘데스 주 사람들은 양을 제물로 바치고 염소는 가까이 하지 않는다. 테바이인들과 그들의 영향을 받아 양을 가까이 하지 않는 자들은 다음의 이유에서 그런 관습이 자신들에게 도입되었다고 말한다. 그들의 말로는, 헤라클레에스[34]가 어떻게든 제우스를 한번 보고 싶어 했지만

---

32 이집트어로 바닥이 평평한 배. 바리스(baris)는 나일 강에서 사람이나 화물을 운반하는 데 사용되었다. 바리스에 대해서는 제2권 제96장 참조.

33 이집트의 여신 하토르(Hathor)를 지칭하는 것으로 보인다.

34 이집트의 신 슈(Shu)를 지칭하는 것으로 보인다.

제우스는 그에게 자신의 모습을 보이기를 원치 않았다고 한다. 하지만 헤라클레에스가 하도 열심히 간청하자 결국 제우스는 다음의 방법을 생각해 냈다고 한다. 즉 제우스는 숫양의 가죽을 벗기고 그 머리를 잘라 낸 다음 숫양 머리로 얼굴을 가리고 양가죽을 둘러쓴 모습으로 헤라클레에스에게 자신을 보여 주었다고 한다. 바로 이 때문에 아이깁토스인들은 숫양의 면상을 한 제우스의 신상을 만들고, 암몬인들은 아이깁토스인들에게서 배워 그렇게 한다. 암몬인들은 아이깁토스와 아이티오피에에서 온 식민자들이며 두 지역의 말이 혼합된 언어를 사용한다. 내 생각으로는, 암몬인들이 그러한 이름을 갖게 된 것도 이로부터 유래한 것이다. 즉 아이깁토스인들은 제우스를 아문이라고 부르기 때문이다. 테바이인들은 바로 이런 이유에서 숫양을 제물로 바치지 않고 그것을 성스럽게 여긴다. 그러나 그들은 일 년 중 하루, 제우스의 제전 때에 숫양 한 마리를 잘라 가죽을 벗긴 다음, 앞서 이야기한 것과 똑같이 그 가죽을 제우스의 신상에 씌운다. 그런 후 그들은 또 하나의 조각상 헤라클레에스 상을 제우스 신상 가까이에 가져다 놓는다. 이렇게 하고 나서, 신전 부근에 있는 자들은 모두 가슴을 치며 숫양을 애도한 다음 그것을 신성한 관에 담아 매장한다.

43   나는 헤라클레에스에 대해 다음과 같은 이야기를 들은 바 있는데, 즉 그가 12신 중의 일원이라는 것이다. 하지만 나는 헬라스인들이 알고 있는 또 다른 헤라클레에스에 대해서는 아이깁토스 어디서도 아무 이야기를 들을 수가 없었다. 사실 나는 헤라클레에스라는 이름을 아이깁토스인들이 헬라스인들에게서 받아들인 것이 아니고 오히려 헬라스인들이 아이깁토스인에게서 받아들였다는 것, 특히 헬라스인 중에서도 헤라클레에스라는 이름을 암피트리온의 자식에게 붙여 준 자들이 그 이름을 아이깁토스인들에게서 받아들였다는 것을 증명할 증거를 많이 갖고 있는데, 그중의 하나는 이런 것이다. 즉 이 헤라클레에스의 부모인 암피트리온과 알크메네가 모두 혈통상 아이깁토스에서 기원했다는 점[35]과, 또 아이깁토스인들이 포세이데온과 디오스

쿠로이[36]의 이름을 모른다고 말하고 이 신들이 그들의 다른 신들 속에 포함되지 않는다는 점이다. 만일 그들이 헬라스인들에게서 어떤 신의 이름을 받아들였다고 한다면, 그리고 내가 추측하여 판단하는 바처럼, 그때 이미 아이깁토스인들이 항해 활동을 했고 헬라스인 중에도 선원들이 있었다고 하면 아이깁토스인들은 특히 포세이데온과 디오스쿠로이의 이름을 가장 잘 기억하고자 했을 것이다. 그렇다면 아이깁토스인들에게는 헤라클레에스 이름보다 이 신들의 이름이 더 잘 알려져 있었을 것이다. 하지만 헤라클레에스는 아이깁토스인들에게 오래된 신에 해당한다. 아이깁토스인들 자신의 말에 의하면, 8신에서 12신─그들은 헤라클레에스를 12신 중의 하나로 생각한다─으로 된 것은 아마시스 왕의 치세[37] 때보다 1만 7,000년 전의 일이었다고 한다.

이에 대해 나는 내가 할 수 있는 한 명확하게 사정을 알고 싶어서, 포이니케의 티로스에 헤라클레에스[38]의 성전이 있다는 말을 듣고, 그곳으로 배를 타고 간 적이 있다. 거기서 나는 성전이 수많은 봉헌물로 화려하게 장식되어 있는 것을 보았는데, 더욱이 성전 안에는 두 기둥이 있었다. 그중 하나는 순금으로 된 것이고 다른 하나는 거대한 에메랄드 기둥으로 야밤에 밝은 광채를 띠었다. 나는 그 신의 사제들과 이야기를 나누다가 그들의 신전이 지어진 지 얼마나 되었는가를 물었다. 그런데 나는 그들 역시 헬라스인들과 견해가 다르다는 것을

44

---

35 암피트리온의 아버지 알카이오스와 알크메네의 아버지 엘렉트리온은 모두 페르세우스의 아들이었다고 한다. 또 헤로도토스는 제2권 제91장에서 페르세우스의 이집트 기원설을 언급한다.

36 디오스쿠로이(Dioskuroi)는 제우스와 레다의 쌍둥이 아들인 카스토르와 폴리데우케스(혹은 폴룩스)를 말하는데, 항해하는 선원들의 보호자로 간주되었다. 이들은 헬레나와는 남매지간이었다.

37 기원전 570~526년.

38 티로스의 신 멜카르트(Melkart).

알았다. 그들은 티로스에 식민이 이뤄졌을 때 동시에 그 신의 신전도 함께 세워졌으며 그들이 티로스에 거주한 지 현재 2,300년이 되었다고 말했던 것이다. 나는 티로스에서 타소스의 헤라클레에스 신전이라고 불리는, 헤라클레에스의 또 다른 신전이 있는 것을 보았다. 그래서 나는 타소스에도 갔으며, 거기서 포이니케인들이 세운 헤라클레에스 신전을 찾아냈다. 이들 포이니케인은 에우로페를 찾아 항해에 나섰다가 타소스에 정착한 자들이다. 이 역시 헬라스에서 암피트리온의 아들 헤라클레에스가 태어나기 다섯 세대 이전에 있었던 일이다. 이렇듯 내가 탐구한 바에 따르면 헤라클레에스는 오래된 신이라는 것이 명확하게 드러난다. 나는 헬라스인 중에서 다음과 같은 자들이 가장 올바로 수행하는 것이라고 생각한다. 즉 이들은 두 종류의 헤라클레에스 제의를 만들어 거행하는데, 한 제의에서는 그에게 올림포스의 헤라클레에스라고 불리는 불사(不死)의 신으로서 제사를 지내고 다른 제의에서는 영웅으로서의 헤라클레에스에게 제물을 바친다.

45   그렇지 않아도 헬라스인들은 분별없는 이야기를 많이 하는데, 그중 헤라클레에스에 관한 다음의 이야기도 어리석기 짝이 없다. 즉 그들은 말하기를, 헤라클레에스가 아이깁토스에 오자 아이깁토스인들이 그를 제우스에게 제물로 바치기 위해 머리에 관을 씌우고 행렬을 지어 끌고 갔다고 한다. 그러자 그는 한동안 조용히 있었으나 그들이 제단 앞에서 그에 대한 제식을 개시하자 완강히 저항하여 그들을 모두 죽였다고 한다. 내가 생각하기에, 그렇게 말하는 헬라스인들은 아이깁토스인들의 성격과 관습에 대해 전적으로 무지한 자들이다. 아이깁토스인들에게는 가축도 돼지와 흠결 없는 수소와 수송아지, 그리고 거위 말고는 제물로 바치는 것이 규범에 어긋나는 터인데, 어찌 그들이 인간을 제물로 바칠 수 있겠는가? 더욱이 헤라클레에스는 혼자이고 또 그들이 말하듯이 한낱 인간일 뿐인데, 그가 수만 명을 죽인다는 것이 어찌 타당한 일이겠는가? 이 문제에 관한 이야기는 이

정도로 하고, 이런 이야기를 한 우리에게 부디 신과 영웅들께서 호의를 베푸시길 바라마지 않는다.

내가 앞서 언급한 아이깁토스인들은 다음의 이유 때문에 암수 염소를 제물로 바치지 않는다. 즉 멘데스인들은 판 신이 8신에 포함된다고 생각하며, 이들 8신이 12신보다 이전에 생겨났다고 말한다. 그들의 화가들과 조각가들은 헬라스인들과 마찬가지로 판을 염소의 머리와 숫염소의 다리를 지닌 형상으로 그리거나 조각한다. 그런데 그들은 판이 실제로 그런 모습이라고는 생각하지 않으며 그 역시 다른 신들과 모습이 똑같다고 생각한다. 그러나 나는 그들이 무엇 때문에 판을 그렇게 묘사하는지에 대해서는 그다지 말하고 싶지 않다. 멘데스인들은 모든 염소를 다 신성시하는데, 숫염소를 암염소보다 더 신성시하며 이들을 돌보는 염소치기는 다른 목자들보다 더 큰 영예를 지닌다. 숫염소 가운데 최고로 신성시되는 한 마리가 있는데, 그것이 죽으면 멘데스 주 전역에서 대대적인 애도가 이뤄진다. 아이깁토스 말로 숫염소와 판은 둘 다 멘데스라고 불린다. 나의 시대에 멘데스 주에서 기이한 일이 하나 일어났다. 숫염소가 한 여성과 공공연하게 교접했던 것이다. 이 일은 사람들 사이에 널리 알려지게 되었다.

아이깁토스인들은 돼지를 부정한 짐승으로 여긴다. 그래서 아이깁토스인은 지나가다가 돼지를 건드리게 되면 강으로 가서 옷을 입은 채로 강물에 몸을 담근다. 또 돼지치기들은 설사 태생이 아이깁토스인이라고 해도 유독 그들만이 아이깁토스 내의 그 어떤 신전에도 출입할 수가 없다. 또한 아무도 돼지치기들에게 딸을 혼인시키려 하지 않으며 또 이들에게서 아내를 취하려고도 하지 않는다. 반면에 돼지치기들은 자기들끼리 서로 주고받으며 혼사를 맺는다. 아이깁토스인들은 다른 신들에게 돼지 제물을 바치는 것은 온당치 않다고 보지만, 셀레네와 디오니소스에게만은 같은 시기에, 즉 만월(滿月) 때에 돼지를 제물로 바치고 그 고기를 먹는다. 그들이 다른 제사에서는 돼지 제물을 바치기를 꺼려 하면서도 왜 이 제사에서는 돼지를 바치는지,

46

47

그 이유에 대해 아이깁토스인들 자신이 전해 주는 이야기가 있다. 그러나 나는 그 이야기를 알고 있지만, 여기서 말하는 것은 적절치가 않다. 셀레네에 대한 돼지 제물은 다음과 같은 식으로 바친다. 즉 제물로 바칠 돼지를 도살(屠殺)하면 꼬리 끝과 비장(脾臟), 장막(腸膜)을 한데 모아 놓고 그것들을 모두 그 짐승의 복부 부근에 있는 지방으로 싼 후 불로 태운다. 나머지 고기는 제물을 바치는 만월 때에 먹으며, 다른 날에는 먹으려 하지 않는다. 그들 중 가난한 자들은 빈한한 살림 때문에 곡물 반죽으로 돼지 모양을 만들고 그것을 구워 제물로 바친다.

48   디오니소스 제전의 전야(前夜)에는 그들 각자가 자신의 문 앞에서 어린 돼지를 도살한 후 그 돼지를 팔았던 돼지치기에게 다시 주어 가져가도록 한다. 아이깁토스인들은, 합창 가무를 제외하고는, 디오니소스 제전의 나머지 행사를 거의 모든 면에서 헬라스인들과 똑같은 방식으로 거행한다. 하지만 그들은 남근상 대신에 다른 물건을 고안해 냈는데, 그것은 줄로 조종되는 1페키스 크기의 인형으로 여자들이 그것을 들고 마을을 돌아다닌다. 이 인형의 남근은 흔들흔들 움직이는데, 그 크기가 인형의 나머지 몸 크기와 거의 같을 정도다. 아울로스 주자가 앞장을 서고 여자들은 디오니소스 찬가를 부르며 그 뒤를 따라간다. 왜 인형의 남근이 그처럼 더 크고 인형의 몸에서 그것만 움직이는지, 그 이유에 대해서는 신성한 이야기가 전해 온다.

49   나는 아미테온의 아들 멜람푸스가 이 제의에 대해 모르는 바 아니었고 오히려 잘 알고 있었다고 생각한다. 헬라스인들에게 디오니소스의 이름과 제사, 남근상 행렬을 처음 알려 준 자가 바로 멜람푸스이기 때문이다. 엄밀히 말하면, 그가 모든 것들을 아울러서 다 이야기해 주었던 것은 아니고 그보다 후대에 태어난 현인들이 더 자세히 알려 주었다. 그러나 디오니소스를 위한 남근상 행렬 의식을 처음 확립한 자가 바로 멜람푸스였고, 헬라스인들이 현재 수행하고 있는 의식은 그에게 배운 것이었다. 나는 멜람푸스가 예언술을 습득한 지혜

로운 사람이며, 아이깁토스에서 다른 많은 것들과 특히 디오니소스에 관한 의식을 배워 그중 약간만 변경한 채 헬라스인들에게 도입했던 것으로 본다. 나는 아이깁토스에서 디오니소스를 기려 거행되는 의식과 헬라스인들의 디오니소스 의식 사이의 일치가 우연한 일이라고는 믿을 수 없기 때문이다. 그랬다면, 헬라스의 의식은 헬라스적인 특성을 보였을 것이고 근래에야 도입되지는 않았을 테니 말이다. 또한 나는 아이깁토스인들이 무언가 이러저런 관습을 헬라스인들에게서 받아들였다는 것도 믿지 못하겠다. 나는 확실히 멜람푸스가 티로스의 카드모스 및 그와 함께 포이니케로부터 지금 보이오티에라고 불리는 지방에 도착한 자들에게서 디오니소스에 관한 의식을 배웠을 것이라고 생각한다.

거의 모든 신들의 이름 역시 아이깁토스에서 헬라스로 들어온 것 50
들이다. 나는 탐문을 통해 신들의 이름이 이방인들에게서 유래했다는 것을 알았다. 나는 그것들이 주로 아이깁토스에서 들어왔다고 생각한다. 내가 앞서 언급한 포세이데온과 디오스쿠로이, 그리고 헤레, 히스티에, 테미스, 카리테스, 네레이데스를 제외한 다른 모든 신들의 이름이 아이깁토스인들의 나라에서 이전부터 죽 존재해 왔던 것이다. 내가 지금 말하는 것은 아이깁토스인들 자신이 이야기한 내용이다. 내 생각에는, 그들이 이름을 모른다고 말한 신들은 포세이데온을 제외하고는 다 펠라스기에인들이 명명했다. 헬라스인들은 이 포세이데온 신에 대해 리비에인에게서 배웠다. 모든 사람들 중에서 리비에인들만이 원래부터 포세이데온의 이름을 지니고 있었고 늘 그 신을 숭배해 왔다. 한편 아이깁토스인들은 영웅들에 대해서는 전혀 숭배하지 않는다.

헬라스인들은 이런 것들과 그 밖의 다른 관습들—이들에 대해서 51
는 내가 앞으로 언급할 것이다—을 아이깁토스인들에게서 받아들였다. 하지만 남근이 발기한 헤르메에스상을 만드는 일은 아이깁토스인들에게서 배운 것이 아니었다. 이는 모든 헬라스인들 가운데 최초로 아테나이인들이 펠라스기에인들에게서 받아들였고 이어서 다른 헬라스인들이 아테나이인들에게서 받아들인 것이다. 아테나이인들이 이미 헬라스인의 일원으로 여겨지고 있을 적에 펠라스기에인들이 아테나이인들의 땅에서 그들과 함께 살게 되었기 때문이다. 그에 따라 펠라스기에인들도 헬라스인으로 간주되기 시작했다. 사모트레이케인들이 펠라스기에인들에게서 받아들여 시행하고 있는 카베이로이[39] 신비 의식에 입문한 자라면 누구나 내가 말하는 바를 알아듣는다. 왜냐하면 아테나이인들과 함께 살게 된 바로 그 펠라스기에인들이 이전에 사모트레이케에 거주했으며 사모트레이케인들이 이들에게서 그 신비 의식을 받아들였기 때문이다. 그래서 아테나이인들은 헬라스인들 가운데 최초로 남근이 발기한 헤르메에스상을 만들었고, 이는 그들이 펠라스기에인들에게서 배운 것이었다. 이에 대해 펠라스기에인들이 신성한 이야기를 하나 해 주었는데, 이것은 사모트레이케의 신비 의식에서 표출되어 나타난다.

52   내가 도도네에서 들어 알기에는, 예전에 펠라스기에인들은 신들에게 온갖 제사를 지내며 기도를 올렸지만 어떤 신에 대해서도 그 별명이나 이름을 붙이지 않았다고 한다. 그들은 아직 그러한 것을 들어 보지 못했기 때문이다. 펠라스기에인들은 이들을 테오이라고 불렀는데, 그 이유는 그들이 모든 사물을 질서 있게 배치하고 만물을 적재적소에 두었기 때문이다.[40] 그로부터 오랜 시간이 흐른 후 펠라스기에인들은 아이깁토스에서 전래한 다른 신들의 이름을 들어 알게 되었고, 그 한참 뒤에 디오니소스의 이름을 알게 되었다. 그런 후에 그

---

39 카베이로이(Kabeiroi)는 렘노스와 사모트라키아에서 숭배되던 신들로 금속 공예 기술이 뛰어났는데, 헤파이스토스의 자식들이었다고 전한다.

40 그리스어로 테오이(theoi)는 테오스(theos, 神)의 복수로 '신들'을 의미하는데, 여기서 헤로도토스는 테오이라는 말이 '배치하다'는 뜻의 그리스어 티테미(tithemi)에서 파생된 것이라는 견해를 제시한다.

들은 도도네에서 신들의 이름에 대해 신탁을 구했다. 이 신탁소는 헬라스에 있는 신탁소 가운데 가장 오래된 것으로 알려져 있는데, 당시에는 헬라스에서 유일한 신탁소였다. 펠라스기에인들이 이방인들에게서 전래한 이름을 채택해도 되는지에 대해 도도네에서 신탁을 구하자, 그것을 사용하라는 신탁이 내려졌다. 그때 이후 그들은 신들의 이름을 사용하여 제사를 지냈다. 헬라스인들은 나중에 이것을 펠라스기에인들에게서 받아들였다.

각 신들이 어디에서 생겨났는지 혹은 그들 모두가 처음부터 죽 존 53
재했는지, 또 그들이 어떤 모습이었는지에 대해 헬라스인들이 알게
된 것은 말하자면 엊그제의 일이라 하겠다. 나는 헤시오도스와 호메
로스가 나이로 보아 나보다 400년 전에 살았고 그보다 더 오래되지
는 않았다고 생각하기 때문이다. 바로 이들이 헬라스인들을 위해 신
의 계보를 만들고 신들에게 호칭을 부여했고 또 각 신들에게 영예와
기술을 부여하고 그들의 형상을 표현했던 자들이다. 헤시오도스와
호메로스 이전에 살았다는 시인들은, 내 생각에는, 그들보다 후대에
태어난 자들이다. 위 이야기 가운데 처음 부분[41]은 도도네의 여사제
들이 말해 준 것이고, 헤시오도스와 호메로스에 대한 나중 부분은 내
가 말한 것이다.

한편 아이깁토스인들은 헬라스의 신탁소와 리비에의 신탁소에 대 54
해 다음과 같은 이야기를 해 준다. 즉 테바이에우스 제우스의 사제들
은 말하기를 여사제 둘이 포이니케인들에 의해 테바이에서 끌려갔는

---

41 바로 앞 장인 제52장을 가리키는 것으로 보인다. 헤로도토스는 제52장의 도
   도나 여사제들의 진술과 제53장의 자신의 진술을 엄격하게 구분하고 있다.
   자신의 이야기 중에서 남의 주장과 자신의 주장을 구분함으로써 이야기의
   출처를 분명히 밝히고 나아가 진술의 신빙성을 높이고자 하는 것이다. 또 헤
   로도토스는 여기서 호메로스와 헤시오도스가 그들의 시를 통해 그리스 신화
   를 창시한 것으로 보고 있다. 즉 그리스 신화를 구전에 의해 장기간 축적된
   역사적 산물이 아니라 몇몇 시인들의 창작물로 보는 것이다.

데 자신들이 알기에 그중 한 명은 리비에로 팔려 가고 다른 한 명은 헬라스인들에게로 팔려 갔다고 한다. 앞서 언급한 종족들 사이에 최초로 신탁소를 세운 것은 바로 이 여인들이었다고 한다. 내가 사제들에게 어찌하여 그렇게 확실하게 알고 말하는지를 묻자, 그들은 이렇게 대답했다. 즉 그들이 이 여인들을 찾기 위해 대대적인 탐색을 벌였으며 결국은 그녀들을 찾지는 못했지만 그녀들에 대해 자신들이 나에게 말해 준 바로 그런 사실을 나중에 알게 되었다고 했다.

55   이상의 이야기는 내가 테바이의 사제들에게 들은 것이다. 그러나 도도네 예언녀들은 다음처럼 말한다. 즉 검은 비둘기 두 마리가 아이깁토스의 테바이에서 날아올라 그중 한 마리는 리비에로 가고 다른 한 마리는 그들에게로 왔는데, 도도네에 온 비둘기가 한 참나무 위에 앉더니 인간의 말소리로 모름지기 그 자리에 제우스의 신탁소가 들어서야 한다고 언명했다고 한다. 그러자 도도네인들은 이를 자신들에 대한 신성한 명령으로 이해하고 그로 말미암아 신탁소를 만들었다는 것이다. 한편 리비에인들에게로 간 비둘기는, 그들 말에 의하면, 리비에인들에게 암몬의 신탁소를 만들라고 명했다 한다. 이것 역시 제우스의 신탁소다. 도도네 여사제들은 나에게 그런 이야기들을 해주었는데, 그들 중 가장 연장자는 이름이 프로메네이아였고 그다음은 티마레테, 가장 연소자는 니칸드레였다. 그리고 신전과 관련되어 있는 다른 도도네인들 역시 여사제들과 똑같은 말을 했다.

56   하지만 이에 대한 나의 견해는 다음과 같다. 즉 만일 포이니케인들이 실제로 여사제들을 끌고 가 그중 한 명은 리비에에 팔고 다른 한 명은 헬라스에 팔았다고 한다면, 지금은 헬라스고 전에는 펠라스기에라고 불린 곳―이 둘은 같은 곳이다―에 온 여인은 테스프로토이인들에게 팔렸을 것이며 그 후 그곳에서 노예로 지내면서 그곳에 자라고 있던 참나무 아래에 제우스의 신전을 지었을 것이다. 테바이의 제우스 신전을 돌보았던 그녀인지라 그곳에 왔을 때에도 필시 테바이의 신전을 기억하고 있었을 것이기 때문이다. 그 후 그녀는 헬라스

어를 터득하게 되자 그곳에 신탁소를 세웠다. 또한 그녀는 자신을 팔아넘긴 바로 그 포이니케인들이 자신의 언니도 리비에에 팔았다고 말했을 것으로 생각된다.

나는 도도네인들이 다음의 이유에서 그 여인들을 비둘기로 불렀다   57
고 생각한다. 즉 그녀들[42]이 외국말을 한 터라 도도네인들에게는 그
녀들이 하는 말이 새들처럼 지저귀는 소리로 여겨졌던 것이다. 그러
다 얼마 후 그들은 그 여인이 자신들이 알아들을 수 있는 말을 하자
비둘기가 인간의 말소리로 언명했다고 말했다. 그녀가 외국말을 하
고 있는 동안에는 그녀의 말이 그들에게 새가 지저귀는 소리처럼 여
겨졌던 것이다. 그게 아니라면 어떻게 비둘기가 인간의 말소리로 언
명할 수 있겠는가? 또 그들이 비둘기가 검다고 말한 것은 그 여자가
아이깁토스인이었음을 의미한다.

아이깁토스의 테바이에서 예언하는 방식과 도도네에서 예언하는   58
방식은 마침 서로 비슷하다. 게다가 희생제물을 통한 예언술도 아이
깁토스에서 들어온 것이다. 또한 인간들 중에서 최초로 제전 집회와
행렬, 예배 의식을 제정한 자들은 아이깁토스인들이고 헬라스인들은
이들에게서 그것들을 배웠다. 나는 이에 대해 다음과 같은 증거를 갖
고 있다. 즉 아이깁토스의 이런 관례들은 분명 매우 오래전에 만들어
진 것으로 보이지만, 헬라스의 관례들은 근래에야 수립되었기 때문
이다.

아이깁토스인들은 제전 집회를 일 년에 한 번만 여는 것이 아니고   59
자주 거행한다. 그중 가장 성대하고 가장 열광적인 것은 부바스티
스[43] 시의 아르테미스 제전이고, 그 두 번째 것은 부시리스 시의 이시

---

42 슈타인 텍스트에는 복수형인 '그녀들'로 표기되어 있다. 그러나 도도나에 갔
    다는 이집트 테바이의 여사제는 한 명이었기 때문에 '그녀들'이 아니고 '그
    녀'로 표기되어야 옳다.

43 부바스티스(Bubastis)는 나일 강 펠루시온 하구의 델타 지역에 있는 도시로,

스 제전이다. 이 도시에는 가장 거대한 이시스 신전이 있는데, 이 도시는 아이깁토스 델타 지역의 중심부에 위치해 있다. 이시스는 헬라스인들의 말로 하면 데메테르다. 그다음으로 세 번째 것은 사이스 시에서 거행되는 아테나이에 제전이고, 네 번째 것은 헬리우폴리스의 헬리오스 제전이고, 다섯 번째 것은 부토 시의 레토 제전, 여섯 번째 것은 파프레미스 시의 아레스[44] 제전이다.

60   사람들이 부바스티스 시로 이동할 때에는 다음과 같이 한다. 그들은 남자와 여자가 함께 항해하는데, 남자들과 여자들의 대규모 무리가 각각의 바리스를 타고 간다. 여자들 가운데 일부는 딸랑이를 들고 흔들어 대고, 남자들 중 일부는 항해하는 동안 내내 아울로스를 불며, 또 그 밖의 여자들과 남자들은 노래를 부르고 손뼉을 친다. 그들이 부바스티스로 항해하는 동안에 다른 도시에 가까이 이르게 되면 바리스를 뭍 쪽으로 가깝게 대고 다음처럼 행동한다. 즉 여자들 가운데 일부는 내가 앞서 말한 대로 행동하고, 일부는 큰 소리로 그 도시의 여자들을 놀려 대고, 일부는 춤을 추고, 일부는 일어나서 옷을 올려 알몸을 보여 준다. 그들은 강변에 있는 모든 도시를 지날 때마다 이런 행동을 한다. 그러나 부바스티스에 도착하면 성대한 제물을 바치며 제전을 거행한다. 이 제전에서는 나머지 일 년 전체 동안에 마시는 양보다 더 많은 포도주가 소비된다. 그곳 토착민들이 하는 말에 따르면, 그곳에 모여드는 남자들과 여자들이 어린아이들은 빼고

이집트 왕국 제22왕조의 수도였다. 이곳에서는 고양이 두상의 이집트 여신 바스트(Bast)가 숭배되었는데, 헤로도토스는 바스트를 그리스의 아르테미스와 동일시한다.

44 여기에 등장하는 그리스 신들의 이름은 이집트 신을 가리킨다. 헤로도토스는 흔히 이집트 신들을 그리스 신들의 이름으로 부르곤 했다. 즉 아테나는 네이트, 헬리오스는 태양신 라(Ra), 레토는 우아트(Uat)를 가리킨다. 그러나 아레스가 이집트의 어떤 신을 지칭하는지는 분명치 않다. 안후르(Anhur)나 혹은 세트(Set)를 말하는 것으로 추정된다.

70만 명에 이른다고 한다.

부바스티스에서는 그런 일이 벌어진다. 한편 부시리스 시에서 이 61
시스 제전을 어떻게 거행하는지에 대해서는 내가 앞서 언급한 바 있
다.[45] 이 제전에서는 제물을 바친 후 엄청나게 많은 수만 남녀들이 모
두 가슴을 치며 애도를 한다. 그들이 누구[46]를 애도하는지를 말하는
것은 내게 불경스러운 일이다. 그런데 아이깁토스에 거주하는 카리
에인들은 이보다 훨씬 더한 행동을 하는데, 칼로 자신들의 이마를 벤
다. 이로써 그들이 아이깁토스인이 아니고 외국인임이 분명히 드러
난다.

사이스 시에서는 사람들이 모이면, 제물을 바치는 날 밤에 모두들 62
자신의 집 주변 야외에 둥글게 수많은 등불을 피워 놓는다. 그 등불
들은 소금과 기름이 가득 들어 있는 접시인데, 그 표면에 심지가 놓
여 있어서 밤새도록 타오른다. 그래서 이 제사에는 리크노카이에[47]라
는 이름이 붙여져 있다. 아이깁토스인들 중에서 이 제전 집회에 오지
못한 자들도 모두 제사 지내는 날 밤을 잘 준수하여 등불을 피운다.
그런 만큼 사이스뿐 아니라 아이깁토스 전역에 걸쳐 등불이 타오른
다. 무엇 때문에 이날 밤을 환하게 밝히고 경배하는지 그 이유에 대

---

45 제2권 제40장 참조.

46 이집트 신 오시리스. 사실 부시리스는 오시리스의 도시로 알려져 있고 부시
리스의 제전은 오시리스의 죽음과 부활에 관련된 제전이다. 그런데 이집트
신화에서 이시스가 오시리스의 주검을 수습하고 그를 부활시키는 데 주도적
역할을 수행하기 때문에, 헤로도토스는 그 제전을 이시스를 위한 제전으로
보는 것이다. 한편 여기서 헤로도토스는 신의 이름을 직접 거론하지 않는 신
중한 모습을 보이는데, 이는 신을 경외하는 경건한 심성을 나타내는 것이라
하겠다. 신과 신적인 일들에 대해 되도록 직접적인 언급을 자제하려는 그의
태도는 제2권 제65장, 제86장, 제132장에서도 반복되어 나타난다.

47 리크노카이에(lychnokaie)는 리크노스(lychnos, 등불)와 카이에인(kaiein,
피우다, 밝히다)의 합성어로, '등불 축제' 혹은 '연등제'(燃燈祭)를 뜻한다.

해서는 신성한 이야기가 전해 온다.

63   사람들은 헬리우폴리스와 부토에 가서는 오직 제물 봉헌만 수행한
다. 그러나 파프레미스에서는 다른 곳과 마찬가지로 제물 봉헌과 의
식을 거행한다. 해 질 무렵이 되면 소수의 사제들이 신상을 돌보느라
분주하고 대부분의 사제들은 나무 곤봉을 들고 신전의 입구에 늘어
선다. 한편 그들 맞은편에는 1,000명이 넘는 사람들이 서약을 이행하
여 무리 지어 서 있는데, 그들 역시 각자 나무 곤봉을 들고 있다. 신
상은 금박 입힌 조그만 나무 신전 안에 넣어 그 전날에 다른 신성한
거처로 옮겨진다. 신상과 함께 남겨진 소수의 사제들이 나무 신전과
나무 신전 안에 있는 신상을 사륜마차에 실어 끌고 가고, 반면에 신
전 입구에 서 있는 사제들은 그것이 안으로 들어오지 못하게 막는다.
한편 서약한 자들은 신의 편을 들어, 문에서 방어하는 사제들을 후려
친다. 거기서 나무 곤봉으로 격렬한 싸움이 벌어져 서로 머리가 깨졌
고, 내 생각으로는, 많은 사람들이 상처 때문에 사망했을 것 같다. 그
렇지만 아이깁토스인들은 죽은 사람이 한 명도 없다고 말한다. 그곳
토착민들이 하는 말로는, 이 제전 집회의 관습이 다음과 같이 해서
생겨났다고 한다. 즉 이 신전에는 아레스의 어머니가 살았고 아레스
는 그곳에서 떨어져 양육되었는데, 그는 장성하게 되자 어머니와 합
치고[48] 싶어서 그곳으로 왔다고 한다. 하지만 어머니의 시종들은 전
에 그를 본 적이 없었는지라 그가 들어오지 못하게 막았다고 한다.
이에 아레스는 다른 도시에서 사람들을 데려와 시종들을 난폭하게
처리하고 어머니가 있는 곳으로 들어갔다고 한다. 바로 이 때문에 아
레스 제전에서 서로를 때리는 이 관습이 생겨났다는 것이다.

64   또한 신전 안에서 여자와 교합하지 못하며 여자를 품은 후 몸을 씻

---

48 '합치다'는 '시믹사이'(symmixai)를 번역한 것인데, 여기서 헤로도토스가 이
말을 단순히 '교유하다'라는 의미로 사용한 것인지 아니면 '성적으로 교합하
다'라는 의미로 사용한 것인지는 분명치 않다.

지 않고서는 신전에 들어가지 못한다는 계율을 맨 처음 지킨 것도 아이깁토스인들이다. 아이깁토스인들과 헬라스인들을 제외한 다른 사람들은 거의 모두 신전 안에서 교합하며 또 여자와 자고 일어나 몸을 씻지도 않은 채 신전으로 들어가기 때문이다. 그들은 인간이 다른 동물들과 똑같다고 생각하는 것이다. 이는 다른 짐승들과 새들이 신들의 신전과 성역 내에서 교미하는 것을 볼 수 있기 때문이라고 한다. 만일 이것이 신의 마음에 들지 않는다면 동물들도 그런 짓을 하지는 않으리라는 것이다. 그들은 이와 같은 주장을 내세우며 그렇게 하지만 나는 그런 주장에 수긍하지 않는다. 그러나 아이깁토스인들은 이것뿐 아니라 종교적 문제에 관한 다른 모든 사항들을 각별히 우러러 준수한다.

아이깁토스는 리비에와 경계를 이루지만 동물들이 아주 많지는 않 65
다. 그것들은 모두 신성하게 여겨지는데, 그중에는 인간들과 함께 지내는 것들도 있고 그렇지 않은 것들도 있다. 만약 내가 그 동물들이 신성한 것으로 봉헌된 이유에 대해 말한다면 신에 관련된 일들을 이야기하게 될 텐데, 이는 내가 이야기하기를 가장 꺼리는 것들이다. 나는 이제껏 이런 일들에 대해서는 살짝만 건드려 언급했고 그것도 어쩔 수 없는 상황에서만 말했을 뿐이다. 아이깁토스에는 동물들에 대해 다음의 관습이 존재한다. 이들 동물을 각 종류별로 따로 사육하는 남녀 관리인이 아이깁토스인들 가운데 지정되어 있는데, 그 직책은 아버지에게서 자식으로 세습된다. 도시의 각 주민들은 다음처럼 자신들의 서약을 이행한다. 즉 그들은 그 동물이 속한 신에게 기도를 드리고, 자기 자식들의 머리털을 전부 혹은 절반 혹은 3분의 1을 잘라 그 머리털의 무게를 은과 견주어 잰다. 그리고 무게가 측정되면 그만큼의 은을 그 동물의 여자 관리인에게 주고 그녀는 그 값만큼의 물고기를 사서 토막 내 동물에게 먹이로 준다. 그들의 동물 사육은 그와 같이 정해져 있다. 누가 이 동물들 가운데 어떤 것을 죽였을 경우, 그가 고의로 그랬다면 사형 처벌을 받고 고의가 아니라면 사제들이 정하는 벌금을 물어야 한다. 그러나 따오기나 매를 죽인 자는 그 것이 고의이건 아니건 간에 반드시 사형당하게끔 되어 있다.

66   아이깁토스에는 인간들 사이에 사육되는 가축들이 많이 있는데, 만약 고양이들에게 다음과 같은 일이 일어나지 않았다면 그 수는 훨씬 더 많아졌을 것이다. 암고양이는 새끼를 낳으면 더는 수고양이와 어울리지 않는다. 수고양이는 암컷과 교미하고자 하지만 그러지를 못한다. 이에 대해 수고양이는 다음처럼 방안을 도모한다. 즉 그들은 암컷에게서 새끼를 빼앗거나 훔쳐 내 죽여 버린다. 하지만 그렇다고 해서 죽인 것을 먹지는 않는다. 그러면 새끼를 빼앗긴 암고양이는 또 다른 새끼를 갖고자 하여 수컷에게 다가간다. 고양이는 자식을 사랑하는 동물이기 때문이다. 그런데 화재가 발생하면 고양이들에게 아주 신기한 일이 일어난다. 아이깁토스인들은 주위에 둘러서서 고양이들만 유심히 지키고 화재 진화에는 관심을 보이지 않는다. 반면에 고양이들은 사람들 사이로 슬쩍 빠지거나 그 위를 뛰어넘어 불속으로 뛰어든다. 이런 일이 일어나면 아이깁토스인들은 대대적으로 애도를 한다. 어느 집에서건 고양이가 자연사를 하면 그곳에서 함께 사는 사람들은 모두 눈썹의 털만 깎는다. 그러나 개가 죽은 집에서는 온몸의 털과 머리털을 깎는다.

67   죽은 고양이는 부바스티스 시의 신성한 방들로 옮겨지는데, 거기서 미라로 만들어져 매장된다. 암캐들은 각기 자기 도시에서 신성한 묘지에 매장된다. 이크네우몬[49]도 개와 똑같은 방식으로 매장된다. 한편 들쥐와 매는 부토 시로 옮겨지고 따오기는 헤르메오폴리스로 옮겨진다. 곰은 그 수가 매우 적고 이리는 여우보다 별로 더 크지 않는데, 이것들은 죽어 발견된 그 자리에 매장된다.

68   악어의 본성은 다음과 같다. 악어는 겨울철 넉 달 동안에는 아무것

---

49 이크네우몬(ichneumon)은 몽구스의 일종이다.

도 먹지 않는다. 다리는 넷이며, 뭍에서도 살고 물에서도 산다. 악어는 뭍에서 알을 낳고 부화하며 낮에는 대부분 마른 땅에서 지내고 밤에는 내내 강 속에서 지낸다. 밤에는 사실 대기나 이슬보다 물이 더 따뜻하기 때문이다. 우리가 아는 모든 동물 가운데 가장 작게 태어나서 가장 크게 자라는 것이 악어다. 악어는 거위 알보다 별로 더 크지 않은 알을 낳고 새끼악어도 그 알만 한 크기지만, 성장하면 17페키스 혹은 그 이상에 이르기 때문이다. 악어는 돼지와 같은 눈을 하고 있으며 몸집에 맞게 크나큰 이빨과 엄니를 가지고 있다. 또 악어는 본래 혀가 없는 유일한 동물이며, 아래턱을 움직이지 않는다. 악어는 위턱을 아래턱 쪽으로 움직이는 유일한 동물인 것이다. 또한 악어는 강력한 발톱이 있으며 등에는 뚫기 어려운 비늘 가죽이 덮여 있다. 악어는 물속에서는 눈이 멀지만 바깥 대기 중에서는 시력이 엄청나게 예리해진다. 악어는 물속에서 살아가기 때문에 입 안이 모두 거머리로 가득 차 있다. 다른 새들과 짐승들은 악어를 피해 달아나지만, 악어물떼새는 악어에게 도움을 주는지라 악어와 평화롭게 지낸다. 악어가 물에서 뭍으로 올라와 입을 딱 벌리고 있으면―악어는 대체로 서풍을 향해 그렇게 하는 습성이 있다―, 그때 악어물떼새가 입 안으로 들어가 거머리를 먹어 삼킨다. 악어는 이런 도움을 받고 기분이 좋아서 악어물떼새에게 아무런 해도 입히지 않는다.

아이깁토스인 중에는 악어를 신성하게 여기는 자들도 있고 반면에 69 그렇지 않고 적대시하는 자들도 있다. 테바이와 모이리스 호수 부근의 주민들은 그것들을 특별히 신성하게 여긴다. 두 곳 모두 전체 악어들 중에서 한 마리를 골라 키우는데, 그것은 훈련되어 길든 것이다. 그들은 악어의 귀에 유리와 황금으로 만든 귀고리를 달고, 앞발에는 발찌를 끼우고, 또 특별한 음식과 제물을 제공하며 살아 있는 동안 최상으로 모신다. 그러다 악어가 죽은 후에는 미라로 만들어 신성한 묘지에 매장한다. 그러나 엘레판티네 시 부근의 주민들은 악어들을 신성하게 여기지 않으며 그것을 먹기까지 한다. 아이깁토스인들은 그 동물을 크로코데일로스라 부르지 않고 캄프사라고 부른다. 크로코데일로스는 이오네스인들이 붙인 이름인데, 그들은 악어들의 모습이 그들 지역의 돌담 속에 서식하는 크로코데일로스[50]와 비슷하다고 생각했기 때문이다.

70　악어 사냥은 여러 종류의 다양한 방식으로 이루어진다. 그중에서 내가 생각하기에 가장 언급할 가치가 있는 것을 이야기하겠다. 사냥꾼은 돼지의 등 부위를 낚싯바늘에 미끼로 달아서 강 한가운데로 던져 놓고, 자신이 데려온 살아 있는 새끼돼지를 강가에서 마구 때린다. 이에 악어는 돼지의 비명 소리를 듣고 소리 나는 쪽으로 와서, 돼지의 등 부위를 보고 그것을 먹어 삼킨다. 그러면 사람들이 그것을 끌어당기고, 악어가 뭍으로 끌어 올려지면 맨 먼저 사냥꾼이 악어의 두 눈에 진흙을 바른다. 그렇게 하고 나면 그가 나머지 일에서 아주 쉽게 악어를 제압하지만, 그렇지 않으면 무척 고생을 한다.

71　하마는 파프레미스 주에서는 신성한 동물이지만, 아이깁토스의 다른 지역들에서는 신성시되지 않는다. 하마의 모습은 다음과 같은 특성이 있다. 즉 발이 넷이고 발굽은 소 발굽처럼 갈라져 있고, 납작코에 말의 갈기를 갖고 있으며 엄니가 드러나 있다. 또 꼬리와 울음소리가 말과 같고 크기는 엄청나게 큰 황소만 하다. 하마의 가죽은 대단히 두꺼워서, 말리면 그것으로 창 자루를 만들 수 있다.

72　강에는 수달도 사는데, 그들은 그것을 신성하다고 여긴다. 그들은 또 물고기 중에서 레피도토스[51]라고 불리는 물고기와 뱀장어를 신성하다고 생각한다. 그들의 말로는, 이것들과 새 중에서는 여우거위가 네일로스 강에 바쳐진 신성한 존재들이라고 한다.

73　포이닉스라는 이름의 또 다른 새도 신성한 존재다. 나는 그것을 그

50　크로코데일로스(krokodeilos)는 이오니아어로 도마뱀을 뜻한다.

51　레피도토스(lepidotos)는 '비늘이 있는, 비늘로 덮인'이라는 뜻의 그리스어인데, 여기서는 온몸이 큰 비늘로 덮인 비늘고기를 가리킨다.

림으로밖에는 본 적이 없다. 그 새는 아주 드물게 아이깁토스를 찾아오기 때문인데, 헬리우폴리스인들의 말로는, 500년에 한 번씩 찾아온다고 한다. 그들은 말하기를, 아비 새가 죽을 때면 그것이 아이깁토스를 찾아온다고 한다. 만일 그 새가 그림과 흡사하다면, 그것의 크기와 외모는 다음과 같다. 그것의 깃털은 일부가 황금색이지만 대체로 붉은색이다. 그것의 외형과 크기는 독수리와 가장 비슷하다. 그들은 이 새가 다음과 같은 일을 해냈다고 말하는데, 나는 그들의 말을 믿지 않는다. 그들은 말하기를, 포이닉스가 몰약으로 싼 아비 새를 아라비에에서부터 헬리오스의 신전까지 나르고 아비 새를 헬리오스의 신전에서 매장한다고 한다. 그런데 포이닉스는 다음과 같이 아비 새를 나른다고 한다. 그 새는 먼저 몰약으로 자기가 나를 수 있을 만한 무게의 알을 만든 다음 그것을 나르는 시험을 해보고, 시험을 마치면 알의 속을 파내고 그 안에 아비 새를 집어넣는다고 한다. 그렇게 알의 속을 파내고 아비 새를 집어넣은 그 구멍은 다른 몰약으로 바른다고 한다. 그러면 아비 새를 넣고 나서도 무게는 전과 똑같다고 한다. 그렇게 알을 다 바르고 나면 포이닉스는 아비 새를 아이깁토스의 헬리오스 신전으로 나른다는 것이다. 그들은 이 새가 그렇게 한다고 말한다.

또한 테비이 부근에는 신성한 뱀들이 있는데, 인간에게 아무런 해 74 도 끼치지 않는다. 그것들은 크기가 작으며, 머리 꼭대기에서 돋은 두 개의 뿔을 달고 있다. 그것들이 죽으면 제우스의 신전에 매장된다. 그것들은 이 신에게 바쳐진 신성한 존재라고 하기 때문이다.

부토[52] 시의 바로 인근에 아라비에의 한 지역이 위치해 있는데, 나 75 는 날개 달린 뱀들에 대해 탐문하기 위해 그 지역에 간 적이 있다. 그

----

52 여기서의 부토(Buto)는 앞서 언급한 부토(제2권 제59장과 제63장 참조)와 다른 곳이다. 앞서의 부토는 이집트 북서부 델타 지역에 위치한 곳이지만, 이 부토는 아라비아 쪽에 가까운 이집트 북동부 지역의 도시다.

곳에 가서 나는 말할 수 없을 정도로 많은 뱀의 뼈들과 등뼈들을 보았다. 그곳에는 등뼈들을 쌓은 무더기들이 많이 널려 있었는데, 그중에는 거대한 것들도 있고 그보다 작은 것들 또는 이것들보다 훨씬 더 작은 것들도 있었다. 뱀의 등뼈들이 무더기로 널려 있는 이 지역의 형세는 대체로 다음과 같다. 즉 그곳은 좁은 산악에서 넓은 평원으로 연결되는 고갯길인데, 이 평원은 아이깁토스의 평원과 맞닿아 있다. 한 이야기에 의하면, 봄이 오면 날개 달린 뱀들이 아라비에에서 아이깁토스를 향해 날아가는데, 따오기들이 이곳 고갯길에서 뱀들을 맞아 그것들을 지나가지 못하게 하고 죽인다고 한다. 아라비에인들은 말하기를, 이런 행동 덕분에 따오기들이 아이깁토스인들에게 크게 존중받는다고 한다. 아이깁토스인들 역시 똑같은 말을 하는데, 바로 이 때문에 자신들이 따오기들을 존중한다는 것이다.

76   그 따오기의 모습은 다음과 같다. 그것은 온몸이 굉장히 검고 두루미 다리에 몹시 굽은 부리를 하고 있으며 크기는 흰눈썹뜸부기만 하다. 이것은 뱀들과 맞서 싸우는 검은색 따오기들의 모습이다. 그러나 사람들이 사는 곳 가까이에 더 자주 나타나는 따오기들—따오기는 두 종류가 있다—의 모습은 머리와 목 전체에 털이 없고, 머리와 목, 날개 끝, 꼬리 끝—내가 말한 이들 부분은 모두 굉장히 검다— 외에는 깃털이 흰색이며, 다리와 부리는 다른 종류의 따오기와 비슷하다. 한편 그 날개 달린 뱀들의 모습은 물뱀과 꼭 흡사하며, 그것들의 날개는 깃털이 없는데 박쥐의 날개와 가장 비슷하다. 이상은 내가 신성한 동물들에 대해 이야기한 것이다.

77   아이깁토스인들 자신 중에서도 아이깁토스의 경작 지대 부근에 사는 자들은 모든 인간들의 기억을 잘 보존하고 있으며, 내가 경험해본 사람들 가운데 단연 가장 박식한 자들이다. 그들이 살아가는 방식은 다음과 같다. 그들은 매월 3일 동안 연속해서 몸속을 정화하는데, 구토와 하제(下劑)를 써서 건강을 돌본다. 그들은 인간의 모든 병이 섭취하는 음식에서 비롯한다고 여기기 때문이다. 그렇지 않아도 아

이집토스인들은 모든 사람들 중에서 리비에인들 다음으로 가장 건강한 자들인데, 내 생각에 그것은 계절 현상 때문이다. 아이깁토스에는 계절의 변화가 없는 것이다. 사람들에게 병이 생기는 것은 변화 때문인데, 다른 모든 변화들과 특히 계절의 변화로 병이 생겨난다. 그들은 올리라로 빵을 만들어 먹는데, 그 빵을 킬레스티스라고 부른다. 그들은 보리로 만든 술을 마신다. 그들의 나라에는 포도나무가 없기 때문이다. 그들은 물고기를 햇볕에 말리거나 소금물에 절여서 날것으로 먹는다. 새들 중에 메추라기와 오리, 작은 새들은 미리 소금에 절인 다음 날것으로 먹는다. 그러나 그 밖에 그들이 접할 수 있는 다른 새나 물고기들은, 그들이 신성하다고 여기는 것들을 제외하고는, 모두 굽거나 삶아서 먹는다.

그들 중 부유한 자들의 연회에서는 식사가 끝나면 한 남자가 나무 78
로 만든 시신의 형상을 관 속에 넣고 돌아다닌다. 그것은 채색과 조각에서 실물과 거의 똑같은 모습으로 만들어지는데, 크기는 1페키스혹은 2페키스쯤 된다. 그 남자는 연회 친구들 각자에게 그것을 보여주며 말한다. "이것을 보시면서 마시고 즐기세요. 당신도 죽으면 이렇게 될 테니까요." 그들은 연회에서 그렇게 한다.

그들은 조상 전래의 관습을 따르고 그 외 다른 관습은 전혀 받아들 79
이지 않는다. 그중 다른 관습들도 주목할 만하지만, 그래도 특히 리노스라는 노래[53]가 주목할 만하다. 이 노래는 포이니케, 키프로스 및그 밖의 다른 지역에서도 불리지만, 종족마다 그 이름이 다르다. 그러나 아이깁토스 노래 속의 인물은 헬라스인들이 리노스라고 이름지어 노래하는 인물과 똑같은 것 같다. 그리하여 아이깁토스와 관련한 일들 중에서 나를 놀라게 하는 것이 달리 많기도 하지만, 특히 놀

---

53 이 노래는 '살해당한 청년'인 탐무즈(Thammuz), 아티스(Atys), 힐라스(Hylas) 혹은 리노스(Linos)를 위한 찬가인데, 흔히 '살해당한 청년'은 초여름의 종식(終熄)을 상징하는 것으로 여겨졌다.

라운 것은 그들이 리노스 노래의 이름을 어디서 받아들였는가 하는
점이다. 그들이 전부터 늘 이 노래를 불러 왔다는 것은 분명하다. 리
노스는 아이깁토스어로 마네로스라고 불린다. 아이깁토스인들은 말
하기를, 그는 아이깁토스 첫 번째 왕의 외아들이었으며 그가 요절하
자 아이깁토스인들이 이 만가(輓歌)로 그를 추모했는데 이 노래는 그
들의 최초의 노래이자 유일한 노래였다고 한다.

80   아이깁토스인들이 헬라스인들, 그중에서도 오직 라케다이몬인들하
고만 일치하는 관습이 또 하나 있다. 즉 그들 가운데 나이 적은 사람
이 연장자와 마주치면 길을 양보하여 옆으로 비켜나고, 연장자가 다
가오면 자리에서 일어난다. 그러나 다음의 관습은 어떤 헬라스인들
과도 전혀 일치하지 않는다. 즉 아이깁토스인들은 길에서 만나면 서
로 인사말을 건네는 대신 손을 무릎까지 내려 절을 한다.

81   그들은 술이 달린 아마포 키톤을 다리에 둘러 입는데, 그들은 그것
을 칼라시리스라고 부른다. 그리고 그 위에 모직으로 된 흰색 겉옷을
걸쳐 입는다. 그러나 모직물은 신전 안으로 들여오지 못하며 그들과
함께 매장되지도 않는다. 그것은 신성한 법도에 어긋나기 때문이다.
이 점에서 그들은 이른바 오르페우스[54] 제식 및 바코스[55] 제식—하지
만 이것들은 사실 아이깁토스인과 피타고레스[56]의 제식이다—과 일
치한다. 이들 제식에 입회한 자가 모직 겉옷을 입은 채 매장되는 것

---

54 오르페우스(Orpheus)는 그리스의 신화적 인물로 트라키아의 시인이었다고
한다. 그는 오르페우스 제식의 창시자로도 알려져 있는데, 오르페우스 제식
은 그리스에서 기원전 6세기부터 존재했던 것으로 보인다. 그의 제식은 인간
의 사후 세계와 재생에 대한 관념이 반영되어 있었다고 여겨진다.

55 바코스(Bacchos)는 디오니소스 신의 다른 이름이다.

56 피타고라스(Pythagoras)는 기원전 6세기경의 사모스 출신 철학자이자 수학
자로, 이탈리아의 크로톤에 이주하여 일종의 종교적 공동체를 결성했는데
그 신자들은 인간의 사후 세계를 믿고 영혼의 불멸과 윤회 관념을 지녔다고
한다.

은 불경스러운 일이기 때문이다. 이것들에 대해서는 신성한 이야기가 전해 온다.

그 밖에도 아이깁토스인들은 다음의 것들을 발견했다. 즉 그들은 82 모든 달과 날이 각각 어떤 신에게 속해 있으며, 또 사람이 인생에서 어떤 일을 겪게 되고 어떤 죽음을 맞이하며 어떤 성향의 인간이 되는가는 바로 그 자신이 태어난 날에 달려 있다는 것을 알아냈다. 그리고 헬라스인들 중에서 시가(詩歌)를 다루는 자들이 이것들을 이용했다.[57] 아이깁토스인들은 다른 어떤 사람들보다도 더 많은 징조들을 발견했다. 그들은 어떤 징조가 발생하면 그 결과를 잘 살펴서 기록해 두기 때문이다. 그리고 나중에 혹시 그와 유사한 일이 발생하면 역시 똑같은 결과가 나타나리라고 생각한다.

그들의 예언술은 다음과 같이 되어 있다. 즉 예언술은 어떤 인간에 83 게도 부여되지 않고 몇몇 신들에게만 부여되어 있다. 아이깁토스에는 헤라클레에스, 아폴론, 아테나이에, 아르테미스, 아레스, 제우스의 신탁소들이 있으며 모든 신탁소 가운데 가장 숭앙받는 레토의 신탁소는 부토 시에 있다. 하지만 그들의 신탁 방법은 동일하지 않고 각양각색이다.

그들의 의술은 다음과 같이 분화되어 있다. 즉 의사는 각자 한 가 84 지 병만을 다룰 뿐이고 그 이외의 병은 다루지 않는다. 그래서 나라 전체에 의사가 아주 많다. 눈을 치료하는 의사들도 있고, 머리를 치료하는 의사들, 치아를 치료하는 의사들, 배를 치료하는 의사들도 있고 또 겉으로 보이지 않는 병을 치료하는 의사들도 있다.

아이깁토스인들은 다음과 같은 식으로 죽은 자를 애도하고 매장 85 한다. 어떤 집에서 유명한 사람이 죽으면 그 집의 여자들이 모두 머리나 얼굴에 진흙을 바른 후 시신을 집 안에 남겨 놓고, 옷에 허리띠

---

[57] 헤시오도스의 『일과 날들』(*Erga kai Hemerai*)이 대표적인 사례다.

를 둘러[58] 젖가슴을 드러낸 채, 온 도시를 돌아다니며 가슴을 치고 애도한다. 이때 그녀들의 모든 여자 친척들도 동참한다. 한편 남자들도 옷에 허리띠를 두른 채 가슴을 치며 애도한다. 이렇게 하고 나서, 그들은 시신을 미라로 만들기 위해 옮긴다.

86   아이깁토스인들에게는 이 일을 직업 삼아 특별한 기술을 가진 사람들이 있다. 이들은 시신이 운구되면 운구해 온 자들에게 실물처럼 그려진 ……[59] 목조 시신 모형들을 보여 준다. 그들의 말로는 그 모형들 중 가장 완벽한 것은 어느 분[60]의 모습이라고 하는데, 나로서는 이 일과 관련하여 그분의 이름을 부르는 것이 불경스러운 일이라고 생각한다. 그들은 또 처음 것보다 조악하고 값이 더 싼 두 번째 모형과 가장 값이 싼 세 번째 모형도 보여 준다. 이것들을 다 설명해 준 후, 그들은 유족들에게 시신이 어떤 식으로 처리되기를 원하느냐고 묻는다. 유족들은 가격에 합의한 후 돌아가고, 기술자들은 그들의 작업장에 남아 미라를 만드는데 가장 완벽한 미라는 다음처럼 만든다. 그들은 먼저 쇠갈고리로 콧구멍을 통해 뇌수를 끄집어내는데, 그중 일부는 그렇게 끄집어내지만 또 일부는 약물을 집어넣는다. 그런 후 날카로운 아이티오피에산(産) 돌칼로 옆구리 부근을 절개하고 그곳을 통해 복강(腹腔)에 든 것을 모두 제거한다. 그리고 복강을 깨끗이 씻어내고 야자술로 헹군 다음 빻은 향료로 다시 헹군다. 그 후 빻은 순수한 몰약과 계피 및, 유향을 제외한 다른 향료들로 배 안을 가득 채우고 원래대로 봉합한다. 이렇게 한 다음 그들은 시신을 소다석(石)으

---

58 옷에 허리띠를 두른다는 것은 상반신을 벌거벗는 것을 뜻한다.

59 슈타인 텍스트의 누락 대목인데, 슈타인은 "방부 처리를 한 세 개의"라는 구절이었을 것으로 추정한다. 그럴 경우 "실물처럼 그려지고 방부 처리를 한 세 개의 목조 시신 모형들을 보여 준다"가 된다.

60 오시리스. 이집트 신화에서 오시리스는 죽은 자들을 심판하는 명계(冥界)의 신이었다. 그래서 오시리스는 으레 죽은 자의 모습으로 묘사되곤 했다.

로 방부 처리 하여 70일 동안 은폐해 보관한다. 그러나 이보다 더 오래도록 방부 처리 해서는 안 된다. 70일이 지나면, 시신을 잘 씻은 후 길쭉하게 잘라 만든 정교한 아마포 붕대로 전신을 감고 그 위에 아이깁토스인들이 대개 아교 대신에 사용하는 점성(粘性) 고무를 바른다. 그러고 나면 친척들이 시신을 인도받아 사람 모양의 목관(木棺)을 만들고, 그것을 만든 후에는 그 안에 시신을 안치한다. 그리고 그것을 봉한 다음 묘실의 벽 쪽에 똑바로 세워 보관한다.

이상은 시신을 미라로 만드는 가장 비싼 방식이다. 그러나 값비싼 **87** 비용을 꺼려 중간 것을 원하는 자들을 위해서는 다음의 방식으로 미라를 만든다. 미라 제작자들은 삼나무에서 추출된 기름을 주사관(注射管)에 가득 넣은 후 그것을 통해 시신의 배 안을 가득 메운다. 이때 그들은 시신을 절개하지도 않고 뱃속의 내장을 끄집어내지도 않으며, 항문을 통해 기름을 주입하고 그것이 거꾸로 흘러나오지 않게 막은 후 정해진 기간 동안 방부 처리 한다. 그러다 마지막 날이 되면 앞서 주입한 삼나무 기름을 복부에서 빼낸다. 그 기름은 실로 대단한 효력이 있어서, 위와 내장이 모두 녹아 기름과 함께 밖으로 빠져나온다. 또 소다석이 살을 용해시키므로 결국은 시신의 피부와 뼈들만 남는다. 이렇게 하고 나면, 이제 그들은 더는 아무 일도 하지 않고 시신을 돌려준다.

한편 그보다 더 재산이 적은 사람들의 시신을 미라로 만드는 데 쓰 **88** 이는 세 번째 방식은 다음과 같다. 즉 그들은 하제를 써서 복강을 세척한 다음 70일 동안 방부 처리 하고, 그런 후에 시신을 가져가라고 돌려준다.

저명한 자들의 아내가 죽으면 미라 제작을 하도록 곧바로 시신을 **89** 넘기지 않는다. 용모가 매우 아름다운 여성이나 명망 있는 여성의 경우에도 역시 그렇게 하지 않는다. 이들 여성의 경우에는 죽은 지 3일째 혹은 4일째가 되어서야 시신을 미라 제작자들에게 넘긴다. 그들이 그렇게 하는 것은 다음의 이유 때문인데, 즉 미라 제작자들이 그 여성의 시신을 시간(屍姦)하지 못하도록 하기 위해서다. 한번은 그들 중 어떤 자가 막 사망한 여성의 시신을 시간하다가 발각되었다고 하는데, 동료 제작자가 그를 고발했다고 한다.

90   아이깁토스인이건 외국인이건 상관없이 어느 누가 악어에게 붙잡혀 가거나 강물 자체로 인해 사망한 것으로 나타날 경우, 그 시신이 떠밀려 온 도시에서는 사람들이 반드시 그를 미라로 만들고 되도록 아름답게 치장하여 신성한 묘지에 매장해야만 한다. 그의 친척이나 친구 중 어느 누구도 그의 시신에 손을 댈 수가 없고, 그 시신을 인간보다 상위적인 존재로 보아 네일로스 강의 사제들이 직접 그에게 손을 대어 매장해 준다.

91   아이깁토스인들은 헬라스인들의 관습을 받아들이길 꺼리는데, 일반적으로 말하면, 다른 어떤 사람들의 관습에 대해서건 꺼린다. 다른 아이깁토스인들은 지금 이런 원칙을 잘 지키고 있다. 하지만 네에폴리스[61] 근처에 테바이 주의 대도시인 켐미스라는 곳이 있다. 이 도시에는 다나에의 아들 페르세우스의 사각형 신전이 있는데 그 주위에는 야자나무들이 자라고 있다. 신전의 출입문은 매우 거대한 돌로 만들어져 있다. 그리고 그 옆에는 두 개의 거대한 석조 인물상이 서 있다. 이 성역 내에는 신전이 하나 있고 그 신전 안에 페르세우스상이 안치되어 있다. 이 켐미스인들은 말하기를, 페르세우스가 자주 그 지방 곳곳에서 모습을 드러내고 신전 내에도 자주 나타난다고 한다. 이 때 그가 신은 산달리온[62] 한 짝이 발견되곤 하는데 그 길이는 2페키

---

61 '네에폴리스'(Neepolis)는 그리스식 지명이다. '네에'는 '젊은, 새로운'을 뜻하는 그리스어 '네오스'(neos)의 여성형 표현이고, '폴리스'는 '도시', '국가'를 뜻하므로 '네에폴리스'는 '신도시', '새 국가'를 의미한다.

62 '산달리온'(sandalion)은 그리스어 '산달론'(sandalon)의 지소어(指小語: 어떤 낱말보다 더욱 작은 개념이나 친애의 뜻을 나타내는 말)다. 산달론은 신바닥 위에 발가락과 발등 앞부분을 덮는 덮개가 달린 신발인데, 오늘날의 슬리퍼와 모양이 비슷하다. 신발 뒤축은 끈으로 매어 신었으며 주로 여성들이

스이며, 산달리온이 출현할 때에는 아이깁토스 전역이 번성을 누린다고 한다. 이상은 그들이 말한 내용이다. 한편 그들은 페르세우스를 경배할 때 다음과 같이 헬라스식으로 거행한다. 즉 그들은 모든 종목의 경기를 포함하는 운동경기를 치르며 그에 대한 상으로 가축과 겉옷, 짐승 가죽을 수여한다. 내가 페르세우스는 왜 상습적으로 그들에게만 모습을 드러내며 그들이 왜 다른 아이깁토스인들과 달리 운동경기를 거행하는가를 묻자, 그들은 페르세우스가 원래 자기네 도시 출신이라고 말했다. 켐미스인인 다나오스와 링케우스가 배를 타고 헬라스로 건너갔는데, 이들로부터 계보를 따져 보면 페르세우스까지 내려온다는 것이었다. 그들은 말하기를, 페르세우스가 헬라스인들도 언급한 바로 그 이유 때문에, 즉 리비에에서 고르고의 머리를 가져가려고 아이깁토스에 이르렀을 때 그들의 지역에도 들렀으며 거기서 그의 친척들을 모두 알아보았다고 했다. 페르세우스는 아이깁토스에 왔을 때 켐미스라는 이름을 잘 알고 있었는데, 이미 그의 어머니에게서 그 이름을 들었다고 했다. 또 그들이 운동경기를 거행하게 된 것도 그의 지시 때문이라고 했다.

이것들은 모두 늪지대의 위쪽[63]에 거주하는 아이깁토스인들의 관 92 습이다. 한편 늪지대에 거주하는 자들도 다른 아이깁토스인들과 똑같은 관습이 있는데, 다른 점들에서도 그렇고 또 그들이 헬라스인들처럼 각자 한 명의 아내와 함께 산다는 점에서도 그러하다. 하지만 그들은 식량을 값싸게 얻기 위해 다음의 방법을 고안해 냈다. 강이 범람하여 들판에 물이 차면 아이깁토스인들이 로토스라고 부르는 백합들이 물속에서 무성하게 자란다. 그들은 이것을 따서 햇볕에 말린

착용했다고 한다. 오늘날의 '샌들'(sandal)이라는 말은 이 산달론에서 유래한 것이다.

63 이집트에서 나일 강의 흐름을 기준으로 하면, 늪지대의 '위쪽'이나 '상부 지역'은 늪지대의 남쪽을 가리킨다.

다음 양귀비 비슷한, 로토스의 가운데 부분을 으깨서 불에 구워 빵을 만드는 것이다. 이 로토스의 뿌리도 먹을 수 있는데, 맛이 꽤 달며 둥근 모양에 크기는 사과만 하다. 강에는 다른 종류의 백합들도 자라는데 그 모양이 장미와 비슷하다. 이것들의 열매는 뿌리에서 옆으로 나온 별도의 꼬투리 속에서 자라며 그 모양이 벌집과 대단히 비슷하다. 열매 속에는 크기가 올리브 씨만 한, 먹을 수 있는 씨들이 많이 들어 있는데 그것들은 생으로도 먹고 말려서도 먹는다. 또한 그들은 매년 자라나는 파피루스를 늪지대에서 뽑아낸 후 윗부분은 잘라 다른 용도로 사용하고 1페키스 정도 길이의 나머지 아랫부분은 식용으로 [하거나 판매를]⁶⁴ 한다. 파피루스를 아주 쓸모 있게 쓰려는 자들은 그것을 빨갛게 단 도기그릇에 구워서 먹는다. 한편 그들 중 어떤 자들은 오로지 물고기만 먹고 산다. 그들은 물고기를 잡아 내장을 꺼내고 햇볕에 말린 다음 그 말린 고기를 먹는다.

93   떼 지어 사는 물고기들은 대개 강에서 자라지 않고 호수에서 자라는데, 그것들의 행태는 다음과 같다. 물고기들에게 번식 욕구가 찾아오면, 그것들은 떼 지어 바다로 나간다. 이때 수컷들이 앞장서 가면서 정액을 분출하면 암컷들이 뒤따라가며 그것을 삼키고 그로써 수태를 하게 된다. 암컷들이 바다에서 수태를 하고 나면 물고기들은 모두 원래의 서식지로 거슬러 올라간다. 하지만 이제는 전과 같이 수컷들이 앞장을 서지 않고 암컷들이 선두가 된다. 암컷들은 떼를 지어 선두를 이끌면서 수컷들이 전에 했던 대로 똑같이 한다. 암컷들이 기장 씨앗 같은 그들의 알을 조금씩 분출하면 수컷들이 뒤따르며 그것을 삼키는 것이다. 이들 기장 씨앗 같은 것들이 곧 물고기다. 그중 먹히지 않고 살아남은 씨앗들에서, 자라난 물고기들이 나오는 것이다. 그런데 그 물고기들 중에서 바다로 나가다 잡힌 것들은 머리 왼편에

---

64 슈타인은 이 대목이 적절치 않은 구절이라고 보아 [ ] 표시를 했다.

닳은 흔적이 나타나지만, 거슬러 올라가다 잡힌 것들은 오른편이 닳아 있다. 이런 일은 다음과 같은 이유로 생겨난다. 즉 그들은 바다로 헤엄쳐 내려갈 때에는 강둑을 왼편에 끼고 가는 것으로 나타나며 거슬러 올라갈 때에도 똑같은 강둑 쪽에 붙어서 오는데, 이때 아마도 강물의 흐름 때문에 길을 잃지 않도록 하기 위해 강둑에 되도록 가까이 근접하여 그것에 스치면서 이동하기 때문이다. 네일로스 강의 물이 불어나기 시작할 때면, 강에서 물이 스며 나와 강 근처의 분지와 소택지들에 먼저 물이 차기 시작한다. 그리고 그곳들에 물이 가득 차게 되면 곧바로 그곳 모두가 작은 물고기들로 그득하게 된다. 이 물고기들이 어디서 생겨났는지는 내가 잘 이해하고 있다고 생각한다. 즉 그 전해에 네일로스 강의 물이 빠질 때, 물고기들이 진흙 속에 알을 낳은 후 마지막 남은 물과 함께 그곳을 빠져나간다. 그 후 계절이 순환하여 물이 다시 들어오면 곧바로 그 알들에서 이 물고기들이 태어나는 것이다.

물고기들에 대한 이야기는 이상과 같다. 늪지대 부근에 사는 아이 94 집토스인들은 아주까리 열매로 만든 기름을 사용하는데, 아이집토스인들은 그 열매를 키키라고 부른다. 그들은 다음과 같이 기름을 만든다. 그들은 강과 호수들의 제방을 따라 이 아주까리를 파종한다. 반면에 헬라스에서는 그것이 야생으로 저절로 자란다. 아이집토스에서 파종된 아주까리는 많은 열매를 맺지만 냄새가 역하다. 열매들이 수합되면 어떤 자들은 그것을 잘게 썰어 압착하고 또 어떤 자들은 그것을 볶아서 끓여, 거기서 흘러나온 액을 모은다. 이것은 액이 진하고 올리브유 못지않게 등불용으로 적합하지만, 역한 냄새를 풍긴다.

그들은 그곳의 수많은 모기들에 대해 다음의 대책을 고안했다. 즉 95 늪지대의 상부 지역에 거주하는 자들에게는 높은 누각이 도움이 되는데, 그들은 그곳에 올라가서 잠을 잔다. 모기들은 바람으로 인해 높이 날 수가 없기 때문이다. 그에 반해 늪지대 부근에 사는 자들은 높은 누각 대신에 별도의 대책을 고안했다. 즉 그들 모두는 각자 그

물을 갖고 있는데, 낮에는 그것으로 물고기를 잡고 밤에는 그것을 다음처럼 사용한다. 그들은 각자 자신이 잠을 자는 침상 주위에 그물을 치고 그 밑으로 기어들어 가 잠을 자는 것이다. 그가 외투나 아마포를 휘감고 잠을 잘 때에는 모기들이 그것들을 뚫고 물어 대지만, 절대로 그물을 뚫고 물려고는 하지 않는다.

96　　그들이 짐을 실어 나르는 배는 아카시아나무로 만든다. 이 아카시아나무는 모양이 키레네 로토스[65]와 가장 비슷하고 수액은 고무 성분이다. 그들은 아카시아나무에서 길이 2페키스가량의 널빤지들을 잘라 내어 그것들을 벽돌처럼 쌓고 다음의 방식으로 배를 만든다. 그들은 길고 꼭 맞는 장부[66]에 2페키스가량의 널빤지들을 고정하는 것이다. 그러한 식으로 배를 만들고 나면 그 위에 횡목을 깐다. 그들은 늑재(肋材)를 전혀 사용하지 않는다. 대신 그들은 배 안쪽에서 파피루스로 이음매들을 메운다. 그리고 키를 하나 만드는데, 그것은 배의 용골을 관통해 지난다. 또 그들은 아카시아나무 돛대와 파피루스 돛을 사용한다. 이 배들은 세찬 바람이 불지 않으면 강을 거슬러 항해할 수가 없고 뭍에서 밧줄로 견인된다. 하지만 강을 따라 내려갈 때에는 다음과 같이 이동한다. 즉 갈대 깔개를 붙인 위성류(渭城柳)나무 뗏목이 만들어지고 약 2탈란톤 무게의, 구멍 뚫린 돌이 준비된다. 이 중 뗏목은 밧줄로 배 앞쪽에 매달아 먼저 떠내려 가게 하고, 반면에 돌은 다른 밧줄로 배 뒤쪽에 매단다. 뗏목은 물살에 휩쓸리게 되면 빠르게 나아가며 바리스—바리스는 이 배들을 가리키는 이름이다—를 끌고 간다. 반면에 돌은 뒤쪽에서 강바닥에 놓여 끌려가며

----

65 키레네 로토스는 일종의 관목(灌木)으로 식용이나 제조용으로 사용되었다. 제4권 제177장에 언급되는 로토스가 바로 이 키레네 로토스인 것으로 보인다. 한편 제2권 제92장에 나오는 이집트 로토스는 이것과는 다른 식물이다.

66 장부는 '곰포스'(gomphos)의 번역어다. 목재 등을 이어 붙일 때 한쪽 끝을 다른 쪽 구멍에 맞추기 위해 가늘게 만든 부분을 말한다.

배의 진로를 바로잡아 준다. 그들에게는 이런 배들이 대단히 많이 있고, 그중에는 수천 탈란톤의 짐을 운반하는 것들도 있다.

네일로스 강이 육지에 범람할 때면 도시들만 물 위로 모습을 드러 97
내는데, 이는 정말 아이가이오스 해 섬들의 모습과 대단히 비슷하다. 아이깁토스의 다른 지대는 모두 바다가 되고 도시들만이 물 위로 솟아 있기 때문이다. 이런 상황이 되면, 그들은 이제 강의 물길을 따르지 않고 평원 가운데를 가로질러 배로 왕래한다. 그래서 나우크라티스에서 멤피스로 배를 타고 올라가는 경우에는 피라미스 바로 옆으로 항해하게 된다. 그러나 평소의 항로는 이 길이 아니고 델타의 정점과 케르카소로스 시를 지난다. 또 바다와 카노보스에서부터 평원을 지나 나우크라티스로 항해한다면, 안틸라 시와 아르칸드루폴리스[67]라 불리는 곳을 지나게 될 것이다.

이 가운데 안틸라는 유명한 도시로, 역대 아이깁토스 왕비에게 끈 98
신발 조달을 위해 특별히 하사된 곳이다—이것은 아이깁토스가 페르시스의 지배를 받게 된 이후에 일어난 일이다. 한편 또 한 도시의 이름은, 내가 생각하기에, 아카이오스의 아들인 프티오스의 아들이며 다나오스의 사위인 아르칸드로스에게서 유래한 것이다. 왜냐하면 그곳이 아르칸드루폴리스라고 불리기 때문이다. 이 자가 아닌 또 다른 아르칸드로스가 있었을지 모르지만, 그래도 그 이름은 아이깁토스의 이름이 아니다.

이제까지 내가 말한 내용은 내가 직접 보고 판단하고 탐구한 것들 99
이다. 그러나 이제부터는 내가 아이깁토스인들에게서 들은 이야기를 그대로 기술하려 한다. 그것에 덧붙여 내가 직접 본 것도 일부 언급하겠지만 말이다. 사제들은 말하기를, 아이깁토스 초대 왕 민이 제방을 쌓아 멤피스를 강으로부터 막아 주었다고 한다. 당시에는 강이

---

67 그리스어로 '아르칸드로스(Archandros)의 도시'.

모두 리비에 쪽의 모래 산을 따라 흐르고 있었는데, 민이 멤피스로부터 100스타디온 정도 떨어진 상류 지점에서 남향의 만곡부(彎曲部)를 제방으로 막아 예전의 강줄기를 마르게 하고 물길을 돌려 강이 산들의 중간[68]을 흐르게 했다는 것이다. 지금도 여전히 네일로스 강의 이 만곡부는 강물이 막은 대로 흐르도록 페르시스인들이 엄중히 지키고 있으며 해마다 제방이 보강된다. 만약 강이 그곳을 무너뜨려 범람하기라도 한다면 멤피스 전역이 물에 잠길 위험이 있기 때문이다. 그런데 이 초대 왕 민은 자신이 물길을 막은 지역이 마른 땅이 되자, 그곳에 지금 멤피스라고 불리는 도시를 건설했다고 한다. 멤피스 역시 아이깁토스의 좁은 지대에 위치해 있는 것이다. 또한 그는 이 도시의 외부에 북쪽과 서쪽으로(동쪽으로는 네일로스 강 자체가 그곳의 방어막이 되기 때문이다) 강에서 연결되는 호수를 팠으며, 도시 내에 정말 언급할 가치가 있는 거대한 헤파이스토스 신전을 세웠다고 한다.

100 　사제들은 파피루스말이에 의거하여 민 왕 이후의 왕 330명의 이름을 죽 불러 주었다. 이 모든 세대 동안에 아이티오피에인 왕은 18명이고 아이깁토스 출신 여왕이 한 명 있었으며, 다른 왕들은 모두 아이깁토스 남성들이었다. 왕위를 누린 그 여성의 이름은 바빌론의 여왕과 똑같이 니토크리스였다. 그들의 말에 의하면, 그녀는 그녀의 오빠를 위한 복수를 했다고 한다. 그녀의 오빠는 아이깁토스인들의 왕이었는데, 아이깁토스인들이 그를 살해했으며 그를 살해한 후 그녀에게 왕위를 넘겨주었다고 한다. 그래서 그녀는 그를 위해 복수하려고 계략을 부려 많은 아이깁토스인들을 죽였다고 한다. 그녀는 아주 거대한 지하 방을 하나 만든 후, 그곳을 처음 개소한다는 구실을 내세우면서 내심으론 딴 일을 꾸몄다는 것이다. 그녀는 자신이 알기에 그 살해 행위에 가장 책임이 큰 아이깁토스인들을 다수 그곳으로 초

68 아라비아 산맥과 리비아 쪽 산맥의 중간에 있는 평지를 가리킨다. 이집트의 지형에 대해서는 제2권 제8장 참조.

대하고, 그들이 식사를 하고 있을 때 커다란 비밀 통로를 통해 강물이 그들을 덮치게 했다고 한다. 그녀에 대한 그들의 이야기는 이러했다. 하나만 덧붙이자면, 그녀는 그 일을 끝낸 후 보복을 피하기 위해 뜨거운 재가 가득 찬 방으로 스스로 몸을 던졌다고 한다.

사제들은 다른 왕들의 행적은 전혀 언급하지 않았고 그들의 행 101
적 중에 특출한 것이 없다고 말했지만, 그들 중 마지막 왕인 모이리스 왕만은 예외였다. 그는 기념비적 업적으로서 헤파이스토스 신전의 북쪽 방면 출입문을 건립하고 호수를 하나 만들었다고 하는데, 호수의 둘레가 몇 스타디온인지는 내가 나중에 밝히겠다. 또한 그는 호수 안에 피라미스들을 건립했다고 하는데, 그 규모에 대해서도 나중에 호수를 이야기할 때 함께 언급하겠다.[69] 모이리스는 이러한 업적을 이루었지만 다른 왕들은 아무도 별다른 업적을 이루지 못했다고한다.

그래서 나는 이들을 건너뛰고 그들 다음에 왕이 된, 세소스트리 102
스[70]라는 왕에 대해 언급하겠다. 사제들의 말에 의하면, 그는 최초로기다란 배들[71]을 거느리고 아라비에 만에서 출발하여 홍해[72] 부근에거주하는 자들을 정복했으며 앞으로 더 나아가 수심이 얕아서 더는항해할 수 없는 바다에까지 이르렀다고 한다. 또한 그는, 사제들의이야기에 따르면, 그곳에서 아이깁토스로 귀환한 후 대군을 모아 육지를 누비고 진군하며 그가 가는 곳마다 모든 종족을 정복했다고 한다. 그는 이들 중 자신들의 자유를 위해 완강하게 싸우는 용감한 자

---

69 제2권 제149장 참조.
70 세소스트리스(Sesostris) 왕은 기원전 14세기경의 이집트 왕 람세스 2세를 지칭하는 것으로 추정된다.
71 '기다란 배'는 선체가 길쭉한 전선을 가리킨다. 제1권 제2장의 옮긴이 주 참조.
72 헤로도토스가 말하는 '아라비에 만'과 '홍해'는 각각 오늘날의 홍해와 인도양을 가리킨다.

들을 만나게 되면, 그들의 땅에 석비(石碑)를 세워 비문에 그 자신과 조국의 이름을 표시하고 또 그가 자신의 군대로 그들을 어떻게 정복했는지 기록하게 했다. 반면에 전쟁도 치르지 않고 손쉽게 도시들을 점령한 경우에는 용감한 종족들에게 했던 것과 똑같은 비문을 석비에 새긴 후 덧붙여 여성의 음부도 함께 새겨 넣게 했는데, 이로써 그들이 용기 없는 자들임을 똑똑히 보여 주려 했던 것이다.

103   이렇게 하면서 그는 육지를 횡단했고, 마침내 아시에에서 에우로페로 건너가 스키티에인들과 트레이케인들을 정복하게 되었다. 나는 이들 지역이 아이깁토스 군대가 가장 멀리까지 진군한 곳이었다고 생각한다. 왜냐하면 이들 지역에는 석비들이 세워져 있는 것이 보이지만 그 너머에서는 더 이상 보이지 않기 때문이다. 그가 이곳에서 회군하여 귀환하다가 파시스 강에 이르렀을 때, 사실 나는 이후의 일에 대해서는 정확하게 말할 수가 없지만, 세소스트리스 왕 자신이 그의 군대 일부를 떼어 그곳에 정착하도록 남겨 두었든지 아니면 그의 군대 일부가 원정에 싫증을 느껴 파시스 강 부근에 남아 살게 되었든지 했다.

104   왜냐하면, 콜키스인들은 분명 아이깁토스인이기 때문이다. 남들에게 이야기를 듣기 전부터 나 자신은 그렇게 생각하고 있었다. 그런 생각이 들어, 나는 양측 모두에게 그에 대한 질문을 했다. 그런데 아이깁토스인들이 콜키스인들을 기억하는 것보다 콜키스인들이 아이깁토스인들을 기억하는 정도가 더 나았다. 아이깁토스인들은 콜키스인들을 세소스트리스 군대의 일부인 것으로 생각한다고 말했다. 나자신도 다음과 같은 이유로, 즉 그들이 피부가 검고 곱슬머리인 데서 그렇게 추측을 했다. 그렇지만 이것은 별 의미가 없다. 그런 특성을 지닌 자들은 이들 말고도 또 있기 때문이다. 그러나 더 좋은 증거는 콜키스인들과 아이깁토스인들, 아이티오피에인들만이 처음부터 할례를 행해 왔다는 점이다. 포이니케인들과 팔라이스티네의 시리에인들은 그 풍습을 아이깁토스인들에게서 배웠다고 그들 스스로 인정

하고 있으며, 또 테르모돈 강과 파르테니오스 강 주변의 시리에인들 및 그들의 이웃인 마크로네스인들은 그것을 근래에 콜키스인들에게서 배웠다고 말한다. 바로 이들이 인간들 중에서 유일하게 할례를 행하는 자들이며, 이들은 분명 아이깁토스인들과 똑같은 방식으로 할례를 행한다. 그런데 나는 아이깁토스인들 자신과 아이티오피에인들 둘 중 어느 쪽이 다른 쪽에게서 그것을 배웠는지 말할 수가 없다. 그것은 분명 아주 오랜 풍습이기 때문이다. 그러나 다른 사람들이 아이깁토스와의 교류를 통해 그것을 배웠다는 것을 입증해 줄 유력한 증거는, 내가 보기에, 다음과 같다. 즉 포이니케인들 중에서 헬라스와 교류하는 자들은 이제 성기와 관련하여 더는 아이깁토스인들을 모방하지 않으며 그들의 자식들에게 할례를 행하지 않는다.

그럼 이제 콜키스인들에 관해 그들이 또 어떤 점에서 아이깁토스 105 인들과 비슷한지를 언급하겠다. 즉 이들과 아이깁토스인들만이 유일하게 아마포를 만들며 그것도 서로 똑같은 방식으로 만드는 것이다. 또한 그들은 전반적인 생활 방식과 언어에서도 서로 비슷하다. 콜키스의 아마포는 헬라스인들에게 사르도 아마포라고 불리며, 아이깁토스에서 나온 것은 아이깁토스 아마포라고 불린다.

아이깁토스 왕 세소스트리스가 여러 지역에 세운 석비들은 이제 106 대부분 현존하지 않는 것으로 나타난다. 그러나 나는 팔라이스티네의 시리에서 그중 일부를 직접 보았는데, 그것들에는 내가 앞서 말한 비문과 여성의 음부가 새겨져 있었다. 이오니에 부근에도 바위에 새겨진 이 왕의 형상이 둘 있는데, 하나는 에페소스에서 포카이아로 가는 길에 있고 다른 하나는 사르디에스에서 스미르네로 가는 길에 있다. 두 곳 모두에 다섯째 스피타메[73] 크기의 남자상이 새겨져 있

---

73 길이 단위. 1스피타메(spithame)는 오늘날 기준으로 약 22.2센티미터에 해당한다. '다섯째 스피타메'는 4페키스에 1스피타메를 더한 길이를 뜻하므로 약 2미터다.

는데, 오른손에는 창을 왼손에는 활을 들고 있으며 나머지 장비들도 똑같이 그에 맞춰져 있다.[74] 그것은 일부는 아이깁토스식이고 일부는 아이티오피에식인 것이다. 조각상에는 아이깁토스의 신성문자가 새겨진 비문이 한쪽 어깨에서 가슴을 지나 다른 쪽 어깨로 이어져 있는데, 그 내용은 이러했다. "나는 나의 두 어깨로 이 땅을 차지했노라." 그가 누구이고 어디 출신인지는 여기에 나타나 있지 않지만, 다른 곳에서는 나타나 있다. 이것들을 본 사람 가운데 일부는 그것이 멤논의 형상이라고 추측하지만, 그들의 판단은 진실과 거리가 아주 멀다.

107   사제들의 말에 의하면, 이 아이깁토스 왕 세소스트리스가 자신이 정복한 지역의 종족들에게서 수많은 사람들을 끌고 돌아오다가 펠루시온의 다프나이에 귀환했을 때, 그동안 아이깁토스에 대한 통치를 맡겼던 그의 동생이 세소스트리스뿐 아니라 그의 아들들도 함께 연회에 초대한 후 집 바깥에 장작더미를 둘러쌓았고 그렇게 둘러쌓은 다음 불을 질렀다고 한다. 그는 이를 알아차리고 즉시 아내와 상의했다고 한다. 그는 아내도 함께 데려갔던 것이다. 그러자 그녀는 그에게 여섯 아들 가운데 둘을 장작불 위에 전신을 죽 뻗게 하여 불난 곳에 다리를 놓고 그들 자신은 그 아들들을 밟고 건너가서 안전하게 피신하자고 조언했다 한다. 세소스트리스는 그렇게 했고, 이에 그의 두 아들은 그런 식으로 불타 죽었지만 남은 아들들은 아버지와 함께 무사히 피신했다고 한다.

108   세소스트리스는 아이깁토스로 돌아와 동생을 징벌한 후, 자신이 정복한 지역들에서 데려온 수많은 인원들을 다음처럼 활용했다. 즉 이 왕의 치세 때에 엄청난 크기의 거석들이 헤파이스토스 신전으로 옮겨질 적에 그 거석들을 나른 것이 바로 그들이었고, 또 강제노동에

---

74 흔히 창은 이집트인들이 사용한 무기이고 활은 에티오피아인들이 특히 애용한 무기였다고 한다. 그러므로 여기서 "똑같이 그에 맞춰져 있다"라고 한 것은 나머지 장비들 역시 이집트식과 에티오피아식으로 나뉘어 있음을 뜻한다.

의해 지금 아이깁토스에 있는 모든 운하들을 판 것도 그들이었다. 그들은 자신들이 자발적으로 그랬던 것은 아니었지만 전에는 온통 말과 마차들이 누비고 다니던 아이깁토스를 이제 그것들이 없는 아이깁토스로 바꾸어 놓았다. 그때 이후로 아이깁토스는 전역이 평지임에도 불구하고 말과 마차가 다니기에 부적합한 곳으로 변했던 것이다. 그 이유는 운하가 많고 그것들이 사방으로 뻗어 있기 때문이다. 그런데 왕이 국토를 그렇게 갈라놓은 것은 다음과 같은 이유에서였다. 즉 아이깁토스인 중에서 그들의 도시가 강변에 있지 않고 내륙에 있던 자들은 넘친 강물이 그들 지역에서 물러날 때마다 물 부족을 겪었고 우물에서 퍼 온 소금기 많은 물을 마셨기 때문이다.

이런 이유로 아이깁토스가 운하들로 나뉘었던 것이다. 또한 그들 109 의 말로는, 이 왕이 모든 아이깁토스인 간에 땅을 나누어 그들 각자에게 똑같은 크기의 네모난 토지를 분할해 주고 매년 그에 대한 세금을 내도록 명하여 이로부터 세입을 확보했다고 한다. 만일 어떤 자의 분할받은 토지가 강물에 의해 일부 유실될 경우에는 그가 왕에게로 와서 일어난 일을 신고하곤 했다. 그러면 왕은 사람들을 보내 그것을 조사하고 토지가 얼마나 줄어들었는지를 측정하도록 하여 이후로는 원래 할당된 세금에서 그만큼 비례하여 덜 내도록 했다. 나는 이로부터 기하학이 창안되어 헬라스에 전래됐다고 생각한다. 왜냐하면 헬라스인들은 해시계와 해시계 바늘, 하루의 12구분법을 바빌론인들에게서 배웠기 때문이다.

세소스트리스 왕은 아이티오피에까지 통치한 유일한 아이깁토스 110 왕이었다. 그는 자신의 기념물로 헤파이스토스 신전 앞에 석조 인물상을 남겼는데, 두 개는 그 자신과 아내의 석상으로 높이가 30페키스고 네 아들의 것들은 각각의 높이가 20페키스다. 먼 훗날 페르시스인 다레이오스가 이것들 앞에 자신의 인물상을 세우려 했을 때, 헤파이스토스 사제는 다레이오스가 아이깁토스인 세소스트리스와 같은 정도의 업적을 이루지 못했다고 말하면서 그것을 못하게 막았다. 세소스트리스는 다레이오스만큼 다른 종족들을 많이 정복했을뿐더러 특히 스키티에인들까지도 정복했지만, 다레이오스는 스키티에인들을 정복하지 못했다는 것이다. 따라서 업적에서 세소스트리스를 능가하지 못하면서 세소스트리스의 봉헌물들 앞에 자신의 상을 세우는 일은 정당하지 못하다는 것이었다. 다레이오스는 이 말에 대해 그를 용서해 주었다고 한다.

111   그들의 말로는, 세소스트리스가 죽자 그의 아들 페로스[75]가 왕위를 물려받았다고 한다. 페로스는 군사 원정을 수행한 적이 없으며 다음과 같은 일로 장님이 되었다고 한다. 언젠가 네일로스 강이 여느 때보다 더 많이 흘러와 수위가 18페키스에 이르렀으며 경작지에 물이 범람하자 바람이 몰아쳐 강물이 크게 요동친 적이 있었다. 그때 이 왕이 오만에 빠져 창을 집어 들고 소용돌이치는 강물 속으로 던졌는데, 그 후 곧 그가 눈병을 앓고 장님이 되었다고 한다. 그는 10년 동안 장님으로 지냈으며 11년째 되는 해에 부토 시로부터 그에게 신탁이 내려졌다고 한다. 신탁의 내용인즉, 이제 그에 대한 처벌 기간이 끝났으며 그가 자신의 남편하고만 교접하고 외간 남자를 일체 경험하지 않은 여자의 오줌으로 눈을 씻으면 다시 시력을 회복하리라는 것이었다. 그는 맨 먼저 자신의 아내를 시험해 보았지만 시력을 되찾지 못하자 그 후 모든 여자들을 차례차례 시험해 보았다고 한다. 그래서 마침내 그가 시력을 회복하자, 그 오줌으로 씻어 그가 시력을 되찾게 된 여자만 제외하고, 시험해 본 모든 여자들을 지금 에리트레 볼로스[76]라고 불리는 도시에 집결시켰다고 한다. 그는 그곳에 여

---

75 기원전 3세기의 이집트 저술가 마네토(Manetho)가 언급한 역대 이집트 왕들의 명단에는 페로스(Pheros)라는 이름이 나오지 않는다. 아마 페로스는 이집트 왕의 이름이 아니고 이집트 왕의 칭호인 파라오(Pharaoh)를 표현한 것이 아닌가 한다.

76 에리트레 볼로스(Erythre Bolos)는 그리스어로 '붉은 흙'이라는 뜻이다.

자들을 모은 다음 도시와 함께 그들을 모두 불태웠다고 한다. 반면에 그 오줌으로 씻어 그가 시력을 되찾게 된 여자를 자신의 아내로 삼았다. 그는 눈병에서 낫자 명성 있는 모든 신전들에 봉헌물을 여럿 바쳤을 뿐 아니라 특히 헬리오스 신전에는 그중 가장 언급할 가치가 있는, 정말 볼만한 걸작을 바쳤다. 이것은 두 개의 석조 오벨리스크인데, 각각 하나의 돌로 되어 있으며 각기 높이는 100페키스이고 폭은 8페키스다.

그들은 말하기를, 페로스 다음에는 한 멤피스인이 왕위를 물려받 112 았고 그의 이름은 헬라스어로 프로테우스였다고 한다. 지금 멤피스에는 매우 아름답고 잘 꾸며진 그의 성역이 있는데, 그것은 헤파이스토스 신전의 남쪽에 있다. 그 성역 주위에는 티로스의 포이니케인들이 살고 있으며, 이 지역 일대는 티로스인들의 진영(陣營)[77]이라고 불린다. 프로테우스의 성역 안에는 외국의 아프로디테[78]의 신전이라 불리는 곳이 있다. 나는 이 신전을 틴다레오스의 딸 헬레네의 것으로 추정한다. 헬레네가 프로테우스의 왕궁에서 머물러 지냈다는 이야기를 내가 들은 바 있고 게다가 그 신전이 외국의 아프로디테의 신전으로 불리기 때문이다. 그것 말고도 아프로디테 신전이 여럿 있긴 하지만 외국의 아프로디테라는 별칭으로 불리는 곳은 달리 없다.

내가 헬레네에 관해 무슨 일이 일어났는지를 묻자, 사제들은 다음 113 과 같이 이야기했다. 알렉산드로스는 헬레네를 스파르테에서 납치하여 자신의 나라로 출항했다고 한다. 그런데 그가 아이가이오스 해를

---

77 진영은 '스트라토페돈'(stratopedon)을 번역한 말이다. 스트라토페돈은 '진영, 진지'를 뜻하지만 여기서는 이집트 내의 외국인 지역을 가리킨다.

78 '외국의 아프로디테'는 '크세이네 아프로디테'(xeine Aphrodite)를 번역한 말이다. 페니키아의 아스타르테(Astarte) 여신을 지칭하는 것으로 보인다. 헤로도토스는 이 여신을 그리스의 헬레네와 동일시하지만 확실한 근거는 없다.

지나고 있을 때 강풍이 그를 떠밀어 아이깁토스 해로 내몰았다. 그 후에도 바람이 잠잠해지지 않아서 그는 결국 아이깁토스에 이르렀는데, 아이깁토스 중에서 현재 네일로스 강의 카노비콘 하구라 불리는 곳과 타리케이아이[79]에 도착했다. 당시 해안에는 지금도 현존하는 헤라클레에스 신전이 있었다. 그런데 누구의 하인이든 이곳으로 피신하여 제 몸에 신성한 낙인을 찍고 그로써 자기 자신을 신에게 바치게 되면, 아무도 그를 붙잡을 수가 없다. 이 법은 나의 시대에도 여전히 처음과 마찬가지로 존속되고 있다. 알렉산드로스의 하인들은 이 신전에 관련된 법을 알게 되자, 이제 알렉산드로스를 따르지 않고 신에 대한 탄원자로서 신전 안에 앉아, 알렉산드로스에게 해를 입힐 생각으로 그의 죄상을 고발했다. 그들은 헬레네에 관한 일과 메넬레오스에 대한 부당한 행위를 모두 샅샅이 털어놓았던 것이다. 이때 그들은 사제들뿐 아니라 이 하구를 지키는 토니스라는 이름의 관리인에게도 그를 고발했다.

114   토니스는 이 말을 듣고, 되도록 빨리 멤피스에 있는 프로테우스에게 이러한 전갈을 보냈다. "이곳에 웬 외국인이 왔는데, 그는 테우크로이[80]인이고 헬라스에서 불경한 짓을 저지른 자입니다. 그는 자신을 환대한 주인을 속여 바로 주인의 아내를 빼앗고 막대한 재물과 함께 그녀를 데려가다가 강풍에 의해 이 땅으로 떠밀려 온 자입니다. 그러니 이 자가 그대로 온전하게 출항하도록 내버려 두는 것이 좋겠습니까 아니면 그가 오면서 가져온 것들을 빼앗는 것이 좋겠습니까?" 이에 대해 프로테우스는 다음과 같은 답신을 보냈다. "자신을 환대한 주인에게 불경한 짓을 저지른 자라면 그가 누구이건, 대체 그가 무슨 말을 할지를 알고 싶으니, 그 자를 붙잡아 나에게로 데려오도록

---

79   타리케이아이(taricheiai)는 '물고기를 소금으로 절이는 작업장들'을 뜻한다.

80   테우크로이(Teukroi)인은 트로이인을 가리킨다. 테우크로이는 트로이의 시조로 알려진 테우크로스의 이름을 따서 부른 것이다.

하라.”

이 말을 듣고 토니스는 알렉산드로스를 체포하고 그의 배들을 억 115
류한 다음 알렉산드로스와 헬레네, 그리고 재물들과 더불어 탄원자
들도 함께 멤피스로 올려 보냈다. 이들이 모두 그곳에 도착하자 프로
테우스는 알렉산드로스에게 그가 누구이고 어디서 항해해 왔느냐고
물었다. 이에 그는 왕에게 자신의 가계를 설명하고 조국이 어디인지
를 말했으며, 또한 자신이 어디서 출항했는지도 자세히 이야기했다.
그러자 프로테우스는 그에게 헬레네를 어디에서 얻었느냐고 물었다.
이에 알렉산드로스가 말을 머뭇거리고 진실을 말하지 않자, 탄원자
가 된 하인들이 그를 반박하며 부정한 행위의 전말을 다 고해바쳤다.
결국 프로테우스가 그들에게 자신의 견해를 밝혔다. 그의 말은 이러
했다. “만일 내가 바람에 휩쓸려 내 나라로 떠밀려 온 어떤 외국인도
죽이지 않는다는 방침을 매우 중히 여기지 않았다면, 나는 저 헬라스
인을 위해 그대를 처벌했을 것이오. 이 사악하기 짝이 없는 자여, 그
대는 환대를 받고서도 참으로 불경한 짓을 저질렀소. 자신을 환대한
주인의 아내에게 접근했으니 말이오. 그대는 또 이것으로 만족하지
않고, 그녀를 열심히 꼬드겨 몰래 데리고 나왔소. 그리고 그것만으로
도 모자라, 그대를 환대한 주인의 집을 약탈하고 이리로 온 거요. 나
는 지금 외국인을 죽이지 않는다는 방침을 매우 중히 여기고 있소.
그래서 이 여자와 재물들은 그대가 가져가지 못하게 할 것이고, 그대
를 환대한 저 헬라스인이 직접 와서 가져가기를 원할 때까지 그를 위
해 맡아 둘 것이오. 그러나 그대 자신과 그대의 동료 선원들은 사흘
이내에 내 나라를 떠나 다른 곳으로 갈 것을 명하노니, 만일 그렇게
하지 않으면 그대를 적으로 취급할 것이오.”

사제들의 말에 의하면, 이렇게 해서 헬레네가 프로테우스에게로 116
오게 되었다고 한다. 나는 호메로스도 이 이야기를 알고 있었다고 생
각한다. 그러나 이 이야기는 호메로스가 실제로 이용한 다른 이야기
만큼 그렇게 서사시에 적합한 것이 아니어서, 호메로스는 일부러 그

것을 택하지 않았다. 그러면서도 그는 자신이 그 이야기를 알고 있음을 분명히 드러냈다. 이는 호메로스가 『일리아스』에서 알렉산드로스의 유랑을 서술하면서 알렉산드로스가 헬레네를 데려가다 표류하여 여러 곳을 유랑하고 특히 포이니케의 시돈에도 갔다고 말하는 데에서 명백히 나타난다. 호메로스는 다른 어느 대목에서도 이 말을 취소하지 않았다. 그는 디오메데스의 무용(武勇)을 서술하면서 알렉산드로스의 유랑을 언급하고 있다. 그 시행들은 다음과 같다.

> 그곳에는 시돈의 여자들이 만든 울긋불긋한 옷들이 있었으니,
> 그 여자들은 신과 같은 알렉산드로스가 직접 시돈에서 데려왔다데.
> 그는 고귀한 가문에서 태어난 헬레네를 데리고 오던 길에,
> 넓은 바다를 항해하여 그녀들을 데려온 것이라네.[81]

[호메로스는 『오디세이아』의 다음과 같은 시행들에서도 그것을 언급하고 있다.

> 제우스의 따님은 이런 유용한 양약(良藥)을 가지고 있었으니,
> 톤의 아내인, 아이깁토스 여인 폴리담나가 그녀에게 준 것이라네.
> 그곳에서는 비옥한 토지가 수많은 약초들을 생산하나니,
> 그것들이 섞여서 양약이 되는 것도 많지만 독약이 되는 것도 많다네.[82]

또한 메넬레오스는 텔레마코스에게 다음처럼 말한다.

> 나는 여기로 돌아오길 바랐지만 신들께서 나를 아이깁토스에 잡아 두셨지.

---

81 『일리아스』 제6권 289~92행.
82 『오디세이아』 제4권 227~30행. 여기서 '제우스의 따님'은 헬레네를 말한다.

내가 신들께 충분한 제물을 다 바치지 않았기 때문이라네.[83]][84]

이 시행들에서는 호메로스가 알렉산드로스의 아이깁토스 유랑을 알고 있었음이 분명하게 드러난다. 시리에는 아이깁토스와 접경해 있고, 시돈이 속해 있는 포이니케인들은 시리에에 살고 있기 때문이다.

　이 시행들과 이 구절에 의거하면, 『키프리아』[85] 시가(詩歌)가 호메 　117
로스가 아닌 다른 누군가의 작품임이 극히 명백하게 드러난다. 『키프리아』에는 알렉산드로스가, 순풍과 평온한 바다를 이용하여, 스파르테를 출항한 지 3일째 되는 날에 헬레네를 데리고 일리온에 도착했다고 서술되어 있기 때문이다. 그러나 『일리아스』에는 그가 그녀를 데려가다가 길을 잃어 유랑했다고 적혀 있다.

　이제 호메로스와 『키프리아』 시가에 대해서는 이 정도로 해 두겠 　118
다. 그런데 내가 사제들에게 헬라스인들이 일리온 부근에서 일어난 일에 대해 하는 말이 거짓말인지 아닌지를 묻자, 그들은 자신들이 탐문을 통해 메넬레오스 본인으로부터 알게 된 것이라면서 그것에 대해 다음과 같이 대답했다. 헬레네가 납치된 후 헬라스인들의 대군이 메넬레오스를 도우려고 테우크로스의 땅으로 진군하여, 상륙하고 진지를 구축한 다음 일리온에 사절들을 보냈는데, 메넬레오스 자신도

83　『오디세이아』 제4권 351~52행.

84　슈타인은 이 대목이 알렉산드로스 이야기와 관련이 없다고 보아 후대에 가필된 대목으로 간주한다.

85　『키프리아』(Kypria)는 고대 그리스의 '트로이 서사시군(敍事詩群)'(The Trojan Cycle)의 하나로 현재는 극히 일부 단편만이 전한다. 그 내용은 트로이 전쟁이 일어나기 이전 상황을 묘사한 것인데, 불화의 사과, 헬레나의 납치, 그리스군의 소집 및 트로이 상륙 등 『일리아스』 줄거리 이전의 이야기들을 담고 있다. 『키프리아』의 저자가 누구인지는 확실치 않은데, 다만 호메로스의 후대 시인인 키프로스의 스타시노스(Stasinos)나 혹은 살라미스의 헤게시노스(Hegesinos)일 것으로 추정된다.

그들과 함께 갔다고 한다. 그들은 성벽 안으로 들어가서, 헬레네뿐 아니라 알렉산드로스가 훔쳐 간 재물들을 다 반환하라고 요구했고 또한 부당한 소행에 대한 보상도 요구했다고 한다. 그러나 테우크로이인들은 그때나 이후에나, 맹세를 하든 안 하든 간에, 똑같은 말을 늘어놓았다고 한다. 즉 그들은 자신들이 헬레네도, 또 자신들이 가지고 있다고 주장되는 재물들도 갖고 있지 않고 그것들은 다 아이깁토스에 있으며, 따라서 자신들이 아이깁토스 왕 프로테우스의 수중에 있는 것들에 대해 보상하는 것은 정당치 않다고 말했다 한다. 이에 헬라스인들은 자신들이 테우크로이인들에게 우롱당하고 있다고 생각하여 그곳을 포위 공격 한 끝에 마침내 점령하기에 이르렀다. 하지만 그들이 성채를 점령하고 보니 헬레네가 보이지 않았으며 역시 전과 똑같은 말을 듣게 되었다. 그래서 헬라스인들은 테우크로이인들이 처음에 했던 말을 믿고 메넬레오스 본인을 프로테우스에게로 보냈다.

119   메넬레오스는 아이깁토스에 도착하자 강을 거슬러 멤피스로 올라가서 사실대로 사정을 이야기했다. 그는 극진한 환대를 받았으며, 아무 탈도 입지 않은 헬레네와 더불어 그 자신의 재물도 모두 돌려받았다. 그러나 메넬레오스는 이런 대우를 받았음에도 아이깁토스에서 부정한 인간의 행실을 보였다. 그는 출항에 나서려고 했지만 날씨 때문에 계속 항구에 묶여 있었다. 그런데 이와 같은 상황이 오랫동안 지속되자 그는 부정한 일을 꾸몄다. 그는 현지 주민들의 아이 두 명을 붙잡아 그들을 제물로 바쳤던 것이다. 그 후 그가 한 일이 알려지자 그는 미움을 받아 추격을 당했고 이에 자신의 배를 타고 리비에로 도망쳤다. 거기서 그가 다시 어디로 향했는지는 아이깁토스인들이 말하지 못했다. 사제들의 말에 의하면, 이러한 일들의 일부는 자신들이 탐문을 통해 알게 된 것이지만 그들 자신의 나라에서 일어난 일들은 정확하게 알고 말한 것이라고 했다.

120   이상은 아이깁토스 사제들이 이야기해 준 것이다. 그들이 헬레네

에 대해 말한 이야기는 나 자신도 동의하는데, 그에 대한 내 견해는 다음과 같다. 만일 헬레네가 일리온에 있었다면 그녀는 분명히 알렉산드로스가 원하든 원치 않든 간에 헬라스인들에게 반환되었을 것이다. 프리아모스나 그의 다른 친척들이 알렉산드로스가 헬레네와 함께 살도록 해 주려고 그들 자신의 인신(人身)과 자식들과 도시를 위험에 빠뜨리려 할 만큼 그렇게 실성하지는 않았기 때문이다. 그들이 처음에는 그런 생각을 했더라도, 다른 트로이에인들이 헬라스인들과의 싸움에서 수많이 사망하고 프리아모스 자신의 아들들 중에서도 두셋 혹은 그 이상이 전투에서 죽었을 때에는—서사시인들의 서술에 의거하여 말해야 한다면 말이다—, 상황이 이러한지라 설사 프리아모스 자신이 헬레네와 함께 산다고 할지라도, 내 생각에는, 프리아모스가 당시에 직면한 불행에서 벗어나기 위해 그녀를 아카이에인들[86]에게 돌려주었을 것 같다. 또한 알렉산드로스에게 왕위가 돌아가는 것이 아니었던 만큼, 프리아모스가 노쇠했다고 해서 알렉산드로스가 일을 관장할 수 있는 상황도 아니었을 것이다. 헥토르가 그보다 나이도 더 많고 더 용감했으므로 프리아모스가 죽을 경우엔 헥토르가 왕위를 물려받게 되어 있었으며, 그가 동생의 부정을 용인했을 법하지도 않다. 더욱이 그 동생 때문에 개인적으로 헥토르 자신뿐 아니라 다른 모든 트로이에인들에게도 큰 불행이 닥치게 되었으니 말이다. 그러나 사실 트로이에인들에게는 돌려줄 헬레네가 없었다. 또 그들이 진실을 말했건만 헬라스인들은 그들의 말을 믿지 않았다. 이에 대한 내 생각을 밝히자면, 신령(神靈)이 트로이에인들을 완전히 파멸시킴으로써 세상의 인간들에게, 큰 부정을 저지르면 신들로부터 엄청난 보복이 내려진다는 것을 명확하게 보여 주고자 그렇게 계획을

---

86 여기서 '아카이에인들'은 그리스인들을 가리킨다. 호메로스는 그의 서사시에서 그리스인들을 아카이에인들이라고 부르곤 했다. 헤로도토스가 사용한 '아카이에인들'의 의미에 대해서는 제1권 제145장의 옮긴이 주 참조.

세웠다고 하겠다. 이상은 내가 생각한 바를 그대로 서술한 것이다.

121 　사제들의 말에 의하면, 프로테우스에 이어 왕위를 승계한 자는 람프시니토스였다고 한다. 그는 헤파이스토스 신전의 서쪽 방면 출입문을 자신의 기념물로 남겼는데, 그 출입문 앞에 25페키스 높이의 인물상 두 개를 세웠다. 아이깁토스인들은 이 중 북쪽에 세워진 것을 테로스라 부르고 남쪽의 것은 케이몬[87]이라 부른다. 그들은 테로스라 부르는 것에는 엎드려 경배하고 잘 모시지만, 케이몬이라 부르는 것에는 이와 반대로 행한다.

　람프시니토스 왕은 막대한 은을 소유하고 있었는데, 그 점에서는 그의 뒤를 이어 등장한 후대의 어떤 왕도 그를 능가하지 못했으며 아니 그에 근접하지도 못했다 한다. 그는 재물을 안전하게 보관하고 싶어서 석실(石室)을 짓게 했는데 그 한쪽 벽이 궁전의 외부에 접해 있었다고 한다. 그런데 석실을 지은 자가 계획적으로 다음과 같은 일을 꾀했다고 한다. 그곳의 돌들 가운데 하나는 두 사람 혹은 한 사람만으로도 쉽게 벽에서 빼낼 수 있도록 손써 두었다는 것이다. 석실이 완성되자 왕은 자신의 재물을 그곳에 보관했다고 한다. 그 후 시간이 흘러 석실을 지은 자에게 죽음이 다가왔을 때 그는 아들들을 불러 놓고―그에게는 아들이 둘 있었다―, 자신이 그들을 위해 미리 대비하느라, 왕의 보고(寶庫)를 건설할 때 그들이 부유한 삶을 살 수 있도록 방안을 강구해 놓았다고 밝혔다 한다. 그는 그들에게 그 돌을 빼내는 일에 대해 모든 것을 명확하게 설명하고 그 돌의 위치를 알려 주었으며, 그들이 이를 잘 따르면 국왕의 재물 관리인이 될 것이라고 말했다 한다. 그가 죽음을 맞자 아들들은 즉시 일에 착수했는데, 야간에 왕궁으로 접근해서 석실의 돌을 손쉽게 찾아내 처리한 다음 많은 재물을 밖으로 가지고 나왔다고 한다.

87　그리스어로 테로스(theros)는 '여름'을 뜻하고 케이몬(cheimon)은 '겨울'을 뜻한다.

그 후 왕이 석실을 열어 보았을 때 보관함들에서 재물이 좀 모자라는 것을 보고 놀랐지만, 봉인들이 파손되지 않은 채로 있고 석실도 꼭 닫혀 있었던지라 누구의 소행인지 알 수가 없었다고 한다. 그런데 왕이 두 번 세 번 그곳을 열어 보았을 때에도 그가 보기에 늘 재물이 줄어드는 것으로 나타나자―도둑들은 멈추지 않고 약탈을 계속했기 때문이다―, 그는 다음과 같은 일을 실행했다고 한다. 즉 그는 덫을 몇 개 만들어 재물이 든 보관함들 주위에 설치하라고 명령했던 것이다. 도둑들은 예전과 마찬가지로 그곳으로 와서 그중 한 명이 안으로 들어갔는데, 그는 보관함들 가까이 갔다가 바로 덫에 걸려들었다고 한다. 그 도둑은 자신이 어떠한 곤경에 처했는지를 알아차리자 즉시 그의 형제를 불러 자신의 현 상황을 알려 주고, 자신이 발견되어 누군지 파악되면 그의 형제도 더불어 죽게 될 테니 그러지 않게끔 되도록 빨리 들어와서 자신의 목을 베라고 요구했다 한다. 이에 다른 도둑은 그 말이 옳다고 생각하여 그 말대로 이행했고, 그 돌을 제자리에 다시 맞추어 놓은 후 형제의 목을 들고 집으로 돌아갔다 한다.

그리고 날이 밝았을 때 석실에 들어온 왕은 목이 없는 도둑의 시신이 덫에 걸려 있는데도 석실이 파손되지 않고 그곳에 들고난 흔적도 전혀 없는 것을 보고서 어안이 벙벙했다고 한다. 왕은 어찌할 바를 모르다가 다음처럼 했다고 한다. 즉 그는 도둑의 시신을 성벽에 매달고 그것을 지키도록 보초들을 세웠으며, 그들에게 슬피 울거나 애도하는 자를 보면 누구든 체포하여 자신에게 데려오도록 명령했다 한다. 그렇게 시신이 내걸리자 그의 어머니는 크게 상심했고, 살아남은 아들에게 이야기하여 어떤 방법으로든 형제의 시신을 풀어서 집으로 옮겨 오도록 분부했다 한다. 그녀는 아들이 자기 말에 따르지 않을 경우 자신이 왕에게 가서 그가 왕의 재물을 가지고 있다는 것을 고자질하겠다고 위협했다 한다.

어머니는 살아남은 아들을 심하게 꾸짖었고 아들이 어머니에게 갖은 말을 해도 그녀가 따르려 하지 않자, 아들은 다음과 같은 계획을 꾸몄다고 한다. 그는 당나귀를 몇 마리 준비한 다음 그 위에 술이 가득 든 가죽부대들을 싣고서 당나귀들을 몰고 나갔다고 한다. 그리고 매달린 시신을 지키는 보초들이 있는 곳에 다다르자 두세 개 가죽부대의 주둥이를 잡아당겨 묶인 데를 풀어 놓았다고 한다. 이에 술이 흘러나오자 그는 어떤 당나귀에게로 먼저 가야 할지를 모르겠다는 듯이 크게 소리를 지르면서 자신의 머리를 때렸다고 한다. 보초들은 술이 다량으로 흘러나오는 것을 보더니 모두들 용기(容器)를 들고 우르르 길로 몰려나와 수지맞는다고 생각하며 쏟아지는 술을 담았다고 한다. 그러자 그는 화를 내는 척하며 그들 모두에게 욕설을 퍼부었지만 보초들이 그를 달래자 잠시 후 마음이 진정되고 화가 누그러지는 듯한 태도를 보이며, 결국 당나귀들을 길 밖으로 끌고 나가 짐을 정돈했다고 한다. 그러면서 그들은 더욱 많은 대화를 나누게 되고 보초들 중 하나가 그에게 농담을 하자 그도 웃음을 터뜨리게 되었으며, 이에 그들에게 가죽부대 하나를 주었다고 한다. 보초들은 그들이 위치해 있던 바로 그 자리에 앉아서 술을 마시기로 하고, 그도 역시 끼워 주며 자기들과 함께 그곳에서 술을 마시자고 권했다 한다. 이에 그는 그들의 권유를 받아들여 그곳에 남았다고 한다. 그들이 술을 마시면서 그에게 친절하게 대하자 그는 그들에게 가죽부대 하나를 더 주었다고 한다. 보초들은 술을 잔뜩 마시고 만취했으며 결국은 잠에 못 이겨 술을 마시던 바로 그 자리에서 곯아떨어졌다고 한다. 이윽고 밤이 이슥해지자 그는 형제의 시신을 풀어 내리고 보초들을 놀려 줄 셈으로 그들 모두의 오른쪽 뺨의 털을 깎은 다음 형제의 시신을 당나귀에 싣고 집으로 돌아갔다고 한다. 이로써 그는 어머니가 내린 분부를 완수했다.

왕은 도둑의 시신이 도난당했다는 보고가 들어오자 크게 분노했다고 한다. 이에 왕은 어떻게 해서든 이 일을 꾸민 자가 누구인지 알아내려고, 나로서는 믿을 수가 없지만, 다음과 같은 일을 했다고 한다. 즉 그는 자신의 딸을 창녀 방에 앉아 있게 하고 그녀에게 이르기를, 모든 남자들을 다 똑같이 맞이하고, 또 남자와 몸을 섞기 전에 반드시 그더러 자신이 일생 동안 해 온 일들 중에서 가장 영리하고 부정(不淨)한 일이 무엇인지를 그녀에게 말하게끔 하라고 했다. 그리고 만일 그 도둑과 관련된 일을 늘어놓는 자가 있으면 그를 붙잡아 밖으로 못 나가게 하라고 했다. 그 딸은 아버지의 명에 따라 그렇게 했고, 그 도둑은 왜 그런 일이 행해지는지를 알자 계략으로 왕을 이겨 보고 싶어서 다음과 같이 했다고 한다. 그는 갓 죽은 시신의 어깨에서 팔을 잘라 내어 그것을 겉옷 밑에 넣고 그녀에게 갔다고 한다. 그는 왕의 딸이 있는 곳으로 가서 다른 사람들과 똑같은 질문을 받자, 자신이 저지른 가장 부정한 일은 자신의 형제가 왕의 보고 안에서 덫에 걸렸을 때 형제의 머리를 베었던 것이고 가장 영리한 일은 보초들을 취하게 한 후 매달린 형제의 시신을 풀어 주었던 것이라고 말했다 한다. 그녀는 이 말을 듣자 그를 붙잡으려 했다고 한다. 그러나 그 도둑은 어둠 속에서 시신의 팔을 그녀에게 내밀었다고 한다. 그녀는 자신이 바로 그 자의 팔을 붙잡은 것으로 생각하고 그것을 꼭 붙들고 있었다고 한다. 그러나 도둑은 그것을 그녀에게 넘겨주고 문을 통해 밖으로 달아났다고 한다.

이 일도 왕에게 전해지자 왕은 그 자의 책략과 대담함에 놀라움을 금치 못하고, 결국은 모든 도시에 전갈을 보내 그가 자신의 면전에 출두하면 사면하고 큰 상을 내릴 것임을 공표했다고 한다. 이에 도둑은 왕을 믿고 왕에게로 출두했으며, 람프시니토스는 그에게 크게 감탄하고 그가 인간들 중에서 가장 지혜로운 자라고 여겨 자신의 딸을 그와 혼인시켰다고 한다. 아이깁토스인들이 다른 어떤 사람들보다 더 출중한 자들인데 그는 아이깁토스인들 가운데서도 더 출중하기 때문이라고 왕은 말했다 한다.

사제들의 말에 의하면, 그 후 이 왕은 헬라스인들이 흔히 하이데스[88]라고 부르는 곳에 산 채로 내려가 그곳에서 데메테르[89]와 함께 주사위놀이를 했는데, 때로는 여신에게 이기기도 하고 때로는 지기도 122

한 후 그녀에게서 황금 두건을 선물로 받아 다시 지상으로 돌아왔다고 한다. 그들은 말하기를, 람프시니토스가 다시 돌아온 후 아이깁토스인들은 그의 지하 세계 하강으로 말미암아 제전을 거행했다고 한다. 나는 그들이 나의 시대에도 여전히 그 제전을 거행하고 있다는 것을 알고 있지만, 그들이 정말 그 일로 말미암아 제전을 거행하는지는 말할 수가 없다. 바로 그 제전 날에 사제들은 의복을 한 벌 다 짠 후 그들 가운데 한 명의 양 눈을 머리띠로 감는다. 그리고 그들은 그에게 의복을 들려 데메테르 신전으로 통하는 길로 데려다주고 그들 자신은 다시 되돌아온다. 그러나 눈을 머리띠로 감은 그 사제는 두 마리 이리[90]에게 인도되어 도시에서 20스타디온 떨어져 있는 데메테르 신전으로 갔다가, 그 후에 다시 이리들이 그를 신전으로부터 예의 그 장소로 데려다준다고 한다.

123   아이깁토스인들이 말한 이런 이야기들을 믿는 사람이라면 그들의 이야기를 그대로 활용하면 될 것이다. 내가 나의 모든 이야기에서 정해 둔 원칙은, 각 사람들이 말한 것을 내가 들은 그대로 적는다는 것이다. 아이깁토스인들은 말하기를, 데메테르와 디오니소스[91]가 지하 세계를 다스린다고 한다. 또한 아이깁토스인들은 다음의 주장, 즉 인간의 영혼은 불멸한 것이고 육신이 죽으면 언제나 영혼이 때마침 태어나는 다른 동물에게로 들어가며 그것이 온갖 육지 동물과 바다 동물, 날짐승을 두루 다 거친 후에 때마침 태어나는 인간의 몸 안으로

---

88 하이데스(Haides), 즉 하데스(Hades)는 지하 세계에 있는 죽은 자들의 신을 가리키기도 하고, 지하 세계인 저승 자체를 가리키기도 한다. 여기서는 저승을 가리킨다.

89 이집트의 여신 이시스(Isis).

90 죽은 자들을 인도하는 이집트 신 아누비스(Anubis)를 말한다. 아누비스는 흔히 자칼의 두상을 한 모습으로 묘사되는데, 헤로도토스는 그를 자칼이 아니라 이리로 표현하고 있는 것이다.

91 여기서 '디오니소스'는 이집트의 신 오시리스를 지칭한다.

다시 들어간다는 주장을 최초로 한 자들이다. 영혼이 이렇게 한 바퀴 순환하는 데에는 3,000년이 걸린다고 한다. 헬라스인들 중에는, 예전에나 혹은 이후 근래에나, 이 주장을 그들 자신의 것인 양 써 먹는 자들이 있다.[92] 나는 그들의 이름을 알고 있지만 여기서 적지는 않겠다.

사제들은 말하기를, 람프시니토스 왕 때까지는 아이깁토스에서 전반적으로 훌륭한 정치가 행해지고 아이깁토스가 크게 번성했지만 그다음에 왕이 된 케옵스는 그들을 극심한 곤경에 빠뜨렸다고 한다. 그는 먼저 모든 신전을 폐쇄하여 그들이 거기서 제물을 바치지 못하게 막았으며, 다음으로는 모든 아이깁토스인들에게 왕 자신을 위해 노역하도록 명령했다는 것이다. 그중 어떤 자들에게는 아라비에 산맥의 채석장들에서 네일로스 강까지 돌을 견인해 가는 일을 시켰다고 한다. 또 다른 자들에게는 돌들이 배에 실려 네일로스 강 너머로 건네지면 그것들을 다시 리비에 산맥이라 불리는 곳으로 끌고 가도록 명령했다. 그들은 늘 10만 명씩 집단을 이루어 각기 3개월 동안 노역했다. 아이깁토스인들은 돌들을 끌고 가는 길을 닦느라 10년 동안 고생했다고 하는데, 내가 생각하기에, 그 일은 피라미스를 건조하는 일과 별 차이가 없는 대규모 작업이었다. 그 길은 길이가 5스타디온이고 너비는 10오르기이에, 높이는 가장 높은 곳이 8오르기이에이며, 길이 돌들이 다 매끈하게 다듬어져 있고 돌에는 동물들의 형상이 새겨져 있으니 말이다. 이 길을 닦고 또 피라미스들이 서 있는 언덕에 지하 방들을 만드는 데 10년의 세월이 걸렸다고 한다. 왕은 이 지하 방들을 자신을 위한 묘실들로 만들었는데, 네일로스 강의 수로를 끌어들여 일종의 섬 같은 곳에다 지은 것이었다. 한편 피라미스 자체를 만드는 데에는 20년의 세월이 걸렸다고 한다.[93] 피라미스는 사각형

---

92 여기서 '그들'은 아마 영혼의 불멸이나 순환에 대해 언급했다고 하는 피타고라스와 오르페우스 신자들, 철학자 엠페도클레스를 일컫는 것으로 보인다.

93 이 피라미드는 기자의 대피라미드를 일컫는다.

모양인데, 각 변의 길이가 다 8플레트론이며 높이도 그와 똑같다. 이에 들어간 돌은 매끈하게 다듬어져 있고 아주 잘 맞추어져 있다. 그중 어느 돌도 30푸스[94]보다 작은 것은 없다.

125   이 피라미스는 다음처럼 만들어졌다. 즉 그것은 오르막 계단을 쌓는 방식으로 만들어졌는데, 그 계단의 층들을 어떤 사람들은 크로사이라고 부르고 또 어떤 사람들은 보미데스[95]라고 부른다. 그들은 맨 먼저 그와 같은 계단을 만든 후에 짤막한 나무 막대로 만든 지레들을 이용하여 나머지 돌들을 끌어 올렸는데, 그 돌들은 지면에서부터 오르막 계단의 첫 번째 층으로 끌어 올린 것이었다. 돌이 그 위로 끌어 올려지면, 그것은 또 첫 번째 층에 위치한 다른 지레 위에 놓이고 거기서부터 두 번째 층으로 끌어 올려져 그곳의 다른 지레 위에 놓였다. 실로 오르막 계단의 층수만큼 똑같은 수의 지레들이 층마다 있었거나, 아니면 쉽게 움직일 수 있는 똑같은 지레가 하나 있어서 그것이 돌을 내리고 나면 다시 차례차례 각 층으로 옮겨지거나 했다. 나는 두 방식에 대한 이야기를 다 들었으므로 들은 그대로를 적는 것이다. 그리하여 피라미스의 맨 윗부분이 먼저 완성되고 나면 그것들 다음에 있는 아랫부분을 완성하고 마지막으로 지면에 있는 맨 아랫부분을 완성했다. 피라미스에는 아이깁토스 문자로 된 기록들이 있어서 당시 일꾼들에게 무와 양파, 마늘을 대느라 얼마나 많은 금액이 소요되었는가를 보여 준다. 내가 잘 기억하는 바로는, 통역이 그 기록들을 나에게 읽어 주면서 은 1,600탈란톤이 지급되었다는 말을 해 주었다. 그것이 이와 같은 정도라면, 그들의 작업에 쓰인 철제 도구, 일꾼들의 식량과 의복에는 또 얼마나 많은 금액이 소요되었을 것인가. 그 건축물을 짓는 데 앞서 말한 기간이 걸렸고 그 외에도, 내가

---

94 길이 단위. 1푸스(pus)는 오늘날 기준으로 약 29.6센티미터에 해당한다.

95 크로사이(krossai)와 보미데스(bomides)는 각각 '디딤판들, 계단들'과 '단(壇)들, 제단들'을 뜻하는 그리스어다.

생각하기에는, 돌을 떼어 내고 운반하는 작업과 지하의 굴착 작업을 하는 데 들어간 기간 역시 적지 않은 세월이었으니 말이다.

케옵스는 어찌나 사악한 자였는지, 돈이 궁해지자 자신의 딸을 창 126 녀 방에 앉아 있게 하고 일정액의 돈을 거두어들이도록 지시할 정 도였다고 한다. 그 액수에 대해서는 그들이 말해 주지 않았다. 그녀 는 아버지가 지시한 바를 그대로 수행했지만, 그녀도 자신을 위해 기 념물을 후세에 남기려는 생각에서 자신을 찾아오는 모든 남자들에 게 공사에 쓰일 돌 하나를 자신에게 선물하도록 요구했다고 한다. 바 로 이 돌들을 가지고 세 피라미스 중에서 중간에 위치한 피라미스가 건조되었다고 하는데, 그것은 대(大)피라미스의 앞쪽에 있고 각 변의 길이가 1과 2분의 1플레트론에 이른다.

아이깁토스인들은 말하기를 이 케옵스가 50년 동안 왕위에 머물렀 127 고 그가 죽은 후에는 그와 형제간인 케프렌이 왕위를 물려받았다고 한다. 케프렌은 다른 일들에서도 케옵스와 똑같은 방식으로 행동했 으며 그 역시 피라미스를 만들었다고 하는데, 그 크기는 케옵스의 것 보다 작다. 우리도 실제로 그것을 측정해 보았기 때문이다. 또한 그 것에는 지하 방도 없고, 케옵스의 것처럼 네일로스 강에서 그곳으로 흘러들어 오는 수로도 없다. 케옵스의 것에서는 건설된 수로를 통해 강물이 안으로 들어와, 케옵스의 시신이 안치되어 있다는 섬을 에워 싸고 흐른다. 케프렌은 피라미스의 맨 아래층에 다채로운 아이티오 피에석(石)으로 기반을 쌓았으며 그 피라미스를 대피라미스 가까이 에 건설했다. 이것은 케옵스의 것에 비해 높이가 40푸스만큼 낮다는 점 말고는 그것과 크기가 똑같았다. 그 두 피라미스는 똑같은 언덕 지대에 세워져 있는데, 그 언덕은 높이가 100푸스 정도 된다. 케프렌 은 56년 동안 왕위를 누렸다고 한다.

그들의 계산에 의하면, 이 106년 동안 아이깁토스인들이 온갖 불행 128 을 겪었으며, 그 오랜 시간 내내 신전들이 폐쇄되어 열리지 않았다고 한다. 아이깁토스인들은 이 왕들을 증오한 나머지, 그들의 이름을 부르는 것도 크게 꺼리며 그 피라미스들의 이름을 당시 이 지역에서 가축들을 키우던 목자(牧者) 필리티스⁹⁶의 이름을 따서 부른다.

129 그다음에는 케옵스의 아들 미케리노스가 아이깁토스의 왕이 되었다고 한다. 그는 자기 아버지의 행실을 못마땅하게 여겨, 신전들을 개방했으며 극도의 곤경 속에서 피폐해진 백성들이 자신의 생업과 제의(祭儀)에 복귀하도록 했고, 또 그들의 모든 왕들 중에서 재판을 가장 공정하게 했다고 한다. 바로 이 때문에 아이깁토스인들은 그들의 모든 왕들 중에서도 그를 최고로 찬미한다. 미케리노스는 재판을 공정하게 했을 뿐 아니라 더욱이 자신의 재판에 불만이 있는 자에게는 자기 재산에서 얼마쯤 주어 마음을 풀어 주었다고 한다. 미케리노스는 백성들에게 매우 관대했고 또 그런 일들을 실행했지만, 그에게 불행이 닥치기 시작했으니 그 첫 번째가 집안의 유일한 자식이던 딸의 죽음이었다고 한다. 그는 자신에게 닥친 일에 크게 상심하고 여느 장례보다는 좀 더 특별하게 딸의 장례를 치르고 싶어서, 속이 텅 빈 목제(木製) 암소를 만들어 금박을 입힌 다음 그 안에다 죽은 딸을 묻

---

96 이 대목은 힉소스(Hyksos)의 이집트 하부 지역(즉 나일 강 하류 지역) 지배를 언급한 것으로 해석될 수 있는데, 힉소스 지배는 흔히 이집트 중왕국시대 이후인 기원전 17~16세기에 존재했던 것으로 추정된다. 힉소스라는 말은 원래 '외국 지배자들'을 뜻하는 이집트어에서 유래했다고 하는데, 기원전 3세기의 이집트 저술가 마네토는 힉소스를 '목자 왕들'로 번역하기도 했다. 사실 헤로도토스는 『역사』에서 이집트에 대해 서술하면서 힉소스의 존재나 힉소스의 이집트 지배에 대해 전혀 거론한 바가 없기 때문에, 이 대목이 힉소스 지배를 언급한 것인지는 확실치가 않다. 그런데 마네토가 말한 힉소스의 의미('목자 왕들')를 감안하여, 여기서의 '목자 필리티스(Philitis)'를 힉소스와 연관 지어 설명하기도 한다. 또 필리티스를 필리스틴(Philistines)과 연관된 말로 해석하여, 팔레스타인 지역의 필리스틴인들이 힉소스와 함께 이집트에 침입했을 것으로 보는 견해도 있다. 한편 '피라미스들의 이름을 목자 필리티스의 이름을 따서 부른다'고 한 것은 이집트인들이 목자 필리티스를 피라미드와 마찬가지로 억압의 존재로 인식했음을 말해 준다.

었다고 한다.

그런데 이 암소는 땅에 묻히지 않고 나의 시대에도 여전히 사이스 130
시에서 왕궁의 잘 치장된 방에 놓여 있는 것을 볼 수가 있었다. 그 옆
에서는 날마다 온갖 향이 피어오르고, 밤마다 밤새도록 등불이 켜져
있다. 이 암소 가까이에 있는 다른 방에는, 사이스 시의 사제들이 말
한 것처럼, 미케리노스 후실들의 조각상들이 세워져 있다. 그곳에는
거대한 목제 조각상들이 서 있는데, 그 수는 20개 정도 되고 나체의
여성 모습으로 만들어져 있다. 그러나 그들이 누구인지에 대해서는,
내가 들은 것만을 말할 수 있을 뿐이다.

그런데 어떤 자들은 이 암소와 거대한 조각상들에 대해 다음과 같 131
은 이야기를 들려준다. 즉 미케리노스가 자신의 딸에게 연정을 품게
되어 나중에 그녀를 강제로 범했다고 한다. 그들은 말하기를, 그 후
딸이 비탄에 젖어 목매어 죽자, 그는 그녀를 이 암소 안에다 묻었고
그녀의 어머니는 딸을 아버지에게 인도한 시녀들의 손을 잘랐는데
지금도 그 시녀들의 조각상들은 그들이 살아생전에 겪은 것과 똑같
은 수난을 겪고 있다고 한다. 그러나 내가 생각하기에, 그들이 말한
이 이야기는 다른 대목들도 그렇거니와 특히 거대한 조각상들의 손
에 관한 대목은 정말로 터무니없다. 우리는 그 손들이 세월을 못이겨
떨어져 나온 것임을 직접 목격했고 또 나의 시대에도 여전히 손들이
조각상들의 발에 놓여 있는 것으로 나타났기 때문이다.

암소의 나머지 부분은 자주색 천으로 덮여 있지만, 금박을 매우 두 132
텁게 입힌 목과 머리는 드러나 있다. 또 두 뿔 사이에는 황금으로 만
든, 태양 원(圓)의 모조상이 얹혀 있다. 암소는 서 있는 것이 아니라
무릎을 꿇고 있으며, 그 크기는 살아 있는 거대한 암소만 하다. 그것
은 매년 아이깁토스인들이 어떤 신―나는 이러한 일과 관련하여 그
신의 이름[97]을 밝히지 않는다―을 위해 가슴을 치며 애도할 때 방에
서 밖으로 옮겨진다. 그때 그들은 암소를 햇빛이 있는 곳으로 데리고
나간다. 그들의 말에 의하면, 그녀가 죽으면서 아버지 미케리노스에

게 해마다 한 번씩 태양을 보게 해 달라고 부탁했다는 것이다.

133   딸의 참화가 있은 후에 이 왕에게는 두 번째로 다음과 같은 일이 일어났다고 한다. 즉 그가 앞으로 6년 동안만 더 살고 7년째 되는 해에 죽을 것이라는 신탁이 부토 시로부터 그에게 내려졌다는 것이다. 그러자 왕은 이를 불만스럽게 여겨 신에게 항의하는 전언을 신탁소에 보냈다고 한다. 그의 아버지와 숙부가 신전들을 폐쇄하고 신들을 전혀 염두에 두지 않고 더욱이 사람들을 죽였음에도 오래도록 살았는데, 자신은 경건한 자인데도 그렇게 일찍 죽게 되느냐고 항의했다는 것이다. 이에 신탁소로부터 그에게 두 번째 신탁이 내려졌는데, 신탁은 말하기를 바로 그것들 때문에 그의 수명이 짧아지게 되었다고 했다. 그가 자신이 해야 할 소임을 다하지 못해서 그런다는 것이었다. 즉 아이깁토스는 150년 동안 고난을 겪도록 정해져 있는데, 그보다 앞서 왕이 된 두 사람은 이를 알고 있었지만 그 자신은 그것을 알지 못했다는 것이다. 이 말을 듣자 미케리노스는 그러한 운명이 이미 자기에게 정해져 있음을 알고, 수많은 등불을 만들게 했으며 밤이 되면 그것들에 불을 밝히고 술을 마시면서 흥겹게 즐겼다는데, 낮이건 밤이건 이를 멈추지 않았다고 한다. 그는 늪지대와 숲, 그리고 자신이 듣기에 여흥을 위한 최적의 장소로 알려진 곳이면 어디든 돌아다녔다고 한다. 그는 신탁이 거짓된 것임을 증명해 보이려고 이러한 일들을 도모했는데, 이는 밤을 낮이 되게 함으로써 그에게 6년이 12년이 되도록 하려는 것이었다.

134   이 왕도 피라미스를 하나 남겼는데, 그의 아버지 것보다는 훨씬 작다. 그것은 사각형 모양이고 각 변의 길이가 3플레트론에서 20푸스 모자라며, 절반 높이까지 아이티오피에석으로 되어 있다. 일부 헬라스인들은 그것이 매춘부인 로도피스에 의해 지어졌다고 하지만 이는

---

97 이 신은 오시리스를 가리킨다.

틀린 말이다. 내가 보기에 그들은 정녕 로도피스가 누군지도 모르면서 그런 이야기를 하는 것 같다. 그렇지 않다면 이른바 헤아릴 수도 없이 많은 수천 탈란톤의 경비가 소요되었을 그런 피라미스의 건설을 그녀의 행위로 돌리지 않았을 것이기 때문이다. 게다가 로도피스가 인생의 전성기를 보낸 시기는 아마시스 왕이 통치할 때지 미케리노스 왕이 통치할 때가 아니다. 로도피스는 이 피라미스들을 남긴 왕들보다 햇수로 훨씬 이후의 사람이기 때문이다. 그녀는 트레이케 출신이고 사모스인인 헤파이스토폴리스의 아들 이아드몬의 노예였으며 우화 작가 아이소포스[98]의 동료 노예였다. 아이소포스 또한, 특히 다음의 사실에 의해 명백히 밝혀진 것처럼, 이아드몬의 노예였기 때문이다. 즉 델포이인들이 신탁에 따라, 누구든 원하는 자는 죽은 아이소포스의 목숨에 대해 보상금을 청구하라고 수차례 고지했을 때,[99] 다른 사람은 아무도 나타나지 않고 저 이아드몬의 손자인 또 다른 이아드몬 혼자서만 보상금을 청구했던 것이다. 그래서 아이소포스도 이아드몬의 노예였음이 밝혀졌다.

로도피스는 사모스인 크산테스가 데려다주어 아이깁토스에 왔는 135

---

98 아이소포스(Aisopos)는 우화 작가 이솝을 말한다. 그는 기원전 6세기경에 사모스에서 살았는데, 트라키아 출신의 노예였다고 한다. 한편 '우화 작가'는 그리스어 '로고포이오스'(logopoios)를 번역한 말이다. '로고포이오스'의 의미에 대해서는 제2권 제143장의 옮긴이 주 참조.

99 플루타르코스(서기 1~2세기)의 전승에 의하면, 리디아 왕 크로이소스가 이솝을 델포이에 보내 델포이인들에게 돈을 나눠 주려고 했지만 이솝이 그 돈을 다시 크로이소스에게 돌려보냈다고 한다. 이에 화가 치민 델포이인들이 이솝을 사형에 처했는데, 후일 그들에게 역병이 돌자 이솝의 주인에게 보상금을 지불하고 속죄했다고 한다. 이솝의 죽음에 대한 헤로도토스의 언급은 이런 일화를 바탕으로 하는 것이지만, 일화의 신빙성은 의문시되고 있다. 이솝이 크로이소스가 왕이 되기 이전에 죽었다는 전승이 있기 때문이다. 아마 헤로도토스는 델포이인들의 이야기를 듣고 위 대목을 기술했을 것으로 보이는데, 델포이인들의 진술이 잘못된 것일 수 있다.

데, 그곳에 왔을 때 스카만드로니모스의 아들이며 여류시인 사포의 남동생인 미틸레네인 카락소스가 그녀가 직업을 수행하도록 거금을 주고 그녀를 해방해 주었다. 그리하여 로도피스는 자유를 얻었고 아이깁토스에 머물게 되었다. 그녀는 워낙 매혹적이었으므로 큰 재산을 모았는데, 이는 로도피스 같은 여자에게는 큰 재산이었지만 그와 같은 피라미스를 지을 정도의 큰 재산은 아니었다. 사실 지금도 여전히 원하는 사람은 누구든 그녀 재산의 10분의 1이 어느 정도인지를 알 수 있으니만큼, 그녀가 막대한 재산을 지녔다고 말할 필요는 없다. 로도피스가 자신의 기념물을 헬라스에 남기고 싶어서, 이제껏 아무도 생각지 못했고 또 아무도 신전에 바친 적이 없는 그런 봉헌물을 만들어 델포이에 자신의 기념물로 바치려 했으니 말이다. 그래서 그녀는 자기 재산의 10분의 1을 들여서 소 한 마리 전체를 꿸 수 있을 정도로 큰 쇠꼬챙이들을 10분의 1의 재산액이 허용하는 만큼 많이 만들어 델포이로 보냈다. 그것들은 지금도 여전히 신전 맞은 편의 키오스인들이 봉헌한 제단의 뒤쪽에 쌓여 있다. 아무래도 나우크라티스의 매춘부들은 매력이 아주 대단했던 것 같다. 지금 여기서 이야기되는 이 여성은 매우 유명해져서 모든 헬라스인들이 로도피스의 이름을 다 알 정도였기 때문이다. 또한 그녀보다 후대에 아르키디케라는 이름의 여성이 있었는데, 그녀는 로도피스보다는 사람들 입에 덜 오르내렸지만, 그래도 헬라스 전역에서 그녀에 대한 노래가 불렸던 것이다. 한편 카락소스는 로도피스를 해방한 후에 미틸레네로 돌아갔는데, 사포는 자신의 시에서 그를 크게 조롱했다.

136   로도피스에 관한 이야기는 이제 그만하기로 한다. 사제들은 말하기를, 미케리노스 다음에는 아시키스가 아이깁토스의 왕이 되었다고 한다. 그는 헤파이스토스 신전의 동쪽 문을 만들었다고 하는데, 이 문은 모든 문들 중에서 단연 가장 아름답고 규모도 가장 크다. 모든 문들이 조각상들과 그 밖의 수많은 건축 장식들을 갖추고 있지만, 그 중에서도 이 문이 단연 최고이기 때문이다. 그들은 말하기를, 이 왕

의 치세 때에 돈의 유통이 크게 부진하자, 아버지의 시신을 담보로 하여 빚을 낼 수 있게 하는 법이 아이깁토스에서 만들어졌다고 한다. 또한 이 법에는 다음의 조항이 부가되었다고 하는데, 즉 빚을 준 자는 빚을 얻은 자의 묘지 전역에 대한 권한을 가지며, 이 저당을 맡긴 자가 빚을 갚으려 하지 않을 경우 그 자신이 죽으면 조상 전래의 묘지나 다른 어느 묘지에도 매장될 수 없고 또 그의 어느 친족이 죽어도 그 자를 그곳에 매장할 수 없다는 벌칙이 부과되어 있었다. 이 왕은 자기 이전의 아이깁토스 왕들을 능가하고 싶어서 벽돌로 만든 피라미스를 자신의 기념물로 남겼다고 하는데, 거기에는 다음과 같은 글이 돌에 새겨져 있었다고 한다. "나를 돌로 만든 피라미스들과 비교하여 낮추보지 말라. 제우스가 다른 신들보다 우월한 만큼이나 내가 그것들보다 우월하느니. 장대를 호수 아래로 찔러 넣어 진흙이 장대에 들러붙으면 그 진흙을 모아 벽돌이 만들어졌고, 그렇게 해서 내가 세워졌느니라."

아시키스는 그와 같은 행적을 보였다고 한다. 그의 다음에는 아니시스 시 출신의 맹인이 왕이 되었는데, 그 왕의 이름도 아니시스였다고 한다. 이 왕이 통치할 때에 아이티오피에인들과 그들의 왕 사바코스가 대군을 이루어 아이깁토스에 쳐들어왔다고 한다. 그러자 이 맹인 왕은 늪지대로 피신해 틀어박히고 아이티오피에인이 아이깁토스 왕으로 50년 동안 통치했다고 하는데, 이 기간에 그는 다음과 같은 일을 행했다고 한다. 즉 그는 아이깁토스인들이 무슨 죄를 지으면 그들 중 아무도 죽이려 하지 않고, 죄의 경중에 따라 각 죄인들에게 그들 자신의 출신 도시에 흙 제방을 쌓도록 판결했다. 그리하여 도시들은 전보다 계속 더 높아졌다. 도시들은 처음에 세소스트리스 왕이 통치할 때에 수로들을 파던 인부들에 의해 흙으로 돋우어지고, 다음에는 아이티오피에 왕이 통치할 때에 다시 크게 높아졌던 것이다. 이때 아이깁토스에서 다른 도시들도 역시 높아졌지만, 내 생각에는 부바스티스 시가 가장 높게 돋우어진 것 같다. 이 도시에는 부바스티스 신

137

전이 있는데, 그것이 가장 주목할 만하다. 이보다 더 크고 비용이 더 많이 들어간 신전들도 있지만, 구경하기에는 이보다 더 즐거운 것이 없기 때문이다. 부바스티스는 헬라스어로 아르테미스다.

138   그녀의 성소(聖所)[100]는 다음처럼 되어 있다. 성소는 입구를 제외한 전체가 하나의 섬이다. 네일로스 강에서 수로가 두 개 흘러들어 오는데, 서로 합류하지 않고 하나는 성소 한쪽으로 돌아 흐르고 또 하나는 다른 쪽으로 돌아서 각기 흐르다가 마침내 성소 입구에까지 흘러들기 때문이다. 이들 각 수로는 너비가 100푸스이고 나무숲으로 뒤덮여 있다. 입구 문은 높이가 10오르기이에 이르고 6페키스 규모의 훌륭한 새김 형상들로 장식되어 있다. 성소는 도시 중앙에 있어서, 성소 주위를 돌아다니며 어느 방향에서든 내려다볼 수 있다. 도시는 흙으로 돋우어져 높아졌지만 성소는 처음에 만들어진 그대로 변함이 없어서 그렇게 들여다볼 수 있는 것이다. 성소 주위에는 형상들이 새겨진 석벽(石壁)이 둘러져 있고 그 안에는 대규모 신전 주위로 거목들이 자라는 숲이 조성되어 있다. 신전 내에는 신상이 안치되어 있다. 성소는 사각형 모양으로 길이와 너비가 모두 1스타디온이다. 성소 입구 쪽으로는 돌로 만든 도로가 약 3스타디온 거리만큼 나 있는데, 그 도로는 시장을 지나 동쪽으로 뻗어 있고 너비가 4플레트론에 이른다. 또 도로 양편에는 하늘에 닿을 만큼 높은 나무들이 서 있다. 이 도로는 헤르메에스 신전으로 통한다. 부바스티스 성소의 모

---

100 '성소'는 그리스어 '히론'(hiron)을, '신전'은 그리스어 '네오스'(neos)를 번역한 말이다. 헤로도토스는 이집트 신들의 신전을 묘사할 때 이 말들을 구분하지 않고 흔히 '히론'으로 표현하곤 한다. 그래서 옮긴이도 이집트 신들의 신전에 대해서는 '히론'을 대개 '신전'으로 옮겼다. 한편 헤로도토스는 일부 대목에서 '히론'과 '네오스'를 구분해 쓰기도 하는데(제2권 제138장, 제2권 제169~70장), 이 경우에는 옮긴이도 둘을 '성소'와 '신전'으로 구분해 옮겼음을 밝힌다. 대개 '신전'은 신상 안치실을 포함하는 건물을 가리키고 '성소'는 신전 건물을 포함하는 신성한 장소 전체를 가리킨다.

습은 이상과 같다.

아이티오피에 왕은 다음과 같은 식으로 물러났다고 한다. 그가 잠 139
을 자다가 웬 환영을 본 후 피신해 달아났다는 것이다. 즉 그가 생각
하기엔 꿈속에서 한 남자가 나타나 자신에게 조언을 해 주었는데, 아
이깁토스의 사제들을 다 모아 놓고 그들을 두 동강 내라는 조언이었
다고 한다. 그는 이 환영을 보고서, 이는 신들이 자신에게 신성과 관
련한 불경을 저지르게 하여 신이나 인간들로부터 벌을 받게 하려고
제시한 구실로 생각된다고 말했다 한다. 그러면서 그는 자신이 그런
일을 하지는 않을 것이며 신탁이 예언한 아이깁토스 통치 기간이 다
되었으니 이제 떠날 것이라고 말했다 한다. 왜냐하면 그가 아이티오
피에 있었을 때에 아이티오피에인들이 물었던 신탁에 나오기를,
그가 50년 동안 아이깁토스 왕으로 통치할 것이라고 했기 때문이다.
그때 그 기간이 다 끝나 가고 또 꿈속의 환영도 그를 괴롭히자, 사바
코스는 자진하여 아이깁토스를 떠났다.

아이티오피에인이 아이깁토스를 떠나자 맹인 왕이 늪지대에서 돌 140
아와 다시 아이깁토스를 통치했다고 한다. 늪지대에서 그는 재와 흙
으로 섬을 쌓아 50년 동안 살았다. 아이깁토스인들이 각자 명령받은
대로 아이티오피에 왕 모르게 그에게 식량을 가져다주러 들를 때마
다, 그는 그들에게 재도 함께 선물로 가져다줄 것을 지시했다는 것이
다. 아미르타이오스 이전에는 아무도 이 섬을 발견하지 못했다. 아미
르타이오스 이전에 왕이 되었던 자들은 700년이 넘도록 그 섬을 찾
아내지 못했던 것이다. 그 섬의 이름은 엘보라 하며, 크기는 사방이
각각 10스타디온에 이른다.

그다음에는 세토스라고 불리는, 헤파이스토스 사제가 왕이 되었다 141
고 한다. 그는 아이깁토스인 전사들을 더는 필요 없다고 보아 멸시하
고 홀대했다 한다. 그는 그들에게 다른 모욕적인 일들도 행했을뿐더
러, 특히 그들의 토지를 빼앗았다고 한다. 이전 왕들이 통치할 때에
그들 각자에게는 12아루라[101]의 선별된 토지가 제공되었던 것이다.

그 후로 아라비에인과 아시리에인의 왕 사나카리보스가 대군을 이끌고 아이깁토스를 침공했다고 한다. 이에 아이깁토스인 전사들은 왕을 도우려 하지 않았다고 한다. 궁지에 몰린 그 사제는 신실(神室)로 들어가서 신상을 향해 자신이 처한 위험을 한탄했다고 한다. 그는 슬퍼하다가 잠이 들었는데, 그가 생각하기엔 꿈속에서 신의 환영이 나타나 아라비에인의 군대와 맞서 싸워도 그가 아무런 해를 입지 않을 것이라고 격려했다 한다. 신이 그에게 원군을 보내 줄 것이라고 했다는 것이다. 그는 그 꿈을 믿고서, 자신을 따르고자 하는 아이깁토스인들을 데리고 펠루시온에 진을 쳤다고 한다. 그곳이 아이깁토스로 들어오는 입구이기 때문이다. 전사들은 아무도 그를 따르지 않았지만, 행상과 장인, 시장 상인들이 그를 따랐다고 한다. 그들의 적군도 그곳에 도착했는데, 밤중에 들쥐들이 적들에게 몰려들어 그들의 화살통과 활, 방패 손잡이를 갉아 먹었고 이에 적들은 이튿날 무장도 없이 도주하다가 많은 수가 쓰러졌다고 한다. 지금도 헤파이스토스 신전에는 한 손에 쥐를 든 세토스 왕의 석상이 서 있다. 그 석상의 비문에는 다음처럼 적혀 있다. "나를 보고 다들 경건한 자가 될지어다."

142   이상은 아이깁토스인들과 그들의 사제들이 말해 준 이야기다. 그들의 설명에 따르면, 초대 왕부터 마지막 왕인 이 헤파이스토스 사제에 이르기까지 인간 세대가 341대 존재했고 그 기간에 대사제와 왕들도 각기 그 세대수만큼 나타났다고 한다. 그런데 인간 세대 300대는 1만 년에 해당한다. 3대 인간 세대가 100년이기 때문이다. 한편 300대 인간 세대 이외의 41대 세대는 1,340년이 된다. 그래서 모두 합해 1만 1,340년이 되는데, 그들의 말로는, 이 동안에 신이 인간의 모습을 하고 나타난 적이 전혀 없었다고 한다. 또한 그 이전이나 이

---

101 이집트의 면적 단위. 아루라(arura)에 대해서는 제2권 제168장의 옮긴이 주 참조. 또 이집트 전사들과 그들의 특권에 대해서는 제2권 제164~68장 참조.

후 여타의 아이깁토스 왕들에게서도 그러한 일은 없었다고 한다. 그런데 이 시기에 태양이 정상적이지 않은 곳에서 떠오른 적이 네 번 있었다고 한다. 두 번은 태양이 지금 지는 곳에서 떠올랐고, 두 번은 지금 떠오르는 곳으로 졌다는 것이다. 이런 일들로 인해 아이깁토스에서 달라진 것은 아무것도 없었는데, 땅에서 생산되는 것이나 강에서 생산되는 것에서도 변함이 없었고 질병이나 죽음에 관한 일에서도 전혀 변함이 없었다고 한다.

예전에 연대기 작가[102] 헤카타이오스[103]가 테바이에서 자기 가계를 추적하며 자기 가계의 16대를 신과 연계시켰을 때, 제우스 사제들은 내가 나 자신의 가계를 추적하지 않았음에도 나에게 한 것과 똑같은 일을 그에게도 했다. 그들은 나를 커다란 방 안으로 데려가, 그들이 앞서 말한 수(數)만큼 일일이 세면서 목상(木像)들을 보여 주었다. 대사제들은 모두 생전에 자신의 상을 그곳에 세웠기 때문이다. 사제들은 그것들을 하나씩 세면서 보여 주었는데, 가장 최근에 죽은 자의 상에서부터 시작해 그것들을 다 보여 줄 때까지 세세히 훑어 가며, 아들이 각자 자신의 아버지를 승계한 것임을 나에게 알려 주었다. 헤

143

---

102 '로고포이오스'(logopoios)를 번역한 말. 로고포이오스는 역사가나 연대기 작가 같은 산문 작가 또는 우화 작가를 가리키는데, 헤로도토스는 헤카타이오스와 이솝을 둘 다 로고포이오스라고 부른다. 이 책에서는 이솝에 대해서는 '우화 작가'로 번역하고(제2권 제134장) 헤카타이오스에 대해서는 '연대기 작가'로 번역했다. 헤카타이오스에 대해 '연대기 작가'로 번역한 이유는 헤로도토스 시대 이전에는 '역사가'에 대한 관념이 아직 확립되지 않았다고 보기 때문이다. 헤로도토스의 역사서술을 통해 '역사가'의 모범이 처음 나타나므로, 헤로도토스 이전의 문필가에 대해서는 가급적 '역사가'라는 말을 사용하지 않기로 한다.

103 헤카타이오스(Hekataios, 기원전 550년경~475년경)는 밀레토스 출신의 문필가인데 역사가 헤로도토스의 선구자 역할을 했다고 평가받는다. 그러나 헤카타이오스의 작품이 단편적으로만 전하기 때문에, 그에 대한 온전한 평가를 내리기는 어려운 실정이다.

카타이오스가 자기 가계를 추적하며 자기 가계의 16대를 신과 연계
시켰을 때, 그들은 그에 맞서 자신들의 계산에 따라 가계를 추적했
다. 그들은 인간이 신으로부터 태어났다는 그의 주장을 받아들이지
않았던 것이다. 그들은 대신에 자신들의 가계를 다음과 같이 추적했
다. 즉 그들은 [피로미스라고 불리는]¹⁰⁴ 345개에 이르는 거상(巨像)
들¹⁰⁵을 죽 가리키며 각 거상들이 모두 피로미스에서 태어난 피로미
스라고 주장했고, 그것들을 신이나 영웅과 연계시키지 않았다. 피로
미스는 헬라스어로 '고귀한 자'¹⁰⁶를 말한다.

144 이처럼 그들은 그곳에 있는 조각상의 인물들이 모두 그런 자들이
고 신들과는 한참 거리가 먼 존재임을 보여 주었다. 그들의 말로는,
이 인간들 이전에는 신들이 아이깁토스를 통치했는데 신들은 이 인
간들과 동시대에 살지 않았다고 한다. 또 신 중에서 한 명의 신이 항
상 최고 지배자가 되었다고 한다. 그중 마지막으로 아이깁토스의 왕
이 된 신은 오시리스의 아들 호로스였다고 하는데, 헬라스인들은 호

104 슈타인은 필사본 텍스트를 고쳐 '피로미스라고 불리는'(πίρωμιν
ἐπονομαζόμενον)으로 수정했다. 그러나 이것의 분사격(格)은 남성단수
대격(對格)에 해당하기 때문에, 문장의 다른 요소와 일치하지 않는다. 이 책
에서는 슈타인의 텍스트대로 '피로미스라고 불리는'이라고 번역했지만,
이 구절과 상응하는 대목이 없기 때문에 일단 이 구절을 빼고 읽는 것이 낫
겠다.

105 여기서 345개는 헤카타이오스가 이집트를 방문했을 때의 거상들 개수다.
즉 그가 341대의 세토스 왕 이후로 4대가 더 지난 후에 이집트에 갔음을 말
해 준다.

106 '칼로스 카가토스'(kalos kagathos)의 번역어. '칼로스 카가토스'는 '칼로
스 카이 아가토스'(kalos kai agathos)의 줄임말이다. '칼로스'는 '아름다운,
좋은'의 의미이고 '아가토스'는 '좋은, 훌륭한, 선한'의 의미이므로, '칼로스
카가토스'는 '아름답고 선한 자'라는 뜻을 지닌다. 그런데 이 말이 대개 상
류계층을 가리키는 용어로 사용되었기 때문에, 여기서는 '고귀한 자'로 번
역했음을 밝힌다.

로스를 아폴론이라고 부른다. 그는 티폰[107]을 몰아내고 아이깁토스를 통치한 마지막 신이 되었다고 한다. 오시리스는 헬라스어로 디오니소스를 말한다.

지금 헬라스인들 사이에서는 헤라클레에스와 디오니소스, 판이 신 중에서 가장 젊다고 여겨진다. 그러나 아이깁토스인들 사이에는 판[108]이 그중 가장 오래된 신이고 최초의 신들로 불리는 8신 중의 일원으로 여겨진다. 또 헤라클레에스는 12신으로 불리는 두 번째 신들 중의 일원이고 디오니소스는 12신에게서 태어난 세 번째 신들 중의 일원으로 여겨진다. 헤라클레에스와 아마시스 왕 사이의 기간이 몇 년이었는지에 대해 아이깁토스인들이 말해 준 바 있는데, 나는 그것을 앞에서 언급했다.[109] 한편 아마시스 왕과 판 사이의 기간은 헤라클레에스와의 기간보다 더 길다고 하고 디오니소스와의 기간이 그중 가장 짧다고 한다. 디오니소스와 아마시스 왕 사이의 기간은 1만 5,000년으로 산정된다. 아이깁토스인들은 자신들이 항상 햇수를 계산하고 기록하기 때문에 이에 대해 정확하게 알고 있다고 주장한다. 그런데 카드모스의 딸 세멜레에게서 태어났다고 전하는 디오니소스와 나의 시대 사이의 기간은 약 1,600년이고, 알크메네의 아들 헤라클레에스와의 기간은 약 900년이다. 또 페넬로페의 아들인 판—헬라스인들의 말로는, 판이 페넬로페와 헤르메에스에게서 태어났다고 한다—과 나의 시대 사이의 기간은 약 800년으로, 트로이에 전쟁과의 기간보다도 햇수가 짧다.

이들 둘[110]에 대해서는 누구든 자신이 더 믿을 만하다고 여기는 쪽 146

145

---

107 이집트 신 세트.

108 이집트 신 켐(Khem).

109 헤로도토스는 그 햇수를 1만 7,000년이라고 전한다. 제2권 제43장 참조.

110 여기서 '이들 둘'의 의미는 확실치 않다. 이 표현은 앞에 서술된 두 가지 것을 가리키는데, 그 두 가지가 무엇인지 분명치 않기 때문이다. 그것은 직전

을 따르면 될 것이다. 그에 관한 내 견해는 이미 밝힌 바 있다.[111] 만일 이들, 즉 세멜레의 아들 디오니소스와 페넬로페의 아들 판도 암피트리온의 아들 헤라클레에스처럼 헬라스에 나타나 그곳에서 늙어 갔다면, 그들 또한 인간이고 이전에 존재한 저들 신의 이름을 따온 것이라고 말할 수 있을 것이다. 그러나 실상 헬라스인들은 말하기를, 디오니소스가 태어나자마자 곧 제우스가 그를 자신의 허벅지 속에 넣어 꿰맨 다음 아이깁토스 너머에 있는 아이티오피에의 니사로 데려갔다고 한다. 또 헬라스인들은 판에 대해 그가 태어난 후 어떻게 되었는지를 알지 못한다. 그래서 내가 보기에는 헬라스인들이 이들의 이름을 다른 신들의 이름보다 더 나중에 알게 되었음이 분명한 것 같다. 그들은 이 신들의 탄생 시기를 자신들이 이 신들에 대해 알게 된 때로 설정한 것이다.

147   이상은 아이깁토스인들 자신이 말한 내용이다. 하지만 이제는 이 나라에서 일어난 일에 대해 아이깁토스인들과 다른 사람들이 서로 일치하게 말한 것을 서술하겠다. 또한 거기에 내가 직접 본 것도 좀 덧붙일 것이다.

    헤파이스토스 사제 왕의 통치가 끝난 후에 아이깁토스인들은 자유를 누리게 되었다. 그러나 그들은 왕 없이는 잠시도 살 수 없었으므로, 아이깁토스 전역을 12지역으로 나누고 12왕을 세웠다. 이들은 서로 혼인 관계를 맺었으며, 각자가 서로를 폐하지 않고 또 남보다 더 많이 가지려고 하지 않고 아주 긴밀한 우방이 된다는 규약에 따라 통치했다. 그들이 규약을 만들어 확고하게 지킨 이유는 다음과 같다. 즉 그들이 처음에 왕위에 올랐을 때, 그들 중에 헤파이스토스 신전에

에 서술된 두 신인 판과 디오니소스를 가리킬 수도 있고 세 명의 신들의 시기에 대한 두 전승을 가리킬 수도 있다. 옮긴이가 보기에는, 후자의 해석이 문맥상 더 자연스러운 것 같다.

111   제2권 제43~49장 참조.

서 청동 잔으로 헌주하는 자가 아이깁토스 전체의 왕이 될 것이라는 신탁이 곧바로 그들에게 내려졌기 때문이다. 그들은 모든 신전에서 회합을 갖곤 했던 것이다.

또한 그들은 공동으로 기념물을 남기기로 결정했고, 그렇게 결정 한 후 모이리스 호수 조금 너머의 크로코데일론폴리스[112]라 불리는 곳 부근에 미궁(迷宮)을 만들었다. 나도 그것을 직접 본 적이 있는데, 말로 표현할 수 없을 정도로 엄청난 것이었다. 헬라스인들이 지은 성 벽들과 그들의 공사(工事) 성과를 다 합해도, 노동력이나 비용 면에 서 이 미궁보다 못하다고 볼 수 있기 때문이다. 그래도 물론 에페소 스의 신전과 사모스의 신전은 매우 주목할 만한 것이다. 피라미스들 역시 말로 표현할 수 없을 만큼 엄청난 것이고 피라미스 하나가 각 기 헬라스의 거대한 건축물 여러 개와 대등할 정도다. 하지만 미궁 은 피라미스들까지도 능가한다. 미궁에는 지붕이 달린 마당이 12개 있다. 그것들의 문은 서로 마주 보고 있는데, 그중 6개는 북향이고 6개는 남향으로 모두 열을 지어 서 있다. 그 바깥에서는 하나의 담 장이 그것들을 모두 에워싸고 있다. 한편 그 안에는 쌍으로 된 방들 이 있는데, 일부는 지하의 방들이고 일부는 그 방들 위에 있는 지상 의 방들이다. 그것들은 모두 3,000개이며, 지상과 지하의 방들이 각 기 1,500개다. 지상의 방들에 대해서는 우리 자신이 지나가며 구경한 터라 직접 본 것을 말하지만, 지하의 방들에 대해서는 남의 이야기를 전해 들은 것이다. 아이깁토스인 관리자들은 처음에 미궁을 건설했 던 왕들과 신성한 악어들의 무덤이 그곳에 있다고 말하며 지하 방들 을 절대 보여 주려고 하지 않았기 때문이다. 그래서 지하 방들에 대 해서는 내가 남의 이야기를 전해 듣고 말하는 것이다. 반면에 지상의 방들은 우리 자신이 직접 보았는데, 그것은 인간이 만든 여느 건축물

148

---

112 크로코데일론폴리스(Krokodeilonpolis)는 그리스어로 '악어들의 도시'다.

보다 더 거대했다. 우리가 마당에서 방들로, 방들에서 회랑들로, 회랑들에서 다시 다른 방들로, 또 방들에서 다른 마당들로 지나갈 때, 방들로 통하는 출입로들과 마당들로 통하는 구불구불한 통로들이 너무도 복잡하여 우리에게 엄청난 감탄을 불러일으켰던 것이다. 이 전체 건물 위의 지붕은 담장들처럼 돌로 되어 있고, 담장들에는 온통 형상들이 새겨져 있다. 또 각 마당의 주위에는 정말 정교하게 잘 맞춘 흰색 석주(石柱)들이 늘어서 있다. 미궁이 끝나는 구석 바로 옆에는 높이가 40오르기이인 피라미스가 하나 서 있는데, 거기에는 거대한 형상들이 새겨져 있다. 이 피라미스로 들어가는 통로는 지하에 만들어져 있다.

149   이 미궁은 그런 식으로 되어 있다. 그런데 이 미궁이 세워진 자리 옆에 위치한, 모이리스 호수라 불리는 곳이 미궁보다 더 큰 감탄을 불러일으킨다. 호수의 둘레는 3,600스타디온 즉 60스코이노스로 아이깁토스의 전체 해안 길이와도 같다. 호수는 남북으로 길게 뻗어 있고 가장 깊은 곳은 수심이 50오르기이에에 이른다. 그것이 땅을 파서 만든 인공 호수임은 호수 그 자체가 잘 말해 준다. 호수의 한가운데쯤에 2개의 피라미스가 세워져 있기 때문이다. 그것들은 각기 물 위로 50오르기이에 높이만큼 솟아 있고 물 아래로도 같은 깊이로 잠겨 있다. 각 피라미스 위에는 옥좌에 앉은 석조 거상이 위치해 있다. 그러므로 그 피라미스들은 높이가 100오르기이에에 이른다. 100오르기이에는 6플레트론인 1스타디온의 길이와 같은데, 1오르기이에의 길이는 6푸스 혹은 4페키스와 같고 1푸스는 4팔라이스테, 1페키스는 6팔라이스테와 같기 때문이다. 호수의 물은 그곳에서 자연히 형성된 것이 아니고—이 지역은 물이 극심하게 부족하기 때문이다—, 네일로스 강에서 수로를 통해 유입된다. 그곳의 물은 6개월 동안은 호수로 들어오고 또 6개월 동안은 다시 네일로스 강으로 흘러 나간다. 물이 호수에서 밖으로 흘러 나가는 6개월 동안 호수는 물고기에서 얻는 수입으로 매일 은 1탈란톤을 왕실 금고에 갖다 바치고, 물이 호수

로 들어올 동안에는 매일 은 20므네아를 갖다 바친다.[113]

현지 주민들의 이야기에 의하면, 이 호수 물이 땅 밑을 통해 리비 150
에의 시르티스로 유출되는데 그 경로는 멤피스 상부의 산들을 따라
내륙을 향해 서쪽으로 나아간다고 한다. 나는 이 호수에서 파낸 흙을
어디서도 보지 못하자, 그에 대한 관심이 있던 터라, 파낸 흙이 어디
에 있는지를 호수에서 가장 가까이 사는 주민들에게 물어보았다. 그
들은 나에게 그 흙이 어디로 운반되어 갔는지 말해 주었고, 나는 그
들의 말에 쉬이 수긍이 갔다. 나는 아시리에인들의 니노스 시에서도
그러한 일이 있었음을 남에게 들어 알고 있었기 때문이다. 니노스 왕
사르다나팔로스에게 속한 막대한 재물이 지하 보고에 보관되어 있었
는데, 어떤 도둑들이 이를 훔쳐 내려고 했다. 도둑들은 자신들의 집
에서부터 시작하여 왕궁까지의 거리를 잰 후 땅 밑으로 파 들어갔고,
밤이 될 때마다 파낸 곳에서 나온 흙을 니노스를 지나가는 티그레스
강으로 가져다 버리곤 하여, 마침내 자신들이 원하던 바를 성취했다.
나는 아이깁토스에서 이 호수를 파낼 때에도 그와 같은 일이 일어났
다고 들었다. 다만 그것이 밤이 아니고 낮에 일어났다는 점만 다를
뿐이다. 아이깁토스인들은 호수를 파내 나온 흙을 네일로스 강으로
가져갔다고 한다. 그러면 강이 그 흙을 실어다 흩어지게 했을 것이라
고 한다. 이 호수는 그런 식으로 파냈다고 한다.

12왕은 정의를 존중하며 지냈다. 그런데 얼마 후 그들이 헤파이스 151
토스 신전에서 희생제물을 바치게 되었다. 제전의 마지막 날 그들이
제주를 바치려고 하자, 대사제는 제주 바칠 때 흔히 사용하던 황금잔
을 가져왔는데 수를 잘못 세어 12왕에게 11개 잔을 가져왔다. 따라서
그들 중 맨 마지막에 서 있던 프삼메티코스는 잔이 없어서 자신의 청

---

113 헬라스인들은 무게 단위인 탈란톤과 므네아, 드라크메(drachme), 오볼로
스(obolos)를 화폐 단위로도 사용했다. 1탈란톤은 60므네아, 1므네아는
100드라크메, 1드라크메는 6오볼로스에 해당한다.

동 투구를 벗어들고 그것을 내밀어 제주를 바쳤다. 당시에는 다른 왕들도 모두 투구를 쓰곤 했는데, 이때에도 마침 다들 투구를 쓰고 있었다. 그래서 프삼메티코스는 아무런 사심(邪心) 없이 자신의 투구를 내민 것이었다. 그러나 다른 왕들은 프삼메티코스가 한 행동과 예전에 자신들에게 내려진 신탁, 즉 그들 가운데 청동 잔으로 헌주하는 자가 아이깁토스의 단독 왕이 될 것이라고 한 신탁을 마음에 떠올렸다. 그들은 그 신탁을 상기하고 사실을 면밀히 알아본 결과 프삼메티코스가 아무런 의도 없이 그런 행동을 했음을 알게 되자 그를 죽이는 것은 정당하지 않다고 생각했다. 하지만 그들은 그의 권력 대부분을 박탈하여 그를 늪지대로 내쫓기로 결정했고 또 그가 늪지대에서 나와 아이깁토스의 다른 지역과 교류하지 못하도록 했다.

152   이 프삼메티코스는 이전에 아이티오피에인 사바코스를 피해 도피한 적이 있었는데, 사바코스가 그의 아버지 네코스를 죽였던 것이다. 그때 그는 시리에로 도피했었는데 저 아이티오피에인이 꿈속의 환영을 보고 아이깁토스를 떠나자, 사이스 주 출신의 아이깁토스인들이 그를 복귀시켰다. 그리하여 그는 두 번째로 왕이 된 후, 투구 때문에 11명의 왕에 의해 늪지대로 추방되는 일을 맞게 된 것이다. 프삼메티코스는 그들이 자신에게 무례하게 군다고 여기고 자신을 추방한 자들에게 복수하기로 했다. 이에 그는 당시 아이깁토스인들이 가장 신뢰하는, 부토 시의 레토 신탁소에 사절을 보냈는데, 바다에서 청동 인간들이 나타날 때 복수가 이뤄질 것이라는 신탁이 내려졌다. 그는 청동 인간들이 자신을 도우러 오리라는 것에 큰 의구심을 품었다. 그러나 그 후 얼마 안 되어 일부 이오네스인들과 카리에인들이 해적질에 나섰다가 불가피하게 아이깁토스로 오게 되었는데, 그들은 청동 무장을 하고 아이깁토스에 상륙했다. 이에 청동으로 무장한 자들을 한 번도 본 적이 없는 한 아이깁토스인이 늪지대로 와서 프삼메티코스에게 보고하기를, 청동 인간들이 바다에서 나타나 평야를 약탈하고 있다고 말했다. 프삼메티코스는 신탁이 실현된 것이라 보고 이

오네스인들 및 카리에인들과 우호를 맺었다. 그는 그들에게 큰 포상을 약속하며 자신의 편이 되어 달라고 설득했다. 그는 그들을 설득한 후, 자신을 따르고자 하는 아이깁토스인들과 이들 지원군을 이끌고 다른 왕들을 폐위시켰다.

아이깁토스 전역을 통치하게 된 프삼메티코스[114]는 멤피스의 헤파이스토스 신전에 남쪽 입구를 세우고 이 입구 맞은편에 아피스를 위한 마당을 만들었다. 아피스가 나타날 때면 이곳에서 돌보게 된다. 이 마당은 모두 주랑으로 둘러싸여 있고 조각상들로 가득 차 있다. 또 마당의 지붕은 기둥 대신에 12페키스의 거상들이 떠받치고 있다. 아피스는 헬라스어로 에파포스다.   153

프삼메티코스는 자신에게 협력한 이오네스인들과 카리에인들에게   154
땅을 주어 거주하게 했는데, 그 땅은 네일로스 강을 사이에 두고 서로 맞은편에 있었다. 그곳은 스트라토페다[115]라는 이름이 붙었다. 그는 그들에게 이 땅을 주었을뿐더러 그가 약속한 다른 것들도 모두 지급했다. 더욱이 그는 아이깁토스인 어린아이들을 그들에게 맡겨 헬라스어를 배우도록 했다. 그때 헬라스어를 배운 이들로부터 지금 아이깁토스의 통역들이 기원했다. 이오네스인들과 카리에인들은 이들 지역에서 오랫동안 거주했다. 이들 지역은 펠루시온이라고 불리는 네일로스 강 하구에 있는데, 부비스티스 시에서 약간 아래인 바다 쪽에 있다. 그 후 한참 뒤에 아마시스 왕이 이들을 그곳에서 데려가 멤피스에 거주하도록 했으며 그들을 아이깁토스인들에 대비한 자신의 호위대로 삼았다. 이들이 아이깁토스에 정착하고 우리 헬라스인들이 그들과 교류함으로써, 우리는 프삼메티코스 왕 때부터 시작하여 그

---

114 기원전 664~610년 재위.

115 스타라토페다(Stratopeda)는 '진영'·'진지'를 의미하는 그리스어 스트라토페돈(stratopedon)의 복수형으로, '진영들'·'진지들'을 뜻한다. 이 말은 이집트 내의 외국인 거주 지역을 가리킨다. 제2권 제112장의 옮긴이 주 참조.

이후 아이깁토스에서 일어난 모든 일에 대해 정확하게 알고 있다. 이들은 다른 말을 하는 외국인으로서 아이깁토스에 최초로 정착한 자들이었던 것이다. 그들이 멤피스로 이주하며 떠나온 그 땅에는 배를 끌어당기는 설비들과 그들 가옥의 잔해가 나의 시대까지도 여전히 남아 있었다.

155   프삼메티코스는 그렇게 하여 아이깁토스를 차지했다. 나는 앞서 아이깁토스의 신탁소를 여러 번 언급한 적이 있는데, 이제 그에 대한 이야기를 하려고 한다. 그것은 그럴만 한 가치가 있다. 아이깁토스의 이 신탁소는 레토의 성소인데, 바다에서 강 상류 쪽으로 항해할 경우 네일로스 강의 세벤니테스 하구라 불리는 곳 부근의 대도시에 세워져 있다. 신탁소가 있는 이 도시의 이름은, 내가 앞서도 언급했듯이, 부토다. 부토에는 아폴론과 아르테미스의 성소도 있다. 신탁소가 있는 레토 신전은 그 자체의 규모도 큰 데다 현관의 높이가 10오르기이에에 이른다. 하지만 나는 거기서 본 것 중 나에게 가장 큰 놀라움을 안겨 준 것을 말하겠다. 즉 이 레토의 성역 내에는 단 하나의 큰 돌로 건조된 레토의 신전이 있다. 그것의 각 벽은 높이와 길이가 서로 똑같은데 각기 40페키스다. 그리고 다른 또 하나의 큰 돌이 지붕을 이고 있는데, 처마는 너비가 4페키스다.

156   이처럼 이 성소 근처에서 내가 본 것들 중 가장 경이로운 것은 그 신전이고, 그다음으로 경이로운 것은 켐미스라 불리는 섬이다. 이 섬은 부토의 성소 옆에 있는 한 넓고 깊은 호수에 위치해 있는데, 아이깁토스인들의 말로는 이 섬이 떠다닌다고 한다. 나 자신은 그 섬이 떠다니거나 움직이는 것을 전혀 본 적이 없지만, 섬이 정말로 떠다닌다는 말을 듣고 깜짝 놀랐다. 섬 안에는 거대한 아폴론 신전이 있고 제단이 세 개 세워져 있다. 또한 섬에는 수많은 야자나무들과 다른 수목들이 자라고 있는데, 어떤 것들은 열매를 맺고 어떤 것들은 열매를 맺지 못한다. 아이깁토스인들은 이 섬이 떠다닌다고 말하며, 다음과 같은 이야기를 덧붙인다. 즉 이 섬이 전에는 떠다니지 않았고, 최

초에 생겨난 8신 중의 한 명인 레토는 그녀의 신탁소가 있는 부토 시에 살고 있었다고 한다. 그녀는 티폰이 오시리스의 아들을 찾으려고 온 세상을 수색해 다니다 찾아왔을 때, 이시스가 맡긴 아폴론을 받아들여서 그를 지금 떠다닌다고들 말하는 이 섬에 숨겨 잘 보호했다고 한다. 아폴론과 아르테미스는 디오니소스와 이시스 사이의 자식들인데, 레토가 그들의 양육자 및 보호자가 되었다고 한다. 아이깁토스어로 하면 아폴론은 호로스이고 데메테르는 이시스, 아르테미스는 부바스티스다. 에우포리온의 아들 아이스킬로스는 이전 시인들 중에서는 유일하게 다름 아닌 이 이야기로부터, 이제 내가 말하려고 하는 것을 포착해 냈다. 그는 아르테미스를 데메테르의 딸로 만들었던 것이다. 그 섬은 이런 연유로 떠다니는 섬이 되었다고 한다. 이상은 그들이 말한 내용이다.

프삼메티코스는 54년 동안 아이깁토스의 왕으로 있었는데, 그중 157 29년 동안은 시리에의 대도시 아조토스를 포위 공격 했고 결국은 그곳을 점령했다. 이 아조토스는 우리가 아는 모든 도시들 중에서 가장 오랫동안 포위 공격을 받고 버틴 도시다.

네코스[116]는 프삼메티코스의 아들로 아이깁토스의 왕이 되었다. 그 158 는 처음으로 홍해로 연결되는 수로 건설에 착수했는데, 나중에 페르시스인 다레이오스가 이 수로를 완전히 뚫었다. 수로의 길이는 뱃길로 4일 걸리는 거리이고, 폭은 삼단노선 2척이 나란히 노를 저어 항해할 정도로 파냈다. 수로의 물은 네일로스 강에서 수로로 흘러들어온다. 물길은 부바스티스 시의 약간 위쪽[117]에서 시작하여 아라비에

---

116 기원전 610~595년 재위.

117 헤로도토스가 이집트 지리를 서술할 때 사용하는 '위'와 '아래'의 표현은 나일 강을 기준으로 설정된 것이다. 위쪽은 나일 강의 상류를 가리키므로 방위상 남쪽을 뜻하고, 반대로 아래쪽은 나일 강의 하류 방향이므로 북쪽을 의미한다. 따라서 부바스티스 시의 위쪽은 남쪽을 말한다.

의 도시 파투모스 옆을 지나 홍해로 흘러 나간다. 수로가 최초로 굴착된 곳은 아이깁토스 평원 중 아라비에 쪽에 가장 가까운 지역이었다. 이 평원의 위쪽에는 멤피스 쪽으로 뻗은 산맥이 있는데, 그 산맥에는 채석장들이 들어서 있다. 수로는 이 산맥의 기슭을 따라 서쪽에서 동쪽을 향해 길게 뻗어 가다가 협곡에 이르고, 그다음에는 산맥을 지나 남쪽을 향해 아라비에 만으로 흘러간다. 북쪽의 바다[118]에서 남쪽의 이른바 홍해로 불리는 바다에까지 가는 최단의 통로는 아이깁토스와 시리에의 경계에 있는 카시오스 산에서 아라비에 만까지 이르는 길로, 그 거리는 정확하게 1,000스타디온에 이른다. 그것이 최단 통로인 데 비해, 수로는 굴곡이 더욱 심해서 훨씬 더 길다. 네코스 왕의 치세 때에는 아이깁토스인 12만 명이 수로 공사를 하다가 사망했다. 그런데 네코스는 공사 중에 다음과 같은 신탁의 제지를 받고 작업을 중단했다. 즉 그가 후대의 바르바로스를 위해 일을 하고 있다는 것이었다. 아이깁토스인들은 자신들과 말이 다른 자들을 모두 바르바로이[119]라고 부른다.

159   이에 네코스는 수로 작업을 중단하고 군사 행동 쪽으로 관심을 보였다. 그래서 삼단노선들이 일부는 북쪽의 바다에서 건조되었고 일부는 홍해 부근의 아라비에 만에서 건조되었다. 그것들의 선거(船渠)는 지금도 볼 수 있다. 네코스는 필요시에 이 배들을 사용했다. 또한 육지에서 시리에인들과 격돌하여 막돌로스에서 승리했고, 그 전투 후에는 시리에의 대도시 카디티스를 점령했다. 그는 그 과업을 이루었을 당시에 자신이 입었던 옷을 밀레토스의 브랑키다이로 보내 아

---

118 지중해.
119 '바르바로이'(barbaroi)라는 말은 그리스인들이 자신들과 언어가 다른 자들을 일컫는 명칭으로 사용했고, 이집트어가 아니다. 헤로도토스는 이처럼 외국에 대한 서술에서 그리스인들의 용어나 명칭을 자주 사용하곤 한다. 이 책에서는 바르바로이를 '이방인(들)'으로 옮겼다.

폴론에게 봉헌했다. 네코스는 모두 16년 동안을 통치한 후 사망했고, 왕권은 그의 아들 프삼미스에게로 넘겨졌다.

이 프삼미스가 아이깁토스 왕으로 있을 때 엘리스인의 사절들이 160 그를 방문했다. 그들은 자신들이 올림피에의 경기를 모든 인간들 가운데 가장 공정하고 훌륭하게 제정했다고 자랑했으며, 가장 지혜로운 인간들인 아이깁토스인들도 그보다 나은 방법을 고안할 수 없을 것이라고 생각했다. 엘리스인들이 아이깁토스에 도착하여 자신들이 온 이유를 밝히자, 프삼미스 왕은 아이깁토스인들 중에서 가장 지혜롭다는 자들을 불러 모았다. 그 아이깁토스인들이 함께 모여 엘리스인들에게 질문을 하자, 엘리스인들은 경기와 관련하여 그들이 행해야 할 모든 것을 말해 주었다. 엘리스인들은 모든 것을 자세히 설명한 후, 혹시 아이깁토스인들이 무언가 이보다 더 공정한 방법을 고안할 수 있다면 그것을 배우러 왔다고 말했다. 이에 아이깁토스인들은 서로 의논한 후, 엘리스인들에게 그들 자신의 시민들도 경기에 참가하느냐고 물었다. 엘리스인들은 자신들의 시민이건 다른 헬라스인들이건 원하는 자는 모두 똑같이 경기에 나갈 수 있다고 대답했다. 그러자 아이깁토스인들은 말하기를, 그런 규정은 전혀 공정한 것이 아니라고 했다. 그들은 경기에 참가하는 자신들의 시민에게 호의적일 수밖에 없고 그로써 타국인에게 불공정하다는 것이었다. 또 엘리스인들이 경기를 공정하게 제정하기를 원하고 그것 때문에 아이깁토스에 온 것이라면, 타국인 경기자들을 위한 경기를 제정하고 엘리스인들은 아무도 경기에 참가하지 못하게 하라고 권고했다. 아이깁토스인들은 엘리스인들에게 그렇게 조언해 주었다.

프삼미스는 단지 6년 동안만 아이깁토스 왕위를 누렸다. 그는 아이 161 티오피에 원정에 나섰다가 곧바로 사망했고, 프삼미스의 아들 아프리에스[120]가 왕위를 계승했다. 아프리에스는 그의 증조부인 프삼메티코스를 제외하면 어느 선왕(先王)들보다도 더 유복한 왕이었다. 그는 25년간 통치했는데, 그동안에 시돈을 공격하고 티로스인과도 해전을 벌였다. 하지만 그는 결국 불행에 처할 운명이었기에, 어떤 일이 그것을 유발했다. 그 일은 나중에 리비에에 대해 이야기할 때[121] 좀 더 자세히 설명하고 지금 여기서는 적당한 정도로만 서술하기로 한다. 아프리에스가 키레네인들에게 군대를 파견했다가 참패를 당했던 것이다. 그러자 아이깁토스인들은 그 일에 불만을 품고 그에게 반란을 일으켰다. 이 아이깁토스인들은 아프리에스가 자신들을 파멸시키고 남은 아이깁토스인들을 더욱 확실하게 통치하고자 고의로 자신들을 명백한 재앙 속으로 내몰았다고 여겼던 것이다. 이에 크게 분개하여, 귀환한 자들과 전사자들의 친지들이 함께 공공연히 반란을 일으켰다.

162 아프리에스는 이 소식을 듣고 아마시스를 그들에게 보내 대화로 그들을 저지하도록 했다. 아마시스는 아이깁토스인들에게 가서 그런 행동을 하지 못하게 막았다. 그런데 그가 이야기를 하는 동안 한 아이깁토스인이 그의 뒤에 서서 머리에 가죽 투구를 씌워 주며 왕권의 표시로서 그에게 투구를 씌운 것이라고 했다. 아마시스는, 그의 태도에서 나타나듯, 그 일을 마땅치 않게 여기지는 않았다. 그는 아이깁토스인 반란자들이 자신을 왕으로 세우자 아프리에스를 공격할 준비를 했던 것이다. 아프리에스는 이 소식을 듣자 자신의 측근 아이깁토스인들 중에서 파타르베미스라는 이름의 저명한 인물을 아마시스에게 보내며, 아마시스를 자신에게 산 채로 데려오라고 명령했다. 파타르베미스가 아마시스에게 가서 출두하라고 하자, 아마시스는 마침 말을 타고 있다가 몸을 들어 방귀를 뀌며 그것을 아프리에스에게 갖다 주라고 말했다. 그러나 파타르베미스는 왕이 그를 소환했으니 왕에게 출두해야 마땅하다고 말했다. 아마시스는 파타르베미스에게 대답하기를, 자신이 오래전부터 그렇게 할 준비를 하고 있었으며 아프

120 프삼미스의 재위 기간은 기원전 595~589년이고, 아프리에스의 재위 기간은 기원전 589~570년이다.
121 제4권 제159장 참조.

리에스가 자신을 질책하지 않을 것이라고 했다. 왜냐하면 그 자신이 다른 자들과 함께 왕에게 출두하러 갈 예정이라고 말했던 것이다. 파타르베미스는 그 말을 듣고 그의 의도를 알아차렸다. 그는 아마시스의 준비 상황을 보고서, 되도록 빨리 왕에게 실상을 알리고자 서둘러 그곳을 떠났다고 한다. 그런데 파타르베미스가 아마시스를 대동하지 않고 아프리에스 앞에 도착하자, 왕은 그에게 말할 기회도 주지 않고 크게 진노하여 그의 두 귀와 코를 자르라고 명령했다 한다. 그러자 이제껏 왕의 편에 서 있던 다른 아이깁토스인들도 그들 가운데 가장 저명한 인물이 그처럼 수치스럽게 학대받는 것을 보자, 더는 참지 못하고 즉시 반대편으로 돌아서서 아마시스에게 자신들의 몸을 의탁했다.

아프리에스는 이 소식 또한 듣게 되자, 자신의 용병들을 무장시켜 163 아이깁토스인들에게로 진격했다. 그는 주위에 카리에인과 이오네스인 용병 3만 명을 거느리고 있었던 것이다. 그의 왕궁은 규모도 크고 아주 볼만한데 사이스 시에 있었다. 그래서 아프리에스 휘하의 군대는 아이깁토스인들을 향해 진격하고 아마시스 휘하의 군대는 외국인들을 향해 진군했다. 양측은 모멤피스 시에 다다랐고, 그곳에서 서로 승부를 겨루고자 했다.

아이깁토스인들에게는 7개 계층이 존재하는데, 그것은 각기 사제 164 들, 전사들, 소치기들, 돼지치기들, 소상인들, 통역들, 조타수들이라고 불린다. 아이깁토스인의 계층은 이와 같고, 계층명은 그들의 직업에서 따왔다. 그중 전사 계층은 칼라시리에스와 헤르모티비에스라고 불리며 다음과 같은 주(州)의 출신들로 되어 있다. 아이깁토스는 전역이 주로 나뉘어 있다.

헤르모티비에스의 출신 주는 부시리스 주, 사이스 주, 켐미스 주, 165 파프레미스 주, 프로소피티스라 불리는 섬, 그리고 나토의 절반 지역이다. 헤르모티비에스는 이들 주 출신이고, 그 수는 가장 많았을 때 16만 명에 이르렀다. 이들은 모두 수공일은 전혀 배우지 않고 오직 군사 일에만 전념한다.

166 한편 칼라시리에스의 출신 주는 그와 달리 테바이 주, 부바스티스 주, 아프티스 주, 타니스 주, 멘데스 주, 세벤니스 주, 아트리비스 주, 파르바이티스 주, 트무이스 주, 오누피스 주, 아니티스 주, 미엑포리스 주다. 미엑포리스 주는 부바스티스 시의 맞은편 섬에 있다. 이들이 칼라시리에스의 출신 주들이며, 칼라시리에스의 수는 가장 많았을 때 25만 명에 이르렀다. 이들 역시 어떤 기술도 익힐 수가 없고 오직 전쟁에 관한 일만 열심히 연마하는데, 이는 부자간에 세습된다.

167 헬라스인들이 이것도 아이깁토스인들에게서 배웠는지는 내가 정확히 판단할 수 없다. 나는 트레이케인, 스키티에인, 페르시스인, 리디에인들이나 거의 모든 이방인들이 기술을 배운 자들과 그들의 자손을 여타 시민들보다 더 천하게 여기고 수공일을 하지 않는 자들과 특히 전쟁 일에 전념하는 자들은 고귀하게 여기는 것을 보았던 터다. 여하튼 모든 헬라스인들과 특히 라케다이몬인들이 이러한 관행을 따랐다. 하지만 코린토스인들은 수공 기술자들을 가장 덜 경시한다.

168 아이깁토스인들 중에서 사제들 말고는 전사들에게만 특권이 따로 부여되었는데, 즉 그들 각자에게 선별된 토지 12아루라가 면세되어 부여되었다. 1아루라는 각 면이 100아이깁토스 페키스인데, 아이깁토스 페키스는 사모스 페키스와 길이가 같다.[122] 이 토지들은 그들 모두에게 주어졌지만, 그들은 이것을 교대로 수확했으며 동일인이 계속해서 수확하지 않았다.[123] 해마다 1,000명의 칼라시리에스와

---

122 '아루라'는 이집트의 면적 단위를 가리킨다. 그러나 헤로도토스는 '아이깁토스 페키스'의 정확한 길이를 언급하지 않고 있어 아루라의 실제 크기를 짐작하기는 어렵다. 다만 이 책에 나오는 페키스 길이를 약 44.4센티미터, 왕실페키스 길이를 약 50센티미터로 간주한다면, 1아루라의 각 면이 약 44.4미터 혹은 약 50미터가 되므로, 그 면적은 약 1,970제곱미터 혹은 약 2,500제곱미터가 될 것으로 추정된다.

123 전사들에게 개인별로 주어졌던 12아루라의 토지를 교대로 경작하고 동일인

1,000명의 헤르모티비에스가 왕의 호위대로 근무했다. 이들에게는 토지 외에도 매일 구운 곡식 5므네아와 쇠고기 2므네아, 포도주 4아리스테르[124]가 주어졌다. 왕을 호위하는 자들에게는 이러한 것들이 제공되었다.

용병들을 거느린 아프리에스와 전체 아이깁토스인들을 거느린 아 169마시스는 모멤피스 시에 이르러 맞닥치게 되자 서로 전투를 벌였다. 아프리에스의 외국인들이 잘 싸우긴 했지만, 수적으로 훨씬 열세여서 패하고 말았다. 당시 아프리에스는 신이라 해도 자신의 왕권을 종식시킬 수는 없을 것이라고 생각했다 한다. 자신의 왕권이 그처럼 견고하게 확립되어 있다고 여겼던 것이다. 그런데 이제 그는 전투에서 패하고 포로가 되어 전에는 자신의 것이었다가 지금은 아마시스의 것이 된, 사이스 시의 왕궁으로 이송되었다. 그는 한동안 그곳의 왕궁에서 보살핌을 받았고, 아마시스가 그를 잘 대우했다. 하지만 결국 아이깁토스인들이 아마시스에게 자신들과 아마시스 자신의 최대 원수를 그렇게 보살펴 주는 것은 부당한 행위라고 불만을 터뜨리자, 아마시스는 아프리에스를 아이깁토스인들에게 인도했다. 이에 그들은 그를 목 졸라 죽인 후 그의 조상 묘지에 매장했다. 이 묘지는 아테나이에 성소 내에 있는데, 성소 안으로 들어가다 보면 왼편으로 신실 바로 옆에 있다. 사이스인들은 이 주에서 출생한 모든 왕들을 그 성소 내에 매장했다. 아마시스의 묘지도 아프리에스와 그의 조상들 묘지보다는 신실에서 더 멀리 떨어져 있긴 하지만, 그래도 역시 그 성소의 마당 내에 있다. 아마시스의 묘지는 거대한 석조 주랑인데, 야자나무를 본떠 만든 기둥들과 여타 호화로운 장식물로 꾸며져 있다.

이 계속해서 경작하지 못했다는 말은 그 개별 토지의 경작권자가 매년 바뀌었음을 뜻한다.

124 1아리스테르(aryster)는 1코틸레(kotyle)와 같은 규모라고 추정된다. 1코틸레는 오늘날 기준으로 약 0.27리터에 해당한다.

주랑 내부에는 문이 2개 서 있고 그 문들 안에 관이 놓여 있다.

170   또한 사이스에는 내가 보기에 이런 일과 관련하여 이름을 거론하
는 것이 불경스럽다고 생각되는 분[125]의 묘지가 있다. 그것은 아테나
이에 성소 내에 있는데, 신전 뒤편으로 아테나이에 성소의 전체 담장
을 옆에 끼고 위치해 있다. 또 성역 내에 거대한 석조 오벨리스크들
이 세워져 있고, 그 부근에는 호수가 하나 있다. 그 호수는 가장자리
가 돌로 장식되고 원형으로 잘 지어져 있다. 내 생각에는, 호수의 크
기가 델로스에 있는 이른바 '원형 호수'와 똑같다고 여겨졌다.

171   이 호수에서는 밤에 그 신의 수난(受難)을 다루는 공연이 거행되는
데, 아이깁토스인들은 이를 미스테리아[126]라고 부른다. 나는 이 미스
테리아에 관한 모든 사항을 더욱 많이 알고 있지만, 그냥 잠자코 있
겠다. 나는 또 헬라스인들이 테스모포리아[127]라고 부르는 데메테르
제식에 대해서도 경건함을 잃지 않을 정도까지만 이야기하고 그 이
상은 말하지 않겠다. 이 제식을 아이깁토스에서 가져와 펠라스기에
여자들에게 가르쳐 준 것은 다나오스의 딸들이었다. 나중에 펠로폰

---

125 오시리스.

126 그리스어 '미스테리아'(mysteria)는 '미스테리온'(mysterion)의 복수형인
데, '미스테리온'은 '미스테스'(mystes), 즉 '입회자'와 '입문자'들에게만 참
석이 허락된 비밀 의식(儀式)을 말한다. 엘레우시스의 데메테르 제식이 그
리스의 대표적인 미스테리아였다. '미스테리아'는 흔히 '비의'·'밀의'로 번
역된다.

127 테스모포리아(Thesmophoria)는 테스모포로스 데메테르에 대한 제식으로
거행되었는데, '테스모포로스'(thesmophoros)는 입법의 신 데메테르를 가
리키는 별명이었다. 테스모포리아 제식은 아티카와 에페소스 등에서 열렸
고, 아티카에서는 파종기인 10월경에 거행되었다. 테스모포리아 제식에는
여성들만 참여할 수 있었다고 한다. 헤로도토스는 데메테르와 이시스를 동
일시하고 테스모포리아도 이집트에서 전래했다고 주장하지만, 근거가 미약
한 주장이라 하겠다.

네소스 주민들이 [모두]**128** 도리에스인들에게 쫓겨나게 되자 그 제식은 완전히 소멸되었다. 다만 펠로폰네소스인들 중에서 쫓겨나지 않고 남아 있던 아르카디에인들만이 그 제식을 보존했다.

아프리에스가 그같이 제거되자, 아마시스**129**가 왕이 되었다. 아마시스는 사이스 주 사람인데, 출신지는 시우프라는 도시다. 아이깁토스인들은 처음에 아마시스를 멸시하고 그다지 크게 존중하지 않았다. 아마시스가 그전에는 평민으로 명문가 출신이 아니었기 때문이다. 하지만 후에 아마시스는 오만하게 굴지 않고 지혜를 써서 그들을 자기편으로 삼았다. 그는 수많은 보화를 가지고 있었는데, 그중에는 발을 씻는 황금 대야도 있었다. 그 대야에서 아마시스 자신과 그의 모든 빈객들이 매번 발을 씻곤 했다. 그는 이 대야를 산산조각 내어 그것으로 신상을 만든 후, 그 신상을 도시에서 가장 적합한 장소에 세워 놓았다. 이에 아이깁토스인들은 그 신상에게로 자주 가서 열렬히 숭배했다. 아마시스는 도시민들이 하는 행동에 대해 알고 나서, 아이깁토스인들을 불러 모아 진상을 밝혔다. 그는 신상이 실은 발 대야로 만든 것이며 아이깁토스인들이 전에는 그 안에다 구토하고 오줌도 누고 발을 씻기도 했는데 이제는 그것을 열렬히 숭배하고 있다고 말했다. 그는 또 말하기를, 그래서 그 자신이 발 씻는 대야와 처지가 똑같다고 했다. 왜냐하면 자신이 전에는 평민이었으나 지금은 그들의 왕이 되었기 때문이라고 했다. 그러면서 그는 그들에게 자신을 존경하고 존중할 것을 명령했다.

이러한 방법으로 그는 아이깁토스인들이 자신에게 예속되는 것을   173
당연히 여기도록 포섭했다. 그는 또 다음과 같이 자신의 일과를 수행

172

---

128 슈타인은 '모두'라는 말이 그다음 구절과 모순되기 때문에 헤로도토스의 원래 텍스트에 해당하지 않는다고 보았다.

129 기원전 570~526년 재위.

하곤 했다. 즉 오전에는 아고레에 사람들이 들어찰 때까지[130] 자신에게 들어온 업무를 열심히 처리하지만, 그 이후에는 술을 마시고 연회 친구들과 희롱하며 나태하게 장난이나 치고 지냈다. 그러자 그의 친지들이 그런 행동을 마뜩잖게 여기고 이렇게 충고했다. "전하, 전하께서는 지금 올바로 처신하지 않고 스스로를 몹시 비하하고 계십니다. 전하께서는 온종일 고귀한 옥좌에 존엄하게 앉아 업무를 수행하셔야 합니다. 그러면 아이깁토스인들은 자신들이 위대한 인간의 통치를 받는다는 것을 알게 될 것이고 전하께서도 더 좋은 평판을 누리시게 될 것입니다. 하지만 지금 전하께서는 전혀 제왕답지 않은 행동을 하고 계십니다." 그러자 아마시스는 그들에게 대답했다. "활을 가진 자들은 그것을 쓸 필요가 있을 때에 활을 당긴다오. 활이 항상 당겨져 있다면 부러지게 될 것이고, 그래서 필요한 때에는 정작 그것을 쓸 수 없게 되니 말이오. 인간의 상태도 그와 같소. 누구든 항상 진지하기만 하고 유희에 자신의 일부분을 바치려 하지 않으면, 자신도 모르게 실성하거나 아둔해질 것이오. 나는 그것을 잘 알기에, 그 둘 모두에 나의 일부분을 할애하는 거요." 그는 이렇게 친지들에게 대답했다.

174   아마시스는 사인(私人)이었을 때에도 음주와 희롱을 좋아했고 전

130 '아고레'(agore)는 '회장'(會場), '시장'을 의미하는데, 여기서는 시장을 가리킨다. 시장에 사람들이 들어차는 시간은 정오 이전이었고(제4권 제181장 참조), 시장은 정오 이전에 파했다고 한다(제3권 제104장 참조). 따라서 시장이 열리는 시간은 흔히 오전 시간이었을 것으로 보인다. 학자들에 따라서는 시장이 열리는 시간대를 오전 9~11시 혹은 오전 9~12시였다고 보는데, 시장이 정오 이전에 열리고 파했음을 감안하면 오전 9~12시로 폭넓게 보는 것이 나을 듯하다. 따라서 '아고레에 사람들이 들어찰 때'는 대체로 이 시간대를 가리켰을 것으로 보인다. 한편 '오전에'는 '토 오르트리온'(to orthrion)을 번역한 말이다. 흔히 '토 오르트리온'은 '아침에'로 번역되지만 여기서는 '아고레에 사람이 들어찰 때까지'도 포함되는 시간이기 때문에 '아침'보다는 '오전'으로 번역하는 것이 더 적절하다고 본다.

혀 진지한 사람이 아니었다고 한다. 그는 음주와 향락에 빠져 필수품이 동나게 되면 이리저리 돌아다니며 도둑질을 하곤 했다. 그가 자신들의 재물을 가져갔다고 주장하는 자들은 그가 부인할 경우 각기 자신의 인근에 있는 신탁소로 그를 데려가곤 했다. 그리하여 그는 신탁에 의해 유죄로 인정되는 일도 많았고, 반면에 방면되는 일도 많았다. 후일 그는 왕이 되자 다음과 같은 일을 행했다. 즉 그는 신들 중에서 자신을 도둑으로 보지 않고 방면한 신들의 신전은 보살피지 않았고 아무런 보수(補修) 물자도 주지 않았으며 또 그들에게 가서 제물을 바치지도 않았다. 그는 그 신들이 무가치한 존재들이며 거짓된 신탁을 내린다고 보았기 때문이다. 하지만 자신을 도둑이라고 유죄로 인정했던 신들에 대해서는, 그들이 진정한 신들이고 거짓 없는 신탁을 내린다고 보아, 지극히 잘 보살폈다.

아마시스는 사이스의 아테나이에 신전에 경탄할 만한 현관을 건설 175
했는데, 그 높이와 규모에서 그리고 거기에 들인 돌들의 크기와 재질에서 그런 것들을 건설한 다른 모든 자들을 크게 능가했다. 그는 또 대규모 조상(彫像)들과 거대한 남자 스핑크스들을 만들어 봉헌했으며, 신전 보수를 위해 엄청난 크기의 다른 석재들도 운반해 왔다. 이들 석재들의 일부는 멤피스에 있는 채석장들에서 가져왔고, 대규모 서재들은 사이스에서 배로 20일 걸리는 거리에 있는 엘레판티네 시에서 가져왔다. 그러나 그중에서도 특히 내가 가장 경탄한 것은 다음과 같다. 즉 그는 엘레판티네 시에서 한 개의 돌로 만든 석실을 운반해 왔는데, 그것을 운반하는 데 3년이 걸렸고 모두가 조타수들인 인부 2,000명이 그것을 끄는 일에 배치되었다. 이 석실의 외부는 길이가 21페키스이고, 폭은 14페키스, 높이는 8페키스에 이른다. 이는 한 개의 돌로 만든 석실의 외부 크기이고, 내부는 길이가 18페키스 1피곤[131]이고 [폭은 12페키스],[132] 높이는 5페키스다. 이것은 신전의 입구 옆에 위치해 있다. 그것을 신전 안으로 끌고 들어가지 않은 것은 다음과 같은 이유 때문이었다고 한다. 즉 이 석실을 안으로 끌고 들어갈 때 우두머리 인부가 시간이 많이 걸리고 노역이 고통스러워서 크게 신음 소리를 냈다고 한다. 그러자 아마시스는 그것을 마음에 새기고 더는 끌고 가지 못하게 했다 한다. 그런데 어떤 사람들 말로는 석실을 지레로 들어 올리던 인부 한 명이 그것에 깔려 죽자 그 때문에 더는 안으로 끌어 들이지 않았다고 한다.

176   아마시스는 다른 모든 유명한 신전들에도 아주 볼만한 대규모 작품들을 봉헌했지만, 특히 멤피스의 헤파이스토스 신전 앞에 반듯이 누운 거상을 봉헌하기도 했다. 그것은 길이가 75푸스에 이른다. 거상의 양쪽에는 똑같은 대좌 위에 똑같은 돌로 만들어진 거대한 상이 둘 서 있는데, 그 크기는 각각 20푸스다. 사이스에도 그와 같은 크기의 석상이 또 하나 있는데, 그것은 멤피스의 것과 똑같은 방식으로 누워 있다. 또 아마시스는 멤피스에 이시스 신전을 건립했는데, 이것은 규모도 크고 가장 볼만하다.

177   아마시스 왕 때에 아이깁토스는 강이 대지에 가져다준 것과 대지가 인간들에게 가져다준 것 모두에서 최대의 번성을 누렸다고 하며, 당시 아이깁토스에 인간이 거주하는 도시가 모두 2만 개에 이르렀다고 한다. 아마시스는 또 아이깁토스인들에 대해 다음과 같은 법률을 제정했는데, 즉 아이깁토스인들은 누구나 매년 주행정관(州行政官)에게 자신의 생활 기반이 되는 수단을 모두 신고해야 했다. 만일 그렇게 하지 않거나 정당한 재산임을 밝히지 못하면 사형에 처해지도록 했다. 아테나이인 솔론이 아이깁토스에서 이 법률을 가져가 아테나이인들에게 시행했다.[133] 그 법률은 완벽한 것이니, 아테나이인들이

---

131 길이 단위. 1피곤(pygon)은 오늘날 기준으로 약 37센티미터에 해당한다.

132 슈타인 텍스트에는 누락 부분으로 되어 있지만, 한 필사본에 "폭은 12페키스"라고 나와 있다.

133 솔론의 개혁이 실시된 시기는 기원전 6세기 초이고 아마시스의 재위 기간은 기원전 570~526년이므로, 솔론이 아마시스의 법률을 받아들였다는 언

그것을 영원토록 지키기를 빈다.

아마시스는 헬라스인들을 좋아해서 일부 헬라스인들에게 다른 것 178
들도 베풀었을뿐더러 특히 아이깁토스에 온 헬라스인들에게는 나우
크라티스 시를 주어 거주하도록 했다. 또 그들 중 거주할 생각 없이
아이깁토스로 항해해 온 자들에게는 그들의 신들을 위한 제단과 성
역을 지을 땅을 부여했다. 그중 가장 크고 가장 유명하며 또 가장 애
용되는 성역은 헬레니온이라 불리는 곳인데, 그것은 다음의 국가들
이 공동으로 건립했다. 즉 이오네스인 중에서 키오스, 테오스, 포카이
아, 클라조메나이, 도리에스인 중에서 로도스, 크니도스, 할리카르네
소스, 파셀리스, 아이올레스인 중에서는 유일하게 미틸레네가 참여
했다. 바로 이 국가들이 그 성역을 소유하고 있으며, 무역지를 관장
하는 관리자들을 제공한다. 그것을 함께하겠다고 요구하는 다른 국
가들은 자신들과 아무 관련 없는 요구를 하는 것이다. 한편 그와 달
리 아이기나인들은 단독으로 제우스 성역을 건립했고 또 사모스인들
은 헤레 성역을, 밀레토스인들은 아폴론 성역을 건립했다.

옛날에 나우크라티스는 아이깁토스에서 하나밖에 없는 무역지였 179
다. 만일 어떤 자가 네일로스 강의 다른 하구에 다다르게 되면, 자신
이 고의로 그곳에 온 것이 아님을 서약해야 하고 서약 후에는 같은
배를 타고 키노보스 하구 쪽으로 항해해야 한다. 만일 그가 역풍을
만나 항해할 수 없는 경우에는, 화물을 바리스 배들에 싣고 델타 지
대를 돌아서 나우크라티스에 이를 때까지 날라야 했다. 나우크라티
스는 그처럼 중히 여겨졌다.

인보동맹 회원들[134]이 금액 300탈란톤으로 현재 델포이에 있는 신 180

급은 시간상으로 볼 때 맞지 않다.

134 '인보동맹 회원들'은 '암픽티오네스'(Amphiktyones)를 번역한 말인데, 여
기서는 델포이의 인보동맹 회원국을 가리킨다. 인보동맹을 뜻하는 '암픽티
오니아'(Amphiktyonia)는 공동의 성소에서 함께 제사를 지내는 국가들 간

전을 완공하기로 계약을 맺었을 때—예전에 그곳에 있던 신전이 우연스레 불타 버렸던 것이다—, 델포이인들은 계약액의 4분의 1을 부담하게끔 되었다. 이에 델포이인들은 여러 도시들을 돌아다니며 기증을 받았는데, 그러는 과정에서 아이깁토스로부터 적잖은 액수를 받았다. 아마시스가 그들에게 명반(明礬) 1,000탈란톤을 주었고 아이깁토스에 사는 헬라스인들이 20므네아를 주었던 것이다.

181 　아마시스는 키레네인들과 우호 및 동맹 관계를 수립했다. 그는 또 헬라스 여성을 간절히 원해서 그랬든 아니면 키레네인들과의 우호 때문에 그랬든 간에 그곳 출신의 여성과 혼인하는 것이 온당하다고 여겼다. 그래서 그는 라디케라고 불리는 여성과 혼인했는데, 어떤 자들은 그녀가 바토스의 딸이라고 하고 어떤 자들은 아르케실레오의 딸이라고 하고 또 어떤 자들은 명망 있는 시민인 크리토불로스의 딸이라고도 한다. 그런데 아마시스는 그녀와 동침할 때 그녀와 성관계를 맺을 수 없었고, 이에 다른 여성을 이용했다. 이러한 일이 여러 차례 일어나자, 아마시스가 라디케라 불리는 이 여성에게 말했다. "여인이여, 그대는 나에게 마법을 걸었으니, 모든 여성들 중에서 가장 끔찍하게 죽는 것밖에 다른 방도가 없소." 라디케는 아니라고 부인했지만, 그녀에 대한 아마시스의 태도는 누그러지지 않았다. 그러자 그녀는 마음속으로 아프로디테에게 기도하기를, 만일 아마시스가 그날 밤에 그녀와 교합을 이룬다면, 이는 그녀의 불행을 치유하는 것이므로, 여신에게 바칠 조각상을 키레네로 보내겠다고 했다. 그 기도 직

의 동맹을 말한다. 그리스에는 종교적 인보동맹이 여럿 있었다고 하는데, 가장 대표적인 것이 델포이의 인보동맹이었다. 이 동맹은 두 신전, 즉 델포이의 아폴론 신전과 안텔라(Anthela)의 데메테르 신전을 공동의 성소로 했다. 델포이의 안보동맹에는 이오니아인, 도리아인, 보이오티아인, 포키스인, 로크리스인 등 12개 종족이 참여했는데, 이들은 델포이의 아폴론 신전과 안텔라의 데메테르 신전을 함께 돌보고 매년 봄과 가을에 두 신전에서 공동 회의를 개최했다고 한다.

후에 아마시스는 그녀와 교합할 수 있었다. 그리고 그때부터는 아마
시스가 그녀를 찾아갈 때마다 그녀와 관계를 맺었고, 그 후로 그녀를
끔찍이 사랑하게 되었다. 이에 라디케는 자신의 기도에 대해 여신에
게 보답했다. 그녀는 조각상을 제작하여 키레네로 보냈던 것이다. 그
조각상은 키레네 시에서 바깥쪽을 바라보며 서 있었는데, 나의 시대
에도 손상되지 않은 채로 있었다. 훗날 캄비세스는 아이깁토스를 정
복했을 때 라디케가 누구인지를 알게 되자, 그녀를 아무 탈 없이 키
레네로 돌려보냈다.

　아마시스는 헬라스에도 봉헌물들을 바쳤다. 그는 키레네에 금으로　182
도금한 아테나이에 여신상과 자신의 화상(畫像)을 바치는 한편, 린도
스의 아테나이에게는 석조상 두 개와 아주 볼만한 아마포 흉갑을
바쳤고 또 사모스의 헤레에게는 자신의 목조상 두 개를 바쳤다. 이
목조상들은 나의 시대에도 여전히 대신전 안의 문들 뒤편에 서 있었
다. 그가 사모스에 봉헌물을 바친 것은 그 자신과 아이아케스의 아
들 폴리크라테스 사이의 우호 관계 때문이었지만, 린도스에 바친 것
은 어떤 우호 관계 때문이 아니라 린도스의 아테나이에 성소가 아이
깁토스의 아들들을 피해 달아나던 다나오스의 딸들이 그곳에 상륙했
을 때 그들에 의해 세워졌다고 전하기 때문이었다. 아마시스는 이러
한 봉헌물들을 바쳤다. 그는 또 인간들 중에서 최초로 키프로스를 점
령하여 공물을 바치게 한 자였다.

제 3 권

이 아마시스에 대해 키로스의 아들 캄비세스가 군사 원정에 나섰 1
다.[1] 그는 자신이 통치하는 여러 종족들과, 헬라스인 중에서는 이오
네스인과 아이올레이스인을 이끌고 갔는데, 그가 원정에 나선 이유
는 다음과 같았다. 예전에 캄비세스는 아이깁토스에 사절을 보내 아
마시스에게 딸을 달라고 요청한 적이 있었다. 그 요청은 한 아이깁토
스인의 조언에 따른 것이었는데, 그는 아마시스에게 앙심을 품고 그
렇게 조언했다. 왜냐하면 키로스가 아마시스에게 사절을 보내 아이
깁토스에서 가장 훌륭한 눈병 의사를 보내 달라고 요청했을 때, 아마
시스가 아이깁토스의 모든 의사들 중에서 그를 페르시스인들에게로
보내 처자식과 갈라놓았기 때문이다. 그 아이깁토스인은 이에 앙심
을 품고 캄비세스에게 조언하여 아마시스에게 딸을 달라고 요청하도
록 부추겼다. 이는 아마시스가 딸을 주고 가슴이 아프거나 아니면 주
지 않아 캄비세스의 미움을 사도록 하기 위해서였다. 아마시스는 페
르시스인들의 세력이 걱정되고 두려워서, 딸을 줄 수도 없고 그렇다
고 거절할 수도 없는 처지였다. 그는 캄비세스가 자신의 딸을 왕비가
아니라 첩으로 삼으려 한다는 것을 잘 알고 있었기 때문이다. 그는
이에 대해 숙고한 끝에 다음처럼 처리했다. 전왕(前王)인 아프리에스
에게는 매우 키가 크고 아름다운 딸이 한 명 있었는데, 그녀는 그 가
문에서 유일하게 살아남은 자였다. 그녀의 이름은 니테티스라고 했
다. 아마시스는 이 소녀를 의상과 금붙이로 치장한 후 자신의 딸인
양하여 페르시스인들에게로 보냈다. 얼마 후에 캄비세스가 그녀를
부친명(父親名)에서 딴 이름으로 부르며 맞이하자, 그 소녀가 그에
게 말했다. "전하, 전하께서는 아마시스에게 속고 계시온데 이를 모
르고 계십니다. 그는 저를 장식물로 치장한 후 자신의 딸인 양 바치
고자 전하께 저를 보낸 것입니다. 저는 사실 아프리에스의 딸입니다.

---

1 캄비세스의 이집트 원정 시기는 기원전 525년으로 추정된다.

제 아버지는 아마시스 그 자신의 주군이었는데, 아마시스가 다른 아이깁토스인들과 함께 반란을 일으켜 제 아버지를 살해한 것입니다." 그녀는 이렇게 말했고, 바로 이것이 이유가 되어 키로스의 아들 캄비세스가 아이깁토스에 대해 격노하게 되었다.

2   이상은 페르시스인들이 말한 내용이다. 그러나 아이깁토스인들은 캄비세스가 그들 자신의 친척이라고 주장하는데, 그들 말로는 캄비세스가 바로 이 아프리에스의 딸이 낳은 자식이라고 한다. 아마시스에게 사절을 보내 딸을 달라고 한 것은 캄비세스가 아니라 키로스였다는 것이다. 하지만 그들의 이러한 주장은 잘못된 것이다. 사실 그들은 첫째, 적자가 있는데도 서자가 왕이 되는 관습이 페르시스인들 사이에는 존재하지 않으며 또한, 캄비세스가 아카이메니다이 가문인 파르나스페스의 딸 카산다네의 자식이고 아이깁토스 여자가 낳은 자식이 아님을 잘 알고 있다. 아이깁토스인들은 어느 누구보다도 페르시스인들의 관습에 정통하기 때문이다. 그런데도 그들은 자신들이 키로스의 가문과 친척임을 주장하고 싶어서 이야기를 왜곡하는 것이다.

3   그것에 대해서는 이 정도로 해 두자. 또한 다음의 이야기도 전하지만, 나는 믿을 수가 없다. 즉 어떤 페르시스 여인이 키로스의 처첩들을 방문했을 때 카산다네 옆에 서 있는 잘생기고 장대한 자식들을 보고 크게 감탄하여 찬사를 잔뜩 늘어놓자, 키로스의 부인인 카산다네가 다음처럼 말했다고 한다. "내가 이런 자식들의 어머니인데도 키로스께서는 나를 무시하고 아이깁토스에서 새로 얻은 여자를 총애하고 계신다네." 그녀가 니테티스에게 앙심을 품고 이처럼 말하자, 그녀의 자식들 가운데 가장 맏이인 캄비세스가 이렇게 말했다고 한다. "어머니, 그러면 제가 어른이 되어 아이깁토스의 위아래를 뒤집어 놓을게요." 이제 열 살 정도인 그가 그런 말을 하자, 여자들이 깜짝 놀랐다고 한다. 하지만 그는 그것을 잘 기억해 두었고, 나중에 장성하여 왕이 되자 아이깁토스 원정을 시행했다고 한다.

그런데 마침 이 원정에 이로운 또 다른 일이 다음과 같이 일어났 4
다. 아마시스 휘하의 용병 중에 파네스라고 불리는 할리카르네소스
인이 있었는데, 그는 분별 있고 용감한 전사였다. 이 파네스는 아마
시스에게 무언가 앙심을 품고, 캄비세스와 면담할 생각으로 배를 타
고 아이깁토스에서 달아났다. 파네스는 용병 중에서 제법 중요한 인
물이고 아이깁토스의 사정을 아주 정확하게 알고 있었으므로, 아마
시스는 어떻게든 그를 붙잡으려고 애를 쓰며 추격케 했다. 아마시스
는 자신의 환관들 중에서 가장 믿을 만한 자를 삼단노선에 태워 보
내 그를 뒤쫓게 했다. 환관은 그를 리키에에서 붙잡았지만, 아이깁
토스로 잡아 오지는 못했다. 파네스가 지모(智謀)에서 환관을 능가했
기 때문이다. 파네스는 파수꾼들을 술에 만취하게 한 후 페르시스인
들에게로 달아났던 것이다. 당시 캄비세스는 아이깁토스 원정에 나
설 채비를 하고 있었지만, 어떻게 물 없는 사막 지대를 건너야 할지
를 놓고 행군에 대해 갈팡거리고 있었다. 파네스는 캄비세스에게 가
서 아마시스의 사정을 모두 말해 주고 행군에 대해서도 잘 설명해 주
었다. 파네스는 캄비세스에게 다음처럼 조언했는데, 즉 아라비에인
의 왕에게 사절을 보내 안전하게 지나가도록 해 줄 것을 부탁하라고
했다.
　아이깁토스로 들어가는 하나뿐인 확실한 통로는 다음의 것이다. 5
포이니케에서 카디티스 시²의 경계까지는 이른바 팔라이스티네의 시
리에인들이라고 불리는 자들의 땅이다. 카디티스 시는 내 생각에 사
르디에스보다 별로 작지 않은 곳인데, 이 도시에서 이에니소스 시까
지 해안에 있는 무역지들은 아라비에에 속하고, 이에니소스 시에서
세르보니스 호수까지는 다시 시리에인들 땅이다. 이 호수 옆으로는
카시오스 산이 바다까지 뻗어 있다. 한편 티폰이 숨어 있었다고들 전

2　오늘날의 가자(Gaza)로 추정된다.

하는 세르보니스 호수, 거기서부터는 아이깁토스 땅이다. 이에니소스 시와 카시오스 산과 세르보니스 호수 사이의 구역은 제법 넓어서 그곳을 지나는 데 3일 정도가 걸리며 지독하게 메마른 사막 지대다.

6   나는 이제 배를 타고 아이깁토스로 항해하는 자들 가운데 소수만이 알아차린 사실을 말하고자 한다. 즉 아이깁토스에는 매년 두 차례 헬라스 전역과 포이니케로부터 포도주가 가득 든 토기 단지들이 유입되는데, 정작 속이 빈 술 단지는, 말하자면, 그곳에서 단 하나도 볼수 없다는 것이다. 그렇다면 필시 그것들이 다 어디에 쓰이는지 의문이 들 것이다. 나는 이에 대해서도 말해 주겠다. 즉 아이깁토스의 각 지역행정관은 자신의 도시에서 단지들을 모두 모아 멤피스로 가져가고 멤피스인들은 그것들에 물을 가득 채워 시리에의 메마른 사막으로 가져가게 되어 있는 것이다. 그렇게 하여 아이깁토스로 유입되는 단지들은 속엣것을 비워 내고 시리에로 운반되어 이전에 있던 것들과 합해진다.

7   페르시스인들은 아이깁토스를 점령하자마자, 그들 자신이 내가 방금 말한 방식대로 단지들에 물을 채워 아이깁토스로 들어가는 이 통로에 공급했다. 그러나 그 당시에는 아직 물이 구비되지 않았기에, 캄비세스는 할리카르네소스 출신의 방문객 말을 듣고 아라비에 왕에게 사절들을 보내 안전을 지켜 달라고 부탁했으며 그것이 성사되어 서로 서약을 주고받았다.

8   아라비에인들은 다른 어떤 사람들 못지않게 서약을 대단히 존중한다. 그들은 다음과 같은 방식으로 서약을 행한다. 즉 서약을 맺고자 하는 양측 중간에 제3자가 들어서서 서약을 행하는 자들의 엄지손가락 부근 손바닥을 날카로운 돌로 벤다. 그러고는 양측의 히마티온[3]에서 털을 한 줌 떼어 내서 그것으로 양측 사이에 놓인 돌 7개에 피를

---

3 여기서는 아라비아인들의 겉옷을 그리스인의 옷처럼 히마티온이라고 부르고 있다. '히마티온'에 대해서는 제1권 제50장의 옮긴이 주 참조.

바른다. 이러면서 그는 디오니소스와 우라니에의 이름을 호명한다. 이를 끝내고 나면 서약 당사자는 자신의 친구들에게 상대방 외국인 혹은 시민—그가 같은 시민과 서약한 경우—을 추천한다. 그러면 그의 친구들도 자신들이 서약을 존중하는 것이 옳다고 여긴다. 아라비에인들은 신들 가운데 디오니소스와 우라니에만을 신으로 간주한다. 또 그들은 말하기를, 디오니소스가 머리를 깎는 방식 그대로 자신들도 그렇게 머리를 깎는다고 한다. 즉 그들은 머리를 둥글게 깎고 관자놀이 털을 밀어 버린다. 그들은 디오니소스를 오로탈트라 부르고 우라니에를 알릴라트라고 부른다.

아라비에 왕은 캄비세스에게서 온 사절들과 서약을 맺은 후 다음 과 같은 방법을 고안해 냈다. 즉 그는 낙타가죽 부대들 안에 물을 가 득 채워 그것들을 살아 있는 모든 낙타들 위에 실었다. 그리고 나서 그는 낙타들을 사막으로 몰고 나가 거기서 캄비세스의 군대를 기다 렸다. 전하는 이야기 중에서는 이것이 더 믿을 만하다. 그러나 나는 믿음이 덜 가는 이야기도 그것이 전하는 이상 언급하지 않을 수 없 다. 아라비에에는 코리스라 불리는 큰 강이 있는데, 이 강은 홍해라 불리는 곳으로 흘러 나간다. 아라비에인들의 왕은 쇠가죽들과 여러 짐승 가죽들을 꿰매어 붙여 길이가 사막에까지 이르는 수도관을 만 든 다음 그깃을 통해 이 강에서부터 물을 끌어 갔다고 한다. 또 그는 물을 받아 보관하기 위해 사막에다 거대한 저수지를 파게 했다고 한 다. 강에서 이 사막까지는 12일이 걸린다. 그는 세 개의 수도관을 통 해 세 군데의 장소로 물을 끌어 갔다고 한다. 9

아마시스의 아들 프삼메니토스는 펠루시온이라 불리는 네일로스 강 하구에 진을 치고 캄비세스를 기다렸다. 캄비세스는 아이깁토스 로 진군하는 중에 아마시스가 생존해 있지 않다는 것을 알았다. 아마 시스는 44년 동안 왕위를 누리고 사망했는데, 재위 동안 크나큰 흉사 를 전혀 겪지 않았다. 그는 죽어서 미라로 만들어진 후 그 자신이 직 접 지은, 신전 안의 무덤에 안치되었다. 그런데 아마시스의 아들 프 10

삼메니토스가 아이깁토스 왕으로 있을 때에는 아이깁토스인들에게 정말 큰 이변이 일어났다. 아이깁토스 테바이에 비가 내렸던 것이다. 테바이인들 자신의 말로는, 그전에도 비가 내린 적이 없고 그 후에도 나의 시대에 이르기까지 한 번도 비가 내리지 않았다고 한다. 실로 아이깁토스 상부 지역에는 비가 전혀 오지 않기 때문이다. 그러나 그 때에는 테바이에 가랑비가 떨어졌다.

11   페르시스인들이 사막 지대를 통과한 후 전투를 벌이려고 아이깁토스인들 가까이에 진을 쳤을 때, 아이깁토스 왕의 용병들인 헬라스인들과 카리에인들은 파네스가 아이깁토스에 외국 군대를 이끌고 온 데 앙심을 품고 그를 겨냥해 다음과 같은 일을 꾀했다. 당시 파네스의 자식들은 아이깁토스에 남겨져 있었다. 용병들은 그들을 자기네 진영으로 데리고 와서 그들의 아버지가 보게끔 양측 군대의 중간에 혼주용기를 하나 가져다 놓았고, 그런 후 그의 자식들을 한 명씩 끌어내 목을 베고 피를 혼주용기에 받았다. 용병들은 그의 자식들을 모두 죽인 후 포도주와 물을 혼주용기에 붓더니, 모두가 그 피를 마시고 전투에 나섰다. 전투는 매우 격렬했고 양측 군대 모두에서 다수가 전사했지만, 결국 아이깁토스인이 패하고 말았다.

12   나는 그곳에서 매우 놀라운 것을 보았는데, 그에 대한 이야기를 그곳 토착민들에게서 들은 바 있다. 이 전투의 양측 전사자들 유골이 따로따로 널려 있었는데—양측 군대가 처음에 따로 떨어져 있었던 것처럼, 한쪽에는 페르시스인들의 유골이 따로 놓여 있고 다른 쪽에는 아이깁토스인들의 유골이 놓여 있었다—, 페르시스인들의 머리뼈는 너무 연약해 조약돌 하나만 던져도 구멍을 낼 수 있는 반면 아이깁토스인들의 것은 매우 단단해서 돌로 쳐도 좀처럼 부술 수 없을 정도였다. 그들은 그 이유를 다음처럼 설명했는데, 나도 선뜻 수긍이 갔다. 즉 아이깁토스인들은 아이 때부터 즉시 머리를 빡빡 깎기 때문에 뼈가 햇볕을 쬐어 단단해진다는 것이었다. 이와 같은 이유 때문에 그들은 대머리가 되지 않는다. 세상의 모든 사람들 중에서 아이깁토

스인들보다 더 대머리가 드문 경우는 볼 수 없으니 말이다. 바로 이 것이 아이깁토스인들의 머리뼈가 단단한 이유다. 그에 비해 페르시 스인들의 머리뼈가 연약한 이유는 다음과 같다. 즉 그들은 어렸을 때 부터 펠트로 만든 티아라를 머리에 쓰고 다녀 햇볕을 쬐지 않는다. 무릇 머리뼈에 관한 이야기는 이러하다. 나는 또 파프레미스에서 리 비에인 이나로스에 의해 다레이오스 아들 아카이메네스와 함께 살해 된 페르시스인들에게서도 그와 유사한 모습을 본 적이 있다.

아이깁토스인들은 전투에서 패해 무질서하게 도주했다. 그들이 멤 13 피스 안에 갇히자, 캄비세스는 아이깁토스인들을 협상으로 이끌고 자 페르시스인 사절을 태운 미틸레네의 배를 강의 상류로 올려 보냈 다. 그러나 아이깁토스인들은 배가 멤피스로 다가오는 것을 보자, 한 꺼번에 성벽에서 몰려나와 배를 파괴했고 선원들의 몸을 갈기갈기 찢어 성벽 안으로 끌고 갔다. 그 후 아이깁토스인들은 포위되어 있다 가 결국 항복했다. 한편 이웃인 리비에인들은 아이깁토스에서 일어 난 일에 겁을 먹고서 싸우지도 않고 스스로 항복했으며 공물을 바치 는 데 동의하고 선물을 보냈다. 또한 키레네인들과 바르케인들도 리 비에인들과 마찬가지로 겁을 먹고는 그와 똑같은 행동을 취했다. 캄 비세스는 리비에인들이 보내온 선물은 흔쾌하게 받았다. 그러나 키 레네인이 보내온 신물에는 불쾌해 했는데, 내가 생각하기에는, 그것 이 약소했기 때문이다. 키레네인들은 은 500므네아를 보냈던 것이다. 캄비세스는 제 손으로 직접 그것들을 집어 병사들에게 뿌려 버렸다.

캄비세스는 멤피스의 요새를 점령하고 10일째 되는 날에 재위한 14 지 6개월 되는 아이깁토스 왕 프삼메니토스를 모욕하려고 그를 도시 교외에 앉혀 놓았는데, 그를 다른 아이깁토스인들과 함께 앉혀 놓고 다 음과 같은 방법으로 그의 정신을 시험해 보았다. 캄비세스는 왕의 딸 에게 노예 옷을 입힌 뒤 물통을 들려 물을 길어 오라고 내보냈는데, 아이깁토스 최상류층의 딸들 중에서 뽑은 다른 처녀들도 왕의 딸과 똑같은 옷을 입혀 함께 보냈다. 그 처녀들이 큰 소리로 울부짖으면서 그들의 아버지 곁을 지나갈 때, 다른 자들은 모두 학대받는 제 자식들을 보고 함께 따라서 큰 소리로 울부짖었지만 프삼메니토스는 그들을 쳐다보고 사태를 파악한 후 고개를 숙였다. 물을 긷는 처녀들이 다 지나가자 다음으로 캄비세스는 왕의 아들을 또래의 아이깁토스인 2,000명과 함께 내보냈는데, 그들 목에는 밧줄이 매어 있고 입에는 재갈이 물려 있었다. 그들은 멤피스에서 배와 함께 죽임을 당한 미틸레네인들에 대한 속죄를 위해 끌려 나온 것이었다. 왕립 재판관들이 죽은 미틸레네인들 한 명씩에 대한 보상으로 최상류층 아이깁토스인 10명이 죽어야 한다고 판결했기 때문이다. 프삼메니토스는 그들이 지나가는 것을 보고 자신의 아들이 죽임을 당하러 맨 앞에서 끌려간다는 것을 알았지만, 그 주위에 앉은 다른 아이깁토스인들이 슬피 울고 한탄해도 그는 딸을 보았을 때와 똑같이 행동했다. 그런데 이들도 모두 지나간 후 마침 어떤 연로한 자가 아마시스의 아들 프삼메니토스와 도시 교외에 앉아 있던 다른 아이깁토스인들 곁을 지나갔다. 그는 프삼메니토스의 연회 친구 중의 한 명이었는데 이제는 재산을 다 잃고 거지나 다름없는 빈털터리가 되어 병사들에게 구걸을 하고 있었다. 프삼메니토스는 그를 보자 큰 소리로 울부짖고 친구의 이름을 부르면서 자신의 머리를 때렸다. 그곳에는 프삼메니토스를 지키는 보초들이 있었는데, 그들은 각 행렬이 지날 때마다 프삼메니토스가 하는 행동을 모두 캄비세스에게 보고했다. 그래서 캄비세스는 그의 행동에 놀라 전령을 보내 그에게 물었다. "프삼메니토스여, 주군 캄비세스께서 그대에게 묻노니, 그대는 학대받는 딸과 죽임을 당하러 가는 아들을 보고서도 큰 소리를 지르거나 울부짖지 않았는데, 다른 자들로부터 듣기에, 그대와 아무 친척도 아닌 거지에게는 왜 그리 경의를 표했는가?" 캄비세스가 이렇게 묻자 프삼메니토스는 다음처럼 대답했다. "키로스의 아들이시여, 제 가족의 불행은 소리 내어 울 수도 없을 만큼 너무 큰 것이었습니다. 그러나 유복한 자였다가 재산을 잃고 막 노령에 접어든 때에 거지로 전락한 제 친구의 수난은 마땅히 울어 줄 만한 것이었습니다." 아이깁토스인들의 말에 의하면, 전령에게 그의 대답을 전해들은 캄비세스와 측근들은 그 말이 타당하다고 여겼으며, 크로이소스—마침 그도 캄비세스를 따라 아이깁토스에 와 있었던 것이다—도 울고 그 자리에 같이 있던 페르시스인들 역시 울었다고 한다. 캄비세스 자신도 프삼메니토스를 좀 가련히 여겨서 즉시 명령을 내려, 그의 아들을 처형 대상에서 제외하고 프삼메니토스를 도시 교외에서 일으켜 세워 자신에게 데려오도록 했다 한다.

프삼메니토스의 아들을 데리러 간 자들은 그가 이미 죽고 없음을 15 알았다. 그는 첫 번째로 처형되었던 것이다. 하지만 프삼메니토스 본인은 일으켜 세워 캄비세스에게로 데려갔다. 그 후 프삼메니토스는 거기서 여생을 보냈는데, 어떤 억압도 받지 않고 지냈다. 만일 그가 다른 일에 끼어들지 말아야 한다는 점을 숙지했더라면 아이깁토스를 돌려받아 관리자가 될 수도 있었을 것이다. 페르시스인들은 관례적으로 왕의 아들들을 존중해 왔기 때문이다. 페르시스인들은 자신들에게 반란을 일으킨 왕들의 경우에도 그 아들들에게 지배권을 돌려준다. 그들이 관례적으로 그리한다는 것은 다른 여러 사례들을 통해서도 나타나지만, 특히 자신의 아버지가 가졌던 지배권을 돌려받은 이나로스의 아들 탄니라스와 아미르타이오스의 아들 파우시리스의 예를 보아도 그렇다. 파우시리스도 역시 아비지의 지배권을 돌려받았기 때문이다. 더욱이나 페르시스인들에게 이나로스와 아미르타이오스보다 더 큰 해악을 끼친 자는 일찍이 없었던 것이다.[4] 그렇지만 프삼메니토스는 어떤 해악을 꾸몄다가 응분의 대가를 받았다. 그가 아이깁토스인들에게 반란을 사주하다가 붙잡혔기 때문이다. 이것이 캄비세스에게 알려지게 되자, 프삼메니토스는 황소의 피를 마시고 단박에 죽었다. 실로 그는 이렇게 생을 마감했던 것이다.

---

4 이나로스와 아미르타이오스는 기원전 460~455년에 페르시아에 대한 항전을 일으켰다.

16   캄비세스는 그가 꼭 해보고 싶은 일이 있어서 멤피스를 떠나 사이스 시로 갔다. 거기서 그는 실제로 그 일을 행했는데 아마시스의 궁전으로 들어가자마자 아마시스의 무덤에서 시신을 밖으로 끌어내라고 명령했던 것이다. 명령대로 다 이루어지자, 그는 또 시신을 채찍질하고 머리카락을 뽑고 막대기로 찌르고 또한 다른 모든 방법을 써서 아마시스를 모욕하라고 명령했다. 그리고 부하들이 그 일을 하느라 기진맥진하자―아마시스의 시신은 미라로 되어 있어 잘 견디고 부서지지 않았다―캄비세스는 시신을 불태우라고 명령했는데, 이는 불경스러운 일을 명한 것이었다. 페르시스인들은 불을 신으로 여기기 때문이다. 실로 시신을 불태우는 것은 페르시스인이나 아이깁토스인 어느 쪽의 관습도 아니다. 페르시스인들은 방금 내가 언급한 이유 때문에 신에게 인간의 시신을 드리는 것은 온당치 않다고 말한다. 한편 아이깁토스인들은 불을 살아 있는 동물로 여긴다. 그것은 잡히는 것은 다 먹어치우고, 잔뜩 먹어 배가 부르면 자신이 먹은 것과 함께 소멸된다는 것이다. 그들에게는 시신을 동물에게 주는 관습이 전혀 없다. 바로 이 때문에 시신을 미라로 만드는데, 이는 시신이 놓여 있다가 벌레에게 먹히지 않도록 하려는 것이다. 이처럼 캄비세스는 양쪽 모두의 관습에 어긋나는 일을 하라고 명령한 것이었다. 그런데 아이깁토스인들은 말하기를, 그런 수난을 겪은 것은 아마시스가 아니고 아마시스와 신장이 동일한 다른 아이깁토스인이었다고 한다. 페르시스인들은 아마시스에게 모욕을 가한다고 믿고 그를 욕보였다는 것이다. 그들 말에 따르면, 아마시스가 신탁을 통해 사후에 자신에게 일어날 일을 미리 알고서 장차 닥칠 일을 막기 위해 이 사람, 즉 나중에 채찍질을 당하게 되는 그 자의 시신을 자신의 무덤 내의 문바로 옆에 매장했으며 자신은 되도록 무덤의 제일 안쪽 구석에 묻도록 아들에게 지시했다고 한다. 나는 아마시스가 자신의 무덤과 그 사람에 대해 그런 지시를 내린 것이 결코 아니고, 아이깁토스인들이 자존(自尊)을 세우려고 그렇게 말한 것이라 생각한다.

그 후 캄비세스는 세 가지 원정 계획을 세웠는데, 즉 카르케돈인 17
원정, 암몬인 원정, 그리고 리비에의 남쪽 바다 방면에 거주하는 장
수족(長壽簇) 아이티오피에인에 대한 원정이 그것들이다. 그런 계획
하에 그는 카르케돈인들에 대해서는 자신의 해군을 파견하고 암몬인
에 대해서는 자신의 육군 병력 일부를 떼어 내 파견하기로 결정했다.
또 아이티오피에인들에 대해서는 그들의 왕에게 선물을 전달한다는
구실하에 우선 첩자들을 보내, 아이티오피에인들에게 있다고 하는
'태양의 식탁'이 진짜로 있는지를 살피고 그 외 사항들에 대해서도
염탐하기로 결정했다.

태양의 식탁은 다음과 같은 것이라고들 한다. 그곳 도시의 교외에 18
는 한 초원이 있는데, 거기에는 온갖 네발짐승들의 익힌 고기가 가득
차 있다. 밤에는 매번 시민들 중에서 책임을 맡은 자들이 여기에 고
기를 가져다 놓는 일을 수행하고, 낮에는 원하는 자는 누구든 여기에
와서 식사를 한다고 한다. 그런데 현지 주민들은 대지(大地)가 매번
고기들을 스스로 마련해 준다고들 주장한다고 한다.

이른바 '태양의 식탁'은 이러한 것이라고들 한다. 캄비세스는 첩자 19
들을 보내기로 결정하자, 곧바로 이크티오파고이인[5] 중에서 아이티
오피에 말을 할 줄 아는 자들을 엘레판티네 시에서 데려오도록 했다.
한편 그들을 찾고 있는 동안에, 캄비세스는 자신의 해군에 키르케돈
공격을 위해 항해하도록 명령했다. 그러나 포이니케인들은 그 명령
의 수행을 거부했다. 그들은 자신들이 카르케돈인들과 확고한 서약
을 맺은 사이이고 또 그들 자신의 아들들[6]을 공격하는 일은 불의를

---

5 이크티오파고이(Ichthyophagoi)는 그리스어로 '물고기'를 뜻하는 '이크티
스'(ichthys)와 '먹다'를 뜻하는 '파게인'(phagein)의 합성어로, '물고기를 먹
는 자들'을 의미한다.

6 카르케돈, 즉 카르타고는 페니키아인들이 기원전 9세기경에 건설한 식민시였
다고 한다. 따라서 페니키아인들은 카르케돈인을 자신들의 후손으로 여기고

행하는 것이라고 주장했다 한다. 포이니케인들이 가기를 원치 않는지라, 나머지 병력으로는 적들의 상대가 될 수 없었다. 그래서 카르케돈인들은 페르시스인들에게 예속되는 신세를 모면하게 되었다. 캄비세스는 포이니케인들에게 강권을 행사하는 것은 옳지 않다고 여겼던 것이다. 왜냐하면 포이니케인들은 페르시스인들에게 자발적으로 항복했고 또 페르시스군의 해군이 모두 포이니케인들에게 의존하고 있었기 때문이다. 한편 키프로스인들도 페르시스인들에게 자발적으로 항복하고 아이깁토스 원정에 함께 나섰다.

20   이크티오파고이인들이 엘레판티네에서 캄비세스에게 도착하자, 캄비세스는 그들이 가서 해야 할 말을 일러 주고 그들을 아이티오피에인들에게로 보냈다. 이때 그들은 자주색 외투와 황금 사슬목걸이, 팔찌, 설화석고 향유단지, 대추야자술 항아리를 선물로 가져갔다. 캄비세스는 그들을 아이티오피에인들에게 파견했는데, 이 아이티오피에인들은 모든 인간들 중에서 가장 키가 크고 가장 용모가 출중한 자들이라고 한다. 그들은 여타 사람들과는 관습이 상이한데, 특히 그들의 왕정에 관한 관습은 다음과 같다. 즉 그들은 시민들 중에서 가장 키가 크고 또 그 키에 걸맞은 힘을 가졌다고 판정된 자가 왕이 될 자격이 있다고 여긴다.

21   이크티오파고이인들은 이 아이티오피에인들에게 도착하자, 그들의 왕에게 선물을 주고 다음과 같이 말했다. "페르시스인의 왕 캄비세스께서는 전하의 친구 및 빈객이 되기를 원하여 저희들을 보내시고 전하와 면담하라는 명을 내리셨습니다. 또 캄비세스께서는 스스로도 가장 즐겨 애용하시는 것들을 전하께 선물로 드리는 바 입니다." 그러나 아이티오피에 왕은 그들이 첩자로 왔음을 알아채고 그들에게 다음과 같이 말했다. "페르시스인의 왕은 정말 나의 빈객이 되기를

———————
"아들들"이라고 표현한 것이다.

갈망하여 그대들 손에 선물을 들려 보낸 것이 아니오. 또 그대들도, 나의 왕국에 첩자로 왔으니, 거짓말을 하고 있고 캄비세스 그도 정의로운 사람이 아니오. 만일 그가 정의로운 사람이라면 자신의 것이 아닌 남의 나라를 탐하지 않았을 테고 또 자신에게 아무 해도 입히지 않은 자들을 예속시키려 하지도 않았을 테니 말이오. 자, 그에게 이 활을 가져다주고 이렇게 말을 전하시오. '아이티오피에인의 왕이 페르시스인의 왕에게 조언하노니, 만일 페르시스인들이 이처럼 큰 활을 내가 하듯 이렇게 쉽게 당길 수 있다면 그때에나 막대한 대군을 이끌고 우리 장수족 아이티오피에인들을 공격하러 오시오. 그러기 전까지는 아이티오피에인의 아들들에게 자신들의 것이 아닌 남의 땅을 차지하려는 생각을 불어넣지 않은 신들께 감사하도록 하시오.'"

아이티오피에 왕은 이렇게 말하고 활줄을 늦춘 다음 활을 방문자 22 들에게 주었다. 그러고는 자주색 외투를 집어 들고 그것이 무엇이며 어떻게 만들어졌는지를 물었다. 이크티오파고이인들이 자주색과 염색 방법에 대해 사실을 말하자, 그는 그들에게 사람들도 거짓투성이고 그들의 옷도 거짓투성이라고 말했다. 다음으로 그는 황금 사슬목걸이와 팔찌에 대해 물었다. 이크티오파고이인들이 그것의 치장 방식에 대해 설명하자, 왕은 웃으며 그것들이 족쇄라고 생각하여 자신들에겐 이보다 더 견고한 족쇄들이 있다고 말했다. 세 번째로 그는 향유에 대해 물었다. 이에 그들이 그것의 제조와 사용법에 대해 말하자, 그는 옷에 대해 했던 것과 똑같은 말을 했다. 그는 또 술이 있는 곳으로 오더니 그것의 제조에 대해 물었다. 그는 그것을 마셔 보고 매우 즐거워했으며, 이어서 페르시스 왕이 어떤 음식을 먹고 페르시스인이 최대로 얼마나 오래 사는지를 물었다. 그들은 페르시스 왕이 빵을 먹는다고 말하고 밀의 생장에 대해 설명해 주었다. 또 페르시스인들에게 인간의 최대 수명은 80세라고 말했다. 그러자 아이티오피에 왕은 그들이 배설물을 먹고[7] 산다면 그렇게 단명하는 것이 전혀 놀랍지 않다고 말했다. 그는 이크티오파고이인들에게 술을 가리키면서, 만일 페르시스인들이 그 음료로 건강을 회복하지 않는다면 그만큼도 살지 못할 것이라고 말했다. 그는 술에서는 페르시스인들이 자신들보다 더 낫다고 말했던 것이다.

23   그런데 이제 거꾸로 이크티오파고이인들이 왕에게 아이티오피에인들의 수명과 생활 방식에 대해 묻자, 그는 아이티오피에인들 대부분이 120세까지 살고 어떤 자들은 그보다 더 오래 산다고 말했다. 또 그들의 음식은 익힌 고기와 우유 음료라고 말했다. 첩자들이 그들의 수명 연령에 대해 놀라워하자 그는 첩자들을 한 샘으로 데려갔는데, 그 샘에서 몸을 씻으면, 샘물이 마치 올리브유로 된 것인 양, 피부가 더 매끈해졌다고 한다. 또 그 샘에서는 그것이 마치 제비꽃으로 된 것인 양 내음이 풍겼다고 한다. 첩자들은 말하기를, 이 샘의 물은 비중(比重)이 너무 낮아 아무것도, 나무나 혹은 나무보다 더 가벼운 그 어떤 것도, 물위에 뜨지 못하고 모두 바닥에 가라앉았다고 한다. 만약 이 물이 정말로 그들이 말하는 그런 것이라면, 그 물을 모든 것에 사용하는 아이티오피에인들은 그 물 때문에 장수를 누리는 것 같다. 첩자들이 샘에서 떠나자 왕은 그들을 사람들이 수감된 감옥으로 안내했는데 거기서는 모든 사람들이 황금 족쇄로 묶여 있었다고 한다. 이 아이티오피에인들에게는 모든 것들 중에서도 청동이 가장 희귀하고 귀중한 것이다. 그들은 감옥을 살펴본 후, 이른바 태양의 식탁이라는 것도 구경했다.

24   그 후 그들은 마지막으로 아이티오피에인의 관들을 구경했는데, 그것들은 다음의 방식에 따라 히알로스석(石)[8]으로 만들어진다고 한다. 그들은 아이깁토스인들처럼 하든 그와 다른 식으로 하든 시신을

---

7 페르시아인이 밀을 재배할 때 가축의 배설물을 거름으로 사용한 것을 두고 한 말이다.

8 히알로스(hyalos)는 맑고 투명한 돌로, 이집트에서 미라를 넣어 두는 궤를 만드는 데 사용되었다.

건조시킨 다음 전신에 석고를 바르고 색칠로 단장하여 되도록 생전의 모습과 비슷하게 만든다. 그런 후에 그것을 히알로스석으로 만든, 속이 빈 석주(石柱) 안에 넣어 둔다. 히알로스는 그들에게서 다량으로 채굴되고 가공도 용이하다. 시신은 석주의 한가운데에 들어 있으며 훤히 들여다보인다. 그것은 역한 냄새를 풍기지도 않고 다른 어떤 불쾌한 일도 일으키지 않는다. 그것은 흡사 죽은 자의 실제 모습인 양 모든 것이 뚜렷이 보인다. 가장 가까운 친척들이 이 석주를 자신들의 집에 1년 동안 보관하면서, 그것에 모든 만물을 바치고 제물을 드린다. 그 후 그들은 이것들을 밖으로 옮겨 도시 주변에 세워둔다.

첩자들은 이 모든 것을 살핀 후 되돌아갔다. 그들이 이것들을 보고 25 하자, 캄비세스는 분노하여 즉시 아이티오피에인 원정에 나섰다. 그런데 그는 식량을 준비하라는 명을 내리지도 않았고 또 자신이 바야흐로 육지의 맨 끝으로 원정하려 한다는 것을 고려하지도 않았다. 그는 미쳐서 제정신이 아니었는데, 이크티오파고이인들의 이야기를 듣자마자 함께 있던 헬라스인들은 그대로 남아 있도록 지시한 후 육군을 모두 인솔해 원정에 나섰다. 그는 원정 도중 테바이에 도착하자 약 5만 병력을 군대에서 분리하여, 그들에게 암몬인들을 예속시키고 제우스의 신탁소를 불태우라고 명령했다. 그리고 자신은 나머지 군대를 이끌고 아이티오피에인들을 향해 진군했다. 그러나 그의 군대가 행로의 5분의 1을 채 가기도 전에 그들이 가져간 식량이 모두 동이 났고, 그 뒤로는 운송용 동물들을 잡아먹어 그것도 다 없어졌다. 이때 캄비세스가 사태를 파악하여 마음을 접고 군대를 되돌렸다면, 초기에 실수가 있었더라도 현명한 자가 될 수 있었을 것이다. 그러나 그는 전혀 개의치 않고 계속 진군했다. 땅에서 무언가 얻을 수 있을 동안에는 병사들이 풀을 먹으면서 연명했지만, 사막에 이르자 그들 중 일부가 끔찍한 일을 저질렀다. 자신들끼리 10명 중 1명을 제비로 뽑아 잡아먹었던 것이다. 캄비세스는 이 소식을 듣자 서로를 잡아먹는 것이 두려워서, 아이티오피에인 원정을 포기하고 군대를 되돌렸다. 그가 테바이에 도착했을 때에는 이미 수많은 병력을 잃은 후였다. 그는 테바이에서 멤피스로 내려가, 헬라스인들이 배를 타고 떠나도록 했다.

26   아이티오피에인 원정은 이와 같이 진행되었다. 한편 캄비세스의 군대 일부는 암몬인들에 대한 원정대로 파견되었는데, 안내자들을 대동하고 테바이에서 출발하여 진군했다. 그들은 오아시스 시에 도달했던 것으로 알려져 있는데, 그곳은 아이스크리오니아 부족에 속한다는 사모스인들이 거주하며 테바이로부터 사막을 건너 7일 걸리는 거리에 있다. 이곳은 헬라스어로 '마카론 네소스'[9]라고 불린다. 바로 이곳까지는 군대가 도달했다고 한다. 그러나 그 후 그들의 행적에 대해서는, 암몬인들 자신과 암몬인들에게서 이야기를 들은 자들 외에는, 어느 누구도 아무 말을 하지 못한다. 그들 군대는 암몬인들에게 도달하지도 않았고 또 되돌아가지도 않았기 때문이다. 그런데 암몬인들 자신은 그들에 대해 다음처럼 이야기한다. 즉 그들이 이 오아시스에서 사막을 건너 암몬인들에게로 가는 도중 암몬인들의 땅과 오아시스의 중간쯤에 이르러 점심 식사를 하고 있을 때, 돌연 그들에게 거대하고 강력한 남풍이 불어닥치더니 그것이 몰고 온 모래더미가 그들을 묻어 버렸고, 그렇게 하여 그들은 종적을 감추었다고 한다. 이상은 암몬인들이 이 군대에 일어난 일을 이야기해 준 내용이다.

27   캄비세스가 멤피스에 왔을 때, 헬라스인들이 에파포스라고 부르는 아피스가 아이깁토스인들에게 출현했다. 그것이 모습을 드러내자 곧바로 아이깁토스인들은 제일 좋은 옷을 차려입고 축제를 벌였다. 캄비세스는 아이깁토스인들이 그러는 것을 보자, 그들이 필시 자신의 불행한 형편을 기뻐하는 축제를 벌인다고 의심하여 멤피스의 행정관들을 불러들였다. 행정관들이 면전에 나타나자 그는 자신이 전에 멤

---

9 '마카론 네소스'(makaron nesos)는 '행복한 자들의 섬'이라는 뜻이다.

피스에 있을 때에는 아이깁토스인들이 전혀 그와 같은 일을 하지 않더니 하필 수많은 병력을 잃고 돌아와 있는 지금 그러느냐고 물었다. 이에 그들은 대답하기를, 오랜만에 한 번씩 나타나곤 하는 신이 지금 아이깁토스인들에게 출현했으며 그 신이 출현할 때면 모든 아이깁토스인들이 기뻐하며 축제를 벌인다고 했다. 이 말을 듣자 캄비세스는 행정관들이 거짓말을 한다고 말하고, 거짓말을 했다는 이유로 그들을 사형에 처했다.

캄비세스는 그들을 죽이고 나서, 다음에는 사제들을 면전으로 불 28
러들였다. 그런데 사제들 역시 저들과 똑같은 이야기를 하자, 그는 인간에게 길든 어떤 신[10]이 정말 아이깁토스인들에게 도래했다면 자기도 그 신을 몰라보지는 않을 거라고 말했다. 그렇게 말하고 그는 사제들에게 아피스를 데려오라고 명령했다. 이에 그들은 가서 아피스를 데려왔다. 이 아피스 즉 에파포스는 한번 수태하면 다시는 새끼를 밸 수 없는 암소에게서 태어난 송아지다. 아이깁토스인들 말로는, 하늘에서 빛줄기가 그 암소에게 내려와 그로 말미암아 암소가 아피스를 낳게 된다고 한다. 아피스라고 불리는 이 송아지는 몸이 검은색이며 다음과 같은 표시가 있다. 즉 이마에는 흰색의 삼각형 형상이 있고 등에는 독수리 비슷한 형상이 있으며, 또 꼬리에는 이중(二重)의 털이 있고 혀 밑에는 풍뎅이 모양의 결절이 있다.

사제들이 아피스를 데려오자, 거의 미친 상태의 캄비세스는 단검 29
을 빼들고 아피스의 배를 찌르고자 했으나 그만 넓적다리를 찌르고 말았다. 이에 그는 웃음을 터뜨리며 사제들에게 말했다. "이 못된 놈들아, 피도 살도 있고 쇠붙이에 다치는 이런 것들이 너희들의 신이더냐? 아이깁토스인들에게는 이 신이 어울린다만, 그래도 너희들은 나를 조롱했으니 무사치 못하리라." 이렇게 말하고 그는 일을 맡은 담

---

10 이집트인들이 기르는 신성한 황소 아피스를 냉소적으로 표현한 것이다.

당자들에게 명하기를, 사제들을 호되게 매질하고 다른 아이깁토스인들 중에서 축제를 벌이다 잡히면 누구든 죽이라고 했다. 그리하여 아이깁토스인들의 축제는 중단되고 사제들은 처벌되었으며, 넓적다리를 찔린 아피스는 신전 안에 누워 있다가 죽고 말았다. 아피스가 그 상처 때문에 죽자, 사제들은 캄비세스 몰래 아피스의 장례를 치렀다.

30   아이깁토스인들은 말하기를, 캄비세스가 이전에도 제정신이 아니었지만 이 부정한 일로 말미암아 그 즉시 미쳐 버렸다고 한다. 그의 첫 번째 악행은 같은 부모에게서 태어난 친동생 스메르디스를 제거한 것이었다. 캄비세스는 시기심 때문에 이미 스메르디스를 아이깁토스에서 페르시스인들에게로 돌려보낸 터였다. 왜냐하면 스메르디스가 이크티오파고이인들이 전에 아이티오피에인들에게서 가져온 활을 페르시스인들 중에서는 유일하게 2닥틸로스 정도나 잡아당겼기 때문이다. 반면에 다른 페르시스인들 중에서는 아무도 그리하지 못했다. 그런데 스메르디스가 페르시스인들에게로 떠난 후 캄비세스는 꿈에서 환영을 보았다. 즉 페르시스인들이 보낸 사절들이 자신에게 와서, 스메르디스가 왕좌에 앉아 있는데 그의 머리가 하늘에 닿았더라고 보고하는 것으로 보였다. 그러자 캄비세스는 동생이 자신을 죽이고 왕이 되지 않을까 스스로 우려하여, 자신이 페르시스인들 중에서 가장 신뢰하는 프렉사스페스를 페르시스로 보내 동생을 죽이게 했다. 이에 프렉사스페스는 수사로 올라가서 스메르디스를 죽였다. 어떤 자들은 그가 스메르디스를 사냥에 데려가서 죽였다고 말하지만, 또 어떤 자들은 홍해로 데려가 물에 빠뜨려 죽였다고 말한다.

31   이것이 캄비세스가 저지른 첫 번째 악행이라고 한다. 두 번째로 그는 자신을 따라 아이깁토스에 와 있던 누이를 살해했다. 그녀는 그와 혼인해 살고 있었고 그의 친누이였다. 그는 다음과 같이 해서 그녀와 혼인했다. 그전에는 페르시스인들에게 자신의 누이와 혼인하는 관습이 없었다. 캄비세스는 자신의 누이들 중 한 명을 사랑하게 되어 그녀와 혼인하기를 원했다. 그러나 관례가 아닌 일을 행하려고 했는지

라, 왕립 재판관들을 불러 자신의 누이와 혼인하고자 하는 자가 그리
할 수 있도록 규정한 법이 있는지를 물었다. 왕립 재판관들은 페르시
스인 중에서 선발된 자들인데, 그들이 죽거나 혹은 그들에게 어떤 부
정이 발견되기 전까지는 계속 그 직에 머물렀다. 그들은 페르시스인
들에게 소송의 판결을 내리고 조상 전래의 율법을 해석하며, 모든 문
제들이 이들에게 회부된다. 캄비세스가 그렇게 문의하자, 그들은 그
에게 공정하고도 안전한 답변을 내놓았다. 즉 그들은 말하기를, 남자
가 동기(同氣)인 누이와 혼인할 수 있도록 규정한 법은 찾지 못했지
만 페르시스 왕이 자신이 원하는 일은 무엇이든 할 수 있도록 한 다
른 법을 찾았다고 했다. 이렇게 하여 그들은 캄비세스가 두렵다고 법
을 어기지는 않았다. 그들은 법을 지키려다 목숨을 잃지 않으려고,
누이들과 혼인하고 싶어 하는 자를 뒷받침해 주는 다른 법을 찾아냈
던 것이다. 그리하여 그때 캄비세스는 그가 사랑하는 누이와 혼인했
다. 하지만 그는 그 후 오래지 않아 또 다른 누이를 아내로 맞이했다.
이들 가운데 나이 어린 누이가 캄비세스를 따라 아이깁토스에 왔다
가 그에게 살해당했다.

　그녀의 죽음에 대해서는 스메르디스의 경우처럼 두 이야기가 전한 32
다. 헬라스인들은 말하기를, 캄비세스가 새끼 사자와 강아지를 싸우
게 했는데 이 여인도 함께 구경했다고 한다. 이때 강아지가 씨움에서
지자 그와 동기인 다른 강아지가 묶인 줄을 끊고서 도우러 왔고 이렇
게 두 마리가 된 강아지들이 새끼 사자에게 이겼다고 한다. 캄비세스
는 그것을 보고 기뻐했지만 옆자리에 있던 그녀는 눈물을 흘렸다고
한다. 캄비세스가 이를 알아차리고 왜 눈물을 흘리는지 묻자, 그녀는
강아지가 제 동기를 구하는 것을 보고서 스메르디스가 기억났고 이
제 캄비세스에게는 그를 도와줄 사람이 없구나 하는 생각에 눈물을
흘렸다고 말했다 한다. 헬라스인들은 바로 이 말 때문에 그녀가 캄비
세스에게 죽임을 당했다고 전한다. 그러나 아이깁토스인들은 말하기
를, 그 두 사람이 함께 식탁에 앉아 있었을 때 아내가 상추를 집어 들

고 잎을 뜯어낸 후, 남편에게 잎을 뜯어낸 상추와 잎이 붙어 있는 상추 가운데 어느 것이 더 보기 좋으냐고 물었다 한다. 이에 캄비세스가 잎이 붙어 있는 것이 더 보기 좋다고 하자, 그녀는 "하지만 당신은 키로스 집안을 뜯어 발겨 이 헐벗은 상추처럼 만들어 놓으셨어요"라고 말했다 한다. 이에 화가 난 그는 임신 중인 그녀에게 덤벼들었고, 이로 인해 그녀가 유산을 하고 죽었다는 것이다.

33   캄비세스는 자신의 친족들에게 이렇게 광분했는데, 이는 아피스의 일 때문이거나 아니면, 으레 인간들에겐 수많은 재앙이 닥치는 것이니, 다른 이유 때문이거나 했다. 캄비세스에게는 태어날 때부터 혹자들이 '신성한 병'[11]이라고 부르는 중대한 질병이 있었다고 하기 때문이다. 그의 몸이 중대한 질병을 앓고 있었다면 그의 정신 역시 건강하지 못한 것이 그리 이상한 일은 아니라 하겠다.

34   또 캄비세스는 다른 페르시스인들에게도 다음과 같이 광분했다. 언젠가 캄비세스가 프렉사스페스에게 말을 건넸다고 한다. 프렉사스페스는 캄비세스가 특별히 존중하던 자로 캄비세스에게 모든 전갈을 전하는 일을 했고, 그의 아들 역시 캄비세스에게 술 따르는 시종으로 있었는데 이 역시 대단한 명예였다. 그에게 캄비세스는 다음처럼 말했다고 한다. "프렉사스페스여, 페르시스인들은 나를 어떤 사람으로 생각하는가? 그들은 나에 대해 무슨 말을 하는가?" 이에 그가 대답했다. "전하, 그들은 다른 모든 점에서는 전하를 크게 칭송합니다. 다만 전하께서 음주에 너무 탐닉해 계신다고 말합니다." 그가 페르시스인들에 관해 이렇게 말하자, 캄비세스는 분노하여 대답했다고 한다. "그러니 지금 페르시스인들은 내가 술에 빠져서 실성해 있고 제정신을 잃은 것이라 말하고 있군. 그렇다면 그들이 이전에 했던 말도 진실이 아니었군." 실은 그전에 페르시스인 일부와 크로이소스가 캄

11 간질.

비세스와 자리를 함께했을 때 캄비세스가 그들에게 아버지 키로스의 업적과 비교해 자신을 어떤 사람으로 생각하는가를 물었는데, 그들은 그가 아버지보다 더 낫다고 대답했던 것이다. 왜냐하면 그는 키로스가 가진 모든 것을 가진 데다 추가로 아이깁토스와 바다까지 손에 넣었기 때문이라는 것이었다. 페르시스인들이 이렇게 말했지만, 함께 있던 크로이소스는 그들의 판단이 맘에 들지 않아 캄비세스에게 다음처럼 말했다. "키로스의 아드님이시여, 저는 전하가 아버님께 필적하지 못한다고 생각합니다. 왜냐하면 전하께는 그분이 남기신 전하 같은 그런 아드님이 아직 없기 때문입니다." 캄비세스는 이 말을 듣고 기뻐했으며 크로이소스의 판단을 칭찬했다.

캄비세스는 이를 기억하고 있었는지라, 화를 내며 프렉사스페스 35 에게 말했다고 한다. "그럼 이제 페르시스인들이 진실을 말한 것인지 아니면 그런 말을 하는 그들이 실성한 것인지를 그대가 직접 살펴보시오. 저기 출입문에 그대 아들이 서 있는데, 만일 내가 그의 심장 한가운데를 맞히면 페르시스인들이 분명히 헛소리를 하고 있는 거요. 그러나 내가 맞히지 못하면, 페르시스인들이 진실을 이야기한 것이고 내가 제정신이 아니라고 말해도 좋소." 이렇게 말하고서 그는 활을 당겨 소년에게 쏘았다고 한다. 이에 소년이 쓰러지자 왕은 그의 몸을 길라 상처를 살펴보도록 명령했다고 한다. 화살이 심장 속에서 발견되자 캄비세스는 웃으면서 크게 기뻐하며 소년의 아버지에게 말했다고 한다. "자, 프렉사스페스여, 내가 미친 것이 아니라 페르시스인들이 제정신이 아니라는 것이 명백해졌소. 그래 나에게 한번 말해 보시오. 그대는 세상의 모든 사람들 중에서 이리도 정확하게 활을 쏘는 사람을 알고 있소?" 이에 프렉사스페스는 캄비세스가 제정신이 아님을 알고 자신의 목숨이 걱정되어 이렇게 말했다고 한다. "전하, 제 생각에는 신이라 해도 그렇게 잘 맞히지는 못할 것으로 보입니다." 그때 캄비세스는 그런 일을 저질렀다. 또 언젠가는 최상류층과 동류인 페르시스인 12명을 대단치 않은 죄로 붙잡아 머리를 아래로 한 채 생매장하기도 했다.

36   리디에인 크로이소스는 캄비세스의 이런 행동에 대해 훈계하는 것
이 옳다고 여겨 다음과 같이 말했다. "전하, 모든 일을 젊음과 격정
에 따라 처리하지 마시고 자중하고 자제하도록 하시옵소서. 신중함
은 좋은 것이고 선견지명은 현명한 것입니다. 하지만 전하께서는 전
하 자신의 백성들을 대단치 않은 죄로 잡아 죽이고 또 아이들의 목
숨도 빼앗고 계십니다. 전하께서 이와 같은 일을 자주 저지르신다면,
페르시스인들이 전하께 반란을 일으키지 않도록 유의하셔야 합니다.
전하의 아버님 키로스께서 저에게 여러 번 명하시기를, 제가 보기에
이롭다고 생각되는 것은 무엇이든 전하께 훈계하고 제언하라 하셨던
것입니다." 크로이소스는 선의에서 그러한 조언을 캄비세스에게 해
주었다. 그러나 캄비세스는 다음처럼 대답했다. "그대가 감히 나에
게도 충고를 하다니. 그대는 바로 그대의 국가를 잘도 다스리고 나의
아버님께도 좋은 충고를 했던 자로군. 그대는 마사게타이인들이 우
리의 땅으로 건너오려고 했는데도, 키로스께 아락세스 강을 건너 마
사게타이인들에게로 진군하라고 권유했소. 그리하여 그대는 그대의
국가를 잘못 운용하여 스스로를 파멸시키고 또 그대 말을 따른 키로
스도 파멸시키고 말았소. 하지만 이번에는 그대가 무사치 못할 거요.
내가 오랫동안 그대를 잡을 구실을 찾고자 했으니 말이오." 캄비세스
가 이렇게 말하고 크로이소스를 쏘아 죽이려고 활을 들자, 크로이소
스는 벌떡 일어나 밖으로 뛰쳐나갔다. 이에 그에게 활을 쏠 수 없게
되자, 캄비세스는 시종들에게 그를 잡아서 죽이라고 명령했다. 하지
만 시종들은 캄비세스의 성향을 잘 알고 있었기에 다음과 같은 계산
하에 크로이소스를 숨겨 놓았다. 즉 그들은 캄비세스가 자신의 행동
을 후회하고 크로이소스를 찾게 되면 그의 모습을 공개하여 크로이
소스의 목숨을 구한 대가로 선사품을 받고, 혹시 캄비세스가 후회하
지 않고 크로이소스를 그리워하지 않으면 그때 가서 그를 죽이겠다
는 생각이었다. 그 후 오래지 않아 캄비세스는 크로이소스를 그리워

했고, 이를 파악한 시종들이 캄비세스에게 크로이소스가 아직 살아 있다고 전했다. 이에 캄비세스는 크로이소스가 살아 있어서 자신도 역시 기쁘긴 하지만 그래도 그를 살려 준 자들은 가만두지 말고 죽이라고 말했다. 그리고 캄비세스는 그것을 실행했다.

캄비세스는 페르시스인들과 그 동맹국들에도 그런 미친 행동을 많이 저질렀다. 그는 멤피스에 머물 때에 오래된 관들을 열고 시신들을 살펴보았다. 또 마찬가지로 그는 헤파이스토스 신전에 들어가 그곳의 신상을 몹시 조롱했다. 이 헤파이스토스 신상은 포이니케인들이 삼단노선 뱃머리에 싣고 다니는 포이니케의 파타이코이[12]의 모습과 흡사하다. 그것들을 아직 보지 못한 자를 위해 그 모습을 묘사하자면 다음과 같다. 즉 그것은 난쟁이와 비슷한 형상을 하고 있다. 캄비세스는 또한 카베이로이의 신전 안에도 들어갔는데, 율법상 사제 외에는 아무도 그곳에 들어가지 못하게 되어 있다. 캄비세스는 이곳의 조각상들을 몹시 조롱하고 불태우기조차 했다. 이 조각상들은 헤파이스토스의 신상들과 비슷하게 생겼다. 그들은 헤파이스토스의 아들들이라고 한다. **37**

정말 내가 보기에는 모든 면에서 캄비세스가 단단히 미쳐 있었음이 분명하다. 그러지 않았다면 그가 신성한 것들과 관습들을 조롱하러 들지 않았을 테니 말이다. 만일 누가 진제 인간들에게 모든 관습들 가운데 최상의 관습을 고르라고 요구하는 제안을 한다면, 그들은 각자 곰곰이 생각해 본 후 그들 자신의 관습을 택할 것이다. 이처럼 모든 자들은 각기 자신들의 관습이 단연 최상이라고 여긴다. 따라서 미친 자가 아니라면, 누구도 그러한 것들을 조롱할 것 같지 않다. 모든 사람들이 자신들의 관습에 대해 그렇게 생각한다고 추단할 수 있 **38**

---

12 파타이코이(Pataikoi)는 페니키아의 신들로, 파타이코스(Pataikos)의 복수형이다. 페니키아의 파타이코스는 이집트의 프타 신에 해당한다고 한다. 한편 그리스인들은 자신들의 헤파이스토스 신과 이집트의 프타 신을 동일시했다.

는 근거로는 여러 증거들이 있지만, 특히 다음과 같은 증거가 있다. 즉 다레이오스가 그의 통치 시절에 자신과 함께 있던 헬라스인들을 불러, 얼마만 한 돈이면 그들이 아버지의 시신을 먹을 생각을 하겠느냐고 물었다. 그러자 그들은 아무리 많은 돈에도 그리하지 않겠다고 말했다. 그다음에 다레이오스는 부모의 시신을 먹는, 칼라티아이라고 불리는 인도스인들을 불러 얼마만 한 돈이면 죽은 부모를 불로 태우는 일에 응하겠느냐고 물었다—그 자리에는 헬라스인들도 함께 있었으며, 그들은 통역을 통해 말을 알아들었다. 그러자 그 인도스인들은 큰 소리를 지르며 그런 불길한 말은 하지 말라고 간청했다. 이 것들은 이제 그렇게 관습화된 것이다. 그래서 나는 관습이 만물의 제왕이라고 말한 핀다로스의 시(詩)[13]가 옳다고 생각한다.

39   한편 캄비세스가 아이깁토스를 공격하는 동안, 라케다이몬인들도 사모스와, 아이아케스의 아들 폴리크라테스에 대한 원정을 벌였다. 폴리크라테스는 반란을 일으켜 사모스를 장악했는데,[14] 처음에는 나라를 3분하여 형제들인 판타그노토스와 실로손에게 나누어 주었지만, 나중에 그들 중 한 명은 죽이고 더 어린 실로손은 추방하여 결국 사모스 전체를 혼자 차지했다. 그런 후 폴리크라테스는 아이깁토스 왕 아마시스와 우호 관계를 맺었으며, 그와 서로 선물을 주고받았다. 그 후 즉시 단기간 내에 폴리크라테스는 세력이 크게 성장하여 이오니아와 여타 헬라스 지역에서 명성을 떨치게 되었다. 폴리크라테스가 원정에 나서는 곳마다 그의 모든 일이 성공했기 때문이다. 그는 100척의 오십노선과 1,000명의 궁수를 거느렸으며, 누구든 가리지 않고 모든 자들을 공격하여 약탈했다. 그는 아예 빼앗지 않는 것보다

---

13 이 말이 나온 핀다로스의 시는 현존하지 않는다. 그러나 플라톤도 「고르기아스」 484b에서 핀다로스의 이 말을 언급하므로, 그 핀다로스의 시는 실재했다고 볼 수 있다.
14 기원전 532년경으로 추정된다.

는 뺏었다가 되돌려주는 것이 친구에게 더 환심을 살 거라고 말했던 것이다. 그는 수많은 섬과 육지의 여러 도시들을 점령했다. 그중에서도 특히 전 병력으로 밀레토스인들을 도우러 온 레스보스인들과 벌인 해전에서도 승리하여 그들을 사로잡았다. 이들 레스보스인은 속박을 당한 채로 사모스 성벽 주위의 모든 해자를 다 팠다.

아마시스는 폴리크라테스가 크게 번성한다는 것을 알고, 자못 신 **40** 경이 쓰였다. 폴리크라테스가 점점 더 큰 흥성을 누리자 아마시스는 다음과 같은 편지를 써서 사모스로 보냈다. "아마시스가 폴리크라테스님께 말씀 드릴 게 있습니다. 제 친구이자 빈객인 귀하께서 순조롭게 번성하신다는 소식을 들으니 제 마음이 기쁩니다. 하지만 저는 신들이 시기를 잘한다는 것을 알고 있기에 귀하의 크나큰 행운이 그리 달갑지 않습니다. 하여간 저는 저 자신이나 제가 마음 쓰는 자들이 만사에 계속 행운을 누리기보다는 어떤 일에서는 행운을 누리고 다른 일에서는 불행을 겪으면서 성쇠가 교체되는 삶을 살아가기를 원합니다. 저는 만사에 행운을 누린 사람치고 결국엔 비참한 불행 속에서 최후를 맞지 않은 사례를 이야기로 들어본 적이 없기 때문입니다. 그러니 이제 귀하는 제 말에 따라서 다음처럼 귀하의 행운에 맞서는 일을 해 보십시오. 즉 귀하가 자신에게 가장 소중하다고 여기고 또 잃으면 가장 마음 아파할 것이 무엇인지 생각해 보시고, 바로 그것을 다시는 인간들의 손에 들어오지 않게 던져 버리십시오. 만일 그 후에도 여전히 귀하의 행운이 불행과 번갈아서 오지 않는다면, 제가 말씀 드린 방식으로 계속 고쳐 나가십시오."

폴리크라테스는 이를 읽고서 아마시스가 자신에게 잘 조언해 주었 **41** 다고 여기고, 자신의 보화들 중에서 잃으면 가장 마음이 아플 것이 무엇인지 살펴보았으며, 살펴본 결과 다음과 같은 답을 얻었다. 그는 황금으로 장식된 인장 반지를 늘 끼고 있었다. 그것은 에메랄드석으로 되어 있고 사모스인인 텔레클레스의 아들 테오도로스가 만든 것이었다. 그는 이것을 던져 버리기로 결정하고 다음처럼 했다. 그는 오십노선에 선원들을 태우고 자신도 배에 오른 후 난바다로 출항하라고 명령했다. 그는 섬에서 멀리 떨어져 나오자, 함께 항해한 모든 사람들이 보는 가운데 자신의 인장 반지를 빼어 바닷속으로 던졌다. 그런 후 그는 그곳에서 귀항하여 집으로 돌아왔는데, 그 일을 애통해했다.

42   그런데 그 후 다섯 번째 날인가 여섯 번째 날에 폴리크라테스에게 다음과 같은 일이 일어났다. 어떤 어부가 크고 멋진 물고기를 한 마리 잡았는데, 그는 그것을 폴리크라테스에게 선물로 바치는 것이 맞다고 생각했다. 어부는 그것을 폴리크라테스의 대문 앞으로 가져가 그를 직접 알현하고 싶다고 말했다. 이것이 성사되자 어부는 물고기를 바치면서 말했다. "전하, 저는 비록 노동으로 먹고사는 자입니다만, 이 물고기를 잡았을 때 시장으로 가져가는 것은 타당치 않다고 보았습니다. 저는 이것이 전하와 전하의 권능에 합당한 것이라 생각했습니다. 그래서 이것을 가져와 전하께 바치는 것입니다." 폴리크라테스는 그의 말에 기뻐하며 이렇게 대답했다. "참으로 잘한 일이오. 그대가 한 말과 선물에 대해 배로 감사 드리오. 내 그대를 식사에 초대하리다." 어부는 이를 대단한 일로 여기며 집으로 갔다. 그런데 시종들이 물고기를 가르다가 배 속에 폴리크라테스의 인장 반지가 들어 있는 것을 발견했다. 그들은 그것을 보자 재빨리 집어 들고 기뻐서 폴리크라테스에게 가져왔다. 그들은 인장 반지를 그에게 주면서 그것이 어떻게 하여 발견되었는지를 말했다. 이에 폴리크라테스는 이것이 신이 하신 일이라는 생각이 들자, 자신이 한 일과 자신에게 일어난 일을 모두 편지에 적고, 그렇게 적은 후 그것을 아이깁토스로 보냈다.

43   아마시스는 폴리크라테스에게서 온 편지를 읽고, 어떤 인간도 다른 인간을 그의 운명으로 정해진 일에서 건져 낼 수가 없음을 알았고, 또 폴리크라테스가 스스로 던져 버린 것도 다시 찾을 정도로 만사에 행운을 누리지만 나중에는 불행한 최후를 맞게 될 것임을 알았

다. 그래서 아마시스는 사모스의 폴리크라테스에게 사절을 보내 우호 관계를 파기한다고 밝혔다. 그가 그렇게 한 것은 다음과 같은 이유에서였다. 즉 폴리크라테스에게 무서운 대재앙이 닥칠 경우 그가 자신의 빈객 일로 마음의 고통을 겪지 않도록 하기 위해서였다.

라케다이몬인들은 만사에 행운을 누리던 바로 이 폴리크라테스와 44 전쟁을 벌이게 되었다. 이는 후일 크레테에 키도니에를 건설한 사모스인들의 부탁에 따른 것이었다. 폴리크라테스는 그전에 아이깁토스 원정 군대를 모집하던 키로스의 아들 캄비세스에게 은밀히 사절을 보내, 사모스의 자신에게도 전갈을 보내 군대를 요청해 줄 것을 부탁한 바 있다. 캄비세스는 이것을 듣고 흔쾌히 사모스에 전갈을 보내 폴리크라테스에게 자신을 도와 아이깁토스에 원정할 해군을 보내 달라고 요청했다. 이에 폴리크라테스는 시민들 중에서 반란을 꾀할 것으로 가장 의심되는 자들을 골라 삼단노선 40척에 태워 보냈으며, 캄비세스에게 이들을 돌려보내지 말라고 일러 두었다.

어떤 자들은 말하기를, 폴리크라테스가 보낸 이들 사모스인들은 45 아이깁토스까지 가지 않고 항해 중에 카르파토스에 닿았을 때 그들끼리 서로 협의하여 더는 항해하지 않기로 결정했다고 한다. 그런데 또 어떤 자들은 그들이 아이깁토스에 도착하여 감시를 받다가 그곳에서 도밍처 나왔다고 말한다. 그들이 사모스로 귀항했을 때 폴리그라테스는 함대를 거느리고 그들에게 맞서 전투를 벌였다. 이때 귀환자들이 승리하여 섬에 상륙했지만 거기서 육전을 벌여 패하고 말았다. 그렇게 해서 그들은 배를 타고 라케다이몬으로 떠났다. 한편 일부 사람들은 아이깁토스에서 돌아온 자들이 폴리크라테스에게 승리했다고 말하지만, 나는 이들의 말이 그릇된 것이라고 생각한다. 그들이 충분히 폴리크라테스를 제압할 수 있었다면 굳이 라케다이몬인들을 불러들일 필요가 없었기 때문이다. 게다가 다수의 용병들과 자국인 궁수들을 보유한 폴리크라테스가 소수의 귀환 사모스인들에게 패했다는 것은 이치에 맞지 않는다. 폴리크라테스는 자신의 휘하에 있던 시민들의 처자식들을 선박창고들 속에 가두었는데, 만일 그들이 귀환자들에게 투항할 경우엔 그들의 처자식을 선박창고들과 함께 불태울 심산이었다.

46   폴리크라테스에게 쫓겨난 사모스인들은 스파르테에 도착하자 고위 관리들을 접견하고 자신들이 얼마나 절박한 상황인지를 장황하게 설명했다. 그러나 이들은 첫 번째 접견에서 답변하기를, 사모스인들이 한 말의 맨 앞부분은 잊어버렸고 맨 뒷부분은 이해할 수 없다고 말했다. 그러자 사모스인들은 그 후 두 번째 접견 때에는 다른 말은 전혀 하지 않고, 다만 자루를 하나 가져가서 "자루에 곡식이 필요합니다"라고만 말했다. 이에 그들은 사모스인들에게 자루라는 말을 쓸 필요가 없다고 답변했다.[15] 하지만 그들은 그 사모스인들을 지원하기로 결정했다.

47   그 후 라케다이몬인들은 준비를 갖추고 사모스 원정에 나섰다. 사모스인들은 이것이 자신들의 은혜에 대한 보답이었다고 말하는데, 이전에 자신들이 함대를 보내 메세니아인들과 싸우는 라케다이몬인들을 도와주었다는 것이다. 하지만 라케다이몬인들 말에 따르면, 그들이 절박한 처지의 사모스인들을 지원하려고 원정에 나선 것이 아니고 전에 자신들이 크로이소스에게 가져가던 혼주용기와 아이깁토스 왕 아마시스가 자신들에게 선물로 보낸 흉갑이 사모스인들에게 탈취당한 것을 응징하기 위해 나섰다고 한다. 사모스인들은 혼주용기를 탈취하기 바로 전해에 흉갑도 탈취했던 것이다. 그 흉갑은 아마포로 만든 것인데, 여러 형상들이 짜여 있고 황금과 면직 자수로 장식된 것이었다. 특히 흉갑을 경이롭게 만든 것은 흉갑의 각 실 때문이다. 그 실은 매우 가늘지만 그 안에 다시 360개 가닥들이 들어 있

---

15 이는 불필요한 말을 삼가는 스파르타인들의 과묵한 성향을 잘 보여 준다. 즉 사모스인들이 자루를 들고 왔다면 모두들 그것을 알고 있으니, 굳이 "자루"라는 말이 필요 없고 "곡식이 필요합니다"라고만 하면 충분하다는 것이다.

고 그것들이 모두 뚜렷하게 보인다. 아마시스가 린도스의 아테나이에에게 봉헌한 것도 이와 꼭 같은 것이었다.

한편 코린토스인들도 사모스 원정이 이뤄지도록 기꺼이 참여했다. 48 그들 역시 이 원정보다 한 세대 전에, 혼주용기 탈취가 일어난 시기와 똑같은 무렵에 사모스인들에게서 모욕을 받았기 때문이다. 킵셀로스의 아들 페리안드로스는 케르키라 최상류층 자제 300명을 환관으로 거세하도록 사르디에스의 알리아테스에게 보낸 적이 있다. 그런데 소년들을 호송하던 코린토스인들이 사모스에 정박했을 때, 사모스인들은 소년들이 사르디에스로 호송되는 이유를 알고 우선 소년들에게 아르테미스 성소를 꼭 붙잡고 있으라고 지시했다. 그런 후 그들은 성소에서 탄원자들을 끌어내지 못하도록 했으며 코린토스인들이 소년들에게 식량을 차단하자 제전을 개최했다. 그들은 지금도 그와 똑같은 방식으로 제전을 거행한다. 그들은 소년들이 탄원자로 피신해 있는 동안에 밤이 되면 젊은 미혼 남녀들의 군무(群舞)를 거행했고, 이때 무용수들이 참깨와 꿀로 만든 먹을거리를 휴대하도록 관행을 만들었다. 이는 케르키라 소년들이 그것을 잡아채어 먹도록 하려는 것이었다. 이런 일은 소년들을 지키던 코린토스인들이 그곳을 떠날 때까지 계속되었다. 그 후 사모스인들은 소년들을 케르키라로 돌려보냈다.

페리안드로스가 죽은 후[16]에 코린토스인들과 케르키라인들 사이가 49 좋았다면, 코린토스인들이 앞서 말한 이유로 인해 사모스 원정에 참여하지는 않았을 것이다. 그러나 코린토스인들이 케르키라 섬에 식민한 이후로 그들은 ……[17]임에도 서로 늘 반목했다. 바로 이런 이유

---

16   페리안드로스는 기원전 585년에 사망했다.

17   슈타인 텍스트의 누락 대목인데, 슈타인은 "동족" 혹은 "동포"라는 단어였을 것으로 추정한다. 그럴 경우 "그들은 동족임에도 서로 늘 반목했다" 혹은 "그들은 동포임에도 서로 늘 반목했다"가 된다.

에서 코린토스인들은 사모스인들에게 원한을 품고 있었다.

50   페리안드로스가 케르키라의 최상류층 자제들을 선발하여 환관으로 거세하도록 사르디에스로 보낸 것은 보복을 하기 위해서였다. 케르키라인들이 먼저 그에게 흉악한 일을 저질러 도발했기 때문이다. 페리안드로스는 아내 멜리사를 죽인 후,[18] 이미 겪은 그 불행에 이어 다음과 같은 또 하나의 불행을 겪었던 것이다. 그는 멜리사에게 두 아들을 두었는데, 한 명은 17세고 또 한 명은 18세였다. 그들의 외조부인 에피다우로스의 참주 프로클레에스는 그들을 불러들여, 외손자들이니 마땅히 그러하듯, 따뜻하게 환대했다. 그런데 그들을 떠나보낼 때 프로클레에스는 그들을 바래다주며 이렇게 말했다. "그래, 애들아, 너희는 누가 너희 어머니를 죽였는지 알고 있느냐?" 그들 중 형은 이 말에 아무 관심도 기울이지 않았다. 그러나 이름이 리코프론인 동생은 이 말을 듣고 마음이 너무 괴로워서 코린토스에 돌아온 후, 아버지가 어머니를 살해한 자라는 이유에서, 아버지에게 말도 걸지 않았고 아버지가 말을 걸어도 대화에 응하지 않았으며 또 아버지가 어떤 질문을 해도 대답하지 않았다. 결국 페리안드로스는 화가 나서 그를 집에서 내쫓고 말았다.

51   페리안드로스는 그를 내쫓고 나서 큰아들에게 외조부가 그들에게 무슨 이야기를 했느냐고 물어보았다. 그러자 큰아들은 페리안드로스에게 외조부가 자신들을 따뜻하게 환대해 주었다고 대답했다. 그러나 그는 프로클레에스가 그들을 떠나보내면서 한 말에 대해서는, 자신이 마음에 담아 두지 않았으므로, 기억하지 못했다. 페리안드로스

---

18 페리안드로스는 에피다우로스 참주 프로클레스의 딸 멜리사(Melissa)와 혼인했는데, 아내에 대한 애착이 매우 심했다고 한다. 그는 멜리사의 부정을 날조한 첩들의 비방을 듣고 격분하여, 임신 중인 멜리사를 잔혹하게 때려 죽였다고 한다. 페리안드로스는 나중에 첩들의 소행을 알아채고 그녀들을 산 채로 불태웠다고 전한다.

는 프로클레에스가 그들에게 무슨 말을 하지 않았을 리 없다고 말하고 끈질기게 물어보았다. 그러자 큰아들은 그 말을 기억해 내고 그것도 말해 주었다. 페리안드로스는 이를 파악하고서 온화한 티를 드러내지 않으려고, 자신에게 쫓겨난 아들이 머무는 집의 주민들에게 전령을 보내 그 아들을 집에 들이지 말도록 금지시켰다. 이에 쫓겨난 아들은 다른 집으로 갔지만, 페리안드로스가 그를 받아들이는 자들을 모두 위협했고 그를 배척하라는 명을 내렸기 때문에, 거기서도 쫓겨났다. 이렇게 쫓겨난 그는 친구들의 집을 여기저기 찾아다녔다. 이들은 두려워하면서도 그래도 페리안드로스의 아들인지라 그를 받아들였다.

마침내 페리안드로스는 그를 집으로 받아들이거나 그에게 말을 거 52 는 자는 누구든 아폴론에게 신성한 벌금을 바쳐야 한다는 포고를 내리고 그 액수를 지정했다. 이 포고에 직면하여 이제는 정말 아무도 그와 대화를 하거나 그를 집으로 들이려 하지 않았다. 이에 리코프론 자신도 포고를 부정하는 것은 옳지 않다고 여기고 꿋꿋하게 견디며 주랑들을 배회했다.[19] 그로부터 네 번째 날에 페리안드로스는 아들이 씻지도 않고 먹지도 못해 초췌해 있는 것을 보고 가엾게 여겼다. 페리안드로스는 분노를 누그러뜨리고 아들에게 다가가서 말했다. "얘야, 너는 대체 이느 것이 더 좋으냐? 네가 지금 겪고 있는 이런 생활이냐 아니면 내 참주 자리와 지금 내가 누리고 있는 행복이냐? 이것

---

19 여기서 '주랑'은 그리스어 '스토아'(stoa)를 번역한 말이다. 주랑은 기둥들이 열 지어 있는 복도를 말하는데 위에는 지붕이 얹혀 있었다. 흔히 그리스의 주랑은 바깥쪽에 기둥들이 세워져 외부와 통해 있었고 안쪽에는 벽이나 방이 있어 외부와 차단되었다. 이런 주랑들은 그리스의 공공건물이나 상점 등에 설치되어 있었다. 그래서 리코프론은 햇볕과 비 등을 피하고 몸을 눕히기 위해 여러 건물들의 주랑을 배회했던 것으로 보인다. 한편 헬레니즘 시대의 스토아 학파 이름도 철학자 제논(Zenon)이 당시 아테네의 한 주랑(스토아)에서 자신의 철학을 강의한 데서 유래했다고 한다.

들은 네가 아버지에게 순응한다면 물려받게 될 것들이다. 너는 내 아들이고 부유한 코린토스의 왕자인데도 부랑아 생활을 택하고, 네가 가장 그리해서는 안 될 사람에게 대들며 분개하고 있구나. 너에게 나에 대한 반감을 불러일으킨 어떤 불행한 일이 우리 가운데 일어났다면 그것은 나에게 일어난 것이고, 또 나 자신이 저지른 만큼 그 일에 대한 책임은 대부분 나에게 있단다. 그러니 이제 너는 부러움을 받는 것이 동정받는 것보다 얼마나 더 좋은지, 또 부모에게나 혹은 너보다 강한 자들에게 격분하는 것이 어떤 일인지를 잘 깨달았으니, 집으로 돌아오너라." 페리안드로스는 이런 말로 리코프론을 만류했다. 그러나 리코프론은 아버지에게 다른 대답은 일체 하지 않고, 아버지가 자신에게 말을 걸었으니 신에게 신성한 벌금을 바쳐야 할 거라는 말만 할 뿐이었다. 페리안드로스는 아들의 불행이 고칠 수도 없고 통제할 수도 없음을 알고 그를 자신의 눈에 띄지 않게 하려고 배를 준비시켜 케르키라로 내보냈다. 당시 페리안드로스는 케르키라도 통치하고 있었던 것이다. 페리안드로스는 아들을 보낸 후, 장인 프로클레에스가 현 사태의 가장 주된 원인이라고 보아 그에 대한 원정에 나섰다. 페리안드로스는 이때 에피다우로스를 점령하고 프로클레에스 자신도 체포했는데 그를 죽이지 않고 생포했다.

53   세월이 흘러 페리안드로스도 한창때를 넘기자 자신이 더는 업무를 관장하고 운영할 수 없음을 깨닫고, 케르키라에 사자를 보내 리코프론을 참주 자리에 앉히려고 불러오게 했다. 그는 큰아들한테서는 참주의 가망성이 전혀 없다고 보았는데, 그 아들이 매우 우둔하다고 여겨졌기 때문이다. 그러나 리코프론은 전갈을 가져온 자에게 대꾸할 가치가 없다고 보았다. 페리안드로스는 그 젊은 아들을 붙들려고 그에게 다시 그의 누이인 자신의 딸을 보냈다. 아들이 그녀의 말을 가장 잘 들을 것으로 생각해서였다. 그녀는 그에게로 가서 말했다. "얘야, 넌 참주 자리가 남들의 수중에 떨어지고 아버님의 가산이 와해되는 것을, 네 자신이 돌아와 그것들을 다 차지하기보다, 더 원하는 거

니? 자 이제 집으로 돌아가고 너 자신을 학대하는 것은 그만해라. 완고한 자존심은 해로운 거란다. 불행을 불행으로 치유해서는 안 돼. 많은 사람들이 정의보다 관대함을 더 중히 여긴단다. 또 어머니를 편들다가 아버지의 재산을 잃은 사람도 이미 많단다. 참주 자리는 위태위태한 것이고 그것을 탐하는 자들도 많은데, 아버님은 이제 나이 들고 한창때를 넘기신 분이야. 네 자신이 가질 이 좋은 재산을 남들에게 주지 말거라." 그녀는 이렇게 아버지가 일러 준 대로 매우 설득력 있는 말을 그에게 늘어놓았다. 하지만 그는 아버지가 살아 있음을 아는 한 결코 코린토스에 가지 않겠다고 대답했다. 딸이 돌아와 이것을 보고하자, 페리안드로스는 세 번째로 사자를 보내 자신이 케르키라로 갈 테니 아들에게는 코린토스로 와서 참주의 계승자가 되라고 지시했다. 아들이 이에 동의하자 페리안드로스는 케르키라로 갈 준비를 하고 아들은 코린토스로 갈 준비를 했다. 그러나 케르키라인들은 이 일의 진상을 알고서, 페리안드로스가 자신들의 나라에 오지 못하도록 그 청년을 살해했다. 페리안드로스는 바로 이 일에 대해 케르키라인들에게 보복하고자 했던 것이다.

라케다이몬인들은 대군을 데리고 와서 사모스를 포위 공격 했다. 54
그들은 성벽을 공격하여 도시 외부의 해안 쪽에 위치한 성루까지 올라왔지만, 그 후 폴리크라테스기 직접 대병력을 이끌고 지원히어 그들을 격퇴했다. 한편 산등성이에 위치한 위쪽 성루 부근에서는 용병 부대와 다수의 사모스인들이 출격하여 잠시 라케다이몬인들과 대적하더니 물러나 도주해 버렸다. 이에 라케다이몬인들이 그들을 추격하여 살해했다.

만일 그곳에 있던 모든 라케다이몬인들이 이날 아르키에스와 리코 55
페스만큼만 해 주었다면 사모스는 점령되고 말았을 것이다. 아르키에스와 리코페스만이 도주하는 사모스인들을 뒤쫓아 함께 성벽 안으로 뛰어들었다가 퇴로가 막혀 사모스인들의 도시 안에서 죽임을 당했던 것이다. 나는 이 아르키에스의 3대째[20] 후손, 즉 아르키에스의 아들 사미오스의 아들인 또 다른 아르키에스를 피타네─이곳이 그의 데모스[21]였던 것이다─에서 직접 만난 적이 있다. 그는 자신의 모든 외빈들 중에서 사모스인들을 가장 존중했으며, 자신의 아버지가 사미오스라는 이름을 갖게 된 것은 사모스에서 가장 장렬하게 전사한 아르키에스의 아들이기 때문이라고 말했다. 그는 자신이 사모스인들을 존중하는 것은 사모스인들이 자기 조부에게 공공 장례를 치러 주었기 때문이라고 말했다.

56   라케다이몬인들은 40일 동안 사모스를 포위 공격 했지만, 전세에 아무런 진척이 없자 펠로폰네소스로 돌아갔다. 한편 폴리크라테스가 납으로 다량의 현지 주화를 주조해 금도금한 후 그들에게 주자 그들이 그것을 받고 돌아갔다는 터무니없는 이야기도 전한다. 이것은 라케다이몬의 도리에스인들이 행한 최초의 아시에 원정이었다.

57   폴리크라테스와 싸우던 사모스인들 역시, 라케다이몬인들이 그들을 버리고 떠나려 했을 때, 배를 타고 시프노스로 떠났다. 이들은 돈이 매우 궁했던 것이다. 당시에 시프노스인들은 자신들 섬에 있는 금광과 은광 덕분에 최고의 번성을 구가하여 섬 주민들 중에서 가장 부유했다. 그래서 시프노스인들은 그 광산들에서 생기는 수입의 10분의 1을 가지고도 델포이에 그곳의 가장 부유한 보고[22]들과 필적할 보고를 봉헌할 정도였다. 그들은 또 매년 광산들에서 생기는 수입을 그들 간에 분배했다. 그들은 델포이의 보고를 지으면서, 현재 자신들의

---

20 아르키에스의 손자 세대. 고대 그리스인들은 서수 계산을 할 때 기준점을 셈에 포함시키기 때문에, 아르키에스로부터 3대째라 함은 아르키에스의 2대 후손을 가리킨다.

21 데모스는 아테네인들의 기본 행정 단위인 구(區)를 말한다. 스파르타에도 데모스와 유사한 코메(kome)라는 행정 단위가 있었는데, 여기서 헤로도토스는 스파르타인들의 행정 단위를 아테네식으로 데모스라고 부르고 있다.

22 그리스의 폴리스들은 델포이에 자국의 보고를 지어 자신들이 바친 봉헌물들을 보관했다. 제1권 제14장 참조.

번성이 오랫동안 지속될 수 있는가를 신탁에 물었다. 이에 피티에 여사제는 그들에게 다음과 같은 신탁을 내렸다.

시프노스에서 공회당이 하얗게 되고
아고레[23] 역시 그 이마가 하얗게 될 때,
그때에는 실로 나무 매복지와 붉은 사자(使者)를
경계할 수 있는 명민한 자가 필요할지니라.

그런데 당시 시프노스의 아고레와 공회당은 파로스석(石)으로 장식되어 있었다.[24]

　시프노스인들은 신탁을 받은 바로 그 순간이나 나중에 사모스인들 58
이 왔을 때에나 그 신탁을 이해하지 못했다. 사모스인들은 시프노스에 도착하자마자 사절들을 실은 배 한 척을 도시로 보냈다. 또 옛날에는 모든 배들이 주홍색으로 칠해졌는데, 이것이 바로 피티에 여사제들이 시프노스인들에게 공표했던 말, 즉 나무 매복지와 붉은 사자를 경계하라는 신탁이 의미하는 바였다. 사절들은 가서 시프노스인들더러 자신들에게 10탈란톤을 빌려 달라고 요구했다. 시프노스인들이 그들에게 빌려 주지 않겠다고 말하자, 사모스인들은 시프노스인들의 농촌 지대를 약탈했다. 시프노스인들이 이 소식을 듣고 곧바로 구원하러 나와 사모스인들과 전투를 벌였으나 패하고 말았다. 시프노스인들 다수가 사모스인들에게 막혀 도시와 차단되었고, 그 후 사

23　아고레는 시민들의 공적 생활의 중심지로 다양한 기능의 공공장소 및 시장으로 활용되었다. 아고레의 기능이 이렇게 복합적이라서 문맥상 시장이 확실한 경우만 시장으로 번역하고 그 외는 그대로 아고레라고 옮겼다. 제2권 제173장 참조.
24　아고레와 공회당(프리타네이온)이 하얀 파로스 대리석으로 지어졌음을 말해 준다. 아고레의 "이마"는 아고레 건축물의 상단부를 가리키는 것이라 하겠다.

모스인들은 그들에게서 100탈란톤을 거두었다.

59   이 사모스인들은 헤르미온인들에게 돈을 주고 펠로폰네소스 인근의 히드레아 섬을 사들여 그곳을 트로이젠인들에게 맡겼다. 그리고 그들 자신은 크레테에 키도니에를 건설했다. 그들은 원래 그러려고 항해했던 것이 아니고 그 섬에서 자킨토스인들을 축출하기 위해 갔었다.[25] 그들은 키도니에에 머물러 살며 5년 동안 번성을 누렸다. 그리하여 현재 키도니에에 있는 성소들[과 딕티네 신전][26]을 건립했을 정도였다. 하지만 6년째 되는 해에 아이기나인들이 크레테인들과 함께 그들을 해전에서 격파하고 노예로 삼았다. 아이기나인들은 또 멧돼지상을 한, 사모스 배들의 이물들을 잘라 내어 아이기나의 아테나이에 성소에 바쳤다. 아이기나인들이 그렇게 한 것은 사모스인들에 대한 원한 때문이었다. 예전에 암피크라테스가 사모스의 왕이었을 때 사모스인들이 아이기나를 공격했는데, 그때 아이기나인들에게 큰 피해를 입혔고 그들 역시 아이기나인들에게서 큰 피해를 입었던 것이다. 이것이 그들이 반목한 이유였다.

60   내가 사모스인들에 대해 비교적 장황하게 이야기한 것은 그들이 전체 헬라스인들 가운데 최대의 공사를 세 개나 완수했기 때문이다. 그중 하나는 높이가 150오르기이에나 되는 산 아래로 관통하는 터널로, 입구가 둘이다. 터널의 전체 길이는 7스타디온이고 높이와 폭은 각각 8푸스다. 그리고 이 터널의 전 구간만큼 길고 깊이가 20페키스이고 폭이 3푸스인 터널이 또 하나 뚫려 있는데, 커다란 샘에서 나온 물이 이것을 따라 관을 통해 흘러 도시로 운반된다. 이 터널을 만든 건축가는 메가라인으로 나우시트로포스의 아들 에우팔리노스였다.

------

25 "그 섬"이 크레테 섬인지 자킨토스 섬인지는 확실치 않다.

26 슈타인은 이 대목을 원래 텍스트가 아닌 후대에 개찬된 것으로 보아 [ ] 표시를 했다. 딕티네 신전은 키도니아에서 제법 멀리 떨어져 있었고 그리스인들이 섬기는 신전도 아니었다고 한다.

이것이 세 개 공사 중의 하나이고, 두 번째 것은 항구 주위 바다에 쌓은 20오르기이에 깊이의 방파제다. 이 방파제는 길이가 2스타디온이 넘는다. 사모스인들이 완수한 세 번째 공사는 우리가 본 모든 신전들 중에서 가장 거대한 신전이다. 그것을 처음 지은 건축가는 사모스 출신인, 필레스의 아들 로이코스였다. 바로 이것들 때문에 나는 사모스인들에 대해 비교적 장황하게 이야기했던 것이다.

키로스의 아들 캄비세스가 제정신을 잃고서 아이깁토스에서 우물 61 쭈물 하고 있을 때,[27] 두 마고스 형제가 캄비세스에게 반란을 일으켰다. 그중 한 명은 캄비세스가 왕실의 집사로 남겨 놓은 자였다. 그는 스메르디스의 죽음이 비밀에 부쳐져 페르시스인들 중에 그것을 아는 자가 소수이고 대부분은 스메르디스가 여전히 살아 있다고 여기는 것을 알고, 캄비세스에게 모반을 일으켰다. 그리하여 그는 다음과 같은 계획을 꾸며 왕위를 차지하려고 시도했다. 그에게는 앞서 내가 그와 함께 반란을 일으켰다고 말한 남자 형제가 한 명 있었는데, 이 자는 캄비세스의 친동생이지만 캄비세스에게 살해당한, 키로스의 아들 스메르디스와 외모가 꼭 흡사했다. 또 스메르디스와 외모도 흡사할 뿐 아니라 특히 이름도 똑같이 스메르디스였다. 마고스 파티제이테스는 자신이 형제를 위해 모든 일을 처리하겠다는 것을 그에게 납득시긴 후, 그를 데려다 욍좌에 잎혔다. 그렇게 한 후 파티제이테스는 다른 모든 곳들과 특히 아이깁토스에도 사자들을 보내 앞으로는 캄비세스가 아니라 키로스의 아들 스메르디스의 명령을 따라야 한다고 군대에 공표했다.

그래서 다른 사자들도 모두 그렇게 공표했고, 특히 아이깁토스 62 에 파견된 사자도 캄비세스와 그 군대가 시리에의 악바타나에 있음을 알고 그들 한가운데에 서서 마고스의 명령을 공표했다. 캄비세스

---

27 제3권 제61장은 제3권 제38장의 서술에서 이어지는 대목이다.

는 사자가 하는 말을 듣자 그 말을 진실이라고 여겨 자신이 프렉사스페스에게 배신당했다고 생각했다. 즉 스메르디스를 죽이라고 프렉사스페스를 보냈지만 그가 스메르디스를 죽이지 않았다고 여긴 것이다. 이에 캄비세스는 프렉사스페스를 쳐다보며 말했다. "프렉사스페스여, 그대는 내가 그대에게 맡긴 일을 나에게 이런 식으로 처리했는가?" 그러자 프렉사스페스가 말했다. "전하, 전하의 동생 스메르디스가 전하께 반란을 일으켰다는 것은 거짓입니다. 저 스메르디스로 말미암는 불화는 크든 작든 간에 결코 전하께 일어나지 않을 것입니다. 전하께서 저에게 명하신 일을 제가 직접 수행한 후 제 손으로 그의 장례를 지냈기 때문입니다. 만일 죽은 자들이 다시 살아난다면, 전하께서는 메디아인 아스티아게스도 전하께 반란을 일으킬 것이라 예상하여야 할 것이옵니다. 그러나 세상일이 전과 다름없다면, 스메르디스로 말미암아 전하께 불온한 일은 일어나지 않을 것이옵니다. 제 생각에는 그 사자를 쫓아가 그가 대체 누구의 명령을 받고 와서 우리더러 스메르디스 왕에게 복종해야 한다고 공표했는가를 심문해 보는 것이 옳다고 봅니다."

63   프렉사스페스가 이렇게 말하자, 캄비세스는 그 말이 마음에 들어 즉시 사자를 뒤쫓아 그를 데려오게 했다. 사자가 도착하자 프렉사스페스는 그에게 물었다. "여보게, 그대는 자신이 키로스의 아들 스메르디스에게서 온 사절이라고 말했네. 이제 그대는 진실을 말하고서 무사히 이곳을 떠나도록 하게. 스메르디스가 직접 그대 앞에 나타나 이런 명령을 내렸는가 아니면 그의 신하들 중 누군가가 명했는가?" 이에 사자가 대답했다. "저는 캄비세스 왕께서 아이깁토스로 진군하신 이후로 키로스의 아드님 스메르디스를 뵌 적이 전혀 없습니다. 캄비세스께서 왕실 관리를 맡기신 마고스, 바로 그가 저에게 이 일을 지시했습니다. 그는 말하기를, 키로스의 아드님 스메르디스께서 이렇게 당신들께 전하라고 명하셨다 했습니다." 사자는 거짓 없이 그들에게 말했고, 이에 캄비세스가 말했다. "프렉사스페스여, 그대는 올

바른 사람으로 내 명령을 잘 수행했으니 아무 잘못이 없소. 그런데 페르시스인들 중에 누가 스메르디스의 이름을 빼앗아 나에게 반란을 일으킬 수 있단 말인가?" 그러자 프렉사스페스가 말했다. "전하, 무슨 일이 일어난 것인지 알 듯합니다. 전하께 반란을 일으킨 자들은 마고스들입니다. 전하께서 왕실의 집사 일을 맡기신 파티제이테스와 그와 형제간인 스메르디스가 그들입니다."

이때 캄비세스는 스메르디스라는 이름을 듣고, 프렉사스페스의 이 64 야기와 예전의 꿈이 모두 사실임을 통감했다. 캄비세스가 보기에는 꿈속에서 누군가 자기에게로 와, 스메르디스가 왕좌에 앉아 있는데 그의 머리가 하늘에 닿았더라고 보고했던 것이다. 캄비세스는 자신이 아무 이유 없이 동생을 죽였음을 알고 스메르디스에 대해 슬퍼하며 울었다. 그는 슬피 울고서 자신의 모든 재앙에 격앙하여, 되도록 빨리 수사로 가서 마고스를 정벌할 생각으로 말 등에 뛰어올랐다. 그런데 캄비세스가 말 위로 뛰어올랐을 때 그의 칼집 마개가 떨어졌고 이에 벗겨진 칼이 그의 허벅지를 찔렀다. 캄비세스가 상처를 입은 곳은 전에 그가 아이깁토스의 아피스 신을 내리친 곳과 똑같은 자리였다. 캄비세스는 자신이 치명상을 입었다고 여겨, 그 도시의 이름이 무엇인지 물어보았다. 그들은 그곳이 악바타나라고 말했다. 사실 캄비세스는 이전에 부도 시로부터 그가 악바타나에서 생을 마감힐 것이라는 신탁을 받은 적이 있었다. 그때 그는 자신의 모든 업무가 이뤄지는 메디아 악바타나에서 자신이 늙어 죽을 것이라고 생각했다. 그러나 신탁은 사실 시리에 악바타나에서의 죽음을 말한 것이었다. 도시 이름을 물어 알게 되었을 때, 그는 마고스가 초래한 재앙과 자신의 상처로 인해 충격을 받고 제정신을 찾았다. 그래서 그는 예언의 뜻을 알아차리고 말했다. "키로스의 아들 캄비세스가 여기서 죽을 운명이구나."

그때 그는 이렇게만 말했다. 하지만 한 20일 후에 그는 자신과 함 65 께 있던 페르시스인들 중에서 최고 중신들을 불러 다음과 같이 말했다. "페르시스인들이여, 이제 나는 매우 철저히 숨겨 온 일 하나를 그대들에게 밝히지 않을 수 없게 되었소. 내가 아이깁토스에 있을 때 꿈에서 웬 환영을 보았는데, 그것은 보지 말았어야 할 것이었소. 내가 보기에는 집으로부터 사절이 와서, 스메르디스가 왕좌에 앉아 있는데 그의 머리가 하늘에 닿았더라고 보고하는 것이었소. 그래서 나는 동생에게 통치권을 빼앗길까 두려워, 지혜롭기보다는 오히려 성급하게 행동했소. 지금 보니 인간의 본성으로는 미래의 일을 바꿀 수가 없는데 말이오. 어리석은 나는 스메르디스를 죽이고자 프렉사스페스를 수사로 보냈소. 그처럼 엄청난 악행이 저질러진 후 나는 아무 두려움 없이 지냈고, 스메르디스가 제거되었으니 다른 누가 나에게 반란을 일으키리라고는 전혀 생각지도 않았소. 나는 미래의 일이 어찌 될지 전혀 파악하지 못한 채, 그럴 필요가 없는데도 동생을 죽인 살인자가 되었고 그리했음에도 불구하고 왕위도 빼앗겨 버렸소. 사실 신령께서 나에게 반란을 일으킬 것이라고 환영을 통해 알려 주신 스메르디스는 마고스 스메르디스였던 거요. 하지만 나는 이미 이런 일을 저지르고 말았소. 그대들은 키로스의 아들 스메르디스는 이제 죽고 없는 사람이라고 믿으시오. 지금 마고스들이 왕국을 관장하고 있는데, 그들은 내가 왕실 관리를 위해 남겨 둔 자와 그의 형제인 스메르디스요. 내가 이처럼 마고스들에게 치욕을 당했건만 지금 나를 위해 누구보다 각별히 그들을 응징해야 할 사람은 가장 가까운 제 혈육에게 야비하게 살해되고 말았소. 그가 지금 죽고 없으니, 페르시스인들이여, 나는 이제 나머지 차선책으로 내가 생을 맺는 마당에 간절히 원하는 바를 그대들에게 요구할 수밖에 없게 되었소. 내가 왕실의 신들 이름을 들어 그대들에게 바라노니, 그대들 모두와 특히 여기 함께 있는 아카이메니다이 가문 사람들은 왕권이 다시 메디아인에게로 돌아가게 해서는 안 되오. 그들이 계략을 써서 왕권을 차지하면 그대들도 계략으로 빼앗아야 하고, 그들이 힘으로 그것을 장악하면 그대들도 힘을 써서 강제로 되찾아야 하오. 그대들이 그렇게 한다면,

그대들의 땅은 풍성한 결실을 거두고 그대들의 여자와 가축들은 다산을 이루며 그대들은 영원한 자유를 누리게 될 것이오. 그러나 그대들이 왕권을 되찾지 못하거나 되찾으려는 시도를 하지 않는다면 나는 이와 정반대의 일들이 그대들에게 일어나기를 기원하고 또 나아가 모든 페르시스인들이 지금의 나처럼 비참한 종말을 맞게 해 달라고 기원하겠소." 캄비세스는 이렇게 말하면서, 자신에게 일어난 모든 일을 슬퍼하며 울었다.

페르시스인들은 왕이 통곡하는 것을 보자, 모두들 자신이 입고 있 **66** 던 옷을 찢으며 큰 소리로 울부짖었다. 그 후 뼈가 썩고 허벅지가 급속도로 부패하여 키로스의 아들 캄비세스의 목숨을 앗아 갔다. 그는 모두 7년 5개월 동안 왕으로 재위했는데, 아들이든 딸이든 한 명의 자식도 남기지 못했다. 그런데 그 자리에 있던 페르시스인들에게는 마고스들이 권력을 차지했다는 말이 내심 별로 믿기지 않았다. 그들은 캄비세스가 스메르디스의 죽음에 대해 말한 것은 그가 모든 페르시스인들에게 스메르디스와 싸우도록 부추기려고 중상하여 그런 것이라고 생각했다. 그때 그들은 키로스의 아들 스메르디스가 왕위에 올랐다고 믿었다. 프렉사스페스도 자신이 스메르디스를 죽이지 않았다고 완강히 부인했던 것이다. 캄비세스도 죽고 없는 터에 그가 제 손으로 키로스의 아들을 죽였다고 말하는 것은 그에게 위험한 일이었기 때문이다.

캄비세스가 죽자, 그 마고스는 자신과 이름이 같은 키로스의 아들 **67** 스메르디스의 행세를 하며 7개월 동안 아무 거리낌 없이 왕으로 지냈다. 7개월은 캄비세스가 재위 8년을 다 채우는 데 딱 모자라는 기간이었다. 이 기간에 마고스는 모든 신민(臣民)들에게 큰 혜택을 베풀었고, 그래서 그가 죽자 페르시스인들을 제외한 모든 아시에인들이 그를 몹시 그리워했다. 마고스가 자신의 지배하에 있던 모든 종족들에게 사자를 보내 3년 동안 군대와 납세 의무를 면제한다고 포고했기 때문이다.

68   마고스는 왕위에 오르자 즉시 이것을 포고했다. 하지만 8개월째 되는 때에 다음과 같이 그의 정체가 발각되고 말았다. 파르나스페스의 아들 오타네스라는 사람이 있었는데, 출신이나 부유함에서 페르시스인의 최상류층에 속한 자였다. 이 오타네스는 그 마고스가 키로스의 아들 스메르디스가 아니고 마고스 자신일 거라고 의심한 최초의 인물이었다. 그가 그렇게 생각한 이유는 마고스가 결코 아크로폴리스 밖으로 나오지 않았고 또한 페르시스 중신들 가운데 누구도 면전으로 불러들인 적이 없었기 때문이다. 마고스를 의심하게 된 오타네스는 다음처럼 행했다. 이전에 캄비세스는 파이디메라고 불리는, 오타네스의 딸과 혼인했었다. 그런데 이제는 마고스가 그녀를 아내로 삼았다. 그는 그녀뿐 아니라 캄비세스의 아내였던 다른 모든 여자들과도 함께 살았다. 오타네스는 바로 이 딸에게 전갈을 보내 그녀와 동침하는 자가 키로스의 아들 스메르디스인지 아니면 다른 자인지를 물어보았다. 이에 그 딸은 답신을 보내 자신은 그것에 대해 알지 못한다고 말했다. 자신은 키로스의 아들 스메르디스를 본 적이 전혀 없고 또 자신과 동침하는 자가 누구인지도 알지 못한다는 것이었다. 오타네스는 두 번째로 전갈을 보내 말했다. "네 자신이 키로스의 아드님 스메르디스를 알지 못한다면, 아토사에게 물어 그녀와 너랑 동침하는 자가 누구인지 알아보거라. 그녀는 아마 틀림없이 자신의 오빠를 알고 있을 테니 말이다."

69   이에 대해 딸이 답신을 보내왔다. "저는 아토사와 이야기를 나눌 수도 없고 그녀와 함께 사는 다른 어떤 여자도 볼 수가 없어요. 이 자는, 그가 누구이건 간에, 왕위를 차지하자마자 즉시 우리를 흩어 놓아 각기 따로 있게 했으니까요." 이 말을 듣자 오타네스로서는 일의 전말이 더욱 명확해졌다. 그는 이제 딸에게 세 번째 전갈을 보내 이렇게 말했다. "얘야, 너는 고귀한 가문에서 태어났으니 애비가 너에게 부딪혀 보라고 명한 그 어떤 위험도 감수해야 한단다. 만일 그가 키로스의 아드님 스메르디스가 아니고 내가 의심하는 그 자라면, 너

와 동침하고 페르시스의 왕권을 차지했으니 무사하게 그냥 두지 말고 응분의 대가를 치르도록 해야 한다. 그러니 너는 이렇게 해라. 그가 너와 동침하게 되면 그가 잠든 것을 보고 그의 귀를 만져 보아라. 만일 그에게 분명히 귀가 있다면 네가 키로스의 아드님 스메르디스와 동침하는 것이라 믿어라. 그러나 그에게 귀가 없다면 너는 마고스 스메르디스와 동침하고 있는 거란다." 그에 대해 파이디메는 답신을 보내, 자신이 그런 일을 하면 큰 위험에 처할 것이라고 말했다. 혹시 그에게 귀가 없을 경우 그의 귀를 만지다 들키기라도 하면 틀림없이 그가 자신을 죽일 것이기 때문이라고 했다. 하지만 그럼에도 자신은 그 일을 하겠다고 말했다. 그리하여 그녀는 아버지의 말대로 일을 수행하겠다고 약속했던 것이다. 캄비세스의 아들 키로스는 그의 통치 시절에 무언가 중요한 이유 때문에 이 마고스 스메르디스의 양쪽 귀를 잘라 버렸다. 결국 오타네스의 딸인 이 파이디메는 그녀가 아버지에게 약속했던 것을 모두 실행했다. 즉 그녀가 그 마고스를 찾아갈 차례가 되었을 때—페르시스에서는 아내들이 순번대로 돌아가며 남편을 찾아간다—, 그녀는 그에게로 가서 동침을 했고 그가 깊이 잠이 들자 마고스의 귀를 만져 보았다. 그녀는 별로 어렵지 않게 수월히 그 자에게 귀가 없다는 것을 알아냈고, 날이 밝자마자 즉시 아버지에게 전갈을 보내 그 사실을 알렸다.

그러자 오타네스는 페르시스인의 최상류층이며 그가 가장 믿는 자 70 들인 아스파티네스와 고브리에스를 제 편으로 끌어들여 그들에게 일의 전말을 다 말해 주었다. 이들도 그 일의 사정에 대해 의심하고 있었는지라, 오타네스가 전하는 말을 듣고 그에 수긍했다. 그들은 각자 자신이 가장 신뢰하는 페르시스인 한 명씩을 동지로 참여시키자고 결정했다. 그래서 오타네스는 인타프레네스를 끌어들이고, 고브리에스는 메가비조스를, 아스파티네스는 히다르네스를 끌어들였다. 이렇게 하여 그들은 여섯이 되었는데, 그때 마침 히스타스페스의 아들 다레이오스가 페르시스에서 수사로 왔다. 당시 그의 아버지가 페르시스 지방의 총독[28]이었던 것이다. 그가 오자, 여섯의 페르시스인들은 다레이오스도 함께 동지로 참여시키기로 결정했다.

71   이들 7인은 함께 모여 서로 신의의 서약을 맺고 의견을 나누었다. 다레이오스가 자신의 견해를 밝힐 차례가 되자, 그는 그들에게 다음처럼 말했다. "나는 지금 왕으로 있는 자가 마고스이고 키로스의 아드님 스메르디스는 이미 죽고 없다는 것을 나 혼자만 안다고 생각했소. 그 때문에 나는 마고스를 죽일 거사를 도모하러 서둘러 온 것이오. 그런데 마침 나뿐 아니라 그대들도 그것을 알고 있다고 하니, 미루지 말고 즉시 실행하는 것이 좋다고 보오. 미룬다고 더 좋을 것이 없으니 말이오." 그 말을 듣고 오타네스가 말했다. "히스타스페스의 아들이여, 그대의 아버지는 훌륭한 분이시고, 그대도 확실히 아버지 못지않은 것 같소. 하지만 이 거사를 그렇게 무작정 서두르지 말고 좀 더 현명하게 처리했으면 하오. 우리의 수가 좀 더 많아진 후에 거사를 도모해야 할 테니 말이오." 이에 다레이오스가 말했다. "여기 계신 여러분, 만일 여러분이 오타네스가 말한 방식을 따른다면 매우 참혹한 죽음을 맞게 될 것임을 알아 두시오. 누군가가 자신의 개인적인 이익을 얻고자 마고스에게 발설할 테니까요. 그런즉 여러분이 스스로의 힘만으로 일을 수행했더라면 가장 좋았을 거요. 하지만 여러분이 더 많은 사람을 규합하기로 결정하고 나에게도 교섭한 것이니, 오늘 바로 실행하십시다. 그렇지 않고 오늘 하루가 지나 버리면, 아무도 나보다 먼저 밀고할 수 없을 테니 그리 아십시오. 바로 내가 마고스에게 전말을 털어놓을 것이오."

72   그러자 오타네스는 다레이오스의 격앙한 모습을 보고 말했다. "그

28 여기서 '총독'은 히파르코스(hyparchos)를 번역한 말이다. 히파르코스는 왕을 대신해 관할 지역을 관리하는 모든 대리통치자들에게 사용된 용어였으며, 반드시 총독을 뜻하는 것은 아니었다. 그중에는 총독과 같이 비교적 대규모 지역을 관리하는 자도 있었고 그보다 작은 지역의 관리자들도 있었다.

대는 우리에게 서둘 것을 강권하고 미루기를 마다하니, 우리가 대체 어떤 방법으로 왕궁에 들어가 그들을 공격할 것인지 그대가 한번 말해 보시오. 도처에 경비병들이 배치되어 있다는 것을 아마 그대도 알고 있을 테니 말이오. 그대가 그들을 보지 못했다 해도 듣기는 했을 거요. 어떤 방법으로 그들을 통과할 수 있겠소?" 그에 대해 다레이오스가 대답했다. "오타네스여, 세상에는 말로는 표현할 수 없지만 행동으로 나타낼 수 있는 것들이 많소. 또 반면에 말로 표현할 수 있다 해도 찬란한 행동이 뒤따르지 않는 것들도 많소. 그대들은 배치된 경비병들이 우리가 통과하기에 어렵지 않다는 것을 잘 알고 있소. 우리처럼 대단한 사람들에게는 그 누구도, 우리를 존경해서건 혹은 두려워해서건, 통과를 막지 못할 테니 말이오. 더욱이 나는 통과하기 위한 아주 그럴듯한 구실을 갖고 있소. 즉 내가 페르시스에서 방금 도착했으며 나의 아버지로부터의 전갈을 왕에게 전달하기를 원한다고 말하는 겁니다. 거짓말이 꼭 필요한 곳에서는 거짓말을 해야지요. 우리는 거짓말을 하건 진실을 말하건 다 같은 목적을 추구하고 있으니까요. 거짓말하는 자들은 거짓말로 설득하여 무언가 이익을 얻으려할 때 거짓말을 하는 것이고, 반면 진실을 말하는 자들은 진실을 통해 이익을 끌어내고 더 많은 신뢰를 얻기 위해 진실을 말하는 것이지요. 우리는 이렇게 다른 식으로 수행하면서도 똑같은 목표를 추구하고 있소. 만일 이익을 얻지 못할 것 같으면, 진실을 말하는 자도 똑같이 거짓말을 할 것이고 또 거짓말을 하는 자들도 진실을 말하게 될 겁니다. 문지기들 가운데 우릴 기꺼이 통과시키는 자에게는 후일 더 좋은 일이 있을 것입니다. 그러나 우리를 막으려고 하는 자는 당장에 적으로 선언하고, 그를 밀치고 안으로 들어가 일을 치릅시다."

그런 후에 고브리에스가 말했다. "이보시오 친구님들, 우리가 왕권 73 을 되찾는 데, 아니면 우리가 그것을 되찾지 못해 목숨을 하직하는 데 지금보다 더 좋은 기회가 언제 또 있겠소? 지금 우리가 페르시스인들로서 메디아인 마고스의, 그것도 귀가 없는 자의 지배를 받고 있으니 말이오. 여러분 중에서 캄비세스가 병들었을 때 함께 있었던 분들은 필시 그가 생을 마감하면서 왕권을 되찾으려고 시도하지 않는 페르시스인들에 대해 내렸던 저주를 기억할 것이오. 그때 우리는 캄비세스의 말을 믿지 않았고 그가 중상하여 말한 것이라 생각했었소. 그러므로 나는 이제 다레이오스의 견해에 따라 이 회합을 해산하지 말고 곧바로 마고스를 공격하자는 데에 찬동하오." 고브리에스가 이렇게 말하자, 모두들 그에 찬성했다.

74   그들이 이렇게 협의하고 있는 동안에, 때마침 다음과 같은 일이 일어났다. 마고스들이 서로 상의한 결과, 프렉사스페스와 우호를 맺기로 결정했던 것이다. 이유는 프렉사스페스가 캄비세스에게 끔찍한 불행을 겪었다는 점―캄비세스가 그의 아들을 활로 쏘아 죽였던 것이다―, 프렉사스페스가 제 손으로 키로스의 아들 스메르디스를 죽였으니 스메르디스의 죽음에 대해 알고 있는 유일한 자였다는 점, 더욱이 프렉사스페스가 페르시스인들 사이에서 큰 명성을 누리고 있었다는 점 때문이었다. 이런 이유에서 그들은 그를 불러다 자기편으로 끌어들였다. 그들은 자신들이 페르시스인들에게 저지른 모든 일에 대해 그가 혼자서만 간직하고 다른 사람들에게 절대 발설하지 않겠다는 보증과 맹세를 받고, 대신 그에게 온갖 재화를 아주 풍족하게 주겠다고 약속했다. 프렉사스페스는 이에 수긍하여 그렇게 하겠다고 약속했다. 마고스들은 이렇게 그를 설득한 후, 두 번째 제안을 내놓았다. 즉 자신들이 모든 페르시스인들을 왕궁 성벽 아래로 소집하겠다고 말하며, 프렉사스페스더러 성루에 올라가 지금의 통치자는 키로스의 아들 스메르디스이고 절대 다른 사람이 아니라는 것을 선언하라고 요구했다. 그들이 프렉사스페스에게 이런 일을 맡긴 이유는 그가 분명 페르시스인들 사이에서 가장 신뢰받는 것으로 보였고 또 그가 키로스의 아들 스메르디스가 살아 있다는 견해를 자주 표명하며 스메르디스에 대한 살인을 부정했기 때문이다.

75   프렉사스페스가 그것도 하겠다고 수락하자, 마고스들은 페르시스

인들을 소집한 후 그를 성루에 올려 보내서 연설을 하도록 지시했다. 그러나 그는 그들이 요구한 것들을 일부러 무시하고, 아카이메네스로부터 시작하여 키로스의 계보를 죽 더듬어 나갔다. 그런 다음 마침내 키로스까지 내려오자, 그는 키로스가 페르시스인들에게 행했던 선행들을 언급했다. 그리고 그것을 다 마친 뒤 그는 드디어 진실을 밝혔다. 프렉사스페스는 말하기를, 전에는 자신이 실상을 말하는 것이 자신의 안위를 불안하게 했기 때문에 비밀을 지켜 왔는데 지금은 털어놓지 않을 수 없게 되었다고 했다. 그는 자신이 캄비세스의 명을 받고 부득이 키로스의 아들 스메르디스를 죽였으며 지금 통치하는 자들은 마고스들이라고 말했다. 그는 페르시스인들이 왕권을 되찾고 마고스들을 응징하지 않는다면 페르시스인들에게 수많은 저주가 내리기를 빈 후, 성루에서 스스로 곤두박이쳤다. 프렉사스페스는 살아 있는 동안 내내 명성을 누리던 자였는데, 그와 같이 생을 마감했다.

한편 7인의 페르시스인들은 미루지 말고 즉시 마고스들을 공격하 76 기로 합의한 후, 신들에게 기도를 올리고 앞으로 나아갔다. 그들은 아직 프렉사스페스에게 일어난 일을 알지 못했다. 그들이 중간쯤 갔을 때에 그에 관한 이야기를 들어 알게 되었다. 그들은 길가로 물러나 다시 의논했다. 오타네스를 따르는 자들은 지금 상황이 어지러우니 거사를 뒤로 미뤄 공격을 그만두자고 강력히 주장했다. 반면에 다레이오스를 따르는 자들은 당장 가서 결정된 대로 수행하고 미루지 말 것을 주장했다. 그런데 그들이 이렇게 토론을 벌이고 있을 때, 갑자기 매 일곱 쌍이 나타나더니 독수리 두 쌍을 뒤쫓아 잡아채고 쥐어뜯는 것이었다. 7인은 이것을 보고 모두 다레이오스의 견해에 찬동했고, 새들의 모습에 고무되어 왕궁을 향해 나아갔다.

그들이 왕궁 문에 다다랐을 때, 다레이오스가 예상했던 일이 그대 77 로 일어났다. 경비병들은 그들 최상류층 페르시스인들에게 존경심을 지녔고 또 그들이 그러한 일을 저지를 것이라곤 추호도 의심하지 않은지라 아무것도 묻지 않고, 신들의 가호를 받는 그들을 통과시켰던

것이다. 그들이 궁정 안으로 들어갔을 때 마침 왕에게 전갈을 가져가
던 환관들과 마주쳤다. 환관들은 이들에게 무엇 때문에 왔는지를 물
었고, 이들에게 질문을 하는 동시에 문지기들에게는 이들을 통과시
켜 주었다고 윽박댔다. 환관들은 7인이 앞으로 더 나아가려고 하자
저지했다. 그러자 7인은 서로 격려하며 단검을 꺼내들고 자신들을 저
지한 환관들을 그 자리에서 찔렀다. 이어서 그들은 왕의 집무실로 달
려 들어갔다.

78 이때 마고스들은 둘 다 안에 있었는데, 프렉사스페스로 말미암은
일에 대해 협의 중이었다. 그들은 환관들이 소란을 피우고 소리 지르
는 것을 보자 둘 다 벌떡 일어섰고, 무슨 일이 일어나는지 파악하고
는 방어 태세를 갖추었다. 그중 한 명은 황급히 활을 끌어 내리고 다
른 한 명은 창을 잡았다. 그리하여 양측 간에 싸움이 벌어졌다. 그들
중 활을 잡은 마고스에게는 적들이 너무 가까이에 있고 바싹 접근해
있어 활이 아무런 쓸모가 없었다. 그러나 다른 마고스는 창으로 잘
방어했으며, 아스파티네스의 허벅지와 인타프레네스의 한쪽 눈을 찔
렀다. 인타프레네스는 그 상처 때문에 눈을 하나 잃었지만 그렇다고
죽지는 않았다. 마고스 중 한 명은 이들에게 부상을 입혔다. 그러나
활이 아무 소용없게 된 다른 마고스는, 집무실 옆에 바로 침실이 통
해 있었는지라, 침실로 도망가서 문을 닫으려고 했다. 하지만 7인 중
의 두 사람, 다레이오스와 고브리에스가 그와 함께 안으로 돌진해 갔
다. 이때 고브리에스가 마고스와 서로 엉켜 싸웠는데, 다레이오스는
어둠 속에서 혹시 고브리에스를 찌르지 않을까 우려하여 어쩔 줄 모
르고 그냥 옆에 서 있었다. 고브리에스는 그가 가만히 서 있는 것을
보고 왜 손을 쓰지 않느냐고 물었다. 이에 다레이오스가 말했다. "내
가 그대를 찌를까 우려해서 그렇소." 고브리에스가 대답했다. "둘 다
꿰뚫어도 괜찮으니 칼로 찌르시오." 다레이오스는 그 말에 따라 단검
을 찔렀는데 운 좋게도 마고스만을 찔렀다.

79 그들은 마고스들을 죽여 목을 베었으며, 자기들 중 부상자들은 거

동이 어려운 데다 아크로폴리스에 대한 경계도 필요해서 그 자리에 남겨 두었다. 한편 그들 중 5인은 마고스들의 머리를 들고서 떠들썩하게 고함을 지르며 뛰어나갔다. 그들은 다른 페르시스인들을 불러서 일의 전말을 설명하고 마고스들의 머리를 보여 주었다. 그러는 동시에 마주치는 마고스가 있으면 모두 다 죽였다. 페르시스인들은 7인이 벌인 일과 마고스들의 기만 행위를 알게 되자, 자신들도 7인처럼 그렇게 하는 것이 옳다고 여겨, 단검을 빼어 들고 보이는 대로 마고스를 다 죽였다. 밤이 찾아와 그들을 막지 않았다면, 단 한 명의 마고스도 남겨 두지 않았을 것이다. 지금 페르시스인들은 다른 어느 날보다도 성대하게 이날을 공동으로 경축한다. 그들은 이날을 맞아 대대적인 축제를 거행하는데, 페르시스인들은 이날을 마고포니아[29]라고 부른다. 이 축제 동안에 마고스들은 누구도 바깥에 모습을 드러내서는 안 되고, 이날은 종일 자신의 집 안에서 지내야 한다.

혼란이 가라앉고 5일이 지났을 때, 마고스들에게 봉기를 일으킨 자 80들이 온갖 사안을 놓고 함께 의논했다. 여기서 오간 말들에 대해 일부 헬라스인들은 믿을 수 없다고 여기지만, 그 말들은 실제로 있었던 것들이다. 오타네스는 국정을 페르시스인들 모두에게 공동으로 맡기자고 주장했는데, 그의 말은 이러했다. "나는 이제 더는 우리에게 군주제가 있어서는 안 된다고 생각하오. 군주제는 즐거운 것도 아니고 좋은 것도 아니기 때문이오. 그대들은 이미 캄비세스의 오만함이 어디까지 이르렀는지를 보았고 또 마고스의 오만함도 경험해 보았소. 군주제하에서는 아무 책임도 지지 않는 자가 마음먹은 대로 할 수 있는데, 어찌 군주제가 적절한 제도라 할 수 있소? 모든 인간 중에서 가장 훌륭한 자가 군주제하에 들어선다 해도, 그는 자신의 평소 생각에서 벗어나고 말 것이오. 그가 지닌 장점들로 말미암아 오만함이 생겨

---

29 '마고포니아'(magophonia)는 그리스어로 '마고스 학살'이라는 뜻이다.

나고 인간에게는 본디 시기심이 배어 있으니까요. 그는 이들 두 가지, 즉 오만함과 시기심을 품게 되고, 그것들로 말미암아 모든 불행을 겪게 됩니다. 그는 한편으로는 오만함에 또 한편으로는 시기심에 넘쳐 수많은 악행을 저지릅니다. 참주된 자는 좋은 것들을 다 누리고 있으니, 사실 시기심을 가질 이유가 없겠지요. 그러나 그는 시민들에 대해 이와 정반대의 태도를 보입니다. 그는 최고로 훌륭한 자들이 생존해 있으면 그들을 시기하고, 가장 열등한 시민들에 대해서는 즐거워합니다. 그는 누구보다도 더 중상(中傷)에 잘 넘어가지요. 또 누구보다도 더 다루기가 까다롭습니다. 만일 그대가 그를 적당히 찬미하면 자신이 크게 찬양받지 않는다고 화를 내고, 그를 크게 찬양하면 아첨꾼이라고 화를 내니까요. 그러나 이제 그에 대해 가장 중요한 점을 말하고자 하오. 그는 조상 전래의 규범을 뒤엎고 여자들을 범하고, 재판도 없이 사람들을 처형합니다. 반면 다수[30]의 통치는 첫째로 그 이름이 모든 것 중에서 가장 훌륭한 이름인 이소노미에[31]이고, 둘째로 군주가 저지르는 일들은 절대 하지 않습니다. 관직은 추첨에 의해 맡고 직무에 대한 책임을 지고, 모든 제안이 공동체 앞으로 제출됩니다. 그래서 나는 우리가 군주제를 폐지하고 다수의 지배를 강화하기를 제안하는 바이오. 모든 일은 다수에게 달려 있기 때문이오."

81 오타네스가 제시한 의견은 이러한 것이었다. 하지만 메가비조스는 과두제[32]로 바꾸자고 주장하며, 다음과 같이 말했다. "오타네스

---

30 '다수'는 플레토스(plethos)를 번역한 말이다. '다수'는 1인 군주나 소수 집단과 구별되는 개념으로 한 사회에서 수적으로 가장 많은 인구집단을 가리킨다. '다수'는 사회구조상 중하위층인 민중이나 평민과 대체로 일치한다. 그래서 여기서 말하는 '다수의 통치'는 민주제를 뜻한다.

31 이소노미에(isonomie)는 '법 앞의 평등'이라는 의미다. 헤로도토스가 이 말을 '민주정치'라는 뜻으로도 사용하기 때문에(제5권 제37장), 이 책에서는 '이소노미에'의 정확한 뜻을 용례별로 밝히기로 한다.

32 '과두제'는 '올리가르키아'(oligarchia)를 번역한 말이다. '올리가르키아'는

가 참주정을 종식시키자고 말한 데 대해서는 나도 의견이 같소. 그러나 다수에게 권력을 넘기자고 주장하는 것은 최선의 견해가 될 수 없소. 쓸모없는 군중보다 더 어리석고 방자한 존재는 없으니까요. 참주의 오만함에서 벗어난 사람들이 난폭한 민중[33]의 오만함 속으로 빠지는 것은 절대 용납할 수 없는 일이오. 그래도 참주가 무엇을 할 때에는 그것을 알고 하는 것이지만, 민중은 알지 못하기 때문이오. 민중은 훌륭한 것이 무엇인지 배우지도 못하고 스스로 터득하지도 못하고, 모든 일에 대해 겨울에 불어난 강물처럼 무작정 달려들어 덤벼드는 자들인데, 그들이 어떻게 알 수 있겠소? 페르시스인들에게 악의를 품은 자들이나 민주정을 취하라고 하고, 우리는 일단(一團)의 가장 훌륭한 자들을 선택하여 그들에게 권력을 넘겨줍시다. 우리들 자신도 그들 중에 들어갈 것이니까요. 가장 훌륭한 자들에게서 가장 훌륭한 조언이 나오는 것은 당연하지요."

메가비조스는 이러한 의견을 제시했다. 세 번째로 다레이오스가 82

‘소수’(少數)를 뜻하는 ‘올리고스’(oligos)와 ‘지배, 통치’를 뜻하는 ‘아르키아’(archia)의 합성어로 ‘소수의 지배(혹은 통치)’를 의미한다. 과두제하에서 소수 지배자의 범주는 혈통이나 재산을 기준으로 정해진다. 귀족제가 세습적 혈통을 기반으로 하는 데 비해, 과두제는 혈통뿐 아니라 재산도 중요시한다. 그러나 과두제든 귀족제든 둘 다 능력 있는 소수의 지배이며, 두 정치 체제를 엄격히 구분하기는 어렵다. 그런데 여기서 말하는 소수는 ‘일단의 가장 훌륭한 자들’을 일컫는다. ‘가장 훌륭하다’라는 뜻의 ‘아리스토스’(aristos)는 ‘아가토스’(agathos)의 최상급 표현인데 흔히 고귀한 상류계층을 나타내는 데 사용되었다.

33 ‘민중’은 ‘데모스’(demos)를 번역한 말이다. ‘데모스’는 인간집단의 범주로서 ‘인민, 민중, 평민’의 뜻을 지니기도 하고, 행정적인 지역 범주로서 ‘지구’, ‘구’라는 의미를 포함하기도 했다. 특히 인간집단을 말하는 경우에는 공동체의 구성원 전체를 가리킬 때도 있고 구성원 일부 즉 일반 평민들만을 지칭할 때도 있다. 따라서 이 책에서는 데모스가 전체 구성원을 의미할 경우 ‘인민’으로 번역하고, 일부 구성원을 의미할 경우에는 문맥에 따라 ‘민중’, ‘평민’으로 번역했음을 밝힌다.

의견을 밝혔는데, 그의 말은 이러했다. "나는 메가비조스가 다수에 대해 한 말은 옳다고 보지만, 과두제에 대해 한 말은 옳지 않다고 생각하오. 이를테면 나는 앞서 제시된 세 체제가 모두 최선의 상태라고 가정할 경우, 최선의 민주제와 최선의 과두제와 최선의 군주제 가운데 군주제가 단연 뛰어나다고 말하겠소. 가장 탁월한 한 사람보다 더 좋은 건 분명 없을 것이기 때문이오. 그는 자신의 탁월함에 걸맞은 판단력을 발휘하여 다수를 흠잡을 데 없이 잘 다스리고 적대자들에 대한 조치에서도 그렇듯 비밀 유지가 가장 잘될 것이오. 그러나 과두제하에서는 여러 사람들이 국가를 위해 공헌하려 하므로, 그들 간에 극심한 개인적 반감이 생겨나곤 하지요. 그들은 저마다 우두머리가 되려 하고 자신의 견해가 받아들여지기를 원해서, 서로 큰 반감을 갖게 되며 그 반감에서 분쟁이 생기고 또 분쟁에서 살육이 발생하는 거요. 그리고 살육은 결국 군주제로 이어지는바, 이를 보아도 군주제가 단연 최선의 체제임이 확실하오. 또 민중이 통치하면 반드시 해악이 발생할 수밖에 없소. 그런데 공적인 일에서 해악이 발생할 때 악인들은 서로를 적대시하지 않고 오히려 우애가 긴밀해지지요. 공무(公務)에 관한 해악을 저지르는 자들은 서로 결탁하여 행동하기 때문이오. 이런 일은 누군가가 민중의 지도자로 등장하여 그것을 중지시킬 때까지 계속 일어납니다. 그 결과 지도자는 민중의 찬사를 받게 되고, 그렇게 찬사를 받아 결국 군주가 되는 거요. 이 경우에도 역시 군주제가 최선의 체제임이 명백히 드러납니다. 이제 모든 것을 담아 한마디로 하자면, 우리의 자유는 어디에서 생겨나고 누가 준 것입니까? 민중에게서 나온 건가요? 아니면 과두제, 아니면 군주에게서 나온 건가요? 그래서 나는, 우리가 한 사람[34] 덕분에 자유를 얻은 것이니 그

---

34 키로스, 즉 페르시아 왕국의 건설자인 대(大)키로스. 키로스는 기원전 550년 경에 메디아 왕국을 멸망시키고 페르시아인들을 메디아인의 지배에서 벗어나게 했다.

러한 체제를 계속 보존해야 한다고 생각하오. 그것 외에도 우리에게 이로운 조상 전래의 규범들을 폐지해서는 안 되오. 그랬다간 사정이 좋아질 리 없으니까요."

이러한 세 의견이 제시되자, 7인 가운데 4인이 마지막 것에 동조했 83 다. 오타네스는 페르시스인들에 대해 이소노미에[35]를 실행할 것을 역설했지만 자신의 의견이 좌절되자, 그들 가운데에서 다음처럼 말했다. "동지 여러분, 이제 제비뽑기로 선출되든 혹은 우리가 페르시스인 다수에게 그들이 원하는 자를 택하라고 맡기든 혹은 어떤 다른 방법에 의해서든, 우리 중 어느 한 사람이 왕이 되어야 한다는 것은 명백해졌소. 그런데 나는 그대들과 경쟁을 벌이지 않을 거요. 나는 지배하고 싶지도 않고 지배받고 싶지도 않으니까요. 하지만 내가 왕권을 포기하는 데에는 조건이 하나 있소. 즉 나 자신뿐 아니라 나의 모든 후손들이 그대들 중 어느 누구의 지배도 받지 않는다는 조건에서요." 그가 이렇게 말하자 그 외 6인이 그러한 조건에 동의했다. 이렇게 하여 오타네스는 그들과 경쟁을 벌이지 않고 그들 가운데에서 물러났다. 오늘날에도 그의 가문은 페르시스인 중에서 유일하게 자유를 누리고 있으며, 페르시스인의 법을 위반하지 않는 한, 스스로 원하는 경우에만 지배를 받는다.

7인 중 남은 사람들은 가장 공정하게 왕을 세울 수 있는 방안에 대 84 해 논의했다. 그들은 7인 중 오타네스를 제외한 다른 누가 왕이 되면 오타네스와 그의 모든 후손들에게 특전으로 해마다 메디아식 의복과 페르시스인들이 가장 중히 여기는 온갖 선물을 지급하기로 결정했다. 그들이 그에게 이것들을 지급하기로 결정한 이유는 그가 거사를 최초로 계획하고 자신들을 규합했기 때문이다. 그들은 오타네스에게 그런 특전을 주기로 하고 자신들 모두에게도 공동으로 다음과 같은

---

35 '법 앞의 평등'을 의미한다.

특전을 주기로 결정했다. 7인 중 누구든 자신이 원할 경우에는, 왕이 여자와 동침할 때만 빼고, 언제나 고지(告知) 없이 바로 왕궁에 들어갈 수 있고 또 왕은 함께 봉기한 자들의 집안이 아닌 다른 집 여자들과 혼인해서는 안 된다는 것이었다. 또 그들은 왕위에 대해 다음처럼 결정했다. 그들 모두가 말을 타고 성 밖에 나가 있을 때 일출시 제일 먼저 우는 말의 주인이 왕위를 차지한다는 것이었다.

85   그때 다레이오스에게는 오이바레스라고 불리는 영리한 마부가 있었다. 다레이오스는 회의가 파한 후 그에게 다음과 같이 말했다. "오이바레스, 우리는 왕위에 대해 이렇게 하기로 결정했네. 즉 우리가 모두 말을 타고 있을 때 일출시 제일 먼저 우는 말의 주인이 왕위를 차지하기로 했다네. 그러니 자네에게 무슨 계책이 있으면 다른 누가 아닌 바로 우리가 이 상을 차지할 수 있도록 궁리해 보게." 이에 오이바레스가 대답했다. "주인님, 주인님께서 왕이 되시느냐 못 되시느냐가 실로 그것에 달렸다면, 그에 대해서는 아무 걱정 마시고 기운 내십시오. 주인님 말고는 다른 누구도 왕이 되지 못할 것이니까요. 그에 대한 비방(秘方)이 저에게 있습니다요." 이에 다레이오스가 말했다. "정녕 자네가 그러한 계책을 갖고 있다면 지체하지 말고 얼른 대책을 세우게. 우리의 경연 날이 바로 내일일세." 오이바레스는 그 말을 듣고 다음과 같이 행동했다. 밤이 되자 그는 다레이오스의 말이 가장 좋아하는 암말을 성 밖으로 데려가 매어 놓고 다레이오스의 말을 그리로 끌고 갔다. 그리고 그 말을 암말에 거의 닿게끔 바싹 근접시키기도 하면서 주변 가까이를 한참 돌게 하다가, 마침내 암말과 교미하도록 해 주었다.

86   새벽이 되자 6인은 그들이 합의한 대로 말을 타고 나왔다. 그런데 그들이 말을 타고 성 밖으로 나가 지난밤에 암말이 매어 있던 바로 그곳에 이르자, 그 순간 다레이오스의 말이 앞으로 내달으며 울음소리를 냈다. 또 그의 말이 그렇게 행동하는 동시에 맑은 하늘에서 번개가 치고 천둥이 울렸다. 다레이오스에게 연달아 일어난 이런 일들

은 마치 그것들이 서로 상통해 일어난 듯 다레이오스의 선정(選定)을 확고하게 매듭지었다. 그러자 다른 사람들은 말에서 뛰어내려 다레이오스에게 엎드려 경배했다.

어떤 자들은 오이바레스가 그런 일을 꾸몄다고 말한다. 하지만 다 **87** 음처럼 말하는 자들도 있다―페르시스인들은 두 이야기를 전하고 있는 것이다. 즉 오이바레스가 그 암말의 음부를 손으로 만진 후 그 손을 바지 속에 넣고 있었다고 한다. 그러다 해가 뜨는 순간 6인이 막 말을 출발시키려 했을 때 오이바레스가 손을 내밀어 다레이오스 말의 콧구멍에 갖다 대자 그 말이 냄새를 맡고 콧김을 뿜으며 히힝 울었다는 것이다.

그리하여 히스타스페스의 아들 다레이오스가 왕이 되었고,[36] 아라 **88** 비에인들을 제외한 아시에의 모든 주민이 그에게 예속되었다. 아시에 주민들은 이미 키로스와 그 후대의 캄비세스에게 정복되어 있었다. 그러나 아라비에인들은 한 번도 페르시스인들에게 예속된 적이 없고, 캄비세스가 아이깁토스로 갈 때 지나도록 해 준 일이 있어 페르시스인들의 우호 세력이 되었다. 아라비에인들이 허용해 주지 않았다면 페르시스인들이 아이깁토스로 진입할 수 없었을 것이기 때문이다. 다레이오스는 처음에 페르시스 여성들을 아내로 맞이했는데, 먼지 기로스의 두 딸인 아도사 및 아르디스도네와 혼인했다. 아도사는 그전에 자신의 오라비인 캄비세스와 혼인하고 다시 마고스와도 혼인한 바 있지만, 아르티스토네는 처녀였다. 다레이오스는 키로스의 아들 스메르디스의 딸―그녀의 이름은 파르미스라고 했다―과도 혼인했다. 또 그는 마고스의 정체를 밝혀냈던 오타네스의 딸도 아내로 취했다. 이제 모든 것이 그의 권세로 가득 찼다. 그는 먼저 석조상을 하나 만들어 세웠다. 거기에는 기마 인물상이 묘사되어 있는데,

---

36 기원전 522년.

다음과 같은 비문이 새겨져 있었다. "히스타스페스의 아들 다레이오스는 그의 말과"—여기서 그 말의 이름이 나온다—"마부 오이바레스의 탁월함 덕분에 페르시스인들의 왕위를 차지했도다."

89   페르시스에서 이렇게 행한 후, 다레이오스는 20개 통치관구를 확립했다. 페르시스인들은 이것을 사트라페이에라고 부른다. 그는 통치관구를 지정하고 총독들을 임명했으며, 종족별로 자신에게 조세를 바치도록 정했다. 그는 각 종족과 인접 지역의 주민들을 한데 묶고, 인접 지역 너머 먼 지역 주민들도 모두 어느 한 종족에게로 배당했다. 그는 관구와 연간 조세 납부액을 다음처럼 나누었다. 그런데 은으로 조세를 납부하는 자들에게는 바빌론 탈란톤의 중량으로 납부하도록 하고 금으로 납부하는 자들에게는 에우보이아 탈란톤의 중량으로 납부하도록 했다. 바빌론 탈란톤은 중량이 78에우보이아 므네아에 해당한다. 키로스와 그 후대 캄비세스의 통치 시기에는 조세에 대해 정해진 것이 없었고 그냥 선사품(膳賜品)을 바칠 뿐이었다. 이런 조세 부과와 그에 유사한 다른 일들을 이유로, 페르시스인들은 말하기를 다레이오스는 장사꾼이고, 캄비세스는 압제자, 키로스는 아버지라고들 한다. 다레이오스는 모든 것에서 소소한 이익을 챙겼고, 캄비세스는 혹독하고 오만했으며, 키로스는 온화하고 자신들을 위해 온갖 유익한 일들을 도모했기 때문이라는 것이다.

90   이오네스인과 아시에의 마그네시에인, 아이올레스인, 카리에인, 리키에인, 밀리아스인, 팜필리아인들로부터는 세금으로 은 400탈란톤이 들어왔다. 이 세금은 그들을 한 단위로 하여 부과된 것이었다. 이는 다레이오스의 제1구역으로 설치된 곳이었다. 또 미시에인과 리디에인, 라소니오이인, 카발리오이인, 히텐나이인들로부터는 500탈란톤이 들어왔다. 이것이 제2구역이었다. 해협 안으로 배를 타고 들어갈 때 오른쪽에 있는 헬레스폰토스인들 즉 프리기에인, 아시에의 트레이케인, 파플라고니아인, 마리안디노이인, 시리에인에게서 거두는 조세는 360탈란톤이었다. 이것이 제3구역이었다. 킬리키에인들부터

는 백마 360필―이는 연간 매일 1마리꼴이 된다―과 은 500탈란톤이 들어왔다. 이 중 140탈란톤은 킬리키에 지방을 경비하는 기병들에게 쓰였고 나머지 360탈란톤은 다레이오스에게로 갔다. 이것이 제4구역이었다.

암피아레오스의 아들 암필로코스가 킬리키에와 시리에의 국경 지 91
대에 건설한 포시데이온 시에서 시작하여 아이깁토스에 이르는 지역에서 거두는 조세는, 세금을 면제받은 아라비에인의 영토를 제외하고, 350탈란톤이었다. 이 구역에는 포이니케 전역과 팔라이스티네로 불리는 시리에, 키프로스가 포함된다. 이것이 제5구역이었다. 아이깁토스와 아이깁토스에 인접한 리비에 지방, 키레네, 바르케―이들 지역은 모두 아이깁토스 구역에 포함되어 있었다―로부터는 세금으로 700탈란톤이 들어왔고, 그와 별도로 모이리스 호수에서 물고기를 잡아 벌어들인 은도 들어왔다. 즉 여기서는 이 은과 배정된 곡물 이외에 700탈란톤이 들어왔던 것이다. 멤피스의 하얀 성채에 주둔해 있던 페르시스인들과 그들의 동맹군에 곡물 12만 메딤노스[37]가 배당되었기 때문이다. 이것이 제6구역이었다. 사타기다이인과 간다리오이인, 다디카이인, 아파리타이인은 다 함께 170탈란톤을 지정받아 납부했다. 이것이 제7구역이었다. 수사와 나머지 키시에 지역으로부터는 300탈란톤이 들어왔다. 이것이 제8구역이었다.

바빌론과 그 밖의 아시리에 지역으로부터는 은 1,000탈란톤과 환 92
관으로 쓸 소년 500명이 그에게 납부되었다. 이것이 제9구역이었다. 또한 악바타나와 그 밖의 메디아 지역, 파리카니오이인, 오르토코리반티오이인으로부터는 450탈란톤이 들어왔다. 이것이 제10구역이었다. 카스피오이인과 파우시카이인, 판티마토이인, 다레이타이인도 다

---

37 원문에는 단위가 언급되어 있지 않지만 곡물을 세는 단위인 메딤노스라고
    보아 "메딤노스"를 추가해 번역했음을 밝힌다. 메딤노스에 대해서는 제1권
    제192장의 옮긴이 주 참조.

함께 200탈란톤을 납부했다. 이것이 제11구역이었다. 박트리에인들
로부터 아이글로이인들까지 이르는 지역에서 거두는 조세는 360탈
란톤이었다. 이것이 제12구역이었다.

93   팍티이케와 아르메니에, 또 그 인근의 에욱세이노스 폰토스에 이
르기까지의 지역으로부터는 400탈란톤이 들어왔다. 이것이 제13구
역이었다. 한편 사가르티오이인과 사랑가이인, 타마나이오이인, 우티
오이인, 미코이인, 그리고 왕이 '아나스파스토이'[38]라고 불리는 자들
을 정착시킨 홍해의 섬들에 거주하는 사람들, 이들 모두에게서 거두
는 조세는 600탈란톤이었다. 이것이 제14구역이었다. 사카이인과 카
스피오이인은 250탈란톤을 납부했다. 이것이 제15구역이었다. 파르
토이인과 코라스미오이인, 속도이인, 아레이오이인은 300탈란톤을
납부했다. 이것이 제16구역이었다.

94   파리카니오이인과 아시에의 아이티오피에인은 400탈란톤을 납부
했다. 이것이 제17구역이었다. 마티에네인과 사스페이레스인, 알라
로디오이인에게는 세금이 200탈란톤 부과되었다. 이것이 제18구역
이었다. 모스코이인과 티바레노이인, 마크로네스인, 모시노이코이
인, 마레스인에게는 300탈란톤이 부과되었다. 이것이 제19구역이었
다. 인도스인들의 수는 우리가 아는 모든 인간들 중에서 단연 최대
다. 그래서 그들은 다른 누구보다도 더 많은 세금을 납부했는데, 사
금 360탈란톤을 바쳤다. 이것이 제20구역이었다.

95   이들 바빌론 탈란톤의 은을 에우보이아 탈란톤으로 환산하면
9,880탈란톤[39]에 이른다. 또 금의 가치를 은의 13배로 계산하면, 그

---

38 '아나스파스토이'(anaspastoi)는 '끌어 올려진 자들, 위로 끌려간 자들'이라
는 뜻을 갖는다. 여기서는 바다에서 육지 쪽으로, 즉 페르시아 제국의 서쪽에
서 동쪽 지역으로 강제로 끌려간 이주민들을 가리킨다.

39 20개 총독 관구에서 거둔 조세의 총합은 7,600바빌론 탈란톤이고, 이를 3 대
4의 비율에 따라 에우보이아 탈란톤으로 환산하면 9,880에우보이아 탈란톤

사금은 4,680에우보이아 탈란톤이 된다. 그래서 이를 모두 합산하면, 매년 다레이오스에게 납부된 세금이 1만 4,560에우보이아 탈란톤에 달했다. 여기서 나는 10탈란톤 미만은 빼고 말한 것이다.

이와 같은 세금이 아시에와 극히 일부의 리비에 지역으로부터 다   96
레이오스에게 들어왔다. 그러나 시간이 지남에 따라 여러 섬들[40]과, 테살리에에 이르는 에우로페 주민들에게서도 또한 세금이 들어왔다. 다레이오스 왕은 이들 세금을 다음과 같은 방식으로 보관했다. 즉 그는 세금으로 들어온 것을 녹여 점토항아리들에 부어 놓았다가 항아리가 가득차면 점토를 떼어 낸다. 그런 후 돈이 필요할 때마다 필요한 만큼을 잘라 쓰는 것이다.

이상의 내용은 통치관구와 조세 부과에 관한 것이었다. 페르시스   97
지방은 내가 납세 구역으로 언급하지 않은 유일한 곳이다. 페르시스인들은 자신들의 땅에서 세금을 내지 않고 살기 때문이다. 한편 다음의 사람들은 조세를 바치도록 지정받지 않았고, 선사품을 갖다 바쳤다. 아이깁토스 접경 지역에 사는 아이티오피에인들─이들은 캄비세스가 장수족 아이티오피에인들을 공격하러 가다 정복한 자들이다─과 신성한 니사 부근에 살며 디오니소스에게 제전을 거행하는 자들이 그들이다. [이들 아이티오피에인들과 그 이웃 주민들은 칼란디아이 인도스인들과 똑같은 정액(精液)을 갖고 있으며, 지하의 집에서 거주한다.][41] 그들은 둘이 합쳐 격년으로 정련되지 않은 금 2코이

이 된다.

40   에게 해의 그리스 섬들.

41   [ ]안은 헤로도토스의 원래 텍스트가 아니고 후대에 잘못 추가된 대목으로 여겨진다. 여기서 '정액'은 '스페르마'(sperma)를 번역한 말이다. 스페르마는 '씨앗'·'정액'의 의미므로, 이 대목의 '스페르마'는 '정액' 혹은 '씨앗'으로 번역되곤 한다. 이 책에서는 '정액'으로 번역했는데, 이는 제3권 제101장의 언급을 염두에 둔 것이다. 제3권 제101장에서는 에티오피아인과 인도인의 정액 색깔이 그들의 피부색처럼 모두 검다는 언급이 나온다. 거기서는 '정

닉스, 흑단 통나무 200개, 아이티오피에 소년 5명, 대형 상아 20개를 바쳤는데, 지금 나의 시대에도 여전히 바치고 있다. 또한 콜키스인들과 그 인근의 카우카소스 산에 이르기까지의 주민들—카우카소스 산까지의 지역은 페르시스의 지배하에 있지만 그 산의 북쪽 지역은 페르시스인들을 전혀 안중에 두지 않기 때문이다—도 선사품을 바치도록 지정되었다. 이들은 선물을 바치기로 지정되어, 지금 나의 시대에도 여전히 4년마다 소년과 소녀를 각각 100명씩 바치고 있다. 아라비에인들도 매년 1,000탈란톤의 유향을 바쳤다. 이상은 그들이 조세와는 별도로 왕에게 갖다 바친 선사품들이었다.

98   인도스인들은 이 다량의 금—바로 이 금에서 왕에게 바치는, 앞서 말한 사금이 나온다—을 다음의 방식으로 얻는다.[42] 인디케[43] 땅의 동쪽은 모래 지대다. 인도스인은 우리가 알고 있고 어느 정도 정확한 이야기를 들을 수 있는 아시에의 모든 사람들 중에서, 동쪽의 해 뜨는 방향으로 맨 끝에 살고 있다. 인도스인들의 동쪽은 모래로 된 사막이기 때문이다. 인도스인들은 여러 종족으로 되어 있으며, 종족 간에 서로 언어가 다르다. 그중 어떤 종족들은 유목민이지만 그렇지 않은 종족들도 있다. 또 어떤 종족들은 강의 늪지에서 살며, 갈대배를 타고 잡은 물고기를 날것으로 먹는다. 배는 각각 갈대 마디 하나로 만들어진다. 이들 인도스인은 골풀로 만든 의복을 입는다. 그들은 강

액'을 뜻하는 그리스어가 '고네'(gone)와 '토레'(thore)로 나오기 때문에 '스페르마'와 다르다고 볼 수도 있지만, 전반적인 문맥상 '씨앗'보다는 '정액'이 더 타당해 보인다. 그러나 '씨앗'으로 번역한다면 "이들 아이티오피에인들과 그 이웃 주민들은 칼란티아이 인도스인들과 똑같은 씨앗을 사용하며"가 될 것이다. 한편 '칼란티아이 인도스인들'은 제3권 제38장에서 언급된 '칼란티아이라고 불리는 인도스인들'을 가리키는 것으로 보인다. 하지만 '칼란티아이 인도스인들'이 누구인지는 분명치 않다.

42 인도인들이 금을 얻는 방식은 제3권 제102~05장에 가서야 서술된다.

43 인디케(Indike)는 인도인들이 사는 지역을 가리키는 말이다.

에서 골풀을 베어 자른 후 돗자리 방식대로 짜서, 흉갑처럼 걸쳐 입는다.

이들의 동쪽에 사는 또 다른 인도스인들은 유목민이고 육고기를 99 날로 먹는데, 파다이오이인이라고 불린다. 그들에게는 다음과 같은 관습이 있다 한다. 즉 그들의 시민들 중 누가, 여자든 남자든 간에, 병이 들면 남자의 경우 그와 가장 절친한 남자들이 그를 죽인다. 그들은 그를 죽이면서 그가 병으로 쇠약해지면 자신들이 그의 고기를 못 먹게 된다고 말한다. 그가 병에 걸리지 않았다고 극구 부인해도, 그들은 그 말을 믿지 않고 그를 죽여서 먹는다. 여자가 병에 걸리면 마찬가지로 그녀와 가장 절친한 여자들이 남자들과 똑같은 일을 저지른다. 노령에 이른 자는 제물로 희생시켜 함께 먹는다. 그러나 그들 중에 그렇게까지 되는 자들은 많지 않다. 그전에 병에 걸려서 누구나 친구들에게 죽임을 당하기 때문이다.

인도스인들 중에는 다음처럼 또 다른 생활 방식을 지닌 자들도 있 100 다. 그들은 살아 있는 생물을 죽이지 않고 씨도 뿌리지 않고, 관례상 집을 소유하지도 않으며 채식을 한다. 그들의 땅에서는 껍데기 속에 든, 기장만 한 크기의 곡물이 저절로 자라는데, 그들은 그것을 거두어 껍데기와 함께 끓여 먹는다. 그들 중 병에 걸린 자는 사막으로 가서 눕는다. 그가 앓든 죽든 아무도 신경을 쓰지 않는다.

내가 언급한 이들 인도스인은 모두 가축들처럼 공공연하게 성행위 101 를 한다. 그들은 또 모두 아이티오피에인들과 피부색이 흡사하다. 그들이 여자들 몸속에 사정하는 정액도 다른 사람들 것처럼 흰색이 아니고 그들의 피부색과 마찬가지로 검은색이다. 아이티오피에인들 역시 그와 같은 정액을 사정한다. 이들 인도스인은 페르시스인들로부터 남쪽으로 맨 끝에 산다. 그들은 다레이오스 왕의 지배를 받은 적이 없다.

또 다른 인도스인들이 카스파티로스 시 및 팍티이케 지방에 인접 102 해 사는데, 그들은 여타 인도스인들보다 북쪽에 거주한다. 이들은 박트리에인들과 매우 유사한 방식으로 살아간다. 이들은 인도스인들 중에서 가장 호전적이며, 금을 찾아다니는 자들이 바로 이들이다. 이 지역에 걸쳐 모래로 된 사막이 있기 때문이다. 이 사막의 모래 속에는 크기가 개보다는 작지만 여우보다 큰 개미들이 있다. 페르시스 왕도 이것들을 몇 마리 가지고 있는데, 다 여기서 잡힌 것들이다. 이 개미들은 땅속에 집을 지을 때 헬라스의 개미들과 똑같은 방식으로 모래를 퍼 올린다. 그것들은 헬라스의 개미들과 모양도 아주 똑같다. 그런데 그것들이 퍼 올린 모래에는 금이 함유되어 있다. 그 인도스인들이 이 모래를 획득하러 사막으로 나갈 때에는 각자 낙타 세 마리를 함께 묶는다. 이때 숫낙타는 줄에 매어 양쪽에서 끌도록 하고 암낙타는 가운데에 오도록 한다. 그리고 인도스인은 이 암낙타 위에 타는데, 되도록 가장 근래에 새끼를 낳은 암낙타를 새끼들에게서 떼 내어 줄에 묶도록 유념한다. 그들의 낙타들은 말 못지않게 속도가 빠르고, 더군다나 말보다 짐을 훨씬 더 잘 나를 수 있다.

103   나는 낙타가 어떤 모습을 하고 있는지에 대해서는, 헬라스인들이 잘 알고 있으므로, 말하지 않겠다. 하지만 그들이 낙타에 대해 알지 못하는 것은 이야기하겠다. 낙타는 양쪽 뒷다리에 넓적다리 네 개와 무릎 네 개를 가지고 있으며,[44] 생식기는 뒷다리 사이에 꼬리 쪽으로 붙어 있다.

104   인도스인들은 이와 같은 방식으로 견인줄을 채우고 금을 찾으러 떠나는데, 태양 열기가 가장 뜨거운 시간에 금을 손에 넣을 수 있게 때를 맞춘다. 그 시간에는 개미들이 태양열 탓에 땅속으로 모습을 감추기 때문이다. 이들의 지역에서는 오전에 태양이 가장 뜨겁다. 다른 곳에서처럼 정오에 그러지 않고, 해가 뜬 뒤 시장이 파할 때까지의

---

44 낙타의 뒷다리에 넓적다리와 무릎이 각기 2개씩 있다는 것인데, 이는 과학적으로 잘못된 서술이다. 낙타 뒷다리 발목의 관절을 또 하나의 무릎으로 보고 그렇게 표현한 것이 아닌가 한다.

시간[45]에 태양이 가장 뜨겁다. 이 시간대에는 헬라스에서의 정오 때보다 훨씬 더 뜨겁기 때문에, 이때에는 그들이 물에 몸을 담그고 있다고 한다. 그러나 정오쯤에는 인도스인들에게서나 다른 사람들에게서나 더위가 거의 비슷해진다. 또 정오가 지나면 이곳의 태양열은 다른 곳의 아침 때 수준으로 된다. 그 이후에는 해가 물러가면서 날이 점점 추워지다가, 해질 무렵에는 몹시 추워진다.

그 인도스인들은 자루들을 들고 그곳에 도착하면 자루들을 모래로 105 가득 채운 후 되도록 빨리 그곳을 떠나 되돌아온다. 페르시스인들 말에 따르면, 개미들이 곧 냄새를 맡아 눈치를 채고 인도스인들을 쫓아오기 때문이라고 한다. 이 개미들은 빠르기에서 다른 어떤 동물보다도 뛰어나서, 개미들이 모일 동안에 인도스인들이 앞서 출발하지 않으면 그들 중 아무도 살아 돌아오지 못할 것이라고 한다. 숫낙타들은 암낙타보다 달리는 속도가 더 느려서 숫낙타들이 뒤에 처지면 한 번에 한 마리씩 풀어서 떨어뜨린다고 한다. 그러나 암낙타들은 두고 온 새끼들을 생각하며 절대로 연약해지지 않는다고 한다. 페르시스인들 말로는, 인도스인들이 대부분의 금을 이렇게 해서 얻는다고 한다. 한편 나머지 소량의 금은 그들 자신의 나라에서 채굴된다.

헬라스가 단연 최상의 기후를 배당받은 것처럼, 아마도 세상의 맨 106 끝 지역들도 최상의 혜택을 배당받은 것 같다. 내가 비로 앞서 이야기했듯이,[46] 인디케는 세상에서 동쪽 맨 끝에 위치해 있다. 그곳의 생물들은 네발짐승이든 날짐승이든 모두 다른 지역의 것들보다 훨씬

---

45 시장이 열리는 시간대를 오전 9~12시경이라고 보면, '시장이 파할 때'는 정오 직전이었을 것으로 보인다. 시장 개장 시간에 대해서는 제2권 제173장의 옮긴이 주 참조. 한편 '오전에'는 '토 에오티논'(to eothinon)을 번역한 말이다. '토 에오티논'은 흔히 '아침에'로 번역되지만 여기서는 '해가 뜬 뒤 시장이 파할 때까지의 시간'도 포함되기 때문에 '아침'보다는 '오전'으로 번역하는 것이 더 적절하다고 본다.

46 제3권 제98장.

더 크다. 단 말들만은 예외인데, 그곳의 말들은 네사이오이 말들이라 불리는 메디아 말들보다 더 작다. 또 그곳에는 금이 엄청나게 풍부한데, 일부는 땅에서 채굴한 것이고 일부는 강으로 떠내려 온 것이고 또 일부는 앞서 언급했듯이 개미들에게서 빼앗은 것이다. 또한 그곳의 야생나무들에서는 양털보다 더 아름답고 더 우수한 솜털 열매[47]가 열린다. 인도스인들은 이 나무들의 열매로 만든 옷을 입는다.

107   세상에서 남쪽 맨 끝에 위치한 곳은 아라비에인데, 모든 지역 중에서 유일하게 여기서만 유향, 몰약, 계피, 육계(肉桂), 방향 수지가 나온다. 아라비에인들은 몰약을 제외한 이 모든 것들을 힘들게 얻는다. 그들은 포이니케인들이 헬라스인들에게 수출하는 스티락스[48]를 태워 유향을 채집한다. 그들은 이 스티락스를 태워 유향을 얻는다. 유향이 나는 나무들에는 크기가 작고 형색이 다양한, 날개 달린 뱀들이 한 그루에 여러 마리씩 지키고 있다. 이 뱀들이 바로 아이깁토스를 침범하는 뱀들이다.[49] 그런데 스티락스 연기 말고는 달리 어떤 방법으로도 뱀들을 나무에서 몰아내지 못한다.

108   아라비에인들은 말하기를, 내가 독사들에게 일어난다고 알고 있는 그런 일이 이 뱀들에게 일어나지 않는다면 나라 전체가 이 뱀들로 가득 찰 것이라고 한다. 아마도, 응당 그럴 법하듯이, 신의 섭리는 현명해서, 겁이 많고 먹잇감이 되는 것들은 그것들이 다 잡아먹혀 멸종되지 않도록 새끼를 많이 낳게 하고 반면에 사납고 위협적인 것들은 새끼를 적게 낳게 한 것 같다. 토끼는 모든 짐승과 새, 인간들의 사냥감이 되기에 새끼를 무척 많이 낳는다. 모든 짐승들 중에서 토끼만 유일하게 임신 중에도 또 임신을 한다. 그래서 토끼의 자궁 내 새끼 중에는 털이 난 것도 있고 아직 나지 않은 것도 있으며 또 어미 뱃속에

---

47   면화를 가리키는 것으로 보인다.

48   태우면 역한 냄새의 연기가 나는 일종의 고무.

49   제2권 제75장 참조.

서 막 형체가 만들어지는 것도 있고 갓 임신된 것도 있다. 토끼의 경우는 이러하다. 반면에 가장 강력하고 가장 담대한 존재인 암사자는 새끼를 평생에 단 한 번 그것도 한 마리만을 낳는다. 암사자는 출산하면서 새끼와 더불어 자궁도 배출하기 때문이다. 그 이유는 다음과 같다. 즉 새끼 사자가 어미 자궁 속에서 움직이기 시작하면 모든 짐승들 중에서 단연 가장 날카로운 발톱으로 어미 자궁을 긁어 대는데, 자라나면서 훨씬 더 심하게 긁어 대므로 자궁을 뚫게 된다. 그래서 출산이 임박할 때가 되면 자궁에서 온전히 남은 데가 거의 없는 것이다.

독사와 아라비에의 날개 달린 뱀들 역시 이와 마찬가지다. 만일 그 109 것들이 그들 본연의 천성 그대로 태어난다면, 인간이 살아 있지 못할 것이다. 그러나 그들이 짝지어 교미하다 수컷이 정액을 사정하는 순간, 암컷은 정액을 쏟아 내는 수컷의 목을 물고 그 목을 다 물어뜯을 때까지 붙든 채 놓아주지 않는다. 그리하여 수컷은 방금 말한 식으로 그렇게 죽고, 반면에 암컷은 수컷을 죽인 대가로 다음과 같은 보상을 치른다. 즉 새끼들이 아비의 복수를 하는데, 그것들이 어미 뱃속에 있을 때 어미의 속을 먹고 결국은 자궁도 다 먹어 치운 후에 밖으로 나오는 것이다. 한편 인간에게 해롭지 않은 다른 뱀들은 알을 낳아 수많은 새끼들을 부화한다. 독사들은 모든 지역에 걸쳐 두루 존재하지만, 날개 달린 뱀들은 단지 아라비에에만 떼를 지어 존재하고 다른 곳에는 전혀 없다. 바로 이 때문에 날개 달린 뱀들의 수가 많다고 여겨진다.

아라비에인들은 그들의 유향을 이런 식으로 얻고, 계피는 다음의 110 방식으로 얻는다. 즉 그들은 계피를 채취하러 갈 때, 쇠가죽과 다른 가죽들로 전신과 얼굴을 눈만 빼고 다 감싼다. 계수나무는 그리 깊지 않은 호수에서 자라는데, 호수 주변과 안에 날개 달린 짐승들이 서식하고 있다. 그것들은 박쥐와 아주 비슷하며, 소름끼치게 찍찍거리고 대단히 공격적이다. 그래서 그것들을 눈에 가까이 못 오게 하고 계피를 채취해야 한다.

111   그들이 육계를 수집하는 방식은 이보다 한층 더 놀랍다. 그들은 그
것이 어디서 자라고 어떤 땅에서 산출되는지 말하지 못한다. 다만 그
들 중 몇몇이 그것은 디오니소스가 양육되었던 지역에서 자란다는
꽤 그럴듯한 이야기를 해 주었을 뿐이다. 그들의 말로는, 우리가 포
이니케인에게 배워 키나모몬이라고 부르는 마른 나무막대들을 거대
한 새들이 날라 오는데 인간이 전혀 접근할 수 없는 가파른 산 절벽
에 있는, 진흙으로 만든 둥지로 그것들을 나른다고 한다. 그래서 이
에 대해 아라비에인들은 다음의 방법을 고안해 냈다. 즉 그들은 죽
은 소들과 당나귀들 또는 여타 운송용 동물들의 사지를 되도록 큼직
하게 잘라 그곳으로 가져가서 둥지 가까이 둔 후 멀찌감치 물러난다.
그러면 새들이 날아 내려와 운송용 동물들의 사지를 둥지 위로 나른
다고 한다. 그러면 둥지들이 무게를 견디지 못해 땅으로 떨어지고,
이에 그들이 다가가서 육계를 수합한다는 것이다. 육계는 이처럼 수
합되어 그곳에서 다른 지역들로 보내진다고 한다.

112   그런데 아라비에인들이 라다논이라고 부르는 방향 수지는 이보다
한층 더 희한하게 생산된다. 왜냐하면 악취가 가장 심한 곳에서 자라
면서도 가장 향기로운 냄새를 풍기기 때문이다. 그것은 숫염소의 수
염에서 자라는데, 수염에서 나무의 수지 같은 것이 형성된다. 이것은
여러 향료를 만드는 데 활용되며, 아라비에인들은 주로 이것을 향으
로 태워 쓴다.

113   향료에 대해서는 이 정도로 서술해 둔다. 실로 아라비에 땅에서는
경이롭고 향기로운 내음이 풍긴다. 그들에게는 또 놀랄 만한 두 종류
양들이 있는데, 이것들은 다른 어느 곳에도 없는 것들이다. 그중 한
종류는 3페키스 정도 되는 긴 꼬리가 있다. 만일 이 양들의 꼬리가 질
질 끌리도록 내버려 둔다면 그들의 꼬리가 땅에 쓸려 상처를 입을 것
이다. 하지만 양치기들은 다 그만큼의 목수 일은 할 줄 안다. 그들은
조그만 수레를 만들어 양들의 꼬리 밑에 달아 주는데, 양 한 마리마

다 꼬리를 각각의 조그만 수레에 매어 둔다. 또 다른 종류의 양들은
폭이 1페키스나 되는 넓은 꼬리가 있다.

남쪽에서 방향을 바꿔 해지는 쪽으로 나아가면, 그쪽으로 세상의 114
맨 끝에 있는 나라가 아이티오피에다. 이곳에서는 금이 많이 나고,
거대한 코끼리들과 온갖 야생나무들, 흑단(黑檀)이 서식한다. 또 이곳
사람들은 세상에서 가장 키가 크고 가장 아름답고 가장 장수한다.

이것들이 아시에와 리비에에서 맨 끝에 있는 지역들이다. 하지만 115
나는 에우로페 서쪽 맨 끝에 있는 지역에 대해서는 정확하게 말할 수
가 없다. 나는 이방인들에게 에리다노스라고 불리는 강이 있다는 것
을 믿지 않기 때문이다. 그 강은 북쪽의 바다로 흘러 나가고, 전하기
로는 그곳으로부터 호박(琥珀)이 들어온다고 한다. 또한 나는 우리에
게 주석이 들어오는 원산지인 카시테리데스 제도[50]가 있다는 것에 대
해서도 알지 못한다. 우선 이 에리다노스라는 이름이 그 이야기와 부
합되지 않는다. 그것은 이방의 명칭이 아니고 어떤 시인에 의해 지어
진 헬라스식 명칭이기 때문이다. 또한 나는, 그에 관심을 기울였음에
도, 에우로페 너머에 바다가 있다는 것을 그것을 직접 본 어느 누구
에게서도 듣지 못했다. 하지만 우리의 주석과 호박은 분명 세상의 맨
끝 지역에서 들어오는 것들이다.

에우로페 북쪽에서 대단히 많은 금이 나온다는 것은 명백하다. 그 116
런데 그 금을 어떻게 얻는지는 내가 정확하게 말할 수가 없다. 전하
기로는 아리마스포이라는 외눈박이 사람들이 그리펜들에게서 금을
탈취한다고 한다. 그러나 나는 다른 점들에서는 여타 인간들과 천성
이 똑같으면서도 눈은 하나밖에 없는 인간들이 존재한다는 것을 믿
을 수가 없다. 그래도 어쨌든 다른 지역들을 에워싸서 안에 두르고

---

50 카시테리데스(Kassiterides)는 '주석'(朱錫)을 의미하는 '카시테로스'
(kassiteros)에서 유래한 말이므로, '카시테리데스 제도'는 '주석 제도'를 의
미한다.

있는 이들 맨 끝 지역이 우리가 가장 아름답고 진귀하다고 여기는 것들을 갖고 있는 것 같다.

117 아시에에는 사방이 산으로 둘러싸인 평원이 하나 있는데, 그 산에는 다섯 군데 갈라진 틈이 있다. 이 평원은 예전에 코라스미오이인들의 소유였는데, 그들 코라스미오이인과 히르카니아인, 파르토이인, 사랑가이인, 타마나이오이인 사이에 경계를 이루고 있었다. 그러나 나중에 페르시스인들이 차지하면서 페르시스 왕의 소유가 되었다. 평원 주변을 에워싸고 있는 산에서는 아케스라고 불리는 거대한 강이 흘러나온다. 이 강은 전에는 다섯 개 지류로 나뉘어 앞서 언급한 자들의 땅에 물을 대 주었는데, 각기 갈라진 틈 하나씩을 통해 다섯 집단 각각으로 물이 흘러갔다. 그러나 이곳이 페르시스인들 차지가 되었을 때 다음과 같은 일이 일어났다. 즉 왕이 산의 갈라진 틈들을 제방으로 막고 그곳에 모두 수문을 설치했다. 그리하여 물의 유출이 막히자 안으로 강물은 흘러들어 오고 출구는 전혀 없는지라, 산 안쪽의 평원이 거대한 호수가 되었다. 따라서 전에 그 물을 늘 사용하던 자들이 이제는 물을 쓸 수 없게 되어 큰 곤경을 치르게 된다. 겨울에는 그들에게도 다른 사람들과 마찬가지로 하늘에서 비가 내리지만, 여름에는 기장과 참깨를 파종하느라 물이 크게 부족하게 된다. 그래서 그들에게 물이 전혀 공급되지 않을 때면, 그들은 여자들과 함께 페르시스로 가서 왕궁의 문 앞에 선 채 울부짖고 소리를 지른다. 그러면 왕은 그들 중 가장 절실히 물을 갈구하는 자들에게 수문을 열어 주라고 명하여 그리로 물이 가도록 한다. 그런 다음 그들의 땅에 물이 흠뻑 들어 충만해지면 이 문들이 다시 닫히고, 왕은 이제 남은 자들 중에서 가장 절실히 물을 갈구하는 자들에게 수문을 열어 주라고 명한다. 내가 들어서 알기로는, 왕은 조세 외에도 수문을 열어 막대한 돈을 거둔다고 한다.

118 이에 대해서는 이 정도로 해 둔다. 그런데 마고스에 대해 봉기를 일으킨 7인 중 한 명인 인타프레네스가 봉기 직후 다음과 같은 오만한

행동을 범해 죽음을 맞았다. 그는 왕궁으로 들어가 왕과 어떤 상의를 하려고 했다. 사실 법에서도 마고스에 대해 함께 봉기한 자들에게는, 왕이 여자와 동침할 때만 아니라면, 고지 없이도 바로 왕을 접견하러 들어갈 수 있다고 정해 놓았기 때문이다. 그래서 인타프레네스는 누구도 자신의 내방을 알릴 필요가 없다고 여기고, 그가 7인 중 한 명인 만큼, 안으로 들어가려 했다. 그러나 문지기와 안내 시종은 왕이 여자와 동침 중이라고 말하며, 들어가지 못하게 했다. 인타프레네스는 그들이 거짓말을 한다고 생각하여 다음과 같은 일을 저질렀다. 즉 그는 단검을 빼어 그들의 귀와 코를 자른 후, 그것들을 자신의 말고삐에 꿰었다. 그리고 그 고삐를 그들의 목에 둘러 매 주며 가라고 놔주었다.

그들은 왕에게 자신들의 모습을 보여 주고 왜 그런 일을 겪게 되었 **119** 는지 말했다. 그러자 다레이오스는 혹시 6인이 함께 음모를 꾸며 그리한 게 아닐까 두려워서 그들을 한 명씩 따로 불러 그 행동에 찬동하느냐고 의견을 물어보았다. 다레이오스는 인타프레네스가 그들과 공모하여 그리한 것이 아님을 알자, 인타프레네스 본인과 그의 아들 및 남자 친척 모두를 잡아들였다. 다레이오스는 인타프레네스가 그의 친족들과 함께 자신에 대한 반란을 꾀했다고 확신했기 때문이다. 그래서 다레이오스는 이들을 붙잡아 처형하려고 감옥에 가두었다. 그때 인타프레네스의 아내가 수시로 왕궁의 문 앞에 와서 울며 한탄했다. 그녀가 계속 이렇게 하자 다레이오스도 마음이 움직여 그녀를 동정하게 되었다. 그는 사자를 보내 다음처럼 전하게 했다. "부인, 다레이오스 왕께서는 갇혀 있는 그대의 모든 친족들 중에서 그대가 구하고 싶은 자를 누구든 한 명 풀어 주실 겁니다." 이에 그녀는 생각을 한 끝에 대답했다. "만약 왕께서 저에게 한 사람의 생명을 주신다고 하면 저는 그들 모두 중에서 제 오빠를 선택하겠습니다." 다레이오스는 이 말을 듣고 놀라서 다시 사자를 보내 전하게 했다. "부인, 왕께서는 그대가 어떤 생각으로 남편과 아들들을 버려두고, 아들보다 더 멀고 남편보다 덜 소중한 오빠를 살리려고 택했는지 하문하십니다."

이에 그녀가 이렇게 대답했다. "전하, 만일 신령께서 원하신다면, 저에게 다른 남편이 생길 수가 있고, 자식들을 잃는다 해도 다른 자식들이 생길 수 있습니다. 그러나 이제 제 아버지와 어머니는 생존해 있지 않으므로 또 다른 남자 동기는 절대로 생길 수가 없습니다. 이렇게 생각해서 제가 그리 말씀 드린 것입니다." 다레이오스는 그녀의 말이 타당하다고 여기고, 그녀에게 흡족하여 그녀가 요청했던 오빠와 함께 그녀의 장남도 방면해 주었다. 하지만 나머지는 모두 처형했다. 그리하여 7인 중 한 명이 곧바로 죽었는데, 그가 어떤 식으로 죽었는지는 앞서 언급한 대로다.

120   캄비세스가 병들어 있을 무렵에 다음과 같은 일이 일어났다. 키로스에 의해 사르디에스 총독에 임명된, 오로이테스라는 페르시스인이 있었다. 그런데 그는 부당한 일을 꾀하고 있었다. 그는 사모스의 폴리크라테스에게서 어떤 해를 입거나 모욕적인 말을 들은 적이 없고 또 폴리크라테스를 전에 본 적도 없는데도 폴리크라테스를 붙잡아 죽이고 싶어 했다. 대다수 사람들의 말로는, 그가 다음의 이유로 그리했다고 한다. 즉 오로이테스와 미트로바테스라고 불리는 또 다른 페르시스인—그는 당시 다스킬레이온 총독이었다—이 왕궁 문 앞에 앉아 함께 이야기를 나누다가 다투게 되었다고 한다. 그들은 서로 자신이 뛰어나다고 겨루던 중에 미트로바테스가 오로이테스를 비난해 말했다고 한다. "아니 그대는 그대의 구역 근처에 있는 사모스 섬도 왕국에 추가하지 못했으면서 남자 축에 끼려는 거요? 사실 그 섬은 그곳의 토착민 한 명이 중무장 보병 15명과 함께 봉기를 일으켜 장악하고 지금 참주 노릇을 할 만큼, 차지하기 쉬운 곳이오" 사람들이 하는 말로는, 오로이테스는 이 말을 듣고 그런 비난에 마음이 상했지만, 그런 말을 한 자에게 앙갚음하려 하지는 않고 그런 악담을 듣게 한 폴리크라테스를 완전히 파멸시키겠다고 작정했다 한다.

121   한편 좀 더 소수의 사람들이 전하는 말로는, 오로이테스가 무언가 요청할 일이 있어서—그 일이 무엇이었는지는 전하지 않는다—사

모스에 사절을 보냈을 때 마침 폴리크라테스가 연회장에서 비스듬히 누워 있고 테오스인 아나크레온도 그와 함께 있었다고 한다. 그런데 일부러 그랬든 그냥 우연이었든 폴리크라테스가 오로이테스의 용건을 무시했다. 오로이테스의 사절이 안으로 들어가서 말을 건넸을 때 마침 벽 쪽을 향해 돌아 누워 있던 폴리크라테스가 몸을 돌리지도 대답하지도 않았다는 것이다.

폴리크라테스 죽음의 이유로는 이 두 가지가 전하는데, 이 중 어떤 것이든 각자가 원하는 것을 믿으면 된다. 그때 오로이테스는 마이안드로스 강 너머의 마그네시에에 머물고 있었는데, 이미 폴리크라테스의 의중을 알고서 리디에인인 기게스의 아들 미르소스를 사모스에 보내 자신의 전갈을 전하도록 했다. 폴리크라테스는 우리가 아는 헬라스인 중에서, 크노소스의 미노스와 그 이전에 해상을 지배했던 몇몇 다른 자들을 빼고는, 최초로 해상 지배를 구상한 자였기 때문이다. 폴리크라테스는 인류로 일컬어지는 자들[51] 중에서 최초로 그런 구상을 했고, 이오니에와 섬들을 지배하겠다는 원대한 꿈이 있었다. 오로이테스는 그의 이런 의도를 알고, 그에게 전갈을 보내 이렇게 말했다. "오로이테스가 폴리크라테스께 다음과 같이 고합니다. 저는 그대가 원대한 일을 꾀하고 있지만 뜻을 이룰 자금이 그대에게 없다고 들었습니다. 그러니 그대가 다음처럼 하시면, 그대 스스로를 드높이고 또 저를 구하시게 될 것입니다. 캄비세스 왕이 저를 죽이려 획책하고 있기 때문입니다. 저는 그러한 이야기를 분명히 전해 들었습니다. 그러니 그대가 저 자신과 저의 재물을 밖으로 데려가 그중 일부는 그대가 직접 갖고 나머지는 제가 갖도록 해 주십시오. 이 재물 덕분에 그대는 헬라스 전체를 지배하시게 될 겁니다. 만일 그대가 재

51 여기서 '인류'는 '안트로페이아 게네아'(anthropeia genea)를 번역한 말이다. 헤로도토스가 미노스를 '인류'에 포함시키지 않은 것은 그를 전설적인 영웅으로 여겼기 때문인 것 같다.

물에 관한 제 이야기를 믿지 못하신다면, 그대가 가장 신뢰하는 자를 보내 주십시오. 제가 그에게 그것을 보여 드리겠습니다."

123   폴리크라테스는 이 말을 듣고 기뻐하며 그러기로 했다. 그는 당시 돈이 간절히 필요했는지라, 먼저 자신의 동료 시민인 마이안드리오스의 아들 마이안드리오스를 보내 살펴보도록 했다. 그는 폴리크라테스의 서기 일을 보는 자였다. 그는 얼마 뒤에 폴리크라테스의 거실에 있던 아주 볼만한 장식물들을 모두 헤레 신전에 봉헌한 바로 그 사람이었다. 오로이테스는 정탐객이 오기로 되어 있음을 알고 다음처럼 조치했다. 즉 그는 궤짝 여덟 개를 맨 위 가장자리 부근의 아주 좁은 곳만을 비워 두고 돌멩이로 가득 채운 후 돌멩이들 위에 금을 얹고 궤짝들을 잘 묶어 비치해 두었다. 마이안드리오스가 와서 이것을 살펴본 후, 이를 폴리크라테스에게 보고했다.

124   이에 폴리크라테스는 그곳으로 갈 준비를 했다. 하지만 그의 예언자들과 친구들은 강하게 만류했다. 게다가 그의 딸은 꿈속에서 다음과 같은 환영을 보았다. 그녀가 보기에, 아버지가 높은 공중에 떠 있는데 제우스가 아버지의 몸을 씻어 주고 태양이 그에게 기름을 발라 주었다는 것이다. 그녀는 이 환영을 본 후 모든 방법을 다 써서 폴리크라테스가 오로이테스에게 가지 못하도록 했고, 더욱이 그가 오십노선에 올라탈 때에는 불길한 말을 늘어놓았다. 이에 폴리크라테스는 그녀에게 자신이 무사히 돌아오면 오랫동안 처녀로 지내야 할 것이라고 을러댔다. 그러자 그녀는 그것이 이뤄지게 해 달라고 기원했다. 그녀는 자신이 아버지를 잃는 것보다 차라리 오랫동안 처녀로 지내기를 더 바라기 때문이라고 말했다.

125   폴리크라테스는 모든 조언을 무시하고 배를 타고 오로이테스에게로 떠났다. 폴리크라테스는 이때 많은 우인(友人)들을 데려갔으며, 그 중에는 특히 크로톤인인 칼리폰의 아들 데모케데스도 있었다. 데모케데스는 의사였는데 그의 시대의 의사들 중에서 최고의 의술을 시행한 자였다. 하지만 폴리크라테스는 마그네시에에 도착하여, 그 자

신이나 그의 높은 야망과는 어울리지 않게 비참하게 죽임을 당했다. 시레쿠사이의 참주들을 제외하면, 헬라스의 여타 참주들 가운데 장엄함에서 폴리크라테스와 비교될 자는 아무도 없었기 때문이다. 오로이테스는 언급하기에 적절치 않은 방식으로 폴리크라테스를 죽여서 말뚝에 매달았다. 폴리크라테스를 따라온 자들 중에서 사모스인들은 모두 풀어 주며, 자기가 그들을 자유롭게 해 준 것에 감사하라고 명했다. 그러나 사모스인이 아닌 외국인들과 폴리크라테스 수행원들의 노예들은 포로로 간주하여 자신이 차지했다. 폴리크라테스는 높이 매달리게 되었는데, 그로써 딸의 환영이 모두 실현되었다. 비가 내릴 때에는 그의 몸이 제우스[52]에게 씻겼고 그의 몸에서 수분이 위로 발산될 때는 태양에 의해 기름이 발라졌으니 말이다.

폴리크라테스의 거듭된 행운은 [아이깁토스 왕 아마시스가 예견했 126
던 것처럼][53] 그렇게 끝이 났다. 그러나 그 후 오래지 않아 폴리크라테스의 복수가 오로이테스에게 찾아들었다. 캄비세스가 죽은 후 마고스들이 왕권을 장악했을 때, 오로이테스는 사르디에스에 머물며 메디아인들에게 권력을 빼앗긴 페르시스인들을 전혀 돕지 않았다. 오히려 그는 이 혼란한 와중에 다스킬레이온 총독 미트로바테스―이 자는 폴리크라테스와 관련하여 오로이테스를 비난한 바 있다―와 미트로바테스의 아들 크라나스페스를 살해했다. 이 둘은 모두 페르시스인 사이에서 명망 있는 자들이었다. 오로이테스는 또 온갖 오만한 만행을 저질렀고, 다레이오스가 그에게 전갈을 전하러 보낸 사절을, 전갈 내용이 불쾌하다고 하여, 돌아가는 도중에 죽이고 말았다.

---

52 제우스는 천신으로서 천둥, 벼락, 비 등의 기후 현상을 주관한다고 여겨졌다.

53 슈타인은 아마시스가 폴리크라테스의 불행을 구체적으로 예견하지 않았다고 보아 이 대목을 [ ] 안에 표기했다. 그러나 아마시스가 포괄적이나마 폴리크라테스의 불행을 암시했기 때문에(제3권 제43장 참조), 그 대목을 텍스트 원문에 포함시켜도 무방하다고 본다.

그는 부하들을 길에 매복시켜 두었다가 사절을 죽인 후 사절의 시신과 말을 안보이게 치워 버렸다.

127   다레이오스는 권력을 장악하자 오로이테스의 모든 악행과 특히 미트로바테스와 그의 아들 일 때문에 오로이테스를 응징하고 싶어 했다. 그러나 다레이오스는 오로이테스에게 공공연히 군대를 파견하는 것은 좋지 않다고 생각했다. 왜냐하면 아직 시국이 혼란스러운 데다 자신도 근래에야 권력을 장악했고, 또 오로이테스가 강력한 세력을 갖추었다고 들었기 때문이다. 오로이테스는 1,000명의 페르시스인 호위대를 거느리고 있었고 프리기에와 리디에, 이오니에 구역들의 총독이었다. 그래서 다레이오스는 이에 대해 다음과 같은 계획을 꾸몄다. 그는 페르시스인 중 가장 명망 있는 자들을 다 함께 소집하여 그들에게 이렇게 말했다. "페르시스인들이여, 그대들 중 누가 나를 위해 이 일을 맡아서 폭력이나 다수의 힘이 아니라 계책으로 성취해 주시겠소? 계책이 필요한 곳에는 폭력이 소용없으니 말이오. 그대들 중 누가 나를 위해 오로이테스를 생포해 데려오든지 아니면 죽이든지 해 주시겠소? 그는 페르시스인들에게 아무런 도움도 주지 않았고 오히려 크나큰 해악을 저지른 자요. 그는 우리들 가운데 두 명인 미트로바테스와 그의 아들을 살해하고 또 그를 소환하고자 내가 파견한 사절들을 죽였으니, 도저히 묵과할 수 없는 오만함을 보인 거요. 그러니 그가 페르시스인들에게 더 큰 해악을 저지르기 전에, 그를 죽여 제지해야만 하오."

128   다레이오스가 이렇게 묻자 신하 30명이 그를 위해 일을 맡겠다고 나섰는데, 그들은 각자 자신이 그 일을 하고 싶어 했다. 그들이 서로 하겠다고 다투자 다레이오스는 그들을 저지하며 제비뽑기를 하라고 명했다. 제비뽑기 결과 그들 모두 중에서 아르톤테스의 아들 바가이오스가 뽑혔다. 그렇게 뽑힌 바가이오스는 다음처럼 행동했다. 즉 그는 다양한 문제들에 대해 서간을 여러 통 작성하고 다레이오스의 인장 반지를 날인한 후, 그것들을 가지고 사르디에스로 갔다. 그는 그

곳에 도착해 오로이테스의 면전으로 나아가서, 서간을 하나씩 꺼내 왕의 서기에게 읽으라고 주었다. 당시 모든 총독들에게는 왕의 서기들이 있었다. 바가이오스는 호위병들을 시험하여 그들이 오로이테스에 대한 반란에 동조할 것인지 알아보려고 서간들을 주었던 것이다. 그는 그들이 서간들을 크게 존중하고 서간 내용은 더욱 중히 여기는 것을 보자, 다음과 같은 말이 적힌 또 다른 서간을 주었다. "페르시스인들이여, 다레이오스 왕은 그대들에게 오로이테스 호위 근무를 금하노라." 그러자 그들은 이 말을 듣고 그의 앞에 창을 내려놓았다. 바가이오스는 이렇게 그들이 서간에 복종하는 것을 보고, 이에 용기를 내어 마지막 서간을 서기에게 주었다. 거기에는 다음처럼 적혀 있다. "다레이오스 왕은 사르디에스의 페르시스인들에게 오로이테스를 죽일 것을 명하노라." 호위병들은 이 말을 듣자 단검을 빼들고 즉시 오로이테스를 죽였다. 그리하여 사모스인 폴리크라테스의 복수가 이렇게 페르시스인 오로이테스에게 닥쳤던 것이다.

오로이테스의 재산이 수사로 올려 보내져 도착한 지 얼마 되지 않 129
았을 때, 마침 다레이오스 왕이 야생짐승들을 사냥하던 중 말에서 뛰어내리다 발을 삐는 일이 일어났다. 그는 아주 심하게 발을 삐었다. 그의 발목뼈가 관절에서 삐져나왔던 것이다. 그는 의술에서 최고로 여겨지던 아이깁토스인 의사들을 이제까지 늘 주위에 대동하고 있었는지라, 그들을 써서 치료했다. 그러나 그들이 억지로 발을 비틀어 사태를 더 악화시키고 말았다. 그래서 다레이오스는 7일 밤낮을 계속되는 고통 때문에 잠을 이루지 못했다. 8일째 되는 날에도 여전히 앓고 있었는데, 이전에 사르디에스에서 크로톤인 데모케데스의 의술에 대해 들은 적이 있는 어떤 사람이 다레이오스에게 알려 주었다. 그러자 다레이오스는 얼른 당장 그를 데려오라고 명령했다. 그들은 그가 오로이테스의 노예들 사이에 아무런 보살핌 없이 방치되어 있는 것을 발견하고, 족쇄를 차고 누더기를 걸친 그대로 그를 왕 앞으로 데려갔다.

130   다레이오스는 그가 자신의 앞에 대령하자 그에게 의술을 아는지
물었다. 그러나 그는 자신의 정체를 밝히면 헬라스와 완전히 유리(遊
離)되지 않을까 두려워서 그것을 모른다고 부인했다. 다레이오스는
그가 알고 있으면서도 속임수를 쓰고 있음이 분명하다고 보고, 그를
데려온 자들에게 채찍과 가축몰이 막대기[54]를 앞으로 가져오라고 명
했다. 그러자 그는 의술을 안다고 시인했지만, 정확히 알지는 못하고
어떤 의사와 교제하다 보니 그저 조금 의술을 알고 있을 뿐이라고 말
했다. 그 후 다레이오스가 그에게 치료를 맡기자 그는 헬라스식 치료
법을 쓰고 물리적 치료[55]보다는 유화적 치료를 적용하여, 다레이오스
가 잠을 잘 수 있도록 했으며 얼마 안 있어 건강을 찾게 해 주었다.
다레이오스는 자신이 다시 건강한 발을 되찾을 것이라곤 전혀 기대
하지 않았는데 말이다. 그 후 다레이오스는 그에게 황금족쇄 두 쌍을
선물로 주었다. 그러자 그는 다레이오스에게 물었다. "제가 전하를
낫게 해 드려서 일부러 저에게 두 배의 고통을 안겨 주시려는 것인지
요?" 다레이오스는 그의 말에 즐거워하며 그를 자신의 부인들에게로
보냈다. 환관들은 그를 데리고 가서 그녀들에게 그가 바로 왕의 목숨
을 구해 준 자라고 말했다. 그러자 그녀들은 각자 금궤에서 술잔으로
금을 가득 퍼내 데모케데스에게 선물로 주었는데, 어찌나 후하게 주
었던지 그를 따라다니는 스키톤이라고 불리는 하인이 술잔에서 떨어
진 금화들을 주워서 꽤 많은 금을 모을 수 있을 정도였다.

131   이 데모케데스가 크로톤을 떠나와서 폴리크라테스와 함께 지내게
된 사연은 다음과 같다. 그는 크로톤에서 성격이 가혹한 아버지와 의

---

54 '채찍과 가축몰이 막대기'는 고문 도구로 쓰인 것들이다. 따라서 그것들을 가
   져오라함은 고문을 하겠다는 뜻을 표명한 것이다.

55 여기서 '물리적 치료'는 힘을 이용하는 강제적 치료를 뜻하는데, 문맥상 이집
   트인의 치료법을 일컫는 것으로 보인다. 제3권 제129장에도 이집트 의사들
   이 다레이오스의 발을 "억지로 비틀어 사태를 더 악화시켰다"라고 적혀 있다.

가 좋지 않았었다. 그래서 그는 아버지를 견디지 못하고 떠나 아이기나로 갔다. 그는 그곳에 정착하여 첫해에, 시설도 없고 의술에 관계된 어떤 도구도 갖추지 못했지만, 다른 모든 의사들을 능가했다. 아이기나인들은 둘째 해에 1탈란톤을 주고 그를 공의(公醫)로 고용했다. 셋째 해에는 아테나이인들이 그를 100므네아[56]로 고용했고 넷째 해에는 폴리크라테스가 2탈란톤으로 그를 고용했다. 그렇게 하여 그는 사모스로 오게 되었고, 특히 이 데모케데스 덕분에 크로톤 의사들이 크게 유명해졌다. [이 일이 일어났을 때에 크로톤 의사들이 헬라스 전역에서 최고이고 다음으로 키레네 의사들이라는 말이 있었던 것이다. 바로 같은 시기에 아르고스인들도 음악에서 헬라스인들 중 최고라는 말을 들었다.][57]

데모케데스는 수사에서 다레이오스를 치료해 준 뒤, 대단히 큰 저택을 얻고 왕과 식사도 같이했다. 그는 헬라스로 돌아갈 수 없다는 것 한 가지만 빼고는 모든 것을 다 누렸다. 그는 이전에 왕을 치료했던 아이깁토스 의사들이 한 헬라스 의사에게 졌다는 이유로 말뚝에 박혀 매달리게 되었을 때 왕에게 간청하여 그들을 구해 주었다. 그는 또 폴리크라테스를 섬기다가 이제는 노예들 사이에서 아무런 보살핌 없이 지내는 엘리스의 예언자를 구해 주기도 했다. 데모케데스는 왕에게 대단한 총애를 받고 있었던 것이다.

그런데 그 얼마 뒤에 다음과 같은 일이 또 일어났다. 즉 키로스의 딸이자 다레이오스의 아내인 아토사의 젖가슴 위에 종기가 하나 자라더니 나중에는 터져서 더욱 퍼지게 되었다. 그녀는 종기가 아직 작았을 때에는 그것을 숨겼고 수치심 때문에 누구에게도 말하지 않았 132

133

<hr>

56 아이기나 탈란톤은 아테네 므네아로 계산하면 82아테네 므네아가 된다. 한편 아테네 탈란톤은 60아테네 므네아에 해당한다.

57 슈타인은 이 대목이 문맥상 헤로도토스의 원래 텍스트에 해당하지 않는다고 본다.

다. 그러나 병이 악화되자 그녀는 데모케데스를 불러 종기를 보여 주었다. 그는 그녀에게 병을 치료해 주겠다고 말하며 그 대신 그녀에게 자신이 청하는 것은 무엇이든 들어주겠다고 맹세하도록 했다. 그는 수치심을 불러오는 일은 절대 청하지 않겠다고 말했다.

134   그 후 그가 아토사를 치료하여 건강을 찾게 해 주자, 그녀는 데모케데스가 일러 준 대로 침대에서 다레이오스에게 다음과 같은 말을 꺼냈다. "전하, 전하께서는 이처럼 막강한 권력을 갖고 계시면서도 종족이나 세력을 페르시스인들에게 새로 추가하지 않고 그냥 가만히 계십니다. 전하처럼 젊고 막대한 부를 지니신 분은, 페르시스인들이 자신들을 통치하는 자가 정말 대장부임을 알 수 있도록, 무언가 업적을 이뤄 보여 주셔야 제격입니다. 그리하시면 두 가지 이익이 생깁니다. 하나는 페르시스인들이 자신들의 지도자가 대장부임을 알게 된다는 것이고, 또 하나는 그들이 전쟁에 진이 빠져 전하께 모반을 꾸밀 여유를 갖지 못한다는 겁니다. 전하께서는 지금 나이가 젊으실 때이니 이때 무언가 과업을 이루실 수 있습니다. 육체가 성장하면 정신도 그와 함께 성장하나 육체가 노화되면 정신도 함께 노화되어 모든 일에서 굼뜨게 되니까요." 그녀가 데모케데스가 일러 준 대로 이렇게 말하자, 다레이오스가 대답했다. "부인, 그대가 지금 말한 것은 바로 내가 해야겠다고 마음먹은 일이오. 나는 이 대륙에서 저 대륙으로 다리를 놓아 스키티에인들을 정벌하기로 결심했으니 말이오. 좀 있으면 그 일이 이뤄질 거요." 이에 아토사가 말했다. "보세요, 전하. 스키티에인들을 제일 먼저 공격하는 일은 잠시 버려 두시옵소서. 그들은 전하께서 원하시면 언제든 전하 것이 될 테니까요. 저로서는, 전하께서 헬라스를 정벌하셨으면 합니다. 저는 라코니아 여자들과 아르고스, 아티케, 코린토스 여자들에 대한 이야기를 들었는데, 그들을 시녀로 삼고 싶답니다. 마침 전하께는 다른 누구보다 더 헬라스에 관한 모든 것을 잘 일러 주고 안내해 줄 최고의 적임자가 있습니다. 전하의 발을 치료해 주었던 바로 그 자 말입니다." 다레이오스가 대답했

다. "부인, 이제 부인이 우리가 제일 먼저 헬라스를 시험해 보는 것이 좋겠다고 생각하니, 내가 보기엔 우선 그대가 말한 그 자와 함께 페르시스인들을 그곳에 첩자로 보내는 것이 더 나을 듯하오. 그들은 그곳의 사정을 파악하고 관찰하여, 헬라스인들의 모든 것을 우리에게 자세히 알려 줄 거요. 그러면 나는 그들을 철저히 파악한 후 헬라스로 진군할 것이오."

다레이오스는 이렇게 말했고, 말과 동시에 즉시 그것을 실행했다. 135 그는 다음 날 동이 트자마자 명망 있는 페르시스인 15인을 불러, 데모케데스를 대동하고 헬라스의 해안 지방을 잘 둘러 보라고 명했다. 또한 데모케데스가 그들에게서 도망치지 못하게 하고 무슨 일이 있어도 그를 다시 데리고 돌아오도록 명했다. 다레이오스는 그들에게 그렇게 명령하고 나서 다음에는 데모케데스 본인을 불러, 페르시스인들에게 헬라스 전역에 대해 잘 설명하고 보여 준 후 다시 돌아오라고 요청했다. 다레이오스는 데모케데스에게 데모케데스가 가진 모든 동산(動産) 재화들을 아버지와 형제들에게 선물로 갖다 주라고 지시했으며, 대신에 그 몇 배를 그에게 하사하겠다고 말했다. 게다가 다레이오스는 온갖 귀중품을 가득 실은 화물선 한 척을 그에게 딸려 보내겠다고 말했다. 내가 생각하기에는, 다레이오스가 어떤 기만적인 의중(意中)에서 그에게 그런 말을 한 것 같지는 않다. 그러나 데모케데스는 다레이오스가 자신을 시험하는 게 아닌지 두려워서, 그가 주겠다고 한 것을 다 선뜻 받아들이지 않고, 자신의 재물은 자신이 돌아와 쓸 수 있도록 그대로 남겨 두고 가겠다고 말했다. 하지만 다레이오스가 자신의 형제들에게 줄 선물을 위해 주겠다고 한 화물선은 받겠다고 말했다. 그러자 다레이오스는 데모케데스에게도 다른 자들과 똑같은 명령을 내리고 그들을 바다로 떠나보냈다.

그들은 포이니케의 시돈 시로 내려가서, 즉시 선원들을 삼단노선 136 두 척에 승선시키고 또 그와 동시에 온갖 귀중품이 실린 대형 화물선에도 승선시켰다. 그들은 모든 준비를 갖추자 헬라스로 출항했다. 그들은 헬라스의 해안 곳곳에 정박하여 그곳을 살펴보고 기록에 남겼으며, 헬라스의 유명한 곳들을 많이 살펴본 후 이탈리에의 타라스에 도착했다. 그런데 그곳에서 타라스인들의 왕 아리스토필리데스는 데모케데스에 대한 호의에서, 메디아인들의 배에서 키를 떼어 내고 또 페르시스인들을 첩자라는 구실로 구금했다. 이에 데모케데스는 그들이 그런 곤경에 처해 있는 사이에 크로톤으로 돌아갔다. 아리스토필리데스는 데모케데스가 자신의 조국으로 돌아가자 비로소 페르시스인들을 풀어 주고 그들의 배에서 뺏은 것을 돌려주었다.

137   페르시스인들은 타라스에서 출항하여 데모케데스를 쫓아 크로톤에 도착했다. 그들은 그가 아고레에 있는 것을 발견하고 그를 붙잡으려 했다. 일부 크로톤인들은 페르시스 세력을 두려워하여 그를 인도하려고 했지만, 다른 자들은 저항하며 그를 붙들었고 몽둥이로 페르시스인들을 두들겨 팼다. 페르시스인들은 다음처럼 말했다. "크로톤인들이여, 당신들이 무슨 일을 하고 있는지 잘 보세요. 당신들은 페르시스 왕에게서 도망친 노예를 빼앗고 있는 것이오. 다레이오스 왕께서 이런 모욕을 받았는데 어찌 이를 감수하고 계시겠소? 또 당신들이 우리에게서 그를 빼앗는다면 어찌 당신들의 일이 잘되겠소? 우리가 어떤 도시를 여기보다 먼저 공격하겠소? 또 어떤 도시를 여기보다 먼저 예속시키려 하겠소?" 그들이 이렇게 말했지만 크로톤인들을 설득시키지는 못했다. 그래서 그들은 데모케데스를 잃고 그들이 끌고 온 화물선도 빼앗긴 채 아시에로 귀항했다. 그들은 이제 안내자도 잃고 없는지라, 그들이 알아보려고 왔던 헬라스를 더는 탐색하지 않았다. 그러나 데모케데스는 그들이 출항하려고 할 때 다음과 같은 말을 전했다. 그들더러 다레이오스에게 가서 데모케데스가 밀론의 딸과 혼약했다는 말을 전하라고 일렀던 것이다. 레슬링 선수 밀론의 명성이 다레이오스에게도 잘 알려져 있었기 때문이다. 내 생각에는 데모케데스가, 자신이 조국에서도 유명하다는 것을 다레이오스에게 보여 주기 위해서, 막대한 돈을 들여 이 혼인을 갈구했던 것 같다.

138

페르시스인들은 크로톤을 떠나 항해하다가 이에피기에 근해에서 배가 난파되고 말았다. 그들은 그곳에서 노예가 되었지만, 타라스의 추방자인 길로스가 그들을 구해 다레이오스 왕에게 데리고 갔다. 이에 다레이오스는 그 보답으로 길로스가 원하는 것을 무엇이든 주고자 했다. 길로스는 우선 자신의 불행에 대해 설명한 다음 타라스로 복귀하고 싶다고 했다. 하지만 그는 자기 때문에 대규모 병력이 이탈리아로 항해하게 됨으로써 헬라스를 혼란에 빠뜨리고 싶지 않아, 크니도스인들만으로도 자기를 충분히 귀국시킬 수 있다고 말했다. 그는 크니도스인들이 타라스인들의 우방이므로 그들을 통하면 자신의 복귀가 가장 잘 이뤄지리라고 생각했던 것이다. 다레이오스는 길로스의 요청을 받아들여 실행했다. 그는 크니도스에 사자를 보내 크니도스인들에게 길로스를 타라스로 귀국시키도록 명했던 것이다. 크니도스인들은 다레이오스의 명에 따랐으나 타라스인들을 설득하지 못했고 또 그렇다고 힘으로 강제할 수도 없었다. 그 일의 전말은 이러했다. 그들[58]은 아시에에서 헬라스에 도달한 최초의 페르시스인들이었고, 앞서 말한 이유 때문에 헬라스에서 첩자 일을 했다.

그 후 다레이오스 왕은 사모스를 정복했는데, 사모스는 헬라스인과 이방인의 모든 도시들 가운데 그가 맨 먼저 정복한 곳이었다. 그곳을 정복한 이유는 다음과 같다. 키로스의 아들 캄비세스가 아이깁토스 원정에 나섰을 때 많은 헬라스인들이 아이깁토스로 갔다. 그들 중 일부는, 당연하게도, 장사를 위해 원정에 참여한 자들이고, 또 일부는 이 나라를 구경하기 위해 갔다. 이 중에 아이아케스의 아들 실로손도 있었는데, 그는 폴리크라테스와 형제간이었으며 당시 사모스에서 추방당한 상태였다. 그런데 이 실로손에게 행운이 찾아왔다. 그가 붉은색 외투를 걸치고 멤피스의 아고레를 걷고 있을 때였다. 그때

---

58 여기서 '그들'은 앞서 말한 데모케데스와 함께 헬라스를 돌아본 페르시아인들을 가리킨다.

캄비세스의 호위병이고 아직 별로 중시되지 않았던 다레이오스가 그를 보고 외투가 탐이 나서 그에게 다가가 외투를 사고자 했다. 실로손은 다레이오스가 그 외투를 간절히 원하는 것을 보고, 신의 행운이 작용한 탓인지, 이렇게 말했다. "나는 그 어떤 돈을 받더라도 이것을 팔지 않을 거요. 하지만 그대가 꼭 이것을 가져야 한다면 그냥 주겠소." 다레이오스는 실로손에게 찬사를 표하고 외투를 받았다.

140   실로손은 자신이 실없는 선심 때문에 외투를 잃었다고 생각했다. 그러나 세월이 흘러 캄비세스가 죽은 후 7인이 마고스에게 반란을 일으키고 7인 중에서 다레이오스가 왕권을 장악했을 때, 실로손은 자신이 전에 아이깁토스에서 간청을 받고 외투를 주었던 바로 그 사람에게 왕위가 돌아갔음을 알게 되었다. 그는 수사로 올라가서 왕궁 문앞에 앉아 자신이 다레이오스의 은인이라고 말했다. 문지기는 이 말을 듣고 왕에게 알렸다. 그러자 다레이오스는 놀라서 문지기에게 말했다. "내가 갓 권좌에 올랐는데 내가 신세를 졌다는 그 헬라스인 은인은 대체 누구란 말이냐? 헬라스인 가운데 어느 누구도 우리에게 올라온 적이 없고, 나는 어떤 헬라스인에게도 은혜 입은 바가 없다고 확언할 수 있어. 하지만 그가 무슨 뜻에서 그렇게 말하는 건지 알아보려 하니 그를 안으로 데려오너라." 문지기가 실로손을 데려와 왕앞에 대령시키자, 통역들이 그에게 그가 누구이고 대체 무슨 일을 했기에 왕의 은인이라고 말하는지 물었다. 그래서 실로손은 그 외투에 대해 일어났던 일을 모두 이야기하고 자신이 바로 외투를 준 사람이라고 말했다. 그에 대해 다레이오스가 대답했다. "참으로 관대한 자여, 그대가 아직 아무런 힘이 없던 나에게 비록 사소한 것일지언정 주었던 바로 그 사람이라니. 하지만 그 은혜는 흡사 지금 내가 누군가에게서 엄청난 선물을 받은 것과 똑같소. 그래서 나는 그대가 히스타스페스의 아들 다레이오스에게 은혜를 베푼 것을 절대 후회하지 않도록 그 보답으로 그대에게 막대한 금과 은을 주겠소." 이에 실로손이 말했다. "전하, 저에게 금이나 은을 주지 마시고 조국 사모스를

돌려주시옵소서. 지금 그곳은 저와 형제간인 폴리크라테스가 오로이테스에게 죽임을 당한 이후 우리의 노예가 차지하고 있습니다. 부디 어느 누구도 죽이거나 노예로 삼지 마시고 저에게 사모스를 주시옵소서."

다레이오스는 이 말을 듣고 7인 중의 한 사람인 오타네스를 지휘관 141 으로 하여 군대를 파견했다. 오타네스에게는 실로손이 요청하는 것은 다 이행하라고 일러 두었다. 이에 오타네스는 해안으로 내려가서 군대를 준비시켰다.

이때 사모스는 마이안드리오스의 아들 마이안드리오스가 통치하 142 고 있었는데, 그는 폴리크라테스에게서 위임을 받아 권력을 차지했었다. 마이안드리오스 자신은 가장 공정한 인간이 되기를 원했지만, 그리되지 못했다. 그는 폴리크라테스가 죽었다는 소식을 듣고 다음처럼 조치했다. 맨 먼저 그는 해방자 제우스의 제단을 짓고 그 주위에 성역을 구획했는데, 그것은 지금도 도시 교외에 위치해 있다. 그 일을 다 마치자 다음에는, 모든 시민들을 민회에 불러 모아 말했다. "여러분도 아시다시피 폴리크라테스의 홀(笏)과 모든 권력이 나에게 위임되어 있습니다. 지금 나는 여러분의 통치자가 될 수도 있습니다. 하지만 나 자신은 내가 이웃에 대해 책망할 그런 일을 되도록 하지 않을 겁니다. 나는 폴리크라테스가 자신과 동등한 사람들 위에 군림하는 것이 맘에 들지 않았고 또 그처럼 행동하는 다른 모든 자들도 맘에 들지 않았으니까요. 이제 폴리크라테스가 자신의 운을 다하고 죽었으니 나는 권력을 여러분 모두가 공유하도록 하고 여러분에게 이소노미에[59]를 공언하는 바입니다. 하지만 나는 내가 다음과 같은 특권을 갖기를 요청합니다. 즉 폴리크라테스의 재산 가운데 6탈란톤을 내 몫으로 떼어 주고 그것 외에도 나와 내 후손들이 영원히 해방

---

59 '법 앞의 평등'을 의미한다.

자 제우스의 사제직을 맡게 해 달라는 겁니다. 내가 바로 그 신의 성소를 지었고 지금 여러분에게 자유를 부여했으니 말입니다." 그는 사모스인들에게 그와 같이 공지했다. 그러자 그들 중 누군가 일어나서 말했다. "하지만 당신은 출생이 비천하고 불한당인지라 우리를 통치할 자격이 없소. 그보다 당신이 다루던 돈의 내역이나 설명해 주시오."

143   이는 시민들 사이에서 명망이 높은 텔레사르코스라는 자가 한 말이었다. 그러자 마이안드리오스는 자신이 권력을 내놓을 경우 그 대신에 다른 누군가가 참주가 되리라는 것을 깨닫고 권력을 포기하지 않기로 작정했다. 그는 아크로폴리스로 돌아간 후, 돈의 내역을 설명해 준다는 이유로 그들을 각기 한 명씩 불러들여 체포하고 구금해 버렸다. 그런데 그들이 구금되어 있을 때, 얼마 후 마이안드리오스가 병이 들었다. 그러자 리카레토스라고 불리는 그의 동생이 그가 죽을 것이라고 생각하고, 자신이 사모스의 권력을 좀 더 수월하게 차지하기 위해, 구금된 자들을 모두 처형해 버렸다. 아마도 사모스인들은 자유를 누리기를 원치 않았던 것 같다.

144   그래서 페르시스인들이 실로손을 복귀시키려고 사모스에 도착했을 때에, 그들에게 대항하는 자가 아무도 없었다. 마이안드리오스 자신과 그 일파는 휴전이 성립되면 자신들이 섬에서 떠날 작정이라고 말했다. 오타네스가 이에 동의하여 휴전이 맺어졌고, 페르시스인들 가운데 명사(名士) 대부분은 아크로폴리스 맞은편에 놓인 의자에 자리를 잡았다.

145   그런데 참주 마이안드리오스에게는 카릴레오스라고 불리는, 다소 얼빠진 동생이 있었다. 그는 무언가 잘못을 저질러 지하 감옥에 구금되어 있었는데, 때마침 일이 어떻게 진행되는지를 듣고서 몸을 굽혀 감옥 밖을 내다보다가 페르시스인들이 평화롭게 앉아 있는 것을 목격했다. 그러자 그는 고함을 지르며 마이안드리오스와 이야기를 나누고 싶다고 말했다. 마이안드리오스는 이를 듣고서, 그를 풀어 주고 자신에게 데려오라고 명했다. 카릴레오스는 마이안드리오스 앞으로

끌려 나오자마자 마이안드리오스를 비난하고 욕하면서, 페르시스인들을 공격하도록 그를 설득하려 했다. 카릴레오스의 말은 이러했다. "이 지독한 악당 같으니, 당신은 내가 당신의 형제이며 구금될 만한 잘못을 전혀 저지르지 않았는데도 날 묶어서 투옥해야 옳다고 여겼던 자요. 하지만 당신은 페르시스인들이 당신을 쫓아내 오갈 데 없는 신세로 만들려는 것을 보면서도 감히 그들을 응징하지 못하고 있소. 그들을 아주 쉽게 제압할 수 있는데도 말이오. 정녕 그들이 두렵다면 나에게 용병들을 내주시오. 그러면 내가 그들이 여기에 온 것을 응징할 것이오. 그래도 쾌히 당신 자신은 이 섬에서 내보내 주겠소."

카릴레오스는 이렇게 말했다. 마이안드리오스는 카릴레오스의 제 146 안을 받아들였는데, 이는, 내가 생각하기에, 그 자신의 군대가 왕의 군대를 압도할 것이라고 생각할 만큼 그가 어리석어서가 아니고 그보다는 실로손이 아무 고생 않고 도시를 파손 없이 온전하게 차지할 것을 시기해서였다. 마이안드리오스는 페르시스인들의 화를 부추겨 사모스의 세력을 되도록 허약하게 만들어서, 그런 사모스를 넘겨주고 싶어 했다. 그는 페르시스인들이 피해를 입을 경우 사모스인들에게 더욱 격분하리라는 것을 잘 알고 있었던 것이다. 또한 그는 자신이 원하면 언제든지 섬을 빠져나갈 안전한 탈출구가 있음을 알고 있었다. 그는 아크로폴리스에서 해인으로 통하는 비밀통로를 만들어 놓았던 것이다. 그리하여 마이안드리오스 자신은 배를 타고 사모스에서 빠져나갔다. 그러나 카릴레오스는 용병들을 모두 무장시킨 후 성문을 활짝 열고 페르시스인들에게 돌격하도록 했다. 페르시스인들은 모든 것이 합의되었다고 생각하여 그러한 일을 전혀 예상하지 못했다. 용병들은 가마의자[60]에 타고 있던 페르시스 최고 요인들을 습격하여 살해했다. 이들이 그런 일을 저지르는 사이, 다른 페르시스

---

60 디프로스(diphros)를 번역한 말. 디프로스는 가마 용도로 만든 의자로, 페르시아 상류층 인사들이 사용하던 통행 수단이었다.

부대가 구조하러 올라왔다. 용병들은 그들에게 내몰려 아크로폴리스로 쫓겨 돌아갔다.

147   페르시스 지휘관 오타네스는 페르시스인들이 큰 피해를 입는 것을 보자, 이제껏 유념해 왔던 다레이오스의 명령을 망각해 버렸다. 다레이오스는 그를 떠나보내면서, 사모스인을 한 명이라도 죽이거나 노예로 삼지 말고 그 섬을 아무런 피해 없이 온전하게 실로손에게 넘겨주라고 명령했던 것이다. 오타네스는 자신의 군대에 그들이 붙잡은 자는 어른이든 아이든 다 똑같이 죽이라고 지시했다. 그리하여 페르시스군 일부가 아크로폴리스를 포위 공격 하는 동안, 나머지 군대는 그들을 방해하는 자를 성소 안에서든 밖에서든 똑같이 다 죽였다.

148   마이안드리오스는 사모스에서 탈출하여 라케다이몬으로 출항했다. 그는 그곳에 도착하자 자신이 떠나면서 가져온 재물들을 모두 올려다 놓고 다음과 같이 행동했다. 그는 때로 은과 금으로 만든 술잔들을 꺼내 놓고 그때마다 하인들을 시켜 그것들을 닦게 하곤 했다. 그리고 그 시간에 마이안드리오스는 스파르테의 왕인, 아낙산드리데스의 아들 클레오메네스와 대담을 나누고 그를 집으로 데려오곤 했다. 클레오메네스는 그 술잔들을 볼 때마다 감탄하고 놀라워했다. 그러면 마이안드리오스는 그에게 그중에서 원하는 것들을 얼마든지 가져가라고 말하곤 했다. 마이안드리오스가 그런 말을 두 번인가 세 번 했지만, 클레오메네스는 더없이 정직한 면모를 보여주었다. 그는 그 선물을 받는 것이 옳지 않다고 여겼으며, 마이안드리오스가 다른 시민들에게도 선물을 줘서 도움을 얻으려 하는 것을 알고 감찰관들을 찾아가서, 사모스 빈객이 클레오메네스 자신이나 다른 어느 스파르테인을 꼬드겨 타락시키는 것을 막으려면 마이안드리오스가 펠로폰네소스에서 떠나는 것이 스파르테를 위해 더 좋을 것이라고 말했다. 감찰관들은 클레오메네스의 말에 수긍하여, 마이안드리오스를 추방하기로 공포했다.

149   페르시스인들은 사모스를 [저인망식으로 일소하여][61] 사람이 아무

도 없는 곳으로 만들어 실로손에게 넘겨주었다. 그러나 나중에 페르시스 지휘관 오타네스는 꿈속에서 본 환영과 그의 성기에 생긴 병으로 말미암아 사모스에 사람들이 다시 거주하게 해 주었다.

페르시스 함대가 사모스로 떠났을 때, 바빌론인들이 만반의 태세 150
를 갖추고 봉기를 일으켰다. 그들은 마고스가 통치하고 7인이 그에 맞서 궐기하던 혼란의 시기 내내 포위 공격에 대한 대비를 갖추었던 것이다. 어찌된 이유인지 그런 일을 하면서도 전혀 탄로 나지 않았다. 그러다 공개적으로 봉기를 일으켰을 때 그들은 다음과 같이 행동했다. 그들은 어머니를 빼고 그 외 자신의 집안여자들 중에서 각자 원하는 여자를 누구든 한 명만 선택한 후, 나머지 여자들을 모두 한데 모아 목졸라 죽였다. 그들이 각자 여자 한 명씩을 선택한 것은 음식 조리를 위해서였다. 반면에 나머지 여자들을 목졸라 죽인 것은 그들이 식량을 축내지 않도록 하기 위해서였다.

다레이오스는 이 소식을 듣고 자신의 전 병력을 소집하여 그들에 151
대한 정벌에 나섰다. 그는 바빌론으로 진격하여 그곳을 포위 공격 했지만, 바빌론인들은 포위 공격에 전혀 개의치 않았다. 바빌론인들은 성벽의 성가퀴들 위에 올라 우쭐대며 춤을 추고 다레이오스와 그의 군대를 놀려댔다. 한번은 그들 중 누군가가 이런 말을 했다. "페르시스인들아, 왜 거기에 앉아 떠나지 않느냐? 노새들이 새끼를 낳으면 그때에나 너희들이 우리를 점령할 게다." 누군지 그 바빌론인은 노새가 절대로 새끼를 낳을 수 없다고 생각하고 그렇게 말한 것이다.

그 후 1년 7개월이 흘러갔다. 다레이오스와 그의 전체 군대는 여전 152
히 바빌론을 점령하지 못하자 조바심이 일었다. 실로 다레이오스는

61 슈타인은 이 대목이 헤로도토스의 원래 텍스트에 해당하지 않는다고 본다. 학자들도 이 대목은 후대에 추가된 것이라고 추정한다. "저인망식으로 일소하여"라는 표현이 제3권 제147장의 내용과 일치하지 않는 것이다. '저인망식으로 일소하다'가 무엇을 뜻하는지는 제6권 제31장 참조.

바빌론인들에 대해 온갖 전략과 방법을 다 써 보았다. 그래도 그들을 함락시키지 못했기 때문에 그는 다른 전략뿐 아니라 특히 키로스가 그들을 점령할 때 썼던 전략[62]도 시도해 보았다. 그러나 바빌론인들이 워낙 철저히 경계한 터라, 그들을 함락시키지 못했다.

153   그런데 스무 번째 달에 메가비조스의 아들 조피로스에게 기이한 징조가 나타났다. 그는 바로 마고스를 파멸시킨 7인 중 한 명인 메가비조스의 아들 조피로스였다. 즉 식량을 운반하는 그의 노새 중 한 마리가 새끼를 낳은 것이다. 조피로스는 그 일을 보고받고 믿을 수가 없어서 자신이 직접 그 새끼를 확인했다. 그는 그것을 본 사람들더러 누구에게도 그 일을 말하지 말도록 금하고 곰곰이 생각했다. 조피로스는 포위 공격이 시작될 무렵에 한 바빌론인이 노새들이 새끼를 낳으면 그때 성이 점령될 것이라고 했던 바로 그 말에 비추어 이제 바빌론이 점령될 것으로 생각했다. 그는 그 자가 그렇게 말하고 또 자신의 노새가 새끼를 낳은 데는 다 신의 뜻이 들어 있다고 생각했던 것이다.

154   조피로스는 이제 바빌론이 점령될 운명에 처했다고 생각하고, 다레이오스에게 가서 그가 바빌론 점령을 정말 크게 중요시하는지 문의했다. 조피로스는 다레이오스가 그것을 매우 중요하게 여긴다는 것을 알자, 이제 다른 문제, 즉 어떻게 하면 자기가 바빌론을 점령하여 그 일을 제 것으로 만들 것인지에 대해 곰곰이 생각했다. 페르시스인들 사이에서는 선행(善行)[63]이 아주 높이 숭상되기 때문이다. 마침내 조피로스는 스스로 신체를 훼손한 후 바빌론인들에게 탈주하는 것 말고는 달리 바빌론을 차지할 수가 없다고 생각했다. 그래서 그는 아무렇지 않은 마음으로 자신의 신체를 회복 불가능할 정도로 훼손

----

62 제1권 제191장 참조.

63 국가나 왕을 위한 선행. 페르시아인들에게는 그러한 선행이 대단히 큰 명예로 간주되었다고 한다.

했다. 그는 자기 코와 양쪽 귀를 자르고 머리도 흉하게 깎고 또 몸에 채찍질을 한 다음 다레이오스 앞으로 나아갔다.

다레이오스는 최고의 명망가인 그가 그렇게 손상된 것을 보고 크 155 게 분노했다. 다레이오스는 왕좌에서 벌떡 일어나 고함을 질렀고, 조피로스에게 대체 누가 그를 손상시켰고 왜 그런 것이냐고 물었다. 그러자 조피로스가 대답했다. "전하 외에는, 저를 이 지경으로 만들 만큼 그렇게 힘 있는 사람은 없습니다. 전하, 다른 어떤 자가 저에게 이런 것이 아니고, 아시리에인들이 페르시스인들을 조롱하는 것에 울화가 치밀어 제가 스스로 저지른 것입니다." 이에 다레이오스가 대답했다. "무모한 사람 같으니, 그대는 포위된 자들 때문에 스스로를 회복 불가능할 정도로 훼손했다 말하며, 자신의 수치스러운 행동에 대단한 미명을 갖다 씌우는구려. 이 어리석은 사람아, 그대가 스스로를 훼손한다고 해서 어찌 적들이 더 빨리 항복하겠는가? 아무래도 그대가 정신이 나가 스스로를 이리 훼손한 것 아닌가?" 그러자 그가 말했다. "제가 전하께 이리하겠다고 미리 말씀 드렸다면 전하께서는 저를 허락하지 않으셨을 겁니다. 그래서 저는 스스로 판단하여 이렇게 한 것입니다. 이제 전하께서 제대로만 역할을 해 주신다면, 우리는 바빌론을 점령하게 될 것입니다. 저는 이 모습 그대로 바빌론의 성채로 탈주하여, 전하께서 저를 이렇게 만들었다고 그들에게 말할 것입니다. 그러면, 제 생각에는, 그들이 그런 사정에 대한 제 말을 믿고 저에게 병력을 맡길 것입니다. 전하께서는 제가 성채 안으로 들어간 날로부터 10일째 되는 날에, 죽더라도 전혀 아깝지 않을 전하의 군사 중에서 1,000명을 세미라미스 문이라 불리는 곳에 배치하시옵소서. 또 그 10일째 날로부터 7일째 되는 날에는 니노스 문이라 불리는 곳에 다시 2,000명을 배치해 주시옵소서. 또한 그 7일째 날로부터 20일이 지나면 그때 다시 4,000명을 칼다이아인들의 문이라 불리는 곳으로 데려와 배치하시옵소서. 이 병사들이나 앞서의 병사들은 모두 단검 말고는 어떤 무기도 지니지 않게 하시고, 그들이 단검만 갖게 하시옵소서. 그리고 그 20일째 날 이후 즉시 전하의 나머지 군사들에게 성벽을 사방에서 공격하라고 명하시옵소서. 그때 페르시스인들은 벨로스 문과 키시에 문이라 불리는 곳들에다 배치해 주시옵소서. 제가 생각하기엔, 제가 큰 공을 세우게 되면 바빌론인들이 저에게 다른 것들과 함께 특히 성문들의 열쇠도 맡길 것이기 때문입니다. 그 후에는 저와 페르시스인들이 다음에 필요한 일들은 맡아 할 것입니다."

156   이렇게 이른 후, 조피로스는 진짜 탈주자인 양 자꾸 뒤를 돌아보며 성문 쪽으로 다가갔다. 그러자 성루에 배치되어 있던 자들이 그를 보고 뛰어 내려와, 한쪽 문을 조금 열고 그가 누구이며 무슨 일로 왔는지 물었다. 그는 자신이 조피로스이고 그들에게로 탈주해 왔다고 말했다. 문지기들은 그의 말을 듣고서 그를 바빌론인들의 공회(公會)로 데려갔다. 조피로스는 그들 앞에 나가 통곡하면서, 바로 그 자신이 저지른 일을 다레이오스에게 당했다고 말했다. 또 자신이 그런 일을 당한 이유는 도저히 바빌론을 점령할 방도가 보이지 않아서 다레이오스에게 군대를 철수시킬 것을 조언했기 때문이라고 했다. 그는 계속해서 말했다. "바빌론인들이여, 이제 나는 여러분들에겐 최대의 축복이고, 다레이오스와 그의 군대 및 페르시스인들에겐 최대의 재액(災厄)으로서 여기에 온 겁니다. 그는 나를 이처럼 망가뜨린 데 대한 대가를 반드시 치를 테니까요. 나는 그의 계획들의 상세한 내용을 모두 알고 있습니다." 이렇게 조피로스는 말했다.

157   바빌론인들은 페르시스에서 최고로 명망 있는 자가 코와 양쪽 귀를 잃은 데다 채찍질로 피투성이가 된 것을 보고, 그가 진심을 말하며 자신들의 협력자로서 왔다고 완전히 믿었다. 그들은 그가 자신들에게 요청하는 것은 무엇이든 그에게 부여하고자 했다. 그러자 그는 군대를 요청했다. 그는 그들에게서 군대를 얻은 후에, 다레이오스와 합의한 것과 꼭 같이 실행했다. 그는 10일째 되는 날 바빌론 군대를 이끌고 나가, 그가 다레이오스에게 배치하도록 일러둔 첫 번째 병력인 군사 1,000명을 포위하여 학살했다. 바빌론인들은 그의 말과 행

동이 일치되어 나타나는 것을 보자, 대단히 기뻐하며 모든 일에서 그를 따르고자 했다. 그 후 또 합의한 날수가 지나자, 그는 다시 바빌론 군대에서 선발된 병력을 이끌고 나가 다레이오스 군대 2,000명을 학살했다. 바빌론인들은 이것을 또 보고, 모두들 조피로스에 대한 칭찬을 입에 올렸다. 그 후 다시 합의한 날수가 지나자 그는 미리 일러둔 곳으로 군대를 이끌고 나가 4,000명을 포위하여 학살했다. 이런 일이 이뤄진 후, 조피로스는 바빌론인들에게 가장 중요한 존재가 되었으며 그들의 총사령관 및 성벽 감독직을 맡게 되었다.

다레이오스가 합의대로 사방에서 성벽을 공격하자, 이때 조피로 158 스 계교의 전모가 드러났다. 바빌론인들이 성벽 위에 올라가 다레이오스의 공격 군대를 막고 있는 동안, 조피로스가 키시에 문과 벨로스 문이라 불리는 곳들을 열어 페르시스인들을 성벽 안으로 끌어들였던 것이다. 바빌론인들 가운데 일부는 그 광경을 보고 제우스 벨로스의 성소로 달아났다. 하지만 그것을 못 본 자들은 그들 역시 자신들이 배신당했음을 깨닫게 될 때까지 각기 자신들의 자리를 그대로 지키고 있었다.

그리하여 이제 바빌론은 두 번째로 점령되고 말았다. 다레이오스 159 는 바빌론인들을 정복하자, 그들의 성벽을 허물고 모든 성문들을 떼어 냈다. 그전에 키로스기 비빌른을 점령했을 떼에는 그런 일을 어느 것도 행하지 않았다. 다레이오스는 또 바빌론인 중에서 주요 인사 약 3,000명을 말뚝에 박아 매달았고, 나머지 바빌론인들에게는 도시를 돌려주며 그곳에 계속 살도록 했다. 또한 다레이오스는 바빌론인들이 후손을 얻기 위한 아내들을 가질 수 있도록 선견지명하에 다음의 조치를 취했다. 내가 처음에 언급했듯, 바빌론인들이 식량 문제에 대비하여 자신들의 여자들을 목졸라 죽였기 때문이다. 다레이오스는 주변에 거주하는 종족들에게 각기 부과된 수만큼의 여자들을 바빌론으로 보내도록 했고, 그 결과 전체 5만 명의 여자들이 모였다. 바로 이 여자들에게서 현재의 바빌론인들이 생겨났다.

160   다레이오스가 판단하기에는, 페르시스인 중에서 조피로스의 선행을 능가하는 자는, 키로스를 제외하면, 전무후무하다고 여겨졌다. 어떤 페르시스인도 자신을 키로스와 견줄 만하다고는 생각하지 않았기 때문이다. 다레이오스는 여러 번 다음과 같은 견해를 토로하곤 했다 한다. 즉 자신은 현재의 바빌론에 더해 20개 바빌론을 더 얻기보다 조피로스의 몸이 훼손당하지 않기를 더 바랐을 것이라고 말하곤 했다 한다. 다레이오스는 그를 극진히 존중했다. 매년 그에게 페르시스인들이 가장 귀중히 여기는 것들을 선사했고, 그에게 바빌론을 주어 세금을 내지 않고 종신토록 다스리게 했으며, 그 밖에도 많은 것을 하사했던 것이다. 이 조피로스에게서 메가비조스가 태어났는데, 그는 후일 아이깁토스에서 아테나이인과 그 동맹군에 대한 전쟁을 지휘한 인물이다. 그리고 이 메가비조스에게서 조피로스가 태어났는데, 그는 페르시스에서 아테나이로 탈주했던 자다.

제 4 권

바빌론 점령 이후 다레이오스는 직접 스키티에인 원정에 나섰다. 1
아시에가 많은 사람들로 넘치고 거기서 막대한 수입이 들어오자, 다
레이오스는 스키티에인들을 응징하기를 원했다. 예전에 스키티에인
들이 메디아에 침입하여 대항하는 자들을 격파함으로써 먼저 해코지
를 했다는 이유에서였다. 내가 앞서 말했듯이,[1] 스키티에인들은 아시
에 상부 지역을 28년 동안 통치했다. 그들은 킴메리에인들을 추격하
다 아시에로 침입해 들어와 메디아인들의 지배를 종식시켰다. 이 메
디아인들은 스키티에인들이 오기 전까지 아시에를 통치하던 자들이
었다. 그런데 28년 동안 고국을 떠나 있던 스키티에인들이 그토록 오
랜 기간 후에 고국으로 돌아갔을 때, 메디아인들과 치른 전쟁만큼이
나 힘든 고난이 그들을 기다리고 있었다. 그들이 보니 대규모 군대가
자신들을 막고 대진해 있었다. 이는 스키티에 여자들이 남편들의 오
랜 부재 동안에 자신들의 노예들과 동침했기 때문이다.

스키티에인들은 그들이 마시는 젖 때문에 노예들을 모두 장님으로 2
만든다. 그들이 젖을 얻는 방식은 다음과 같다. 그들은 아울로스와
흡사한, 뼈로 만든 취관(吹管)을 암말의 생식기 안에 집어넣고 입으
로 부는데, 일부 사람들이 그것을 부는 동안 다른 사람들은 젖을 짠
다. 그렇게 하는 것은 다음의 이유 때문이라고 한다. 즉 바람이 들어
가 암말의 혈관이 가득 부풀어지면 맘이 젖통이 아래쪽으로 내려온
다는 것이다. 그들이 젖을 다 짜면 그것을 빈 나무통에 붓고, 장님 노
예들을 통 주위에 둘러 세워 젖을 젓게 한다. 그들은 젖 중에서 위쪽
에 있는 부분을 떠내 더욱 중히 여기고 아래쪽에 있는 부분은 그보다
못하다고 여긴다. 바로 이런 이유에서 스키티에인들은 붙잡은 포로
들을 모두 장님으로 만든다. 스키티에인들은 농경민이 아니고 유목
민들이기 때문이다.

---

1 제1권 제15장과 제103~06장 참조.

3   당시엔 이 노예들과 여자들 사이에 태어난 어린아이들이 장성해
    있었다. 그들은 자신들의 출생에 대해 알게 되자 메디아에서 귀환하
    는 스키티에인들과 대적했다. 처음에 그들은 타우로스 산맥에서 마
    이에티스 호수의 가장 넓은 구역에까지 뻗은 널찍한 방어호를 파서
    자신들의 영토를 외부와 차단했다. 그런 다음에 스키티에인들이 쳐
    들어오려고 할 때면 그들에게 맞서 대진하고 전투를 벌였다. 수차례
    싸움이 벌어졌지만 스키티에인들은 전투에서 이기지 못했다. 그러자
    그들 가운데 한 명이 다음처럼 말했다. "스키티에인들이여, 우리가
    대체 무얼 하고 있는 거요! 우린 지금 우리의 노예들과 싸우고 있소.
    우리가 저들에게 죽으면 우리의 수가 줄어들 거고 우리가 저들을 죽
    이면 우리가 장차 지배할 노예의 수가 줄어들 것이오. 그러니 내 생
    각에는 우리가 창과 활을 버리고 각자 말채찍을 들고 저들에게 다가
    가는 것이 좋을 성싶소. 저들은 우리가 무기로 무장한 것을 보는 동
    안은 자신들도 우리와 동등하며 또 우리와 동등한 자들에게서 태어
    났다고 생각해 온 거요. 하지만 우리가 무기 대신 채찍을 든 것을 보
    면 자신들이 우리의 노예임을 알게 될 것이고 그 점을 알고 나면 우
    리에게 항거하지 못할 것이오."

4   스키티에인들은 이 말을 듣고 그대로 실행했다. 그러자 노예들은
    그것을 보고 깜짝 놀라서 싸우는 것도 잊고 도주해 버렸다. 그렇게
    스키티에인들은 아시에를 지배했다가 다시 메디아인들에게 쫓겨나
    고, 그와 같은 방식으로 자신들의 땅에 돌아갔던 것이다. 다레이오스
    는 그들이 이런 일을 저지른 데 대해 응징하고 싶어서 그들에 대한
    원정군을 소집했다.

5   스키티에인들의 말에 의하면, 그들은 모든 종족들 중에서 가장 연
    소(年少)한 종족이며 그들이 처음 생겨난 경위는 다음과 같다고 한
    다. 당시 황량한 땅이던 이 지역에 타르기타오스라 불리는 사람이 맨
    처음으로 태어났다고 한다. 이 타르기타오스의 부모는 제우스와 보
    리스테네스 강²의 딸이었다고 한다―나는 이 말을 믿지 않지만 그들

은 그렇게들 말한다. 타르기타오스는 그런 가계에서 태어났고 또 타르기타오스에게서 세 아들, 리폭사이스, 아르폭사이스, 막내 콜락사이스가 태어났다고 한다. 이들이 함께 다스릴 때에 하늘에서 황금으로 만든 물건들, 즉 쟁기와 멍에, 사가리스, 납작한 잔이 스키티에 땅으로 떨어졌다고 한다. 그들 중 가장 연장자인 첫째 아들이 이를 보고 그것들을 잡으러 가까이 다가갔지만 그가 접근하자 황금이 타올랐다고 한다. 그래서 그가 물러나고 둘째가 다가갔는데 이번에도 황금이 똑같은 현상을 보였다고 한다. 황금이 타올라 그들을 다 쫓아내자, 셋째인 막내가 다가갔는데 그가 가자 불이 꺼져 황금을 자신의 집으로 가져갔다고 한다. 그러자 그의 형들은 그런 현상에 수긍하여 모든 왕권을 막내에게 넘겨주었다고 한다.

리폭사이스에게서는 스키티에인들 가운데 아우카타이라고 불리는 6 씨족이 태어나고 둘째인 아르폭사이스에게서는 카티아로이라고 불리는 씨족과 트라스피에스라고 불리는 씨족, 막내인 콜락사이스에게서는 파랄라타이라고 불리는 왕족이 태어났다고 한다. 이들 모두는 왕의 이름을 따서 스콜로토이[3]라고 불린다고 한다. 헬라스인들은 그들을 스키타이라고 부른다.

스키티에인들은 그렇게 해서 자신들이 생겨났다고 말한다. 또 그 7 들이 말에 의하면, 초대 왕 타르기타오스로부터 다레이오스가 그들의 땅에 침입한 때까지의 기간이 햇수로 모두 1,000년쯤 되며 그 이상은 아니라고 한다. 왕들은 그 신성한 황금을 매우 정성껏 지키고 해마다 다가가 많은 제물을 바치며 달래 준다. 스키티에인들은 말하기를, 제사 때에 신성한 황금을 보관하고 있다가 야외에서 잠이 드는

---

2 오늘날의 드네프르(Dnepr) 강.

3 즉 '콜락사이스'(Kolaxais)의 이름을 따서 '스콜로토이'(Skolotoi)라는 이름을 붙였다는 것이다. 그런데 두 이름의 어형이 일치하지 않은 것으로 보아, '스콜로토이'는 '콜락사이스'의 유사 명칭이거나 애칭이었을 것으로 여겨진다.

자는 누구든 해를 넘기지 못하고 죽는다고 한다. 이 때문에 그에게
는 말을 타고 하루 동안 돌아다닐 수 있을 만한 땅이 부여된다고 한
다. 스키티에 땅은 아주 넓어 콜락사이스가 자신의 아들들을 위해 왕
국을 세 개로 분립했는데, 그중 황금을 보호하고 있는 왕국을 가장
크게 만들었다고 한다. 그 나라에서 북쪽으로 위에 있는 거주 지역은
깃털들이 흩날려서 더는 나아가서 볼 수도 없고 지나갈 수도 없다고
한다. 대지와 공중이 다 깃털로 가득하여 이것들이 시야를 가린다는
것이다.[4]

8   스키티에인들이 그들 자신과 그들의 위쪽 지역에 대해 그렇게 말
하는 반면, 폰토스에 거주하는 헬라스인들은 다음처럼 말한다. 즉 헤
라클레에스가 게리오네스[5]의 소 떼를 몰고 오다가, 지금은 스키티에
인들이 살지만 당시에는 황무지였던 이 땅으로 들어왔다고 한다. 게
리오네스는 폰토스에서 먼 곳에 살았는데, 헤라클레에스 기둥들 너
머 오케아노스 연안 가데이라 부근의 섬, 즉 헬라스인들이 에리테이
아라고 부르는 섬에 거주했다고 한다.[6] 그들은 오케아노스가 해 뜨
는 지역에서 시작하여 모든 육지를 돌아 흐른다고 말들은 하지만, 실
제로 그러한지는 입증하지 못한다. 헤라클레에스는 그곳에서 오늘날

---

4 이 깃털들에 대한 헤로도토스의 설명은 이후 제4권 제31장에서 서술된다.
5 게리오네스(Geryones)는 게리온(Geryon)이라고도 불리는데, 머리와 몸이
   세 개이고 날개가 달린 거대한 괴물이다. 오케아노스(Okeanos)에 맞닿은 서
   쪽 땅 끝의 에리테이아(Erytheia)에 살며 붉은 털의 소 떼를 거느리고 있었다
   고 한다. 그런데 헤라클레스가 티린스 왕 에우리스테우스의 명에 따라 그 소
   떼를 훔치면서 게리오네스를 죽였다고 전한다. 이 모험은 헤라클레스의 열두
   모험 가운데 열 번째에 해당한다. 여기서는 헤라클레스가 소 떼를 훔쳐 데려
   오는 과정의 일화를 언급한 것이다.
6 여기서 폰토스는 흑해를 말하고 '헤라클레에스 기둥들'은 오늘날의 지브롤터
   (Gibraltar) 해협, 가데이라는 오늘날의 에스파냐 남부 도시 카디스(Cadiz)를
   가리킨다.

스키티에라 불리는 땅에 도착했고, 거기서 겨울 한파와 혹한을 맞아 사자가죽을 뒤집어쓰고 잠이 들었다고 한다. 그런데 그사이에 마차에 매여 풀을 뜯던 그의 암말들이 신의 조화인지 감쪽같이 사라졌다고 한다.

헤라클레에스는 잠에서 깬 후 말들을 찾아 그 땅을 샅샅이 돌아다 9 니다가 마침내 힐라이에[7]라고 불리는 지역에 이르렀다고 한다. 그는 그곳의 한 동굴에서 반은 처녀이고 반은 뱀인 이체(二體) 괴물을 발견했는데, 엉덩이 위로는 여자이고 아래로는 뱀의 모습이었다고 한다. 그는 그녀를 보고 깜짝 놀라며, 혹시 말들이 돌아다니는 것을 보았는지 물어보았다고 한다. 그녀는 자신이 말들을 데리고 있으며 그가 자신과 동침하기 전에는 그것들을 돌려주지 않겠다고 말했다 한다. 이에 헤라클레에스는 그러한 조건하에 그녀와 동침했다고 한다. 그녀는 헤라클레에스와 함께 되도록 오래 있고 싶어서 말들의 반환을 계속 미루었고, 헤라클레에스는 그것들을 돌려받고 떠나기를 원했다 한다. 마침내 그녀는 그것들을 돌려주고 이렇게 이야기했다고 한다. "저는 여기에 온 이 암말들을 당신을 위해 구해 주었고 당신은 저에게 그에 대한 보답을 해 주었어요. 저는 당신에게서 세 아들을 얻었으니까요. 이들이 장성하면 제가 어찌해야 할지 당신이 말해 주세요. 여기서 살도록 할까요—이 땅은 제가 지배하는 곳이니까요—아니면 당신에게로 보낼까요?" 그녀가 이렇게 묻자 헤라클레에스가 그에 대해 대답했다고 한다. "당신이 보기에 아이들이 성인이 되었을 때, 다음과 같이 하면 실수가 없을 것이오. 즉 당신이 보기에 그들 중에 이 활을 이 정도로 잡아당기고 이 허리띠를 이처럼 맬 수 있는 아이를 이 땅에 머물러 살게 하시오. 하지만 내가 일러 준 이 일을 해내지 못하는 아이는 이 땅에서 내보내시오. 그렇게 하면 당신 자신도

___

7 힐라이에(Hylaie)는 '나무가 우거진 숲', '삼림'을 의미하는 말이다. 이후로 힐라이에는 '힐라이에(삼림 지대)'로 번역하기로 한다.

흡족할 것이고 또 내가 일러 준 말을 이행하게 되는 거요."

10   그러면서 그는 자신의 활 가운데 하나를 당겨 보이고—그때까지
는 헤라클레에스가 활을 두 개 가지고 다녔다고 한다—허리띠 맨 것
을 보여 준 후 그녀에게 활과 허리띠를 주었는데, 허리띠의 연결부
끝에는 황금잔이 달려 있었다고 한다. 헤라클레에스는 그것들을 주
고 그곳을 떠났다. 한편 그녀는 아이들이 자라 성인이 되자 그들에게
이름을 지어 주었는데, 그중 한 명은 아가티르소스, 둘째는 겔로노스,
막내는 스키테스라고 이름 지었다고 한다. 그녀는 또 자신의 소임을
잊지 않고 헤라클레에스가 일러 준 대로 이행했다. 그녀의 아들들 가
운데 두 명, 아가티르소스와 겔로노스는 부과된 일을 성취하지 못해
어머니에게 내쫓겨 그 땅을 떠났지만, 그들 중 막내인 스키테스는 그
일을 완수하여 그곳에 남게 되었다고 한다. 그래서 스키티에의 모든
왕들은 헤라클레에스의 아들 스키테스에게서 기원했으며 지금도 스
키티에인들이 허리띠에 잔을 달고 다니는 것은 헤라클레에스 허리띠
의 잔 때문이라고 한다. 스키테스의 어머니가 그를 위해 해 준 일은
이것이 전부였다고 한다. 이상은 폰토스에 거주하는 헬라스인들이
말해 준 것이다.

11   그 밖에 또 다른 이야기가 있는데 나 자신은 이 이야기가 가장 낫
다고 생각한다. 그 이야기는 다음과 같다. 스키티에인들은 아시에에
살던 유목민이었는데, 전쟁에서 마사게타이인들에게 내쫓겨 아락세
스 강을 건너 킴메리에 땅으로 들어갔다고 한다. 지금 스키티에인들
이 살고 있는 땅이 옛날에는 킴메리에인들의 땅이었다는 것이다. 킴
메리에인들은 스키티에인들이 쳐들어왔을 때 그 침입 군대가 대규모
였는지라 어떻게 할지 대책을 논의했다고 한다. 그들의 견해는 서로
나뉘어 두 견해 모두 완강했는데, 지배층의 견해가 더 나았다고 한
다. 평민들의 견해는 그들이 남아서 고작 흙먼지만을 위해 위험을 감
수할 필요가 없으니 그곳을 떠나자는 입장인 데 반해, 지배층의 견해
는 그들의 나라를 위해 침입자들에게 맞서 싸우자는 입장이었다는

것이다. 그리하여 평민들은 지배층의 견해에 따르려 하지 않았고 또 지배층도 평민들의 견해에 따르려 하지 않았다고 한다. 한쪽 사람들은 싸우지 않고 그곳을 떠나 침입자들에게 나라를 넘겨주기로 결정했다. 반면에 지배층은 평민들과 함께 도망가지 않고 죽어 자신들의 나라에 묻히기로 결정했다고 한다. 그들은 자신들이 누린 온갖 이익들과 조국에서 도망갈 경우 겪게 될 온갖 고난들을 따져 보았던 것이다. 그런데 지배층은 그렇게 하자고 결정한 후, 그들끼리 동수로 패가 둘로 갈려 서로 싸움을 벌였다고 한다. 그리하여 그들 모두가 서로의 손에 죽임을 당하자 킴메리에 평민들이 그들을 티레스 강[8] 옆에 매장했고—거기서는 지금도 그들의 무덤을 볼 수 있다—그들을 매장한 후 자신들의 나라를 떠났다고 한다. 그리고 스키티에인들은 그곳에 들어와 아무도 없는 빈 땅을 차지했다고 한다.

지금도 스키티에 땅에는 킴메리에인의 성벽과 킴메리에인의 나루터가 있으며, 킴메리에라는 이름의 지역도 있고 킴메리에의 보스포로스라 불리는 곳도 있다. 킴메리에인들은 스키티에인들을 피해 아시에로 도망가서 지금 헬라스 도시 시노페가 건설되어 있는 반도에 식민했음이 분명하다. 또 스키티에인들이 그들을 추격하다 길을 잘못 들어 메디아 땅에 침입한 것도 명백해 보인다. 킴메리에인들이 계속 해안을 따라 도주했던 반면 스키티에인들은 키우키소스 산을 오른편에 끼고 추격하다가 내륙 쪽으로 길을 돌려 결국 메디아 땅으로 들어섰던 것이다. 이상은 헬라스인과 이방인들이 똑같이 진술한 또 다른 이야기를 언급한 것이다. 12

프로콘네소스인인, 카이스트로비오스의 아들 아리스테에스는 자신의 서사시에서 이렇게 말했다. 즉 그가 포이보스[9]의 영감을 받아 이세도네스인들을 방문한 적이 있는데, 이세도네스인들이 사는 너머에 13

---

8 오늘날의 드네스트르(Dnestr) 강.

9 '포이보스'(Phoibos)는 아폴론 신의 별명이다.

는 눈이 하나밖에 없는 아리마스포이인들이 살고 또 이들이 사는 너머에는 황금을 지키는 그립스[10]들이 살며 또 이들이 사는 너머에는 그 영역이 바다에까지 이르는 히페르보레오이인들이 살고 있다는 것이다. 이들은 히페르보레오이인들을 제외하고는 모두 아리마스포이인들이 시작이 되어 줄곧 자신의 이웃 주민들을 공격한다고 한다. 그래서 이세도네스인들은 아리마스포이인들에 의해 자신들의 땅에서 쫓겨나고, 스키티에인들은 이세도네스인들에 의해 쫓겨나고, 또 남쪽 바다 근처에 사는 킴메리에인들은 스키티에인들에게 밀려나 자신들의 땅을 떠났다는 것이다. 이처럼 이 나라에 대해서는 아리스테에스의 이야기도 스키티에인들의 이야기와 들어맞지 않는다.

14   이런 이야기를 한 아리스테에스가 어디 출신인지는 내가 이미 밝힌 바 있다. 이제는 내가 프로콘네소스와 키지코스에서 그에 대해 들은 것을 말하고자 한다. 아리스테에스는 가문으로 볼 때 그의 동료시민 누구에게도 뒤지지 않는 자였는데, 프로콘네소스의 한 축융업자(縮絨業者) 가게에 들어갔다가 거기서 죽었다고 한다. 그 축융업자는 작업장의 문을 닫고 죽은 아리스테에스의 친척들에게 이를 알리러 갔다고 한다. 그리하여 아리스테에스가 죽었다는 소식이 온 도시에 파다하게 퍼졌는데, 아르타케 시에서 도착한 한 키지코스인이 그것을 반박했다고 한다. 그 키지코스인은 자신이 키지코스로 가던 아리스테에스를 만나 그와 이야기를 나누었다고 말했다 한다. 그 자는 아리스테에스가 죽은 게 아니라고 강하게 반박했지만 고인의 친척들은 시신을 거두는 데 필요한 물건들을 들고 축융업자 가게로 갔다고 한다. 그런데 그 집의 문을 열었을 때 안에서는 죽었든 살았든 아리스테에스가 보이지 않았다고 한다. 그 후 7년째 되는 해에 그는 프로콘네소스에 나타나 지금 헬라스인들이 『아리마스페아』라고 부르는 서

---

10 그리핀.

사시를 지었으며 그것을 다 짓고 나서 다시 사라졌다고 한다.

이상은 이들 두 도시에서 말해 준 이야기다. 하지만 나는 아리스테 15
에에스가 두 번째로 사라진 지 240년 후에―이 햇수는 프로콘네소스
와 메타폰티온에서 있었던 일을 내가 계산하여 얻은 것이다―이탈
리에 메타폰티온인들에게 다음의 일이 일어났다고 알고 있다. 메타
폰티온인들은 말하기를, 아리스테에스 자신이 그들의 나라에 나타
나 그들에게 아폴론의 제단을 짓고 그 옆에 프로콘네소스의 아리스
테에스라는 이름의 인물상을 세우도록 명했다고 한다. 아리스테에스
는 아폴론이 이탈리에인들 중에서 오직 그들의 나라에만 왕림했으며
지금 아리스테에스인 그 자신도 그때 아폴론을 따라 함께 왔다고 말
했다 한다. 아폴론을 따라다닐 그때에는 그가 까마귀였다고 한다. 이
렇게 말한 후 그는 사라졌다고 한다. 메타폰티온인들의 말에 의하면,
이에 그들이 델포이에 사람을 보내 그 인간의 환영이 대체 무엇인지
를 신에게 물었다고 한다. 피티에 여사제는 그들에게 환영의 말에 따
르라고 지시하며 그들이 그렇게 따르면 더욱 번성할 것이라고 말했
다 한다. 그들은 이런 신탁을 받아들여 지시대로 이행했다고 한다.
지금도 바로 그 아폴론 신상 옆에는 아리스테에스라는 이름을 지닌
인물상이 서 있고 그 주위에는 월계수들이 늘어서 있다. 그 인물상은
이고레에 세워저 있다. 이제 아리스테에스 이야기는 이 정도로 해 두
겠다.

내가 이번 이야기에서 언급하기 시작한 이 지역의 위쪽에 무엇이 16
있는지는 아무도 정확하게 알지 못한다. 나는 자신이 직접 목격해서
안다고 주장하는 사람의 이야기를 들어보지 못했기 때문이다. 내가
방금 전에 언급한 아리스테에스조차도 그의 서사시에서 자신이 이세
도네스인들 지역 너머에는 가 보지 못했다고 말했다. 그도 위쪽 지역
에 대해서는 남에게 듣고 말한 것이다. 그는 이세도네스인들이 자신
에게 그런 이야기를 해 주었다고 밝혔다. 하지만 우리가 남에게 듣고
최대한 정확하게 알 수 있게 된 것을 이제 모두 서술해 보겠다.

17   보리스테네스인들의 무역지[11]에서부터 시작하면—이곳이 전체 스키티에 해안 지대의 가장 중앙이기 때문이다—제일 먼저 헬라스계 스키티에인들인 칼리피다이인들이 살고 있고 그들이 사는 너머에는 알라조네스라 불리는 다른 종족이 살고 있다. 이들 알라조네스인과 칼리피다이인은, 다른 점들에서는 스키티에인들과 관습이 똑같지만, 곡물과 양파, 마늘, 편두, 기장을 파종하여 먹고 산다. 알라조네스인들이 사는 너머에는 농경 스키티에인들이 살고 있는데, 그들은 자신들이 먹기 위해서가 아니라 판매하기 위해 곡물을 재배한다. 이들의 위쪽에는 네우리스인들이 거주하고 있다. 네우리스인들의 북쪽 지역은, 우리가 아는 한, 인간이 살지 않는 곳이다.

18   이들 종족은 보리스테네스 강의 서쪽으로 히파니스 강[12] 부근에 살고 있다. 그러나 보리스테네스 강 건너편에는 해안에서 시작하여 제일 먼저 힐라이에(삼림 지대)가 나오고 그 위쪽에는 농경 스키티에인들이 살고 있다. 히파니스 강 변에 거주하는 헬라스인들은 이들을 보리스테네스인들이라고 부르고 그들 자신에 대해서는 올비오폴리타이라고 부른다. 이들 농경 스키티에인들은 동쪽으로는 3일 걸리는 거리에 이르도록 거주하고 있는데 판티카페스라 불리는 강까지 뻗어 있다. 또 북쪽으로는 보리스테네스 강을 거슬러 항해하여 11일 걸리는 거리에 이르도록 거주하고 있다. 이들의 위쪽으로는 넓은 황무지가 있다. 이 황무지 다음에는 안드로파고이[13]인들이 살고 있는데 이들은 별개의 종족으로 스키티에인들과는 전혀 무관한 자들이다. 또

---

11 '보리스테네스인들의 무역지'는 그리스인의 식민시 올비아(Olbia)를 말한다.

12 오늘날의 부그(Bug) 강(우크라이나 서부에서 흑해로 흐르는 강).

13 안드로파고이(Androphagoi)라는 명칭은 그들의 식인 풍습과 관련된 말이다. 즉 그 명칭은 '사람'·'인간'을 뜻하는 그리스어 '아네르'(aner)와 '먹다'를 뜻하는 '파게인'(phagein)의 합성어로, '인육을 먹는 자들', '식인(食人)하는 자들'의 의미를 지닌다. 제4권 제106장 참조.

이들의 위쪽에는 진짜 황무지가 나오는데, 이곳에는 우리가 아는 한 어떤 인간족도 살지 않는다.

이들 농경 스키티에인의 동쪽으로 판티카페스 강 건너편에는 유목 스키티에인들이 살고 있다. 그들은 어떤 씨앗도 뿌리지 않고 땅을 갈지도 않는다. 그들의 전 지역은 힐라이에(삼림 지대)를 제외하고는 수목의 불모지대다. 이들 유목민이 살고 있는 지역은 동쪽으로 게르로스 강에 이르기까지 14일 걸리는 거리만큼 뻗어 있다. 19

게르로스 강 건너편에는 왕령지(王領地)라 불리는 땅이 있고 그곳에는 스키티에인들 가운데 가장 고귀하고 가장 인원이 많은 일족이 살고 있다. 이들은 다른 스키티에인들을 자신들의 노예로 여긴다. 그들의 땅은 남쪽으로 타우리케까지 이르고 동쪽으로는 장님 노예들의 자식들이 파 놓은 방어호, 그리고 크렘노이라고 불리는 마이에티스 호수의 무역지에까지 뻗어 있다. 그들의 땅 일부는 타나이스 강[14]에 접해 있다. 한편 왕령 스키티에인들 지역 너머 북쪽으로는 멜랑클라이노이[15]인들이 거주하고 있는데 이들은 다른 종족이며 스키티에인이 아니다. 멜랑클라이노이인들의 위쪽은 늪지대이며, 우리가 아는 한, 사람이 살지 않는다. 20

타나이스 강 건너편은 스키티에 땅이 아니다. 강 건너 첫 번째 구역은 사우로마다이인들의 땅인데, 그들은 마이에디스 호수의 맨 안쪽에서 시작하여 북쪽으로 15일 걸리는 거리에 이르도록 거주하고 있다. 그 지역은 다 어디에도 야생 수목이건 재배 수목이건 나무가 하나도 없다. 그들의 위쪽으로 두 번째 구역에는 부디노이인들이 사는데, 이들의 땅 전역에는 온갖 나무들이 빽빽이 자라고 있다. 21

---

14 오늘날의 돈(Don) 강.

15 '멜랑클라이노이'(Melangchlainoi)는 '검다'라는 그리스어 멜라스(melas)와 '외투'·'겉옷'을 나타내는 클라니스(chlanis)의 합성어로, '검은색 옷을 입은 자들'을 의미한다. 제4권 제107장 참조.

22   부디노이인들 지역 너머 북쪽으로는 먼저 7일 걸리는 거리만큼 황무지가 나오고, 그 황무지 이후에 방향을 좀 동쪽으로 돌리면 인구가 많고 독특한 종족인 티사게타이인들이 살고 있다. 그들은 수렵으로 살아간다. 그들의 이웃에는 같은 지역 내에 이이르카이라고 불리는 자들이 함께 거주하고 있다. 이들 역시 수렵으로 살아가는데, 그들의 사냥 방식은 다음과 같다. 그들은 사냥할 때 나무에 올라가 잠복해 기다린다. 그 지역은 전역에 나무가 밀집해 있다. 또 그들 각자의 말은 몸을 낮추기 위해 배를 깔고 엎드리도록 훈련되어 대기하고 있으며 개도 마찬가지다. 사냥꾼이 나무에서 사냥감을 발견하면 활로 쏜 다음에 말 위에 올라 추격하고 개도 그 뒤를 바싹 따라간다. 한편 이들이 사는 너머에서 방향을 좀 동쪽으로 돌리면 다른 스키티에인들이 살고 있다. 그들은 왕령 스키티에인들에게 반란을 일으키고 이 지역으로 들어온 자들이다.

23   이 스키티에인들의 지역에 이를 때까지 앞서 언급한 지역은 모두 평지이고 땅이 기름지다. 그러나 그다음부터는 돌이 많고 울퉁불퉁한 땅이다. 이 울퉁불퉁한 땅을 한참 지나고 나면 높은 산들의 기슭에 사는 사람들이 있는데, 이들은 모두 태어나면서부터 남자나 여자나 똑같이 대머리라고 한다. 또 그들은 납작코에 턱이 크고, 그들 특유의 언어를 사용하지만 스키티에식 복장을 착용하며 나무에서 식량을 얻는다고 한다. 그들이 식량을 얻는 나무는 폰티콘이라고 불리는데, 크기는 거의 무화과나무만 하다. 그것은 크기가 콩만 한 열매를 맺는데 열매 안에는 씨가 들어 있다. 그들은 그 열매가 익으면 천으로 짜서 거르는데, 그러면 열매에서 걸쭉한 검은 즙이 흘러나온다. 이 즙의 이름은 아스키라고 한다. 그들은 이 즙을 핥아 먹기도 하고 우유에 섞어 마시기도 하며 또 찌꺼기의 가장 걸은 부분으로 과자를 만들어 먹는다. 그들에게는 가축이 많지 않다. 왜냐하면 그곳의 목초지가 별로 좋지 않기 때문이다. 그들은 각자 나무 아래에서 지내는데, 겨울에는 방수되는 흰색의 펠트 천으로 나무를 싸서 두르고 여름

에는 펠트 천을 두르지 않는다. 어떤 사람도 이들에게는 해를 끼치지 않는다. 그들은 신성한 자들이라고 전하기 때문이다. 그들은 또 어떤 전쟁 무기도 갖고 있지 않다. 그래서 그들은 이웃 주민들 간의 분쟁을 판결해 주는 역할을 하며, 또 그들에게 피신해 온 자는 누구에게서도 해를 입지 않는다. 그들의 이름은 아르기파이오이라고 한다.

이들 대머리족의 지역까지는 그 지역과 그 앞에 있는 종족들의 지 24 역에 대해 많은 것이 알려져 있다. 일부 스키티에인들이 그 종족들을 방문하기 때문에, 그 스키티에인들이나 보리스테네스 강 변의 무역지와 폰토스의 다른 무역지들에서 온 헬라스인들에게서 어렵잖게 이야기를 들을 수 있는 것이다. 그 종족들을 방문하는 스키티에인들은 7명의 통역과 7개의 언어를 통해 자신들의 업무를 본다.

그래서 이들의 지역까지는 사람들에게 알려져 있지만, 대머리족의 25 위쪽 지역에 대해서는 아무도 정확히 안다고 말하지 못한다. 통과할 수 없는 높은 산들이 길을 막고 있어 아무도 그 산들을 넘을 수 없기 때문이다. 대머리족 자신들의 말에 의하면―하지만 나는 이들의 말을 신뢰하지 않는다―, 그 산중에는 염소 발을 가진 사람들이 살며 그 너머에는 연중 여섯 달 동안을 자는 또 다른 사람들이 살고 있다고 한다. 나는 이 말에 전혀 수긍하지 않는다. 그래도 대머리족의 동쪽에 이세도네스인들이 살고 있다는 것은 확실하게 알려져 있다. 하지만 대머리족과 이세도네스인들이 사는 너머 북쪽 지역에 대해서는 그들이 말해 주는 것 말고는 아무것도 알려져 있지 않다.

이세도네스인들은 다음과 같은 관습이 있다고 한다. 즉 어떤 사람 26 의 아버지가 죽으면 모든 친척이 가축들을 끌고 와서 도살한 후 고기를 잘게 썰고 주인의 죽은 아버지 시신도 잘게 썬다. 그러고는 그 살코기들을 모두 섞어 연회를 베푼다. 고인의 머리는 머리털을 제거하고 깨끗이 씻어 금을 입힌 후, 성상(聖像)인 양 다루어 매년 성대한 제사를 지낸다. 고인의 아들은, 마치 헬라스인들이 죽은 자를 기리는 제일(祭日)을 거행하듯, 아버지에게 제사를 지낸다. 그 밖에도, 이세도네스인들은 공정한 자들이고 여자들도 남자들과 동등한 권리를 갖는다고 한다.

27 이세도네스인들도 이렇게 우리에게 알려져 있다. 그러나 그들의 위쪽 지역에 눈이 하나인 사람들과 황금을 지키는 그립스들이 살고 있다는 이야기는 바로 이세도네스인들이 해 준 것이다. 그 이야기는 스키티에인들이 이세도네스인들에게 듣고 우리에게 말해 준 것이다. 우리도 또한 그것을 전해 준 스키티에인들의 말을 그대로 믿으며, 그들의 이름을 스키티에식으로 아리마스포이라고 부른다. 스키티에인들은 '하나'를 '아리마'라고 부르고 '눈'을 '스푸'라고 하기 때문이다.

28 앞서 언급한 모든 지역은 겨울 추위가 극심하여 연중 8개월은 혹한을 견디기 어려울 정도다. 이 동안에는 물을 부어서 진흙을 만들지 못하고 불을 피워야만 진흙을 만들 수 있을 것이다. 또 바다가 결빙되고 킴메리에의 보스포로스도 전체가 결빙된다. 그러면 방어호의 안쪽에 거주하는 스키티에인들은 빙판 위로 진군하여 전차를 몰고 건너편 신도이인들에게로 나아간다. 이처럼 8개월은 혹독한 겨울이 계속되는 한편, 나머지 4개월도 그곳은 여전히 춥다. 그곳의 겨울은 다른 모든 지역들의 겨울과는 양상이 다르다. 그곳에서는 비가 내릴 적기(適期)[16]에 이렇다 할 비가 내리지 않는 반면에 여름에는 끊임없이 비가 온다. 또한 다른 지역들에서 천둥이 칠 시기에 그곳에서는 그런 일이 일어나지 않고 반면에 여름에 천둥이 빈번하다. 만일 그곳에서 겨울에 천둥이 치면 놀랄 만한 전조(前兆)로 간주된다. 이와 마찬가지로 스키티에에서는 여름이든 겨울이든 지진이 일어나면 그것도 전조로 간주된다. 한편 그곳의 겨울을 말들은 잘 견디는 데 비해 나귀와 노새들은 전혀 견뎌 내지 못한다. 그러나 다른 지역들에서는 혹한 속에 서 있다가 동상으로 쓰러지는 것은 말이고 반대로 노새와

---

16 지중해 지역에서 비가 내릴 적기는 겨울을 가리킨다.

나귀는 잘 견뎌 낸다.

내가 생각하기에는 뿔 없는 소의 종(種)이 그곳에서 뿔을 키우지 29
못하는 것도 추위 때문인 것 같다. 『오디세이아』에 나오는 호메로스
의 다음과 같은 시행도 내 견해를 뒷받침해 준다.

새끼 양들이 곧바로 뿔을 달고 태어나는 땅, 리비에[17]

이 시행은 맞는 말이다. 더운 지역에서는 뿔이 빨리 자라는 반면 혹
한 지역에서는 가축들의 뿔이 전혀 자라지 않거나 혹은 자란다 해도
근근이 자란다는 것을 말해 주기 때문이다.

그곳에서는 추위 때문에 그런 일이 일어난다. 그런데 나에게 놀라 30
운 것은 ─사실 내 이야기가 처음부터 곧잘 본류에서 벗어난 여담을
도모해 왔으니 하는 말인데─ 엘리스가 추운 지역도 아니고 다른 명
확한 이유가 있는 것도 아닌데 엘리스 전역에서 노새가 태어날 수 없
다는 점이다. 엘리스인 자신들은 말하기를, 어떤 저주 때문에 자신들
에게 노새들이 태어나지 못한다고 한다. 그들은 암말들이 임신할 시
기가 다가오면 이웃 지역으로 몰고 가서 암말들이 임신할 때까지 이
웃 지역에서 암말들과 나귀들을 교미시킨다. 그런 후 그들은 암말들
을 몰고 돌아온다.

스키티에인들이 말하는 깃털들, 즉 공중에 가득하여 그것들 때문 31
에 그 땅의 앞을 볼 수도 없고 또 지나갈 수도 없다고 하는 그 깃털들
에 대해 나는 다음과 같은 견해를 갖고 있다. 그 지역의 위쪽에는, 물
론 여름에는 당연히 겨울보다 더 적게 내리긴 하지만, 항상 눈이 내
린다. 굵은 눈이 떨어지는 것을 바로 가까이에서 본 사람은 누구나
내가 말하는 바를 이해한다. 즉 눈은 깃털들과 흡사해 보이고 또 그

---

17 『오디세이아』 제4권 제85행.

러한 겨울 한파 때문에 이 땅의 북쪽 지역에는 사람이 살지 않는 것이다. 그래서 나는 스키티에인들과 그 인근 주민들이 눈을 깃털에 비유해 말한 것이라고 생각한다. 이상은 가장 멀리 있다고 이야기되는 지역에 대해 말한 것이다.

32   히페르보레오이인들에 대해서는 아마도 이세도네스인들 말고는 스키티에인들도, 또 그 지역의 다른 어떤 거주민들도 아무것도 말해 주지 않는다. 그런데 내가 생각하기에는, 이들 이세도네스인도 역시 말해 주는 것이 없다. 그렇지 않다면 스키티에인들이 눈이 하나인 사람들에 대해 말했던 것처럼, 히페르보레오이인들에 대해서도 말했을 것이기 때문이다. 그러나 헤시오도스가 히페르보레오이인들에 대해 말한 바 있고 또 호메로스도 그의 『에피고노이』[18] — 만일 이 시가 정말 호메로스가 저술한 것이라면 — 에서 그들에 대해 언급하고 있다.

33   그러나 히페르보레오이인들에 대해 단연 가장 많은 이야기를 해

----

18 헤시오도스가 히페르보레오이인에 대해 언급한 대목은 단편적으로 남아 있을 뿐이다. 『에피고노이』(Epigonoi)는 폴리네이케스와 아르고스 용사 6인의 아들들, 즉 '에피고노이'('후손들')의 테바이 정복 설화를 다룬 서사시다. 그리스 설화에 따르면, 테바이 왕 오이디푸스가 자신의 반인륜적 죄악 때문에 왕위에서 물러났을 때, 그의 아들들인 폴리네이케스와 에테오클레스가 1년씩 교대로 테바이 왕이 되기로 약속했다 한다. 그런데 먼저 왕이 된 에테오클레스가 약속을 지키지 않자 폴리네이케스가 아르고스 용사들의 지원을 받아 테바이를 공격했으나 이들은 거의 전사했다고 한다. 그 후 이들의 아들들이 아버지에 대한 복수를 위해 다시 테바이를 공격하여 정복했는데, 『에피고노이』는 바로 '에피고노이 전쟁'을 다룬 것이라고 한다. 『에피고노이』는 현재 극히 일부만 단편적으로 전한다. 고대 때부터 『에피고노이』의 저자는 호메로스로 알려져 있었지만, 그가 저자인지는 확실치 않다. 헤로도토스도 여기서 호메로스가 그 저자인지에 대해 의문을 제기하고 있으며, 『에피고노이』가 테오스의 안티마코스(Antimachos)가 쓴 작품이라는 전승도 전해 오는 것이다. 오늘날에는 대체로 호메로스의 작품이 아니라고 본다. 『에피고노이』라는 동명의 소포클레스 비극도 전하지만 그 역시 일부만 단편적으로 남아 있는 실정이다.

주는 것은 델로스인들이다. 그들의 말에 의하면, 밀짚으로 싼 성스러운 공물(供物)들이 히페르보레오이인들에게서 스키티에로 운반되어 온다고 한다. 스키티에인들 다음에는 각기 이웃한 지역들이 그것들을 받아 연달아 서쪽 방향으로 보내 가장 멀리 아드리에스 해까지 이르고 거기서 다시 남쪽으로 운반되어 헬라스인 중에서는 맨 먼저 도도네인들이 그것들을 받는다고 한다. 이어서 그것들은 도도네인들로부터 멜리스 만(灣)으로 내려가 에우보이아로 건너간 후 여러 국가들을 거쳐 카리스토스까지 보내지고 카리스토스 다음에 안드로스에는 들르지 않았다고 한다. 카리스토스인들이 그것들을 테노스로 운반하고 테노스인들이 다시 델로스로 운반한다는 것이다. 그렇게 하여 이 공물들이 델로스에 도착한다고 한다. 처음에는 히페르보레오이인들이 공물들을 처녀 두 명에게 들려 보냈다고 하는데, 델로스인들은 그들을 히페로케와 라오디케라고 부른다. 또한 히페르보레오이인들은 안전을 이유로 그녀들과 함께 시민 다섯 명을 호위대로 딸려 보냈다고 하는데, 이들이 지금 페르페레스라고 불리는 자들로 델로스에서 대단한 명예를 누리고 있다. 그러나 히페르보레오이인에 의해 파견된 자들이 귀국하지 않자, 히페르보레오이인들은 파견된 자들이 계속 복귀하지 않는 사태가 일어나지 않을까 우려했다고 한다. 그리하여 그들은 밀짚으로 싼 공물들을 접경 지대까지 들고 가서 이웃 지역의 주민들더러 그것들을 그들 다음의 다른 종족에게 전해 달라고 요청하며 맡겼다고 한다. 그래서 이 공물들은 그와 같이 전송되어 델로스에 도달한다는 것이다. 나 자신은 이 공물들과 비슷한 사례를 알고 있는데, 즉 트레이케와 파이오니에 여자들이 여왕 아르테미스에게 제사를 드릴 때면 공물을 밀짚에 싸서 가져온다.

나는 그녀들이 그렇게 한다는 것을 안다. 델로스의 소녀들과 소년 34 들은 델로스에서 죽은 그 히페르보레오이 처녀들을 기려 자신들의 머리털을 자른다. 소녀들은 혼인 전에 자신의 머리털을 한 묶음 잘라 가락에 감아서 그 처녀들의 무덤 위에 올려놓는다. 이 무덤은 아르테미스 신전 안으로 들어갈 때 왼편에 있으며 그 위로 올리브나무 한 그루가 자라고 있다. 델로스의 소년들도 자신의 머리털 약간을 어린 가지에 감아 역시 무덤 위에 올려놓는다.

35　　이들 히페르보레오이 처녀들은 델로스 주민들로부터 그러한 명예를 누리고 있다. 그런데 바로 이 델로스인들에 따르면, 아르게와 오피스라는 두 처녀가 히페로케와 라오디케 이전에 히페르보레오이인들에게서 출발해 앞서 말한 지역의 사람들을 경유해 델로스에 왔다고 한다. 히페로케와 라오디케는 순산에 대한 보답으로 내기로 된 공물을 에일레이티이아에게 바치려고 왔지만, 아르게와 오피스는 바로 그 신들[19]을 모시고 와서 델로스인들에게서 다른 식의 명예를 누렸다고 한다. 델로스 여자들은 리키에인 올렌이 아르게와 오피스를 위해 만든 찬가 속에서 그들의 이름을 부르며 그들을 위한 선물을 거두었다는 것이다. 또 도서(島嶼) 주민들과 이오네스인들도 델로스인들에게서 배워 오피스와 아르게를 찬양하고 그들의 이름을 부르면서 선물을 거두었다고 한다. 이 올렌은 리키에에서 온 자인데, 델로스에서 불리는 다른 옛 찬가들도 만들었다. 제물의 넓적다리뼈는 제단 위에서 태워지고 그 재는 남김없이 다 오피스와 아르게의 무덤 위에 뿌려진다고 한다. 그들의 무덤은 아르테미스 신전 뒤쪽에 위치하고 동쪽을 향해 있는데, 케오스인들의 연회장에서 가장 가깝다.

36　　히페르보레오이인들에 관한 언급은 이 정도로 해 두겠다. 아무것도 먹지 않은 채 화살을 들고 온 세상을 돌아다녔다는, 히페르보레오이인으로 알려진 아바리스에 대해서는 언급하지 않겠다. 그런데 히페르보레오이라는 사람들이 있다면 히페르노티오이도 또한 존재한

19　이 신들은 레토 여신이 델로스에서 낳은 자식들인 아폴론과 아르테미스를 가리키는 것으로 보인다. 에일레이티이아는 출산의 여신으로 델로스에서 레토의 순산을 도왔다고 한다.

다.[20] 세계지도를 그린 사람들이 이미 많은데도 그것을 조리 있게 묘사한 자가 없음을 보면 웃음이 나온다. 그들은 오케아노스가 마치 원 그리는 도구로 그린 듯 둥근 모양의 육지 주위를 돌아 흐르는 것으로 묘사하고 또 아시에와 에우로페의 크기를 똑같다고 묘사한다. 그래서 이제 그것들의 크기가 각각 얼마나 되고 또 각기 어떤 모습으로 그려져야 하는지를 간략하게 설명하겠다.

페르시스인들은 홍해라고 불리는 남쪽 바다에까지 뻗어 살고 있 37 다. 그들의 북쪽 너머에는 메디아인들이 살고 메디아인들이 사는 너머에는 사스페이레스인들이 살며 또 사스페이레스인들이 사는 너머에는 콜키스인들이 사는데, 이들은 파시스 강이 흘러 나가는 북쪽 바다[21]에까지 뻗어 있다. 이들 네 종족이 바다와 바다 사이에 걸쳐 살고 있는 것이다.

이 지역에서 서쪽 방향으로 반도 두 개가 바다로 뻗어 있는데, 이 38 제 이것들에 대해 설명하겠다. 그중 하나의 반도는 북쪽으로는 파시스 강에서 시작해 바다로 뻗어 있는데 폰토스와 헬레스폰토스를 따라 트로이아스의 시게이온에까지 이른다. 한편 바로 이 반도는 남쪽으로는 포이니케 근처에 있는 미리안드로스 만에서 바다로 뻗어 트리오피온 곶에까지 이른다. 이 반도 내에는 30개 종족이 살고 있다.

이것이 그 반도들 중의 하나다. 한편 또 하나의 반도는 페르시스 39 땅에서 시작해 홍해로 뻗어 있는데, 여기에는 페르시스 지역이 나오고 그다음에는 아시리에, 아시리에 다음에는 아라비에가 나온다. 이 반도는 다레이오스가 네일로스 강으로부터 수로를 연결한 아라비에

---

20 '히페르보레오이'(hyperboreoi)는 '보레아스'(boreas, 북풍) '너머에'(hyper) 사는 자들, 즉 최북단 지역에 사는 자들을 가리킨다. 반면 히페르노티오이(hypernotioi)는 '노토스'(notos, 남풍) 너머에 사는 자들, 즉 최남단 지역에 사는 자들을 의미한다.

21 남쪽 바다는 오늘날의 인도양을, 북쪽 바다는 오늘날의 흑해를 말한다.

만에서 끝난다—관례적으로 그렇다고 하지만 실제로는 여기서 끝나
지 않는다. 페르시스에서 포이니케까지는 넓고 광대한 땅이 놓여 있
다. 그러나 포이니케부터 이 반도는 이쪽 바다[22]를 끼고 팔라이스티
네의 시리에와 아이깁토스를 따라 이어지며 아이깁토스에서 끝난다.
이 반도에는 단지 세 종족이 있을 뿐이다.

40   이상은 페르시스 서쪽에 있는 아시에 지역에 관한 것이다. 반면 페
르시스인과 메디아인, 사스페이레스인, 콜키스인이 사는 너머에는
동쪽의 해 뜨는 방향으로 홍해가 접해 있고 북쪽으로는 카스피에 해
및 동편으로 흐르는 아락세스 강이 접해 있다. 아시에에는 인도스인
들의 땅에까지 사람이 살고 있다. 그러나 그 이후 동쪽으로는 사람이
살지 않고, 그곳이 어떤 곳인지 아무도 말하지 못한다.

41   아시에의 형태와 크기는 그런 정도다. 한편 리비에는 위의 두 번째
반도에 있다. 리비에는 아이깁토스 다음에 이어서 접해 있기 때문이
다. 이 반도는 아이깁토스 구간에서 폭이 좁다. 이쪽 바다에서 홍해
까지는 거리가 10만 오르기이에인데, 이는 1,000스타디온쯤 된다. 그
러나 이 좁은 지대 이후에는 반도가 매우 넓어지는데, 그곳이 리비에
라고 불린다.

42   그리하여 나는 리비에와 아시에, 에우로페의 경계를 정하고 구획
한 자들에 대해 의아스럽게 생각한다. 그곳들 간의 차이가 적지 않기
때문이다. 에우로페는 길이에서 나머지 두 곳과 나란히 뻗어 있고,
내가 보기엔 너비에서도 에우로페가 다른 곳들과는 비교도 안 될 만
큼 더 넓어 보이니 말이다.[23] 리비에는, 아시에와 접경한 쪽을 제외하

22 오늘날의 지중해.
23 여기서 헤로도토스가 말하는 '길이'는 동서로 통하는 횡적인 길이를, '너비'
    는 남북으로 통하는 종적인 길이를 지칭한다. 그래서 유럽의 길이가 리비아
    및 아시아와 나란히 뻗어 있다는 것은, 유럽의 동서 길이가 리비아뿐 아니라
    아시아의 북부에까지 뻗어 있음을 가리킨다.

고는, 모두 바다로 둘러싸여 있음이 확실하다. 우리가 아는 한 이를 최초로 밝혀낸 사람은 아이깁토스 왕 네코스였다. 그는 네일로스 강에서 아라비에 만으로 이어지는 수로 사업을 중단한 후 포이니케인들을 배에 태워 보내며, 그들에게 이르기를 귀환할 때 헤라클레에스 기둥들을 통과하여 북쪽 바다[24]에까지 항해하고 그렇게 하여 아이깁토스로 돌아오라 했던 것이다. 그래서 포이니케인들은 홍해에서 출발하여 남쪽 바다를 항해했다. 그들은 가을이 되면 항해 중에 리비에의 어느 지역을 지나든 그곳에 정박하여 땅에 씨를 뿌리고 수확기를 기다리곤 했다. 그리고 곡물을 수확한 다음 다시 항해에 나섰는데, 마침내 2년이 지나고 3년째 되는 해에 헤라클레에스 기둥들을 돌아 아이깁토스에 도착했다. 그들은 자신들이 리비에를 돌아 항해할 때 태양이 그들의 오른쪽에 있었다고 말했는데, 다른 사람은 이를 믿을지 모르지만 나는 믿지 않는다.

그리하여 리비에의 사정이 처음으로 알려지게 되었고, 다음으로 43 그에 관한 이야기를 해 준 것은 카르케돈인들이다. 아카이메니다이 가문의 일원인 테아스피스의 아들 사타스페스가 리비에를 일주해 항해하도록 파견되었으나 실현하지 못했다. 그는 항해의 긴 여정과 외로움을 두려워하여 중간에 되돌아왔고, 그의 어머니가 그에게 부과한 임무를 완수하지 못했다. 사타스페스는 전에 메가비조스의 아들인 조피로스의 미혼인 딸을 범했었다. 크세륵세스 왕이 이 일 때문에 그를 말뚝에 박아 매달려고 했을 때 다레이오스의 누이인, 사타스페스의 어머니가 자신이 그에게 그 형벌보다 더 중한 벌을 내리겠다면서 살려 달라고 간청했다. 즉 그에게 강제로 리비에를 일주해 항해하도록 하고 그렇게 리비에를 돌아 항해한 후 아라비에 만으로 돌아오게 하겠다는 것이었다. 이에 크세륵세스가 동의하자, 사타스페

---

24 오늘날의 지중해. 한편 헤로도토스는 흑해를 '북쪽 바다'로 표현하기도 한다 (제4권 제37장).

스는 아이깁토스로 가서 아이깁토스인들에게서 선박과 선원들을 조달한 후 헤라클레에스 기둥들을 향해 항해했다. 그는 그곳을 통과한 후, 솔로에이스라 불리는 리비에의 곶을 돌아 남쪽으로 항해했다. 그러나 여러 달 동안 먼 거리의 바다를 지나왔지만 여전히 더 많이 가야 했으므로, 그는 방향을 돌려 아이깁토스로 귀항하고 말았다. 그는 아이깁토스를 떠나 크세륵세스 왕에게로 가서 보고하기를, 자신이 가장 먼 곳까지 가서 야자나무 잎으로 만든 옷을 입은 소인(小人)들의 땅을 끼고 항해했는데 배를 그곳에 정박할 때마다 그들은 도시들을 버리고 산으로 도망쳐 버렸다고 말했다. 또 자신들은 상륙하여 어떤 해도 입히지 않았고 단지 그들에게서 먹을 것을 좀 구했을 뿐이라고 했다. 그리고 자신이 리비에를 완전히 일주해 항해하지 못한 이유를 다음과 같이 설명했다. 즉 그의 배가 더는 앞으로 나아가지 못하고 멈춰 섰다는 것이다. 그러나 크세륵세스는 그가 한 말이 진실이 아니라고 믿고, 그에게 부여된 임무가 완수되지 못한 만큼 예전의 판결에 따라 그를 말뚝에 박아 매달았다. 한편 사타스페스의 환관 한 명이 주인의 처형 소식을 듣자마자 즉시 막대한 재물을 가지고 사모스로 도망쳤는데, 한 사모스인이 그 재물을 다 차지해 버렸다. 나는 그 사모스인의 이름을 알지만 일부러 잊어버리련다.

44   한편 아시에의 대부분은 다레이오스가 밝혀냈다. 그는 인도스 강—이 강은 모든 강 중에서 악어가 서식하는 또 다른 강이다[25]—, 바로 이 강이 어디서 바다로 흘러 나가는지 알고 싶어서, 그가 보기에 진실을 말한다고 믿어지는 여러 사람들과 더욱이 카리안데우스인(人) 스킬락스를 배에 태워 파견했다. 이들은 카스파티로스 시와 팍티이케 땅에서 출발해서 배를 타고 동쪽의 해 뜨는 방향으로 강을 따

---

25 헤로도토스는 제2권 제68~70장에서 이집트 나일 강에 서식하는 악어를 언급한 바 있다. 따라서 그가 "악어가 서식하는 또 다른 강"이라고 표현한 것은 나일 강 이외의 다른 강을 가리킨다.

라 내려가 바다에 이르렀고, 그 후에는 바다를 통해 서쪽으로 항해했다. 그리고 마침내 30번째 달에 아이깁토스 왕이 리비에를 일주해 항해하라고 예의 포이니케인들을 파견한 바로 그곳에 도착했다. 이들이 일주해 항해한 후 다레이오스는 인도스인들을 정복하고 이 바다를 이용했다. 그리하여 아시에도 해 뜨는 쪽에 있는 지역을 빼고 다른 측면들에서는 리비에와 똑같은 것으로 나타났다.

한편 에우로페에 대해서는 해 뜨는 쪽이나 북쪽의 지역이 바다로 45 둘러싸여 있는지 확실하게 아는 사람이 아무도 없다. 그러나 에우로페는 길이에서 나머지 두 곳과 나란히 뻗어 있다고 알려져 있다. 나는 어찌하여 전체가 하나인 땅에 여성들에게서 기원한 세 명칭이 붙고 또 그 경계가 아이깁토스의 네일로스 강과 콜키스의 파시스 강으로 정해졌는지 짐작할 수가 없다—비록 일부 사람들은 마이에티스의 타나이스 강과 킴메리에인의 나루터를 그 경계라고 말하지만 말이다—. 또 나는 그렇게 경계를 설정한 자들의 이름도 알 수 없고 그들이 그 명칭들을 어디에서 따왔는지도 알 수 없다. 다수의 헬라스인들은 말하기를, 리비에는 그 지역의 토박이 여성인 리비에의 이름에서 따온 것이고 아시에는 프로메테우스의 아내 이름에서 따온 것이라고 한다. 그러나 리디에인들은 아시에의 이름이 자기들 것이라고 주장하는데, 그들은 아시에라는 명칭이 프로메테우스의 아내 아시에에서 따온 것이 아니고 마네스의 아들인 코티스의 아들 아시에스의 이름을 따서 불린 것이라고 말한다. 그들은 또 사르디에스의 아시에스라는 부족의 명칭도 그의 이름을 따서 불린 것이라고 말한다. 반면 에우로페에 대해서는 그것이 바다로 둘러싸여 있는지 아는 사람이 아무도 없고, 또한 그 명칭이 어디에서 기원했는지, 누가 그 명칭을 지었는지도 확실치 않다. 다만 그 땅의 명칭이 티로스의 에우로페의 이름을 따서 불린 것이라는 말 정도를 할 수 있을 뿐이다. 그전에는 그곳이 다른 곳들처럼 명칭을 갖지 못했던 것이다. 하지만 분명한 것은 에우로페가 아시에 출신이고 지금 헬라스인들이 에우로페라고 부르는 이 땅에는 오지 않았다는 점이다. 그녀는 포이니케에서 크레테로, 다시 크레테에서 리키에로 갔을 뿐이다. 그에 대해서는 이 정도로 이야기해 두자. 우리는 그 지역들의 관례화된 명칭을 그대로 사용할 것이니 말이다.

46   다레이오스가 군사 원정에 나선 에욱세이노스 폰토스 지역에는, 스키티에인들을 제외하면, 온 세상에서 가장 우매한 종족들이 살고 있다. 스키티에 종족과 아나카르시스[26]를 빼면, 폰토스 지역 내의 종족들 가운데 지혜와 관련해 딱히 내세울 종족이 하나도 없고 또 그곳 사람들 가운데 학식 있다고 알려진 자도 전혀 없기 때문이다. 나는 다른 점들에서는 스키티에인들을 찬미하지 않지만, 인간들의 가장 중대한 한 가지 문제에서 그들은 우리가 아는 모든 사람들 중에서 가장 지혜로운 방법을 발견했다. 그들은 가장 중대한 문제에서 그와 같은 발견을 했는데, 그들을 공격해 온 자들은 아무도 도망갈 수 없고 또 그들이 발견되는 것을 원치 않으면 아무도 그들을 포착할 수 없다는 것이다. 그들에게는 도시도 없고 축조된 성채도 없으며, 그들 모두가 집을 갖고 다니고 기마 궁사들이며, 농경이 아니라 가축들로 먹고살고 또 그들의 거처가 마차 위에 있으니, 어찌 이들이 교전하기 힘든 무적(無敵)의 종족이 아닐 수 있겠는가?

47   그들이 이런 방법을 발견한 것은 그들의 땅이 그에 적합하고 또 강들의 도움을 받은 탓이다. 그 땅은 평탄하고 풀이 무성하며 관개가 잘되어 있고, 아이깁토스의 수로들만큼 많은 강들이 그곳을 관통해 흐른다. 그중 바다에서부터 배가 통행할 수 있는 유명한 강들의 이름을 들어보겠다. ……[27] 하구가 다섯 개인 이스트로스 강이 있고 그다

---

26 제4권 제76~77장 참조.
27 슈타인 텍스트의 누락 대목인데, 슈타인은 "그 강들은 다음과 같이 여덟 개인데"라는 구절이었을 것으로 추정한다. 그럴 경우, "그 강들은 다음과 같이 여덟 개인데, 하구가 다섯 개인 이스트로스 강이 있고"가 된다.

음에는 티레스 강과, 히파니스 강, 보리스테네스 강, 판티카페스 강, 히파키리스 강, 게르로스 강, 타나이스 강이 있다.[28] 이 강들은 다음처럼 흐른다.

우리가 아는 모든 강 중에서 가장 큰 강인 이스트로스 강은 여름 48 이나 겨울이나 항상 수량이 똑같고 스키티에를 흐르는 강 중에서 서쪽 맨 끝에 있는 것인데, 그것이 가장 큰 강이 된 이유는 다음과 같다. 즉 다른 많은 강들이 이스트로스 강으로 흘러들지만, 그중에서도 스키티에 땅을 통과해 흐르는 다음 다섯 개 강이 그것을 큰 강으로 만드는 것이다. 이 강들은 스키티에인들이 포라타라 부르고 헬라스인들은 피레토스라고 부르는 강과 그 밖의 티아란토스 강, 아라로스 강, 나파리스 강, 오르데소스 강이다. 이 강들 가운데 첫 번째로 언급된 강은 규모가 큰 강으로 동쪽으로 흘러 이스트로스 강에 합류하며, 두 번째로 언급된 티아란토스 강은 그보다 더 서쪽에 있고 크기도 더 작다. 또 아라로스 강과 나파리스 강, 오르데소스 강은 이 두 강 사이를 흘러서 이스트로스 강으로 유입된다.

이것들은 스키티에에서 발원한 강들로 이스트로스 강의 수량을 증 49 대시킨다. 한편 마리스 강은 아가티르소이인들의 땅에서부터 흘러와 이스트로스 강에 합류하고, 세 개의 또 다른 큰 강들인 아틀라스 강과 아우라스 강과 티비시스 강은 하이모스 산맥에서부터 북쪽으로 흐르다가 이스트로스 강으로 유입된다. 또 아트리스 강과 노에스 강, 아르타네스 강은 트레이케와 트레이케 크로비조이인들의 땅을 통과해 흘러 이스트로스 강으로 유입된다. 키오스 강[29]은 파이오니에인들

---

28 이 중에서 이스트로스 강은 다뉴브 강, 히파니스 강은 부그 강, 보리스테네스 강은 드네프르 강, 타나이스 강은 돈 강을 가리킨다.

29 헤로도토스의 다른 텍스트에서는 키오스(Kios) 강이 아니라 스키오스 (Skios) 강으로 불리기도 한다. 투키디데스는 이 강을 오스키오스(Oskios) 강으로 부른다(투키디데스, 『역사』, 제2권 제96장 제4절). 이 강은 오늘날의

의 땅과 로도페 산에서 발원하여 하이모스 산맥의 한가운데를 가로질러 흐르다가 이스트로스 강으로 유입된다. 일리리아인들의 땅으로부터는 앙그로스 강이 북쪽으로 흘러 트리발로이의 평원과 브롱고스 강으로 유입되고 브롱고스 강은 다시 이스트로스 강으로 흘러든다. 이렇게 하여 이스트로스 강은 큰 강을 둘 받아들인다. 또 옴브리코이인들의 위쪽 지역으로부터 카르피스 강과 알피스라고 하는 또 다른 강이 북쪽으로 흘러 이스트로스 강으로 유입된다. 이스트로스 강은 키네테스인들 다음으로 에우로페 서쪽 맨 끝에 거주하는 켈토이인들의 땅에서 발원하여 에우로페 전역을 통해 흐른다. 그리고 전체 에우로페를 관통해 흐른 후에는 스키티에의 측면으로 흘러들어 간다.

50   그러므로 앞서 언급한 강들과 그 외의 다른 많은 강들이 물을 보태주기 때문에, 이스트로스 강이 가장 큰 강이 되는 것이다. 사실 이스트로스 강과 네일로스 강을 그 자체만 일대일로 비교하면 네일로스 강의 수량이 더 많은 편이다. 네일로스 강으로는 강이나 샘물이 아무것도 유입되지 않아 원래의 수량에 보태는 것이 없기 때문이다. 한편 이스트로스 강이 여름이나 겨울이나 항상 똑같은 수량으로 흐르는 것은, 내가 생각하기에는, 다음과 같은 이유 때문이다. 겨울에 이스트로스 강은 수량이 평상시 상태와 똑같거나 그보다 약간 더 많아진다. 겨울에는 이 지역에 비는 아주 적게 내리지만 눈이 도처에서 쏟아지기 때문이다. 한편 여름에는 겨울에 내린 많은 눈이 녹아 사방에서 이스트로스 강으로 흘러든다. 이 눈이 이스트로스 강으로 흘러가고 그와 더불어 비도 세차게 많이 내려 강의 수량이 늘어난다. 여름은 우기이기 때문이다. 여름에는 태양이 겨울보다 수분을 더 많이 자신에게로 흡수하지만 또한 여름에는 겨울보다 몇 배나 많은 물이 이스트로스 강에 합류한다. 바로 이런 것들이 맞비겨 떨어져 균형이 이

___

이스카르(Iskar) 강(불가리아 강으로 다뉴브 강의 지류)을 말한다.

뤄지고, 그로써 강물의 수량이 항상 똑같아 보이는 것이다.

이스트로스 강은 스키티에인들의 강들 중 하나다. 그다음으로 티 51
레스 강이 있는데, 북쪽에서부터 흘러나온다. 그것은 스키티에와 네
우리스 땅의 경계를 이루는 큰 호수에서 발원해 흐른다. 이 강의 하
구에는 티리타이라고 불리는 헬라스인들이 살고 있다.

세 번째 강인 히파니스 강은 스키티에에서 생겨난 것이다. 그것은 52
큰 호수에서 흘러나오는데, 그 호수 주변에는 야생 백마들이 방목되
고 있다. 이 호수는, 타당하게도, 히파니스 강의 어머니라고 불린다.
히파니스 강은 여기에서 발원해 흐르는데 배로 5일을 가는 동안에
는 깊이가 얕고 담수이지만 그 후에 4일 동안 바다 쪽으로 내려갈 때
에는 물이 대단히 짜다. 짜디짠 샘물이 히파니스 강으로 흘러들기 때
문이다. 그 샘물은 어찌나 짠지 크기가 작은 샘인데도 불구하고 유달
리 큰 강인 히파니스 강을 짜게 만들어 놓는다. 이 샘은 농경 스키티
에인들과 알라조네스인들의 접경 지대에 있다. 그 샘과 그것이 발원
한 곳의 이름은 스키티에어로 엑삼파이오스라고 하며 헬라스어로는
히라이 호도이[30]라고 한다. 티레스 강과 히파니스 강은 알라조네스인
들의 땅에서 서로 가깝게 접근하지만, 그 이후로는 각기 떨어져 흘러
둘 사이 간격이 넓어진다.

네 번째 강은 보리스테네스 강이다. 이 강은 스키티에인들의 강 중 53
에서 이스트로스 강 다음으로 큰 강이고, 우리 생각에는, 스키티에인
들의 강뿐 아니라 다른 모든 강 중에서도 아이깁토스의 네일로스 강
을 제외하고 가장 풍요로운 강이다. 다른 어느 강도 네일로스 강과는
견줄 수 없기 때문이다. 그러나 나머지 강 중에서는 보리스테네스 강
이 가장 풍요롭다. 보리스테네스 강은 가축들을 위해 가장 빼어나고
가장 풀이 많은 목초지를 제공하고, 단연 최고로 좋은 물고기들을 가

---

30 '히라이 호도이'(Hirai Hodoi)는 그리스어로 '신성한 길들', '성도(聖道)들'
이라는 뜻이다.

장 풍부하게 제공한다. 물맛도 마시기에 가장 좋고, 혼탁한 다른 강들에 비해 깨끗한 물이 흐른다. 또 강변의 경작지에서는 최고의 수확이 이뤄지고, 파종되지 않은 땅에는 풀이 아주 무성하다. 강 하구에는 소금덩이들이 저절로 응결되어 엄청 많이 쌓여 있다. 또 강에서는 소금에 절일 수 있는, 안타카이오스[31]라고 불리는 등뼈 없는 대형 물고기들과 그 밖에도 놀라운 것들이 많이 나온다. 이 강은 북쪽에서 흘러오는데, 배로 40일 걸리는 곳인 게르로스인들의 땅까지만 알려져 있다. 그 위쪽에서는 강이 어떤 자들의 땅을 통과해 흐르는지 아무도 말하지 못한다. 하지만 그 강이 황무지를 지나 농경 스키티에인들의 땅으로 흘러가는 것은 확실하다. 이 스키티에인들은 배로 10일 걸리는 거리에 걸쳐 강변에 살고 있기 때문이다. 내가 이 강과 네일로스 강에 대해서만 발원지를 말할 수 없는데, 내 생각에는, 어떤 헬라스인도 그것을 말할 수 없는 것 같다. 보리스테네스 강이 바다 가까이에 이르게 되면 히파니스 강이 합해져서 같은 늪지대로 흘러 나간다. 이 두 강 사이의 지역은 곶으로 이루어져 있는데, 히폴라오스 곶이라 불리며 안쪽에 데메테르 성소가 세워져 있다. 보리스테네스인들은 성소 건너편의 히파니스 강 변에서 거주한다.

54   이상은 이 강들에 관련된 사항들이다. 이들 다음으로 다섯 번째 강은 판티카페스라고 불리는데, 이것 역시 북쪽에서부터 흐르고 한 호수에서 발원한 것이다. 이 강과 보리스테네스 강 사이에는 농경 스키티에인들이 살고 있다. 이 강은 힐라이에(삼림 지대)로 흘러들며 그곳을 지난 후에는 보리스테네스 강과 합해진다.

55   여섯 번째 강은 히파키리스 강인데, 한 호수에서 흘러나와 유목 스키티에인들의 땅 한가운데를 지나 카르키니티스 시 부근에서 바다로 흘러 나간다. 이 강은 오른쪽으로 힐라이에(삼림 지대)와 아킬레우스

---

31 '안타카이오스'(antakaios)는 철갑상어의 일종이었을 것으로 추정된다.

경주장[32]이라 불리는 곳의 언저리를 따라 흐른다.

일곱 번째 강인 게르로스 강은 보리스테네스 강에 대한 우리의 지   56
식이 끝나는 지점 부근에서 보리스테네스 강과 갈라진다. 강이 갈라
지는 지역의 이름은 게르로스인데, 강의 이름도 그곳의 이름과 똑같
다. 강은 이곳에서 갈라진 후 유목 스키티에인들의 땅 및 왕령 스키
티에인들의 땅과 접경하며 바다 쪽으로 흐르다가 히파키리스 강으로
흘러든다.

여덟 번째 강인 타나이스 강은 위쪽에서 큰 호수로부터 발원하여   57
마이에티스라고 불리는 더 큰 호수로 흘러 나간다. 마이에티스 호수
는 왕령 스키티에인들 및 사우로마타이인들과 접경해 있다. 한편 히
르기스라는 이름의 또 다른 강이 타나이스 강으로 유입된다.

스키티에인들에게는 이처럼 유명한 강들이 있다. 한편 스키티에에   58
서 자라나는, 가축을 위한 목초는 우리가 아는 모든 목초 중에서 담
즙을 가장 많이 분비하게 한다. 이것의 그러한 성질은 가축들의 뱃속
을 갈라 보면 판별할 수 있다.

이상은 스키티에인들이 손쉽게 활용할 수 있는 가장 중요한 자원   59
들이다. 이제 남은 일은 그들 사이에 확립된 관습들을 서술하는 것이
다. 스키티에인들은 다음의 신들만을 받들어 달래는데, 히스티에를
가장 특별하게 받들고 다음으로 제우스와 게―그들은 게를 제우스
의 아내라고 생각한다―, 그들 다음으로 아폴론과 천상의 아프로디
테, 헤라클레에스, 아레스를 받든다. 스키티에인 모두가 이 신들을 믿
지만, 왕령 스키티에인들로 불리는 자들은 포세이데온에게도 제물을
바친다. 히스티에는 스키티에어로 타비티라 불리고 제우스는 파파이

---

32 아킬레우스 경주장은 흑해 북쪽 연안의 힐라이아 근처에 있는 좁고 기다란
    지대를 말한다. 지금은 중간이 끊겨 두 개의 길쭉한 섬으로 되어 있다. 전설
    에 따르면, 아킬레우스가 이곳에서 경주 훈련을 했으며 경주 경기도 제정했
    다고 한다.

오스—내 생각에는 이 이름이 아주 타당하다[33]—, 게는 아피, 아폴론은 고이토시로스, 천상의 아프로디테는 아르김파사, 포세이데온은 타기마사다스라 불린다. 그들은 관례적으로 아레스 말고는 어떤 신에 대해서도 신상과 제단, 신전을 만들지 않는다. 오직 아레스에 대해서만 관례적으로 그렇게 한다.

60   그들은 모든 희생제식에서 다 똑같은 방식으로 제사를 지내는데, 그 제사는 다음처럼 수행된다. 즉 희생제물은 두 앞발이 밧줄에 함께 묶인 채 서 있고, 제물을 바치는 자가 그 동물의 뒤에 서 있다가 밧줄 끝을 잡아당겨 제물을 바닥에 쓰러뜨린다. 그는 희생제물이 쓰러질 때 자신이 제물을 바치는 신의 이름을 호명한다. 그런 다음 제물의 목 주위에 올가미를 씌우고 그 안에 막대기를 넣어 돌려서 목졸라 죽인다. 그들은 불을 피우지도 않고 만물을 바치지도 않으며 헌주를 드리지도 않는다. 그들은 제물을 목 졸라 죽인 후 가죽을 벗겨 내고 고기를 삶는다.

61   스키티에인들의 땅에는 나무가 워낙 없기 때문에, 고기를 익히기 위해 다음의 방법을 고안해 냈다. 즉 그들은 희생제물의 가죽을 벗겨 낼 때 뼈에서 고기를 발라 낸 후, 마침 그 지역 가마솥이 있으면, 그 안에 고기를 집어넣는다. 그 가마솥들은, 훨씬 더 크다는 점만 빼면, 레스보스의 혼주용기와 모양이 매우 비슷하다. 그들은 가마솥에 고기를 집어넣고 솥 밑에서 제물의 뼈들을 태워 고기를 익힌다. 만일 그들에게 가마솥이 없으면 제물의 위장에 고기를 다 집어넣고 물을 섞은 다음 밑에서 뼈들을 태운다. 뼈들은 불에 매우 잘 타며, 위장은 뼈가 제거된 고기들을 무난히 잘 수용한다. 그렇게 하여 소는 자기가 자기를 익히고 다른 희생제물들도 모두 그와 똑같이 한다. 고기가 다

---

33 '파파이오스'(Papaios)가 아버지를 뜻하는 그리스어 '파파스'(pappas)와 어형상 유사하기 때문인 것으로 보인다. 제우스는 호메로스 때부터 흔히 신과 인간의 아버지로 불리곤 했다.

익으면 제물을 바치는 자가 고기와 내장의 일부를 만물로 떼어 내 자신의 앞에다 던진다. 그들은 다른 가축들도 제물로 바치지만 말을 가장 많이 바친다.

스키티에인들은 다른 신들에게는 그렇게 제사 지내고 그런 동물들 **62** 을 제물로 바친다. 그러나 아레스에 대해서는 다음과 같이 제사 지낸다. 그들의 각 통치 구역에는 모두 다음과 같은 아레스 성소가 세워져 있다. 즉 나뭇더미들이 높이 쌓여 있는데, 그 길이와 너비는 각각 3스타디온이고 높이는 그보다 작다. 그 위에는 사각형의 평평한 표면이 만들어져 있는데, 그중 삼면은 가파르고 한 쪽 면에서만 올라갈 수 있다. 그들은 매년 수레 150대분의 나무토막을 그 위에 다시 쌓아올린다. 겨울 폭풍으로 인해 그것이 계속 아래로 내려앉기 때문이다. 이 성소 위에는 제사 지내는 모든 사람을 위해 오래된 철제 단검이 세워져 있는데, 이것은 아레스의 성상이다. 그들은 이 단검에 매년 가축과 말들을 제물로 바치며, 다른 신들보다도 특히 이것에 훨씬 더 많은 제물을 바친다. 또 그들은 포로로 붙잡은 적들을 100명당 1명씩 제물로 바치는데, 가축을 바칠 때처럼 하는 것이 아니라 다른 방식으로 바친다. 그들은 포로들의 머리 위에 포도주를 헌주로 붓고 포로들을 참수하여 피를 통에 받은 후에 나뭇더미 위로 가져가 단검에 피를 붓는다. 한편 그것을 위로 가져가는 동안 아래 쪽 성소 옆에서는 다음과 같은 일이 행해진다. 즉 참수당한 모든 자들의 오른팔을 손과 함께 잘라 내어 공중으로 던지는 것이다. 그 후 그들은 나머지 희생제물들도 다 바치고 나서 그곳을 떠난다. 이에 팔은 공중에서 떨어진 자리에 그대로 놓여 있고 시신은 그것과 따로 떨어져 있다.

그들의 제사는 이렇게 거행된다. 그러나 그들은 관례적으로 돼지 **63** 를 제물로 바치지 않는다. 그들의 땅에서는 절대로 돼지를 키우려고 하지 않는다.

전쟁에 관한 그들의 관습은 다음과 같이 되어 있다. 스키티에인은 **64** 자신이 최초로 쓰러뜨린 자의 피를 마신다. 또 자신이 전투에서 죽인 자들의 머리를 왕에게로 가져간다. 머리를 가져간 자는 그들이 획득한 전리품에서 자기 몫을 받지만, 가져가지 못한 자는 그렇지 못하기 때문이다. 스키티에인은 다음과 같은 방식으로 머리 가죽을 벗긴다. 즉 양쪽 귀 주위로 둥글게 머리에 칼질을 한 다음 머리를 잡고 흔들어 머리 가죽을 떼어 낸다. 그런 후 소의 갈빗대로 가죽의 살을 긁어내고 손으로 가죽을 주무른다. 그래서 그것을 부드럽게 만들어 놓으면 일종의 손수건을 갖게 된다. 그는 자신이 타고 다니는 말의 굴레에 그것을 매달고 자랑스레 여긴다. 그런 가죽 손수건을 가장 많이 가진 자가 가장 탁월한 인간으로 여겨지기 때문이다. 그들 중 많은 자들이 그 가죽들을 가지고 마치 가죽외투처럼 꿰매 붙여 겉옷을 지어 입는다. 또 많은 자들이 죽은 적들의 오른손 살가죽을 손톱과 함께 다 벗겨 내 화살통의 덮개를 만든다. 사람의 살가죽은 두껍고 번질거리며, 색깔이 하얘 다른 어떤 가죽보다도 더 윤이 난다. 그들 중에는 사람의 가죽을 온통 벗겨 내 나무틀에서 늘인 다음 말 등에 얹고 다니는 자도 많다.

65   스키티에인들의 관습은 이러한 것이다. 한편 그들은 사람의 두개골―모든 사람들의 두개골이 아니라 철천지원수들의 두개골―에 대해서는 다음처럼 처리한다. 즉 그들은 각기 눈썹 아랫부분을 모두 톱으로 잘라 내고 남은 부분을 깨끗이 닦는다. 가난한 자라면 무두질하지 않은 쇠가죽만을 바깥쪽에 씌워 사용하지만, 부자라면 무두질하지 않은 쇠가죽을 바깥쪽에 씌우고 안쪽에는 금을 입혀 술잔으로 사용한다. 그들은 자신의 친척들에 대해서도 서로 반목하여 왕의 면전에서 싸워 이겼을 경우에는 똑같이 행한다. 그리하여 자신이 존중하는 빈객들이 방문하면 이 두개골들을 가져와, 그들이 자신의 친척들인데 자신에게 싸움을 걸어와서 결국 자신이 그들을 쳐부수었다고 설명해 준다. 스키티에인들은 이를 남성적 덕성이라고 말한다.

66   각 구역의 행정관은 매년 한 번씩 자신의 구역에서 포도주 한 통을 혼주하여, 스키티에인 가운데 적들을 죽인 적이 있는 자들이 마시도

록 한다. 그러나 그런 공을 세우지 못한 자들은 이 포도주를 마시지 못하고 불명예스럽게 따로 앉아 있다. 이는 스키티에인들에게 최대의 치욕이다. 그들 가운데 적들을 아주 많이 죽인 자들은 술잔 두 개를 들고 그것들을 다 마신다.

스키티에인들에게는 예언자가 많은데 그들은 버드나무 가지들을 67 써서 다음의 방식으로 예언을 한다. 즉 그들은 커다란 나뭇가지 묶음들을 가져와 땅에 놓고 묶음을 푼다. 그리고 나뭇가지들을 하나씩 늘어놓으면서 예언을 하고, 예언을 말하는 동안에 나뭇가지들을 거두어 모아 다시 하나로 묶는다. 이것이 그들의 전통적인 예언술이다. 그러나 양성체(兩性體)인 에나레스들은 아프로디테가 자신들에게 예언술을 부여했다고 말한다. 그들은 참피나무 껍질을 이용하여 예언을 한다. 그들은 이 껍질을 세 조각으로 쪼갠 후 이것들을 자신의 손가락들에 감았다 풀었다 하면서 예언한다.

스키티에인들의 왕이 병에 걸리면 왕은 예언자 중에서 가장 저명 68 한 세 명을 부르는데, 그들은 앞서 언급한 방식대로 예언을 한다. 이들은 대체로 다음과 같이 말하는데, 즉 그 나라 시민 중 누군가의 이름을 대면서 그 아무개가 왕의 화로에 걸고 거짓 맹세를 했다고 말한다. 스키티에인이 가장 중요한 맹세를 하고자 할 때에는 흔히 왕의 화로에 걸고 맹세하는 것이 관례이기 때문이다. 그들이 거짓 맹세를 했다고 거명한 자는 곧바로 체포되어 끌려오고, 그가 도착하면 예언자들이 그가 왕의 화로에 걸고 거짓 맹세를 한 것이 자신들의 예언술에 의해 분명하게 드러났으며 이 때문에 왕이 병에 걸렸노라고 그를 비난한다. 그 자는 자신이 거짓 맹세를 하지 않았다고 주장하며 이를 부인하고 거세게 불평한다. 그가 이렇게 부정하면 왕은 다시 그두 배의 예언자들을 부른다. 만일 이들도 예언술을 살펴보고서 그가 거짓 맹세를 했다고 유죄를 선언하면 그 자는 바로 목이 잘리고 그의 재산은 최초의 예언자들에게 분배된다. 그러나 만일 나중에 온 예언자들이 그를 방면하면 다른 예언자들이 불려오고 이어 또다시 다른 예언자들이 불려온다. 그리하여 그들 중 다수가 그를 방면하면 최초의 예언자들 자신이 처형되는 것으로 결정된다.

69   그들은 예언자들을 다음의 방식으로 처형한다. 즉 수레에 장작을 가득 싣고 소들을 수레에 맨 후 예언자들의 발을 묶고 손을 뒤에서 결박하고 재갈을 물린다. 그런 다음 그들을 장작더미 속에 가두고 장작에 불을 붙여서 소들을 깜짝 놀라게 해 내쫓는다. 이때 많은 소들이 예언자들과 함께 불에 타 죽기도 하지만, 수레 받침대가 완전히 타 버리는 통에 몸이 그슬린 채 탈출하는 소도 많이 있다. 그들은 다른 죄를 지은 경우에도 예언자들을, 거짓 예언자라고 칭하면서, 앞서 언급한 방식대로 불태워 죽인다. 왕이 누군가를 처형할 때에는 그의 자식들도 살려 두지 않는다. 하지만 남자들은 모두 죽이는 데 반해 여자들은 해치지 않는다.

70   스키티에인들이 누구와 서약을 맺을 때에는 다음처럼 행한다. 즉 큰 도기 잔에 포도주를 부은 뒤, 서약 당사자들이 자신의 몸을 송곳으로 찌르거나 칼로 조금 베어 피를 흘려 포도주와 섞는다. 그런 다음에는 단검과 화살들, 사가리스, 창을 잔 안에 담근다. 이것을 다 행하고 나면 많은 축원을 올린 후에, 서약 당사자들과 그 수행원 중 가장 명망 있는 자들이 잔에 든 것을 다 마신다.

71   왕들의 무덤은 [보리스테네스 강에서 배를 타고 올라갈 수 있는 끝 지점인][34] 게르로스인 땅에 자리 잡고 있다. 왕이 죽으면 스키티에인들은 그곳에 거대한 사각형 구덩이를 판다. 이것이 다 준비되면 왕의 시신─이 시신은 밀랍이 발라져 있는데, 배를 갈라 깨끗이 씻어 낸 후 그 안에 두드려 빻은 향부자(香附子)와 향료, 파슬리 씨앗, 아니스 열매를 가득 넣고 다시 봉합한 것이다─을 들어다 수레에 태워 다른 종족에게로 운구한다. 그러면 그 종족 사람들은 운구된 시

---

34 슈타인은 이 대목이 제4권 제53장의 기술 내용과 일치하지 않는다고 보아, 헤로도토스의 원래 텍스트에 포함시키지 않았다.

신을 영접하고, 왕령 스키티에인들이 하는 것과 똑같은 행동을 한다. 즉 그들은 한쪽 귀를 조금 자르고 머리를 깎고 또 팔 둘레에 칼자국을 내고 이마와 코를 할퀴고 화살로 왼손을 꿰뚫는다. 그 후 그들은 왕의 시신을 수레에 싣고 스키티에인들이 지배하는 또 다른 종족에게로 운구한다. 그들이 앞서 운구하면서 들른 종족의 사람들도 그들을 따라간다. 이렇게 모든 종족을 일주하여 시신을 운구한 후에 스키티에인들이 지배하는 종족 중에서 가장 먼 곳에 사는 게르로스인의 땅과 그곳의 묘지에 도착한다. 그리고 시신을 무덤 안의 침상에 안치하고 나면, 시신 양쪽에 창들을 꽂고 그 위에 목판들을 깐 다음 골풀로 짠 지붕을 얹는다. 무덤의 남은 빈 공간에는 왕의 후궁 한 명과 그의 술 시중꾼, 요리사, 말구종, 시종, 전령을 목 졸라 죽여 매장하고 또 그의 말들과 여타 모든 것들의 맏물들, 황금잔들도 함께 묻는다. 그들은 은이나 동을 사용하지 않기 때문이다. 그런 후에 그들 모두는 거대한 봉분을 쌓아 올리는데, 서로 경쟁적으로 되도록 최대의 봉분을 만들고자 진력한다.

그 후 일주기가 돌아오면 스키티에인들은 또 다음과 같이 행한다. 72 즉 그들은 왕의 남은 시종들—이들은 토박이 스키티에인들이다. 왕의 시중을 드는 자들은 모두 왕 자신의 명령을 받고 그 일을 하기 때문이다. 스키티에인들은 돈을 주고 하인들을 사지 않는다—가운데 가장 적합한 자들을 골라 그 시종 50명과 최상의 말 50마리를 목 졸라 죽인 후 그들의 뱃속 내장을 제거하고 깨끗이 씻어 내어 그 안을 겨로 가득 채운 다음 봉합한다. 그런 후 수레바퀴의 반쪽을 오목 부분이 위로 향하도록 두 말뚝에 고정하고 바퀴의 다른 반쪽은 또 다른 두 말뚝에 고정한다. 이런 식으로 그들은 바퀴들을 여럿 단단히 고정한다. 그리고 나서 굵은 장대로 말들의 몸통을 목 부분까지 길게 꿰뚫어서 그것들을 바퀴들 위에 올려놓는다. 앞쪽의 바퀴들은 말들의 어깨를 지탱하고 뒤쪽 바퀴들은 말들 뒷다리 부근의 배를 받쳐 준다. 그리하여 말들의 양쪽 다리는 모두 공중에 걸려 있다. 그들은 또 말들의 입에 고삐와 재갈을 물리고 고삐를 말들의 앞쪽으로 끌어당겨 말뚝에 매어 놓는다. 그런 후 목 졸라 죽인 젊은 시종 50명을 한 명씩 각각 말 위에 태우는데, 그들을 말 위에 태우는 방식은 다음과 같다. 즉 곧은 장대로 각 시신들의 몸을 등뼈를 따라 목에까지 꿰뚫는다. 그리고 아래로 돌출된 장대 부분을 말의 몸통을 꿰뚫은 다른 장대의 구멍에 고정한다. 그들은 무덤 주위에 빙 둘러 이와 같은 기수들을 세워 놓은 후 그곳을 떠난다.

73   그들은 왕들을 이런 식으로 매장한다. 하지만 그 밖의 스키티에인들이 죽을 경우에는, 그의 가장 가까운 친척들이 고인을 수레에 싣고 그의 친구들을 순회한다. 그러면 각 친구들은 고인을 따라온 자들을 영접하고 환대하는데, 고인에게도 다른 자들에게 주는 만큼의 모든 음식을 거의 똑같게 대접한다. 이들 일반인은 이렇게 40일 동안 순회하고 나서 매장된다. 스키티에인들은 장례를 마친 후 다음의 방식으로 자신을 정화한다. 즉 그들은 머리는 기름을 발라 깨끗이 씻고 몸은 다음과 같은 식으로 씻어 낸다. 그들은 장대를 세 개 서로 비스듬하게 세운 후 그 둘레에 모직 천들을 씌우고 그것들을 최대한 바짝 쥔 다음, 장대들과 모직 천들의 한가운데에 놓인 통에 불로 빨갛게 달구어진 돌멩이들을 던져 넣는다.

74   그들의 땅에는 대마(大麻)[35]가 자라는데, 이것은 아마(亞麻)와 정말 비슷하지만 굵기와 크기가 다르다. 대마가 아마보다 훨씬 더 굵고 크다. 이것은 자생하거나 파종되어 자라는데, 트레이케인들은 이것으로 아마포와 매우 비슷한 옷을 만들기도 한다. 대마에 아주 능숙한 자가 아니라면 그 옷이 아마로 만든 것인지 대마로 만든 것인지 구별하지 못한다. 대마를 한 번도 보지 못한 자들은 그 옷을 아마로 만든 것이라 생각할 것이다.

---

35 그리스어 '칸나비스'(kannabis)를 번역한 말.

스키티에인들은 이 대마의 씨를 가지고 모직 천들 밑으로 기어 들 75
어가서 불로 빨갛게 달구어진 돌멩이들 위에 씨를 던진다. 그러면 돌
멩이 위에 던져진 씨가 연기를 뿜어 대고 증기를 워낙 많이 발산해
서, 헬라스의 어떤 증기탕도 그것을 능가할 수 없을 정도다. 스키티
에인들은 그 증기탕을 무척 좋아해서 환호성을 지른다. 그들은 목욕
대신에 이것을 한다. 그들은 절대 물로 몸을 씻지 않기 때문이다. 하
지만 그들의 여자들은 삼나무와 케드로스 나무, 유향수(乳香樹)를 거
친 돌 위에다 잘게 갈면서 그것에 물을 붓는다. 그리하여 잘게 간 것
이 걸쭉해지면 이를 전신과 얼굴에 바른다. 그로 말미암아 그녀들에
게 향내가 배어들 뿐 아니라, 다음 날 반죽을 떼어 내면 그녀들이 깨
끗하고 윤기 있게 된다.

  스키티에인들도 외국의 관습을 따르기를 매우 꺼리는데,[36] 다른 자 76
들의 관습도 그렇고 헬라스인들의 관습을 특히 꺼린다. 이는 아나카
르시스와 스킬레스의 사례가 잘 보여 준다. 아나카르시스가 세상의
여러 곳을 유람하며 그동안에 그의 대단한 지혜를 보여 주다가 스
키티에인들의 땅으로 귀국할 때, 해로로 헬레스폰토스를 지나 키지
코스에 기항한 적이 있었다. 거기서 아나카르시스는 키지코스인들
이 신들의 어머니[37]에 대한 제전을 매우 성대히 거행하는 것을 보고,
그 어머니 신에게 기원하기를 만일 자기가 건강하게 무사히 고국으
로 귀국하게 된다면 자신이 키지코스인들이 하는 것을 본 대로 똑같
이 제사를 지내고 야간 제식을 확립하겠노라고 했다. 그후 아나카르

---

36 "스키티에인들도 외국의 관습을 따르기를 매우 꺼리는데"라는 표현은 스키
   타이인들 외에도 외국의 관습을 꺼리는 사람들이 있었음을 말해 준다. 헤로
   도토스는 제2권 제91장에서 외국의 관습을 꺼리는 이집트인들의 태도를 언
   급한 바 있다. 한편 페르시아인들은 외국의 관습을 잘 받아들이는 사람들로
   묘사된다(제1권 제135장).
37 '신들의 어머니'는 키벨레 여신을 가리킨다. 키벨레 여신은 프리기아의 여신
   으로 흔히 그리스의 레아(Rhea) 여신과 동일시되었다.

시스는 스키티에로 돌아가자 힐라이에(삼림 지대)라고 불리는 곳—이곳은 아킬레우스 경주장 부근에 있으며 도처에 온갖 나무가 빽빽이 들어차 있다—으로 몰래 들어갔고, 그곳에 잠입한 후 팀파논을 들고 여러 성상들을 몸에 동여맨 채 여신에 대한 모든 제식을 거행했다. 그런데 한 스키티에인이 그가 그리하는 것을 목격하고 사울리오스 왕에게 고해바쳤다. 왕은 직접 그곳에 가서 아나카르시스가 그리하는 것을 보자 활을 쏘아 그를 사살했다. 지금도 누가 스키티에인들에게 아나카르시스에 대해 물으면, 그들은 그를 모른다고 말한다. 이는 그가 헬라스로 해외여행을 하고 외국의 관습을 채택했기 때문이다. 내가 아리아페이테스의 관리인인 팀네스에게서 들은 바로는, 아나카르시스는 스키티에 왕 이단티르소스의 숙부이고 또 스파르가페이테스 아들인 리코스의 아들, 즉 그누로스의 아들이었다고 한다. 만일 아나카르시스가 정말로 이 가문 출신이라면 그는 자기가 형제의 손에 죽임을 당했음을 알아야 할 것이다. 왜냐하면 이단티르소스는 사울리오스의 아들인데 아나카르시스를 죽인 자가 바로 사울리오스기 때문이다.

77   그렇지만 나는 펠로폰네소스인들에게서 다른 이야기를 들은 적이 있다. 그에 따르면, 아나카르시스는 스키티에 왕에 의해 파견되어 헬라스에 대해 배웠고, 귀국 후 자신을 파견한 왕에게 말하기를 라케다이몬인들을 제외한 모든 헬라스인들은 온갖 지식을 배우기에는 너무 분주하다고 했다 한다. 그래서 오직 라케다이몬인들하고만 분별 있게 대화할 수 있다고 했다 한다. 그러나 이 이야기는 그냥 헬라스인들 자신이 꾸며 낸 것이며, 어쨌든 아나카르시스는 앞서 말한 대로 죽임을 당했다.

78   그가 그런 일을 당한 것은 외국의 관습을 따르고 헬라스인들과 교제했기 때문이다. 한편 그로부터 아주 여러 해 뒤에 아리아페이테스의 아들 스킬레스가 그와 비슷한 일을 겪었다. 스킬레스는 스키티에 왕 아리아페이테스에게서 태어난 여러 아들 중의 한 명이었다. 그

의 어머니는 이스트리에 여자로 스키티에 태생이 아니었다. 어머니는 그에게 헬라스의 언어와 문자를 가르쳐 주었다. 그 후 한참 뒤에 아리아페이테스가 아가티르소이인들의 왕 스파르가페이테스의 배신으로 죽자 스킬레스가 왕위를 물려받았으며, 또 오포이에라고 불리는 아버지의 아내도 함께 물려받았다. 이 오포이에는 스키티에 토착인이고 아리아페이테스와의 사이에 오리코스라는 아들을 두었다. 스킬레스는 스키티에인들의 왕이 되었지만 스키티에의 생활 방식을 전혀 좋아하지 않았고 자신이 교육을 통해 습득한 헬라스의 방식을 훨씬 더 선호했다. 그리하여 그는 다음처럼 행동했다. 즉 스킬레스는 스키티에인들의 군대를 거느리고 보리스테네스인들—이들 보리스테네스인은 자신들이 밀레토스인이라고 말한다—의 도시로 갈 때마다, 그곳에 도착하면 군대를 교외에 남겨 둔 채 자신은 성벽 안으로 들어가 성문을 걸어 잠근 후 스키티에 옷을 벗어 버리고 헬라스 의복을 착용하곤 했다. 그는 그런 복장으로 호위병이나 다른 어떤 수행원도 거느리지 않고서 시장을 돌아다니곤 했다. 그곳의 성문들은 어떤 스키티에인도 그가 그런 복장을 하고 있는 것을 보지 못하도록 잘 경비되었다. 스킬레스는 다른 모든 점에서도 헬라스의 방식을 채택했고, 특히 신들에 대해 헬라스인의 방식대로 제물을 바쳤다. 그는 한 달 혹은 그 이상을 이렇게 보낸 후 스키티에 복장을 갖춰 입고 그곳을 떠나곤 했다. 그는 자주 그렇게 행했다. 그는 또 보리스테네스 안에 집도 짓고 그곳의 현지 여성과 혼인하여 집으로 데려가기도 했다.

그러나 그에게 마침내 불행이 닥치게 되었을 때, 그 불행은 다음과 같은 원인으로 발생했다. 그는 바코스 디오니소스의 제의에 입문하고 싶어 했다. 그래서 그가 막 이 제의를 거행하려고 했을 때 그에게 엄청난 징조가 발생했다. 그는 내가 조금 전에 언급했듯이 보리스테네스인들의 도시 내에 호화로운 대저택을 가지고 있었는데 그 주위에는 흰색 석재로 만든 스핑크스와 그립스들이 늘어서 있었다. 그런데 그때 신이 이 집에 벼락을 내리쳤다. 이에 그의 집이 모두 불타 무

79

너졌지만, 그럼에도 스킬레스는 제의를 끝까지 수행했다. 스키티에 인들은 헬라스인들이 바코스 제의를 거행하는 것을 비난한다. 그들은 헬라스인들이 사람을 미치게 하는 신을 찾는 것은 온당치 않다고 말하기 때문이다. 그래서 스킬레스가 바코스 제의에 입문하자, 한 보리스테네스인이 스키티에인들을 조롱하며 말했다. "스키티에인들이여, 당신들은 우리가 바코스 제의를 거행하고 그 신에게 현혹되어 있다며 우리를 비웃고 있소. 그런데 지금 이 신이 당신들의 왕을 현혹해서, 그가 바코스 제의를 거행하고 그 신에 의해 광기에 들려 있소. 당신들이 내 말을 믿지 못하겠다면 나를 따라오시오. 내가 당신들에게 그를 보여 주겠소." 이에 스키티에인의 우두머리들이 따라나서자 그 보리스테네스인은 그들을 데려가 성루에 몰래 들어가 있게 했다. 이윽고 스킬레스가 바코스 신자(信者) 무리와 함께 지나갔고 스키티에인들은 그가 바코스 제의를 거행하는 것을 목격했다. 그들은 크게 분개했으며 그곳에서 나가 전군(全軍)에게 그들이 본 것을 전해 주었다.

80   그 후 스킬레스가 자신의 고국으로 돌아갔을 때 스키티에인들은 반란을 일으키고 그와 형제간인, 테레스의 딸에게서 태어난 옥타마사데스를 그 대신 왕으로 옹립했다. 스킬레스는 자신에게 어떤 일이 일어나고 있고 또 무슨 이유로 그 일이 일어났는지 알고서 트레이케로 도피했다. 옥타마사데스가 이를 알고 트레이케로 군대를 진격시켰다. 그가 이스트로스 강에 이르렀을 때 트레이케인들이 그에게 대항했다. 그들이 막 교전을 벌이려 할 때 시탈케스[38]가 옥타마사데스에게 다음과 같은 전언을 보냈다. "왜 우리가 서로의 힘을 시험해야 하지요? 그대는 내 누이의 아들이고, 내 형제를 데리고 있소. 그대가 나에게 그를 돌려주면 나도 그대에게 스킬레스를 인도하겠소. 그러

---

38 오드리사이인의 왕.

면 그대도 나도 자신의 군대를 위험에 빠뜨리지 않게 될 거요."시탈
케스는 그에게 사절을 보내 이런 내용을 전했다. 당시 시탈케스의 형
제가 그에게서 도망쳐 옥타마사데스에게 머물러 있었던 것이다. 옥
타마사데스는 이에 동의하여 자신의 외숙부를 시탈케스에게 돌려주
고 자신의 형제 스킬레스를 받았다. 시탈케스는 자신의 형제를 인도
받고 그를 데리고 갔지만 옥타마사데스는 그 자리에서 스킬레스의
목을 벴다. 스키티에인들은 이처럼 자신들의 관습을 고수했으며 자
신들의 관습에다 외국의 관습을 보태는 자들에게는 그와 같은 처벌
을 내린다.

나는 스키티에인들의 인구수에 대해 정확한 이야기를 들을 수가 81
없었으며, 그 수에 대해 내가 들은 이야기들은 서로 다르다. 그들의
수가 매우 많다고도 하고, 진짜 스키티에인들로 치면 수가 적다고
도 하기 때문이다. 그렇지만 그들은 내가 직접 볼 수 있게 다음과 같
은 것을 보여 주었다. 보리스테네스 강과 히파니스 강 사이에는 엑삼
파이오스라고 불리는 지역이 있다. 이곳은 내가 조금 전에 언급한 곳
인데, 거기에 짠물 샘이 있으며 여기서 흘러나온 물 때문에 히파니스
강 물을 마실 수 없다고 말했던 것이다. 이 지역에는 청동 용기가 하
나 놓여 있는데, 그 크기가 폰토스 입구에 있는 혼주용기의 6배 정도
된다. 이 혼주용기는 클레옴브로토스의 아들인 파우사니에스가 봉헌
한 것이다.[39] 나는 이 혼주용기를 아직 보지 못한 자를 위해 스키티에
의 청동 용기에 대해 설명해 보겠다. 스키티에의 청동 용기는 600암
포레우스의 분량을 너끈히 담으며 그 두께가 6닥틸로스에 이른다. 그
곳 사람들의 말에 따르면, 이것은 화살촉들로 만들어진 것이라고 한
다. 아리안타스라고 불리는 그들의 왕이 스키티에인들의 인구수를
알고 싶어서 모든 스키티에인들에게 각자 화살촉을 하나씩 자신에게

---

39 스파르타의 장군 파우사니아스가 기원전 477년에 비잔티온 점령을 기념하여
    이 혼주용기를 만들었다고 한다.

가져오라고 명했다는 것이다. 그는 화살촉을 가져오지 못하는 자는 죽이겠다고 위협했다 한다. 이에 막대한 양의 화살촉이 모아졌고 왕은 그것들로 기념물을 만들어 후세에 남기기로 결정했다고 한다. 그래서 왕은 그것들로 이 청동 용기를 만들어 엑삼파이오스 지역에 봉헌했다는 것이다. 이상은 내가 스키티에인들의 인구수에 대해 들은 내용이다.

82   이 나라에는, 강들의 크기가 단연 최대이고 또 그 수가 최다라는 것 말고는, 달리 경이로운 것들이 없다. 그런데 강들과 광대한 규모의 평원 이외에 대단히 놀랄 만한 것이 하나 있어서 그것을 언급하겠다. 그들은 티레스 강 변의 바위에 찍힌, 헤라클레에스의 발자국을 나에게 보여 주었는데, 그것은 사람의 발자국과 모양이 흡사하고 크기는 2페키스에 이른다. 이것에 대해서는 이 정도로 하고, 이제 내가 처음에 이야기하기 시작한 문제로 돌아가겠다.

83   다레이오스는 스키티에인들에 대한 원정을 준비하며 여기저기 사절들을 보내 일부에게는 육군을, 일부에게는 함대를 제공하도록 지시하고 또 다른 일부에게는 트레이케 보스포로스에 다리를 놓도록 지시했다. 그러자 히스타스페스의 아들이며 다레이오스의 동생인 아르타바노스가 스키티에인들은 다루기 힘들다는 점을 자세히 설명하며 스키티에인 원정을 하지 말라고 요청했다. 그러나 유익한 조언을 했는데도 왕을 설득하지 못하자 그는 더 이상 주장하지 않았다. 다레이오스는 모든 준비를 마치자 군대를 이끌고 수사를 떠났다.

84   그때 오이오바조스라는 페르시스인에게 아들이 셋 있었는데 셋 다 군사 원정에 나가게 되자, 그는 다레이오스에게 그중 한 명을 자기에게 남게 해 달라고 청했다. 그러자 다레이오스는 마치 그가 자신의 친구이고 그 요청이 타당하기라도 하듯, 그의 아들 모두를 남게 해 주겠다고 말했다. 오이오바조스는 자기 아들들이 군 복무에서 면제된다고 생각하여 크게 기뻐했다. 그러나 다레이오스는 그 일을 맡은 담당자들에게 오이오바조스의 아들들을 모두 죽이라고 명령했다.

그리하여 이들은 그곳에 그대로 남게 되었지만, 모두 목이 잘린 채 85
였다. 다레이오스는 수사에서 진군하여 칼케도니에 지역의 보스포
로스에 이르렀는데, 그곳에는 다리가 놓여 있었다. 거기서 그는 배를
타고 키아네아이[40]라고 불리는 곳으로 항해했다. 헬라스인들의 말로
는 예전에는 이것이 움직여 돌아다녔다고 한다. 다레이오스는 그곳
의 한 곳에 앉아서 폰토스의 장관을 바라보았다. 폰토스는 모든 바다
가운데 가장 경이로운 곳이니 말이다. 폰토스는 길이가 1만 1,100스
타디온이고 너비는 가장 넓은 지점에서 3,300스타디온이다. 이 바다
의 입구는 너비가 4스타디온이다. 보스포로스라고 불리는, 입구의 해
협은 길이가 120스타디온 정도 되는데, 그곳에 다리가 놓여 있다. 보
스포로스는 프로폰티스까지 뻗쳐 있다. 프로폰티스는 너비가 500스
타디온이고 길이는 1,400스타디온인데, 헬레스폰토스로 흘러든다.
헬레스폰토스는 폭이 7스타디온 정도로 좁고 길이는 400스타디온이
다. 헬레스폰토스는 아이가이오스 해라 불리는 공해로 흘러 나간다.
이 수치들은 다음과 같이 측정된 것이다. 배는 낮이 길 때에는 대 86
체로 낮 동안에 7만 오르기이에 거리를 가고 밤에는 6만 오르기이에
거리를 간다. 그럴 경우 폰토스 입구에서 파시스까지―이것이 폰토
스에서 가장 긴 거리다―는 배로 9일 낮과 8일 밤이 걸린다. 이 거리
는 111만 오르기이에가 되고, 그만큼이 오르기이에는 1만 1,100 스
타디온에 해당한다. 한편 신디케에서 테르모돈 강 변의 테미스키레
까지―이것이 폰토스에서 폭이 가장 넓은 곳이니 말이다―는 배로
3일 낮과 2일 밤이 걸린다. 이 거리는 33만 오르기이에, 즉 3,300스타

---

40 키아네아이(Kyaneai)는 흑해 입구에 있는 두 작은 섬을 가리킨다. 키아네아
이는 '검은, 검푸른'을 뜻하는 그리스어 키아네오스(kyaneos)와 연관되어
'검은(검푸른) 섬들(바위들)'이라는 의미를 지닌다. 한편 키아네아이는 심플
레가데스(Symplegades)라고도 불렸는데, 심플레가데스는 '부딪치는(충돌
하는) 바위들'이라는 의미다. 이는 키아네아이가 유동적으로 떠다니면서 배
들과 충돌한다고 여겨졌음을 말해 준다.

디온이다. 나는 이 폰토스와 보스포로스, 헬레스폰토스를 그렇게 측정했으며, 그것들의 양상은 내가 말한 그대로다. 또한 이 폰토스에는 그곳으로 흘러드는 호수가 하나 있는데 폰토스에 견주어 크기가 그리 작지 않다. 이 호수는 마이에티스라 불리며 또 폰토스의 어머니라고도 불린다.

87   다레이오스는 폰토스를 살펴본 후 다리 쪽으로 귀항했다. 그 다리를 건설한 자는 사모스인 만드로클레에스였다. 다레이오스는 보스포로스도 살펴본 후 그곳에 흰색 돌로 만든 석주(石柱)를 둘 세웠다. 그는 거기에 자신이 거느리고 온 모든 종족의 명단을 하나는 아시리에 문자로 다른 하나는 헬라스 문자로 새겨 넣게 했다. 그는 자신이 지배하는 모든 종족을 거느리고 왔던 것이다. 그들은 함대를 제외하고, 기병까지 합해 70만에 달했으며 선박도 600척이 소집되었다. 이 석주들은 후일 비잔티온인들이 자신들의 도시로 가져가서 오르토시에 아르테미스[41]의 제단을 위해 사용했는데 석주 하나는 쓰지 않고 빼놓았다. 아시리에 문자로 잔뜩 새겨진 이 석주는 비잔티온의 디오니소스 신전 옆에 남겨져 있었다. 내가 추측하여 판단하기로는, 다레이오스 왕이 보스포로스에서 다리를 놓은 곳은 비잔티온과 바다 입구에 있는 성소 사이의 중간 지점이다.

88   그 후 다레이오스는 부교가 마음에 들어 그것을 건설한 사모스인 만드로클레에스에게 온갖 선물을 풍족하게 하사했다. 만드로클레에스는 그 포상의 첫 결실을 가지고, 보스포로스의 다리를 놓는 전경(全景)과 왕좌에 앉아 있는 다레이오스 왕, 다리를 건너는 그의 군대가 묘사된 그림을 그리게 하여 헤레 신전에 봉헌했는데, 거기에 다음과 같은 글을 새기게 했다.

---

41 오르토시에(Orthosie)라는 별명의 아르테미스 여신. 특히 스파르타에서 많이 숭배되었는데, 그 별명의 의미는 정확하게 알 수 없다.

만드로클레에스는 물고기가 가득한 보스포로스에 다리를 놓고
그 부교를 기념하여 이것을 헤레께 바쳤도다.
그는 다레이오스 왕의 뜻에 따라 일을 완수하여,
자신에게는 영관(榮冠)을, 사모스인들에게는 명성을 안겨 주었도다.

그 다리를 놓은 자의 기념물은 이러한 것이었다. 한편 다레이오스 89
는 만드로클레에스에게 선물을 하사한 후 에우로페로 건너갔다. 그
전에 그는 이오네스인들에게 폰토스로 들어가 이스트로스 강까지 항
해하고 이스트로스 강에 다다르면 강에 다리를 놓으면서 거기서 자
신을 기다리라고 명령해 두었다. 함대는 이오네스인들과 아이올레스
인들, 헬레스폰토스인들이 이끌고 있었기 때문이다. 그래서 함대는
키아네아이를 통과하여 이스트로스 강 쪽으로 똑바로 항해했고, 바
다에서 강을 거슬러 이틀 동안 항해한 후 이스트로스 강 하구가 갈라
지는 강의 좁은 목에 다리를 놓았다. 한편 다레이오스는 부교로 보스
포로스를 건넌 후 트레이케를 통과하여 테아로스 강의 수원(水源)들
에 이르렀고 거기서 사흘 동안 주둔했다.

그 부근의 주민들에 따르면, 테아로스 강은 모든 강 중에서 다른 90
병에서도 치료 효험이 가장 뛰어나고 특히 인간이나 말의 옴 피부병
을 치료하는 데 최고라고 한다. 그 강이 수원들은 모두 38개고 전부
똑같은 바위에서 흘러나오는데, 그중 어떤 것들은 물이 차갑지만 또
어떤 것들은 뜨겁다. 그 수원들로 가는 길은 페린토스 부근의 헤라이
온 시에서 가는 길과 에욱세이노스 폰토스 연안의 아폴로니에에서
가는 길이 있는데, 모두 거리가 같으며 가는 데 둘 다 이틀이 걸린다.
이 테아로스 강은 콘타데스도스 강으로 흘러 나가고 콘타데스도스
강은 아그리아네스 강으로, 아그리아네스 강은 헤브로스 강으로, 헤
브로스 강은 아이노스 시 부근에서 바다로 흘러 나간다.

다레이오스가 이 강에 이르러 주둔했을 때 그 강이 마음에 들어 그 91
곳에도 석주 하나를 세웠는데, 거기에 다음과 같은 비문을 새기게 했

다. "테아로스 강의 수원들은 모든 강 중에서 가장 뛰어나고 훌륭한 물을 제공하도다. 그리고 모든 인간 중에서 가장 뛰어나고 훌륭한 존재이며 페르시스인들과 대륙 전체의 왕인, 히스타스페스의 아들 다레이오스가 스키티에 원정을 가는 중에 이 수원들에 이르렀도다." 그가 거기에 새긴 비문은 그러한 것이었다.

92   다레이오스는 그곳을 떠나 또 다른 강에 이르렀는데, 그 강은 아르테스코스라고 불리며 오드리사이인들의 땅을 통과해 흐른다. 그는 이 강에 도착하자 다음처럼 행했다. 즉 그의 군대에 한 장소를 지정해 주며 명하기를, 모두 그 지정된 장소를 지날 때 돌멩이 한 개를 그곳에 놓고 가라고 했다. 그의 군대가 이를 실행하자, 그는 그곳에 거대한 돌무더기를 남기고 계속 행군해 갔다.

93   이스트로스 강에 도달하기 전에 다레이오스가 가장 먼저 정복한 것은 자신들이 죽지 않는다고 믿는 게타이인들이었다. 살미데소스에 거주하는 트레이케인들 및, 아폴로니에와 메삼브리에 시 너머에 거주하는 자들 즉 키르미아나이인들[42]과 닙사이오이인들은 저항하지 않고 다레이오스에게 스스로 항복했던 것이다. 그러나 트레이케인 중 가장 용맹하고 가장 올곧은 자들인 게타이인들은 완강하게 대항하다가 곧바로 예속되고 말았다.

94   게타이인들은 다음과 같은 식으로 자신들의 불멸을 믿는다. 그들은 자신들이 사멸하는 것이 아니고 사람이 죽으면 살목시스 신에게 가는 것이라고 믿는다. 그들 중 일부는 이 신을 게벨레이지스라고 부른다. 그들은 4년마다 자신들 중에서 한 명을 추첨으로 뽑아 살목시스에게 사자로 보낸다. 그들은 그때마다 자신들이 필요로 하는 것을 그에게 일러 주고 다음과 같이 그를 떠나보낸다. 즉 그들 중 일부는 그 일을 맡기로 지정되어 창을 세 자루 들고 있고, 다른 사람들은 살

---

42 다른 텍스트에서는 키르미아나이(Kyrmianai)가 아니라 스키르미아다이 (Skyrmiadai)로 불리기도 한다.

목시스에게 보내는 자의 양팔과 양발을 잡고 그를 흔들어 창들 위로 떨어지도록 공중으로 들어 던진다. 이때 그가 창에 꿰찔려 죽으면 그들은 신이 그들에게 호의적이라고 생각한다. 그러나 그가 죽지 않으면 그를 악한 자라고 부르며 사자를 비난한다. 그렇게 그를 비난하고 나서 그들은 대신에 다른 사람을 보낸다. 그들은 그가 아직 살아 있을 때에 그들의 요구 사항을 그에게 일러 준다. 이들 트레이케인은 천둥과 번개가 발생하면 하늘을 향해 활을 위로 쏘면서 신을 위협한다. 그들은 자신들의 신 이외의 다른 신은 존재하지 않는다고 믿는 것이다.

내가 헬레스폰토스와 폰토스에 거주하는 헬라스인들에게서 들은 95 바로는, 이 살목시스가 인간이었고 사모스에서 노예 생활을 했는데 므네사르코스의 아들 피타고레스의 노예였다고 한다. 그 후 그는 자유민이 되어 많은 재산을 모았고 그처럼 재산을 모은 후에 고국으로 돌아갔다고 한다. 이때 트레이케인들은 열악한 생활을 하고 아주 우매한 자들이었는데, 이 살목시스는 트레이케인들 것보다 더 깊이 있는 이오네스인들의 생활 방식과 관습을 알게 되었다고 한다. 그가 헬라스인들과 어울리고 특히 헬라스인 중에서도 누구 못지않은 현자(賢者)인 피타고레스와 함께 지냈기 때문이다. 그리하여 그는 연회장을 지어 최상류층 시민들을 환대하고 연회를 베풀었다고 한다. 그러면서 그는 그 자신이나 그의 연회 친구들, 혹은 그들의 모든 후손이 사멸하지 않고, 온갖 행복을 누리며 영원히 살아 있을 곳으로 가게 될 거라고 가르쳤다 한다. 그는 내가 방금 말한 일들을 행하고 그런 가르침을 설파하는 동안 지하에 방을 하나 만들었다. 방이 다 완성되자, 그는 트레이케인들에게서 사라졌다. 그는 지하 방으로 내려가 거기서 3년을 지냈다. 트레이케인들은 그를 그리워했고 그가 죽은 것처럼 애도했다. 그런데 4년째 해에 그가 트레이케인들에게 나타났다. 그래서 그들은 살목시스가 말한 것을 믿게 되었다. 이상은 헬라스인들이 그의 행적에 대해 말한 것이다.

96   나는 살목시스와 그의 지하 방에 관한 이야기를 불신하지도 않거니와 또 크게 신뢰하지도 않는다. 그러나 나는 이 살목시스가 피타고레스보다 여러 해 전에 살았다고 생각한다. 살목시스라는 인간이 존재했든 아니면 그가 게타이인들의 고유 신이든 간에, 그에 관한 이야기는 그만하겠다.

97   게타이인들이 사는 방식은 그러했다. 그들은 페르시스인들에게 정복당한 후 다레이오스의 군대를 따라 행군했다. 한편 다레이오스와 그를 따라간 육군이 이스트로스 강에 이르러 모두가 강을 건너자, 다레이오스는 이오네스인들에게 부교를 해체하고 함대 병력과 함께 육로로 자신을 따라오라고 명했다. 그래서 이오네스인들이 그것을 해체하고 명령받은 바를 이행하려 했을 때 미틸레네인들의 장군인, 에륵산드로스의 아들 코에스가 다레이오스에게 의견을 말하고 싶어 하는 자의 조언을 흔쾌히 받아들이겠느냐고 먼저 물은 뒤에, 다음처럼 말했다. "전하, 이제 전하께서는 경작지도 사람이 거주하는 도시도 보지 못할 그런 곳으로 원정을 나가려 하십니다. 그러니 이 부교를 여기 그대로 두시고 다리를 놓은 자들을 남겨서 이것을 지키게 하시옵소서. 그러면 우리가 스키티에인들을 찾아내어 소원대로 성취할 경우에는 우리의 귀로를 확보하는 것이고, 또 설사 우리가 그들을 찾아내지 못한다 해도 적어도 우리의 귀로는 안전합니다. 저는 우리가 스키티에인들에게 전쟁에서 패하지 않을까 우려하는 것이 아니고 우리가 그들을 찾지 못하고 이리저리 헤매다 곤경에 처하지 않을까 우려하기 때문입니다. 제가 이렇게 말씀 드리면 어떤 자는 제가 여기에 남으려고 저 때문에 그런다고 말할지도 모르겠습니다. 하지만 전하, 저는 이 의견이 전하께 최선의 것이라고 생각하여 이렇게 모두 앞에서 말씀 드리는 것입니다. 또 저 자신은 전하를 따라갈 것이며 여기에 남지 않겠습니다." 다레이오스는 그 의견에 크게 기뻐했으며, 그에게 대답했다. "레스보스인 친구여, 내가 그대의 유익한 조언에 유용한 보답을 내리고자 하니, 내가 무사히 귀국하게 되면 나를 꼭 찾

아오시게."

다레이오스는 이렇게 말하고 가죽끈에 60개 매듭을 묶은 다음, 이 98
오네스인들의 참주들을 그 앞에 불러들여 이렇게 말했다. "이오네스
인들이여, 내가 다리에 대해 내린 이전의 지시는 철회하겠소. 그대들
은 이 가죽끈을 가지고 다음과 같이 행하시오. 그대들은 내가 스키티
에인들에게 진군해 가는 것을 보는 즉시 그때부터 시작해서 날마다
하나씩 매듭을 풀도록 하시오. 만일 내가 기간 내에 오지 못하고 그
대들에게 매듭의 날수가 다 지나면, 배를 타고 그대들의 나라로 떠나
시오. 그러나 그전까지는, 나의 방침이 이렇게 변했으니, 진력을 다해
부교를 안전하게 보호하고 잘 지키도록 하시오. 그대들이 그렇게 해
준다면 내 마음이 대단히 기쁠 것이오." 다레이오스는 이렇게 말하고
서둘러 진군해 나아갔다.

트레이케 땅은 스키티에 땅보다 바다 쪽으로 더 나와 있다. 트레이 99
케가 만을 이루는 곳에서 스키티에가 시작되고, 하구가 동쪽으로 향
해 있는 이스트로스 강도 그곳에서 바다로 흘러 나간다. 이제 나는
이스트로스 강에서 시작해서 이 스키티에 지역의 해안 지대 규모를
묘사하고자 한다. 스키티에 고토(故土)는 이스트로스 강에서 시작하
는데 남쪽을 향해 카르키니티스라고 불리는 도시까지 뻗어 있다. 이
도시 이후의 지역은 같은 바다에 면해 있는데, 산악 지대이고 폰토스
까지 쑥 나와 있다. 그곳에는 타우로이 종족이 험준한 반도[43]라 불리
는 곳에 이르기까지 거주하고 있다. 이 반도는 동쪽의 바다[44]에까지
뻗쳐 있다. 스키티에 경계 중 두 면은 바다와 접해 있는데, 마치 아티
케 지역처럼 하나는 남쪽 면의 바다고 또 하나는 동쪽 면의 바다다.
타우로이인들은 스키티에의 이 지역에 살고 있다. 이는 마치 아티케

---

43 '험준한 반도'는 그리스어 '케르소네소스 헤 트라케이아'(chersonesos he
tracheia)를 번역한 말이다.

44 마이에티스(Maietis) 호수, 즉 오늘날의 아조프 해.

내에서 아테나이인이 아닌 다른 종족이 토리코스부터 아나플리스토스 구(區)에 이르는 수니온 곳—이렇게 비교한다면 수니온 곳이 [육지 끝을]⁴⁵ 바다 쪽으로 더 나와 있어야 할 것이지만—에 살고 있는 것과 마찬가지다. 물론 내 말은 작은 것을 큰 것에 비교하자면 그렇다는 것이다. 타우리케 땅은 이와 같은 곳이다. 그런데 아티케의 이 구역을 따라 항해한 적이 없는 자들이 있을 것이니 내가 다른 식으로 설명해 보겠다. 즉 그것은 가정하자면 마치 이에피기에 내에서 이에피기에인이 아닌 다른 종족이 브렌테시온 항에서 타라스에 이르는 구역⁴⁶에 국한되어 곶 지대에 살고 있는 것과 마찬가지다. 나는 이외에도 타우리케와 유사한 지역을 여럿 말할 수 있지만 여기서는 이 두 지역만 언급한다.

100   타우리케 다음에는 스키티에인들이 타우로이인들의 위쪽 지역과 동쪽의 바다 주변에서 살고 있는데, 킴메리에의 보스포로스와 마이에티스 호수 서쪽 지역에서 타나이스 강에 이르기까지 거주한다. 타나이스 강은 이 호수의 한쪽 구석으로 흘러 나간다. 스키티에는 이스트로스 강을 기점으로 위쪽의 내륙 방면으로 들어가자면 처음에는 아가티르소이인들, 다음에는 네우리스인들, 그다음에는 안드로파고이인들, 그리고 마지막으로 멜랑클라이노이인들과 접경해 있다.

101   그래서 스키티에는 사각형 모양으로 되어 있는데, 그중 두 면은 바다와 접해 있고 내륙 쪽의 경계 길이와 해안 쪽의 경계 길이가 아주 똑같다. 이스트로스 강에서 보리스테네스 강까지는 10일 걸리는 거

---

45 슈타인은 '육지 끝을'이라는 문구가 문맥상 적절하지 않다고 보아 [ ] 표시를 했다. 이 문장에서 목적어가 필요치 않다고 여겨 그 문구를 배제한 것이다.

46 브렌테시온(Brentesion)은 오늘날의 이탈리아 브린디시(Brindisi, 라틴명 브린디시움)를 말하고, 타라스는 오늘날의 이탈리아 타란토를 말한다. 브렌테시온에서 타라스에 이르는 해안 구역은 이탈리아 반도의 남동부에 있으며, 장화처럼 생긴 이탈리아 반도의 장화 굽에 해당하는 곶 지대다.

리고 보리스테네스 강에서 마이에티스 호수까지도 10일이 걸리기 때문이다. 또 바다에서 내륙의 스키티에인들 위쪽에 사는 멜랑클라이노이인들까지는 20일 걸리는 거리다. 나는 1일 걸리는 거리를 200스타디온으로 산정한다. 그러면 스키티에의 가로 길이는 4,000스타디온이 되고 해안에서 내륙으로 곧게 뻗은 세로 거리도 그와 동일한 스타디온일 것이다. 이 땅의 크기는 그런 정도다.

스키티에인들은 그들 혼자만으로는 다레이오스의 군대와 당당히 102 맞붙어 물리칠 수 없다고 생각하여, 그들 이웃 지역들에 사절들을 보냈다. 그곳의 왕들은, 대군이 진격해 온다는 것을 알고, 이미 함께 모여 의논을 하고 있었다. 이때 함께 모인 왕들은 타우로이인과 아가티르소이인, 네우리스인, 안드로파고이인, 멜랑클라이노이인, 겔로노스인, 부디노이인, 사우로마타이인의 왕들이었다.

이들 중 타우로이인들에게는 다음과 같은 관습이 있다. 그들은 난 103 파선의 조난자들과 자신들이 약탈하여 붙잡은 헬라스인들을 처녀신[47]에게 제물로 바친다. 이들을 제물로 바치는 방식은 이렇다. 즉 타우로이인들은 제식 행사를 시작한 다음 제물의 머리를 곤봉으로 강타한다. 어떤 자들은 말하기를, 그들이 제물의 몸뚱이는 절벽에서 아래로 밀어뜨리고—절벽 위에 그 신의 성소가 세워져 있기 때문이다 머리는 말뚝에 메달아 둔다고 한다. 그러니 또 어떤 자들은 제물의 머리에 대해서는 똑같이 말하지만 몸뚱이는 절벽에서 밀어뜨리지 않고 땅에 매장한다고 말한다. 타우로이인들 자신의 말에 따르면, 그들이 제물을 바치는 이 여신은 아가멤논의 딸 이피게네이아라고 한다. 그들은 또 생포한 적들을 다음처럼 처리한다. 그들은 각자 적의 머리를 베어 집으로 가져가 긴 장대 위에 꿰어 집 위쪽에, 대개는 굴뚝 위에, 높이 솟게 세워 놓는다. 그들은 이 머리들이 집 전체를 지

---

47 그곳의 지역신인데, 흔히 그리스의 아르테미스 여신과 동일시된다.

키는 파수꾼으로서 내걸린 것이라고 말한다. 이 타우로이인들은 약탈과 전쟁을 기반으로 살아간다.

104 아가티르소이인들은 그중에서 가장 사치스러운 자들이며 가장 성대하게 금장식을 달고 다닌다. 그들은 아내들을 공유하여 다른 사람들의 아내들과도 동침하는데, 이는 그들이 서로 형제가 되고 모두 친척이 되어 서로에게 시기하거나 증오하지 않게 하려는 것이다. 그러나 그 밖의 다른 관습에서는 트레이케인들과 비슷하다.

105 네우리스인들은 스키티에인들의 관습을 따른다. 그런데 다레이오스의 원정이 있기 한 세대 전에 그들이 뱀들 때문에 온 국토를 버리고 떠난 일이 있었다. 그들의 땅에서 수많은 뱀들이 출몰한 데다 더욱이 그들의 위쪽 황량한 지대들로부터 더 많은 뱀들이 밀어닥쳤기 때문에, 곤경에 처한 그들이 결국 자신들의 땅을 떠나 부디노이인들과 함께 거주했던 것이다. 아마도 이 사람들은 마법사들일지도 모른다. 스키티에인들과 스키티에에 거주하는 헬라스인들이 말하기를, 네우리스인들은 누구나 매년 한 번씩 며칠 동안 이리가 되었다가 다시 제 모습으로 되돌아온다고 하기 때문이다. 나는 그들의 이런 말을 믿지 않지만, 그래도 그들은 그렇게 주장하고 자신들의 말이 틀림없다고 맹세도 한다.

106 안드로파고이인들은 모든 인간 중에서 습속이 가장 야만적인 자들이며, 정의에 대한 인식도 없고 법률도 전혀 따르지 않는다. 이들은 유목민이고 스키티에인들과 똑같은 의복을 착용하지만 자신들의 고유한 언어를 사용한다. 안드로파고이인들은 그들 중에서 유일하게 인육을 먹는다.

107 멜랑클라이노이인들은 모두 검은색 옷을 입는데, 그들의 이름도 여기서 유래했다. 그들은 스키티에인들의 관습을 따른다.

108 부디노이인들은 대규모 종족으로 인구가 많은데, 모두들 눈은 짙은 잿빛이고 머리털은 붉다. 그들에게는 나무로 지어진 도시가 있는데, 도시의 이름은 겔로노스다. 그 도시의 성벽은 각 면이 30스타디

온인데 매우 높고 모두 나무로 되어 있다. 또 그들의 집과 성소들 역시 나무로 되어 있다. 그곳에는 신상들과 제단들, 신전들—이것들은 모두 나무로 되어 있다—이 헬라스식으로 갖추어진, 헬라스 신들의 성소들이 있는 것이다. 그들은 디오니소스에게 3년마다 제전을 거행하고 광란의 잔치를 벌인다. 겔로노스인들은 옛날에 헬라스인들이었기 때문이다. 이들은 자신들의 무역지들을 떠나와 부디노이인들 속에서 함께 살게 되었던 것이다. 그들이 사용하는 언어도 일부는 스키티에어고 일부는 헬라스어다. 부디노이인들과 겔로노스인들은 쓰는 언어가 같지 않고, 생활 방식도 같지 않다.

부디노이인들은 토착 유목민이고 그 지역에서 유일하게 소나무 씨 109
를 먹지만,[48] 겔로노스인들은 농경민으로 곡식을 먹고 과수밭을 가꾸기 때문이다. 또 그들은 외양이나 피부색에서도 부디노이인들과 다르다. 헬라스인들은 부디노이인들에 대해서도 겔로노스인들이라고 부르는데, 그렇게 부르는 것은 잘못이다. 그들의 땅은 도처에 온갖 나무가 가득 우거져 있다. 그중 가장 광활한 숲에는 크고 넓은 호수가 있고, 호수 주변에는 늪지와 갈대들이 둘러 있다. 이 호수에서는 수달과 비버가 잡히고 그 밖에도 면상이 네모난 짐승들이 잡힌다. 이 짐승들의 가죽은 가죽외투의 테를 다는 데 사용되고, 고환은 자궁병 치료에 효과가 있다.

사우로마타이인들에 대해서는 다음과 같은 이야기가 전한다. 즉 110
헬라스인들이 아마조네스[49]—스키티에인들은 아마조네스를 오이오

---

48 여기서 '소나무 씨를 먹다'는 '프테이로트라게인'(phtheirotragein)을 번역한 말이다. 그런데 '프테이르'(phtheir)는 '소나무 씨' 외에 흡혈 기생충인 '이'를 가리키기도 하므로, '프테이로트라게인'은 '이를 먹다'로 번역되기도 한다.

49 그리스 신화에 나오는 전설적인 여인족. 아마조네스(Amazones)는 아마존(Amazon)의 복수형인데, 그들을 개별적으로 지칭하지 않는 한 대개는 복수형인 아마조네스로 불린다. 코카서스 산맥 부근에서 기원했고 주요 거주지

르파타라고 부르는데, 이 명칭은 헬라스어로 '남자 살해자들'을 뜻한다. 스키티에인들은 '남자'를 '오이오르'라 일컫고 '죽이다'를 '파타'라 일컫기 때문이다—와 전쟁을 한 적이 있는데, 그때 헬라스인들이 테르모돈 전투에서 승리를 거둔 후 생포할 수 있었던 모든 아마조네스를 배 세 척에 태우고 출항했다 한다. 그런데 아마조네스가 해상에서 남자들을 공격하여 모두 죽였다고 한다. 하지만 그 여인들은 배에 대해 전혀 알지 못했고 키나 돛, 노를 사용할 줄도 몰랐다고 한다. 그들은 남자들을 죽여 없앤 후 파도와 바람이 이끄는 대로 표류하다가 마이에티스 호수에 있는 크렘노이에 닿았다. 크렘노이는 자유 스키티에인들의 땅에 위치해 있다. 아마조네스는 그곳에서 하선하여 상륙한 후 사람들이 사는 지역으로 나아갔다. 그들은 도중에 맨 처음 마주친 말 떼를 탈취하여 그 말들을 타고 스키티에인들의 땅을 약탈했다.

111   스키티에인들은 그 일이 어찌된 것인지 이해할 수가 없었다. 스키티에인들은 그들의 말이나 복장, 종족에 대해 알지 못했고 그들이 어디에서 왔는지 의아스레 여겼다. 스키티에인들은 그들이 동년배 남자들이라고 생각하고 그들과 맞서 전투를 벌였다. 그런데 전투 후에 스키티에인들이 그녀들의 몇몇 시신을 수중에 넣었고 그제야 그들이 여자임을 알았다. 그들은 회의를 열고, 그녀들을 더는 죽이지 말고 자신들 가운데 가장 젊은 자들을 그녀들 수에 맞게 인원을 추산하여 그녀들에게 보내기로 결정했다. 또 이 젊은이들에게는 그녀들 가까이에 포진하고 그녀들이 하는 것을 똑같이 따라 하게 했다. 만일

는 테르모돈(Thermodon) 강 유역이었다고 한다. 그들은 호전적인 여성 전사들로 구성되고 여왕의 통치를 받았다고 한다. 인근의 남성족 가르가레이스(Gargareis)인들과 주기적으로 접촉하여 자식을 생산했는데, 그중 여자 아이만 데려와 양육하고 남자 아이는 가르가레이스인들에게 보내거나 죽였다고 한다.

그녀들이 그들을 쫓아오면 싸우지 말고 도망가도록 했다. 그리고 그
녀들이 추격을 그만두면 다시 가서 그녀들 가까이에 포진하게 했다.
스키티에인들은 그녀들에게서 자식을 보고 싶어서 그렇게 결정했다.
그리로 파견된 젊은이들은 지시받은 대로 행동했다.

아마조네스는 그들이 자신들에게 어떤 해를 입히러 온 것이 아님 112
을 알자 그들을 그냥 내버려 두었다. 두 진영은 날마다 점점 더 가까
이 접근했다. 그 젊은이들은 아마조네스처럼 무기와 말들 외에는 아
무것도 지니지 않았으며, 사냥하고 약탈하면서 그녀들과 똑같은 생
활을 영위했다.

아마조네스는 정오경에 다음과 같은 행동을 하곤 했다. 즉 그녀들 113
은 한 명이나 두 명씩 갈라져서, 용변을 보려고 서로 멀찌감치 흩어
지곤 했다. 스키티에인들은 이것을 알고 그녀들과 똑같이 행동했다.
그러다 한 젊은이가 혼자 떨어져 있는 그녀들 가운데 한 명에게 다
가갔는데, 그 아마존이 거부하지 않고 그가 바라는 대로 들어주었다.
그들이 서로 말을 이해하지 못했으므로 그녀가 그에게 말을 할 수는
없었지만 손짓을 통해 다음 날 똑같은 장소로 나오고 한 명을 더 데
려오라는 뜻을 전했다. 그녀는 둘이 되어야 한다고 표시를 하면서 자
신도 한 명을 더 데려오겠다고 전했다. 젊은이는 돌아가서 이를 다른
자들에게 알렸다. 그 자신은 다음 날 그곳으로 갔으며 다른 한 명도
함께 데려갔다. 거기서 그는 그 아마존과 또 한 명의 아마존이 기다
리고 있는 것을 보았다. 남은 젊은이들도 이것을 전해 듣고, 나머지
아마조네스를 유순하게 만들었다.

그 후 그들은 진영을 합해 함께 지냈으며 남자들은 각자 맨 처음 114
동침한 여자를 아내로 삼았다. 남자들은 여자들의 말을 배우지 못했
으나 여자들은 남자들의 말을 이해하게 되었다. 그들이 서로의 말을
이해하게 되자 남자들이 아마조네스에게 다음과 같이 말했다. "우리
에게는 부모도 계시고 재산도 있소. 그러니 이제는 더 이상 이렇게
살지 말고 우리의 대다수 사람들에게로 돌아가서 그들과 함께 삽시

다. 우리는 당신들을 아내로 삼을 것이며 다른 어떤 여자도 아내로 삼지 않겠소." 그러자 여자들이 이에 대해 대답했다. "우리는 당신들의 여자들과 함께 살 수 없어요. 우리와 그녀들의 관습이 서로 같지 않으니까요. 우리는 활을 쏘고 창을 던지고 말을 타지만 여자들의 일에 대해서는 배우지 않았어요. 반면 당신들의 여자들은 우리가 앞서 말한 일들은 하나도 하지 못해요. 그들은 수레 안에 머물면서 여자들의 일을 할 뿐이며, 사냥하러 나가지도 않고 다른 어느 곳에도 가지 않아요. 그래서 우리는 그녀들과 사이좋게 지낼 수 없어요. 당신들이 우리를 아내로 삼기를 원하고 또 공정한 자들로 여겨지기를 바란다면, 당신들의 부모에게 가서 당신들의 재산 몫을 받은 다음 이리로 와서 우리끼리 살도록 해요." 이에 젊은이들은 수긍하고 그렇게 했다.

115   그들이 자신들에게 배당된 재산 몫을 받아 아마조네스에게 돌아왔을 때, 그녀들은 그들에게 다음처럼 말했다. "우리가 이곳에서 살아가야 한다는 게 두렵고 걱정돼요. 우리가 당신들을 부모에게서 떼어놓았고 또 당신들의 땅에 큰 피해를 입혔으니까요. 하지만 당신들이 우리를 아내로 삼는 것이 좋다고 생각하니, 우리랑 같이 이렇게 합시다. 자, 함께 이 땅을 떠나 타나이스 강을 건너가서 삽시다."

116   젊은이들은 이것도 수긍하고, 타나이스 강을 건너가 타나이스 강에서 해 뜨는 방향으로 3일 거리를 걸어갔으며 또 마이에티스 호수에서 북쪽을 향해 3일 거리를 더 나아갔다. 그리하여 그들은 지금 살고 있는 이 지역에 도착하여 정착했다. 그 후로 사우로마타이 여자들은 자신들의 옛날 생활 방식에 따라 살고 있다. 그들은 남자들과 함께 혹은 남자들 없이도 말을 타고 사냥하러 나가며, 전쟁에도 나가고 남자들과 똑같은 옷을 착용한다.

117   사우로마타이인들은 스키티에 말을 사용하지만, 당시 아마조네스가 그 말을 제대로 배우지 못해서, 스키티에 말을 예로부터의 어법에 맞지 않게 사용한다. 혼인에 관한 그들의 관습은 다음과 같다. 즉 어떤 처녀도 그들의 적군 남자 한 명을 죽이기 전에는 혼인을 하지 못

한다. 그래서 그들 중에는 그 규정을 이행하지 못해 혼인도 못한 채 늙어 죽는 여자들도 있다.

앞서 언급[50]된 종족들의 왕들이 함께 모여 있을 때 스키티에인의 118 사절들이 도착했다. 사절들은 그들에게 페르시스 왕이 이미 다른 대륙을 전부 정복한 후 보스포로스 해협에 다리를 놓아 이쪽 대륙으로 건너왔으며, 이쪽으로 건너와서는 트레이케인들을 정복한 뒤 지금 이스트로스 강에 다리를 놓아 이 지역도 모두 자신의 지배에 두려한다고 알려 주며 이렇게 말했다. "그러니 여러분은 중간에 서서 우리가 망하는 것을 결코 방관하지 말고, 우리와 공동으로 계획을 세워 침입자들에게 대항합시다. 그리해 보지 않겠습니까? 우리는 그들에게 내몰려 우리 땅을 버리고 떠나거나 혹은 남아서 그들과 협약을 맺을 수밖에 없습니다. 여러분이 도와주지 않겠다면 우리가 달리 무얼 하겠습니까? 또 그렇다고 여러분의 사정이 더 나아지지도 않을 겁니다. 페르시스 왕은 우리들과 마찬가지로 여러분도 공격하러 온 것이며, 그가 우리들을 정복한 다음 그걸로 만족하고 여러분을 그냥 놔두지는 않을 테니까요. 우리는 여러분에게 이 말에 대한 확고한 증거를 댈 수 있습니다. 만약 페르시스 왕이 전에 우리에게 예속당한 것을 설욕하려고 우리만을 정벌하러 온 것이라면 마땅히 다른 자들은 모두 그냥 놔두고 우리에게 비로 진군해 있어야 하는 겁니다. 그로써 그가 스키티에인들을 공격할 뿐이고 다른 자들은 공격하지 않는다는 것을 모두에게 보여 줄 수 있었겠지요. 하지만 지금 그는 이쪽 대륙으로 건너오자마자, 도중에 있는 모든 사람들을 복속시키고 있습니다. 그는 다른 트레이케인들뿐 아니라 특히 우리의 이웃인 게타이인들도 자신의 휘하에 복속시킨 것입니다."

스키티에인들이 이렇게 말하자, 그곳에 온 여러 종족의 왕들이 그 119

---

50 제4권 제102장 참조.

에 대해 협의했는데 의견이 갈렸다. 겔로노스인과 부디노이인, 사우로마타이인의 왕들은 의견이 일치하여 스키티에인들을 돕기로 약속했지만, 아가티르소이인과 네우리스인, 안드로파고이인, 멜랑클라이노이인, 타우로이인의 왕들은 스키티에인들에게 다음처럼 대답했다. "만약 그대들이 먼저 페르시스인들에게 해악을 저질러 전쟁을 시작하지 않았더라면, 우리는 지금 그대들이 말하는 요구 사항을 옳다고 여기고 그에 수긍하여 당신들과 행동을 같이했을 것이오. 하지만 그대들은 우리와 상관없이 저들의 땅에 침입하여 신이 그대들에게 부여한 기간만큼 페르시스인들을 지배했소. 그리고 이제는 저들이 같은 신의 명을 받아 그대들에게 똑같이 되갚는 것이오. 우리는 그때 이들에게 해악을 저지른 적이 없으며 지금도 우리가 먼저 해를 입히지는 않겠소. 그러나 페르시스 왕이 우리 땅에 와서 해를 입히기 시작한다면, 우리도 그대로 있지 않을 겁니다. 하지만 우리가 그런 일을 목도하기 전에는 우리 땅에 그대로 머물러 있겠소. 우리는 페르시스인들이 우리가 아니라 해악을 저지른 장본인들을 공격하러 온 것으로 생각하기 때문이오."

120   스키티에인들은 이런 대답을 듣자, 이 동맹국들이 자신들에게 합류하지 않을 것이니 공공연히 정면 대결은 벌이지 않기로 결의했다. 그들은 후퇴하기로 했으며 또 물러나는 도중에 지나는 우물과 샘들을 다 흙으로 메우고 땅의 풀들도 완전히 제거하기로 결의했다. 그러면서 자신들의 군대를 둘로 나누었다. 그중 스코파시스가 통솔하는 부대에는 사우로마타이인들을 합류시키기로 했다. 이 부대는 페르시스 왕이 그쪽으로 진군할 경우에는 마이에티스 호수를 따라 곧장 타나이스 강 쪽으로 물러나고 그가 다른 곳으로 가면 그를 따라가 공격하기로 했다. 이것이 그들 왕국의 한 부대였고 그 부대에는 앞서 언급한 길이 지정되었다. 반면 왕국의 두 부대, 즉 이단티르소스가 통솔하는 대규모 부대와 탁사키스가 지휘하는 세 번째 부대는 하나로 합쳐지고 거기에 겔로노스인과 부디노이인이 합류했다. 이들 부대는

페르시스인들보다 하루 거리만큼씩 앞서서 후퇴하고, 후퇴하면서는 사전에 기획된 계획을 수행하기로 했다. 먼저 스키티에인들은 자신들과의 동맹을 거부한 나라들 쪽으로 곧장 후퇴했는데, 이는 그들을 전쟁에 동참시키기 위해서였다. 그들이 페르시스인들과의 전쟁에 자발적으로 참여하지 않는다면 본의 아니게나마 전쟁에 동참하도록 하겠다는 것이다. 그런 연후에 스키티에인들은 자기들 나라로 돌아가서, 협의를 거쳐 좋다고 생각되면, 적을 공격하기로 했다.

스키티에인들은 이렇게 계획을 세워 놓고 다레이오스 군대와 맞섰 121 는데, 가장 뛰어난 기병들을 선발대로 파견했다. 그들은 미리 그들의 자식들과 여자들이 기거하는 모든 수레들과, 그들의 양식으로 충분할 만큼을 남기고는, 나머지 모든 가축 떼를 수레에 딸려 보내며 계속 북쪽으로 이동하라고 일러 놓았다.

그리하여 그것들이 먼저 이동했다. 한편 스키티에 선발대는 페르 122 시스인들이 이스트로스 강에서 3일 걸리는 거리만큼 나와 있는 것을 발견했으며, 그들을 발견하자 하루 걸리는 거리만큼씩 그들보다 앞서 진을 치고 땅에서 자라는 모든 초목들을 제거했다. 페르시스인들은 스키티에 기병들이 나타난 것을 발견하고, 계속 후퇴하는 그들을 추적하여 전진했다. 그 후 페르시스인들은 스키티에 부대 중의 하나를 향해 곧장 돌격하여, 동쪽을 향해 바로 타나이스 강 쪽으로 추격했다. 이들 스키티에 부대가 타나이스 강을 건너자 페르시스인들도 강을 건너 추격하여, 마침내 사우로마타이인들 땅을 지나 부디노이인들 땅에 도달했다.

페르시스인들이 스키티에 땅과 사우로마티스 땅을 통과하는 동안 123 에는 땅이 온통 메말라 있어 아무런 해를 입힐 수 없었다. 그러나 부디노이인들 땅에 들어갔을 때 그들은 거기서 웬 목조 성채와 마주쳤다. 이미 부디노이인들은 그곳을 버리고 떠났으며 성채 안에는 아무 것도 없어서, 그것을 불태워 버렸다. 그런 후 그들은 스키티에인들을 따라 계속 추적하여 전진했고 마침내 그 땅을 통과하여 황무지에 다

다르게 되었다. 이 황무지는 인간이 전혀 살지 않는 곳인데, 부디노이인들의 땅 위쪽에 있고 지나는 데 7일 걸릴 만큼 넓다. 이 황무지 위쪽에는 티사게타이인들이 사는데, 이들의 땅에서 4개 강이 흘러 나와 마이에티스인들의 땅을 통해 마이에티스라고 불리는 호수로 흘러 나간다. 그 강들에는 다음과 같은 이름들이 붙어 있는데, 즉 리코스, 오아로스, 타나이스, 시르기스가 그것들이다.

124   다레이오스는 황무지에 이르자 행군을 멈추고 오아로스 강 변에 군대를 주둔시켰다. 그런 후 그는 거대한 요새 8개를 서로 간에 약 60스타디온 간격만큼씩 떨어지게 하여 건설했다. 그것들의 잔해는 나의 시대에도 아직 남아 있다. 그가 이 일에 매달려 있는 동안, 쫓기던 스키티에인들은 위쪽으로 우회하여 스키티에로 돌아갔다. 그들이 완전히 사라지고 더는 눈에 띄지 않자, 다레이오스는 절반쯤 지은 요새들을 그대로 두고 서쪽으로 선회하여 진군했다. 그는 그들이 스키티에의 전군(全軍)이며 서쪽으로 도망쳐 갔다고 여긴 것이다.

125   다레이오스가 되도록 빨리 군대를 진군시켜 스키티에에 이르렀을 때, 그는 두 스키티에인 부대와 마주쳤고 이에 그들을 추격했다. 그러나 그들은 하루 걸리는 거리만큼씩 그보다 앞서 나갔다. 다레이오스가 추격을 멈추지 않자 스키티에인들은 계획에 따라 자신들과의 동맹을 거부한 자들의 땅으로 후퇴했는데 가장 먼저 멜랑클라이노이인들 땅으로 갔다. 스키티에인들과 페르시스인들은 그곳에 침입하여 멜랑클라이노이인들을 큰 혼란에 빠뜨렸다. 그 후 스키티에인들은 안드로파고이인들 땅으로 페르시스인들을 끌어들였다. 이들도 큰 혼란에 빠지자 그들은 이제 네우리스로 물러났다. 이들 역시 혼란에 빠지자, 스키티에인들은 아가티르소이인들에게로 향했다. 그러나 아가티르소이인들은 자기네 이웃 주민들이 스키티에인들 때문에 큰 혼란에 빠져 도망가는 것을 보자, 스키티에인들이 자신들에게 침입해 오기 전에 사절을 보내 스키티에인들더러 자신들의 국경 안으로 들어오지 말도록 금했으며, 만약 그들이 침입을 시도하면 자신들과 먼저

전쟁을 해야 할 것이라고 고지했다. 아가티르소이인들은 이렇게 고지한 후, 침입자들을 저지할 생각에서 자신들의 국경으로 진군했다. 반면 멜랑클라이노이인과 안드로파고이인, 네우리스인은 페르시스인과 스키티에인이 동시에 자신들의 땅에 침입했을 때 아무 저항도 하지 못했고 자신들이 예전에 했던 위협도 잊은 채 혼비백산하여 계속해서 북쪽의 황무지로 도주해 버렸다. 스키티에인들은 아가티르소이인들이 그들의 접근을 금지하자 더는 다가가지 않았으며 페르시스인들을 네우리스 땅에서 그들 자신의 땅으로 데려갔다.

이런 일이 오랫동안 계속되고 멈추지를 않자, 다레이오스는 스키티에 왕 이단티르소스에게 기병을 한 명 보내 이렇게 말했다. "이상 한 사람이구려. 그대는 다음의 둘 중 하나를 행할 수 있는데도 어찌하여 계속 도망만 다니는 것이오? 만일 그대 자신이 나의 세력과 맞설 만하다고 생각한다면 돌아다니지 말고 멈춰 서서 대적해 싸우시오. 하지만 그대가 나보다 약하다고 인정한다면 역시 이렇게 떠도는 것을 멈추고 그대의 주인에게 흙과 물[51]을 선물로 갖다 바치며 협상하도록 하시오." 126

이에 대해 스키티에 왕 이단티르소스는 이렇게 대답했다. "페르시스인이여, 내 상황은 이렇다오. 나는 이제껏 어떤 인간을 두려워해 도망가 본 적이 없으며 지금도 그대를 피해 도망 다니는 것이 아니요. 내가 지금 하고 있는 일은 내가 평화 시에 늘 해 오던 것과 별반 다르지 않소. 내가 왜 그대와 바로 싸움을 하지 않는지 그 이유도 말해 주겠소. 우리에게는 혹시 점령되거나 약탈당하지 않을까 걱정되어 그 때문에 서둘러 그대들과 싸움을 벌여야 할 그런 도시도 없고 경작지도 없소. 그러나 그대들이 어떻게든 빨리 우리와 싸움을 해야 한다면 마침 우리에게 조상들의 무덤들이 있소. 자, 그것들을 한번 127

---

51 '흙과 물'을 바치는 것은 항복 의사를 나타낸다. 즉 자신의 모든 자원을 바치고 복종하겠다는 뜻을 상징적으로 표현한 것이다.

찾아내 파괴해 보시오. 그러면 그대들은 우리가 그 무덤들 때문에 당신들과 전쟁을 할지 안 할지를 알게 될 것이오. 그러기 전에는, 우리에게 합당한 이유가 생기지 않는 한, 그대와 싸우지 않을 것이오. 싸움에 대해서는 이 정도로 이야기하겠소. 하지만 내가 나의 주인으로 여기는 것은 나의 조상인 제우스와 스키티에인들의 여왕인 히스티에뿐이오. 나는 그대에게 흙과 물의 선물 대신에 마땅히 그대에게 가야할 그런 선물을 보내겠소. 그대는 그대가 나의 주인이라고 주장한 데 대해 통한의 아픔을 겪게 될 것이오." [이것이 스키티에인들에게서 받은 대답이다.][52]

128   페르시스 사절은 이를 다레이오스에게 전하기 위해 떠났다. 그러나 스키티에인의 왕들은 예속이라는 말을 들었을 때 분노가 충천했다. 그래서 그들은 사우로마타이인들과 함께 편성된, 스코파시스 휘하의 부대를 이오네스인들에게 보내 이들과 협상을 하도록 지시했다. 그 이오네스인들은 이스트로스 강에 놓인 다리를 지키고 있던 자들이었다. 뒤에 남은 스키티에인들은 더는 페르시스인들을 이리저리 헤매도록 하지 않고 그들이 식량 수집에 나설 때마다 공격하기로 결정했다. 스키티에인들은 다레이오스 병사들이 식량 수집에 나서는 것을 지켜보고 자신들의 계획대로 수행했다. 스키티에 기병들이 계속해서 페르시스 기병들을 패주시켰고 페르시스 기병들은 자기편 보병에게로 피신해 달아났는데, 보병들이 그들을 도와주곤 했다. 이에 스키티에인들은 페르시스 기병들을 몰아넣었다가 보병들이 두려워 되돌아오곤 했다. 스키티에인들은 밤에도 마찬가지로 이렇게 그들을 공격했다.

129   이제 나는 정말 놀라운 일을 하나 이야기하겠다. 즉 스키티에인들

---

52 슈타인은 이 대목이 헤로도토스의 원래 텍스트에 해당하지 않는다고 보아 [ ] 표시를 했다. 그러나 이 대목을 배제할 특별한 이유가 없다는 주장도 제기되고 있다.

이 다레이오스 군대를 공격할 때 페르시스인들에게는 도움이 되고 스키티에인들에게는 불리한 일이 있었으니, 그것은 나귀의 울음소리와 노새의 생김새였다. 내가 이미 앞서 밝혔듯이,[53] 스키티에 땅은 나귀와 노새를 생산하지 못하며 추위 때문에 스키티에 전역 어디에도 나귀와 노새는 한 마리도 없다. 그래서 나귀들이 소란하게 울면 스키티에인들의 말들이 혼란에 빠졌다. 스키티에인들이 페르시스인들을 공격하는 동안에 스키티에 말들이 나귀 울음소리를 들으면 흔히 당황하여 되돌아가거나 깜짝 놀라 양쪽 귀를 빳빳이 세우곤 했다. 그것은 그들이 전에 그러한 울음소리를 들어본 적도 그런 형상을 본 적도 없기 때문이다.

이것은 전쟁에서 페르시스인들에게 작으나마 도움이 되었다. 한 130 편 스키티에인들은 페르시스인들이 크게 동요하는 것을 보자, 그들을 스키티에에 더 오랫동안 머물게 하고 그럼으로써 온갖 물자의 부족으로 고통을 겪게 하려고 다음처럼 행동했다. 즉 그들은 자신들의 가축 떼 일부를 목자들과 함께 남겨 두고 자신들은 다른 곳으로 떠나곤 했다. 그러면 페르시스인들이 달려들어 가축들을 잡아갔고 그렇게 한 후 자신들의 성과에 의기양양해 하곤 했다.

이런 일이 빈번하게 일어나자 마침내 다레이오스는 곤경에 처하게 131 되었다. 스키티에인의 왕들은 이를 알아채고 사절을 보내 다레이오스에게 새, 쥐, 개구리 한 마리씩과 화살 다섯 개를 선물로 전달했다. 페르시스인들은 선물을 가져온 자에게 가져온 것들의 의미가 무엇인지 물었다. 그러나 그는 자신에게 내려진 지시는 단지 선물을 전달하고 되도록 빨리 떠나오라는 것뿐이라고 말했다. 그리고 말하기를, 페르시스인들이 지혜롭다면 그들 스스로 선물이 의미하는 바를 파악할 것이라고 했다.

---

53 제4권 제28장 참조.

132   페르시스인들은 이 말을 듣고 그에 대해 서로 협의했다. 다레이
오스의 견해는 스키티에인들이 자신에게 항복하고 그들의 흙과 물
을 바쳤다는 것이었다. 그는 다음과 같이 추측했는데, 즉 쥐는 땅에
서 태어나고 인간과 똑같은 곡물을 먹으며 개구리는 물속에서 살고
새는 말과 흡사하고 또 화살들은 스키티에인들이 군사력의 의미로
넘겨주었다는 것이다. 이것이 다레이오스가 제시한 견해였다. 그러
나 고브리에스의 견해는 이 견해와 대립하는 것이었다. 그는 마고스
를 살해한 7인 중의 한 명이었는데, 선물의 의미를 이렇게 추측했다.
"페르시스인들이여, 만약 그대들이 새가 되어 하늘로 날아가거나 쥐
가 되어 땅속으로 숨어들거나 개구리가 되어 호수 안으로 뛰어들지
않으면, 이 화살들을 맞고 쓰러져 집으로 돌아가지 못할 것이오."

133   페르시스인들은 그 선물에 대해 이렇게들 추측했다. 한편 이전에
마이에티스 호수를 따라 경계를 펼치도록 배치되었다가 이제 이스트
로스 강으로 가서 이오네스인들과 협상하라는 지시를 받은 스키티에
인들의 부대는 다리에 도착하여 이렇게 말했다. "이오네스인들이여,
우리는 그대들이 우리 말을 들어준다면 그대들에게 자유를 가져다주
러 왔소. 우리는 다레이오스가 그대들에게 60일 동안만 다리를 지키
고 그 기간 내에 그가 오지 못하면 그대들의 고국으로 떠나도록 지시
했다고 알고 있소. 그러니 이제 그대들이 다음과 같이 한다면 그에게
나 우리들에게나 비난받지 않을 것이오. 그대들은 지정된 날 동안만
여기에 머물고 그 이후에는 떠나도록 하시오." 이오네스인들이 그렇
게 하겠다고 약속하자, 그들은 전속력으로 돌아갔다.

134   선물을 다레이오스에게 보낸 후, 남아 있던 스키티에인들은 페르
시스인들과 전투를 벌이려고 보병과 기병을 배열해 대진했다. 그런
데 스키티에인들이 정렬해 있을 때 토끼 한 마리가 양 진영 사이로
뛰쳐나왔다. 그러자 스키티에인들이 제각기 토끼를 보고 뒤쫓았다.
스키티에인들이 소란을 피우고 소리를 지르자, 다레이오스는 적들의
소란이 웬일인지 물었다. 그는 그들이 토끼를 뒤쫓고 있다는 말을 들

고, 그가 늘 다른 일에 대해서도 이야기하곤 하는 측근들에게 말했다. "이 자들은 정말 우리를 몹시 깔보고 있소. 내가 보기에, 스키티에인들의 선물에 대한 고브리에스의 해석이 옳았던 것 같소. 이제 나자신도 그렇게 생각하므로, 지금 필요한 것은 어떻게 우리가 무사히돌아갈 수 있는가에 대한 훌륭한 계책이오." 이에 대해 고브리에스가말했다. "전하, 저는 이 자들이 정말 다루기 힘들다는 것을 이야기를들어 대략 알고 있었습니다만 여기 와서 그들이 우리를 조롱하는 것을 보니 이제 더 확실히 알게 되었습니다. 그래서 지금 제 생각으로는, 밤이 되면 즉시 우리가 늘 그랬듯 여느 때마냥 불을 피우고 가장허약한 병사들을 속여 궁지에 내버리고 나귀들을 모두 묶어 놓은 다음 이곳을 떠나는 것이 좋겠습니다. 스키티에인들이 이스트로스 강으로 곧장 진격하여 다리를 부수거나 혹은 이오네스인들이 우리의파멸을 초래할 어떤 결정을 내리기 전에 말입니다."

고브리에스는 이렇게 조언했다. 그 후 밤이 되자 다레이오스는 고 135
브리에스의 의견대로 따라했다. 그는 병사들 중 병약한 자들과 잃어도 가장 대수롭지 않은 자들을 그곳 진영에 남겨 두고 나귀들도 모두묶어서 남겨 놓았다. 그가 나귀들과 허약한 병사들을 남겨 놓은 것은다음의 이유 때문이었는데, 나귀들의 경우에는 그것들이 소리 내어올도록 히기 위헤서였디. 병시들은 그들의 허약함 때문에 남거진 것이었지만, 표면상으로는 다음과 같은 구실을 내걸었다. 즉 다레이오스가 건강한 병사들과 함께 스키티에인들을 공격하려고 하니 그동안에 그들이 남아 진영을 지키라는 것이었다. 다레이오스는 남겨진 자들에게 이렇게 일러두고 불을 피운 다음, 이스트로스 강을 향해 전속력으로 진군했다. 나귀들은 이처럼 대다수 군대가 그들을 버리고 떠나자 더욱더 큰 소리로 울어 댔다. 이에 스키티에인들은 나귀들의 울음소리를 듣고 페르시스인들이 그곳에 그대로 있다고 확신했다.

이튿날 동이 트자 남겨진 자들은 자신들이 다레이오스에게 배신당 136
했음을 알고, 스키티에인들에게 항복의 표시로 양손을 내밀며 자신

들의 상황을 설명했다. 스키티에인들은 이 말을 듣고 즉시 스키티에
인들의 두 부대와, 사우로마타이인과 부디노이인과 겔로노스인이 합
류한 한 부대를 하나로 규합하여 곧장 이스트로스 강 쪽으로 페르시
스인들을 추격했다. 페르시스군은 대부분 보병이었고 나 있는 길들
이 없어 길을 잘 몰랐지만 스키티에인들은 기병이었고 지름길도 잘
알고 있던 터라, 양측이 서로 엇갈린 채, 스키티에인들이 페르시스인
들보다 훨씬 먼저 다리에 도달했다. 스키티에인들은 페르시스인들이
아직 도착하지 않았음을 알고, 배에 타고 있는 이오네스인들에게 이
렇게 말했다. "이오네스인들이여, 그대들의 날들이 지정된 날 수를
이미 지났는데도 아직 이곳에 남아 잘못을 행하고 있소. 그대들이 전
에는 두려움 때문에 여기에 머물렀지만, 이제는 되도록 빨리 다리를
파괴한 다음 여기를 떠나시오. 자유민으로서 기쁨을 누리고 신들과
스키티에인들에게 감사하며 말이오. 우리는 전에 그대들의 주인이었
던 자가 다시는 다른 사람들을 공격하지 못하도록 만들어 놓겠소."

137   그에 대해 이오네스인들이 협의를 벌였다. 헬레스폰토스에 있는
케르소네소스의 장군이자 참주인 아테나이인 밀티아데스의 의견은
스키티에인들의 말을 따르고 이오니에를 해방하자는 것이었다. 그러
나 밀레토스의 히스티아이오스의 의견은 그와 반대되는 것이었다.
그는 그들 모두가 지금 다레이오스 덕분에 자신들의 국가에서 참주
노릇을 하고 있다고 말했다. 그래서 만약 다레이오스의 권력이 붕괴
되면 그 자신도 밀레토스인들을 지배하지 못할 것이고 그들 중 다른
어느 누구도 자신의 국가를 지배하지 못할 것이라고 말했다. 그 국가
들이 모두 참주정치보다는 민주정치를 더 원하기 때문이라는 것이었
다. 히스티아이오스가 이런 의견을 발표하자, 그전에 밀티아데스의
의견을 지지했던 자들이 모두 곧장 히스티아이오스의 의견으로 돌아
섰다.

138   이때 투표를 한 자들은 다레이오스 왕에게 중시되던 자들이었다.
그중에는 헬레스폰토스의 참주들인 아비도스의 다프니스, 람프사코

스의 히포클로스, 파리온의 헤로판토스, 프로콘네소스의 메트로도로스, 키지코스의 아리스타고레스, 비잔티온의 아리스톤이 있었다. 이들은 헬레스폰토스에서 왔다. 이오니에에서 온 자들은 키오스의 스트라티스, 사모스의 아이아케스, 포카이아의 라오다마스, 그리고 밀티아데스와 반대되는 의견을 냈던 밀레토스의 히스티아이오스였다. 한편 아이올레스인 중에서 이 회의에 참석한 유명 인사는 키메의 아리스타고레스뿐이었다.

그리하여 이들은 히스티아이오스의 의견을 채택한 후, 그에 덧붙여 다음과 같이 행동하고 말하기로 결정했다. 즉 그들은 스키티에인들 쪽 다리 구간을 화살이 미치는 거리만큼만 해체하기로 했는데, 이는 그들이 아무것도 하지 않으면서 무언가 하는 것처럼 보이기 위해서였고 또 스키티에인들이 우격다짐으로 그 다리를 통해 이스트로스 강을 건너고자 하는 것을 막기 위해서였다. 또한 그들은 스키티에 쪽 다리를 해체하면서 스키티에인들에게 자신들은 스키티에인들이 기뻐하는 일은 다 하겠다고 말하기로 했다. 그들은 히스티아이오스의 의견에 덧붙여 그렇게 하기로 했던 것이다. 그 후 그들 모두 가운데 히스티아이오스가 나서서 이렇게 답했다. "스키티에인들이여, 그대들은 우리에게 유익한 조언을 가지고 적절한 때에 서둘러 와 주었소. 그대들이 우리를 좋은 길로 잘 이끌어 주었으니 우리도 알맞게 그대들에게 이바지할 것이오. 그대들도 보다시피 우리는 지금 다리를 부수고 있고 자유민이 되고자 모든 열정을 쏟을 것이오. 그러나 우리가 이 다리를 부수는 동안 지금 그대들은 페르시스인들을 찾아보아야 할 때요. 그리고 그들을 찾으면 우리와 그대들 자신을 위해 그들에게 합당한 응징을 해야 할 것이오."

이에 스키티에인들은 또 한 번 이오네스인들의 말이 정말이라 믿고 페르시스인들을 찾으러 돌아갔지만, 페르시스인들의 경로를 전혀 포착하지 못했다. 그 이유는 스키티에인들 자신 때문이었는데, 바로 그들이 그 지역에 있는 말 목초지를 없애고 샘들을 메워 버렸던 것이

139

140

다. 그런 일을 하지 않았더라면, 그들이 원할 경우에, 페르시스인들을 쉽게 찾을 수 있었을 것이다. 그땐 그들이 최선의 계획을 세웠다고 생각했지만 이제는 그 때문에 일을 망치고 말았다. 스키티에인들은 자신의 땅에서 말들을 위한 풀과 물이 있는 곳을 지나가면서 적들을 수색했다. 그들은 페르시스인들도 그러한 곳을 통해 달아날 거라고 생각했던 것이다. 그러나 페르시스인들은 전에 자신들이 이용했던 행로를 그대로 따라 행군했고, 그러다가 어렵사리 다리를 찾아냈다. 그들은 밤중에 도착하여 다리가 부서진 것을 발견하자 이오네스인들이 자신들을 버리고 간 것이 아닌가 하는 극심한 두려움에 빠졌다.

141   당시 다레이오스 주변에는 세상에서 목소리가 제일 큰 아이깁토스인이 한 명 있었다. 다레이오스는 이 자에게 이스트로스 강의 강둑에서서 밀레토스인 히스티아이오스를 크게 불러 보라고 지시했다. 그가 그렇게 하자, 히스티아이오스는 그가 처음 외쳐 댈 때 알아듣고서 모든 선박을 동원하여 군대를 나르고 다리를 다시 놓았다.

142   그렇게 하여 페르시스인들은 그곳에서 빠져나왔다. 스키티에인들은 페르시스인들을 찾아다녔지만 이번에도 또 놓치고 말았다. 스키티에인들은 이오네스인들에 대해 자유민으로서는 모든 인간 중에서 가장 비천하고 비겁한 자들이라고 비판하는 한편 노예로서 보자면 주인에게 대단히 충직하고 도망치지 않는 예속민들이라고 말했다. 스키티에인들은 이오네스인들에 대해 이런 조롱을 퍼부었다.

143   다레이오스는 트레이케를 통과하여 케르소네소스의 세스토스에 도착했다. 거기서 그는 배를 타고 아시에로 건너갔고, 에우로페에는 페르시스인 메가바조스를 군사령관으로 남겨 두었다. 다레이오스는 언젠가 페르시스인들이 있는 좌중에서 다음과 같은 말로 메가바조스를 크게 칭송한 적이 있었다. 즉 다레이오스가 석류를 먹고 싶어서 첫 번째 석류를 막 쪼개자마자 그와 형제간인 아르타바노스가 석류에 든 씨들의 개수만큼 갖고 싶은 것이 무엇인지를 물었다. 그러자

다레이오스는 헬라스를 예속시키는 것보다도 메가바조스 같은 사람을 그 정도로 많이 가졌으면 좋겠다고 말했다. 다레이오스는 페르시스인들의 좌중에서 이런 말로 그를 칭송했었는데, 이제 그를 자신의 8만 군대를 거느리는 군사령관으로서 남겨 두었다.

이 메가바조스는 다음과 같은 말로 헬레스폰토스인들 사이에 영원 144
히 기억되는 인물이 되었다. 즉 그가 비잔티온에 가 있었을 때 칼케도니에인들이 비잔티온인들보다 17년 먼저 그들의 나라를 건설했다는 이야기를 듣고, 칼케도니에인들이 그때 분명 눈이 멀었을 것이라고 말했다. 눈이 멀지 않았다면 그들이 식민하기에 더 좋은 곳이 있었음에도 더 나쁜 곳을 택하지는 않았을 것이라는 이유에서였다. 이 메가바조스는 그곳에 군사령관으로 남아서 아직도 헬레스폰토스 지역에서 페르시스 편을 들지 않은 자들을 정복해 나갔다.

그때 메가바조스는 그러한 일을 수행했다. 그런데 그와 똑같은 시 145
기에 리비에에 대한 또 다른 대규모 군사 원정이 전개되었다. 그 이유에 대해서는 먼저 다음의 이야기를 언급하고 나서 설명하겠다.[54]
아르고호 승선자들의 후손들[55]이 브라우론에서 아테나이 여자들을 약탈한 펠라스기에인들에 의해 쫓겨난 일이 있다. 이때 그들은 펠라스기에인들에게 렘노스에서 쫓겨나자, 배를 타고 라케다이몬으로 가서 그곳의 테이게톤 산에 자리 잡고 불을 지폈다. 라케다이몬인들은 이를 보고 사자를 보내 그들이 누구이며 어디서 왔는지를 물었다. 그

---

54 페르시아의 리비아 원정에 대해서는 제4권 제165~67장과 제200~04장 참조.

55 아르고호는 이아손 일행이 황금 양털을 찾아 흑해의 콜키스로 갈 때 타고 간 배를 말한다. 이아손 일행은 콜키스로 가던 중에 렘노스에 정박했는데, 그 곳에 여자들만 사는 것을 보고 그들과 함께 지내며 자식들을 낳았다고 전한다. 아르고호의 항해에 대해서는 기원전 3세기의 아폴로니오스 로디오스(Apollonios Rhodios)의 「아르고나우티카」(Argonautika)에 잘 묘사되어 있다.

들은 사자의 물음에 대해 자신들은 미니아이인이고 아르고호를 타고 항해한 영웅들의 후손인데, 그 영웅들이 렘노스에 상륙하여 자신들을 낳았다고 대답했다. 그러자 라케다이몬인들은 그들이 미니아이인 계통이라는 말을 듣자, 두 번째로 사자를 보내 그들이 무엇을 바라고 그곳에 와서 불을 피웠느냐고 물었다. 그들은 자신들이 펠라스기에 인들에게 쫓겨나서 조상들의 나라에 왔다고 말했다. 그들은 말하기를 이는 지극히 정당한 행동이라고 했다. 그래서 그들은 라케다이몬인들과 함께 살며 특권을 부여받고 토지의 몫을 분배받기를 원한다고 말했다. 라케다이몬인들은 기꺼이 미니아이인들이 요구하는 조건으로 그들을 받아들이기로 했다. 특히 틴다레오스의 아들들[56]이 아르고호에 함께 승선했다는 이유 때문에 마음이 움직여 그렇게 했던 것이다. 그리하여 라케다이몬인들은 미니아이인들을 받아들여 토지를 분배해 주었고 그들을 부족들 중에 나누어 배치했다. 곧이어 미니아이인들은 그곳에서 혼인을 했고 또 자신들이 렘노스에서 데려온 여자들을 다른 자들과 혼인시켰다.

146   그러나 그 후 얼마 안 되어 곧 미니아이인들이 오만해져서 왕위에 대한 권리를 요구했으며 그 밖의 불경한 일들을 저질렀다. 이에 라케다이몬인들은 그들을 처형하기로 결정하고 그들을 붙잡아 감옥에 처넣었다. 라케다이몬인들은 사람들을 처형할 때 밤에 처형하고 낮에는 절대 처형하지 않는다. 그래서 라케다이몬인들이 그들을 막 처형하려고 했을 때, 미니아이인들의 아내들—이들은 그곳 시민들이고 스파르테의 상류층 인사들의 딸들이었다—이 감옥에 들어가서 각자 자신의 남편과 이야기를 하게 해 달라고 간청했다. 라케다이몬인들

---

56 '틴다레오스의 아들들'은 틴다리다이(Tyndaridai)를 말하는데, 카스토르(Kastor)와 폴리데우케스(Polydeukes)를 지칭한다. 때로는 폴리데우케스 대신 폴룩스(Pollux)를 들기도 한다. 틴다레오스는 스파르타의 전설적인 왕이었다고 전한다.

은 그녀들이 음모를 꾸밀 것이라고는 생각지 않고 그녀들이 들어가 도록 허락했다. 그러나 그녀들은 감옥에 들어가자 다음처럼 행동했다. 즉 그녀들이 입고 있던 옷을 모두 남편들에게 주고 자신들은 남편들의 옷을 입었다. 그래서 미니아이인들은 여자들의 옷을 입고 여자인 양 가장하여 감옥을 빠져나왔으며, 이런 식으로 탈출한 다음 다시 테이게톤 산으로 들어가 살았다.

마침 바로 이 시기에 아우테시온의 아들 테라스가 라케다이몬에 147 서 나가 식민시를 세울 준비를 하고 있었다. 그의 아버지 아우테시온은 폴리네이케스의 아들인 테르산드로스의 아들, 즉 티사메노스의 아들이었다. 이 테라스는 카드모스의 후손이었고, 아리스토데모스의 아들들인 에우리스테네스와 프로클레에스의 외숙부였다. 이 소년들이 아직 어렸을 때 테라스는 섭정으로 스파르테의 왕권을 행사했었다. 그런데 조카들이 장성하여 왕위에 오르게 되자 테라스는 이미 통치 권력의 맛을 보았는지라 남에게 지배받는 것이 달갑지 않아, 더는 라케다이몬에 머물지 않고 친족들이 있는 곳으로 항해해 떠나겠다고 말했다. 지금은 테라라고 불리지만 과거에 그때에는 칼리스테라고 불린 섬에는 포이니케인인 포이킬레스의 아들 멤블리아레오스의 후손들이 살고 있었다. 아게노르의 아들 카드모스가 에우로페를 찾으러 다니다가 지금 테라라고 불리는 곳에 기항한 적이 있었던 것이다. 그는 그곳에 기항한 후 그곳이 마음에 들어서 그랬는지 아니면 다른 이유에서 그랬는지 다음과 같은 일을 하고 싶어 했다. 그는 다른 포이니케인들과 함께 특히 자신의 친척인 멤블리아레오스를 그 섬에 남겨 두었던 것이다. 이들은 칼리스테라고 불리던 섬에서, 테라스가 라케다이몬에서 오기 전까지, 여덟 인간 세대 동안 살고 있었다.

테라스는 여러 부족 사람들로 이뤄진 무리를 데리고 이들에게로 148 갈 준비를 하고 있었다. 그는 칼리스테의 사람들을 절대로 쫓아내지 않고 정말 그들을 자신의 친족으로 여기며 함께 살고자 했다. 그때 미니아이인들이 감옥에서 탈출하여 테이게톤에서 머물고 있었는데 라케다이몬인들이 그들을 죽이려고 하자, 테라스는 살육이 일어나지 않도록 간청하고 자신이 그들을 나라 밖으로 데려가겠다고 약속했다. 라케다이몬인들이 그의 의견을 받아들이자, 테라스는 삼십노선 세 척과 함께 멤블리아레오스의 후손들에게로 출항했다. 그러나 그는 미니아이인들을 다 데려가지 못하고 그중 소수만 데려갔다. 대부분의 미니아이인들은 파로레에타이인들과 카우코네스인들의 땅으로 가서 그들을 그곳에서 몰아낸 다음 자신들을 여섯 집단으로 나누고 다음 도시들을 그곳에 건설했다. 그것들은 즉 레프레온, 마키스토스, 프릭사이, 피르고스, 에피온, 누디온[57]이다. 이 도시들은 대부분 나의 시대에 엘리스인들에게 점령당했다. 한편 그 섬은 식민시 건설자의 이름을 따서 테라라고 불리게 되었다.

149   그런데 테라스의 아들이 자신과 함께 항해에 나서지 않겠다고 하자, 이에 테라스는 그를 이리들 속의 양으로 남겨 두는 것이라고 말했다. 테라스의 그 말에 따라 이 청년에게 오이올리코스[58]라는 명칭이 붙었는데, 아무래도 이 명칭이 더 잘 통용되었다. 오이올리코스에게서 아이게우스가 태어났는데 스파르테 대부족 아이게이다이의 이름은 그의 이름을 따서 붙인 것이다. 이 부족의 남자들에게서 태어난 자식들이 오래 살지 못하고 죽자, 그들은 신탁에 따라 라이오스와 오이디푸스의 복수(復讐)의 신들[59]의 성소를 건립했다. 그러자 그 후에는 그들의 자식들이 죽지 않고 살아남았다. 그런데 테라에 있는 이

---

57 펠로폰네소스 반도 북서쪽 트리필리아(Triphylia) 지역에 있었던 도시들. 트리필리아는 엘리스와 메세니아의 중간에 위치한 지역이었다.

58 '오이올리코스'(Oiolykos)는 그리스어로 '양'을 뜻하는 '오이스'(ois)와 '이리'를 뜻하는 '리코스'(lykos)의 합성어다.

59 라이오스는 그의 아들 오이디푸스에게 살해되었고, 오이디푸스 역시 자신의 아들들인 폴리네이케스와 에테오클레스에 의해 조국 테바이에서 쫓겨났다. 여기서 복수의 신들은 그런 부당한 일을 겪은 아버지들의 분노를 구현한 것이라 하겠다.

부족 남자들의 후손들에게도 역시 똑같은 일이 ······.[60]

　내 이야기에서 여기까지는 라케다이몬인들의 말과 테라인들의 말 150
이 일치한다. 그러나 이후에 이야기되는 다음과 같은 일은 테라인들
만이 말해 줄 뿐이다. 바로 이 테라스의 후손이며 테라 섬의 왕이던,
아이사니오스의 아들 그린노스가 그의 나라에서 많은 제물을 가지고
델포이에 간 적이 있었다. 그때 그의 다른 시민들과 함께 특히 폴림
네스토스의 아들 바토스도 동행했는데, 바토스는 미니아이인의 일원
인 에우페모스의 후손이었다. 테라의 왕 그린노스가 다른 일들에 대
해 신탁을 구했을 때 피티에 여사제는 그에게 리비에에 도시를 건설
하라는 신탁을 내렸다. 그러자 그가 대답했다. "주여, 저는 이미 심히
연로하고 그것을 하기에는 몸이 무겁습니다. 부디 여기 있는 더 젊은
사람들 중의 누군가에게 그 일을 하라고 명하시옵소서." 그는 이렇게
말하는 동시에 바토스를 가리켰다. 하지만 그때 일은 거기까지였다.
그들은 그곳에서 떠나온 후 그 신탁에 별 관심을 기울이지 않았다.
그들은 리비에가 어느 곳에 있는 땅인지도 알지 못했고, 불확실한 곳
으로 과감히 식민을 보낼 용기도 없었던 것이다.

　그 후 7년 동안 테라에는 비가 오지 않았고, 섬의 나무들이 단 한 151
그루만 남고 모두 말라 죽었다. 이에 테라인들이 신탁을 구하자, 피
티에 여사제는 리비에에 식민시를 세우라고 말했다. 그들은 재앙에
대한 다른 처방이 없었으므로, 크레테에 사절을 보내 크레테인이나
그곳의 거류 외인들 중에 리비에에 가 본 사람이 있는지를 찾아보게
했다. 그들이 크레테 섬을 돌아다니다가 이타노스 시에 이르렀는데
그곳에서 코로비오스라고 불리는, 자주색조개잡이 어부를 만났다.
그는 자신이 바람에 밀려 리비에로 표류한 적이 있고 리비에의 플라

_____

60　슈타인 텍스트의 누락 대목인데, 슈타인은 '일어났다'라는 표현이었을 것으
　　로 추정한다. 그럴 경우, "테라에 있는 이 부족 남자들의 후손들에게도 역시
　　똑같은 일이 일어났다"로 된다.

테아 섬에 가 보았다고 말했다. 그들은 그를 돈으로 설득하여 테라로
데려왔다. 처음에는 그곳을 정탐하러 소수의 사람들이 테라에서 출
항했다. 그들은 코로비오스의 안내를 받아 바로 그 플라테아 섬에 도
달한 다음, 코로비오스는 수 개월치 식량을 주어 그 섬에 남겨 놓고
자신들은 테라인들에게 그 섬에 대해 보고하기 위해 전속력으로 항
해했다.

152   그러나 약속한 기간이 지나도 그들이 돌아오지 않자 코로비오스는
모든 것이 동나고 말았다. 그 후 콜라이오스가 선장인 사모스의 배
한 척이 아이깁토스로 항해하다가 이 플라테아로 표류해 왔다. 사모
스인들은 코로비오스에게서 모든 이야기를 듣고 그에게 1년치의 식
량을 남겨 두었다. 그들은 섬에서 출항하여 아이깁토스로 가려고 항
해했지만 동풍을 만나 표류했다. 그런데 바람이 누그러지지 않자 그
들은 헤라클레에스 기둥들을 통과하여 천우신조로 타르테소스에 닿
았다. 당시에 이 항구는 아무도 가 본 적이 없는 곳이었다. 그리하여
그들은 우리가 정확하게 아는 모든 헬라스인 중에서, 라오다마스의
아들인 아이기나의 소스트라토스 다음으로, 그들의 상품을 통해 가
장 많은 이익을 얻고 귀환했다. 소스트라토스와 견줄 만한 사람은 달
리 아무도 없기 때문이다. 사모스인들은 그들이 얻은 이익에서 10분
의 1인 6탈란톤을 떼 내 아르골리스 양식의 청동 용기를 만들었다.
그 가장자리에는 빙 둘러 그립스의 두상들이 우뚝 배열되어 있다. 그
들은 이것을 헤레 신전에 봉헌했는데, 7페키스 크기의 무릎 꿇은 청
동 거상 세 개를 아래에 놓아 그것을 떠받치게 했다. 이 일을 계기로
키레네인들과 테라인들은 사모스인들과 처음으로 든든한 우애를 맺
게 되었다.

153   한편 테라인들은 코로비오스를 섬에 남겨 놓고 테라에 돌아와서,
자신들이 리비에 앞바다의 한 섬에 식민시를 세웠다고 보고했다. 이
에 테라인들은 각 형제들 중에서 한 명씩을 추첨으로 뽑아 7개 지역
전체에서 인원을 파견하기로 결정했으며, 바토스를 그들의 지도자이

자 왕으로 삼기로 했다. 그리하여 그들은 오십노선 두 척을 플라테아로 보냈다.

이 이야기는 테라인들이 말해 준 것이고, 나머지 이야기는 테라인 154 들과 키레네인들이 다 똑같이 말해 준 것이다. 하지만 키레네인들은 바토스에 대해 테라인들과 전혀 다르게 말한다. 그들의 말인즉 이렇다. 크레테에 오악소스라는 도시가 있었는데 에테아르코스가 그곳의 왕이었다. 그는 프로니메라고 불리는 어미 잃은 딸을 둔 채 다른 여자와 다시 혼인을 했다. 재취로 들어온 그녀는 자신이 실제로도 프로니메에게 계모 노릇을 해야 마땅하다고 생각하여, 프로니메에게 악행을 저지르고 프로니메에 대한 온갖 음모를 꾸몄다. 급기야 그녀는 프로니메를 음탕한 여자로 몰아세우고 그것이 사실이라며 남편을 설득했다. 그는 아내의 말을 믿고 자신의 딸에 대해 잔인무도한 일을 꾸몄다. 그때 오악소스에는 테라의 상인인 테미손이라는 자가 있었다. 에테아르코스는 그를 자신의 빈객으로 삼고, 그에게 자신이 청하는 것은 무엇이든 다 이행하겠다고 서약하게 했다. 테미손이 그렇게 서약을 하자, 에테아르코스는 그에게 자신의 딸을 데려와 인도하며 그녀를 데려가 바다에 빠뜨리라고 했다. 이에 테미손은 서약을 기만한 것에 분노하여 에테아르코스와의 빈객 관계를 파기하고 다음과 같이 행동했다. 테미손은 소녀를 데리고 출항했다. 그리고 넓은 바다에 이르렀을 때 에테아르코스와의 서약을 이행하고자 그녀를 밧줄로 묶어 바닷속에 빠뜨렸다. 그러나 그는 다시 그녀를 끌어 올려서 테라로 돌아갔다.

그곳에서 폴림네스토스라는 저명한 테라인이 그녀를 데려가 후실 155 로 삼았다. 그 후 세월이 지나 그에게 아들이 태어났는데 아이는 혀꼬부랑이에 말더듬이였다. 테라인들과 키레네인들은 그 아이에게 바토스[61]라는 이름이 붙여졌다고 말하지만, 나는 그것 말고 다른 이름이 붙여졌다고 생각한다. 바토스는 그가 리비에에 와서 고친 이름인데, 델포이에서 그에게 내린 신탁 때문에 또 그것을 이름으로 삼아서 누리게 될 영예 때문에 그렇게 개명했던 것이다. 왜냐하면 리비에인들은 왕을 바토스라고 부르기 때문이다. 바로 이런 이유에서 피티에 여사제가 신탁에서 그를 리비에어로 그리 불렀다고 나는 생각한다. 그녀는 그가 장차 리비에에서 왕이 될 것임을 알고 있었던 것이다. 왜냐하면 그가 장성하여 자신의 목소리에 관한 문제로 델포이에 간 적이 있기 때문이다. 이때 그의 물음에 대해 피티에 여사제는 다음과 같은 신탁을 내렸다.

> 바토스여, 그대는 목소리에 대해 물으러 왔도다.
> 그러나 우리 주(主) 포이보스 아폴론께서는 그대를
> 양들을 키우는 리비에로 보내 식민시를 세우게 하시니라.

이는 마치 그녀가 헬라스어를 사용하여, "왕이여, 그대는 목소리에 대해 물으러 왔도다"라고 말한 것과 똑같다. 그러나 그는 다음처럼 대답했다. "주여, 저는 당신께 목소리에 대해 신탁을 물으러 왔습니다. 하지만 당신께서는 제게 실현 불가능한 다른 일을 하라고 응답하시는데, 저더러 무슨 힘으로 또 누구의 조력을 받아 리비에에 식민시를 세우라 명하십니까?" 그는 이렇게 말했건만 통하지 않았고 다른 신탁을 받지 못했다. 그에게 전과 똑같은 신탁이 또 내려지자, 바토스는 신탁 중간에 그곳을 떠나 테라로 향했다.

156   그 후 바토스와 다른 테라인들에게 역경이 닥쳐왔다. 테라인들은 그 재앙을 이해할 수 없어서 델포이에 사절을 보내 현존하는 불행에 대해 물었다. 피티에 여사제는 그들이 바토스를 도와 리비에의 키레네에 식민시를 세운다면 그들의 상황이 더 나아질 것이라고 신탁을 내렸다. 그 후 테라인들은 바토스를 오십노선 두 척과 함께 떠나보냈

---

61 '바토스'(battos)는 그리스어로 '말더듬이'를 뜻한다.

다. 이들은 리비에로 항해했지만, 그 밖에 달리 무슨 일을 해야 할지 몰라 다시 테라로 돌아왔다. 그러나 테라인들은 그들이 해안으로 접근해 오자 그들에게 화살을 쏘아 뭍에 오르지 못하게 했고 배를 돌려 돌아갈 것을 명했다. 그들은 어쩔 수 없이 배를 돌려 돌아가서 리비에 앞바다에 있는 한 섬에 식민했는데, 그곳은 내가 앞서도 언급했듯이 플라테아라고 불린다. 이 섬은 지금의 키레네 시 정도로 크다고 한다.

그들은 이곳에서 2년 동안 살았는데 그들의 사정이 아무것도 좋아 157 지지 않자 그들 중 한 명만 그곳에 남기고 나머지는 모두 델포이를 향해 출항했다. 그들은 신탁소에 도착한 후, 자신들이 리비에에 살고 있지만 그곳에 살면서 상황이 더 나아진 것이 없다고 말하며 신탁을 구했다. 이에 피티에 여사제는 그에 대해 다음과 같은 응답을 그들에게 내렸다.

그대는 양들을 키우는 리비에에 가 보지 못했으면서도
가 본 나보다 그곳을 더 잘 안다니,
나는 정말 그대의 지혜에 감탄할 뿐이오.

바토스 일행은 이것을 듣고 배를 돌려 돌아갔다. 그들이 리비에 본토에 다다르기 전에는 정말로 신이 그들을 식민시 건설로부터 놓아주지 않으려 했기 때문이다. 그들은 그 섬에 이르러 그곳에 남겨 둔 자를 데리고, 섬 맞은편에 있는 리비에 본토의 한 지역에 식민했다. 그곳은 아지리스라고 불리는 지역이었다. 그곳의 양쪽에는 최고로 아름다운 계곡들이 둘러싸고 있고, 한쪽으로 강이 흘러 지나간다.

이곳에서 그들은 6년 동안 살았다. 그런데 7년째 되는 해에 리비에 158 인들이 그들에게 더 좋은 곳으로 안내하겠다면서 그곳에서 떠나 달라고 간절히 권유했다. 리비에인들은 그들을 그곳에서 이끌고 나가 서쪽으로 데려갔다. 리비에인들은 헬라스인들이 그 지역의 가장 아름다운 곳을 통과할 때 그곳을 못 보게 하려고 낮 시간을 정확하게 측정하여 밤에 그곳을 지나가게 했다. 이곳의 이름은 이라사라고 한다. 그들은 헬라스인들을 아폴론의 샘이라 불리는 곳으로 데려가서 이렇게 말했다. "헬라스인들이여, 여기가 그대들이 살기에 적합한 곳이오. 여기엔 하늘에 구멍이 뚫려 있으니까요."[62]

159   식민시를 건설한 바토스의 시대―바토스는 40년간 지배했다―와 16년간 지배한 그의 아들 아르케실레오스의 시대에는 키레네의 거주민 수가 처음에 식민을 위해 파견되었던 때와 같은 수준이었다. 그러나 행운의 바토스라고 불리는 세 번째 지배자의 시대에는 피티에 여사제가 신탁을 통해 모든 헬라스인들에게 배를 타고 가서 키레네인들과 함께 리비에에 식민시를 건설하라고 권했다. 키레네인들이 땅을 나눠 주겠다고 그들을 초청했던 것이다. 피티에 여사제의 신탁은 이러했다.

    토지가 모두 분배된 뒤 아름다운 리비에에
    뒤늦게 가는 자는 정녕 후회하리라.

이에 수많은 사람이 키레네에 모여들었는데, 키레네 주변에 거주하는 리비에인들과 아디크란이라 불리는 그들의 왕은 많은 토지를 빼앗기고 키레네인들에게 자신들의 땅이 강탈되어 모욕을 당하자, 아이깁토스에 사절을 보내 아이깁토스 왕 아프리에스에게 자신들의 일신을 의탁했다. 그러자 아이깁토스 왕은 대규모 군대를 소집하여 키레네로 파견했다. 키레네인들은 이라사 지역과 테스테스 샘에까지 진군하였고 그곳에서 아이깁토스인들과 교전을 벌여 승전했다. 아이깁토스인들은 그전에 헬라스인들을 겪어 본 적이 없어서 가볍게 본

---

62 그 지역에 비가 많이 내린다는 것을 의미한다.

탓에, 참패하여 그들 가운데 소수만이 아이깁토스로 돌아갈 수 있었다. 이로 말미암아 아이깁토스인들은 아프리에스에게 불만을 품고 반란을 일으켰다.[63]

이 바토스에게는 아르케실레오스라는 아들이 있었다. 아르케실레 160
오스는 왕위에 오르자마자 제일 먼저 자신의 친형제들과 싸움을 벌였는데, 그들은 결국 그에게서 떠나 리비에의 다른 지역으로 가서 그들 스스로의 힘으로 도시를 건설했다. 그 도시는 그때나 지금이나 바르케라고 불린다. 그런데 그들은 이 도시를 건설하는 동안 리비에인들이 키레네인들에게 반란을 일으키도록 했다. 그 후 아르케실레오스는 자신의 형제들을 받아들여 반란을 일으킨 이들 리비에인을 정벌하러 나섰다. 리비에인들은 그가 두려워 동쪽의 리비에인들에게로 피신해 달아났다. 아르케실레오스가 도망가는 자들을 뒤쫓아 리비에의 레우콘까지 추격하자, 리비에인들은 그를 공격하기로 결정했다. 그들은 싸움을 벌여 키레네인들에게 대승을 거두었는데 거기서 전사한 키레네의 중무장 보병이 7,000명에 이를 정도였다. 이 참패 후 아르케실레오스는 병에 걸려 약을 먹고 지내다 그와 형제간인 할리아르코스에게 목 졸려 죽었다. 그러나 할리아르코스는 아르케실레오스의 아내—그녀의 이름은 에릭소였다—의 계략에 의해 살해되었다.

아르케실레오스의 왕위는 그의 아들 바토스가 물려받았는데, 그는 161
발이 성치 않은 절름발이였다. 키레네인들은 자신들에게 닥친 재앙 앞에서, 델포이에 사절을 보내 자신들이 어떤 식의 정체(政體)를 수립하면 최상의 상태로 지낼 수 있는가를 물었다. 피티에 여사제는 그들에게 아르카디에의 만티네에에서 조정자를 한 명 데려가라고 명했다. 이에 키레네인들이 요청하자 만티네에인들은 시민들 가운데 가장 명망이 높은, 데모낙스라고 불리는 자를 보내 주었다. 데모낙스는

---

63 기원전 570년. 제2권 제161장 참조.

키레네에 와서 모든 사정을 파악한 후 그들을 세 부족으로 나누었다. 그는 테라인들과 그 주변에 거주하는 리비에인들을 한 부류로 묶고 펠로폰네소스인들과 크레테인들을 두 번째 부류, 모든 도서지역 주민들을 세 번째 부류로 묶었다. 또한 그는 바토스 왕을 위해 일부 영지와 성직(聖職)들을 따로 떼 놓고, 이전에 왕들이 가졌던 나머지 것들은 모두 인민들이 갖도록 넘겨주었다.

162   이 바토스가 지배할 동안에는 그러한 체제가 유지되었지만, 그의 아들인 아르케실레오스가 지배할 때에는 왕의 특권과 관련하여 큰 분란이 일어났다. 절름발이 바토스와 페레티메의 아들인 아르케실레오스는 만티네에인 데모낙스가 제정한 체제에 따르기를 거부하고 조상들이 지녔던 특권을 되돌려 달라고 요구했던 것이다. 하지만 아르케실레오스는 그것으로 말미암아 내전을 치르다 패배하여 사모스로 달아났고 그의 어머니는 키프로스의 살라미스로 피신했다. 이때 살라미스는 에우엘톤이 통치하고 있었는데, 그는 델포이에 아주 볼만한 향로를 봉헌했던 인물이다. 그 향로는 지금 코린토스인들의 보고 안에 놓여 있다. 페레티메는 에우엘톤에게 가서 그들을 키레네로 복귀시켜 줄 군대를 요청했다. 그러나 에우엘톤은 그녀에게 다른 것은 다 주지만 군대만은 주려 하지 않았다. 그녀는 그가 주는 선물을 받을 때면 이것도 좋지만 자신이 요청한 군대를 주는 것이 더 좋다고 말했다. 그녀는 선물을 받을 때마다 항상 그렇게 말하곤 했다. 그러다 결국 에우엘톤은 그녀에게 황금 물렛가락, 실톳대와 더불어 양털을 보냈다. 이번에도 다시 페레티메가 똑같은 말을 하자, 에우엘톤은 군대가 아니라 이와 같은 것들이 여자에게 맞는 선물이라고 말했다.

163   그동안 아르케실레오스는 사모스에 머물면서, 토지 분배를 내세워 사람들을 죄다 끌어모았다. 그리하여 대규모 군대가 모이자, 아르케실레오스는 델포이에 가서 자신의 귀환에 관한 신탁을 구했다. 피티에 여사제는 그에게 다음과 같은 신탁을 내렸다. "록시에스께서는 네 명의 바토스와 네 명의 아르케실레오스의 치세 여덟 세대 동안 그대

들에게 키레네의 왕위를 주시노라. 그러나 그대들이 그 이상 더 하려고 하지는 말라고 조언하시노라. 그대는 그대의 나라로 돌아가 조용히 지내도록 하라. 그대가 만일 항아리로 가득 찬 가마를 보거든 그 항아리들을 굽지 말고 순풍에 따라 보내도록 하라. 그러나 혹시 그대가 가마를 굽게 된다면 바다로 둘러싸인 곳에는 가지 말도록 하라. 그렇지 않을 경우엔 그대 자신도 죽고 아름답기 짝이 없는 황소도 함께 죽게 되리라." 피티에 여사제가 아르케실레오스에게 내린 신탁은 이러한 것이었다.

아르케실레오스는 사모스에서 데려온 병력을 이끌고 키레네로 돌 164
아가 다시 국정을 장악했다. 그런 후 그는 그 신탁을 잊어버리고, 자신을 도피케 한 앙갚음으로 반대자들에게 보복하려 했다. 그들 중 일부는 완전히 나라 밖으로 달아났지만, 다른 일부는 아르케실레오스에게 체포된 후 처형을 위해 키프로스로 보내졌다. 그러나 그들은 표류하여 크니도스에 닿게 되었고, 크니도스인들은 그들을 구조하여 테라로 보내 주었다. 한편 또 다른 키레네인들은 아글로마코스의 개인 소유인 거대한 성루로 피신했는데, 아르케실레오스가 주위에 장작을 쌓고 그들을 불태워 버렸다. 그는 그 일이 다 끝난 후에야 이것이 바로 그 신탁, 즉 피티에 여사제가 그에게 가마 속의 항아리들을 보거든 그것들을 굽지 말라고 했던 신탁에 해당함을 깨닫고, 키레네 시에 가는 것을 일부러 기피했다. 그는 예언된 자신의 죽음을 두려워했고 바다로 둘러싸인 장소가 키레네라고 생각했던 것이다. 그의 아내는 그 자신의 친척이고, 바르케인들의 왕의 딸이었다. 이 왕의 이름은 알라제이르였다. 그런데 아르케실레오스가 알라제이르를 찾아가 그곳의 아고레에서 돌아다니고 있을 때, 바르케인들과 키레네에서 나온 일부 도망자들이 그를 발견하고 살해했으며 게다가 그의 장인 알라제이르도 함께 죽였다. 그리하여 아르케실레오스는 고의든 우연이든 간에 신탁의 뜻을 알아차리지 못하고 결국 자신의 운명을 완수했다.

165 아르케실레오스가 자신을 파멸시키는 행동을 저지르고 바르케에
가서 살고 있었을 때 그의 어머니 페레티메는 키레네에서 아들의 특
권을 장악하여 모든 일을 관장하고 협의회에도 참석했다. 그러나 그
녀는 바르케에서 아들이 죽었다는 것을 알고 아이깁토스로 도망갔
다. 아르케실레오스가 키로스의 아들 캄비세스에게 호의적인 행동을
했었기 때문이다. 캄비세스에게 키레네를 바치고 공세를 납부하기로
한 자가 바로 이 아르케실레오스였던 것이다. 페레티메는 아이깁토
스에 도착하자 아리안데스에게 탄원자로서 호소했고 그녀의 아들이
페르시스 편을 들었기 때문에 살해당한 것이라는 구실을 내세워 자
신의 원수를 갚아 달라고 요구했다.

166 이 아리안데스는 캄비세스에 의해 아이깁토스의 총독으로 임명된
자였는데, 후일 다레이오스와 대등해지려고 하다가 죽임을 당했다.
아리안데스는 다레이오스가 이제껏 다른 어떤 왕도 이룩하지 못한
자신의 기념물을 남기고자 한다는 것을 듣고 보며, 그를 모방하다가
결국은 대가를 치렀던 것이다. 다레이오스는 되도록 최고 순도의 금
을 정제하여 화폐를 주조했는데, 아리안데스도 아이깁토스를 지배할
때 그와 똑같이 은화를 만들었기 때문이다. 아리안데스의 은화는 지
금도 가장 순도가 높은 은화다. 다레이오스는 아리안데스가 그런 일
을 한다는 것을 알고, 자신에게 모반을 일으켰다는 다른 죄목을 씌워
그를 처형했다.

167 이 아리안데스는 이때 페레티메를 동정하여 그녀에게 아이깁토스
의 모든 육군과 해군을 제공했다. 그는 마라피오이 부족의 아마시스
를 육군 지휘관으로 임명하고 파사르가다이 부족의 바드레스를 해군
지휘관으로 임명했다. 그러나 아리안데스는 군대를 파견하기 전에,
바르케에 사절을 보내 아르케실레오스를 죽인 자가 누구인지 물었
다. 그러자 바르케인들은 자신들 모두가 한 것이라고 주장했다. 그들
이 그에게서 많은 해를 입었기 때문이라는 것이었다. 아리안데스는
이 말을 듣고 페레티메와 함께 군대를 파견했다. 이런 사유가 그 원

정의 구실이었지만, 내 생각에는, 리비에를 정복하기 위해 군대가 파견되었다. 왜냐하면 리비에에는 온갖 종족들이 많이 있는데 그중 소수만이 페르시스 왕에게 예속되었고 대부분은 다레이오스에게 아무런 관심도 갖지 않았기 때문이다.

리비에인들의 거주 상황은 다음과 같다. 아이깁토스를 기점으로 **168** 맨 처음에 거주해 있는 리비에인들은 아디르마키다이인들이다. 그들은 대체로 아이깁토스인들의 관습을 따르지만 복장에서는 다른 리비에인들과 똑같은 옷을 입는다. 아디르마키다이 여자들은 양쪽 정강이에 청동 발찌를 두르고 다닌다. 그녀들은 또 머리를 길게 기르며, 각자 자신의 몸에서 이를 잡으면 깨물어서 던져 버린다. 리비에인들 중에서는 이들만이 그렇게 한다. 또 혼인하게 될 처녀들을 왕에게 데려가 보이는 것도 이들뿐이다. 그때 왕의 마음에 드는 처녀가 있으면 왕이 그녀의 처녀성을 빼앗는다. 이 아디르마키다이인들은 아이깁토스에서 플리노스라 불리는 항구에 이르기까지 살고 있다.

이들과 이웃한 자들은 길리가마이인들인데, 그들의 거주 지역은 **169** 서쪽으로 아프로디시아스 섬까지 뻗어 있다. 이 지역 중간의 해안 앞 바다에는 키레네인들이 식민했던 플라테아 섬이 있다. 또 육지에는 메넬라오스라는 항구와, 키레네인들이 거주했던 아지리스가 있다. 실피온[64] 지대는 여기서부터 시작된다. 실피온 지대는 플라테이 섬에서 시르티스 하구까지 뻗어 있다. 이들은 다른 리비에인들과 관습이 거의 비슷하다.

길리가마이인들의 서쪽으로는 아스비스타이인들이 인접해 있다. **170** 이들은 키레네 너머의 내륙에 산다. 아스비스타이인들은 해안으로 내려오지 않는다. 해안 지대에는 키레네인들이 살고 있기 때문이다. 이들은 리비에인들 중에서 누구보다도 더 사두마차를 잘 몬다. 이들

---

64 식용과 약용으로 쓰인 식물. 키레네의 대표적인 특산물이었다고 전한다.

은 키레네인들의 관습을 대부분 모방하려 한다.

171   아스비스타이인들의 서쪽으로는 아우스키사이인들이 인접해 있다. 이들은 바르케 너머의 내륙에 살며, 에우에스페리데스에서 바다에 닿아 있다. 아우스키사이인들 지역의 한가운데에는 소규모 종족인 바칼레스인들이 사는데, 이들은 바르카이에 지역의 도시 타우케이라에서 바다에 닿아 있다. 이들은 키레네 너머의 내륙에 사는 자들과 관습이 똑같다.

172   이들 아우스키사이인의 서쪽으로는 대규모 종족인 나사모네스인들이 인접해 있다. 이들은 여름에는 해안에 가축들을 남겨 놓고 내륙 쪽의 아우길라 지역으로 올라가서 대추야자나무 열매들을 수확한다. 그곳에는 대추야자나무들이 즐비해 있고 모두 열매를 맺는다. 그들은 또 메뚜기들을 잡으면 햇볕에 말리고 갈아서 가루로 만든 다음 그 가루를 우유에 타서 마신다. 각 남자가 아내를 여럿 두는 것이 그들의 관례지만, 마사게타이인들과 유사한 방식으로 아내들을 공유하여 다른 사람들의 아내들과도 동침한다.[65] 막대기가 집 앞에 세워져 있으면 그들이 동침하고 있는 것이다. 나사모네스인 남자가 처음 혼인하게 되면 신부가 첫날밤에 모든 하객들과 두루 관계를 갖는 것이 그들의 관례다. 그녀와 관계를 가진 자들은 누구나 자신의 집에서 가져온 선물을 그녀에게 선사한다. 그들의 맹세와 예언술은 다음의 방식으로 행해진다. 그들은 자신들에게 가장 공정하고 훌륭한 자들이라고 여겨지는 사람들을 걸어 맹세하는데, 바로 이들의 무덤에다 손을 대고 맹세를 한다. 그들은 또 조상 무덤에 가서 예시(豫示)를 받는데, 그곳에서 기도를 한 후 잠을 잔다. 이때 잠을 자며 꿈에서 본 것은 무엇이든 예언으로 받아들인다. 그들의 서약은 다음처럼 이루어진다. 서약하는 자는 상대에게 자신의 손바닥에 든 것을 주어 마시게 하고

---

65 제1권 제216장 참조.

자신은 상대의 손바닥에 든 것을 받아 마신다. 그들이 마실 액체가 전혀 없으면 땅에서 먼지를 조금 집어 그것을 핥아 먹는다.

나사모네스인들의 인접 주민은 프실로이인들이다. 그런데 그들은   173
다음과 같은 식으로 멸종하고 말았다. 즉 남풍이 그들에게 불어닥쳐 저수지들이 완전히 마르고 시르티스 지역 내에 있는 그들의 모든 땅에서 물이 말라 버렸다. 이에 그들은 만장일치로 결의하여 남풍에 대한 원정에 나섰는데 — 나는 리비에인들에게서 들은 내용을 그대로 말한다 —, 그들이 사막에 이르렀을 때 남풍이 불어와 그들을 모래 속에 묻어 버렸다. 그들이 멸종하자 나사모네스인들이 그들의 땅을 차지했다.

이들의 내륙으로 남쪽에는 야생동물 지대에 가라만테스인들이 살   174
고 있다. 그들은 모든 사람을 기피하고 누구와도 어울리지 않는다. 또한 전쟁 무기도 전혀 없고 자신들을 방어할 줄도 모른다.

이들은 나사모네스인들의 내륙 쪽에 살고 있다. 한편 나사모네스   175
인들의 서쪽에는 해안을 따라 마카이인들이 인접해 있다. 그들은 도가머리[66] 모양으로 머리를 깎는데, 가운데 머리털은 자라게 놔두고 양쪽은 짧게 깎는다. 또 그들은 전쟁할 때에 타조 가죽으로 만든 방패를 들고 다닌다. 그들의 땅을 가로질러 흐르는 키닙스 강은 카리테스이 언덕[67]이라 불리는 곳에서 발원해 흐르다가 바다로 빠져나간다. 앞서 말한 다른 리비에 지역들은 나무가 없는 데 반해, 이 카리테스의 언덕은 나무들이 우거져 있다. 바다에서 이 언덕까지는 200스타디온에 이른다.

이들 마카이인들과 이웃한 자들은 긴다네스인들이다. 긴다네스 여   176

---

66 새의 머리에 길고 더부룩하게 난 털.

67 카리테스(Charites)는 그리스 신화 속 우미(優美)의 세 여신을 가리키는 명칭이다. 제우스와 에우리노메 사이에 태어난 세 여신인 아글라이아, 에우프로시네, 탈레이아를 말한다.

자들은 각자 가죽 발찌를 발목에 여럿 차고 다니는데, 그 연유는 다음과 같다고 한다. 즉 그녀가 동침한 남자 한 사람당 하나씩의 발찌를 착용한다는 것이다. 가장 많은 발찌를 찬 여자는 가장 많은 남자들의 사랑을 받은 것이므로 그들 중 최고의 여자로 간주된다.

177 이들 긴다네스인의 땅에서 바다 쪽으로 불룩 나온 갑(岬)에는 로토파고이[68]인들이 거주하고 있는데, 그들은 로토스의 열매만을 먹고 산다. 로토스 열매는 크기는 유향수 열매만 하고 달콤하기는 대추야자 열매와 비슷하다. 로토파고이인들은 이 열매로 술도 만들어 먹는다.

178 해안을 따라 로토파고이인들과 인접한 자들은 마클리에스인들이다. 이들도 로토스를 애용하지만 그래도 앞서 말한 로토파고이인들보다는 덜하다. 그들의 땅은 트리톤이라 불리는 큰 강에까지 뻗어 있다. 이 강은 거대한 트리토니스 호수로 흘러 나간다. 이 호수에는 플라라고 불리는 섬이 하나 있다. 그런데 이 섬에 식민시를 세우라는 신탁이 라케다이몬인들에게 내려졌었다고 한다.

179 또 다음의 이야기도 전해 온다. 아르고호가 펠리온 산의 기슭에서 건조된 후, 이에손은 델포이에 가려고 그 배에 다른 제물들과 함께 특히 청동 삼족의자도 싣고서 펠로폰네소스를 돌아 항해했다고 한다. 그런데 항해 중에 말레아 부근에 이르렀을 때 북풍이 불어닥쳐 그를 리비에로 몰고 갔다고 한다. 그리고 그는 육지를 발견하기에 앞서 트리토니스 호수의 여울로 들어갔다고 한다. 거기서 그가 출구를 찾느라 쩔쩔매고 있을 때 트리톤이 나타나, 그들에게 통로를 가르쳐 주고 무사히 떠나도록 해 주겠으니, 삼족의자를 자신에게 달라고 이에손에게 요구했다 한다. 이에손이 그의 요구에 응하자, 트리톤은 그들에게 여울에서 빠져나가는 통로를 가르쳐 주고 삼족의자를 자신의 성소 안에 들여놓았다고 한다. 그리고 그는 삼족의자 위에서 예언을

---

68 '로토파고이'(lotophagoi)는 그리스어로 '로토스를 먹는 자들'을 의미한다.

하고 이에손 일행에게 그것을 다 말해 주었다고 한다. 즉 아르고호 승선자들의 후손 가운데 누군가가 그 삼족의자를 가져간다면 트리토니스 호수 주변에 반드시 100개의 헬라스 도시들이 세워지리라는 것이었다. 그곳의 토착 리비에인들은 이 말을 듣고 삼족의자를 감추었다고 한다.

이들 마클리에스인과 인접한 자들은 아우세스인들이다. 이들과 마 180 클리에스인들은 트리토니스 호수 주변에 사는데 그들 사이의 경계는 트리톤 강이다. 마클리에스인들이 두부(頭部) 뒤쪽에서 머리를 기르는 데 반해 아우세스인들은 두부 앞쪽에서 머리를 기른다. 아우세스 처녀들은 매년 열리는 아테나이에 제전에서 두 패로 나뉘어 돌멩이와 몽둥이를 가지고 서로 싸운다. 그녀들은 우리가 아테나이에라고 부르는 그 지역의 토착 여신에게 전래의 의식을 수행하는 것이라고 한다. 그때 생긴 상처 때문에 죽는 처녀들을 그들은 가짜 처녀라고 부른다. 처녀들을 싸우게 하기 전에 그들은 공동으로 다음과 같은 행사를 치른다. 그들은 그때마다 가장 아름다운 처녀에게 코린토스식 투구와 헬라스식 갑주(甲冑)를 씌워 치장한 후 전차에 태워 호수 둘레를 한 바퀴 돌게 한다. 헬라스인들이 그들 가까이에서 살기 전에 원래 그들이 처녀들에게 어떤 복장을 입혀 치장했는지는 내가 말힐 수 없지만, 그녀들은 아이깁토스 갑주로 치장되었을 것이라 생각한다. 나는 방패와 투구가 아이깁토스에서 헬라스로 건너갔다고 보기 때문이다. 아우세스인들은 말하기를, 아테나이에는 포세이데온과 트리토니스 호수의 딸인데 그녀가 어떤 일 때문에 아버지에게 불만을 품고 제우스에게 몸을 의탁하자 제우스가 그녀를 자신의 딸로 삼았다고 한다. 이는 그들이 말한 것이다. 또 그들은 여자들을 공유하여 여자들과 자유롭게 동침하며, 혼인해 동거하는 것이 아니라 짐승들처럼 관계를 갖는다. 그래서 여자가 낳은 아이가 다 크면 그 후 3개월 내에 남자들이 함께 모이고, 아이는 그들 중에서 가장 닮은 남자의 자식으로 간주된다.

181   이상은 해안에 거주하는 리비에 유목민들에 대해 서술한 것이다. 이들이 사는 너머의 내륙 쪽에는 야생동물이 서식하는 리비에 땅이 있고, 이 야생동물 지대의 너머에는 아이깁토스의 테바이에서 헤라클레에스 기둥들에 이르는 사막 구릉이 펼쳐져 있다. 이 사막 구릉에는 약 10일 거리 간격으로 소금 알갱이들이 거대한 덩어리로 뭉쳐 언덕들을 이루고 있다. 이들 각 언덕의 꼭대기에는 소금 한가운데에서 차갑고 달콤한 샘물이 솟아 나온다. 그 주변에는 야생동물 지대 너머의 사막 쪽으로 가장 멀리 나간 자들이 거주하고 있다. 테바이에서 시작해 맨 먼저 10일 걸리는 거리에는 암몬인들이 살고 있는데, 그들에게는 테바이에우스 제우스에서 기원한 신전이 있다.[69] 테바이에도, 내가 앞서 말했듯이,[70] 양 머리를 한 제우스 신상이 있기 때문이다. 그들에게는 샘물이 또 하나 있는데, 그것은 이른 아침에는 따뜻하다가 아고레에 사람들이 들어찰 시간[71]에는 더 차가워지고 정오가 되면 아주 차가워진다. 바로 이때 그들은 정원에 물을 댄다. 낮이 기울면 물이 점점 덜 차가워지고 해가 질 무렵에는 물이 따뜻해진다. 물은 자정이 다가올수록 점점 더 뜨거워지고 자정에는 부글부글 끓는다. 그리고 자정을 넘기고 나면 새벽까지 물이 점점 더 차가워진다. 이 샘은 이름 하여 태양의 샘이라고 불린다.

182   암몬인들 이후로 사막 구릉을 따라 다시 10일 걸리는 거리에는 암몬인들의 것과 같은 소금 언덕이 나오고 또 샘물도 있다. 그 주위에

----

69 여기서의 암몬인이 사는 소금 언덕은 시바(Siwah)의 오아시스를 가리키는 것으로 보인다. 그런데 이집트 테바이에서 시바의 오아시스까지는 통상 20일 걸리는 거리이므로, 10일 거리로 언급한 것은 헤로도토스의 오류로 여겨진다. 일부 학자들은 헤로도토스가 거리를 계산할 때 일부 여정을 빠뜨렸거나 혹은 시바의 오아시스를 다른 곳과 혼동했을 것이라 추정하기도 한다.

70 제2권 제42장 참조.

71 오전 9~12시경. 시장의 개장 시간에 대해서는 제2권 제173장의 옮긴이 주 참조.

도 역시 사람들이 살고 있다. 이 지역은 아우길라라고 불린다. 나사모네스인들이 대추야자나무 열매를 따러 드나드는 곳이 바로 이곳이다.[72]

아우길라에서 다시 10일 걸리는 거리에는 다른 곳들에서처럼 또 183 소금 언덕과 샘물이 있고 열매가 열린 대추야자나무들이 많이 있다. 이곳에도 가라만테스라고 불리는 사람들이 살고 있다. 그들은 대단히 큰 종족으로, 소금 위에 흙을 덮고 그곳에 씨를 뿌린다. 여기에서 로토파고이인들 지역으로 가는 것이 가장 짧은 길인데, 그곳까지는 30일이 걸린다. 가라만테스인들에게는 뒤로 가며 풀을 뜯는 소들이 있다. 그들이 뒤로 가며 풀을 뜯는 이유는 다음과 같다. 그들의 뿔이 앞쪽으로 굽어져 있기 때문이다. 이 때문에 그들은 뒤로 물러가면서 풀을 뜯는다. 뿔들이 앞쪽에서 땅속에 박히는 통에 그들이 앞으로 나아가지 못하는 것이다. 이 소들은 그 외의 다른 점에서는, 가죽의 두께와 내구성이 특별하다는 것만 빼고, 다른 소들과 전혀 차이가 없다. 가라만테스인들은 동굴에 사는 아이티오피에인들을 사두마차를 타고 사냥한다. 동굴에 사는 아이티오피에인들은 우리가 이야기로 전해 들은 모든 인간 중에서 가장 발이 빠르기 때문이다. 이 동굴 거주민들은 뱀과 도마뱀이나 그와 같은 파충류를 먹고 산다. 그들은 다른 어떤 말과도 닮지 않은 말을 사용하는데, 마치 박쥐들이 끽끽거리는 소리 같다.

가라만테스인들로부터 다시 10일 걸리는 거리에는 또 다른 소금 184 언덕과 샘물이 있고, 그 주위에도 아타란테스라고 불리는 사람들이 살고 있다. 그들은 우리가 아는 인간 중에서 유일하게 이름이 없는 자들이다. 그들은 전체가 아타란테스라고 불리며 각 개인에게는 이름이 없다. 이들은 태양이 너무 뜨거울 때에는 태양에 대해 저주하

---

72 제4권 제172장 참조.

고 온갖 험한 욕설을 퍼붓는다. 태양이 작열하면서 그곳 사람들과 땅을 훼손한다는 것이다. 그 후 다시 10일 걸리는 거리에는 또 다른 소금 언덕과 샘물이 있고 그 주위에도 사람들이 살고 있다. 이 소금 언덕 부근에는 아틀라스라고 불리는 산이 있는데, 협소하고 둘레가 원형으로 된 산이다. 그 산은 너무나 높아서 산꼭대기를 볼 수 없다고 한다. 여름이건 겨울이건 항상 구름들이 산꼭대기에 머물러 있기 때문이라고 한다. 그곳의 원주민들은 이 산이 하늘의 기둥이라고 말한다. 그 주민들의 이름은 이 산의 이름을 따서 불린다. 그들은 아틀란테스라고 불리는 것이다. 그들은 살아 있는 것은 아무것도 먹지 않으며, 잘 때 꿈을 꾸지 않는다고 한다.

185   사막 구릉에 거주하는 자들 중에서 아틀란테스인들까지는 내가 이름을 말할 수 있지만 그 이후부터는 그러지 못한다. 그러나 그 구릉은 헤라클레에스 기둥들과 그 너머에까지 뻗어 있다. 그 구릉에는 10일 걸리는 거리마다 소금광산이 있고 그곳에는 사람들이 살고 있다. 그들의 집은 다 소금 덩어리들로 지어져 있다. 리비에의 이 지역에는 비가 오지 않기 때문이다. 비가 온다면 소금으로 된 벽들이 남아 있지 못할 것이다. 여기서 채굴되는 소금은 흰색도 있고 자주색도 있다. 이 구릉 너머 남쪽의 내륙에 있는 리비에는 사막이고 물도 없다. 그곳에는 짐승도 없고 비도 내리지 않고 나무도 없으며, 한 방울의 수분도 존재하지 않는다.

186   이렇게 아이깁토스에서 트리토니스 호수까지의 리비에인들은 유목민으로 육류를 섭취하고 우유를 마신다. 하지만 그들은 아이깁토스인들과 똑같은 이유에서 암소 고기를 먹지 않고 돼지도 키우지 않는다. 키레네의 여자들도 아이깁토스의 이시스 때문에 암소 고기 먹는 것을 정당하다고 여기지 않는다. 그들은 이시스를 기려 단식을 하고 제전도 거행한다. 한편 바르케 여인들은 암소고기뿐 아니라 돼지고기도 먹지 않는다.

187   그곳의 사정은 이러하다. 그러나 트리토니스 호수 서쪽에 사는 리

비에인들은 유목민이 아니며 따르는 관습도 다르다. 그들은 아이들에 대해서도 유목민들이 관례적으로 행하는 일을 따라 하지 않는다. 리비에 유목민들 전체가 그러한지는 내가 정확하게 말할 수 없지만, 그래도 그들 중 다수는 다음과 같은 일을 행한다. 즉 그들은 아이들이 네 살이 되면 양털의 기름으로 아이들의 정수리 혈관들을 지지는데 어떤 자들은 관자놀이에 있는 혈관들을 지지기도 한다. 이는 머리에서 흘러내리는 점액으로 말미암아 아이들이 해를 입는 것을 영원히 방지하기 위해서다. 그들은 자신들이 바로 이 때문에 가장 건강한 자들이라고 말한다. 실제로 리비에인들은 우리가 아는 모든 인간 중에서 가장 건강한 자들이다. 그것이 바로 이 때문인지는 내가 정확하게 말할 수 없지만, 그들은 확실히 가장 건강한 자들이다. 그들이 지지다가 아이들에게 경련이 일어날 경우엔 그 치료법도 고안되어 있다. 즉 환부에 염소의 오줌을 뿌려 아이들을 치료하는 것이다. 이상은 리비에인들 자신이 이야기해 준 내용이다.

이 유목민들의 희생제식은 다음과 같이 치러진다. 첫 개시로 제물 188
의 한쪽 귀를 잘라 집 너머로 던지고, 그런 다음에는 제물의 목을 비튼다. 그들은 태양과 달에게만 제사를 지낸다. 모든 리비에인들이 다 이들에게 제사를 드린다. 그러나 트리토니스 호수 부근에 사는 자들은 우선 이데니이에게 제사를 드리고, 그디음에 트리톤괴 포세이데온에게 제사를 지낸다.

아테나이에 신상들의 의상과 흉갑은 헬라스인들이 리비에 여자들 189
의 것을 본뜬 것으로 보인다. 리비에 여자들의 옷이 가죽으로 만들어지고 그들의 짧은 망토[73]의 장식술이 뱀들이 아니라 가죽끈이라는 점

---

73 '짧은 망토'는 '아이기스'(aigis)의 번역어다. 아이기스는 흔히 제우스의 방패나 아테나의 흉갑을 가리킨다. 아테나의 흉갑은 염소가죽으로 만든 망토 모양의 짧은 미늘갑옷인데, 흔히 고르곤의 머리가 달려 있고 가장자리는 뱀들로 장식되어 있었다. 그런데 여기서 헤로도토스가 말한 리비아 여자들의 아

만 제외하면 모든 점에서 그것과 똑같기 때문이다. 게다가 아이기스라는 이름 자체가 팔라스[74] 신상들의 의상이 리비에에서 왔음을 말해준다. 리비에 여자들은 털을 벗겨 꼭두서니로 물들인, 장식술이 달린 아이게에를 옷 위에 걸쳐 입는데, 헬라스인들이 이 아이게에라는 말을 따서 아이기스로 바꿔 불렀기 때문이다.[75] 나는 또 제식에서의 환호 소리도 리비에에서 처음 생겨났다고 생각한다. 리비에 여자들이 그 소리를 아주 잘 내기 때문이다. 헬라스인들이 말 네 마리를 마차에 매는 것도 리비에인들에게서 배웠다.

190 이 유목민들은 모두 헬라스인들과 똑같은 방식으로 죽은 자를 매장하는데, 나사모네스인들만 예외다. 나사모네스인들은 시신을 앉은 자세로 매장한다. 그들은 고인이 삶을 마감할 때면 누워서 죽지 않고 앉은 채로 있도록 유의한다. 그들의 집은 골풀 둘레에 아스포델로스 줄기를 엮어 만들며, 집을 들고 다닐 수도 있다. 그들의 관습은 이러하다.

191 트리톤 강의 서쪽으로 아우세스인들의 이웃에 사는 자들은 농경 리비에인들인데, 이들은 관례적으로 자신들의 집을 갖고 있다. 그들의 이름은 막시에스라고 한다. 그들은 두부의 오른쪽 머리는 길게 기르고 왼쪽은 짧게 깎는다. 그들은 또 몸에 홍토(紅土)를 바른다. 그들은 자신들이 트로이에인들의 후손이라고 주장한다. 이 지역과 그 서쪽의 나머지 리비에 지역은 유목민들 지역보다 야생동물이 훨씬 더 많고 나무도 더 많이 우거져 있다. 유목민들이 거주하는 리비에 동쪽

이기스는 방패나 흉갑이 아니고 의복의 일종이어서 그냥 '짧은 망토'라고 번역했다.

74 팔라스(Pallas)는 아테나 여신의 별명이다.

75 이 대목에서 헤로도토스는 리비아의 '아이게에'(aigee)와 그리스의 '아이기스'를 연관 지어 설명하고 있다. 리비아의 '아이게에'는 '염소가죽'을 뜻하고, 그리스의 '아이기스'는 '방패'·'흉갑'을 뜻한다. 그러나 아직 학술적으로는 그 말들의 연관성이나 유래의 경로가 밝혀지지 않고 있다.

지역은 트리톤 강에 이르기까지 저지대의 모래땅인 데 반해, 그 이후 서쪽으로 농경민들이 사는 지역은 산이 매우 많고 숲이 우거져 있고 야생동물이 득실대기 때문이다. 그 지역들에는 엄청나게 큰 뱀들과 사자들이 있고 또한 코끼리, 곰, 독사, 뿔 달린 나귀, 개의 머리를 한 동물, 가슴에 눈이 달린 머리 없는 동물—리비에인들이 이렇게 말해 준 것이다—, 야생의 남자와 야생의 여자,[76] 그 밖에 실재로 존재하는 수많은 동물들이 있다.

그러나 유목민들 지역에는 이런 동물들이 하나도 없고 그와 다 른 동물들이 있다. 즉 흰 엉덩이 영양, 가젤, 엘란드, 나귀—이들은 뿔 달린 나귀들이 아니고, 물을 안 마시는 다른 종류의 나귀들이다. 이 나귀들은 정말 전혀 물을 마시지 않는다[77]—, 오릭스—이것의 뿔 은 리라의 뿔 모양 부분을 만드는 데 쓰인다. 이 동물은 크기가 황소 만 하다—, 여우, 하이에나, 호저, 야생 양, 딕티스, 자칼, 표범, 보리 에스, 도마뱀과 정말 비슷한 3페키스 길이의 육지 악어, 타조, 그리고 각기 뿔이 하나씩 달린 작은 뱀들이 산다. 이것들이 그 지역에 사는 동물들이다. 또한 다른 지역에 사는 동물들 역시 그곳에 있는데, 단 사슴과 멧돼지는 예외다. 사슴과 멧돼지는 리비에에 하나도 없다. 또 그곳에는 쥐들이 세 종류 있다. 한 부류는 디포데스라고 불리고, 다 른 부류는 제게리에스—이 이름은 리비에이인데 헬리스어로 언덕들 을 뜻한다—, 또 다른 부류는 에키네스라고 불린다.[78] 그곳의 실피온

192

---

76 아마도 '뿔 달린 나귀'는 누, '개의 머리를 한 동물'은 비비, '야생의 남자와 여자'는 고릴라를 가리키는 것으로 보인다. '가슴에 눈이 달린 머리 없는 동 물'은 머리가 양어깨 사이로 쑥 들어간 형상의 원숭이를 가리키는 것으로 추 정되기도 한다.

77 전혀 물을 마시지 않는 나귀는 현실적으로 존재하지 않는다. 아마 유목민들 이 사는 모래땅에서 좀처럼 물을 마시지 않고도 갈증에 잘 견디는 어떤 야생 동물을 가리키는 것으로 보인다.

78 '디포데스'(dipodes)는 '두 발의', '두 발 가진'을, '제게리에스'(zegeries)는

지대에는 타르테소스의 족제비와 흡사한 족제비가 살고 있다. 우리가 최대한도로 탐구하여 파악할 수 있는 바로는, 이러한 것들이 리비에의 유목민 지역에 사는 동물들이다.

193   리비에의 막시에스인들과 인접해 사는 자들은 자우에케스인들인데, 그들은 전쟁하러 나갈 때 여자들이 전차를 몰고 간다.

194   자우에케스인들과 인접해 사는 자들은 기잔테스인들이다. 그들의 지역에서는 벌들이 꿀을 다량 만들어 내지만, 숙련 기술자들이 그보다 훨씬 더 많은 꿀을 만든다고 한다.[79] 그들은 모두 몸에 홍토를 바르며, 원숭이를 잡아먹기도 한다. 그들의 산에는 원숭이들이 아주 많이 서식하고 있다.

195   카르케돈인들 말에 의하면, 기잔테스인들이 사는 곳의 앞바다에 키라우이스라고 불리는 섬이 하나 있는데 길이는 200스타디온이지만 폭은 협소하다고 한다. 이 섬은 육지에서 걸어서 갈 수 있으며 올리브나무와 포도나무들이 풍성하다고 한다. 그 섬에는 호수가 하나 있는데, 이 호수에서는 그곳 원주민 처녀들이 역청을 칠한 새 깃털로 진흙에서 사금을 건져 올린다고 한다. 나는 이 이야기가 사실인지 알지 못하며, 그저 내가 들은 바를 적는 것이다. 하지만 내 자신이 자킨토스에 있는 호수 물에서 역청이 건져 올려지는 것을 본 적이 있으므로, 그것이 다 사실일 수도 있다. 자킨토스에는 호수가 많은데 그중 가장 큰 호수는 길이와 너비가 모두 70푸스이고 깊이는 2오르기이에

본문 서술대로 '언덕들'을 뜻하고, '에키네스'(echines)는 '뻣뻣한 털의'라는 의미를 지닌다. 그러므로 '디포데스'는 '두 발 가진 쥐들', '제게리에스'는 '언덕의 쥐들', '에키네스'는 '털이 뻣뻣한 쥐들'이라는 의미다. 여기서 '두 발 가진 쥐'는 날쥐(jerboa)를 가리키는 것으로 보인다.

[79] '숙련 기술자'는 '데미우르고스 아네르'(demiurgos aner)를 번역한 말이다. 즉 벌의 작업에 의하지 않고 인공적으로 꿀을 만드는 기술자를 가리킨다. 헤로도토스에 의하면, 리디아 칼라테보스(Kallatebos)의 '숙련 기술자들'은 위성류와 밀로 꿀을 만든다고 한다(제7권 제31장 참조).

다. 그들은 장대 끝에 도금양 가지를 묶어 장대를 호수 속에 내려 보낸 다음, 역청을 도금양 가지에 묻혀 건져 올린다. 그 역청은 아스팔토스 냄새가 나지만, 그것 말고 다른 점들에서는 피에리에의 역청보다 더 낫다. 그들은 역청을 호수 근처에 파 놓은 구덩이에 붓는다. 그래서 많은 양이 모이면 그것을 구덩이에서 꺼내 항아리에 담는다. 그 호수에 빠진 것은 무엇이건 땅 밑을 지나 바다에 다시 나타난다. 바다는 그 호수에서 4스타디온 정도 떨어져 있다. 그러므로 리비에 앞바다의 섬에서 나온 그 이야기도 사실일 성싶다.

카르케돈인들은 다음과 같은 이야기도 전해 준다. 헤라클레에스 196 기둥들 너머의 리비에에 사람들이 거주하는 지역이 있다고 한다. 카르케돈인들은 그 지역에 가서 배에 실린 화물을 내려 해안에 일렬로 늘어놓은 다음, 다시 배에 올라 연기를 피운다고 한다. 그러면 그곳 원주민들이 연기를 보고 해안으로 와서 화물값으로 황금을 갖다 놓은 후 화물에서 멀찌감치 물러난다고 한다. 이에 카르케돈인들이 상륙하여 살펴보고, 황금이 화물값으로 충분하다 여겨지면 황금을 들고 그곳을 떠나지만 충분치 않다고 여겨지면 다시 배로 올라가 앉는다. 그러면 원주민들이 다가와서, 카르케돈인들이 받아들일 때까지, 추가로 황금을 더 놓아 둔다. 여기서 어느 쪽도 부정을 저지르지 않는다고 한다. 카르케돈인들은 그들이 화물과 대등한 값이 되기 전에는 황금에 손대지 않으며 또 원주민들도 카르케돈인들이 황금을 가져가기 이전에는 화물에 손대지 않는다는 것이다.

이상은 우리가 이름을 말할 수 있는 리비에인들인데, 그들 중 대부 197 분은 지금이나 그때나 메디아인들의 왕에 대해 전혀 신경 쓰지 않았다. 이 땅에 대해 내가 추가로 말할 수 있는 것은 이 땅에는 우리가 아는 한 네 종족이 살 뿐이고 더는 없다는 점과 그 종족들 중 둘은 토착민이고 둘은 그렇지 않다는 점이다. 리비에인과 아이티오피에인은 토착민들인데, 리비에인은 북쪽에 살고 아이티오피에인은 남쪽에 산다. 반면에 포이니케인과 헬라스인은 외래인들이다.

198   내가 생각하기에 리비에는 아시에와 에우로페에 견줄 만큼 그렇게
우량한 땅이 아니지만, 키닙스 지역만은 예외다. 그 지역은 강의 이
름과 똑같은 이름으로 불린다. 그곳은 세상에서 데메테르의 결실[80]을
최대로 생산하는 지역과 필적하며, 리비에의 여타 지역과는 전혀 다
르다. 그곳은 토양이 흑토이고 샘들 덕분에 물이 풍부하고 가뭄의 염
려도 전혀 없고 과다한 비가 쏟아져 피해를 입지도 않기 때문이다.
리비에의 이 지역에는 비가 오는 것이다. 곡물 산출량은 바빌론 지역
과 맞먹는 수준이다. 에우에스페리타이인들이 거주하는 지역도 역시
토질이 좋다. 이 지역은 최대로 생산할 경우 100배를 산출한다. 그러
나 키닙스 지역에서는 300배를 산출한다.

199   키레네 지역은 유목민들이 사는 리비에에서 가장 높은 지대인데,
이 지역에서는 정말 경이로운 세 차례의 수확기를 갖는다. 맨 먼저
해안 지대의 곡물들이 수확할 만하게 익는다. 여기서 이것들이 수
합되면, 해안 위쪽의 중간 지대―그들은 이곳을 언덕들이라고 부른
다―에서 곡물들이 수확할 만하게 익는다. 또 중간 지대의 이 생산
물이 수합되면 가장 높은 고지대의 생산물이 여물고, 그 결과 첫 번
째 곡물들을 먹고 마셔서 떨어질 즈음이면 마지막 곡물들의 수확기
에 접어드는 것이다. 그리하여 키레네인들에게는 수확기가 8개월 동
안 지속된다. 이제 이것들에 대해서는 이 정도로 해 두겠다.

200   한편 아리안데스가 페레티메의 복수를 위해 아이깁토스에서 파견
한 페르시스인들은 바르케에 도착하자,[81] 도시를 포위 공격하며 아
르케실레오스 살해에 책임이 있는 자들을 인도해 줄 것을 요구했다.
하지만 바르케인들은 그들의 시민 전체가 공동으로 그 일에 책임이
있다고 하여 요구를 받아들이지 않았다. 그러자 페르시스인들은 바
르케를 9개월 동안 포위 공격하면서, 그동안에 성벽으로 통하는 지

---

80 보리, 밀 등의 곡물. '데메테르의 결실'에 대한 설명은 제1권 제193장 참조.
81 이하의 이야기는 제4권 제167장에서 이어진다.

하 땅굴들을 파고 맹렬한 공격을 퍼부었다. 그런데 한 대장장이가 청동 방패를 써서 땅굴들을 찾아냈는데, 그가 생각해 낸 방법은 다음과 같다. 즉 그는 방패를 가지고 성벽 안쪽을 돌아다니며 도시의 지면을 두드렸다. 그가 땅을 두드리자 다른 곳에서는 별 소리가 나지 않았지만 땅굴을 판 곳에서는 방패의 청동이 반향이 되어 울렸다. 바르케인들은 그곳에서 반대로 땅굴을 파고 들어가, 땅을 파고 있던 페르시스인들을 죽였다. 땅굴은 그렇게 발각되었으며, 도시에 대한 공격도 바르케인들에게 격파되었다.

그 후 시간이 많이 흐르고 양측에서 사망자가 다수 생기자―페르 201 시스인들이 상대편보다 더 많이 죽었다―, 육군의 지휘관인 아마시스가 계획을 세웠다. 그는 바르케인들이 무력으로는 정복되지 않지만 계략을 통해 정복될 수 있을 것임을 파악하고, 다음처럼 했다. 그는 밤중에 넓은 호(壕)를 파서 그 위에 약한 널빤지를 올려놓고 널빤지 윗면에는 땅에서 파낸 흙을 덮어서 주변의 다른 곳과 수평이 되도록 했다. 날이 밝자 그는 회담을 하자고 바르케인들을 초대했다. 바르케인들은 기꺼이 응했고, 마침내 협약 체결에 동의하게 되었다. 그들은 다음의 조건하에 협약을 만들었다. 즉 그들은 은폐된 호 위에서 서약을 맺으면서 "이 땅이 지금처럼 존재하는 한, 서약도 그대로 존속힐 것이다"라고 다짐했고, 바르게인들은 페르시스 왕에게 응분의 공물을 바치기로 약속하고 페르시스인들은 바르케인들에게 더는 해를 입히지 않기로 했다. 서약 후 바르케인들 자신은 페르시스인들을 믿고 도시 밖으로 나왔으며, 모든 성문을 열어 적들 가운데 원하는 자는 누구든 다 성안으로 들어오도록 했다. 그러자 페르시스인들은 호 위의 은폐된 다리를 무너뜨리고 성안으로 달려들었다. 그들은 자신들이 만든 다리를 다음의 이유로 무너뜨렸다. 즉 그들은 서약을 지키기 위해 그랬는데, 그 땅이 그때처럼 존재하는 한 서약도 영원히 존속할 것이라고 바르케인들에게 맹세했던 것이다. 그런데 그들이 그것을 무너뜨렸으니 이제 서약은 그대로 존속할 수가 없게 되었다.

202   페레티메는 바르케인 중에서 아르케실레오스 살해에 가장 책임이
큰 자들을 페르시스인들로부터 인도받은 뒤 말뚝에 박아 성벽 주위
에 둥글게 매달았다. 그녀는 또 그들 아내들의 젖가슴을 잘라 내어
그것들 역시 성벽 주위에 꽂아 놓았다. 나머지 바르케인들에 대해서
는, 바토스 가문 사람들과 아르케실레오스 살해에 가담하지 않는 자
들만 제외하고, 페르시스인들에게 전리품으로 가지라고 제안했다.
페레티메는 이 제외된 자들에게 도시를 맡겼다.

203   그리하여 페르시스인들은 나머지 바르케인들을 노예로 삼은 후 되
돌아갔다. 그들이 키레네 시 앞에 이르렀을 때 키레네인들은, 어떤
신탁을 이행하기 위해, 페르시스인들이 자신들의 도시를 통과해 가
도록 해 주었다. 군대가 키레네 시를 통과하는 동안 해군 지휘관인
바드레스가 도시를 점령하자고 주장했지만 육군 지휘관 아마시스는
이를 받아들이지 않았다. 헬라스 도시로는 오직 바르케만을 공격하
도록 파견되었다는 이유에서였다. 그 후 도시를 통과해 리카이오스
제우스의 언덕에 진을 쳤을 때, 그들은 키레네를 점령하지 않은 것에
대해 후회했다. 그들은 다시 도시로 들어가려고 시도했다. 하지만 키
레네인들은 그것을 허용하지 않았다. 그런데 아무도 페르시스인들을
공격하지 않았건만 웬일인지 페르시스인들이 공포에 사로잡혀 60스
타디온 정도를 달아나 진을 쳤다. 그들이 그곳에 진을 쳤을 때 아리
안데스에게서 사절이 와서 돌아오라고 전했다. 페르시스인들은 키
레네인들에게 자신들의 행군에 필요한 물자를 제공해 줄 것을 요청
했고, 그것을 받자 아이깁토스로 떠났다. 그러나 그 후 리비에인들은
페르시스인들의 의복과 장비를 가지려고 페르시스인들 가운데 뒤에
처진 자들과 낙오한 자들을 붙잡아서 죽였다. 이는 페르시스인들이
아이깁토스에 도착할 때까지 계속되었다.

204   이 페르시스 군대가 리비에에서 가장 멀리까지 나아간 곳은 에우
에스페리데스인들의 지역이었다. 한편 페르시스인들이 노예로 삼은
바르케인들은 아이깁토스에서 페르시스 왕이 있는 곳으로 끌려갔는

데, 다레이오스 왕은 이들에게 박트리에 지역의 한 촌락을 주어 거주하도록 했다. 그들은 이 촌락에 바르케라는 이름을 붙였으며, 박트리에 땅의 그 촌락에는 나의 시대에도 여전히 사람들이 살고 있었다.

한편 페레티메도 인생을 행복하게 마감하지는 못했다. 바르케인들 205에게 복수하고 리비에에서 아이깁토스로 돌아오자마자 그녀는 비참하게 죽었다. 과도한 복수는 신들의 증오를 산다는 것을 마치 인간들에게 보여 주기라도 하듯, 살아 있는데도 그녀의 몸에 벌레가 끓었던 것이다. 바토스의 딸 페레티메가 바르케인들에게 저지른 복수는 그러했고 그처럼 지독했다.

제 5 권

다레이오스가 에우로페에 남겨 둔 메가바조스 지휘하의 페르시스 1
인들은 헬레스폰토스 주민 중에서 페린토스인들을 맨 먼저 정복했
다.[1] 페린토스인들이 다레이오스에게 예속되기를 거부했기 때문이다.
이들은 전에 파이오니에인들에게서도 혹독하게 핍박받은 적이 있었
다. 스트리몬 강 유역의 파이오니에인들이 페린토스인들을 정벌하
라는 신탁을 신에게서 받았던 것이다. 그 신탁은 파이오니에인들에
게 페린토스인들이 그들과 대치하는 상황에서 파이오니에인들의 이
름을 소리쳐 부르면 페린토스인들을 공격하고 소리쳐 부르지 않으면
공격하지 말라고 했다. 그래서 파이오니에인들은 그렇게 했다. 페린
토스인들이 도시 앞에서 파이오니에인들과 대치했을 때, 도전에 의
해 세 종목의 일대일 결투가 벌어졌다. 즉 인간은 인간끼리, 말은 말
끼리, 개는 개끼리 대결했던 것이다. 그런데 페린토스인들이 그중 두
종목에서 승리하고 기뻐서 '파이안'[2]을 소리 높여 부르자, 파이오니
에인들은 그것이 바로 신탁이 의미하는 것이라고 생각했다. 아마도
그들은 서로 이렇게 말했을 성싶다. "우리에게 신탁이 실현된 것이
니, 이제 우리가 행동할 때요." 그리하여 페린토스인들이 '파이안'을
부르자, 파이오니에인들은 그들을 공격하여 대승을 거두고 그중 소
수만 살려 두었다.

페린토스인들이 전에 파이오니에인들에게 겪은 일은 그러한 것이 2
었다. 하지만 이때에는 페린토스인들이 자유를 위해 용감하게 싸웠
으며, 페르시스인들과 메가바조스는 수적 우세 덕분에 그들에게 승
리했다. 페린토스가 정복되자, 메가바조스는 자신의 군대를 이끌고
트레이케를 통해 진군하며 모든 국가와 그곳에 사는 모든 종족을 왕
에게 복속시켰다. 메가바조스는 다레이오스에게서 트레이케를 정복

---

1 이하의 이야기는 제4권 제144장에서 이어진다.
2 '파이안'(paian)은 헬라스인이 승리 후 흔히 외치는 소리인데, 대개 아폴론 신
   에 대한 찬가로 통한다.

하라는 임무를 부여받았던 것이다.

3 　트레이케 종족은 모든 인간 중에서 인도스인들 다음으로 최대 종족이다. 그들이 한 사람의 통치를 받거나 모두 한마음이 된다면, 천하무적이 될 것이고 모든 종족 가운데 단연 최강이 되리라고 나는 생각한다. 그러나 이는 그들에게 실현될 수 없고 일어날 가능성도 없어서, 그 때문에 그들이 힘이 약한 것이다. 그들은 이름이 여럿인데 지역에 따라 각각 이름이 있다. 그러나 게타이인, 트라우소이인, 크레스토니아인들 위쪽에 사는 자들을 제외하고는 그들 전체가 모든 점에서 관습이 비슷하다.

4 　이들 중 자신들이 죽지 않는다고 여기는 게타이인들의 행동에 대해서는 내가 이미 말한 바 있다.[3] 트라우소이인들은 다른 모든 점에서는 여타 트레이케인들과 똑같이 행동하지만, 태어나고 죽을 때에는 다음과 같이 행한다. 즉 아이가 태어나면 친척들이 주위에 둘러앉아, 그가 태어난 이상 겪어야 할 온갖 불행에 대해 그를 애도하고 인간의 모든 고통을 열거한다. 하지만 누가 죽으면 그가 이제 그 많은 불행에서 벗어나 완전한 행복을 누리게 되었다고 말하며, 장난을 치고 즐거워하면서 땅에 묻어 준다.

5 　크레스토니아인들 위쪽에 사는 자들은 다음처럼 행동한다. 남자들은 각기 아내를 여럿 거느린다. 그들 중 누가 죽으면 그의 아내들 사이에 누가 남편에게 가장 사랑받았는지를 놓고 큰 격론이 벌어지고 그 친구들 사이에도 그에 관한 열렬한 논쟁이 인다. 가장 사랑받았다고 판정되어 영예를 얻은 아내는 남자들과 여자들에게 찬사를 받고 남편의 무덤 위에서 그녀의 가장 가까운 친척에 의해 죽임을 당한다. 그렇게 죽임을 당한 후 그녀는 남편과 함께 매장된다. 한편 다른 아내들은 이를 큰 불행으로 여긴다. 그녀들에게는 그것이 최대의 수치

3　제4권 제94장 참조.

가 되기 때문이다.

그 밖의 트레이케인들에게는 다음과 같은 관습이 있다. 그들은 자   6
식들을 외국으로 팔아넘긴다. 그들은 미혼 여성들은 감시하지 않고
그녀들이 원하는 남자들과 관계를 갖도록 놔둔다. 그러나 자신들의
아내들은 엄격하게 감시한다. 그들은 큰돈을 주고 아내들을 그녀의
부모에게서 사 온다. 문신을 하는 것은 좋은 가문의 표시로 여겨지며
문신이 없는 경우는 비천한 가문으로 간주된다. 노동하지 않고 지내
는 것이 가장 고귀하게 여겨지고 농사꾼은 가장 천하게 여겨진다. 전
쟁과 약탈로 살아가는 것이 가장 명예로운 일이다.

이것들이 그들의 가장 유별난 관습들이다. 또 그들은 다음의 신들   7
즉 아레스와 디오니소스, 아르테미스만을 숭배한다. 그러나 그들의
지배자들은, 다른 시민들과는 달리, 신들 가운데 헤르메에스를 최고
로 숭배한다. 지배자들은 오로지 그 신만 걸고 서약하며 자신들이 헤
르메에스의 후손이라고 말한다.

그들 가운데 부자들의 장례는 다음처럼 치른다. 그들은 3일 동안   8
시신을 공중 앞에 안치한다. 그리고 먼저 애도를 한 후 온갖 희생제
물들을 죽이고 잔치를 벌인다. 그런 다음 화장(火葬)을 하거나 아니
면 땅에 묻어 장례를 치른다. 그리고 봉분을 쌓고 각종 경연을 거행
하는데, 여기서 최대의 상은 일대일 결투에 주어진다. 이상이 트레이
케인들의 장례 방식이다.

트레이케 지역 북쪽에 어떤 사람들이 살고 있는지는 아무도 정확   9
하게 말할 수 없다. 그러나 이스트로스 강 너머는 사람이 살지 않는
광활한 땅인 것 같다. 이스트로스 강 너머에 산다고 내가 알 수 있는
유일한 사람들은 시긴나이라고 불리는 자들인데, 그들은 메디아식
복장을 착용한다고 한다. 또 그들의 말은 온몸에 털이 텁수룩한데 털
의 길이가 5닥틸로스에 이른다고 한다. 그 말들은 몸통이 왜소하고
들창코이며, 사람을 태우고 다닐 수는 없지만 마차에 매어 끌면 정말
빠르다고 한다. 그래서 그 지역 사람들은 마차를 타고 다닌다고 한

다. 이들의 경계는 아드리에스 해 연안의 에네토이인들 부근에까지 뻗쳐 있다고 한다. 그들은 자신들이 메디아에서 온 식민자들이라고 말한다. 이들이 어떻게 해서 메디아인들의 식민자가 되었는지 나로서는 전혀 짐작할 수 없지만, 오랜 시간 동안에는 무슨 일이건 다 일어날 수 있다. 한편 마살리에[4] 위쪽에 사는 리기에스인들은 소매 상인들을 시긴나이라고 부르고 또 키프로스인들은 창(槍)들을 시긴나이라고 부른다.

10   트레이케인들의 말에 의하면, 이스트로스 강 너머는 온통 벌들이 차지하고 있으며 그것들 때문에 더는 앞으로 나아갈 수가 없다고 한다. 그런데 나로서는 그들의 말이 이치에 맞지 않다고 본다. 벌이라는 동물은 추위를 견디지 못하는 것으로 보이기 때문이다. 내 생각에는 북쪽 지방에 아무도 거주하지 않는 것은 추위 때문이다. 이상이 이 지역에 대해 언급되는 이야기들이다. 어쨌건 메가바조스가 페르시스인들에게 복속시킨 곳은 그 지역의 해안 지대였다.

11   다레이오스는 헬레스폰토스를 건너 사르디에스에 도착하자마자, 밀레토스인 히스티아이오스의 공적과 미틸레네인 코에스의 조언을 기억하고 그들을 사르디에스로 불러 갖고 싶은 것을 택하라고 했다. 히스티아이오스는 밀레토스의 참주였던 터라 더 이상의 참주 권력은 바라지 않았지만 에도노이인들의 미르키노스에 도시를 건설하고 싶어서 그곳을 달라고 요청했다. 히스티아이오스가 그곳을 택한 반면, 코에스는 참주가 아니고 평민이었던 터라 미틸레네의 참주가 되고 싶다고 요청했다.

12   두 사람은 요청이 다 이루어지자 자신들이 택한 곳으로 향했다. 한편 다레이오스는 때마침 다음과 같은 일을 목격하고, 메가바조스에게 파이오니에인들을 정복하여 에우로페에서 아시에로 끌고 오라는

4 오늘날의 마르세유.

명령을 내리기로 마음먹었다. 당시 피그레스와 만티에스라는 파이오
니에인들이 있었다. 그들은 파이오니에인들의 참주가 되고 싶어 했
는데, 다레이오스가 아시에로 건너가자 그들도 키 크고 용모가 아름
다운 그들의 누이를 함께 데리고 사르디에스로 갔다. 그들은 다레이
오스가 리디에인들의 도시 근교에 있는 좌석에 착석하기를 기다렸
다가 다음처럼 행동했다. 그들은 누이를 되도록 잘 치장하여 물을 길
어 오도록 보냈다. 그녀는 머리 위에 물동이를 인 채 팔에 매단 고삐
로 말을 끌고 가면서 아마실을 자았다. 그녀는 지나가면서 다레이오
스의 관심을 끌게 되었다. 그녀가 하는 행동은 페르시스인의 방식도
리디에인의 방식도 아니었고 아시에의 다른 어떤 자들의 방식도 아
니었기 때문이다. 다레이오스는 그것에 관심이 끌리자, 호위대 병사
를 몇 보내 그녀가 그 말을 무엇에 쓰는지 지켜보도록 했다. 이에 그
들은 그녀의 뒤를 따라갔다. 그녀는 강에 다다르자 말에게 물을 먹였
고, 물을 먹인 후에는 물동이에 물을 채워 다시 똑같은 길로 되돌아
갔다. 그러면서 그녀는 머리 위에 물동이를 인 채 팔에 매단 고삐로
말을 끌고 가면서 물렛가락을 계속 돌렸다.

  다레이오스는 그의 정탐병들에게서 들은 말과 자신이 직접 본 것 13
에 경탄하여, 그녀를 자신 앞에 데려오라고 명했다. 그녀가 불려오자,
그리 멀지 않은 곳에서 상황을 지켜보고 있던 그녀의 오리비들도 함
께 왔다. 다레이오스가 그녀에게 어느 나라에서 왔느냐고 묻자 그 젊
은이들은 자신들이 파이오니에인들이며 그녀는 자신들의 누이라고
말했다. 이에 다레이오스가 회답했다. "파이오니에인들은 어떤 사람
들이고 그들이 사는 땅은 어디인가? 또 그대들은 무엇을 바라고 사
르디에스에 왔는가?" 그들은 그에게 말하기를, 자신들은 다레이오스
에게 항복하러 왔고 파이오니에는 헬레스폰토스에서 멀지 않은 스트
리몬 강 유역에 세워진 나라이며 파이오니에인들은 트로이에의 테우
크로이인들에게서 온 식민자들이라고 했다. 그들이 이렇게 다 말하
자, 다레이오스는 그곳의 모든 여자들이 그녀처럼 그렇게 근면하냐

고 물었다. 이에 그들은 열렬히, 그렇다고 대답했다. 사실 그들은 바로 이것을 노리고 그런 일을 했기 때문이다.

14   그러자 다레이오스는 자신이 트레이케에 사령관으로 남겨 놓은 메가바조스에게 서신을 써서, 파이오니에인들을 그들의 고향땅에서 몰아내고 그들과 그들의 자식 및 여자들을 모두 자신에게 데려오라고 명했다. 그 즉시 한 기병이 서신을 가지고 헬레스폰토스로 달려갔고 그곳을 건너가 메가바조스에게 서신을 전달했다. 메가바조스는 그것을 읽고 트레이케 출신의 안내자들을 데리고 파이오니에로 진군했다.

15   파이오니에인들은 페르시스인들이 자신들을 공격해 온다는 소식을 듣자, 모두 함께 모여 바다 쪽으로 진군해 갔다. 그들은 페르시스인들이 그쪽으로 진입해서 공격해 오리라 생각했던 것이다. 파이오니에인들은 메가바조스의 공격 군대를 막을 준비가 되어 있었다. 하지만 페르시스인들은 파이오니에인들이 함께 모여 바다 쪽 입구를 지키고 있음을 알자, 안내자들을 대동하고 내륙 쪽 길로 방향을 돌렸다. 그리하여 페르시스인들은 파이오니에인들 몰래, 사람이 없는 그들의 도시들로 돌진해 갔다. 페르시스인들은 비어 있는 도시들을 공략하여 손쉽게 점령했다. 파이오니에인들은 자신들의 도시들이 점령당했음을 알자, 즉시 해산하여 각각 제 길로 흩어졌으며 페르시스인들에게 항복했다. 그리하여 파이오니에인들 중에서 시리오파이오니에인과 파이오플라이인, 프라시아스 호수에까지 이르는 지역에 살던 자들이 자신들의 고향땅에서 쫓겨나 아시에로 이송되었다.

16   반면에 팡가이온 산과 [도베레스인들, 아그리아네스인들, 오도만토이인들의 지역 및]⁵ 프라시아스 호수 주변에 사는 자들은 메가바조스에게 조금도 정복당하지 않았다. 하지만 메가바조스는 호수 안

─────────

5   슈타인은 이 대목을 원래의 텍스트에 포함시키지 않는다. 도베레스인과 아그리아네스인이 모두 파이오니아인이기 때문에 파이오니아인이 같은 파이오니아인인 그들 주변에 산다는 언급은 적절치 않다는 것이다.

에 사는 자들 역시 공략하려고 했다. 이들이 거주하는 방식은 다음과 같다. 호수 한가운데에 높은 말뚝들 위로 단단히 고정된 고대(高臺)가 세워져 있고, 육지에서 들어오는 좁은 통로는 다리 하나뿐이다. 옛날에는 고대를 떠받치는 말뚝들을 시민들이 모두 협동하여 세웠지만 나중에는 다음과 같은 관습을 통해 세웠다. 그들은 오르벨로스라고 불리는 산에서 말뚝들을 가져오는데, 혼인한 남자는 아내 한 명당 말뚝을 세 개 설치한다. 그들은 각자 여러 아내와 혼인한다. 그들은 이러한 방식으로 거주하는데, 남자는 저마다 고대 위에 자신이 사는 오두막과 고대에서 호수로 내려가는 뚜껑문을 하나 갖는다. 그들은 유아들이 굴러 떨어지지 않을까 우려하여 아이들의 발에 줄을 묶어 둔다. 그들은 말과 운송용 동물들에게 물고기를 먹이로 준다. 그 호수에는 물고기들이 어찌나 많은지 뚜껑문을 열고 빈 통을 줄에 매달아 호수 속으로 내려 보내면 얼마 안 있어 물고기로 가득 찬 통을 들어 올리게 된다. 그 물고기들은 두 종류가 있는데, 파프라케스와 틸로네스라고 불린다.

그리하여 정복된 파이오니에인들은 아시에로 이송되었다. 메가바 17 조스는 파이오니에인들을 정복한 후 마케도니에인들에게 일곱 명의 페르시스인을 사절로 보냈다. 이 페르시스인들은 군대 내에서 메가바소스 나음으로 가장 명망이 높은 사들이있다. 이들은 다레이오스 왕을 위해 흙과 물을 요구하러 아민테스에게 파견된 것이었다. 프라시아스 호수에서 마케도니에까지는 매우 짧은 지름길이 있다. 호수에 이어 맨 먼저 나오는 것이 한 광산인데, 나중에 이 광산에서 알렉산드로스가 매일 은 1탈란톤의 수입을 얻었다.[6] 그리고 광산 다음에

---

6 헤로도토스가 『역사』를 저술한 시기를 고려할 때, 여기서 말하는 알렉산드로스는 페르시아 제국을 멸망시킨 유명한 알렉산드로스 대왕이 아니다. 알렉산드로스라는 이름은 마케도니에 왕들의 이름에 자주 등장하는데, 이는 그중의 한 명이었을 것으로 보인다.

디소론이라 불리는 산을 넘으면 마케도니에에 들어선다.

18   사절로 간 이 페르시스인들은 아민테스에게 도착하자, 그의 면전
에 나아가 다레이오스 왕을 위해 흙과 물을 바칠 것을 요구했다. 이
에 아민테스는 흙과 물을 바치고 그들을 연회에 초대했다. 그는 매우
성대한 정찬을 마련하여 페르시스인들을 극진히 대접했다. 그런데
식사가 끝나고 함께 술을 마시면서 페르시스인들이 이렇게 말했다.
"마케도니에 주인장, 우리 페르시스인들은 성대한 정찬을 차릴 때 우
리의 첩들과 아내들도 데려와 동석하는 관습이 있소이. 그대는 우
리를 흔쾌히 영접하여 후하게 대접하고 또 다레이오스 왕에게 흙과
물을 바쳤으니 우리의 관습을 따르도록 하시오." 이에 아민테스가
말했다. "페르시스인들이여, 우리에겐 그런 관습이 없습니다. 우리
는 남자와 여자가 유별합니다. 그러나 우리의 지배자인 그대들이 그
렇게 요구하시니 그대들 뜻대로 해 드리겠습니다." 아민테스는 이렇
게 말하고 여자들을 부르러 보냈다. 그녀들은 부름을 받고 와서 페르
시스인들의 맞은편에 일렬로 앉았다. 그때 페르시스인들은 아름다운
여자들을 보고, 그러는 것은 결코 현명한 일이 아니라고 아민테스에
게 말했다. 여자들이 와서 옆에 앉지 않고 맞은편에 앉아 그들의 눈
에 고통을 주니 차라리 아예 오지 않는 편이 더 나았을 거라는 말
이었다. 이에 아민테스는 어쩔 수 없이 여자들에게 페르시스인들 옆
에 앉으라고 명했다. 여자들이 그의 명을 따르자, 술에 많이 취한 페
르시스인들은 즉시 그녀들의 가슴을 만지기 시작했고 또 어떤 자는
입을 맞추려고도 했다.

19   아민테스는 이를 보고 분노가 치밀었지만 페르시스인들이 몹시
두려운지라 가만히 있었다. 그러나 아민테스의 아들 알렉산드로스
가 그 자리에 있다가 이것을 목격했다. 그는 젊고 아직 세상의 불행
을 겪지 못한 터라, 더는 참지 못하고 분노하여 아민테스에게 말했
다. "아버님, 아버님은 연세도 있으니 이제 물러가 쉬시고 술은 그만
드세요. 제가 여기 남아 손님들에게 필요한 것들을 다 제공하겠습니

다." 그러자 아민테스는 알렉산드로스가 무언가 시끄러운 일을 벌이려 한다는 것을 간파하고 이렇게 말했다. "애야, 너는 지금 화가 나욱해 있구나. 대체로 네 말을 헤아려 보면, 너는 나를 내보내고 무언가 시끄러운 일을 벌일 심산이구나. 네가 우리를 파멸시키지 않도록, 제발 이 자들에게 해를 끼치지 않길 바란다. 그들의 소행을 보아도 그냥 참도록 해라. 그러나 나보고 물러가라고 한 네 말은 따르겠다."

아민테스가 이렇게 당부한 다음 그곳을 떠나자, 알렉산드로스가 20 페르시스인들에게 말했다. "손님 여러분, 이 여자들은 여러분이 맘대로 하실 수 있습니다. 원하신다면 모든 여자들과 동침할 수도 있고 또 그들 중 어느 여자들과도 동침할 수 있습니다. 그에 대한 여러분 자신의 뜻을 말씀해 주십시오. 하지만 이제 여러분이 잠자리에 들 시간이 거의 되고 또 제가 보기에 여러분도 많이 취하셨으니, 여러분이 좋으시다면, 이 여자들을 내보내 몸을 씻도록 하고 씻은 후에 그녀들을 다시 맞도록 하시지요." 그가 이렇게 말하자 페르시스인들이 동의했다. 여자들이 나오자 알렉산드로스는 그녀들을 여자 구역으로 내보냈다. 반면에 그 자신은 그 여자들 수와 똑같게 수염 안 난 남자들에게 여자 옷을 입히고 단검을 주어 안으로 데려갔다. 그는 그들을 데리고 들어가 페르시스인들에게 이렇게 말했다. "페르시스인들이여, 아마도 여러분은 완벽한 향연으로 환대받으셨을 겁니다 우리가 가진 모든 것과 또 우리가 구해서 드릴 수 있는 모든 것을 여러분께 다 제공해 드렸고, 게다가 모두 중에서도 가장 귀중한 우리 자신의 어머니들과 누이들까지 아낌없이 여러분께 바치니 말입니다. 이는 우리가 여러분에게 여러분이 마땅히 누릴 그런 영예를 드리고 있음을 여러분이 확실히 아시도록 하고, 또 여러분이 자신들을 보내신 왕께 가서 그의 마케도니에 총독인 한 헬라스인이 여러분을 식탁과 잠자리로 환대했다고 보고하시도록 하기 위함입니다." 알렉산드로스는 이렇게 말하고 마케도니에 남자를 여자인 양 페르시스 남자 옆에 각각 앉게 했다. 그리고 그 마케도니에인들은 페르시스인들이 자신들을 만지려고 하자 그들을 살해했다.

21   페르시스인들은 이런 식으로 살해되었고, 그들뿐 아니라 그들의
하인들도 죽임을 당했다. 이 페르시스인들을 따라 수레와 하인들과
온갖 장비들이 함께 왔던 것이다. 이 모든 것들이 사절들 전원과 함
께 제거되어 사라졌다. 그 후 오래지 않아 페르시스인들이 이들에 대
한 대대적인 수색을 벌였다. 알렉산드로스는 지혜를 써서 그 일을 못
하게 막았는데, 막대한 재화와 기가이에라고 불리는 자신의 친누이
를 선물로 바쳤던 것이다. 알렉산드로스는 피살자들을 수색하는 부
대의 통솔자인 페르시스인 부바레스에게 이 선물들을 바치고 그 일
을 막았다.

22   이들 페르시스인의 죽음은 그렇게 은폐되어 비밀에 부쳐졌다. 한
편 이 페르디케스의 후손들[7]은 자신들이 헬라스인이라고 주장하는
데, 마침 나 자신도 그렇게 알고 있다. 나는 뒷부분의 이야기에서[8] 그
들이 헬라스인임을 입증해 보이겠다. 게다가 올림피에에서 경기를
관장하는 헬레노디카이도 그렇다고 인정한 바 있다. 언젠가 알렉산
드로스가 올림피에에서 경기를 치르기로 결정하고 그것을 위해 경기
장으로 내려갔을 때, 그와 겨룰 헬라스인들이 경기는 헬라스인들을
위한 것이지 이방인 경기자들을 위한 것이 아니라고 주장하며 그를
제지하려 했다. 그러나 알렉산드로스는 자신이 아르고스인임을 입증
하여 헬라스인으로 판정받았다. 그리고 경주(競走) 경기에 나가 1위
로 같이 들어왔다.[9]

23   그때 그런 일이 일어났다. 한편 메가바조스는 파이오니에인들을
이끌고 헬레스폰토스에 도착했다. 그 후 그는 그곳을 건너 사르디에

---

7 '페르디케스의 후손들'은 마케도니아 왕들을 가리킨다. 페르디케스는 마케도
   니아 왕들의 조상이었다고 전한다. 이에 대해서는 제8권 제137~39장 참조.
8 제8권 제137~39장.
9 '1위로 같이 들어왔다'는 것은 무승부로 비겼음을 뜻한다.

스로 갔다. 이때 밀레토스의 히스티아이오스는 부교 수호에 대한 포상으로 다레이오스에게 요청하여 받은 곳을 요새화하고 있었다. 이 지역은 스트리몬 강 유역에 있으며 이름은 미르키노스라고 한다. 메가바조스는 히스티아이오스가 벌이고 있는 일에 대해 듣고서, 파이오니에인들을 이끌고 사르디에스에 도착하자마자 다레이오스에게 다음과 같이 말했다. "전하, 도대체 무슨 일을 하신 겁니까. 그 교활하고 영리한 헬라스인에게 트레이케에 도시를 건설하라고 주시다니요. 그곳에는 선박 건조에 유용한 나무들이 풍부하고 노를 만드는 재목들도 많으며 은광들도 있고, 또 주위에는 헬라스인과 이방인들이 대규모로 무리지어 살고 있습니다. 이들이 지도자를 얻게 될 경우에는 무엇이건 그가 지시하는 것을 밤낮으로 이행할 것입니다. 그러니 전하께서는 내전에 휩싸이지 않도록 이 자가 하는 일을 그만두게 하시옵소서. 하지만 정중한 방식으로 불러들여 중단토록 하시고, 일단 그를 붙잡으면 다시는 헬라스로 가지 못하게 하시옵소서."

메가바조스가 이렇게 말하자, 다레이오스도 그가 미래의 일을 잘 24 예견했다고 여겨 그의 말에 선뜻 수긍했다. 그 후 다레이오스는 미르키노스에 사절을 보내 이렇게 전했다. "히스티아이오스여, 다음은 다레이오스 왕의 말씀이시오. 내가 곰곰이 생각해 보니 나와 내 일에 그대보다 더 우호적인 사람은 없음을 알게 되었소, 니는 그대의 말이 아니라 행동을 바탕으로 그것을 알고 있소. 그리하여 지금 내가 어떤 중대한 일을 행하려고 생각 중인데, 내가 그 일을 그대와 상의할 수 있도록 여하간 꼭 나에게 와 주시오." 히스티아이오스는 이 말을 믿고, 왕의 조언자가 된다는 것을 대단하게 여기며 사르디에스로 왔다. 그가 도착하자 다레이오스가 그에게 말했다. "히스티아이오스여, 내가 그대를 부르러 보낸 이유는 이렇소. 내가 스키티에서 돌아와 그대를 더는 볼 수 없게 되자마자, 그 잠깐 사이에 내가 희구한 것은 바로 그대와 다시 만나 이야기를 나누는 것이었소. 나는 모든 재산 가운데 가장 귀한 것이 지혜롭고 호의적인 친구임을 깨달았소. 나는 그대가 이 둘을 다 갖추고 있음을 알고 있으며, 나의 일에서 그것을 증명할 수가 있소. 이제 그대가 친절하게도 와 주었으니 그대에게 이런 제안을 하리다. 그대는 밀레토스와 새로 트레이케에 건설한 도시를 그대로 두고, 나를 따라 수사로 가서 내가 가진 것을 다 갖고 내 식탁에서 함께 식사하며 내 조언자가 되어 주시오."

25   다레이오스는 이렇게 말한 후 자신과 아버지가 같은 동생인 아르타프레네스를 사르디에스 총독으로 임명하고, 히스티아이오스를 대동한 채 수사로 떠났다. 또 그는 오타네스를 해안 지대 주민들의 군사령관으로 임명했다. 이 오타네스의 아버지 시삼네스는 왕립 재판관의 일원이었는데, 돈을 받고 부정한 재판을 했다는 이유로 캄비세스 왕이 그의 목을 베고 살가죽을 모두 벗기게 했다. 가죽을 벗겨 낸 후에는 그것을 잘라 가죽끈을 만들고 그것들로 그가 앉아 재판하던 의자를 단단히 두르게 했다. 그렇게 한 후 캄비세스는 자신이 죽여 살가죽을 벗긴 시삼네스 대신에 시삼네스의 아들을 재판관에 임명했는데, 왕은 그에게 그가 앉아 재판하는 의자가 어떤 의자인지를 기억하라고 일러두었다.

26   그 의자에 앉아 있던 이 오타네스가 이제 메가바조스의 뒤를 이어 군사령관이 되었다. 그는 비잔티온과 칼케도니에를 점령하고 트로이아스 지방의 안탄드로스와 람포니온도 점령했다. 그는 또 레스보스인들에게서 선박을 얻어 렘노스와 임브로스를 점령했는데, 두 섬에는 그때에도 여전히 펠라스기에인들이 살고 있었다.

27   렘노스인들은 잘 싸우며 방어했지만 결국은 함락되고 말았다. 페르시스인들은 사모스의 지배자였던 마이안드리오스의 아우 리카레토스를 살아남은 렘노스인들의 통치자로 앉혔다. 이 리카레토스는 렘노스를 다스리던 중 죽음을 맞았다. 그 이유는 다음과 같다. 즉 그는 렘노스에서 어떤 자들에겐 스키티에 원정 복무를 거부했다는 죄를, 또 어떤 자들에겐 스키티에에서 귀환하는 다레이오스 군대에 손해를 입혔다는 죄를 씌워, 모든 렘노스인들을 노예로 만들고 억압했

던 것이다.

오타네스가 군사령관이었을 때 거둔 성과는 이러한 것이었다. 그 **28** 후 얼마 동안 재난이 뜨음하다가, 낙소스와 밀레토스로 말미암아 이오네스인들에게 또다시 재앙이 닥쳐왔다. 낙소스는 다른 섬들을 능가하는 번영을 누리고 있었고, 밀레토스도 똑같은 무렵에 자체의 최고 전성기를 구가하고 더욱이 이오니에의 돋보이는 존재가 되었다. 그러나 밀레토스는 이보다 두 세대 전에 파로스인들이 사태를 조정해 줄 때까지 내분으로 엄청난 고통을 겪은 적이 있었다. 밀레토스인들이 모든 헬라스인 중에서도 파로스인들을 조정자로 택했던 것이다.

파로스인들은 그들을 다음의 방식으로 중재했다. 파로스의 최고 **29** 인사들은 밀레토스에 가서 그곳의 가산이 극심하게 파괴된 것을 보고, 온 나라를 둘러보고 싶다고 말했다. 그들은 실제로 그렇게 했는데, 밀레토스의 전역을 돌아다니며 황량한 농촌에서 잘 경작된 농지를 보게 되면 그 농지 주인의 이름을 적어 두었다. 그들은 온 나라를 돌아다니며 그러한 자들이 매우 소수임을 알았다. 그리고 도시로 돌아오자마자 민회를 소집하여, 잘 경작되었다고 파악된 농지의 주인들에게 나라를 통치하도록 맡겼다. 파로스인들은 이들이 자신들의 일과 마찬가지로 공적인 일도 그렇게 잘 보살필 것으로 생각된다고 말했다. 파로스인들은 전에 내분을 벌이던 여타 밀레토스인들이 이들에게 복종할 것을 지시했다.

파로스인들은 그렇게 밀레토스인들을 화해시켰다. 그런데 이제 이 **30** 나라들로 말미암아 이오네스에 다음과 같이 재앙이 닥쳐왔다. 당시 낙소스에서 몇몇 부자들이 평민들에 의해 추방되었는데, 그들은 추방되어 밀레토스로 갔다. 그때 밀레토스를 통치하던 자는 몰파고레스의 아들 아리스타고레스였는데, 그는 다레이오스가 수사에 붙들고 있는, 리사고레스의 아들 히스티아이오스의 사위이자 사촌형제였다. 히스티아이오스는 밀레토스의 참주였지만, 전에 히스티아이오스의 외빈이었던 이들 낙소스인이 밀레토스에 도착한 바로 그때에는 수사에 머물러 있었기 때문이다. 낙소스인들은 밀레토스에 도착하자, 아리스타고레스에게 자신들이 조국으로 돌아갈 수 있도록 약간의 병력을 제공해 달라고 요청했다. 아리스타고레스는 그들이 자신의 지원을 통해 그들의 나라로 돌아가게 되면 자신이 낙소스를 지배하게 될 것으로 생각하고, 그들이 히스티아이오스의 외빈임을 구실로 하여 그들에게 다음과 같은 의견을 제시했다. "나 자신은 지금 그대들의 나라를 장악하고 있는 낙소스인들의 뜻에 반해 그대들을 귀환시킬 만한 병력을 그대들에게 제공할 힘이 없소. 나는 낙소스인들이 8,000명의 보병과 수많은 전선(戰船)을 갖고 있다고 들었기 때문이오. 하지만 나는 진력을 다해 방법을 강구해 보겠소. 지금 내가 구상하고 있는 것은 다음과 같소이다. 마침 아르타프레네스가 내 친구요. 또, 알다시피, 아르타프레네스는 히스타스페스의 아들로 다레이오스 왕의 아우이며 아시에의 모든 해안 지대 주민들을 다스리고 있소. 그는 대규모 군대와 많은 선박들을 지니고 있소. 이 사람은 우리가 원하는 것을 무엇이든 해 줄 것이라 생각되오." 낙소스인들은 이 말을 듣고서 아리스타고레스에게 되도록 가장 좋게 일을 처리해 달라고 일임했다. 또 자신들이 다 부담하겠으니 아르타프레네스에게 선물과 군대 경비를 약속하라고 그에게 일러두었다. 그들은 자신들이 낙소스에 나타나면 낙소스인들이 자신들의 명령을 무엇이든 다 이행할 것이고 다른 섬의 주민들도 마찬가지로 그리할 것이라고 크게 기대했기 때문이다. 아직은 이 키클라데스 군도[10]의 섬들 가운데 어느 것도 다레이오스에게 예속되지 않았던 것이다.

31   아리스타고레스는 사르디에스에 도착하자, 아르타프레네스에게 낙

---

10 에게 해의 신성한 섬 델로스 주변에 원형처럼 늘어선 일련의 섬들. 낙소스, 안드로스, 파로스, 미코노스, 테노스 등이 이에 속한다. 키클라데스 (Kyklades)는 '원'·'원형'이라는 뜻의 그리스어 '키클로스'(kyklos)에서 유래한 명칭이다.

소스는 규모 면에서 큰 섬이 아니지만 그 밖의 점에서는 아름답고 비옥하고 이오니에에 가까우며 또 재물과 노예가 많은 섬이라고 말했다. "그러니 각하께서는 이 나라에 출정하여 그곳에서 추방된 자들을 다시 복귀시키도록 하시옵소서. 각하께서 그렇게 하실 경우, 군대 경비를 웃도는 막대한 돈을 제가 준비해 두었습니다. 그것은 각하를 그리하도록 이끈 저희들이 제공해야 마땅한 것이니까요. 게다가 각하께서는 낙소스 섬 자체뿐만 아니라 그 섬에 의존해 있는 파로스와 안드로스, 키클라데스라고 불리는 군도의 나머지 섬들도 왕의 새로운 영토로 얻으시게 될 겁니다. 또 이곳을 기점으로 시작하면 에우보이아를 쉽게 공격할 수 있을 겁니다. 에우보이아는 크고 풍요로운 섬으로, 크기는 키프로스 못지않은데 점령하기가 아주 쉽습니다. 이 섬들을 다 정복하는 데에는 선박 100척이면 충분합니다." 그러자 아르타프레네스가 이렇게 대답했다. "그대의 제안은 왕가에 매우 유익한 것이오. 그대의 조언은 선박의 척수만 빼고 다 훌륭하오. 봄이 되면 선박 100척이 아니라 200척을 그대를 위해 준비해 놓겠소. 하지만 왕께서 친히 이를 승낙하셔야 하오."

아리스타고레스는 이 말을 듣고 크게 기뻐하며 밀레토스로 돌아 32 갔다. 한편 아르타프레네스는 수사로 사절을 보내 아리스타고레스가 말한 내용을 전했고, 그에 대해 다레이오스 자신도 찬동했다. 이에 아르타프레네스는 삼단노선 200척을 준비하고 페르시스인들과 그 밖의 동맹국들로 구성된 대규모 군대를 갖춘 다음 메가바테스를 그들의 지휘관으로 임명했다. 메가바테스는 아카이메니다이 가문의 페르시스인으로 아르타프레네스와 다레이오스의 사촌이었다. 전하는 이야기가 사실이라면, 라케다이몬 사람인 클레옴브로토스의 아들 파우사니에스가 헬라스의 참주가 되려는 열망을 품고 훗날 그의 딸과 혼약을 했다. 아르타프레네스는 메가바테스를 지휘관으로 임명한 후 그의 군대를 아리스타고레스에게 보냈다.[11]

메가바테스는 밀레토스에서 아리스타고레스와 이오네스인 군대와 33

낙소스인들을 합류시킨 다음 헬레스폰토스로 간다는 구실하에 출항
했다. 그러나 키오스에 닿자, 북풍을 통해 낙소스로 건너가려고 배들
을 카우카사에 기항시켰다. 그런데 낙소스인들이 이 원정에 의해 멸
망될 운명이 아니었는지, 마침 다음과 같은 일이 일어났다. 메가바테
스가 배의 보초들을 돌아보며 순시하고 있을 때 마침 민도스의 배에
보초가 하나도 없었다. 메가바테스는 매우 화가 나서 호위병들에게
명령하여, 스킬락스라고 불리는 이 배의 선장을 찾아서 그 자를 배의
노 구멍에 집어넣고 머리는 배의 바깥에 몸은 안에 있는 채로 묶도록
했다. 스킬락스가 이렇게 결박당하자, 누군가 아리스타고레스에게
가서 메가바테스가 아리스타고레스의 민도스인 외빈을 결박하여 학
대하고 있다고 알렸다. 아리스타고레스는 페르시스인에게 가서 간청
했으나 자신의 청이 받아들여지지 않자, 그 자신이 가서 스킬락스를
풀어 주었다. 메가바테스가 이를 듣고 격노하여 아리스타고레스에게
화를 퍼부었다. 이에 아리스타고레스가 말했다. "그대가 이 일과 무
슨 관계가 있습니까? 아르타프레네스께서는 그대를 보내 나에게 복
종하고 내가 지시하는 곳으로 항해하도록 하지 않았나요? 그런데 왜
이리 간섭을 하십니까?" 아리스타고레스의 말은 이러했다. 메가바테
스는 그 말에 분노가 치밀어, 밤이 되자 낙소스에 배편으로 사람들을
보내 낙소스인들에게 닥칠 일의 전말을 일러 주었다.

34   낙소스인들은 이 원정이 자신들을 목표로 하리라고는 전혀 예상
하지 않았다. 그러나 그것을 알게 되자 즉시 들판에 있는 것들을 모
두 성안으로 들여왔으며, 포위 공격에 대비해 식량과 마실 것을 준비
하고 성벽을 보강했다. 그들은 전쟁이 자신들에게 닥칠 것으로 보고,
모든 준비를 갖추었다. 그리하여 적들이 키오스에서 배를 타고 낙소
스로 건너와 공격했을 때, 낙소스인들은 이미 방어 준비를 갖추고 있

---

11 기원전 499년.

었다. 원정군은 4개월 동안 그곳을 포위 공격 했다. 그런데 페르시스인들이 오면서 가져온 돈이 다 바닥나고 아리스타고레스 자신도 따로 많은 돈을 썼다. 그래도 포위 공격에 돈이 더 필요하게 되자, 그들은 낙소스인 추방자들을 위해 성채 하나를 지어 주고 별 성과 없이 본토로 돌아갔다.

아리스타고레스는 아르타프레네스에 대한 약속을 이행하지 못했 35 다. 또 그는 원정 비용을 갚으라는 요구로 곤경에 처했고 군대의 미흡한 성과와 메가바테스와의 불화 때문에 걱정이 되었다. 그는 자신이 밀레토스의 통치권을 잃을 것으로 생각했다. 그래서 그는 이 모든 것을 우려하여 반란을 꾀하기로 했다. 그런데 그때 마침 수사의 히스티아이오스에게서 머리에 문신을 새긴 자가 도착하여, 아리스타고레스더러 왕에게 반란을 일으키라는 뜻을 전했다. 히스티아이오스는 반란을 일으키라는 뜻을 아리스타고레스에게 전하고 싶었지만, 도로가 모두 감시를 받고 있어서 그 뜻을 안전하게 전할 다른 방도가 없었던 것이다. 그는 노예들 가운데 가장 믿을 만한 자의 머리털을 짧게 깎은 후에 문신을 새기고 머리털이 다시 자라기를 기다렸다. 그리고 머리털이 자라자마자 그를 밀레토스로 보내면서, 그에게 다른 말은 전혀 이르지 않고 단지 밀레토스에 도착하면 아리스타고레스에게 사신의 머리털을 깎고 머리를 살펴보라는 말만 전하라고 일러두었다. 그 문신 표시는 내가 앞서도 언급했듯이 반란을 의미하는 것이었다. 히스티아이오스가 이런 일을 한 것은 자신이 수사에 억류당한 것을 매우 탐탁치 않게 여겼기 때문이다. 그는 반란이 일어나면 자신이 해안 지대로 보내질 가능성이 크지만 밀레토스에서 무언가 혼란이 일어나지 않으면 다시는 그곳에 돌아가지 못할 것이라고 여겼다.

히스티아이오스는 이런 의도로 사자를 보냈는데, 마침 아리스타고 36 레스에게 이 모든 일이 동시에 함께 일어났던 것이다. 그래서 아리스타고레스는 자신의 당파 사람들과 협의하며, 그들에게 자신의 입장과 히스티아이오스에게서 온 전갈을 알렸다. 다른 사람들은 모두 그의 견해에 찬동하여 반란을 일으키자고 주장했다. 하지만 연대기 작가 헤카타이오스는 처음에 페르시스인들의 왕과 전쟁을 하는 것에 반대하며 다레이오스가 지배하는 모든 종족과 다레이오스의 세력을 열거했다. 그러나 자신의 말이 남들의 호응을 받지 못하자, 이번에는 그들더러 해상의 지배자가 되어 볼 것을 조언했다. 그는 다른 방법으로는 절대 그것을 이룰 수 없을 것으로 본다고 말했다. 밀레토스의 세력이 미약함을 알기 때문이라고 했다. 다만 브랑키다이에 있는 성소에서 전에 리디에인 크로이소스가 봉헌했던 재화들을 탈취한다면 그들이 해상을 지배할 가능성이 매우 높다고 보았다. 그렇게 하면 그 재화들을 그들 자신이 쓸 수 있고 적들이 빼앗아 가지 못할 것이라고 했다. 그 재화들은, 내가 이야기의 처음 부분에서 밝혔듯이,[12] 실로 막대한 것이었다. 헤카타이오스의 이 의견은 받아들여지지 않았다. 오히려 그들은 반란을 일으키기로 결정했고 그들 중 한 명이 미우스에 있는 군대, 즉 낙소스에서 물러나 그곳에 주둔해 있던 군대로 배를 타고 가서 그곳 배들에 승선해 있는 장군들을 생포하기로 했다.

37   바로 이를 위해 이에트라고레스가 파견되었고, 그는 계략을 써서 밀라사인 이바놀리스의 아들 올리아토스, 테르메라인 팀네스의 아들 히스티아이오스, 에룩산드로스의 아들 코에스—바로 이 자에게 다레이오스가 미틸레네를 선사했다—, 키메인 헤라클레이데스의 아들 아리스타고레스와 그 밖의 여럿을 생포했다. 그리하여 아리스타고레스는 공개적으로 반란을 일으켰고 다레이오스에게 해가 되는 일은 무엇이든 도모했다. 우선 그는 밀레토스인들이 자발적으로 반란에 동참하도록 하려고 명목상으로 참주정을 폐지하고 밀레토스에 이소노미에[13]를 수립했다. 그런 후 그는 이오니에의 여타 지역에서도 똑

---

12   제1권 제92장 참조.
13   '법 앞의 평등'을 나타내는 말이지만, 여기서는 그러한 이념이 실현된 민주정치를 의미한다.

같은 일을 시행했다. 그는 일부 참주들을 추방했으며, 낙소스로 함께 원정했던 배들에서 생포한 참주들은 그들이 속한 국가들과 우호를 맺기를 원해 그 국가들에 인도했다. 그는 그들 각자가 속한 국가들에 그들을 모두 인도했다.

미틸레네인들은 코에스를 인도받은 즉시 그를 끌어내 돌로 쳐 죽 38 였다. 하지만 키메인들은 그들의 참주를 풀어 주었다. 다른 국가들도 대부분 똑같이 풀어 주었다. 그리하여 그 나라들에서는 참주들이 종 말을 맞았다. 한편 밀레토스의 아리스타고레스는 참주들을 종식시킨 후 각 나라에서 각각의 군사 지휘관을 임명하라고 지시했다. 그런 다 음 그 자신은 삼단노선을 타고 라케다이몬으로 사절로 갔다.[14] 그로 서는 어떤 강력한 우방을 찾아야 할 필요가 있었기 때문이다.

스파르테 왕으로 있던 레온의 아들 아낙산드리데스가 더는 살지 39 못하고 죽자, 아낙산드리데스의 아들 클레오메네스가 왕위를 차지했 다. 그가 왕이 된 것은 그의 남성적 덕성 덕분이 아니고 혈통에 따른 것이었다. 아낙산드리데스는 누이의 딸을 아내로 맞아 그녀를 몹시 총애했지만 그들에게 아들이 태어나지 않았다. 사정이 이렇게 되자 감찰관들이 그를 불러서 말했다. "전하께서 자신의 일을 미리 대비 하지 않으신다 하더라도, 저희들은 에우리스테네스 가문의 대가 끊 기는 것을 두고 볼 수 없습니다. 현 왕비께서 전하께 사식을 낳아 주 지 못하니 왕비를 내보내고 다른 여자와 혼인하도록 하시옵소서. 그 렇게 하시면 스파르테인들이 기뻐할 것입니다." 그러자 아낙산드리 데스가 대답하기를, 자신은 그 두 가지 중 어느 것도 이행하지 않겠 다고 말했다. 또 자신에게 아무런 죄도 저지르지 않은 아내를 내쫓고 다른 여자와 혼인하기를 권유하는 그들의 조언은 잘못된 것이라고 말했다. 그는 그들의 말에 따르지 않겠다고 말했다.

---

14 기원전 499년.

40   그에 대해 감찰관들과 원로회 의원들이 함께 협의하여 아낙산드리
테스에게 다음과 같이 제안했다. "저희가 보기에 전하께서 실로 지금
의 왕비를 꼭 고집하고 계시니, 그럼 이렇게 해 주셨으면 합니다. 스
파르테인들이 전하에 관해 무슨 안 좋은 결정을 하지 않도록 이 제안
을 거부하지 마시기 바랍니다. 저희는 전하께 지금의 왕비와 헤어지
시라고 요청하지 않을 겁니다. 대신 전하께서는 현 왕비에게 지금 제
공하는 것을 모두 계속 제공하시되 현 왕비 외에 자식을 낳아 줄 왕
비를 한 명 더 얻으시옵소서." 그들이 이렇게 말하자 아낙산드리데스
가 그에 동의했다. 그 후 그는 두 왕비를 거느리고 두 집 살림을 했는
데, 이는 스파르테인들의 관습과 전혀 다른 것이었다.

41   그 후 얼마 안 되어 나중에 들어온 왕비가 이 클레오메네스를 낳았
다. 그리하여 그녀는 스파르테인들에게 왕위 계승자를 낳아 주었다.
그런데 이전까지 자식이 없던 첫 번째 왕비도 우연의 일치인지 여하
튼 바로 그때 임신을 했다. 그녀는 실제로 임신을 했는데도, 나중에
들어온 부인의 친척들이 이를 알고 그녀를 들볶기 시작했다. 그들은
그녀가 허풍을 떨고 있으며 다른 아이로 대신하려 한다고 주장했다.
그들이 하도 법석을 떨었으므로, 산달이 되자 감찰관들도 의혹을 품
고 그녀 주위에 둘러앉아 그녀가 출산하는 것을 지켜보았다. 그녀는
도리에우스를 낳았고 곧이어 레오니데스를 임신했으며 그 후 다시
곧 클레옴브로토스를 임신했다. 어떤 자들은 클레옴브로토스와 레오
니데스가 쌍둥이로 태어났다고 말한다. 클레오메네스를 낳은, 두 번
째로 들어온 왕비는 데마르메노스의 아들 프리네타데스의 딸이었는
데, 더는 자식을 낳지 못했다.

42   클레오메네스는 정신이 정상이 아니고 좀 실성한 상태였다고 한
다. 반면 도리에우스는 같은 또래의 모든 자들 중에서 가장 뛰어났
다. 그는 자신의 남성적 덕성에 맞게 자신이 왕위를 차지할 것으로
믿고 있었다. 그런 마음을 갖고 있던 도리에우스는, 아낙산드리데스
가 죽은 후 라케다이몬인들이 관습에 따라 가장 연장자인 클레오메

네스를 왕으로 세우자, 크게 분노하여 클레오메네스 왕의 지배를 받기를 거부했다. 그래서 그는 스파르테인들에게 일단의 사람들을 요청한 후 그들을 이끌고 식민시 건설에 나섰다. 이때 그는 어느 곳으로 식민을 하러 갈지 델포이 신탁에 묻지도 않았고 또 관례적 조치들도 전연 이행하지 않았다. 그는 격노하여 리비에를 향해 출항했다. 그를 안내한 것은 테라인들이었다. 그는 리비에에 도착하여 키닙스 강 변에 있는, 리비에에서 가장 아름다운 곳에 정착했다. 그러나 그는 3년째 해에 마카이인과 리비에인, 카르케돈인들에게 그곳에서 쫓겨나 펠로폰네소스로 돌아왔다.

그때 엘레온인 안티카레스가 라이오스의 신탁들[15]에 따라 도리에 43 우스에게 시켈리에의 헤라클레이에에 식민하라고 조언해 주었다. 안티카레스는 주장하기를, 헤라클레에스 자신이 에릭스 지역을 손에 넣었으므로 에릭스 전역은 헤라클레에스 후손들의 소유라고 했다. 도리에우스는 이 말을 듣고 델포이로 가서, 자신이 지금 가려고 하는 지역을 차지하게 될 것인지 신탁에 물었다. 피티에 여사제는 그에게 그곳을 차지할 것이라고 신탁을 내렸다. 그리하여 도리에우스는 자신이 리비에로 이끌고 갔던 무리를 데리고 이탈리에를 향해 떠났다.

시바리스인들의 말에 의하면, 바로 이 시기에[16] 시바리스인들 자신 44 과 그들의 왕 텔리스가 크로톤에 원정하려고 했는데, 이에 매우 놀란 크로톤인들이 도리에우스에게 자신들을 도와 달라고 요청했고 도리에우스가 이에 응했다고 한다. 그리하여 도리에우스는 시바리스 원정에 함께 참여하여 시바리스 정복을 도왔다고 한다. 이상은 시바리

---

15 '라이오스의 신탁들'은 라이오스(Laios)에게 내려진 신탁들 혹은 라이오스가 수집한 신탁들을 가리킨다. 안티카레스(Antichares)는 라이오스의 이름으로 전해 오는 출처 미상의 신탁들을 이용해 앞날을 점치는 예언가였을 것으로 보인다. 여기서 라이오스는 오이디푸스의 아버지 라이오스를 말한다.

16 기원전 510년경.

스인들이 도리에우스와 그의 일행의 행적에 대해 말한 내용이다. 그러나 크로톤인들은 자신들이 시바리스인들과 벌인 전쟁에서 엘리스의 예언자인 이아미다이 가문의 칼리에스 말고는 어떤 외국인의 도움도 받지 않았다고 말한다. 그들이 이 칼리에스의 도움을 받게 된 경위는 다음과 같다고 한다. 칼리에스가 크로톤 원정을 위해 희생제물을 바칠 때 아무런 길조가 나오지 않자 시바리스인들의 참주 텔리스에게서 도망쳐 크로톤인들에게로 왔다는 것이다.

45   이것은 크로톤인들이 말해 준 것이다. 시바리스인들과 크로톤인들은 각기 자신들의 이야기에 대해 다음의 증거들을 제시한다. 시바리스인들은 크라티스 강의 마른 바닥 가까이에 있는 성역과 신전을 증거로 든다. 그들은 도리에우스가 시바리스 정복을 도와준 후 크라티에라는 별명을 지닌 아테나이에[17]를 기려 그 신전을 지었다고 말한다. 또 그들은 도리에우스 자신의 죽음을 가장 분명한 증거로 드는데, 그가 신탁에 반하는 행동을 하다가 죽은 것이라고 한다. 만일 그가 원래 착수했던 일을 하고 그 밖의 다른 일을 하지 않았더라면 에릭스 지역을 점령하여 차지했을 것이고 그 자신과 그의 군대도 파멸하지 않았으리라는 것이다. 한편 크로톤인들은 크로톤 지역에 엘리스의 칼리에스에게 주어진 정선된 토지들이 많이 있는 데 반해— 그곳에는 나의 시대에도 여전히 칼리에스 후손들이 거주하고 있었다—도리에우스와 그의 후손들에게는 하나도 주어진 것이 없다는 점을 증거로 제시한다. 더욱이 도리에우스가 시바리스인들과 벌인 전쟁에 함께 참전했다면 칼리에스가 받은 것의 몇 배를 받았을 것이라고 한다. 이상은 그들 양측이 제시하는 증거들이다. 누구든 각기 이 중에서 수긍이 가는 쪽에 동의하면 될 것이다.

---

17 '크라티에'(krathie)는 '크라티스의'라는 뜻이므로, '크라티에 아테나이에'는 '크라티스의 아테나'를 의미한다. 이는 크라티스 강 변의 신전에 모신 아테나 여신을 특별히 지칭하는 것이라 하겠다.

다른 스파르테인들도 식민시 건설에 동참하기 위해 도리에우스와 46
함께 항해했는데, 테살로스, 파라이바테스, 켈레에스, 에우릴레온이
그들이다. 이들은 전체 무리와 함께 시켈리에로 갔다가 포이니케인
과 에게스타인들에게 전투에서 패해 파멸했다. 식민시 건설에 동참
한 자들 가운데 에우릴레온 혼자만이 이 재난에서 살아남았다. 그는
남아 있는 군대를 모아 셀리누스인들의 식민시인 미노에를 점령하
고 셀리누스인들이 그들의 군주 페이타고레스에게서 해방되도록 도
와주었다. 그런데 에우릴레온은 페이타고레스를 폐위한 후에 자신이
셀리누스인들의 참주가 되려 했고 잠시 동안 그들을 통치했다. 셀리
누스인들이 곧 에우릴레온에게 항거하여, 아고레 제우스의 제단으로
피신한 그를 죽였기 때문이다.

크로톤인인 부타키데스의 아들 필리포스도 도리에우스를 따라다 47
니다가 그와 함께 죽었다. 필리포스는 시바리스의 텔리스의 딸과 혼
약하여 크로톤에서 추방된 자였다. 그는 혼인이 좌절되자 배를 타고
키레네로 갔다가, 그곳에서 출발하여 도리에우스를 따라다녔다. 필
리포스는 자신의 삼단노선을 거느리고 선원들 경비도 자비로 부담하
며 그를 따라다녔다. 필리포스는 올림피아 경기[18]의 우승자였고 당대
헬라스인 중에서 가장 잘생긴 미남이었다. 그는 잘생긴 용모 때문에

18 올림피아의 올림피아 제전에서 거행된 운동경기. 고대 그리스에서는 신들을
위한 제전 행사의 일환으로 운동경기가 거행되곤 했다. 모든 그리스인들이
참가한 범그리스적인 4대 제전으로는 제우스를 기리는 올림피아 제전과 네
메아 제전, 아폴론을 기리는 피티아 제전, 포세이돈을 기리는 이스트미아 제
전이 있었는데, 그때마다 운동경기가 열렸다. 이 중 올림피아 경기와 피티아
경기는 4년마다, 네메아 경기와 이스트미아 경기는 2년마다 열렸다. 이들 네
경기의 순서를 4년 주기로 정리하면, 첫째 해에는 올림피아 경기, 둘째 해에
는 네메아 경기와 이스트미아 경기, 셋째 해에는 피티아 경기, 넷째 해에는
네메아 경기와 이스트미아 경기가 거행되었다. 올림피아 경기는 올림피아,
피티아 경기는 델포이, 네메아 경기는 네메아, 이스트미아 경기는 코린토스
의 이스트모스에서 각각 열렸다.

에게스타인들에게서 다른 어떤 자도 갖지 못한 영예를 부여받았다. 그들은 그의 무덤에 영웅 성전을 짓고 제물을 바쳐 그를 위무(慰撫)했던 것이다.

48   도리에우스는 이런 식으로 죽음을 맞았다. 만일 그가 클레오메네스 왕의 통치를 견디며 스파르테에 머물러 있었다면 라케다이몬의 왕이 되었을 것이다. 클레오메네스는 그리 오래 통치하지 못하고 아들이 없이 죽었기 때문이다. 그는 딸 하나만을 남겼는데, 그녀의 이름은 고르고였다.

49   밀레토스의 참주 아리스타고레스가 스파르테에 온 것은 클레오메네스가 통치할 때였다. 라케다이몬인들의 말에 의하면, 아리스타고레스는 클레오메네스와 면담하러 갈 때 세계 전체의 지도와 모든 바다, 모든 강들이 새겨진 청동판을 들고 갔다고 한다. 아리스타고레스는 클레오메네스와 면담하게 되자 다음과 같이 말했다. "클레오메네스여, 이곳에 온 저의 열의에 놀라워하지 마십시오. 저희들의 상황이 이러하기 때문입니다. 이오네스인의 자식들이 자유민이 아니라 노예가 된다는 것은 우리 자신뿐 아니라 다른 사람들, 특히 그대들에게도 가장 큰 수치이고 고통입니다. 그대들은 헬라스를 이끄는 자들이니까요. 그러니 이제 헬라스 신들의 이름을 걸고 청하노니, 그대들의 혈족인 이오네스인들을 예속에서 구해 주십시오. 이는 그대들이 쉽게 이룰 수 있는 일입니다. 이방인들은 용감하지 않은데, 그대들은 전쟁에서의 무용과 관련해 최고로 뛰어난 자들이기 때문입니다. 그들의 전투 방식은 이렇게 활과 짧은 창을 씁니다. 그들은 전쟁하러 갈 때 바지를 입고 머리 위에는 키르바시아[19]를 씁니다. 그리하여 그들을 이기기는 아주 쉽습니다. 게다가 저 대륙에 거주하는 사람들은 다른 모든 사람들이 가진 것보다 더 많은 재화들을 가지고 있습니

19 키르바시아(kyrbasia)는 페르시아인들이 쓰는, 끝이 뾰죽한 모자를 가리킨다.

다. 금에서 시작해 은, 청동, 염색한 의복, 운송용 동물과 노예들을 말입니다. 그대들은 그대들 마음이 원하는 대로 이 모든 것을 가질 수 있습니다. 또 그들은, 제가 이제 보여 주는 것처럼, 서로 인접해 살고 있습니다. 여기 이오네스인들 바로 옆에 이 리디에인들이 살고 있는데, 그들은 비옥한 땅에 살고 그야말로 은이 풍부합니다." 그는 자신이 가져온, 청동판에 새겨져 있는 세계지도를 가리키면서 이렇게 말했다. 아리스타고레스는 계속해서 말했다. "리디에인들과 동쪽으로 이웃하여 여기에 프리기에인들이 사는데, 그들은 제가 아는 모든 사람들 중에서 가축들이 가장 많고 수확도 가장 풍부합니다. 프리기에인들의 이웃에는 카파도키에인들이 사는데, 우리는 그들을 시리오이라고 부릅니다. 그들과 인접한 자들은 킬리키에인들인데, 그들의 땅은 여기 키프로스 섬이 있는 이 바다에까지 뻗어 있습니다. 그들은 매년 공세(貢稅) 500탈란톤을 왕에게 바칩니다. 이 킬리키에인들과 인접하여 여기 아르메니에인들이 있는데 이들 역시 가축이 많습니다. 또 아르메니에인들과 이웃하여 마티에네인들이 여기 이 땅에 삽니다. 그들과 이웃하여 여기 키시에 땅이 있고 그곳의 이 코아스페스 강 옆에 여기 수사가 위치해 있습니다. 그곳에서 대왕[20]이 생활하고 있고 그의 재화 창고들도 거기에 있습니다. 그대들이 그 도시를 차지한다면 감히 제우스와도 부를 겨룰 수 있을 것입니다. 하지만 그대들은 여기서[21] 그렇게 크지도 비옥하지도 않은 좁다란 땅을 놓고 그대들과 실력이 비등한 메세니아인과 아르카디아인, 아르고스인과 전쟁을 벌여야만 합니다. 사람이 그에 대한 욕심 때문에 전쟁을 하고 죽

---

20 페르시아 왕. 헤로도토스뿐 아니라 많은 그리스인들이 페르시아 왕을 그냥 왕으로 부르지 않고 대왕으로 부르곤 했다. 고대 그리스인들은 페르시아를 엄청난 대국으로 간주한 터라 페르시아 왕을 특별히 대왕이라고 불렀던 것이다.

21 지도에 표시된 펠로폰네소스를 가리키면서 하는 말이다.

게 되는, 그런 금이나 은을 그들이 갖고 있지 않은데도 말입니다. 이제 그대들이 아시에 전체를 쉽게 지배할 수 있는데, 그것을 마다하고 다른 것을 택하시겠습니까?" 아리스타고레스가 이렇게 말하자 클레오메네스는 다음처럼 대답했다. "여보시오 밀레토스 손님, 나는 3일째 날까지 답변을 미루겠소."

50   그때에는 그들이 그 정도까지만 나아갔다. 그러나 답변을 하기로 지정된 날이 되어 그들이 합의된 곳에서 만났을 때, 클레오메네스가 아리스타고레스에게 이오니아 바다에서 왕이 있는 곳까지는 며칠 거리인지 물었다. 그런데 아리스타고레스가 다른 사안들에서는 영리하게 굴고 클레오메네스를 잘 속여 넘기더니 여기서 그만 실수를 하고 말았다. 그가 스파르테인들을 아시에로 데려가길 원했다면 사실을 말하지 않았어야 하는데, 거기까지 올라가는 데 석 달이 걸린다고 말해 버린 것이다. 그러자 클레오메네스는 아리스타고레스가 그 여정에 관한 설명을 마저 하려고 하자 그의 말을 끊고 말했다. "여보시오 밀레토스인 손님, 그대는 해가 지기 전에 스파르테를 떠나시오. 그대가 라케다이몬인들을 바다에서 석 달 걸리는 도정(道程)으로 이끌고자 한다면, 그대의 어떤 말도 그들에게 먹히지 않을 테니 말이오."

51   클레오메네스는 이렇게 말하고 집으로 가 버렸다. 그러나 아리스타고레스는 탄원자의 가지[22]를 들고 클레오메네스 집으로 향했다. 아리스타고레스는 클레오메네스 집 안으로 들어가서 그에게 자신의 말을 들어줄 것을 탄원자로서 청하며 먼저 그의 아이를 내보내 달라고 했다. 고르고라고 불리는 클레오메네스의 딸이 클레오메네스의 옆에서 있었기 때문이다. 그 아이는 클레오메네스의 유일한 자식이었는데 여덟 살인가 아홉 살쯤 되었다. 클레오메네스는 아리스타고레스에게 하고 싶은 말을 하고 아이 때문에 구애받지 말라고 일렀다. 그

---

22 탄원자들이 탄원할 때 손에 들던 올리브 나뭇가지. 이것은 흔히 탄원자의 상징적 표식으로 간주되었다. 제1권 제35장의 옮긴이 주 참조.

러자 아리스타고레스는 클레오메네스가 자신이 요청한 것을 이행해 주면 돈을 주겠다고 약속하며 10탈란톤부터 시작했다. 클레오메네스가 이를 거절하자 아리스타고레스는 돈을 점점 더 올려 마침내 50탈란톤을 약속하기에 이르렀다. 이때 아이가 소리쳐 말했다. "아버지, 아버지가 여기서 떠나지 않으면 이 외국인이 아버지를 망치겠어요." 이에 클레오메네스는 딸아이의 충고에 기뻐하며 다른 방으로 가 버렸다. 아리스타고레스는 완전히 스파르테를 떠났으며, 페르시스 왕에게로 올라가는 행로에 대해 더 자세히 설명할 기회도 얻지 못했다.

　그 도정에 관한 사항은 다음과 같다. 길의 도처에 왕의 역참들과 52 몹시 훌륭한 숙박소들이 있으며, 길 전체가 거주 지대를 통과하고 안전하다. 리디에와 프리기에를 지나는 구간에는 역참이 20개 깔려 있고 구간 길이는 94.5파라상게스다. 프리기에 다음에는 할리스 강이 나오는데, 그곳에는 강을 건너려면 반드시 통과해야 하는 통로들이 있고 강에는 대규모 경비 요새도 있다. 카파도키에로 건너가서 그곳을 통해 킬리키에 접경지대까지 가는 데에는 역참이 28개 나오고 구간 길이는 104파라상게스다. 이 접경지대에서는 통로를 둘 통과하고 경비 요새를 둘 지나가게 되어 있다. 그곳을 지나 킬리키에를 통과하는 길에는 역참이 3개 있고 구간 길이는 15.5파라상게스다. 킬리키에와 아르메니에의 경계는 에우프레데스라고 불리는, 배기 항해할 수 있는 강이다. 아르메니에에는 숙박이 되는 역참이 15개 있고 구간 길이는 56.5파라상게스며 경비 요새도 하나 있다. 이 아르메니에에서 마티에네 지역으로 들어서면, 그곳에는 역참이 34개 있으며 구간 길이는 137파라상게스다. 이곳에는 배가 항해할 수 있는 강이 네 개 흐르고 있는데, 모두 반드시 배로 건너야 한다. 그중 첫 번째가 티그레스 강이고, 다음의 두 번째와 세 번째 강은 둘 다 이름은 같지만[23] 서

---

23 일부 학자들은 헤로도토스 원래 텍스트에 '같다'라는 단어 대신 '자바토스'(Zabatos)라는 강 이름이 적혀 있었을 것으로 추정한다. 그럴 경우 "다음

로 다른 강이고 그 발원지도 다르다. 이들 가운데 먼저 언급된 강은
아르메니에에서 흘러오고 나중의 강은 마티에네에서 흘러오기 때문
이다. 또 네 번째 강은 긴데스라고 불리는데, 키로스가 예전에 이 강
을 360개 수로로 분리한 적이 있다.[24] 그곳에서 키시에 지역으로 건
너가면, 이곳에는 역참이 11개 있으며 구간 길이는 역시 배가 항해할
수 있는 코아스페스 강에 이르기까지 42.5파라상게스다. 바로 이 강
유역에 수사 시가 건립되어 있다.

53   그리하여 이들 역참은 모두 합해 111개다. 또 사르디에스에서 수사
까지 올라가다 보면 역참과 똑같은 수만큼의 숙박소들이 있다. 왕의
길[25]의 거리가 파라상게스로 정확하게 측정된 것이고, 파라상게스가
실제로 그렇듯 30스타디온과 동등한 것이라면 사르디에스에서 멤노
니아라고 불리는 왕궁[26]까지는 1만 3,500스타디온이 되고 파라상게
스로는 450파라상게스가 된다. 만일 그 길을 매일 150스타디온만큼
지나간다고 하면 정확히 90일이 걸린다.

54   그러므로 밀레토스의 아리스타고레스가 라케다이몬인 클레오메네
스에게 왕이 있는 곳으로 올라가는 길이 석 달 걸린다고 한 것은 맞
는 말이다. 그러나 누가 이보다 더 정확한 측정치를 얻고자 한다면,

의 두 번째와 세 번째 강은 둘 다 이름이 자바토스지만"이 된다.

24 제1권 제189장 참조.

25 '왕의 길'은 사르데스에서 수사까지의 길을 가리킨다.

26 멤논(Memnon)은 전설적인 에티오피아 왕으로 트로이 전쟁에서 트로
    이를 지원해 싸웠다고 전한다. 헤로도토스는 수사의 왕궁을 멤노니아
    (Memnonia)라고 부르지만, 그 이름의 유래는 설명하지 않는다. 그런데 헤
    로도토스의 후대 저술가들인 디오도로스·스트라본·파우사니아스에 따르면,
    멤논이 트로이 원정에 참전하기 전에 수사에 체류하면서 수사의 왕궁을 건
    설했고 그 때문에 수사의 왕궁이 멤노니온(Memnonion)으로 불리게 되었
    다고 한다. '멤노니아'는 '멤노니온'의 복수형인데, 헤로도토스가 여기서 왕
    궁을 '바실레이온'의 복수형인 '바실레이아'로 표현해서 '멤노니온'이 아닌
    '멤노니아'로 표기된 것이다.

나는 그것도 역시 설명하겠다. 에페소스에서 사르디에스까지의 여정이 그에 합산되어야 하기 때문이다. 그리하여 나는 헬라스의 바다[27]에서 수사—이곳은 멤논의 도시라고 불린다—까지의 스타디온 합계는 전체 1만 4,040스타디온임을 밝힌다. 에페소스에서 사르디에스까지 540스타디온이기 때문이다. 따라서 석 달 여정에 3일이 더 추가된다.

한편 스파르테에서 내쫓긴 아리스타고레스는 아테나이로 갔다. 당 55 시 아테나이는 참주 지배에서 해방되어 있었는데, 그 경위는 다음과 같다. 히파르코스는 페이시스트라토스의 아들이며 참주 히피에스의 아우였는데, 꿈에서 자신의 불행에 대해 매우 분명한 환영을 본 후 게피라이오이씨족 태생인 아리스토게이톤과 하르모디오스에게 살해당했다. 그 후 아테나이인들은 4년 동안 이전보다 안 좋아져 훨씬 더 심하게 참주 지배를 받았다.

히파르코스가 꿈에서 본 환영은 다음과 같았다. 즉 히파르코스는 56 판아테나이아[28] 제전 전날 밤에 장대하고 잘생긴 한 남자가 나타나 이런 수수께끼 같은 말을 한다고 생각했다.

사자여, 견딜 수 없는 일을 겪더라도, 인내의 정신으로 견디도록 해라.
해악을 저지른 인간은 누구든 벌을 피할 수 없을지니라.

그는 날이 밝자마자 이것을 해몽가들에게 이야기했다고 알려져 있다. 그러나 그 후 그는 환영을 맘속에서 떨쳐 버렸고, 제전의 행렬을

---

27 '헬라스의 바다'는 오늘날의 에게 해를 가리킨다.

28 판아테나이아(Panathenaia) 제전은 아테네의 수호신 아테나를 기리는 제전으로 아테네에서 매년 거행되었다. 아테나에 대한 제의뿐 아니라 다양한 체육 및 음악 경연이 이루어졌다. 판아테나이아 제전은 특히 4년에 한 번씩 성대하게 거행되었는데, 이를 대(大)판아테나이아라고 한다.

호송하다가 그 도중에 죽고 말았다.[29]

57 히파르코스 살해자들이 속한 게피라이오이족은, 그들 자신의 말에 따르면, 애초에 에레트리아에서 왔다고 한다. 그러나 내가 탐구하여 아는 바로는, 그들은 포이니케인들인데 카드모스와 함께 지금 보이오티에라고 불리는 지역에 도달했던 그 포이니케인들 중의 일부였다.[30] 그들은 이 지역에서 타나그라 땅을 배정받아 거주했다. 카드모스 후손들이 먼저 아르고스인들에 의해 그곳에서 쫓겨난 후, 다음으로 이 게피라이오이족이 보이오티에인들에게 쫓겨나 아테나이로 갔다. 아테나이인들은 특정 조건하에 그들을 시민으로 받아들였는데, 여기서는 언급할 가치가 없는 여러 권한에서 그들을 배제했던 것이다.

58 카드모스와 함께 온 이 포이니케인들―게피라이오이족은 이들 중 일부였다―은 이 지역에 거주하면서 헬라스인들에게 다른 많은 지식과 더불어 특히 문자도 전해 주었다. 내가 생각하기에 그것은 그때까지 헬라스인들에게 알려져 있지 않았다. 그들은 처음에 모든 포이니케인들이 쓰는 문자를 사용했다. 그러나 그 후 시간이 흐르면서 그들의 언어와 함께 문자의 형태도 바뀌었다. 이 당시 그들 주변에 살고 있던 헬라스인들은 대부분 이오네스인들이었다. 이들 이오네스인은 포이니케인들에게서 문자를 배워 받아들였는데, 그 문자의 형태를 조금 변형하여 사용했다. 이들은 그 문자를 사용하면서 그것을 포이니케이아[31]라는 이름으로 불렀다. 포이니케인들이 그 문자를 헬라

---

29 기원전 514년.

30 그리스 신화에 따르면, 카드모스는 페니키아 티로스의 아게노르 왕의 아들로 에우로페의 오라비였다고 한다. 그는 에우로페가 제우스에게 납치된 후 아버지의 명에 따라 에우로페를 찾아다니다가 보에오티아의 테바이에 정착했다고 한다. 이 책에서 헤로도토스는 에우로페와 카드모스 이야기를 신화적 요소를 일부 배제한 채 소개한다. 이에 대해서는 제1권 제2장, 제2권 제49장, 제4권 제147장 참조.

31 '포이니케이아'(phoinikeia)는 '페니키아의'를 의미하는 '포이니케이오

스에 도입했으므로 그렇게 부르는 것이 당연했다. 이오네스인들은 또 옛날부터 파피루스 서책을 가죽이라고 불렀는데, 이는 그들이 전에 파피루스가 부족해서 염소가죽이나 양가죽을 사용했기 때문이다. 지금 나의 시대에도 여전히 그와 같은 가죽에 글을 쓰는 이방인들이 많이 있다.

나 자신은 보이오티에의 테바이에 있는 이스메니오스 아폴론의 성 59 소 안에서 카드모스 문자를 본 적이 있는데, 그것은 몇몇 삼족의자들 위에 새겨져 있었고 대체로 이오네스인들의 문자와 같았다. 그중의 한 삼족의자에는 이러한 비문이 새겨져 있다.

암피트리온이 텔레보아이인들에게서 획득한 전리품 중에서 나를 봉헌했도다.

이것은 라브다코스의 아들 라이오스와 같은 시대의 것일 텐데, 라브다코스는 카드모스의 아들인 폴리도로스의 아들이었다.

또 다른 삼족의자에는 6보격 운율로 이렇게 적혀 있다.   60

권투경기 우승자 스카이오스가, 멀리까지 쏘시는 아폴론,
당신께 신전의 아름다운 장식물로 나를 봉헌했나니.

스카이오스는 히포코온의 아들일 텐데, 만일 봉헌한 자가 정말 이 사람이고 히포코온의 아들과 동명이인이 아니라면, 라이오스의 아들 오이디푸스와 같은 시대 사람일 것이다.

세 번째 삼족의자에도 역시 6보격으로 이렇게 적혀 있다.   61

스'(phoinikeios)의 중성 복수형인데, 여기서는 '문자'를 뜻하는 '그람마타'(grammata)와 관련되어 사용된다. 그러므로 본문의 '포이니케이아'는 '페니키아 문자'라는 의미다.

라오다마스 왕 자신이, 눈이 밝으신 아폴론, 당신께
신전의 아름다운 장식물로 여기 삼족의자를 봉헌했나니.

카드모스 후손들이 아르고스인들에게 쫓겨나 엥켈레스인들에게 간
것은 에테오클레스의 아들인 바로 이 라오다마스가 왕으로 있을 때
다. 한편 게피라이오이족은 그곳에 남아 있다가 나중에 보이오티에
인들에게 쫓겨나 아테나이로 물러갔다. 그들은 아테나이에서 그들만
의 제식들을 수립했는데, 다른 아테나이인들은 전혀 그것들에 참여
하지 못했다. 이것들은 다른 제식들과 달랐는데, 특히 아카이에[32] 데
메테르의 제식과 비의도 그러했다.

62   이상의 내 이야기는 히파르코스의 꿈속 환영과, 히파르코스 살해
자들이 속한 게피라이오이족의 기원에 관한 것이었다. 그럼 이제는
이것들 말고 내가 처음에 이야기를 시작한 문제, 즉 아테나이인들이
어떻게 참주 지배에서 해방되었는가에 대한 이야기로 돌아갈 필요가
있다. 히피에스가 참주로 있으면서 히파르코스의 죽음을 이유로 아
테나이인들을 더욱 혹독하게 대하자, 페이시스트라토스 일가에 의해
추방된 아테나이인 혈통의 알크메오니다이 가문 사람들이 다른 아테
나이인 추방자들과 함께 무력을 써서 귀국하려고 했지만 성사되지
못했다. 그들은 파이오니에 위쪽에 있는 레이프시드리온을 요새화
한 다음 아테나이에 돌아와 아테나이인들을 해방하려고 했지만 오히

----

32 '아카이에'(Achaiie)는 데메테르의 별명 중 하나인데, 그녀가 왜 '아카이에'
    로 불리게 되었는지는 분명치 않다. 헤로도토스도 게피라이오이족이 아테네
    에 정착하여 '아카이에 데메테르'에 대한 제식을 수립했다고만 할 뿐 '아카
    이에'의 유래를 설명하지는 않는다. 한편 서기 1~2세기의 작가 플루타르코
    스는 '고통'·'비탄'이라는 뜻의 '아코스'(achos)를 '아카이에'와 연관시킨다.
    즉 데메테르가 딸 페르세포네의 지하 세계 하강 때문에 '고통'·'비탄'에 빠
    진 일화를 언급하고 그 '비탄'에서 '아카이에'라는 별명이 생겨났다는 것이
    다. 하지만 현재로서는 '아카이에'의 정확한 유래와 의미를 파악하기 어렵다.

려 대패하고 말았던 것이다. 그 후 알크메오니다이 가문 사람들은 페이시스트라토스 일가에 반대하는 온갖 수단을 강구했는데, 인보동맹 회원들[33]로부터 델포이의 신전—지금의 신전은 그때에 없었다—을 건립하는 계약을 따냈다. 그들은 부유하고 예로부터 명망 있는 자들이었으므로 원안보다 더 좋은 신전을 완공했다. 다른 점들에서도 그랬지만, 특히 응회암으로 신전을 짓기로 합의했으면서도 그 전면을 모두 파로스 대리석으로 만들었던 것이다.

그런데 아테나이인들의 말에 의하면, 이들은 델포이에 머물면서 63 피티에 여사제를 돈으로 매수하여 스파르테인들이 개인적인 임무나 공적인 임무로 신탁을 구하러 올 때마다 그들에게 아테나이인들을 해방하라고 촉구하게 했다 한다. 라케다이몬인들은 자신들에게 항상 똑같은 신탁이 내려지자, 페이시스트라토스 일가를 아테나이에서 몰아내기 위해 명망 있는 시민인, 아스테르의 아들 앙키몰리오스를 군대와 함께 파견했다. 페이시스트라토스 일가가 자신들과 매우 우호적인 사이였는데도 말이다. 라케다이몬인들은 신적인 문제가 인간적인 문제보다 더 우선한다고 생각했기 때문이다. 라케다이몬인들은 그들을 배에 태워 해상으로 파견했다. 앙키몰리오스는 팔레론에 기항하여 군대를 상륙시켰고, 반면 페이시스트라토스 일가는 이를 미리 알고 테살리에에 도움을 요청했다. 페이시스트라토스 일가는 테살리에인들과 동맹을 맺은 사이였기 때문이다. 그들의 요청에 테살리에인들은 공동으로 의결하여 기병 1,000명과 자신들의 왕인 코니온의 키네에스를 파견했다. 페이시스트라토스 일가는 이들을 동맹군으로 확보하자, 다음과 같은 계획을 세웠다. 즉 팔레론의 평원을 깨끗이 치워 기병이 활동하기에 적합하게 만든 다음, 적진으로 기병대를 진격시켰다. 기병대는 돌격하여 다수의 다른 라케다이몬인들과

---

33 델포이의 인보동맹 회원들. 인보동맹에 대해서는 제2권 제180장 참조.

특히 앙키몰리오스를 죽였다. 그들 중 살아남은 자들은 쫓겨 그들의 배로 밀려났다. 라케다이몬의 첫 번째 원정은 이렇게 마무리되었다. 앙키몰리오스의 무덤은 아티케의 알로페케에 있는데, 키노사르게스의 헤라클레에스 성역 근처에 있다.

64 그 후 라케다이몬인들은 더 규모가 큰 원정군을 아테나이로 파견했는데, 아낙산드리데스의 아들 클레오메네스 왕을 군대 지휘관으로 임명하고 이번에는 해상이 아니라 육상으로 군대를 보냈다. 그들이 아티케 땅에 들어서자 테살리에 기병대가 맨 먼저 그들을 맞아 교전했다. 기병대는 이내 곧 패해 달아났고 그중 40명 넘게 목숨을 잃었다. 그들 중 살아남은 자들은 즉시 테살리에로 떠났다. 이에 클레오메네스는 자유를 얻기를 바라는 아테나이인들과 함께 아테나이 시에 도착하여, 펠라스기에 성벽[34] 안에 갇힌 참주들을 포위했다.

65 사실 라케다이몬인들은 페이시스트라토스 일가를 결코 축출하지 못했을 수 있다. 그들은 그곳을 계속 봉쇄할 생각이 없었고 페이시스트라토스 일가는 식량과 물을 충분히 비축해 두었으니 말이다. 라케다이몬인들은 며칠 동안 그곳을 포위하다가 스파르테로 돌아갔을지 모른다. 그런데 마침 그때 한쪽에는 해가 되고 다른 쪽에는 도움이 되는 우연한 일이 하나 일어났다. 페이시스트라토스 일가의 아이들이 안전을 위해 나라 밖으로 몰래 이송되다가 그만 붙잡힌 것이다. 이 사건이 발생하자, 페이시스트라토스 일가로서는 모든 일이 혼란에 빠져들었다. 그들은 결국 아이들을 되찾는 대가로, 아테나이인들

---

34 '펠라스기에 성벽'은 '펠라스기콘 테이코스'(Pelasgikon teichos)를 번역한 말이다. 헤로도토스는 펠라스기아인들이 아테네의 아크로폴리스 주변에 성벽을 쌓았다고 전한다(제6권 제137장 참조). 여기서의 '펠라스기에 성벽'은 그 성벽을 가리킨다. 그러나 성벽이 펠라스기에인들과 연관된 것인지는 불분명하다. 한편 투키디데스와 아리스토파네스, 아리스토텔레스는 아크로폴리스 부근의 성벽을 '펠라스기콘'이 아니라 '펠라르기콘'(Pelargikon)으로 부른다.

이 바라는 조건에 따라, 5일 내에 아티케를 떠나기로 타협했다. 그 후 그들은 스카만드로스 강 변에 있는 시게이온으로 떠났다. 페이시스트라토스 일가는 아테나이인들을 36년 동안[35] 지배했었다. 그들은 계보상 필로스인이고 넬레우스의 후손이었는데, 전에 외래 이주민이었다가 아테나이인들의 왕이 된 코드로스 및 멜란토스의 가문들과 똑같은 조상에서 기원한 자들이었다. 그래서 히포크라테스는 이를 기억하여, 네스토르[36]의 아들 페이시스트라토스의 이름을 따서 자신의 아들에게 페이시스트라토스라는 똑같은 이름을 지어 준 것이다.

아테나이인들은 이렇게 참주들에게서 해방되었다. 그럼 이제 나는 아테나이인들이 그렇게 해방된 이후 이오니에가 다레이오스에게 반란을 일으키고 밀레토스의 아리스타고레스가 자신들에 대한 도움을 요청하러 아테나이에 오기까지 아테나이인들이 행하거나 겪은 일로서 언급할 가치가 있는 모든 것들을 먼저 이야기하겠다.

아테나이는 전에도 강했지만 이제 참주들로부터 해방되자 더욱 강력한 나라가 되었다. 당시 아테나이에는 두 사람이 권력을 장악하고 있었는데, 그들은 바로 알크메오니다이 가문 사람인 클레이스테네스—그는 피티에 여사제를 설득해 끌어들였다는 평판이 나 있다—와 티산드로스의 아들 이사고레스였다. 이사고레스는 저명한 가문의 일원이지만, 니는 그의 기문의 기원을 설명할 수 없다. 그의 친족들은 카리에의 제우스[37]에게 제사를 지낸다. 이 두 사람은 권력을 놓 66

---

35 기원전 546~510년.

36 호메로스 서사시에 등장하는 필로스 왕.

37 '카리에의 제우스'는 '카리오스(Karios) 제우스'를 번역한 말이다. '카리오스'는 지명 카리아(Karia)와 연관된 말인데, 그 카리아가 소아시아 남서부의 카리아인지 메가라의 요새 카리아인지는 불확실하다. 그런데 헤로도토스가 이 책에서 소아시아의 카리아를 서술하면서 '카리오스 제우스'를 언급하고 (제1권 제171장 참조) 있고 후대의 플루타르코스도 '카리오스 제우스'를 소아시아 카리아의 제우스로 보고 있으므로, 여기서의 '카리오스 제우스'는 소

고 분쟁을 벌였는데, 여기서 열세에 놓인 클레이스테네스가 평민들과 제휴했다. 그 후 그는 4개 부족이던 아테나이인들을 10개 부족이 되게 했으며, 이온의 아들들인 겔레온, 아이기코레스, 아르가데스, 호플레스의 이름에서 따온 부족 명칭[38]을 폐지하고, 대신에 아이아스 외에는 모두 그 지역 출신의 다른 영웅들의 이름을 딴 명칭을 고안했다. 그는 아이아스가 외국인이긴 하지만 이웃 지역 사람[39]이고 동맹 세력이어서 거기에 포함시켰다.

67 이는, 내가 생각하기에, 이 클레이스테네스가 자신의 외조부인 시키온의 참주 클레이스테네스[40]를 모방한 것이다. 참주 클레이스테네스는 아르고스와 전쟁을 한 후, 음송 시인들이 시키온에서 경연하는 것을 금지했는데 호메로스 시가 그 이유였다. 그 시가 도처에서 아르고스인들과 아르고스를 찬미하기 때문이라는 것이다. 또 시키온의 아고레에는 지금처럼 탈라오스의 아들 아드레스토스의 영웅 성전(英雄聖殿)이 있었는데, 클레이스테네스는 아드레스토스가 아르고스인

아시아의 카리아와 연관된 제우스일 가능성이 더 크다. 그런데 아테네의 이 사고라스 가문이 어떻게 해서 외국의 신인 '카리오스 제우스'를 숭배하게 되었는지는 알 수가 없다. 한편 '카리오스'가 메가라의 카리아와 연관된 것임을 주장하는 자료는 확인되지 않는다.

38 아테네 기존 부족들의 명칭은 겔레온테스(Geleontes), 아이기코레이스(Aigikoreis), 아르가데이스(Argadeis), 호플레테스(Hopletes)였다.

39 아이아스는 트로이 전쟁의 전설적인 영웅으로, 아티카의 바로 인근에 있는 살라미스 섬 출신이었다고 전한다. 살라미스는 처음에 아이기나인들이 식민했지만 메가라인의 지배를 거쳐 기원전 6세기 초인 솔론의 시대 때부터 아테네의 영토로 편입되었다고 한다. 그러므로 클레이스테네스 치세(기원전 6세기 말) 때의 아테네인들에게는 살라미스가 더는 '외국'이 아니었다. 그럼에도 헤로도토스가 아이아스를 '외국인'이라고 표현한 것은 아이아스가 통합 이전의 살라미스인이었기 때문인 것으로 보인다.

40 기원전 600년경~570년에 시키온을 통치한 참주.

이었으므로 그를 나라 밖으로 축출하고[41] 싶어 했다. 그래서 클레이
스테네스는 델포이에 가서 아드레스토스를 축출할 것인지에 대해 신
탁에 물었다. 피티에 여사제가 그에게 응답을 내리기를, 아드레스토
스는 시키온의 왕이었지만 클레이스테네스는 한낱 투석꾼[42]일 뿐이
라고 말했다. 신이 그것을 허락하지 않자, 그는 귀국하여 아드레스토
스가 스스로 떠나게 할 방안을 강구했다. 드디어 방안을 찾아냈다는
생각이 들자, 클레이스테네스는 보이오티에의 테바이에 전갈을 보내
아스타코스의 아들 멜라니포스를 자신의 나라에 모시고 싶다고 말했
다. 그러자 테바이인들이 그를 넘겨주었다. 클레이스테네스는 멜라
니포스를 모셔 와, 바로 그 공회당 내에 그의 성역을 지정하고 그곳
의 가장 견고한 장소에 그를 안치했다. 또 내가 이야기해야 할 것이
있는데, 클레이스테네스가 멜라니포스를 모셔 온 이유는 멜라니포스
가 아드레스토스의 철천지원수였기 때문이었다. 멜라니포스가 아드
레스토스의 아우인 메키스테우스와 사위인 티데우스를 죽였던 것이
다. 클레이스테네스는 멜라니포스에게 성역을 지정한 후 아드레스토
스에게서 제식과 제전들을 빼앗아 멜라니포스에게 주었다. 시키온인
들은 관례적으로 아드레스토스를 아주 극진히 숭상해 왔다. 그들의
땅은 폴리보스의 것이고 아드레스토스는 폴리보스 딸의 아들이었는
데, 폴리보스가 아들 없이 죽게 되자 아드레스토스에게 통치권을 넘

<hr />

41 여기서 영웅 아드라스토스를 시키온 밖으로 축출한다는 것은 시키온의 성전
    에 안치된 아드라스토스의 유골을 국외로 내보낸다는 것을 의미한다. 따라
    서 다음 대목에서 멜라니포스를 모셔 온다고 표현한 것도 테바이의 성전에
    있는 그의 유골을 시키온에 가져오는 것을 의미한다.

42 군대에서 별다른 무장 없이 돌팔매질로 공격하는 자. 당시 그리스 군대에서
    궁수나 투석꾼은 주력 부대인 중무장 보병의 보조 인력으로, 재력이나 사회
    적 위상에서 중무장 보병보다 못한 하위 그룹이었다. 여기서 델포이 신탁은
    아드라스토스와 클레이스테네스를 왕과 투석꾼으로 대조함으로써 둘의 차
    이를 극단적으로 묘사한다.

겨주었기 때문이다. 시키온인들은 갖가지 방식으로 아드레스토스를 숭상했으며 특히 그의 삶의 수난을 비극의 집단 가무를 통해 기렸다. 그들은 이것을 통해 디오니소스가 아니라 아드레스토스를 경배했다. 그러나 클레이스테네스는 집단 가무를 디오니소스에게 돌려주고 다른 제식들은 멜라니포스에게 주었다.

68   클레이스테네스가 아드레스토스에게 행한 일은 이러한 것이었다. 또한 그는 시키온인과 아르고스인이 똑같은 부족들을 갖지 않게 하려고 도리에스인의 부족들을 다른 이름으로 바꾸었다. 그러면서 그는 시키온인들을 심하게 조롱했다. 그는 그 자신의 부족만 빼고 다른 부족들의 명칭을 멧돼지와 나귀의 이름을 딴 것으로 바꾸고 그것에 일반적인 어미를 갖다 붙였던 것이다. 그는 자신의 부족에는 자신의 통치권에서 유래한 이름을 붙였다. 이 부족은 아르켈라오이라고 불렸으며, 다른 한 부족은 히아타이, 또 다른 부족은 오네아타이, 나머지 한 부족은 코이레아타이라고 불렸다.[43] 시키온인들은 이런 부족 이름들을 클레이스테네스 통치기뿐 아니라 그의 사후에도 60년간을 더 사용했다. 하지만 그 후 그들은 서로 협의하여 부족 이름을 힐레스, 팜필로이, 디마나타이로 고쳤으며, 여기에 네 번째 이름도 추가했는데 아드레스토스의 아들 아이기알레우스의 이름을 따 아이기알레이스라고 불렸다.

69   시키온의 클레이스테네스가 행한 일은 이러한 것이었다. 한편 이 시키온인의 외손자이고 그에게서 이름을 딴 아테나이의 클레이스테네스도, 내가 생각하기에는, 이오네스인들을 경멸하여 그들 자신

----

43 아르켈라오이(Archelaoi)는 '백성의 통치자들'이라는 의미이고, 히아타이 (Hyatai)는 '멧돼지족', 오네아타이(Oneatai)는 '나귀족', 코이레아타이 (Choireatai)는 '돼지족'이라는 의미다. 히아타이는 멧돼지를 뜻하는 '히스'(hys), 오네아타이는 나귀를 뜻하는 '오노스'(onos), 코이레아타이는 일반적인 돼지를 뜻하는 '코이로스'(choiros)에서 유래한 명칭이다.

과 이오네스인들이 똑같은 부족들을 갖지 않게 하려고 자신과 이름이 같은 클레이스테네스를 모방했다. 그는 이전에 모든 권리에서 배제되어 있던 아테나이 평민들을 자기편으로 끌어들이고 나서, 부족들의 이름을 바꾸고 그 수를 전보다 더 늘렸던 것이다. 그는 또 부족 지도자를 4인이 아니라 10인으로 만들었고 10개의 지구(地區)[44]를 각 부족들에게 분배했다. 그리하여 그는 평민들을 자기편으로 끌어들인 후 반대파들보다 훨씬 더 우세해졌다.

그러자 이번에는 이사고레스가 열세에 놓이게 되어, 다음과 같은 70
대책을 강구했다. 이사고레스는 라케다이몬인 클레오메네스에게 도움을 청했는데, 클레오메네스는 페이시스트라토스 일가를 포위해 공격한 이래 그와 우호적인 사이가 되었다. 한편 클레오메네스는 이사고레스의 아내에게 자주 들락거린다는 비난을 받기도 했다. 이사고레스의 요청을 받은 클레오메네스는 먼저 아테나이에 사절을 보내 클레이스테네스와 그를 따르는 다른 많은 아테나이인들을 저주받은 자들이라고 부르며 그들을 추방하라고 요구했다. 클레오메네스는 사절을 보내서 이사고레스가 가르쳐 준 대로 그렇게 말했던 것이다. 알크메오니다이 가문과 그들의 지지자들은 그 살인을 저질렀다고 비난받았지만, 이사고레스 자신과 그의 친우들은 그에 전혀 관여하지 않았기 때문이다.

---

44 슈타인 텍스트에는 "10개의 지구"로 되어 있는데, 이는 10개의 부족에 각기 10개의 지구(데모스)가 배속되어 있었음을 가리킨다. 그러면 당시 지구의 총수가 100개로 추산된다. 하지만 기원전 2세기의 아테네 지구가 174개였다고 하고 기원전 5세기에도 아테네 지구가 100개보다는 더 많았을 것으로 추정되기 때문에, 슈타인 텍스트의 이 대목이 잘못되었다는 지적이 제기된다. 일부 학자들은 '10개'(deka)가 아니라 '10분의 1'(dekacha)로 수정하여 읽기도 한다. 그렇게 수정된 문장의 뜻은 "지구들의 10분의 1을 각 부족들에게 분배했다"로 된다. 이 논의에 대해서는 W. W. How & J. Wells, *A Commentary on Herodotus*, vol. 2, Oxford, 1957, pp. 36~37 참조.

71   저주받은 자들로 불리는 아테나이인들이 그런 이름을 갖게 된 내
      력은 다음과 같다. 일찍이 아테나이인 중에 올림피아 경기 우승자인
      킬론이라는 자가 있었다. 그는 참주가 되려는 생각으로 동년배 무리
      를 끌어모아 아크로폴리스를 장악하려 시도했다. 하지만 일이 성사
      되지 못하자, 그는 여신의 신상 앞에 탄원자로서 앉았다. 그러자 당
      시 아테나이를 지배하던, 나우크라로스[45]들의 상임대표자들이 그들
      무리에게 사형 말고 다른 벌을 받을 것이라고 하며 일어나서 나가게
      했다. 그러나 그들은 살해되었고, 알크메오니다이 가문 사람들이 그
      들을 죽였다는 비난이 돌았다. 이것은 페이시스트라토스의 시대 이
      전에 일어난 일이었다.[46]

72   클레오메네스가 사람을 보내 클레이스테네스와 저주받은 자들을
      추방하라고 요구하자, 클레이스테네스 자신은 아테나이를 빠져나갔
      다. 그렇지만 그 후 클레오메네스는 그리 많지 않은 병력을 거느리고
      아테나이에 나타났으며, 그곳에 도착하자 이사고레스가 그에게 알려
      준 아테나이인 700가족을 저주받은 자라 하여 추방했다. 그렇게 한
      후 그는 이제 협의회[47]를 해산하려 했고 이사고레스 일파 300명에게

---

45 나우크라로스(naukraros)는 초기 아테네의 지역 행정 단위인 나우크라리아
   (naukraria)의 행정관을 말한다. 나우크라리아는 원래 아테네 함대에 선박
   (naus)을 제공하고 승선 인력을 충원하기 위한 기본 단위였을 것인데, 나중
   에는 행정 업무를 담당하게 되었다. 초기에는 아테네 4개 부족의 각 부족별
   로 12개의 나우크라리아가 존재했다고 한다. 그러나 데모스, 즉 지역구가 아
   테네의 기본 행정 단위로 발전하면서 나우크라리아의 기능은 쇠퇴했다. 초
   기에는 나우크라로스 집단이 프리타네이스(prytaneis), 즉 상임대표자들을
   교대로 맡아 업무를 수행했다.

46 킬론의 사태는 기원전 632년경에 일어났다고 추정된다.

47 아테네의 '불레'를 번역한 말. 아테네에서는 협의회 의원이 500명이어서 흔
   히 '500인 협의회'로 불린다. 아테네에서 '500인 협의회'는 주로 민회 일정을
   주관하고 의제를 미리 협의하는 등 민회의 준비기관 역할을 했다. 아테네 이
   외의 다른 나라에서 '불레'가 어떤 역할을 했는지는 분명치 않다. 그러나 그

통치권을 맡겼다. 그러나 협의회가 저항하고 그에 따르려 하지 않자, 클레오메네스와 이사고레스와 그의 일파 사람들이 아크로폴리스를 점령했다. 이에 나머지 아테나이인들은 단합하여 이틀 동안 그들을 포위했다. 그러다 3일째 날에 휴전이 성립되어 그들 중 라케다이몬인들이 모두 그곳을 떠나갔다. 그리하여 클레오메네스에게 예언이 실현되었다. 그가 아크로폴리스를 점령하려고 올라갔을 때 기도를 드리기 위해 여신의 신전으로 향했다. 그러나 여사제가 자리에서 일어나, 그가 문을 통과하기 전에 이렇게 말했다. "라케다이몬의 외국인이여, 물러가시오. 이 성소에 들어오지 마시오. 도리에스인이 여기에 들어오는 것은 적법한 일이 아니오." 그러자 그가 말했다. "여인이여, 나는 도리에스인이 아니고 아카이에인이오." 그는 여사제가 한 말을 무시하고 자기 뜻대로 하려 했지만 이번에도 다시 라케다이몬인들과 함께 쫓겨나고 말았다. 한편 아테나이인들은 나머지 사람들을 모두 포박하여 사형에 처하도록 했다. 그중에는 델포이 사람 티메시테오스도 있었는데, 그가 힘과 용기로 이룬 엄청난 업적에 대해서는 내가 자세히 말해 줄 수 있다.

이들은 그렇게 포박되어 처형되었다. 그 후 아테나이인들은 클레이스테네스와, 클레오메네스에 의해 추방된 700가족을 다시 불러온 다음, 페르시스인들과 동맹을 맺으려고 사르디에스에 사절을 파견했다. 그들은 라케다이몬인들과 클레오메네스가 페르시스인들과 적대적인 사이임을 알고 있었기 때문이다. 사절들이 사르디에스에 도착하여 지시받은 내용을 이야기하자, 사르디에스 총독 히스타스페스의 아들 아르타프레네스는 그들이 어떤 사람들이고 또 어느 땅에 사는 자들인데 페르시스인들의 동맹이 되기를 원하는지 물었다. 그는 사

73

것들이 전체 시민들의 회합인 민회와는 다른 조직이었음을 감안하여, 이 책에서는 모두 '협의회'로 번역했다. 이 책에서는 아테네 외에도 아르고스(제7권 제149장), 키레네(제4권 제165장) 서술에서 '협의회'가 언급된다.

절들에게서 답변을 듣고 그들에게 다음과 같이 간결히 대답했다. 즉 아테나이인들이 다레이오스 왕에게 흙과 물을 바치면 왕이 그들과 동맹을 맺을 것이고, 그렇지 않으면 왕이 그들에게 그냥 물러가라고 명할 것이라 했다. 이에 사절들은 동맹을 맺고 싶은 생각에 자신들만 의 판단으로 그것들을 바치겠다고 말했다. 그리하여 그들은 자신들 의 나라에 돌아온 후 그에 대해 혹독하게 비난받았다.

74   클레오메네스는 아테나이인들이 말과 행동으로 자신을 크게 모욕 했다고 여겨 펠로폰네소스 전역에서 군대를 소집했다. 그는 소집 목 적을 밝히지 않았지만, 목적은 아테나이의 평민들에게 보복하고 이 사고레스를 참주로 세우려는 것이었다. 이사고레스는 아크로폴리스 에서 그와 함께 빠져나왔던 것이다. 그리하여 클레오메네스가 대군 을 거느리고 엘레우시스로 침입했고 보이오티에인들은 협약에 따라 아티케에서 가장 변방에 있는 오이노에 구와 히시아이 구를 점령했 다. 또 칼키스인들은 다른 방면으로 침입하여 아티케의 여러 지역을 파괴했다. 아테나이인들은, 양쪽에서 공격받는 상황이었지만, 보이오 티에인들과 칼키스인들에 대해서는 나중에 생각하기로 하고 당장 엘 레우시스에 있는 펠로폰네소스인들을 상대로 군대를 배치했다.

75   그런데 군대들이 막 교전을 벌이려 할 때, 맨 먼저 코린토스인들이 자기네끼리 의논하여 자신들의 행동이 옳지 않다고 판단하고 마음을 바꾸어 떠나 버렸다. 그러자 그 후 아리스톤의 아들 데마레토스도, 그 역시 스파르테인들의 왕으로 라케다이몬에서 군대를 공동으로 이 끌고 왔고 그전에 클레오메네스와 불화가 있던 것도 아님에도, 마찬 가지로 그곳을 떠나 버렸다. 이런 분열이 있은 후 스파르테에서는 군 대가 출정할 때 두 왕이 함께 나갈 수 없다는 법률이 제정되었다. 그 때까지는 두 명이 함께 나갔던 것이다. 왕들 중 한 명이 이 복무에서 면제되니 틴다레오스의 두 아들 중 한 명도 역시 국내에 남을 수 있 게 되었다. 그전에는 이들 둘 다 군대를 돕도록 호출되어 군대와 함 께 동행했던 것이다.[48]

그때 엘레우시스에 있던 다른 동맹국들은 라케다이몬인의 왕들이 76
서로 화합하지 못하고 코린토스인들이 진영에서 이탈하는 것을 보
자, 그들 역시 그곳을 떠나 철수했다. 이는 도리에스인들이 아티케
에 네 번째로 진입한 것인데, 그중 두 번은 전쟁을 하러 침입한 것이
고 또 두 번은 아테나이 평민들의 이익을 위한 것이었다. 첫 번째 경
우는 그들이 메가라에 식민했을 때 일어난 것이다. 이 원정은 코드로
스가 아테나이인들의 왕이었을 때 있었다고 이야기되는데 옳은 말이
라고 본다. 두 번째와 세 번째 것은 그들이 페이시스트라토스 일가를
축출하기 위해 스파르테에서 출발해 진입했을 때고, 이번의 네 번째
것은 클레오메네스가 펠로폰네소스인들을 이끌고 엘레우시스에 침
입했을 때다. 이와 같이 도리에스인들은 그때 아테나이에 네 번째로
침입한 것이다.

이 군대가 불명예스럽게 해산되자, 아테나이인들은 복수를 하기 77
위해 먼저 칼키스인 원정에 나섰다. 그러자 보이오티에인들이 칼키
스인들을 도우러 에우리포스로 왔다. 아테나이인들은 보이오티에인
들을 보고 칼키스인들에 앞서 보이오티에인들을 먼저 공격하기로 결
정했다. 아테나이인들은 보이오티에인들과 전투를 벌여 크게 승리했
는데, 매우 많은 수를 죽이고 700명을 포로로 잡았다. 또 바로 같은
날 아테나이인들은 에우보이아로 건너가 칼키스인들과도 전쟁을 벌
였는데, 이들에게도 승리를 거두고 토지 분배민[49] 4,000명을 히포보

---

48 스파르타인들은 틴다레오스의 아들들인 카스토르와 폴리데우케스(혹은 폴
룩스)가 자신들의 군대를 돕는다고 여겨, 군대가 출정할 때 그들의 조각상을
함께 가져가곤 했다.

49 '토지 분배민'은 '클레루코스'(klerouchos)를 번역한 말이다. 압류된 토지의
일정 지분(클레로스, kleros)을 분배받아 경작하는 농민들을 가리킨다. 아테
나이인들은 전쟁 등을 통해 얻은 외국 땅을 경작하고 수호하기 위해 토지 분배
민들에게 토지를 주어 현지에서 거주하게 했다고 한다. 이들은 식민 이주자
들과는 달리 아테네 시민권을 계속 유지했다.

타이[50]의 땅에 남겨 두었다. 히포보타이는 칼키스인들 중 부유한 자들을 지칭한다. 아테나이인들은 칼키스인 중 생포한 자들을 보이오티에인 포로들과 함께 족쇄에 묶어 감금했다. 그러나 이내 곧 포로들의 몸값을 2므네아로 매겨 석방했다. 아테나이인들은 포로들이 묶여 있던 족쇄들을 아크로폴리스에 걸어 놓았다. 그것들은 나의 시대에도 여전히 남아 있었는데, 서쪽을 향한 신실의 맞은편에, 메디아인들의 화재[51]에 의해 온통 그을린 벽에 걸려 있었다. 또 아테나이인들은 포로들 몸값의 10분의 1로 청동 사두마차를 만들어 봉헌했다. 이것은 아크로폴리스의 프로필라이아로 처음 들어가자면 왼편에 있다. 거기에는 이런 비문이 새겨져 있다.

아테나이인의 아들들이 전쟁에서 활약하여
보이오티에인들과 칼키스인들을 무찌르고,
감옥의 사슬로 묶어 그들의 오만함을 눌렀도다. 그리고
그들의 몸값의 10분의 1로 이 말들을 만들어 팔라스에게 바쳤도다.

---

50 '히포보타이'(hippobotai)는 '히포보테스'(hippobotes)의 복수형인데, '히포보테스'는 '말'을 뜻하는 '히포스'(hippos)와 '키우다'·'먹이다'를 뜻하는 '보스케인'(boskein)과 연관된 말로 '말 키우는 자'라는 의미를 지닌다. 그러므로 '히포보타이'는 말을 키우고 훈련시킬 수 있는 부유한 자들을 가리킨다. 이는 특히 칼키스의 기사계층을 가리키는 용어로 사용되었다.

51 여기서 메디아인은 페르시아인을 말한다. 페르시아인들이 메디아인들을 정복하고 자신들의 국가를 건설했지만, 그리스인들은 메디아인들이 페르시아인들과 공동으로 국가를 운영한다고 보아 두 종족을 특별히 구분하지 않았다. 헤로도토스 역시 종종 메디아인과 페르시아인을 엄격히 구분하지 않고 사용한다. 따라서 아카이메니다이 왕조 페르시아의 창시(기원전 550년경) 이후에 대한 서술에서는 '메디아인'이 '페르시아인'을 가리키는 경우가 많다. 한편 '메디아인들의 화재'란 페르시아인들이 기원전 480년에 아테네에 침입하여 아크로폴리스의 건물들을 방화한 일을 가리킨다. 페르시아인들의 아크로폴리스 방화에 대해서는 제8권 제52~53장 참조.

그리하여 아테나이인들은 더욱 강성해졌다. 이세고리에[52]는 한 가 78
지만이 아니라 모든 면에서 좋은 것임이 명백히 드러난다. 아테나이
인들이 참주 지배를 받을 때에는 전쟁에서 그들의 어떤 이웃 국가보
다 나을 게 없었지만, 참주들로부터 벗어나자 단연 최고가 되었기 때
문이다. 이는 실로 그들이 예속되어 있으면 주인을 위해 일하므로 일
부러 태만하게 굴지만 자유를 얻게 되면 각자가 자신을 위해 성과를
이루려 노력한다는 것을 보여 준다.

그때 아테나이인들이 한 일은 그러했다. 한편 그 후 테바이인들은 79
아테나이인들에게 복수하기를 원해 신에게 신탁을 구하러 보냈다.
피티에 여사제는, 테바이인들 자신만으로는 아테나이인들에게 복수
하지 못한다고 말하며, 이를 말소리가 많은 것[53]에게 알리고 그들과
가장 가까운 자들에게 부탁하라고 지시했다. 그리하여 신탁 사절들
이 돌아오자, 민회가 소집되고 신탁의 응답이 민회에 보고되었다. 테
바이인들은 신탁 사절들이 그들과 가장 가까운 자들에게 부탁해야
한다고 말하는 것을 듣자, 그것을 듣고 나서 이렇게 말했다. "우리와
가장 가까이 사는 자들은 타나그라인과 코로네이아인과 테스페이아
인이 아니오? 그런데 이들은 항상 우리와 같은 편에서 싸우며 전쟁
에서 우리를 열심히 돕는 자들이오. 우리가 왜 이들에게 부탁을 해야
하지요? 필시 신탁이 뜻하는 것은 이것이 아니오."

그들이 이와 같이 숙고하고 있을 때, 마침 누군가 그 뜻을 이해하 80
고 이렇게 말했다. "나는 신탁이 우리에게 무엇을 말하려는지 알 것
같소. 전하건대 테베와 아이기나는 아소포스의 딸들이라고 합니다.
그들은 자매간이므로, 내 생각에는, 신이 우리더러 아이기나인들에

52 '이세고리에'(isegorie)는 '동등한 발언권'을 뜻하는 말인데, 나아가 '평등'
    혹은 '민주정'을 의미하기도 한다.

53 '말소리가 많은 것'은 '폴리페모스'(polyphemos)를 번역한 말인데, 여기서
    는 민회를 가리킨다.

게 우리의 복수를 도와주도록 부탁하라고 신탁을 내린 것이요." 그들
은, 이보다 더 나은 의견이 제시되지 않았다고 여겨, 곧장 아이기나
인들에게 사람을 보내 그들이 자신들과 가장 가까운 자들이니 신탁
에 따라 자신들을 도와 달라고 부탁했다. 그들의 요청에 아이기나인
들은 아이아코스의 후손들[54]을 보내 돕겠다고 말했다.

81   테바이인들은 아이아코스 후손들의 지원에 힘입어 공격을 시도했
지만 아테나이인들에게 호되게 당하자, 다시 사람을 보내 아이아코
스의 후손들을 그들에게 되돌려 주고 대신에 사람들을 요청했다. 당
시 아이기나인들은 크나큰 번성으로 의기가 양양한 데다 아테나이인
들에 대한 옛 원한을 기억하고 있었기에, 테바이인들이 부탁을 하자,
아테나이인들에게 선전포고도 없이 전쟁을 수행했다. 아테나이인들
이 보이오티에인들을 공격하는 동안에, 아이기나인들은 전선(戰船)을
타고 바다로 아티케에 쳐들어가 팔레론을 약탈하고 다른 해안의 여
러 지구들도 약탈했다. 이렇게 하여 그들은 아테나이인들에게 큰 타
격을 입혔다.

82   아이기나인들이 아테나이인들에게 오랫동안 품고 있던 원한의 발
단은 다음과 같은 것이었다. 언젠가 에피다우로스인들의 땅이 아무
런 수확을 맺지 못했다. 그래서 에피다우로스인들은 이 재앙에 대해
델포이 신탁에 물었다. 피티에 여사제는 그들에게 다미에와 아욱세
시에[55]의 조각상들을 세우라고 명했으며 그것들을 세우면 그들의 사

---

54 아이아코스(Aiakos)는 아이기나의 전설적인 왕으로, 제우스와 아이기나(혹
은 에우로페)의 아들이었다고 한다. 아이아코스에게는 텔라몬, 펠레우스, 포
코스 등의 아들이 있었다고 전한다. 여기서 말하는 '아이아코스의 후손들'은
아이아코스의 후손들의 조각상을 가리킨다. 아이아코스나 그 후손들의 조각
상을 데려가 싸우면 그들이 동맹이 되어 도와준다고 여겼던 것이다.

55 이들은 둘 다 풍요와 관련된 여신들이다. 다미에(Damie)는 '대지'·'땅'
을 뜻하는 '다'(da, 게ge의 도리스식 표현)와 연관된 이름이고, 아욱세시에
(Auxesie)는 '자라다'·'번식하다'를 뜻하는 '아욱사네인'(auxanein)과 연관

정이 나아질 것이라고 말했다. 그러자 에피다우로스인들은 조각상들을 청동으로 만들어야 할지 돌로 만들어야 할지를 다시 물었다. 피티에 여사제는 그것들 중 어느 것도 아니고 재배된 올리브나무의 목재로 만들라고 했다. 그러자 에피다우로스인들은 아테나이인들에게 자신들이 올리브나무를 자를 수 있게 해 달라고 부탁했다. 그들은 그곳의 올리브나무가 가장 신성하다고 여겼던 것이다. 그런데 당시에 아테나이 이외의 다른 땅에는 올리브나무들이 없었다는 이야기도 있다. 아테나이인들은 그에 대해 에피다우로스인들이 아테나이에 폴리아스[56]와 에렉테우스에게 매년 제물을 바친다는 조건하에 허락하겠다고 말했다. 에피다우로스인들은 그에 동의하고 자신들이 부탁한 것들을 얻었으며, 이 올리브나무들로 조각상들을 만들어 건립했다. 이에 그들의 땅은 다시 수확을 맺었고 그들은 아테나이인들과 합의한 것을 이행했다.

아이기나인들은 그때까지도 여전히 전처럼 다른 모든 점들에서도 83 에피다우로스인들에게 복종했으며, 특히 에피다우로스로 건너가 그곳에서 자신들 간의 송사를 벌이곤 했다. 그러나 그 후에는 배들을 건조하고 완고한 입장을 견지하여 에피다우로스인들에게서 이탈했다. 그들이 서로 반목하게 되자, 아이기나인들은 해상을 지배하고 있었으므로 에피다우로스인들에게 큰 타격을 입혔다. 더욱이 그들은 에피다우로스인들에게서 이 다미에와 아욱세시에의 조각상들을 약탈했다. 그들은 그것들을 가져가 그들 땅의 내륙에 있는 오이에라고 불리는 곳에 세워 놓았는데, 그곳은 그들의 도시에서 20스타디온 정도 떨어져 있다. 아이기나인들은 그곳에 조각상들을 세워 놓고 제물을 바쳤다. 또 여자들의 조롱 섞인 집단 가무로 그 여신들을 달랬는

된 이름이다. 즉 다미에는 대지의 여신, 아욱세시에는 성장과 번식의 여신이라 할 수 있다.

56 '아테나이에 폴리아스'는 아테네의 수호신 아테나를 가리키는 별명이다.

데, 각 여신마다 10명의 남자들이 코레고스[57]로 배정되었다. 이 집단 가무에서 조롱의 대상이 된 것은 남자들이 아니고 그 지역의 여자들이었다. 에피다우로스인들 역시 그와 똑같은 제식들을 수행했다. 그들은 또 비밀 의식들도 수행한다.

84 한편 에피다우로스인들은 그 조각상들을 빼앗기자 아테나이인들과 합의한 것을 이행하지 않았다. 이에 아테나이인들은 사람을 보내 에피다우로스인들에게 분노를 표명했다. 그러나 에피다우로스인들은 자신들이 부당한 일을 한 것이 아니라고 해명했다. 그들은 주장하기를, 그들이 그 조각상들을 자신들의 나라 안에서 갖고 있는 동안에는 합의 사항을 이행했지만 이제 그것들을 빼앗긴 이상 자신들이 계속 제물을 바치는 것은 옳지 않고 그것들을 갖고 있는 아이기나인들에게서 제물을 받는 것이 옳다고 했다. 이에 아테나이인들은 아이기나에 사람을 보내 조각상들의 반환을 요구했다. 그러나 아이기나인들은 자신들이 아테나이인들과는 아무런 관련이 없다고 말했다.

85 아테나이인들의 말에 의하면, 아테나이인들은 그렇게 요구한 뒤에 약간의 시민들을 삼단노선 한 척에 태워 아이기나에 보냈다고 한다. 이들은 아테나이 시민단에 의해 파견되어 아이기나에 도착하자, 그 조각상들이 자신들의 나무로 만들어졌다는 이유로 그것들을 되찾아 가려고 대좌에서 떼어 내려 했다 한다. 그러나 그런 식으로는 조각상들을 손에 넣을 수가 없자 그것들 둘레에 줄을 감아 끌어당겼는데, 그들이 그것들을 끌어당기고 있을 때 그들에게 천둥이 치고 또 천둥과 더불어 지진도 일어났다고 한다. 그러자 그것들을 끌어당기던 삼단노선 선원들이 그로 말미암아 정신을 잃었으며, 그런 일을 겪고는

---

57 코레고스(choregos)는 종교 제식이나 연극의 코로스(choros, 집단가무) 공연에 필요한 경비를 부담하는 자들을 가리킨다. 흔히 부자들이 공익적 차원에서 코레고스를 맡곤 했는데, 그들은 자비로 코로스의 의상 비용이나 훈련 비용을 지불했다.

마치 적이 된 듯 서로 죽이다가 결국은 그들 전체 중에서 한 명만 살아남아 팔레론으로 돌아왔다고 한다.

아테나이인들은 이러한 일이 일어났다고 말한다. 그러나 아이기나 86
인들은 아테나이인들이 단 한 척의 배로 온 것이 아니었다고 말한다.
배 한 척이거나 한 척보다 조금 많은 정도는, 설사 자신들에게 배들
이 없었다고 해도, 쉽게 막을 수 있었으리라는 것이다. 하지만 아테
나이인들이 많은 배를 거느리고 자신들의 나라를 공격해 와서, 자신
들은 아테나이인들에게서 물러나 해전을 벌이지 않았다고 한다. 그
런데 아이기나인들은 자신들이 해전에서 열세임을 깨닫고 그 때문에
물러난 것인지 아니면 원래 그리하기를 원해서 그런 것인지 명확하
게 밝히지 못한다. 아이기나인들의 말에 의하면, 아테나이인들은 그
때 아무도 자신들과 싸우러 나오지 않자 배에서 나와 상륙하여 조각
상들 쪽으로 갔다고 한다. 그런데 그들이 그것들을 대좌에서 끌어 내
릴 수 없자 그것들 둘레에 줄을 감아 끌어당겼는데, 그것들을 끌어당
길 때 두 조각상들이 모두 똑같은 행동을 했다고 한다―나는 이 말
을 믿지 않지만 혹시 다른 누군가는 믿을지도 모른다―. 즉 그것들
이 똑같이 무릎을 꿇었으며 그 후에도 계속 그런 상태로 있다는 것
이다. 아테나이인들은 그렇게 행동했다고 한다. 그러나 아이기나인
들은 그를 자신에 대해서도 말하는데, 그들은 아테나이인들이 자신
들에게 진군하려 한다는 것을 알고 아르고스인들에게 자신들을 도울
채비를 하도록 했다고 한다. 그래서 아테나이인들이 아이기나에 상
륙하자 아르고스인들이 그들을 도우러 왔다고 한다. 그들은 몰래 에
피다우로스로부터 아이기나 섬에 상륙해서 그것을 미리 파악하지 못
한 아테나이인들을 습격하여 그들이 배들로 돌아가지 못하게 차단
했다고 한다. 바로 이때 천둥이 치고 그와 더불어 지진도 일어났다고
한다.

이는 아르고스인들과 아이기나인들이 말한 내용이다. 아테나이인 87
들 역시 그들 중 한 명만이 아티케로 무사히 귀환했다는 점은 동의한

다. 단 예외가 있다면, 아르고스인들은 아티케 군대가 자신들에게 궤멸당한 가운데 그 한 명이 살아남았다고 말하지만 아테나이인들은 자신들이 신령에 의해 궤멸당해 그리되었다고 말한다는 것이다. 그렇지만, 아테나이인들의 말에 의하면, 그 한 명도 결국 살아남지 못하고 다음과 같은 식으로 죽임을 당했다고 한다. 그는 아테나이에 가서 새앙을 보고했다. 그런데 아이기나를 공격하러 갔던 남자들의 아내들이 소식을 듣고 전체 중에서 그만 혼자 살아남은 것에 분노했다고 한다. 그래서 그들은 그를 에워싸고 자신들의 히마티온에 있는 핀[58]으로 그를 찌르면서 모두 각기 자신의 남편은 어디에 있느냐고 물었다 한다. 그는 그렇게 죽임을 당했다. 아테나이인들에게는 여자들의 그런 행동이 패배 자체보다 더 끔찍한 일로 여겨졌다고 한다. 하지만 그들은 여자들의 복장을 이오니에식으로 바꾸는 것 말고는 달리 그녀들을 처벌할 수 없었다고 한다. 그전에는 아테나이 여자들이 코린토스의 것과 매우 비슷한 도리스식 복장을 착용했던 것이다. 그리하여 아테나이인들은 여자들이 핀을 사용하지 못하게 아마포 키톤으로 복장을 바꾸었다.

88   그런데 사실을 말하자면, 이 복장은 원래 이오니에식 복장이 아니고 카리에 복장이다. 옛날에 헬라스에서 여자들이 입던 모든 복장은 지금 우리가 도리스식 복장이라고 부르는 것이다. 그에 대해 아르고스인들과 아이기나인들은 다음과 같은 법을 제정하여 그들 각각의 법으로 삼았다고 한다. 즉 옷의 핀은 당시의 재래적 기준보다 절반만큼 더 길게 하고, 그들의 여자들이 이 여신들의 성소에 특히 핀들을 봉헌하고, 아티케의 것은 도기(陶器)든 다른 어떤 것이든 일절 성소로 들이지 않고, 앞으로 그곳에서는 그 나라에서 만든 용기로 마신다

---

58 히마티온을 입을 때 사용하는 고정 핀. 그리스인들의 겉옷인 히마티온은 재봉한 옷이 아니고 직사각형 형태의 천이어서, 그것을 몸에 둘러 입자면 어깨 부분에서 옷을 고정하는 대형 핀이 필요했다.

는 것이 그들의 법이었다.

　그래서 아르고스와 아이기나 여자들은 아테나이인들과의 반목 때 　89
문에 그 이후로 지금 나의 시대까지도 계속 기존의 것보다 더 긴 핀
을 착용한다. 아테나이인들이 아이기나인들에 대해 품은 원한의 발
단은 내가 앞서 언급한 것처럼 시작되었다. 그래서 그때 테바이인들
이 도움을 청하자 아이기나인들은 조각상들에 관한 일을 기억하고
기꺼이 보이오티에인들을 도우러 왔다. 아이기나인들은 아티케 해안
지대를 약탈했고, 이에 아테나이인들이 아이기나인 원정에 착수했
을 때 그들에게 델포이에서 신탁이 도달했다. 신탁 내용은 그들에게
아이기나인들의 부당한 행위에 대해 30년 동안은 대응을 자제하고
31년째 해에 아이아코스에게 성역을 봉헌한 다음 아이기나인들에 대
한 전쟁을 시작하라는 것이었다. 그러면 그들이 원하는 일이 다 성사
되리라는 것이었다. 그러나 만약 그들이 바로 원정에 나선다면 결국
은 적을 정복할 것이지만 그 30년 동안에 수많은 일을 당하고 또 수
많은 일을 저지를 것이라고 했다. 아테나이인들은 그들에게 전해진
신탁을 듣고 아이아코스에게 성역을 봉헌했는데, 지금 그것은 아고
레에 세워져 있다. 그러나 그들은 30년 동안 대응을 자제해야 한다는
신탁을 들었을 때, 아이기나인들에게 못된 일을 당한 이상 그대로 자
제할 수가 없었다.

　아테나이인들이 아이기나인들에 대한 복수를 준비하고 있을 때 마 　90
침 라케다이몬에서 야기된 일 하나가 그들을 가로막았다. 라케다이
몬인들은 알크메오니다이 가문 사람들이 피티에 여사제와 꾸민 일[59]
과 또 피티에 여사제가 라케다이몬인들 자신과 페이시스트라토스 일
가에 대해 꾸민 일을 알자, 이중으로 한탄했다. 즉 라케다이몬인들이
자기의 빈객들[60]을 빈객들 자신의 나라에서 내쫓았기 때문이고, 또

59　제5권 제63장 참조.
60　여기서는 스파르타인들과 우호 관계를 유지하던 페이시스트라토스 일가를

자신들이 그렇게 했건만 아테나이인들에게서 아무런 감사도 받지 못했기 때문이다. 게다가 아테나이인들이 자신들에게 못된 짓을 많이 할 것이라고 예견한 신탁들로 말미암아 라케다이몬인들의 마음이 움직였다. 전에는 그들이 그 신탁들에 대해 몰랐는데, 그때 클레오메네스가 그것들을 스파르테로 가져와서 내용을 알게 되었던 것이다. 클레오메네스는 신탁들을 아테나이의 아크로폴리스에서 입수했는데, 그것들은 전에 페이시스트라토스 일가가 갖고 있다가 그들이 쫓겨날 때 성소 안에 남겨 둔 것이었다. 그렇게 남겨진 신탁들이 클레오메네스의 수중에 들어갔던 것이다.

91   라케다이몬인들은 그때 그 신탁들을 입수하고 또 아테나이인들의 세력이 커져서 이제 자신들에게 복종하려 하지 않는 것을 보자, 아티케인들이 자유를 누릴 때엔 그들 자신과 대등한 상대가 될 것이지만 참주정하에 놓이면 약해지고 쉽게 비굴해질 것으로 생각했다. 그들은 이 모든 것을 깨닫고, 페이시스트라토스 일가가 피신한 헬레스폰토스의 시게이온에서 페이시스트라토스의 아들 히피에스를 불러오게 했다. 히피에스가 그들의 부름을 받고 도착하자, 스파르테인들은 다른 동맹국들의 사절들도 불러오게 하여 그들에게 이렇게 말했다. "동맹국 여러분, 우리는 우리들 자신이 잘못했음을 알고 있소. 우리는 가짜 신탁들에 교란당해, 우리의 가장 긴밀한 빈객들이고 또 아테나이가 우리의 지배를 받도록 하겠다고 약속한 그러한 자들을 그들의 조국에서 쫓아내고 그런 후 그 나라를 은혜 모르는 평민들에게 넘겨주었기 때문이오. 이 평민들은 우리의 도움으로 자유를 얻게 되자 고개를 높이 쳐들고 우리와 우리의 왕을 무례하게 모욕하며 내쫓았소. 그들의 자만심은 커 가고 세력도 확장되고 있소. 이는 특히 그들의 이웃인 보이오티에인들과 칼키스인들이 경험으로 아주 잘 알고

가리킨다.

있고, 다른 사람들도 잘못했다간 금방 알게 될 것이오. 우리가 잘못하여 그런 일을 저질렀던 것이니, 이제 여기에 온 여러분과 함께 그들을 응징하고자 하오. 바로 이런 이유에서 우리가 여기 있는 히피에스를 부르고 여러 나라에서 여러분들을 불러온 것이오. 이는 우리가 공동의 결정과 공동의 원정대를 통해 히피에스를 아테나이로 복귀시키고, 우리가 전에 빼앗은 것을 그에게 돌려주기 위한 것이오."

그들의 말은 이러했다. 그러나 동맹국 대부분은 그 말에 수긍하지 92 않았다. 그때 다른 자들은 말없이 침묵을 지켰지만 코린토스인 소클레에스가 다음처럼 말했다.

"라케다이몬인들이여, 그대들이 평등한 권리의 정치를 타파하고 여러 나라에 참주 지배─인간들 사이에서 이보다 더 부당하고 잔혹한 것이 없거늘─를 다시 복귀시킬 준비를 하다니, 실로 하늘이 땅 아래에 있고 땅은 하늘 위 공중에 있겠고 인간이 바닷속에서 살고 물고기는 전에 인간이 살던 곳에서 살겠네요. 정말 그대들의 생각에 여러 나라가 참주 지배를 받는 것이 좋다고 보면, 그대들이 먼저 그대들 자신 가운데 참주를 세운 다음에 다른 자들에게도 그렇게 세우라고 요구하시오. 그러나 지금 그대들은 참주를 겪어 본 적도 없고 또 참주가 스파르테에서 생기지 않도록 매우 철저히 지키고 있으면서, 그대들의 동맹국들에 대해서는 노부지 관심이 없군요. 만일 그대들이 우리처럼 그것을 직접 경험해 보았다면, 그것에 대해 지금보다 더 나은 제안을 했을 것이오.

코린토스인들의 국가 상황은 다음과 같았소. 코린토스는 과거에 과두제였는데, 바키아다이라고 불리는 이들 가문이 국가를 지배했고 혼인도 그들 내에서만 했소. 그런데 이들 중 일원인 암피온에게 절름발이 딸이 하나 있었소. 그녀의 이름은 라브다라고 했지요. 바키아다이 가문 중에서는 아무도 그녀와 혼인하려는 사람이 없어서 에케크라테스의 아들인 에에티온이 그녀와 혼인했소. 그는 페트레 구 출신이었으며 계보상 라피테스[61]이고 카이네우스의 후손이었소. 그런데 그에게는 이 아내나 다른 여자에게서나 아들이 한 명도 태어나지 않았소. 그래서 그는 후사에 대해 물으려고 델포이로 갔소. 피티에 여사제는 그가 들어오는 것을 보자마자 곧 다음과 같은 시행으로 말을 했소.

에에디온이어, 그대는 크게 존경받을 자인데도 아무도 존경하지
않는구나. 라브다가 잉태하여 둥근 돌을 낳아 줄 것이니라.
그 돌은 군주들에게로 굴러떨어져 코린토스를 바로잡을 것이니라.

에에티온에게 내려진 이 신탁은 어떻게 하여 바키아다이 가문 사람들에게도 전해졌소. 이들은 코린토스에 내려졌던 이전의 신탁을 이해하지 못했는데, 그 신탁은 에에티온의 신탁과 같은 의미였소. 그 신탁은 이런 것이었지요.

독수리가 바위 안에서 잉태하여 날고기를 먹는 힘센 사자를
낳을 것이니라. 그는 많은 자들의 무릎을 풀어 줄 것이니라.
그러니, 아름다운 페이레네와 바위들이 솟은 코린토스 주위에
사는 코린토스인들이여, 이를 잘 유념할지니라.

이 신탁은 이전에 바키아다이 가문에 내려졌던 것인데 그들은 그 뜻을 이해할 수 없었소. 그러나 그때 에에티온에게 내려진 신탁을 듣고, 그들은 즉시 이전의 신탁이 에에티온의 신탁과 상응한다는 것을 알았소. 그들은 신탁의 뜻을 파악했지만 잠자코 있었소. 나중에 에에티온에게 아이가 태어나면 그를 죽일 작정이었던 것이오. 그 후 에에티온의 아내가 아이를 낳자마자, 그들은 아이를 죽여 없애려고 자신

---

61 라피테스(Lapithes)는 라피타이(Lapithai)의 단수형이다. 라피타이는 전설상의 족속으로 테살리아의 산악에서 살았다고 전한다.

들의 일족 가운데 열 명을 에에티온이 살고 있는 지구로 보냈소. 그들은 페트레에 도착하자 에에티온의 집 마당으로 들어가서 아이를 보여 달라고 요청했소. 그러자 라브다는 그들이 온 이유를 알지 못하고 그들이 아이 아버지에 대한 우의(友誼)에서 요청하는 것이라 생각하여, 아이를 데려와 그들 중 한 명에게 안겼소. 사실 그들은 오는 도중에 그들 가운데 아이를 맨 처음에 받는 자가 아이를 땅바닥에 내동 댕이치기로 계획을 세워 두었소. 그런데 라브다가 아이를 데려와 안겼을 때, 신의 섭리였는지, 그들 중 아이를 받은 자에게 아이가 웃음을 지었소. 그는 그것을 보고, 일말의 동정심이 일어 아이를 죽이지 못했소. 그는 아이를 불쌍히 여겨 두 번째 사람에게로 넘겼고 그는 또 세 번째 사람에게 넘겼소. 그렇게 하여 아이는 열 명 모두에게 두루 안겼지만 아무도 아이를 죽이려 하지 않았소. 그래서 그들은 아이를 어머니에게 돌려주고 밖으로 나와 문 앞에 서서 서로를 나무라며 책망했소. 특히 아이를 맨 처음에 받은 자를 나무랐는데, 이는 그가 미리 결정한 대로 이행하지 않았기 때문이오. 좀 시간이 흐른 뒤, 그들은 다시 들어가 모두가 함께 아이를 죽이기로 결정했소.

하지만 이 에에티온의 자식으로 말미암아 코린토스에 불행이 싹트게끔 정해져 있었소. 라브다가 바로 문 가까이에 서서 모든 이야기를 듣있던 것이오. 그녀는 그들이 마음을 바꿔 다시 아이를 데려가 죽이지 않을까 우려하여, 아이를 데려가 그녀 생각에 가장 알아채기 어렵다고 여겨지는 곳인 궤짝 속에 숨겼소. 그녀는 그들이 다시 돌아와 그를 찾게 된다면 모든 곳을 수색할 것임을 알고 있었던 거지요. 실제로 그런 일이 벌어졌소. 그들은 다시 와서 뒤졌지만 아이를 찾지 못하자, 돌아가서 자신들을 보낸 자들에게 명령대로 모두 이행했다고 말하기로 결정했소.

그리하여 그들은 돌아가서 그렇게 이야기했소. 그 후 에에티온의 아들은 점차 성장했고, 그가 궤짝 덕분에 위험을 모면한 데서 그에게는 궤짝의 이름을 따 킵셀로스라는 이름이 붙었소.[62] 킵셀로스는 장성하여 신탁을 물었는데, 델포이에서 그에게 모호한 신탁이 내려졌소. 그러나 그는 이 신탁을 믿고 코린토스를 공격하여 그곳을 차지했소. 그 신탁은 다음과 같았소.

> 내 신전 안으로 내려온 이 사람은 복이 많도다. 고명한 코린토스의 왕, 에에티온의 아들 킵셀로스 본인과 그의 아들들은 복이 많도다.
> 하지만 그의 아들들의 아들들은 더는 그러지 못할지니라.

그 신탁은 이러한 것이었고, 킵셀로스는 참주가 되어 다음과 같은 사람이 되었소. 그는 수많은 코린토스인들을 추방하고 수많은 코린토스인들의 재물을 빼앗았으며 그보다 훨씬 더 많은 코린토스인들의 목숨을 빼앗았소.

킵셀로스는 30년 동안 지배한 후 평온하게 생을 마쳤고, 그의 아들 페리안드로스가 참주 자리를 승계했소. 페리안드로스는 처음에 그의 아버지보다 더 온건했지만, 밀레토스의 참주 트라시불로스와 교유한 이후에는 킵셀로스보다 훨씬 더 가혹해졌소. 그는 트라시불로스에게 사절을 보내, 어떻게 가장 안정된 체제를 세워 나라를 가장 잘 다스릴 수 있을지 문의했소. 그러자 트라시불로스는 페리안드로스에게서 온 사절을 데리고 도시 밖으로 나가 곡물을 파종한 어느 경작지로 들어갔소. 거기서 그는 곡물 사이를 돌아다니며 사절에게 코린토스에서 온 용건에 대해 묻고 또 반문하면서, 곡물 이삭 가운데서 위로 더 불거진 것을 보면 계속 잘라 내고 또 자른 족족 내버리곤 했소. 그렇게 하여 그는 마침내 곡물 중에서 가장 우량하고 가장 튼실한 것들을 모두 제거해 버렸소. 그리고 그 경작지를 다 지나자, 조언 한 마디 없이 사절을 돌려보냈소. 사절이 코린토스에 돌아오자, 페리안드로스

---

62 '궤짝'을 뜻하는 그리스어가 킵셀레(kypsele)이므로 킵셀로스라는 이름은 '궤짝'에서 따온 것이다.

는 트라시불로스의 조언을 몹시 듣고 싶어 했소. 그러나 사절은 트라시불로스가 자신에게 아무런 조언도 하지 않았다고 말하고, 정신이 이상하고 자기 재산을 망가뜨리는 그런 자에게 페리안드로스가 자신을 보낸 것이 의아스럽다고 하면서, 트라시불로스가 한 일을 본 대로 설명했소.

그러나 페리안드로스는 트라시불로스의 행동을 이해했고, 트라시불로스가 자신에게 시민들 가운데 탁월한 자들을 죽이라고 조언했음을 명심하여 그때부터 시민들에게 온갖 악행을 저질렀소. 킵셀로스가 죽이고 추방하다 못다 하고 남긴 것을 페리안드로스가 완수했던 것이오. 또 하루는 자신의 아내 멜리사[63] 때문에 코린토스의 모든 여자들을 발가벗기기도 했소. 페리안드로스가 그의 빈객이 맡겨 둔 물건에 대해 죽은 자의 신탁을 구하러 아케론 강 유역의 테스프로티아인들에게 사절들을 보낸 적이 있는데, 멜리사의 환영이 나타나 그에게 아무것도 알려 주지 않을 것이고 그 맡겨 둔 물건이 어디에 있는지도 밝히지 않겠다고 말했소. 자신이 춥고 발가벗은 상태이기 때문이라는 거였소. 페리안드로스가 그녀와 함께 묻은 옷들은 태우지 않아 그녀에게 아무 소용이 없다는 거였소. 그녀가 자신이 진실을 말하고 있다는 증거로 든 것은 페리안드로스가 그의 빵을 다 식은 화덕에 집어넣은 적이 있다는 것이었소. 사절이 돌아와 이를 페리안드로스에게 전했을 때 그는 자신이 죽은 멜리사의 시신과 관계를 맺은 일이 있었는지라 그녀의 증표가 사실임을 믿고, 사절의 전언 이후 즉시 포고를 내려 코린토스의 여자들을 모두 헤레 신전으로 나오게 했소. 여자들은 제전에 가듯 제일 좋은 옷을 갖춰 입고 나왔소. 그러나 그는 그곳에 호위병들을 배치해 두었다가 모든 여자들을 자유민이건 하녀이건 똑같이 발가벗게 했소. 그리고 옷들을 구덩이에 모은 다음 멜리

---

63 제3권 제50장 참조.

사에게 기도를 드리며 불태웠소. 이렇게 한 후 그가 두 번째 사절을 보내자, 멜리사의 환영이 나타나 빈객이 맡겨 둔 물건이 놓인 장소를 말해 주었소. 라케다이몬인들이여, 참주 지배란 이런 것이고 그 행태 또한 이런 것이오. 우리 코린토스인들은 그대들이 히피에스를 불러 온다는 것을 아는 순간 매우 놀랐는데, 지금 그대들의 말을 듣고 더 우 놀랐소. 헬라스 신들의 이름을 걸고 그대들에게 부탁하노니 이 국가들에 참주 지배를 수립하지 마시오. 그대들은 단념하지 않고 정의에 어긋나게 히피에스를 복귀시키려 하겠지요. 그렇다면 코린토스인들은 그대들에게 동조하지 않는다는 것을 알아 두시오."

93   코린토스에서 온 사절 소클레에스는 그렇게 말했다. 그러자 히피에스는 소클레에스와 똑같은 신들의 이름을 걸고 그에게 대답하기를, 정해진 날이 다가와 코린토스인들이 아테나이인들에게 고통을 겪게 되면 코린토스인들은 페이시스트라토스 일가를 누구보다 더 그리워하게 될 것이라고 했다. 히피에스는 신탁들을 다른 누구보다 더 정확하게 알고 있었으므로 그렇게 대답했던 것이다. 한편 다른 동맹국들은 그때까지 침묵을 지키다가 소클레에스의 거리낌 없는 말을 듣자, 모두 입을 열고 코린토스인들의 의견에 동조했다. 그들은 라케다이몬인들에게 헬라스의 나라에 혼란을 일으키지 말아 달라고 부탁했다.

94   이 일은 그렇게 끝났다. 히피에스가 그곳에서 쫓겨나자, 마케도니에 왕 아민테스가 그에게 안테무스를 제공하고 테살리에인들도 이올코스를 제공하겠다고 했다. 그러나 히피에스는 이들 중 어느 곳도 택하지 않고 시게이온으로 돌아갔다. 이곳은 페이시스트라토스가 무력으로 미틸레네인들에게서 빼앗은 곳인데, 그는 이곳을 장악하자 아르고스 여자에게서 낳은 자신의 서자 헤게시스트라토스를 참주로 세웠다. 그러나 헤게시스트라토스는 페이시스트라토스에게서 물려받은 것을 전쟁 없이 지킬 수는 없었다. 미틸레네인들과 아테나이인들이 각각 아킬레이온[64] 시(市)와 시게이온을 거점으로 오랫동안 전쟁

을 벌였기 때문이다. 미틸레네인들은 그곳을 돌려 달라고 요구했지만, 아테나이인들은 요구에 수긍하지 않았다. 아테나이인들은 아이올레스인들이 일리온 지역에 대해 아테나이인들 자신이나 또는 메넬레오스를 도와 헬레네의 납치에 보복했던 다른 헬라스인들보다 더 많은 권리를 갖고 있지는 않다고 주장했던 것이다.[65]

양측이 전쟁을 하는 동안에 전투에서 갖가지 일이 일어났는데, 그 중에서도 시인 알카이오스가 한 전투에서 아테나이인이 승리를 거두자 몸만 챙겨 달아난 일이 있었다. 반면 그의 무기들은 아테나이인들이 거두어 시게이온의 아테나이에 신전에 걸어 놓았다. 알카이오스는 이에 대한 시를 지어 미틸레네로 보냈는데, 거기서 친구 멜라니포스에게 자신의 불행을 알렸다. 미틸레네인과 아테나이인을 화해시킨 것은 킵셀로스의 아들 페리안드로스였다. 그들이 그에게 중재 일을 맡겼기 때문이다. 그는 양측이 현재 갖고 있는 것을 그대로 갖는다는 조건하에 그들을 화해시켰다.

그리하여 시게이온은 아테나이인들의 지배하에 있게 되었다. 한편 96 히피에스는 라케다이몬에서 아시에에 도착한 후 모든 방법을 동원하여 아르타프레네스에게 아테나이인들을 중상했고 아테나이가 그 자신과 다레이오스의 지배하에 들어오도록 무슨 일이건 다 했다. 히피에스가 이러고 있을 때, 아테나이인들도 그것을 알고 사르디에스에

95

64 아킬레이온(Achilleion)은 시게이온 인근의 도시인데, 전설에 의하면 트로이 전쟁의 영웅 아킬레우스가 묻힌 곳이라고 한다.

65 당시 미틸레네인들은 아이올레스인에 속했고 시게이온은 일리온, 즉 트로이 부근의 트로아스 지방에 속한 도시였다. 여기서 아테나이인들은 아이올레스인인 미틸레네인들이 일리온 지역의 도시 시게이온에 대해 특별한 권리를 가진 것이 아니라고 주장한다. 또 '메넬레오스를 도와 헬레네의 납치에 보복했던 헬라스인'은 트로이 전쟁에 참가한 그리스인들을 가리킨다. 스파르타 왕 메넬라오스의 아내 헬레네가 트로이의 파리스에게 납치되자 그리스 용사들이 그녀를 구하려고 트로이 원정에 나섰다고 전한다.

사절들을 보내 페르시스인들이 아테나이 추방자들의 말에 따르지 않
도록 촉구했다. 그러나 아르타프레네스는 그들에게 안전하게 지내고
싶으면 히피에스를 다시 받아들이라고 말했다. 그의 말이 전달되자
아테나이인들은 그것을 거부했다. 그것을 거부했으니, 이제 그들은
공개적으로 페르시스인들과 적대하기로 결정한 것이었다.

97   아테나이인들이 이렇게 마음먹고 페르시스인들과 사이가 틀어진
바로 그때에 밀레토스의 아리스타고레스가 라케다이몬의 클레오메
네스에게 스파르테에서 쫓겨나 아테나이로 왔다. 이 아테나이가 나
머지 국가 중에서 세력이 가장 강성했기 때문이다. 아리스타고레스
는 아테나이 민회에 나가서 그가 스파르테에서 말한 것과 똑같이 아
시에의 재화들에 대해 이야기하고 또 페르시스인들의 전쟁에 대해서
는 그들이 흔히 방패와 창을 사용하지 않으므로 그들을 쉽게 제압할
수 있다고 이야기했다. 그는 이렇게 말하고 나서, 다음과 같이 덧붙
였다. 즉 밀레토스인들은 아테나이에서 온 식민자들이니, 세력이 강
성한 아테나이인들이 마땅히 자신들을 구해 주어야 한다고 말했다.
그는 간절히 부탁하느라 아테나이인들에게 온갖 약속을 다 했고, 결
국은 그들을 설득해 냈다. 실로 한 사람보다는 다수를 현혹하기가 더
쉬운 일인 것 같다. 그가 라케다이몬인 클레오메네스 한 사람을 현혹
하지 못했으면서 아테나이인 3만 명은 현혹했으니 말이다. 그리하여
아테나이인들은 그에게 설득되어 이오네스인들을 도우러 배 20척을
파견하기로 가결했고 모든 면에서 정평 있는 시민인 멜란티오스를
함대 지휘관으로 임명했다. 이 배들은 헬라스인들과 이방인들 모두
에게 불행의 근원이 되었다.

98   아리스타고레스는 먼저 출항하여 밀레토스에 도착하자, 이오네스
인들에게는 아무런 이익이 되지 않을 계획을 하나 세웠다. 사실 그
계획을 세운 것은 그런 목적에서가 아니고 다레이오스 왕을 괴롭히
기 위해서였다. 그는 프리기에의 파이오니에인들에게 사람을 보냈
다. 이들은 메가바조스에 의해 스트리몬 강 유역에서 포로로 붙잡혀

프리기에 땅의 한 촌락에서 그들끼리 살고 있었다. 사절로 파견된 자는 파이오니에인들에게 가서 다음처럼 말했다. "파이오니에인들이여, 밀레토스의 참주 아리스타고레스께서 나를 보내, 그대들이 그의 말에 따르고자 한다면, 그대들에게 구출에 관한 조언을 해 주라 하셨소. 지금 모든 이오니에가 왕에게 반란을 일으켰으니, 그대들은 그대들 자신의 땅으로 탈출할 수 있소. 바다까지 가는 것은 그대들이 혼자 힘으로 처리하고 그다음부터는 우리가 맡을 것이오." 파이오니에인들은 이 말을 듣고 크게 기뻐했으며, 아이들과 여자들을 데리고 바다 쪽으로 도망쳤다. 그러나 그들 중 일부는 겁을 먹고 그냥 그곳에 남았다. 파이오니에인들은 바다에 도착하자, 그곳에서 키오스로 건너갔다. 파이오니에인들이 이미 키오스에 도착했을 때 대규모 페르시스인 기병대가 파이오니에인들을 뒤따라 추격해 왔다. 페르시스인들은 파이오니에인들을 붙잡지 못하자, 키오스의 파이오니에인들에게 전갈을 보내 돌아오라고 명했다. 그러나 파이오니에인들은 그 말에 따르지 않았으며, 그들을 키오스인들이 키오스에서 레스보스로 데려갔고 다시 레스보스인들이 도리스코스로 데려갔다. 그곳에서 파이오니에인들은 도보로 이동하여 파이오니에에 도착했다.

다시 아리스타고레스 이야기를 하자면, 아테나이인들이 배 20척을 타고 도착했을 때 에레트리아인이 삼단노선 5척도 함께 데려왔다. 이 에레트리아인들은 아테나이인들을 위해 출정한 것이 아니고 밀레토스인들 자신을 위해 왔는데, 밀레토스인들에게 신세 진 것을 갚으려는 것이었다. 예전에 에레트리아인들이 칼키스인들과 전쟁을 할 때 밀레토스인들이 에레트리아인들을 도와주었기 때문이다. 그때 에레트리아인과 밀레토스인에게 맞선 칼키스인들을 도운 것은 사모스인들이었다. 그리하여 아테나이인들과 에레트리아인들이 도착하고 다른 동맹국들도 함께 당도하자, 아리스타고레스는 사르디에스 공격에 나섰다. 그런데 그 자신은 직접 출정하지 않고 밀레토스에 머물렀으며 다른 밀레토스인들, 즉 그의 친동생 카로피노스와 또 다른 시민인 혜르모판토스를 장군들로 임명했다.

100   이오네스인들은 이 함대와 함께 에페소스에 도착하자, 배들은 에페소스 영내의 코레소스에 남겨 두고 자신들은 에페소스인들을 길잡이 삼아 대규모로 진군해 올라갔다. 그들은 카이스트리오스 강을 따라 나아가다 트몰로스 산을 넘어 사르디에스에 도착했다. 그들은 아무 저항도 받지 않고 사르디에스를 점령했는데, 아크로폴리스만 빼고 나머지 전역을 점령했다. 아크로폴리스는 아르타프레네스 자신이 적잖은 병력을 거느리고 수호했다.

101   이오네스인들은 그 도시를 점령했지만 다음과 같은 이유에서 그곳을 약탈하지 못했다. 사르디에스의 집 대부분은 갈대로 지은 것들이고 그중에서 벽돌로 지은 집들도 지붕은 갈대로 되어 있었다. 그래서 한 병사가 그 집들 중 어느 한 채에 불을 지르자 불이 즉시 집에서 집으로 옮아 붙어 도시 전체로 번졌다. 도시가 불에 타자, 불이 도시 외곽을 다 불사르는 통에 리디에인들과 성채 내에 있던 페르시스인들이 모두 사방으로 차단되었다. 그들은 도시 밖으로 나갈 출구가 없자 아고레와 팍톨로스 강 쪽으로 몰려들었다. 이 강은 트몰로스 산에서 사금을 운반해 내려오는데 아고레의 한가운데를 흘러 헤르모스 강으로 유출되고, 헤르모스 강은 바다로 유출된다. 이 팍톨로스 강과 아고레에 모여든 리디에인들과 페르시스인들은 자신들을 지키려고 저항할 수밖에 없었다. 이오네스인들은 적들 중 일부는 저항을 하고, 또 일부는 대규모로 진군해 오는 것을 보자 겁을 먹고 트몰로스라고 불리는 산으로 철수했으며 그곳에서 야음을 틈타 배들이 있는 곳으로 돌아갔다.

102   그런데 사르디에스가 불에 탔을 때[66] 그 안에 있던 토착 여신 키베베[67]의 성소도 불타 버렸다. 나중에 페르시스인들은 이것을 구실로

---

66 기원전 498년.
67 프리기아의 여신 키벨레.

내세워 헬라스의 성소들을 불태웠다. 한편 그때 할리스 강 안쪽에 거주하던 페르시스인들은 앞서 그 소식을 듣자, 함께 집결하여 리디에인들을 도우러 갔다. 페르시스인들은 사르디에스에 더는 이오네스인들이 없음을 알고 이오네스인들을 뒤따라 추적하여 에페소스에서 그들을 따라잡았다. 이오네스인들은 페르시스인들과 대진하여 싸움을 벌였지만 크게 패하고 말았다. 이때 페르시스인들은 유명한 자들을 많이 죽였는데, 그중에는 특히 에레트리아인들의 장군인 에우알키데스도 있었다. 그는 여러 운동경기에서 우승하여 화관들을 획득했고 케오스의 시모니데스에게서 큰 찬사를 받은 자였다. 남은 이오네스인들은 전장에서 도망쳐 각기 자신의 나라로 흩어졌다.

그때 그들은 그와 같이 싸웠다. 그 후 아테나이인들은 이오네스인 103들과 완전히 결별했고, 아리스타고레스가 그들에게 사절을 보내 여러 차례 요청을 했음에도 이오네스인들에 대한 도움을 거절했다. 그러나 이오네스인들은 아테나이인들과의 동맹이 해체되었음에도, 이미 다레이오스에게 그 정도로 일을 저질렀는지라 계속해서 왕에 대한 전쟁을 준비했다. 그들은 헬레스폰토스로 항해하여 비잔티온과 그 지역의 다른 나라들을 모두 그들의 지배하에 두었고, 그런 후 헬레스폰토스에서 출항하여 카리에의 대부분 지역을 동맹으로 확보했다. 전에는 그들과 동맹 맺기를 원치 않던 카우노스조차도 사르디에스가 불탄 후 그들 편에 합류했던 것이다.

키프로스인들은 아마투스인들만 제외하곤 모두 자발적으로 그들 104편에 합류했다. 키프로스인들도 다음과 같이 메디아인들에게 반란을 일으켰기 때문이다. 살라미스[68]인들의 왕 고르고스에게는 오네실로스라는 동생이 있었다. 오네실로스는 케르시스의 아들이었는데 케르시스는 에우엘톤의 아들인 시로모스의 아들이었다. 오네실로스

---

68 키프로스의 살라미스. 아티카 근해의 살라미스 섬과는 다른 지명이다.

는 전에도 자주 고르고스더러 왕에게 반란을 일으키라고 주장했었는데, 그때 이오네스인들도 반란을 일으켰다는 이야기를 듣고 매우 집요하게 그를 부추겼다. 그래도 고르고스를 설득할 수 없자, 오네실로스는 고르고스가 살라미스 시 밖으로 나갈 때를 기다렸다가 자기 일파 사람들과 함께 성문들을 닫아 버렸다. 고르고스는 나라를 잃고 메디아이들에게로 피신했으며, 오네실로스는 살라미스의 왕이 되어 모든 키프로스인들더러 반란을 일으키자고 설득했다. 그는 다른 자들은 다 설득했지만 아마투스인들이 자신의 말에 따르려 하지 않았으므로, 그들 앞에 진을 치고 포위 공격 했다.

105   오네실로스는 그때 아마투스를 포위 공격 하고 있었다. 한편 다레이오스 왕은 사르디에스가 아테나이인과 이오네스인에게 점령되어 불에 타고 이들을 규합해 그 일을 획책한 지도자가 밀레토스의 아리스타고레스라는 보고를 받자, 그 말을 듣고서 일단 이오네스인들은 무시한 채―그는 이들이 반란을 일으킨 응분의 대가를 치르게 될 것임을 잘 알고 있었던 것이다―우선 아테나이인들이 어떤 자들인지 물었다고 한다. 그리고 대답을 들은 후 그는 활을 가져오라 요구했고 활을 들어 화살을 메기더니 하늘을 향해 쏘았다고 한다. 그는 공중으로 화살을 쏘며, "제우스여, 제가 아테나이인들에게 복수할 수 있게 해 주소서"라고 말했다 한다. 그렇게 말하고 나서 그는 시종 가운데 한 명에게 명령하여, 자신에게 식사를 차릴 때마다 "전하, 아테나이인들을 기억하시옵소서"라고 세 번씩 말하도록 했다고 한다.

106   다레이오스는 이렇게 명령한 후, 자신이 이미 오랫동안 붙잡아 둔 밀레토스의 히스티아이오스를 면전에 불러들여 말했다. "히스티아이오스여, 내가 듣기에 그대가 밀레토스를 맡겨 놓은 그대의 대리인이 나에게 불온한 짓을 했다고 하오. 그는 다른 대륙에서 병력을 들여와 이오네스인들―이들은 나에게 자신들의 행동에 대한 응분의 대가를 치를 것이지만―과 규합하고 이오네스인들과 저들에게 자신을 따르도록 설득한 후 나에게서 사르디에스를 빼앗았소. 그러니 그대가 보

기에 어째 이것이 잘돼 가는 일 같소? 그대의 조언이 없이 어떻게 그런 일이 일어날 수 있겠소? 이후에는 그대가 스스로를 탓하지 않도록 주의하시오." 이에 대해 히스티아이오스가 대답했다. "전하, 방금 전하께서 무슨 말씀을 하신 겁니까? 크든 작든 제가 전하께 재앙을 불러올 그런 일을 꾸몄다고 하신 겁니까? 제가 무엇을 더 바라고, 또 무엇이 부족해 그런 일을 하겠습니까? 전하께 있는 것이 모두 제 것이고, 저는 전하의 모든 계획을 들을 자격이 있다고 간주되고 있습니다. 정말로 제 대리인이 전하께서 말씀하신 그와 같은 일을 했다면 그것은 그가 독단으로 한 것임을 알아주시옵소서. 저는 밀레토스인들과 제 대리인이 전하의 용무에 대해 불온한 짓을 했다는 보고를 절대 믿지 않습니다. 그러나 전하, 그들이 정말 그와 같은 일을 저지르고 전하께서 들으신 것이 사실이라면, 전하께서 저를 해안에서 끌고 올라옴으로써 일을 그렇게 만드신 것임을 아셔야 하옵니다. 이오네스인들은 제가 그들의 눈에 띄지 않자 자신들이 오랫동안 바라던 것을 실행한 것 같으니까요. 제가 이오니에 있었다면 어떤 나라도 꿈쩍하지 않았을 겁니다. 그러니 제가 그곳의 모든 일을 본래대로 회복하고 또 이 모든 일을 꾸민 밀레토스의 제 대리인을 전하의 수중에 넘길 수 있도록, 이제 되도록 빨리 저를 이오니에로 돌려보내 주시옵소서. 그리고 제가 전하의 의중에 맞게 일을 수행하고 나면, 왕실 신들의 이름을 걸고 맹세하건대, 최대의 섬 사르도를 전하의 속국으로 만들기 전에는 제가 이오니에로 내려갈 때 입고 갈 키톤을 절대로 벗지 않겠습니다."

히스티아이오스는 이런 말로 다레이오스를 기만했지만, 다레이오 107
스는 그 말에 수긍하고 그를 떠나보냈다. 그러면서 히스티아이오스에게 이르기를, 약속한 것을 다 수행하고 나면 다시 수사로 돌아와 자기 곁에 있으라고 했다.

한편 사르디에스에 관한 보고가 왕에게 올라오고, 다레이오스가 108
활과 관련된 행동을 하고 나서 히스티아이오스와 대화를 나누고, 또 히스티아이오스가 다레이오스에게서 풀려나 해안으로 가는 동안, 이 모든 일이 일어나는 동안에 다음과 같은 사건이 발생했다. 살라미스의 오네실로스가 아마투스인들을 포위 공격 하고 있을 때, 페르시스인 아르티비오스가 배로 페르시스 대군을 이끌고 키프로스에 올 것으로 예상된다는 보고가 그에게 들어왔다. 오네실로스는 이를 듣고 이오니에 가지료 사절을 보내 그들의 지원을 요청했으며, 이오네스인들은 신속한 논의를 거쳐 대군을 이끌고 왔다. 이오네스인들이 키프로스에 도착해 있을 때, 페르시스인들도 킬리키에에서 배를 타고 건너와서 육로로 살라미스를 향해 진군했다. 한편 포이니케인들은 배를 타고 키프로스의 클레이데스[69]라고 불리는 곳을 우회하여 항해했다.

109   상황이 이렇게 되자, 키프로스의 참주들이 이오네스인들의 장군들을 불러 모아 말했다. "이오네스인들이여, 우리 키프로스인들은 그대들이 페르시스인들과 포이니케인들 중에서 누구와 싸우고 싶어 하는지 상대를 선택하도록 해 주겠소. 그대들이 육지에 진을 치고 페르시스인들을 상대로 시험해 보고 싶다면, 그대들은 지금 배에서 내려 육지에 진을 치고 우리는 포이니케인들과 싸우기 위해 그대들의 배를 타야 할 것이오. 그러나 그대들이 포이니케인들을 상대로 시험해 보고 싶다면 그렇게 하시오. 그대들은 둘 중 누구를 택하든 간에 이오니에와 키프로스가 자유를 누릴 수 있도록 힘껏 최선을 다해야 합니다." 그에 대해 이오네스인들이 대답했다. "이오네스인 공동체가 우리를 보낸 목적은 바다를 지키라는 것이지 우리의 배들을 키프로스인들에게 넘겨주고 육지에서 페르시스인들과 싸우라는 것이 아니었소. 우리는 이제 우리에게 맡겨진 일에서 용감한 모습을 보이고자 노

---

69 클레이데스(kleides)는 '열쇠'를 뜻하는 '클레이스'(kleis)의 복수형이다. '키프로스의 클레이데스'라는 말은 '키프로스의 열쇠들'이라는 의미인데, 여기서는 바다로 불쑥 내민 육지의 곳을 가리키는 말로 사용된다.

력하겠소. 그대들도 메디아인들의 노예로 있을 때 겪었던 일을 기억하고 용감한 남자답게 행동해야 합니다."

이오네스인들은 이처럼 대답했다. 그 후 페르시스인들이 살라미스 110 평원으로 진격해 오자 키프로스의 왕들은 전열을 정비했는데, 살라미스인들과 솔로이인들 중에서 선발된 최정예 부대는 페르시스인들과 대적하게 하고 나머지 키프로스인들을 적군의 여타 병력과 대적하도록 했다. 그리고 오네실로스는 자발적으로 페르시스인의 지휘관 아르티비오스와 대적했다.

그런데 아르티비오스가 타고 있던 말은 중무장 보병과 맞설 때 뒷 111 발로 똑바로 서도록 훈련되어 있었다. 오네실로스는 그것을 알고, 마침 자신에게 전쟁에서 명성이 높고 다른 면에서도 용기가 충만한 카리에 태생의 방패지기가 있었으므로, 그에게 말했다. "나는 아르티비오스의 말이 뒷발로 똑바로 서서 그가 공격하는 자는 누구든 발로 차고 입으로 물어뜯어 죽인다고 알고 있네. 그러니 그대라면 아르티비오스 자신과 그의 말 중에서 누구를 노려 타격하겠는지 생각해 보고 즉각 말해 주게." 그에 대해 그 종자(從者)가 대답했다. "전하, 저는 그 둘 모두이건 그중 하나이건 간에 전하께서 명하시는 것은 무엇이든 기필코 이행할 준비가 되어 있습니다. 하지만 제가 생각하기에 전하의 입장에 더 걸맞을 것을 말씀 드릴까 합니다. 제기 보기엔 왕과 지휘관은 마땅히 왕과 지휘관에 맞서 싸워야 한다고 봅니다. 만일 전하께서 지휘관을 쓰러뜨린다면 전하께 큰 업적이 되는 것입니다. 또 그 자가 전하를 쓰러뜨린다면―제발 그런 일이 생기지 않았으면 합니다―이는 고귀한 자에게 죽는 것이니 그나마 절반의 불행입니다. 반면 우리 종자들은 다른 종자들이나 말과 싸워야 합니다. 전하께서는 그 말의 재주를 두려워하지 마십시오. 제가 전하께 약속 드리건대, 그 말이 이제 더는 누구에게든 맞서 일어서지 못하도록 해 놓겠습니다."

그의 말은 이러했다. 그 후 곧이어 육지와 해상에서 교전이 벌어졌 112

다. 해상에서는 이날 이오네스인들이 최고로 활약하여 포이니케인들을 제압했는데, 그중 사모스인들의 용맹이 가장 뛰어났다. 한편 육지에서는 양쪽 군대가 마주치자 서로 공격하고 싸움을 벌였다. 그때 양측 지휘관들에게 다음과 같은 일이 일어났다. 아르티비오스가 말을 타고 오네실로스를 공격하자 오네실로스는, 자신의 방패지기와 말을 맞춘 대로, 자신을 공격하는 아르티비오스에게 타격을 가했다. 그런데 아르티비오스의 말이 오네실로스의 방패를 말발굽으로 후려치자 이때 그 카리에인이 검으로 쳐서 말의 다리들을 베어 버렸다.

113   그래서 페르시스인의 지휘관 아르티비오스는 자신의 말과 함께 그 자리에서 쓰러졌다. 한편 다른 자들이 싸우고 있는 동안, 쿠리온의 참주 스테세노르가 휘하의 상당수 병력과 함께 탈주했다. 이들 쿠리온인들은 아르고스의 식민자들이라고 한다. 쿠리온인들이 탈주하자 곧이어 살라미스인들의 전차부대도 쿠리온인들과 똑같이 행동했다. 이런 일이 생기자 페르시스인들이 키프로스인들보다 더 우세해졌다. 키프로스인들의 군대는 패주하며 많은 수가 죽었는데, 다른 자들과 더불어 특히 케르시스의 아들 오네실로스—그는 바로 키프로스인의 반란을 야기한 자였다—와 솔로이인들의 왕인 필로키프로스의 아들 아리스토키프로스도 죽었다. 이 필로키프로스는 아테나이의 솔론이 키프로스에 왔을 때 자신의 시(詩)에서 다른 어느 참주보다도 더 높게 찬미한 인물이다.

114   아마투스인들은 오네실로스가 자신들을 포위 공격 했다는 이유로 그의 머리를 잘라 아마투스로 가져가서 성문 위에 걸어 두었다. 그런데 그의 머리가 내걸려서 그 속이 비게 되자, 벌 떼들이 안으로 들어가 벌집으로 가득 채웠다. 이러한 일이 일어나자 아마투스인들은 그에 관한 신탁을 물었다. 그 결과 그들에게 신탁이 내리기를, 머리를 끌어내려 매장해 주고 오네실로스를 영웅으로 기려 해마다 제사를 지낼 것이며 그리하면 그들의 형편이 더욱 좋아질 것이라고 했다.

115   아마투스인들은 그렇게 시행했고 지금 나의 시대에까지도 그렇게

하고 있다. 한편 키프로스 근해에서 해전을 벌인 이오네스인들은 오네실로스의 일이 실패로 끝났고 살라미스를 제외한 키프로스의 모든 나라가 포위되어 있고 또 살라미스인들이 그들의 전왕(前王) 고르고스에게 나라를 넘겨주었음을 알고, 그것을 알자마자 즉시 이오니에로 출항했다. 키프로스의 나라들 가운데 포위 상태에서 가장 오랫동안 버틴 것은 솔로이였다. 페르시스인들은 그 주위의 성벽 밑으로 굴을 파서 다섯 번째 달에 솔로이를 점령했다.

그리하여 키프로스인들은 일 년 동안 자유민이 되었다가 다시 노 116
예 상태로 떨어졌다.[70] 한편 다레이오스의 딸과 혼인한 다우리세스와 또 다른 페르시스 장군들로 역시 다레이오스의 딸과 혼인한 히마이에스와 오타네스는 사르디에스에 진군한 이오네스인들을 추격하여 그들의 배로 몰아넣었으며, 싸움에서 승리를 거둔 후에는 자신들끼리 나라들을 나누어 각기 약탈을 벌였다.

다우리세스는 헬레스폰토스 연안의 나라들 쪽으로 가서 다르다노 117
스를 점령했고 이어서 아비도스, 페르코테, 람프사코스, 파이소스도 점령했다. 그는 이 나라들을 하루에 한 곳씩 점령했다. 그런데 그가 파이소스에서 파리온 시로 행군하던 중에 카리에인들이 이오네스인들과 제휴하여 페르시스인들에게 반란을 일으켰다는 보고가 그에게 들어왔다. 그리하여 그는 헬레스폰토스에서 방향을 돌려 카리에 쪽으로 군대를 진군시켰다.

그런데 마침 다우리세스가 도착하기도 전에 그의 소식이 카리에인 118
들에게 전해졌다. 이것을 들은 카리에인들은 마르시에스 강 변의 레우카이 스텔라이[71]라고 불리는 곳으로 집결했는데, 이 강은 이드리아스 지역에서 흘러와 마이안드로스 강으로 흘러든다. 카리에인들이 그곳에 모였을 때 다른 계책도 많이 나왔지만 내가 생각하기에 가장

---

70 기원전 497년.

71 '레우카이 스텔라이'(leukai stelai)는 그리스어로 '흰색 기둥들'을 뜻한다.

좋은 계책은 킨디에인인 마우솔로스의 아들 픽소다로스의 것이었다. 그는 킬리키에 왕 시엔네시스의 딸과 혼인한 자였다. 그의 의견은 카리에인들이 마이안드로스 강을 건너가서 강을 등지고 싸우자는 것이었다. 이렇게 한 의도는 카리에인들이 뒤로 도망치지 못하고 그 자리를 고수할 수밖에 없어서 그들의 원래 본성보다 훨씬 더 용감해지도록 하기 위해서였다. 그러나 이 의견은 채택되지 못했고, 그들이 아니라 페르시스인들이 마이안드로스 강을 등지고 싸우게 하자는 의견이 채택되었다. 이는 명백히 페르시스인들이 전투에서 패해 도망칠 경우 강물에 빠져 돌아갈 수 없게 하려는 것이었다.

119 그 후 페르시스인들이 도착하여 마이안드로스 강을 건너오자 카리에인들은 마르시에스 강 변에서 페르시스인들과 전투를 벌였다. 카리에인들은 오랫동안 격렬하게 전투를 벌였지만, 결국은 병력 수 때문에 패배하고 말았다. 페르시스인들은 2,000명가량 전사했고, 카리에인들은 1만 명가량 전사했다. 그곳에서 도망친 카리에인들은 라브라운다에 있는 전쟁의 신 제우스의 성소로 들이밀렸는데, 그곳은 넓고 신성한 플라타니스토스[72] 숲이었다. 우리가 아는 자들 중에서 전쟁의 신 제우스에게 제물을 바치는 것은 카리에인들뿐이다. 그들은 그곳으로 들이밀리자 자신들의 안전에 대해 협의했는데, 페르시스인들에게 스스로 항복하거나 아시에를 완전히 떠나는 것 중에서 어느 것이 자신들에게 더 좋을지 논의했다.

120 그런데 그들이 이것을 협의하고 있을 때 밀레토스인들과 그들의 동맹국들이 카리에인들을 도우러 왔다. 그러자 카리에인들은 그전에 협의하던 것을 그만두고 다시 새로 전쟁 준비를 했다. 그들은 자신들을 공격하는 페르시스인들을 맞아 싸움을 벌였지만, 전보다 더 크게

---

72 플라타니스토스(platanistos)는 플라타노스(platanos)의 옛 이름이다. 플라타노스는 버즘나뭇과에 속하는 버즘나무다. 키가 큰 활엽수로 흔히 관상용으로 쓰인다.

패배했다. 그들 모두 중에서 많은 수가 전사했는데, 특히 밀레토스인들이 가장 큰 타격을 입었다.

그러나 그 참사 후에 카리에인들은 다시 회복하여 전쟁을 재개했 121
다. 그들은 페르시스인들이 그들의 도시들에 대한 원정에 나섰다는 소식을 듣고 페다소스[73]의 도로에 매복했다. 페르시스인들은 밤중에 그곳을 지나다가 그들뿐 아니라 그들의 장군들도 목숨을 잃었는데 그중에는 다우리세스와 아모르게스, 시시마케스도 있었다. 또한 기게스의 아들 미르소스도 그들과 함께 죽었다. 이 매복 공격을 이끈 자는 밀라사인인, 이바놀리스의 아들 헤라클레이데스였다.

이들 페르시스인들은 그렇게 죽임을 당했다. 한편 사르디에스에 122
진군한 이오네스인들을 추격한 자들 중 또 한 명인 히마이에스는 프로폰티스 쪽으로 가서 미시에의 키오스를 점령했다. 그는 이곳을 점령한 후, 다우리세스가 헬레스폰토스를 떠나 카리에 원정에 나섰다는 소식을 듣자 프로폰티스를 떠나 헬레스폰토스 쪽으로 군대를 이끌고 갔다. 그는 일리온 지역에 거주하는 아이올레스인들을 모두 장악하고 또한 게르기테스인들도 장악했는데, 이 게르기테스인들은 옛 테우크로이인들 중에서 살아남은 자들이다. 그러나 히마이에스 자신은 이들 종족을 점령하던 중에 병이 들어 트로이아스에서 죽었다.

이 히마이에스는 그렇게 생을 마감했다. 한편 사르디에스의 총독 123
인 아르타프레네스와 앞의 세 장군 중 세 번째인 오타네스는 이오니에와 그에 인접한 아이올리스 지역을 정벌하라는 지시를 받았다. 그들은 이오니에의 클라조메나이와 아이올리스의 키메를 점령했다.

---

73 페다소스(Pedasos)는 페다사(Pedasa)의 잘못된 표기일 가능성이 크다. 페다사는 카리아(Karia) 지역의 지명이고 페다소스는 미시아(Mysia) 지역의 지명이기 때문이다. 제6권 제20장에서도 '페다사의 카리에인들'이라는 표현이 나온다. 그러므로 여기 헤로도토스 텍스트에 언급된 페다소스는 페다사를 잘못 적은 것이라 할 수 있다.

124   이들 나라가 점령되자, 밀레토스의 아리스타고레스는 기백이 대단한 자가 아님이 분명히 드러났다. 그는 이오니에를 혼란에 빠뜨리고 일을 아주 엉망으로 만든 자인데도, 이러한 사태를 보자 도망칠 궁리를 했던 것이다. 더욱이 그는 다레이오스 왕을 이기는 것은 불가능한 일이라고 여겼다. 이에 그는 자신의 일파 사람들을 불러 모아 그들과 협의했다. 그는 그들이 밀레토스에서 쫓겨난다면 피난처 같은 곳을 준비해 두는 편이 좋을 것이라고 말하며, 자신이 그들을 데리고 이곳을 떠나 사르도에 식민을 하러 갈지 아니면 히스티아이오스가 다레이오스에게 선물로 받아 요새화한 에도노이인들의 미르키노스로 갈지 물었다. 아리스타고레스의 질문은 그러한 것이었다.

125   그에 대해 헤게산드로스의 아들인 연대기 작가 헤카타이오스는 그곳들 중 어느 곳에도 가지 말고 아리스타고레스가 밀레토스에서 쫓겨날 경우 레로스 섬에 요새를 건설하여 거기서 조용히 지내자는 의견을 내놓았다. 그러면 그가 그곳을 기반으로 하여 훗날 밀레토스로 돌아오리라는 것이었다.

126   헤카타이오스는 이렇게 조언했지만, 아리스타고레스 자신은 미르키노스로 물러가는 것이 최상의 의견이라고 여겼다. 그래서 그는 명망 있는 시민인 피타고레스에게 밀레토스를 맡기고, 그 자신은 그와 함께 가고자 하는 자들을 모두 데리고 트레이케로 항해하여 그가 목표로 삼았던 곳을 손에 넣었다. 그런데 아리스타고레스는 이곳을 기반 삼아 트레이케인들의 한 도시를, 그 트레이케인들이 휴전을 맺고 그곳을 떠나려고 했음에도 불구하고, 포위 공격 하다가 그 자신도 그의 군대도 트레이케인들의 손에 죽고 말았다.

제 6 권

아리스타고레스는 이오니에가 반란을 일으키게 해 놓고 그렇게 생   1
을 마감했다. 한편 밀레토스의 참주 히스티아이오스는 다레이오스에
의해 풀려나 사르디에스에 도달했다. 그가 수사에서 그곳에 도착했
을 때 사르디에스의 총독 아르타프레네스는 그에게 이오네스인들이
무엇 때문에 반란을 일으켰다고 생각하느냐고 물었다. 그러자 히스
티아이오스는 왜 그런지 알지 못한다고 말했고, 현재의 사태에 대해
전혀 모르는 체하며 그런 일이 일어난 것을 놀라워했다. 하지만 아르
타프레네스는 반란의 진상을 알고 있었는지라 그가 속임수를 쓰는
것을 보고 말했다. "히스티아이오스여, 그대에게 말하노니 이 사건의
실상은 이렇소. 이 끈신발을 꿰매 지은 것은 그대이고 그것을 신은
것은 아리스타고레스였소."

아르타프레네스는 그 반란에 대해 이같이 말했다. 히스티아이오스   2
는 아르타프레네스가 진상을 파악하고 있다는 것이 두려워서 바로
그날 밤에 해안 지대로 도주했는데, 이는 다레이오스 왕을 기만한 것
이었다. 그는 최대의 섬인 사르도를 정복하겠다고 약속하고서는 슬
그머니 이오네스인들이 다레이오스와 벌이는 전쟁의 지도자가 되려
했던 것이다. 그는 키오스로 건너갔다가 키오스인들에게 구금되었
다. 그들은 그가 다레이오스의 명을 받아 자신들에게 무언가 불온한
일을 벌인다고 의심했던 것이다. 그러나 키오스인들은 모든 이야기
를 듣고 그가 왕의 적이라는 것을 알자 그를 풀어 주었다.

그때 이오네스인들은 히스티아이오스에게 무엇 때문에 그렇게 열   3
심히 아리스타고레스를 사주하여 왕에게 반란을 일으키도록 했고 그
로써 이오네스인들에게 이렇게 큰 재난을 갖다주었는지 물었다. 히
스티아이오스는 그렇게 된 진짜 이유는 밝히지 않고, 그들에게 말하
기를 당시 다레이오스 왕이 포이니케인들을 퇴거시켜 이오니에에 가
서 살게 하고 이오네스인들은 포이니케에 가서 살게 하려는 계획을
세웠는데 바로 그것 때문에 자신이 아리스타고레스를 사주했다고 했
다. 사실 다레이오스는 그런 계획을 전혀 세우지 않았는데, 히스티아

이오스가 이오네스인들을 겁먹게 하려고 했던 것이다.

4   그 후 히스티아이오스는 아타르네우스인인 헤르미포스를 사절로 하여 사르디에스에 있는 일부 페르시스인들에게 서간들을 보냈다. 이들은 전부터 그와 함께 반란에 대해 상의해 왔던 자들이다. 그러나 헤르미포스는 이 서간들을 자신이 심부름 간 그 사람들에게 전하지 않고 아르타프레네스에게 가져가 건넸다. 아르타프레네스는 일의 전모를 알고서, 헤르미포스에게 명하기를 히스티아이오스의 서간들을 그가 전하러 가던 그 사람들에게 가져다주고 그 페르시스인들이 히스티아이오스에게 보내는 답신들을 자신에게 가져오라고 했다. 이들은 그렇게 발각되었고, 아르타프레네스는 수많은 페르시스인들을 처형했다.

5   그리하여 사르디에스 부근에 혼란이 일어났다. 한편 히스티아이오스의 이런 기대가 어긋나자, 키오스인들은 히스티아이오스 자신의 요청에 따라 그를 밀레토스로 복귀시키려 했다. 그러나 아리스타고레스에게서 벗어나 크게 기뻐하던 밀레토스인들은 이미 자유를 맛보았는지라 또 다른 참주를 절대 나라에 들이고 싶지 않았다. 히스티아이오스는 밤이 되자 억지로 밀레토스에 돌아가려 했지만, 한 밀레토스인에 의해 허벅지에 상처를 입었다. 그리하여 그는 자신의 나라에서 내쫓기고 키오스로 돌아갔다. 거기서 그는 자신에게 배들을 제공하도록 키오스인들을 설득하는 데 실패하자, 미틸레네로 건너가서 역시 자신에게 배들을 제공하도록 레스보스인들을 설득했다. 이에 레스보스인들은 삼단노선 8척에 병력을 배치하고 히스티아이오스와 함께 비잔티온으로 항해했다. 그들은 그곳에 주둔하며 폰토스에서 항해해 나오는 배들을 모두 포획했는데, 단 그 가운데 히스티아이오스를 따르겠다고 동의한 배들은 포획하지 않았다.

6   그때 히스티아이오스와 미틸레네인들은 그런 일을 했다. 한편 밀레토스에는 대규모 함대와 육군이 밀어닥칠 예정이었다. 페르시스인 장군들이 연합해 단일 부대를 구성한 후, 다른 도시들은 덜 중요하다

고 보고, 밀레토스를 향해 진군했던 것이다. 해군에서는 포이니케인들이 가장 열성적이었고, 최근에 정복된 키프로스인들, 킬리키에인들과 아이깁토스인들도 함께 원정에 참여했다.

이들이 밀레토스와 나머지 이오니에 지역으로 진군할 때, 이오네 7
스인들은 그 소식을 듣고 자신들의 대표자들을 판이오니온[1]으로 파견했다. 그들은 그곳에 도착하여 회의를 가진 후 이렇게 결정했다. 즉 페르시스인들과 대적할 육군은 소집하지 않고 밀레토스의 성벽은 밀레토스인들 자신이 지키기로 하되, 한 척도 남김없이 전체 함대에 병력을 배치하고 그런 후 그것들을 되도록 빨리 라데로 집결시켜 거기서 밀레토스를 수호하는 해전을 벌이기로 결정했다. 라데는 밀레토스 시 앞바다에 있는 작은 섬이다.

그 후 이오네스인들이 병력을 배치한 배들을 데리고 도착했으 8
며, 레스보스에 거주하는 아이올레스인들도 그들과 함께 왔다. 그들은 다음처럼 군대를 배치했다. 밀레토스인들 자신은 동쪽 날개에 자리 잡았는데 배 80척을 제공했다. 그들 다음에는 프리에네인들의 배 12척과 미우스인들의 배 3척이 포진하고, 미우스인들 다음에는 테오스인들의 배 17척이, 테오스인들 다음에는 키오스인들의 배 100척이 포진했다. 또 이들 옆에는 에리트라이인들과 포카이아인들이 배치되어 있는데, 에리드라이인들은 8척, 포가이아인들은 3척을 제공했다. 포카이아인들 다음에는 레스보스인들의 배 70척이 포진했다. 끝으로 사모스인들이 배 60척을 거느리고 서쪽 날개 부분에 배치되었다. 이들의 총수는 모두 삼단노선 353척에 달했다.

이것이 이오네스인들의 함대였고, 그에 비해 이방인들의 함선 수는 9
600척이었다. 이들 이방인 함대가 밀레토스에 도착하고 그들의 육군도 모두 도착했을 때 페르시스인들의 장군들은 이오네스인의 함선

---

1 제1권 제143장과 제148장 참조.

수를 파악하고, 그들을 제압 못하지는 않을까, 그래서 바다의 지배자가 되지 못하면 밀레토스를 멸망시키지 못하지는 않을까, 그러면 다레이오스에게서 어떤 해를 입을 위험이 있지는 않을까 염려했다. 그들은 이 점을 고려하여 이오네스인들의 참주들을 모이게 했다. 이들은 밀레토스의 아리스타고레스에 의해 권력을 박탈당하고 메디아인들에게 피신해 있다가 그때 마침 밀레토스 원정에 함께 따라온 자들이었다. 페르시스인들의 장군들은 이들 중 그곳에 있던 자들을 불러 모아 그들에게 이렇게 말했다. "이오네스인들이여, 이제 그대들은 각기 페르시스 왕가에 도움 되는 모습을 보이도록 하시오. 그대들은 각기 자신의 시민들을 나머지 동맹국들에서 이탈시키도록 노력하시오. 그들에게는 다음과 같이 제안하고 약속하시오. 즉 그들은 반란으로 인해 어떤 언짢은 일도 겪지 않을 것이고, 그들의 성소나 개인 재산은 절대 불타지 않을 것이며, 그들이 전보다 더 억압을 받으며 살지는 않을 것이라고 하시오. 그러나 그들이 그렇게 하지 않고 기필코 우리와 전쟁을 하겠다면, 그들에게 닥칠 일들을 말해 주며 그들을 위협하시오. 즉 싸움에서 패할 경우 그들은 노예가 될 것이고, 우리는 그들의 남자 아이들을 환관으로 만들고 처녀들을 박트라[2]로 끌고 갈 것이며 그들의 땅은 다른 자들에게 넘겨줄 것이라고 하시오."

10 장군들의 말은 이러했다. 그러자 이오네스인들의 참주들은 밤중에 각자 자신의 시민들에게 전갈을 보내 이를 알렸다. 그러나 이런 전갈을 전달받은 이오네스인들은 완강한 태도를 보이고 배신 행위를 거부했다. 그런데 그들 이오네스인들은 각기 페르시스인들이 자신들에게만 이런 말을 전한 것이라고 생각했다.

11 이것은 페르시스인들이 밀레토스에 도착한 직후에 일어난 일이었다. 그 후 이오네스인들이 라데에 모였을 때 회의가 열렸다. 그때 다

---

2 박트라(Baktra)는 박트리아 지역의 중심 도시다.

른 자들도 연설을 했을 테지만 그중에서 특히 포카이아의 장군 디오니시오스가 다음처럼 말했다. "이오네스인들이여, 지금 우리의 처지는 자유민으로 있느냐 아니면 노예, 그것도 도망노예가 되느냐의 고비에 처해 있습니다. 그리하여 지금 여러분이 고난을 감수하길 원한다면 당장은 여러분에게 고통이 있어도 적들을 제압하고 자유를 누릴 수 있을 것입니다. 그러나 여러분이 유약하고 무질서한 모습을 보인다면, 나는 여러분이 이 반란에 대해 왕의 처벌을 피할 가능성은 전혀 없다고 봅니다. 하지만 내 말을 따르고 여러분 자신을 나에게 맡겨 보십시오. 내 여러분에게 약속하건대, 신들의 베푸심이 공평하다면, 적들이 우리와 싸우지 않든지 아니면 그들이 우리와 싸워 크게 패하든지 할 것입니다."

이오네스인들은 이 말을 듣고 그들 자신을 디오니시오스에게 내맡 **12** 겼다. 그러자 그는 매번 배들을 종대(縱隊)로 이끌고 나가, 노병(櫓兵)들을 이용해 서로의 선열(船列)을 돌파[3]하도록 하고 승선병(乘船兵)[4]들은 전투 준비를 하도록 했다. 그리고 하루의 나머지 시간에는 배들을 정박시켜 놓곤 했다.[5] 그렇게 그는 이오네스인들에게 온종일 힘든

---

3 '돌파'는 그리스어 '디엑플로스'(diekploos)를 번역한 말이다. 이는 적선의 선열을 뚫고 들어가서 신속하게 방향을 바꾸어 적선의 측면이나 선미를 충각(衝角: 예전에 적의 배를 들이받아 파괴하기 위해 뱃머리에 단 뾰족한 쇠붙이)으로 받아 파괴하는 작전을 가리킨다. 이를 위해서는 노병들의 신속하고 숙달된 기술이 절대적으로 필요했다.

4 '승선병'은 '에피바테스'(epibates)를 번역한 말이다. 배에 승선한 전투 병사를 가리키는데, 이는 배의 노병이나 항해선원과는 구분된다. 승선병은 흔히 중무장 보병이나 궁수로 무장하고 배 위에서 전투를 하는데, 적선에 올라 싸우거나 자신의 전선(戰船)을 방어하는 역할을 한다. 한편 '노병'은 '에레테스'(eretes)를 번역한 말이다.

5 '배를 정박시킨다'는 것은 배의 닻을 바다에 내려놓고 정지한 상태를 말하는데, 이는 언제든 항해에 나설 수 있는 대기 상태를 뜻한다. 그리스 해군이 평화기나 휴전기에 장기간 휴식을 하려면 흔히 배를 육지로 끌어 올려 놓곤 했

일을 부과했다. 그들은 7일 동안은 그의 말을 따르고 명령받은 대로 이행했다. 그러나 그 다음 날 이오네스인들은, 그런 고역을 겪어 보지 못한 데다 고통과 햇볕에 지친 나머지, 그들끼리 서로 다음과 같은 말을 나누었다. "대체 우리가 어떤 신에게 잘못을 범했기에 이렇게 극심한 고역을 겪는 거요? 고작 배 세 척을 가져온 저 포카이아의 허풍선이에게 우리들 자신을 내맡기다니, 우리가 제정신을 잃고 실성한 거요. 그가 우리를 맡은 이후 이겨낼 수 없는 핍박을 가하고 있어서, 이미 우리 가운데 여럿이 병이 들었고 또 앞으로도 여럿이 똑같은 신세가 될 것 같소. 우리에겐 이런 고난보다는 무엇이건 간에 다른 것을 겪는 편이 더 낫고, 지금 같은 일로 괴로움을 당하느니 차라리, 그것이 어떤 것이든 간에, 장래의 노예 상태를 감수하는 편이 더 낫소. 자 그러니 이제부터는 그의 말에 따르지 맙시다." 그들은 이렇게 말했고, 그 후로는 당장 아무도 그의 말을 들으려 하지 않았다. 그들은 마치 육군인 양 섬에 천막을 치고 햇볕을 피해 그늘에서 지냈으며, 배에 승선하려 하지도 훈련을 하려 하지도 않았다.

13   사모스인들의 장군들이 이오네스인들의 이런 행동을 알았을 때, 당시 그들에게는 실로손의 아들 아이아케스에게서 전갈이 와 있었다. 그것은 아이아케스가 전에 페르시스인들의 지시에 따라 보낸 것인데, 그들에게 이오네스인들의 동맹에서 탈퇴하라고 요구하는 내용이었다. 그리하여 사모스인들은 한편으로는 이오네스인들에게서 매우 무질서한 모습을 보고 또 한편으로는 자신들이 페르시스 왕의 세력을 제압하는 것이 불가능하다고 여겨 그 제안을 받아들였다. 그들은 자신들이 비록 현재의 다레이오스 해군에 승리한다 해도 저들에게는 그 다섯 배의 병력이 또 구비되어 있음을 잘 알고 있었던 것이다. 그래서 그들은 이오네스인들이 임무를 태만히 하려는 것을 보자

다. 그러므로 여기서 배를 정박시킨다는 것은 상시적인 전투 상황을 고려한 조치라 하겠다.

곧바로 그것을 구실로 내세웠는데, 그들은 자신들의 성소와 개인 재산을 보존하는 것이 이익이라고 생각했던 것이다. 그리하여 사모스인들은 아이아케스가 보낸 제안을 받아들였는데, 이 아이아케스는 또 다른 아이아케스의 아들인 실로손의 아들이었다. 그는 사모스의 참주였다가 이오니에의 다른 참주들과 마찬가지로 밀레토스의 아리스타고레스에 의해 권좌에서 축출당한 자였다.

포이니케인들의 배가 접근해 오자, 이오네스인들도 이에 맞서 배들을 출항시켰는데 종대로 나아갔다. 양측은 근접하게 되어 교전을 벌였는데, 나는 그 이후의 일에 대해 어떤 이오네스인들이 이 해전에서 비겁하게 행동했는지 혹은 용감하게 행동했는지 정확히 기술할 수가 없다. 그들이 서로에게 잘못을 돌리기 때문이다. 하지만 사모스인들은 아이아케스와 말을 맞춘 대로 돛을 올리고 전열에서 이탈하여 11척을 제외하고는 모두 사모스로 항해했다고 한다. 이 11척 배들의 선장들은 장군들의 말에 따르지 않고 그곳에 남아 해전을 벌였다. 바로 이 행동 때문에 사모스 시민들은 그들을 용감한 자들로 기려 후일 그들의 이름이 아버지의 이름과 함께 비석에 새겨지는 특전을 부여했다. 이 비석은 지금도 아고레에 세워져 있다. 한편 레스보스인들도 자신들의 옆에 포진한 자들이 도망가는 것을 보자 사모스인들을 따라 똑같이 했다. 그리지 대부분의 이오네스인들 역시 이들과 똑같이 행동했다. 14

해전에서 자리를 지키고 남아 있던 자들 가운데 가장 혹독한 일을 겪은 것은 키오스인들이었다. 그들은 뛰어난 활약을 보이고 비겁하게 행동하지 않았기 때문이다. 그들은 앞서 말했듯이 배를 100척 제공했고 각 배에는 그들의 시민들 가운데 선발된 40명이 승선해 있었다. 그들은 동맹국 대부분이 탈주하는 것을 보았지만 자신들이 그 비겁한 자들과 똑같아지는 것을 용인하지 않았다. 그들은 소수의 동맹국과 함께 고립된 채 적의 선열을 돌파하며 싸움을 계속했고, 결국 많은 적선을 포획했지만 그들 자신의 배도 대부분 잃고 말았다. 15

16   그리하여 키오스인들은 남은 배들을 이끌고 자신들의 나라로 달아
났다. 그런데 키오스인들 중에서 파손되어 항해하기 어려운 배들에
타고 있던 자들은 추격을 받자 미칼레로 도피했다. 그들은 그곳의 뭍
에 배들을 댄 후 배를 버리고 육지를 가로질러 걸어서 전진했다. 그
런데 키오스인들이 행군하다가 에페소스 땅에 들어섰을 때 마침 밤
중에 그곳에 도착했고, 여자들이 그곳에서 테스모포리아[6]를 거행하
는 중이었다. 그때 에페소스인들은 키오스인들에게 일어난 일을 미
리 듣지 못한지라, 자신들의 땅에 침입한 군대를 보고 그들이 도둑들
이며 여자들을 노리고 온 것이라 확신하여, 전군이 도우러 나와 키오
스인들을 살해했다.

17   키오스인들은 그때 그와 같은 운명을 맞이했다. 한편 포카이아의
디오니시오스는 이오네스인들의 거사가 실패한 것을 알자, 자신이
포획한 적선 3척과 함께 출항했는데 포카이아로 가지는 않았다. 그는
포카이아가 다른 이오니에 지역과 함께 예속될 것임을 잘 알고 있었
던 것이다. 대신 그는 포이니케로 곧장 항해했는데, 그곳에서 포이니
케 상선들을 침몰시키고 많은 재물을 얻어 시켈리에로 항해했다. 그
는 그곳을 자신의 해적 기지로 삼아 카르케돈인들과 티르세니에인들
을 약탈했지만 헬라스인들은 전혀 약탈하지 않았다.

18   페르시스인들은 해전에서 이오네스인들에게 승리를 거두자 육지
와 해상에서 밀레토스를 포위 공격 했다. 그들은 성벽 밑으로 굴을
뚫고 온갖 장치를 다 동원하더니, 마침내 아리스타고레스의 반란 이
후 6년째 되는 해에 밀레토스를 완전히 점령하고 예속시켰다.[7] 그리
하여 그 재난은 밀레토스에 대해 내려졌던 신탁과 그대로 일치했다.

19   아르고스인들이 델포이에서 그들 나라의 안전에 대해 신탁을 구했
을 때 그들에게 복합적인 신탁이 주어졌다. 신탁의 일부는 아르고스

---

6 제2권 제171장의 옮긴이 주 참조.

7 기원전 494년.

인들 자신에 관한 것이었고 다른 일부는 밀레토스인들에 대해 추가로 주어진 신탁이었다. 그중 아르고스인들에 관한 신탁은 내 이야기가 그 문제를 다루게 될 때[8] 언급하겠다. 그러나 그 자리에 없던 밀레토스인들에게 주어진 신탁은 다음과 같은 것이었다.

> 해로운 일을 도모하는 그대 밀레토스여, 그때에
> 그대는 수많은 사람들에게 정찬(正餐)이 되고 영예로운 선물이 되리니.
> 그대의 아내들은 수많은 장발(長髮) 인간들의 발을 씻길 것이고
> 우리의 디디마 신전[9]은 다른 자들이 돌보게 되리라.

그때 이런 운명이 밀레토스인들에게 닥쳤는데, 남자 대부분은 장발의 페르시스인들에게 죽임을 당하고 여자와 어린아이들은 전쟁 포로로 전락했으며, 디디마의 성소도 신전과 신탁소가 모두 약탈되고 불에 탔던 것이다. 이 성소에 있는 재화에 대해서는 내 이야기의 다른 대목에서 자주 언급한 바 있다.[10]

그 후, 포로가 된 밀레토스인들은 수사로 이송되었다. 다레이오스 20
왕은 더는 달리 그들에게 해를 입히지 않았고 홍해라고 불리는 바다 부근의 암페 시에 거주하도록 했다. 티그레스 강이 이곳을 지나 흐르다가 바다로 빠져나간다. 페르시스인들은 밀레토스 지역에서 도시 주변과 평원은 자신들이 차지하고 고지대는 페다사의 카리에인들에게 주어 거주하도록 했다.

---

8 제6권 제77장 참조.
9 디디마(Didyma)는 밀레토스 부근의 도시로 그곳에 아폴론 신전이 있었다고 한다. 헤로도토스는 디디마를 브랑키다이라고 부르기도 한다(제1권 제46장, 제2권 제159장 참조).
10 헤로도토스는 제1권 제92장과 제5권 제36장에서 브랑키다이의 아폴론 신전에 보관된 재화들에 대해 언급한다. 그러나 그 구체적인 품목은 자세히 밝히지 않는다.

21   밀레토스인들이 페르시스인들에 의해 이런 고난을 겪을 때 시바리스인들—이들은 자신들의 나라를 빼앗기고 라오스와 스키드로스에 머물고 있었다—은 밀레토스인들에게 동등한 보답을 하지 못했다. 시바리스가 크로톤인들에게 점령되었을 때 청년층 이상의 모든 밀레토스인들은 머리를 깎고 대대적인 애도를 표한 적이 있었다. 이 두 나라는 우리가 아는 한 누구보다도 더 긴밀한 우호 관계를 유지했던 것이다. 반면에 아테나이인들은 시바리스인들과 다르게 행동했다. 아테나이인들은 밀레토스의 함락에 대해 여러 방식으로 깊은 애도를 표했지만, 특히 프리니코스가 「밀레토스의 함락」이라는 연극작품을 써서 상연했을 때는 온 관객이 울음을 터뜨리기도 했다. 아테나이인들은 또 그들 자신의 것이라 할 참화를 그가 상기시켰다는 이유로 그에게 벌금 1,000드라크메를 물리고 이후로는 그 연극을 상연하지 못하도록 금했다.

22   이제 밀레토스에서는 밀레토스인들이 사라지고 없었다. 한편 사모스인 가운데 부유한 자들은 그들의 장군들이 메디아인들에 대해 취했던 행동[11]이 전혀 맘에 들지 않았다. 그들은 해전 직후에 회의를 가진 결과, 그곳에 남아 메디아인들과 아이아케스의 노예가 되지 말고 참주 아이아케스가 그들의 나라에 도착하기 전에 배를 타고 식민시로 가기로 결정했다. 마침 이 시기에 시켈리에의 장클레[12]인들이 이오니에에 사절들을 보내 이오네스인들을 칼레 악테[13]로 초청했기 때문이다. 장클레인들은 그곳에 이오네스인들의 도시를 건설하고 싶었던 것이다. 칼레 악테라고 불리는 이곳은 시켈리에인들에게 속해 있고, 시켈리에에서도 티르세니에 쪽 방면에 위치해 있다. 그렇게 초청받은 이오네스인들 중에서 사모스인들만이 그곳으로 출발했고, 도피

11   제6권 제13장 참조.

12   후대의 메세네(Messene), 오늘날의 메시나(Messina).

13   '칼레 악테'(Kale Akte)는 '아름다운 해안'이라는 뜻의 지명이다.

한 밀레토스인들도 그들과 함께 갔다. 그 도중에 그들에게는 다음과 같은 일이 일어났다.

사모스인들이 시켈리에로 항해하는 도중에 에피제피리오이 로크 23 리스인들[14]의 나라에 이르렀는데, 그때 장클레인들과 스키테스라고 불리는 그들의 왕은 시켈리에의 한 도시를 차지하려고 그곳을 포위 공격 하고 있었다. 그런데 당시 장클레인들과 사이가 좋지 않던 레기온의 참주 아낙실레오스가 이를 알고서 사모스인들과 교섭하여, 그들이 항해하는 목적지인 칼레 악테는 버려두고 지금 남자들이 하나도 없는 장클레를 차지해야 한다고 설득했다. 결국 사모스인들은 그의 설득에 넘어가 장클레를 차지했다. 이에 장클레인들은 자신들의 도시가 점령되었다는 소식을 듣고 그곳을 구하러 갔으며, 겔레의 참주 히포크라테스에게 도움을 청했다. 이 히포크라테스는 그들의 동맹이었기 때문이다. 그러나 히포크라테스는 그들을 도우러 군대를 이끌고 와서, 도시를 잃었다는 이유로 장클레인들의 왕 스키테스와 그의 동생 피토게네스를 포박한 후 둘 다 이닉스 시로 내쫓았다. 그는 또 사모스인들과 협의하고 서약을 주고받은 후에 나머지 장클레인들을 사모스인들에게 인도했다. 사모스인들이 그 대가로 그에게 지급하기로 합의한 것은, 즉 히포크라테스가 도시 내에 있는 모든 동산과 노예들의 절반을 갖고 시골에 있는 것들은 다 갖는다는 내용이었다. 또 히포크라테스는 장클레인들의 대부분을 포박하여 노예 신

---

14 '에피제피리오이(Epizephyrioi) 로크리스인들'은 그리스 본토의 로크리스인들과 구별되는 명칭이다. '에페제피리오이 로크리스인들'의 나라는 기원전 7세기에 본토 로크리스인들이 이탈리아 남부에 만든 식민시였다고 한다. '에피제피리오이'의 단수형 '에피제피리오스'는 '위의'·'방향의'를 뜻하는 전치사 '에피'(epi)와 '서풍의'·'서쪽의'를 뜻하는 '제피리오스'(zephyrios)의 합성어로 '서쪽 방면의'·'서쪽의'라는 의미를 지닌다. 그러므로 '에피제피리오이 로크리스인들'은 그리스 본토의 서쪽에 사는 로크리스인들을 가리키는 명칭으로 사용된 것이다.

분으로 삼았고, 그들 중 주요 인물 300명은 사모스인들에게 처형하라고 인도했다. 그러나 사모스인들은 그렇게 하지 않았다.

24   한편 장클레인들의 왕 스키테스는 이닉스에서 히메레로 탈출했고, 다시 그곳에서 아시에로 가서 다레이오스 왕에게로 올라갔다. 다레이오스는 그를 헬라스에서 자신에게 올라온 모든 사람 중 가장 정직한 자라고 여겼다. 스키테스는 왕의 허가를 받아 시켈리에로 돌아갔다가 다시 시켈리에에서 왕에게 돌아왔기 때문이다. 결국 그는 페르시스인 사이에서 많은 부를 누리며 노령으로 생을 마감했다. 그리하여 사모스인들은 메디아인들에게서 벗어난 후 지극히 아름다운 장클레 시를 별로 힘들지 않게 차지했다.

25   밀레토스를 놓고 벌어진 해전이 있은 후에 포이니케인들은 페르시스인들의 명을 받아 실로손의 아들 아이아케스를 사모스로 복귀시켰는데, 이는 그가 페르시스인들에게 매우 중시되고 큰 공적을 세웠다는 이유에서였다. 사모스인들은 그들의 배가 해전에서 이탈한 덕분에 다레이오스에게 반란을 일으킨 자들 중에서 유일하게 도시와 성소들이 불타지 않았다. 페르시스인들은 밀레토스가 함락되자 곧바로 카리에를 점령했는데, 카리에의 일부 도시는 자발적으로 항복했지만 일부는 강제로 복속되었다.

26   이 사건들은 그와 같이 전개되었다. 한편 밀레토스의 히스티아이오스는 비잔티온에 머물면서 폰토스에서 항해해 나오는 이오네스인들의 상선들을 나포하고 지냈는데, 밀레토스의 사정이 그에게 전달되었다. 그는 헬레스폰토스에 관한 일은 아비도스인인 아폴로파네스의 아들 비살테스에게 맡기고, 자신은 레스보스인들을 데리고 키오스로 항해했다. 그런데 키오스 수비대가 그를 들여보내려 하지 않자, 그는 키오스의 코일라라고 불리는 지역에서 그들과 싸움을 벌였다. 히스티아이오스는 그들 중 다수를 죽였고, 나머지 키오스인들—이들은 해전 때문에 이미 세력이 약해진 터였다—에게도 레스보스인들을 대동해 승리를 거두었다. 이 과정에서 그가 자신의 기지로 삼은

곳은 키오스의 폴리크네였다.

하여튼 국가나 종족에 큰 재앙이 닥칠 때면 으레 어떤 예고가 나타 27
난다. 키오스인들에게도 그 일이 있기 전에 중대한 징조들이 나타났
던 것이다. 한번은 그들이 젊은이 100명으로 이뤄진 가무단을 델포
이에 보냈는데, 그들 중 두 명만 돌아오고 98명은 전염병에 걸려 목
숨을 잃는 일이 있었다. 또 한번은 키오스에서 그 무렵에, 해전이 있
기 얼마 전에, 글자를 배우는 아이들 위로 지붕이 떨어져 120명 가운
데 단 한 명만 빠져나왔다. 이것들은 신이 그들에게 미리 알려 준 징
조였다. 그 후 해전이 벌어져 그들의 국가가 무릎을 꿇었으며, 해전
이 있은 후에 히스티아이오스가 레스보스인들을 거느리고 그들에게
왔다. 키오스인들이 이미 세력이 약해져 있었으므로, 그는 그들을 손
쉽게 정복했다.

그 후 히스티아이오스는 다수의 이오네스인들과 아이올레스인들 28
을 데리고 타소스 원정에 나섰다. 그러나 그가 타소스를 포위 공격
하고 있을 때, 포이니케인들이 밀레토스를 떠나 이오니에의 다른 지
역으로 항해하고 있다는 전갈이 그에게 도착했다. 이 소식을 듣자,
그는 타소스를 공략 않고 그대로 둔 채 전군을 이끌고 레스보스로 서
둘러 갔다. 그런데 그의 군대가 기아로 어려움을 겪자, 아타르네우
스 지역의 곡식과 미시에인들 지역의 카이코스 강 유역 평원의 곡식
을 거둬 들이기 위해 레스보스에서 맞은편 땅으로 건너갔다. 마침 이
들 지역에는 페르시스인 장군 하르파고스가 상당 규모의 군대와 함
께 주둔해 있었다. 하르파고스는 히스티아이오스가 상륙하자, 전투
를 벌여 그를 생포하고 그의 군대 대부분을 섬멸했다.

히스티아이오스는 다음과 같이 생포되었다. 헬라스인들이 아타르 29
네우스 지역의 말레네에서 페르시스인들과 싸움을 벌였을 때, 서로
오랫동안 마주 싸웠는데 나중에는 페르시스 기병대가 달려들어 헬
라스인들을 공격했다. 이 기병대의 활동으로 전쟁이 승부가 났고, 헬
라스인들은 패해 달아났다. 히스티아이오스는 왕이 지금의 잘못 때

문에 자신을 죽이지는 않을 것으로 기대하고, 다음과 같이 삶에 대한 애착을 보였다. 즉 그가 도망가다가 한 페르시스인에게 붙잡혔고 그 자에게 붙들려 막 찔려 죽을 처지에 놓이자, 페르시스 말로 자신이 밀레토스의 히스티아이오스라고 밝혔던 것이다.

30   만일 그가 생포되어 곧바로 다레이오스 왕에게 이송되었다면, 내가 생각하기에, 그는 어떤 해도 입지 않았을 것이고 왕이 그의 죄를 용서해 주었을 것이다. 그러나 사르디에스 총독 아르타프레네스와 그를 생포한 하르파고스는, 바로 그런 이유 때문에 그리고 그가 살아남아 다시 왕 곁에서 유력한 인물이 되지 않도록, 그가 사르디에스로 이송되어 오자마자 바로 그의 몸은 말뚝에 매달고 목은 방부 처리 하여 수사의 다레이오스 왕에게로 보냈다. 다레이오스는 이를 알고, 히스티아이오스를 산 채로 자신의 안전(眼前)에 데려오지 않았다는 이유로, 그렇게 한 자들을 질책했다. 그리고 명을 내려, 히스티아이오스의 머리를 씻긴 다음 잘 치장하여 왕 자신과 페르시스인들에게 크게 공헌한 자의 머리로서 잘 묻어 주게 했다.

31   히스티아이오스에 관한 일은 그러했다. 페르시스 해군은 밀레토스 부근에서 겨울을 보낸 후 다음 해에 다시 출항하여, 육지의 앞바다에 위치한 섬들인 키오스와 레스보스, 테네도스를 손쉽게 점령했다. 이 방인들은 이 섬들을 하나씩 차지할 때마다 각 섬을 점령하면 주민들을 저인망식으로 일소했다. 그 방식은 다음과 같다. 즉 사람들이 손에 손을 잡고 섬의 북쪽 바다에서 남쪽 바다에 이르기까지 열을 지은 다음, 섬 전역을 쭉 훑고 지나가며 주민들을 몰았던 것이다. 그들은 또한 육지에 있는 이오네스인의 나라들도 마찬가지로 점령했지만, 다만 주민들을 저인망식으로 일소하지는 못했다. 그곳에서는 그럴 수가 없었기 때문이다.

32   이때 페르시스인의 장군들은 예전에 이오네스인들이 자신들에게 맞서 대진할 때 이오네스인들에게 공언했던 위협들을 어김없이 실행했다. 그들은 그 나라들을 정복하자, 가장 잘생긴 소년들을 골라 거

세하여 남자가 되는 대신 환관으로 만들었고 또 가장 아름다운 처녀들은 왕에게로 끌고 갔던 것이다. 그들은 이런 일들을 저질렀고, 도시들과 성소들도 다 불태워 버렸다. 이렇게 하여 이오네스인들은 세 번째로 예속되었는데, 첫 번째는 리디에인들에게, 그 후 두 번은 연속해서 페르시스인들에게 예속되었다.

그 후 페르시스 함대는 이오니에에서 출항하여, 헬레스폰토스로 33 항해해 들어갈 때 왼편에 위치한 곳들을 모두 점령했다. 그 오른편에 위치한 곳들은 이미 육지를 통해 페르시스인들에게 예속되어 있었던 것이다. 헬레스폰토스의 에우로페 쪽에는 다음 지역들이 있는데, 즉 그 안에 많은 도시가 있는 케르소네소스, 페린토스, 트레이케 쪽의 요새들, 셀림브리에, 비잔티온이 그것들이다. 비잔티온인들과 그 맞은편의 칼케도니에인들은 포이니케인들이 바다로 공격해 오는 것을 기다리지 않고, 자신들의 땅을 버린 채 에욱세이노스 폰토스 안으로 들어가 그곳의 메삼브리에 시에 정착했다. 포이니케인들은 앞서 언급된 지역들을 불태운 다음 프로콘네소스와 아르타케로 가서 그들 지역도 모두 불태웠다. 그런 후 전에 정박했을 때 파괴하지 못한 여러 도시의 잔재들을 일소하기 위해 다시 케르소네소스로 항해했다. 그러나 그들은 키지코스 쪽으로는 일절 항해하지 않았다. 키지코스인들은 포이니케인들의 이번 항해가 있기 전에 다스킬레이온의 총독인, 메가바조스의 아들 오이바레스와 협약을 맺고 이미 왕에게 예속되어 있었기 때문이다.

케르소네소스에서는 오직 카르디에 시만 빼고 다른 모든 도시들이 34 포이니케인들에게 정복되었다. 그전까지는 스테사고레스의 아들인 키몬의 아들 밀티아데스가 그 도시들을 참주로서 통치하고 있었다. 이 통치권은 그보다 전에 킵셀로스의 아들 밀티아데스가 다음과 같은 방식으로 획득한 것이었다. 이 케르소네소스를 차지하고 있던 것은 트레이케인들인 돌롱코이인들이었다. 그런데 이 돌롱코이인들은 전쟁에서 압신티오이인들에게 큰 어려움을 겪자, 자신들의 지배자들을 델포이에 보내 전쟁에 관한 신탁을 구했다. 이에 피티에 여사제는 그들에게 이르기를, 그들이 성소에서 나간 후 가장 먼저 그들을 빈객으로 초대하는 자를 그들의 나라에 건국자로서 데려가라고 했다. 돌롱코이인들은 성도(聖道)[15]를 걸어 포키스와 보이오티에를 지나갔다. 그런데 아무도 그들을 초대하지 않자 아테나이 쪽으로 방향을 돌렸다.

35   당시 아테나이에서는 페이시스트라토스가 최고 권력을 장악하고 있었지만, 킵셀로스의 아들 밀티아데스도 역시 세력을 누리고 있었다. 그는 사두마차를 부리는 집안 출신이었는데, 그의 가문은 처음에 아이아코스와 아이기나에서 기원했지만 후대에 아테나이인이 되었다. 그의 가문에서 최초로 아테나이인이 된 것은 아이아스의 아들 필라이오스였다. 이 밀티아데스가 그때 자신의 집 문간에 앉아 있었는데, 돌롱코이인들이 아테나이인과는 다른 복장을 한 채 창을 들고 지나가는 것을 보고서 그들을 불렀고, 그들이 다가오자 그들에게 숙박과 빈객 환대를 제의했다. 이에 그들은 제의를 수락하고 그에게서 빈객으로 환대받은 다음, 그에게 신탁의 전말을 밝혔으며 그것을 밝힌 후 그에게 신의 뜻에 따를 것을 요청했다. 밀티아데스는 그 말을 듣자 즉시 설복되었다. 그는 페이시스트라토스의 지배에 못마땅해 했고 거기서 벗어나고 싶어 했기 때문이다. 그는 자신이 돌롱코이인들이 요청하는 대로 행동할 것인지를 신탁에 묻기 위해 즉시 델포이로 떠났다.

36   피티에 여사제도 그렇게 하라고 명하자, 그전에 올림피아 경기 사두마차 경주에서 우승한 바 있는, 킵셀로스의 아들 밀티아데스는 자신의 원정에 동참하기를 원하는 아테나이인들을 모두 받아들인 다음 돌롱코이인들과 같이 항해하여 그 지역을 차지했다. 그를 데려간 자들은 그를 자신들의 참주로 세웠다. 그는 맨 먼저 카르디에에서 팍티

15 델포이의 성도는 델포이-포키스-카이로네이아-테바이-엘레우시스로 연결되어 있었다.

에까지 케르소네소스의 지협에 장벽을 쌓았는데, 이는 압신티오이인들이 자신들의 땅에 침입하여 자신들에게 피해를 입히지 않게 하려는 것이었다. 그 지협은 너비가 36스타디온이고, 지협에서 안쪽으로 케르소네소스의 전체 길이는 420스타디온이다.

밀티아데스는 케르소네소스의 지협에 장벽을 쌓고 그렇게 압신티 37 오이인들을 밀어낸 후, 나머지 지역민들 가운데 맨 먼저 람프사코스인들과 전쟁을 했다. 그때 람프사코스인들은 매복해 있다가 그를 생포했다. 하지만 밀티아데스는 리디에의 크로이소스에게 익히 알려져있었다. 크로이소스는 밀티아데스가 생포된 것을 알고 람프사코스인들에게 사람을 보내 밀티아데스를 방면하라고 통보했다. 그러지 않으면 자신이 그들을 소나무식으로 절멸시키겠다고 위협했다. 람프사코스인들은 크로이소스가 자신들에게 소나무식으로 절멸시키겠다고위협한 말이 무슨 뜻인지 몰라 논의가 갈팡질팡했다. 그러다가 겨우한 노인이 그 뜻을 깨닫고 말해 주었는데, 즉 모든 나무 중에서 소나무만이 한번 잘려 넘어지면 새싹을 피우지 못하고 완전히 죽어 없어진다는 것이었다. 그리하여 람프사코스인들은 크로이소스가 두려워밀티아데스를 풀어 주고 돌려보냈다.

밀티아데스는 크로이소스 덕분에 그곳에서 벗어났지만, 그 뒤 후 38 사 없이 죽고 동지권과 재산을 그의 동복(同腹)동생인 키몬의 아들스테사고레스에게 물려주었다. 밀티아데스가 죽은 후 케르소네소스인들은 건국자에게 관례적으로 드리는 제물을 그에게 바치고 경마와체육 경연을 개설했는데 람프사코스인들에게는 여기서 경기하는 것이 허용되지 않는다. 스테사고레스도 람프사코스인들과 전쟁을 하는동안에 후사 없이 죽음을 맞았다. 공회당에서 어떤 자가 그의 머리를도끼로 가격했던 것인데, 그 자는 말로는 자신이 탈주자라고 주장했지만 사실은 격분한 그의 적대자였다.

스테사고레스가 이런 식으로 죽은 후에, 페이시스트라토스 일가는 39 죽은 스테사고레스의 동생인, 키몬의 아들 밀티아데스를 삼단노선에 태워 케르소네소스로 보내 그곳의 일을 관장하게 했다. 이들 페이시스트라토스 일가는 자신들이 실제로 밀티아데스의 아버지 키몬의 죽음—그가 어떻게 죽었는지는 나중에 내 이야기의 다른 대목[16]에서 밝힐 것이다—과는 아무 관련 없는 것처럼 아테나이에서도 밀티아데스를 잘 대우했었다. 밀티아데스는 케르소네소스에 도착하자, 자신의 형 스테사고레스를 애도하는 척하며 집 안에만 머물러 있었다. 이것이 케르소네소스인들에게 알려지자 사방에서 모든 도시의 유력자들이 모여들었는데, 그들은 그와 함께 애도를 나누기 위해 단체로 갔다가 그에게 그만 구금되고 말았다. 그리하여 밀티아데스는 케르소네소스를 장악했고 용병 500명을 거느렸다. 그는 또 트레이케의 왕 올로로스의 딸인 헤게시필레와 혼인했다.

40   키몬의 아들 밀티아데스가 케르소네소스에 온지 얼마 안 됐을 때, 이전에 그가 겪은 것들보다 더 혹독한 일이 그에게 닥쳐왔다. 그는 이 일로부터 거슬러 올라 3년째 되는 해[17]에 스키티에인들을 피해 도망을 갔던 것이다. 유목 스키티에인들이 다레이오스 왕의 도발에 화가 나, 함께 뭉쳐 이 케르소네소스까지 진군했기 때문이다. 밀티아데스는 그들이 공격해 오는 것을 기다리지 않고 케르소네소스에서 달아났는데, 결국 스키티에인들이 그곳에서 물러나자 돌롱코이인들이 그를 다시 데려왔다. 이것은 지금 그에게 닥친 일로부터 거슬러 올라 3년째 되는 해에 일어났다.

41   이때 밀티아데스는 포이니케인들이 테네도스에 와 있다는 것을 알자, 당시 자신이 가진 재물들을 삼단노선 다섯 척에 가득 싣고 아테나이를 향해 출항했다. 그는 카르디에 시에서 출발하여 멜라스 만을 통과해 항해했다. 그가 케르소네소스 옆을 지날 때 포이니케인의 배

---

16   제6권 제103장 참조.

17   '이 일'은 기원전 493년에 밀티아데스가 페니키아인들에게 겪은 일을 말하므로, '이 일로부터 거슬러 올라 3년째 되는 해'는 기원전 495년을 가리킨다.

들과 마주쳤다. 밀티아데스 자신은 배 네 척과 함께 임브로스로 피신했지만, 다섯 번째 배는 포이니케인들의 추격을 받아 붙잡히고 말았다. 이 배의 선장은 밀티아데스의 장남 메티오코스였는데, 그는 트레이케왕 올로로스의 딸에게서 낳은 자식이 아니고 다른 여자에게서 낳은 자식이었다. 포이니케인들은 배와 함께 그도 포획했는데, 그가 밀티아데스의 아들임을 알고는 왕에게 데리고 올라갔다. 그들은 밀티아데스가, 스키티에인들이 이오네스인들에게 부교를 해체하고 그들의 나라로 출항하라고 요청했을 때, 스키티에인들의 말에 따르자고 주장하는 의견을 이오네스인들 사이에 내놓았던 자라서[18] 왕이 크게 고마워할 것으로 생각했던 것이다. 그러나 다레이오스는 포이니케인들이 밀티아데스의 아들 메티오코스를 자신에게 데려왔을 때 메티오코스에게 전혀 해를 입히지 않았고 오히려 많은 호의를 베풀었다. 왕은 그에게 집과 재산과 페르시스인 아내를 주었고, 그녀에게서 태어난 그의 자식들은 페르시스인들로 간주되었다. 한편 밀티아데스는 임브로스를 떠나 아테나이로 갔다.

이해[19]에는 페르시스인들이 이오네스인들에게 더는 적대 행위를 42 하지 않았다. 오히려 그해에는 이오네스인들에게 아주 유익한, 다음과 같은 일이 일어났다. 즉 사르디에스 총독 아르타프레네스가 여러 나라들에서 사절들을 불러오게 한 다음, 이제 이오네스인들이 법에 따라 분쟁을 해결하고 서로 간에 약탈하거나 침략하지 않는다는 협약을 그들 자신들 간에 맺도록 강제했던 것이다. 그는 그들이 그렇게 하도록 강제했으며, 그들의 땅을 파라상게스—페르시스인들은 30스타디온 길이를 1파라상게스라고 부른다—단위로 측정하고 이 측정에 따라 각 지역에 조세를 배정했다. 그 조세는 그때 이후로 지금 나의 시대에까지도 지역별로 아르타프레네스가 정한 그대로 계속 유지

18 제4권 제137장 참조.

19 기원전 493년.

되고 있다. 조세 액수는 그전의 것과 거의 똑같게 매겨졌다. 이런 조치들은 그들 사이에 평화를 가져왔다.

43 봄이 시작되자,[20] 다른 장군들은 왕에 의해 해임되고 고브리에스의 아들 마르도니오스가 방대한 규모의 육군과 대함대를 거느리고 해안 지대로 내려왔다. 그는 젊은 연배의 청년이었고 근래에 다레이오스 왕의 딸 아르토조스트레와 혼인한 터였다. 마르도니오스가 이 군대를 이끌고 킬리키에에 도착한 후, 자신은 배에 올라 다른 배들과 함께 이동했고 다른 지휘관들은 육군을 인솔하여 헬레스폰토스로 갔다. 마르도니오스가 아시에의 연안을 따라 항해해 이오니에에 도착했을 때, 그곳에서 굉장히 놀라운 일이 일어났다. 나는 오타네스가 페르시스인 7인에게 페르시스인들이 민주정을 실시해야 한다고 의견을 냈던 사실[21]을 믿지 못하는 헬라스인들을 위해 그 놀라운 일을 여기서 언급하겠다. 즉 마르도니오스는 이오니에 참주들을 모두 폐위하고 그 나라들에 민주정을 수립했던 것이다. 이렇게 한 다음 그는 서둘러 헬레스폰토스로 향했다. 그리고 그곳에 수많은 배들과 대규모 육군이 집결하자, 그들은 배를 타고 헬레스폰토스를 건넌 후 에우로페를 통과해 행군했다. 그들은 에레트리아와 아테나이를 목표로 행군해 갔다.

44 이들 지역은 그들 원정의 표면적인 이유였다. 하지만 내심 그들은 자신들이 할 수 있는 한 헬라스 국가를 최대한 많이 정복할 작정이었다. 그리하여 그들은 먼저 타소스인들을 함대로 정복했는데, 타소스인들은 그들에게 저항하지 않았다. 다음에는 육군을 동원하여 마케도니에인들을 기존의 예속민 집단에 새로 추가했다. 마케도니에 안쪽[22]에 있는 종족 모두는 이미 그들의 지배하에 있었기 때문이다. 그

---

20 기원전 492년.

21 제3권 제80장 참조.

22 페르시스군(軍)의 위치를 기준으로 마케도니아의 '안쪽'을 말하는 것이니,

들은 또 타소스에서 육지 쪽으로 건너가 육지에 가까이 붙어 아칸토스까지 항해했으며, 그 후 아칸토스에서 출발하여 아토스 곶을 우회하려고 했다. 그러나 그들이 우회 항해를 하는 동안 도저히 어찌해볼 수 없는 거대한 북풍이 닥쳐 그들을 혹독하게 괴롭히고 수많은 배들을 아토스에 좌초시켰다. 그때 배 300척이 파괴되고 2만 명이 넘게 사람들이 죽었다고 하기 때문이다. 아토스 주변의 이 바다에는 난폭한 바다짐승들이 가득했으므로 일부는 바다짐승들에게 잡혀 죽었고 일부는 바위들에 내동댕이쳐져 죽었다. 또 그들 중 일부는 헤엄을 칠줄 몰라 그 때문에 죽기도 했고 일부는 추위 때문에 죽기도 했다.

　해군의 사정은 이러했다. 한편 마르도니오스와 육군은 마케도니에에 진을 치고 있었는데 밤중에 트레이케의 브리고이인들이 그들을 습격했다. 브리고이인들은 그들을 다수 죽였고 마르도니오스 자신에게도 상처를 입혔다. 하지만 이들도 페르시스인들에게 예속되는 신세를 면하지는 못했다. 마르도니오스가 그들을 정복할 때까지 이 지역들을 떠나지 않았기 때문이다. 그러나 그는 그들을 정복한 후, 육군은 브리고이인들에게 상당한 피해를 입었고 해군은 아토스 주변에서 막대한 피해를 입었는지라, 군대를 이끌고 귀국했다. 그리하여 이 원정대는 치욕스럽게 전쟁을 치른 후 아시에로 돌아갔다. 45

　ㄱ 이듬해[23]에 다레이오스는 맨 먼저 타소스인들에게 사절을 보내 그들의 성벽을 허물고 배들을 압데라로 옮기라고 명령했다. 타소스인들이 반란을 꾀한다는 비방이 그 이웃들에게서 제기되었던 것이다. 타소스인들이 밀레토스의 히스티아이오스에게 포위 공격을 받았고 그들의 수입 또한 막대했는지라, 많은 재화를 들여 전선(戰船)들을 건조하고 더욱 강화된 성벽을 주위에 축성했기 때문이다. 그들의 수입은 본토와 광산들에서 생긴 것이었다. 스캅테실레의 금광들에서 46

　여기서 마케도니아의 '안쪽'은 마케도니아의 '동쪽'을 가리킨다.

23　기원전 491년.

평균 80탈란톤의 수입이 들어오고 그보다는 못하지만 타소스 섬 자체의 광산들에서도 많은 수입이 들어와, 타소스인들—이들은 자신들의 곡물 수확에 대해 세금을 내지 않는다—에게는 본토와 광산들에서 연간 평균 200탈란톤의 수입이 들어오고 수입이 최대일 때에는 300탈란톤이 들어왔다.

47   나 자신도 이 광산들을 본 적이 있는데, 그 가운데 단연 가장 놀라운 것들은 타소스와 함께 이 섬에 식민한 포이니케인들이 발견한 광산들이다. 그 섬의 지금 이름은 이 포이니케인 타소스의 이름을 딴 것이다. 타소스에서 이 포이니케인의 광산들은 사모트레이케 맞은편에 있는, 아이니라와 코이니라라고 불리는 지역들 사이에 있는데 그곳에는 광물을 찾느라 파헤쳐진 거대한 산이 있다. 이것에 대해서는 이 정도로 해 둔다. 한편 타소스인들은 왕의 명령에 따라 그들의 성벽을 허물고 모든 배들을 압데라로 옮겼다.

48   그다음에, 다레이오스는 헬라스인들이 자신과 전쟁을 할지 아니면 항복을 할지 그 의향을 시험해보고자 했다. 그래서 그는 헬라스 각지에 사절들을 지정해 파견했는데, 왕에게 흙과 물을 바치도록 요구하라고 지시해 두었다. 그는 이들을 헬라스로 보내는 한편, 또 다른 사절들을 해안 지대 속국들에도 보내 전선들과 말 운반선들을 건조하라고 명했다.

49   그리하여 그 속국들은 이를 준비하기 시작했다. 한편 사절들이 헬라스에 도착하자 헬라스의 많은 육지민들이 페르시스 왕이 달라고 요구한 것들을 사절들에게 주었고, 또 섬 주민들도 사절들이 찾아가 요구하자 그것들을 주었다. 그리하여 다른 섬 주민들뿐 아니라 특히 아이기나인들도 다레이오스에게 흙과 물을 바쳤다. 아이기나인들이 이렇게 행동하자 즉시 아테나이인들이 그들을 비난했다. 아테나이인들은 아이기나인들이 자신들을 염두에 두고, 페르시스인들이 아테나이를 공격할 때 그들도 함께 가담하기 위해 그것들을 주었다고 생각했던 것이다. 그들은 기꺼이 이것을 구실 삼아 스파르테로 가서, 아

이기나인들이 헬라스를 배신하는 행동을 했다고 고발했다.

이런 고발이 제기되자 당시 스파르테의 왕이던, 아낙시만드리데스 50
의 아들 클레오메네스는 그에 대한 책임이 가장 큰 아이기나인들을
체포하고자 아이기나로 건너갔다. 그러나 그가 그들을 체포하려 했
을 때, 다른 아이기나인들도 그에게 반대했을뿐더러 그중에서도 특
히 폴리크리토스의 아들 크리오스가 반대했다. 그는 클레오메네스가
어떤 아이기나인도 쉽게 끌고 가지 못할 것이라고 말했다. 클레오메
네스가 스파르테 국가의 허가를 받지 않고 아테나이인들에게 돈으로
매수되어 이런 일을 한다는 것이었다. 그러지 않았다면 클레오메네
스가 다른 왕과 같이 와서 그들을 체포했을 것이라고 했다. 크리오스
는 데마레토스의 서간을 받고 그에 따라 이렇게 말한 것이었다. 클레
오메네스는 아이기나에서 밀려나면서 크리오스에게 이름이 무엇이
냐고 물었다. 그는 사실대로 자기 이름을 말했다. 그러자 클레오메네
스가 그에게 이렇게 말했다. "이보시게 양[24]이여, 큰 재난이 그대에
게 닥칠 것이니 그대의 뿔들을 청동으로 입히시게."

이때 아리스톤의 아들 데마레토스는 스파르테에 머물며 클레오메 51
네스를 비방했다. 이 데마레토스도 스파르테인들의 왕이었는데, 그
는 가문에서 뒤질 뿐 다른 점에서는 전혀 뒤지지 않았다. 그들은 동
일한 조상에서 기원했기 때문이나. 그러나 에우리스테네스 가문이
장자라는 점에서 더욱더 존중받고 있다.

라케다이몬인들의 말에 동조하는 시인은 아무도 없지만 그래도 라 52
케다이몬인들에 따르면, 지금 그들이 차지하고 있는 땅으로 그들을
이끌고 온 것은 아리스토데모스 자신—그는 아리스토마코스의 아들
이고, 아리스토마코스는 힐로스의 아들인 클레오다이오스의 아들이
다—이 왕이었을 때 한 일이고 아리스토데모스의 아들들이 한 일이

---

24 '크리오스'(krios)는 그리스어로 '양'(羊)을 의미한다.

아니라고 한다. 그런데 그 후 오래지 않아 아르게이에라고 불리는 아리스토데모스의 아내가 아이를 낳았다고 한다. 그녀는 아우테시온의 딸이었는데, 아우테시온은 테르산드로스의 아들인 티사메노스의 아들이고 테르산드로스는 폴리네이케스의 아들이었다고 한다. 그녀는 쌍둥이를 낳았고 아리스토데모스는 자식들이 태어난 것을 본 뒤에 병으로 죽었다고 한다. 당시 라케다이몬인들은 자신들의 관례에 따라 그 아이들 중 장자를 왕으로 삼기로 결정했다고 한다. 하지만 그 아이들이 모두 똑같고 닮았는지라 그중 어느 한 명을 선택할 수가 없었다고 한다. 그들이 도저히 분간을 할 수가 없자, 혹은 분간을 해보려 하기 이전에, 아이들을 낳은 어머니에게 물어보았다고 한다. 그러나 그녀는 자신도 그들을 구별할 수 없다고 말했다 한다. 사실 그녀는 그것을 매우 잘 알고 있으면서도 어찌했든 그들 두 명이 다 왕이 되기를 원했기 때문에 그렇게 말했다고 한다. 라케다이몬인들은 당혹을 금치 못했고, 당혹한 나머지 델포이에 사절을 보내 그 일을 어떻게 처리해야 할지를 신탁에 물었다고 한다. 피티에 여사제는 그들에게 두 아이를 모두 왕으로 삼되 그중 장자를 더 존중하라고 명했다 한다. 피티에 여사제가 그들에게 이렇게 답변했지만 라케다이몬인들이 둘 중 누가 장자인지를 분간할 줄 몰라 여전히 당혹해 했을 때 파니테스라고 불리는 한 메세니아인이 그들에게 조언을 해 주었다고 한다. 이 파니테스는 라케다이몬인들에게 다음과 같이 조언했는데, 즉 어머니가 둘 가운데 누구를 더 먼저 목욕시키고 누구에게 더 먼저 음식을 먹이는지 지켜보라고 했다 한다. 만약 그녀가 항상 똑같은 순서대로 행동하는 것으로 밝혀지면 그들이 찾고 알아내려는 것을 모두 얻을 것이지만, 그녀가 오락가락 행동하며 순서를 바꾸면 그녀도 그들과 마찬가지로 알지 못하는 것이 분명하니, 그때는 다른 방법을 모색해 보라는 것이었다. 그 후 스파르테인들은 그 메세니아인의 조언에 따라 아리스토데모스의 아들들의 어머니를 지켜보았는데 그녀가, 자신이 왜 주시당하는지 이유를 알지 못한 채, 음식을 먹이고 목욕을 시킬 때 항상 똑같은 순서로 첫째 아이를 더 선호한다는 것을 알아냈다고 한다. 그래서 그들은 실제로 첫째여서 어머니가 더 선호한 아이를 데려다 국가 경비로 양육했다고 한다. 이 아이에게는 에우리스테네스라는 이름을 붙이고 다른 아이에게는 프로클레에스라는 이름을 붙였다고 한다. 이들은 장성한 후 서로 형제간이었음에도 사이가 좋지 않았고 그 후손들 역시 계속해서 같은 양상을 보였다고 한다.

이상은 헬라스인들 중에서 라케다이몬인들만이 말해 준 내용이다. 53 그러나 이제 나는 다른 헬라스인들이 말해 준 이야기를 기술하고자 한다. 나는 헬라스인들이 이들 도리에스인의 왕들의 명단을 신[25]에 대한 언급 없이, 다나에의 아들 페르세우스까지 거슬러 열거하고 그 왕들이 헬라스인이라고 밝힌 것은 옳다고 본다. 그때까지의 왕들은 헬라스인에 속한다고 여겨지기 때문이다. 내가 페르세우스까지라고 말하고 그 이전의 계보에 대해 다루지 않은 것은 다음의 이유 때문인데, 즉 페르세우스에게는 헤라클레에스의 암피트리온[26]처럼 인간 아버지의 이름이 거론되지 않기 때문이다. 그러므로 내가 페르세우스까지라고 말한 것은 올바로 추론하여 맞게 말한 것이다. 만약 아크리시오스의 딸 다나에에서 위로 거슬러 그들의 조상을 하나하나 열거한다면, 도리에스인의 지도자들이 순수한 아이깁토스인들임이 드러날 것이다.

■■ ■■

25 제우스를 가리킨다. 페르세우스는 제우스와 다나에의 아들로 전한다.

26 헤라클레스는 제우스의 아들로 통하지만 인간 암피트리온의 가계에서 태어났다고 전한다. 제우스가 암피트리온의 아내 알크메네와 동침하여 헤라클레스를 낳았다고 하는 것이다. 그래서 헤라클레스는 제우스의 아들 혹은 암피트리온의 아들로 묘사되곤 했다. 반면 페르세우스는 제우스와 다나에의 아들이었다고 하지만, 그의 인간 아버지 이름은 전하지 않는다. 다나에는 아르고스 왕 아크리시오스의 딸이었다고 하는데, 그녀가 제우스와 동침할 때에는 아직 미혼이었다고 한다.

54 　이상은 헬라스인들이 말하는 대로 그 왕들의 계보를 서술한 것이다. 그러나 페르시스인들의 말에 따르면, 페르세우스 자신은 아시리에인인데 헬라스인이 된 반면 페르세우스의 선조들은 그렇지 않았다고 한다. 페르시스인들은 아크리시오스의 선조들이 페르세우스와 아무런 친척 관계가 아니었다고 말하는데 그 선조들은 헬라스인들이 말하듯이 아이깁토스인들이라는 것이었다.

55 　이것들에 대해서는 이 정도로 말해 두겠다. 한편 이들이 아이깁토스인이면서도 무엇 때문에 또 어떤 활약을 해서 도리에스인의 왕위를 차지했는지는 다른 자들이 이미 이야기한 바 있으므로 나는 그냥 내버려 두겠다. 그러나 다른 자들이 다루지 않은 문제들은 내가 언급할 것이다.

56 　스파르테인들은 그들의 왕들에게 다음과 같은 특권을 부여했다. 왕들은 두 사제직, 즉 제우스 라케다이몬과 제우스 우라니오스[27]의 사제직을 맡는다. 또 왕들은 그들이 원하는 어떤 나라와도 전쟁을 벌일 수 있는데, 어느 스파르테인도 이를 막지 못하며, 막을 경우 그 자는 저주에 빠진다. 군대에서 왕들은 가장 먼저 전진하고 가장 나중에 퇴각한다. 전쟁 때에는 100명의 선발된 자들이 왕들을 호위한다. 왕들은 원정 때에 자신들이 원하는 수만큼 제물용 가축들을 쓸 수 있고 제물로 바친 모든 짐승들의 가죽과 등뼈를 갖는다.

57 　이것들은 전쟁 때의 특권이고, 평화 시에는 달리 다음과 같은 특권이 왕들에게 부여된다. 공적인 제사가 행해질 때마다 왕들은 정찬에서 가장 먼저 착석하고 제일 먼저 그들부터 식사 시중이 시작되는

27　그리스의 신들은 그들의 신성, 연고, 형상, 행적 등에 따라 다양한 별명으로 불렸다. '제우스 라케다이몬'은 라코니아의 중심 도시 라케다이몬과 연관된 별명으로 스파르타 지역신으로서의 위상을 지칭한 것으로 여겨진다. 한편 '제우스 우라니오스'는 '천상의 제우스'라는 뜻이며 천상의 신 제우스의 신성을 지칭한 것으로 보인다.

데, 그들 각자에게는 모든 것이 다른 참석자들 몫의 두 배로 배급된다. 또 왕들은 가장 먼저 헌주할 권한을 가지며, 제물로 바친 동물들의 가죽을 갖는다. 매달 첫째 날과 매달 상순의 7일째 날에는 공금으로 왕들 각자에게 아폴론 신전에 바칠 완벽한 희생동물과 1메딤노스의 보릿가루와 1라코니아 테타르테[28]의 포도주가 주어지고, 모든 경기 때마다 그들을 위해 특별히 앞좌석이 마련된다. 왕들은 시민 중에서 자신들이 원하는 자들을 외국인 담당관[29]으로 임명할 수 있는 권한을 가지며 왕들 각자가 2명씩의 피티오이들을 선정한다. 피티오이들은 델포이에 신탁을 구하러 파견되는 사절들인데, 공금으로 왕들과 함께 식사를 한다. 만일 왕들이 공식 정찬에 나오지 않으면 그들의 집으로 각각 2코이닉스의 보릿가루와 1코틸레의 포도주가 보내지며, 그들이 참석한 경우에는 모든 것이 두 배로 주어진다. 왕들은 일반 개인들에게 정찬 초청을 받은 경우에도 이와 똑같은 명예를 누린다. 또 피티오이들도 그 내용을 함께 알고 있긴 하지만, 나라에 내려진 신탁들은 왕들이 간수한다. 다음의 일들에 대해서는 오로지 왕들만 재판할 수 있는데, 즉 독신녀 상속인과 관련하여 그녀의 아버지가 생전에 그녀를 혼약시키지 않았을 경우 누구와 혼인하는 것이 적합한지에 대한 사안과 공공도로와 관련한 사안이 그것들이다. 또 누가 아들을 입양하기를 원한다면 왕들의 입회하에 해야 한다. 왕들은 28명의 원로회 의원들이 협의를 할 때 그들과 함께 동석한다. 왕들이 그곳에 나오지 않으면, 의원 중에서 왕들과 가장 가까운 친척인 의원

---

28 테타르테(tetarte)는 4분의 1을 가리키는 말인데, 어떤 용량 단위의 4분의 1인지는 분명치 않다. 메딤노스에 대해서는 제1권 제192장의 옮긴이 주 참조.

29 '프로크세이노스'(proxeinos)는 특정 외국에 대한 개인적인 우호 관계에 입각해 해당 외국의 국민을 보호하는 현지인을 뜻한다. 그래서 주로 '대리인'으로 번역했지만(제8권 제136장, 제8권 제143장, 제9권 제85장 참조), 여기서는 외국인 거주자들의 이익을 돌보는 공식적인 관리의 성격이 강해서 '외국인 담당관'이라고 옮겼다.

들이 왕의 특권을 가지고 왕들의 2표와 그들 자신의 세 번째 표를 투표한다.

58　이것들은 스파르테인들의 국가가 왕들이 생존해 있는 동안 그들에게 부여한 특권이고, 그들이 죽었을 때에는 다음과 같은 특권이 주어진다. 기병들이 라코니아 전역을 돌아다니면서 왕의 서거 소식을 전하고 도시에서는 여자들이 솥단지를 두드리면서 돌아다닌다. 이런 일이 생기면 각 가정에서 자유민 둘, 즉 남자 한 명과 여자 한 명이 애도의 표시로 제 모습을 망가뜨려야한다. 이렇게 하지 않을 경우에는 무거운 벌금이 부과된다. 왕들이 죽었을 때 라케다이몬인들의 관습은 아시에의 이방인들의 것과 똑같다. 그 이방인들의 대부분은 왕들이 죽었을 때에 똑같은 관습을 따르기 때문이다. 라케다이몬인들의 왕이 죽으면 라케다이몬 전역에서 스파르테인들 외에 페리오이코이[30]들도 일정 수 장례에 참석해야 하는 것이다. 그리하여 이들과 헤일로테스,[31] 스파르테인 자신들이 여자들과 뒤섞여 수천 명에 이르도록 한곳에 모여서, 자신들의 이마를 격렬하게 때리고 한없이 애도하면서 매번 그때마다 막 죽은 왕이 모든 왕 중에서 가장 위대한 왕이라고 외쳐 댄다. 왕들 가운데 전쟁 중에 죽은 자가 있을 경우 그의 조각상을 만들어 잘 꾸민 영구가마에 신고 운구한다. 장례를 치르고 나면, 그 후 10일 동안은 그들에게 시장도 서지 않고 관리 선출을 위한 집회도 열리지 않는다. 이 기간 내내 그들은 죽음을 애도한다.

59　라케다이몬인들은 또 다음과 같은 점에서도 페르시스인들과 비슷하다. 즉 왕이 죽고 다른 왕이 즉위할 때에는 새 왕이 스파르테인들 가운데 왕에게나 국가에 빚지고 있는 모든 자들의 빚을 면제해 준다. 페르시스인들에게서도 새로 즉위한 왕은 모든 도시들의 밀린 조세를

30　스파르타의 반(半)자유민. 제1권 제67장의 옮긴이 주 참조.

31　'헤일로테스'(Heilotes)는 '헤일로스'(Heilos)의 복수형으로 스파르타의 부자유 예속민들을 가리킨다. 제1권 제67장의 옮긴이 주 참조.

탕감해 준다.

한편 라케다이몬인들은 다음과 같은 점에서 아이깁토스인들과 비 60
슷하다. 즉 그들의 전령, 아울로스 연주자,[32] 요리사는 아버지에게서
기술을 물려받는다. 아울로스 연주자의 아들이 아울로스 연주자가
되고 요리사의 아들이 요리사가 되며 전령의 아들이 전령이 되는 것
이다. 다른 누가 목소리가 크고 맑다고 해서 자신이 전령이 되어 그
들을 대신하지는 않는다. 그들은 세습에 의해 자신들의 직업을 수행
한다.

이것들에 대해서는 이 정도로 해 둔다. 한편 클레오메네스가 아이 61
기나에 머물며 헬라스의 공동 이익을 위해 일하고 있을 때, 데마레
토스는, 아이기나인들을 염려해서가 아니라 시기와 질투심이 작용
하여, 클레오메네스를 비방했다. 이에 클레오메네스는 아이기나에서
돌아온 후 데마레토스 왕을 폐위하기로 작정하고, 다음과 같은 일을
이유로 그를 공격했다. 아리스톤이 스파르테의 왕으로 있었을 때 두
아내와 혼인을 했는데도 그에게는 아이가 태어나지 않았다. 그는 자
신에게는 그 책임이 없다고 생각해 세 번째 아내와 혼인했다. 그의
이 혼인은 다음처럼 이루어졌다. 아리스톤에게는 스파르테인 친구가
한 명 있었는데, 그는 아리스톤이 시민 중에서 가장 좋아하는 자였
나. 마침 그 사에게는 스파르테 여사 중에서 난언 최고의 비인인 아
내가 있었다. 하지만 그녀는 가장 추한 여자에서 가장 아름다운 여자
로 변한 여성이었다. 그녀는 과거에 하잘것없는 용모였는데, 그녀의
유모가, 부잣집 딸인 그녀가 그처럼 추하게 생긴 것을 보고 게다가
그녀의 부모가 그녀의 용모에 대해 몹시 괴로워하는 것을 보고, 이
모든 사정을 알고서 다음과 같은 일을 도모했다. 즉 유모는 날마다

---

32 아울로스 연주자는 전쟁이나 국가 제사 등에 참여하여 음악에 관련된 업무
  를 수행하는 자들을 말한다.

그 아이를 헬레네의 성소[33]로 데려갔다. 그 성소는 포이보스의 신전 위쪽의 테라프네라고 불리는 곳에 위치해 있다. 유모는 아이를 그곳에 데려갈 때마다 아이를 신상 앞에 놓고 여신에게 아이의 추한 용모를 면하게 해 달라고 기도하곤 했다. 그런데 어느 날 유모가 성소를 나서고 있을 때 한 여인이 나타나 그녀에게 팔에 안고 가는 것이 무엇이냐고 물었다 한다. 유모가 아이를 안고 간다고 말하자 여인은 아이를 자신에게 보여 달라고 요구했고 유모는 그럴 수 없다고 말했다 한다. 아이의 부모가 자신에게 아이를 누구에게도 보여 주지 말라고 금지해서 그런다고 했다 한다. 하지만 그 여인은 자신에게 꼭 보여 달라고 요구했다 한다. 유모는 여인이 정말 간절히 아이를 보고 싶어 하는 것을 보고 결국 아이를 보여 주었다고 한다. 그러자 여인은 아이의 머리를 어루만지고, 아이가 스파르테의 모든 여자 가운데 최고의 미인이 될 것이라고 말했다 한다. 그리고 그날 이후 아이의 용모가 변했다고 한다. 그녀가 자라 혼인할 나이에 이르자 알케이데스의 아들 아게토스가 그녀와 혼인했는데, 이 사람이 바로 아리스톤의 친구였다.

62   아리스톤은 이 여자에 대한 연모로 안달이 났다. 그래서 그는 다음과 같은 일을 꾸몄다. 아리스톤은 이 여자의 남편인 자신의 친구에게 자신의 모든 재산 중에서 그가 택한 것을 무엇이든 하나 선물로 주겠다고 약속하며, 대신 그의 친구도 마찬가지로 그에 상응하는 선물을 자신에게 달라고 요구했다. 그의 친구는 아리스톤에게도 아내가 있

---

33 헬레네는 스파르타 왕 메넬라오스의 아내로 그리스의 대표적인 미인이었다고 한다. 트로이의 왕자 파리스가 헬레네의 미모에 반해 그녀를 스파르타에서 트로이로 데려갔고, 이 때문에 트로이 전쟁이 일어났다고 전한다. 헬레네는 전쟁 후에 다시 스파르타로 돌아왔는데, 스파르타인들은 그녀를 신격화하여 성소를 지어 숭배했다고 한다. 헬레네의 신성한 계보가 그녀의 신격화를 불러왔을 것으로 여겨진다. 헬레네는 제우스와 레다의 딸로 전하기 때문이다.

는 것을 보고서 아내에 대해서는 전혀 걱정하지 않고 그에 동의했다. 그리고 그들은 그것에 대해 서약을 맺었다. 그 후 아리스톤은 아게토스가 자신의 보물 중에서 택한 것을 무엇이건 간에 주었고, 이제 자신이 아게토스에게서 상응하는 것을 가져가겠다고 요청할 차례가 되자 친구의 아내를 데려가려고 했다. 아게토스는 그것만 빼고 다른 것은 모두 들어주겠다고 말했다. 하지만 아게토스는 자신의 서약과 아리스톤의 기만적인 술책에 따라 부득이 아리스톤이 그녀를 데려가게 내버려 둘 수밖에 없었다.

이렇게 하여 아리스톤은 두 번째 아내와 이혼하고 세 번째 아내를 맞아들였다. 그러나 이 아내는 혼인 후 채 열 달이 안 된 시기에 바로 이 데마레토스를 낳았다. 마침 아리스톤이 감찰관들과 함께 회의 중이었는데, 하인 하나가 그에게 와서 아들이 태어났다고 전했다. 그는 자신이 그녀와 혼인한 때를 알고 있었는지라 손가락으로 달수를 세어 보더니, 맹세를 하면서 "그 아이는 내 아이일 리 없어"라고 말했다. 감찰관들은 그 말을 들었지만 당장은 그것에 신경을 쓰지 않았다. 그 소년이 자라자 아리스톤은 그가 했던 말을 후회했다. 그는 데마레토스가 확실히 자기 아들이라고 믿게 되었기 때문이다. 그는 다음의 이유에서 그에게 데마레토스라는 이름을 붙였다. 즉 그전에 스파르테의 전체 인민이 아리스톤을 스파르테의 역대 모든 왕 가운데 가장 영광스러운 왕이라고 여겨 그에게 아들이 태어나기를 기도한 적이 있었던 것이다.[34]

이런 이유에서 데마레토스라는 이름이 그에게 붙었다. 그리고 세월이 흘러 아리스톤이 죽자 데마레토스가 왕위를 차지했다. 그러나 이 일은 결국 드러나게 되어 ……[35] 때문에 데마레토스가 왕위에서

---

34 '데마레토스'(Demaretos)는 '데모스'(demos, 인민)와 '아레토스'(aretos, 희구希求한)의 합성어로서, 즉 '인민이 희구하여' 태어난 자라는 뜻을 지닌다.

35 슈타인 텍스트의 누락 대목인데, 슈타인은 "다음과 같은 이유"라는 구절이

쫓겨날 운명이었던 것 같다. 데마레토스는 전에 그가 엘레우시스에서 군대를 데리고 철수했을 때에[36] 이미 클레오메네스와 사이가 크게 틀어져 있었다. 게다가 이번에 클레오메네스가 메디아 편을 든 자들을 치러 아이기나인들에게 건너갔을 때에도 둘의 사이는 매우 안 좋았다.

65   클레오메네스는 데마레토스에게 복수할 생각으로 데마레토스와 같은 가문인 레우티키데스와 협약을 맺었는데, 레우티키데스는 아기스의 아들인 메나레스의 아들이었다. 협약 내용인즉, 클레오메네스가 데마레토스 대신 레우티키데스를 왕으로 세우면 레우티키데스가 그를 따라 아이기나인 원정에 함께 나선다는 것이었다. 레우티키데스가 데마레토스와 철천지원수가 된 것은 다음과 같은 일 때문이었다. 즉 레우티키데스가 데마르메노스의 아들인 킬론의 딸 페르칼로스와 혼약했을 때 데마레토스가 음모를 꾸며 먼저 그녀를 차지해 아내로 삼음으로써 레우티키데스의 혼인을 탈취했던 것이다. 이 일 때문에 레우티키데스는 데마레토스에게 원한을 품게 되었다. 그래서 그때 레우티키데스는 클레오메네스가 바라는 대로 데마레토스를 선서하에 비난했는데, 데마레토스가 아리스톤의 아들이 아니므로 스파르테인들의 왕이 되기에 부적합하다고 주장했다. 그렇게 비난한 후 그는 데마레토스를 고발하며, 아리스톤의 하인이 아들이 태어났다는 소식을 전했을 때 아리스톤이 달수를 세어 본 다음 아이가 자신의 아이가 아니라고 맹세하에 부인했던 말을 상기시켰다. 레우티키데스는 이 말에 입각하여, 데마레토스가 아리스톤의 자식이 아니며 스파르테 왕이 되기에 부적합하다는 것을 입증하려 했다. 레우티키데스는 당시 아리스톤과 함께 회의를 하며 아리스톤의 말을 들었던 감찰관

없을 것으로 추정한다. 그럴 경우, "이 일은 결국 드러나게 되어 다음과 같은 이유 때문에"가 된다.

36 제5권 제75장 참조.

들을 증인으로 내세웠다.

그 문제로 논란이 일어나자, 결국 스파르테인들은 데마레토스가 66
아리스톤의 아들인지 델포이의 신탁에 묻기로 결정했다. 그 문제를
피티에 여사제에게 의뢰하게 한 것은 클레오메네스였다. 그때 클레
오메네스는 델포이에서 권세가 가장 막강한 아리스토판토스의 아들
코본을 자기편으로 끌어들였다. 이에 코본은 예언녀 페리알라를 설
득하여 클레오메네스가 듣기 원하는 말을 하도록 했다. 그리하여 피
티에 여사제는 신탁 사절들의 물음에 대해 데마레토스가 아리스톤의
아들이 아니라고 판정했다. 하지만 나중에 이런 사실이 들통나, 코본
은 델포이에서 추방되고 예언녀 페리알라는 직책을 박탈당했다.

데마레토스가 왕위에서 쫓겨난 경위는 이러했다. 하지만 데마레토 67
스가 스파르테에서 메디아인들에게로 도주한 것은 다음과 같은 모
욕 때문이었다. 데마레토스는 왕위에서 쫓겨난 후 어떤 관직에 선출
되어 그 일을 맡고 있었다. 그런데 김노파이디아이[37]가 거행되어 데
마레토스가 관람하고 있을 때, 그 대신 왕이 된 레우티키데스가 그를
조롱하고 모욕하고자 하인을 보내, 데마레토스에게 왕을 하고 난 후
에 관직을 맡으니 어떠냐고 물었다. 그 질문에 화가 난 그는 자신은
이미 그 두 가지를 다 겪어 보았지만 레우티키데스는 그렇지 못하다
고 말했다. 그는 또 말하기를, 하지만 그 질문이 라케다이몬인들에게
엄청난 불행이나 엄청난 행복을 불러올 단초가 될 것이라고 했다. 그
는 이렇게 말한 후 머리를 가린 채 극장에서 나와 자신의 집으로 갔
다. 그리고 즉시 준비를 갖추어 제우스에게 황소 제물을 바쳤고, 그
렇게 제물을 바친 후 자신의 어머니를 부르러 보냈다.

그는 어머니가 도착하자 그녀의 손에 제물의 내장 일부를 쥐어주 68

---

37 김노파이디아이(gymnopaidiai)는 나체의 청소년과 성인 남자들이 벌인 아
   폴론 제전이다. 보통 한여름에 열렸는데 체육과 코러스 경연 등이 거행되었
   다고 한다.

고 이렇게 말하며 간청했다. "어머니, 다른 신들과 특히 가정의 신이신 제우스의 이름을 걸고 어머니께 간청하건대, 누가 제 아버님인지 진실을 말해 주세요. 레우티키데스가 저번 말싸움 중에 주장하기를, 어머니가 아리스톤에게 왔을 때 이미 전 남편의 아이를 임신한 상태였다고 하니까요. 또 어떤 자들은 더 어이없는 이야기를 하는데 어머니가 하인 중의 한 나귀몰이꾼과 어울렸고 내가 그 자의 아들이라는 거예요. 그래서 제가 어머니께 신들의 이름을 걸고 부탁 드리는 것이니 진실을 말해 주세요. 앞서 이야기된 그런 것들 가운데 어떤 것을 어머니가 실제로 행하셨다고 해도, 어머니 혼자만 그러신 것이 아니고 다른 여자들도 많이 그랬으니까요. 지금 스파르테에는 아리스톤이 아이를 낳을 정액을 갖지 못했다는 이야기가 무성해요. 그렇지 않았다면 그의 전 아내들도 아이를 낳았을 거라고요."

69   그가 이렇게 말하자, 그녀가 다음과 같이 대답했다. "아들아, 진실을 말해 달라고 네가 그렇게 간곡히 부탁하니 이제 너에게 모든 진실을 밝히마. 아리스톤이 나를 자기 집으로 데려간 첫날 이후 세 번째 날 밤에 아리스톤과 비슷한 환영이 나를 찾아와 동침한 다음 그가 쓰고 있던 화관을 내게 씌워 주었단다. 그리고 그는 떠나고, 그 후 아리스톤이 날 찾아왔어. 그는 내가 화관을 쓰고 있는 것을 보자, 누가 나에게 그것을 주었는지 물었어. 나는 그가 주었다고 말했지만 그는 그것을 부인했어. 나는 맹세하며, 그가 부인하는 것은 옳은 행동이 아니라고 말했어. 나는 그가 조금 전에 나를 찾아와 동침한 다음 그 화관을 나에게 준 거라고 했거든. 아리스톤은 내가 맹세하는 것을 보고, 그 일이 신에 의한 것임을 알아차렸어. 더욱이 화관이 궁정의 문 옆에 세워져 있는, 아스트로바코스라 불리는 영웅의 성소에서 나온 것임이 밝혀졌고, 또한 예언자들도 나와 동침한 자가 바로 그 영웅이라고 말했단다. 아들아, 이것으로 너는 네가 알고자 하는 모든 것을 다 알게 된 거다. 너는 그 영웅에게서 태어나 영웅 아스트로바코스가 네 아버지든가, 아니면 아리스톤이 네 아버지란다. 바로 그날 밤에

내가 너를 임신했으니 말이다. 그러나 너의 적들이 너를 가장 심하게 비방하는 문제, 즉 아리스톤 자신이 네가 태어났다는 소식을 전해 받았을 때, 여러 사람이 듣는 데서 아직 열 달이 안 되었으니 네가 자신의 아들이 아니라고 말했다는 그 문제에 대해서는, 그가 그런 일들을 잘 알지 못하고 섣불리 그렇게 말했던 거란다. 여자들은 아이를 아홉 달 만에 낳기도 하고 일곱 달 만에 낳기도 하니, 모든 여자들이 열 달을 다 채우는 것은 아니란다. 아들아, 나는 너를 일곱 달 만에 낳았거든. 아리스톤 자신도 그 후 오래지 않아 자신이 무지해서 그런 말을 불쑥 꺼냈다는 것을 알게 되었어. 이제 너의 출생을 둘러싼 다른 이야기들은 믿지 말거라. 가장 진실한 말들을 네가 모두 들었으니 말이다. 레우티키데스 자신과 그런 말을 지껄이는 자들에게는 그들의 아내들이 나귀몰이꾼에게서 나온 아이들을 낳을지어다."

그녀는 이렇게 말했고, 데마레토스는 자신이 원하던 것을 다 알게 70 되었다. 그는 여행 준비를 한 다음 델포이에 신탁을 물으러 간다는 구실을 내세워 엘리스로 향했다. 그러나 라케다이몬인들은 데마레토스가 도망가려 한다고 의심하여 그를 추격했다. 데마레토스는 이럭저럭해서 그들보다 먼저 엘리스에서 자킨토스로 건너갔다. 라케다이몬인들도 따라 건너와 그를 붙잡으려 했고, 그의 하인들을 빼앗아 데려갔다. 그러나 자킨토스인들이 그를 내주려 하지 않았다. 그 후 그는 그곳에서 아시에로 건너가 다레이오스 왕에게로 갔다. 다레이오스는 그를 크게 환대하고 그에게 땅과 도시들을 주었다. 이처럼 데마레토스는 그와 같은 운명을 겪은 뒤 아시에로 갔다. 그전에 그는 라케다이몬인들 사이에서 큰 명성을 누렸는데, 다른 여러 행동과 조언 때문에도 그랬지만 특히 올림피아 경기의 사두마차 경주에서 우승하는 영예를 그들에게 안겨 준 것 때문에 그랬다. 이는 스파르테의 역대 모든 왕 가운데 그만이 유일하게 이룬 업적이었다.

데마레토스가 폐위된 후 메나레스의 아들 레우티키데스가 왕위 71 를 물려받았다. 그에게는 제욱시데모스라는 아들이 태어났는데, 일부 스파르테인들은 그를 키니스코스[38]라고 불렀다. 이 제욱시데모스는 스파르테의 왕이 되지 못했다. 그가 레우티키데스보다 먼저 죽었기 때문인데, 그는 아르키데모스라는 아들을 남겼다. 레우티키데스는 제욱시데모스를 잃은 후 두 번째 아내 에우리다메와 혼인했다. 그녀는 메니오스의 누이이고 디악토리데스의 딸이었다. 그는 그녀에게서 아들을 보지 못하고 딸 람피토를 두었는데, 이 딸을 제욱시데모스의 아들 아르키데모스에게 주어 혼인시켰다.

72 그러나 레우티키데스도 스파르테에서 늙어 가지 못했고, 다음처럼 데마레토스의 일에 대한 벌을 받았다. 그는 라케다이몬인들의 군대를 이끌고 테살리에로 진군했는데, 모든 지역을 복속시킬 수 있었음에도 거액을 뇌물로 받아먹었다.[39] 그는 돈이 가득 든 장갑 위에 앉아 있다가 진영(陣營)에서 현행범으로 체포되었다. 그는 재판에 회부되어 스파르테에서 추방되었으며 그의 집도 파괴되었다. 그는 테게에로 망명하여 그곳에서 죽었다.

73 이 일들은 모두 후대에 일어난 것이었다. 한편 클레오메네스는 이때 데마레토스에 대한 일이 잘 처리되자, 지난번 아이기나인들의 무례한 대우 때문에 그들에게 큰 원한을 품고 있었는지라, 즉시 레우티키데스를 동반하고 아이기나인들에게로 향했다. 그리하여 아이기나인들도, 두 왕이 모두 그들에게 진격해 오자, 더 이상 저항하는 것은 적절치 않다고 생각했다. 왕들은 아이기나인 중에서 부와 가문에서 가장 명망 있는 인물 열 명을 골라 데려갔는데, 다른 자들과 함께

---

38 '키니스코스'(kyniskos)는 '개'를 뜻하는 '키온'(kyon)의 지소어로 '강아지'라는 의미를 지닌다.

39 테살리에는 크세륵세스와 마르도니오스의 원정 때 페르시아 편을 들어 페르시아 군대를 지원한 바 있다(제7권 제6장, 제9권 제1장 및 제58장 참조). 여기서 레우티키데스가 테살리에에 진군한 것은 전쟁 후에 그들의 과거 배신 행위를 응징하기 위해서였다.

특히 그 섬에서 가장 권세 있는 자들인 폴리크리토스의 아들 크리오스와 아리스토크라테스의 아들 카삼보스도 데려갔다. 그들은 이들을 아티카 땅으로 데려가서 아이기나인들의 철천지원수인 아테나이인들에게 맡겼다.

그 후 클레오메네스는 데마레토스에 대한 자신의 비열한 음모가 74 알려지게 되자 스파르테인들이 두려워 남몰래 테살리에로 떠났다. 그곳에서 그는 다시 아르카디에로 갔으며, 거기서 소란스러운 일을 벌였다. 그가 아르카디에인들을 결집해서 스파르테에 대항하게 했던 것이다. 그는 그들에게 자신이 이끄는 곳에는 어디든 따라오겠다고 맹세하게 했으며 특히 아르카디에인들의 지도적 인물들을 노나크리스 시로 데려가 스틱스 강 강물에 걸고 맹세하게 하려고 열의를 쏟았다. 아르카디에인들의 말에 의하면 이 도시에 스틱스 강 강물이 있다고 하는데, 그 강의 양상은 다음과 같다. 그 강물은 수량이 적어 바위에서 웅덩이로 물이 조금씩 흘러들며, 웅덩이 주위에는 담이 빙 둘러져 있다. 이 샘이 위치해 있는 노나크리스는 페네오스 부근에 있는 아르카디에의 도시다.

라케다이몬인들은 클레오메네스가 그런 일을 저지른다는 것을 알 75 자 깜짝 놀라, 그가 전에 통치했을 때와 똑같은 조건하에 그를 다시 스파르테로 복귀시켰다. 그런데 클레오메네스는 전에도 다소 제정신이 아니긴 했지만, 그때 귀국하자마자 바로 정신착란 증상을 보였다. 클레오메네스는 스파르테인 중 누구든 마주치면 그의 얼굴을 지팡이로 때리곤 했던 것이다. 클레오메네스가 이런 행동을 하고 미친 증세를 보이자, 그의 친척들이 그에게 나무 족쇄를 채워 놓았다. 클레오메네스는 그렇게 묶여 있던 중 다른 사람들은 가고 감시인만 혼자 남겨진 것을 보자 감시인에게 단검을 달라고 요청했다. 처음에는 감시인이 그것을 주지 않겠다고 거절했지만 클레오메네스가 나중에 그에게 이러저러 하겠다고 위협하자, 감시인은 고작 헤일로스에 불과했는지라 위협에 놀라 클레오메네스에게 단검을 주었다. 그러자 클레오메네스는 칼을 받아들고 정강이부터 시작해서 자신의 몸을 훼손하기 시작했다. 그는 정강이에서 허벅지로, 허벅지에서 엉덩이와 옆구리로 올라가며 세로로 길게 제 살을 베었고 마침내 복부에 이르자 복부를 마구 난도질하여 그런 식으로 죽었다. 대부분의 헬라스인들은 그가 피티에 여사제를 매수하여 데마레토스에 대해 그렇게 말하도록 했기 때문에 그렇게 죽은 것이라고 말하지만, 유독 아테나이인들만은 그가 엘레우시스에 침입하여 신들의 성역을 파괴했기 때문이라고 말한다. 한편 아르고스인들의 말에 따르면, 아르고스인들이 전투 후에 아르고스의 성소로 피신했을 때 그가 자신들을 성소에서 끌어내 처형했으며 그 신성한 숲마저도 우습게 보고 불태워 버렸기 때문이라고 한다.[40]

76   예전에 클레오메네스가 델포이에서 신탁을 물었을 때, 그가 아르고스를 점령할 것이라는 신탁이 그에게 내려진 적이 있다. 이에 그는 스파르테인들을 이끌고 에라시노스 강에 도달했는데, 그 강은 스팀팔리스 호수에서 발원해 흐른다고 한다. 이 호수는 눈에 안 보이는 빈틈으로 흘러들어 갔다가 아르고스에서 다시 나타나는데, 거기서부터 이 강은 아르고스인들에게 에라시노스라고 불린다 한다. 클레오메네스는 이 강에 이르렀을 때 강에 희생제물을 바쳤다. 그러나 강을 건너는 데 길조들을 얻지 못하자, 그는 에라시노스 강이 자기 시민들을 버리지 않는 것은 예찬하지만 그렇다고 아르고스인들이 아무 탈 없이 지내지는 못할 것이라고 말했다. 그 후 그는 그곳에서 물러나 티레에로 군대를 이끌고 내려갔으며 그곳의 바다에 황소 제물을 바친 다음 병사들을 배에 태워 티린스 지역과 나우플리에로 데려갔다.

77   아르고스인들은 이 소식을 듣고 해안 쪽으로 도우러 왔다. 그들은 티린스 근처의 헤시페이아라고 불리는 곳에 이르자, 라케다이몬인들

---

40   제6권 제80장 참조.

을 근거리에 두고 그 맞은편에 진을 쳤다. 이때 아르고스인들은 공개적인 전투에 대해서는 염려하지 않았지만 술책에 당하지 않을까 우려했다. 왜냐하면 피티에 여사제가 그들과 밀레토스인들에게 공동으로 내린 신탁이 이 일과 관련된 것이었기 때문이다. 그 신탁의 내용은 이러하다.

> 여자가 남자를 이겨[41] 격퇴하고
> 아르고스에서 영예를 얻게 될 때에는,
> 수많은 아르고스 여인들이 슬퍼하며 양 볼을 할퀴게 되리라.
> 후대의 인간들 가운데 누군가가 이렇게 말할 것이니라.
> "똬리를 세 번 튼 무서운 뱀이 창에 굴복당해 죽었노라"고.

이 모든 것이 한데 합쳐 아르고스인들에게 두려움을 안겨 주었다. 이에 대해 그들은 적의 전령을 활용하기로 결정했는데, 그들이 내린 결정은 다음과 같은 것이었다. 즉 스파르테의 전령이 라케다이몬인들에게 무슨 사항을 포고할 때마다 아르고스인들도 그와 똑같이 행동하기로 했다.

클레오메네스는 자신들의 전령이 무엇을 포고하건 아르고스인들 78
이 그것을 따라 한다는 것을 알고, 군사들에게 히명히기를 전령이 아침을 먹으라고 포고하면 바로 무기를 들고 아르고스인들을 공격하라고 했다. 라케다이몬인들은 이 명령을 그대로 실행했다. 그들은 전령의 포고에 따라 아침을 먹고 있던 아르고스인들을 공격하여 수많은 아르고스인들을 죽였고, 그보다 훨씬 더 많은 아르고스인들이 아르고스의 신성한 숲으로 피신하자 그들을 에워싸고 감시했다.

41 '스파르타'는 여성형 어미로 끝나고 또 '아르고스'는 중성 명사이지만 남성 영웅 '아르고스'를 의미한다고 볼 때, 이 신탁은 아르고스에 대한 스파르타의 승리를 암시하는 것으로 볼 수 있다.

79   그때 클레오메네스는 다음과 같은 일을 저질렀다. 그는 자신이 데
리고 있던 탈주자들에게서 정보를 얻어내, 전령을 시켜 성역 안에 갇
혀 있는 아르고스인들의 이름을 부르며 불러내게 했고 또 그가 그들
의 몸값을 이미 받았다고 알리게 했다. 펠로폰네소스인들에게는 전
쟁 포로에 대해 몸값을 1인당 2므네아씩 치르도록 정해져 있었다. 그
리하여 아르고스인 약 50명이 한 명씩 불려 나왔고, 클레오메네스는
그들을 다 죽였다. 성역 안에 있는 남은 자들은 이런 일이 일어나고
있다는 걸 알지 못했다. 그 숲이 울창해서 숲속에 있는 자들은 밖에
있는 자들에게 일어난 일을 볼 수 없었기 때문이다. 하지만 급기야
그들 중 누군가 나무 위로 올라가 밖의 상황을 내려다보게 되었다.
그리하여 이제는 이름이 호명되어도 더는 나오지 않았다.

80   그때 클레오메네스는 모든 헤일로테스에게 숲 주위에 장작을 쌓도
록 명령했고, 그들이 명령을 수행하자 숲을 불태워 버렸다. 숲이 불
에 타고 있을 때 그는 한 탈주자에게 그것이 어떤 신에게 속한 숲인
지 물었다. 탈주자는 그것이 아르고스에게 속한 것이라고 말했다. 그
러자 그는 그 말을 듣고 크게 한탄하며 말했다. "예언자 아폴론이시
여, 당신은 제가 아르고스를 점령할 것이라고 말씀하시며 저를 크게
속이셨군요. 제가 추측하기로, 그 신탁은 저에게 실현된 것 같습니다."

81   그 후 클레오메네스는 군대의 대부분을 스파르테로 돌려보냈고,
자신은 그중 가장 뛰어난 군사 1,000명을 대동해 헤레 신전으로 제물
을 바치러 갔다. 그러나 그가 제단에 제물을 바치기를 원했지만, 사
제는 외국인이 그곳에서 제물을 바치는 것은 부정(不淨)한 일이라며
그를 제지했다. 이에 클레오메네스는 헤일로테스에게 사제를 제단에
서 끌어내 매질을 하라고 명했으며, 자신이 직접 제물을 바쳤다. 이
렇게 한 후 그는 스파르테로 돌아갔다.

82   클레오메네스가 귀국하자 그의 적들은 그가 아르고스를 쉽게 점령
할 수 있었는데도 뇌물을 받고 점령하지 않았다고 주장하며 그를 감
찰관들에게 고발했다. 그는 그들에게 말하기를—그가 거짓말을 한

것인지 진실을 이야기한 것인지 내가 확실하게 말할 수는 없지만, 여하튼 그는 그렇게 말했다―, 자신은 아르고스의 성소를 차지했을 때 신의 신탁이 실현된 것으로 생각했다고 했다. 그리고 그런 상황에서 자신은 신에게 제물을 바쳐 신이 자신에게 그 나라를 넘겨줄지 아니면 자신을 방해할지를 알기 전에는 그곳을 공격하는 것을 옳지 않은 일로 생각했다고 했다. 그런데 자신이 헤레 신전에서 길조를 구하고 있었을 때 신상의 가슴에서 불길이 타올랐고 이에 자신은 아르고스를 점령하지 못할 거라는 사실을 깨달았다고 했다. 만약 불길이 신상의 머리에서 타올랐다면 그가 그 나라를 꼭대기에서부터 다 점령했을 텐데, 불길이 가슴에서 타올랐으므로 이는 신께서 바라던 일을 그가 다 이루었음을 의미한다는 것이었다. 그가 이렇게 말하자 스파르테인들은 그의 말을 믿음직하고 그럴듯하게 여겼고, 그는 고발자들의 공세를 수월하게 벗어났다.

그때 아르고스에서는 남자들을 너무 많이 잃어 그들의 노예들이 83 모든 일을 장악하여 지배하고 관리했는데, 이는 전쟁에서 죽은 자들의 아들들이 장성할 때까지 계속되었다. 그 후 그 아들들은 아르고스를 다시 자신들의 것으로 되찾고 노예들을 추방했다. 한편 추방된 노예들은 전쟁을 통해 티린스를 차지했다. 한동안 그들 사이에는 우호 관계가 지속되었다. 하지만 그 후 노예들에게 클레안드로스라는 예언자가 찾아왔는데, 그는 계보상 아르카디에의 피갈레이아인이었다. 이 자는 노예들을 꼬드겨 주인들을 공격하도록 부추겼다. 이로부터 그들 간에 오랫동안 전쟁이 벌어졌는데, 결국은 아르고스인들이 가까스로 승리했다.

아르고스인들은 바로 이런 이유에서 클레오메네스가 미쳐서 비참 84 하게 죽었다고 말한다. 그러나 스파르테인들 자신은 말하기를, 클레오메네스가 어떤 신 때문에 미친 것이 아니고 그가 스키티에인들과 교유하며 물 타지 않은 술[42]을 마시는 버릇이 생겼는데 바로 이 때문에 그가 미쳤다고 한다. 유목 스키티에인들은 다레이오스가 그들의 땅에 침입한 후 줄곧 그에게 보복하기를 원했으며, 이에 스파르테에 사절들을 보내 동맹을 맺고 협약을 체결하자는 제의를 했다 한다. 협약 내용은 스키티에인들 자신이 파시스 강을 따라 메디아 침입을 시도하는 사이 스파르테인들은 에페소스에서 출발하여 내륙 쪽으로 올라가서 나중에 스키티에인들과 같은 곳에서 만나기로 한다는 것이었다. 스키티에인들이 이런 목적으로 찾아왔을 때 클레오메네스는 그들과 너무 많이 어울렸다고 하며, 그들과 적정선을 넘어 어울리다 보니 그들에게서 물 타지 않은 술을 마시는 버릇이 들었다고 한다. 스파르테인들은 바로 이것 때문에 그가 미쳤다고 생각한다. 그들 자신의 말에 의하면, 그 이후로 그들이 더욱 독한 술을 마시고 싶으면 "스키티에식으로 따르라"라고 요구한다고 한다. 스파르테인들은 클레오메네스에 대해 이렇게 이야기한다. 하지만 나는 클레오메네스가 데마레토스의 일 때문에 그런 벌을 받은 것이라고 생각한다.

85   클레오메네스가 죽은 후에 아이기나인들은 그 소식을 듣고 아테나이에 붙잡혀 있는 인질들 문제로 레우티키데스를 탄핵하기 위해 스파르테에 사절들을 보냈다. 이에 라케다이몬인들은 법정을 열어, 레우티키데스가 아이기나인들에게 가혹한 일을 저질렀다고 판정했고, 아테나이에 붙들려 있는 자들에 대한 보상으로 그를 인도하여 아이기나로 데려가게 해야 한다는 판결을 내렸다. 그러나 아이기나인들이 레우티키데스를 막 데려가려 했을 때 스파르테에서 명망 있는, 레오프레페스의 아들 테아시데스가 그들에게 말했다. "아이기나인들이여, 그대들은 지금 무슨 일을 하려는 것이오? 시민들이 인도해 준 스파르테인들의 왕을 데려가겠다는 거요? 지금 스파르테인들이 화가 나서 그렇게 판결했지만, 만약 그대들이 이 일을 실행하면, 혹시 그들이 후대에 그대들의 나라에 파멸적인 재앙을 일으키지 않도록 주

---

42 그리스인들을 포도주를 마실 때 원액을 그대로 마시지 않고 적당하게 물을 타서 마셨다. 그러므로 물을 타지 않은 포도주는 독한 술을 의미한다.

의하시오." 이 말을 들은 후 아이기나인들은 그를 데려가는 것을 그만두고, 다음과 같이 합의했다. 즉 레우티키데스가 그들을 따라 아테나이로 가서 그 자들을 아이기나인들에게 돌려보내기로 했다.

그리하여 레우티키데스가 아테나이에 가서 전에 맡겨 놓은 자들을 86 돌려 달라고 요구하자, 아테나이인들은 돌려주고 싶지 않아 여러 구실을 댔다. 그들은 두 왕이 그들에게 맡긴 것이니 다른 한 명이 없이 그중 한 명에게만 돌려주는 것은 옳지 않다고 주장했다. 아테나이인들이 돌려주지 않겠다고 말하자 레우티키데스가 그들에게 이렇게 말했다.

"아테나이인들이여, 다음 둘 중에서 그대들이 원하는 대로 하시오. 그들을 돌려주면 옳은 일을 하는 것이고 돌려주지 않으면 그 반대가 되는 것이오. 그러나 나는 위탁물에 대해 스파르테에서 일어났던 어떤 일 하나를 그대들에게 말해 주고 싶소. 우리 스파르테인들의 이야기에 의하면, 나의 시대로부터 약 3세대 전에 라케다이몬에 에피키데스의 아들인 글라우코스라는 사람이 있었다고 하오. 이 사람은 다른 모든 점에서도 최고에 속하고 특히 공정함에서는 당시 라케다이몬에 살고 있던 모든 자들 중에서 최고라는 평판을 누렸다고 하지요. 그런데 때가 되어 그에게 다음과 같은 일이 일어났다고 하오. 한 밀레토스인이 스파르테에 도착해 그와 이야기를 나누고 싶어 했는데, 그에게 이런 제의를 했다고 하오. '글라우코스여, 나는 밀레토스인이며 그대의 공정함의 덕을 좀 보려고 여기에 왔소. 헬라스의 다른 모든 지역에서도 그렇고 특히 이오니에에서도 그대가 공정하다는 명성이 자자하니까요. 나는 이오니에는 항시 위험한 곳이지만 펠로폰네소스는 안전하게 안정되어 있다는 생각이 들었소. 이오니에에서는 동일한 사람이 계속해서 부를 누리는 것을 볼 수가 없으니 말이오. 그리하여 나는 이런 것들을 고려하여 숙고한 결과, 나의 전 재산의 절반을 은으로 바꾸어 그대에게 맡겨 두기로 결정했소. 나는 그것을 그대에게 맡겨 두면 안전하리라는 것을 잘 알고 있소. 그러니 그대는 내

돈을 받고 이 증표들을 지녀 잘 간수해 두시오. 그리고 누군가 이러한 증표들을 가지고 와서 돈을 돌려 달라고 요구하면 그것을 그에게 건네주시오.'

밀레토스에서 온 외국인이 이와 같이 말하자, 글라우코스는 앞서 말한 조건하에 위탁물을 받았소. 그리고 오랜 세월이 흐른 뒤에 그 돈을 맡긴 사람의 아들들이 스파르테에 찾아왔소. 그들은 글라우코스와 이야기를 나눈 다음 그에게 증표들을 보여 주며 돈을 돌려 달라고 요구했소. 그러자 그는 다음처럼 대답하며 그들을 내쳤소. '나는 그 일이 기억나지도 않고 그대들이 하는 말이 무슨 말인지도 모르겠소. 하지만 그것이 기억나면, 나는 모든 일을 공정하게 처리하겠소. 내가 그것을 받았다면 응당 돌려줄 것이고, 내가 전혀 그것을 받지 않았다면 나는 헬라스인들의 관습에 따라 그대들을 상대할 것이오. 그래서 나는 그대들에게 이 문제에 대한 결정을 이후 네 번째 달로 연기하겠소.'

이에 밀레토스인들은 자신들이 돈을 빼앗겼다고 여겨 상심하여 돌아갔고, 글라우코스는 신탁을 물으러 델포이로 갔소. 그가 서약을 통해 돈을 탈취해도 되는지를 신탁에 묻자, 피티에 여사제는 다음과 같은 시행들로 그를 꾸짖었소.

에피키데스의 아들 글라우코스여, 그대가 서약을 통해 이겨
돈을 강탈한다면 당장은 이득이 될 것이니라.
서약하도록 하라. 서약에 충실한 자도 어차피 죽음을 맞을지니.
그러나 서약의 아들은 이름도 없고 손도 발도 없도다.
그래도 그는 그런 자의 후손과 집안을 모두 붙잡아 파멸시킬 때까지
날쌔게 뒤쫓는다네.
하지만 서약에 충실한 자의 후손은 장차 더욱 좋아질 것이니라.

글라우코스는 이를 듣고, 자신이 전에 한 발언에 대해 신의 용서를

빌었소. 그러나 피티에 여사제는 신을 시험하는 것은 죄를 저지르는 것과 똑같은 효력을 갖는다고 말했소.

이에 글라우코스는 그 밀레토스 외국인들을 불러 그들에게 돈을 돌려주었소. 아테나이인들이여, 내가 왜 이 이야기를 꺼내 그대들에게 들려주었는지 그 이유를 말하겠소. 현재 글라우코스의 후손이나 글라우코스에게서 나왔다고 여겨지는 가문은 하나도 남지 않고 스파르테에서 완전히 말살되었소. 그러니 위탁물에 대해 돌려 달라는 요구가 있으면 그것을 돌려주는 것 말고 다른 생각은 품지 않는 것이 좋소.”

레우티키데스는 이렇게 말했다. 그럼에도 아테나이인들이 그의 말 **87** 을 들으려 하지 않자 그는 아테나이를 떠났다. 한편 아이기나인들은, 그들이 전에 테바이인들을 기쁘게 해 주려고 아테나이인들에게 저질렀던 무도한 악행들[43]에 대한 대가를 다 치르기도 전에, 또 다음과 같은 일을 저질렀다. 아이기나인들은 아테나이인들을 불만스럽게 여기고 그들에게 피해를 입었다고 생각하여, 아테나이인들에게 보복할 준비를 하고 있었다. 아테나이인들은 수니온에서 4년마다 제전을 치렀는데, 그때 아이기나인들이 중간에 매복해 있다가 아테나이의 주요 인물들이 가득 타고 있던 테오리스 선박[44]을 나포하고 그 자들을 사로잡아 구금했다.

아테나이인들은 아이기나인들에게 이런 일을 당하자, 지체하지 않 **88** 고 아이기나인들에 대한 철저한 복수를 강구했다. 그때 아이기나에는 크노이토스의 아들로 니코드로모스라고 불리는 명망가가 있었다. 그는 전에 아이기나에서 추방당한 일로 아이기나인들에게 불만이 있

---

43 제5권 제81장 참조.

44 ‘테오리스(theoris) 선박’은 ‘테오로이’(theoroi)를 태우고 가는 신성한 선박을 가리키는데, 그냥 ‘테오리스’로 불리기도 했다. ‘테오로이’는 ‘테오로스’(theoros)의 복수형으로, 제전에 제물을 바치러 가는 제관들을 말한다.

던 차에, 아테나이인들이 아이기나인들을 해칠 준비를 한다는 것을 알고 아이기나를 아테나이인들에게 넘겨주기로 그들과 합의했다. 그는 자신이 거사를 일으키려 하는 날을 알려 주고 그들도 그날 자신을 도우러 와야 한다고 말했다.

89 그 후 니코드로모스는 아테나이인들과 합의한 대로 구(舊)도시라고 불리는 곳을 장악했지만, 아테나이인들이 제때에 나타나지 않았다. 때마침 그들에게는 아이기나인들과 전투를 벌일 만큼 충분한 배가 없었기 때문이다. 그래서 그들이 코린토스인들에게 배들을 빌려 달라고 요청하는 사이에 일이 그릇되었던 것이다. 당시 코린토스인들은 아테나이인들의 아주 긴밀한 우방이었는지라, 아테나이인들이 배를 요청하자 그들에게 20척을 한 척당 5드라크메에 넘겨주었다. 그들 법에 따르면 배를 공짜로 내줄 수가 없었기 때문이다. 아테나이인들은 이 배들과 그들 자신의 배들을 가져와 모두 70척에 인원을 배치하여, 아이기나로 출항했다. 그들은 합의한 날보다 하루 늦게 도착했다.

90 한편 니코드로모스는 아테나이인들이 제때에 나타나지 않자 배를 타고 아이기나에서 달아났다. 다른 아이기나인들도 그를 따라갔는데, 아테나이인들은 그들이 수니온에 거주할 수 있도록 해 주었다. 이들은 그곳을 기반으로 삼아, 섬에 사는 아이기나인들을 약탈하고 노획했다.

91 그런데 이는 후일에 일어난 일이었다.[45] 아이기나의 부자들은 니코드로모스를 따라 그들에게 항거했던 평민들을 제압하여 체포한 다음, 밖으로 끌고 나가 죽였다. 그로 인해 그들에게 저주가 내렸고, 그들이 온갖 방법을 강구했음에도 제물을 통해 속죄할 수가 없었다. 그들은 여신의 마음을 눅이지 못했고 그러기도 전에 섬에서 추방되었

---

45 아이기나의 니코드로모스와 관련된 사건은 마라톤 전투 이후인 기원전 490~480년 사이에 일어났다.

다. 왜냐하면 그들이 평민 700명을 생포한 후 그들을 처형하려고 끌어냈을 때, 그중 한 명이 속박에서 벗어나 테스모포로스[46] 데메테르의 신전 문으로 도망가더니 문고리들을 붙잡고 늘어졌던 것이다. 그들은 그를 끌어당겼지만 떼어 놓을 수가 없자, 그의 양손을 자른 후 그렇게 끌고 갔다. 그래도 그 손들은 문고리들을 꼭 붙잡은 채로 있었다.

아이기나인들은 그들 간에 이런 일을 저질렀다. 한편 아테나이인 92
들이 70척의 배를 거느리고 왔을 때 아이기나인들은 그들을 맞아 해전을 벌였고, 싸움에서 패하자 전과 똑같이 아르고스인들에게 도움을 요청했다. 하지만 이번에는 아르고스인들이 아이기나인들을 도우려 하지 않았다. 그들은 아이기나인의 배들이 클레오메네스에게 강제로 붙잡혀 아르골리스 지역에 들어왔고 이때 그들이 라케다이몬인들과 함께 상륙했던 데 앙심을 품고 있었던 것이다. 바로 이 침입에는 시키온의 배들에 타고 있던 대원들도 함께 상륙해 가담했었다. 그래서 아르고스인들은 아이기나인들과 시키온인들에게 각각 500탈란톤씩 해서 벌금으로 모두 1,000탈란톤을 내도록 부과했다. 시키온인들은 자신들이 잘못한 것을 인정한 후 100탈란톤을 내고 더는 죗값을 치르지 않기로 합의했다. 그러나 아이기나인들은 자신들의 잘못을 인정하지 않았으며 더욱 완고하게 굴었다. 이 때문에 아르고스 국가는 아이기나인들의 요청에 대해 아르고스인 지원군을 한 명도 보내지 않았지만, 도움을 자원한 자들이 1,000명 정도 되었다. 이들을 이끌고 간 장군은 에우리바테스라고 불리는 사람이었는데, 그는 오종경기[47] 선수였다. 이들은 대부분 돌아오지 못하고 아이기나에서 아

---

46 '테스모포로스'는 입법의 신 데메테르를 가리키는 별명으로 사용되었다.

47 '펜타에틀론'(pentaethlon)을 번역한 말. 고대의 오종경기는 멀리뛰기, 원반던지기, 창던지기, 달리기, 레슬링으로 구성되었다. 오종경기의 순서에 대해서는 제9권 제33장 참조.

테나이인들에게 죽었다. 그들의 장군 에우리바테스 자신은 단독 전투를 세 차례 벌여 그렇게 세 사람을 죽였지만 네 번째 상대인 데켈레에[48]의 소파네스에게 죽고 말았다.

93　　그런데 아이기나인들은 아테나이인들이 전열을 갖추고 있지 않을 때 그들을 배로 공격하여 승리했다. 그들은 아테나이인들의 배 네 척과 그 선원들을 사로잡았다.

94　　아테나이인과 아이기나인은 그렇게 전쟁을 벌였다. 한편 페르시스 왕은 자신이 할 일을 추진하고 있었다. 그의 시종이 그에게 아테나이인들을 기억하라고 늘 상기시켰고,[49] 페이시스트라토스 일가 사람들도 그의 곁에 있으면서 아테나이인들을 중상했던 것이다. 더욱이 다레이오스 자신도 이를 구실로 삼아, 자신에게 흙과 물을 바치지 않은 헬라스인들을 정복하고 싶었다. 그는 지난 원정을 부실하게 수행한 마르도니오스를 장군직에서 해임하고 다른 장군들을 임명하여 에레트리아와 아테나이로 파견했다. 그들은 메디아 출신 다티스와 다레이오스 자신의 조카인, 아르타프레네스의 아들 아르타프레네스였다. 그는 그들을 파견하면서, 아테나이인들과 에레트리아인들을 예속시키고 그 노예들을 자신의 면전에 데려오라고 명령했다.

95　　이 임명된 장군들은 왕의 면전에서 물러나, 잘 무장된 대규모의 육군을 이끌고 킬리키에의 알레이온 평원에 도착했다. 그들이 그곳에서 주둔하고 있을 때, 각 지역에 할당된 해군 함대들이 모두 그들에게 도착했고 말 수송 선박들도 합류했다. 이것들은 다레이오스가 지난해에 속국들에 미리 명해 준비해 놓도록 한 것이었다. 그들은 말들을 이들 수송 선박에 태우고 육군을 배들에 승선시킨 후, 600척의 삼단노선을 거느리고 이오니에로 항해했다. 거기서부터 그들은 육지의 연안을 따라 헬레스폰토스와 트레이케 쪽으로 곧장 가는 항로를 잡

48　데켈레에(Dekelee, 데켈레이아Dekeleia)는 아티카의 구(區)를 말한다.

49　제5권 제105장 참조.

지 않고, 사모스에서 출발해 이카로스 해[50]를 따라 여러 섬들을 거쳐 항해했다. 이렇게 한 것은, 내가 생각하기엔, 그들이 지난해[51]에 그쪽으로 진로를 잡았다가 큰 피해를 겪었기에 아토스를 우회하는 항해를 무엇보다 특히 두려워했기 때문이다. 더욱이 그들에게 아직 점령되지 않은 낙소스 때문에도 불가피하게 그런 진로가 잡혔다.

그들이 이카로스 해를 지나 낙소스에 도착했을 때 ─페르시스인 96
들은 바로 이곳을 맨 먼저 공격하려고 했던 것이다─, 낙소스인들은 예전의 일[52]을 기억하고서 더는 기다리지 않고 산 쪽으로 달아났다. 페르시스인들은 낙소스인들 가운데 사로잡은 자들을 모두 노예로 삼고 낙소스인들의 성소들과 도시를 불태웠다. 이렇게 한 후 그들은 다른 섬들을 향해 출항했다.

그들이 이렇게 하는 동안 델로스인들도 델로스를 떠나 테노스로 97
피신해 달아났다. 그러나 다티스는 자신의 함대가 섬 쪽으로 다가갈 때 자신이 앞장서서 항해하며, 배들이 델로스 앞바다에 정박하지 못하게 하고 그 맞은편 레나이에 앞바다에 정박하게 했다. 그리고 그는 델로스인들이 어디에 있는지를 알자, 그들에게 사절을 보내 이렇게

---

50 소아시아의 카리아와 키클라데스 제도 사이에 위치한 바다. 이카로스 해라는 이름은 전설적인 명장(名匠) 다이달로스의 아들 이카로스(Ikaros)의 이름에서 따온 것이다. 설화에 따르면, 이카로스가 다이달로스의 작품인 날개를 달고 하늘을 날다가 태양에 너무 근접한 나머지 밀랍으로 만든 날개가 불타 바다에 추락했다고 하는데, 그가 추락한 바다라고 해서 이카로스 해라고 불린다.

51 헤로도토스는 여기서 다레이오스의 전쟁 준비와 아토스의 참화를 모두 '지난해'의 일로 적고 있다. 그러나 아토스의 참화는 다레이오스의 전쟁 준비 이전인 기원전 492년의 일이었다. 따라서 헤로도토스가 여기서 기원전 490년의 일을 서술하면서 그 참화를 바로 전해인 '지난해'의 일로 기술한 것은 잘못된 설명이다.

52 제6권 제31~32장에 기술된, 페르시스인들의 군사 원정과 가혹한 응징 행위를 가리키는 것으로 보인다.

말했다. "성스러운 자들이여, 그대들은 왜 나의 의도를 잘못 이해하고 피신해 달아났소? 나 자신의 생각도 그러려니와 더욱이 왕께서도 나에게 이르시기를, 두 신[53]이 태어난 이 땅에 대해, 땅 자체뿐 아니라 이곳에 사는 주민들에게도 전혀 해를 입히지 말라고 하셨소. 그러니 이제 그대들은 자신들의 고국으로 돌아와 그대들의 섬에서 지내도록 하시오." 그는 델로스인들에게 그렇게 포고한 후, 제단에 300탈란톤의 유향을 쌓아 놓고 태웠다.

98   그러고 나서 다티스는 군대를 이끌고 우선 에레트리아로 항해했는데, 이때 이오네스인들과 아이올레스인들도 함께 데려갔다. 그런데 그가 그곳에서 출항한 후 델로스에 지진이 일어났는데, 델로스인들 말에 따르면, 이는 나의 시대 이전의 처음이자 마지막 지진이었다고 한다. 이것은 아마도 장차 인간들에게 닥칠 재난들에 대해 신이 보낸 전조였던 것 같다. 왜냐하면 히스타스페스의 아들 다레이오스, 다레이오스의 아들 크세륵세스, 크세륵세스의 아들 아르토크세륵세스로 이어지는 3세대 동안[54] 헬라스에는 다레이오스 이전에 있었던 20세대 동안보다 더 많은 재난이 발생했기 때문이다. 그 재난 중 일부는 헬라스에서 페르시스인들로 말미암아 발생한 것이었고, 또 일부는 서로 지배권을 다투는 헬라스 자체의 주도 국가들로 말미암아 발생한 것이었다.[55] 그러므로 그전에 지진이 없었던 델로스에서 지진

_____

53 아폴론과 아르테미스.

54 기원전 522~424년.

55 여기서 헤로도토스는 기원전 490년의 일을 기술하면서, '장차 인간들에게 닥칠 재난들'에 대해 언급한다. 그러므로 그 '장차'의 '재난들'은 기원전 490년 이후의 사건들을 말한다. 그러므로 '헬라스에서 페르시스인들로 말미암아 발생한' 재난은 분명 기원전 490~479년 사이에 발생한 그리스-페르시아 전쟁을 가리킨다. 한편 '서로 지배권을 다투는 헬라스 자체의 주도 국가들로 말미암아 발생한' 재난은 펠로폰네소스 전쟁을 말하는 것으로 추정된다. 기원전 490년 이후 헤로도토스 생전에 그리스 국가들이 지배권을 놓고 벌인

이 일어났다고 해도 결코 이상한 일이 아니었다. 또한 델로스에 대한 한 신탁에도 다음과 같이 적혀 있다.

'나는 이제껏 흔들린 적 없는 델로스를 뒤흔들 것이니라.'

이들의 이름을 헬라스어로 옮기면 다레이오스는 에릭시에스, 크세륵세스는 아레이오스, 아르토크세륵세스는 메가스 아레이오스를 의미한다.[56] 헬라스인들은 그들 자신의 말로 하면 이 왕들의 이름을 그렇게 부르는 게 옳을 것이다.

이방인들은 델로스에서 출항한 후 여러 섬에 기항하여 거기서 군 99
대를 모으고 섬 주민들의 아들들을 인질로 붙잡았다. 그들이 여러 섬을 돌며 항해하고 카리스토스에 기항했을 때, 카리스토스인들은 그들에게 인질도 제공하지 않았고, 에레트리아와 아테나이를 거론하며 그런 이웃 국가들에 대한 원정에도 나서지 않겠다고 주장했다. 이에 페르시스인들은 카리스토스인들을 포위 공격 하며 그들의 땅을 약탈했다. 그래서 결국은 카리스토스인들도 페르시스인들의 주장에 동조하는 쪽으로 입장을 바꾸었다.

한편 에레트리아인들은 페르시스 함대가 자신들을 공격하러 온다 100

전쟁은 펠로폰네소스 전쟁이 대표적이기 때문이다. 물론 펠로폰네소스 전쟁 이전에도 스파르타 측과 아테네 측 사이의 패권 다툼이 일부 진행되었다고 볼 수도 있지만, 그로 인해 '재난'이라고 일컬을 만한 본격적인 우환과 분쟁은 발생하지 않았다. 따라서 기원전 5세기에 그리스의 지배권을 놓고 벌인 또 다른 전쟁이 제시되지 않는다면, 그것은 분명 펠로폰네소스 전쟁일 수밖에 없다. 그런데 그것이 펠로폰네소스 전쟁을 가리킨다면, 이는 헤로도토스가 펠로폰네소스 전쟁이 일어난 기원전 431년 이후에 『역사』 저술을 계속하고 있었음을 뜻한다.

56 에릭시에스(erxies)는 '실행가' · '행동가', 아레이오스(areios)는 '전사'(戰士), 메가스 아레이오스(megas areios)는 '위대한 전사'를 뜻하는 말이다.

는 것을 알고, 아테나이인들에게 자신들을 도와 달라고 요청했다. 아테나이인들은 지원을 마다하지 않고 칼키스의 히포보타이들의 땅을 차지한 토지 분배민[57] 4,000명을 그들에 대한 지원군으로 보냈다. 그러나 에레트리아인들의 결심은 아직 확고한 것이 아니었다. 그들은 한편으로 아테나이인들에게 지원을 요청했으면서도, 다른 한편으로는 두 생각을 마음속에 품고 있었던 것이다. 그들 가운데 일부는 도시를 버리고 에우보이아 산지로 들어가자고 제안한 반면, 다른 일부는 페르시스인들에게서 개인적 이득을 얻을 것으로 기대하고 항복할 각오가 되어 있었기 때문이다. 그런데 에레트리아의 주요 인물 중 한 명인, 노톤의 아들 아이스키네스가 양측의 입장을 다 알아차리고, 그곳에 온 아테나이인들에게 자신들의 현재 상황을 모두 이야기하며 괜히 남들과 함께 죽지 않으려면 그들의 나라로 떠나라고 요청했다. 아이스키네스가 그렇게 조언하자 아테나이인들은 그의 조언에 따랐다.

101   그리하여 아테나이인들은 오로포스로 건너가 그들 자신의 안위를 지켰다. 반면 페르시스인들은 항해를 하다가 배들을 에레트리아 지역의 테메노스와 코이레아이, 아이길리아에 기항하고 그곳들을 점령한 후 즉시 말들을 상륙시켜 적들을 공격할 준비를 했다. 하지만 에레트리아인들은 출격하여 전투를 벌일 의향이 없었다. 그들에게는 도시를 떠나지 말자는 의견이 우세했으므로, 할 수 있다면 성벽을 방어하는 일이 그들의 주된 관심사였다. 성벽에 대한 맹렬한 공격이 이루어지고 6일 동안 양측에서 많은 자들이 죽었다. 그런데 7일째 날에 에레트리아 시민 중에서 유명한 자들인, 알키마코스의 아들 에우포르보스와 키네아스의 아들 필라그로스가 페르시스인들에게 도시를 넘겨주었다. 페르시스인들은 도시에 들어와, 사르디에스에서 불태워진 성소들에 대한 보복으로 이곳 성소들을 약탈하고 불태웠으며 다

---

57   제5권 제77장 참조.

레이오스의 지시에 따라 주민들을 노예로 삼았다.

페르시스인들은 에레트리아를 정복한 후 며칠 동안 머물다가 아티 102
케 땅으로 항해했다. 그들은 아테나이인들을 강하게 압박하며, 자신
들이 에레트리아인들에 대해 이룬 것과 똑같은 일을 아테나이인들에
대해서도 이룰 것으로 생각했다. 마라톤이 아티케 지역에서 기병이
말을 타기에 가장 적합한 곳이고 또 에레트리아에서 가장 가깝기 때
문에, 페이시스트라토스의 아들 히피에스는 그곳으로 그들을 인도
했다.

이 소식을 듣자 아테나이인들도 마라톤으로 진군했다. 장군[58] 10인 103
이 그들을 지휘했는데 그중 열 번째 장군이 밀티아데스였다. 그의
아버지인, 스테사고레스의 아들 키몬은 히포크라테스의 아들 페이
시스트라토스에 의해 아테나이에서 추방된 적이 있었다. 키몬은 추
방된 동안에 올림피아 경기의 사두마차 경주에서 우승을 차지했는
데, 이로써 그는 자신의 동복형제인 밀티아데스와 똑같은 영예를 얻
게 되었다. 그 후 그는 다음 올림피아 경기에서도 똑같은 말들을 가
지고 우승했는데, 이때는 페이시스트라토스를 우승자로 포고하게 했
다. 키몬은 우승을 페이시스트라토스에게 양도한 후, 그와 휴전을 하
고 고국으로 귀환했다. 그는 똑같은 말들을 가지고 또 한 번 올림피
아 경기에서 우승했지만, 페이시스트라토스의 아들들에게 살해당했
다. 페이시스트라토스 자신은 이미 죽고 없었다. 이들은 사람들을 매
복시켜 놓은 후 밤중에 공회당에서 키몬을 살해했다. 키몬은 아테나

---

58 당시 아테네에서는 매년 10명의 장군들을 선출하여 군대를 지휘하게 했는데,
    10개 부족에서 한 명씩 선출되었다. 아테네에서 장군직은 다른 관직과 달리
    추첨이 아니라 투표로 뽑히고 중임 제한이 없었기 때문에 군사적 능력과 명
    망을 갖춘 지도자들이 계속해서 선출되곤 했다. 따라서 장군직은 추첨 관직
    에 비해 정치적 비중이 높은 직책이었다. 페리클레스가 장기 집권을 하게 된
    근거도 장군 직책을 통해서였다. 그는 기원전 454~429년 사이에 장군직을
    12차례 이상 지냈다.

이 시 외부의 디아 코일레[59]라고 불리는 길의 건너편에 묻혔다. 그에게 올림피아 경기 우승을 세 차례 안겨 준 그의 암말들은 그의 맞은 편에 묻혀 있다. 이 말들과 똑같은 업적을 이룬 다른 사례는 라코니아인 에와고레스의 암말들뿐이고 그 외에는 없다. 당시에 키몬의 큰 아들 스테사고레스는 케르소네소스에서 그의 숙부인 밀티아데스에 의해 양육되고 있었지만, 작은아들 즉 케르소네소스의 창건자 밀티아데스의 이름을 따서 똑같이 불리는 밀티아데스는 키몬 자신과 함께 아테나이에 있었다.

104   이 밀티아데스가 그때[60] 아테나이인들의 장군이었는데, 그는 케르소네소스에서 돌아왔고 두 차례에 걸쳐 죽음을 모면한 적이 있었다. 한 번은 포이니케인들이 임브로스까지 쫓아와서 그를 붙잡아 왕에게 데려가려고 많은 공을 들였던 것이다. 또 한번은 그가 그들에게서 벗어나 고국으로 돌아와서 이제 안전하다고 생각했을 때 그의 적들이 그를 잡아 법정으로 데려가 케르소네소스에서의 참주 행위를 이유로 그를 기소했다. 그러나 그는 그들의 수중에서도 벗어났고, 아테나이 인민들에 의해 선출되어 그처럼 아테나이인들의 장군으로 임명되었다.

105   장군들이 아직 아테나이 시내에 있는 동안 그들은 맨 먼저 스파르테에 아테나이인 페이디피데스[61]를 사절로 파견했다. 그는 급사(急

---

59 '디아 코일레'(dia Koile)는 '코일레를 지나'라는 의미를 지닌다. 여기서 '코일레'는 아티카의 한 지구(demos)의 명칭인데, 일리소스 강 유역에 있었다.

60 페르시아 군이 마라톤에 침입했던 때.

61 다른 자료에서는 페이디피데스(Pheidippides)가 아니라 필리피데스(Philippides)라고도 전한다. 필리피데스는 마라톤 전투의 승리 소식을 아테네인들에게 전하고 곧바로 사망했다는 일화의 주인공이다. 그 일화는 헤로도토스의 『역사』에는 언급된 적이 없고 후대의 루키아누스(Lucianus) 등이 그 이야기를 전하고 있다.

使)[62]였고 그것을 직업으로 하는 자였다. 그런데 페이디피데스가 직접 자신의 말로 아테나이인들에게 보고한 바에 따르면, 그가 테게에 위쪽 파르테니온 산에서 판[63]과 마주쳤다고 한다. 이때 판은 페이디피데스의 이름을 소리쳐 부르며 아테나이인들에게 이렇게 전하라고 일렀다 한다. 즉 자신은 아테나이인들에게 우호적이고 이제껏 그들에게 수차례 도움을 주었고 또 앞으로도 그러할 텐데 왜 자신에게 전혀 신경을 써 주지 않느냐는 것이었다. 아테나이인들은 그의 이야기를 사실이라고 믿고, 그들의 사정이 좋아졌을 때에 아크로폴리스 아래에 판의 성소를 지었으며, 이 전언에 따라 매년 제물과 햇불경주를 통해 신을 달랬다.

   그때 장군들에 의해 파견되어 도중에 판이 자신에게 나타났다고 말했던 이 페이디피데스는 아테나이 시를 떠난 지 2일째 날에 스파르테에 도달했다.[64] 그는 그곳의 고위 관리들에게 가서 이렇게 말했다. "라케다이몬인들이여, 아테나이인들은 그대들에게 자기들을 도와주고 헬라스에서 가장 오래된 나라가 이방인들에 의해 예속되는 것을 보고만 있지 말기를 요청하는 바입니다. 이제 에레트리아가 예

106

---

62 그리스어 '헤메로드로메스'(hemerodromes)를 번역한 말. 말 그대로 '종일 달리는 자'를 가리킨다. 이 말은 경주의 장거리 주자가 아니고 장거리를 빨리 달리는 심부름꾼을 뜻한다. 헤로도토스는 같은 뜻으로 '헤메로드로모스'(hemerodromos)라는 말도 사용한다(제9권 제12장). 참고로 고대 그리스의 달리기 경기에는 단거리인 스타디온(stadion)과 디아울로스(diaulos) 경주가 있고 장거리인 돌리코스(dolichos) 경주가 있었다. 스타디온은 대략 180미터 거리의 경주이고, 디아울로스는 스타디온을 왕복으로 달리는 경주, 돌리코스는 대략 4.8킬로미터의 경주였다고 한다. 그러나 '헤메로드로모스'가 달리는 장거리 경주는 존재하지 않았다.

63 그리스 신화에 나오는 가축과 목자들의 신. 판은 헤르메스의 아들이었다고 하며, 그 형상은 염소의 뿔과 다리, 더부룩한 머리 모양을 특징으로 한다.

64 당시 아테네에서 스파르타까지의 거리는 오늘날 기준으로 약 240킬로미터였다고 한다.

속되어 헬라스는 그 고명한 국가의 차이만큼 힘이 더 약해졌기 때문입니다." 이렇게 그가 지시받은 내용을 그들에게 전달하자, 그들은 아테나이인들을 도와주기로 결의했다. 그러나 그들은 법을 어기는 것을 원치 않았기 때문에 그것을 즉시 이행할 수가 없었다. 그때는 그달 상순의 9일째 날이었는데, 그들 말로는 만월이 되지 않은 9일째 날에는 출정할 수 없다는 것이었다.[65]

107   그리하여 그때 그들은 만월이 되기를 기다렸다. 한편 페이시스트라토스의 아들 히피에스는 이방인들을 마라톤으로 인도했는데, 그는 그 전날 밤에 웬 환영을 보았다. 즉 히피에스에게는 자신이 어머니와 동침하는 것으로 보였다. 그는 그 꿈이 자신이 아테나이에 귀환하여 권력을 회복한 후 자신의 고국에서 늙어서 죽을 것임을 의미한다고 해몽했다. 그는 그 환영을 그렇게 해석했던 것이다. 그는 당시 길잡이가 되어 에레트리아에서 온 노예들을 아이길레이아라고 불리는, 스티라인들의 섬에 상륙시킨 다음, 배들이 마라톤으로 입항하자 그곳에 배들을 정박시키고, 이방인들이 육지에 상륙하자 그들의 전열을 정비했다. 그런데 그가 이런 일들을 수행하고 있을 때, 마침 그에게 평상시보다 더 심한 재채기와 기침이 몰아쳤다. 그는 당시 노령이었는지라 이빨 대부분이 흔들거렸다. 그래서 그가 격렬하게 기침을 하자 그의 이빨 중 하나가 빠져 나왔다. 그 이빨이 모래 속으로 떨어지자 히피에스는 그것을 찾으려고 갖은 애를 썼다. 그러나 이빨이 보이지 않자 그는 애석해 하며 곁에 있는 자들에게 말했다. "이 땅은 우리의 것이 아니고 우린 이 땅을 정복할 수 없을 것이오. 전에 내가 갖

---

65 그리스 음력의 달은 10일씩 3개 기간으로 나누어 상순, 중순, 하순으로 구분되었다. 여기서 라케다이몬인들이 출정을 꺼리는 이유는 그달이 바로 카르네이오스(Karneios) 달이었기 때문이다. 그달에는 아폴론 제전인 카르네이아(Karneia)가 개최되는데, 제전이 열리는 7일에서 15일까지는 출정하지 않는 것이 그들의 관례였다. 스파르타의 카르네이오스 달은 오늘날의 8월 후반~9월 전반에 해당한다.

고 있던 모든 몫을 이제는 내 이빨이 갖고 있기 때문이오."

히피에스는 이것으로 그 꿈이 실현된 것이라 생각했다. 한편 아테 108
나이인들은 헤라클레에스의 성역 내에 진을 치고 있었는데, 플라타
이아이⁶⁶인들이 그들의 전 병력을 데리고 아테나이인들을 도우러 왔
다. 플라타이아이인들은 그들 자신을 아테나이인들에게 의탁했었고,
아테나이인들이 전에 그들을 위해 힘든 일을 많이 해 주었기 때문이
다. 플라타이아이인들이 아테나이인들에게 자신을 의탁하게 된 내력
은 다음과 같다. 플라타이아이인들이 테바이인들의 압박으로 곤경에
처했을 때, 그들은 처음에 마침 그곳에 와 있던 아낙산드리데스의 아
들 클레오메네스와 라케다이몬인들에게 그들 자신을 의탁하려고 했
었다. 그러나 라케다이몬인들은 이를 받아들이지 않고 그들에게 이
렇게 말했다. "우리는 멀리 떨어져 살고 있어서 우리가 그런 도움을
준다 해도 그대들에게 쓸데없는 것이 될 거요. 우리 가운데 누군가
소식을 듣기도 전에 그대들은 이미 여러 번 예속당할 수 있기 때문
이오. 우리가 그대들에게 조언하자면, 그대들의 이웃 사람들이고 도
움도 잘 줄 수 있는 아테나이인들에게 의탁하도록 하시오." 라케다
이몬인들이 이렇게 조언한 것은 플라타이아이인들에 대한 호의 때문
이 아니고 아테나이인들이 보이오티에인들과 다툼을 벌여 고생하기
를 바랐기 때문이다. 라케다이몬인들이 플라타이아이인들에게 이렇
게 조언하자 그들은 그것에 따랐다. 그들은 아테나이인들이 12신⁶⁷에

---

66 플라타이아이(Plataiai)는 아티카와 보이오티아의 경계 부근에 있는 나라인
   데, 단수형인 플라타이아(Plataia)라고도 불렸다. 헤로도토스는 플라타이아
   라는 명칭은 한 번만 사용하고(제8권 제50장), 나머지는 모두 플라타이아이
   라고 부른다.

67 제우스, 헤라, 포세이돈, 데메테르, 아폴론, 아르테미스, 헤파이스토스, 아테
   나, 아레스, 아프로디테, 헤르메스, 헤스티아(나중에 디오니소스로 교체). 아
   테네에서 12신 제단은 아고라의 중앙에 위치하고 있었는데, 아테네에서부터
   측정하는 모든 거리는 바로 이 제단을 기점으로 했다고 한다.

게 제사를 지내고 있을 때 제단에 탄원자로서 앉아 아테나이인들에게 그들 자신을 의탁했다. 테바이인들이 이 소식을 듣고 플라타이아이인들을 공격하자, 아테나이인들이 그들을 도우러 갔다. 그런데 양측이 막 전투를 벌이려 할 때 마침 그곳에 와 있던 코린토스인들이 이를 방관하지 않았다. 코린토스인들은 양측의 중재를 맡아 그들을 화해시켰고, 다음과 같은 조건하에 그 지역의 경계선을 지정했다. 그 조건은 보이오티에인들 가운데 스스로 보이오티에인 범주에 속하기를 원치 않는 자들에게는 테바이인들이 간섭하지 말아야 한다는 것이었다. 코린토스인들은 이렇게 결정한 후 떠났고, 보이오티에인들은 철수하는 아테나이인들을 공격했으나 오히려 싸움에서 패했다. 그러자 아테나이인들은 코린토스인들이 플라타이아이인들에게 지정해 준 경계선을 넘어갔으며, 그곳을 넘어가서 아소포스 강을 테바이 측과 플라타이아이 및 히시아이 측 사이의 경계선으로 정했다. 플라타이아이인들은 앞서 말한 방식으로 아테나이인들에게 그들 자신을 의탁했고, 그래서 그때 아테나이인들을 도우러 마라톤에 왔던 것이다.

109   한편 아테나이 장군들의 견해는 둘로 나뉘었다. 일부 장군들은 그들의 군대가 메디아인들의 군대와 전투하기에는 수가 너무 적으니 싸우지 말자고 했고, 반면에 밀티아데스를 포함한 다른 장군들은 싸우자고 주장했다. 그들의 견해는 양분되어 있었으며, 그중 더 안 좋은 견해가 우세해지는 상황이었다. 그때 11번째 투표권을 가진 사람은 아테나이인 중에서 추첨을 통해 폴레마르코스[68] 직책에 선출된

---

68   아테네의 최고행정관은 매년 9명씩 선출되는 아르콘(archon)들이었는데, 폴레마르코스는 아르콘 중의 한 명이었다. 원래는 군대를 지휘하는 군사적 직책이었을 것으로 추정되지만, 나중에는 종교적·사법적 업무를 담당하게 되었다. 이 대목에서는 폴레마르코스가 여전히 군사적 직책의 성격을 유지하고 있는 것으로 묘사되고 있다. 한편 헤로도토스는 당시 폴레마르코스가 추첨을 통해 아르콘으로 선출되었다고 하는데, 이는 아리스토텔레스의 서술과 다르다. 아리스토텔레스는 아르콘 직책의 추첨 선출이 기원전 487년경부

자―옛날에 아테나이인들은 폴레마르코스가 장군들과 동등한 투표권을 갖도록 했던 것이다―였는데, 당시 폴레마르코스는 아피드나이의 칼리마코스였다. 밀티아데스는 그에게 가서 이렇게 말했다. "칼리마코스여, 아테나이를 예속시킬 것인지 아니면 아테나이를 자유롭게 하여 하르모디오스와 아리스토게이톤[69]도 남기지 못한 그런 기념비적 업적을 인간들의 모든 삶 속에 길이 남길 것인지가 지금 그대에게 달렸소. 지금 아테나이인들은 그들이 생겨난 이래 최대의 위험에 처해 있으니 말이오. 그들이 메디아인들에게 굴복하게 된다면 그들은 히피에스에게 넘겨져 어떤 일을 겪게 될지 이미 결정되어 있소. 그러나 이 나라가 이긴다면 헬라스의 나라 중에서 최고가 될 수 있을 것이오. 그러면 이런 일들이 어떻게 일어날 수 있는지 또 어찌해서 이 문제들에 대한 최종 권한이 그대에게 달렸는지 이제 말해 주겠소. 우리 10인의 장군들은 견해가 양분되어 어떤 자들은 싸우자고 주장하고 또 어떤 자들은 싸우지 말자고 하고 있소. 지금 우리가 싸우지 않는다면, 내 생각에는, 극심한 내분이 닥쳐와 아테나이인들의 마음을 동요하게 만들다가 결국은 메디아 편을 들게 할 거요. 그러나 우리가 그런 건전치 못한 생각이 일부 아테나이인들에게 생겨나기 전에 전투를 벌인다면, 신들의 베푸심이 공평할 경우 우리는 전투에서 승리할 수 있을 것이오. 그러므로 이 모든 것들이 그대와 연관되어 있고 그대에게 달렸소. 그대가 내 견해에 동조한다면 그대의 조국

터 시행되었다고 기술하기 때문이다(『아테네인의 국제國制』 제22장 제5절 참조). 그렇다면 아르콘직의 추첨 선출은 마라톤 전투 이후에 시행된 것이므로, 마라톤 전투 때 폴레마르코스가 추첨을 통해 선출되었다는 헤로도토스의 서술은 이와 들어맞지 않는다. 현재는 아리스토텔레스의 견해가 정설로 수용되므로, 헤로도토스의 서술은 잘못 기술된 것이라 할 수 있다.

69 아테네의 참주 페이시스트라토스의 아들이자 히피에스의 형제인 히파르코스를 살해한 자들. 아테네에서 이들은 절대 권력에 저항한 자유의 수호자들로 찬미되었다. 제5권 제55장 참조.

은 자유를 누리고 그대의 나라는 헬라스에서 최고가 될 것이기 때문
이오. 그러나 그대가 싸움을 반대하는 자들의 견해를 택한다면 그대
는 내가 언급한 좋은 것들과는 정반대의 것을 얻게 될 것이오."

110   밀티아데스는 이렇게 말하며 칼리마코스를 제 편으로 만들었다.
그리하여 폴레마르코스의 의견이 추가되면서 싸우기로 결정이 났다.
그 후 싸우자는 견해의 장군들은 1일 지휘권의 순서가 각자에게 돌
아오면 그것을 밀티아데스에게 양도했다. 그는 그것을 받아들였지만
자신의 지휘권 날이 될 때까지는 전투를 하지 않았다.

111   밀티아데스의 차례가 돌아왔을 때, 아테나이인들은 전투를 하기
위해 다음과 같이 정렬했다. 대열의 우익은 폴레마르코스인 칼리마
코스가 이끌었다. 당시 아테나이인들의 법에는 폴레마르코스가 우익
을 맡도록 정해져 있었기 때문이다. 그가 그곳을 이끌고, 그다음에는
부족들이 그들 숫자 순서에 따라[70] 차례차례 자리 잡았으며 마지막
으로 대열의 좌익은 플라타이아이인들이 맡아 정렬했다. 이 전투 이
후 아테나이인들이 4년마다의 제전 집회[71]에서 제물을 바칠 때면, 아
테나이 전령이 아테나이인들과 또한 플라타이아이인들에게도 좋은
일들이 생기기를 기원한다. 당시 아테나이인들이 마라톤에서 전열을
배치했을 때의 양상은 다음과 같았다. 그들 군대의 횡렬 길이는 메디
아 군대와 똑같이 했고, 중앙 부분은 종렬의 폭이 넓지 않아 그들 군
대의 가장 취약한 부분이 되었지만 그래도 양쪽 날개 쪽은 수적으로
강력했다.[72]

---

70 아테네 10개 부족들에는 공식적인 순서가 지정되어 있었던 것으로 보인다.

71 아테네에서는 4년 주기의 제전이 여럿 거행되었는데, 아테나를 기리는 대
   (大)판아테나이아 제전이나 포세이돈 제전이 이에 속한다.

72 페르시아군의 병력이 더 대규모였지만 마라톤 평원의 지형 때문에 횡렬은
   서로 같게 되었던 것이다. 종렬은 대개 아테네 군대가 8열로 구성되었는데,
   이때 중앙부의 종렬은 8열보다 적었던 것 같다. 양쪽 날개가 강력했다고 말
   한 것은 아테네 군대가 8열을 유지했음을 가리키지 8열보다 더 강력했다는

아테나이인들은 그들의 전열이 갖춰지고 제물의 징조가 유리하게 112
나오자 앞으로 진격했으며, 이때 이방인들을 향해 구보로 전진해 갔
다. 양측 사이의 거리는 8스타디온 이상 되었다. 페르시스인들은 그
들이 구보로 전진해 오는 것을 보자 맞아 싸울 준비를 했다. 페르시
스인들은 아테나이인들이 기병들이나 궁수들도 없이 적은 인원으
로 자신들에게 달려오는 것을 보고 그들이 철저하게 파멸적인 광기
에 사로잡힌 것으로 여겼다. 이방인들의 생각은 그랬다. 하지만 아테
나이인들은 함께 밀집하여 이방인들과 맞붙게 되자 훌륭하게 잘 싸
웠다. 그들은 우리가 아는 모든 헬라스인들 중에서 적들을 구보로 공
격한 최초의 헬라스인들이었고 또 메디아식 복장과 그것을 입은 자
들을 보고서도 잘 버틴 최초의 헬라스인들이었기 때문이다. 그전까
지는 헬라스인들이 메디아인들이라는 이름만 들어도 무서워했던 것
이다.

마라톤에서의 전투는 오랫동안 계속되었다. 전열의 중앙에서는 이 113
방인들이 승리했는데, 그곳에는 페르시스인들 자신과 사카이인들이
배치되어 있었다. 이방인들은 중앙에서 승리하여 헬라스인들의 전열
을 부순 후 내륙 쪽으로 추격했다. 그러나 양쪽 날개에서는 아테나
이인들과 플라타이아이인들이 승리를 거두었다. 그들은 승리를 거둔
후, 패주하는 이방인들은 도망가게 놔두고 양쪽 날개 부분을 서로 가
까이 좁혀서 자신들의 중앙 대열을 돌파한 적들과 전투를 벌였는데,
여기서 아테나이인들이 승리했다. 아테나이인들은 페르시스인들이
도망가자 바다에 이르기까지 추격하여 그들을 베어 죽였다. 그런 후
불을 가져오게 하여 적의 배들을 포획했다.

이 전투에서 폴레마르코스는 용감하게 싸우다 전사했고, 장군들 114
중에서는 트라실레오스의 아들 스테실레오스가 죽었다. 한편 에우포

의미는 아니다. 또 강력하다고 한 것은 중앙에 비해 강력하다고 한 것이지
페르시아 군대보다 더 강력했다는 의미는 아니라고 하겠다.

리온의 아들 키네게이로스는 한 배의 고물을 붙잡고 있다가 도끼에 손이 잘려 쓰러졌고, 그 외에도 명망 있는 아테나이인들이 많이 전사했다.

115   아테나이인들은 그렇게 하여 적선 7척을 포획했다. 이방인들은 남은 배를 타고 해안에서 퇴각했다가 전에 에레트리아의 포로 노예들을 남겨 놓은 섬에서 이들을 다시 태운 후 수니온을 돌아 항해했다. 그들은 아테나이인들보다 먼저 아테나이 시에 도착하고자 했던 것이다. 아테나이인들 사이에는 페르시스인들이 알크메오니다이 가문 사람들의 책략으로 이러한 계획을 꾸민 것이라는 비난이 돌았다. 알크메오니다이 가문 사람들이 페르시스인들과 협약을 맺고서 페르시스인들이 배에 타고 있을 때 그들에게 방패를 쳐들어 신호했기 때문이라는 것이었다.

116   그리하여 페르시스인들은 수니온을 돌아 항해했다. 그러나 아테나이인들은 자신들의 도시를 구하기 위해 전속력으로 행군했고 이방인들이 오기 전에 먼저 그곳에 도착했다. 그들은 마라톤의 헤라클레에스 성역에서 돌아와 키노사르게스에 있는 또 다른 헤라클레에스 성역 안에 진을 쳤다. 반면 이방인들은 배들을 팔레론—그때에는 이곳이 아테나이인들의 항구였기 때문이다—앞바다에 세운 후 그곳에서 좀 정박하다가 아시에로 다시 귀항했다.

117   마라톤의 이 전투에서 이방인들은 약 6,400명이 전사하고 아테나이인들은 192명이 전사했다. 양측의 전사자 수는 그와 같았다. 그런데 그곳에서 기이한 일이 하나 일어났다. 아테나이인인 쿠파고레스의 아들 에피젤로스가 접전 중에 용감하게 싸우다가, 몸의 어디를 강타당한 적도 없고 날아오는 무기에 맞은 적도 없었는데 시력을 잃었던 것이다. 그는 그때 이후로 남은 여생 동안 죽 장님으로 지냈다. 나는 그가 그 사건에 대해 다음과 같은 이야기를 했다고 들었다. 그는 자신이 방패 전체가 수염으로 뒤덮인 한 장대한 중무장 보병과 맞선 것 같다고 말했다. 이 환영은 그를 지나치더니 그의 옆에 선 자를 죽

였다고 한다. 나는 에피젤로스가 이렇게 말했다고 전해 들었다.

다티스는 그의 군대와 함께 아시에로 돌아가던 중 미코노스에 이 118
르러 잠을 자다가 웬 환영을 보았다. 그 환영이 무엇이었는지에 대한
이야기는 전하지 않는다. 그러나 다티스는 다음 날 동이 트자마자 배
들을 수색하게 했고 한 포이니케 선박에서 금을 입힌 아폴론 신상을
찾아낸 후, 그것이 어디에서 약탈된 것인지를 물었다. 그는 그것이
어떤 성소에서 나온 것인지 알아낸 후 그 자신의 배를 타고 델로스
로 갔다. 그때에는 델로스인들이 그들의 섬에 다시 돌아와 있었는지
라, 그는 신상을 성소에 모셔 놓고 델로스인들에게 그 신상을 테바이
의 델리온에 갖다 놓으라고 지시했다. 그곳은 칼키스의 맞은편 해안
에 위치해 있다. 다티스는 이렇게 지시한 후 출항했지만, 델로스인들
은 이 조각상을 그곳에 갖다 놓지 않았다. 그러나 그로부터 20년 후
에 테바이인들 자신이 한 신탁에 따라 그것을 델리온에 갖다 놓았다.

다티스와 아르타프레네스는 항해 후에 그들의 배가 아시에에 닿 119
자, 노예가 된 에레트리아인들을 데리고 수사로 올라갔다. 다레이오
스 왕은 에레트리아인들이 전쟁 포로가 되기 전에는 그들에 대해 크
게 분노하고 있었는데, 이는 에레트리아인들이 먼저 부당한 일을 저
지르기 시작했다는[73] 이유 때문이었다. 그러나 그들이 자기 앞에 끌
려오고 자신의 지배하에 굴복된 것을 보자, 그들에게 더는 해를 끼치
지 않고 그들이 키시에 지역 내의 아르데리카라고 불리는 왕 자신의
역참에 거주해 살도록 했다. 이곳은 수사에서 210스타디온만큼 떨어
져 있고, 세 종류의 산물이 나오는 한 샘에서는 40스타디온만큼 떨어
져 있다. 사람들은 이곳에서 다음과 같은 방식으로 역청과 소금, 기
름을 퍼 올린다. 그들은 두레박 장대로 물을 길어 올리는데, 그것에
는 두레박 대신 가죽부대 반쪽이 묶여 있다. 이 가죽부대 반쪽을 샘

---

73 제5권 제99장 참조.

물 속에 담갔다가 길어 올린 후에 안에 든 것을 통 속에 붓는다. 그리고 그것은 이 통에서 다른 용기로 옮겨지고 거기서 세 갈래로 분산된다. 역청과 소금은 곧바로 응고된다. 페르시스인들이 라디나케라고 부르는 이 기름은 색깔이 검고 악취가 풍긴다. 다레이오스 왕은 에레트리아인들을 그곳에 살도록 했다. 그들은 나의 시대까지도 그 지역에서 살았고, 자신들의 옛 언어를 그대로 간직했다. 에레트리아인들에 관한 일은 이러했다.

120 만월 후에 라케다이몬인 2,000명이 아테나이에 왔는데, 그곳에 오려고 아주 부지런히 서두른 결과 스파르테를 떠난 지 3일째 날에 아티케에 도달했다. 그들은 전투가 끝난 후에 도착했지만 그래도 메디아인들을 보고 싶어 했다. 그래서 그들은 마라톤으로 가서 살펴보았다. 그러고 나서 그들은 아테나이인들과 그들의 업적을 찬미하고 다시 돌아갔다.

121 그런데 나는 알크메오니다이 가문 사람들이 아테나이인들을 이방인과 히피에스에게 예속시키기를 원해 그들과의 합의에 따라 페르시스인들에게 방패를 쳐들어 신호했다는 이야기가 의아스럽고 그것을 믿을 수가 없다. 그들은 분명히 파이니포스의 아들이자 히포니코스의 아버지인 칼리에스보다 더 혹은 그와 비슷한 정도로 참주를 미워했다고 여겨지기 때문이다. 칼리에스는 페이시스트라토스가 아테나이에서 추방되어 그의 재산이 국가에 의해 매각에 부쳐지자 모든 아테나이인 중에서 유일하게 그것의 매입을 감행한 자였다. 그 외에도 그는 페이시스트라토스에 대해 온갖 적대적인 일을 도모했다.

122 [이 칼리에스는 여러 이유에서 모든 사람에게 기억될 만하다. 우선 그는 내가 앞서 말했듯이 조국을 해방하는 데 아주 중요한 역할을 한 자이기 때문이다. 다음으로, 그가 올림피에에서 이룬 업적 때문이다. 그는 경마에서 우승하고 사두마차 경주에서는 2등을 했다. 그는 그전에 피티아 경기에서도 우승했으며, 막대한 씀씀이로 모든 헬라스인 사이에 유명해졌다. 또 다음으로, 그가 그의 세 딸과 관련해 보여 준

모습 때문이다. 그는 딸들이 혼인할 나이에 이르자 딸들이 기뻐할 가장 멋진 선물을 주었던 것이다. 그는 모든 아테나이인 중에서 딸들이 각기 자신의 남편으로 택하고 싶어 하는 남자에게 시집을 보냈기 때문이다.][74]

알크메오니다이 가문 사람들은 이 칼리에스와 비슷한 정도로 혹은 123 그 이상으로 참주를 미워한 자들이었다. 그래서 나는 그들이 방패를 쳐들어 신호했다는 비난이 의아스럽고 그것을 인정하지 않는다. 그들은 참주 시기 내내 참주들을 피해 있었고 이들의 계획으로 말미암아 페이시스트라토스 일가가 참주 통치를 그만두었기 때문이다. 그리하여 내가 판단하기로는, 아테나이인들을 해방하는 데 하르모디오스와 아리스토게이톤보다 더 큰 역할을 한 것이 바로 이들이었다. 하르모디오스와 아리스토게이톤은 히파르코스를 죽임으로써 페이시스트라토스 일가의 나머지 사람들을 격노하게 했을 뿐이고 나아가 그 나머지 사람들의 참주 통치를 종식시키지는 못했다. 그러나 내가 앞서 말한 것처럼,[75] 알크메오니다이 가문 사람들이 피티에 여사제를 설득하여 라케다이몬인들에게 아테나이를 해방하라고 예언하게 한 것이 사실이라면, 그들은 명백히 아테나이를 해방한 자들이다.

아니, 아마도 그들이 아테나이의 평민들에게 불만을 품고 조국을 124 배신했다고 말할 수도 있을 것이나. 그러나 아테나이인 사이에서 그들보다 더 명망 있거나 더 존경받은 사람들은 아무도 없었다. 그래서 그들이 그런 이유로 방패를 쳐들어 신호했다는 것은 타당치가 않

---

74 제6권 제122장은 흔히 헤로도토스의 원래 텍스트가 아니고 후대에 개찬된 대목으로 간주된다. 많은 필사본들이 이 대목을 포함하지 않고 있으며, 또 단어와 구절의 표현에서도 헤로도토스적인 경향이 드러나지 않다고 보기 때문이다. 일부 영어 번역본은 아예 이 대목을 번역 대상에서 제외하기도 한다. 이 장의 진위에 대한 논의는 W. W. How & J. Wells, *A Commentary on Herodotus*, vol. 2, p. 115 참조.

75 제5권 제62~63장 참조.

다. 방패는 들어 올려졌고, 이것은 아무래도 부인될 수가 없다. 그런 일이 실제로 일어났기 때문이다. 하지만 나는 방패를 들어 올린 자가 누구였는지에 대해서는 앞서 말한 것 외에 더는 할 말이 없다.

125   알크메오니다이 가문 사람들은 옛날에도 아테나이에서 명망 있는 자들이었지만, 알크메온과 그 후의 메가클레에스 때부터 훨씬 높은 명성을 얻게 되었다. 메가클레에스의 아들 알크메온[76]은 사르디에스의 크로이소스가 보낸 리디에인들이 델포이의 신탁소에 왔을 때 그들의 조력자가 되어 열성적으로 도와주었다. 크로이소스는 신탁소에 갔던 리디에인들에게서 알크메온이 자신에게 도움을 베풀었다는 이야기를 듣고 그를 사르디에스로 불러오게 했다. 그가 도착하자, 크로이소스는 그가 한 번에 몸에 지니고 갈 수 있을 만큼의 금을 선물로 주었다. 그와 같은 선물에 대해 알크메온은 다음과 같은 계책을 고안해 사용했다. 그는 큼지막한 키톤을 입은 채 키톤의 자락을 깊숙이 접어 늘어뜨리고 그가 찾아낼 수 있는 가장 헐렁한 장화를 신고서 그들의 인도를 받아 보물창고로 들어갔다. 거기서 그는 사금 더미로 달려들어, 먼저 자신의 장화에 담을 수 있을 만큼의 금을 정강이 주위에 채워 넣고 다음에는 키톤의 모든 주름에 금을 가득 집어넣었으며, 머리카락 사이에도 사금을 뿌리고 입 속에도 따로 사금을 집어넣었다. 그리하여 그는 간신히 장화를 끌고 보물창고에서 나왔으며, 그 모습은 전혀 사람이 아닌 듯 보였다. 그의 입은 꽉 채워져 있고 온몸이 부풀어 있었던 것이다. 크로이소스는 그를 보고 포복절도하며, 그가 갖고 나온 것들을 모두 주었고 덧붙여 그만큼의 양을 선물로 더

---

[76] 여기서의 알크메온은 알크메오니다이 가문의 시조 알크메온이 아니고 그의 후손인 또 다른 알크메온을 가리킨다. 기원전 590년경의 인물이었다고 전한다. 이 알크메온의 아버지와 아들 이름은 똑같이 메가클레스였다. 그런데 리디아 왕 크로이소스의 통치 시기는 기원전 560~546년이었으므로, 이 알크메온과 크로이소스를 동시대인으로 보기는 어렵다. 헤로도토스 기술에서 아마 연대상의 혼동이 있었던 것 같다.

주었다. 이렇게 해서 그 가문은 크게 부자가 되었고, 이 알크메온은 사두마차 말들을 갖게 되어 올림피아 경기에서 우승했다.

그 후 다음 세대에는 시키온의 참주 클레이스테네스가 이 가문의 126 위상을 더욱 높여 줘, 이 가문은 헬라스인 사이에서 전보다 훨씬 더 큰 명성을 누리게 되었다. 아리스토니모스―그는 안드레에스의 아들인 미론의 아들이다―의 아들 클레이스테네스에게는 아가리스테라고 불리는 딸이 한 명 있었다. 클레이스테네스는 모든 헬라스인 중에서 가장 뛰어난 자를 찾아내 그에게 딸을 시집보내고 싶어 했다. 그래서 클레이스테네스는, 올림피아 경기가 개최되어 거기서 자신이 사두마차 경주에서 우승했을 때, 성명을 발표하게 했다. 즉 헬라스인 중에서 자신이 클레이스테네스의 사위가 될 만하다고 생각하는 자는 누구든지 이후 60일째 날까지 혹은 그보다 일찍 시키온에 오라고 하면서, 클레이스테네스가 그 60일째 날부터 시작하여 1년 안에 혼인을 확정 지을 것이라고 했다. 그러자 그들 자신과 조국에 대해 자부심을 가진 헬라스인은 모두 그녀에게 구혼하기 위해 그곳을 찾아갔다. 클레이스테네스는 그들에게 경주장과 레슬링장을 제공했는데, 그것들은 그가 바로 그런 목적을 위해 만든 것이었다.

이탈리에에서는 시바리스인인, 히포크라테스의 아들 스민디리데스 127 가 있었다. 그는 당시 모든 사람 중에서 가장 사치스럽게 살던 자였는데, 시바리스도 그때에 최대의 번성을 누리고 있었다. 현인으로 불리던 아미리스의 아들인, 시리스의 다마소스도 이탈리에에서 왔다. 이들은 이탈리에에서 온 자들이었다. 한편 이오니오스만[77]에서는 에피담노스인인 에피스트로포스의 아들 암피므네스토스가 왔다. 이 사람은 이오니오스만에서 온 것이다. 또 아이톨리아에서는 티토르모스의

<hr>

77 그리스 북부 에페이로스 지방과 남부 이탈리아 사이의 만. 아드리아 해 입구에 위치해 있다. '이오니오스'(Ionios)라는 이름은 이오(Io)가 그곳을 헤엄쳐 건넜다는 일화에서 유래한 것이라고 한다.

아우인 말레스가 왔다. 티토르모스는 힘에서 모든 헬라스인들을 능가하는 자인데, 사람들을 피해 아이톨리아 지역의 가장 외진 곳에 가 있었다. 펠로폰네소스에서는 아르고스인들의 참주인 페이돈의 아들 레오케데스가 왔다. 페이돈은 펠로폰네소스인들을 위해 도량형 제도를 제정했으며, 모든 헬라스인 중에서 가장 오만하게 행동한 자였다. 그는 경기를 주관하는 엘리스인 감독관들을 쫓아내고 자신이 올림피에의 경기를 거행했던 것이다. 바로 이 페이돈의 아들이 왔고, 아르카디에인인 리쿠르고스의 아들 아미안토스도 트라페주스에서 왔다. 아자니아인인 에우포리온의 아들 라파네스도 파이온 시에서 왔다. 아르카디에에서 전하는 이야기에 의하면, 에우페리온은 디오스쿠로이를 그의 집에 맞아들였으며, 그 일 이후로 모든 사람들을 환대했다고 한다. 또 엘리스인인 아가이오스의 아들 오노마스토스도 왔다. 이들은 바로 그 펠로폰네소스에서 온 자들이었다. 한편 아테나이에서는 크로이소스를 방문했던 저 알크메온의 아들 메가클레에스가 왔고, 그 외에 티산드로스의 아들 히포클레이데스도 왔는데 그는 재산과 용모에서 뭇 아테나이인들보다 출중했다. 당시에 번성을 누리던 에레트리아에서는 리사니에스가 왔다. 에우보이아에서는 그 혼자만 왔다. 테살리에서는 스코파다이 가문 중에서 크란논의 디악토리데스가 왔고 몰로소이인에게서는 알콘이 왔다.

128   그곳에 온 구혼자들은 이와 같았다. 이들이 지정된 날에 도착하자, 클레이스테네스는 먼저 그들 각각의 조국과 가문에 대해 물었다. 그런 후에는 그들을 1년간 머물게 하면서, 그들과 각기 개별적으로도 만나고 전체적으로도 만나며, 그들의 남성적 덕성과 기질, 교양, 성격을 시험했다. 그는 또 그들 중 젊은이들을 체육장으로 데리고 나갔으며, 가장 중요하게는, 함께 모이는 연회에서 그들을 시험했다. 그는 그들을 머물게 하는 동안 이 모든 일을 이행하며 그들을 후하게 대접했다. 구혼자들 중에서 그가 가장 흡족하게 여긴 자들은 아테나이에서 온 구혼자들이었는데, 그중에서도 티산드로스의 아들 히포클레이

데스가 더 마음에 들었다. 그가 그렇게 판단한 이유는 히포클레이데스의 남성적 덕성 때문에다 히포클레이데스가 먼 계보상 코린토스의 킵셀로스 가문과 친척이었기 때문이다.

이제 혼인 잔치를 하고 그들 모두 중에서 누구를 택할지 클레이스테네스 자신이 발표하기로 지정된 날이 되자, 그는 소 100마리를 제물로 바치고 구혼자들 자신과 모든 시키온인들에게 잔치를 베풀었다. 식사가 다 끝나자 구혼자들은 노래와 공중 연설로 경연을 벌였다. 그런데 음주가 계속 이어지면서, 그때까지 다른 자들을 단연 압도하고 있던 히포클레이데스는 아울로스 연주자에게 자신을 위해 춤곡을 연주해 달라고 했고 아울로스 연주자가 이에 따르자 춤을 추기 시작했다. 그는 스스로 흡족하여 즐겁게 춤을 추었지만, 클레이스테네스는 이를 보고 모든 게 맘에 들지 않았다. 그 후 히포클레이데스는 잠시 멈추더니 탁자 같은 것을 하나 들여오라고 했다. 탁자가 들어오자 그는 그 위에서 처음에는 라코니에식의 춤을 추고 다음에는 아티케식의 춤을 추었으며, 세 번째는 자기 머리를 탁자 위에 갖다 대고 두 다리를 마구 흔들었다. 클레이스테네스는 히포클레이데스가 첫 번째 춤과 두 번째 춤을 추는 동안 그 춤과 그의 파렴치함 때문에 그를 자신의 사위로 맞고 싶은 마음이 사라졌지만, 그래도 그에게 화를 분출하고 싶지 않아 꾹 참고 있었다. 그러니 그가 두 다리를 흔드는 것을 보자, 더는 참지 못하고 말했다. "티산드로스의 아들이여, 그대는 춤을 추다 혼인을 놓쳤다네." 그러자 히포클레이데스가 응수했다. "히포클레이데스에겐 상관없는 일입니다." 이 일에서 그 격언이 생겨났던 것이다.[78]

─────

78 히포클레이데스(Hippokleides)는 시키온의 실력자 클레이스테네스의 딸과 혼인하기 위해 모인 구혼자들 중 한 명이므로, 당시 그에게 가장 중요한 목표는 클레이스테네스 딸과 혼인하는 일이었다. 하지만 그는 술기운과 감각적인 즐거움에 빠져 춤을 즐기다가 중요한 목표를 달성하는 데 실패하고 만

130   클레이스테네스는 다들 조용히 시키고 그들 앞에서 이렇게 말했다. "내 딸의 구혼자들이여, 나는 여러분 모두에게 찬사를 보내는 바이요. 가능하다면, 여러분 중 한 명만 따로 선택하지도 나머지 사람들을 퇴짜 놓지도 않고, 여러분 모두를 기쁘게 해 주고 싶소. 그러나 내 계획은 한 명뿐인 딸에 관한 것이어서 내가 여러분 모두를 만족시킬 수가 없소. 그래서 나는 여러분 중 이 혼인에서 배제된 자들에게는 내 딸과 혼인하는 것을 좋게 생각해 주고 또 여러분의 집을 떠나 이곳에 머물러 준 데 대해 각자에게 은 1탈란톤을 선물로 주겠소. 그리고 내 딸 아가리스테를 아테나이인들의 관습에 따라 알크메온의 아들 메가클레에스와 약혼시키겠소." 메가클레에스가 그 약혼에 동의하자 클레이스테네스는 혼인을 승인했다.

131   구혼자들에 대한 판정은 이와 같이 이루어졌고, 그리하여 알크메오니다이 가문은 헬라스 전역에서 큰 명성을 떨쳤다. 아테나이인들 사이에 부족들을 조직하고 민주정을 확립한 클레이스테네스가 이들의 혼인으로 태어났는데, 그의 이름은 외조부인 시키온의 클레이스테네스의 이름을 딴 것이다. 클레이스테네스와 더불어 히포크라테스도 메가클레에스에게서 태어난 자식이다. 히포크라테스에게서 또 다른 메가클레에스와 또 다른 아가리스테가 태어났는데, 그녀의 이름

다. 고대 그리스에서 공중에 두 다리를 흔들며 춤을 춘다는 것은 하반신을 모두 드러내는 것을 의미한다. 그리스인들은 키톤 속에 별도의 속옷을 입지 않았기 때문이다. 그러므로 그는 주흥에 겨워 고약한 추태를 보인 것이라 할 수 있다. 클레이스테네스가 히포클레이데스의 행태를 도저히 감내하지 못하고 화를 낸 것도 바로 그 때문이었다. 그런데 히포클레이데스는 그런 행동 때문에 혼인을 망쳐도 자신에겐 상관없다고 대답한다. 여기서 그는 혼인이라는 중대한 목표를 대수롭지 않게 여기고 취흥에 빠져 즐기는 자신의 현재 모습을 당당하게 옹호한다. 따라서 이 말은 즉흥적인 현재의 즐거움을 더 선호하고 중요한 장기적 과제를 사소하게 여기는 냉소적 태도를 반영하는 말이라 하겠다. 헤로도토스는 이 말이 그리스인의 격언이라고 하지만, 헤로도토스 외에 그 말이 사용된 용례는 확인되지 않는다.

은 클레이스테네스의 딸 아가리스테의 이름을 딴 것이다. 히포크라테스의 딸 아가리스테는 아리프론의 아들 크산티포스와 혼인했다. 그녀는 임신 중일 때 잠을 자다 환영을 보았는데, 그녀에게는 자신이 사자를 낳은 것으로 여겨졌다. 그리고 며칠 후에 그녀는 크산티포스에게 페리클레에스를 낳아 주었다.

마라톤에서 페르시스인들이 패배한 이후, 밀티아데스는 전에도 아 132 테나이인들에게서 명망이 높았는데 이제 더 큰 명성을 얻게 되었다. 그는 아테나이인들에게 배 70척과 군대와 돈을 요청했는데, 자신이 어느 나라로 원정할지를 언급하지 않고 자신을 따르기만 하면 그들을 부자로 만들어 주겠다고 말했다. 그는 그들이 손쉽게 막대한 금을 가져올 수 있는 그런 나라로 그들을 데려가겠다고 했던 것이다. 그는 이렇게 말하며 배들을 요청했다. 아테나이인들은 그가 하는 말에 고무되어 배들을 제공했다.

밀티아데스는 군대를 거느리고 파로스로 항해했다. 그가 내세운 133 구실은 파로스인들이 페르시스인들의 마라톤 공격에 삼단노선들을 보내 동참함으로써 먼저 도발했다는 것이었다. 이러한 구실을 내세웠지만, 실은 그는 파로스 태생인 티시아스의 아들 리사고레스 때문에 파로스인들에게 원한을 품고 있었다. 리사고레스가 페르시스인 히다르네스에게 그를 중상했던 것이다. 밀디이데스는 항해 끝에 그곳에 도착하자 파로스인들을 성벽 안으로 몰아넣고 그의 군대로 그들을 포위해 공격했다. 그는 사절을 보내 100탈란톤을 요구하며, 그들이 그것을 자신에게 주지 않으면 그들을 점령할 때까지 군대를 철수하지 않겠다고 말했다. 파로스인들은 밀티아데스에게 돈을 한 푼도 줄 생각이 없었고, 도시를 지키기 위한 대책을 강구했다. 그들은 다른 대책들도 강구했지만, 특히 성벽에서 가장 공격받기 쉬운 모든 취약 지점들의 높이를 밤 동안에 예전의 두 배가 되게 높였다.

여기까지는 모든 헬라스인들의 이야기가 똑같다. 그러나 이제부터 134 는 파로스인들 자신의 이야기인데, 그들은 다음과 같은 일이 일어났다고 말한다. 밀티아데스가 어찌할 줄 몰라 망설이고 있을 때 파로스 태생의 한 여자 포로가 그와 면담을 하러 찾아왔다고 한다. 티모라고 불리는 그녀는 지하의 여신[79]들의 하급 여사제였다고 한다. 그녀는 밀티아데스의 면전에 가서, 그가 정말로 파로스 점령을 중히 여긴다면 자신이 조언하는 대로 하라고 권유했다 한다. 그는 그녀의 조언을 들은 후에, 도시 앞쪽에 있는 언덕으로 가서 테스모포로스 데메테르의 신전 주위의 담장을 뛰어넘었고—그는 그곳의 문을 열 수가 없었던 것이다—, 담장을 넘은 후에는 범접 못할 신성한 것들 중 무언가를 옮기려고 했든 아니면 어떤 다른 일을 하려고 했든 간에 신전 내실 안에서 무언가를 하려고 내실로 다가갔다고 한다. 그런데 신전 문 앞에 이르자마자, 그는 홀연 두려움에 사로잡혀 자신이 갔던 길을 그대로 되돌아왔다고 한다. 그때 그는 담장에서 뛰어내리다가 허벅지가 비틀렸다고 한다. 한편 그가 무릎을 다쳤다고 말하는 자들도 있다.

135   그리하여 밀티아데스는 아테나이인들에게 돈을 가져다주지도 못하고 파로스를 새로 차지하지도 못한 채 여의찮은 상태로 귀항했다. 그가 비록 파로스를 26일 동안 포위 공격 하며 섬을 황폐화시키긴 했지만 말이다. 한편 파로스인들은 여신들의 하급 여사제인 티모가 밀티아데스를 인도해 주었음을 알고 이에 대해 그녀를 응징하고 싶어서, 그들이 포위 공격에서 벗어나 평온해졌을 때 델포이에 신탁 사절들을 보냈다. 그들은 사절들을 보내, 여신들의 하급 여사제가 적들이 조국을 점령하도록 인도하고 또 남성에게 금지된 제의를 밀티아데스에게 보여 주었는데 그녀를 처형해도 되는지 물었다. 그러나 피티에 여사제는 그것을 허락하지 않았다. 그녀는 설명하기를, 티모에게는 그 일에 대한 책임이 없으며 밀티아데스가 비참하게 죽을 운명에 처해 있었으므로 그녀의 환영이 그를 악행의 길로 이끈 것이라고 했다.

---

79 데메테르와 페르세포네.

피티에 여사제는 파로스인들에게 그렇게 신탁을 내렸다. 한편 아 136
테나이인들은 밀티아데스가 파로스에서 돌아오자 그에게 비난을 퍼
부었는데, 다른 자들뿐 아니라 특히 아리프론의 아들 크산티포스도
그랬다. 그는 밀티아데스를 시민들에게 고발하며, 아테나이인들을
기만했다는 이유로 사형을 요구했던 것이다. 밀티아데스 본인은 법
정에 출석했지만 자신을 변호하지 못했다. 그의 허벅지가 썩어 들어
가 그럴 수 없었던 것이다. 그는 들것 위에 누워 있었고 그의 친구들
이 그를 변호했다. 그들은 마라톤 전투와 렘노스 점령에 대한 기억을
많이 되살렸는데, 즉 밀티아데스가 렘노스를 점령하고 펠라스기에인
들을 응징한 다음 아테나이인들에게 섬을 넘겨준 일을 언급했다. 시
민들은 그의 편을 들어 사형을 면하게는 해 주었지만, 그의 죄에 대
해 벌금 50탈란톤을 부과했다. 그 후 밀티아데스는 허벅지의 부패와
괴저(壞疽)로 사망했고,[80] 50탈란톤은 그의 아들 키몬이 냈다.

한편 키몬의 아들 밀티아데스가 렘노스를 점령하게 된 과정은 다 137
음과 같다. 전에 펠라스기에인들은 정당하게든 부당하게든 간에 아
테나이인들에 의해 아티케에서 쫓겨났었다. 그것이 정당했는지 부당
했는지에 대해 나는 다른 말은 할 수 없고 그저 들은 이야기를 전할
뿐인데, 헤게산드로스의 아들 헤카타이오스는 그의 이야기에서 그것
을 부당한 일로 언급했다고 한디. 헤키티이오스의 이야기는 이렇디.
아테나이인들은 펠라스기에인들이 예전에 아크로폴리스 주위에 방
벽을 쌓아 준 데 대한 보답으로 히메소스 산[81] 기슭에 있는 그들 자신
의 땅을 펠라스기에인들에게 주어 살게 했는데, 전에는 척박하고 아
무 쓸모 없던 그 땅이 이제 잘 경작되어 있는 것을 보자, 시기심이 생
기고 탐이 나서 다른 구실은 대지 못한 채 펠라스기에인들을 쫓아냈
다고 한다. 그러나 아테나이인들 자신은 그들이 정당하게 쫓아낸 것

---

80 기원전 489년.

81 히메토스(Hymettos) 산.

이라고 말한다. 펠라스기에인들이 히메소스 산 기슭에 살면서 그곳을 거점 삼아 다음과 같은 잘못을 저질렀다는 것이다. 당시 아테나이인들의 딸들과 아들들은 늘 엔네아크루노스[82]로 물을 길러 다녔다고 한다. 그때에는 그들에게나 다른 헬라스인들에게나 아직 하인들이 없었기 때문이라고 한다. 그런데 그들의 딸들이 그곳에 갈 때마다 펠라스기에인들은 오만하고 방자한 마음에서 그녀들에게 폭행을 저질렀다고 한다. 하지만 펠라스기에인들은 그런 짓을 하는 것으로 만족하지 않고 결국은 아테나이를 공격할 음모를 꾸미다 현장에서 발각되었다고 한다. 아테나이인들은 펠라스기에인들의 음모를 알아챘을 때 그들을 죽일 수 있었지만 그러기를 원치 않고 그냥 그들에게 나라에서 떠나라고 명령했을 정도로, 그렇게 자신들이 펠라스기에인들보다 더 선량한 사람들이었다고 주장한다. 그리하여 펠라스기에인들은 그곳을 떠나, 다른 지역들뿐 아니라 특히 렘노스도 차지했다고 한다. 앞의 이야기는 헤카타이오스가 말해 준 것이고, 뒤의 이야기는 아테나이인들이 말해 준 것이다.

138   그때 렘노스에 살고 있던 이들 펠라스기에인은 아테나이인들에게 복수하고 싶어 했다. 그들은 아테나이인의 제전들에 대해 익히 알고 있었기에 오십노선들을 구해, 브라우론에서 아르테미스 제전을 거행하던 아테나이 여자들을 숨어서 기다렸다. 거기서 그들은 여자들을 다수 납치한 후 그곳을 떠나 출항했고, 그들을 렘노스로 데려가 첩으로 삼았다. 이 아테나이 여자들은 자식을 많이 낳았는데, 그녀들은 아이들에게 아티케의 말과 아테나이인들의 관습을 가르쳤다. 이 아이들은 펠라스기에인 여자들의 자식들과 함께 어울리려 하지 않고, 그들 중에 누가 펠라스기에인 아이에게 얻어맞으면 모두가 그를 구하러 나가 서로 도와주곤 했다. 더욱이 이 아이들은 자신들이 다른

---

82 엔네아크루노스(Enneakrunos)는 '아홉 개의 샘물'을 의미하는데, 아테네의 남동부에 위치한 일리소스 강 유역의 샘물 지대를 가리킨다.

아이들을 지배해야 마땅하다고 여겼고, 사실 그들을 크게 압도했다. 펠라스기에인들은 이를 알고 서로 의논했다. 그런데 그들이 이를 논의하고 있을 때 어떤 두려움이 그들을 엄습했다. 즉 지금도 그 아이들이 본처의 아이들에게 맞서 서로 돕기로 결심하고 당장 저들을 지배하려 하는데, 그들이 장성하게 되면 정말 무슨 일을 저지를까 하는 것이었다. 그래서 펠라스기에인들은 아티케 여자들이 낳은 아이들을 죽이기로 결정했다. 그들은 그렇게 실행했고 게다가 그들의 어머니들까지 죽였다. 바로 이 일과 그전의 일, 즉 렘노스 여자들이 토아스를 비롯해 그녀들의 남편들을 죽인 일[83] 때문에 헬라스에서는 잔혹한 행위를 모두 렘니아[84]라고 부르는 것이 관행이 되었다.

펠라스기에인들이 그들 자신의 아이들과 여자들을 죽인 후, 그들의 땅은 열매를 맺지 못했고 그들의 아내와 가축들도 이전과 같은 생산을 하지 못했다. 그들은 기아와 무자식 때문에 큰 고통을 겪다가, 델포이에 사람을 보내 현재의 재난에서 벗어날 방법을 물었다. 피티에 여사제는 그들에게 아테나이인들 자신이 결정하는 그 어떤 벌이든 다 받으라고 지시했다. 이에 펠라스기에인들은 아테나이로 가서 자신들의 모든 잘못에 대해 벌을 받겠다고 밝혔다. 아테나이인들은 공회당 안에서 되도록 아름답게 와상(臥床)[85]을 치장하고 그 앞에 온

139

---

83 렘노스의 여인들이 남편과의 동침을 거부하여 아프로디테의 분노를 산 일이 있었는데, 여신은 그 보복으로 그녀들이 악취를 풍기게 만들었다고 한다. 이에 그의 남편들이 트라키아 여인들을 첩으로 맞이하자, 렘노스 여인들은 남편들을 모두 살해했다고 한다. 한편 토아스(Thoas)는 렘노스의 신화적인 왕으로 디오니소스와 아리아드네의 아들이었다고 전한다. 헤로도토스는 그도 여인들에게 죽임을 당한 것으로 서술하는데, 다른 자료에서는 그가 딸의 도움으로 학살에서 제외되었다고도 한다.

84 여기서 '렘니아'(Lemnia)는 '렘노스적인', '렘노스풍의'를 뜻하는 '렘니오스'(Lemnios)의 중성 복수형 표현이다. 즉 무도하고 잔인한 행위를 렘노스인들의 잔혹성에 빗대어 '렘노스적인 행위'라고 불렀다는 것이다.

갖 좋은 음식들이 가득 차려진 식탁을 갖다 놓은 후, 펠라스기에인들에게 그들의 땅을 이런 상태로 양도하라고 요구했다. 그러자 펠라스기에인들이 대답해 말했다. "배가 북풍을 받아 당일에 그대들의 땅에서 우리의 땅까지 도달하게 되면, 그때 우리가 땅을 넘겨주겠소." 그들은 그것이 불가능한 일임을 잘 알고 있었다. 아티케는 렘노스보다 훨씬 남쪽에 위치해 있기 때문이다.

140   그때 상황은 그러했다. 그러나 그로부터 아주 여러 해 뒤에 헬레스폰토스의 케르소네소스가 아테나이인들의 지배를 받게 되었을 때, 키몬의 아들 밀티아데스가 에테시아이 바람[86]이 부는 동안에 배를 타고 케르소네소스의 엘라이우스로부터 렘노스에 도달했다. 거기서 그는 펠라스기에인들이 자신들에게 전혀 실현되지 않을 것으로 예상했던 예언을 그들에게 상기시키며 섬을 떠나도록 명령했다. 그때 헤파이스티아인들은 그의 말에 따랐다. 하지만 미리나인들은 케르소네소스가 아티케 땅임을 인정하지 않아 포위 공격을 받았고, 결국은 그들 역시 항복했다. 이렇게 하여 아테나이인들과 밀티아데스는 렘노스를 차지하게 되었다.

---

85 '클리네'(kline)를 번역한 말. 그리스인들이 식사를 하거나 잠을 잘 때 이용하는 긴 상을 가리킨다. 클리네는 식사·휴식·수면 등의 다양한 용도로 이용되었으므로, 그 용도에 적절한 우리말 용어를 찾기 어렵다. 여기서는 일단 '와상'으로 번역하기로 한다. 우리말에서는 '와상'이 '침상'과 동의어로 사용되므로 '와상'도 정확한 표현이라 할 수 없지만, 사람이 눕는 데 사용되는 만큼 그냥 '와상'으로 옮기기로 한다. 고대 그리스인들은 와상에서 옆으로 비스듬히 누운 자세로 음식이나 술을 들었다고 한다.

86 여름철의 북서계절풍. 제2권 제20장 참조.

제 7 권

히스타스페스의 아들 다레이오스는 사르디에스를 침입한 일 때문 1
에 이미 아테나이인들에게 크게 화가 나 있던 차에, 마라톤 전투 소
식까지 전해 듣자 더욱더 격노하여 헬라스 원정을 더 굳게 결심하게
되었다. 그는 즉시 모든 나라에 사절을 보내 군대를 준비하라고 지시
했는데, 각 나라에 이전보다 훨씬 더 많은 병력을 제공하도록 요구하
고 함선, 말, 식량, 수송선도 부담하도록 했다. 이런 지시가 널리 공지
되면서 아시에는 3년 동안[1] 크게 동요했는데, 헬라스 정벌에 나서기
위한 최고의 병력이 소집되고 그 준비가 진행되었다. 그런데 4년째
되는 해[2]에, 캄비세스에게 예속되었던 아이깁토스인들이 페르시스인
들에게 반란을 일으켰다. 그러자 다레이오스는 이 두 지역에 대한 정
벌을 더욱더 열망하게 되었다.

그러나 다레이오스가 아이깁토스와 아테나이에 원정할 준비를 하 2
고 있을 때, 그의 아들들 사이에 왕권을 둘러싸고 큰 내분이 일어났
다. 페르시스인들의 법에 따르면, 왕이 원정에 나서기 전에 후계자를
지명해야 하기 때문이다. 다레이오스에게는 그가 왕이 되기 전에 첫
번째 아내인 고브리에스의 딸에게서 태어난 아들이 셋 있었고 또한
왕이 된 후 키로스의 딸 아토사에게서 태어난 아들이 넷 있었다. 앞
의 아들들 중에서는 아르토바자네스가 제일 연장자였고 나중의 아들
들 중에서는 크세륵세스가 제일 나이가 많았다. 이들은 어머니가 서

---

1 기원전 489∼487년. 다레이오스는 마라톤 전투의 패전 소식을 듣고 즉시 전
   쟁 준비를 지시했다고 하는데, 마라톤 전투는 기원전 490년 9월경에 벌어졌
   으므로(제6권 제106장 본문과 옮긴이 주 참조) 다레이오스의 그 지시는 기원
   전 490년이 끝나 가는 시기에 내려졌음이 분명하다. 그래서 지시가 있은 후
   본격적인 준비는 이듬해인 489년부터 시작되었다고 할 수 있다.
2 기원전 487년. '4년째 되는 해'의 기점은 마라톤 전투(기원전 490년) 이후 다
   레이오스의 전쟁 준비 지시가 내려진 해다. 그 지시는 기원전 490년이 끝나
   가는 시기에 내려졌음이 분명하므로, 기원전 490년으로부터 '4년째 되는 해'
   는 기원전 487년이다.

로 달라 불화하고 있었는데, 아르토바자네스는 자신이 다레이오스의 자식들 중에서 가장 연장자라는 점과 모든 인간들에게서 최연장자가 관례적으로 통치권을 갖는다는 점을 주장했다. 반면 크세륵세스는 자신이 키로스의 딸인 아토사의 아들이라는 점과 그 키로스가 바로 페르시스인들에게 자유를 얻게 해 주었다는 점을 주장했다.

3   다레이오스가 아직 자신의 견해를 표명하지 않고 있을 때, 마침 아리스톤의 아들 데마레토스가 수사에 올라와 있었다. 그는 스파르테에서 왕위를 빼앗기고 스스로 라케다이몬을 떠나 도피했던 것이다. 세간의 이야기로는, 데마레토스가 다레이오스의 아들들 간의 분란에 대해 듣고서 크세륵세스를 찾아가 크세륵세스가 이미 제기한 주장에다 다음과 같은 말을 덧붙여 주장하라고 조언했다 한다. 즉 크세륵세스는 다레이오스가 이미 왕이 되어 페르시스를 지배할 때 태어났지만 아르토바자네스는 다레이오스가 아직 일반인이었을 때 태어났다는 것이다. 그러므로 다른 누가 크세륵세스보다 우선하여 왕권을 갖는 것은 적절하지도 정당하지도 않다는 것이었다. 데마레토스는 그렇게 조언하면서 말하기를, 스파르테에서도 아버지가 왕이 되기 전에 먼저 태어난 아들들이 있다 해도 왕이 된 후에 다른 아들이 태어난다면 나중에 태어난 그 아들이 왕위를 승계하는 것이 관례라고 했다. 크세륵세스가 데마레토스의 조언대로 하자, 다레이오스는 크세륵세스의 말이 정당하다고 판단하여 그를 왕으로 지명했다. 그러나 나는 그런 조언이 없었어도 크세륵세스가 왕이 되었을 것으로 생각한다. 그때 아토사가 전권을 쥐고 있었기 때문이다.

4   다레이오스는 크세륵세스를 페르시스인들의 왕으로 지명한 후 원정에 착수했다. 그러나 이 일과 아이깁토스의 반란이 있은 다음 해[3]에, 원정을 준비하던 다레이오스 본인이 죽음을 맞았다. 그는 모

---

3 기원전 486년.

두 36년[4] 동안 왕으로 있었다. 그는 반란을 일으킨 아이깁토스인들이나 아테나이인들을 응징하지 못한 채 죽었다.

다레이오스가 죽자 왕위는 그의 아들 크세륵세스에게 돌아갔다. 5 크세륵세스는 처음에 헬라스 원정에는 아무 관심이 없었고, 아이깁토스를 공격할 군대를 소집했다. 그러나 크세륵세스와 사촌지간이며 다레이오스의 누이의 아들인, 고브리에스의 아들 마르도니오스가 당시 왕의 곁에 있었는데, 그는 페르시스인 중에서 왕에게 가장 큰 영향력을 지닌 자였다. 그는 왕에게 다음과 같은 논지를 견지하며 말하곤 했다. "전하, 아테나이인들이 페르시스인들에게 많은 해악을 저질렀는데도 그들의 행위에 대해 처벌하지 않는 것은 적절치 않습니다. 하지만 지금 당장은 전하께서 착수하신 일을 계속 하시옵소서. 그리고 오만불손한 일을 저지른 아이깁토스를 진압하신 후에는, 전하께서 사람들 사이에 훌륭한 명성을 얻고 또 이후로는 아무도 전하의 땅을 함부로 공격하지 못하게, 아테나이를 정벌하도록 하시옵소서." 이 것은 복수를 주장하는 그의 논지였다. 그러나 그는 그 논지에다 다음과 같은 주장을 덧붙이곤 했다. 즉 에우로페는 매우 아름다운 땅이며 온갖 과수가 자라고 토질도 아주 비옥한 곳이어서, 인간 중에서는 오직 페르시스 왕만이 그곳을 가질 자격이 있다는 것이었다.

마르도니오스가 이렇게 말한 것은 그가 새로운 일들을 하기를 길 6 망했고 또 자신이 헬라스 총독이 되고 싶었기 때문이다. 마침내 그는 크세륵세스를 움직여 크세륵세스가 그렇게 하도록 설득하는 데 성공했다. 그런데 그가 크세륵세스를 설득하는 데에는 다른 요인들도 함께 도움이 되었다. 한편으로는 테살리에에서 알레우아다이[5] 가문의 사절들이 와서, 열렬한 지원을 제의하며 왕에게 헬라스로 와 줄 것을

---

4 기원전 522~486년.

5 알레우아다이(Aleuadai)는 '알레우아스(Aleuas)의 아들들'을 뜻한다. 알레우아스는 테살리아인들의 영웅적인 조상이었다고 전한다.

청했다. 이들 알레우아다이 가문은 테살리에의 통치자들이었다. 또 한편으로는 당시 수사에 올라와 있던 페이시스트라토스 일가 사람들이 알레우아다이 가문 사절들과 똑같은 주장을 했고 게다가 그들보다 더 많은 것을 왕에게 주겠다고 제안했다. 그들은 신탁 수집가이며 무사이오스[6]의 신탁들을 편찬한 오노마크리토스라는 아테나이인도 함께 데려왔는데, 그에 앞서 그들은 서로의 원한을 해소했다. 오노마크리토스는 렘노스 앞바다의 섬들이 바닷속으로 사라질 것이라고 예언한 신탁을 무사이오스 신탁집에 억지로 끼워 넣다가 현장에서 헤르미온의 라소스에게 발각되어, 페이시스트라토스의 아들 히파르코스에 의해 아테나이에서 추방된 적이 있었던 것이다. 히파르코스는 이전에 그와 대단히 막역한 사이였음에도 그 때문에 그를 추방했다. 하지만 오노마크리토스는 그때 그들과 함께 수사로 올라갔는데, 그가 왕의 면전에 나갈 때마다 페이시스트라토스 일가 사람들이 그에 대해 찬사를 늘어놓았고 그는 자신의 신탁의 일부를 읊곤 했다. 그는 신탁 가운데 이방인들의 재앙을 예고한 것이 있으면 그것들은 전혀 말하지 않고 그들에게 가장 유리한 것들만 골라 말했는데, 헬레스폰토스에 한 페르시스인이 다리를 놓게 되어 있다고 말하며 원정 경로를 설명해 주었다. 이렇듯 그는 신탁을 말해 줌으로써, 또 페이시스트라토스 가문과 알레우아다이 가문 사람들은 자신들의 의견을 피력함으로써 크세륵세스를 공략했던 것이다.

7 크세륵세스가 설득되어 헬라스를 정벌하기로 한 후, 그는 다레이오스가 죽은 이듬해[7]에 우선 반란 세력에 대한 원정을 실시했다. 그

---

6 아테네의 전설적인 시인이자 예언자. 무사이오스(Musaios)는 엘레우시스의 데메테르 사제 가문에 속했다고도 하고 오르페우스의 제자 혹은 아들이라고도 전한다. 당시 그리스에는 무사이오스의 이름으로 전해지는 예언과 신탁이 많았던 것으로 보인다.

7 기원전 485년.

는 그들을 진압하고 아이깁토스 전체를 다레이오스 때보다 훨씬 더 가혹하게 예속시킨 후, 자신의 아우이고 다레이오스의 아들인 아카이메네스에게 아이깁토스를 맡겼다. 아카이메네스는 아이깁토스의 총독을 지내다가 얼마 후에[8] 리비에인인 프삼메티코스의 아들 이나로스에게 살해되었다.

크세륵세스는 아이깁토스를 정복한 후, 아테나이 원정을 추진하려 8 고 하면서 페르시스 고위 귀족들의 회의를 소집했다. 이는 그들의 견해를 파악하고 또 그들 모두에게 자신의 뜻을 알리기 위해서였다. 그들이 모이자 크세륵세스가 이렇게 말했다.

"페르시스인들이여, 나는 그대들에게 새로운 법을 도입하려는 것이 아니고 내가 물려받은 것을 따르고자 하오. 내가 원로들에게 들어 알기로는, 키로스께서 아스티아게스를 폐위하고 우리가 이 왕권을 메디아인들에게서 넘겨받은 후로 우리는 한 번도 가만히 지낸 적이 없소. 신이 우리를 그렇게 인도하고 계시며, 우리 자신은 많은 일을 추구하면서 더욱 번성하고 있소. 키로스와 캄비세스, 그리고 나의 아버님 다레이오스께서 이룬 업적들과 그분들이 추가로 획득한 종족들에 대해서는 그대들이 잘 알고 있으니, 누가 굳이 말할 필요는 없을 것이오. 나는 이 왕좌를 이어받은 후, 어떻게 하면 내가 이 명예로운 지리에서 선대 왕들보다 모자람이 없고 어떻게 하면 페르시스인들을 위해 선왕들이 얻은 것 못지않은 큰 세력을 추가로 획득할 수 있을지 숙고해 왔소. 그렇게 숙고한 결과 나는 우리가 명예도 드높이고 지금 우리가 가진 땅보다 더 작거나 하찮지 않고 오히려 더 비옥한 땅을 추가로 얻으면서, 또 동시에 응징과 보복도 달성할 수 있음을 알게 되었소.

그리하여 나는 내가 하고자 하는 일을 그대들에게 알리려고 지금

---

8 기원전 460년. 제3권 제12장, 제15장 참조.

그대들을 모이게 한 것이오. 나는 아테나이인들이 페르시스인들과 나의 아버님께 저지른 일들을 응징하기 위해, 헬레스폰토스에 다리를 놓고 에우로페를 거쳐 헬라스로 진군해 가려고 하오. 그대들은 나의 아버님 다레이오스께서 이 자들에 대한 정벌을 열망하셨다는 것을 알고 있소. 그러나 그분은 이미 고인이 되어 그들을 응징하실 수가 없소. 이에 나는 그분과 다른 페르시스인들을 대신하여, 아테나이를 점령하여 불태우기 전에는 일을 그만두지 않겠소. 그들은 나와 나의 아버님께 먼저 부당한 짓을 저지른 자들이오. 첫째로 그들은 우리의 노예인 밀레토스인 아리스타고레스와 함께 사르디에스로 진격하여 신성한 숲과 성소들을 불태웠소. 둘째로 다티스와 아르타프레네스가 우리의 장군일 적에 우리가 그들의 땅에 상륙했는데, 그때 그들이 우리에게 어떤 짓을 저질렀는지 그대들은 모두 잘 알고 있을 것이오.

바로 이런 이유에서 나는 그들에 대한 원정을 하기로 결심했소. 내가 계산해 보니, 이 원정에서 우린 다음과 같은 이득을 얻게 될 거요. 우리가 그들과 그들의 이웃 주민들, 즉 프리기에 출신인 펠롭스의 땅[9]에 살고 있는 자들을 정복한다면, 페르시스인들의 영토는 제우스의 영역인 하늘과 똑같은 경계를 갖게 될 거요. 그러면 태양이 내려다보는 곳에서 우리의 영역 밖에 있는 땅은 하나도 없을 테니 말이오. 나는 그대들과 함께 에우로페 전역을 휩쓸어, 그들 모든 나라를 하나의 나라로 만들 것이오. 내가 사정을 파악하기엔, 앞서 내가 언급한 그들이 제거되면 이제 우리와 전쟁을 벌일 수 있는 인간 나라나 인간족은 하나도 없을 거요. 그리하여 우리에게 잘못을 저지른 자들이나 잘못을 저지르지 않은 자들이나 다 같이 예속의 멍에를 지게 될

9 펠롭스(Pelops)의 땅은 펠로폰네소스를 가리킨다. 펠롭스는 리디아 왕 탄탈로스의 아들이며 그리스로 이주했다고 한다. 펠로폰네소스라는 이름은 '펠롭스의 섬'이라는 뜻을 지닌다.

것이오.

　그러니 그대들이 다음처럼 해 준다면 내 마음이 기쁘겠소. 내가 그대들이 와야 할 시기를 알려 주면 그대들은 모두 열의를 다해 나오도록 하시오. 군대를 가장 잘 무장시켜 데려온 자에게는 우리들 사이에서 가장 명예롭다고 간주되는 선물을 주도록 하겠소. 이것이 그대들이 해야 할 일이오. 그러나 나는 그대들이 내 뜻대로만 한다고 생각하지 않도록, 이 문제를 그대들 앞에 제기하는 것이니 그대들 중에 원하는 자는 자신의 의견을 밝히도록 하시오." 크세륵세스는 이렇게 말하고 이야기를 그쳤다.

　그의 다음으로 마르도니오스가 말했다. "전하, 전하께서는 이제까 　9
지 태어난 페르시스인들뿐 아니라 앞으로 태어날 페르시스인들 중에서도 가장 위대한 분이십니다. 전하께서는 다른 일들에 대해서도 대단히 적절하고 올바르게 말씀을 잘 하셨고 특히 에우로페에 살고 있는 이오네스인들이 주제넘게 우리를 조롱하도록 내버려 두지 않겠다고 하시니까요. 우리는 사카이인, 인도스인, 아이티오피에인, 아시리에인과 그 밖의 여러 큰 종족들이 페르시스인들에게 아무 해를 끼치지 않았음에도 우리의 세력을 확장하고 싶어서 그들을 정복하여 예속시켰는데, 하물며 우리에게 먼저 부당한 짓을 저지른 헬라스인들을 응징 않는다면 이는 참 황당한 일일 것입니다. 우리가 무엇을 두려워해야 합니까? 그들이 모을 병력 수입니까? 아니면 그들의 재력입니까?

　우리는 그들의 전투 방식을 알고 있고 그들의 세력이 미약하다는 것도 알고 있습니다. 또한 우리는 그들의 후손들, 즉 우리의 땅에 살고 이오네스, 아이올레스, 도리에스라고 불리는 자들을 정복해 지배하고 있습니다. 저 자신은 전하 아버님의 명에 의해 이 자들에게 진군했을 적에 그들을 시험해 본 바 있습니다. 그때 제가 마케도니에까지 진격하여 바로 그 아테나이에서 얼마 멀지 않은 곳에 이르렀는데도, 아무도 저와 맞서 싸우려 하지 않았습니다.

게다가 제가 듣기에, 헬라스인들은 무지하고 우둔하여 아주 어리석게 전쟁을 하는 습관이 있다고 합니다. 그들은 서로에게 선전포고를 하고 나면 가장 아름답고 가장 평탄한 지역을 찾아 그곳으로 내려가 전투를 벌이므로, 승리한 자들이라도 큰 피해를 입고 떠나기 마련입니다. 패배한 자들에 대해서는 아예 말하지 않겠습니다. 그들은 전멸되기 때문입니다. 그러나 그들은 동일한 말을 쓰는지라 전령과 사절들을 이용하고 전쟁 이외의 다른 모든 방법을 통해 자신들의 분쟁을 해결해야 할 것입니다. 그리고 그들이 부득이 서로 전쟁을 해야 한다면 각기 공격하기에 가장 어려운 곳을 찾아 그곳에서 겨뤄 보아야 할 것입니다. 헬라스인들은 그렇게 쓸모없는 방식으로 싸우기에, 제가 마케도니에 땅에까지 진격해도 맞아 싸우려는 생각을 하지 못했던 겁니다.

그러니 전하, 전하께서 아시에의 대군과 모든 함대를 이끌고 가신다면 누가 전하께 맞서 싸움을 하려 하겠습니까? 제 생각으로는, 헬라스인들의 세력이 그 정도로 과감하지는 않습니다. 그러나 제 판단이 잘못되고 저들이 분별없이 우쭐해서 우리와 싸움을 벌이게 된다면, 그들은 전쟁에서 우리가 인간들 중 최고임을 알게 될 것입니다. 그러나 여하튼 간에 무엇이든 다 해보아야 할 것입니다. 저절로 되는 것은 아무것도 없으며, 인간이 얻는 모든 것은 늘 무언가를 시도해 생기는 것이니까요."

10   마르도니오스는 이처럼 크세륵세스의 견해를 좋게 다듬어 말한 후 이야기를 마쳤다. 다른 페르시스인들은 침묵을 지키며 감히 그 제안에 반대 의견을 제시하지 못하고 있는데, 히스타스페스의 아들이며 크세륵세스의 숙부인 아르타바노스가 자신의 그런 점을 믿고 다음처럼 말했다.

"전하, 서로 반대되는 의견들이 제시되지 않으면 더 좋은 의견을 선택해 취할 수가 없고 그저 제안된 의견에 따를 수밖에 없습니다. 그러나 반대되는 의견들이 제시된다면 이는 마치 우리가 금의 순도를 그 자체로는 판별할 수 없지만 다른 금과 나란히 시금석에 문질러 보면 무엇이 더 좋은지를 판별하게 되는 것과 마찬가지입니다. 저는 전하의 아버님이며 제 형님인 다레이오스께 스키티에 원정에 나서지 말도록 말씀 드렸습니다. 스키티에인들은 그들의 땅 어디에도 거주할 도시를 갖고 있지 않은 자들입니다. 그러나 그분은 유목 스키티에인들을 정복할 수 있다고 기대하여 제 말씀을 따르지 않고 원정에 나섰다가, 자신의 군대에서 용감한 전사들을 많이 잃고 귀환하셨습니다. 전하, 전하께서는 스키티에인들보다 훨씬 더 우수한 자들을 정벌하려고 하십니다. 그들은 바다와 육지 모두에서 가장 용감한 자들로 알려져 있습니다. 이 일에는 위험이 도사리고 있으며, 저는 마땅이 그 점을 전하께 고해야 할 것입니다.

전하께서는 헬레스폰토스에 다리를 놓고 에우로페를 거쳐 헬라스로 진군해 가겠다고 하십니다. 그런데 전하께서 육지 혹은 바다에서, 아니면 두 곳 모두에서 패하는 일이 생긴다고 해 보십시오. 그들은 매우 용감한 자들로 알려져 있으니까요. 다티스와 아르타프레네스를 따라 아티케 땅으로 쳐들어간 그 많은 수의 군대를 아테나이인들 혼자서 파멸시켰다면, 그렇게 추론할 수도 있는 겁니다. 아니, 그들이 육지와 바다 모두에서 성공하지 못할 수도 있습니다. 그러나 그들이 힘대로 우리를 습격하여 해진에서 승리한 후 헬레스폰도스로 항해하여 그곳의 다리를 부순다면, 전하, 그것은 실로 위험한 일입니다.

제가 이렇게 추측하는 것은 저 자신의 혜안 때문이 아니고, 예전에 전하의 아버님께서 트레이케의 보스포로스에 다리를 연결한 후 다시 이스트로스 강에 다리를 놓고 스키티에인들에게로 공격하러 건너가셨을 때 그런 재난이 하마터면 우리에게 닥쳐올 뻔했기 때문입니다. 그때 스키티에인들은 이스트로스 강의 다리를 지키는 임무를 맡던 이오네스인들에게 다리를 해체하라고 갖은 수단을 다해 요청했습니다.[10] 그때 만일 밀레토스의 참주 히스티아이오스가 다른 참주들의 견해에 반대하지 않고 따랐더라면, 페르시스인들의 세력은 파멸했을 겁니다. 실로 왕의 모든 세력이 한 사람에게 달려 있다는 것은 말로 듣기만 해도 끔찍한 일입니다.

전하께서는 굳이 그러실 필요가 없으니 그와 같은 위험에 뛰어들려 하지 마시고 제 말씀을 들으시옵소서. 지금 이 회의를 해산하도록 하시옵소서. 그리고 전하께서 혼자 숙고해 보신 다음 언제든 전하가 좋으실 때에, 전하가 가장 좋다고 생각하시는 것을 다시 우리에게 말씀하시옵소서. 저는 계획을 잘 세우는 것이 가장 큰 이득이 된다고 보기 때문입니다. 계획을 잘 세우면, 설사 나중에 어떤 역경이 닥칠지라도, 그 계획은 여전히 잘 세운 계획이며 그저 운이 계획을 망친 것뿐입니다. 반면에 계획을 잘못 세운 자가 그에게 운이 따라 요행을 누린다 해도, 여전히 그의 계획은 잘못 세운 계획입니다.

전하께서 보시다시피, 신께서는 유별나게 큰 동물들을 벼락으로 내리쳐 그들이 우쭐대지 못하게 하시지만 작은 동물들은 전혀 신을 자극하지 않습니다. 또 전하께서 보시다시피, 신께서는 늘 가장 큰 집과 가장 높은 나무들에 번개를 내리치십니다. 신께서는 유별나게 큰 것들은 모두 줄이고 싶어 하시기 때문입니다. 그리하여 마찬가지로 대규모 군대도 소수의 군대에 파멸될 수 있습니다. 즉 신께서 그들을 시기하여 공포심이나 천둥 번개를 보내시면, 그로 말미암아 그들이 자신들에게 걸맞지 않게 파멸되는 것입니다. 신께서는 자신 외에 어느 누구도 자만하지 못하게 하시니까요.

범사(凡事)에 서두르는 것은 실패를 낳고, 그 실패에서 큰 손해가 발생하곤 합니다. 반면에 기다림 속에는 이익이 들어 있습니다. 당장은 그렇게 여겨지지 않지만 시간이 흐르면 그렇다는 걸 알게 될 것입니다.

전하, 이것이 제가 전하께 드리는 조언입니다. 그런데 고브리에스의 아들 마르도니오스여, 그대는 헬라스인들에 대한 허튼소리를 그

---

10 다리를 해체하라는 스키타이인의 요청과 그에 대한 히스티아이오스의 대응에 대해서는 제4권 제136~39장 참조.

만 하시오. 그들은 그런 험담을 들을 만한 자들이 아니오. 그대는 헬라스인들을 중상함으로써 전하께서 그들을 정벌하시게 부추기고 있소. 내 생각에 그대는 바로 그것을 위해 모든 열성을 다 하고 있소. 이제 그러지 마시오. 중상은 참으로 무서운 것이오. 중상을 하면 두 사람이 부당하게 행하고 한 사람이 부당하게 당하는 거요. 중상하는 사람은 그 자리에 없는 자를 모욕함으로써 부당하게 행하고, 또 한 사람은 정확하게 진실을 파악하기 전에 그 말을 믿음으로써 부당하게 행하는 것이오. 반면에 그들의 이야기 자리에 없는 자는 부당하게 당하는데, 즉 한 사람에게는 중상을 받고 또 한 사람에게는 그가 나쁜 자로 간주된다는 거요.

그러나 여하튼 이 자들에 대한 원정을 꼭 해야 한다면, 그래, 전하 본인께서는 페르시스 땅에 머물러 계시게 하시오. 그리고 우리 둘이 모두 자식들의 목숨을 걸어 놓고, 그대 자신은 그대가 원하는 군사들을 골라 그대가 바라는 규모의 군대를 데리고 진군하도록 하시오. 그래서 만일 일의 결과가 그대가 말한 대로 전하께 나타난다면, 내 자식들은 죽임을 당하고 나도 함께 죽을 거요. 그러나 내가 예고한 대로 결과가 나타난다면 그대의 자식들 역시 똑같은 일을 겪을 것이요. 또 그대가 돌아온다면 그대도 그들과 함께 그리되는 거요. 그런데 그대기 이런 제안을 감수하려고 하지 않고 이렇게든 헬라스로 군대를 이끌고 올라가겠다면, 내 말하건대, 이곳에 남아 있는 자들은 이런 소식을 듣게 될 것이오. 즉 마르도니오스가 페르시스인들에게 큰 해를 입힌 후에 자신은 아테나이인들의 땅이나 라케다이몬인들의 땅 어딘가에서, 혹시 그리로 가는 도중에 진작 그렇게 되지 않았다면, 개들과 새 떼에게 몸이 갈기갈기 찢겼으며, 그리하여 자신이 전하를 부추겨 원정을 가자고 한 그곳 사람들이 어떤 자들인지를 알게 되었다고 말이오."

아르타바노스가 이렇게 말하자, 크세륵세스는 화를 내며 대답했다. 11 "아르타바노스여, 그대는 내 아버님의 아우입니다. 그 때문에 그대는 허튼소리를 하고도 응분의 벌을 받지 않고 면한 것이오. 하지만 그대는 용기 없는 겁쟁이인지라 내 그대에게 다음과 같은 불명예를 안겨주겠소. 그대는 나와 함께 헬라스 원정에 동참하지 못하고 여자들과 함께 이곳에 남아 있도록 할 것이오. 나는 그대의 도움 없이도 내가 말한 것을 다 완수할 것이오. 만일 내가 아테나이인들을 응징하지 못한다면, 나는 아카이메네스, 테이스페스, 캄비세스, 키로스, 테이스페스, 아리아람네스, 아르사메스, 히스타스페스, 다레이오스[11]로 이어지는 계보의 후손이 아닐 것이오. 사르디에스를 불태우고 아시에로 쳐들어왔던 저들의 이전 행적으로 미루어 볼 때, 우리가 가만히 있을지라도 저들은 가만히 있지 않고 오히려 우리의 땅에 쳐들어올 것임을 나는 잘 알고 있소. 그러므로 지금은 어느 쪽도 물러설 수가 없으며, 이곳의 모든 것이 헬라스인의 지배하에 들어가느냐 아니면 저쪽의 모든 것이 페르시스인의 지배하에 들어오느냐를 놓고, 우리가 행하느냐 아니면 당하느냐의 싸움이 눈앞에 놓여 있소. 이 싸움에는 중도(中道)가 없기 때문이오. 그러므로 우리가 먼저 당했으니, 이제 우리가 그들을 응징하는 것이 옳소. 그리하여 나는 이 자들을 공격할 경우에 내가 겪게 될 위험이라는 게 무엇인지 알게 되겠지요. 그들은 나의 선조들의 노예였던 프리기에인 펠롭스에게 완전히 복속되어 오늘날까지도 그들과 그들의 땅이 정복자의 이름을 따서 불리는 그런 자들이요."

12　　페르시스인들의 논의는 거기까지 이루어졌다. 그러나 그 후 밤이 되자 크세륵세스는 아르타바노스의 의견이 신경 쓰였다. 그는 밤 동안에 곰곰이 생각한 결과, 헬라스 원정이 자신에게 이롭지 않음을 확

11　헤로도토스가 여기서 나열한 인물들은 1개 가문이 아니고 2개 가문을 섞어 언급한 것이다. 그러나 크세륵세스는 어머니 아토사(키로스의 딸)를 통해 이런 발언을 할 수도 있었던 것으로 보인다. 첫 번째 테이스페스는 가상 인물로 간주된다. 그런데 키로스와 캄비세스 뒤를 이어 다레이오스가 왕이 되므로, 이 계보에서 키로스와 테이스페스 사이에 키로스의 아들 캄비세스가 추가될 필요가 있다. 그래야만 두 가문의 연결이 자연스럽게 설명되기 때문이다.

실히 깨닫게 되었다. 그는 이렇게 새로 결심하고 잠이 들었는데, 페르시스인들의 말에 의하면, 그날 밤에 웬 환영을 보았다고 한다. 즉 크세륵세스가 생각하기로는 건장하고 잘생긴 한 남자가 그에게 나타나 이렇게 말했다는 것이다. "페르시스인이여, 그대는 이미 페르시스인들에게 군대를 모집하겠다고 공언해 놓고서 생각을 바꾸어 헬라스 원정을 이끌지 않겠다는 것인가? 그대가 그렇게 생각을 바꾸면 그것은 유익한 처사가 아니며, 지금 그대 앞에 서 있는 자가 그대를 용서하지 않을 것이오. 그대가 아까 낮에 결정했던 대로 그 길을 따라 나아가시오."

크세륵세스에게는 그 환영이 이렇게 말하고 날아간 것으로 여겨졌 13 다. 날이 밝자 그는 이 꿈에 대해 전혀 고려하지 않았고, 전날 소집했던 페르시스인들을 불러 모아 이렇게 말했다. "페르시스인들이여, 내가 급작스레 계획을 바꾼 것을 용서해 주시오. 아직 나의 사려가 최고 경지에 이르지 못했고, 그렇게 하자고 권유하는 자들이 잠시도 나를 가만히 놔두지 않고 있소. 내가 아르타바노스의 의견을 들었을 때는 곧바로 젊음의 혈기가 끓어올라서 연로한 분께 부적절하고 그릇된 말을 퍼붓고 말았소. 그러나 이제 내 잘못을 시인하고 그의 의견에 따르도록 하겠소. 나는 생각을 바꾸어 헬라스 원정을 하지 않을 데니, 평온히 지내도록 하시오."

페르시스인들은 이 말을 듣자, 크게 기뻐하며 크세륵세스에게 경 14 배를 올렸다. 그런데 밤이 되어 크세륵세스가 자고 있을 때, 똑같은 꿈속의 환영이 다시 그에게 나타나 말했다. "다레이오스의 아들이여, 그대가 페르시스인들 앞에 나와서 원정을 부인하고 내 말을 마치 아무한테도 듣지 않은 양 싹 무시했단 말이오? 그럼 이것을 확실히 알아두시오. 그대가 당장 원정에 나서지 않는다면 그로 말미암아 그대에게 다음과 같은 일이 일어날 것이오. 즉 그대가 단기간에 고귀하고 강력한 자가 되었듯이 그처럼 순식간에 다시 변변찮은 지위로 떨어질 것이니."

15   크세륵세스는 환영의 모습이 두려워 침대에서 벌떡 일어났고 사자를 보내 아르타바노스를 불러오게 했다. 그가 도착하자 크세륵세스가 그에게 말했다. "아르타바노스여, 내가 그대의 유익한 조언에 대해 그 순간 신중치 못하게 그대에게 망발을 하고 말았소. 그렇지만 나는 그 후 오래지 않아 생각을 바꾸고, 그대의 조언대로 해야 한다는 것을 알게 되었소. 그런데 지금 내가 그렇게 하고 싶은데도 그럴 수가 없소. 내가 입장을 바꿔 생각을 고친 이후로 웬 꿈속의 환영이 줄곧 찾아와 내 앞에 나타나서 내가 그렇게 하지 못하도록 막고 있소. 방금도 나를 세차게 위협하고는 사라졌소. 그러니 만일 그것을 보낸 것이 신이고 또 신께서 정녕 헬라스 원정을 기쁘게 여기신다면, 그대에게도 똑같은 꿈속의 환영이 나타나 나에게 한 것과 똑같은 지시를 내릴 것이오. 내 생각에는, 그대가 나의 이 옷들을 모두 받아서 입은 채로 내 왕좌에 앉았다가 그 후 내 침대에서 잠을 잔다면 그런 일이 일어나리라 보오."

16   크세륵세스가 그에게 이렇게 말했다. 처음에 아르타바노스는 자신이 왕좌에 앉는 것이 적절치 않다고 여겨 크세륵세스의 명령에 따르려 하지 않았지만, 마침내 어쩔 수 없게 되자 다음처럼 말한 후 왕의 명령대로 이행했다.

"전하, 제가 판단하기에는 스스로 현명하게 사려하는 것이나 유익한 조언을 하는 자의 말을 들으려고 하는 것이나 다 똑같다고 봅니다. 전하께서는 이 두 가지를 다 갖추셨지만, 못된 인간들과의 교제가 전하를 잘못되게 한 겁니다. 이는 바다가 인간들에게 모든 것 중에서 가장 유익한 존재지만, 일진의 돌풍이 밀어닥쳐 바다가 자체의 본성을 발휘하지 못하게 막는 것과 똑같다고들 합니다. 전하께서 저를 나무라셨을 때 제 마음이 아팠던 것은 그 나무람 때문보다 다음과 같은 이유 때문이었습니다. 두 가지 의견, 즉 오만을 더 확대하는 의견과 또 현재 가진 것보다 늘 더 많이 갖도록 이끄는 게 얼마나 해로운지 지적하며 오만을 억제하는 의견이 페르시스인들에게 제시되었을 때, 전하께서 전하 자신과 페르시스인들에게 더 위험한 의견을 택하셨기 때문입니다.

그런데 이제 전하께서 더 좋은 의견 쪽으로 입장을 바꾸어 헬라스 원정을 포기하고자 하시는데, 전하 말씀으로는 웬 신이 보내신 꿈속의 환영이 줄곧 전하를 찾아와 전하께서 원정을 폐기하지 못하게 막는다고 하십니다. 하지만, 아드님, 이것은 신과는 관계없는 일입니다. 제가 전하보다 나이가 한참 위인 관계로 전하께 알려 드리자면, 인간들 사이에 떠돌아다니는 꿈이란 이와 같은 것이기 때문입니다. 즉 꿈속에서 떠돌곤 하는 이들 환영은 대부분 우리가 낮에 신경 쓴 것들입니다. 우리는 지난 며칠 동안 이 원정 문제에 대해 매우 골몰해 있었습니다.

그러나 이것이 제가 설명한 그런 것이 아니라 무언가 신과 연관된 것이라면, 전하께서 요지를 잘 헤아려 말씀하신 겁니다. 환영이 저에게도 나타나 전하께 한 것과 같은 명령을 내려주길 바랍니다. 그 환영이 꼭 나타날 마음이 있다면, 제가 제 옷 대신 전하의 옷을 입는다고 해서 또 제 침대 대신 전하의 침대에서 잔다고 해서 저에게 나타날 필요는 없겠지요. 전하가 주무실 때 나타나는 것이 무엇이든 간에, 그것이 저의 모습을 보고 전하의 옷으로 판단하여 저를 전하라고 생각할 만큼 그렇게 어수룩하지는 않을 테니까요. 그러면 이제 그것이 저를 완전히 무시하고 저에게 나타날 가치가 없다고 여겨, 제가 제 옷을 입든 전하의 옷을 입든, 저에게 나타나지 않을 것인지 알아봐야 할 것입니다. 만일 그것이 계속해서 찾아온다면 저 자신도 그것이 신과 연관된 것이라고 말하겠습니다. 하지만 전하께서 그렇게 하기로 결정하고 철회할 수 없으셔서 제가 전하의 침대에서 자야만 한다면, 자 이제, 그렇게 할 것이니 환영이 저에게도 나타나길 바랍니다. 그래도 그때까지는 현재의 제 의견을 지키고 있겠습니다."

아르타바노스는 이와 같이 말한 후, 크세륵세스의 말이 근거 없는 17 것임을 입증할 수 있기를 바라며 명령대로 실행했다. 그는 크세륵세스의 옷을 입고 왕좌에 앉아 있다가 왕의 침대에 들었는데, 그가 잠이 들자 크세륵세스에게 찾아왔던 것과 똑같은 꿈속의 환영이 아르타바노스의 위쪽에 서서 말했다. "그대가 바로 크세륵세스를 염려한다고 그에게 헬라스 원정을 하지 말도록 설득한 자인가? 그러나 그대는 마땅히 일어날 일을 저지하려고 하니 지금 당장이나 이후에나 무사하지 못할 것이오. 크세륵세스가 불복할 경우 어떤 일을 겪게 될지는 이미 그 자신에게 말해 주었소."

18   아르타바노스가 보기엔, 환영이 그렇게 위협하며 뜨거운 쇠로 자신의 양 눈을 지지려 한다고 여겨졌다. 그는 고함을 지르며 침대에서 벌떡 일어났고, 크세륵세스 옆에 앉아서 자신이 꿈속에서 본 환영에 대해 다 털어놓은 다음 이렇게 말했다. "전하, 저는 과거에 강력한 세력들이 보다 약한 자들에게 무너지는 것을 많이 본 사람인지라, 전하께서 오로지 젊음의 충동에 휘둘리시는 것을 막고자 했습니다. 저는 많은 것을 탐내는 일이 얼마나 해로운지 잘 알고 있기 때문입니다. 저는 마사게타이인들에 대한 키로스 왕의 원정이 어찌되었는지를 기억하고 있고, 아이티오피에인들에 대한 캄비세스 왕의 원정도 기억하고 있으며, 스키티에인들에 대해서는 제가 직접 다레이오스 왕과 함께 원정에 나섰던 것입니다. 저는 이것들을 알고 있는지라, 전하께서 가만히만 계시면 모든 인간들이 전하를 가장 행복한 분으로 여길 것이라 판단했던 겁니다. 그러나 무언가 신성한 충동이 일고 있고 아마도 신들이 보낸 어떤 파멸이 헬라스인들에게 닥칠 것으로 보이니, 저 자신도 입장을 바꾸어 제 의견을 변경하는 바입니다. 그러니 전하께서는 신이 전해 준 뜻을 페르시스인들에게 알리시고, 그들에게 전하의 맨 처음 지시에 따라 원정 준비를 하라고 명령하시옵소서. 그리고 신이 부과하신 일이니, 전하 쪽에서도 조금도 부족함이 없도록 조치하시옵소서." 아르타바노스가 이렇게 말한 후 크세륵세스는, 그들이 환영에 의해 부추김을 받은 터라, 날이 밝자마자 바로 페르시스인들에게 그 일을 알렸다. 그리고 전에는 혼자서 적극적으로 반대했던

아르타바노스도 이제는 명백히 원정을 촉구했다.

그 후 크세륵세스가 군사 원정을 추진하고 있을 때 꿈속에 세 번째   19
환영이 나타났다. 마고스들은 꿈 이야기를 듣고, 그 환영이 온 세상
과 관련된 것이며 모든 인간이 크세륵세스에게 예속될 것이라고 해
석했다. 꿈속의 환영은 다음과 같았다. 크세륵세스가 보기에는, 자신
이 올리브 나뭇가지로 된 관을 쓰고 있고 그 올리브나무에서 나온 어
린 가지들이 온 세상을 덮고 있더니 그 후에 자신의 머리에 씌워져
있던 관이 사라지는 것이었다. 마고스들이 이렇게 해몽하자, 그곳에
모였던 페르시스인들은 모두 곧장 그들 자신의 구역으로 떠났으며
왕의 지시를 이행하느라 모든 열성을 다했다. 그들은 저마다 왕이 제
시한 선물을 받고자 했던 것이다. 그렇게 하여 크세륵세스는 대륙의
모든 지역을 철저히 뒤지며 군대를 모집했다.

크세륵세스는 아이깁토스 정복 이후 만 4년 동안[12] 자신의 군대와   20
군대에 들어가는 것들을 준비했으며, 5년째 해[13]가 끝나 갈 때 대규
모 군대를 이끌고 원정에 나섰다. 이것은 우리가 아는 한 단연 최대
규모의 군대였다. 스키티에인들을 공격한 다레이오스의 군대도 이에
비하면 하찮게 보였고, 스키티에인들이 킴메리에인들을 쫓아 메디아
땅에 침입하여 아시에의 상부 지역을 거의 모두 정복하고 차지했을
때—바로 이 때문에 다레이오스가 후일 그들을 응징하고자 했다—
의 스키티에 군대[14]도 마찬가지였다. 또한 전승에 의하건대 일리온
을 공격한 아트레우스 후손들의 군대도, 미시에인들과 테우크로이인
들이 트로이에 전쟁이 일어나기 전에 보스포로스를 지나 에우로페로

---

12 기원전 484~481년.

13 기원전 481년. '5년째 되는 해'의 기점은 이집트 반란을 진압한 해다. 이집트
    반란의 진압 시기는 기원전 485년이므로(제7권 제7장 참조), 기원전 485년
    으로부터 '5년째 되는 해'는 기원전 481년이다.

14 제1권 제103장과 제4권 제1장 참조.

건너가서 모든 트레이케인들을 정복한 다음 이오니오스 해로 내려가 남쪽으로 페네이오스 강에까지 진군했을 때의 군대도 역시 그에 비하면 하찮게 보였다.

21 이들 군대 모두와 거기에 다른 군대들을 더한다 해도 이 군대 하나에 필적할 수가 없을 것이다. 크세륵세스가 아시에에서 헬라스로 데려오지 않은 종족이 어디 있었던가? 거대한 강들을 제외하면, 그들이 마시는데 어떤 물이 동나지 않고 남아 있었던가? 어떤 자들은 배들을 제공하고 어떤 자들은 육군에 배치되었으며, 어떤 자들에게는 기병을 제공하도록 하고 어떤 자들에게는 군사들과 더불어 말 수송선을 대도록 했으며, 어떤 자들에게는 다리를 놓기 위한 전선(戰船)들을 제공하도록 하고 어떤 자들에게는 식량과 배들을 제공하도록 했던 것이다.

22 우선 크세륵세스는, 그들이 처음에 아토스를 우회하여 항해하다가 큰 재난을 당한 적이 있었으므로, 대략 지난 3년 동안 아토스에 대한 준비를 미리 해 두었다. 삼단노선들이 케르소네소스의 엘라이우스 앞바다에 정박해 있었던 것이다. 이곳을 거점으로 하여 군대 내의 온갖 부류 인원들이 채찍질 속에서 땅을 팠는데, 그들은 교대제로 작업을 하러 갔다. 아토스 주변에 사는 사람들도 땅 파는 일을 함께했다. 그 작업을 감독한 것은 메가바조스의 아들 부바레스와 아르타이오스의 아들 아르타카이에스라는 페르시스인이었다. 아토스는 크고 유명한 산인데, 바다로 쭉 뻗어 있고 사람들이 거주한다. 그 산은 육지 쪽의 끝 지점에서 반도 형태로 되어 있고 약 12스타디온 너비의 지협이 있다. 이곳은 아칸토스의 바다에서부터 반대편 토로네의 바다에 이르기까지 땅이 평탄하고 언덕들도 크지 않다. 아토스 산이 끝나는 이 지협에는 헬라스의 도시 사네가 있다. 사네 너머로 아토스 산의 안쪽에 다른 도시들이 있는데, 페르시스 왕은 그때 이것들을 육지의 도시들이 아니라 섬의 도시들로 만들려고 했던 것이다. 이 도시들은 디온, 올로픽소스, 아크로토온, 티소스, 클레오나이다.

이것들이 아토스 산에 위치한 도시들이다. 이방인들은 종족별로 23
지역을 나누어, 다음과 같이 땅을 팠다. 그들은 사네 시 부근에 일직
선을 긋고 나서, 도랑이 깊어지자 일부는 맨 아래쪽에 서서 땅을 팠
고 일부는 계속 파헤쳐져 쌓인 흙을 자신의 위쪽 비계(飛階)에 서 있
는 다른 자들에게 건네고 또 그들은 그것을 받아서 더 위쪽의 다른
자들에게 건네 마침내 맨 위쪽에 있는 자들에게까지 도달하게 했다.
그러면 맨 위쪽에 있는 자들은 그것을 다른 곳으로 가져다 버렸다.
포이니케인들을 제외한 다른 종족들은 그들이 파낸 도랑의 가파른
측벽들이 무너져 내려 일이 두 배로 늘어났다. 그들은 도랑 위쪽의
너비와 아래쪽의 너비를 똑같게 파서 그런 일이 생길 수밖에 없었다.
반면 포이니케인들은 다른 일들에서와 마찬가지로 이 일에서도 그들
의 숙련된 솜씨를 보여 주었다. 그들은 자신들에게 배당된 작업 몫을
받은 후, 도랑 위쪽의 너비를 원래 파기로 한 도랑 자체 너비의 두 배
로 파 들어 갔고 일이 진척됨에 따라 계속 너비를 줄였던 것이다. 그
리하여 아래쪽에 이르자 그들의 도랑은 다른 자들의 것과 너비가 똑
같게 되었다. 한편 그 근처에는 초원이 하나 있는데, 그곳에 그들의
아고레와 시장이 세워졌다. 그러나 그들의 곡식은 빻은 채로 아시에
서 대량으로 들어왔다.

내가 추측해 판단하기로는, 크세륵세스가 자신의 세력을 과시하고 24
후대에 기념물을 남기고 싶어 자만심에서 이것을 파도록 명령했던
것 같다. 사실 전혀 힘들이지 않고 뭍에서 배들을 끌어 지협을 통과
할 수 있었는데도, 그는 삼단노선 두 척이 노를 저어 나란히 항해할
만큼 넓은 운하를 바다에 파도록 명령했기 때문이다. 운하 파는 일이
맡겨진 바로 그 자들에게 또 스트리몬 강에 배를 매어 다리 놓는 작
업도 부과되었다.

크세륵세스는 이 일을 그와 같이 수행했고, 또 다리를 놓기 위해 25
파피루스와 흰색 아마로 만든 밧줄들[15]을 마련하게 했는데 그 일은
포이니케인들과 아이깁토스인들에게 맡겼다. 이들에게는 또한 헬라

스로 진군하는 군대나 운송용 동물들이 굶주리지 않도록 군대 식량을 비축하는 일도 맡겨졌다. 그는 여러 지역을 자세히 알아본 후, 가장 적합한 곳들에 식량을 비축하도록 명령했는데 그들에게 아시에의 도처에서 그곳들 각각에 상선과 수송선으로 식량을 실어 나르게 했다. 그들은 식량의 대부분을 트레이케의 레우케 악테[16]라고 불리는 곳으로 운반했지만, 한편 어떤 자들은 페린토스의 티로디자, 어떤 자들은 도리스코스, 어떤 자들은 스트리몬 강 유역의 에이온, 어떤 자들은 마케도니에로 운반하는 임무를 맡았다.

26   이들이 자신에게 부여된 일을 수행하는 동안, 육군은 전군이 집결하여 크세륵세스와 함께 카파도키에의 크리탈라를 출발해 사르디에스로 행군했다. 크세륵세스 자신과 함께 육로로 행군할 군대는 모두 크리탈라로 집결하라는 지시가 있었던 것이다. 그의 총독들 가운데 누가 가장 잘 무장된 군대를 데려와 왕이 약속한 선물을 받았는지 나는 말할 수 없다. 나는 그에 관한 판정이 이뤄졌는지도 전혀 모르기 때문이다. 그들은 할리스 강을 건넌 후 프리기에로 들어갔고, 그 지역을 통과하며 켈라이나이에 이르렀다. 이곳에서 마이안드로스 강과 또 다른 강, 즉 마이안드로스 강보다 작지 않은 카타르렉테스라는 강의 수원들이 흘러나온다. 카타르렉테스 강은 켈라이나이의 아고레에서 솟아나 마이안드로스 강으로 흘러간다. 그 아고레에는 실레노스인 마르시에스의 살가죽이 걸려 있는데, 프리기에인들의 말로는 아

<hr />

15 여기서 '밧줄들'로 번역한 그리스어는 '호플라'(hopla)다. '호플라'는 '호플론'(hoplon)의 복수형으로, '장비'·'도구'의 뜻이지만, 부교(浮橋)와 관련되어 사용될 때는 흔히 '밧줄들'을 의미한다. 이 대목에서 '호플라'는 파피루스와 아마로 만든 것으로 언급되고, 또 다리 건설 작업 묘사(제7권 제36장 참조)에서도 '호플라'는 분명히 '밧줄들'을 나타낸다. 그래서 이 책에서는 '호플라'를 '밧줄들'로 번역하기로 한다.

16 '레우케 악테'(leuke akte)는 '하얀 곳'이라는 뜻이다.

폴론이 그의 살가죽을 벗겨 거기에 걸어 두었다고 한다.[17]

이 도시에서 리디에인인 아티스의 아들 피티오스가 그들을 기다리 27
고 있다가, 왕의 전체 군대와 크세륵세스 본인에게 최고의 환대를 베
풀어 대접했고 또 전쟁 경비를 바치고 싶다는 뜻을 밝혔다. 피티오스
가 돈을 바치겠다고 하자, 크세륵세스는 가까이에 있던 페르시스인
들에게 피티오스가 대체 어떤 사람이고 그가 얼마나 많은 재산이 있
어서 그것을 바치겠다고 하는지 물었다. 이에 그들이 말했다. "전하,
이 사람은 전하의 아버님이신 다레이오스께 황금 플라타니스토스나
무와 포도나무를 선물한 자입니다. 그는 지금 우리가 아는 모든 인간
중에서 전하 다음으로 가장 부유한 자입니다."

크세륵세스는 이 마지막 말을 듣고 놀라서, 이제는 자신이 직접 피 28
티오스에게 재산이 얼마나 많은지 물었다. 이에 그가 대답했다. "전
하, 저는 전하께 아무것도 숨기지 않을 것이고 제 자신의 재산에 대
해 모르는 체하지도 않을 겁니다. 저는 그에 대해 잘 알고 있으니 전
하께 정확하게 말씀 드리겠습니다. 저는 전하께서 헬라스의 바다 쪽
으로 내려오신다는 소식을 듣자마자, 전하께 전쟁 경비를 드리고 싶
어서 자세히 파악해 두었던 것입니다. 그것을 계산해 본 결과, 저에
게는 모두 은 2,000탈란톤이 있고 또 금으로 된 다레이오스 스타테
르[18]가 400만 스다데르에서 7,000스다데르 부족하다는 것을 알게 되

---

17 그리스 신화에 따르면, 아테나 여신이 오늘날의 클라리넷과 비슷한 아울로스
를 발명했으나 마음에 들지 않아 버렸는데 이것을 마르시아스가 주워 사용
했다고 한다. 마르시아스는 자신의 아울로스 솜씨를 자랑하며 음악의 신 아
폴론의 리라 연주에 도전했다가 패했고, 아폴론에게 산 채로 살가죽이 벗겨
지는 벌을 받았다고 전한다. 한편 실레노스(Silenos)는 그리스 신화에 나오
는 사티로스의 일종으로 디오니소스 신의 추종자들이었다고 한다. 실레노스
는 흔히 대머리에 들창코인 술취한 노인의 모습으로 묘사되었는데 말의 꼬
리도 달려 있었다고 한다.

18 다레이오스 스타테르는 다레이오스 왕의 이름을 딴, 페르시아 주화를 가리킨다.

었습니다. 저는 이 모든 것을 전하께 바칩니다. 그래도 저 자신은 지금의 노예들과 토지로 충분히 먹고 삽니다.”

29   그가 이렇게 말하자 크세륵세스는 그의 말에 기뻐하며 대답했다. “리디에 친구여, 내가 페르시스 땅을 떠난 이후 지금껏 그대 외에는 내 군대를 환대하고자 하는 사람을 만나지 못했으며 또한 내 면전에 와서 자발적으로 전쟁 경비를 나에게 기부하고자 하는 사람도 만나지 못했소. 그러나 그대는 나의 군대를 후하게 대접했고 막대한 돈을 주겠다고 약속했소. 그래서 나는 그 보답으로 다음과 같은 특전을 그대에게 내리려 하오. 나는 그대를 나의 외빈으로 삼을 것이고, 그대의 400만 스타테르에 7,000스타테르가 부족하지 않게 하고 그대의 돈을 내가 채워서 딱 떨어지게 해 주고자, 내 재산에서 그대에게 7,000스타테르를 주어 그대가 400만 스타테르를 다 채우도록 해 주겠소. 그러니 그대가 가진 재산을 그대로 갖도록 하고, 항상 지금과 같은 모습을 지키도록 하시오. 그대가 그렇게 하면 지금이나 앞으로나 결코 후회하지 않을 것이니 말이오.”

30   크세륵세스는 이렇게 말하고 자신의 말을 이행한 다음, 계속해서 앞으로 나아갔다. 그는 프리기에인들이 아나우아라고 부르는 도시와 소금이 나오는 호수를 지나 프리기에의 대도시 콜로사이에 도착했다. 그곳에서 리코스 강은 땅이 갈라진 틈으로 흘러들어 보이지 않다가 그 후 약 5스타디온쯤 지나 다시 나타나는데, 이 강도 역시 마이안드로스 강으로 흘러 나간다. 이어서 그의 군대는 콜로사이를 출발하여 프리기에와 리디에 접경지대 쪽으로 나아가다 키드라라 시에 이르렀다. 그곳에는 크로이소스가 세운 석주(石柱)가 하나 있는데, 그 비문은 그곳이 접경임을 말해 준다.

31   그가 프리기에에서 리디에로 들어갔을 때, 길이 두 갈래로 나뉘는 곳에 이르렀다. 왼쪽 길은 카리에로 가는 길이고 오른쪽 길은 사르디에스로 가는 길이다. 이 오른쪽 길로 가는 자들은 반드시 마이안드로스 강을 건너고 칼라테보스 시를 지나야 한다. 이 도시에서는 숙련

기술자들이 위성류와 밀로 꿀을 만든다. 크세륵세스는 이 길로 가다가 한 플라타니스토스나무를 보았는데, 그 나무가 너무 아름다워 그것에 황금 장식을 수여하고 불사대(不死隊)[19] 병사 한 명에게 그것을 지키도록 맡긴 후, 그 다음 날 리디에인들의 수도에 도착했다.

그는 사르디에스에 도착하자, 먼저 헬라스에 사절들을 보내 흙과 32 물을 요구하고 또 왕을 위한 식사를 준비하도록 미리 지시했다. 그는 흙을 요구하는 사절을 아테나이와 라케다이몬에만 보내지 않았고 그 외의 다른 곳에는 모두 다 보냈다. 그가 두 번째로 흙과 물을 요구하러 보낸 이유는 다음과 같다. 즉 그는 다레이오스가 이전에 사절을 보냈을 때 그것을 주지 않았던 자들이 이제는 두려워서 줄 것이라고 완전히 믿었기 때문이다. 그리하여 그는 바로 그것을 정확하게 알아보고 싶어서 사절들을 보냈던 것이다.

그 후 그는 아비도스로 진군할 준비를 했다. 한편 그동안에 그의 33 부하들은 아시에에서 에우로페에 이르는 다리를 헬레스폰토스에 놓고 있었다. 헬레스폰토스의 케르소네소스에는 세스토스 시와 마디토스 시 사이 지점에 넓은 곶이 아비도스 맞은편 바다로 뻗어 나와 있다. 이곳에서는 그 후 얼마 안 되어 아테나이인들이 아리프론의 아들 크산티포스 장군 때에 세스토스 총독인 페르시스인 아르타익테스를 붙잡아 산 채로 널빤지에 박아 매달았다. 그는 엘라이우스의 프로테 실레오스 성소에도 여자들을 데려와 그들과 불경한 일들을 저지르곤 했던 것이다.[20]

다리 놓는 일을 할당받은 자들은 아비도스에서 시작하여 이 곳에 34 까지 다리를 놓았는데, 포이니케인들은 흰색 아마 밧줄을 이용해 다리를 만들고 아이깁토스인들은 파피루스 밧줄을 이용해 또 다른 다리를 만들었다. 아비도스에서 맞은편 육지까지는 7스타디온이다. 그

---

19 페르시아 왕의 친위부대. 제7권 제83장 참조.

20 제9권 제116~20장 참조.

러나 해협에 다리가 만들어졌을 때, 강력한 폭풍이 밀어닥쳐 그것들을 모두 부수고 산산이 해체해 버렸다.

35　크세륵세스는 이를 전해 듣고 크게 분노하여, 헬레스폰토스에 대해 채찍질 300대를 가하고 족쇄 한 쌍을 바닷속에 내려 보내라고 명령했다. 나는 또 그가 헬레스폰토스에 낙인을 찍도록 낙인 찍는 자들도 함께 보냈다는 이야기도 들었다. 그는 이들에게 채찍질을 하며 다음처럼 버릇없고 주제넘은 말을 하도록 일러두었다. "이 쓰디쓴 물아, 우리 주인님께서 너에게 아무런 해를 입히지 않았음에도 네가 그분께 해를 입혔으니 그분이 너에게 이런 벌을 내리시는 거다. 크세륵세스 왕께서는, 네가 원하든 원치 않든, 너를 건너실 것이다. 너는 흐리고 짜디짠 강물이니, 너에게는 어떤 인간도 제물을 바치지 않는 것이 옳도다." 그는 이렇게 바다를 응징하도록 지시하고 또 헬레스폰토스에 다리 놓는 일을 감독한 자들의 목을 베도록 했다.

36　이 탐탁찮은 일을 부여받은 자들은 명령대로 수행했고, 다른 건설기술자들이 다시 다리를 놓았다. 그들은 다음과 같은 방식으로 다리를 놓았다. 즉 그들은 오십노선들과 삼단노선들을 나란히 연결했는데, 에욱세이노스 폰토스 쪽 다리에는 360척을 연결하여 받치고 다른 쪽 다리[21]에는 314척을 연결하여 받치게 했다. 이때 그들은 밧줄 장력(張力)을 완화하기 위해 배들을 폰토스[22]와는 직각이 되게 하고 헬레스폰토스의 해류와는 평행이 되게 연결했다. 그들은 배들을 이렇게 연결한 후 양쪽에서 거대한 닻들을 물속으로 내렸는데, 폰토스 쪽 다리의 닻들은 그 바다 안쪽에서 불어오는 바람에 대비하는 것이고 서쪽의 아이가이오스 해 쪽 다리의 닻들은 서풍과 남풍에 대비하는 것이었다. 그들은 또 오십노선들과 삼단노선들 사이에 통행을 위한 좁은 틈을 남겨 두었는데, 이는 누구든 원하면 소형 선박을 타고

21　흑해 쪽과 반대인 에게 해 쪽의 다리.
22　여기서 에욱세이노스 폰토스와 폰토스는 모두 오늘날의 흑해를 가리킨다.

폰토스로 들어가거나 폰토스에서 밖으로 나올 수 있게 하려는 것이었다. 이렇게 한 후, 그들은 밧줄들을 육지에서 잡아당기고 목제 닻감개로 팽팽하게 감았다. 이제는 지난번처럼 두 종류의 밧줄들이 따로따로 사용되지 않고 각 다리에 흰색 아마 밧줄 두 갈래와 파피루스 밧줄 네 갈래가 함께 사용되었다. 이것들은 굵기와 질에서는 똑같았지만, 아마 밧줄이 비율상 더 무거웠는데 그 1페키스 길이의 무게가 1탈란톤에 달했던 것이다. 이렇게 해협에 다리가 놓이자, 그들은 통나무들을 베어 부교와 너비를 똑같이 맞춘 후 그것들을 팽팽히 당겨진 밧줄들 위에 정연하게 배치했고, 그것들을 나란히 배열하고 나서 다시 꽁꽁 묶었다. 이렇게 한 후, 그들은 그 위에 잔가지들을 깔고 가지런하게 고른 다음 그 위에 흙을 뿌렸다. 그리고 흙을 잘 밟고 난 후에는 그 양쪽에 죽 울타리를 쳤다. 이는 운송용 동물들과 말들이 바다를 내려다보고 놀라지 않도록 하려는 것이었다.

그 다리들을 놓는 작업과 아토스 부근에서의 작업, 또 밀물 때문에 운하 입구들이 메워지지 않게 하려고 만든 운하 입구들의 방파제 작업이 다 끝나고 운하 자체가 완성되었다는 보고가 들어왔을 때 크세륵세스의 군대는 겨울을 지내고 있었는데, 봄이 되자[23] 준비를 갖추고 사르디에스를 떠나 아비도스로 진군했다. 그러나 그들이 출발했을 때, 구름 한 점 없이 정말 청명한 날씨였음에도 태양이 하늘의 제위치를 떠나 그들에게 모습을 감추었고 낮이 밤으로 변했다. 크세륵세스는 이를 보고 사태를 파악하자, 염려가 되어 마고스들에게 그 징조가 무엇을 예고하려 하는지 물었다. 마고스들은 신이 헬라스인들에게 그들 나라들의 소멸을 예시하는 것이라고 설명했다. 그들은 태양은 헬라스인들의 예언자이고 그들의 예언자는 달이라고 말했다. 크세륵세스는 이 말을 듣자 매우 기뻐하며 진군을 계속했다.

---

23 기원전 480년의 봄.

38   그러나 하늘의 징조에 겁을 먹은 리디에인 피티오스는 왕이 준 선
물에 고무되어, 크세륵세스가 군대를 이끌고 나갈 때 그에게 찾아
와 이렇게 말했다. "전하, 제가 전하께 청이 있는데 부디 들어주셨으
면 합니다. 전하께서 그것을 들어주시는 것은 쉬운 일이지만, 저에게
는 그것이 중대한 문제입니다." 크세륵세스는 그가 진짜로 요청한 것
과는 전혀 다른 청을 할 것이라 생각하여, 청을 들어주겠다고 말하며
무엇을 원하는지 밝히라고 일렀다. 그는 이 말을 듣자 용기를 내어
다음과 같이 말했다. "전하, 저에게는 다섯 아들이 있사온데, 그들 모
두가 전하와 함께 헬라스 원정을 가야 합니다. 그런데 전하, 이렇게
노령에 이른 저를 불쌍하게 여기셔서, 저 자신과 저의 재산들을 돌볼
수 있도록 제 아들 가운데 한 명, 장남을 군대에서 면제해 주셨으면
합니다. 나머지 네 명은 전하께서 함께 데려가시옵소서. 부디 전하께
서 뜻한 바를 이루시고 돌아오시길 빕니다."

39   이에 크세륵세스는 크게 분노하여 이렇게 대답했다. "이런 못된 사
람 같으니, 나 자신은 내 아들들과 형제들, 친척들, 친구들을 데리고
헬라스 원정에 나서는데, 그대는 나의 노예로서 그대의 모든 가솔과
아내까지도 데리고 나를 따라와야 하거늘 감히 그대의 아들 이야기
를 하는가? 그대는 사람의 마음이 그의 귀 속에 머물러 산다는 걸 잘
알아 두시오. 그래서 마음이 좋은 말을 들으면 몸이 기쁨으로 가득
차지만 그에 반대되는 말을 들으면 분노가 솟구치는 거요. 그대가 전
에 나에게 도움을 주고서 또 다른 도움을 주겠다고 약속했을 때, 그
때 그대가 선행에서 왕을 능가했다고 자랑하지는 못할 것이오. 그런
데 이제 그대가 염치없는 자로 변했으니, 그대는 응분의 보답을 받
지 못하고 마땅히 받을 것보다 덜 받게 될 거요. 그대가 베푼 환대 덕
분에 그대와 그대의 아들은 구제될 테니 말이오. 그러나 그대는 벌로
자신이 가장 아끼는 아들 한 명의 목숨을 잃게 될 거요." 크세륵세스
는 이렇게 대답하고 즉시 그런 일을 맡은 자들에게 명령하여, 피티오
스의 아들들 중 장남을 찾아내 그의 몸을 두 동강으로 자른 후 한쪽

은 길의 오른편에 다른 쪽은 왼편에 배치해 놓고 군대가 이 길을 지나가도록 했다.

그들이 그렇게 실행하고 나자, 군대가 그리로 지나갔다. 제일 선두 40
에는 짐꾼들과 운송용 동물들이 가고 그들 다음에는 온갖 종족의 혼합 군대가 구분 없이 뒤섞여 진군했다. 이들 무리가 절반 넘게 지나가자 행렬에 간격이 생겼고, 이들과 왕은 뚝 떨어져 있었다. 그다음에는 기병 1,000명이 행렬을 이끌었는데, 그들은 전체 페르시스인들 중에서 선발된 자들이었다. 다음에는 창병 1,000명이 왔다. 이들 역시 전체 페르시스인 중에서 선발된 자들인데 창을 땅 쪽을 향하게 거꾸로 들고 있었다. 그다음에는 네사이오이라고 불리는 신성한 말 열 마리가 정말 아름답게 치장한 채 뒤를 이었다. 그 말들이 네사이오이라고 불리는 이유는 다음과 같다. 메디아에 네사이온이라는 이름의 넓은 평원이 있는 것이다. 바로 그 평원에서 이 덩치 큰 말들이 자라난다. 이들 열 마리 말 다음에는 제우스의 신성한 마차가 뒤따랐는데, 백마 여덟 마리가 그 마차를 끌었고 말들의 뒤에는 고삐를 쥔 마부가 걸어서 따라왔다. 어떤 인간도 그 마차의 좌석에 오르지 못하기 때문이다. 그 뒤에는 크세륵세스 자신이 네사이오이 말들이 끄는 마차를 타고 뒤따랐다. 크세륵세스의 옆에는 파티람페스라고 불리는 마부가 서 있었는데, 그는 페르시스인 오다네스의 아들이었다.

크세륵세스는 사르디에스를 떠나 이렇게 행군했다. 그러나 도중 41
에 생각이 나면 그 마차에서 내려 지붕 있는 마차로 갈아타곤 했다. 그의 뒤에는 페르시스인 중에서 가장 우수하고 가장 가문 좋은 창병 1,000명이 뒤따랐는데, 이들은 창을 관례적인 방식으로[24] 들고 있었

---

24 여기서 '관례적인 방식'이란 정상적인 방식, 즉 창끝을 위로 가게 하여 들고 있는 것을 가리킨다. 바로 앞 대목에서 창끝을 땅 쪽으로 하여 창을 거꾸로 들고 있는 창병들을 언급했기 때문에, 여기서는 그것과 비교하여 '관례적인 방식'이라는 표현을 굳이 사용하고 있는 것이다.

다. 그 뒤에는 페르시스인 중에서 선발된, 또 다른 기병 1,000명이 뒤따랐고, 기병들 뒤에는 나머지 페르시스인 중에서 선발된 병사 1만 명이 뒤따랐다. 이들은 보병이었다. 이들 가운데 1,000명은 그들의 창 위에 뾰족한 날 대신 황금 석류를 장착하고 나머지 병사들을 에워쌌으며, 반면 안쪽에 있는 병사 9,000명은 은으로 된 석류를 장착했다. 창을 땅 쪽을 향하게 거꾸로 든 자들도 황금 석류를 장착했고, 크세르크세스를 가장 가까이에서 뒤따르는 자들은 황금 사과를 장착했다. 이들 보병 1만 명 다음에는 페르시스인 기병 1만 명이 뒤따랐다. 기병들 뒤로는 2스타디온의 간격이 있었고, 그다음에는 군대의 나머지 부대가 구분 없이 뒤섞여 행군했다.

42   군대는 리디에에서 카이코스 강과 미시에 땅을 향해 나아갔고, 카이코스 강에서 출발한 다음에는 카네스 산을 왼편에 끼고 아타르네우스를 지나 카레네 시로 향했다. 그 이후에는 테베의 평원을 통과해 아드라미테이온 시와 펠라스기에의 도시 안탄드로스 시를 지났다. 그리고 군대는 이데 산을 왼편에 끼고 일리아스**25** 땅으로 나아갔다. 군대가 밤에 이데 산 기슭에서 주둔하고 있을 때 그들에게 처음으로 천둥과 강풍이 밀어닥쳤고, 그 때문에 그곳에서 병사 다수가 죽었다.

43   군대가 스카만드로스 강에 이르렀는데, 그 강은 그들이 사르디에스를 출발하여 길을 나선 이후 군대와 동물들이 마셔서 강물이 마르고 동이 난 첫 번째 강이었다. 이 강에 이르렀을 때 크세르크세스는 프리아모스의 페르가몬**26**을 구경하고 싶어서 그곳에 올라갔다. 그는 그곳을 구경하고 그곳에서 있었던 일에 대해 죄다 물어본 후 일리아스 아테나이에**27**에게 소 1,000마리를 제물로 바쳤고, 마고스들은 영웅들

------

25 트로이 인근 지역.

26 '페르가몬'(pergamon)은 '성채, 요새'를 뜻하는 그리스어다. 한편 프리아모스는 트로이 전쟁 때 트로이의 왕이었다고 하므로 '프리아모스의 페르가몬'은 트로이 성채를 일컫는다.

에게 제주를 바쳤다. 그런데 그들이 그렇게 한 후, 밤중에 군대가 공포에 사로잡혔다. 날이 밝자 그들은 그곳을 떠났는데, 로이티온 시와 오프리네이온, 다르다노스—이곳은 아비도스와 접경해 있다—를 왼편에 끼고 테우크로이인인 게르기테스인들[28]의 지역을 오른편에 끼고서 행군을 계속했다.

크세륵세스는 아비도스의 중앙에 도착했을 때 자신의 군대 전체를 보고 싶어 했다. 일부러 그를 위해 흰 석재의 왕좌가 그곳 언덕 위에 미리 설치되어 있었다. 이는 아비도스인들이 그전에 왕의 명령을 받고 만들어 놓은 것이었다. 크세륵세스는 그곳에 앉아 바닷가를 내려다보면서 육군과 함대를 바라보았다. 그는 그것을 바라보면서 배들이 경주하는 것을 보고 싶어 했다. 그래서 경주가 열렸고 시돈의 포이니케인들이 승리했다. 크세륵세스는 그 경주와 자신의 군대를 보고 크게 기뻐했다. **44**

크세륵세스는 헬레스폰토스 전역이 배들로 뒤덮이고 전체 해안과 아비도스의 평원이 사람들로 가득 차 있는 것을 보았을 때, 처음에는 자신이 행복하다고 천명했지만 나중에는 눈물을 흘렸다. **45**

크세륵세스의 숙부 아르타바노스가 이를 알아챘다. 아르타바노스는 처음에 자신의 의견을 거리낌 없이 말하며 크세륵세스가 헬라스 원정을 하지 못하게 조언했던 사람이다. 그는 크세륵세스가 눈물을 흘리는 것을 보고 다음과 같이 물었다. "전하, 지금과 방금 전의 전하의 행동은 서로 사뭇 다르십니다. 방금 전엔 자신이 행복하다고 천명하시다가 지금은 눈물을 흘리시니 말입니다." 이에 크세륵세스 **46**

---

27 '일리아스 아테나이에'는 '일리온의 아테나'라는 의미를 지닌다. 일리온은 트로이의 다른 이름이다.

28 게르기테스(Gergithes)인은 테우크로이인(트로이인)의 일부였던 것으로 보인다. 헤로도토스는 게르기테스인이 옛 테우크로이인들에게서 기원했다고 말한다(제5권 제122장 참조).

가 대답했다. "모든 인간의 삶이 참으로 짧다고 생각하니 홀연 연민의 감정이 나를 사로잡았던 거요. 여기 있는 이렇게 많은 사람들 중에서 앞으로 100년을 더 살 사람은 아무도 없으니 말이오." 아르타바노스가 이렇게 대답했다. "우리는 인생을 살아가며 이보다 더 애통한 일을 겪습니다. 이리 짧은 인생이지만 그래도 여기 있는 이들이나 또 다른 자 중에서, 살아 있느니 차라리 죽고 싶다는 생각을 한 번만이 아니라 여러 번 갖지 않을 만큼 그렇게 행복한 사람은 없기 때문입니다. 재난들이 닥치고 질병으로 고생하다 보면, 인생이 짧은 데도 불구하고 길다고 생각되는 것입니다. 그리하여 인간에게 죽음은 불행한 삶에서 벗어날 가장 적절한 도피처가 되는 것입니다. 신은 우리에게 달콤한 인생을 맛만 보게 하시니, 이는 신이 시기하신다는 것을 보여 주는 것이옵니다."

47   이에 크세륵세스가 대답하여 말했다. "아르타바노스여, 인간의 삶이란 그대가 설명한 대로 그런 것이오. 하지만 이제 그에 관한 이야기는 그만둡시다. 우리가 지금 좋은 일들을 누리고 있으니 나쁜 일은 떠올리지 맙시다. 하지만 나에게 이것은 말해 주시오. 만일 꿈속의 환영이 그대에게 그렇게 분명하게 나타나지 않았다면, 그대는 예전의 의견을 고수하여 내가 헬라스에 원정하지 못하게 막았을 것 같소 아니면 생각을 바꾸었을 것 같소? 자 그것을 나에게 사실대로 말해 주시오." 그가 대답하여 말했다. "전하, 꿈속에 나타난 환영이 부디 전하와 저 둘이 바라는 대로 뜻을 이루었으면 합니다. 그러나 저는 지금도 여전히 두려움으로 가득해 마음을 다잡지 못하겠습니다. 저는 다른 많은 것들도 고려하지만 특히 세상에서 가장 중요한 두 가지가 전하께 가장 큰 적이라고 보기 때문이옵니다."

48   그에 대해 크세륵세스가 다음과 같이 대답했다. "이상한 사람이구려, 그대가 나의 가장 큰 적이라고 말한 두 가지는 무엇이오? 그대에겐 우리 육군의 수가 부족해 보이고 헬라스 군대가 우리 군대보다 훨씬 더 많을 것 같소? 아니면 우리 함대가 저들보다 못할 것 같소? 아

니면 육군과 함대 둘 다 그런 것 같소? 그대가 보기에 이 점에서 우리의 세력이 채 모자란다면, 되도록 빨리 다른 군대를 더 모집하도록 합시다."

이에 그가 이렇게 대답했다. "전하, 지각 있는 사람이라면 전하의 49 이 육군에 대해서나 함대의 규모에 대해서나 아무 불평을 할 수 없을 겁니다. 전하께서 더 많은 자들을 모으신다면 제가 말씀 드린 두 가지 적들이 전하께 더욱 적대적이게 될 것입니다. 이들 두 가지는 육지와 바다입니다. 제가 추측건대, 바다에는 폭풍이 일 때 전하의 함대를 받아들여 배들을 보호할 수 있을 만큼 큰 항구가 어디에도 없기 때문입니다. 더욱이 그런 항구가 하나만 필요한 게 아니고 전하께서 연안을 끼고 항해하시는 모든 육지에 죽 그런 항구가 필요합니다. 전하께는 그런 큰 항구가 없으므로, 이제 인간이 사변(事變)을 지배하기보다 오히려 사변이 인간을 지배함을 아셔야 하옵니다. 이로써 전하께 두 가지 중 하나를 말씀 드렸으니, 이제 다른 하나를 말씀 드릴까 합니다. 육지는 다음과 같은 연유로 전하께 적이 됩니다. 즉 전하를 저지하고자 하는 것이 아무것도 없을 경우, 전하께서 그에 현혹되어 계속 나아가 더 멀리 가면 갈수록 육지는 더욱더 전하께 적대적이게 됩니다. 어떤 인간도 성공에 물리는 자는 없습니다. 그래서 제기 전하께 말씀 드리는 것은, 아무도 전하를 막아서지 않을 경우, 전하께서 얻는 땅과 그에 들인 시간이 많아질수록 더욱더 기아(飢餓)를 키우게 된다는 것입니다. 무릇 계획을 협의할 때에는 염려를 많이 하며 그에게 일어날 만한 모든 것을 숙고하고, 실행할 때에는 과감한 자가 최상의 인간일 것입니다."

크세릭세스가 대답했다. "아르타바노스여, 그대는 이 모든 것을 조 50 리 있게 정리하는구려. 하지만 모든 것을 다 염려하지 말고 모든 것을 다 똑같이 숙고하지 마시오. 일어나는 일마다 모두 똑같이 숙고하려 한다면 그대는 아무 일도 할 수 없을 테니 말이오. 모든 것을 미리 염려하여 무서운 일을 하나도 겪지 않는 것보다 매사에 과감하여 그것을 절반이라도 겪는 편이 더 낫소. 그대가 제기된 의견을 모두 반박하면서도 확실한 의견을 제시하지 못한다면 그대 역시 반대 의견을 말한 자처럼 논쟁에 실패할 수밖에 없소. 이것은 둘 다 피장파장이오. 어찌 인간 된 자가 무엇이 확실한 것인지 알 수 있단 말이오? 나는 알 수 없다고 생각하오. 그리하여 대체로 이익은 행동하고자 하는 자들에게 돌아가는 경향이 있고, 모든 것을 고려하며 주저하는 자들에게는 가지 않는 법이오. 그대는 페르시스의 세력이 얼마나 나아졌는지 한번 보시오. 따라서 내 선대의 저 왕들께서 그대와 똑같은 의견을 지녔거나 혹은 그런 의견을 지니지 않았어도 그대 같은 조언자들을 데리고 있었다면, 그대는 우리 세력이 이렇게 나아진 것을 절대 볼 수 없었을 것이오. 우리를 이렇게 발전시킨 것은 그분들이 많은 위험을 무릅쓴 탓이오. 흔히 큰 성과는 큰 위험을 통해 달성되기 때문이오. 그러니 이제 우리도 그분들을 본받아, 일 년 중 가장 좋은 계절에 진군하여 에우로페 전체를 정복하고 다시 귀국할 것이오. 어느 곳에서도 기아를 겪지 않고 다른 어떤 궂은일도 당하지 않은 채 말이오. 한편으로는 우리 자신이 다량의 식량을 가지고 행군하는 데다 또 한편으로는 우리가 어떤 지역과 종족에게로 진군하든 그들의 식량을 차지할 것이기 때문이오. 우리는 유목민이 아닌 농경민들을 향해 원정하는 것이니 말이오."

51   그러자 아르타바노스가 말했다. "전하, 전하께서는 어떤 것도 염려하지 못하게 막으시지만 그래도 저의 이 조언을 들어주시옵소서. 일이 많으면 부득이 그에 관한 말도 많아질 수밖에 없으니 말입니다. 캄비세스의 아드님 키로스께서는 아테나이인들을 제외한 모든 이오니에를 정복하여, 페르시스인들에게 조공을 바치도록 만드셨습니다. 그래서 제 조언은 전하께서 이 자들을 절대 그들 조상들의 땅으로 데려가시지 말라는 것입니다. 우리는 그들의 도움 없이도 우리의 적들을 제압할 수 있기 때문입니다. 그들이 전하를 따라간다면, 그들은 모국을 예속시킴으로써 불의를 행하는 자들이 되든가 아니면 모국이

자유를 누리도록 도움으로써 가장 정의로운 자들이 되든가 해야 합니다. 그들이 불의를 행하는 자들이 된다면 우리에게 그리 큰 이득을 가져다주지 않을 테지만, 가장 정의로운 자들이 된다면 전하의 군대에 큰 해를 끼칠 수 있습니다. 그러므로 전하께서는 '모든 결말은 시작 때에는 모습을 보이지 않는다'라고 한 옛 격언이 옳음을 꼭 유념하시옵소서."

그에 대해 크세륵세스가 대답했다. "아르타바노스여, 그대가 제시 52 한 의견 중에서 이오네스인들이 변심하지 않을까 염려하는 이 의견 이야말로 가장 그릇된 것이오. 우리는 그들에 대해 가장 확실한 증거를 갖고 있는데, 이는 그대 자신이나 또는 다레이오스와 함께 스키티에인들에게 원정했던 다른 자들이 모두 증언해 줄 수가 있소. 즉 페르시스의 전체 군대가 파멸하느냐 살아남느냐가 그들에게 달렸을 때 그들은 우리에게 정의와 충절의 모습을 보여 주었고 어떤 사악한 모습도 보이지 않았소. 그 밖에도 그들은 우리의 땅에 그들의 자식과 아내와 재산을 남겨 놓았으니, 무슨 불온한 짓을 저지를 생각은 안중에도 없을 거요. 그러니 그대는 그런 염려는 말고, 용기를 내서 나의 왕실과 왕국을 잘 지키도록 하시오. 내가 모든 사람 중에서 그대에게만 내 왕홀을 맡기기에 하는 말이오."

크세륵세스는 이렇게 말하고 아르타바노스를 수사로 돌려보낸 다 53 음, 페르시스인 중 최고 명사들을 다시 불러 모았다. 그들이 참석하자 그는 그들에게 이렇게 말했다. "페르시스인들이여, 나는 그대들에게 다음과 같은 요청을 하고자 모이게 했소. 그대들은 용감하게 행동하여 페르시스인들의 위대하고 훌륭한 예전 업적들을 더럽히지 말도록 하시오. 우리들 각자 모두 열성을 다하도록 합시다. 이는 우리 모두가 추구하는 공동의 선이기 때문이오. 이런 이유에서 나는 그대들이 전쟁을 강건하게 견뎌 나가길 바라오. 내가 듣기에, 우리가 공격하러 가는 자들은 용감한 자들이라 하오. 우리가 그들을 정복한다면, 이제 세상에서 다른 어떤 군대도 결코 우리에게 대항하지 못할 거요.

그럼 페르시스인들을 관장하시는 신들께 기도를 드린 후에, 이곳을 건너도록 합시다."

54   그날은 그들이 건너갈 준비를 하면서 보냈다. 다음 날 태양이 뜨는 것을 보려고 기다리면서, 그들은 다리들 위에 온갖 향을 피우고 길에 는 도금양 가지들을 뿌렸다. 이윽고 태양이 떠오르자 크세륵세스는 황금 술잔으로 바다에 헌주를 올리고, 자신이 에우로페의 변방 끝에 이를 때까지 자신의 에우로페 정복을 막을 어떤 일도 자신에게 일어 나지 않게 해 달라고 태양에게 기도를 드렸다. 기도를 드리고 나서, 그는 헬레스폰토스에 그 술잔과 함께 황금 혼주용기, 그리고 페르시 스인들이 아키나케스라고 부르는 페르시스의 칼을 던졌다. 이에 대 해 나는 그가 그것들을 태양에 대한 봉헌물로 바닷속에 내려보낸 것 인지 아니면 자신이 헬레스폰토스에 매질한 일을 뉘우치고 그 보상 으로 그것들을 바다에 선물한 것인지 정확하게 판별할 수가 없다.

55   이런 일들이 모두 끝난 후, 보병과 모든 기병은 폰토스 쪽 다리로 건너고 운송용 동물들과 수행원들은 아이가이오스 해 쪽 다리로 건 넜다. 가장 먼저 1만 명의 페르시스인들이 앞장을 섰는데, 모두가 화 관을 쓰고 있었다. 그들 다음에는 여러 종족의 혼합 부대가 뒤따랐 다. 그날은 이들이 다리를 건넜고 다음 날에는 가장 먼저 기병들과 창을 거꾸로 든 자들이 건넜다. 이들도 모두 화관을 쓰고 있었다. 그 다음에는 신성한 말들과 신성한 마차가 건너고, 이어서 크세륵세스 자신과 그의 창병들 및 1,000명의 기병들이 건넜으며, 다음에는 나머 지 군대가 건넜다. 그와 동시에 배들도 출항하여 반대편으로 건너갔 다. 그러나 나는 왕이 모든 자들 가운데 맨 마지막으로 건넜다는 이 야기도 들었다.

56   크세륵세스는 에우로페로 건너가서, 자신의 군대가 채찍질 속에서 다리를 건너는 것을 바라보았다. 그의 군대는 7일 낮과 7일 밤 동안 잠시도 쉬지 않고 건넜다. 크세륵세스가 헬레스폰토스를 막 건넜을 때 헬레스폰토스 지역의 어떤 사람이 이렇게 말했다고 한다. "제우스

여, 왜 당신께서는 페르시스인의 모습으로 가장하고 제우스 이름 대신 크세륵세스 이름을 쓰시면서, 세상 사람들을 다 끌고 와서 헬라스를 파멸시키려 하십니까? 당신께서는 그들 없이도 그렇게 하실 수 있었을 텐데 말입니다."

그들 모두가 다리를 건넌 후 막 행군을 시작하려고 했을 때, 그들 **57** 에게 중대한 징조가 나타났다. 하지만 크세륵세스는, 그 징조를 쉽게 이해할 수 있었는데도, 그것을 대수롭지 않게 여겼다. 암말이 토끼를 낳았던 것이다. 그 징조는 다음처럼 쉽게 이해될 수 있는 것이었다. 즉 크세륵세스가 더없이 장엄하고 의기양양하게 헬라스로 군대를 데려가겠지만 나중엔 필사적으로 도망쳐 원래 장소로 되돌아오리라는 것이었다. 그가 사르디에스에 있었을 때도 또 다른 징조가 그에게 나타난 바 있다. 노새가 생식기가 둘 달린 새끼노새를 낳았는데, 하나는 수컷 생식기이고 다른 하나는 암컷 생식기였다. 수컷의 것이 암컷의 것보다 위에 있었다. 그러나 크세륵세스는 두 징조 중 어느 것에도 신경 쓰지 않고, 자신의 육군과 함께 앞으로 계속 진군했다.

해군은 헬레스폰토스에서 나와 해안을 따라 항해했는데, 육군과 **58** 는 반대 방향으로 나아갔다. 해군은 사르페돈 곶을 목적지로 삼고 서쪽으로 항해했다. 그들은 그곳에서 크세륵세스가 도착하기를 기다리라는 명령을 받았던 것이다. 반면 육지의 군대는 동쪽으로 해가 뜨는 쪽을 향해 케르소네소스를 통과해 진군했는데, 아타마스의 딸 헬레의 무덤을 오른편에, 카르디에 시를 왼편에 끼고서 아고레라고 불리는 도시의 한가운데를 지나갔다. 그 후 그들은 멜라스라고 불리는 만을 돌아 멜라스 강—그 강물은 그때 군대가 마시기에 충분치 않아 말라 버렸다—을 건너갔고 멜라스 강—멜라스 만도 이 강의 이름을 따서 이름 지은 것이다—을 건넌 후에는 서쪽을 향해 진군했다. 그들은 아이올레스인의 도시 아이노스와 스텐토리스 호수 옆을 지나 마침내 도리스코스에 도달했다.

도리스코스는 트레이케 해안 지대의 넓은 평야인데 헤브로스라는 **59**

큰 강이 그곳을 거쳐 흐른다. 이곳에는 도리스코스라고 불리는 왕립 요새가 축조되어 있었고, 그 요새에는 다레이오스가 스키티에인들에게 원정했던 때부터 그에 의해 페르시스인 수비대가 배치되어 있었다. 그래서 크세륵세스는 그곳이 자신의 군대를 정렬시켜 인원수를 세기에 적합한 곳이라고 여기고 그렇게 실행했다. 모든 배들이 도리스코스에 도착한 후, 선장들은 크세륵세스의 명을 받아 배들을 도리스코스 인근 해안으로 이동시켰다. 이곳에는 사모트레이케의 도시 살레와 조네가 세워져 있으며 그 끝에는 유명한 세르레이온 곳이 있다. 옛날에는 이 지역이 키코네스인들 땅이었다. 선장들은 배들을 이 해안으로 입항시킨 후 배들을 말리기 위해 뭍으로 끌어 올렸다. 이 동안에 크세륵세스는 도리스코스에서 군대의 인원수를 세어 보게 했다.

60   나는 각 부대가 얼마나 많은 병력을 제공했는지 정확하게 말할 수가 없다. 그것을 전해 주는 사람이 아무도 없기 때문이다. 그러나 육군의 전체 규모는 170만 명으로 나타났다. 그들은 다음의 방법으로 군대의 인원수를 세었다. 그들은 1만 명을 한곳에 모이게 하고, 그들을 최대한 바짝 밀집시킨 후 그들의 바깥 주위로 원을 그렸다. 그렇게 원을 그리고 1만 명을 내보낸 다음에는 그 원을 따라 둥글게 담을 설치했는데, 담 높이가 사람의 배꼽 높이에 이르렀다. 이렇게 한 후 그들은 담을 두른 공간 안으로 다시 다른 사람들을 들여보냈으며, 이런 식으로 결국 전체 인원을 다 셌다. 전체를 다 세고 나자, 그들은 종족별로 편성되었다.

61   크세륵세스의 원정 군대에는 다음과 같은 자들이 참가했다. 우선 페르시스인들이 있었는데, 그들의 군장(軍裝)은 이러했다. 그들은 머리에 티아라라고 불리는 느슨한 펠트 모자를 쓰고 몸에는 소매 달린 다채색 키톤과 물고기 비늘처럼 생긴 쇠비늘의 ……[29] 둘렀으며, 다

29 슈타인 텍스트의 누락 대목인데, 슈타인은 "가슴갑옷"과 관련된 표현이 있었을 것으로 추정한다. 그럴 경우 이 대목은 대체로 "몸에는 소매 달린 다채색

리에는 바지를 착용하고 방패 대용으로 버들가지 방호물을 들었다. 그 아래에는 화살통이 매달려 있었다. 그들은 또 짧은 창과 큰 활과 갈대 화살들을 들었고, 게다가 허리띠에는 오른쪽 허벅지를 따라 단검을 차고 다녔다. 그들의 지휘관은 오타네스였는데, 그는 크세륵세스의 아내인 아메스트리스의 아버지였다. 헬라스인들은 옛날에 페르시스인들을 케페네스라고 불렀지만, 페르시스인들 자신과 그 이웃 주민들은 아르타이오이라고 불렀다. 그런데 다나에와 제우스의 아들인 페르세우스가 벨로스의 아들인 케페우스에게 가서 그의 딸 안드로메데를 아내로 맞았을 때, 그에게 아들이 하나 태어났다. 페르세우스는 아들에게 페르세스라는 이름을 지어 주고 그곳에 남겨 두었다. 마침 케페우스가 남자 후손을 갖지 못했기 때문이다. 페르시스인들은 이 페르세스의 이름을 따서 그들의 이름을 갖게 된 것이다.[30]

메디아인들은 페르시스인들과 똑같은 군장을 하고 원정에 참가했 62 다. 사실 이 군장은 페르시스 것이 아니고 메디아 것이기 때문이다. 메디아인들의 지휘관은 아카이메니다이 가문인 티그라네스였다. 메디아인들은 옛날에 모든 사람들에게 아리오이라고 불렸지만, 콜키스의 여자 메데이아[31]가 아테나이에서 이들 아리오이인에게 도착했

키톤과 물고기 비늘처럼 생긴 쇠비늘의 가슴갑옷을 둘렀으며"가 된다.

30 헤로도토스는 페르시아인과 메디아인의 이름이 그리스의 신화적 인물의 이름에서 유래했다고 보는 전승을 소개하고 있다. 이런 전승은 외국의 문물을 그리스인의 입장에서 해석하는 것이다. 메디아인들의 이름 유래에 대한 헤로도토스의 서술은 아래의 제7권 제62장 참조.

31 이아손의 모험에 등장하는 메데이아. 테살리아 이올코스의 영웅 이아손이 콜키스의 황금 양털을 얻기 위해 아르고호를 타고 콜키스에 갔을 때, 그에게 반한 콜키스의 왕녀 메데이아가 이아손의 모험을 도와주었다고 한다. 그 결과 그녀는 이아손과 함께 귀국하여 혼인 생활을 했지만, 이아손의 배신에 분노하여 자신과 이아손의 자식들을 죽이고 이아손을 떠났다. 그 후 그녀는 아테네에서 머물다 아시아로 들어갔다고 한다. 이 대목에서 언급된 메데이아의 행적은 그녀가 아시아로 돌아간 이후의 행적을 가리킨다고 하겠다.

을 때 이들 역시 이름을 바꾸었다. 이것은 바로 메디아인들이 자신에 관해 말해 준 내용이다. 키시에인들도 함께 참가했는데, 그들은 펠트 모자 대신에 두건을 두르는 것 말고 다른 점에서는 페르시스인들과 똑같은 군장을 했다. 키시에인들을 지휘한 것은 오타네스의 아들인 아나페스였다. 한편 히르카니아인들은 페르시스인들과 똑같은 무장을 했으며, 메가파노스를 그들의 지휘관으로 했다. 메가파노스는 나중에 바빌론의 총독이 된 자다.

63   아시리에인들도 원정에 참가했는데, 그들은 머리에 청동 투구를 썼다. 그 투구는 묘사하기가 쉽지 않은 이국적 방식으로 엮어 만든 것이었다. 그들은 방패와 창, 그리고 아이깁토스의 것과 유사한 단검을 들었으며, 게다가 쇠못이 박힌 나무곤봉을 들고 아마포로 만든 가슴갑옷을 입었다. 이들을 헬라스인들은 시리오이라고 부르지만 이방인들은 아시리오이라고 불렀다.[32] [칼다이아인들은 이들 속에 함께 있었다.][33] 아시리에인들을 지휘한 것은 아르타카이에스의 아들 오타스페스였다.

64   박트리에인들은 메디아인들의 것과 아주 비슷한 모자를 머리에 쓰고 참가했으며, 갈대로 만든 그들 고유의 활과 짧은 창을 들었다. 스키티에인들인 사카이인들은 끝이 뾰족하고 빳빳하게 솟은 키르바시아를 머리에 쓰고 바지를 착용했으며, 그들 고유의 활과 단검을 들고 게다가 사가리스라고 하는 도끼도 들었다. 이들은 아미르기온의 스키티에인들이지만, 사카이인들이라고 불린다. 페르시스인들은 모든 스키티에인들을 사카이인이라고 부르기 때문이다. 박트리에인들과 사카이인들을 지휘한 것은 히스타스페스였는데, 그는 다레이오스와 키로스의 딸 아토사의 아들이었다.

────────

32   '시리오이'는 '시리아인들'을, '아시리오이'는 '아시리아인들'을 뜻한다. '시리오이'에 대한 설명은 제1권 제72장의 옮긴이 주 참조.
33   이 대목은 문맥상 어울리지 않아 후대에 잘못 추가된 부분으로 간주된다.

인도스인들은 나무[34]로 만든 옷을 입고, 갈대 활과 갈대 화살을 들 65
었다. 화살 끝에는 쇠가 박혀 있었다. 인도스인들은 그렇게 무장하고
있었다. 그들은 아르타바테스의 아들 파르나자트레스의 지휘하에 배
속되어 원정에 함께 참가했다.

아리오이인[35]들은 메디아식 활로 무장했지만 그 외의 다른 점들에 66
서는 박트리에인들과 똑같았다. 아리오이인들을 지휘한 것은 히다
르네스의 아들 시삼네스였다. 파르토이인들과 코라스미오이인들, 속
도이인들, 간다리오이인들, 다디카이인들은 모두 박트리에인들과 똑
같은 군장을 갖추고 참가했다. 이들의 지휘관은 다음과 같았다. 파르
토이인과 코라스미오이인은 파르나케스의 아들 아르타바조스가 지
휘했고, 속도이인은 아르타이오스의 아들 아자네스, 간다리오이인과
다디카이인은 아르타바노스의 아들 아르티피오스가 지휘했다.

카스피오이인들은 가죽외투를 입었으며 그들 고유의 갈대 활과 단 67
검을 들고 원정에 참가했다. 그들은 이렇게 무장하고 있었고, 그들을
지휘한 것은 아르티피오스와 형제간인 아리오마르도스였다. 한편 사
랑가이인들은 염색한 옷을 입어 크게 돋보였고 무릎까지 올라오는
장화를 신었다. 그들은 활과 메디아식 창을 들었다. 사랑가이인들을
지휘한 것은 메가바조스의 아들 페렌다테스였다. 팍티에스인들은 가
죽외투를 입었고 그들 고유의 활과 단검을 들었다. 팍티에스인들을
지휘한 것은 이타미트레스의 아들 아르타인테스였다.

우티오이인들과 미코이인들, 파리카니오이인들은 팍티에스인들과 68
똑같이 무장했다. 이들의 지휘관은 다음과 같았다. 우티오이인과 미

---

34 면화. 제3권 제106장 참조.

35 이 '아리오이'(Arioi)는 제3권 제93장의 '아레이오이'(Areioi)와 동일한 종
   족으로 여겨진다. 헤로도토스 이후 다른 문헌에서도 두 명칭은 혼용된다. 한
   편 이 종족은 제7권 제62장에 나오는 '아리오이'와는 다른데, 그 대목에서는
   '아리오이'가 메디아인들의 옛 이름으로 소개된다.

코이인은 다레이오스의 아들 아르사메네스가 지휘했고, 파리카니오
이인은 오이오바조스의 아들 시로미트레스가 지휘했다.

69   아라비에인들은 외투에 허리띠를 매고 뒤쪽으로 구부러진[36] 긴 활
을 오른편에 들었다. 한편 아이티오피에인들은 표범가죽과 사자가죽
을 걸쳐 입고, 야자나무 대로 만든 긴 활을 들었는데 길이가 4페키스
이상은 되었다. 또한 그들은 짧은 갈대 화살도 들었다. 화살 끝에는
쇠가 아니고 뾰족하게 만든 돌이 박혀 있었는데, 그 돌은 인장 반지
를 새기는 데 사용되는 것이었다. 게다가 그들은 창도 가지고 있었는
데, 그 끝에는 창끝 모양으로 뾰족하게 만든 가젤의 뿔이 달려 있었
다. 그들은 또 못을 박은 곤봉도 들고 있었다. 그들은 싸우러 갈 때에
몸의 절반은 석고를 바르고 나머지 절반은 홍토(紅土)를 발랐다. 아
라비에인들과 아이깁토스 위쪽에 사는 아이티오피에인들을 지휘한
것은 아르사메스였는데, 그는 다레이오스와 키로스 딸인 아르티스토
네의 아들이었다. 다레이오스는 그의 아내들 중에서 그녀를 가장 좋
아했으며, 황금을 두드려 그녀의 형상을 만들게 했다.

70   아이깁토스 위쪽의 아이티오피에인들과 아라비에인들은 아르사
메스가 지휘했고, 해가 뜨는 쪽의 아이티오피에인들—아이티오피에
인들은 둘로 나뉘어 원정에 참가했던 것이다—은 인도스인들과 함
께 편성되었다. 이들 아이티오피에인들은 외모에서 서로 간에 차이
가 없었고, 단지 말과 머리카락에서만 달랐다. 해 쪽[37]의 아이티오피
에인들은 머리카락이 곧은 데 반해 리비에의 아이티오피에인들은 모
든 인간 중에서 머리카락이 가장 곱슬곱슬하다. 이들 아시에의 아이
티오피에인들은 대부분 인도스인들과 똑같은 군장을 갖추었지만, 두

---

36 '뒤쪽으로 구부러진' 활은 중앙 부분은 일반 활처럼 앞쪽으로 볼록하게 구부
러져 있으나 양끝이 뒤쪽으로 오목하게 구부러진 활을 가리킨다. 이는 활의
장력을 높이기 위한 방법이었을 것으로 보인다.
37 여기서 '해 쪽'이나 바로 앞 대목의 '해가 뜨는 쪽'은 동쪽을 가리킨다.

귀와 갈기를 붙인 채 벗긴 말의 앞머리 가죽을 머리에 쓰고 있었다. 갈기는 투구 깃장식 역할을 했고, 말의 두 귀는 꼿꼿이 세워 쓰고 다녔다. 그들은 두루미가죽으로 만든 방어도구를 방패 대용으로 들었다.

리비에인들은 가죽으로 만든 옷을 입고 왔으며, 끄트머리를 불에 **71** 달군 투창을 사용했다. 그들을 지휘한 것은 오아리조스의 아들 마사게스였다.

파플라고니아인들도 원정에 참가했는데, 그들은 엮어 만든 투구를 **72** 머리에 쓰고 작은 방패와 다소 짧은 창을 들었으며, 그 외에도 투창과 단검을 들었다. 발에는 정강이 중간까지 올라오는 그들 고유의 장화를 신었다. 리기에스인들과 마티에네인들, 마리안디노이인들, 시리에인들은 파플라고니아인들과 똑같은 무장을 하고 참가했다. 이 시리에인들은 페르시스인들에게 카파도키에인들이라고 불린다. 파플라고니에인들과 마티에네인들을 지휘한 것은 메가시드로스의 아들 도토스였고, 마리안디노이인들과 리기에스인들, 시리에인들은 다레이오스와 아르티스토네의 아들인 고브리에스가 지휘했다.

프리기에인들의 군장은 파플라고니아인들과 대단히 비슷했으며, **73** 약간의 차이가 있을 뿐이었다. 마케도니에인들 말에 의하면, 프리기에인들이 에우로페인들로서 마케도니에인들과 함께 살 때에는 브리게스라고 불렸지만, 아시에로 이주하면서 그들이 거주지를 바꾸고 동시에 이름도 프리기에인으로 바꾸었다고 한다. 한편 아르메니에인들은 프리기에인들과 똑같은 무장을 했는데, 그들은 프리기에인들의 식민시 주민들이었던 것이다. 이들 둘을 함께 지휘한 것은 다레이오스의 딸과 혼인한 아르토크메스였다.

리디에인들은 헬라스인들과 가장 비슷한 군장을 갖추었다. 리디에 **74** 인들은 옛날에는 메이오네스인이라고 불렸는데, 나중에 자신들의 이름을 아티스의 아들 리도스의 이름을 따서 부르면서 개명했다. 한편 미시에인들은 머리에 그들 고유의 투구를 쓰고 작은 방패를 들었으며, 끄트머리를 불에 달군 투창도 사용했다. 이들은 리디에인들의 식민시 주민들로 올림포스 산[38]의 이름을 따 올림피에노이라고 불린다. 리디에인들과 미시에인들을 지휘한 것은 아르타프레네스의 아들 아르타프레네스였는데, 이 아르타프레네스는 다티스와 함께 마라톤에 쳐들어갔던 자다.[39]

75   트레이케인들은 머리에 여우가죽 모자를 쓰고 참가했다. 그들은 몸에 키톤을 걸치고 그 위에 다채색 외투를 둘렀다. 또 발과 정강이에는 사슴가죽 장화를 신었고, 그 밖에 투창과 작은 방패, 조그만 단검도 들었다. 이들은 아시에로 건너간 후 비티니아인이라고 불렸는데, 그전에는, 그들 자신의 말로는, 스트리몬 강 유역에 살고 있어서 스트리몬인이라고 불렸다 한다. 그들 말에 의하면, 그들은 테우크로이인들과 미시에인들에 의해 고향에서 쫓겨났다고 한다. 아시에의 트레이케인들을 지휘한 것은 아르타바노스의 아들 바사케스였다.

76   ⋯⋯[40] 소의 날가죽으로 만든 작은 방패를 들었다. 그들 각자는 두 자루의 리키에산(産) 사냥 창을 들었으며, 머리에는 청동 투구를 썼다. 투구에는 청동으로 만든 황소의 귀들과 뿔들이 달려 있었고 깃장식도 붙어 있었다. 정강이는 기다란 진홍색 천 조각들로 둘러쌌다. 이들의 나라에는 아레스의 신탁소가 있다.

77   메이오네스인들인 카벨레스인들은 라소니오이인들이라고도 불리는데, 그들은 킬리키에인들과 똑같은 무장을 했다. 이들의 무장에 대해선 나중에 내가 킬리키에인 부대를 다루는 대목에서 언급하려 한다. 밀리아스인들은 짧은 창을 들었고 겉옷은 고정 핀을 달아 입었

---

38 그리스의 올림포스 산이 아니고 미시아의 산을 가리킨다. 제1권 제36장 참조.

39 제6권 제94장 참조.

40 슈타인 텍스트의 누락 대목인데, 슈타인은 "피시다이인들은" 혹은 "히텐네스인들은"이라는 표현이었을 것으로 추정한다. 피시다이인들로 볼 경우엔 "피시다이인들은 소의 날가죽으로 만든 작은 방패를 들었다"가 된다.

다. 그들 중 일부는 리키에식 활을 들었고 머리에는 가죽으로 만든 투구를 썼다. 이들 모두를 지휘한 것은 히스타네스의 아들 바드레스였다.

모스코이인들은 머리에 나무로 된 투구를 쓰고 방패와 짧은 창을 78 들었다. 그 창들에는 기다란 창끝이 달려 있었다. 티바레노이인들과 마크로네스인들, 모시노이코이인들은 모스코이인들과 똑같은 무장을 한 채 참가했다. 이들을 정렬시킨 지휘관들은 다음과 같았다. 모스코이인들과 티바레노이인들은 다레이오스와 파르미스—그녀는 키로스의 아들인 스메르디스의 딸이었다—의 아들 아리오마르도스가 지휘했고, 마크로네스인들과 모시노이코이인들은 케라스미스의 아들인 아르타익테스가 지휘했다. 이 아르타익테스는 헬레스폰토스에 있는 세스토스의 총독이었다.

마레스인들은 엮어 만든 그들 고유의 투구를 머리에 쓰고 작은 가 79 죽 방패와 투창을 들었다. 콜키스인들은 나무 투구를 머리에 쓰고, 소의 날가죽으로 만든 작은 방패와 짧은 창을 들었으며 게다가 칼도 갖고 있었다. 마레스인들과 콜키스인들을 지휘한 것은 테아스피스의 아들 파란다테스였다. 한편 알라로디오이인들과 사스페이레스인들은 콜키스인들과 똑같이 무장한 채 참가했다. 이들을 지휘한 것은 시로미트레스의 아들 마시스티오스였다.

홍해[41]에서 온 섬 종족들, 즉 페르시스 왕이 '아나스파스토이'[42]라 80 고 불리는 자들을 정착시킨 여러 섬들의 주민들은 메디아인들과 가장 비슷한 복장과 무장을 갖추었다. 이들 섬 주민들을 지휘한 것은 바가이오스의 아들인 마르돈테스였다. 이 마르돈테스는 다음 해에[43]

---

41 여기서의 홍해는 페르시아 만 부근의 바다, 즉 오늘날의 인도양을 가리킨다.
42 '아나스파스토이'에 대해서는 제3권 제93장 참조.
43 기원전 479년.

미칼레에서 군대를 지휘하다가 전투 중에 죽었다.[44]

81　이상은 육지에서 원정에 참가한 종족들인데, 모두 보병에 편성된 자들이었다. 이들 군대를 지휘한 것은 앞서 말한 지휘관들이었다. 이들 지휘관은 군대를 배치하고 인원을 파악하고 천인대장(千人隊長)들과 만인대장(萬人隊長)들을 임명했다. 한편 만인대장들은 백인대장(百人隊長)들과 십인대장(十人隊長)들을 임명했다. 그 밖에도 부대들과 종족들의 지도자들이 있었다.

82　앞서 말한 자들은 지휘관들이었다. 한편 이들과 전체 보병을 이끄는 사령관들은 고브리에스의 아들 마르도니오스, 헬라스 원정에 반대하는 의견을 냈던 아르타바노스의 아들 트리탄타이크메스, 오타네스의 아들 스메르도메네스―이들 둘은 다레이오스의 형제들의 아들들[45]로 크세륵세스와 사촌지간이었다―, 다레이오스와 아토사의 아들인 마시스테스, 아리아조스의 아들 게르기스, 그리고 조피로스의 아들 메가비조스였다.

83　이들은 1만인 부대를 제외한 전체 보병의 사령관들이었다. 페르시

<hr />

44　제9권 제102장 참조.

45　아르타바노스는 다레이오스의 형제임이 확인되지만(제7권 제10장 참조), 오타네스가 다레이오스의 형제임은 확인되지 않는다. 그래서 일부 학자들은 이 대목에서 "이들 둘은 …… 크세륵세스와 사촌지간이었다"라는 문장의 위치가 스메르도메네스의 앞으로 가야 한다고 주장한다. 그럴 경우 다레이오스의 형제는 고브리에스와 아르타바노스가 된다. 고브리에스는 다레이오스의 친형제는 아니지만 다레이오스의 누이와 혼인했기 때문에(제7권 제5장 참조) 처가 쪽으로 보면 다레이오스와 '형제'라 할 수 있다. 또 여기서 다레이오스의 '형제들'을 가리키는 그리스어 '아델페온'(adelpheon)이 남자 동기인 '아델포스'(adelphos)뿐 아니라 여자 동기인 '아델페'(adelphe)의 복수형도 될 수 있어서 "이들 둘은 다레이오스의 동기들의 아들들"이라고 번역해도 무방하다. 따라서 '이들 둘'을 마르도니오스와 트리탄타이크메스로 볼 만한 근거는 충분한 셈이다. 그러나 현재 텍스트의 문장 순서를 고수할 경우에는 '이들 둘'이 트리탄타이크메스와 스메르도메네스를 가리킨다.

스인 중에서 선발된 이 1만인 부대의 사령관은 히다르네스의 아들 히다르네스였다. 이 페르시스인들은 다음의 이유 때문에 불사대라고 불렸다. 즉 그들은 누가 죽거나 병이 들어 그 수에서 인원이 빠지면 대신 다른 사람이 선발되어, 1만 명보다 많지도 적지도 않게 항상 그대로였기 때문이다. 페르시스인들은 전체 군대를 통해 가장 훌륭한 군장을 갖추었고 최고의 부대였다. 그들은 앞서 언급한 대로 무장을 했고, 게다가 다량의 금을 몸에 지녀 사람들의 주목을 끌었다. 그들은 지붕 있는 마차들도 함께 끌고 갔는데, 마차 안에는 그들의 첩들과 근사하게 차려입은 많은 수행 종자들이 타고 있었다. 그들의 식량은, 다른 병사들의 것과는 별도로, 낙타와 운송용 동물들이 운반했다.

이 종족들은 모두 말을 타는 자들이다. 그러나 이들이 모두 기병 84 을 제공하지는 않고 다음의 종족들만이 기병을 제공했다. 먼저 페르시스인 기병들은 그들의 보병들과 똑같은 무장을 했다. 다만 그들 중 일부는 청동과 쇠를 두드려 펴서 만든 투구를 머리에 썼다.

또 사가르티오이라고 불리는 유목민 무리가 있는데, 이들은 페르 85 시스 종족이고 언어도 페르시스 말을 쓰지만 무장은 페르시스인 방식과 팍티에스인 방식의 중간에 속한다. 그들은 기병 8,000명을 제공했다. 그들은 관례적으로 단검 외에는 청동이나 쇠로 된 무기들을 지니지 않고, 가죽끈을 꼬아 만든 밧줄을 사용한다. 그들은 싸울 때 이 밧줄에 의존한다. 그들의 전투 방식은 다음과 같다. 그들은 적들과 근접해 싸우게 되면 끝에 올가미가 달린 밧줄을 던진다. 이때 말이건 사람이건 밧줄에 걸리면 그것을 자기 쪽으로 끌어당긴다. 그래서 올가미 줄에 걸린 것은 목숨을 잃고 만다.

이것이 사가르티오이인들이 싸우는 방식이다. 그들은 페르시스인 86 부대로 배치되었다. 한편 메디아 기병들은 그들의 보병들과 똑같은 무장을 했고, 키시에인들도 마찬가지였다. 인도스인들은 그들의 보병과 똑같은 군장을 갖추었는데, 준마를 탔으며 전차를 몰았다. 그들은 말과 야생 나귀들을 전차에 매어 끌게 했다. 박트리에인들도 그들의 보병과 똑같은 무장을 했으며 카스피오이인들도 마찬가지였다. 리비에인들도 그들의 보병과 똑같이 무장했다. 이들은 모두 전차를 몰았다. 카스피오이인들[46]과 파리카니오이인들은 그들의 보병과 똑같은 무장을 갖추었다. 아라비에인들도 그들의 보병과 똑같이 무장했는데, 그들은 모두 말 못지않게 빠른 낙타를 몰았다.

87   이 종족들만이 기병이다. 기병의 수는 낙타와 전차를 빼고 8만 명이었다. 다른 기병들은 부대별로 편성되었지만 아라비에인들은 맨 뒤에 배치되었다. 말들이 낙타를 보면 견뎌 내지 못했으므로, 말들이 놀라지 않도록 그들이 뒤쪽에 배치되었던 것이다.

88   기병사령관은 다티스의 아들들인 하르마미트레스와 티타이오스였다. 그들과 함께 공동 기병사령관인 세 번째 사령관 파르누케스는 병이 나서 사르디에스에 남아 있었다. 그들이 사르디에스를 출발했을 때, 그가 달갑잖은 사고를 당했기 때문이다. 그가 타고 있던 말의 다리 밑으로 개 한 마리가 뛰어들었는데, 그것을 미처 보지 못한 말이 깜짝 놀라 뒷발로 일어서면서 파르누케스를 떨어뜨렸던 것이다. 그는 말에서 떨어진 후 피를 토했고 그의 병은 결국 폐병으로 변했다. 말은 곧바로 그의 명령에 따라 처리되었다. 그의 하인들은 말이 그들의 주인을 떨어뜨린 바로 그곳으로 말을 데려가서 말의 다리들을 무릎에서 절단했던 것이다. 그리하여 파르누케스는 지휘권을 잃고 말

---

46 이 대목에서 '카스피오이인들'이 중복해 언급되기 때문에, 둘 중 하나는 잘못 표기된 것이라 할 수 있다. 이에 대해 먼로(J. H. Munro)는 앞의 '카스피오이인들'을 '사카이인들'로 고쳐 읽자고 제안한다. 후일 플라타이아이 전투에서 크게 활약한 사카이인 기병들(제9권 제71장 참조)이 여기 기병 리스트에는 보이지 않는다는 점, 사카이인 보병이 박트리아인들과 함께 배속되었다는 점(제7권 제64장 참조)을 고려하면 먼로의 견해는 매우 일리 있는 주장이다. 한편 일부 학자들은 뒤의 '카스피오이인들'을 '팍티에스인들' 혹은 '카스페이로이인들', '카시오인들'로 고쳐 읽기도 한다. '카스피오이인들'에 대한 논의는 W. W. How & J. Wells, *A Commentary on Herodotus*, vol. 2, p. 159 참조.

왔다.

한편 삼단노선들의 수는 1,207척이었는데, 그것을 제공한 자들은 89
다음과 같다. 포이니케인들은 팔라이스티네의 시리에인들과 더불어
300척을 제공했는데 그들의 무장은 이렇다. 그들은 머리에 헬라스
방식과 흡사하게 만든 투구를 썼으며, 아마포 가슴갑옷을 입고 테두
리 없는 방패와 투창을 들었다. 이 포이니케인들은, 그들 자신의 말
에 의하면, 옛날에 홍해 연안에 살았는데 그곳에서 넘어와 지금은 시
리에의 해안 지대에 거주하고 있다. 시리에의 이 지역과 아이깁토스
에 이르기까지의 지역은 모두 팔라이스티네라고 불린다. 아이깁토스
인들은 배 200척을 제공했다. 이들은 엮어 만든 투구를 머리에 쓰고,
넓은 테두리가 달린 우묵한 방패와 해전용 창과 큰 전투 도끼를 들었
다. 그들은 대부분 가슴갑옷을 입고 큰 칼을 들었다.

이들의 무장은 그러했다. 한편 키프로스인들은 배 150척을 제공했 90
고, 다음처럼 무장했다. 그들 중 통치자들은 머리에 두건을 두르고
나머지 사람들은 키톤[47]을 입었지만, 그 밖에는 모두 헬라스인들과
똑같았다. 이들의 종족들은 다음과 같다. 키프로스인들 자신의 말에
의하면, 그들은 살라미스와 아테나이 출신자들, 아르카디에 출신자
들, 키트노스 출신자들, 포이니케 출신자들, 아이티오피에 출신자들
로 되어 있다고 한다.

킬리키에인들은 배 100척을 제공했다. 이들은 머리에 그들 고유의 91

---

47 여기서 '키톤'은 '키타리스'(kitaris, '펠트 모자')의 잘못된 표기가 아닌가 한
다. 우선 키톤이 그리스인의 복장이므로, "나머지 사람들은 키톤을 입었지
만, 그 밖에는 모두 헬라스인들과 똑같았다"라는 언급은 그릇된 것이다. 따
라서 '그 밖에는'이 '머리에'에 대한 대구(對句)로 사용된다고 할 수 있는데,
그럴 경우 '키톤' 대신에 머리에 쓰는 어떤 복장이 언급되어야 마땅하다. 그
래서 일부 학자들은 철자가 비슷한 '키타리스'로 고쳐 읽기도 한다. 그럴 경
우 본문은 "그들 중 통치자들은 머리에 두건을 두르고 나머지 사람들은 펠트
모자를 썼지만, 그 밖에는 모두 헬라스인들과 똑같았다"로 번역된다.

투구를 썼으며 방패 대용으로 소의 생가죽으로 만든 가벼운 방패를 들고 모직 키톤을 착용했다. 그들은 각기 투창 두 자루와 칼 한 자루를 들었는데, 그 칼은 아이깁토스의 칼과 흡사하게 만들어진 것이었다. 이들은 옛날에 히파카이오이라고 불렸는데, 포이니케인인 아게노르의 아들 킬릭스의 이름을 따서 그들의 이름을 지었다. 팜필리아인들은 배 30척을 제공했으며 헬라스인의 무장을 갖추었다. 이들 팜필리아인들은 암필로코스와 칼카스를 따라 트로이에서 흩어져 나온 자들의 후손이다.

92   리키에인들은 배 50척을 제공했다. 그들은 가슴갑옷을 입고 정강이받이를 착용했으며, 꽃층층나무 활과 깃털 없는 갈대 화살과 투창을 지녔다. 그리고 어깨에는 염소가죽을 두르고 머리에는 빙 둘러 깃털을 댄 펠트 모자를 썼다. 또한 그들은 단검과 언월도를 들었다. 리키에인들은 크레테에서 온 자들인데 테르밀라이라고 불렸다. 그러나 나중에 그들은 아테나이인인 판디온의 아들 리코스의 이름을 따서 자신들의 이름을 지었다.

93   아시에의 도리에스인들은 배 30척을 제공했고 헬라스의 무장을 갖추었다. 그들은 원래 펠로폰네소스에서 온 자들이었다. 카리에인들은 배 70척을 제공했다. 그들은 언월도와 단검을 지녔다는 것 외의 다른 점에서는 헬라스인과 똑같은 무장을 했다. 이들이 전에 어떻게 불렸는지는 내가 이야기의 처음 부분에서 밝힌 바 있다.[48]

94   이오네스인들은 배 100척을 제공했고, 헬라스인과 똑같은 무장을 했다. 헬라스인들의 말에 의하면, 이오네스인들은 그들이 펠로폰네소스에서 지금 아카이에라고 불리는 곳에 살고 있었을 때에, 다나오스와 크수토스[49]가 펠로폰네소스에 오기 전까지는 아이기알레스 펠

---

48   제1권 제171장 참조.

49   다나오스와 크수토스는 모두 전설상의 인물들이다. 다나오스는 그의 딸들과 함께 이집트에서 건너와 펠로폰네소스의 아르고스에 정착했다고 전한다. 크

라스고이[50]라고 불렸지만, 그 후엔 크수토스의 아들 이온의 이름을 따서 이오네스라고 불렸다 한다.

섬 주민들[51]은 배 17척을 제공했고, 헬라스인들처럼 무장했다. 이 95 들도 펠라스기에족이었는데, 아테나이에서 온 12개 국가의 이오네스인들[52]과 똑같은 이유에서 나중에 이오네스족으로 불렸다. 아이올레스인들은 배 60척을 제공했고, 헬라스인들처럼 무장했다. 헬라스인들의 말에 따르면, 그들은 옛날에 펠라스고이라고 불렸다. 헬레스폰토스인들 중 아비도스인들—아비도스인들에게는 고향에 머물며 다리를 지키라는 명령이 왕에게서 부여되었다—을 제외한 나머지 사람들은 폰토스[53]에서 출정한 자들인데 배 100척을 제공했고, 헬라스인들과 똑같은 무장을 했다. 이들은 이오네스인과 도리에스인 식민자들이었다.

그런데 모든 배들에는 페르시스인과 메디아인, 사카이인 병사들이 96 승선했다. 이 중 가장 우수한 배들은 포이니케인들, 특히 그들 중에서도 시돈인들이 제공한 것이었다. 이들 모두에게도 보병에서 배치된 것처럼 부대별로 각기 자국인 지도자들이 배속되어 있었다. 그런데 나는 내 탐구를 위해 꼭 그래야 할 필요가 없어서 그들의 이름을

수토스는 테살리아 출신으로 아테네에서 에렉테우스의 사위가 되었다가 나중에 펠로폰네소스의 아이기알로스(Aigialos, 아카이아의 옛 이름)에 정착했다고 한다.

50 '펠라스고이'는 '펠라스기에인들'을 뜻하는 명칭이다.

51 여기서 '섬 주민들'은 모호한 표현이다. 에게 해의 섬들을 말하는 것으로 보이지만 그들이 제공한 배의 규모가 너무 작기 때문에, 에게 해의 일부 섬들을 가리킨다고 하겠다. 일부 학자들은 에게 해 키클라데스 섬 주민들을 가리키는 것으로 보기도 한다.

52 제1권 제142장 참조.

53 여기서 '폰토스'는 문맥상 헬레스폰토스 인근의 바다, 즉 헬레스폰토스, 프로폰티스 해, 보스포로스 해협 지역을 가리킨다.

따로 언급하지 않는다. 각 종족의 지도자들은 언급할 가치가 없기 때문이다. 각 종족에는 그들의 도시 수만큼이나 많은 지도자들이 있었으니 말이다. 그들은 지휘관으로서가 아니라 다른 병사들처럼 예속민으로서 따라왔다. 그러나 최고권을 지니고 각 종족들을 지휘한 페르시스인 장군들에 대해서는 내가 이미 언급한 바 있다.

97   해군의 사령관들은 다레이오스의 아들 아리아빅네스, 아스파티네스의 아들 프렉사스페스, 메가바테스의 아들 메가바조스, 다레이오스의 아들 아카이메네스였다. 이 중 다레이오스와 고브리에스 딸의 아들인 아리아빅네스는 이오네스인과 카리에인 부대의 사령관이었다. 아이깁토스인의 사령관은 크세륵세스의 친동생인 아카이메네스였고, 나머지 부대들의 사령관은 다른 두 장군이었다. 한편 삼십노선, 오십노선, 경량선, 기다란 말 수송선들을 모두 합하면 전체 선박 수가 총 3,000척에 이른 것으로 나타났다.

98   배에 승선한 자들 중에서 사령관들 다음으로 가장 저명한 자들은 다음과 같았다. 아니소스의 아들인 시돈의 테트람네스토스, 시로모스의 아들인 티로스의 마텐, 악발로스의 아들인 아라도스의 메르발로스, 오로메돈의 아들인 킬리키에의 시엔네시스, 시카스의 아들인 리키에의 키베르니스코스, 키프로스인들인 케르시스의 아들 고르고스와 티마고레스의 아들 티모낙스, 카리에인들인 팀네스의 아들 히스티아이오스와 히셀도모스의 아들 피그레스, 칸다울레스의 아들 다마시티모스가 그들이었다.

99   나는 다른 부대장들에 대해서는 꼭 그럴 필요가 없어서 따로 언급하지 않는다. 하지만 나는 아르테미시에가 여자의 몸으로 헬라스 원정에 참가한 것을 참으로 놀랍게 생각한다. 그녀는 남편이 죽자 참주 권력을 차지했고 청년 아들이 있었는데, 전혀 강제에 의해서가 아니라 순전히 자신의 용기와 기백에 따라 원정에 참가했던 것이다. 그녀의 이름은 아르테미시에였고 릭다미스의 딸이었다. 그녀의 가계는 아버지 쪽으로는 할리카르네소스 계통이고 어머니 쪽으로는 크레테

계통이었다. 아르테미시에는 할리카르네소스인들과 코스인들, 니시로스인들, 칼리드니오이인들을 이끌었고 배 5척을 제공했다. 그녀가 제공한 배들은 전체 함대 중에서 시돈인의 배들 다음으로 가장 평판이 좋았고, 모든 동맹 세력 중에서 왕에게 가장 좋은 조언을 해 준 것도 그녀였다. 내가 앞서 그녀가 이끈다고 말한 나라들은, 내가 밝히건대, 모두 도리에스인 계열의 나라다. 할리카르네소스인들은 트로이젠 출신이고 나머지 나라 사람들은 에피다우로스 출신이었던 것이다. 해군에 대한 이야기는 이 정도로 해 둔다.

크세륵세스는 군대 인원수가 다 파악되고 군대가 정렬해 있자, 친 100히 그들 사이를 돌아다니며 살펴보기를 원했다. 그 후 그는 그렇게 했는데, 전차를 타고 각 종족 사이를 지나다니며 그들에게 질문을 했고 그의 서기들은 그것을 받아 적었다. 이는 그가 기병과 보병의 한쪽 끝에서 다른 쪽 끝에 이를 때까지 계속되었다. 그가 이렇게 하고 나자 육지의 배들이 바다에 띄워졌다. 그러자 크세륵세스는 전차에서 내려 시돈의 배로 갈아타고 황금 차일 아래에 앉아 배들의 뱃머리들 옆을 지나갔다. 그는 이들에게도 각기 보병에게 했던 것처럼 똑같이 질문을 했고 그것을 모두 기록하게 했다. 선장들은 배들을 해안에서 4플레트론 거리 정도 끌고 나가 정박시켰으며, 뱃머리를 육지 쪽으로 돌려 모두 일렬로 정렬시키고 승선병들[54]은 전쟁 때와 마찬가지로 완전 무장 시켰다. 그래서 크세륵세스는 그들의 뱃머리들과 해안 사이를 배로 지나가며 그들을 살펴보았다.

크세륵세스는 모든 함대를 자신의 배로 돌아보고 배에서 내린 후, 101당시 그와 함께 헬라스 원정에 참가한 아리스톤의 아들 데마레토스를 불러오게 했다. 그는 데마레토스를 불러서 이렇게 물었다. "데마레토스여, 내가 알고자 하는 게 있어서 그대에게 좀 물어보고 싶소.

---

54 '승선병'에 대해서는 제6권 제12장의 옮긴이 주 참조.

그대는 헬라스인이고, 또 내가 그대 자신에게서나 또는 나와 이야기를 나눈 다른 헬라스인들에게서 듣기에, 헬라스에서도 아주 크고 강력한 나라의 사람이오. 그러니 이제 내 물음에 답해 주시오. 과연 헬라스인들이 물러서지 않고 나에게 대항하겠소? 내가 생각하기엔, 모든 헬라스인들과 또 서쪽 지역에 사는 나머지 사람들까지 다 모인다 해도, 그들이 단합하지 않는다면 내 공격에 맞서 싸우지 못할 텐데 말이오. 그래도 나는 그대가 그들에 대해 무어라 하는지 그대 이야기를 들어보고 싶소." 그가 이렇게 묻자 데마레토스가 대답해 말했다. "전하, 제가 전하께 진실로 말할까요? 아니면 듣기 좋게 말할까요?" 이에 크세륵세스는 그에게 진실로 말하라고 명했고, 그 때문에 그가 이전보다 더 미움을 사게 되지는 않을 거라고 말했다.

102   데마레토스는 이 말을 듣고 이렇게 말했다. "전하, 전하께서 저에게 반드시 진실로 말하고 나중에 전하께 거짓으로 드러날 말은 하지 말라고 명하시니, 말씀 드리겠습니다. 헬라스는 원래 빈곤이 상존하는 곳이지만 지혜와 강력한 법을 통해 습득한 용기(勇氣)를 갖추고 있습니다. 헬라스는 이 용기 덕분에 빈곤과 전제(專制)를 막아내고 있습니다. 저는 지금 도리에스인들의 지역에 거주하는 모든 헬라스인들을 찬미하는 것이지만, 이제 그들 모두가 아니라 라케다이몬인들에 대해서만 몇 말씀 드리겠습니다. 첫째 그들은 헬라스에 예속을 초래할 전하의 제안을 절대 받아들이지 않을 것이고, 둘째 그들은, 다른 헬라스인들이 모두 전하 편에 선다고 해도, 전하와 맞서 싸울 것입니다. 그들의 수에 대해, 그렇게 할 수 있는 자들이 얼마나 되는지는 묻지 마시옵소서. 그들은 전쟁에 나갈 자가 1,000명이건 혹은 그보다 적거나 많건 간에 전하와 전쟁을 할 것이기 때문입니다."

103   크세륵세스는 이 말을 듣고 웃으며 말했다. "데마레토스여, 무슨 말을 하는 거요. 1,000명의 병사가 이렇게 많은 내 군대와 싸울 것이라니. 자 그럼 나에게 말해 보시오. 그대는 자신이 이 자들의 왕이었다고 말하오. 그러면 그대는 지금 당장 10명과 싸울 용의가 있소? 하

지만 그대들의 정치 제도가 모두 그대가 말한 그대로라면, 그대는 그들의 왕으로서 마땅히 그대들의 규범에 따라 2배수의 상대와 대적해야 하는 거요.[55] 만일 그들 각자가 내 군대의 병사 10명에 필적할 수 있다면, 나는 그대가 20명에 필적할 수 있기를 바라는 바요. 그래야 그대가 말한 이야기가 옳다고 할 수 있소. 하지만 당신들이 그대나 또는 나에게 면담하러 온 여느 헬라스인들과 같은 부류고 체격이 같은데도 그와 같이 큰소리친다면, 그대가 한 말이 쓸데없는 허풍이 되지 않도록 조심하시오. 자 그럼 내가 아주 합리적으로 살펴보겠소, 1,000명 혹은 1만 명 아니 5만 명이라고 해도, 그들이 모두 똑같이 자유롭고 한 명의 지배하에 있지 않다면, 이렇게 많은 내 군대와 어떻게 대적할 수 있겠소? 그들이 5,000명이라고 하면, 우리는 그들 한 명당 1,000명 이상일 테니 말이오. 만일 그들이 우리의 방식대로 한 명의 지배를 받게 된다면, 그가 두려워 그들의 본성 이상으로 더욱 용감해질 것이고, 또 그들이 더 소수임에도 불구하고 채찍질에 못 이겨 피치 못해 다수를 공격하게 될 것이오. 그러나 그들이 자유에 빠져 있다면, 이 중 어느 것도 이행하지 못할 것이오. 사실 내 생각엔, 헬라스인들이 수적으로 동등하다 하더라도 그중 페르시스인들하고만 싸우기도 힘겨울 것이오. 그대가 말한 그런 능력은 오직 우리만이 가지고 있으며, 우리 중에서도 다수가 아니라 일부 소수민이 갖고 있소. 나의 페르시스인 호위병 중에는 한 번에 헬라스인 셋과 싸우려는 자들이 있기 때문이오. 그대는 이것을 모르고 잔뜩 허튼소리를 하고 있소."

이에 대해 데마레토스가 말했다. "전하, 저는 제가 진실로 말하면 104 전하께서 제 말을 좋아하시지 않을 줄 처음부터 알고 있었습니다. 그

---

55 스파르타 왕은 일반 시민과 달리 투표권을 2표 행사하고 연회에서도 음식 몫을 2배 받았다고 하는데, 크세륵세스는 바로 이 점을 지적하는 것이다. 제6권 제57장 참조.

러나 전하께서 저에게 순전한 진실만을 말하도록 강요하셨기에, 스파르테인들의 상황을 말씀 드렸던 것입니다. 그렇지만 전하께서는 제가 지금 그들을 얼마나 좋아하는지 매우 잘 알고 계십니다.[56] 그들은 저의 명예로운 공직과 조상 전래의 특권을 빼앗고 저를 나라 없는 유랑자로 만든 자들입니다. 그런 저를 전하의 아버님께서 받아들여 저에게 살림과 집을 마련해 주셨습니다. 분별 있는 자라면 마땅히 자신에게 제시된 이런 호의를 거절하지 않고 참으로 감사히 여길 것입니다. 저는 제가 열 명 혹은 두 명과 맞서 싸울 수 있다고 주장하지 않으며, 제 맘으로는 일대일로도 싸우고 싶지 않습니다. 하지만 제가 어쩔 수 없이 싸워야 하거나 혹은 어떤 큰 시합이 제 맘을 부추긴다면, 저는 자기 혼자서 헬라스인 셋과 겨룰 만하다고 주장하는 자들 중 한 명과 아주 기꺼이 싸우고 싶습니다. 라케다이몬인들도 혼자씩 싸울 때 누구 못지않게 잘 싸웁니다. 그러나 그들은 함께 모여서 싸울 때에 모든 사람 가운데 최강입니다. 그들은 자유민들이지만 전적으로 자유롭지는 않기 때문입니다. 그들에게는 법이 주인으로 군림하고 있으며, 그들은 전하의 백성들이 전하를 두려워하는 것보다 훨씬 더 크게 법을 두려워합니다. 좌우간 그들은 법이 지시하는 것은 무엇이든 합니다. 법이 지시하는 것은 항상 똑같은데, 즉 아무리 많은 적 앞에서도 전쟁터에서 도망가지 말고 그들의 대열을 지켜서 이기든지 죽든지 하라는 것입니다. 저의 이런 말이 전하께 쓸데없는 소리로 생각되신다면, 이후로는 아무 말씀도 드리지 않겠습니다. 지금 저는 전하의 명에 못 이겨 부득이 말씀 드렸을 뿐입니다. 하지만 전하, 모든 일이 전하의 뜻대로 이뤄지길 바랍니다."

105   그가 이렇게 대답하자, 크세륵세스는 그것을 농담으로 돌리며 전

---

56 원문의 이 구절이 올바른 것이라면, 이는 반어적 표현으로 해석된다. 데마레토스는 자신을 어려운 지경에 빠뜨린 스파르타인들에 대해 서운한 감정을 비꼬아 표현하고 있는 것이다.

혀 화를 내지 않았고 따뜻하게 그를 돌려보냈다. 크세륵세스는 그와 이런 대화를 나눈 다음, 메가도스테스의 아들 마스카메스를 이 도리스코스의 총독으로 임명하고 다레이오스가 임명한 자를 해임했다. 그런 후 그는 군대를 데리고 트레이케를 지나 헬라스로 진군했다.

그가 남겨 놓은 이 마스카메스는 대단한 인물이었는데, 크세륵세 106 스는 그 자신이나 다레이오스가 임명한 모든 총독들 중에서 마스카메스를 가장 용감하다고 여겨 그에게만 계속해서 선물을 보냈다. 크세륵세스는 매년 그에게 선물을 보냈던 것이다. 크세륵세스의 아들 아르토크세륵세스도 마스카메스의 후손들에게 똑같이 선물을 보냈다. 이 원정이 있기 전에 이미 트레이케와 헬레스폰토스의 곳곳에는 총독들이 임명되어 있었다. 그런데 트레이케와 헬레스폰토스 지역의 이들 총독은 원정 후에 도리스코스의 총독만 제외하고 모두 헬라스 인들에게 축출되었다. 많은 사람들이 도리스코스의 마스카메스를 축출하려고 시도했지만, 아무도 성공하지 못했다. 바로 이 때문에 그는 어떤 페르시스 왕에게도 늘 선물을 받게 되었던 것이다.

크세륵세스 왕은 헬라스인들에게 쫓겨난 총독 중에서 에이온의 보 107 게스만 빼고 어느 누구도 용감한 사람으로 여기지 않았다. 크세륵세스는 끊임없이 보게스를 칭찬했고, 페르시스에 생존해 있던 그의 아들들에게 그 큰 명예를 부여했다. 보게스는 그게 칭찬받을 만한 자였기 때문이다. 그는 아테나이인들과 밀티아데스의 아들 키몬에게 포위 공격을 받았을 때, 휴전협정을 맺고 그곳에서 나와 아시에로 돌아갈 수 있었는데도, 왕이 그가 비겁하게 살아남았다고 여기지 않도록, 그렇게 하지 않고 마지막까지 버텼다. 결국 성내에 식량이 다 떨어지자, 그는 큰 장작더미를 쌓고 자신의 자식들과 아내, 첩들, 하인들을 죽인 다음 불 속에 던져 넣었다. 그런 후 그는 도시 안에 있던 모든 금과 은을 성벽 위에서 스트리몬 강으로 쏟아 버렸으며, 그러고 나서 자신도 불 속으로 뛰어들었다. 그리하여 그는 당연히 지금도 여전히 페르시스인들에게 찬사를 받고 있다.

108   크세륵세스는 도리스코스에서 헬라스를 향해 진군하면서, 도중에
       만난 모든 사람들에게 강요하여 원정에 동참하게 했다. 내가 이미 앞
       서 밝힌 것처럼,[57] 테살리에까지의 모든 지역은 메가바조스와 나중의
       마르도니오스에게 정복당해 진작 예속된 상태였고 왕에게 공물을 바
       쳐 왔기 때문이다. 크세륵세스는 도리스코스로부터 진군하면서 우선
       사모트레이케의 요새들 옆을 지나갔다. 그중 맨 서쪽 끝에 세워진 것
       이 메삼브리에라고 불리는 도시다. 그에 인접하여 타소스의 도시 스
       트리메가 위치해 있는데, 그 두 도시 사이로 리소스 강이 흐른다. 당
       시 이 강은 크세륵세스 군대에 충분히 물을 조달하지 못하고 강물이
       고갈되었다. 이 지역은 옛날에 갈라이케라고 불렸지만 지금은 브리
       안티케라고 불린다. 그러나 아주 엄밀히 말하자면, 이곳 역시 키코네
       스인들의 땅이다.

109   크세륵세스는 물이 말라 버린 리소스 강 바닥을 건넌 후 마로네이
       아, 디카이아, 압데라 같은 헬라스 도시들 옆을 지나갔다. 이곳들을
       지나고 또한 인근의 유명한 호수들 옆을 지나갔는데, 그것은 마로네
       이아와 스트리메 사이에 위치한 이스마리스 호수와 디카이아 근처의
       비스토니스 호수였다. 이 호수에는 두 강, 즉 트라우오스 강과 콤프
       산토스 강이 흘러든다. 그런데 압데라 근처에서는 크세륵세스가 유
       명한 호수를 하나도 지나지 않고, 바다로 흘러가는 네스토스 강을 건
       너갔다. 이들 지역을 지난 후에는 본토의 도시들[58] 옆을 지나갔는데,
       그중 한 도시에 주변 둘레가 30스타디온쯤 되는 호수가 있다. 그 호
       수는 물고기가 많고 물맛이 매우 짜다. 이 호수는 운송용 동물들만

---

57   제5권 제1~2장과 제6권 제44~45장 참조.

58   '본토의 도시들'이라는 표현은 뜻이 모호하다. 여기서 '본토의'라고 번역한
     '에페이로티스'(epeirotis)는 흔히 섬 지역과 구분되는 대립어로 사용된다.
     따라서 여기서는 인근의 섬들인 사모트레이케나 타소스와 구분하여 이런 표
     현을 사용했을 것으로 보인다.

마셨는데도 물이 말라 버렸다. 이 도시의 이름은 피스티로스라고 한다.

크세륵세스는 해안에 있는 이 헬라스 도시들을 왼편에 끼고 옆을   110
지나갔다. 그가 행군하며 통과한 지역의 트레이케 부족들은 파이토
이인, 키코네스인, 비스토네스인, 사파이오이인, 데르사이오이인, 에
도노이인, 사트라이인이다. 이 중 해안 지역에 거주하는 자들은 배
를 타고 그의 군대를 따라왔다. 한편 내가 앞서 말한, 내륙에 사는 자
들은 사트라이인을 제외하고는 모두가 강제로 그의 보병에 합류해야
했다.

사트라이인은, 우리가 아는 한, 어느 누구에게도 예속된 적이 없으   111
며 트레이케인들 가운데 유일하게 나의 시대에까지도 항상 자유를
누려 왔다. 그들은 온갖 수목들과 눈으로 뒤덮인 높은 산에 살고 전
쟁에 매우 능한 자들이기 때문이다. 이들이 바로 디오니소스의 신탁
소를 가지고 있는 자들이다. 이 신탁소는 가장 높은 산꼭대기에 있으
며, 사트라이인들 가운데 베소이족이 성소의 신탁을 해석한다. 신탁
을 구술하는 자[59]는 델포이에서처럼 예언녀인데, 그곳의 신탁 방식이
델포이보다 더 복잡하지는 않다.

크세륵세스는 앞서 말한 지역을 지나고, 그다음에 피에리에인의   112
요새들 옆을 지나갔는데 그중 하나는 파그레스, 다른 하나는 페르가
모스라고 불린다. 그는 이 길로 요새들 옆을 지나며 거대하고 높은
팡가이온 산을 오른편에 끼고 진군했다. 팡가이온 산에는 금광들과
은광들이 있는데, 그 광산들은 피에리에인과 오도만토이인, 특히 사
트라이인들이 운영한다.

---

59 '신탁을 구술하는 자'는 프로만티스(promantis)를 번역한 말이다. 무아지경
속에서 신의 계시를 말로 전달하는 자를 가리킨다. 그런데 구술된 신탁은 대
개 뜻이 불분명하고 모호해서, 따로 프로페테스(prophetes)가 신탁의 뜻을
해석하곤 했다. 프로페테스는 흔히 '신탁 해석자', '예언자'로 번역된다. 헤로
도토스는 프로만티스와 프로페테스를 의미 구분 없이 사용하기도 한다(제8권
제135장 참조).

113   팡가이온 산 너머 북쪽에는 파이오니에인, 도베레스인, 파이오플라이인이 살고 있는데, 그는 이들 옆을 지나 서쪽으로 나아가 마침내 스트리몬 강과 에이온 시에 이르렀다. 이곳은 내가 좀 전에[60] 언급한 바 있는 보게스가 통치했는데 이때는 그가 아직 생존해 있었다. 팡가이온 산 주변의 이 지역은 필리스라고 불린다. 이 지역은 서쪽으로 앙기테스 강―이 강은 스트리몬 강으로 흘러들어 간다―까지 뻗어 있고, 남쪽으로는 바로 그 스트리몬 강까지 뻗어 있다. 마고스들은 백마들을 죽여 이 강에 바치고 길조를 간구했다.

114   그들은 그 강에서 이것과 그 밖의 다른 많은 주술을 행한 후, 에도노이인의 도시 엔네아 호도이에서 다리들을 지나 강을 건넜다. 그들은 그곳의 스트리몬 강에 다리들이 놓여 있는 것을 발견했기 때문이다. 그들은 그곳이 엔네아 호도이라고 불리는 것을 알자 그 수만큼의[61] 토착민 소년들과 소녀들을 산 채로 매장했다. 생매장하는 것은 페르시스식 관습이다. 내가 들은 바로는, 크세륵세스의 아내 아메스트리스도 노령에 이르렀을 때 이른바 지하의 신에게 그녀 자신을 위한 감사 선물로 바치려고 저명한 페르시스인들의 아들 14명을 생매장했다고 하기 때문이다.

115   크세륵세스의 군대가 스트리몬 강을 떠나 진군했을 때, 서쪽으로 해안 지대가 있었는데 군대는 그곳에 있는 헬라스의 도시 아르길로스 옆을 지나갔다. 이곳과 그 위의 내륙 지역은 비살티에라고 불린다. 거기서부터 크세륵세스는 포시데이온 앞의 만(灣)을 왼편에 끼고 실레오스라고 불리는 평원을 통과했으며 헬라스의 도시 스타게이로스 옆을 지나 아칸토스에 도착했다. 이때 그는 이 모든 부족과 팡가이온 산 주변에 사는 부족들을 함께 데리고 갔는데, 내가 앞서 언급

---

60   제7권 제107장 참조.

61   '엔네아 호도이'라는 지명은 '아홉 개의 길'이라는 의미를 지니므로, 여기서 '그 수만큼의'는 9명을 가리킨다.

한 부족들과 똑같이[62] 해안 지역에 거주하는 자들은 배를 타고 군대에 복무했고 내륙에 사는 자들은 보병으로 복무했다. 트레이케인들은 크세륵세스 왕이 군대를 이끌고 지나간 이 길을 갈아엎지도 않고 파종하지도 않았는데, 그들은 나의 시대까지도 그 길을 크게 숭상하고 있다.

크세륵세스는 아칸토스에 도착하자, 아칸토스인들이 전쟁에 매우 116 열성적인 것을 보고 또 그들의 운하 작업에 대해서도 들었는지라, 아칸토스인들에 대해 우호 관계[63]를 공표하고 그들에게 메디아의 복장을 하사하며 치하했다.

크세륵세스가 아칸토스에 있었을 때, 마침 운하 공사 감독 아르타 117 카이에스가 병으로 죽었다. 그는 크세륵세스에게 신망받는 자였고 아카이메니다이 가문 출신이었다. 그는 페르시스인 중에서 가장 키가 컸고―그의 키는 5왕실페키스에서 4닥틸로스가 부족했던 것이다[64]―, 모든 사람 중에서 목소리가 가장 컸다. 크세륵세스는 그의 죽음을 크게 애도했으며 장례를 성대하게 치르고 그를 매장했다. 전 군대가 그의 무덤을 쌓아 올렸다. 아칸토스인들은 신탁에 따라 이 아르타카이에스를 영웅으로 제사 지내며 그에게 기원을 드린다.

그렇게 크세륵세스 왕은 아르타카이에스의 죽음을 애도했다. 그러 118 나 군대를 영접하고 크세륵세스에게 식사를 대접한 헬라스인들은 극도로 곤궁해졌고 급기야 집을 떠날 정도였다. 타소스인들이 본토에 있는 자신들의 도시들을 대신하여 크세륵세스의 군대를 영접하고 식사를 대접했을 때, 타소스에서 누구 못지않게 명망 있는 시민인 오르

---

62 제7권 제110장 참조.

63 제1권 제27장의 옮긴이 주 참조.

64 오늘날 기준으로 1왕실페키스를 약 50센티미터, 1닥틸로스를 약 1.85센티미터로 계산하면, '4닥틸로스가 모자란 5왕실페키스'는 약 242.6센티미터에 해당한다.

게우스의 아들 안티파트로스가 그 일을 맡도록 선정되었는데, 그는 식사에 은 400탈란톤이 쓰였다고 밝혔다.

119 　다른 도시들에서 그 일을 맡은 자들도 이와 비슷한 금액을 썼다고 밝혔다. 그 식사는 오래전에 미리 통보되었고 매우 중요하게 여겨졌다. 그래서 그 식사는 다음과 같은 식으로 추진되었다. 우선 전령들이 돌리는 전갈을 듣는 즉시 해당 도시들의 시민들은 모두 곡물을 분배하고 여러 달에 걸쳐 밀가루와 보릿가루를 빻았다. 그리고 돈으로 살 수 있는 가장 좋은 가축들을 찾아서 살을 찌우고, 군대를 대접하기 위해 육지와 물에 사는 날짐승들을 축사와 저수장에서 사육했다. 또한 금은 술잔과 혼주용기와 식탁에 놓일 그 밖의 모든 용기들도 만들었다. 이것들은 왕 자신 및 왕과 함께 식사하는 자들을 위해 만든 것이고, 나머지 군대에는 단지 음식만 제공되었다. 군대가 도착할 때면 크세륵세스가 기거하기 위한 천막이 쳐졌고, 나머지 군대는 야외에서 지냈다. 식사 시간이 되면 주인들은 갖은 고생을 하지만, 손님들은 배불리 먹고 그곳에서 밤을 보냈다. 다음 날 그들은 천막을 걷어 낸 후 옮길 수 있는 것들을 모두 가지고 떠났는데, 아무것도 남기지 않고 다 가져갔다.

120 　그때에 압데라인 메가크레온이 말한 명언이 있었는데, 그는 압데라인들에게 조언하기를 남자와 여자가 함께 공동으로 그들의 성소들에 가서 탄원자로서 앉아 앞으로 닥칠 불행에서 반을 면하게 해 달라고 신들에게 간청하고 이미 지난 일에 대해서는 크세륵세스 왕이 하루에 두 번 식사하는 습관을 갖지 않은 데 크게 감사하라고 했던 것이다. 왜냐하면 압데라인들에게 만일 만찬과 똑같은 아침 식사도 제공하라는 명령이 내려졌더라면, 그들은 크세륵세스가 오기 전에 달아나야 했거나 아니면 그냥 남아서 모든 인간 가운데 가장 비참하게 지냈을 것임이 분명하다는 것이었다.

121 　어쨌든 그들은 곤경을 겪으면서도 명령받은 일을 이행했다. 크세륵세스는 아칸토스를 출발하며, 함대를 자신에게서 떠나보내고 해

군 지휘관들에게 테르메에서 자신을 기다리라고 지시했다. 그는 그 길이 가장 지름길이라는 것을 알고 있었기 때문이다. 테르메는 테르메 만에 있는데, 그 만 이름은 이 도시 이름에서 따 온 것이었다. 그의 군대는 도리스코스에서부터 아칸토스까지 다음과 같은 대열하에 행군을 해 왔다. 즉 크세륵세스는 육군 전체를 3개 군단으로 나누고, 그중 한 군단은 해군과 보조를 맞추어 해안을 따라 행군하도록 했다. 이 군단은 마르도니오스와 마시스테스가 지휘했다. 그의 군대에서 3분된 또 다른 군단은 내륙으로 행군하도록 했는데, 이는 트리탄타이크메스와 게르기스가 지휘했다. 크세륵세스 자신이 함께 행군한 세 번째 군단은 다른 군단들의 중간으로 진군했는데, 스메르도메네스와 메가비조스가 이 군단의 지휘관이었다.

크세륵세스가 떠나보낸 해군은 아토스에 만들어진 운하를 거쳐 항 122 해했는데, 운하는 아사, 필로로스, 싱고스, 사르테 같은 도시들이 위치한 만으로 연결되어 있었다. 그 후 해군은 이 도시들에서도 군대를 모집한 다음 테르메 만을 향해 출항했다. 해군은 토로네의 암펠로스 곶을 돌아 헬라스 도시들인 토로네, 갈렙소스, 세르밀레, 메키베르나, 올린토스를 통과했는데, 이 도시들에서 선박과 군대를 모집했다.

이 지역은 시토니에라고 불린다. 크세륵세스의 해군은 암펠로스 123 곶에서 카나스트라이온 곶으로 곧장 가로질러 갔는데[65] 카나스트라

---

65 이 구절은 바로 앞의 제7권 제122장과 제123장에서의 언급, 즉 메키베르나·올린토스 등으로 항해하여 그곳에서 병력을 모집했다는 언급이나 포티다이아·아피티스 등에서 병력을 모집했다는 언급과 모순된다. 함대가 카나스트라이온 곶으로 직항했다면 지리적으로 볼 때 그 도시들에 들를 수가 없기 때문이다. 일부 학자들은 이에 대해 해군이 분리되어 일부는 토로네 만으로 들어가 항해하고 일부는 카나스트라이온 곶으로 직항했다는 해석을 제시하기도 하지만, 모호하기는 여전히 마찬가지다. 헤로도토스의 현재 기술을 그대로 따르자면, 해군이 선박과 병력을 모집하기 위해 그 도시들에 들렀다고 할 수도 있지만 그렇게까지 충원할 필요가 있었는지는 의문이다.

이온 곳은 팔레네 지역에서 바다 쪽으로 가장 멀리 튀어나온 곳에 있다. 그 후 크세륵세스의 해군은 포티다이아, 아피티스, 네에폴리스, 아이게, 테람보스, 스키오네, 멘데, 사네에서 선박과 병력을 모집했다. 이 도시들은 지금은 팔레네라고 불리지만 옛날에는 플레그레라고 불렸던 지역에 자리 잡고 있다. 해군은 이 지역의 해안을 따라 항해하며 약속된 장소로 향했는데, 팔레네에 인접하고 테르메 만과 접한 도시들에서도 군대를 모집했다. 그 도시들의 이름은 다음과 같은데, 리팍소스, 콤브레이아, 아이사, 기고노스, 캄프사, 스밀라, 아이네이아가 그것들이다. 그 도시들이 소재한 지역은 지금까지도 여전히 크로사이에라고 불린다. 내가 지금 마지막으로 언급한 도시인 아이네이아 이후로 해군의 항해는 바로 그 테르메 만과 믹도니에 지역에 이르렀다. 이렇게 항해하여 해군은 약속된 장소인 테르메와 악시오스 강 유역의 신도스와 칼레스트레 시에 도착했다. 이 강은 믹도니에 지역과 보티아이스 지역의 경계를 이루는데, 보티아이스 지역의 좁은 해안 지대에는 이크나이 시와 펠라 시가 있다.

124   그리하여 해군은 그곳의 악시오스 강과 테르메 시와 그 사이에 있는 도시들의 앞바다에 주둔하며 왕을 기다렸다. 한편 크세륵세스와 육군은 테르메로 가려고 아칸토스에서 곧바로 내륙을 가로질러 행군했다. 그들은 파이오니에와 크레스토니아를 통과하여 케이도로스 강으로 행군했다. 이 강은 크레스토니아에서 발원해 믹도니에 땅을 거쳐 흐르다가 악시오스 강 유역의 늪지대로 흘러 나간다.

125   크세륵세스가 그 길로 행군하고 있을 때, 사자들이 곡물을 운반하는 낙타들을 습격했다. 사자들은 밤에 그들의 소굴을 떠나 자주 내려와서 다른 운송용 동물이나 사람은 절대 습격하지 않고 오직 낙타들만 공격하곤 했다. 나는 사자들이 무엇 때문에 다른 짐승들은 마다하고 그들이 전에 본 적도 경험한 적도 없는 낙타들을 공격해야 했는지 그 이유가 불가사의하다.

126   이들 지역에는 사자와 들소가 많이 사는데, 이 들소의 거대한 뿔들

은 헬라스인들에게 유입된다. 사자들이 사는 지역 경계는 압데라를 거쳐 흐르는 네스토스 강과 아카르나니에를 거쳐 흐르는 아켈로스 강이다. 네스토스 강 동편에서는 에우로페의 앞쪽[66] 지역 어디서도 사자를 볼 수 없고 또 아켈로스 강 서편에서는 나머지 대륙 지역 어디서도 사자를 볼 수 없다. 사자들은 이 강들 사이의 지역에서만 나타난다.

크세륵세스는 테르메에 도착하자 그곳에 군대를 숙영시켰다. 그의 127 군대는 그곳에 숙영하면서, 테르메 시와 믹도니에 지역에서 리디에스 강과 할리아크몬 강에 이르기까지의 모든 해안 지역을 점거했다. 이 두 강은 물이 합류하여 하나로 흐르는데, 보티아이스 지역과 마케도니에 지역의 경계를 이룬다. 이방인들은 이 지역들에 숙영했는데, 내가 앞서 말한 강 중에서 크레스토니아에서 흘러오는 케이도로스 강만이 군대가 마실 물을 다 대지 못하고 고갈되었다

크세륵세스는 테르메에서 테살리에의 거대한 산들인, 올림포스 산 128 과 오사 산을 바라보았는데, 그 산들 사이에 페네이오스 강이 흐르는 좁은 협곡이 있다는 것을 알고 또 거기에 테살리에로 가는 길이 있다는 말을 듣자, 배를 타고 나가 페네이오스 강이 유출되는 하구를 보고 싶어 했다. 그는 위쪽[67] 길로 해서 내륙 안쪽에 거주하는 마케도니에인들의 지역을 거쳐 페르라이보이인들 지역과 곤노스 시로 진군하려 했기 때문이다. 그는 그리로 가는 것이 가장 안전한 길이라고 들었던 것이다. 그때 그는 페네이오스 강을 보고 싶다는 자신의 원대로 일을 실행했다. 그는 이와 같은 일을 하고자 할 때마다 늘 승선하곤 했던 시돈의 배에 올라, 육군은 그곳에 남겨 둔 채, 다른 배들에도 출항하라고 신호를 보냈다. 크세륵세스는 페네이오스 강 하구에 이르

---

66 네스토스 강의 동쪽에 위치한 에우로페. 여기서 '앞쪽'은 아시아에서 바라본 방향을 가리킨다.

67 여기서 '위쪽'은 해안에서 멀리 떨어진 내륙 쪽을 말한다.

러 그 모습을 보고서 크게 놀랐다. 그는 길 안내자들을 불러, 그 강물의 흐름을 돌려 다른 곳에서 바다로 흘러들게 할 수 있는지를 물었다.

129 옛날에는 테살리에가 사방이 거대한 산들로 둘러싸여 있어서 호수였다는 이야기가 있다. 테살리에의 동쪽으로는 펠리온 산과 오사 산이 서로 산기슭이 연결된 채 에워싸고 있고, 북쪽으로는 올림포스 산, 서쪽으로는 핀도스 산, 남쪽의 남풍 부는 쪽으로는 오트리스 산이 에워싸고 있기 때문이다. 방금 말한 이 산들의 가운데에 움푹한 분지인 테살리에가 자리 잡고 있다. 그리하여 이곳으로 다른 많은 강들도 흘러들지만, 특히 다음의 다섯 개 강이 가장 유명하다. 그 강들은 바로 페네이오스 강, 아피다노스 강, 오노코노스 강, 에니페우스 강, 파미소스 강이다. 이 강들은 테살리에 주위를 둘러싸고 있는 산들로부터 각기 제 이름을 가지고 이 평원으로 모여들고, 강물이 모두 하나로 합쳐진 다음 하나의 협곡 그것도 좁은 협곡을 통해 바다로 흘러 나간다. 그 강들이 하나로 합쳐지면 바로 그 지점에서부터 페네이오스라는 이름만 부각되고 나머지 강들의 이름은 없어지게 된다. 그런데 옛날에는 이 협곡과 배수로가 없었기 때문에 이 강들과 또한 보이베이스 호수—이 강들과 호수는 그때 지금 같은 이름이 없었지만 지금과 같은 양의 물을 흘려보냈다고 한다—의 물이 흘러 테살리에 전역을 바다로 만들었다고 한다. 테살리에인들 자신의 말에 의하면, 페네이오스 강이 흘러 나가는 그 협곡은 포세이데온이 만들었다고 하는데, 그럴싸한 말이다. 포세이데온이 땅을 진동시킨다고 믿고 지진에 의한 땅의 균열을 그 신의 행위라고 믿는 자들이라면, 그 협곡을 보고서 포세이데온이 그렇게 했다고 말할 것이기 때문이다. 나에게는 그 산들의 균열이 지진의 작용 때문인 것처럼 보이니 말이다.

130 크세륵세스가 페네이오스 강에 바다로 나가는 다른 출구가 있는지를 묻자, 그에 대해 확실하게 알고 있던 안내자들이 대답했다. "전하, 이 강에는 바다로 이어지는 다른 출구가 없으며 오직 이것뿐입니다. 테살리에 전체가 산들로 둘러싸여 있기 때문입니다." 그에 대해 크세

릭세스가 이렇게 말했다고 한다. "테살리에인들은 현명한 자들이오. 그들이 오래전에[68] 바로 이 점을 경계하여 나에게 항복했으니 말이오. 그들은 다른 이유도 있지만 특히 그들의 땅이 쉽게 금방 정복되기에 그랬던 거요. 둑을 쌓아 강이 협곡으로 흐르는 것을 막고 지금 강물이 흐르는 물길을 돌려 강물이 그들의 땅으로 흘러들게만 하면, 테살리에 전체가 산들 외에는 모두 물에 잠길 테니 말이오." 크세륵세스의 이 말은 알레우아스의 아들들을 두고 한 말이었다. 테살리에인들이 헬라스인 가운데 가장 먼저 왕에게 항복했기 때문이다. 크세륵세스는 그들이 그곳의 모든 종족을 대표하여 자신에게 친교를 청했다고 여겼던 것이다. 그는 이렇게 말하고 그곳을 살펴본 다음 테르메로 귀항했다.

크세륵세스는 피에리에 근방에서 여러 날을 보냈다. 그의 군대 전 131 체가 페르라이보이인들의 땅으로 갈 수 있는 길을 만들고자, 군대 중 3분된 군단 하나가 마케도니에의 산악에서 수목들을 베어 내고 있었기 때문이다. 한편 흙을 요구하러 헬라스에 파견되었던 사절들이 돌아왔는데, 일부는 빈손으로 왔고 일부는 흙과 물을 가지고 왔다.

그것들을 바친 자들은 다음과 같았다. 테살리에인, 돌로페스인, 에 132 니에네스인, 페르라이보이인, 로크리스인, 마그네시에인, 멜리스인, 프티오티스의 아카이에인, 테바이인, 그리고 테스페이아인과 플라타이아이인을 제외한 나머지 보이오티에인들이 그들이었다. 이방인과 전쟁을 하기로 한 헬라스인들은 항복한 자들을 겨냥해 서약을 맺었다. 서약 내용은 그들이 좋은 성과를 거둘 경우 헬라스인임에도 강제

---

68 여기서 크세륵세스는 테살리아인들이 '오래전에' 페르시아인들에게 항복했다고 말하는데, 이는 알레우아다이 가문이 페르시아에 가서 크세륵세스에게 그리스 원정을 돕겠다고 공언한 것을 가리킨다(제7권 제6장 참조). 그러나 테살리아인들은 알레우아다이 가문의 뜻과 달리 전쟁 초기에 페르시아군에 항복하려 하지 않았다(제7권 제172장과 제174장 참조). 크세륵세스는 알레우아다이 가문의 뜻을 전체 테살리아인들의 의사로 잘못 이해하고 있다.

에 의하지 않고 스스로 페르시스인들에게 항복한 자들은 모두 재산의 10분의 1을 델포이의 신에게 바치도록 한다는 것이었다. 헬라스인들이 맺은 서약은 그러한 내용이었다.

133 그러나 크세륵세스는 아테나이와 스파르테에는 흙을 요구하는 사절을 보내지 않았는데, 그것은 다음과 같은 이유에서다. 다레이오스가 이전에 똑같은 목적으로 그들에게 사절들을 보냈을 때, 그중 한 나라에서는 그것을 요구하는 자들을 깊은 구덩이에 던져 넣었고 또 다른 나라에서는 그들을 우물에 던져 넣은 후에 거기서 흙과 물을 집어 왕에게 가져가라고 명령했던 것이다.[69] 바로 이런 이유로 크세륵세스는 흙과 물을 요구하는 사절들을 보내지 않았다. 나는 사절들에 대해 그런 짓을 한 아테나이인들에게 어떤 불행이 닥쳤는지, 단지 그들의 농촌과 도시가 황폐화되었다는 것 말고는, 아무 말도 할 수 없다. 그래도 나는 그런 일이 이 사절 사건 때문에 일어났다고는 생각하지 않는다.

134 그러나 라케다이몬인들에게는 아가멤논의 사절인 탈티비오스의 분노가 밀어닥쳤다. 스파르테에는 탈티비오스의 성소가 있고[70] 또 탈티비아다이라고 불리는 그의 후손들이 살고 있다. 스파르테에서의 모든 사절 업무는 탈티비아다이의 권한에 속한다. 그런데 그 사건이 있은 후 스파르테인들은 제물을 바쳐도 길조를 얻을 수가 없었다. 이런 일이 그들에게 오랫동안 지속되었다. 이에 라케다이몬인들은 낙담하고 비탄에 빠졌다. 그들은 수차례 민회를 소집하고, 라케다이몬인 중에 스파르테를 위해 목숨을 바칠 의향이 있는 자를 구하는 포

---

69 전자의 행동은 아테네인들이 한 것이었고 후자의 행동은 스파르타인들이 한 것이었다. 아테네에서 '깊은 구덩이'(barathron)는 사형수들을 던져 넣는 곳이었다.

70 탈티비오스는 트로이 전쟁 때 아가멤논의 사절이었다고 한다. 탈티비오스는 영웅시되어 스파르타와 아르고스에서 숭배되었다.

고를 냈다. 그러자 가문도 좋고 재산도 최고로 많은 스파르테인들인, 아네리스토스의 아들 스페르티에스와 니콜레오스의 아들 불리스가 이전에 스파르테에서 살해당한 다레이오스 사절들에 대한 죗값을 자신들이 크세륵세스에게 치르겠다고 자원했다. 그리하여 스파르테인들은 이들이 처형을 당하도록 메디아로 파견했다.

이 두 사람의 그런 용감한 행동은 경탄할 만했고, 또한 다음과 같은 그들의 말 역시 경탄할 만했다. 그들은 수사로 가는 도중에 히다르네스를 방문했다. 히다르네스는 페르시스인으로 아시에의 해안 지대 사람들을 지휘하는 장군이었다. 그는 그들을 빈객으로 환대했는데, 대접 도중에 그들에게 물었다. "라케다이몬인들이여, 그대들은 왜 왕의 친구가 되기를 마다하시오? 그대들이 나와 내 상황을 한번 살펴보면 왕이 뛰어난 자들을 존중할 줄 아신다는 것을 파악할 수 있을 텐데 말이오. 그러니 그대들도 왕에게 항복한다면, 왕이 그대들을 뛰어난 자들로 여기고 계시니, 그대들 각자는 헬라스의 땅을 왕에게서 하사받아 통치하게 될 것이오." 이에 대해 그들은 다음처럼 대답했다. "히다르네스여, 그대가 우리에게 해 준 조언은 공평하지가 않소. 그대가 한쪽만 경험해 보고 다른 한쪽은 경험하지 못한 채 그런 조언을 하니 말이오. 그대는 노예가 무엇인지는 잘 알지만, 자유를 전혀 겪어 보지 못했으니 자유가 달콤한지 아닌지는 알지 못하오. 만일 그대가 자유를 겪어 보았다면, 우리에게 창뿐 아니라 도끼도 함께 들고 그것을 위해 싸우라고 조언했을 것이오." 135

그들은 이렇게 히다르네스에게 답변했다. 그 후 그들이 수사에 올라가 왕의 면전에 이르자, 처음에 호위병들이 그들에게 왕 앞에 엎드려 경배를 올리라고 명령하고 강요했다. 그러나 그들은 호위병들에게 밀쳐져 곤두박이친다 해도 그런 행동은 절대 하지 않겠다고 말했다. 인간에게 부복하는 것은 그들의 습속이 아니며 또 자신들이 그러려고 온 것도 아니라는 것이었다. 그들은 그것을 거부한 후 다음과 같이 말했다. "메디아인들의 왕이여, 스파르테에서 살해당한 사절들 136

에 대해 죗값을 치르라고 라케다이몬인들이 우리를 보냈습니다." 그들이 이렇게 말하자, 크세륵세스는 관대하게도 자기는 라케다이몬인들과 똑같은 자가 되지 않을 것이라고 말했다. 그는 말하기를, 라케다이몬인들은 사절들을 죽임으로써 만인의 규범을 어겼지만 자기는 자신이 라케다이몬인들을 비난한 그런 일을 하지 않을 것이고 또 사절들을 보복해 죽임으로써 라케다이몬인들을 죄과에서 벗어나게 해주지 않을 것이라고 했다.

137   스파르테인들이 그렇게 일을 처리하자, 스페르티에스와 불리스가 스파르테로 귀국했음에도 불구하고, 탈티비오스의 분노가 당분간 진정되었다. 그러나 라케다이몬인들의 말에 따르면, 그 후 오랜 뒤에 펠로폰네소스인과 아테나이인이 전쟁을 벌였을 때 탈티비오스의 분노가 다시 일어났다고 한다. 내가 보기에 이것은 분명 신이 벌인 일 같다. 탈티비오스의 분노가 사절들에게 떨어지고 또 분노가 완전히 가실 때까지 진정되지 않았다는 것은 당연한 일이다. 그러나 하필 탈티비오스의 분노 때문에 왕이 있는 곳으로 올라갔던 자들의 아들들, 즉 불리스의 아들 니콜라스와 스페르티에스의 아들 아네리스토스—이 아네리스토스는 상선에 인원을 가득 싣고 상륙하여 티린스의 식민자들인 할리에스인들을 점령한 사람이다—에게 탈티비오스의 분노가 떨어졌다는 것은, 내가 보기에, 그 일이 탈티비오스의 분노에서 유래한 신의 행위였음이 명백하다. 이들 두 사람은 라케다이몬인들에 의해 사절로 아시에에 파견되었다가, 테레스의 아들인 트레이케 왕 시탈케스와 피테에스의 아들인 압데라의 님포도로스에게 배신당해 헬레스폰토스의 비산테에서 포로가 되고 아티케로 이송되어 아테나이인들에게 처형되었기 때문이다.[71] 이때 코린토스인 아데이만토

---

71   이 사건은 기원전 430년에 일어났다(투키디데스, 『역사』 제2권 제67장 제1~4절 참조). 따라서 이 대목은 헤로도토스의 『역사』가 펠로폰네소스 전쟁이 발발한 이후인 기원전 420년대에 저술된 것임을 말해 준다.

스의 아들 아리스테에스도 그들과 함께 처형되었다. 이 일은 크세륵세스 왕의 원정 이후 여러 해가 지나고 일어난 일이었다. 그럼 이제 나는 이전의 이야기로 되돌아간다.

페르시스 왕의 원정은 아테나이를 공격한다는 명분을 걸었지만 사 138 실 헬라스 전체를 겨냥한 것이었다. 헬라스인들은 오래전부터 이것을 알고 있었으나 모두가 똑같은 반응을 보이지는 않았다. 그들 중 일부는 페르시스 왕에게 흙과 물을 바치고 그들이 이방인에게서 어떤 언짢은 일도 겪지 않을 거라고 자신했다. 반면에 흙과 물을 바치지 않은 자들은 크나큰 두려움에 쌓여 있었다. 헬라스에는 침입자들을 맞아 대적할 만큼 충분한 배가 없었고, 또한 그들 중 많은 자들이 열렬히 싸우려 하지 않고 오히려 메디아 편에 들기를 원했기 때문이다.

여기서 나는 부득이 대부분 사람들에게 불만을 사게 될 견해를 밝 139 힐 수밖에 없다. 그래도 나는 그것이 진실이라고 여기기에 입을 다물지 않겠다. 만일 아테나이인들이 다가오는 위험을 두려워하여 그들의 땅을 떠났거나 혹은 떠나지 않고 남아 있더라도 크세륵세스에게 항복했다면, 바다에서는 아무도 왕에게 대적하려고 하지 않았을 것이다. 그리하여 아무도 바다에서 크세륵세스에게 대적하지 않았다면 육지에서는 다음과 같은 일이 일어났을 것이다. 즉 펠로폰네소스인들이 이스트모스를 가로질러 많은 장벽들을 세웠다고 해도 라케다이몬인들은 그들의 동맹국들에 배신당해 혼자만 남게 되었을 것인데, 이는 동맹국들이 자원해서 그런 것이 아니라 이방인의 해군에 의해 그들의 나라가 하나씩 점령되자 피치 못해 배신할 수밖에 없기 때문이다. 이렇게 라케다이몬인들은 혼자 남게 되었지만 용감하게 행동하다 장렬하게 죽었을 것이다. 그들은 이렇게 되었거나 아니면 그러기 전에 다른 헬라스인들이 메디아 편을 드는 것을 보고 그들 역시 크세륵세스와 협정을 맺었을 것이다. 그리하여 이 둘 중 어떤 경우든 헬라스는 페르시스인의 지배를 받게 되었을 것이다. 페르시스 왕이

바다를 장악하고 있는 이상, 이스트모스를 가로질러 세워진 장벽들
이 무슨 소용이 있을지 나로서는 알 수 없기 때문이다. 그러므로 누
군가 아테나이인들이 헬라스의 구원자들이라고 말한다면 틀림없이
옳은 말이라 할 수 있다. 이들이 어느 쪽이든 한쪽 편을 들면 저울이
그쪽으로 기울어졌을 테니 말이다. 아테나이인들은 헬라스가 자유
를 누리는 쪽을 택했다. 그리하여 바로 그들이 메디아 편을 들지 않
은 나머지 모든 헬라스인들을 분발케 하고 신들의 도움하에 왕을 물
리쳤던 것이다. 델포이에서 내려진 가공할 신탁들도, 비록 그들을 두
려움에 떨게 했지만, 그들이 헬라스를 버리게 하지는 못했다. 그들은
굳건히 버티면서, 그들 나라에 쳐들어온 침입자와 과감히 대적했다.

140   아테나이인들은 델포이에 신탁 사절들을 보내 신탁을 묻고자 했
다. 그들이 성소 부근에서 관례적 의식을 수행한 후 성소 안의 신실
로 들어가 앉았을 때, 아리스토니케라고 불리는 피티에 여사제가 다
음과 같은 신탁을 내렸다.

가련한 자들이여, 왜 여기에 앉아 있느냐? 그대들의 집과,
원형의 도시[72]의 높은 고지를 떠나 땅끝으로 달아나라.
머리도 몸도 견고하지 않고 말단의 두 발이나 두 손도
또 그 사이에 있는 어떤 것도 남아 있지 못하며, 모두가 황폐해지도다.
시리에산(産) 마차를 몰고 다니는 잔혹한 아레스와 불이
그것을 무너뜨리도다.
그는 그대들의 성채뿐 아니라 다른 많은 성채들도 파괴할 것이며

---

72 '원형의 도시'는 아테네를 말한다. 이는 아테네 시의 주변 성벽이 원형으로
   지어진 것을 가리킨다. 테미스토클레스 시대 이전에 세워진 아테네 옛 성벽
   이 원형이었던 것 같다. 이 대목에서 헤로도토스는 테미스토클레스 시대 이
   전의 아테네를 언급하므로, 그 성벽은 테미스토클레스 시대에 축조된 성벽은
   아니다.

신들의 수많은 신전들을 맹렬한 불에 넘겨줄 것이니라.
신전들은 지금 땀을 뻘뻘 흘리며 서서 두려움에 떨고 있으며,
맨 위의 지붕들에서는 검은 피가 쏟아지니 불가피한 재난을
예견하고 있도다.
그대들은 이 성소에서 나가, 그대들의 마음을 온통 비탄에 젖게 하라.

아테나이의 신탁 사절들은 이것을 듣고 큰 비탄에 빠졌다. 그들이   141
신탁에서 예언한 재앙 때문에 망연자실해 있는데, 델포이에서 누구
못지않게 명망 있는, 안드로불로스의 아들 티몬이 그들에게 탄원자
의 나뭇가지를 들고 가서 탄원자로서 다시 한 번 신탁을 구하라고 조
언했다. 이에 아테나이인들은 그의 조언을 받아들여 이렇게 말했다.
"주여, 저희가 당신께 들고 온 이 탄원자의 나뭇가지들을 참작하시어
저희들의 조국에 대해 좀 더 좋은 신탁을 내려 주십시오. 그렇지 않
으면 저희는 당신의 성소에서 나가지 않고 죽을 때까지 이곳에 머물
겁니다." 그들이 이처럼 말하자, 예언녀는 그들에게 다음과 같이 두
번째 신탁을 내렸다.

팔라스가 숱한 말과 교묘한 조언으로 간청했으나
올림피오스 제우스의 미음을 녹이지 못하도다.
내 그대에게 다시 철석같이 굳건한 말을 내리노라.
케크롭스의 경계와 성스러운 키타이론의 골짜기[73] 내에 있는
다른 모든 것들이 적에게 점령될 것이니라.
그러나 멀리 내다보시는 제우스께서 트리토게네이아[74]에게

---

73 케크롭스는 아테네의 전설적인 왕이다. '케크롭스의 경계'는 아티카 지역의
   경계를 가리킨다. 또 키타이론 산의 골짜기는 아티카 지역의 북서쪽 경계에
   해당했다.
74 '팔라스'와 '트리토게네이아'는 모두 아테나 여신의 별명이다. 또 '멀리 내다

나무 성벽을 내려주실 것이니

오직 그곳만이 약탈당하지 않고

그대와 그대 자식들을 도울 것이니라.

그대는 육지에서 공격해 오는 기병과 보병의 대군을

가만히 기다리지 말고 등을 돌려 후퇴하도록 하라.

그대가 그들과 대적할 날이 언젠가 오게 되리라.

성스러운 살라미스여, 그대는 곡식의 씨가 뿌려지거나 추수할 때에

여자들의 자식들을 파멸시킬 것이니라.

142   이 신탁은 이전 것보다 더 온건했고 사절들에게도 그렇게 여겨졌다. 그래서 그들은 그것을 기록하여 아테나이로 떠났다. 신탁 사절들이 델포이에서 돌아와 아테나이 시민들에게 신탁을 전하자, 신탁의 의미를 해석하려는 자들의 여러 견해가 제시되었는데 그중에서도 특히 다음의 두 견해가 경합을 이루었다. 일부 연장자들은 자신들의 생각에 신이 아크로폴리스가 보존될 것이라는 신탁을 내린 것이라고 말했다. 옛날에는 아테나이의 아크로폴리스가 가시나무 울타리로 둘러싸여 있었다는 것이다. 그래서 그들은 이 울타리가 나무 성벽이라고 해석했다. 반면에 다른 사람들은 신이 알려 준 것은 배들이라고 말하면서 다른 것들은 차치하고 배들을 준비할 것을 요구했다. 그런데 배들이 나무 성벽이라고 주장한 자들은 피티에 여사제가 언급한 맨 끝의 두 행 때문에 난감해 했다.

성스러운 살라미스여, 그대는 곡식의 씨가 뿌려지거나 추수할 때에

여자들의 자식들을 파멸시킬 것이니라.

━━━ ▮▮

보시는'은 제우스의 수식어 '에우리오파'(euryopa)를 번역한 말이다.

배들이 나무 성벽이라고 주장한 자들의 견해는 이 시행들과 맞지 않았다. 신탁 해석자들이 이 시행들의 의미를 다음과 같이 받아들였기 때문이다. 즉 아테나이인들이 살라미스 부근에서 해전을 벌일 준비를 한다면 반드시 패하게 된다는 것이었다.

그때 아테나이인 중에는 근래에 주요 인물로 부상한 자가 있었는 143 데, 그의 이름은 테미스토클레에스였고 네오클레스의 아들이라고 불렸다. 그는 신탁 해석자들이 모든 점에서 올바로 해석한 것은 아니라고 주장하고 다음처럼 말했다. 즉 만일 그 시행들이 정말로 아테나이인들을 지칭한 것이라면 신탁이 그렇게 온건한 말로 내려지지 않았을 것으로 보인다고 했다. 그곳에 사는 사람들이 죽게 될 것이라면 "성스러운 살라미스여" 대신에 "잔인한 살라미스여"라고 했으리라는 것이다. 신탁을 올바로 해석하는 사람이 보면 그 신탁은 아테나이인들이 아니라 적들을 지칭한 것이라고 그는 말했다. 그래서 그는 배들이 그들의 나무 성벽이니만큼 해전을 벌일 준비를 하라고 아테나이인들에게 조언했다. 테미스토클레에스가 그런 의견을 내놓자, 아테나이인들은 그의 의견이 신탁 해석자들의 의견보다 더 낫다고 판단했다. 이 신탁 해석자들은 그들에게 해전을 준비하지 말도록 했고, 요약해 말하면, 아무 저항도 하지 말고 아티케 땅을 떠나 다른 곳에서 살라고 했던 것이다.

이전에도 또 테미스토클레에스의 의견이 시기에 맞게 가장 좋은 144 의견으로 드러난 적이 있었다. 그것은 아테나이인들에게 라우레이온 광산에서 들어온 거액의 공금이 생겨서 그들이 각자 10드라크메씩 나누어 가지려고 했을 때였다. 그런데 그때 테미스토클레에스가 아테나이인들에게 돈을 그렇게 나누지 말고 그 돈으로 전쟁—그가 말한 전쟁은 아이기나인들에 대한 전쟁[75]이었다—을 위해 배 200척을

<hr>

75 아테네와 아이기나의 전쟁은 기원전 488~486년에 일어났던 것으로 보인다. 그런데 이 전쟁 때 아테네 배가 50척이었다고 하므로(제6권 제89장 참조),

건조하자고 설득했다. 이 전쟁이 벌어져 아테나이인들이 부득이 해군 세력이 되어야 했으므로, 결국 그 전쟁이 그때에 헬라스를 구했던 것이다. 그 배들은 건조된 원래 목적에는 사용되지 않았지만, 필요한 때에 헬라스에 도움이 되었다. 아테나이인들은 이 배들을 이미 건조하여 보유하고 있었지만, 그 외에도 다른 배들을 더 건조할 필요가 있었다. 그들은 신탁 후에 회의를 갖고, 신을 믿고 따르며 그들의 모든 함대와 그들에게 합류하고자 하는 전 헬라스인들의 힘을 모아서 헬라스에 침입한 이방인들과 대적하기로 결정했다.

145   아테나이인들에게 내려진 신탁들은 그러한 것이었다. 한편 헬라스에 대해 더 고귀한 쪽에 동조하는 헬라스인들은 함께 모여 서로 협의하고 서약을 맺었는데, 그때 협의한 결과 우선 모든 반목과 그들 간의 전쟁들을 그만두기로 결정했다. 당시 그들 간에 그런 분쟁들이 존재했는데, 그중 최대의 것은 아테나이인들과 아이기나인들 간 분쟁이었다. 그다음에 그들은 크세륵세스가 그의 군대와 함께 사르디에스에 있음을 알고 왕의 세력을 살피러 아시에에 첩자들을 보내기로 결정했다. 그들은 또 페르시스에 대한 동맹 협약을 체결하고자 아르고스에 사절들을 보내고, 시켈리에의 데이노메네스 아들 겔론과 케르키라, 크레테에도 각각 사절들을 보내 헬라스에 대한 지원을 요구하기로 결정했다. 그들은, 다가올 위험이 모든 헬라스인들을 똑같이 위협하고 있으니, 헬라스인 전체가 어떻게든 하나가 되고 모두가 제휴하여 공동으로 행동하고자 생각했던 것이다. 겔론의 세력은 실로 막강하여 헬라스인 중 어느 누구보다도 훨씬 더 강력했다고 한다.

테미스토클레스의 함대 건조 시기는 그 전쟁 이후였음이 분명하다. 아리스토텔레스의 『아테네인의 국제』 제22장 제7절에 의하면, 테미스토클레스의 함대 건조는 기원전 483~482년경에 일어났다고 할 수 있다. 그런데도 여기서 테미스토클레스가 아이기나와의 전쟁을 언급한 것은 당시 아테네인들과 아이기나인들이 여전히 대치 상태였음을 보여 준다. 두 나라 사이 적대 관계가 여전했다는 것은 제7권 제145장에서 확인된다.

그들은 이렇게 결정하고 상호 간의 반목을 그만둔 다음, 제일 먼저 아시에로 첩자를 세 명 보냈다. 첩자들은 사르디에스에 도착하여 왕의 군대를 면밀히 살폈다. 하지만 발각이 되어, 보병 장군들에게 문초를 받은 후 처형당하기 위해 끌려갔다. 그들에게 사형 판결이 내려졌던 것이다. 그러나 크세륵세스가 이 소식을 듣고 장군들의 판정을 질책했고, 자신의 호위병들을 보내며 그 첩자들이 살아 있는 것을 보면 그들을 자신에게 데려오도록 명령했다. 호위병들은 그들이 아직 살아 있는 것을 보고 그들을 왕의 면전으로 데려갔다. 이때 왕은 그들에게 무엇 때문에 왔는지를 물어본 후, 호위병들에게 명령해 그들을 데리고 다니며 보병과 기병을 모두 보여 주도록 하고 또 그들이 실컷 보고 나면 아무 해도 입히지 말고 어디든 가고자 하는 곳으로 그들을 보내 주도록 했다.

크세륵세스는 이런 명령을 내리며 그에 대해 다음과 같은 설명을 덧붙였다. 즉 만일 그 첩자들이 죽는다면 헬라스인들은 말할 수 없을 정도로 막강한 왕의 세력에 대해 사전에 알지 못할 것이고 또 그 세 명을 죽인다고 해서 적들에게 무슨 큰 해를 입히지도 않을 것이라고 했다. 그러나 그 첩자들이 헬라스로 돌아가게 되면 헬라스인들이 자신의 세력에 대해 듣고서 원정이 시행되기도 전에 그들 고유의 자유를 포기할 것이고 그리면 그들이 에써서 헬라스인들을 정벌할 필요가 없지 않겠느냐고 했다. 그의 이런 판단은 다른 경우에도 비슷하게 나타난 적이 있다. 크세륵세스가 아비도스에 있을 때 폰토스에서 곡식을 싣고 오는 배들이 헬레스폰토스를 지나 항해하는 것을 보았는데, 그것들은 아이기나와 펠로폰네소스로 가는 배들이었다. 그때 그와 함께 있던 자들은 그 배들이 적선임을 알자, 그것들을 나포할 준비를 하고서 언제 명령을 내릴까 하여 왕을 쳐다보았다. 크세륵세스는 그 배들이 어디로 항해하는지 물었다. 이에 그들이 말했다. "전하, 저 배들은 전하의 적들에게로 곡식을 실어 나르고 있습니다." 그러자 그가 대답했다. "우리도 역시 다른 물품들과 곡식을 함께 싣고서 저들처럼 그리로 항해하고 있는 것 아니오? 그렇다면 이들이 우리를 위해 곡식을 그곳으로 운반하고 있는데, 그들이 무얼 잘못했다는 거요?"

148   첩자들은 그렇게 모든 것을 살펴본 후 돌려보내져 에우로페로 돌아갔다. 한편 페르시스인들에 대한 동맹에 서약한 헬라스인들은 첩자들을 파견하고 나서, 다음에는 아르고스에 사절들을 파견했다. 아르고스인들은 자신들과 관계된 일에 대해 이렇게 전한다. 즉 그들은 처음부터 바로 헬라스에 대한 이방인들의 도발 행위를 알아차렸고, 그것을 알아차린 후 헬라스인들이 페르시스인과의 대결에 자신들을 끌어들이려고 한다는 것을 알게 되자, 델포이에 신탁 사절들을 보내 어떻게 하는 것이 그들에게 최선일 것인지 신에게 물었다고 한다. 그것은 근래에 아르고스인 6,000명이 라케다이몬인들과 아낙산드리데스의 아들 클레오메네스에게 살해되었기 때문이라고 한다.[76] 이런 이유에서 그들은 신탁을 물으러 보냈다고 한다. 피티에 여사제는 그들의 물음에 대해 다음과 같이 대답했다고 한다.

> 이웃들에게 미움 받지만 불사의 신들에게는 사랑받는 아르고스여,
> 그대의 창(槍)은 안에다 두고, 잘 경계하며 앉아 있으라.
> 그리고 그대의 머리를 보호하라. 그러면 머리가 몸을 구할 것이니라.

피티에 여사제는 이 신탁을 그전에 내렸었다고 한다. 그 후 헬라스의 사절들은 아르고스에 도착하자, 협의회 회관으로 가서 그들이 전하도록 명령받은 내용을 보고했다고 한다. 이에 아르고스인들은 그 보고를 듣고 이렇게 대답했다고 한다. 즉 그들이 라케다이몬인들과 30년간의 평화조약을 체결하고 동맹 전체의 절반에 대해 지도권을

---

76 기원전 494년의 티린스 전투를 말한다. 제6권 제77~83장 참조.

갖는다면 그렇게 할 용의가 있다고 대답했다는 것이다. 그들은 자기들이 지도권을 다 가져야 마땅하지만 그래도 절반에 대한 지도권으로 만족하겠다고 했다 한다.

그들은 말하기를, 신탁이 자신들에게 헬라스인들과 동맹 맺는 것 **149** 을 금지했음에도 불구하고 협의회가 그렇게 대답했다고 한다. 그들은 신탁이 두렵긴 했지만 그래도 그 햇수 동안에 자신들의 아이들이 장성할 수 있도록 30년간의 평화조약이 이뤄지길 갈망했다고 한다. 그들은 그 평화조약이 이뤄지지 않을 경우 자신들이 이미 겪은 재난에다 페르시스인들에 의해 또 다른 재앙이 가해진다면 자신들이 앞으로 영원히 라케다이몬인들에게 예속될지 모른다고 염려했다 한다. 그러자 사절단 가운데 스파르테에서 온 사절들이 아르고스 협의회가 제안한 내용에 대해 다음과 같이 대답했다고 한다. 즉 평화조약에 대해서는 스파르테의 다수 시민들에게 물어보아야 하지만 지도권에 대해서는 자신들이 대답하도록 지시를 받았다는 것이었다. 사절들은 그들에겐 왕이 두 명이지만 아르고스인들에겐 왕이 한 명뿐이라고 말하고, 그래서 스파르테의 두 왕 가운데 어느 한 명의 지도권을 정지하는 것은 불가능하지만 아르고스 왕이 그들의 두 왕과 동등한 표결권을 갖는 것을 방해할 것은 아무것도 없다고 말했다 한다. 그러자, 아르고스인들의 말에 의하면, 자기들은 스파르테인들의 탐욕에 대해 참지 못했고 라케다이몬인들에게 어떤 양보를 하느니 차라리 이방인들의 지배를 받기를 택했다고 한다. 그들은 사절들에게 해 지기 전에 아르고스 땅을 떠나라고 선언했으며 그러지 않을 경우 그들이 적으로 간주될 것이라고 말했다 한다.

아르고스인들 자신은 이 일에 대해 그렇게 말했다. 그러나 헬라스 **150** 일대에는 다른 이야기도 전한다. 즉 크세륵세스가 헬라스 원정을 떠나기 전에 아르고스에 사절을 보냈다는 것이다. 이 사절은 아르고스에 와서 이렇게 말했다고 한다. "아르고스인들이여, 다음은 크세륵세스 왕께서 그대들에게 전하라 하신 말씀이오. 우리는 우리가 페르세우스의 아들이고 케페우스의 딸 안드로메데에게서 태어난 페르세스의 후손이라고 믿고 있소. 그러므로 우리는 그대들의 후손이라 할 수 있소. 따라서 우리가 우리의 조상인 자들과 전쟁을 하는 것도 타당치 않고, 또 그대들이 다른 자들과 협력하여 우리에게 대적하는 것도 타당치 않소. 그대들은 혼자서 그냥 가만히 있으시오. 모든 일이 내 의도대로 된다면, 나는 그대들을 어느 누구보다도 더 존중할 것이오.” 아르고스인들은 이 말을 듣고 그것을 중요하게 여겨서, 당장은 어떤 약속도 하지 않고 어떤 요구도 하지 않았다고 한다. 그러나 헬라스인들이 그들의 도움을 얻으려고 하자 라케다이몬인들이 지배권을 나누려 하지 않을 것임을 잘 알고서, 그것을 구실로 개입하지 않기 위해 그러한 요구를 했다고 한다.

151   일부 헬라스인들은 그로부터 여러 해 뒤에 발생한 한 사건에 대한 이야기도 위의 이야기와 일치한다고 주장한다. 즉 마침 다른 일 때문에 아테나이인 사절들, 곧 히포니코스의 아들 칼리에스 및 그와 함께 올라간 자들이 멤논의 수사[77]에 머물렀을 때, 아르고스인들도 그와 똑같은 시기에 수사에 사절들을 보내 자신들이 크세륵세스와 맺은 우호 관계가 자신들의 바람대로 여전히 유효한지 아니면 자신들이 왕에게 적으로 간주되는지를 크세륵세스의 아들 아르토크세륵세스에게 문의했다는 것이다. 이에 아르토크세륵세스 왕은 그것이 확실히 유효하며 자기는 어떤 나라도 아르고스보다 더 우호적인 나라로 여기지 않는다고 말했다 한다.

152   그런데 나는 크세륵세스가 그런 제안을 하러 아르고스에 사절을 보냈는지, 또 아르고스인 사절들이 수사에 올라가 아르토크세륵세스에게 우호 관계에 대해 문의했는지를 확실하게 말할 수 없다. 나는 이에 대해 아르고스인들 자신이 말하는 것 이외의 다른 어떤 견해도

---

77 제5권 제53~54장 참조.

언급하지 않겠다. 그러나 내가 아주 잘 알고 있는 사실은, 모든 사람이 각자 자신의 악행을 이웃의 악행과 바꾸고 싶어서 공중 앞에 가져간다면 이웃들의 악행을 자세히 살피고서 각자 그들 자신이 가져간 것을 흔쾌히 다시 가져올 것이라는 점이다. 그렇게 보면, 아르고스인들이 가장 수치스러운 일을 한 게 아니라는 것이다. 나는 내가 들은 것을 언급해야 하지만, 내가 그것을 전적으로 믿어야 할 필요는 없다. 이 점은 나의 모든 이야기에서 적용된다. 심지어는 아르고스인들이 라케다이몬인들에게 전쟁에서 패한 후 그들이 처한 당대의 곤경을 회피하고 싶어서 페르시스인들을 헬라스에 불러들였다고 말하는 이야기까지 있기 때문이다.

아르고스인들에 관한 이야기는 이러한 것이다. 한편 시켈리에 153
도 동맹국들의 다른 사절들이 겔론과 회담하기 위해 갔는데, 그중에는 특히 라케다이몬인 시아그로스도 있었다. 이 겔론의 조상은 겔레에 거주하던 자였는데, 트리오피온 앞바다에 위치한 텔로스 섬 출신이었다. 그는 로도스의 린도스인들과 안티페모스가 겔레를 건설했을 때, 뒤에 남지 않고 함께 왔다. 그 후 세월이 흘러 그의 후손들이 지하의 여신들[78]의 히로판테스[79]가 되었고 계속해서 그 직책을 맡았다. 겔론의 조상 중 한 명인 텔리네스는 다음과 같은 방식으로 그 직책에 올랐다. 즉 내분에서 패한 일부 겔레인들이 겔레의 내륙에 위치한 마토리온 시에 피신한 적이 있다. 그런데 텔리네스가 군대를 전혀 데려가지 않고 이 여신들의 성물(聖物)들을 갖고서 이들을 겔레에 복귀시켰다. 그가 이것들을 어디서 구했는지 혹은 그 자신이 진작부터 그것들을 갖고 있었는지는 내가 말할 수가 없다. 그러나 어쨌든 그는 성물들의 힘으로, 그의 후손들이 여신들의 히로판테스를 맡는다는 조건하에, 그들을 복귀시켰다. 나는 그 이야기를 듣고 텔리네스가 그런

78 데메테르와 페르세포네.
79 엘레우시스의 데메테르 제식을 주관하는 사제.

일을 이루었다는 것이 매우 놀랍다. 나는 그와 같은 일은 여느 사람이 아니라 용맹한 정신과 남자다운 활력을 지닌 자가 이룬다고 생각해 왔기 때문이다. 그러나 그는, 시켈리에 주민들의 말에 따르면, 그것과는 정반대로 천성이 아주 부드럽고 여성적인 인물이었다고 한다.

154 그리하여 그는 이 직책을 얻게 되었다. 한편 겔레에서 7년 동안 참주 지배를 했던, 판타레스의 아들 클레안드로스가 죽자[80]—그는 사빌로스라는 겔레인에게 살해당했다—, 클레안드로스의 동생인 히포크라테스가 권좌를 차지했다. 히포크라테스가 참주로 지배하는 동안 히로판테스 텔리네스의 후손인 겔론은 히포크라테스 호위대의 일원이었는데, 그 호위대에는 다른 자들과 함께 특히 파타이코스의 아들 아이네시데모스도 있었다. 겔론은 오래지 않아 그의 공적 덕분에 전체 기병의 기병대장으로 임명되었다. 히포크라테스가 칼리폴리스인과 낙소스인, 장클레인, 레온티노이인을 포위 공격 하고 시레쿠사이인 및 여러 이방인들과 대결했을 때, 이 모든 전쟁에서 겔론이 가장 빛나는 활약을 한 것으로 나타났기 때문이다. 내가 말한 이 나라들 가운데 시레쿠사이를 제외하고는 아무도 히포크라테스에게 예속되는 것을 피하지 못했다. 시레쿠사이인들은 엘로로스 강 유역의 전투에서 패한 후에 코린토스인들과 케르키라인들에게 구조되었는데, 이들은 시레쿠사이인들이 히포크라테스에게 카마리나를 넘겨준다는 조건하에 그들을 화해시킴으로써 시레쿠사이인들을 구해 주었다. 카마리나는 옛날에 시레쿠사이인들의 소유였던 것이다.

155 히포크라테스가 그의 형 클레안드로스와 똑같은 햇수만큼 참주 지배를 한 후 시켈리에인들에 대한 원정을 벌이다 히블레 시 부근에서 죽었을 때, 겔론은 명목상으로는 히포크라테스의 아들들인 에우클레이데스와 클레안드로스—시민들은 이들에게 계속 예속되기를 원치

---

[80] 기원전 498년.

않았다―를 지원했다. 그러나 실제로는 자신이 겔레인들과 벌인 전쟁에서 승리하자 히포크라테스의 아들들에게서 권력을 빼앗아 직접 통치했다. 이런 뜻밖의 성과를 거둔 이후, 그는 당시 평민과 그들 자신의 노예들―이들은 킬리리오이라고 불렸다―에게 쫓겨난, 가모로이[81]라고 불리는 시레쿠사이인들을 카스메네 시에서 시레쿠사이로 복귀시키고 시레쿠사이도 역시 차지했다. 시레쿠사이 평민들은 겔론이 진격해 오자 그에게 도시를 넘겨주고 항복했기 때문이다.

겔론은 시레쿠사이를 차지하자, 겔레의 통치에 대해 관심을 덜 갖 156 게 되었고 겔레를 자신의 동생인 히에론에게 맡겼다. 반면 그 자신은 시레쿠사이를 강화했고 시레쿠사이는 그에게 가장 중요한 것이 되었다. 시레쿠사이는 곧바로 성장했고 크게 번성했다. 그가 모든 카마리나인들을 시레쿠사이로 데려와 그곳의 시민들로 만들고 카마리나 시를 파괴했으며, 겔레 시민들의 절반 이상에 대해서도 카마리나인과 똑같은 조치를 취했기 때문이다. 그는 또 시켈리에의 메가라인들이 포위 공격을 받고 그와 화친을 맺었을 때, 그들 중 부유한 자들을 시레쿠사이로 데려가 그곳의 시민이 되게 했다. 사실 그들은 그에게 전쟁을 일으켜서 사형을 당할 것으로 예상되던 자들이었다. 반면 메가라의 평민들은 이 전쟁에 가담하지 않았기에 어떤 해도 입지 않을 것으로 예상되었지만, 그는 이들도 시레쿠사이로 데려가 시켈리에 밖으로 팔아넘겼다. 그는 시켈리에의 에우보이아인들에 대해서도 그렇게 구분하여 똑같은 조치를 취했다. 그는 평민들을 같이 살기에는 아주 배은망덕한 자들로 여겼기 때문에 두 곳에서 모두 그렇게 조치했다.

겔론은 이런 방식으로 강력한 참주가 되었다. 한편 그때 헬라스의 157 사절들은 시레쿠사이에 도착하자 겔론에게 가서 이렇게 말했다. "라

---

81 가모로이는 '지주(地主)들'을 뜻한다.

케다이몬인들과 그 동맹국들이 이방인과의 대적에 그대의 도움을 구하라고 우리를 보냈습니다. 그대도 아마 틀림없이 이방인이 헬라스에 진격해 온다는 소식을 들었을 것입니다. 그 페르시스인은 헬레스폰토스에 다리를 놓고 아시에에서 동방의 모든 군대를 이끌고 와서 헬라스를 정벌하려고 합니다. 그는 아테나이를 공격하고자 한다는 구실을 대지만 사실 그의 의도는 헬라스 전체를 예속시키려는 것입니다. 그대는 지금 막강한 권력을 지니고 있으며, 시켈리에를 지배하고 있는 만큼 헬라스의 상당한 부분이 그대의 것입니다. 그러니 헬라스의 자유를 옹호하는 자들을 지원하여 함께 헬라스의 자유를 지키도록 하십시오. 헬라스 전체가 하나로 합쳐지면 강력한 세력으로 통합되고, 우리는 침입자들에게 맞설 수 있습니다. 하지만 우리 가운데 일부는 배신하고 일부는 지원을 거절하여 헬라스의 정상적인 부분이 조금밖에 없다면, 그럼 헬라스 전체가 멸망하지 않을까 우려됩니다. 페르시스 왕이 전쟁에서 승리하여 우리를 정복한다 해도 그대에게는 오지 않을 것이라 생각지 마시고, 그에 미리 대비하도록 하십시오. 우리를 도움으로써 그대 자신을 돕는 것이기 때문입니다. 잘 계획된 행동에서 대체로 유익한 결과가 나오는 법입니다."

158   그들이 이렇게 말하자, 겔론은 다음과 같은 말로 그들을 크게 몰아붙였다. "헬라스인들이여, 당신들이 감히 여기 와서 나더러 이방인에게 대적하는 동맹이 되어 달라고 청하다니 참으로 이기적인 말이오. 내가 이전에 카르케돈인과 전쟁을 벌일 때 이방인[82] 군대에 함께 대항하자고 당신들에게 요청한 적이 있소. 나는 또 아낙산드리데스의 아들 도리에우스가 에게스타인들에게 피살당한 일[83]에 대해 복수하자고 당신들에게 촉구했고, 또한 당신들에게 큰 이득과 혜택이 돌

---

82 카르케돈인은 카르타고인을 가리킨다. 카르타고는 페니키아인의 식민시였으므로 카르타고인은 그리스인이 아니었다.

83 제5권 제42~46장 참조.

아가는 무역지들을 함께 해방하자고 제안한 적도 있소. 그러나 당신들은 나를 도우러 오지도 않았고, 도리에우스의 피살을 복수하기 위해서도 오지 않았소. 그대들 소관(所管)이라면, 이 땅이 모두 이방인들 수중에 놓여 있을 것이오. 하지만 상황이 좋아지고 우리의 사정이 나아졌소. 그런데 이제 전쟁이 돌고 돌아서 당신들에게 닥치니까, 이렇게 겔론이 생각난 것이오. 그러나 나는 당신들에게 모욕을 당했지만 당신들과 똑같게 굴지는 않겠소. 나는 당신들을 도울 각오가 되어 있고, 삼단노선 200척과 중무장 보병 2만 명, 기병 2,000명, 궁수 2,000명, 투석병 2,000명, 기병 경무장병[84] 2,000명을 제공하겠소. 또 우리가 전쟁을 마칠 때까지 헬라스 전군에 식량을 제공할 것을 약속하오. 그러나 이를 약속하는 데에는 조건이 있소. 즉 내가 이방인에 대한 싸움에서 헬라스인들의 총사령관과 지도자가 된다는 조건이오. 이런 조건이 아니라면 나 자신도 가지 않을 것이고 다른 자들도 보내지 않을 것이오."

시아그로스는 이 말을 듣자, 참지 못하고 다음과 같이 말했다. "스 159 파르테인들이 겔론과 시레쿠사이인들에게 지도권을 빼앗겼다는 말을 들으면 펠롭스의 후손 아가멤논이 몹시 애통해 할 겁니다. 우리가 그대에게 지도권을 넘겨야 한다는 그 말은 더는 하지 마십시오. 그대가 헬라스를 돕고 싶다면 라케다이몬인들의 지휘를 빌아야 한다는 것을 알아 두십시오. 그러나 그 지휘를 받는 것을 부당하다고 여긴다면 우리를 도우러 오지 마십시오."

이에 대해 겔론은 시아그로스의 말이 매우 적대적인 것을 보고, 마 160 지막으로 그들에게 다음과 같은 의견을 제시했다. "스파르테인 친구여, 사람에게 모욕이 가해지면 으레 화를 돋우는 법이오. 하지만 그대가 무례한 말을 해도 내가 예의 없는 대답을 하도록 부추기지는 못

---

84 '히포드로모스 프실로스'(hippodromos psilos)를 번역한 말. 기병을 따라다니며 함께 전투를 벌이는 경무장 보병을 지칭하는 것으로 보인다.

할 거요. 그대들이 그토록 지도권에 집착할진대, 그대들보다 몇 배나 더 많은 군대와 훨씬 더 많은 배들의 지도자인 내가 그대들보다 더 지도권에 집착하는 것은 당연한 일이오. 그러나 내 제안이 그대들에게 그렇게 거슬린다니, 우리의 처음 제안에서 좀 물러서겠소. 그대들이 육군을 지휘한다면 나는 해군을 지휘하겠소. 그러나 그대들이 해상에서 지휘하는 것을 좋아한다면 나는 육군을 지휘하고 싶소. 그대들은 이런 조건에 부응하든지 아니면 우리 같은 동맹을 얻지 못하고 떠나야 하오."

161   겔론이 이렇게 제안하자, 아테나이 사절이 라케다이몬 사절보다 앞서 그에게 대답했다. "시레쿠사이 왕이여, 헬라스는 지도자가 아니라 군대가 필요해서 우리를 그대에게 보낸 것입니다. 그러나 그대는 헬라스의 지휘권을 갖기를 갈망하여, 헬라스의 지도자가 되지 않으면 군대를 보내지 않겠다는 뜻을 밝히고 있습니다. 그대가 전체 헬라스 군대의 지휘관이 되기를 요구하는 동안, 우리 아테나이인들은 라코니아인이 우리 둘 모두를 위해 잘 답변해 줄 것으로 알고 있기에 침묵을 지키는 것으로 만족했습니다. 그러나 그대가 전체 지휘권에서 비켜나자 이제 해군을 지휘하겠다고 요구하고 있으니, 그 실상이 어떤지 알려 드리겠습니다. 설사 라코니아인이 그대에게 해군 지휘권을 넘겨줄지라도 우리가 그것을 넘기지 않을 겁니다. 라케다이몬인들 자신이 그것을 갖기를 원치 않으면, 그것은 우리 것이기 때문입니다. 그들이 해군을 통솔하기를 바란다면 우리가 반대하지 않겠지만, 다른 누가 해군을 통솔하는 것은 묵과하지 않을 겁니다. 우리 아테나이인들이 시레쿠사이인들에게 지도권을 양보한다고 하면, 우리가 헬라스인 중에서 최대의 해군력을 갖고 있다는 게 아무 소용도 없을 것이기 때문입니다. 우리는 헬라스에서 가장 오랜 종족이고 거주지를 옮기지 않은 유일한 자들입니다. 서사시인 호메로스도 일리온에 모인 자들 가운데 군대를 가장 잘 배치하고 정렬시킨 자가 아테나이인이라고 말했습니다.[85] 그러므로 우리가 이런 이야기를 한다고 해

서 책잡힐 것이 전혀 없습니다."

이에 겔론이 대답했다. "아테나이인 친구여, 아마도 그대들은 지휘 162
할 자들은 갖고 있지만 지휘받을 자들은 갖지 못할 것 같소. 그대들
은 지금 아무것도 양보하지 않고 모든 것을 가지려고 하니, 되도록
빨리 이곳을 떠나 귀국하여 헬라스에 전하도록 하시오. 이제 헬라스
의 1년에는 봄이 빠지게 되었다고." 이 말에서 그가 전하려 한 의미
는 이러했다. 즉 분명히 1년 중에서 봄이 최고의 계절이듯 헬라스 군
대에서도 자신의 군대가 최고의 군대라는 것이었다. 그래서 그는 자
신과의 동맹이 결여된 헬라스에 대해 1년 중에서 봄이 빠진 것으로
비유한 것이다.

헬라스 사절들은 겔론과 이렇게 교섭을 벌인 후 출항했다. 그러자 163
겔론은 헬라스인들이 이방인을 제압하지 못할까 우려하면서도, 시켈
리에의 참주인 자신이 펠로폰네소스에 가서 라케다이몬인들의 지휘
를 받는 것은 참을 수 없는 끔찍한 일로 여겼다. 그래서 그는 이 방식
을 포기하고 다른 방법을 택했다. 그는 페르시스인이 헬레스폰토스
를 건넜다는 소식을 듣자마자 코스인(人)인 스키테스의 아들 카드모
스를 오십노선 세 척과 함께 델포이로 보냈는데, 카드모스는 많은 돈
과 우호의 교서도 가져갔다. 카드모스는 거기서 전쟁 상황을 지켜보
나가, 이방인이 승리하면 그에게 돈과 겔론이 다스리는 지역의 흙과
물을 바치고 헬라스인이 승리하면 그것을 가지고 돌아오기로 했다.

이 카드모스는 예전에 아버지에게서 코스의 참주 지배권을 물려받 164
았는데, 그 권력은 매우 안정된 것이었다. 그럼에도 그는 어떤 위험
이 닥쳐서가 아니라 단지 정의감에서 자발적으로 권력을 전체 코스
인들에게 넘겨주고 시켈리에로 떠났다. 거기서 그는 사모스인들에게
서 장클레 시를 넘겨받아 그곳에 거주했는데, 장클레라는 이름은 메

---

85 아테네인 메네스테우스(Menestheus)를 가리키는 것으로 보인다. 호메로스
    의『일리아스』제2권 제552~54행 참조.

세네로 바뀌었다. 이 카드모스는 이런 식으로 그곳에 오게 되었는데, 겔론은 그의 공정함—겔론은 다른 증거들에 의해서도 그가 공정하다는 것을 잘 알고 있었다—때문에 그를 델포이로 보냈다. 그는 자신이 전에 행했던 다른 공정한 행동들에 덧붙여 그것들 못지않게 공정한 또 하나의 행동을 남겼다. 즉 그는 겔론이 자기에게 맡긴 막대한 돈을 관리하면서 그것을 자신이 차지할 수 있었는데도 그러려고 하지 않았다. 헬라스인들이 해전에서 승리하고 크세륵세스가 철수해 떠나자, 그 역시 돈을 모두 가지고 시켈리에로 귀환했던 것이다.

165   시켈리에에 사는 주민들은 다른 이야기도 전해 준다. 즉 히메레의 참주, 크리니포스의 아들 테릴로스의 일만 아니었다면 겔론은 라케다이몬인들의 지휘를 받게 될지라도 헬라스인들을 도왔을 거라고 한다. 테릴로스는 아크라가스인의 군주, 아이네시데모스의 아들 테론에게 히메레에서 쫓겨났다가, 바로 이 무렵에 카르케돈인의 왕, 안논의 아들 아밀카스가 지휘하는 포이니케인, 리비에인, 이베리에인, 리기에스인, 엘리시코이인, 사르도인, 키르니오이인의 30만 병력을 데리고 쳐들어왔다는 것이다. 테릴로스가 아밀카스의 도움을 받게 된 것은 그와의 외빈 관계 덕분이기도 했지만, 특히 크레티네스의 아들 아낙실레오스의 열성적인 노력 덕분이었다고 한다. 그는 레기온의 참주였는데, 자신의 자식들을 아밀카스에게 인질로 제공하고서 아밀카스를 시켈리에로 데려와 자신의 장인을 돕게 했다는 것이다. 아낙실레오스는 키디페라고 불리는 테릴로스의 딸과 혼인했기 때문이다. 그래서 겔론이 헬라스인들을 도울 수 없게 되자 델포이에 돈을 보냈다고 한다.

166   게다가 시켈리에 주민들은 다음과 같은 이야기도 전한다. 즉 겔론과 테론이 마침 헬라스인들이 살라미스에서 페르시스인을 격파한 것과 똑같은 날에 시켈리에에서 카르케돈인 아밀카스에게 승리를 거두었다고 한다. 아밀카스는 아버지 쪽으로는 카르케돈인 계통이고 어머니 쪽으로는 시레쿠사이인 계통이었는데, 그의 남성적 덕성 때문

에 카르케돈인들의 왕이 되었다. 그런데 내가 듣기에는, 그는 전투가 벌어져 싸움에서 패했을 때 홀연 사라졌다고 한다. 살았든 죽었든 간에 그가 어디에도 모습을 보이지 않았다는 것이다. 겔론이 그를 찾아 백방으로 돌아다녔다는데도 말이다.

한편 카르케돈인들 자신은 다음과 같이 말하는데, 그 말에 일리 167 가 있어 보인다. 즉 이방인들이 시켈리에에서 헬라스인들과 새벽부터 늦은 오후까지 싸우고 있을 때—전투를 그처럼 오래 끌었다고 한다—, 그동안 아밀카스는 진영에 머물며 제사를 지냈고 큰 불 위에 희생제물을 통째로 태우며 길조를 구하고 있었다 한다. 그런데 마침 제물들에 헌주를 하고 있다가 자신의 군대가 패주하는 것을 보자, 불속에 몸을 던졌다고 한다. 그렇게 그는 불에 타서 모습이 사라졌다고 한다. 아밀카스가 포이니케인들의 말대로 그런 식으로 사라졌든 아니면 [카르케돈인들과 시레쿠사이인들의 말대로]⁸⁶ 다른 식으로 사라졌든 간에, 포이니케인들은 그에게 제물을 바치고 그들의 모든 식민시에 그의 기념물을 만들었는데 그중 최대의 것은 바로 카르케돈에 있다.

시켈리에에서 일어난 일은 이러한 것이었다. 한편 케르키라인들은 168 사절들에게 다음처럼 답변하고 행동했다. 시켈리에를 찾아갔던 바로 그 사절들이 와서 겔론에게 했던 것과 똑같은 말을 하며 그들에게 도움을 구했던 것이다. 케르키라인들은 그들에게 즉시 군대를 보내 원조하겠다고 약속했으며, 헬라스가 멸망하는 것을 두고 볼 수는 없다고 말했다. 헬라스가 무너지면 그들도 바로 그 다음 날에 예속당할수밖에 없다는 것이었다. 그래서 그들은 최선을 다해 힘껏 헬라스를 도와야 한다고 했다. 그들은 이와 같이 허울 좋게 답변했다. 그러나 그들은 지원군을 보내야 할 때가 되자, 딴생각을 하고서 배 60척에

---

86 슈타인은 이 대목이 헤로도토스의 원래 텍스트에 해당하지 않는다고 보아 [ ] 표시를 했다.

인원을 배치했다. 그들은 겨우겨우 출항하여 펠로폰네소스에 도착했고 라케다이몬인들 땅의 타이나론과 필로스 앞바다에 배들을 정박시켰다. 그들 역시 전쟁의 판세를 살피며 대기했는데, 헬라스인들이 이기리라곤 기대하지 않았고 페르시스인이 크게 승리하여 헬라스 전체를 지배할 것이라고 여겼다. 그래서 그들은 나중에 페르시스인에게 다음과 같이 말할 수 있도록 일부러 그렇게 행동했던 것이다. "전하, 우리는 세력이 상당하고 배들도 적잖아서 아테나이인들 다음으로 가장 많은 배들을 제공할 수 있습니다. 헬라스인들이 이 전쟁에서 우리의 도움을 얻으려 했지만, 우리는 전하께 대적하거나 불쾌한 일을 하려 하지 않았습니다." 그들은 이렇게 말하여 다른 사람들보다 뭔가 더 많은 것을 얻기를 기대했다. 내가 생각하기엔, 실제로 그런 일이 일어났을 것이다. 그러나 그들은 헬라스인들에 대해서도 핑계를 만들어 두었는데, 나중에 그것을 꼭 그대로 써먹었다. 자신들이 도와주지 않았다고 헬라스인들이 비난했을 때, 자신들은 삼단노선 60척에 인원을 다 배치했으나 에테시아이 바람[87] 때문에 말레에 곶을 돌아갈 수 없었다고 말했던 것이다. 그들은 그 때문에 살라미스에 오지 못했지 겁이 나서 해전에 불참한 것이 아니라고 말했다.

169　　그들은 이렇게 헬라스인들에 대해 얼버무려 넘겼다. 한편 크레테인들은 임무를 맡은 헬라스인들이 와서 도움을 구했을 때, 다음과 같이 행동했다. 즉 자신들은 공동으로 델포이에 신탁 사절들을 보내, 헬라스를 돕는 것이 자신들에게 더 유리한 것인지를 신에게 물었다. 이에 피티에 여사제는 이렇게 답변했다. "어리석은 자들이여, 그대들은 메넬레오스를 도운 것 때문에 미노스가 분노하여 그대들에게 흘리게 했던 그 많은 눈물에도 미흡한가 보구나. 그가 분노한 이유는 헬라스인들은 카미코스에서 자신이 죽은 것을 복수하는 데 돕지 않

87　여름철의 북서계절풍. 제2권 제20장 참조.

앞음에도 그대들이 스파르테에서 이방인에게 납치당한 여자[88]에 대한 복수를 하는 데 그들을 도왔기 때문이거늘." 크레테인들은 그들에게 전해진 이 신탁을 듣자 헬라스인들을 돕기를 마다했다.

전하는 바로는, 미노스는 다이달로스[89]를 찾아 시카니에—이곳은 170 현재 시켈리에라고 불린다—에 갔다가 변사를 당했다고 한다. 그 얼마 후에 크레테인들은 신의 명령을 받아 폴리크네인과 프라이소스인을 제외하고 모두 함께 대군을 이뤄 시카니에로 가서 카미코스 시—나의 시대에는 이곳에 아크라가스인들이 거주하고 있었다—를 5년 동안 포위해서 공격했다고 한다. 그러나 그들은 그곳을 점령하지도 못하고 또 기아에 직면해 그곳에 계속 남아 있을 수도 없어서 결국 포위를 그만두고 철수했다고 한다. 그들이 항해하다 이에피기에 부근에 이르렀을 때 그들에게 강한 폭풍이 불어닥쳐 배가 해변으로 떠밀렸다고 한다. 그들의 배들은 산산이 부서졌고 이제 크레테로 돌아갈 운송수단도 없었으므로, 거기서 그들은 히리에 시를 건설하고 그곳에 머물렀다. 그들은 크레테인이 아니라 이에피기에의 메사피아인이 되었고 섬 주민이 아니라 육지민이 되었다고 한다. 그들은 히리에 시를 기반으로 다른 도시들도 건설했는데, 그 후 오랜 뒤에 타라스인들이 이 도시들을 파괴하려다가 대대적인 패배를 당했다고 한다. 이것은 우리가 알기에 헬라스인에 대한 최대의 학살이었는데, 타라스인들 자신과 레기온인들이 대량 학살 되었다. 레기온의 시민들은 코

88 스파르타 메넬라오스 왕의 왕비 헬레나.

89 그리스 신화에 나오는 명장(名匠). 다이달로스(Daidalos)는 미노스 왕의 장인(匠人)으로 일했으며, 크레타에서 왕비 파시파에의 황소와 미노타우로스의 미궁을 만들었다고 한다. 나중에 그는 아리아드네에게 미궁에서 빠져나오는 법을 알려 주어 테세우스의 미궁 탈출을 도왔다는 죄로 투옥되었지만, 날개를 만들어 달고 크레타에서 시칠리아로 도망갔다고 한다. 이때 그의 아들 이카로스도 날개를 달고 함께 도망쳤는데, 과욕을 부려 태양에 다가갔다가 날개의 밀랍이 녹아 바다에 추락사했다고 전한다.

이로스의 아들 미키토스에 의해 억지로 타라스인들을 도우러 갔다가 3,000명이 그렇게 죽었다. 타라스인들 자신이 몇 명이나 죽었는지는 셀 수가 없다. 미키토스는 아낙실레오스의 하인이었다가 그를 이어 레기온의 통치자가 된 자였다. 이 자가 바로 레기온에서 추방되어 아르카디에의 테게에에 살면서 올림피에에 많은 조각상들을 봉헌한 사람이다.

171   그러나 레기온인과 타라스인에 관계된 일은 내 이야기에서 부수적인 것이다. 한편 프라이소스인들의 말에 의하면, 사람이 없어 황폐해진 크레테에 다른 사람들과 특히 헬라스인들이 이주해 왔고 미노스 사후 3대째에 트로이에 전쟁이 일어났을 때 전쟁에서 크레테인들이 메넬레오스를 도와 매우 뛰어난 모습을 보였다고 한다. 그러나 그 후 그들이 트로이에서 돌아왔을 때 그들과 그들의 가축들에게 기근과 역병이 발생했고 또다시 크레테가 사람이 없어 황폐해졌다. 지금 크레테에는 세 번째 주민이 이전 주민 중 남은 자들과 함께 살고 있다. 그래서 피티에 여사제는 그들이 헬라스인들을 돕기를 원했을 때 이 일을 상기시킴으로써 그들을 저지했던 것이다.

172   테살리에인들은 처음에 강압에 못 이겨 부득이 메디아 편을 들었다. 그들은 자신들이 알레우아다이 가문이 꾸민 계획을 좋아하지 않았음을 분명히 밝혔던 것이다. 그들은 페르시스인이 에우로페로 건너오려고 한다는 소식을 듣자마자 이스트모스에 사절들을 보냈기 때문이다. 그때 이스트모스에는 헬라스에 대해 더 고귀한 쪽에 동조하는 헬라스 국가들에서 뽑힌 대표자들이 모여 있었다. 테살리에 사절들은 그들에게로 와서 이렇게 말했다. "헬라스인들이여, 테살리에와 헬라스 전체가 전쟁으로부터 보호받기 위해서는 반드시 올림포스 산의 고개가 수호되어야 합니다. 우리는 지금 여러분을 도와 그곳을 지킬 준비가 되어 있지만, 여러분도 대규모 군대를 보내 주어야 합니다. 만일 여러분이 군대를 보내지 않으면 우리가 페르시스인과 타협할 것임을 알아 두시기 바랍니다. 우리가 다른 헬라스보다 이렇게 더

앞쪽에 나와 있다고 해서 우리만 여러분을 위해 죽을 필요가 없으니 말입니다. 여러분이 우리를 도와주려 하지 않는다면, 여러분은 우리에게 어떤 강요도 할 수 없는 것입니다. 본디 무력함보다 더 강력한 강제는 없기 때문입니다. 우리는 스스로 무언가 구제책을 모색하고자 할 것입니다."

테살리에인들의 말은 이러했다. 이에 헬라스인들은 그 고개를 지키기 위한 육군을 바다를 통해 테살리에로 보내기로 결정했다. 군대가 집결되자 그들은 에우리포스를 통해 항해했다. 그들은 아카이에의 알로스에 도착하자 배는 그곳에 두고 상륙하여 테살리에로 진군했다. 그들은 템페 고개에 도달했는데, 이 고개는 바로 하부 마케도니에[90]에서 페네이오스 강을 따라 테살리에로 연결되며 올림포스 산과 오사 산 사이에 있다. 그곳에서 헬라스 중무장 보병 약 1만 명이 모여 진을 쳤으며 테살리에 기병들도 그들에게 가담했다. 라케다이몬인들의 장군은 카레노스의 아들 에우아이네토스였는데, 그는 왕가 태생은 아니지만 폴레마르코스 중에서 선출된 자였다. 한편 아테나이인들의 장군은 네오클레스의 아들 테미스토클레에스였다. 그러나 그들은 그곳에 며칠밖에 머물지 않았다. 마케도니에인인 아민테스의 아들 알렉산드로스에게서 사절들이 와서, 그들더러 그 고개에 머물러 있다가 진격해 오는 군대에 짓밟히지 말고 그냥 떠나라고 조언했기 때문이다. 그들은 또 상대의 육군과 함대의 대규모 군세를 알려주었다. 사절들이 그들에게 이렇게 조언하자, 그들은 사절들이 유익한 조언을 해 주었다고 생각했고 그 마케도니에인이 자신들에게 우호적인 것으로 여겨졌기 때문에 사절들의 조언에 따랐다. 그러나 내가 생각하기에는, 그들이 곤노스 시 부근의 페르라이보이를 지나 상

173

---

90 헤로도토스는 상부 마케도니아와 하부 마케도니아를 구분하는데, 상부 마케도니아는 내륙 쪽의 산악 지대, 하부 마케도니아는 해안 쪽의 평원 지대를 말한다. 상부 마케도니아 지역에 대해서는 제7권 제128장과 제131장 참조.

부 마케도니에를 통해 테살리에로 들어오는 다른 고개—실제로 크세룩세스 군대는 이곳을 통해 침입했다—가 있다는 것을 알고서 두려움 때문에 그 조언을 따랐던 것 같다. 그래서 헬라스인들은 그들의 배들이 있는 곳으로 내려가 이스트모스로 돌아갔다.

174 이 테살리에 출정은 페르시스 왕이 아시에에서 에우로페로 막 건너려 하며 아비도스에 머물고 있을 때에 일어난 것이었다. 그리하여 동맹국들을 잃게 된 테살리에인들은 더는 망설이지 않고 열렬히 메디아 편을 들었으므로, 전쟁에서 왕에게 가장 유용한 자들로 나타났다.

175 헬라스인들은 이스트모스에 도착하자, 알렉산드로스가 했던 말을 고려하여 어떻게 어느 곳에서 전쟁을 벌일 것인지 논의했다. 여기서 채택된 의견은 테르모필라이 고개를 지키자는 것이었다. 그들이 보기에 그곳은 테살리에로 들어오는 고개보다 폭이 더 좁은 데다 더욱이 그들의 땅에서 더 가까웠기 때문이다. 테르모필라이에서 전사한 헬라스인들을 파멸로 이끈 그 산길이 있다는 것은 그들이 테르모필라이에 도착하여 트레키스인들에게서 듣기 전에는 전혀 알지 못했다. 그래서 그들은 이 고개를 수호함으로써 이방인이 헬라스 안으로 들어오지 못하게 막기로 결정했고 또 해군은 히스티아이오티스 땅의 아르테미시온으로 항해하도록 했다. 해군과 육군이 피차의 사정을 파악할 수 있도록 서로 가까이 있게 한 것인데, 그 지역들의 형세는 다음과 같다.

176 먼저 아르테미시온의 형세는 이렇다. 넓은 트레이케 해는 스키아토스 섬과 마그네시에 본토 사이에서 비좁은 해협으로 좁아진다. 이 해협을 지나면 에우보이아의 해변에 위치한 아르테미시온이 나오는데, 그곳에는 아르테미스 성소가 있다. 한편 트레키스를 통해 헬라스로 들어오는 고개[91]는 가장 좁은 지점의 폭이 2분의 1플레트론이다.

---

91 테르모필라이 고개. 이 대목의 '헬라스'는 테살리아를 포함하지 않은 협의의 헬라스를 말한다.

그러나 이 지역 일대에서 가장 폭이 좁은 곳은 여기가 아니고 테르모필라이의 앞쪽과 뒤쪽 지점이다. 뒤쪽의 알페노이에서는 폭이 겨우 마찻길 정도밖에 안 되고, 앞쪽의 안텔레 시 근처 포이닉스 강에서 다시 폭이 마찻길 정도밖에 안 된다. 테르모필라이의 서쪽으로는 사람이 지나갈 수 없는 높고 가파른 산이 있는데 오이테 산까지 뻗어 있다. 반면 그 고갯길의 동쪽으로는 바다와 습지가 잇대어 있다. 이 고개 안에는 현지 주민들이 키트로이[92]라고 부르는 온천들이 있고 그 근처에는 헤라클레에스 제단이 세워져 있다. 또 이 고개를 가로질러 방벽이 축조되었었는데, 옛날에는 거기에 출입문도 있었다. 그 방벽은 테살리에인들이 아이올리스 땅—지금은 그들이 이 땅을 차지하고 있다—에 거주하기 위해 테스프로티아에서 왔을 때 포키스인들이 테살리에인들을 두려워해 만든 것이었다. 테살리에인들이 그들을 정복하려고 했으므로, 포키스인들이 예방책으로 그것을 만들었던 것이다. 또 그들은 그곳이 계곡 지대가 될 수 있도록 온천 물의 흐름을 고개 안으로 돌렸고, 테살리에인들이 자신들의 땅에 침입하는 것을 막기 위해 온갖 방법을 모색했다. 옛 방벽은 오래전에 만들어졌고, 세월이 흐르면서 이미 대부분이 무너진 상태였다. 헬라스인들은 방벽을 다시 세워 이방인이 헬라스에 들어오는 것을 막기로 결정했다. 고갯길에서 가장 가까운 촌락은 알페노이라고 불리는 곳이다. 헬라스인들은 그곳에서 식량을 조달할 수 있을 것으로 생각했다.

그때 헬라스인들에게는 이 지역들이 적합한 곳으로 여겨졌다. 그 177 들은 모든 것을 미리 고려한 결과, 거기서는 이방인들이 다수 병력

---

[92] '키트로이'(Chytroi)는 그리스어로 '단지들'·'항아리들'을 뜻한다. 아마 도기 욕조를 가리키는 말이었을 것으로 보인다. 한편 '테르모필라이'(Thermopylai)라는 지명은 이들 온천에서 유래한 것이다. '테르모필라이'는 '뜨거운'을 뜻하는 '테르모스'(thermos)와 '문'·'관문'·'입구'를 뜻하는 '필레'(pyle)의 복수형인 '필라이'(pylai)를 합성한 말로 '뜨거운 문들', 즉 '온천 관문들', '온천으로 통하는 문들'이라는 의미를 지닌다.

도 기병도 활용할 수 없으리라 판단하고 헬라스에 대한 침입자들을 그곳에서 맞기로 결정했던 것이다. 그들은 페르시스인이 피에리에에 있다는 소식을 듣자, 회의를 파하고 이스트모스를 떠나 그중 일부는 육로로 테르모필라이로 진군하고 또 일부는 바다를 통해 아르테미시온으로 향했다.

178   그리하여 헬라스인들은 별도로 나뉘어 전속력으로 진군했다. 바로 그때에 델포이인들은 그들 자신과 헬라스가 염려되어 신에게 신탁을 구했는데, 바람에게 기도를 드리라는 신탁이 그들에게 내려졌다. 바람이 헬라스에 유력한 동맹이 될 것이기 때문이라고 했다. 델포이인들은 신탁을 받자 먼저 자유를 누리기를 원하는 헬라스인들에게 신탁의 내용을 전해 주었다. 델포이인들은 이방인을 크게 두려워하고 있던 이 헬라스인들에게 신탁을 전해 줌으로써 그들에게서 무궁한 감사를 받게 되었다. 그런 다음 델포이인들은 바람에 대한 제단을 티이에에 만들었는데, 그곳에는 지금 케피소스의 딸인 티이에의 성역이 있다. 그곳의 이름은 그녀의 이름을 딴 것이었다. 거기서 그들은 제물을 바쳐 바람을 달랬다.

179   델포이인들은 지금도 여전히 그 신탁에 따라 바람을 달래는 제물을 바친다. 한편 크세륵세스의 해군은 테르메 시에서 출발했는데, 가장 항속이 빠른 배 열 척이 곧장 스키아토스로 항해했다. 그곳에는 헬라스 배 세 척, 즉 트로이젠의 배 한 척과 아이기나의 배 한 척, 아티케의 배 한 척이 전방 호위를 하고 있었다. 이들은 이방인의 배들을 보자 도망쳐 달아났다.

180   트로이젠의 배는 프렉시노스가 지휘했는데, 이방인들의 추격을 받고 금방 붙잡혔다. 그 후 그들은 그 배의 승선병 중에서 가장 잘생긴 자를 뱃머리로 끌고 가서 목을 벴다. 그들은 자기들이 맨 처음에 붙잡은 가장 잘생긴 헬라스인 포로를 길조라고 여겼던 것이다. 그렇게 희생된 자의 이름은 레온이었다. 그가 그렇게 된 것은 아마도 그의 이름 탓도 있을 것 같다.[93]

그러나 아소니데스가 이끄는 아이기나의 삼단노선은 이방인들을 181
꽤 괴롭혔다. 그 배에 타고 있던, 이스케노스의 아들 피테에스가 이
날 매우 용감한 활약을 벌였던 것이다. 그는 자신이 탄 배가 포획되
었을 때에도, 온몸이 난자당할 때까지 계속 저항하며 싸웠다. 마침내
그가 쓰러졌지만 아직 죽지 않고 숨이 붙어 있자, 배에 타고 있던 페
르시스인들은 그의 용기 때문에 그를 살리려고 무진 애를 썼다. 그
들은 그의 상처를 몰약으로 치료하고 올이 고운 아마포로 된 붕대를
감아 주었다. 그들은 자신들의 진영으로 돌아갔을 때, 그를 찬미하며
전군(全軍)에 보여 주고 잘 우대했다. 그러나 그들이 그 배에서 붙잡
은 다른 자들은 노예로 삼았다.

그 두 척의 배는 그렇게 포획되었다. 한편 아테나이인 포르모스가 182
이끌던 세 번째 삼단노선은 도주하다가 페네이오스 강 하구에서 좌
초했다. 이방인들은 그 배의 선체는 포획했지만 배에 탄 자들은 잡지
못했다. 아테나이인들이 배가 뭍에 좌초되자마자 배에서 뛰어내린
후 테살리에를 거쳐 전진하여 아테나이로 돌아갔기 때문이다.

아르테미시온에 주둔해 있던 헬라스인들은 스키아토스 섬에서 보 183
낸 횃불 신호를 통해 이를 알게 되었다. 그들은 이를 알고 염려가 되
어, 에우리포스를 지키기 위해 아르테미시온에서 칼키스로 정박지를
옮겼으며, 에우보이에의 산지에 경계병들을 남겨 두었다. 그런데 이
방인들의 배 열 척 가운데 세 척이 미르맥스라고 불리는, 스키아토스
와 마그네시에 사이에 있는 암초에 좌초되었다. 그러자 이방인들은
석주를 운반해 그 암초 위에 세워 놓았다. 이제 그들의 앞길에 장애
물이 제거되었으므로, 이방인들은 테르메를 출발하여 전 함대가 항

---

93 '레온'(leon)은 그리스어로 '사자'를 뜻한다. 여기서 '레온'이라는 이름과 그
가 제물로 바쳐진 일 사이의 연관성은 분명치 않다. 헤로도토스는 그가 '사
자'라는 동물 이름을 가졌기 때문에 희생제물로서 바쳐질 운명을 타고났다
고 보는 것 같다.

해에 나섰다. 이는 왕 자신이 테르메를 떠나 행군한 지 11일 후였다. 그들에게 그 해협에 있는 암초를 가리켜 준 안내자는 특히 스키로스인 팜몬이었다. 이방인들의 함대는 온종일 항해하여 마그네시에 지역의 세피아스, 그리고 카스타나이에 시와 세피아스 곶 사이에 있는 해안에 도착했다.

184   이방인 군대는 이 지역과 테르모필라이에 도달할 때까지는 아무 손실도 입지 않았다. 내가 계산해 파악하기로는, 이때 그들의 수는 여전히 다음과 같았다. 아시에에서 온 배들이 1,207척이었고, 배 1척당 200명으로 계산할 경우, 배에 승선한 종족들의 전체 인원수는 처음에 24만 1,400명이었다. 또한 이 배들에는 각각의 토착민 승선병들 외에 페르시스인과 메디아인, 사카이인이 30명씩 타고 있었다. 이 추가된 인원은 총 3만 6,210명에 이른다. 나는 또 이들과 처음의 인원에 오십노선의 선원들을 추가할 것인데, 이들 배의 1척당 80명 내외의 인원이 승선한 것으로 잡는다. 앞서 내가 말했듯이, 이런 배들은 3,000척[94]이 집결했다. 그렇다면 이들 배에 탄 인원은 24만 명 정도 될 것이다. 그래서 이들이 아시에에서 온 해군이었고 그 총수는 51만 7,610명에 이른다. 한편 보병은 170만 명이었고 기병은 8만 명이었다. 나는 이들에 아라비에의 낙타병들과 리비에의 전차병들을 추가할 것인데, 그 수는 2만 명으로 잡는다. 따라서 해군과 육군의 수를 모두 합하면 총수가 231만 7,610명에 이른다. 이상은 아시에 자체에서 데려온 전투 병력만을 언급한 것이고, 그들을 수행한 시종들, 식량 수송선들 및 거기에 승선한 자들은 넣지 않았다.

185   하지만 앞서 계산한 모든 인원수에 에우로페에서 데려온 전투 병력 또한 가산되어야 한다. 그런데 여기서는 내 추측을 말할 수밖에 없다. 당시 트레이케의 헬라스인들과 트레이케 앞바다에 있는 섬들

---

94 오십노선만이 아니라 삼십노선과 경량선 등을 포함한 수치다. 제7권 제97장 참조.

의 헬라스인들이 배 120척을 제공했다. 이 배들에 승선한 인원은 2만 4,000명에 이른다. 또한 트레이케인과 파이오니에인, 에오르도이인, 보티아이스인, 칼키디케인, 브리고이인, 피에리에인, 마케도니에인, 페르라이보이인, 에니에네스인, 돌로페스인, 마그네시에인, 아카이에인, 그리고 트레이케의 해안에 사는 자들이 육군 병력을 제공했는데, 나는 이 종족들이 제공한 수가 30만 명에 이를 것으로 생각한다. 따라서 아시에에서 온 군대에 이들의 수를 추가한다면, 전체 전투 병력은 264만 1,610명에 이른다.

전투 병력의 수는 이런 정도였다. 한편 그들을 수행한 시종들, 소 **186** 형 식량 수송선들의 선원들 및 군대와 함께 항해한 다른 모든 선박들의 선원들은, 내가 생각하기에, 전투 병력보다 적지 않고 오히려 더 많았을 것이다. 그래서 나는 그들이 전투 병력보다 더 많지도 적지도 않고 그와 동수였던 것으로 잡으려 한다. 이들의 수가 전투 병력의 수와 똑같다고 하면, 그 수가 저들과 마찬가지로 수만[95]에 이를 것이다. 따라서 다레이오스의 아들 크세륵세스는 세피아스 곶과 테르모필라이까지 528만 3,220명을 이끌고 왔던 것이다.

이것이 크세륵세스의 전체 군대의 총 인원수다. 그러나 여자 요리 **187** 사들과 첩들, 환관들의 수에 대해서는 누구도 정확하게 말할 수가 없었을 것이다. 또 운송용 동물들과 여타 견인용 동물들, 군대를 따라온 인도스산 개들도 하도 많아 누구도 그 수를 말할 수 없었을 것이다. 그래서 나는 일부 강들의 물이 고갈되었다는 것이 전혀 놀랍지가 않다. 오히려 그와 같은 수만의 인원을 먹일 식량이 있었다는 것이 놀랍기만 하다. 내가 계산하여 파악하기에, 각자가 매일 더도 아니고 1코이닉스의 밀을 받는다고 하면 날마다 11만 340메딤노스가 소비되었을 것이다. 이 계산에는 여자들과 환관들, 운송용 동물들, 개들

---

95 여기서 '수만'은 '수십만'과 '수백만'을 포함하는 의미로 사용된다.

을 위한 식량이 포함되어 있지 않다. 그런데 이렇게 많은 수만 사람들 가운데 생김새와 체격에서 크세륵세스 자신을 능가해 그런 권력을 차지할 만한 자는 아무도 없었다.

188 해군이 항구를 떠나 항해한 후 카스타나이에 시와 세피아스 곶 사이에 있는 마그네시에 지역 해안에 기항했을 때, 먼저 온 배들은 육지 가까이에 정박하고 다른 배들은 그것들 뒤에 정박했다. 그 해안이 크지 않아, 배들은 뱃머리를 바다 쪽으로 향한 채 8열로 정박했다. 그날 밤은 그렇게 지냈다. 그러나 새벽이 되자 청명하고 고요한 날씨가 변해 바다가 요동치고 그들에게 거대한 폭풍과 강력한 동풍이 밀어닥쳤다. 그곳 주민들은 그 바람을 헬레스폰티에스[96]라고 불렀다. 그들 중에서 바람이 거세지는 것을 알아채고 폭풍이 닥치기 전에 그들의 배들을 육지로 끌어 올릴 수 있게 정박한 자들은 자신들도 살고 배들도 무사했다. 그러나 해상에서 폭풍을 만난 배들 가운데 일부는 펠리온에 있는 이프노이라 불리는 곳으로 떠밀려 갔고 일부는 해안으로 떠밀려 갔다. 또 세피아스 곶에서 난파된 배들도 있었고 멜리보이아 시에서 난파된 배들도 있었으며 카스타나이에서 좌초된 배들도 있었다. 그 폭풍의 위력은 도저히 감당할 수 없는 것이었다.

189 아테나이인들이 신의 예언에 따라 보레에스[97]에게 도움을 기원했다는 이야기가 전하는데, 사위에게 도움을 요청하라는 다른 신탁이 그들에게 내려졌다는 것이다. 헬라스인들의 이야기에 따르면, 보레에스는 아티케 여성인, 에렉테우스의 딸 오레이티이아를 아내로 삼았다고 한다. 전하는 이야기로는, 아테나이인들이 이 혼인 관계에 입각하여 보레에스를 자신들의 사위라고 해석했다 한다. 그래서 그들은 에우보이아의 칼키스에 주둔하고 있다가 폭풍이 거세지는 것을

---

96 '헬레스폰토스에서 부는 바람'. 그리스 본토의 위치에서 보면, 헬레스폰토스가 북동쪽에 위치해 있으므로 '헬레스폰티에스'는 북동풍이 된다.

97 북풍.

알아차렸을 때, 아니면 그보다 더 전에, 보레에스와 오레이티이아에게 제물을 바치고 예전에 아토스에서 그런 것처럼[98] 자기들을 돕고 이방인의 배들을 파괴해 달라고 기원했다. 바로 이 때문에 그때 보레에스가 정박 중이던 이방인들에게 불어닥친 것인지는 내가 말할 수 없다. 하지만 아테나이인들은 보레에스가 예전에 그들을 도와주었고 이때의 일도 보레에스가 한 것이었다고 말한다. 그들은 귀국해서 일리소스 강 유역에 보레에스의 성소를 건립했다.

이 재난에서 적어도 400척의 배들과 셀 수 없이 많은 사람들, 막대한 양의 물자가 파멸했다고 한다. 그래서 세피아스 곶 근처에 땅을 가지고 있던, 크레티네스의 아들 아메이노클레스라는 마그네시에인이 이 난파로 큰 이득을 보았다. 나중에 그는 해안으로 밀려온 많은 황금잔들과 은잔들을 주웠고 페르시스인들의 보화들을 입수했으며, 그 밖에도 엄청나게 많은 재화들을 습득했다. 그러나 그는 이 횡재로 큰 부자가 되긴 했지만, 다른 면에서는 행운을 누리지 못했다. 그도 제 자식을 죽이는 가혹한 불행을 당해 고통을 겪었던 것이다. 190

식량 수송선들과 다른 화물선들의 피해는 헤아릴 수 없을 정도였다. 그래서 해군 지휘관들은 자기들이 곤경에 빠져 있을 때 테살리에인들이 자신들을 공격하지 않을까 염려하여, 난파선 잔해들을 가지고 그들 주위에 높은 방벽을 둘렀다. 폭풍이 3일 동안 계속되었던 것이다. 마침내 마고스들이 제물을 바치고 바람에 마법사의 주문을 걸고 또한 테티스와 네레이데스에게도 제사를 지냄으로써 4일째 날에 폭풍을 잠잠하게 했다. 그게 아니면 아마도 폭풍이 자발적으로 누그러진 것이었다. 그들이 테티스에게 제사를 지낸 것은 이오네스인들에게서 다음의 이야기를 들었기 때문이다. 즉 그녀가 바로 이 지역에서 펠레우스에게 유괴당했고 세피아스 곶 일대가 다 그녀와 여타 네 191

레이데스에게 속해 있다는 것이었다.[99]

192 그리하여 4일째 날에 폭풍이 멈추었다. 에우보이아 고지에서 망을
보던 경계병들은 폭풍이 처음 불기 시작한 다음 날에 달려 내려와,
헬라스인들에게 배가 난파당한 일을 자세히 알렸다. 헬라스인들은
이 말을 듣고 구원자 포세이데온에게 기도를 드리고 헌주를 한 후,
이제 자신들과 대적할 배들이 적으리라 기대하고, 전속력으로 아르
테미시온으로 돌아갔다.

193 이에 그들은 다시 아르테미시온으로 가서 배들을 대기시켜 놓았
다. 그 이후 지금까지 그들은 구원자 포세이데온이라는 칭호를 사용
한다. 이방인들은 바람이 멎고 파도가 잠잠해지자, 배들을 바다로 띄
우고 육지를 끼고서 항해했다. 그들은 마그네시에 곶을 돌아 파가사
이 쪽으로 뻗은 만 안으로 곧장 항해했다. 마그네시에의 이 만에는
이에손과 그의 아르고호 동료들이 양털을 찾아 콜키스의 아이아로
항해하던 중 물을 구하러 보낸 헤라클레에스를 남겨 두고 떠났다는
장소가 있다. 그들은 거기서 물을 구한 후 바다로 나아갈 예정이었던
것이다. 그래서 그곳의 이름이 아페타이로 불린다.[100] 바로 이곳에 크
세륵세스의 함대가 정박했다.

194 그런데 이 페르시스 배 중에서 15척이 한참 뒤늦게 출항했는데, 어
쩌다 헬라스인 배들이 아르테미시온 앞바다에 정박해 있는 것을 보
게 되었다. 이방인들은 그것들이 자기편 배라고 생각하여 적들 속으

---

99 네레이데스(Nereides)는 해신 네레우스의 딸들을 가리키는 명칭이다. 네레
  우스는 50명의 딸들을 두었다고 하는데, 테티스도 그중 한 명이다. 네레이데
  스 역시 해신이어서 바다에 거주했다고 한다. 그런데 테티스가 낳은 아들이
  그 아비를 능가할 것이라는 예언이 있었고, 이에 제우스는 그녀를 신이 아닌
  인간 펠레우스와 강제로 혼인시켰다. 이들 사이에 태어난 아들이 바로 트로
  이 전쟁의 영웅 아킬레우스였다고 한다.

100 아페타이(aphetai)는 '떠나보내다', '풀어 주다'라는 뜻의 아피에나이
  (aphienai)에서 파생한 말로 '출항(출발)하는 곳'이라는 의미를 지닌다.

로 항해하여 들어갔다. 그들을 지휘한 것은 타마시오스의 아들 산도케스였는데, 그는 키메 출신으로 아이올리스 총독이었다. 예전에 그가 왕립재판관의 일원이었을 때 다레이오스 왕은 그를 다음과 같은 이유로 체포해 말뚝에 매단 적이 있었다. 산도케스가 뇌물을 받고 부당한 판결을 했기 때문이다. 그런데 그가 매달려 있을 때, 다레이오스가 따져 보니 그가 왕실에 대해 좋지 않은 일보다는 좋은 일을 더많이 했음을 깨달았다. 다레이오스는 이를 깨닫고 자신이 현명하기보다는 성급하게 행동했음을 알자 그를 풀어 주었다. 이렇게 그는 다레이오스 왕에게서 죽음을 모면하고 살아남았지만, 이제 헬라스인들속으로 항해해 들어갔을 때에는 죽음을 다시는 벗어날 수 없는 운명이었다. 헬라스인들은 그들이 다가오는 것을 보자 그들이 착각한 것을 알아채고, 바다로 나가 손쉽게 그들을 포획했던 것이다.

그 배들 중 한 척에서는 카리에 지역 알라반다의 참주 아리돌리스가 타고 가다 사로잡혔고, 또 다른 배에서는 파포스의 장군인, 데모노스의 아들 펜틸로스가 사로잡혔다. 펜틸로스는 파포스에서 배 12척을 이끌고 왔는데, 세피아스 앞바다에서 발생한 폭풍 때문에 그중 11척을 잃은 후 남은 1척에 타고 아르테미시온으로 다가갔다가붙잡힌 것이었다. 헬라스인들은 이들에게 크세륵세스의 군대에 대해 알고 싶은 것들을 물어본 후, 그들을 결박해 코린토스의 지협으로 이송했다. 195

이방인의 해군은 내가 앞서 산도케스의 지휘를 받는다고 말한 15척을 제외하고 모두 아페타이에 도착했다. 크세륵세스와 육군은그 후 3일째 날에 테살리에와 아카이에를 거쳐 멜리스로 들어갔다. 크세륵세스는 테살리에 말이 헬라스에서 가장 우수하다는 이야기를 듣고, 테살리에에서 경주를 열어 자기 말들과 테살리에 말들을 시험해 보았다. 이 경주에서 헬라스의 말들이 크게 뒤처졌다. 테살리에의 강 중에서 군대가 물을 마시기에 충분치 않았던 것은 오노코노스 강뿐이었다. 그러나 아카이에에 흐르는 강 중에서는 가장 큰 에피다노 196

스 강조차도 극히 미량만 남은 채 물이 다 고갈되었다.

197   크세륵세스가 아카이에의 알로스에 이르렀을 때, 그의 길 안내자들은 그에게 모든 것을 다 알려 주고 싶어서 그 지방의 이야기를 해 주었는데, 라피스티오스 제우스[101]의 제식에 관한 이야기였다. 이야기인즉 아이올로스의 아들 아타마스가 이노와 함께 음모를 꾸며 프릭소스를 죽이려고 획책했으며 그 후 아카이에인들이 신의 뜻에 따라 프릭소스의 후손들에게 다음과 같은 고난을 부과했다고 한다. 즉 아카이에인들은 그 가문의 최고 연장자에게 레이톤에 들어가지 못하도록 금지하고 이를 그들 자신이 감시한다는 것이었다. 아카이에인들은 프리타네이온을 레이톤이라고 부른다.[102] 만일 최고 연장자가 그곳에 들어간다면, 오직 제물로 바쳐지기 위해서만 그곳에서 나올 수 있다. 길 안내자들은 또 말하기를, 제물로 바쳐질 사람 가운데 많은 자들이 두려워서 다른 나라로 도망갔지만 나중에 돌아와 붙잡히게 되면 공회당으로 이송되었다고 했다. 길 안내자들은 또 그가 온통 화관에 뒤덮인 채 행렬과 함께 밖으로 인도되어 어떻게 제물로 바쳐지는지 설명해 주었다. 이런 고난을 겪은 것은 프릭소스의 아들인 키티소로스의 후손들이었는데, 그 이유인즉 아카이에인들이 신의 뜻에 따라 나라를 정화하기 위해 아이올로스의 아들 아타마스를 제물로 삼아 바치려고 했을 때에 바로 이 키티소로스가 콜키스의 아이아에서 도착해 그를 구해 주었고 이로 말미암아 그의 후손들에게 신의 분노가 내려졌다는 것이다. 크세륵세스는 이 이야기를 들은 후 신성

---

101 '라피스티오스'(Laphystios)는 제우스의 별명이다. 이 별명의 유래에 대해서는 여러 설이 있다. 보이오티아의 라피스티오스 산으로부터 유래했다고 보기도 하고, 초기에 제우스에게 인간 제물이 바쳐진 것과 관련하여 '탐식의', '탐욕스러운'이라는 뜻의 '라피스티오스'(laphystios)에서 유래했다고 보기도 한다.

102 레이톤(leiton)은 아테나이의 프리타네이온(공회당)처럼 협의회 상임위원 같은 관리들이 모여 국정을 협의하는 관청을 가리킨다.

한 숲 근처에 도달하자, 그 자신도 그곳에 들어가는 것을 삼가고 그의 모든 군대에도 그리할 것을 명령했다. 그는 아타마스 후손들의 집도 성역과 똑같이 존중했다.

이상은 테살리에와 아카이에에서 일어난 일이다. 크세륵세스는 이 **198** 곳들을 출발해 바다의 만을 따라 멜리스로 행군했는데, 그 만에서는 매일 썰물과 밀물이 일어난다. 이 만의 주위는 평지로 둘러져 있는데 그 폭이 어떤 곳에서는 넓고 어떤 곳에서는 매우 좁다. 평지 주위에는 사람이 지나갈 수 없는 높은 산들이 멜리스 땅 전체를 둘러싸고 있는데, 이것들은 트레키스의 암벽들이라고 불린다. 아카이에에서 올 경우 그 만에서 처음 만나는 도시는 안티키레다. 에니에네스인의 땅에서 흘러온 스페르케이오스 강은 이 도시 옆을 지나 바다로 흘러나간다. 이 강에서 약 20스타디온 떨어진 곳에는 디라스라고 불리는 또 하나의 강이 있다. 이 강은 헤라클레에스가 불에 타고 있을 때[103] 그를 구조하기 위해 솟아 나왔다고 전한다. 다시 이 강에서 20스타디온 떨어진 곳에는 또 하나의 강이 있는데, 그 강은 멜라스라고 불린다.

트레키스 시는 이 멜라스 강에서 5스타디온 떨어져 있다. 이곳은 **199** 이 지역 전체에서 산과 바다 사이 폭이 가장 넓은데, 그곳에 트레키스가 세워져 있다. 평원의 너비가 2만 2,000플레트론[104]인 것이다. 트

---

103 헤라클레스는 그의 외도를 의심한 아내 데이아네이라가 보낸 독 묻은 외투를 입고 죽게 되자, 오이테 산에 자신을 위한 화장용(火葬用) 장작더미를 쌓게 하고 죽음을 맞이했다고 한다. 여기서 헤라클레스가 불에 타고 있다는 것은 이 죽음의 순간을 가리킨다. 그러나 헤라클레스는 불에 타서 죽지 않고 제우스의 뜻에 따라 올림포스로 올라가 불멸의 신이 되었다고 전한다. 디라스 강이 헤라클레스 죽음과 연관되어 언급된 것은 그 강이 오이테 산에서 발원했다고 하기 때문이다.

104 이는 문맥상 폭이 가장 넓은 곳의 너비를 가리킨다. 그런데 2만 2,000플레트론은 오늘날의 기준으로 약 650킬로미터에 해당하므로(1플레트론은 약 29.6미터), 실제 이 지역의 규모와 크게 다르다. 따라서 학자들 간에는 여기서의 플레트론을 길이 단위가 아니라 면적 단위로 보자는 의견이 우세하다.

레키스 땅을 둘러싸고 있는 산지의 계곡은 트레키스 남쪽에 있다. 아소포스 강은 이 계곡을 통해 산지 기슭을 따라 흐른다.

200   아소포스 강 남쪽에는 포이닉스라는 또 하나의 강이 있는데 그리 크지 않다. 그 강은 이 산지에서 흘러와 아소포스 강으로 흘러 나간다. 포이닉스 강 부근에서 평지의 폭이 가장 좁다. 이곳에는 겨우 마찻길 하나만 만들어져 있기 때문이다. 포이닉스 강에서 테르모필라이까지는 거리가 15스타디온이다. 포이닉스 강과 테르모필라이 사이에는 안텔레라고 불리는 촌락이 있는데, 아소포스 강은 이 촌락을 지나 바다로 흘러 나간다. 그리고 그 촌락 주변에는 넓은 구역이 있는데, 그곳에는 데메테르 암픽티오니스[105]의 성소가 세워져 있고 인보동맹 회원들의 집회소[106]와 암픽티온 자신의 성소도 있다.

201   그리하여 크세륵세스 왕은 트레키스에 있는 멜리스에 진을 친 반면, 헬라스인들은 고갯길에 진을 쳤다. 이곳을 대부분 헬라스인들은 테르모필라이라고 부르지만, 이 지역 주민들과 인근 사람들은 필라이라고 부른다. 양측이 이곳에 진을 치면서, 크세륵세스는 트레키스 이북의 모든 지역을 장악하고 헬라스인들은 이 본토[107] 쪽으로 이남

──────

그럴 경우 2만 2,000플레트론은 20.3제곱킬로미터쯤 되는 규모다.

105 '암픽티오니스'(Amphiktyonis)는 안텔레에서 숭배되는 데메테르의 별명으로 사용되었다. '암픽티오니스'는 '인보동맹'을 뜻하는 '암픽티오니아'와 연관된 말이었다. 암픽티오니아는 공동의 성소에서 함께 제사를 지내는 국가들 간의 동맹을 말한다. 그중 델포이의 인보동맹은 델포이의 아폴론 신전과 안텔레의 데메테르 신전을 공동의 성소로 했다. 따라서 '암픽티오니스'는 인보동맹과 연관된 데메테르의 신성을 나타내는 별명이라 하겠다. 또 암픽티온은 인보동맹을 처음으로 창시한 자이며, 그의 이름에서 '암픽티오니아'라는 명칭이 유래했다고 전한다. 인보동맹에 대해서는 제2권 제180장의 옮긴이 주 참조.

106 델포이의 인보동맹 회원들은 매년 가을에 안텔레의 데메테르 신전에서 공동 회의를 열었다고 한다.

107 그리스 본토를 가리킨다.

지역을 장악했다.

이곳에서 페르시스인을 기다리던 헬라스인들은 다음과 같았다. 즉 202
그들은 스파르테 중무장 보병 300명, 테게에인과 만티네에인이 각
각 500명씩 해서 1,000명, 아르카디에의 오르코메노스인 120명, 아
르카디에 나머지 지역에서 1,000명, 이들 아르카디에인 외에 코린토
스인 400명, 플레이우스인 200명, 미케나이인 80명이었다. 이들은 펠
로폰네소스 지방에서 온 자들이고 보이오티에에서는 테스페이아인
700명과 테바이인 400명이 왔다.

이들 외에 오푸스의 로크리스인의 군대 전체와 포키스인 1,000명 203
도 요청을 받고 와 있었다. 헬라스인들 자신이 그들에게 지원을 요청
했기 때문이다. 헬라스인들은 그들에게 사절을 보내 말하기를, 자기
들은 단지 다른 병력들의 선발대로 와 있고 나머지 동맹군들이 매일
같이 도착할 예정이며 바다는 아테나이인들과 아이기나인들과 해군
에 배속된 자들이 경계하여 잘 지키고 있으니 그들이 전혀 두려워할
게 없다고 했다. 헬라스에 침입해 온 자들은 신이 아니고 인간이라는
것이었다. 태어나서 자신의 운명에 불행이 전혀 섞이지 않은 인간은
아무도 없고 또 없을 것이며 가장 위대한 인간들에게 가장 큰 불행이
닥치는 것이라고 말했다. 그래서 그들을 공격해 온 자도 인간인 이상
그의 예상이 어긋날 수밖에 없을 것이라고 했다. 오푸스의 로크리스
인들과 포키스인들은 이 말을 듣자 그들을 도우러 트레키스로 갔다.

이들에게는 나라별로 각각의 장군들이 있었지만, 전군을 지휘하는 204
가장 경탄할 만한 장군은 라케다이몬인인 아낙산드리데스의 아들 레
오니데스였다. 이 레오니데스는 예기치 않게 스파르테 왕이 되었는
데, 그의 계보를 보면 아낙산드리데스는 레온의 아들이고, 레온은 에
우리크라티데스의 아들, 에우리크라티데스는 아낙산드로스의 아들,
아낙산드로스는 에우리크라테스의 아들, 에우리크라테스는 폴리도
로스의 아들, 폴리도로스는 알카메네스의 아들, 알카메네스는 텔레
클로스의 아들, 텔레클로스는 아르켈레오스의 아들, 아르켈레오스는

헤게실레오스의 아들, 헤게실레오스는 도리소스의 아들, 도리소스는 레오보테스의 아들, 레오보테스는 에케스트라토스의 아들, 에케스트라토스는 에기스의 아들, 에기스는 에우리스테네스의 아들, 에우리스테네스는 아리스토데모스의 아들, 아리스토데모스는 아리스토마코스의 아들, 아리스토마코스는 클레오다이오스의 아들, 클레오다이오스는 힐로스의 아들, 힐로스는 헤라클레에스의 아들이었다.

205 레오니데스는 클레오메네스와 도리에우스라는 두 형이 있었던 만큼, 왕위에 관한 생각을 품지 못했다. 그러나 클레오메네스가 아들 후계자 없이 죽고 도리에우스도 시켈리에서 죽임을 당해 더는 살아 있지 않자,[108] 왕위가 레오니데스에게 넘어왔다. 왜냐하면 그가 클레옴브로토스─이 자는 아낙산드리데스의 막내 아들이었다─보다 손위인 데다가 더욱이 클레오메네스의 딸과 혼인했기 때문이다. 이때 레오니데스는 정규적인 300명 부대와 아들들이 있는 자들을 선발하여[109] 테르모필라이로 진군했다. 그는 또 내가 앞서 인원수를 계산할 때 말한[110] 테바이인들도 함께 데리고 갔는데, 이들의 지휘관은 에

---

108 제5권 제39~48장 참조.

109 이 대목은 문법상 '정규적인 300명 부대와 아들들이 있는 자들을 선발하여'라고 해석된다. 그러나 '정규적인 300명 부대'와 '아들들이 있는 자들'이 별개인지는 분명치 않다. 이 둘을 별개로 본다면 테르모필라이 전투에 스파르타인이 300명만 참전했다는 다른 전승들과 모순되기 때문이다. 따라서 학자들은 300명 부대를 아들 있는 자들에게서 선발했다고 보거나 헤로도토스가 잘못된 기술을 했다고 본다. 현재로서는 여타 전승들과의 충돌을 고려하여, '아들들이 있는 자들'을 300명 부대와 연관된 범주로 보는 것이 나을 듯하다. 여기서는 '정규적인 300명 부대'와 '아들들이 있는 자들'이 동일한 범주라 할 수 있다. 한편 '정규적인 300명 부대'는 스파르타 왕을 호위하는 300인의 친위부대를 가리키는 것으로 보인다. 또 '아들들이 있는 자들'을 선발 기준으로 한 것은 그들이 그렇지 않은 자들보다 국가에 대한 충성심과 용기에서 앞설 것으로 여겼기 때문인 듯하다.

110 제7권 제202장 참조.

우리마코스의 아들 레온티아데스였다. 레온니데스는 헬라스인 중에서 유독 테바이인들을 데려오느라 무진 애를 썼는데, 그 이유는 그들이 메디아 편이라고 크게 비난받고 있었기 때문이다. 그래서 그는 테바이인들이 지원군을 보낼지 아니면 헬라스인들의 동맹을 확실히 거부할지 알고 싶어서 그들을 전쟁에 불러들였던 것이다. 그들은 딴마음을 품었으면서도 병력을 보냈다.

스파르테인들이 레온니데스와 그의 병사들을 먼저 파견한 것은 이 **206** 들을 보고 다른 동맹국들도 전쟁에 가담하도록 만들고, 또 동맹국들이 스파르테인들이 미적거리는 것을 보고서 메디아 편을 드는 일이 없도록 하기 위해서였다. 당시 스파르테인들은 카르네이아 제전이 그들을 막고 있던 터라 제전을 치른 후 나중에 스파르테에 수비대만 남기고 신속히 전군을 보내 레온니데스 군대를 도울 작정이었다. 다른 동맹국들도 역시 그와 같은 생각을 하고 똑같이 행동할 작정이었다. 때마침 이 일이 일어난 것과 같은 시기에 올림피아 제전이 있었기 때문이다.[111] 그들은 테르모필라이의 전투가 그렇게 빨리 판가름 나리라곤 생각하지 않았고, 그래서 그들의 선발대만을 보냈던 것이다.

그들은 그렇게 행동할 작정이었다. 한편 테르모필라이의 헬라스인 **207** 들은 페르시스인들이 고개 가까이에 다다르자 겁이 나서, 그곳에서 떠날지를 협의했다. 다른 펠로폰네소스인들은 펠로폰네소스로 돌이

---

111 아폴론 제전인 카르네이아는 카르네이오스(Karneios) 달 7일에서 15일까지 스파르타에서 거행되었는데, 스파르타인들은 이 기간 중에 출정하지 않는 것이 관례였다. 스파르타의 카르네이오스 달은 아테네의 메타게이트니온(Metageitnion) 달과 비슷하게 오늘날의 8월 후반~9월 전반에 해당한다. 그런데 기원전 480년에는 카르네이아 제전이 올림피아 제전의 직전에 열렸던 것으로 보인다. 한편 제우스를 기리는 올림피아 제전은 8월 중순에 올림피아에서 4일 동안 열렸는데, 올림피아 제전과 그 전후 기간에는 그리스 일대에서 전쟁이 중단되었다. 그렇다면 테르모필라이 전투는 기원전 480년 8월경에 일어난 것으로 볼 수 있다.

가서 이스트모스를 지키는 것이 좋겠다고 생각했다. 그러나 포키스인들과 로크리스인들이 이 의견에 격렬히 화를 내자 레오니데스는 그곳에 남기로 하고, 자신들의 수가 적어 메디아 군대를 격퇴할 수 없으니 여러 나라에 사절을 보내 도움을 청하자는 쪽에 표를 던졌다.

208　　그들이 이렇게 협의하는 동안에, 크세륵세스는 정찰 기병을 한 명 보내 그들의 수가 얼마이고 그들이 무엇을 하는지 알아오도록 했다. 그는 아직 테살리에에 있었을 때, 이곳에 소수의 군대가 모여 있고 그들을 이끄는 자들이 라케다이몬인들과 특히 헤라클레에스 후손인 레오니데스라는 보고를 이미 받았었다. 정찰 기병은 헬라스인 진영으로 다가가 살펴보았지만 진영 전체를 보지는 못했다. 그는 그들이 복구하여 지키고 있던 방벽 안에 배치된 자들을 볼 수 없었기 때문이다. 그러나 방벽 바깥에 있는 자들은 관찰했는데, 그들의 무기들이 방벽 앞에 비치되어 있었다. 마침 이때에는 라케다이몬인들이 바깥에 배치되어 있었다. 그는 그들이 일부는 몸을 단련하고 있고 일부는 머리를 빗고 있는 것을 보았다. 그는 이것을 보고 깜짝 놀랐으며 그들의 수를 파악했다. 그는 모든 것을 정확하게 파악한 후, 그곳을 떠나 유유히 돌아왔다. 아무도 그를 추격하지도 않고 그에게 도통 관심을 보이지도 않았던 것이다. 그는 돌아와서 자기가 본 것을 크세륵세스에게 다 보고했다.

209　　크세륵세스는 이를 듣고 그 진상을 이해할 수 없었다. 즉 라케다이몬인들이 자기가 죽거나 남을 죽이기 위해 그렇게 진력을 다해 준비하는 것을 이해할 수 없었다. 크세륵세스에게는 그들이 터무니없는 짓을 한다고 보여서, 그때 진영에 함께 있던 아리스톤의 아들 데마레토스를 불러오게 했다. 그가 도착하자 크세륵세스는 라케다이몬인들이 무엇을 하는지 알고 싶어서 자신이 들은 모든 것에 대해 자세히 물었다. 이에 그가 말했다. "전하께서는 예전에 우리가 헬라스 원정을 막 시작했을 때에도 저에게서 이들에 관한 이야기를 들으신 바 있습니다.[112] 하지만 그때 전하께서는 제 말씀을 들으시고 저를 비웃으

셨습니다. 제가 이런 일이 일어나리라고 여겨 그대로 말씀 드렸는데도 말입니다. 전하, 전하 앞에서 진실을 말씀 드리는 것이야말로 저의 가장 중요한 목표이기 때문입니다. 그럼 이제 다시 제 말씀을 들으시기 바라옵니다. 이 사람들은 저 고갯길을 놓고 우리와 싸우기 위해 왔고, 지금 그 준비를 하고 있습니다. 그들의 관습이 그러하기 때문입니다. 즉 그들은 목숨을 걸고자 할 때마다 늘 머리를 단장하는 관습이 있습니다. 만일 전하께서 이들과 또 스파르테에 남아 있는 자들을 제압하신다면, 전하, 이제 더는 전하께 항거하여 맞설 종족은 세상에 없음을 아시기 바라옵니다. 지금 전하께서 공격하시는 것은 헬라스에 있는 최상의 왕실이고 최상의 국가이며 최상의 용자(勇者)들이니까요." 크세륵세스는 그의 말을 정말 믿을 수가 없어서, 그렇게 적은 수로 어떻게 자신의 군대와 싸우겠느냐고 다시 물었다. 이에 그가 대답했다. "전하, 제가 말씀 드린 대로 되지 않으면 저를 거짓말쟁이로 취급하시옵소서."

그가 이렇게 말했지만 크세륵세스는 믿지 않았다. 크세륵세스는 210 그들이 언제이건 도망갈 것으로 예상하고 4일을 그냥 흘려보냈다. 그러나 그들이 물러가지 않고 오히려 뻔뻔스럽고 어리석게도 그대로 버틴다고 생각되자, 크세륵세스는 화가 나서 5일째 날에 메디아인들과 키시에인들을 그들에게 파견하면서 그들을 생포하여 자신이 면전에 데려오라고 지시했다. 메디아인들이 헬라스인들에게 접근해 공격했을 때 메디아인들이 다수 전사했지만 뒤이어 다른 자들이 계속 공격했다. 그들은 막대한 피해를 입었음에도 퇴각하지 않고 공격했다. 그러나 그들은 그들 군대에 사람 수는 많아도 진짜 남자는 적다는 것을 모두와 특히 왕 자신에게 명백히 보여 주었다. 전투는 종일 계속되었다.

---

112 제7권 제101~04장 참조.

211   결국 메디아인들이 호되게 당한 후 철수하자, 왕이 불사대[113]라고 부르는 페르시스인 부대가 이어 공격에 나섰다. 그들을 지휘한 것은 히다르네스였는데, 그들은 쉽게 임무를 완수할 수 있으리라 여겨졌다. 그러나 이들도 헬라스인들과 교전을 벌이자, 메디아 군대보다 더 나을 게 없었고 역시 마찬가지였다. 그것은 그들이 비좁은 곳에서 싸우고 헬라스인들의 것보다 더 짧은 창을 사용하여 자신들의 많은 수를 활용하지 못했기 때문이다. 반면에 라케다이몬인들은 훌륭하게 잘 싸웠다. 그들은 다른 점들에서도 숙달된 전사로서 미숙한 상대와 싸우고 있음을 분명히 보여 주었고, 특히 뒤로 등을 돌려 거짓으로 한꺼번에 도망치곤 했다. 그러면 이방인들은 그들이 도망가는 것을 보고 함성과 요란한 소리를 내며 공격했고, 그때마다 헬라스인들은 잡히려고 하면 뒤로 돌아 이방인들과 맞서 싸워 페르시스인들을 셀 수 없이 많이 죽이곤 했다. 이때 스파르테인 중에서도 죽은 자들이 소수 있었다. 이에 페르시스인들은 부대별로도 공격해 보고 그 밖의 온갖 방법으로도 공격해 보았지만 고갯길을 장악하는 데 실패하자 철수하고 말았다.

212   이 전투가 벌어지는 동안 왕은 그 모습을 바라보다가 자신의 군대가 염려되어 왕좌에서 세 번이나 벌떡 일어났다고 한다. 그날의 전투는 이와 같이 전개되었고, 다음 날도 이방인들의 전투 상황은 나아지지 않았다. 헬라스인들의 수가 너무 적었기 때문에, 이방인들은 그들이 부상을 입고 더는 항거하지 못할 것으로 예상하여 다시 전투를 벌였다. 그러나 헬라스인들은 부대별로 종족별로 대형을 이루었고, 포키스인들을 제외하고, 각기 교대로 싸웠다. 포키스인들은 산길을 지키도록 산 위에 배치되었다. 그래서 페르시스인들은 전날 상황과 달라진 것이 전혀 없음을 알자 철수하고 말았다.

---

113 제7권 제83장 참조.

왕이 이 문제를 어떻게 처리해야 할지 몰라 난감해 하고 있을 때, 213
멜리스인인 에우리데모스의 아들 에피알테스가 왕에게 아뢸 일이 있
다고 찾아왔다. 그는 왕에게서 무슨 큰 사례가 주어질 것으로 생각하
고 산을 통과해 테르모필라이로 가는 길을 왕에게 말해 주었는데, 그
로써 그는 그곳을 고수하던 헬라스인들을 파멸시켰다. 그 후 그는 라
케다이몬인들이 두려워 테살리에로 피신했다. 그가 피신해 있는 동
안 인보동맹 회원들이 필라이에서 회합을 갖고 필라고로이[114]가 그
의 목에 현상금을 걸었다. 그는 한참 후에 안티키레로 돌아왔는데,
거기서 트레키스 출신 아테나데스에게 살해되었다. 이 아테나데스
는 다른 이유에서—이에 대해서는 내가 나중의 이야기에서 언급하겠
다[115]—에피알테스를 죽였지만, 그럼에도 그는 라케다이몬인들에게
큰 존경을 받았다.

에피알테스는 그 후에 그렇게 죽었다. 한편 또 다른 전승에 의하면 214
왕에게 그것을 말해 주고 산을 돌아 페르시스인들을 안내한 것이 카
리스토스인인 파나고레스의 아들 오네테스와 안티키레의 코리달로
스였다고 하는데, 나는 이것을 전혀 믿지 않는다. 우선 헬라스인 측
에서 필라고로이가 현상금을 오네테스와 코리달로스의 목이 아니라
트레키스인인 에피알테스의 목에 걸었다는 점을 근거로 판단해야 하
기 때문이다. 그들은 필시 매우 정확히 신상을 조사했을 것이니 말이
다. 또한 우리가 알기에 에피알테스는 바로 이 이유 때문에 도피했던
것이다. 물론 오네테스가 멜리스인이 아니라고 해도 그 지역에 여러
번 가 보았다면 이 산길을 알고 있었을 것이다. 그러나 산을 돌아 그

---

114 필라고로이(Pylagoroi)는 인보동맹 회의에 파견된 각국의 대표자들을 가리
     킨다.

115 헤로도토스가 이에 대해 따로 언급한 대목은 없다. 일부 학자들은 이 대목
     을 놓고 헤로도토스가 원래 제9권 이후의 역사를 저술할 계획이었다고 주
     장하기도 한다.

산길을 통해 페르시스인들을 안내한 것은 바로 에피알테스였다. 나는 그것이 그의 소행이었음을 언명한다.

215 크세륵세스는 에피알테스가 이행하겠다고 약속한 내용이 맘에 들어, 크게 기뻐하며 당장 히다르네스와 히다르네스 휘하의 병사들을 보냈다. 그들은 등불을 켤 시간쯤에 진영을 출발했다. 이 산길을 발견한 것은 멜리스 토착민들이었는데, 그들은 이것을 발견하고 테살리에인들을 포키스로 안내한 적이 있다. 그때 포키스인들은 고개에 방벽을 두르고 전쟁 위험 없이 지내고 있을 때였다. 그리하여 그 산길이 이롭지가 않다는 것은 멜리스인들에 의해 이미 오래전부터 드러났다.

216 이 산길의 형세는 다음과 같다. 산길은 아소포스 강이 협곡을 통과해 흐르는 곳에서 시작하는데 그 산과 산길의 이름은 똑같이 아노파이아이다. 이 아노파이아는 산의 능선을 따라 뻗어 있으며, 멜리스 쪽에서 가장 가까운 로크리스 도시인 알페노스 시[116]에서, 멜람피고스라고 불리는 바위와 케르코페스의 거처에서 끝난다.[117] 케르코페스의 거처는 그 길 폭이 가장 좁은 지점이다.

217 이 길의 형세는 그러했는데, 페르시스인들은 아소포스 강을 건넌 후 이 길을 따라 오른편에는 오이테 산, 왼편에는 트레키스의 산들을 끼고 밤새도록 행군을 계속했다. 새벽이 되었을 때 그들은 산의 정상에 도착했다. 산 정상에는 내가 앞서 말한 것처럼[118] 포키스의 중무

---

116 알페노스(Alpenos)는 헤로도토스의 다른 대목에서 알페노이(Alpenoi)라는 복수형으로도 불린다. 제7권 제176장과 제229장 참조.

117 '멜람피고스'(melampygos)는 '검은 궁둥이'라는 뜻이다. 멜람피고스는 성인 남성의 표식으로 여겨졌는데, 헤라클레스의 별명으로도 사용되었다. 한편 케르코페스(Kerkopes)는 헤라클레스 전설에 나오는 난쟁이들을 가리킨다. 케르코페스는 헤라클레스가 멜람피고스 바위에서 자는 동안에 그의 무기들을 훔치려다 들켜 그에게 혼이 났다고 전한다.

118 제7권 제212장 참조.

장 보병 1,000명이 자신들의 땅을 방어하고 산길을 감시하기 위해 지키고 있었다. 아래쪽 고갯길은 내가 이미 말한 자들이 지키고 있었기 때문이다. 하지만 산 위의 고갯길은 레오니데스에게 자신들이 지키겠다고 약속한 포키스인들이 자진하여 지키고 있었다.

포키스인들은 그들이 산 위에 올라왔다는 것을 다음과 같이 알아 218 차렸다. 산이 온통 참나무들로 가득해서 포키스인들은 페르시스인들이 산에 오르는 것을 전혀 알아채지 못했다. 그러나 바람도 없이 고요한데 낙엽들이 발밑에 깔리면 으레 그렇듯이 그들의 발에 밟혀 시끄러운 소리가 나자, 포키스인들은 급히 일어나 무장을 갖추었다. 이방인들은 곧바로 진격해 왔다. 이방인들은 무장한 병사들을 보자 깜짝 놀랐다. 그들은 아무도 자신들에게 대항하지 않을 것으로 예상했는데, 막상 군대와 마주쳤기 때문이다. 이에 히다르네스는 혹시 포키스인들이 라케다이몬인들이 아닐까 염려하여 에피알테스에게 그들이 어느 나라 군대인지 물었다. 그는 그들이 누구인지 정확하게 알게 되자, 페르시스인들을 전투 대열로 배치했다. 포키스인들은 수많은 화살이 비오듯 쏟아지자 산꼭대기로 피신해 달아났다. 그들은 페르시스인들이 처음부터 자신들을 겨냥해 공격한 것으로 알고, 죽을 각오를 하고 있었다. 그들이 이런 생각을 하고 있었지만, 에피알테스와 히다르네스를 따라온 페르시스인들은 포키스인들에겐 아무 관심을 갖지 않고 신속하게 산 아래로 내려갔다.

테르모필라이에 있는 헬라스인들에게 앞일을 맨 먼저 알려 준 것 219 은 예언자 메기스티에스였는데, 그는 신성한 제물을 살펴보고서 새벽에 그들에게 죽음이 닥칠 것이라고 예언했다. 그다음에는 탈주자들이 와서 페르시스인들의 우회 공격에 대해 알려 주었다. 이들이 소식을 전해 준 때는 아직 밤중이었다. 세 번째는 날이 밝았을 때 산꼭대기에서 달려 내려온 경비병들이었다. 그래서 헬라스인들은 어찌할지를 협의했는데, 그들 간에 의견이 갈렸다. 그들 중 일부는 진지를 떠나지 말자고 했고 일부는 그에 반대했던 것이다. 그 후 그들은 해산하여, 일부는 그곳을 떠나 각자의 나라로 흩어졌고 일부는 레오니데스와 함께 그곳에 남을 채비를 했다.

220   레오니데스 자신은 다른 헬라스인들이 죽게 될 것을 염려하여 그들을 떠나보냈다고 한다. 그러나 그 자신과 그곳에 있던 스파르테인들이 처음에 지키려고 온 진지를 포기하는 것은 적절치 않다고 여겼다 한다. 나는 이 견해를 가장 선호하는 입장인데, 즉 레오니데스가 동맹국들이 열의가 없고 위험을 함께하지 않으려 한다는 것을 알아차리고 그들에게 떠나라고 명령했지만 그 자신이 떠나는 것은 불명예로 여겼던 것이다. 그는 자신이 그곳에 남으면 자신에게 큰 명성이 남고 스파르테의 번성도 계속 유지될 것이라고 여겼다. 스파르테인들이 전쟁 초에 곧바로 이 전쟁에 관한 신탁을 물었을 때, 피티에 여사제는 라케다이몬이 이방인들에게 파멸되든지 아니면 그 왕이 죽든지 할 것이라고 예언했기 때문이다. 그녀는 육보격 시행들로 다음과 같은 신탁을 내렸다.

광대한 스파르테 주민들이여, 위대하고 영광스러운 그대들 도시가
페르세우스 후손들에게 파괴되든지, 아니면 라케다이몬의 온 땅이
헤라클레에스 후손인 왕의 죽음을 애통해 하리라.
황소나 사자의 힘도 적을 막아 내지 못할지니.
그는 제우스처럼 강하도다. 말하노니, 둘[119] 중 하나가
완전히 조각나기 전에는 아무도 그를 막지 못하리라.

나는 그곳을 떠난 자들이 서로 의견이 무질서하게 갈라져서 떠났다기보다 레오니데스가 이 신탁을 염두에 두고 스파르테인들만이 좋은 명성을 얻게 해 주려고 동맹국들을 떠나게 했다고 믿는다.

---

119 스파르타 국가와 스파르타 왕.

이 사건에 관한 내 견해를 입증해 줄 중대한 증거가 또 있는데 그 221
것은 다음과 같다. 즉 레오니데스는 이 군대를 따라온 아카르나니에
인 예언자 메기스티에스가 그들과 함께 죽는 것을 막기 위해 그에게
떠나도록 했음이 확실하다. 메기스티에스는 계보상 멜람푸스의 후손
이었다고 전하는데, 신성한 제물을 보고 그들에게 무슨 일이 일어날
지를 예언한 바로 그 사람이었다. 그러나 메기스티에스 본인은 떠나
라고 했음에도 떠나지 않았고, 함께 출정한 그의 외아들을 떠나게
했다.

레오니데스가 떠나게 한 동맹국들은 떠나가고 그의 말에 순응했지 222
만, 테스페이아인들과 테바이인들만은 라케다이몬인들과 함께 그곳
에 남았다. 이들 중 테바이인들은 원치 않았음에도 본의 아니게 남았
다. 레오니데스가 그들을 일종의 볼모로 여겨 붙잡아 두었던 것이다.
반면에 테스페이아인들은 정말로 자원해서 남았다. 그들은 레오니데
스와 그의 병사들을 두고 떠나기를 거부하고 그곳에 남아 함께 죽었
다. 이들을 지휘한 장군은 디아드로메스의 아들 데모필로스였다.

크세르크세스는 해가 뜨자 헌주를 드리고, 아고레에 사람들이 가 223
장 많이 들어찰 시각[120]까지 기다렸다가 공격에 나섰다. 에피알테스
가 그렇게 하라고 일러두었던 것이다. 왜냐하면 산에서 내려오는 길
은 우회하여 올라가는 길보다 더 곧고 거리도 훨씬 더 짧기 때문이
다. 그리하여 크세르크세스 휘하의 이방인들이 공격해 오자, 레오니데
스 휘하의 헬라스인들은, 이제 죽으려고 출정하는 만큼, 처음 때보다
훨씬 멀리 나아가 더 넓은 고갯길까지 전진했다. 그들은 이제까지 방
벽의 담장을 수호해 왔고, 이전 며칠 동안에는 좁은 고갯길로 물러나
싸웠기 때문이다. 그러나 이제 좁은 곳에서 나와 교전을 벌였는데,

---

120 시장의 개장 시간은 오전 9~12시경인데 이 중 "아고레에 사람들이 가장 많
이 들어찰 시각"이 어느 때인지는 불확실하다. 아마 개장 시간의 중간쯤이
었을 것으로 추정된다.

이방인들이 다수 전사했다. 이방인 부대들의 뒤에서 채찍을 든 지휘관들이 모든 병사들에게 채찍질을 하며 계속 앞으로 몰아댔기 때문이다. 또 그중에는 바다에 빠져 죽은 자들도 많았고, 서로의 발밑에 산 채로 짓밟힌 자들은 훨씬 더 많았다. 죽는 자들에게 아무 관심도 보이지 않았던 것이다. 헬라스인들은 자신들이 산을 돌아온 자들의 손에 죽게 되리라는 것을 알고 있었으므로, 목숨을 돌보지 않고 저돌적으로 자신이 가진 모든 힘을 다해 이방인들에게 맞섰다.

224   이제 헬라스인들은, 그들 대부분의 창이 이미 부러진 터라, 칼을 휘둘러 페르시스인들을 죽였다. 레오니데스도 이 전투에서 최고로 용감히 싸우다가 전사했고 다른 유명한 스파르테인들도 그와 함께 전사했다. 나는 대단히 훌륭한 이 사람들의 이름을 알고 있고 또 300인 전원의 이름도 알고 있다. 또한 유명한 페르시스인들도 그곳에서 많이 죽었는데, 그중에는 특히 다레이오스의 두 아들인 아브로코메스와 히페란테스도 있었다. 그들은 아르타네스의 딸인 프라타구네가 다레이오스에게 낳아 준 아들들이었다. 이 아르타네스는 다레이오스 왕의 동생이고, 아르사메스의 아들인 히스타스페스의 아들이었다. 아르타네스는 다레이오스에게 자신의 딸을 출가시킬 때, 그녀가 그의 유일한 자식이었으므로, 그녀에게 자신의 가산을 모두 물려주었다.

225   그렇게 크세륵세스의 두 동생도 그곳에서 싸우다 죽었다. 레오니데스의 시신을 놓고 페르시스인들과 라케다이몬인들 사이에 치열한 쟁탈전이 벌어졌는데, 결국은 헬라스인들이 담력을 발휘하여 시신을 끌고 갔고 적들을 네 번이나 격퇴했다. 이 전투는 에피알테스가 데려온 병사들이 도착할 때까지 계속되었다. 그들이 도착했음을 헬라스인들이 알게 되자, 그때부터 전투 양상이 달라졌다. 헬라스인들이 좁은 길목으로 물러나 방벽 안으로 들어갔으며, 테바이인들을 제외하고 모두 다 집결해 언덕 위에 진을 쳤기 때문이다. 그 언덕은 고개 입구에 있는데, 그곳에는 현재 레오니데스를 기리는 사자 석상이 세워져 있다. 그곳에서 헬라스인들은 아직 단검이 남아 있는 자들의 경우

에는 단검을 써서 아니면 그들의 손과 이빨을 써서 방어했고, 이방인들은 화살을 쏘아 헬라스인들을 뒤덮었다. 그들 중 일부는 정면에서 공격하여 방벽의 담장을 무너뜨렸고 다른 일부는 빙 돌아서 그들을 완전히 포위했다.

라케다이몬인들과 테스페이아인들은 이처럼 용감하게 행동했는데, 226 그중에서도 가장 용감한 자는 스파르테인 디에네케스였다고 한다. 그는 그들이 메디아인들과 전투를 벌이기 전에 한 트레키스인에게서 이방인들이 화살을 쏘면 화살들이 너무 많아 태양을 가리더라는 말을 듣고, 이렇게 대구했다고 한다. 그 트레키스인의 말인즉, 이방인들의 수가 그처럼 많다는 것이었다. 그러나 그는 그 말을 듣고서도 놀라지 않고 메디아인들의 수를 무시하며 말했다고 한다. "나의 트레키스 친구가 우리에게 정말 좋은 소식을 전해 주는구려. 메디아인들이 태양을 가려 준다면 우리는 햇볕이 아닌 그늘 아래서 그들과 싸울 것이니 말이오."

라케다이몬인 디에네케스는 이것뿐 아니라 그런 종류의 다른 기념 227 비적인 말들도 남겼다고 한다. 디오네케스 다음으로 가장 용감한 자는 두 라케다이몬인 형제로, 오르시판토스의 아들들인 알페오스와 마론이었다고 한다. 한편 테스페이아인들 가운데 가장 큰 명성을 누린 자의 이름은 하르마티데스의 아들 디티람보스였다.

그들은 자신들이 쓰러진 바로 그 자리에 묻혔다. 그들과, 또 레오니 228 데스가 일부 군대를 떠나보내기 전에 죽었던 자들을 위해 다음과 같은 내용이 비문에 새겨져 있다.

일찍이 이곳에서 펠로폰네소스의 4,000명 전사들이
300만 군대에 맞서 싸웠노라.

이것은 그들 모두를 위해 새겨진 비문이고, 스파르테인들을 위한 비문은 별도로 새겨져 있다.

나그네여, 라케다이몬인들에게 가서 알려 주오.
우리가 그들의 명령에 복종하여 여기에 누워 있다고.

이것이 라케다이몬인들을 위한 것이고, 그 예언자를 위한 비문은 다음과 같다.

이 무덤은 일찍이 스페르케이오스 강을 건너온
메디아인들에게 죽은 유명한 메기스티에스의 것이니라.
이 예언자는 자신에게 죽음이 다가오는 것을 분명히 알았건만
스파르테의 지도자를 두고 떠날 수가 없었노라.

이 비문들과 석주들은, 예언자를 위한 비문만 빼고, 모두 인보동맹 회원들이 그들을 기려 만든 것이다. 그러나 예언자 메기스티에스의 비문은 레오프레페스의 아들 시모니데스가 그들 간의 우호에 입각하여 만든 것이다.

229   그런데 이들 300인 중 두 사람인 에우리토스와 아리스토데모스에 대해 전하는 이야기가 있다. 그들은 심하게 눈병에 걸려 레오니데스에게서 진영을 떠나도록 허락받고 알페노이에서 앓아누워 있던 터라, 둘 다 그것을 공동의 구실로 삼아 무사히 스파르테로 돌아가거나, 돌아가기를 원치 않을 경우 다른 자들과 함께 죽을 수 있었다고 한다. 그러나 그들은 이 두 가지 중 하나를 이행할 수 있었는데도, 의견을 같이하지 못하고 서로 의견이 갈렸다고 한다. 그리하여 에우리토스는 페르시스인들의 우회 공격 소식을 듣자, 무장을 가져오게 하여 갖춰 입고 자신의 헤일로스에게 자기를 전쟁터로 데려가도록 명령했다고 한다. 헤일로스가 그를 전쟁터에 데려갔을 때 그를 데려다준 자는 달아났지만 그는 무리 속으로 뛰어들어 전사했다고 한다. 반면 아리스토데모스는 용기가 부족해 뒤에 남아 있었다고 한다. 내 생각엔, 그때 아리스토데모스 혼자만 병이 나 스파르테로 돌아갔거나

혹은 둘이 함께 돌아갔더라면, 스파르테인들이 그들에게 분노하지 않았을 것으로 본다. 그러나 이제 그들 중 한 명은 죽고 다른 한 명은 똑같은 구실을 갖고 있으면서도 죽기를 원치 않았기 때문에, 스파르테인들은 아리스토데모스에게 몹시 분노할 수밖에 없었다고 본다.

일부 사람들은 아리스토데모스가 그와 같은 구실하에 스파르테로 230 무사히 돌아왔다고 말한다. 그러나 다른 일부 사람들의 말로는, 그가 군영(軍營)에서 사절로 파견되었는데 전투가 일어날 때에 맞춰 돌아올 수 있었는데도 그러기를 원치 않고 도중에 지체하여 살아남았다고 한다. 반면에 그의 동료 사절은 전투에 맞춰 도착해 전사했다고 한다.

아리스토데모스는 라케다이몬에 돌아와서 수치와 모욕을 겪었다. 231 그가 겪은 굴욕은 다음과 같은 것이었다. 즉 스파르테인 중 아무도 그에게 불씨를 주지 않았으며 말도 걸지 않았던 것이다. 또 그는 겁쟁이 아리스토데모스라고 불리며 수치를 당하기도 했다.

그러나 그는 자신에게 가해진 모든 비난을 플라타이아이 전투에서 232 만회했다. 한편 이 300인 중에서 또 한 명이 테살리에에 사절로 파견되어 살아남았는데, 그의 이름은 판티테스였다고 한다. 그러나 그도 스파르테로 돌아와 모욕을 당하자 목매어 죽었다고 한다.

레온디아데스가 지휘하던 테바이인들은 헬라스인들과 함께 있는 233 동안에는 어쩔 수 없이 왕의 군대에 맞서 싸웠다. 그러나 그들은 페르시스인들의 전세가 더 우세한 것을 보자, 레오니데스를 포함한 헬라스인들이 언덕 쪽으로 급히 달려갈 때 그들에게서 이탈하여 항복의 표시로 양손을 내밀고 이방인들에게로 다가갔다. 그들은 이방인들에게 분명한 진실을 밝히기를, 자기들은 메디아 편이고 왕에게 최초로 흙과 물을 바쳤던 자들에 속하는데 지금은 강압에 못 이겨 테르모필라이에 왔으며 자신들은 왕이 입은 피해에 잘못이 없다고 말했다. 그들은 그렇게 말해 살아남았다. 그들이 자신들의 말에 대한 증인으로 테살리에인들을 내세웠기 때문이다. 그렇지만 그들의 일이 모두 잘된 것은 아니었다. 그들이 다가오는 것을 발견했을 때, 이방인들은 다가오는 자들의 일부는 죽이고 그들 대부분에게는 크세륵세스의 명에 따라 그들의 장군 레온티아데스부터 시작해서 왕의 낙인[121]을 찍었기 때문이다. 레온티아데스의 아들 에우리마코스는 한참 이후에[122] 400명의 테바이인들을 지휘하여 플라타이아이인들의 도시를 점령했다가 플라타이아이인들에게 살해당했다.

234   헬라스인들은 테르모필라이에서 그렇게 싸웠다. 그때 크세륵세스는 데마레토스를 불러오게 하여 다음과 같이 묻기 시작했다. "데마레토스여, 그대는 올바른 사람이오. 나는 사실에 입각하여 그리 판단하는 거요. 모든 일이 그대가 말한 그대로 일어났기 때문이오. 그러니 이제 나에게 말해 주시오. 나머지 라케다이몬인들은 몇 명이나 되는 거요? 그들 중에 이들처럼 용감한 전사들은 몇 명이나 되오? 아니면 그들 모두가 다 이렇소?" 이에 그가 말했다. "전하, 라케다이몬인들은 전체 인구가 많고 그들의 도시들도 많습니다. 그러나 전하께서 알고 싶어 하시는 것을 말씀 드리지요. 라케다이몬에는 약 8,000명 병사들이 있는 스파르테 시가 있는데, 그들은 모두 여기서 싸운 자들과 똑같습니다. 나머지 라케다이몬인들은 이들과 똑같지는 않지만 그래도 용감한 자들입니다." 이 말에 대해 크세륵세스가 말했다. "데마레토스여, 어떻게 하면 가장 힘들지 않게 그 자들을 제압할 수 있겠소? 자, 말해 주시오. 그대는 그들의 왕이었으니 그들의 계획의 상세한 내용을 알고 있을 테니 말이오."

235   그러자 데마레토스가 대답했다. "전하, 전하께서 정말 절실히 제 조언을 바라신다면 제가 전하께 최상의 방안을 말씀 드려야 마땅하지요. 전하께서 해군의 전선 300척을 라코니아 지역으로 파견하신다면 그것이 최상일 것입니다. 그곳의 앞바다에는 키테라라고 불리는

---

121 '왕의 낙인'은 이마에 새겨진 노예 낙인을 가리키는 것으로 보인다.

122 기원전 431년.

섬이 있는데, 우리들 가운데 최고의 현인인 킬론은 그 섬이 바다 위로 솟아 있는 것보다 바닷속에 가라앉는 것이 스파르테인들에게 더 이득이 될 거라고 말한 바 있습니다. 그는 제가 지금 전하께 말씀 드리는 것과 같은 일이 그 섬으로 말미암아 발생하리라고 늘 예상하고 있었던 겁니다. 그렇다고 그가 전하의 원정을 예견한 것은 아니고, 어떤 사람들의 원정이건 모두 똑같이 두려워한 겁니다. 그러니 이 섬을 교두보 삼아 라케다이몬인들을 두려움에 떨게 하시옵소서. 라케다이몬인들이 본국에서 이웃과 전쟁을 하게 되면, 나머지 헬라스 지역이 전하의 육군에 정복당한다 해도, 그들이 도우러 올까봐 염려하실 필요가 없을 것입니다. 그리고 일단 나머지 헬라스 지역이 예속되고 나면 라코니아만 미약한 상태로 남게 될 것입니다. 그러나 전하께서 그렇게 하지 않으신다면, 일이 다음과 같이 진행될 것으로 예상됩니다. 펠로폰네소스 지역에는 폭이 좁은 지협[123]이 있습니다. 그런데 모든 펠로폰네소스인들이 전하에게 맞서 맹약을 맺었으므로, 전하께선 바로 이곳에서 기존의 싸움들보다 더 격렬한 싸움을 벌이게 될 것으로 보입니다. 하지만 전하께서 제 말대로 하신다면, 이 지협과 여러 나라들이 싸우지도 않고 전하께 항복할 것입니다."

그다음에 크세륵세스의 동생이고 함대 지휘관인 아카이메네스가 236 말했다. 그는 마침 그 이야기 자리에 함께 있었는데, 크세륵세스가 데마레토스에게 설득되어 그대로 하지 않을까 우려하여 이렇게 말했다. "전하, 제가 보기에 전하께선 전하의 성공을 시기하거나 아마도 전하의 일을 배신할지도 모를 사람의 말에 수긍하고 계십니다. 그런 방안은 헬라스인들이 즐겨 쓰는 것이지요. 그들은 성공을 시기하고 자기보다 더 강력한 자는 미워하니까요. 배 400척이 난파된 현재의 상황에서 전하께서 다시 300척을 해군에서 빼내 펠로폰네소스를

---

123 펠로폰네소스 반도의 입구에 있는 이스트모스 지역.

돌아 항해하도록 파견하신다면, 적들은 전하와 맞먹는 적수가 될 것입니다. 그러나 우리 해군이 모여 있으면 그들이 공격하기 어렵습니다. 그리고 그들은 전하의 적수가 되지 못할 것입니다. 전체 해군과 육군이 함께 진군한다면 해군은 육군을 지원하고 육군은 해군을 지원할 것입니다. 하지만 전하께서 군대를 분리하시면, 전하께서도 해군에 도움이 되지 못하고 해군도 전하께 도움이 되지 못할 것입니다. 제 의견을 말씀 드리자면, 전하께서 자신의 일에 대해 계획을 잘 세우시고 적들의 일에 대해서는 그들이 어디서 전쟁을 벌일지, 그들이 무엇을 할지 또 그들의 수가 얼마인지 신경 쓰지 마시라는 것입니다. 그들은 그들 자신의 일을 잘 헤아릴 수 있고, 마찬가지로 우리는 우리의 일을 잘 헤아릴 수 있기 때문입니다. 라케다이몬인들이 페르시스인들과 대적해 싸움을 벌인다 해도, 현재 입은 상처를 결코 회복하지 못할 것입니다."

237   크세륵세스가 대답했다. "아카이메네스여, 생각해 보니 그대의 말이 옳은 것 같소. 그대의 말대로 하겠소. 하지만 데마레토스도, 그의 조언이 비록 그대보다는 못하지만, 자신이 생각하기에 나에게 가장 좋다는 의견을 말해 준 거요. 나는 그가 나의 일에 우호적이지 않다고는 절대 믿지 않을 거요. 그가 전에 나에게 해 준 조언들과 다음의 사실에 근거하여 그리 판단한 것이오. 즉 같은 시민끼리는 한 시민이 성공하면 다른 시민은 그를 시기하고 침묵으로써 적대시한다오. 또한 출중한 인품을 지닌 자가 아니라면, 동료 시민에게서 조언을 요청받아도 자신이 최선으로 여기는 조언은 하지 않을 거요. 그와 같은 사람들은 정말 드물다오. 하지만 외국인 빈객끼리는 한 외국인 빈객[124]이 성공하면 다른 외국인 빈객은 누구보다 더 호의적이고, 조언

---

124 '외국인 빈객'은 '크세이노스'를 번역한 말이다. '크세이노스'는 그냥 '외국인'을 뜻하기도 하지만, 여기서는 서로 다른 국가에서 빈객으로 대우받는 상호 우호적인 교우(交友)를 가리킨다. 여기서 크세륵세스는 한 인간이 성

을 요청받으면 최선의 조언을 해 줄 것이오. 그러므로 내가 명하노니, 이후로는 누구든 나의 외국인 빈객인 데마레토스에 대한 비방을 삼가기 바라오."

크세륵세스는 이렇게 말한 후 시신들 사이를 지나갔는데, 레오니 238 데스의 시신에 이르러 그가 라케다이몬인들의 왕이고 지휘관이었다는 말을 듣자 그의 목을 참수하여 말뚝에 매 달라고 명령했다. 내가 보기엔 다른 많은 증거들과 함께 특히 이 점을 근거로 할 때, 크세륵세스 왕이 레오니데스가 살아 있는 동안 모든 사람 중에서도 그를 가장 괘씸히 여겼음이 분명하다. 그렇지 않았다면 크세륵세스가 결코 그의 시신을 그처럼 능욕하지는 않았을 것이다. 내가 아는 인간 중에서 페르시스인들이야말로 전쟁에서 용감한 자들을 가장 명예롭게 여기기 때문이다. 어쨌든 그 일을 담당하는 자들은 크세륵세스가 명령한 대로 이행했다.

이제 나는 앞서 내 이야기가 중단되었던 곳으로 돌아간다.[125] 라케 239 다이몬인들은 페르시스 왕이 헬라스 공격에 착수했다는 것을 제일 먼저 알았고, 그래서 델포이의 신탁소로 사절들을 파견했다. 거기서 그들에게 내려진 신탁은 내가 조금 전에 언급한 바 있다. 그런데 그들이 왕의 헬라스 공격을 알게 된 방식은 매우 놀라운 것이었다. 그때 메디아에 도피해 있던, 아리스톤의 아들 데마레토스가, 내 생각에는—이 생각은 충분히 가능한 추론이다—라케다이몬인들에게 호의적이지 않았다고 보지만, 호의에서건 악의에 찬 환희에서건 그런 일

공할 경우 같은 나라의 동료 시민과 외국의 친구가 서로 다른 태도를 보인다는 것을 지적한다.

125 제7권 제220장 참조. 헤로도토스는 제220장에서 스파르타인들이 전쟁 초에 델포이에 신탁을 물었다고 기술하면서도 그들이 페르시아군의 침입을 어떻게 일찍 알았는지는 설명하지 않는다. 따라서 제239장은 그에 대한 보충 설명에 해당한다.

을 벌였다고 추정할 수 있기 때문이다. 크세륵세스가 헬라스 원정을 결정했을 때 당시 수사에 있던 데마레토스가 그 소식을 듣고 라케다이몬인들에게 알리고 싶었던 것이다. 그러나 그는 다른 방법으로는 그것을 알릴 수가 없었다. 발각될 위험이 컸기 때문이다. 그래서 그는 다음과 같은 방법을 고안해 냈다. 그는 두 겹으로 된 서판(書板)을 구해 그것의 밀랍을 긁어낸 후 서판의 나무에 왕의 의도를 기록했다. 그런 다음 기록한 글 위에 다시 밀랍을 녹여 부었는데, 이는 서판을 공백으로 두어 운반 도중에 도로 경비병들에게 어떤 문제도 일으키지 않도록 하기 위해서였다. 서판이 라케다이몬에 도착했을 때 라케다이몬인들은, 내가 듣기에 클레오메네스의 딸이자 레오니데스의 아내인 고르고가 스스로 알아채고 그들에게 말해 주기 전에는, 서판의 뜻을 파악하지 못했다. 그녀는 그들에게 그것의 밀랍을 긁어내면 나무에서 글을 발견할 것이라고 말했던 것이다. 그들은 그녀의 말에 따랐고 마침내 그 글을 발견하여 읽었다. 그런 후에 그들은 다른 헬라스인들에게도 그것을 알려 주었다. 이 일은 그렇게 일어났다고 한다.

제 8 권

해군에 배치된 헬라스인들은 다음과 같았다. 아테나이인들은 배 127척을 제공했다. 플라타이아이인들은 항해 경험은 없었지만 용기와 열정으로 아테나이인들의 배에 탑승 인력을 배치했다. 코린토스인들은 배 40척, 메가라인들은 20척을 제공했다. 칼키스인들은 아테나이인들이 그들에게 제공한 배 20척에 병력을 배치했고, 아이기나인들은 18척, 시키온인들은 12척, 라케다이몬인들은 10척, 에피다우로스인들은 8척, 에레트리아인들은 7척, 트로이젠인들은 5척, 스티라인들은 2척, 케오스인들은 배 2척과 오십노선 2척을 제공했다. 오푸스의 로크리스인들도 오십노선 7척을 거느리고 그들을 도우러 왔다.

이들이 바로 아르테미시온에 출전한 자들이었고, 그들이 각각 배 몇 척을 제공했는지는 내가 방금 언급했다. 아르테미시온에 집결한 배들의 총수는, 오십노선을 빼고, 271척이었다. 최고권을 지닌 지휘관은 스파르테인들에게서 나왔는데, 그는 에우리클레이데스의 아들인 에우리비아데스였다. 동맹국들이 아테나이인들의 지도에 따르는 것을 거부하며, 라코니아인이 자신들을 지도하지 않으면 차라리 군대를 해체할 것이라고 했기 때문이다.

처음에 그들이 시켈리에에 동맹을 청하는 사절을 보내기 전에, 해군을 아테나이인들의 지휘하에 두어야 한다는 논의가 있었다. 그러나 동맹국들이 이에 반대하자 아테나이인들이 양보했다. 아테나이인들은 헬라스의 생존을 대단히 중히 여겼고, 지도권 때문에 다툼이 일어나면 헬라스가 멸망하리라는 것을 잘 알고 있었던 것이다. 그들의 판단은 옳았다. 전쟁이 평화보다 좋지 않은 만큼이나 동족 간의 분쟁은 단합된 전쟁보다 좋지 않기 때문이다. 그들은 이 점을 잘 알고 있었기에 뻗대지 않고 양보했던 것이다. 그러나 이런 양보는, 나중에 밝혀지듯, 아테나이인들이 다른 자들의 도움을 크게 필요로 하는 동안만 이루어졌다. 그들이 페르시스 왕을 격퇴한 후 그의 땅을 놓고 전쟁을 벌이게 되었을 때에는, 파우사니에스의 오만함을 구실 삼아 라케다이몬인들에게서 지도권을 빼앗았기 때문이다. 그러나 이 일은

나중에 일어난 것이다.[1]

4   당시 아르테미시온에 도착한 이 헬라스인들은 많은 배들이 아페타이에 기항해 있고 도처에 군대가 가득한 것을 보고, 예상과 달리 이 방인들의 상황이 자신들이 생각한 것과는 다르게 나타나자 겁을 집어먹고 아르테미시온에서 헬라스 안쪽으로 도망갈 생각을 했다.[2] 에우보이아인들은 그들이 이런 생각을 한다는 것을 알고, 자신들의 자식들과 다른 가솔들을 안전한 곳으로 옮길 때까지 잠시 동안 기다려달라고 에우리비아데스에게 요청했다. 그러나 그를 설득하는 데 실패하자 그들은 방향을 돌려 아테나이인들의 장군인 테미스토클레에

---

1 아테네인들이 라케다이몬인들에게서 지도권을 빼앗았다는 것은 델로스 동맹의 결성을 말한다. 여기서 '그의 땅'이란 페르시아 왕에게 속했던 소아시아의 해안 지방을 가리킨다. 아테네는 그리스-페르시아 전쟁에서 승리한 이후 소아시아 이오니아 국가들과의 연합을 위해 스파르타와 경쟁했는데, 결국 아테네가 이겨 기원전 478/7년에 델로스 동맹을 결성하게 된다. 이로써 아테네는 그리스의 해상 패권을 장악하게 되었고, 그 패권은 펠로폰네소스 전쟁(기원전 431~404년) 때까지 지속되었다. 그런데 델로스 동맹의 결성 연도를 기원전 478/7년으로 표기한 이유는 다음과 같다. 아테네인들은 1년을 12달로 구분했는데, 새해는 오늘날처럼 1월에 시작하지 않고 여름철의 헤카톰바이온(Hekatombaion) 달에 시작되었다. 헤카톰바이온 달은 오늘날의 7월 후반과 8월 전반에 해당한다. 이처럼 달력 체계와 연도 개시 시기가 오늘날과 다른 만큼 어떤 사건이 일어난 달이나 구체적인 계절을 알지 못하면 정확한 연대를 파악하기 어렵다. 아리스토텔레스의 『아테네인의 국제』 제23장 제5절에 따르면, 델로스 동맹은 살라미스 해전 이후 세 번째 해에 결성되었다고 한다. 그해의 아르콘은 티모스테네스였다. 아테네의 아르콘 임기는 1년이었으니, 티모스테네스의 아르콘 임기는 기원전 478년 7월 후반에서 기원전 477년 7월 전반까지였다. 델로스 동맹이 그의 1년 임기 중 어느 때에 일어났는지를 명확하게 파악하지 못하면, 그것이 기원전 478년의 일인지 혹은 기원전 477년의 일인지 분간할 수 없다. 그럴 경우에는 흔히 복수 연도(기원전 478/7년)로 표기한다.

2 그리스인들은 페르시아 해군이 폭풍 때문에 대대적인 피해를 입어서 살아남은 수가 적으리라고 생각했던 것이다. 제7권 제192장 참조.

스를 찾아가, 헬라스 함대가 그곳에 머물러 에우보이아를 위해 해전을 벌인다는 조건으로 30탈란톤을 뇌물로 주며 설득했다.

테미스토클레에스는 헬라스인들을 그곳에 머물게 하려고 다음과 같이 했다. 즉 그는 그 돈 가운데 5탈란톤을 마치 자신에게서 나온 돈인 듯 에우리비아데스에게 나눠 주었다. 그가 에우리비아데스를 설득하고 나자, 이제 나머지 사람 중에는 코린토스의 장군인, 오키토스의 아들 아데이만토스만이 반대를 했다. 아데이만토스는 더 이상 머물지 않고 아르테미시온을 떠나겠다고 주장했다. 그에 대해 테미스토클레에스가 맹세하며 말했다. "그대는 우리를 떠나지 않을 것이오. 그대가 동맹국들에서 떠나는 대가로 메디아인들의 왕이 그대에게 보낼 선물보다 더 큰 선물을 내가 그대에게 줄 테니 말이오." 테미스토클레에스는 이렇게 말하고 즉시 아데이만토스의 배에 은 3탈란톤을 보냈다. 그리하여 그들 둘은 모두 선물을 받고서 테미스토클레에스의 말에 따랐고, 에우보이아인들은 바라던 바를 이루었다. 테미스토클레에스 자신은 큰 이득을 보았다. 그가 나머지 돈을 제 것으로 했다는 것은 아무도 알지 못했고, 그 돈을 나눠 가진 자들은 돈이 그런 목적을 위해 아테나이인들에게서 나온 것으로 생각했던 것이다.

그리하여 헬라스인들은 에우보이아에 머물며 해전을 벌였는데, 해전은 다음과 같이 진행되었다. 이방인들이 이른 오후 무렵에 이페티이에 도착했을 때, 그들은 전에도 소수의 헬라스 배들이 아르테미시온 근해에 주둔해 있음을 알고 있었지만 그때 직접 보게 되자 배들을 포획할 수 있지 않을까 해서 공격하고 싶어 했다. 그러나 정면에서 공격하는 것은 좋지 않다고 여겼는데, 그 이유는 이러하다. 즉 헬라스인들은 이방인들이 다가오는 것을 보면 피해 달아나려 할 것이고 또 밤이 닥쳐 달아나는 자들을 덮어 주지 않을까 해서였다. 그럴 경우 그들은 무사히 달아날 테지만, 이방인들 입장에서는 성화(聖火) 지기[3]조차도 살아 도망가서는 안 되었기 때문이다.

이에 대해 페르시스인들은 다음과 같은 계획을 고안했다. 그들은 전체 배들 가운데 200척을 분리해 스키아토스 바깥쪽으로 우회해 파견했다. 그 배들이 에우보이아를 돌아서 카페레우스와 게라이스토스를 지나 에우리포스까지 항해하는 동안 적들의 눈에 띄지 않게 하려는 것이었다. 그 배들을 파견한 목적은 그들이 일부는 그곳으로 가서 적들이 후퇴하는 길을 가로막고 그들 자신은 정면에서 공격함으로써 헬라스인들을 포위하기 위해서였다. 그들은 이런 계획을 세운 후 임무를 맡겨 배들을 파견했다. 그리고 그들 자신은 바로 그날 헬라스인들을 공격하지 않고, 우회 항해에 나선 자들에게서 그곳에 도착했다는 신호가 자신들에게 올 때까지 기다릴 작정이었다. 그래서 그들은 그 배들을 우회해 파견하고 나서, 아페타이에 남은 배들의 수를 세는 일에 착수했다.

8   그들이 배들을 세고 있을 당시, 그들 진영에는 스킬리에스라는 스키오네인이 있었다. 그는 당대에 가장 뛰어난 잠수부였는데, 펠리온 부근에서 배들이 난파되었을 때[4] 페르시스인들을 위해 많은 재화를 건져 냈고 자신도 큰 재산을 얻었다. 이 스킬리에스는 전부터 헬라스인들에게 탈주할 생각을 하고 있었지만, 이때까지 그에게 그럴 기회가 없었다. 나는 그가 어떤 방법으로 그곳에서 헬라스인들에게 갔는지 정확하게 말할 수 없지만, 전하는 이야기가 사실이라면 나로서는 놀랍기만 하다. 그가 아페타이에서 바닷속으로 잠수하여 아르테미시온에 이를 때까지 한 번도 물위에 나오지 않고 바닷속으로 약 80스타디온[5] 거리를 이동했다고 이야기되기 때문이다. 이 사람에 대해서

---

3   성화지기(pyrphoros)는 군대를 위한 제사에 쓰일 성화를 관리하고 운반하는 자를 가리킨다. 그리스의 관례에 따르면, 성화지기는 신성한 직책이어서 감히 공격할 수 없는 존재였다. 따라서 성화지기조차 살려 두지 않는다는 말은 군대를 완전히 전멸시키는 것을 의미한다.

4   제7권 제188~92장 참조.

5   약 14킬로미터.

는 이외에도 여러 이야기가 전하는데, 그중에는 거짓말 같은 이야기도 있고 참말인 이야기도 있다. 하지만 이 사건에 대해 내 의견을 밝히자면, 그가 배를 타고 아르테미시온에 갔다는 것이다. 그는 그곳에 도착하자마자 즉시 장군들에게 배들이 어떻게 난파되었는가와 에우보이아를 우회해 배들을 파견한 일을 알려 주었다.

헬라스인들은 이 말을 듣고, 서로 의견을 나누었다. 많은 이야기가 9 오갔지만, 그날은 그대로 머물며 야영을 하고 나중에 자정이 지나면 출항하여 저들 우회 항해 하는 배들과 맞서자는 의견이 우세했다. 그러나 그 후 아무도 그들을 공격하지 않자, 그들은 이날 늦은 오후가 되도록 대기하다가 이방인들에게로 출동했다. 그들은 적의 전투 방식과 자신들의 선열 돌파 전술[6]을 시험해 보고 싶었던 것이다.

크세륵세스의 병사들과 장군들은 헬라스인들이 소수의 배로 진격 10 해 오는 것을 보자, 헬라스인들이 분명 제정신이 아니라고 보고 그들 또한 배들을 출동시켰다. 그들은 자기들이 헬라스인들을 쉽게 제압할 수 있으리라 기대했던 것이다. 사실 그들의 기대는 매우 타당한 것이었다. 그들이 보기에 헬라스인들의 배는 소수인 데 비해 자신들의 배는 그들보다 몇 배 더 많고 항해에도 더 우수했기 때문이다. 그들은 이를 확신하고 헬라스인들을 가운데로 몰아 둥글게 에워쌌다. 그런데 이오네스인들 가운데 헬라스인들에게 호의를 지닌 자들은 마지못해 참전하고 있었는데, 헬라스인들이 포위되는 것을 보고 크게 애석해 했고 그 헬라스인들 중에서 아무도 돌아가지 못할 것이라고 생각했다. 그들에게는 헬라스인들의 세력이 그처럼 미약해 보였던 것이다. 반면 그런 상황에 대해 기뻐하는 자들은 각자 자기가 제일 먼저 아티케의 배를 포획하여 왕에게서 포상을 받으려고 서로 경쟁을 벌였다. 그들 진영에서는 아테나이인들에 대한 관심이 가장 컸

---

6 제6권 제12장 참조.

기 때문이다.

11   그러나 헬라스인들은 신호가 떨어지자 먼저 뱃머리는 이방인들 쪽
으로 향한 채 뱃고물을 전열의 중앙 쪽으로 모이게 했고, 두 번째 신
호가 떨어지자 자신들이 좁은 공간에 갇혀 정면으로 대치하고 있었
음에도 불구하고 공격을 벌였다. 거기서 그들은 이방인들의 배 30척
과 케르시스의 아들 필라온을 포획했다. 필라온은 살라미스[7] 왕 고르
고스의 동생이고 페르시스군 진영에서 명성이 높은 자였다. 이때 헬
라스인 중에서 맨 먼저 적선을 포획한 자는 아테나이인인 아이스크
라이오스의 아들 리코메데스였는데, 그가 바로 승전 수훈상을 받았
다. 양측은 승부를 가리지 못하고 해전을 계속하다가, 밤이 다가오자
해산했다. 헬라스인들은 아르테미시온으로 귀항했고, 이방인들은 자
신들의 예상과는 아주 딴판인 전투를 치르고서 아페타이로 돌아갔
다. 이 해전에서는 왕의 편에 선 헬라스인 가운데 렘노스인 안티도로
스 혼자만이 헬라스인들에게로 탈주했다. 아테나이인들은 그런 행동
에 대한 보답으로 살라미스에 있는 토지를 그에게 주었다.

12   그런데 밤이 되자 한여름철이었는데도[8] 엄청난 비가 밤새도록 쏟
아지고 펠리온 산[9]에서 사나운 천둥이 울렸다. 시신들과 난파된 잔해
들이 아페타이로 떠밀려와 뱃머리 주위에서 뒤얽히고 뱃전의 노깃[10]
들과 엉클어졌다. 그곳에 있던 병사들은 이 소리에 잔뜩 겁을 먹고,
자신들이 이 재난 속에서 완전히 전멸할 것이라고 생각했다. 그들은

7 키프로스의 살라미스. 살라미스 해전으로 유명한 아티카의 살라미스 섬과 이
   름은 같지만 다른 곳이다.
8 그리스는 지중해성 기후여서, 여름은 고온건조한 건기이고 겨울은 온난다습
   한 우기다. 여름은 대체로 건기인데도 이때는 예외적으로 많은 비가 내렸음을
   말해 준다.
9 펠리온 산의 정상에는 제우스 신전이 있었다.
10 노를 저을 때 물속에 잠기는 노의 넓적한 부분.

난파와 펠리온 산 앞바다에서 발생한 폭풍에서 한숨 돌리기도 전에 격렬한 해전에 부닥쳤고, 해전에 이어 또 엄청난 폭우와 바다로 밀려드는 세찬 급류와 사나운 천둥에 직면했기 때문이다.

페르시스군이 겪은 밤은 이러한 것이었다. 하지만 그들 중에 에우 13 보이아를 돌아 항해하라는 임무가 맡겨진 자들은 바로 그날 밤에 훨씬 더 참혹한 상황을 겪었다. 이들은 외해(外海)에 있을 때 그런 일이 닥쳐 아주 비참한 결말을 맞이했던 것이다. 이들은 에우보이아의 코일라 부근을 항해할 때 폭풍과 비를 만나, 강풍에 떠밀려 우왕좌왕하다가 바위들에 좌초했기 때문이다. 이는 모두 페르시스의 전력(戰力)이 헬라스의 전력보다 훨씬 더 우세하지 않고 서로 동등하게 되도록 신이 하신 일이었다.

그리하여 이들은 에우보이아의 코일라에서 파멸했다. 한편 아페 14 타이의 이방인들은 반갑게도 날이 밝자 배들을 전혀 가동하지 않았다. 그들은 상황이 좋지 않았으므로 당분간 가만히 있기로 했다. 반면에 아티케 배 53척이 헬라스인들을 지원하러 왔다. 헬라스인들은 아티케 배들이 도착하고 또한 에우보이아를 돌아 항해하던 이방인들이 폭풍이 일어나 모두 파멸했다는 소식이 전해지자 용기백배했다. 그래서 헬라스인들은 전날과 같은 시간[11]이 되도록 대기하다가 출항하여 킬리기에의 배들을 공격했다. 그들은 그 배들을 격파한 후 밤이 되자 아르테미시온으로 귀항했다.

3일째가 되자 이방인들의 장군들은 그들의 함대가 그처럼 적은 배 15 들에 패하는 것에 화가 나고 또 크세륵세스가 어떻게 할지 겁도 나서, 헬라스인들이 먼저 전투를 시작하기를 기다리지 않고 지시를 내려 한낮에 배들을 출동시켰다. 그런데 때마침 똑같은 날들에 이 해전과 테르모필라이에서의 육전이 함께 벌어졌다. 레오니데스 휘하의

---

11 늦은 오후 시간. 제8권 제9장 참조.

군대가 고갯길을 지키려 한 것처럼 해상 군대의 전투는 모두 에우리 포스를 놓고 벌인 것이었다. 헬라스인들이 외치는 구호는 이방인들이 헬라스에 들어오지 못하게 하자는 것이었고, 반면 이방인들의 구호는 헬라스 군대를 쳐부수고 해협을 지배하자는 것이었다.

16   크세륵세스의 군대가 전열을 갖추어 공격했을 때, 헬라스인들은 아르테미시온 앞바다에 그대로 머물러 있었다. 이방인들은 헬라스인들을 포위하려고 배들을 초승달 진형(陣形)으로 만들어 에워쌌다. 이때 헬라스인들이 그들을 향해 출항했고 전투가 벌어졌다. 양측은 이 해전에서 서로 대등한 상황이었다. 크세륵세스 함대가 자신들의 규모와 수 때문에 그 스스로 파멸되었기 때문이다. 배들이 혼란에 빠져 자기들끼리 서로 부딪쳤던 것이다. 그렇지만 이방인들은 물러나지 않고 끈질기게 싸웠다. 그들은 소수의 배들에 의해 패주하는 것을 수치스럽게 여겼기 때문이다. 헬라스 배들이 여러 척 파괴되고 헬라스인들도 많이 죽었지만, 이방인 측에서는 훨씬 더 많은 배들과 사람들이 파멸했다. 그들은 이렇게 싸우고 각각 갈라져 헤어졌다.

17   이번 해전에서는 크세륵세스의 병사들 중에서 아이깁토스인들이 가장 출중했다. 그들은 다른 중요한 공적들도 세웠지만, 특히 헬라스인들의 배 5척과 그 선원들을 포획했던 것이다. 이날 헬라스인 중에서는 아테나이인들과 특히 아테나이인 중에서도 알키비아데스의 아들 클레이니에스가 가장 출중했다. 그는 자신의 경비를 들여 자기 배 1척과 인원 200명을 데리고 출정했다.

18   양측은 헤어지자 흔쾌히 자신들의 정박지로 서둘러 돌아갔다. 헬라스인들은 적들과 헤어져 해전에서 퇴각할 때 시신들과 난파 잔해들을 수습했지만[12] 그들 역시 큰 피해를 보았고 특히 아테나이인들은

12 전쟁터에서 시신과 난파 잔해들을 수습했다는 것은 전쟁에서 승리한 것을 의미한다. 전쟁에서 패배한 자들은 도망가고 승리한 자들이 남아 전쟁터를 수습할 수 있었기 때문이다.

배 절반이 파손되었다. 그래서 그들은 헬라스 안쪽으로 퇴각하기로 결정했다.

그러나 테미스토클레에스는 이오네스인과 카리에인 집단이 이방 19
인들에게서 이탈하게 되면 헬라스인들이 나머지 이방인들을 능히 제
압할 수 있을 것으로 생각했다. 그는 에우보이아인들이 가축 떼를 몰
고 이 바다 쪽으로 오자,[13] 장군들을 모이게 하여 자기가 왕의 동맹국
중에서 가장 빼어난 세력을 왕에게서 떼어 놓을 방안을 갖고 있다고
생각한다고 그들에게 말했다. 그는 그 방안에 대해서는 그 정도로만
밝히고, 현재의 상황에서는 다음과 같은 일을 해야 한다고 말했다.
즉 누구든 에우보이아인들의 가축들을 원하는 만큼 잡아 제물로 바
치게 하자는 것이었다. 적군보다는 자신들의 군대가 가축들을 먹는
것이 더 낫기 때문이라고 했다. 그는 각 장군들이 자신의 병사들에게
불을 피우도록 지시하라고 권했다. 그리고 그들이 헬라스에 무사히
도착할 수 있도록 그들의 회군 시간을 자신이 잘 살펴보겠다고 했다.
그들은 흔쾌히 그렇게 하기로 했고, 즉시 불을 피운 다음 가축들에게
로 향했다.

에우보이아인들은 바키스[14]의 예언을 쓸데없는 말이라고 무시하 20
고, 전쟁을 코앞에 두고 있을 때처럼 재산을 안전하게 치우지도 물자
를 비축하지도 않았다. 그리하여 그들은 스스로를 나락으로 이끌었
다. 이 문제에 관한 바키스의 예언은 이러했다.

이방의 말을 하는 자가 파피루스로 된 멍에를 바닷속에 던지면,

---

13 당시 에우보이아 해안 주민들은 풀을 먹이기 위해 가축들을 아침에는 산지
로 데려갔다가 저녁때에 다시 해안으로 몰고 왔다고 한다. 여기서 에우보이
아인들이 가축 떼를 몰고 바다로 왔다는 것은 그때가 저녁때였음을 가리킨다.

14 보이오티아의 전설적인 예언자. 헤로도토스는 그의 예언을 자주 인용한다.
제8권 제77장과 제96장, 제9권의 제43장 참조.

명심하여 매애 우는 염소들을 에우보이아에서 떼어 놓을지니라.

그들은 이 시 구절들을 잘 활용하지 못했기에, 그 당시의 우환이나 이후에 닥칠 우환 속에서 그들의 재난을 최대로 활용해야만 했다.[15]

21 　헬라스인들이 이러는 사이에 트레키스에서 정찰병이 도착했다. 당시 아르테미시온에는 안티키레 출신의 폴리아스라는 정찰병이 있었는데, 그에게 부여된 임무는 해군이 패배할 경우 그 소식을 테르모필라이에 있는 자들에게 알리는 것이었다. 그는 임무를 위해 노선(櫓船) 한 척을 늘 준비해 놓았다. 그와 마찬가지로 레오니데스 곁에도 리시클레스의 아들 아브로니코스라는 아테나이인이 있었는데, 그는 육군에 무슨 해로운 일이 생길 경우 삼십노선을 타고 가 아르테미시온에 있는 자들에게 알릴 준비가 되어 있었다. 그런데 이 아브로니코스가 그들에게 와서 레오니데스와 그의 군대에 일어난 일을 알려 주었다. 헬라스인들은 이를 전해 듣자, 더는 지체하지 않고 퇴각을 단행했다. 그들은 각기 배치된 대열에 따라 이동했는데, 코린토스인들이 선두에 서고 아테나이인들은 맨 뒤에 갔다.

22 　테미스토클레에스는 가장 빨리 달리는 아테나이 배들을 골라 식수가 있는 곳을 돌아다니며, 다음 날 이오네스인들이 아르테미시온에 왔을 때 읽도록 바위들에 글을 새겼다. 그 글은 다음과 같은 내용이었다. "이오네스인들이여, 그대들이 선조들에 대해 전쟁을 벌이고 헬라스를 예속시키는 것은 부당한 일이오. 가장 좋기는 그대들이 우리 편으로 오는 것이오. 그러나 그렇게 할 수 없다면, 이제 우리들에 대해 중립을 지키고 카리에인들에게도 그대들과 똑같이 행하도록 요청하시오. 만일 그대들이 이 두 가지 중 어느 것도 할 수 없고 강력한 압박 때문에 페르시스인들에게서 이탈할 수 없다면, 그대들이 우

---

15 그들이 바키스의 예언을 지침으로 활용하지 않아 재난을 초래했으니 이제 그 재난을 자신들의 교훈으로 활용해야 한다는 뜻이다.

리들의 후손이며 우리가 이방인들과 전쟁하는 것도 본디 그대들 때문임을 유념하고, 우리와 맞닥뜨려 교전을 벌일 때 일부러 비겁하게 굴도록 하시오." 나는 테미스토클레에스가 두 가지 의도로 이런 글을 썼다고 생각한다. 즉 하나는 크세륵세스 왕이 그 글을 파악하지 못할 경우 이오네스인들이 입장을 바꿔 헬라스인들의 편을 들게 하려는 것이고, 또 하나는 그것이 크세륵세스에게 보고되고 비난을 받을 경우 그가 이오네스인들을 불신하여 해전에 내보내지 않도록 하려는 것이었다.

테미스토클레에스가 새긴 글은 이러한 것이었다. 그 후 곧바로 한 23 히스티아이에인이 배를 타고 이방인들에게 가서, 헬라스인들이 아르테미스온에서 퇴각했다고 알려 주었다. 하지만 그들은 이를 믿지 않고 소식을 전해 준 자를 구금한 채, 사정을 정탐하러 쾌속선들을 파견했다. 그들은 이들에게서 실제 상황을 보고받고서, 다음 날 해가 막 뜨자 모든 함대를 아르테미시온으로 출동시켰다. 그리고 그곳에서 한낮까지 머무른 다음 히스티아이에로 항해했다. 히스티아이에인들의 도시에 도착하자 그들은 그곳을 점령했고, 히스티아이오티스 땅의 엘로피에 지구에 있는 해안 마을들을 모두 유린했다.

그들이 그곳에 머물러 있는 동안, 크세륵세스는 전사한 시신들에 24 대한 대책을 세운 다음 해군에 사절을 보냈다. 그가 미리 세운 대책은 다음과 같은 것이었다. 즉 그는 테르모필라이에서 전사한 자신의 군사 2만 명 중에서 약 1,000명만 남기고 나머지 시신들을 모두 구덩이를 파서 묻은 다음 그 위에 나뭇잎을 덮고 흙을 뿌려 놓았는데, 이는 해군 병사들이 보지 못하게 하려는 것이었다. 사절은 히스티아이에로 건너가 진영의 모든 병사들을 모이게 한 후 이렇게 말했다. "동맹군 여러분, 크세륵세스 전하께서는 여러분이 원할 경우 모두 자신의 전열에서 벗어나, 전하의 세력을 이길 수 있다고 생각한 저 어리석은 인간들에 대해 전하께서 어떻게 싸웠는지 와서 보라고 허락하셨소."

25   그런 포고가 있은 후, 배보다 더 구하기 힘든 것이 없을 지경이었다. 그 모습을 구경하려는 자들이 그렇게 많았던 것이다. 그들은 테르모필라이로 건너가 시신 사이를 다니며 구경했다. 그들은 모두 그곳에 쓰러져 있는 자들이 다 라케다이몬인들과 테스페이아인들이라고 여겼지만, 그들이 본 자들 중에는 헤일로테스도 있었다. 그런데 그곳에 건너온 자들은 크세륵세스가 자신의 병사들 시신에 대해 한 행동을 다 알아챘다. 그것이 매우 우스꽝스러웠기 때문이다. 페르시스군의 1,000구 시신들은 현장에 쓰러진 모습으로 나타났지만, 헬라스군의 4,000구 시신들은 모두 한곳에 함께 쌓여 있었던 것이다. 그들은 이날을 구경하느라 보내고 다음 날에 히스티아이에 있는 배들로 귀항했으며, 크세륵세스 휘하의 군대는 육로 행군에 나섰다.

26   한편 페르시스인들에게 아르카디에에서 몇몇 탈주자들이 찾아왔는데, 이들은 생계가 궁핍하여 일거리를 얻으려고 왔다. 페르시스인들은 그들을 왕의 면전으로 데려가, 헬라스인들이 무엇을 하는지 물어보았다. 페르시스인 중 한 명이 모두를 대변해 그들에게 그런 질문을 했다. 아르카디에인들은 헬라스인들이 올림피아 제전을 거행하며 체육경기와 경마를 구경하고 있다고 대답했다. 그러자 그 페르시스인은 그들이 경기를 하여 무슨 상을 받는지 물었다. 아르카디에인들은 올리브나무 관이 상으로 수여된다고 말했다. 그때 아르타바노스의 아들 티그라네스가 매우 고귀한 소견을 말했지만, 왕은 그것 때문에 그를 겁쟁이라고 질책했다. 재물이 아니라 올리브나무 관이 상으로 주어진다는 말을 듣자, 티그라네스가 침묵을 지키지 못하고 모두가 있는 데서 다음과 같이 말했던 것이다. "아니, 마르도니오스여, 그대는 우리를 어떤 사람들과 싸우라고 데려온 것이오? 이들은 재물이 아니라 미덕을 위해 경기를 하는데!" 티그라네스는 그와 같이 말했다.

27   그러는 동안에, 테르모필라이에서 참사가 일어난 직후 테살리에인들은 포키스인들에게 사절을 보냈다. 그들은 포키스인들에게 늘 원한을 품고 있었으며 최근에 포키스인들에게 참패를 당한 이후로 원

한이 더욱 깊어졌다. 왕의 이번 원정이 있기 몇 년 전에[16] 테살리에인들 자신과 그 동맹국들이 전 군대를 이끌고 포키스에 침입했다가, 포키스인들에게 패해 큰 피해를 입었던 것이다. 포키스인들이 파르네소스 산에 갇혔을 때 엘리스인 예언자 텔리에스가 함께 있었는데, 그때 텔리에스가 그들을 위해 다음과 같은 계략을 꾸몄기 때문이다. 즉 그는 가장 우수한 600명의 포키스인들에게 몸과 무기에 석고 칠을 하고 밤중에 테살리에인들을 공격하게 했다. 미리 그들에게는 흰 칠을 하지 않은 자를 보면 누구든 죽이라고 지시해 두었다. 테살리에 보초병들이 가장 먼저 이들을 보았는데 이들을 무슨 불가사의한 존재로 생각하여 놀라 달아났다. 보초병들에 이어 군대 자체도 똑같이 놀라 달아났고, 그 결과 포키스인들은 적군의 시신 4,000구와 그들의 방패들을 수중에 넣었다. 그들은 이 방패 중 절반은 아바이[17]에 봉헌하고 나머지 절반은 델포이에 봉헌했다. 그리고 이 전투에서 얻은 재물의 10분의 1은 델포이 신전 전면의 삼족의자 주위에 늘어선 거대한 조각상들을 만드는 데 들어갔고, 아바이에도 그와 같은 것들이 따로 봉헌되었다.

포키스인들은 자신들을 포위한 테살리에인 보병들을 그렇게 처리 28 했다. 또 포키스인들은 자신들의 나라에 침입한 테살리에 기병들에게도 치명적인 피해를 입혔다. 그들은 히안폴리스 부근에 있는 고갯길에 큰 도랑을 판 다음 그 안에 빈 항아리들을 묻고, 땅에서 파낸 흙을 그 위에 덮어 그곳을 주변의 다른 곳과 다름없이 만든 후에 테살리에인들이 공격하기를 기다렸다. 테살리에인들은 자기들이 포키스인들을 재빨리 해치울 것으로 보고 덤벼들었지만, 항아리들 속에 빠

16 정확한 연대는 확인되지 않는다. 하우(W. W. How) 등은 그 사건이 기원전 510년 이후에 일어났을 것으로 추정한다. 이에 대해서는 W. W. How & J. Wells, *A Commentary on Herodotus*, vol. 2, p. 242 참조.

17 아폴론 신탁소가 있는 포키스의 도시.

지고 말았다. 거기서 테살리에인들의 말들은 다리가 부러졌다.

29   테살리에인들은 이 두 가지 일 때문에 포키스인들에게 원한을 품었으므로, 그때 사절을 보내 이렇게 말했다. "포키스인들이여, 자 이제 그대들은 우리의 상대가 될 수 없음을 인정하시오. 이전에 우리가 헬라스인들 편을 들었을 때에도, 헬라스인 사이에서 우리는 늘 그대들보다 더 중시되었으니 말이오. 또 지금은 우리가 이방인들에게 큰 영향력을 끼치고 있어서, 그대들이 땅을 잃고 예속을 당하느냐가 우리에게 달렸소. 우리는 이 모든 것을 할 수 있음에도 그대들에게 아무 원한이 없으니, 대신에 우리에게 은 50탈란톤을 지불하시오. 그러면 우리가 그대들의 나라에 닥쳐올 침입이 일어나지 않게 해 주겠소."

30   테살리에인들이 그들에게 제안한 것은 이러한 내용이었다. 포키스인들은 그 지역에서 유일하게 페르시스 편을 들지 않은 사람들이었던 것이다. 그 이유는, 내가 추측해 파악하기로, 다름 아니라 테살리에인들에 대한 적대감 때문이었다. 내 생각엔, 만일 테살리에인들이 헬라스인들에게 힘을 보탰다면 포키스인들은 페르시스 편을 들었을 것이다. 테살리에인들이 그렇게 제안하자 그들은 돈을 주지 않겠다고 말하고, 또 하여튼 자기들도 원하기만 하면 능히 테살리에인들과 마찬가지로 페르시스인들 편을 들 수 있다고 했다. 하지만 그들은 자진해서 헬라스에 대한 배신자가 되지는 않겠다고 했다.

31   테살리에인들은 이런 대답이 전해지자 포키스인들에게 너무 화가 나서 이방인을 위해 길 안내를 맡게 되었다. 이방인들은 트레키스를 떠나 도리스로 침입해 들어갔다. 그리로 도리스 지역의 좁은 지대가 죽 뻗어 있는데, 그 지대는 폭이 약 30스타디온이고 멜리스와 포키스 사이에 있다. 도리스 지역은 옛날에 드리오피스였다. 이 지역은 펠로폰네소스에 살고 있는 도리에스인들의 모시(母市)다. 이방인들은 이 도리스 땅에 침입하여 어떤 해도 입히지 않았다. 그곳 사람들이 페르시스 편을 들었고 테살리에인들도 그러는 것에 동의하지 않았기 때문이다.

이방인들이 도리스를 떠나 포키스에 침입했을 때, 포키스인들 자   32
신을 붙잡지는 못했다. 포키스인들 중 일부는 파르네소스 산의 고지
대로 올라갔던 것이다. 파르네소스 산의 봉우리는 많은 사람들을 능
히 수용할 수 있으며, 네온 시 부근에 홀로 우뚝 솟아 있다. 이 봉우
리는 티토레아라고 불린다. 그들은 이곳으로 물자를 옮기고 그들 자
신도 올라갔다. 그러나 포키스인 대부분은 오졸라이 로크리스인들의
땅으로 떠났는데, 크리사이온 평원의 위쪽에 위치한 암피사 시로 갔
던 것이다. 이방인들은 포키스 전역을 침략했다. 테살리에인들이 이
방인 군대를 그렇게 안내했기 때문이다. 이방인들은 자신들이 점령
한 곳을 모두 불태우고 약탈했으며, 도시들과 성소들에 불을 질렀다.

그들은 케피소스 강을 따라 그리로 진군하면서 가는 곳마다 모두   33
파괴했던 것이다. 그들은 드리모스 시를 불태우고, 또 카라드라, 에로
코스, 테트로니온, 암피카이아, 네온, 페디에스, 트리테스, 엘라테이
아, 히암폴리스, 파라포타미오이, 아바이도 불태웠다. 아바이에는 아
폴론의 부유한 성소가 있는데, 그곳은 보고들과 많은 봉헌물들을 보
유하고 있었다. 그때에 그곳에는 지금처럼 신탁소도 있었다. 그들은
이 성소도 약탈하고 불태웠다. 그들은 일부 포키스인들을 산지 부근
까지 추격하여 붙잡았고, 몇몇 여자들을 집단으로 능욕한 후 살해했다.

이방인들은 파라포타미오이를 지나 파노페우스에 도착했다. 거기   34
서 그들의 군대는 나뉘어 갈라졌다. 그중 가장 크고 강력한 부대는
크세륵세스 자신과 함께 아테나이를 향해 진군하며 보이오티에의 오
르코메노스 땅에 침입했다. 이에 보이오티에의 모든 주민들은 페르
시스 편을 들었고, 알렉산드로스에 의해 임무를 부여받고 파견된 마
케도니에인들이 보이오티에인들의 도시들을 구해 주었다. 마케도니
에인들은 보이오티에인들이 페르시스 편임을 크세륵세스에게 분명
히 이해시킴으로써 그들을 구해 주었던 것이다.

이방인들의 이 부대는 이 길로 나아갔고, 그들의 다른 부대는 안내   35
자들을 대동한 채 파르네소스 산을 오른쪽에 끼고 델포이의 성소를

향해 출발했다. 이들도 자신들이 점령한 포키스 땅을 모두 파괴했다. 그들은 파노페우스인과 다울리스인, 아이올리다이인의 도시들을 불태웠던 것이다. 그들이 다른 군대와 갈라져 이 길로 진군한 것은 다음과 같은 의도 때문이었는데, 즉 델포이의 성소를 약탈하여 그곳의 재물들을 크세륵세스 왕에게 보이기 위해서였다. 그러나 내가 듣기에, 크세륵세스는 그것들에 대해 말해 주는 자들이 많아서 자신이 왕궁에 두고 온 것들보다도 그 성소에 있는 온갖 진귀한 것들에 대해 더 잘 알고 있었다고 한다. 그는 특히 알리아테스의 아들 크로이소스가 바친 봉헌물들에 대해 잘 알고 있었다.

36   델포이인들은 이 소식을 듣고 극심한 공포에 사로잡혔다. 그들은 잔뜩 겁에 질려 성물(聖物)들을 땅속에 묻을 것인지 아니면 다른 지역으로 옮길 것인지 신탁에 물었다. 그러나 신은 자기가 자신의 것은 충분히 보호할 수 있다고 말하며, 그들에게 아무것도 옮기지 말라고 했다. 델포이인들은 그 말을 듣고, 이제 그들 자신에 대해 염려했다. 그들은 자식들과 여자들을 바다 건너 아카이에로 보내고, 그들 자신은 대부분 파르네소스 산의 봉우리들로 올라갔으며 자신들의 재물들은 코리키온 동굴로 옮겼다. 한편 그들 중 일부는 로크리스의 암피사로 빠져나갔다. 그리하여 델포이인들은 예언자와 60명의 남자들만 남겨 놓고 모두 다 도시를 떠났다.

37   침입한 이방인들이 가까이 와서 성소를 바라보고 있을 때, 아케라토스라는 이름의 예언자가 신성한 무기들이 신실 내부에서 밖으로 옮겨져 신전 앞에 놓여 있는 것을 보았다. 어떤 사람이건 신성한 무기들에 손을 대는 것은 불경스러운 일이었다. 그래서 그는 남아 있던 델포이인들에게 그 이적(異跡)을 알리러 갔다. 그러나 이방인들이 급히 서둘러 프로나이에 아테나이에의 성소 근처에 다가왔을 때, 종전에 일어난 이적보다 훨씬 더 엄청난 이적이 그들에게 일어났다. 사실 전쟁 무기들이 저절로 출두하여 바깥의 신전 앞에 놓여 있다는 것도 정말 놀라운 일이었다. 하지만 그다음에 일어난 일은 지금까지의 모

든 기이한 일들 가운데 가장 놀랄 만한 것이었다. 침입한 이방인들이 프로나이에 아테나이에의 성소 근처에 왔을 때, 그때 하늘에서 천둥 번개가 그들에게 내리치고 파르네소스 산에서 두 봉우리가 무너져서 큰 굉음과 함께 그들에게 쇄도해 그들 중 다수의 목숨을 앗아갔고, 프로나이에의 성소에서 고함과 전쟁 함성이 들려왔던 것이다.

이 모든 일들이 한꺼번에 일어나자 이방인들은 공포에 사로잡혔 38 다. 델포이인들은 그들이 도망가는 것을 보고 쫓아 내려가 그들 중 상당수를 죽였다. 여기서 살아남은 자들은 곧장 보이오티에로 달아 났다. 내가 듣기에, 돌아온 이들 이방인은 앞서 말한 이적들 외에 자기들이 또 다른 신기한 것들을 보았다고 말했다 한다. 그들의 말에 의하면, 풍채가 인간보다 더 장대한 중무장 전사 두 명이 쫓아와 그들을 죽이고 내몰았다는 것이다.

델포이인들은 이 두 전사가 그 지역 토착 영웅인 필라코스와 아우 39 토노스였다고 말한다. 그들의 성역은 성소 근방에 있는데, 필라코스의 성역은 프로나이에의 성소 위쪽 길가에 있고 아우토노스의 것은 히암페이아 봉우리 아래 카스탈리에 샘 근처에 있다. 파르네소스 산에서 떨어진 봉우리 바위들은 나의 시대에도 여전히 그대로 남아 있다. 그것들은 프로나이에 아테나이에의 성역 안에 놓여 있는데, 이방인들 사이를 뚫고 그곳으로 굴러 들었던 것이다. 이 이방인들은 그렇게 그 성소에서 물러갔다.

아르테미시온에서 떠난 헬라스 해군은 아테나이인들의 요청에 따 40 라 배들을 살라미스에 정박시켰다. 아테나이인들이 헬라스 해군에 살라미스에 기항할 것을 요청한 의도는 다음과 같았다. 즉 그들이 아이들과 여자들을 아티케에서 안전하게 이송하고, 또 그들이 앞으로 어떻게 해야 할지 협의하기 위해서였다. 그들의 판단이 빗나갔으니, 현재 상황에 따라 계획을 세우고자 했던 것이다. 아테나이인들은 펠로폰네소스인들이 총력을 다해 보이오티에에서 이방인과 맞서 대진할 것으로 예상했지만, 일이 그리되지 않았기 때문이다. 그러기는커

녕 펠로폰네소스인들이 펠로폰네소스 지역의 보전을 최우선으로 중히 여겨 이스토모스에 축성을 하고 있고 다른 지역은 버려둔 채 펠로폰네소스 지역을 수호하고 있다는 말을 들었다. 그래서 그들은 이 말을 듣고, 헬라스 해군에 살라미스에 기항할 것을 요청했던 것이다.

41   다른 헬라스인들은 배를 살라미스에 갖다 댔지만 아테나이인들은 자신의 나라에 갖다 댔다. 아테나이인들은 도착해서, 모든 아테나이인들에게 자기가 할 수 있는 온갖 방법을 통해 자신의 자식들과 다른 가솔들을 구하라고 포고했다. 이에 대부분은 그들을 트로이젠으로 보냈지만, 어떤 자들은 아이기나로 또 어떤 자들은 살라미스로 보냈다. 아테나이인들이 서둘러서 그들을 안전한 곳으로 옮긴 이유는, 신탁[18]에 따르기를 원했기 때문이기도 하지만 무엇보다도 특히 다음과 같은 이유 때문이었다. 아테나이인들의 말에 의하면, 아크로폴리스의 성소[19] 안에는 거대한 뱀이 아크로폴리스의 수호자로서 살고 있다고 한다. 그에게는, 실제 생물인 양,[20] 매달 음식이 공물로 바쳐진다고 한다. 매달 바치는 음식은 꿀과자다. 그런데 이 꿀과자가 전에는 항상 치워 없어졌지만 이제는 손대지도 않은 채 남아 있었다. 여사제가 이것을 알려 주자, 아테나이인들은 여신[21]도 아크로폴리스를 떠나갔다고 여겨 더욱더 그들의 도시를 떠나고 싶어 했다. 그들은 모든 것을 안전하게 옮기고 나자 함대로 돌아갔다.

42   아르테미시온에서 출항한 헬라스인들이 살라미스에 배들을 정박

18 제7권 제141장 참조.

19 아크로폴리스 위의 에렉테이온(Erechtheion)을 가리키는 것으로 보인다. 에렉테이온은 아테네의 전설적인 왕 에렉테우스의 성소인데, 에렉테우스와 흔히 동일시되는 에릭토니오스(Erichthonios)가 원래 뱀이었다고 전하기 때문이다.

20 헤로도토스는 그곳에 뱀이 산다는 아테네인들의 말을 믿고 있지 않다.

21 아테나 여신.

시켰을 때, 다른 헬라스 함대도 그 소식을 듣고 트로이젠에서 모여들었다. 그들은 트로이젠의 항구인 포곤으로 집결하도록 지시를 받았던 것이다. 그리하여 살라미스에는 아르테미시온에서 해전을 벌일 때보다 훨씬 더 많은 배들이 더 많은 나라들에서 모여들었다. 이 함대의 지휘관은 아르테미시온에서와 똑같이 스파르타인인 에우리클레이데스의 아들 에우리비아데스였는데, 그는 왕족은 아니었다. 그래도 단연 가장 많은 배들과 항해에 가장 우수한 배들을 제공한 것은 아테나이인들이었다.

이때 출정한 자들은 다음과 같았다. 펠로폰네소스에서는 라케다 43 이몬인이 배 16척을 제공하고 코린토스인은 아르테미시온에서와 똑같은 수[22]의 배를 제공했다. 또 시키온인은 15척, 에피다우로스인은 10척, 트로이젠인은 5척, 헤르미온인은 3척을 제공했다. 이들은 헤르미온인만 제외하고 모두 도리에스 종족과 마케드논 종족이었고, 에리네오스와 핀도스, 드리오피스 지역에서 맨 마지막에 떠나온 자들이었다. 헤르미온인들은 드리오피스인들인데, 지금 도리스라고 불리는 땅에서 헤라클레에스와 멜리스인들에게 쫓겨난 자들이었다.

펠로폰네소스인 가운데 출정한 자들은 이러했다. 한편 펠로폰네소 44 스 외의 본토에서 온 자들 중에서는 아테나이인들이 다른 모든 자들보다 더 많은 180척의 배를 혼자 제공했다. 살라미스에서는 플라타이아이인들이 다음과 같은 문제로 아테나이인들과 함께 해전에 참여하지 못했기 때문이다.[23] 즉 헬라스인들이 아르테미시온을 떠나 돌아오던 중 칼키스 근처에 이르렀을 때 플라타이아이인들이 칼키스 맞은편 보이오티에 땅에 상륙하여 그들의 가솔들을 안전한 곳으로 옮

---

22 40척. 제8권 제1장 참조.

23 아르테미시온에서는 플라타이아인들이 아테네인들의 배에 함께 승선하여 출정했는데, 이때는 아테네인들만으로 구성된 함대가 출정했음을 가리킨다. 제8권 제1장 참조.

기기 시작했던 것이다. 그리하여 그들은 가솔들을 구하느라 남아 있
게 되었다. 한편 아테나이인들은 펠라스기에인들이 지금 헬라스라
고 불리는 곳을 차지하고 있었을 때에는 펠라스기에인들이었고 크라
나오이[24]라고 불렸다. 그러나 케크롭스 왕의 시대에는 케크로피다이
라고 불렸고, 에렉테우스가 왕위를 물려받자 아테나이인으로 이름이
바뀌었다. 그리고 크수토스의 아들 이온이 아테나이인들의 군대 지
휘관이 되자 그의 이름을 따서 이오네스라고 불리게 되었다.

45   메가라인들은 아르테미시온에서와 똑같은 수[25]의 배를 제공했고,
암프라키아인들은 7척, 레우카스인들은 3척을 거느리고 도우러 왔다.
이들은 코린토스에서 나온 도리에스족이다.

46   섬 주민들 중에서는 아이기나인들이 배 30척을 제공했다. 그들에
게는 병력이 배치된 다른 배들이 더 있었지만, 그것으로는 그들 자
신의 나라를 수호하고 살라미스에서는 항해에 가장 우수한 배 30척
으로 싸웠다. 아이기나인들은 에피다우로스에서 나온 도리에스인이
다. 이전에는 그들의 섬 이름이 오이노네였다. 아이기나인 다음으로
는 칼키스인들이 아르테미시온에서와 같은 20척을 제공했고, 에레트
리아인들은 7척을 제공했다. 이들은 다 이오네스인들이다. 그다음에
는 케오스인들이 똑같은 수[26]의 배를 제공했는데 이들은 아테나이에

---

24 크라나이오이(Kranaioi)의 의미는 확실치 않다. 어의에 따라 '바위에 거주하
    는 자들' 혹은 '고지에 거주하는 자들'이 될 수도 있고, 인명에 따라 '크라나
    오스(Kranaos)의 후손들'로 볼 수도 있다. 앞의 두 의미는 아테네의 바위언
    덕 아크로폴리스에, 마지막 의미는 아테네의 초기 왕 크라나오스에 관련된
    것이다. 그러나 헤로도토스는 아테네의 초기 역사와 유적을 펠라스기에인들
    과 연결하고 있어, '크라나이오이'를 크라나오스와 연관시켜 보지는 않았을
    것 같다. 헤로도토스의 책에서는 크라나오스라는 이름이 한 번도 거론되지 않
    는다.

25 20척. 제8권 제1장 참조.

26 아르테미시온에서와 똑같은 수를 가리킨다. 케오스인들은 아르테미시온에서

서 나온 이오네스족이다. 한편 낙소스인들은 4척을 제공했다. 낙소스인들은 다른 섬 주민들처럼 그들의 시민들에 의해 페르시스인들에게 가담하도록 파견되었으나, 데모크리토스의 강권에 따라 명령을 무시하고 헬라스인들에게 가담했다. 데모크리토스는 그들의 시민 가운데 명망이 높은 자였고 그때 삼단노선 지휘관으로 있었다. 낙소스인은 아테나이인들에게서 유래한 이오네스인이다. 스티라인들은 아르테미시온에서와 똑같은 수[27]의 배를 제공했고 키트노스인들은 삼단노선 1척과 오십노선 1척을 제공했는데, 이들은 둘 다 드리오피스인이다. 또한 세리포스인들과 시프노스인들, 멜로스인들도 함께 출정했다. 섬 주민들 중에서 이방인에게 흙과 물을 바치지 않은 것은 오로지 이들뿐이었다.

이상은 모두 테스프로티아인들의 지역과 아케론 강 안쪽[28]에 거주 **47** 하는 자들이 출정한 것이었다. 테스프로티아인들은 가장 먼 곳에서 출정한 암프라키아인들 및 레우카스인들과 접경해 있기에 하는 말이다. 이들 지역 너머에 사는 자들 중에서는 크로톤인들만이 위기에 처한 헬라스를 돕고자 배 1척을 가져왔다. 이들의 지휘관은 피티아 경기[29]에서 3번 우승한 파일로스였다. 크로톤인들은 계보상 아카이에인이다.

다른 사람들은 모두 삼단노선을 끌고 출정했지만, 멜로스인들 **48** 과 시프노스인들, 세리포스인들은 오십노선을 제공했다. 멜로스인들은 계보상 라케다이몬에서 기원한 자들인데 2척을 제공했고, 아테나

배(삼단노선) 2척과 오십노선 2척을 제공했다고 한다. 제8권 제1장 참조.

27 2척. 제8권 제1장 참조.

28 여기서는 동쪽 혹은 남쪽을 말한다. 그리스 본토의 관점에서 보면, '아케론 강 안쪽'은 강 동쪽이나 남쪽에 해당한다.

29 델포이의 피티아 제전에서 거행된 운동경기. 고대 그리스의 운동경기에 대해서는 제5권 제47장의 옮긴이 주 참조.

이에서 기원한 이오네스인들인 시프노스인과 세리포스인은 각각 1척을 제공했다. 오십노선을 제외한 배는 총 378척에 달했다.

49   앞서 언급한 나라들에서 온 장군들이 살라미스에 모이자 회의가 열렸다. 에우리비아데스는 누구든 원하는 사람은 헬라스인들이 지배하는 지역 중 어디가 해전을 벌이기에 가장 적합하다고 보는지 의견을 표명하라고 제안했다. 이미 아티케가 포기된 상태였기에, 그는 그 외 나머지 지역에 대한 의견을 물은 것이었다. 그것에 대해 발언한 자들의 의견은 대부분 이스트모스로 항해하여 펠로폰네소스 앞에서 해전을 벌이자는 것으로 일치되었다. 그들이 내세운 이유는 다음과 같았는데, 즉 그들이 살라미스에 있다가 해전에서 패할 경우엔 고립무원의 섬에서 포위될 것이지만 이스트모스 부근에서라면 자신들의 해안으로 건너갈 수 있다는 것이었다.

50   펠로폰네소스에서 온 장군들이 이런 주장을 하고 있을 때, 한 아테나이인이 와서는 이방인이 아티케에 도착하여 아티케 전역에 불을 지르고 있다는 소식을 전했다. 크세륵세스를 따라온 군대가 보이오티에를 통과하여 테스페이아인들의 도시를 불태우고—이들 테스페이아인들은 이미 펠로폰네소스로 떠나고 없었다—플라타이아이인들의 도시도 불태운 후, 아테나이에 도착해 그 전역을 유린했던 것이다. 크세륵세스 군대가 테스페이아와 플라타이아를 불태운 것은 그들이 페르시스 편을 들지 않았다는 말을 테바이인들에게 들었기 때문이다.

51   이방인들은 자신들의 행군 출발지인 헬레스폰토스를 건너서 에우로페로 넘어오는 데 한 달이 걸렸고,[30] 그 후 아티케에 도착하기까지

---

30 페르시아군이 헬레스폰토스를 건너 에우로페로 넘어오는 데 한 달이 걸렸다는 언급은 헤로도토스의 다른 대목과 일치하지 않는다. 그는 제7권 제56장에서 페르시아군이 헬레스폰토스를 건너는 데 7일 낮밤이 걸렸다고 말하기 때문이다. 아마 페르시아 군대가 헬레스폰토스를 건너기 전후에 머문 모

다시 석 달이 걸렸다. 그들이 도착한 시기는 칼리아데스가 아테나이인들의 아르콘으로 있을 때였다.[31] 그들이 점령한 도시는 사람이 없이 비어 있었다. 그들은 소수의 아테나이인들만이 성소 안에 있는 것을 발견했는데, 이들은 성소 관리인들과 빈민들이었다. 이들은 아크로폴리스에 문들과 통나무들로 방책을 쌓아 침략자들로부터 자신들을 방어했다. 이들이 살라미스로 떠나지 않은 것은 생활이 빈궁한 탓도 있지만, 그 밖에도 피티에 여사제가 자신들에게 내린 신탁, 즉 나무 성벽이 난공불락이 되리라고 했던 신탁[32]의 의미를 자신들이 잘 이해했다고 생각한 탓이기도 했다. 이들은 신탁이 말한 피난처가 배가 아니고 바로 이것[33]이라고 여겼던 것이다.

페르시스인들은 아테나이인들이 아레이오스파고스라고 부르는, 아   52
크로폴리스의 맞은편 언덕에 자리를 잡고 다음과 같은 방식으로 아크로폴리스를 포위 공격 했다. 즉 그들은 화살 둘레에 아마(亞麻) 부스러기를 감아 불을 붙인 후 방책을 향해 화살들을 발사했다. 그곳에 포위된 아테나이인들은 극심한 곤경에 처했고 방책이 쓸모없어졌는데도 계속 방어했다. 그 아테나이인들은 페이시스트라토스 일가가 제시한 항복 제안을 받아들이려 하지 않고 다른 방안을 고안해서 방어했는데, 특히 이방인들이 출입문들 쪽으로 공격할 때는 아래로 돌덩이들을 굴려 보냈다. 그리하여 크세륵세스는 오랫동안 그들을 세

든 시간을 포함해 한 달로 보았던 것이 아닌가 한다. 아니면 헤로도토스가 얻은 자료들의 불일치 때문일 수도 있겠다. 이에 대한 여러 논의는 마칸(R. W. Macan)의 주석서, *Herodotus, The Seventh, Eighth, & Ninth Books with Introduction and Commentary*(London, 1908), 8,51 참조.

31 칼리아데스가 아테네의 아르콘이었던 시기는 기원전 480년 7월 후반에서 479년 7월 전반까지의 1년 동안이었다. 이 기간 중 페르시아 육군이 아티카에 도착한 것은 기원전 480년 늦여름이었을 것으로 추정된다.

32 제7권 제141장 참조.

33 문들과 통나무들로 만든 방책.

압하지 못하고 난감해 했다.

53 그러나 마침내 이방인들은 이 난관에서 벗어날 출구를 발견했다. 신탁에 의하면, 본토의 아티케 전역이 페르시스인의 지배를 받게 되어 있었기 때문이다.[34] 아크로폴리스 앞쪽으로, 출입문들과 오르막길의 뒤편에는 아무도 지키지 않고 또 아무도 누가 그리로 올라가리라곤 생각하지 않을 곳이 있었다.[35] 이곳은 매우 가팔랐음에도, 이리로 해서 몇몇 이방인들이 케크롭스의 딸 아글라우로스의 성소 근처로 올라갔다. 아테나이인들은 그들이 아크로폴리스 위에 올라온 것을 보자, 일부는 성벽 아래로 투신하여 죽었고 일부는 성소 안으로 피신했다. 위로 올라온 페르시스인들은 먼저 출입문들 쪽으로 가서 그것들을 연 후에 탄원자들을 살해했다. 그들은 아테나이인들을 모두 죽이고 나자, 성소를 약탈하고 아크로폴리스 전체에 불을 질렀다.

54 크세륵세스는 아테나이를 완전히 점령한 후, 아르타바노스에게 자

---

34 제7권 제141장 참조.

35 '아크로폴리스 앞쪽으로, 출입문들과 오르막길의 뒤편에' 있다는 이곳의 위치는 매우 모호하다. 이곳에 대한 헤로도토스의 묘사가 정확하다는 주장도 있고 잘못된 것이라는 주장도 있다. 헤로도토스 묘사가 잘못된 것이라고 주장하는 학자들은 여기서의 '앞쪽'이 아크로폴리스의 현관이 있는 서쪽이 아니고 북쪽을 가리킨다고 본다. 그곳이 아글라우로스 성소 근처에 있다고 하고 아글라우로스 성소가 아크로폴리스 위의 북쪽 지점에 위치해서 '앞쪽'이 북쪽을 가리킨다는 주장이다. 또 당시 아테네의 주요 시가지가 아크로폴리스 북쪽에 위치했기 때문에 시가지 쪽에서 보면 북쪽이 아크로폴리스 '앞쪽'에 해당한다는 것이다. 반면 '앞쪽'이 아크로폴리스의 현관이 있는 서쪽을 가리킨다고 보고 헤로도토스의 묘사가 정확하다고 주장하는 학자들도 있다. 이들은 그곳이 북쪽에 위치했다고 해도 그 입구가 서쪽을 향해 있고 입구의 위치가 아크로폴리스의 '출입문들과 오르막길'의 후방에 있으므로, 그곳이 '아크로폴리스 앞쪽으로, 출입문들과 오르막길의 뒤편에' 있다고 말한 헤로도토스의 서술이 옳다고 본다. 그곳의 입구가 아크로폴리스의 현관 뒤편의 북서쪽 모서리 지점에 위치했다고 보면, 헤로도토스의 설명이 틀리지 않다는 것이다.

신이 거둔 현재의 성공을 알리려고 수사에 기마 사절을 보냈다. 사절을 파견한 다음 날에 그는 자신을 따라온 아테나이인 추방자들을 불러 모아 놓고, 아크로폴리스에 올라가 그들의 방식대로 제사를 지내라고 명령했다. 그렇게 명령한 것은 그가 꿈속에서 무슨 환영을 보았기 때문이거나 아니면 자신이 성소를 불태운 것이 마음에 걸렸기 때문이다. 아테나이인 추방자들은 명령받은 대로 일을 수행했다.

내가 왜 이것을 언급했는지 그 이유를 말하겠다. 이 아크로폴리스 55에는 땅에서 태어났다는 에렉테우스의 신전이 있고, 그 안에는 올리브나무와 소금물 웅덩이가 하나 있다. 그것들은, 아테나이인들의 이야기에 의하면, 포세이데온과 아테나이에가 그 땅을 차지하려고 다툴 때 그들이 증거로 제시한 것들이라고 한다. 그런데 그때 이 올리브나무가 이방인들에 의해 성소의 다른 곳들과 함께 불타 버렸다. 그러나 그것이 불탄 다음 날에 아테나이인들이 제사를 지내라는 왕명을 받고 성소로 올라갔을 때, 나무 그루터기에서 싹이 1페키스 정도로 돋아 있는 것을 보았다. 그들은 곧 이 일을 보고했다.

살라미스에 있던 헬라스인들은 아테나이의 아크로폴리스에서 어 56떤 일이 벌어졌는지 알게 되자 그만 대혼란에 빠져, 몇몇 장군은 논의 중인 문제가 의결되는 것을 기다리지도 않고, 달아나기 위해 자신들의 배로 뛰어들어 돛을 올렸다. 그들 중 남은 자들은 이스드모스 앞에서 해전을 치르기로 결정했다. 밤이 되자 그들은 회의를 해산하고 자신들의 배에 승선했다.

그때 테미스토클레에스가 그의 배에 도착하자, 아테나이인인 므네 57시필로스가 장군들이 어떻게 결정했는지를 그에게 물었다. 배들을 이스드모스 쪽으로 끌고 가 펠로폰네소스를 지키기 위해 해전을 치르기로 결정했다는 말을 테미스토클레에스에게서 듣고 므네시필로스가 말했다. "그들이 배들을 살라미스에서 철수시킨다면, 이젠 그대가 해전을 벌여 수호할 조국은 없게 될 거요. 그들은 각자 자신의 나라로 향할 것이고, 에우리비아데스나 다른 어떤 사람도 군대가 흩어지는 것을 막지 못할 테니 말이오. 그래서 헬라스는 그릇된 계획 때문에 파멸하게 될 거요. 하지만 그대에게 어떤 방안이 있다면, 지금 가서 그 결정을 파기하도록 해보세요. 혹시 에우리비아데스가 마음을 바꿔 이곳에 남아 있도록 그대가 설득할 수 있다면요."

58 그의 조언은 테미스토클레에스의 마음에 꼭 들었다. 테미스토클레에스는 그것에 대해 아무 대답도 않고 에우리비아데스의 배로 향했다. 그곳에 도착하자, 테미스토클레에스는 공동의 문제로 에우리비아데스와 의논하고 싶은 게 있다고 말했다. 에우리비아데스는 말할 게 있으면 자신의 배에 올라와 이야기하라고 그에게 권했다. 그러자 테미스토클레에스는 에우리비아데스의 곁에 앉아, 므네시필로스에게서 들은 모든 이야기를 마치 자신의 생각인 양 되풀이해 말했고 다른 이야기도 많이 덧붙였다. 이렇게 간청한 결과 테미스토클레에스는 마침내 에우리비아데스를 설득하여 그가 배에서 내려 장군들의 회의를 소집하게 했다.

59 그리하여 장군들이 모두 모이자, 에우리비아데스가 장군들의 회의를 소집한 이유를 설명하기도 전에 테미스토클레에스가 매우 절실한 입장에서 열렬한 연설을 했다. 그런데 그가 연설을 할 때 코린토스의 장군인, 오키토스의 아들 아데이만토스가 말했다. "테미스토클레에스여, 경주에서 신호보다 일찍 출발하는 자들은 매를 맞는다오." 이에 테미스토클레에스가 자신을 옹호하며 말했다. "뒤에 처지는 자들은 승리의 관을 얻지 못하지요."

60 이때 테미스토클레에스는 그 코린토스인에게 온화하게 대답했고, 에우리비아데스에게는 자신이 앞서 그에게 했던 말, 즉 그들이 살라미스에서 철수하면 결국 흩어져 도망갈 것이라고 했던 말을 전혀 언급하지 않았다. 그로써는 동맹국들이 함께 동석한 자리에서 누구를 중상하는 것이 적절치 않았기 때문이다. 그래서 그는 다른 논지를 들어 이렇게 말했다. "만일 그대가 이들의 말에 따라 이스트모스로 배들을 이동시키지 않고 내 말에 따라 여기에 머물러 해전을 치르기

로 한다면, 이제 헬라스를 구하는 일이 그대의 수중에 놓여 있습니다. 내 이야기를 듣고 두 경우를 각기 비교해 보십시오. 그대가 이스트모스 부근에서 교전을 한다면 넓은 바다에서 해전을 치르게 될 텐데, 우리의 배들이 더 무겁고 수적으로 열세여서 우리에게 전혀 이롭지 않습니다. 게다가 우리가 다른 데에서 모두 승리한다 해도, 그대는 살라미스와 메가라, 아이기나를 잃게 될 겁니다. 또한 그들의 육군도 해군과 함께 뒤따라올 것이고, 그러면 그대는 그들을 펠로폰네소스로 끌어들여 헬라스 전체를 위험에 빠지게 할 것입니다. 그러나 그대가 내 말대로 한다면, 다음과 같은 이점들을 발견하게 될 겁니다. 우선, 좁은 바다에서 적은 배로 많은 적선들과 교전을 할 경우, 그 전쟁에서 합당한 결과가 나온다면, 우리가 크게 승리할 것입니다. 좁은 바다에서 해전을 치르는 것은 우리에게 유리하고 넓은 바다에서는 저들에게 유리하기 때문입니다. 다음으로, 우리의 아이들과 여자들을 안전하게 옮겨 놓은 살라미스가 살아남을 것입니다. 게다가 그대들이 가장 중요시하는 이점이 있습니다. 즉 그대가 이곳에 머문다면 이스트모스 앞에서와 똑같이 펠로폰네소스를 수호하는 해전을 치르게 될 것이고, 또 그대가 현명하다면 적들을 펠로폰네소스로 끌어들이지 않게 될 것입니다. 내가 예상한 대로 일이 되어 우리가 해진에서 승리한다면, 이빙인들은 그대들의 이스드모스로 나아가지 못할 것입니다. 또한 아티케 밖으로 넘어가지 못하고 무질서하게 물러날 것입니다. 그리고 메가라와 아이기나, 살라미스가 살아남아 우리가 이득을 볼 것입니다. 우리는 살라미스에서 우리가 적들에게 승리할 것이라는 신탁도 받은 바 있습니다. 합당한 계획을 세우면 사람들의 일이 대개 잘 성사되곤 합니다. 반면 합당치 않은 계획을 세우면 신(神)도 인간의 구상을 지원하려 하지 않는 법입니다."

테미스토클레에스가 이렇게 말하자, 코린토스인 아데이만토스가 61 또다시 테미스토클레에스를 비난했다. 그는 나라가 없는 자는 침묵을 지키라고 요구했고, 에우리비아데스가 나라 없는 자에게 표결을 위한 제안을 하도록 하는 데 반대했다. 그는 테미스토클레에스가 나라를 갖추고 나서 의견을 제시해야 한다고 주장했던 것이다. 그는 당시에 아테나이가 함락되어 점령당한 상태인지라 테미스토클레에스에게 그런 말을 했다. 그러자 테미스토클레에스는 아데이만토스와 코린토스인들을 거세게 비난했다. 그는 아테나이인들이 병력을 가득 채운 배 200척을 갖고 있는 이상 자기들이 코린토스인들보다 더 큰 도시와 땅을 갖고 있다고 그들에게 분명히 밝혔다. 자기들이 공격하면 어떤 헬라스인들도 막아 내지 못할 것이기 때문이라고 그는 말했다.

62 테미스토클레에스는 이렇게 말한 후 다시 에우리비아데스를 향해 말했다. 그의 말은 전보다 더 격렬했다. "그대가 여기에 머문다면, 그것으로 용감한 남자가 될 것입니다. 그러나 그리하지 않는다면, 그대는 헬라스를 파멸시키게 될 것입니다. 이 전쟁의 모든 것이 우리들의 배에 달렸기 때문입니다. 제 말에 따르도록 하십시오. 만약 그대가 그리하지 않으면, 우리는 당장 가솔들을 모두 거두어 이탈리에의 시리스로 갈 것입니다. 그곳은 옛날부터 우리의 것이고, 그곳이 우리에 의해 식민화될 운명이라고 말하는 신탁들도 있습니다. 그대들이 우리와 같은 동맹국들을 잃고 나면 그때 내 말이 생각날 것입니다."

63 테미스토클레에스가 이렇게 말하자 에우리비아데스는 마음을 바꾸었다. 내가 생각하기에, 에우리비아데스가 마음을 바꾼 것은 무엇보다 특히 그가 배들을 이스트모스로 끌고 갈 경우 아테나이인들이 그에게서 떠나지 않을까 우려했기 때문이다. 만일 아테나이인들이 떠난다면, 나머지 군대만으로는 도저히 적의 전쟁 상대가 될 수 없었던 것이다. 그래서 그는 그곳에 남아서 해전을 치르자는 견해를 채택했다.

64 이런 논쟁이 있은 후 에우리비아데스가 마음을 정하자, 살라미스의 헬라스인들은 그곳에서 해전을 치를 준비를 했다. 그런데 날이 밝아 해가 떠오를 때, 육지와 바다에서 지진이 일어났다. 이에 그들은

신들에게 기도를 드리고 아이아코스의 후손들을 동맹군으로 불러오기로 결정했다. 그들은 그렇게 하기로 결정하자 곧바로 그것을 실행했다. 그들은 모든 신들에게 기도를 드리고, 그들이 주둔해 있는 살라미스에서 아이아스와 텔라몬을 불러온 것이다. 그들은 또 아이아코스와 아이아코스의 나머지 후손들[36]을 데려오려고 아이기나에 배한 척을 파견했다.

아테나이인으로 테오키데스의 아들 디카이오스라는 자가 있었는데, 그는 추방자였고 이때 메디아인 사이에서 상당한 명성을 누리고 있었다. 그런데 그가 말하기를, 아티케 지역에 아테나이인들이 떠나고 없고 크세륵세스의 육군이 그곳을 약탈하고 있을 때, 마침 자신이 라케다이몬인인 데마레토스와 함께 트리아시온 평원에 있었는데 약 3만 명이 일으키는 것 같은 자욱한 먼지가 엘레우시스에서 다가오는 것을 보았다고 한다. 그와 데마레토스는 도대체 어떤 사람들이 자욱한 먼지를 일으키는 것일까 하여 놀라움을 금치 못했는데, 홀연 고함이 들렸고 그에게는 그 소리가 엘레우시스 비의의 '이아코스'[37] 함성 같았다고 한다. 데마레토스는 엘레우시스에서 행해지는 제의에 대해 알지 못했으므로, 그것이 무슨 소리인지 디카이오스에게 물었다고 한다. 디카이오스는 이렇게 대답했다고 한다. "데마레토스여, 왕의

65

---

36 아이아코스의 후손들은 아이아코스의 아들들인 텔라몬·펠레우스·포코스뿐 아니라 텔라몬의 아들인 아이아스, 펠레우스의 아들인 아킬레우스 등을 포함한다. 여기서 아이아코스의 후손들을 불러오거나 데려온다는 것은 그들의 조각상을 가져오는 것을 가리킨다. 아이아코스의 후손들에 대해서는 제5권 제80장의 옮긴이 주 참조.

37 이아코스(Iakchos)는 엘레우시스 제의에서 숭배되던 신으로 데메테르와 제우스의 아들이었다고 전한다. 엘레우시스 제의의 행렬에서 신자들은 이아코스상을 들고 이아코스의 이름을 불러 기원하며 행진했다고 한다. 일부 전승에서는 그를 제우스와 세멜레의 아들인 바코스, 즉 디오니소스 신과 동일시하기도 하지만, 두 신을 구분하는 전승도 많다.

군대에 틀림없이 무슨 큰 재앙이 닥치게 될 거요. 지금 아티케에는 사람들이 떠나고 없으니, 이 소리는 아테나이인들과 그들의 동맹국들을 도우러 엘레우시스에서 나타난 신성한 소리임이 분명하기 때문이오. 그것이 만일 펠로폰네소스로 몰려가면 왕 자신과 육지에 있는 그의 군대에 위험이 닥칠 것이고, 그것이 살라미스에 있는 배들을 향하면 왕은 그의 해군을 잃을 위험에 처할 거요. 아테나이인들은 어머니와 딸[38]에게 매년 이 제의를 거행하며, 아테나이인들이나 다른 헬라스인들이나 원하는 자는 누구든 입회할 수 있소. 그대가 들은 소리는 이 제의에서 외치는 '이아코스' 함성이오." 그에 대해 데마레토스가 말했다고 한다. "그대는 입을 다물고 누구에게도 이 이야기를 하지 마시오. 그대의 이 이야기가 왕에게 들어가면, 그대는 목이 잘리게 되고 나도 다른 어느 누구도 그대를 구하지 못할 테니 말이오. 그대는 그저 잠자코 있으시오. 페르시스 군대에 대해서는 신들이 주관하실 거요." 데마레토스는 이와 같이 조언했다고 한다. 그런데 그 자욱한 먼지와 고함에서 구름이 생겨나더니 공중으로 올라가 살라미스 쪽으로 헬라스인들의 군대를 향해 흘러갔다고 한다. 그리하여 그들은 크세륵세스 해군이 파멸할 것임을 알아차렸다고 한다. 이상은 테오키데스의 아들 디카이오스가 말해 준 것인데, 그는 데마레토스와 다른 사람들을 그 이야기에 대한 증인으로 내세웠다.

66 크세륵세스 해군에 배속된 자들은 라코니아인들의 참상을 돌아보고 트레키스에서 히스티아이에로 건너간 후,[39] 그곳에서 3일간 대기하다가 에우리포스를 거쳐 항해하여 다시 3일 후에 팔레론에 도달했다. 내 생각엔, 그들이 육로와 항해를 통해 아테나이에 침입했을 때 군대 규모는 세피아스와 테르모필라이에 도착했을 때와 비슷한 정도였다. 그들 중 폭풍 때문에 죽고 테르모필라이 전투와 아르테미시온

---

38 데메테르와 그의 딸 페르세포네.

39 제8권 제25장 참조.

앞바다 해전에서 죽은 자들은 그때에 아직 왕의 군대에 합류하지 않은 다음 사람들로 상쇄될 수 있기 때문이다. 즉 멜리스인들, 도리에스인들, 로크리스인들, 그리고 테스페이아인들과 플라타이아이인들을 빼고 전군이 합류한 보이오티에인들, 카리스토스인들, 안드로스인들, 테노스인들, 또 내가 전에 이름을 언급한 다섯 국가[40]를 제외한 나머지 모든 섬들의 주민들이 바로 그들이다. 페르시스인이 헬라스 안쪽으로 더 진격할수록 더 많은 종족이 그를 따라 종군했던 것이다.

그들이 파로스인들을 빼고—파로스인들은 키트노스에 남아 전쟁이 어떻게 전개될지 주시하고 있었다—모두 아테나이에 도착하고 나머지 군대도 팔레론에 도달하자, 크세륵세스는 배를 타고 온 자들을 만나 그들의 의견을 듣고 싶어서 직접 함대가 있는 곳으로 내려갔다. 그가 도착하여 앞자리에 앉았을 때, 여러 종족들의 통치자와 부대장들은 부름을 받고서 배에서 나와 그의 곁에 임석해 있었다. 그들은 왕이 그들 각자에게 부여한 명예의 서열에 따라 착석했는데, 맨 먼저 시돈 왕이 앉고 다음에는 티로스 왕, 그다음에는 나머지 사람들이 앉았다. 그들이 순서에 따라 차례차례 앉자, 크세륵세스는 그들 각자를 시험해 보려고 마르도니오스를 보내 자신이 해전을 벌여야 할지 말지 물어보게 했다. 67

마르도니오스는 시돈 왕부터 시작해 빙 돌아가며 의견을 물었다. 이때 다른 자들은 모두 해전을 벌이자며 한목소리를 냈지만, 아르테미시에는 다음처럼 말했다. 68

"마르도니오스여, 에우보이아 앞바다의 해전에서 크게 비겁하지도 않았고 활약이 아주 미약하지도 않았던 내가 이렇게 말하더라고

---

40 제8권 제46장 참조. 그러나 제8권 제46장에 의하면, 페르시아군에 항복하지 않은 섬 국가들은 다섯이 아니고 여섯이었다. 즉 아이기나와 에우보이아의 국가들을 빼면, 케오스, 낙소스, 키트노스, 세리포스, 시프노스, 멜로스가 그에 해당한다.

부디 전하께 전해 주시오. '전하, 저는 마땅히 전하께 솔직한 견해를, 즉 제가 전하의 과업에 가장 상책이라고 생각하는 것을 말씀 드려야 옳습니다. 그래서 전하께 한 말씀 드리건대, 전하의 배들을 아끼시고 해전을 벌이지 마시옵소서. 마치 남자들이 여자들보다 더 강한 만큼이나, 바다에서는 저들이 전하의 병사들보다 더 강하기 때문입니다. 왜 굳이 전하께서 위험을 무릅쓰고 해전을 벌이셔야 합니까? 이 원정에 착수한 이유인 아테나이가 지금 전하의 수중에 있고 또 나머지 헬라스도 전하의 수중에 있지 않은가요? 이제 전하의 길을 막는 자는 아무도 없습니다. 전하께 저항했던 자들은 그들이 받아 마땅한 곤경을 치렀습니다.

전하의 적들의 정세가 앞으로 어찌될 것인지 제가 생각한 바를 말씀 드리겠습니다. 만일 전하께서 해전을 서둘지 않고 배들을 여기 육지 가까이에 두고 이곳에 머무시거나 혹은 펠로폰네소스로 진군하신다면, 전하께서 여기에 오신 목적을 쉽게 이루실 것입니다. 헬라스인들은 전하께 오랫동안 저항할 수가 없기 때문입니다. 그들은 전하에게 패해 흩어져 각기 자신의 나라로 도망칠 것입니다. 제가 듣기에, 이 섬에는 그들이 먹을 식량이 없으며, 전하께서 펠로폰네소스로 육군을 이끌고 가신다면 그들 중 펠로폰네소스에서 온 자들이 이곳에 그대로 머물지 않을 것이고 또 그들이 아테나이를 지키기 위해 해전을 치르려 하지도 않을 겁니다.

그러나 전하께서 서둘러 당장 해전을 치르려 하신다면, 전하의 해군이 패해 육군마저 파멸시키지 않을까 염려됩니다. 또한 전하께서는 다음의 사항을 명심하도록 하시옵소서. 즉 좋은 사람들에겐 으레 나쁜 노예들이 있는 법이고 나쁜 사람들에겐 좋은 노예들이 있는 법입니다. 모든 인간 중에서 가장 선하신 전하께서는 악한 노예들을 데리고 계십니다. 전하의 동맹이라고 불리는 이들 아이깁토스인과 키프로스인, 킬리키에인, 팜필리아인들은 아무 쓸모가 없는 자들입니다.'"

69   아르테미시에가 마르도니오스에게 이렇게 말하자, 그녀에게 호의

적인 자들은 그녀의 말을 안타깝게 생각했다. 그들은 그녀가 해전을 막다가 왕에게 무슨 해를 입지나 않을까 생각했던 것이다. 하지만 모든 동맹군들 중에서 가장 크게 존중받는 그녀를 시기하고 질투하던 자들은 그녀가 처형될 것으로 보아, 그녀의 반박에 대해 기뻐했다. 그러나 크세륵세스에게 모든 의견들이 보고되자, 그는 아르테미시에의 의견이 매우 마음에 들었다. 그는 전에도 그녀를 훌륭하다고 여겼지만 이제 그녀를 훨씬 더 높이 칭송했다. 그렇지만 그는 다수의 의견을 따르라고 명령했다. 그는 에우보이아 앞바다에서는 자기가 그곳에 없어서 그의 군대가 비겁하게 굴었다고 믿고, 이제 자신이 몸소 해전을 참관할 작정이었다.

출정 명령이 내려지자, 그들은 배들을 살라미스로 끌고 나가 느긋하게 군대를 배치하고 전열을 갖추었다. 그때는 해전을 벌이기에 낮 시간이 충분치 않았다. 밤이 다가왔기 때문이다. 그래서 그들은 다음 날에 대비했다. 그러나 헬라스인들은 두려움과 공포에 사로잡혔는데, 특히 펠로폰네소스 출신이 심했다. 그들이 두려워한 이유는, 자신들이 살라미스에 머물며 아테나이인들의 땅을 위해 해전을 치르려다 만일 패하게 되면 그들 자신의 땅은 무방비 상태로 둔 채 섬에 갇혀 포위당할 것이기 때문이었다. 한편 이방인들의 육군은 그날 밤에 펠로폰네소스를 향해 진군했다. 70

하지만 이방인들이 육로로 침입하는 것을 막고자 가능한 모든 방책이 동원되었다. 펠로폰네소스인들은 레오니데스의 군대가 테르모필라이에서 전사했다는 소식을 듣자마자 그들의 나라들에서 함께 달려와 이스트모스에 진을 쳤던 것이다. 그들을 지휘한 장군은 아낙산드리데스의 아들 클레옴브로토스였는데, 그는 레오니데스와 형제간이었다. 그들은 이스트모스에 진을 치고 스키론 도로[41]를 파괴한 다 71

---
41 아테네와 메가라 지역 사이의 길. 이 길 중간에는 비좁은 절벽 지대가 있어서 그곳을 봉쇄하거나 파괴하면 통행이 어려웠다. 신화에 의하면 그 길에서

음, 회의를 열어 이스트모스를 가로지르는 방벽을 쌓기로 결정하고 그 일을 수행했다. 그들은 수만 명이나 되었고 모두가 함께 일을 했으므로, 공사는 다 마무리되었다. 돌과 벽돌, 목재, 가득 찬 모래 통들이 계속 운반되었고, 도우러 온 자들은 밤이나 낮이나 전혀 쉬지 않고 줄곧 일을 했던 것이다.

72   헬라스인들 가운데 이스트모스에 총력을 다해 도우러 온 자들은 다음과 같았다. 즉 라케다이몬인, 모든 아르카디에인, 엘리스인, 코린토스인, 시키온인, 에피다우로스인, 플레이우스인, 트로이젠인, 헤르미온인이 그들이다. 이들이 위험에 처한 헬라스를 우려하여 도우러 온 자들이었다. 그러나 다른 펠로폰네소스인들은 아무 관심을 보이지 않았다. 사실 올림피아 제전과 카르네이아 제전은 이미 끝난 후였다.[42]

73   펠로폰네소스에는 일곱 종족이 살고 있다. 그중 두 종족인 아르카디에인과 키누리아인은 그 지역 토착민들이며 지금도 그들이 예전에 살던 곳에 살고 있다. 또 한 종족인 아카이에인은 펠로폰네소스를 떠나지는 않았지만 그들 자신의 땅을 떠나 다른 곳에서 살고 있다. 일곱 가운데 나머지 네 종족인 도리에스인, 아이톨리아인, 드리오피스인, 렘노스인은 이주해 온 자들이다. 도리에스인의 국가는 수도 많고 유명하지만, 아이톨리아인 국가는 엘리스 하나뿐이다. 드리오피스인 국가는 헤르미온과 아시네인데, 아시네는 라코니아의 카르다밀레 가까이에 있다. 또 파로레에타이인들은 모두 렘노스인에 속한다. 펠로폰네소스 토착민 중에는 키누리아인만이 유일하게 이오네스인인 것

스키론(Skiron)이라는 강도가 행인들을 괴롭혔다고 한다. 즉 강도 스키론이 암벽 위에서 행인에게 자신의 발을 씻기게 한 후 그를 발로 차 바다에 추락시켜 죽였다고 하는데, 아테네의 영웅 테세우스가 스키론을 제거했다고 전한다.

42 즉 그들이 지원군을 보내지 않을 변명거리가 이제 없어졌음을 의미한다.

으로 보인다. 그들은 아르고스인의 지배를 받고 시간이 흐르면서 도리에스인이 되었다. 그들은 오르네아이인들과 그 인근 주민들이다. 이들 일곱 종족 국가 가운데 내가 앞서 말한 것을 제외한 나머지 국가들은 모두 중립을 지켰다. 그러나 솔직히 말하자면, 그들은 중립을 지킴으로써 페르시스 편을 든 것이었다.

이스트모스의 헬라스인들은 그런 고된 작업에 매진했다. 그들은 74 모든 것이 걸린 경주를 벌이고 있었고 그들의 함대로 두각을 나타내 리라곤 기대하지 않았기 때문이다. 한편 살라미스에 있던 자들은 그 일에 대해 전해 들었지만 몹시 두려워했다. 그들이 우려한 것은 그들 자신이라기보다 펠로폰네소스의 안전이었다. 그들은 얼마 동안은 개인들끼리 가까이 모여 조용히 수군거리며, 에우리비아데스의 어리석음을 의아스러워 했다. 하지만 마침내 그것이 공공연하게 터져 나왔다. 그리하여 회의가 열렸고, 이전과 똑같은 문제들에 대해 많은 이야기가 나왔다. 어떤 자들은 그곳에 머물러 이미 적에게 점령된 지역을 위해 싸우기보다 펠로폰네소스로 출항하여 그곳을 위해 위험과 맞서야 한다고 주장했다. 반면에 아테나이인과 아이기나인, 메가라인은 그대로 머물러 그 자리에서 싸우자고 주장했다.

테미스토클레에스는 이 논의에서 자신의 주장이 펠로폰네소스인 75 들의 주장에 밀리게 되자, 회의에서 몰래 빠져나와 메디아인 진영으로 배에 사람을 태워 보냈다. 테미스토클레에스는 그 자에게 무슨 말을 해야 할지 일러 놓았다. 그는 이름이 시킨노스였는데, 테미스토클레에스의 하인으로 테미스토클레에스의 아이들을 수행하는 자였다. 이 일이 있은 후에 테스페이아인들이 시민들을 영입할 때, 테미스토클레에스는 시킨노스를 테스페이아인으로 만들어 주고 또한 많은 재물로 부자가 되게 했다. 그때 시킨노스는 배를 타고 가서 이방인의 장군들에게 다음처럼 말했다. "아테나이인들의 장군께서 저를 다른 헬라스인들 몰래 보냈습니다. 그는 왕의 편에 서 있고 헬라스인들보다도 그대들이 승리하기를 바라시기 때문입니다. 저더러 전하라 하신 말씀은, 헬라스인들이 겁을 먹고 도망칠 궁리를 하고 있으니 그들이 도망가지 못하게 한다면 이제 그대들이 가장 빛나는 업적을 이루게 되리라는 겁니다. 그들은 서로 간에 생각도 맞지 않고 그대들에게 대항하지도 않을 테니까요. 그대들은 그들이 자기들끼리 그대들 편을 든 자들과 그렇지 않은 자들 간에 해전을 벌이는 것을 보게 될 겁니다."

76   그는 그들에게 이렇게 전한 후 그곳을 떠났다. 이에 그들은 그가 전한 말이 사실이라고 믿고 살라미스와 본토 사이에 위치한 작은 섬인 프시탈레이아에 페르시스인들을 다수 상륙시켰다. 그리고 한밤중이 되자, 헬라스인들을 봉쇄하기 위해 함대의 서쪽 편대를 살라미스 쪽으로 내보냈고 또한 케오스와 키노수라 근처에 배치되어 있던 자들도 전진하여 무니키에에 이르기까지 모든 해협을 그들의 함선들로 점거했다. 그들이 함선들을 진군시킨 이유는 헬라스인들이 도망가는 것을 막고 살라미스에 가두어 아르테미시온 싸움에 대한 대가를 치르게 하려는 것이었다. 또 프시탈레이아라고 불리는 작은 섬에 페르시스인들을 상륙시킨 이유는 다음과 같았다. 즉 해전이 진행되면 사람들과 난파선들이 대부분 그곳으로 밀려올 것이므로—그 섬은 이후 벌어질 해전의 경로에 위치해 있었기 때문이다—그곳에서 자기 편을 구조하고 적들은 죽이기 위해서였다. 그들은 적들이 알아차리지 못하도록 조용히 이 일을 수행했다. 그들은 밤중에 한숨도 자지 않고 그 일을 준비했다.

77   나는 신탁의 진실성을 부인할 수 없다. 다음의 시행들[43]을 보면, 신

43 슈타인 텍스트에서는 처음에 이 대목이 pregmata로 표기되었는데, pregmata는 '일, 사건, 문제'를 뜻하는 pregma의 복수형이다. 그런데 문장 내용상 '시행'(詩行)을 뜻하는 rema의 복수형인 remata가 더 적합하다는 의견들이 제시되었다. 이에 슈타인도 텍스트 제5판에서는 remata로 고쳐 표기했다.

탁이 명확하게 말하고 있기에 그것을 무시하고 싶지 않은 것이다.

> 그들이 황금 검을 지닌[44] 아르테미스의 성스러운 해안과
> 바다 옆 키노수라[45]에 그들의 배들로 다리를 놓을 때엔,
> 빛나는 아테나이를 유린한 터라 무모한 기대에 부풀도다.
> 히브리스의 아들인 강력한 코로스[46]가 지독한 욕망에 쌓여 모든 것을
> 다 삼키겠다고 생각하지만 거룩한 디케[47]가 그를 제압할 것이니라.
> 청동이 청동과 맞서 싸우고 아레스가 바다를
> 피로 붉게 물들일 것이니라. 그때 멀리 내다보시는, 크로노스의 아드님과
> 존엄한 니케[48]가 헬라스에 자유의 날을 가져다줄 것이니라.

---

44 '황금 검을 지닌'은 아르테미스 여신의 수식어 '크리사오로스'(chrysaoros)를 번역한 말이다. '크리사오로스'는 아르테미스뿐 아니라 아폴론과 데메테르 등에게도 사용되었다.

45 '아르테미스의 성스러운 해안'과 '바다 옆 키노수라'가 어디인지는 논란이 많다. '아르테미스의 성스러운 해안'으로 불릴 만한 곳은 아르테미스 신전이 있는 아티카 동부의 브라우론(Brauron) 해안이거나 아테네 부근 무니키아(Munychia)의 해안일 수 있다. 또 키노수라는 역시 아티카 동부의 마라톤에 있는 키노수라 곶이거나 아테네 부근 살라미스 섬에 있는 키노수라 곶일 수 있다. 따라서 이 신탁이 아티카 동부의 지명들을 언급한 것이라 볼 수도 있고, 아티카 서부의 아테네와 살라미스 지명들을 언급한 것이라 볼 수도 있다. 그런데 신탁에서 이들 지역에 선교(船橋)가 놓인 시기를 아테네 유린 이후로 보고 있다는 점과 바로 앞 대목인 제8권 제76장에서 살라미스 섬과 키노수라가 함께 언급된 점을 감안하면, 그것은 아테네와 살라미스 섬의 지명이라 할 수 있다.

46 코로스(Koros)는 '탐욕', '과식', '과음'을 뜻하고, 히브리스(Hybris)는 '오만', '교만', '방자함'을 의미한다. 여기서는 '탐욕'과 '오만'이 의인화되어 코로스는 탐욕의 신, 히브리스는 오만의 여신을 말한다.

47 디케(Dike)는 '정의'를 뜻한다. 여기서는 '정의'가 의인화된, 즉 정의의 여신을 가리킨다.

48 '크로노스의 아드님'은 제우스를 지칭한다. 니케(Nike)는 '승리'를 뜻하는데 여기서는 '승리'가 의인화된, 즉 승리의 여신을 의미한다.

이와 같은 시행들을 보고 바키스가 이처럼 명확하게 말하는 것을 보면, 나 자신도 이 예언들을 감히 부인하고 싶지 않고 또 다른 자들이 부인하는 것도 수긍하기 어렵다.

78 한편 살라미스의 장군들 사이에는 치열한 논쟁이 벌어졌다. 그들은 이방인들이 그들의 배로 헬라스인들을 포위한 것을 아직 몰랐고, 낮에 이방인들이 배치된 것을 본 그대로 그곳에 여전히 있을 것으로 생각했다.

79 그런데 장군들이 논쟁을 벌이고 있을 때, 아이기나에서 리시마코스의 아들 아리스테이데스가 건너왔다. 그는 아테나이인으로 평민들에게 도편추방[49]을 당한 자였다. 그러나 나는 내가 그의 품성에 대해 들은 바에 따라, 그가 아테나이인 중에서 가장 훌륭하고 가장 공정한 자였다고 믿는다. 이 아리스테이데스는 회의장으로 가서 테미스토클레에스를 불러냈다. 이때 테미스토클레에스는 그의 친구가 아니고 최대의 적이었다. 하지만 현재의 재난이 워낙 극심한 것이어서 그는 그런 불화를 잊어버리고, 테미스토클레에스와 이야기를 나누려고 불러냈던 것이다. 그는 펠로폰네소스 출신자들이 배들을 이스트모스로 끌고 가려고 애쓴다는 것을 이미 들어 알고 있었다. 아리스테이데스는 테미스토클레에스가 그에게로 나오자, 다음과 같이 말했다. "다른 때뿐 아니라 지금도 역시 우리는 둘 중에 누가 더 조국에 이바지할지를 놓고 경쟁을 벌여야 하오. 지금 그대에게 말해 둘 것은, 펠로폰네소스인들이 이곳을 떠나 출항하는 것에 대해 말을 많이 하든 적게 하든 마찬가지라는 거요. 내가 직접 보고 하는 말인데, 지금 코린토스

---

49 아테네에서는 기원전 6세기 말에 독재적인 참주의 등장을 막기 위해 도편추방 제도가 제정되었는데, 이에 따라 시민들의 도편추방 투표에서 일정 수 이상을 받은 자는 10년 동안 외국으로 추방되었다. 필로코로스(Philochoros)에 의하면 6,000표 이상이면 추방되었다고 한다. 도편추방제도는 그리스어로 오스트라키스모스(Ostrakismos)라고 불렸는데, 이는 오스트라콘(ostrakon, 도자기 파편, 도편)이 그 투표에 자주 사용되었기 때문이다.

인들과 에우리비아데스 자신이 이곳을 떠나 출항하고 싶어도 그러지 못할 것이오. 우리는 적들에게 빙 둘러 포위되어 있기 때문이오. 그대는 들어가서 이 소식을 그들에게 전하시오." 그러자 테미스토클레에스가 다음처럼 대답했다.

"그대는 아주 유익한 조언을 해 주고 또 좋은 소식을 전해 주었소. 80 내가 이루어지길 바라는 일을 그대가 직접 목격하고 왔으니 말이오. 알아 두시오. 메디아인들이 한 일은 내가 꾸민 것임을. 헬라스인들이 자진하여 전쟁을 치르려 하지 않아서, 억지로 그들을 끌어들일 수밖에 없었던 거요. 하지만 그대가 좋은 소식을 전해 주러 왔으니, 그대가 직접 그들에게 알리시오. 내가 그것을 그들에게 말하면 그들은 내가 거짓말을 한다고 여겨 내 말을 듣지 않을 거요. 그들은 이방인들이 그런 일을 한다고 믿지 않을 테니 말이오. 그러니 그대가 직접 들어가 상황을 그들에게 알리도록 하시오. 그대가 그 소식을 전해서 그들이 믿는다면 가장 좋은 일이고, 설사 그들이 믿지 않는다 해도 우리에겐 마찬가지일 거요. 그대의 말대로 우리가 사방으로 포위되어 있다면, 이제 그들이 도망갈 수 없을 테니 말이오."

그래서 아리스테이데스는 안으로 들어가 그들에게 말했다. 그는 81 자신이 아이기나에서 왔는데 적의 봉쇄 부대를 피해 겨우 항해해 나왔다고 밀했다. 크세륵세스의 배들이 헬라스의 모든 해군을 포위했기 때문이라는 거였다. 그는 적들을 막을 준비를 하라고 그들에게 조언했다. 그가 이렇게 말하고 그곳을 떠나자, 다시 말다툼이 전개되었다. 장군 대부분이 그의 전언(傳言)을 믿지 않았기 때문이다.

그러나 그들이 그것을 믿지 않고 있을 때, 소시메네스의 아들 파나 82 이티오스라는 자가 지휘하는 테노스인들의 삼단노선 한 척이 그들에게로 탈주해 와서, 모든 진실을 알려 주었다. 바로 이 행동 때문에 델포이의 삼족의자에는 이방인을 쳐부순 자들 속에 테노스인들의 이름이 새겨졌다. 살라미스로 탈주해 온 이 배와 그전에 아르테미시온으로 탈주해 온 렘노스 배를 더해, 이제 헬라스 함대는 380척을 채웠다.

당시 헬라스 함대는 그 수에 딱 두 척 모자랐던 것이다.

83   이제 헬라스인들은 테노스인들이 한 말을 믿고 해전을 치를 준비를 했다. 날이 밝자 그들은 승선병들의 회의를 소집했다. 이때 테미스토클레에스가 다른 누구보다도 훌륭한 연설을 했는데, 그의 연설은 시종 인간의 본성과 상태에서 나타나는 온갖 좋은 면과 나쁜 면을 대비했다. 그리고 그중에서 좋은 면을 택하도록 권했고 연설을 끝내자 그들에게 배에 오르도록 지시했다. 그들이 승선했을 때, 전에 아이아코스의 후손들을 데려오기 위해 떠났던 삼단노선이 아이기나에서 돌아왔다.

84   그러자 헬라스인들은 모든 배를 출정시켰고, 그들의 배가 출항하자 바로 이방인들이 그들을 공격했다. 이에 다른 헬라스인들은 다들 후진하여 배를 해안에 올려놓았지만, 아테나이인인 팔레네의 아메이니에스는 앞으로 전진하여 적선을 들이받았다. 그런데 그의 배가 적선과 뒤엉켜 서로 떨어질 수 없게 되자, 다른 헬라스인들이 아메이니에스를 도우러 나가 싸움을 벌였다. 아테나이인들은 그렇게 해서 해전이 시작되었다고 말한다. 그러나 아이기나인들은 아이아코스의 후손들을 데리러 아이기나로 떠났던 그 배가 해전을 개시했다고 말한다. 또 다음과 같은 이야기도 전한다. 웬 여자 환영이 그들에게 나타나 모든 헬라스 함대가 다 들을 만큼 큰 소리로 호령했는데, 그전에 먼저 이렇게 꾸짖었다고 한다. "이상한 사람들 같으니, 그대들은 언제까지나 더 배를 후진시킬 거요?"

85   아테나이인 맞은편에는 포이니케인들이 배치되었다. 그들이 엘레우시스 방향의 서쪽 날개를 맡고 있었기 때문이다. 라케다이몬인 맞은편에는 이오네스인들이 배열해 있었다. 이들은 페이라이에우스 방향의 동쪽 날개를 맡고 있었던 것이다. 이오네스인 중 일부 소수는 테미스토클레에스의 권고에 따라 일부러 비겁하게 굴었지만,[50] 대다수는 그러지 않았다. 나는 헬라스 배들을 포획한 이오네스인 선장들의 이름을 여럿 댈 수 있지만, 그중 두 사람만 밝히겠다. 이들은 안드

로다마스의 아들 테오메스토르와 히스티아이오스의 아들 필라코스인데, 둘 다 사모스인이다. 내가 이들의 이름만 언급하는 이유는 테오메스토르가 이 업적으로 페르시스인들의 임명을 받아 사모스 참주가 되었고 필라코스는 왕의 은인(恩人) 명부에 올라 많은 땅을 하사받았기 때문이다. 왕의 은인들은 페르시스 말로 오로상가이라고 불린다.

이것이 그들 두 사람에 대한 이야기다. 그러나 이방인들의 배 대부분은 살라미스에서 파괴되었는데, 일부는 아테나이인들에게 또 일부는 아이기나인들에게 파괴되었다. 헬라스인들은 질서 있게 대오를 갖추어 해전을 벌였지만 이방인들은 질서도 없고 계획적으로 행동한 것도 아니어서, 이들에겐 바로 그런 결과가 나오게끔 되어 있었다. 하지만 이날 그들은 에우보이아 앞바다에서 싸웠을 때보다 훨씬 더 용감한 모습을 보였다. 그들은 모두 크세륵세스가 두려워 열심히 싸웠는데, 다들 왕이 자기를 바라보고 있다고 생각했던 것이다. 86

나는 이방인들이나 헬라스인들이 각자 어떻게 싸웠는지 다른 사람들의 경우에는 정확하게 말할 수 없다. 그러나 아르테미시에의 경우에는 그녀가 왕에게 더욱 큰 명성을 얻게 되는 일이 일어났다. 왕의 군대가 큰 혼란에 빠졌을 때, 그때 아르테미시에의 배는 한 아티케 배의 추격을 받고 있었다. 그녀는 앞에 다른 우군 배들이 위치해 있고 마침 자신의 배가 적들에게서 가장 가까이 있어 더는 도망갈 수가 없자, 다음처럼 행동하기로 결정했는데 그것은 그녀에게 큰 이득을 가져다주었다. 즉 그녀는 아티케 배가 추격해 오자, 우군인 칼린다인들의 배를 향해 들이받았는데 거기에는 칼린다인들의 왕 다마시티모스 자신도 타고 있었다. 그들이 헬레스폰토스에 머물러 있을 때 그와 그녀 사이에 무언가 분쟁이 있었는지, 그녀가 고의로 그렇게 했는지 87

50 제8권 제22장 참조.

아니면 칼린다인들의 배가 그때 우연히 그녀와 마주쳤는지 나로서는 말할 수 없다. 그런데 그 배를 들이받아 침몰시켰을 때, 운이 좋게도, 그녀는 그로 말미암아 이중의 이득을 보았다. 아티케 삼단노선의 선장은 그녀가 이방인들의 배를 들이받는 것을 보자, 아르테미시에의 배가 헬라스인의 배거나 아니면 이방인들에게서 탈주하여 자신들을 돕는 배로 생각하고 방향을 돌려 다른 배들 쪽으로 향했던 것이다.

88   그녀는 한편으로 그런 행운 덕분에 때마침 도망쳐서 죽음을 면하게 되었고, 또 한편으로는 그녀가 피해를 입혔음에도 결국은 그로 말미암아 크세륵세스에게서 아주 큰 명성을 얻게 되었다. 전하는 바로는, 왕이 해전을 관전하던 중 그 배가 들이받는 것을 목격하자 왕의 측근 중 한 명이 다음과 같이 말했다고 한다. "전하, 아르테미시에가 훌륭하게 싸우며 적선을 침몰시킨 것을 보고 계십니까?" 이에 크세륵세스는 그것이 정말 아르테미시에가 한 일인지 물었고, 그들은 그녀 배의 표장(標章)을 분명히 파악할 수 있었기에 그렇다고 대답했다 한다. 그들은 파괴된 배를 적선으로 여겼던 것이다. 내가 앞서 말했듯이, 그녀에게는 다른 점들에서도 행운이 따랐지만, 특히 행운이었던 것은 칼린다인들 배의 승선자 중에서 아무도 살아남지 못해 그녀를 고발할 자가 전혀 없었다는 점이다. 그리하여 크세륵세스는 그 말에 대해 이렇게 대답했다고 한다. "내 휘하의 남자들은 여자가 되고, 반면에 여자들이 남자가 되었구나." 크세륵세스는 그렇게 말했다고 한다.

89   이 전투에서 다레이오스의 아들이자 크세륵세스의 아우인 장군 아리아빅네스가 죽고, 그 외에도 페르시스인과 메디아인 및 다른 동맹군 중에서 유명한 자들이 많이 죽었다. 한편 헬라스인 중에서는 죽은 자들이 소수였다. 그들은 헤엄을 칠 줄 알아, 자신들의 배가 파손되고 백병전에서 살아남자 살라미스로 헤엄쳐 갔던 것이다. 그러나 이방인들은 대부분 헤엄을 칠 줄 몰라서 바다에 빠져 죽었다. 이방인들의 배가 가장 많이 파괴된 것은 그들의 맨 앞쪽 배들이 뒤로 도망칠

때였다. 뒤쪽 열에 배치된 자들이 자신들도 왕에게 무언가 활약을 보여 주기 위해 배를 움직여 앞쪽으로 나아가려 하다가, 후퇴하는 같은 편의 배들과 충돌했기 때문이다.

이런 혼란 중에 다음과 같은 일도 일어났다. 자신들의 배가 파괴된 90 일부 포이니케인들이 왕에게 와서 이오네스인들을 비난했다. 이오네스인들이 배신하여 그들 때문에 자신들의 배가 파괴되었다는 것이다. 그러나 그 결과, 이오네스인 장군들은 처형되지 않고 그들을 비난한 포이니케인들이 다음의 대가를 치렀다. 포이니케인들이 그런 비난을 늘어놓는 동안에, 사모트레이케[51] 배 한 척이 아티케 배를 들이받았던 것이다. 그리하여 아티케 배가 침몰하게 되자, 아이기나 배가 달려들어 사모트레이케인들 배를 침몰시켰다. 사모트레이케인들은 투창 전사들이었는지라 침몰하는 자신들의 배에서 적선의 승선병들에게 창을 던져 그들을 죄다 쓰러뜨리고 그 배에 올라 배를 차지했다. 이 일이 이오네스인들을 구했다. 크세륵세스는 그들이 대단한 활약을 벌이는 것을 보자, 진노하여 포이니케인들을 돌아보며 모든 것을 포이니케인들 탓으로 돌렸고, 겁쟁이인 그들이 더 용감한 자들을 비방하지 못하도록 그들의 목을 베라고 명령했기 때문이다. 그때 크세륵세스는 살라미스 맞은편의, 아이갈레오스라고 불리는 언덕 기슭에 앉아서 자신의 군사 중 누가 해진에서 활약하는 것을 볼 때마다, 활약한 자가 누구인지 물었고 서기들은 그의 아버지 이름과 함께 배의 선장과 나라 이름을 기록했다. 게다가 이오네스인들의 친구인 페르시스인 아리아람네스가 크세륵세스 옆에 있었다는 것도 포이니케인들이 이런 불행을 당한 데 한몫했다. 그리하여 왕의 부하들은 포이니케인들을 처리했다.

---

51 '사모트레이케'(Samothreike)는 그리스 북쪽 트라키아 앞바다에 있는 섬으로 이오니아의 사모스인들이 식민한 곳이었다고 한다. 여기서 '사모트레이케'는 페르시아군에 협력하여 그리스인들과 전쟁을 벌이고 있다.

91 이방인들이 도망쳐 팔레론 쪽으로 빠져나갈 때, 아이기나인들은 해협[52]에 잠복해 있다가 주목할 만한 업적을 이룩했다. 아테나이인들은 혼전의 와중에서 저항하는 배들과 도망가는 배들을 파괴한 데 반해 아이기나인들은 해협에서 빠져나오는 배들을 파괴했기 때문이다. 그래서 아테나이인들에게서 도망친 배들은 모두 도중에 아이기나인들의 수중에 떨어졌다.

92 이때 다른 배를 추격하는 테미스토클레에스의 배와 아이기나인 크리오스의 아들 폴리크리토스의 배가 마주쳤다. 폴리크리토스의 배는 시돈의 배를 들이받은 터였다. 시돈의 배는 스키아토스 앞바다를 지키던 아이기나인들의 배를 포획한 바로 그 배였는데, 거기에는 이스케노스의 아들 피테에스가 타고 있었다. 페르시스인들은 온몸이 난자당한 그를 그의 용기에 경탄하여 배에 태우고 다녔던 것이다.[53] 그리하여 페르시스인들과 그를 함께 태우고 다니던 시돈의 배가 포획되었고, 그로써 피테에스는 무사히 아이기나로 돌아가게 되었다. 폴리크리토스는 아티케 배를 발견하고 장군 선박의 표지를 식별하자, 테미스토클레에스를 큰 소리로 부르며 예전에 페르시스 편을 든다고 아이기나인들을 비난했던 그[54]를 조롱했다. 폴리크리토스는 시돈의 배를 들이받고서 테미스토클레에스에게 그런 조롱을 퍼부었던 것이다. 한편 자신들의 배가 파손되지 않은 이방인들은 도망쳐서 육군의 보호를 받으며 팔레론에 도착했다.

93 이 해전에서 헬라스인 중 최고의 명성을 얻은 것은 아이기나인들이었고 그다음이 아테나이인들이었다. 또 개인 중에서 최고의 명성은 아이기나의 폴리크리토스와 아테나이인들인 아나기로스의 에우메네스와 팔레네의 아메이니에스가 얻었는데, 아메이니에스는 바로

---

52 프시탈레이아 섬과 아티카 사이의 비좁은 바다를 가리키는 것으로 보인다.

53 제7권 제181장 참조.

54 제6권 제49장 참조.

아르테미시에를 추격했던 자다. 만약 그가 그 배에 아르테미시에가 타고 있었다는 것을 알았다면 그가 그녀를 사로잡거나 아니면 자신이 사로잡힐 때까지 멈추지 않았을 것이다. 아테나이인 선장들에게 그런 명령이 내려졌고, 게다가 그녀를 생포하는 자에게는 상금 1만 드라크메를 주기로 했기 때문이다. 아테나이인들은 아녀자가 자신들을 공격하는 데 대해 매우 분노했던 것이다. 하지만 그녀는, 내가 앞서 말했듯이, 도망쳐 달아났다. 그녀뿐 아니라 자신들의 배가 파손되지 않은 다른 자들도 모두 팔레론에 가 있었다.

아테나이인들은 말하기를, 코린토스의 장군 아데이만토스는 배들이 교전을 시작하자마자 곧 당황스럽고 두려워 돛을 올리고 도망쳤고, 코린토스인들도 자기네 장군 선박이 달아나는 것을 보자 똑같이 도망갔다고 한다. 그러나 그들이 도망가다 살라미스에 있는 아테나이에 스키라스의 성소 부근에 이르렀을 때, 아마 신이 보내신 것인지 웬 쾌속선 한 척과 마주쳤다고 한다. 그 배를 보냈다는 자가 아무도 나타나지 않았고, 그 배가 다가왔을 때 코린토스인들은 함대의 사정을 전혀 알지 못했기 때문이다. 그에 따라 그들은 그 일이 신의 뜻에 의한 거라고 추정했던 것이다. 쾌속선이 그들의 배들 가까이에 왔을 때 쾌속선에 타고 있던 자들이 이렇게 말했다고 한다. "아데이만토스여, 그대는 배들을 틀려 도망치고 있으니 이는 헬라스인들을 배반하는 것이오. 하지만 헬라스인들은 그들이 희구하던 꼭 그대로 적들을 제압하고 승리를 거두고 있소." 그들이 이렇게 말했지만 아데이만토스가 믿지 않자, 그들은 다시 말했다고 한다. 즉 헬라스인들이 승리한 것으로 나타나지 않으면 자신들이 기꺼이 인질로 잡혀서 죽겠다고 했다 한다. 그래서 그가 배를 돌리고 다른 자들도 그렇게 하여 함대에 도착해 보니 모든 일이 끝난 상태였다고 한다. 아테나이인들은 코린토스인들에 관해 이렇게 말하지만, 코린토스인들 자신은 그 말에 동의하지 않는다. 오히려 그들은 자신들이 그 해전에서 가장 뛰어난 전사들이었다고 주장한다. 다른 헬라스인들도 이들의 주장을 입증해 준다.

95   내가 바로 좀 전에 가장 훌륭한 자라고 언급한[55] 아테나이인 리시마코스의 아들 아리스테이데스는 살라미스 근해에서 일어난 이 혼전 속에서 다음과 같은 일을 수행했다. 즉 그는 살라미스 지역의 해안을 따라 배치된 많은 중무장 보병들―이들은 혈통이 아테나이인들이었다―을 이끌고 가 프시탈레이아 섬에 상륙시켰는데, 그들이 이 작은 섬에 있던 페르시스인들을 모두 살육했다.

96   해전이 끝난 후, 헬라스인들은 여태 그곳에 남아 있던 난파선 잔해들을 살라미스로 끌고 가 또 다른 해전에 대비했다. 그들은 왕이 남은 배들을 다시 이용할 것이라고 예상했던 것이다. 그러나 서풍이 대부분의 난파선 잔해들을 콜리아스[56]라고 불리는 아티케 해안으로 끌어다 놓았다. 그리하여 이 해전에 대해 바키스와 무사이오스가 언급한 다른 예언들도 다 실현되었을뿐더러 특히 이 해안으로 떠밀려 온 난파선 잔해들에 관한 예언도 실현되었다. 이는 그보다 여러 해 전에 아테나이의 예언자인 리시스트라토스가 했던 예언에서 언급된 것이지만, 그때는 헬라스인 모두가 그 뜻을 알아차리지 못했다.

     콜리아스의 여자들은 노(櫓)를 가지고 보리를 볶을 것이니라.

그러나 이것은 왕이 떠난 후에 일어나게 될 일이었다.

97   크세륵세스는 자신에게 일어난 재난을 알아채고, 혹시 헬라스인들이 어떤 이오네스인에게서 조언을 받거나 아니면 그들 스스로 생각해 내어 헬레스폰토스로 항해하여 다리를 부수지 않을까, 또 그로써 자신이 에우로페에 고립된 채 파멸당할 위험에 처하지 않을까 두려워서 도망갈 궁리를 했다. 그러나 그는 그것이 헬라스인들이나 자신

55 제8권 제79장 참조.
56 팔레론의 남쪽 아티카 해안의 곳.

의 군대에 알려지는 것을 원치 않았기에, 살라미스에 이르는 제방을 건설하고자 시도했다. 그는 부교와 방벽으로 쓰이게끔 포이니케인 상선들을 나란히 연결했다. 그리고 다시 해전을 벌이려는 것처럼 전쟁 준비에 들어갔다. 그가 이러는 것을 보고, 다른 사람들은 모두 그가 진심으로 그곳에 남아 전쟁을 치를 준비를 한다고 확신했다. 그러나 마르도니오스는 크세륵세스의 의중을 가장 잘 알고 있었기에 그것들에 담긴 뜻을 모두 알아차렸다.

크세륵세스는 이런 일을 진행하는 동시에, 자신들에게 일어난 현 98
재의 재난을 전하러 페르시스에 사절을 보냈다. 유한한 것치고 이 사절들보다 더 빨리 달리는 존재는 없다. 이것은 페르시스인들이 고안해 낸 것이다. 즉 전체 여정에 걸리는 일수만큼 많은 말들과 사람들이 하루 여정마다 하나씩 배정되어 일정하게 배치되어 있다고 한다. 그들은 아무리 눈이 오고, 비가 오고, 날이 뜨겁고, 밤이 되어도 멈추지 않고 각자에게 부여된 거리를 전속력으로 주파한다. 첫 번째 주자는 자신이 받은 지령을 두 번째 주자에게 전해 주고 두 번째 주자는 이를 세 번째 주자에게 전한다. 그렇게 전달받은 지령은 그다음에도 계속 주자들을 거쳐 건네지는데, 이는 헬라스에서 헤파이스토스를 위해 거행하는 횃불경주의 방식과 꼭 같다. 페르시스인들은 이 기마 파발 제도를 앙가레이온이리고 부른다.

크세륵세스가 아테나이를 점령했다는 첫 번째 소식이 수사에 도착 99
했을 때, 남아 있던 페르시스인들은 그 소식에 너무 기뻐 모든 길에 도금양 가지를 뿌리고 향을 피우고 제물을 바치며 즐거워했다. 그러나 이어서 두 번째 소식이 그들에게 도착하자, 그들은 크게 당황하여 모두가 옷을 찢고 한없이 큰 소리로 울부짖으며 마르도니오스를 비난했다. 그러나 페르시스인들이 이렇게 행동한 것은 자신들의 함대에 대해 슬퍼해서가 아니고 크세륵세스 자신에 대해 염려했기 때문이다.

페르시스인들은 나중에 크세륵세스 자신이 돌아와 그만두도록 할 100

때까지 그동안 내내 이런 상태로 지냈다. 한편 마르도니오스는 크세륵세스가 해전 때문에 크게 상심한 것을 보고 그가 아테나이에서 도망갈 궁리를 하는 것이 아닌가 의심했다. 마르도니오스는 자신에 대해서도 곰곰이 생각했는데, 자신이 왕에게 헬라스 원정을 하자고 권유했으니 그에 대한 처벌을 받을 것이라 여겼고, 이제는 헬라스를 정복하든지 아니면 큰일을 걸고 명예롭게 생을 마감하는 모험을 시도하는 것이 자신에게 더 좋을 것이라고 보았다. 그러나 그의 생각은 헬라스를 정복하자는 쪽에 더 기울어 있었다. 그리하여 그는 이 모든 것을 참작하여 크세륵세스에게 다음과 같이 제안했다. "전하, 이런 일이 일어났다고 해서 상심하시거나 너무 괴로워 마시옵소서. 우리의 모든 결말은 나무판자들의 싸움이 아니라 인마(人馬)들의 싸움에 달려 있기 때문입니다.[57] 자기들이 이미 완전하게 승리했다고 여기는 이 자들 중에서 어느 누구도 그의 배에서 내려 전하께 대항하려 하지 않을 것이고, 또한 이 대륙의 어느 누구도 그러려 하지 않을 것입니다. 우리에게 그렇게 대항한 자들은 그 대가를 치렀습니다. 이제 전하께서 좋다고 생각하시면, 우리가 당장 펠로폰네소스를 공격하게 해 주십시오. 하지만 기다리기로 결정하시면 우리는 그렇게도 할 수 있습니다. 부디 낙심하지 마시옵소서. 헬라스인들로서는 그들이 지금과 전에 우리에게 한 일들에 대해 응분의 대가를 치르고 전하의 노예가 되는 것 말고는 방법이 없기 때문입니다. 그러니 그렇게 하시는 게 가장 좋습니다. 하지만 만약 전하께서 군대를 이끌고 떠나기로 결심하셨다면, 그럴 경우 저에게 또 다른 계획이 있습니다. 전하, 페르시스인들이 헬라스인들의 웃음거리가 되게 하지 마시옵소서. 전하께서 입으신 피해는 결코 페르시스인들 탓이 아니기 때문입니다. 전하께서는 우리가 언제 비겁하게 굴었는지 말씀하지 못하실 겁니다. 포

---

57 '나무판자들의 싸움'은 배들이 겨루는 해전, '인마들의 싸움'은 보병과 기병으로 겨루는 육전을 말한다.

이니케인과 아이깁토스인, 키프로스인, 킬리키에인이 비겁하게 굴었다면 이 재난은 페르시스인들과 아무 관련이 없습니다. 그렇다면 페르시스인들은 아무 잘못이 없으니, 제 말씀을 들어 주시옵소서. 전하께서 이곳에 머물지 않기로 결심하셨다면, 전하께서는 군대의 대부분을 이끌고 고국으로 떠나시옵소서. 하지만 전하께서 저에게 전하의 군대에서 30만 명을 뽑게 해 주신다면 제가 모름지기 헬라스를 예속시켜 전하께 바치도록 하겠습니다."

크세륵세스는 이 말을 듣자 곤경에 처한 자가 그렇듯 매우 기뻐하 101
며 좋아했고, 상의한 후 둘 중 어느 것을 따를지 대답해 주겠다고 마르도니오스에게 말했다. 크세륵세스는 페르시스인들을 불러 함께 협의하던 중, 아르테미시에도 회의에 부르기로 결정했다. 지난번에 보니 무엇을 해야 할지를 파악하고 있던 사람은 오직 그녀뿐이었기 때문이다. 아르테미시에가 도착하자 크세륵세스는 다른 자들, 즉 페르시스인 조언자들과 호위병들을 물리치고 이렇게 말했다. "마르도니오스는 페르시스인들과 육군이 이번 재난에 아무런 책임이 없고 그들은 자신들의 능력을 입증하고 싶어 한다고 말하며, 나에게 이곳에 머물러 펠로폰네소스를 공격하라고 권하고 있소. 그는 나에게 그렇게 하든지 아니면 자신이 군대에서 30만 명을 뽑아 헬라스를 예속시켜 니에게 비치겠디먼서 니 지신은 니머지 군대를 데리고 고국으로 떠나라고 권하고 있소. 그대는 근래에 벌어진 해전에 대해 나에게 그 해전을 치르지 말라고 올바로 조언해 주었으니, 이제 내가 둘 중 어느 것을 행해야 올바른 조언을 따르는 것인지 말해 주시오."

그가 이렇게 조언을 구하자, 그녀가 다음과 같이 말했다. "전하, 제 102
가 전하께 최상의 조언을 말씀 드리기는 어렵습니다. 그렇지만 현재 상황에서는 전하께서는 이곳을 떠나 귀국하시고 마르도니오스는 그가 원해서 그렇게 하기를 약속한다면 자신이 택한 자들과 함께 여기에 남도록 하는 것이 좋다고 봅니다. 만약 그가 정복하겠다고 공언한 것을 다 정복하고 그가 뜻한 대로 일이 진행된다면, 전하, 그것은 전하의 업적이 될 것이기 때문입니다. 그 일을 수행한 것은 전하의 노예들이니까요. 그러나 마르도니오스의 생각과 정반대로 일이 진행된다 해도, 전하와 전하 가문의 세력이 존속하는 한, 그것이 큰 재앙은 아닐 것입니다. 전하와 전하 가문이 존속하는 한, 헬라스인들은 자신들의 목숨을 위해 수많은 고투를 벌여야 할 것이기 때문입니다. 마르도니오스에 관해서는 그에게 무슨 일이 생긴다 해도 그것은 전혀 중요하지 않습니다. 또한 헬라스인들이 어떤 승리를 거둔다 해도 그저 전하의 노예를 죽인 것이므로 그들은 승리한 것이 아닙니다. 그러나 전하께서는 원정에 나선 목적인 아테나이를 불태우셨으니 귀국하도록 하시옵소서."

103   크세륵세스는 그녀의 조언에 기뻐했다. 마침 그녀가 자신의 의향과 똑같은 말을 했기 때문이다. 내 생각에는, 세상의 모든 남녀가 그에게 남으라고 조언했어도 그는 남지 않았을 것이다. 그만큼 그는 두려워했던 것이다. 크세륵세스는 아르테미시에를 칭찬한 후, 그녀가 그의 아들들을 데리고 에페소스로 떠나도록 했다. 크세륵세스의 서자 몇 명이 그를 따라와 있었던 것이다.

104   그는 자신의 아들들을 보호하도록 헤르모티모스를 함께 보냈는데, 이 헤르모티모스는 혈통이 페다사인이고 환관 중에서 왕에게 가장 총애받는 자였다. [페다사인들은 할리카르네소스 위쪽에 살고 있다. 이 페다사인들에게는 공교롭게도 다음과 같은 일이 일어난다. 즉 이 도시 주위에 사는 모든 주민들에게 일정 기간 내에 무슨 불행한 일이 일어나려 할 때면 이곳의 아테나이에 여사제에게 긴 수염이 난다. 그들에게는 이런 일이 벌써 두 번 일어났다.

105   헤르모티모스는 이 페다사인 출신이었는데],[58] 그는 우리가 아는 모든 사람 중에서 자신이 겪은 부당한 일에 대해 가장 혹독하게 보복

---

58 이 대목은 텍스트 원문이 아니고 후대에 잘못 기입된 부분으로 간주된다. 제1권 제175장에 나오는 페다사인들에 대한 서술에서 따온 대목으로 여겨진다.

을 한 자였다. 그가 과거에 적들에게 사로잡혀 팔려 나왔는데, 키오스인인 파니오니오스가 그를 매입했다. 이 자는 가장 파렴치한 일로 생계를 유지하고 있었다. 그는 잘생긴 미소년들을 구해 거세한 다음 사르디에스와 에페소스로 데려가 큰돈을 받고 팔곤 했던 것이다. 이 방인 사이에서는 환관들이 신뢰성이 매우 높다는 이유로 거세 않은 자들보다 더 값나가기 때문이다. 파니오니오스는 그 일로 생계를 유지하면서 다른 자들도 많이 거세했을뿐더러 특히 헤르모티모스도 거세했다. 헤르모티모스는 전적으로 불운하지는 않아서, 다른 선물들과 함께 사르디에스에서 왕에게 보내졌고 시간이 흐르자 모든 환관 가운데 크세륵세스의 가장 큰 총애를 받았다.

　왕이 페르시스군의 아테나이 원정에 착수하느라 사르디에스에 머물고 있었을 때, 당시 헤르모티모스는 어떤 용무가 있어 키오스인들이 살던, 아타르네우스라고 불리는 미시에 지역에 내려갔다가 거기서 파니오니오스를 만났다. 헤르모티모스는 그를 알아보고 그에게 우호적인 말을 많이 늘어놓았다. 헤르모티모스는 우선 파니오니오스 덕분에 자신이 누리는 온갖 혜택을 자세히 말해 주고, 그다음으로 만약 그가 가솔들을 데려와 아타르네우스에서 산다면 자기가 보답으로 많은 혜택을 베풀겠다고 약속했다. 그래서 파니오니오스는 헤르모티모스의 제안을 흔쾌히 받아들여 자식들과 아내를 데려왔다. 이에 헤르모티모스는 그와 그의 전체 가솔이 수중에 들어오자, 다음과 같이 말했다. "너는 모든 인간 중에서 가장 파렴치한 일로 생계를 유지하는 자다. 대체 내가, 나 자신이든 내 조상 중 누구이든, 너에게, 너 자신에게든 네 조상 중 누구에게든, 무슨 해를 입혔기에, 너는 나를 남자가 아닌 쓸모없는 존재로 만들었느냐? 너는 네가 그때 꾸민 일들을 신들께서 모르실 것으로 생각했지. 그러나 파렴치한 일을 저지른 너를 신들께서 정의의 법에 따라 내 수중에 넘겨주셨으니, 너는 내가 내리는 보복에 원망할 수 없을 것이야." 헤르모티모스는 이렇게 꾸짖은 후 파니오니오스의 아들들을 앞으로 데려와 파니오니오스에게 자

106

신의 네 아들들의 고환을 떼어 내도록 강요했고, 파니오니오스는 하는 수 없이 그렇게 했다. 그리고 그 일이 끝나자, 헤르모티모스는 파니오니오스의 아들들에게 강요하여 아버지의 고환을 떼어 내게 했다. 그와 같이 파니오니오스에게 복수와 헤르모티모스가 밀어닥쳤던 것이다.

107 크세륵세스는 아르테미시에에게 자신의 아들들을 에페소스로 데려가도록 맡기고 나서 마르도니오스를 불러, 자신의 군대에서 그가 원하는 대로 인원을 뽑아 그의 말에 합당한 행동을 실천해 보라고 명했다. 그날 낮에는 일이 그 정도까지 진행되었다. 그러나 그날 밤에 장군들이 왕의 명령을 받고 배들을 팔레론에서 끌고 나와 각자 최대한 빨리 헬레스폰토스로 항해해 갔는데, 이는 왕이 건너가도록 부교를 지키려는 것이었다. 이방인들은 항해 중에 조스테르 곶[59] 근처에 이르렀는데, 작은 갑들이 육지에서 쑥 뻗어 나와 있어서 그것들을 배들이라고 생각하고 멀리까지 도망갔다. 그러나 결국 그것들이 배가 아니라 갑임을 알고서, 다시 모여 계속 항해했다.

108 날이 밝자, 헬라스인들은 적의 육군이 그 자리에 남아 있는 것을 보고 해군 역시 팔레론에 있을 것으로 예상했다. 그들은 저들이 해전을 벌일 것으로 생각하고 자신들을 지킬 준비를 했다. 그러나 배들이 떠난 것을 알자, 헬라스인들은 즉시 적들을 추격하기로 결정했다. 그들은 안드로스까지 추격했지만 크세륵세스의 해군을 찾지 못하자, 안드로스에 가서 회의를 했다. 이때 테미스토클레에스는 섬들 사이를 통과해 배들을 추격하고 다리를 부수기 위해 헬레스폰토스로 곧장 항해하자는 의견을 제시했다. 반면 에우리비아데스는 그에 반대되는 의견을 제시했는데, 그들이 부교를 부수면 헬라스에 최대의 손해를 끼치게 될 것이라고 주장했다. 페르시스 왕이 어쩔 수 없이 에

---

59 페이라이에우스와 수니온 사이에 있는 아티카 해안의 곶.

우로페에 남게 된다면 그가 결코 가만히 있지 않으려 할 텐데, 가만히 있다간 자신의 일이 잘 진척되지도 않고 고국으로 귀환할 수도 없고 또 군대가 굶주려 죽을 것이기 때문이라는 거였다. 그러나 그가 열심히 노력하여 일을 벌이면 에우로페 전역이, 정복에 의해서든 아니면 그전에 협약에 의해서든, 나라와 종족별로 하나씩 그에게 넘어갈 것이라고 했다. 그리고 페르시스 군대는 헬라스인들이 매년 거둔 수확물을 먹고 살 것이라고 했다. 에우리비아데스는 페르시스인이 해전에서 패배한 이상 에우로페에 머물지 않을 것으로 생각했던 것이다. 그래서 페르시스인이 달아나 자신의 나라에 돌아갈 때까지 도망가게 놔두어야 한다는 것이었다. 그리고 그후로는 헬라스 땅이 아니고 페르시스인의 땅이 전쟁터가 될 것이라고 주장했다. 펠로폰네소스인들의 다른 장군들도 이 의견을 지지했다.

테미스토클레에스는 다수의 장군들을 헬레스폰토스로 항해하도록 설득할 수 없으리라는 것을 알자, 아테나이인들에게로 방향을 돌려—아테나이인들은 이방인들이 도망친 것에 가장 분노해 있었고, 다른 자들이 원치 않으면 자신들 단독으로라도 헬레스폰토스로 항해하고자 했기 때문이다—그들에게 말했다. "나는 다음의 사실, 즉 패전하여 궁지에 몰린 자들은 다시 싸워 이전의 비겁함을 만회하려 한다는 것을 직접 본 적도 많고 들은 적은 훨씬 더 많습니다. 우리 자신과 헬라스는 운이 좋게도 그렇게 많은 수의 무리들을 물리친 것이니, 도망가는 자들을 추격하지 말도록 합시다. 그런 일을 성취한 것은 우리가 아니고 신들과 영웅들 때문이니까요. 이들은 한 인간이, 그것도 불경하고 무모한 자가 아시에와 에우로페를 다 통치하는 것을 시기하신 것입니다. 그 자는 신성한 재산과 개인적인 재산을 구분하지 않고, 신상(神像)들을 불태우고 파손한 자입니다. 그는 또 바다에 채찍질을 하고 족쇄를 던져 넣은 자입니다. 그러나 지금은 우리의 사정이 순조로우니, 이제 헬라스에 머물며 우리들 자신과 가솔을 돌보도록 합시다. 또 이방인을 완전히 몰아냈으니, 각자 자신의 집을 개축하고 정성 들여 파종을 하도록 합시다. 그리고 봄이 오면 헬레스폰토스와 이오니에로 항해해 나갑시다." 테미스토클레에스는 페르시스인에게 신용을 얻을 의도로 이렇게 말했는데, 이는 자신이 아테나이인들에게서 수난을 당할 경우 피난처를 확보하기 위한 것이었다. 그런데 정말 실제로 그런 일이 일어났다.[60]

110   테미스토클레에스는 이런 말로 아테나이인들을 기만했지만, 아테나이인들은 그의 말에 따랐다. 그는 전에도 현명한 자로 여겨졌고 지금은 정말로 현명하고 분별 있는 자로 밝혀진 터라, 그들은 그의 말을 무엇이든 따를 준비가 되어 있었다. 그들이 그의 말에 수긍하자, 그 후 곧 테미스토클레에스는 온갖 문초를 받아도 그가 왕에게 전하도록 이른 말을 발설하지 않을 것으로 믿는 사람 몇 명을 배에 태워 보냈다. 그중에는 다시 그의 하인 시킨노스도 들어 있었다. 그들이 아티케에 도착했을 때, 다른 자들은 그냥 배에 머물러 있고 시킨노스만 크세륵세스 있는 곳으로 올라가 다음과 같이 말했다. "아테나이인들의 장군이시며 우리 모든 동맹군 중에서 가장 뛰어나고 현명하신, 네오클레스의 아들 테미스토클레에스께서 저를 보내, 아테나이인 테미스토클레에스가 전하께 도움을 드리고 싶어서 헬라스인들이 전하의 배들을 추격하고 헬레스폰토스의 다리를 파괴하려는 것을 하지 못하게 말렸다고 전하께 말씀 드리라 하셨습니다. 그러니 이제 정말 편안히 귀환 길에 오르도록 하시옵소서." 그들은 이렇게 전한 후 배를 타고 돌아왔다.

111   헬라스인들은 더는 이방인의 배들을 추격하지도 않고 다리를 파괴하러 헬레스폰토스로 항해하지도 않기로 결정하자, 안드로스를 점령하고자 포위 공격 했다. 테미스토클레에스가 섬 주민 중 가장 먼저

---

60 테미스토클레스는 기원전 471~470년에 아테네에서 도편추방된 이후, 그리스를 떠돌다 결국 페르시아로 도피했다. 그는 페르시아 왕의 환대를 받고 지내다 페르시아 영토인 마그네시아에서 생을 마감했다고 한다.

안드로스인들에게 돈을 요구했지만 그들이 거절했기 때문이다. 테미스토클레에스가 아테나이인들은 두 위대한 신인 설득의 신과 강요의 신을 모시고 왔으니 그 신들에게 반드시 돈을 내놓아야 할 거라고 말하자 안드로스인들은 그에 대해 이렇게 대답했다. "아테나이인들에겐 유용한 신들이 많이 있으니, 그들이 강대하고 번성하는 것은 당연합니다. 그러나 우리 안드로스인들은 토지가 극도로 부족하고 두 쓸모없는 신인 빈곤의 신과 무능의 신이 우리 섬에서 떠나지 않고 항상 머물러 지냅니다. 우리 안드로스인들은 이런 신들을 모시고 있으니 돈을 내놓지 않겠습니다. 아테나이인들의 능력이 우리의 무능력보다 절대로 더 세지는 않을 것이기 때문입니다."

안드로스인들은 이렇게 대답하며 돈을 주지 않아 포위 공격을 받 112 게 되었다. 그러나 테미스토클레에스는 탐욕에서 벗어나지 못해, 그가 왕에게도 보냈던 바로 그 사자들을 써서 그들을 통해 계속 다른 섬들에도 협박하는 전갈을 보내고 돈을 요구했다. 그는 그들이 요구받은 것을 내놓지 않으면 헬라스 군대를 이끌고 가서 포위 공격 해 파멸시키겠다고 말했다. 그는 그런 말로 카리스토스인들과 파로스인들에게서 막대한 돈을 거두었다. 이들은 안드로스가 페르시스 편을 든 것 때문에 포위 공격을 당하고 있고 또 테미스토클레에스가 장군 중에서 가장 높은 명성을 누리고 있다는 말을 듣고서, 이를 두려워하여 돈을 주었던 것이다. 나는 다른 섬 주민들도 돈을 주었는지 확실히 말할 수는 없지만, 이들만이 아니라 몇몇 다른 섬 주민들도 주었을 것으로 생각한다. 하지만 카리스토스인들은 그렇다고 해서 재난을 유예받지는 못했다. 반면에 파로스인들은 테미스토클레에스를 돈으로 무마하여 군대의 공격을 면했다. 그렇게 테미스토클레에스는 안드로스를 기지로 삼아 다른 장군들 몰래 섬 주민들에게서 돈을 받았던 것이다.

한편 크세륵세스의 부대는 해전 후 며칠을 기다리다, 올 때와 똑같 113 은 길로 보이오티에로 행군해 나갔다. 이때 마르도니오스는 왕을 호위하기로 결심했고, 또 동시에 연중 시기가 전쟁에 적합지 않은 계절이니 테살리에에서 겨울을 지내고 나중에 봄이 되면 펠로폰네소스를 공격하는 것이 더 좋겠다고 생각했다. 테살리에에 도착하자, 거기서 마르도니오스는 맨 먼저 불사대라 불리는 페르시스인들 전원을 그들의 지휘관인 히다르네스만 빼고―그는 왕을 두고 떠나는 것을 거부했기 때문이다―선발했다. 그다음에는 나머지 페르시스인들 중에서 흉갑 병사들과 1,000명의 기병들을 뽑고, 또한 메디아인, 사카이인, 박트리에인 및 인도스인 보병들과 여타 기병들을 선발했다. 그는 이들 종족은 전체를 선발했지만, 나머지 동맹군 중에서는 일부 소수만 선발했는데 용모가 출중한 자들과 그가 알기에 무언가 용감한 활약을 했던 자들을 선발했다. 그가 선발한 자 중 인원수가 가장 많은 종족은 목걸이와 팔찌를 차는 페르시스인들이고, 그다음으로 메디아인들이었다. 메디아인들은 그 수에서 페르시스인들보다 적지 않았지만 체력에서는 페르시스인들에 미치지 못했다. 그리하여 그의 부대는 기병을 포함해 모두 30만 명이 되었다.

114   마르도니오스가 자신의 군대를 선발하고 크세륵세스가 여태 테살리에에 머물고 있을 때에, 그때 델포이에서 라케다이몬인들에게 신탁이 도착했는데 크세륵세스에게 레오니데스 죽음에 대한 보상을 요구하고 그가 주는 것은 무엇이든 받아들이라는 내용이었다. 이에 스파르테인들은 최대한 서둘러 사절을 파견했다. 사절은 왕의 전군이 아직 테살리에에 있는 것을 발견하고 크세륵세스의 면전에 나아가 다음과 같이 말했다. "메디아인의 왕이여, 라케다이몬인들과 스파르테의 헤라클레에스 후손들은 자신들의 왕이 헬라스를 지키다 그대에게 죽임을 당했기 때문에 그의 죽음에 대한 보상을 그대에게 요구하는 바입니다." 그러자 크세륵세스는 웃음을 터뜨리고 한참을 잠자코 있다가, 마침 자신의 옆에 마르도니오스가 서 있어서 그를 가리키며 말했다. "그러면 여기 마르도니오스가 있으니, 그가 그들에게 합당한 보상을 해 줄 것이오."

사절은 그 말을 받아들이고 그곳을 떠났으며, 크세륵세스는 마르 115
도니오스를 테살리에에 남겨 두고 자신은 전속력으로 헬레스폰토스
로 행군하여 45일 후에, 말하자면 1개 부대의 군사도 거느리지 못한
채, 건너갈 다리에 도착했다. 그의 일행은 어디로 또 어떤 사람들에
게로 행군하게 되든, 그 사람들의 곡물을 약탈해 먹었다. 그러나 곡
물을 전혀 찾지 못하면 땅에서 자라는 풀을 먹었고, 재배 수목이든
야생 수목이든 가릴 것 없이 온갖 나무들의 껍질을 벗기고 잎들을 따
서 다 먹어 치워 아무것도 남겨 두지 않았다. 그들은 굶주림 때문에
그렇게 행동했던 것이다. 게다가 군대에 역병이 닥쳤고 행군 중에 설
사병이 그들의 목숨을 앗아 갔다. 크세륵세스는 그중 병든 자들을 뒤
에 남기며 진군 중에 지나는 도시들마다 이들을 보살피고 먹이도록
맡겼는데 일부는 테살리에에, 일부는 파이오니에의 시리스에, 또 일
부는 마케도니에에 남겨 놓았다. 그는 헬라스로 진군할 때 제우스의
신성한 마차[61]를 시리스에 두고 갔는데 돌아올 때 그것을 돌려받지
못했다. 파이오니에인들이 그것을 트레이케인들에게 넘겨주었기 때
문이다. 크세륵세스가 달라고 요구하자, 파이오니에인들은 그의 암
말들이 풀을 뜯고 있을 때 스트리몬 강 수원 근처에 사는 상부 지역
트레이케인들이 그것들을 빼앗아 갔다고 말했다.

이곳에서 비살티에인들과 크레스토니아 지역의 왕인 한 트레이케 116
인이 아주 끔찍한 일을 저질렀다. 그는 자진해서 크세륵세스에게 예
속되지 않겠다고 말하며 로도페 산으로 떠났고, 자신의 아들들에게
는 헬라스 원정에 나가지 말라고 금지했다. 그러나 그들은 이를 무시
하고, 아니면 전쟁을 보고 싶은 마음이 간절해서 였는지, 페르시스인
과 함께 원정에 참가했다. 이 때문에 그들의 아버지는, 아들 여섯이
모두 무사히 돌아오자, 그들의 눈알을 파냈던 것이다.

---

61 제7권 제40장 참조.

117   이들은 그런 벌을 받았다. 한편 페르시스인들은 트레이케를 떠나 해협에 도착하자, 배를 타고 서둘러 헬레스폰토스를 건너 아비도스로 갔다. 그들이 보니 이제 부교가 단단히 매어 있지 않고 폭풍에 풀려 있었기 때문이다. 그들은 아비도스에 머물러 있는 동안 행군 때보다 더 많은 식량을 배급받았지만, 무절제하게 양껏 배를 채우고 물을 갈아 마신 탓에, 살아 남은 병사들 중 많은 자들이 죽었다. 거기서 남은 군대가 크세륵세스와 함께 사르디에스로 갔다.

118   그러나 그와 다른 다음의 이야기도 전하고 있다. 즉 크세륵세스가 아테나이를 떠나와 스트리몬 강 유역 에이온에 도착했을 때, 그는 더는 육로로 가지 않고 히다르네스에게 헬레스폰토스로 군대를 이끌고 가도록 맡긴 후 자신은 포이니케인 배를 타고 아시에로 향했다고 한다. 그런데 그가 항해하는 동안 큰 파도를 일으키는 강풍인 스트리모니에스 바람[62]이 그에게 불어닥쳤다고 한다. 게다가 갑판에는 크세륵세스와 함께 가는 페르시스인들이 많이 타고 있었는지라 배가 만원이 되어 더욱더 폭풍에 흔들렸다고 한다. 그러자 왕이 겁을 먹고 큰소리로 키잡이에게 자신들을 구할 방법이 있는지 묻자, 키잡이가 대답했다고 한다. "전하, 배에 타고 있는 이 많은 사람들을 없애는 것 말고는 아무 방법이 없습니다." 이 말을 듣고 크세륵세스가 말했다고 한다. "페르시스인들이여, 이제 그대들은 각기 그대들의 왕에 대한 심려를 보여 주도록 하시오. 나의 안전이 그대들에게 달린 것 같으니 말이오." 그가 이렇게 말하자 그들은 엎드려 경배한 후 바닷속으로 뛰어들었고, 그것으로 배가 가벼워져 무사히 아시에에 도착했다고 한다. 크세륵세스는 육지에 내리자마자 즉시 다음과 같은 일을 했다고 한다. 즉 한편으로는 왕의 목숨을 구했다는 이유로 키잡이에게 황금으로 된 영관(榮冠)을 선사했지만 또 한편으로는 많은 페르시

----

62   그리스 북부 마케도니아의 스트리몬 강 쪽에서 그리스 본토를 향해 부는 북북동풍.

스인들을 죽게 했다는 이유로 그의 목을 베게 했다고 한다.

이것이 크세륵세스의 귀환에 대해 전하는 다른 이야기다. 하지만 119
나로서는 이 이야기의 다른 대목도 믿지 않고 특히 페르시스인들
의 재난 대목이 믿기지 않는다. 내가 보기엔, 만약 크세륵세스가 정
말로 키잡이에게서 그런 말을 들었다면 왕이 다음처럼 했을 것이라
는 데에 의견을 달리할 자는 1만 명 중 단 한 명도 없을 것이기 때문
이다. 즉 왕은 갑판 위에 있던 페르시스인들과 페르시스 최고위층 인
사들을 선창 안으로 내려보내고 대신 페르시스인들과 똑같은 수의
포이니케인 노잡이들을 바닷속에 던져 넣었으리라는 것이다. 오히려
크세륵세스는 내가 앞서 말한 것처럼 그의 나머지 군대와 함께 육로
를 통해 아시에로 돌아갔다.

이에 대한 유력한 증거도 있다. 크세륵세스가 귀환할 때 압데라에 120
이르러 그곳 사람들과 우호 관계를 맺고 그들에게 황금 단검과 황금
장식의 티아라를 선물했다는 것이 확실하기 때문이다. 압데라인들
자신의 말로는―나는 이 말을 전혀 믿지 않는다―, 크세륵세스가 아
테나이에서 도망쳐 오면서 그곳에서 안전하다고 여겨 처음으로 허리
띠를 풀었다고 한다. 압데라는 그가 배를 탔다고 하는 에이온과 스트
리몬 강보다 헬레스폰토스에 더 가까이 위치해 있다.

헬라스인들은 안드로스를 멸망시킬 수 없자 카리스토스로 방향을 121
돌려 그곳을 약탈한 후 살라미스로 돌아갔다. 그들은 맨 먼저 신들에
게 바칠 만물로 다른 것들과 함께 특히 포이니케 삼단노선 세 척을
골랐는데, 그중 하나는 이스트모스에 봉헌되고―이것은 나의 시대
에도 여전히 그곳에 남아 있었다―, 다른 하나는 수니온에, 또 하나
는 그곳 살라미스에 있는 아이아스에게 봉헌되었다.[63] 그 후 그들은

---

63 헤로도토스는 공물을 바치는 신들의 이름을 명시하지 않는다. 이스트모스에
    는 포세이돈의 신전이 있었고, 수니온에는 포세이돈과 아테나의 신전들이
    있었다. 그 공물은 살라미스 해전의 승리를 기리는 공물이었으니, 포세이돈

전리품을 분배하고 그들의 맏물들을 델포이로 보냈는데, 이 맏물들로 한 손에 배의 이물을 든 12페키스 높이의 인간상(像)이 만들어졌다. 이것은 마케도니에인 알렉산드로스의 황금상이 서 있는 바로 그곳에 세워졌다.

122　　헬라스인들은 이 맏물들을 델포이로 보낼 때, 신에게 자신이 받은 맏물들이 충분하고 마음에 드는지를 공동으로 물어보았다. 그러자 신은 다른 헬라스인들에게서 받은 것은 그러하지만 아이기나인들한테 받은 것은 그렇지 않다고 말하며, 이들에게 살라미스 해전의 승전 수훈상을 바치라고 요구했다. 아이기나인들은 이를 알아듣고 황금 별들을 바쳤는데, 그 세 개 별들은 크로이소스의 혼주용기[64]에서 가장 가까운 구석의 청동 돛대 위에 달려 있다.

123　　헬라스인들은 전리품을 분배한 후, 이번 전쟁 동안 헬라스인 중에서 가장 상을 받을 만한 활약을 보인 자에게 승전 수훈상을 수여하기 위해 이스트모스로 항해했다. 장군들이 도착하여 모두 가운데 누가 1위이고 2위인지를 판정하기 위해 포세이데온의 제단에서 투표했을 때, 그들 모두는 각자 자신이 최고의 활약을 보였다고 생각하여 자신에게 투표했다. 그러나 그들 대부분은 테미스토클레에스를 2위로 판정하는 데서는 의견이 일치했다. 그리하여 그들은 각자 한 표씩을 받았지만 테미스토클레에스는 2위 투표에서 그들을 훨씬 압도했다.

124　　헬라스인들은 시기심이 일어 이것을 판정하고 싶지 않았기에, 미결로 한 채 각자 자신들의 나라로 출항했다. 그렇지만 테미스토클레

에게 바쳐졌을 가능성이 크다. 한편 아이아스는 아이아코스 후손들에 속하는 살라미스 왕 텔라몬의 아들로서, 살라미스의 수호영웅으로 숭배되었다. 아이아스는 인간 영웅이지만 여기서는 신으로 언급되고 있다.

64 크로이소스가 델포이에 바친 은제 혼주용기를 가리키는 것으로 보인다. 그가 바친 두 혼주용기 중에서 금제 용기는 클라조메나이인의 보고 안에 있고, 은제 용기는 신전 전실(前室)의 구석에 놓여 있었다고 하기 때문이다. 제1권 제51장 참조.

에스는 큰 명성을 떨쳤고 헬라스 전역에서 헬라스인 중 단연 가장 현명한 자라고 인정받았다. 하지만 그는 판정에서 이겼음에도 살라미스 해전에서 싸웠던 자들에게서 영예를 부여받지 못했기에, 그 영예를 받고 싶어서 그 후 즉시 라케다이몬으로 갔다. 라케다이몬인들은 그를 후하게 환대하고 큰 명예를 부여했다. 그들은 에우리비아데스에게 ……[65] 올리브나무 관을 승전 수훈상으로 주었지만, 테미스토클레에스에게도 지혜와 명민함에 대해 올리브나무 관을 수여했다. 그들은 또 그에게 스파르테에서 가장 아름다운 마차를 선사했다. 그들은 그에게 많은 찬사를 보냈고, 그가 떠나갈 때에는 스파르테인 300명―이들이 바로 기사(騎士)들이라 불리는 자들이다―이 테게에 국경까지 호위했다. 그는 우리가 아는 모든 사람 중에서 스파르테인들이 호위해 준 유일한 사람이다.

그가 라케다이몬을 떠나 아테나이에 도착하자, 테미스토클레에스 125 의 적들 중 한 명이지만 별로 유명한 자는 아닌, 아피드나이 구역의 티모데모스가 시기심에 분별을 잃고 테미스토클레에스를 비난했다. 티모데모스는 테미스토클레에스가 라케다이몬에 간 것을 나무라며, 테미스토클레에스가 라케다이몬인들에게서 그런 영예를 누린 것은 아테나이 때문이지 그 자신 때문이 아니라고 했다. 티모데모스가 그치지 않고 그런 말을 계속하자, 테미스토클레에스는 이렇게 말했다. "옳은 말이오. 내가 벨비나[66] 출신이었다면 라케다이몬인들에게서 그런 영예를 누리지 못했을 것이오. 하지만, 이보시오, 그대는 아테나이인이어도 그러지 못했을 거요." 그 일은 그런 정도로 끝났다.

한편 페르시스인 사이에서 이미 유명한 자였으나 나중에 플라타 126

---

65 슈타인 텍스트의 누락 부분인데, 슈타인은 "용맹함에 대해"라는 표현이었을 것으로 추정한다. 그럴 경우 "그들은 에우리비아데스에게 용맹함에 대해 올리브나무 관을 승전 수훈상으로 주었지만"이 된다.

66 수니온 남쪽의 작은 섬. 하찮은 장소를 일컫는 표현으로 사용되었다.

이아이의 일로 더욱더 유명해진, 파르나케스의 아들 아르타바조스는 마르도니오스가 선발한 군대 중 6만 명을 데리고 다리까지 왕을 호위했다. 왕이 아시에에 도달하자, 아르타바조스는 다시 돌아오다가 팔레네 근처에 이르러 포티다이아인들이 반기를 든 것을 알고서 그들을 완전히 예속시켜야 마땅하다고 생각했다. 그때 마르도니오스는 테살리에와 마케도니에에서 겨울을 보내고 있었고 아르타바조스더러 남은 군대와 합류하라고 재촉하지도 않았던 것이다. 포티다이아인들은 왕이 이미 그들 지역을 지나가고 페르시스 해군이 살라미스를 떠나 달아나자, 이방인들에게 공공연히 반기를 들었다. 팔레네에 사는 다른 주민들 역시 똑같이 행동했다.

127 　그래서 아르타바조스는 포티다이아를 포위 공격 했다. 그는 또 올린토스인들 역시 왕에게서 이반을 꾀한다고 의심하여, 그곳도 포위 공격에 들어갔다. 그곳은 마케도니에인들에게 테르메 만에서 쫓겨난 보티아이스인들이 차지하고 있었다. 그는 그들을 포위 공격 하여 점령하자, 그들을 호수로 끌고 나가 학살했고 도시를 토로네의 크리토불로스와 칼키디케인들에게 넘겨 다스리게 했다. 칼키디케인들은 그렇게 올린토스를 차지했다.

128 　아르타바조스는 올린토스를 점령한 후, 포티다이아에 전적으로 심혈을 기울였다. 그가 그에 열심히 매진하고 있을 때 스키오네인들의 장군인 티목세이노스가 포티다이아를 배신해 넘기기로 그와 합의했다. 나는 그것이 처음에 어떻게 되었는지, 그에 관한 이야기가 전하지 않아, 말할 수가 없다. 하지만 결국에는 다음과 같은 일이 벌어졌다. 티목세이노스가 아르타바조스에게 보내려고 편지를 쓰거나 혹은 아르타바조스가 티목세이노스에게 편지를 쓸 때면, 화살대 끝 홈 부분에 편지를 감고 그것을 깃털로 가려 미리 약속된 곳으로 화살을 쏘곤 했다. 그러나 티목세이노스의 포티다이아 배신 행위는 발각되고 말았다. 아르타바조스가 미리 약속된 곳으로 화살을 쏘았지만 그곳에서 빗나가 어느 포티다이아인의 어깨를 맞혔기 때문이다. 그러자

으레 전쟁에서 그러듯 많은 사람들이 화살을 맞은 자 주위로 몰려들었고, 즉시 화살을 집어 들어 편지를 알아보고는 그것을 장군들에게로 가져갔다. 그곳에는 팔레네의 다른 동맹국 군대도 함께 있었던 것이다. 장군들은 편지를 읽고 배신죄를 저지른 자가 누군지 알았지만 스키오네 시를 봐서 티목세이노스의 배신 행위를 공표하지 않기로 결정했는데, 이는 차후에 스키오네인들이 늘 배신자로 간주되지 않도록 하려는 것이었다.

티목세이노스의 계획은 그런 식으로 들통이 났다. 한편 아르타바조스가 석 달 동안 포위 공격을 하고 있을 때, 바다에서 대규모 썰물이 발생하여 오랫동안 지속되었다. 이에 이방인들은 얕아진 바닷물을 보고 팔레네를 향해 건너갔다. 그러나 그들이 그 길의 5분의 2를 통과하고 팔레네에 들어가려면 아직 가야 할 거리가 5분의 3이 남았을 때, 바다에서 대규모 밀물이 밀려왔다. 현지 주민들의 말에 따르면, 그런 밀물이 전에도 자주 발생했지만 그처럼 대규모 밀물은 없었다고 한다. 그리하여 그들 중 헤엄칠 줄 모르는 자들은 익사한 반면, 헤엄칠 줄 아는 자들은 배를 타고 공격해 온 포티다이아인들에게 죽임을 당했다. 포티다이아인들 말에 따르면, 밀물과 엄청난 바닷물이 들어오고 페르시스인들이 재난을 당한 것은 다음과 같은 이유 때문이었다고 한다. 즉 페르시스인들이 교외에 있는 포세이데온의 신전과 신상을 모독한 적이 있는데, 바다에 의해 죽임을 당한 자들은 바로 그 페르시스인들이었다는 것이다. 나는 이것을 이유라고 설명한 그들의 말이 옳다고 생각한다. 아르타바조스는 살아남은 자들을 이끌고 테살리에의 마르도니오스에게로 갔다. 왕을 호위한 자들에게는 그러한 일이 일어났던 것이다.

한편 크세륵세스의 살아남은 함대는 살라미스에서 도망쳐 아시에에 도달하자, 왕과 그의 군대를 케르소네소스에서 아비도스까지 건네주고 키메에서 겨울을 났다. 그리고 봄이 막 시작되자 일찌감치 사모스에 집결했다. 그 배들 중 일부는 그곳에서 겨울을 지냈었다. 승

선한 병사들은 대부분 페르시스인들과 메디아인들이었다. 그들의 지
휘관으로는 바가이오스의 아들 마르돈테스와 아르타카이에스의 아
들 아르타인테스가 왔다. 또 아르타인테스가 택한 그의 조카 이타미
트레스도 이들과 함께 지휘했다. 그들은 심각한 타격[67]을 입은 터라,
서쪽으로는 더 이상 나아가지 못했고 또 그러라고 강요하는 자도 없
었다. 그들은 사모스에 주둔하며 이오니에가 반란을 일으키지 않도
록 이오니에를 감시하고 있었다. 그들은 이오니에 배들을 포함하여
배를 300척 거느리고 있었다. 그들은 헬라스인들이 이오니에로 건너
오지 않고 자신들의 땅을 지키는 것에 만족하리라고 예상했다. 그들
이 그렇게 판단한 것은 자신들이 살라미스에서 도망칠 때 헬라스인
들이 추격하지 않았고 또 헬라스인들이 자신들에게서 벗어난 것을
매우 기뻐했기 때문이다. 그들은 이제 바다에 대해서는 사기가 꺾여
있었지만, 육지에서는 마르도니오스가 크게 이길 것으로 생각했다.
그래서 그들은 사모스에 있는 동안, 적들에게 무슨 해를 입힐 수 있
을지 논의하는 동시에 마르도니오스의 일이 어떻게 될지 귀를 기울
이고 있었다.

131   봄이 오고[68] 마르도니오스가 테살리에에 머물고 있는지라, 헬라스
인들이 행동에 나섰다. 그리하여 육군은 아직 모이지 않았지만 해군
이 아이기나에 도착했다. 해군의 규모는 배 110척이었다. 그들의 육
군 지휘관이자 해군 지휘관은 메나레스의 아들 레우티키데스였다.
그는 두 왕가 중 두 번째 가문[69]에 속해 있었는데, 그의 계보를 보면

---

67 살라미스 해전의 패배와 손실.

68 기원전 479년.

69 스파르타의 두 왕가는 아기아다이(Agiadai) 가문과 에우리폰티다이
    (Eurypontidai) 가문을 말한다. 그중 두 번째 왕가는 에우리폰티다이 가문이
    었는데, 레우티키데스는 이 가문에 속했다. 한편 테르모필라이 전투를 지휘
    한 레오니다스 왕은 아기아다이 가문에 속했다. 아기아다이 가문에 대해서
    는 제7권 제204장 참조.

메나레스는 헤게실레오스의 아들이고, 헤게실레오스는 히포크라티데스의 아들, 히포크라티데스는 레우티키데스의 아들, 레우티키데스는 아낙실레오스의 아들, 아낙실레오스는 아르키데모스의 아들, 아르키데모스는 아낙산드리데스의 아들, 아낙산드리데스는 테오폼포스의 아들, 테오폼포스는 니칸드로스의 아들, 니칸드로스는 카릴레오스의 아들, 카릴레오스는 에우노모스의 아들, 에우노모스는 폴리덱테스의 아들, 폴리덱테스는 프리타니스의 아들, 프리타니스는 에우리폰의 아들, 에우리폰은 프로클레에스의 아들, 프로클레에스는 아리스토데모스의 아들, 아리스토데모스는 아리스토마코스의 아들, 아리스토마코스는 클레오다이오스의 아들, 클레오다이오스는 힐로스의 아들, 힐로스는 헤라클레에스의 아들이다. 이 선조들 가운데 레우티키데스 다음에 이름이 열거된 처음 7명을 빼고, 다른 자들은 모두 스파르테의 왕위에 올랐다.[70] 한편 아테나이인들은 아리프론의 아들 크산티포스가 지휘했다.

모든 배들이 아이기나에 와 있었을 때, 이오네스인 사절들이 헬라스인 진영에 도착했다. 그들은 얼마 전에 스파르테에 가서 라케다이몬인들에게 이오니에를 해방해 달라고 요청했던 자들이다. 그들 중에는 바실레이데스의 아들 헤로도토스도 있었다. 이들은 자기들끼리 자당하여 키오스 찬주 스트라티스를 죽이려는 음모를 꾸몄는데, 처음에는 7명이었다. 그러나 음모를 꾸미던 중 동참자 가운데 한 명이 음모 기도를 누설하여 발각이 되자, 나머지 6명이 키오스에서 몰래 빠져나와 스파르테로 갔다가 이제는 아이기나에 와서 헬라스인들에

132

---

70 '레우티키데스 다음에 이름이 열거된 처음 7명'은 '메나레스, 헤게실레오스, 히포크라티데스, 레우티키데스, 아낙실레오스, 아르키데모스, 아낙산드리데스'를 가리킨다. 이들은 스파르타 왕 테오폼포스의 후손이었지만, 장자 계열이 아니어서 왕이 되지 못했다. 그러나 레우티키데스는 데마레토스 왕이 폐위되자 그 대신 왕위에 오른 자였다. 데마레토스의 폐위와 레우티키데스의 즉위에 대해서는 제6권 제65~71장 참조.

게 이오니에로 건너올 것을 요청했다. 그런데 그들은 헬라스인들을 어렵사리 델로스까지만 데려갔을 뿐이다. 헬라스인들에게는 그 너머의 모든 것이 두려웠기 때문이다. 그들은 그 지역에 대해 알지 못했고 도처에 적의 군대로 가득할 것이라고 생각했던 것이다. 그들은 사모스가 헤라클레에스 기둥들[71]과 똑같은 거리만큼 멀리 떨어져 있다고 상상했다. 그리하여 이방인들은 두려운 나머지 감히 사모스 너머 서쪽으로는 항해하지 못했고 그와 똑같이 헬라스인들 역시 키오스인들의 요청에도 델로스 너머 동쪽으로는 항해하지 못했던 것이다. 이처럼 두려움이 양측 간의 중간 지대를 지키고 있었다.

133 　그리하여 헬라스인들은 델로스로 항해했고, 마르도니오스는 테살리에서 겨울을 지냈다. 그는 그곳을 기지로 삼고, 미스라고 불리는 한 에우로포스인을 도처의 신탁소들에 보냈다. 마르도니오스는 그에게 모든 곳에 들러 그가 물어볼 수 있는 것은 무엇이든 신탁을 물으라고 지시했다. 나는 마르도니오스가 신탁소들에서 무엇을 알고 싶어서 그런 지시를 했는지 말할 수가 없다. 그것에 대해 전하는 이야기가 없기 때문이다. 그러나 나는 그가 다른 것들이 아니라 바로 현재의 사안들에 대해 물으러 보냈다고 생각한다.

134 　이 미스는 레바데이아에 가서 그곳의 주민 한 사람을 매수하여 트로포니오스 동굴로 내려갔고 포키스인들의 아바이에도 신탁을 물으러 간 것으로 보인다. 특히 그는 맨 먼저 테바이에 가서 우선 이스메니오스 아폴론에게 신탁을 물었다. 그곳에서는 올림피에에서와 똑같이 희생제물을 써서 신탁을 묻는다. 다음으로 그는 테바이인이 아닌 어느 외국인을 매수하여 암피아레오스의 성소에 가 잠을 자도록 했다. 테바이인들은 아무도 그곳에서 신탁을 물을 수 없는데, 그 이유는 이러하다. 즉 암피아레오스가 신탁을 통해 그들에게 자신을 예언

＿＿＿＿＿＿＿

71 오늘날의 지브롤터 해협. 제1권 제203장의 옮긴이 주 참조.

자로 삼을지 아니면 동맹으로 삼을지 둘 중 원하는 것을 무엇이든 하나만 택하라고 주문했던 것이다. 그들은 그가 동맹이 되는 것을 택했다. 이 때문에 테바이인들은 아무도 그곳에서 잠을 잘 수가 없다.

그때, 테바이인들의 말에 따르면, 내가 보기에 정말 기이한 일이 하나 일어났다. 에우로포스의 미스가 모든 신탁소를 순회하다가 프토오스[72] 아폴론의 성역에도 찾아갔다고 한다. 이 성소는 프토온이라고 불리며 테바이인들에게 속해 있는데, 코파이스 호수 위쪽 산 위의 아크라이피에 시에서 아주 가깝다. 미스라고 불리는 그 사람이 이 성소에 갔을 때, 신탁으로 내려질 내용을 기록하도록 국가에 의해 선정된 세 도시민이 그와 동행했는데, 예언자가 돌연 이방인 언어로 신탁을 내렸다고 한다. 그를 따라온 테바이인들은 헬라스어가 아닌 이방인 언어를 듣자 깜짝 놀라 현재의 사태를 어떻게 처리해야 할지 몰랐다고 한다. 그러나 에우로포스의 미스는 그들이 가져온 서판을 잡아채 예언자가 말한 내용을 거기에 기록했으며 예언자가 쓰는 말이 카리에어라고 말했다 한다. 그리고 그것을 기록한 후 그곳을 떠나 테살리에로 갔다고 한다. 135

마르도니오스는 신탁들이 말한 내용을 다 읽고 난 후 마케도니에인인 아민테스의 아들 알렉산드로스를 아테나이에 사절로 보냈다. 그를 보낸 이유는 우선 페르시스인들이 그와 친척지간이었기 때문이다. 페르시스인 부바레스가 알렉산드로스의 누이이자 아민테스의 딸인 기가이에를 아내로 맞았고[73] 그녀는 그에게 외조부 이름을 붙인 아시에의 아민테스를 낳아 주었던 것이다. 이 아민테스에게 페르시스 왕은 프리기에 대도시 알라반다를 하사하여 살게 했다. 이뿐만 136

<hr />

72 프토오스(Ptoos)라는 아폴론의 별명은 프토오스 산의 이름에서 유래한 것으로 보인다. 보이오티아 프토오스 산에는 프토오스 아폴론의 신전이 세워져 있었다고 한다.

73 제5권 제21장 참조.

아니라 마르도니오스는 알렉산드로스가 아테나이인들의 대리인이고 은인임을 알고 있었기에 알렉산드로스를 사절로 보냈다. 그리하여 알렉산드로스가 아테나이인들을 자기편으로 가장 잘 끌어들일 것이라고 그는 생각했다. 그는 아테나이인이 수도 많고 용감하다는 말을 들었으며, 또 페르시스인들이 바다에서 겪은 참화도 주로 아테나이인들의 소행이었음을 알고 있었던 것이다. 그는 그들이 자기편으로 붙는다면 자기가 쉽게 바다를 지배할 것으로 예상했고—그랬다면 실제로 그리되었을 것이다—, 육지에서는 이미 자기가 훨씬 더 우세하다고 생각했다. 이렇게 그는 자신의 세력이 헬라스인들을 제압할 것으로 판단했다. 아마 신탁들도 아테나이인들을 동맹으로 삼으라고 조언하며 그에게 이를 미리 예언했을 것이다. 그래서 그는 신탁들에 부응하여 사절을 파견했던 것이다.

137   이 알렉산드로스의 7대째 조상인 페르디케스는 다음의 방법으로 마케도니에 왕권을 장악했다. 테메노스의 후손인 세 형제 가우아네스와 아에로포스, 페르디케스가 아르고스에서 추방되어 일리리아로 갔다가, 다시 일리리아에서 떠나 상부 마케도니에 지역을 건너서 레바이에 시에 이르렀다. 거기서 그들은 급여를 받고 왕의 하인이 되었는데, 한 명은 말들을 기르고, 한 명은 소들을, 그리고 그들 중 막내인 페르디케스는 작은 가축들을 길렀다. 그래서 왕비가 직접 그들에게 음식을 만들어 주곤 했다. 옛날에는 평민뿐 아니라 왕가 사람 역시 재화가 부족했기 때문이다. 그런데 그녀가 빵을 구울 때마다, 어린 하인 페르디케스의 빵이 원래 것보다 두 배로 커지곤 했다. 이런 일이 계속 똑같이 일어나자 그녀는 남편에게 말했다. 그는 이야기를 듣자마자 즉시 그것이 무언가 중요한 의미를 담은 징조일 거라는 생각이 들었다. 그래서 그는 그 하인들을 불러 그들에게 자신의 나라에서 떠나라고 명령했다. 그들은 먼저 급료를 받고 나서 떠나는 것이 마땅하다고 말했다. 왕이 급료에 관한 말을 들을 때 마침 햇빛이 굴뚝을 통해 집 안으로 흘러들어 왔는데, 그는 정신이 나가 햇빛을 가

리키며 이렇게 말했다. "이것이 너희들에게 합당한 급료이니, 이것을 너희들에게 주노라." 형들인 가우아네스와 아에로포스는 이 말을 듣자, 어리둥절한 채 서 있었다. 반면에 어린 페르디케스는 마침 칼을 지니고 있었는데 다음처럼 말했다. "전하, 우리는 전하께서 주시는 것을 받자옵니다." 그리고 그는 칼로 집의 바닥에 햇빛 주위로 줄을 긋고, 그런 다음 햇빛을 자신의 옷자락에 세 번 주워 담고서 형들과 함께 그곳을 떠났다.

  그리하여 그들은 그곳을 떠났다. 하지만 왕의 조언자 중 누군가 왕 138에게 소년이 한 행동이 무엇이고 그들 중 막내가 계획적으로 왕의 하사물을 받아들였다는 것을 알려 주었다. 왕은 이 말을 듣고 화가 나서, 기병들을 보내 그들을 쫓아가 죽이라고 했다. 이 지역에는 아르고스 출신인 이 자들의 후손이 그들의 구원자로서 제사를 올리는 강이 하나 있다. 테메노스의 후손들이 강을 다 건너자마자 이 강물이 너무나 세차게 흘러 기병들이 강을 건널 수 없었기 때문이다. 그래서 테메노스의 후손들은 마케도니에의 다른 지역에 가서, 고르디에스의 아들인 미데스의 정원들이라고 불리는 곳[74] 부근에서 살았다. 그곳에는 각기 60개 꽃잎이 달리고 다른 장미보다 향내가 월등 뛰어난 장미들이 재배하지 않아도 자란다. 마케도니에인들 말에 따르면, 이 정원들에서 실레노스가 붙잡혔다고 한다.[75] 정원들 위쪽에는 베르미온이라고 불리는 산이 있는데, 추위 때문에 아무도 넘을 수가 없다. 그들은 이 지역을 차지한 후, 이곳을 근거지로 삼아 나머지 마케도니에 지역도 정복했다.

---

74 마케도니아 왕들의 고향인 비옥하고 아름다운 골짜기.

75 미다스에게 붙잡힌 실레노스는 디오니소스에 의해 구출된다. 디오니소스가 그를 풀어 주는 대가로 소원을 묻자, 탐욕스러운 미다스는 자신의 손이 닿는 것이 모두 황금으로 변하게 해 달라고 빌었고 결국 소원이 이루어졌다고 한다. 그러나 미다스는 결국 자신의 딸도 황금으로 만들고 만다.

139 이 페르디케스에서 알렉산드로스에 이르는 계보는 다음과 같다. 즉 알렉산드로스는 아민테스의 아들이고, 아민테스는 알케테스의 아들이고, 알케테스의 아버지는 아에로포스이고, 아에로포스의 아버지는 필리포스이고, 필리포스의 아버지는 아르가이오스이고, 아르가이오스의 아버지는 바로 마케도니에의 왕권을 장악한 페르디케스다.

140 아민테스의 아들 알렉산드로스의 계보는 그러했다. 한편 알렉산드로스는 마르도니오스에 의해 파견되어 아테나이에 도착하자, 이렇게 말했다.

"아테나이인들이여, 다음은 마르도니오스가 전하는 말입니다. '전하에게서 나에게 이러한 전갈이 도착했소. "나는 아테나이인들이 나에게 저지른 모든 잘못에 대해 그들을 용서하는 바이오. 마르도니오스여, 이제 그대는 이렇게 하시오. 그들의 땅을 돌려주고 그뿐 아니라 다른 땅도 그들이 원하는 곳은 어디든 고르게 하고, 그들이 독립을 유지하도록 하시오. 그리고 그들이 나와 협약을 맺고자 한다면, 내가 불태운 그들의 모든 성소들을 다시 지어 주도록 하시오." 이런 전갈이 나 마르도니오스에게 전해졌으니, 당신들이 막지 않는다면 난 반드시 그대로 해야 하오. 그럼 내 말을 들어보시오. 자, 당신들은 왜 광분하여 왕과 전쟁을 벌이는 거요? 당신들은 그를 이길 수 없으며 언제까지나 그에게 저항할 수도 없소. 당신들은 크세륵세스 군대의 방대한 규모와 활약을 이미 보았고, 또 내가 지금 데리고 있는 군대에 대해서도 알고 있으니 말이오. 그래서 설사 당신들이 우리를 제압하고 승리를 거둔다 해도―당신들에게 분별이 있다면 그런 기대를 갖지 못할 테지만―, 그 몇 배가 되는 또 다른 군대가 올 것이오. 그러니 왕과 필적해 겨루다가 나라를 잃고 내내 목숨을 위태롭게 하지 말고, 그와 화해하시오. 왕이 그럴 의향을 갖고 계시니, 이제 당신들은 가장 영예롭게 왕과 화해할 수 있소. 당신들은 속임수와 기만 없이 우리와 동맹을 맺고 자유를 누리도록 하시오.'

아테나이인들이여, 이상은 마르도니오스가 그대들에게 전하라고 내게 일러 준 말입니다. 그대들에 대한 나의 호의에 관해서는, 그대들이 지금 처음으로 알게 된 것은 아닐 터이니, 아무 말도 않겠습니다. 하지만 나는 그대들이 마르도니오스의 말을 따라 주길 바랍니다. 나는 그대들이 크세륵세스와 내내 전쟁할 수는 없을 것으로 보기 때문입니다. 만약 그대들이 그럴 수 있을 것으로 보았다면, 난 절대로 이런 전언을 가지고 그대들에게 오지 않았을 겁니다. 왕의 세력은 인간의 한계를 넘어서고 그의 팔은 대단히 길기 때문입니다.[76] 그래서 페르시스인들이 지금 이 대단한 조건을 제시하며 협약을 맺기를 바랄 때 그대들이 즉시 협약을 맺지 않는다면, 나는 그대들이 걱정됩니다. 그대들이 모든 동맹국 중에서도 특히 사람이 자주 다니는 길목에 살고 있고, 또 그대들이 차지하고 있는 땅이 곧잘 서로 간의 싸움 장소로 정해져 늘 그대들 혼자만 피해를 입기 때문입니다. 그러니 마르도니오스의 말에 따르십시오. 대왕이 헬라스인 중 그대들에 대해서만 잘못을 용서하고 친구가 되기를 바란다면, 이는 그대들에게 아주 가치 있는 일이니까요."

알렉산드로스는 이렇게 말했다. 한편 라케다이몬인들은 알렉산드 141 로스가 아테나이인들에게 이방인과 협약을 맺게 하려고 아테나이에 갔다는 소식을 듣자, 그들 자신이 메디아인들과 아테나이인들에 의해 다른 도리에스인들과 함께 펠로폰네소스에서 쫓겨날 것이라 했던 예언들을 떠올렸다. 이에 그들은 아테나이인들이 페르시스인과 협약을 맺지 않을까 염려하여, 즉시 사절들을 아테나이인들에게 보내기로 결정했다. 그리하여 양측 사절들이 함께 출석하는 일이 일어났다.

---

76 '그의 팔은 대단히 길다'는 신체적 특징을 나타낸다기보다 비유적 표현이라 할 수 있다. 이 대목에서는 그리스어 '디나미스'(dynamis, 힘, 세력)와 '케이르'(cheir, 손, 팔)가 연관되어 사용되는데, 두 단어는 제4권 제155장에서도 역시 연관어로 병기된다. 따라서 '케이르'는 신체적 표현이라기보다 힘이나 세력과 관련된 상징적 표현일 가능성이 크다. 손의 크기나 팔의 길이는 사람의 능력이나 영향력의 범위를 나타내는 비유적 표현으로 볼 수 있다.

이는 아테나이인들이 계속 시간을 끌며 기다렸기 때문인데, 그들은 이방인이 보낸 사절이 협약을 맺으려고 아테나이에 왔음을 라케다이몬인들이 듣게 되고 라케다이몬인들이 그것을 들으면 신속하게 사절들을 보내리라는 것을 잘 알고 있었다. 그래서 그들은 자신들의 입장을 라케다이몬인들에게 분명히 밝히기 위해 의도적으로 그리했던 것이다.

142   알렉산드로스가 말을 끝내자, 이번에는 스파르테에서 온 사절들이 그것을 받아 말했다. "라케다이몬인들은 그대들이 헬라스에 불온한 행동을 일체 하지 말고 이방인의 제안을 받아들이지 말도록 요청하라고 우리를 보냈습니다. 그리하는 것은 다른 어느 헬라스인들에게도 부당하고 불명예스럽지만, 누구보다도 특히 그대들에겐 여러 이유에서 가장 부당하고 불명예스러운 일입니다. 이 전쟁은 우리가 원치 않았는데도 그대들이 일으켰고, 전쟁이 처음에는 그대들의 땅을 놓고 벌어지다가 이제 헬라스 전체로까지 퍼졌기 때문입니다. 이 모든 것을 차치하고서도, 아테나이인들은 옛날부터 늘 수많은 사람들을 예속에서 해방시켜 온 것으로 나타나는데 아테나이인들 때문에 헬라스인들이 예속된다는 것은 도저히 참을 수 없는 일입니다. 하지만 우리는 고초를 겪는 그대들에게 동정을 표합니다. 그대들은 이미 수확을 두 차례나 빼앗겼고 재산도 벌써 오랫동안 황폐해졌으니까요. 그에 대한 보상으로 라케다이몬인들과 그 동맹국들은 이 전쟁이 계속되는 동안 그대들의 여자들과 전쟁에 쓰이지 않는 그대들의 모든 가솔을 부양하겠다는 것을 그대들에게 약속합니다. 그대들은 마케도니에인 알렉산드로스가 마르도니오스의 제안을 번지르르하게 다듬어 그대들을 설득하는 말에 넘어가지 마십시오. 그로서는 그렇게 할 수밖에 없으니까요. 그는 자신도 통치자여서 역시 통치자를 돕는 겁니다. 그러나 정말 그대들이 올바로 생각한다면, 그렇게 해서는 안 됩니다. 그대들도 알다시피 이방인들은 믿을 수도 없고 진실하지도 않기 때문입니다." 그 사절들은 이렇게 말했다.

그러자 아테나이인들이 알렉산드로스에게 다음과 같이 대답했다. 143
"메디아의 세력이 우리보다 몇 배나 더 강하다는 것은 우리 자신도
잘 알고 있으니, 그대는 우리를 그렇게 힐난할 필요가 없소. 하지만
우리는 자유를 몹시 갈망하기에 우리가 할 수 있는 한 스스로를 지
킬 것이오. 그대는 우리에게 이방인과 협약을 맺도록 설득하려 하지
마시오. 우리는 그대의 말을 따르지 않을 것이오. 이제 그대는 마르
도니오스에게 아테나이인들의 말을 전하시오. 태양이 지금도 지나고
있는 본연의 경로를 계속 따르는 한, 우리는 절대 크세륵세스와 협약
을 맺지 않을 것이라고 말이오. 우리는 그가 경외심이라곤 전혀 없
이 그 신전들과 조각상들을 불태워 버린 신들과 영웅들을 동맹자로
믿고, 그에게 맞서 싸워 우리 자신을 지킬 것이오. 그리고 그대는 이
후로 그러한 제안을 가지고 아테나이인들에게 나타나지 말고, 우리
에게 도움을 주는 체하며 부당한 짓을 하라고 권하지 마시오. 우리는
우리의 대리인이고 친구인 그대가 아테나이인들에게 해코지당하는
것을 원치 않으니 말이오."

그들은 알렉산드로스에게 그렇게 대답하고, 스파르테의 사절들에 144
게는 다음처럼 대답했다. "라케다이몬인들이 우리가 이방인과 협약
을 맺지 않을까 두려워한 것은 인간으로서 당연한 거요. 하지만 그대
들이 아테나이인들의 기질을 잘 알고 있으면서 그렇게 두려워한 것
은 수치스러운 일인 듯하오. 우리가 선뜻 페르시스 편을 들어 헬라스
를 예속시키고 그 대가로 받고 싶을 만큼 많은 양의 금은 이 세상에
없으며 또 그럴 만큼 정말 뛰어나게 아름답고 비옥한 땅도 없음을 그
대들은 잘 알고 있으니 말이오. 우리가 그러고 싶어도 그러지 못하게
막는 중대한 요인이 여럿 있소. 첫째 가장 중대한 요인은 불에 타고
파괴된 신들의 조각상들과 신전들인데, 우리는 그런 일을 저지른 자
와 협약을 맺기보다 반드시 그에게 최대한도로 복수를 해야 하오. 그
다음으로 헬라스인이라는 요인인데, 헬라스인들은 같은 혈통이고 같
은 말을 사용하고 신들의 성소들도 함께 쓰고 제사도 함께 지내고 관

습도 같소. 이 모든 것을 아테나이인들이 저버리는 것은 온당한 처사가 아니오. 그래서 만약 그대들이 이전에 몰랐다면 이제 잘 알아 두시오. 아테나이인이 한 명이라도 살아남아 있는 한, 우리는 절대 크세륵세스와 협약을 맺지 않을 것임을 말이오. 하지만 그대들이 재산이 황폐해진 우리를 그처럼 염려하여 우리의 가솔을 기꺼이 부양하겠다고 하니, 우리를 염려하는 그대들의 마음에 찬사를 보내는 바이오. 그대들이 베푼 은혜는 더없이 충만하지만, 우리는 그대들에게 폐를 끼치지 않고 최선을 다해 계속 견뎌 낼 것이오. 그렇지만 이제, 사정이 이러하니, 그대들은 되도록 빨리 군대를 보내 주시오. 우리가 추측하기에는, 머지않아 이방인 왕이 우리의 땅에 쳐들어올 것이기 때문이오. 우리가 그의 요구를 전혀 이행하지 않을 것이라는 전갈을 듣자마자 바로 말이오. 그러니 그가 아티케에 들어오기 전에, 이제 우리가 먼저 보이오티에로 진군해야 할 때요." 아테나이인들이 이렇게 대답한 후, 스파르테 사절들은 스파르테로 돌아갔다.

제 9 권

알렉산드로스가 귀환하여 아테나이인들의 말을 전하자, 마르도니 1
오스는 테살리에를 떠나 신속하게 아테나이로 군대를 이끌고 갔다.[1]
그는 가는 곳마다 그곳 사람들을 군대에 들어오게 했다. 테살리에의
지도자들은 전에 자신들이 한 일[2]을 전혀 후회하지 않고 오히려 페르
시스인을 더욱더 부추겼다. 레리사의 토렉스[3]는 크세륵세스가 도망
갈 때 그를 함께 호위했었는데, 이제 마르도니오스가 헬라스로 가도
록 공공연히 길을 내주었다.

페르시스 군대가 행군하던 중 보이오티에에 도착하자, 테바이인들 2
은 마르도니오스를 그곳에 붙잡아 두려 했다. 그들은 그가 진을 치기
에 그곳보다 더 적합한 곳은 없을 것이라 말하며, 더는 진군하지 말
고 그곳에 머물면서 싸우지 않고도 헬라스 전체를 정복하기 위한 조
치를 강구하라고 조언했다. 헬라스인들이 전에도 그랬듯이 한마음으
로 단결한다면 모든 세상 사람들이 달려들어도 그들을 힘으로 제압
하기가 어렵다는 것이었다. 테바이인들은 이어서 말했다. "그러나 그
대가 우리가 조언한 대로 한다면, 힘들이지 않고 저들의 강력한 계책
들을 모두 막아 낼 수 있을 것이오. 여러 나라의 유력자들에게 돈을
보내도록 하시오. 그대가 돈을 보낸다면, 헬라스를 분열시킬 수 있을
것이오. 그러면 그대가 그대 편이 된 자들과 힘을 합해 그대 편이 아
닌 자들을 쉽게 제압하게 될 거요."

그들이 이렇게 조언했지만, 마르도니오스는 그것을 따르려 하지 3
않았다. 그의 마음속에는 아테나이를 다시 한 번 점령하겠다는 무서

---

1 기원전 479년 여름.

2 '테살리에의 지도자들'은 라리사(레리사)의 알레우아다이(Aleuadai) 가문을
 가리킨다. 알레우아다이 가문은 테살리에의 대표적인 명문 가문으로 당시 테
 살리에의 지도적인 통치자들이었다고 한다. 그들은 전에 크세륵세스를 찾아
 가 헬라스 원정을 부추긴 바 있다.

3 알레우아다이 가문의 일원. 그는 나중에 마르도니오스와 함께 플라타이아 전
 투에도 참전했다. 제9권 제58장 참조.

운 욕망이 자리잡고 있었다. 이는 그가 무분별한 탓이기도 하지만 또한 동시에 섬들의 횃불 신호를 통해 사르디에스에 있는 왕에게 자신이 아테나이를 점령했다는 것을 알리겠다고 작정한 탓이기도 했다. 그러나 아티케에 도착했을 때, 그는 이때도 아테나이인들을 전혀 보지 못했다. 그는 그들 대부분이 살라미스 섬과 배들에 있다는 것을 알았고 텅 빈 도시를 점령했다. 왕이 먼저 아테나이를 점령하고 나서 나중에 이 마르도니오스가 침입할 때까지는 열 달이 걸렸다.

4   마르도니오스는 아테나이에 입성하자, 살라미스에 헬레스폰토스인 무리키데스를 보내 마케도니에인 알렉산드로스가 전에 아테나이인들에게 전했던 것과 똑같은 제안을 전달하게 했다. 그는 아테나이인들 입장이 자신에게 호의적이지 않음을 진작 알고 있었지만, 이제 아티케 지역이 점령되어 자신의 휘하에 놓인 상황인지라 그들이 완고한 태도를 누그러뜨릴 것으로 기대하고 다시 한 번 그런 전언을 보냈던 것이다.

5   이런 이유로 마르도니오스는 무리키데스를 살라미스로 파견했고, 무리키데스는 협의회에 나가 마르도니오스의 제안을 전했다. 그러자 협의회 의원 중 한 명인 리키데스는 무리키데스가 자신들에게 제시한 제안을 받아들여 민회에 회부하는 것이 더 좋겠다는 의견을 내놓았다. 그는 마르도니오스에게 돈을 받았거나 혹은 그 제안이 마음에 들었거나 해서 그런 의견을 표명했다. 그러나 아테나이인들은 협의회 의원들과 협의회 바깥에 있던 자들 모두가 그 말을 듣자 즉각 분노하여, 리키데스를 에워싸고 돌로 쳐 죽였다. 하지만 그들은 헬레스폰토스인 무리키데스는 해치지 않고 돌려보냈다. 살라미스에서 리키데스 문제로 소동이 벌어졌을 때, 아테나이 여자들은 그 일을 전해 듣자 여자들끼리 서로 부추기며 몰려나와 자진해서 리키데스 집으로 가서 그의 아내와 자식들을 돌로 쳐 죽였다.

6   아테나이인들이 살라미스로 건너간 경위는 다음과 같다. 그들은 펠로폰네소스에서 자신들을 지원하는 군대가 올 것으로 기대하면서

그동안 아티케에 머물러 있었다. 그러나 펠로폰네소스인들의 행동이 너무 더디고 굼뜬 데다 침략군이 이미 보이오티에에 와 있다는 소식이 들리자, 모든 재산을 안전하게 옮기고 그들 자신도 살라미스로 건너갔다. 그리고 라케다이몬에 사절들을 보내, 라케다이몬인들이 자신들과 함께 보이오티에서 마르도니오스에게 대항하지 않고 오히려 그가 아티케에 침입하도록 놔두었다고 비난하면서 아테나이인들이 편을 바꿀 경우 페르시스인이 그들에게 얼마나 많은 것을 주기로 약속했는지 상기시켰다. 그리고 라케다이몬인들이 아테나이인들을 도와주지 않으면 그들도 스스로 자구책을 강구할 것임을 통보하게 했다.

이때 라케다이몬인들은 제전을 거행하고 있었다. 그들은 히아킨 7 티아 제전⁴을 치르고 있었고 그들의 가장 주된 관심은 신을 잘 모시는 것이었다. 게다가 그들이 이스트모스에 쌓는 방벽에는 이미 성가퀴들이 가설되는 중이었다. 아테나이 사절들은 메가라 사절들과 플라타이아이 사절들을 대동하고 라케다이몬에 도착하자, 감찰관들 앞에 나아가 말했다. "아테나이인들이 우리들을 보내, 메디아인들의 왕이 우리의 땅을 돌려주고 공정하고 동등한 조건하에 속임수나 기만없이 우리를 동맹으로 삼기를 원하며 게다가 다른 땅도 우리 자신이 고른 곳은 어디든 우리의 땅에 덧붙여 주려 한다고 전하라 했습니다. 그러나 우리는 헬라스의 신 제우스를 경외하고 또 헬라스를 배반하는 것을 끔찍한 일로 여겨, 그에 응하지 않고 거절했습니다. 우리가 비록 헬라스인들에게 부당한 대우를 받고 철저히 배신당하고 있음에도, 또 우리가 페르시스인과 전쟁하는 것보다 협약을 맺는 편이 우

---

4 스파르타의 히아킨티아(Hyakinthia)는 아폴론과 히아킨토스(Hyakinthos)를 기리는 제전으로 매년 초여름에 3일 동안 열렸다. 히아킨토스는 아폴론이 사랑한 미소년인데 아폴론이 던진 원반에 맞아 사고로 죽었다고 전한다. 이 제전에서는 히아킨토스의 죽음을 애도하고 아폴론의 신성을 찬미하는 종교의식들과 소년들의 경마시합 등이 진행되었다.

리에게 더 이로움을 잘 알고 있음에도 말입니다. 그래도 우리는 결코 자진하여 페르시스인과 협약을 맺지 않을 겁니다. 이렇게 우리는 헬라스인들에 대해 정당하게 행동하고 있습니다. 그러나 그대들은 저번에 완전히 겁을 먹고 찾아와 우리더러 페르시스인과 협약을 맺지 말라고 간청하더니, 이제 우리가 결코 헬라스를 배신하지 않을 것이라는 우리의 마음을 그대들이 확실히 알게 되고 게다가 그대들이 이스토모스를 가로질러 짓고 있는 방벽이 마무리되고 있는지라 아테나이인들을 전혀 중시하지 않고 있습니다. 또 그대들은 보이오티에에서 페르시스인에게 대항하기로 우리와 합의했으면서도 그것을 저버리고, 이방인이 아티케에 침입하게 내버려 두었습니다. 그래서 현재 아테나이인들이 그대들에게 분개하고 있습니다. 그대들의 행동이 타당치 않았으니까요. 이제 아테나이인들은 우리가 아티케에서 이방인과 맞설 수 있게 그대들이 되도록 빨리 군대를 우리와 함께 보내 줄 것을 요구하고 있습니다. 우리가 보이오티에를 잃었으니 우리 땅에서는 트리아시온 평원이 전투하기에 가장 적합하기 때문입니다."

8   감찰관들은 이 말을 듣고서, 답변을 다음 날로 미루었고 다음 날이 되자 또 그 다음 날로 미루었다. 그들은 매일 다음 날로 미루면서 10일 동안 그렇게 했다. 이 기간에 모든 펠로폰네소스인들은 전력을 다해 이스토모스에 방벽을 쌓았고, 일이 거의 끝나 가고 있었다. 나는 마케도니에인 알렉산드로스가 아티케에 왔을 때 아테나이인들이 메디아 편에 서지 않도록 그들이 많은 애를 썼으면서도 이때는 전혀 관심을 두지 않은 이유에 대해, 그들이 이스토모스에 방벽을 건설했고 이제 더는 아테나이인들이 필요치 않다고 생각했다는 것 말고는 달리 이유를 말할 수 없다. 알렉산드로스가 아티케에 왔을 때는 아직 방벽 공사가 끝나지 않았고, 펠로폰네소스인들은 페르시스인들을 크게 두려워하여 공사를 진행하던 중이었다.

9   그러나 결국 스파르테인들이 답변을 주고 출정하게 되었는데, 그 경위는 다음과 같다. 사절들과 마지막 접견이 이뤄지기 전날, 라케다

이몬에서 외국인 중 가장 영향력 있는 테게에인 킬레오스가 아테나이인들이 한 말을 감찰관들에게서 다 들었다. 킬레오스는 그것을 듣고 그들에게 말했다. "감찰관 여러분, 지금의 상황은 이렇습니다. 만약 아테나이인들이 우리 편이 되지 않고 이방인의 동맹이 된다면, 이스트모스에 걸쳐 아무리 튼튼한 방벽이 축조되었다 해도, 펠로폰네소스로 들어오는 널찍한 문들이 페르시스인에게 활짝 열려 있게 되는 겁니다. 그러니 아테나이인들이 헬라스에 재앙을 초래할 다른 결정을 내리기 전에, 그들의 말을 듣도록 하십시오."

그는 그들에게 이렇게 조언했다. 그러자 그들은 그 말을 알아듣고, 여러 나라에서 온 사절들에게 아무 말도 않은 채, 즉시 밤중에 스파르테인 5,000명 각자에게 헤일로테스를 7명씩 배속해 출정시켰으며, 클레옴브로토스의 아들 파우사니에스에게 그들을 지휘하도록 맡겼다. 사실 지휘권은 레오니데스의 아들 플레이스타르코스에게 있었다. 그러나 그는 아직 어렸고 파우사니에스가 그의 사촌이자 후견인이었다. 파우사니에스의 아버지인, 아낙산드리데스의 아들 클레옴브로토스는 이미 죽고 없었기 때문이다. 그는 방벽을 쌓고 있던 군대를 이끌고 이스트모스에서 철수했는데, 그 후 오래 못 살고 죽었던 것이다. 클레옴브로토스가 이스트모스에서 군대를 이끌고 철수한 것은 다음과 같은 이유에서였다 즉 그가 페르시스인에 대한 승리를 위해 제물을 바치고 있을 때 하늘에서 해가 어두워졌던 것이다.[5] 한편 파우사니에스는 자신과 같은 가문 출신인, 도리에우스의 아들 에우리아낙스를 동료 지휘관으로 택했다. 10

그리하여 파우사니에스의 군대는 스파르테를 떠나 출정했다. 그러나 날이 밝자 사절들은 그들의 출정에 대해 아무것도 모른 채, 그들 역시 각자의 나라로 떠나기로 작정하고 감찰관들에게로 갔다. 그들 11

---

5 일식 현상을 얘기하는 것으로 보인다. 일부 학자들은 기원전 480년 10월 2일에 일어난 부분일식이었다고 본다.

은 감찰관들에게 가서 다음처럼 말했다. "라케다이몬인들이여, 그대들은 이곳에 그대로 머물러 히아킨티아를 열고 재밌게들 노세요. 그대의 동맹국들은 완전히 저버리고 말이오. 반면 아테나이인들은 그대들에게 부당한 대우를 받고 동맹국들도 부족하니, 되도록 최상의 조건으로 페르시스인과 협약을 맺을 것이오. 그리고 협약을 맺고 나면, 우리도 분명 왕의 동맹이 될 터이니, 우리는 저들이 우리를 이끄는 곳이면 어디로든 함께 원정에 나설 것이오. 그때에는 그대들이 그대들의 이 행동으로 인해 어떤 결과를 맞게 될지 깨닫게 될 것이오." 사절들이 이렇게 말하자, 감찰관들은 외국인들을 향해 행군 중인 그들의 군대가 그때쯤 오레스테이온에 가 있을 것 같다고 맹세하며 말했다. 그들은 늘 이방인들을 외국인들이라고 불렀던 것이다. 사절들은 아무것도 모르고 그 말이 무슨 뜻인지 물었고 그들의 대답을 듣고서야 모든 사정을 알게 되었다. 그리하여 사절들은 깜짝 놀라서 되도록 신속히 그 군대를 뒤쫓아 갔다. 라케다이몬의 페리오이코이[6] 중에서 선발된 중무장 보병 5,000명도 그들과 함께 군대를 뒤쫓아 갔다.

12   그리하여 그들은 이스트모스로 서둘러 달려갔다. 한편 아르고스인들은 파우사니에스와 그의 군대가 스파르테에서 출발했다는 소식을 듣자마자 급사[7] 가운데 가장 빠른 자를 찾아 아티케에 사절로 파견했다. 그들은 전에 마르도니오스에게 스파르테인이 출정하지 못하게 막겠다고 약속했던 것이다. 급사는 아테나이에 도착하자 다음과 같이 말했다. "마르도니오스여, 아르고스인들이 저를 보내, 청년부대[8]

---

6 스파르타의 반자유민. 페리오이코이는 자유민인 스파르타인과 부자유민인 헤일로테스의 중간 계층에 해당한다. 제1권 제67장의 옮긴이 주 참조.

7 '헤메로드로모스'(hemerodromos)를 번역한 말. 급사에 대해서는 제6권 제105장의 옮긴이 주 참조.

8 '네오테스'(neotes)를 번역한 말. 여기서 청년부대는 해외 원정을 할 수 있는 좀 더 젊은 전사집단을 가리킨다.

가 라케다이몬에서 출정했다는 것과 아르고스인들이 그들 군대의 출정을 막을 수 없다는 것을 그대에게 알리라고 했습니다. 이에 대해 적절한 대책을 강구하시길 바랍니다."

그는 이렇게 말한 후 되돌아갔고, 마르도니오스는 그 말을 듣자 더 는 아티케에 머물고 싶지 않았다. 마르도니오스는 그 전갈을 듣기 전에는 아테나이인들이 어떤 행동을 보일지 알고 싶어서 가만히 대기했고, 그 기간 내내 그들이 협약을 맺을 것으로 기대하여 아티케 땅을 약탈하지도 파괴하지도 않았다. 그러나 마르도니오스는 그들을 설득하지 못했고, 모든 이야기를 듣게 되자, 파우사니에스와 그의 군대가 이스트모스에 진입하기 전에, 아테나이를 불태우고 성벽이나 집이나 성소 중 똑바로 서 있는 것은 모두 무너뜨리고 파괴한 후 철군했다. 마르도니오스가 그곳에서 철수한 것은 다음의 이유에서였다. 즉 아티케가 기병에게 적합한 지역이 아니었고, 또 그들이 교전하여 패할 경우 소수의 사람들도 그들을 저지할 수 있는 비좁은 애로(隘路) 외에는 퇴로가 없었기 때문이다. 그래서 그는 테바이로 후퇴하여 우호적인 도시 부근에서, 그리고 기병에게 적합한 지역에서 싸우기로 결심했다.

마르도니오스가 철군하여 이미 길을 떠나고 있을 때, 라케다이몬인 14 1,000명으로 이뤄진 또 다른 부대가 신병대로 메가라에 도착했다는 전갈이 그에게 전해졌다. 그는 이 전갈을 듣자, 할 수 있다면 이들을 먼저 쳐부수고 싶어서 계획을 강구했다. 그리하여 그는 군대를 돌려 메가라로 이끌고 갔다. 그의 기병들이 먼저 가서 메가라 지역을 짓밟았다. 이곳은 이 페르시스 군대가 에우로페에서 서쪽으로 가장 멀리까지 간 곳이었다.

그 후 마르도니오스에게 헬라스인들이 이스트모스에 함께 집결해 15 있다는 전갈이 전해졌다. 그래서 그는 데켈레에를 지나 되돌아갔다. 보이오타르케스들[9]이 인접 주민인 아소포스인들을 불러 왔는데, 이들이 그에게 스펜달레로, 거기서 다시 타나그라로 길을 안내했던 것이다. 그는 밤에 타나그라에서 야영하고 다음 날 테바이 땅인 스콜로스로 향했다. 거기서 그는 테바이인들이 페르시스 편임에도 불구하고 그들 땅의 나무들을 모두 베어 냈는데, 그들에 대한 적대감에서가 아니라 부득이 군대를 위한 방벽을 만들 수밖에 없어서 그랬다. 이는 만약 교전에서 자신이 원하는 결과가 나오지 않을 경우 그곳을 피난처로 삼으려는 것이었다. 마르도니오스의 진영은 에리트라이에서부터 히시아이를 거쳐 플라타이아이 땅에까지 뻗어 있었는데, 아소포스 강을 따라 정렬해 있었다. 그러나 그가 만든 방벽은 그 정도까지 크지는 않았고, 그것의 각 면이 10스타디온 정도 되었다.

16   이방인들이 이 공사를 하는 동안, 테바이인인 프리논의 아들 아타기노스가 성대하게 연회를 준비하여 마르도니오스 본인과 가장 고명한 페르시스인 50명을 식사에 초대했고, 초대받은 그들도 그에 응했다. 연회는 테바이에서 베풀어졌다. 다음의 나머지 이야기는 내가 오르코메노스인 테르산드로스에게서 들은 것인데, 그는 오르코메노스 저명 인사 중 한 명이었다. 테르산드로스는 자신도 아타기노스로부터 이 정찬에 초대받았고 또한 테바이인 50명도 초대받았다고 말했다. 그는 말하기를, 아타기노스가 양측이 각기 갈라져 앉지 않고 각 와상(臥床)[10]에 페르시스인 한 명과 테바이인 한 명이 함께 앉도록 했

---

9 보이오타르케스(Boiotarches)는 보이오티아 연맹을 관장하는 고위 행정관들을 가리킨다. 보이오티아 연맹은 테바이와 오르코메노스를 위시한 보이오티아 지역 국가들의 연합 조직이었다. 보이오타르케스는 연맹의 전쟁 평의회를 구성하고 보이오티아 군대에 대한 최고지휘권을 지녔으며 외교적 권한도 행사했다. 보이오타르케스는 연맹 가입국들의 대표로 구성되는데, 각국에서 1년 임기의 대표를 선출했다고 한다. 중심 국가인 테바이인들만 2명의 대표를 선출하고 다른 국가들은 1명의 대표를 선출했으며, 전체 인원수는 일정치 않았던 것 같다. 그들이 7명 혹은 11명이었다는 전승들이 각기 전하고 있다.

10 그리스어 '클리네'(kline)를 번역한 말. 이 번역어에 대해서는 제6권 제139장의 옮긴이 주 참조.

다고 한다. 그런데 정찬이 끝나고 술을 대작할 때, 같은 와상에 앉은 페르시스인이 헬라스 말로 그더러 어느 나라 사람이냐고 묻자 그가 오르코메노스인이라고 대답했다 한다. 이에 페르시스인이 말했다고 한다. "그대가 지금 나와 식사도 함께 하고 헌주도 함께 올렸으니, 그대가 미리 알고 자신의 안전에 대해 적절한 조처를 취할 수 있도록, 내 그대에게 나의 통찰의 기념물을 남기고 싶소. 그대는 여기서 먹고 즐기는 이 페르시스인들과 우리가 남겨 두고 온, 강가에 포진해 있는 저 군대가 보이시오? 그대는 오래잖아 이들 모두 가운데 소수만이 살아남은 것을 보게 될 것이오." 그 페르시스인은 이렇게 말하면서 많은 눈물을 흘렸다고 한다. 그러자 테르산드로스가 깜짝 놀라 페르시스인에게 말했다고 한다. "그렇다면 그대는 이것을 마르도니오스와 그를 따라온 고명한 페르시스인들에게 말해야 되는 것 아니오?" 그 페르시스인은 이렇게 대답했다고 한다. "빈객이여, 신의 뜻에 의해 일어나게 되어 있는 일을 인간이 피할 수는 없소. 아무리 진실을 말해도 누구도 믿으려 하지 않기 때문이오. 우리 페르시스인 중 많은 자들이 내가 말한 것을 알고 있지만, 어쩔 수 없이 순응하고 있다오. 많은 것을 알고 있으면서도 아무것도 맘대로 할 수 없다는 것, 이것이 인간들에게 가장 괴로운 고통이오." 나는 이 이야기를 오르코메노스의 테르산드로스에게서 들었디. 또 그는 덧붙여 말하기를, 플라티이아이의 전투가 일어나기 전에 자신이 즉각 이 이야기를 다른 자들에게도 전해 주었다고 했다.

마르도니오스가 보이오티에에서 진을 치고 있는 동안, 이 지역에 17 거주하던 헬라스인 가운데 페르시스 편을 든 자들은 모두 그에게 군대를 제공하고 아테나이에 침입할 때에도 동참했다. 하지만 그중 포키스인들—이들 역시 열렬히 페르시스 편을 들었다—만 아테나이 침입에 동참하지 않았는데, 자진해서 그런 것이 아니고 어쩔 수 없이 그랬다. 페르시스인들이 테바이에 도착한 지 며칠 안 되어 포키스인 중무장 보병 1,000명이 왔는데, 그들을 지휘한 자는 가장 명망 높은 시민인 하르모키데스였다. 포키스인들 역시 테바이에 도착하자, 마르도니오스는 일부 기병들을 보내어 포키스인들더러 평원에 따로 진을 치라고 지시했다. 그런데 그들이 그렇게 하자마자 페르시스 전체 기병대가 그곳에 나타났다. 그 후 메디아인들과 함께 있던 헬라스인 군대 사이에 마르도니오스가 포키스인들을 사살할 것이라는 소문이 돌았고, 포키스인들 본인에게도 똑같은 소문이 돌았다. 그러자 포키스인들의 지휘관 하르모키데스가 다음과 같은 말로 그들에게 권유했다. "포키스인들이여, 이 자들은 분명 우리를 죽음으로 몰아넣으려 하고 있고 우리의 죽음이 눈앞에 있소. 내 추측에는 테살리에인들이 우리를 중상한 것 같소. 이제 여러분은 모두 용기 있게 행동해야 하오. 가장 수치스러운 죽음을 그냥 받아들여 파멸하느니 무언가 행동을 하고 자신을 지키다 생을 마감하는 것이 더 낫기 때문이오. 이제 그들이 이방인이고 그들이 죽이려고 꾀하는 것이 헬라스 남자들임을 그들 각자가 알게 해줍시다."

18   그는 이렇게 권유했다. 한편 기병들은 포키스인들을 포위한 후, 마치 그들을 죽일 것처럼 돌진했다. 기병들은 화살을 쏠 것처럼 활을 잡아당겼고, 아마도 어떤 자는 쏘았을 것 같다. 포키스인들은 단단히 결속하고 되도록 빽빽하게 밀집하여 사방에서 그들에게 대항했다. 그러자 기병들은 방향을 돌려 뒤로 물러났다. 나는 기병들이 테살리에인들의 요청을 받고 포키스인들을 죽이러 왔다가 포키스인들이 방어에 나서는 것을 보자 자신들이 다칠까 두려워서 뒤로 물러난 것인지 정확하게 말할 수 없다. 마르도니오스가 기병들에게 물러나라고 지시했으니 말이다. 또한 나는 마르도니오스가 포키스인들이 얼마나 용기 있는지를 시험해 보고자 했는지 역시 정확하게 말할 수 없다. 그런데 기병들이 뒤로 물러나자, 마르도니오스가 사자를 보내 이렇게 말했다. "포키스인들이여, 기운을 내시오. 그대들은 내가 들은 것과 달리 용감한 자들임을 보여 주었소. 이제 그대들은 이 전쟁을 열성적으로 수행하도록 하시오. 은혜를 은혜로 갚는 데에는 그대들이

나 자신이나 왕을 능가하지 못할 테니 말이오."**11** 포키스인들에 관한 일은 이 정도까지 전개되었다.

라케다이몬인들은 이스트모스에 도착하자 그곳에 진을 쳤다. 한편 **19** 더 고귀한 쪽을 택한 여타 펠로폰네소스인들은 그 소식을 듣고 또 그 중 일부는 스파르테인들이 출정하는 것을 보고서야, 출정에서 라케 다이몬인들보다 뒤처지는 것은 옳지 않다고 생각했다. 그래서 그들은 제물들이 길조를 보이자 모두 이스트모스를 떠나 진군하여 엘레 우시스에 도착했다. 그들은 거기서도 제물을 바쳤고 다시 그들에게 길조가 나타나자 계속 전진했다. 살라미스에서 건너와 엘레우시스에 서 그들과 합류한 아테나이인들도 그들과 함께 진군했다. 보이오티 에의 에리트라이에 도착했을 때 그들은 이방인들이 아소포스 강 가 에 주둔하고 있다는 것을 알았고, 그 점에 유의하여 적들과 마주보고 키타이론 산기슭에 진을 쳤다.

마르도니오스는 헬라스인들이 평지로 내려오지 않자 전체 기병들 **20** 을 그들에게 파견했다. 기병 지휘관은 페르시스인 사이에 명망이 높 은 마시스티오스였는데, 헬라스인들은 그를 마키스티오스라고 부른 다. 그는 황금 굴레와 다른 장신구들로 멋지게 장식된, 네사이온 말**12**을 타고 있었다. 기병들은 헬라스인들에게 돌격하면서 소부대별로 공격 을 벌였다.**13** 그들은 그렇게 공격하여 헬라스인들에게 큰 피해를 주 고 헬라스인들을 여자들이라고 조롱했다.

---

11 마르도니오스는 그 자신이나 페르시아 왕이 은혜를 은혜로 갚는 것을 매우 중히 여기고 있음을 강조한다. 즉 포키스인이 페르시아 군대를 도와 용감하 게 싸우면 페르시아로부터 반드시 큰 보답을 얻게 될 것임을 부각하고 있는 것이다.

12 메디아의 네사이온(Nesaion) 평원에서 자란 말을 가리킨다. 이 말들은 복수 형으로 표현되어 네사이오이(Nesaioi)라고 불렸다. 제7권 제40장 참조.

13 페르시아 기병은 소규모 부대별로 나뉘어 파상 공격을 벌였는데, 한 부대가 공격하고 돌아오면 다른 부대들이 교대로 공격에 나서곤 했다.

21 이때 마침 전체 진지에서 가장 공격받기 쉬운 취약 지점에 메가라
인들이 포진해 있었는데, 기병들이 가장 세차게 공격한 곳이 바로 이
곳이었다. 이에 메가라인들은 기병들의 공격으로 심하게 압박을 받
자 헬라스 장군들에게 사자를 파견했다. 사자는 그들에게 가서 다음
처럼 말했다. "메가라인들의 전갈은 이렇습니다. '동맹군 여러분, 우
리는 우리가 처음에 진을 친 이 자리에서 페르시스 기병의 공격을
혼자서 막을 수가 없소이다. 우리는 지금껏 심하게 압박을 받으면서
도 인내와 용기로 버텨 왔소. 그러나 이제 그대들이 이 자리를 대신
맡을 다른 병력을 보내 주지 않는다면, 우리가 이 자리를 떠날 것임
을 알아 두시오.'" 사절이 그들에게 이렇게 전달하자, 파우사니에스
는 헬라스인들 중 자진하여 그곳에 가서 메가라인들 대신에 배치되
길 원하는 자들이 있는지 물어보았다. 이에 다른 자들은 모두 그러기
를 마다했지만, 아테나이인들이 그것을 맡겠다고 했다. 그들은 람폰
의 아들 올림피오도로스가 지휘하는 300명의 선발된 아테나이인들
이었다.

22 이들이 바로 그 일을 맡게 되었다. 그들은 그곳에 있던 다른 모든
헬라스인들을 지키기 위해 에리트라이에 진을 쳤으며, 궁수들도 따
로 뽑아 갔다. 그들은 오랫동안 전투를 벌였는데, 전투의 결말은 다
음과 같았다. 페르시스 기병들이 소부대별로 공격을 벌일 때, 마시스
티오스가 탄 말이 다른 말들보다 앞장서 달리다 그만 옆구리에 화살
을 맞았다. 그 말은 고통에 겨워 뒷발로 서면서 마시스티오스를 내팽
개쳤다. 그가 땅에 떨어지자 바로 아테나이인들이 그에게 덤벼들었
다. 그들은 그의 말을 빼앗고 저항하는 마시스티오스를 죽였다. 하지
만 처음에는 그를 죽일 수가 없었다. 그가 갑옷을 잘 갖추었기 때문
이다. 즉 황금 비늘의 가슴갑옷을 안에 두르고 가슴갑옷 위에 진홍색
키톤을 입었던 것이다. 그래서 그들이 가슴갑옷 쪽을 쳐도 아무 소
용이 없었다. 그러다 결국에는 어떤 자가 상황을 알아채고 그의 눈을
찔렀다. 그리하여 그는 쓰러져 죽었다. 공교롭게도 다른 기병들은 그

런 일이 일어난 것을 알아차리지 못했다. 그들은 그가 말에서 떨어지는 것도 그가 죽는 것도 보지 못했는데, 마침 후퇴하느라 방향을 돌리고 있어서 그 일이 일어난 것을 알지 못했던 것이다. 그러나 그들이 멈춰 섰을 때 즉각 그가 없다는 것을 알았다. 그들에게 명령을 내리는 자가 없었기 때문이다. 그들은 사태를 알아차리자, 모두들 서로 격려하며 그의 시신을 거두기 위해 말을 몰았다.

23 아테나이인들은 페르시스 기병들이 이제 소부대별로 진격하지 않고 전체가 진격해 오는 것을 보자, 다른 부대에 도와 달라고 소리쳤다. 전체 보병들이 그들을 도우러 오는 동안에, 마시스티오스의 시신을 놓고 격렬한 싸움이 벌어졌다. 아테나이인 300명은 그들만 홀로 있을 때에는 싸움에서 크게 패해 시신을 포기하고 있었다. 그러나 대부대가 그들을 도우러 오자, 페르시스 기병들이 더는 견뎌내지 못했다. 페르시스 기병들은 시신을 거두지도 못했고 오히려 마시스티오스 외에 다른 기병들마저 잃고 말았다. 그리하여 그들은 2스타디온 정도를 물러나, 어떻게 해야 할 것인지를 협의했다. 그들은 지휘관이 없었는지라 마르도니오스가 있는 곳으로 떠나기로 결정했다.

24 기병들이 페르시스군 진영에 도착하자, 마르도니오스와 전 군대가 마시스티오스를 통렬하게 애도했으며, 그들 자신의 머리털과 말과 운송용 동물들의 갈기를 깎고 힌없이 애통해 했다. 그 애도 소리기 보이오티에 전역에 퍼져 나갔는데, 죽은 자가 페르시스인들과 왕에게 마르도니오스 다음으로 가장 존중받던 인물이었기 때문이다.

25 이렇게 이방인들은 그들 자신의 방식으로, 죽은 마시스티오스에게 경의를 표했다. 한편 헬라스인들은 자신들을 공격한 기병들에게 항거하여 그들을 격퇴했으므로 사기가 크게 높아졌다. 헬라스인들은 먼저 마시스티오스의 시신을 마차에 싣고 군대의 대열 옆을 죽 돌아다녔다. 죽은 자는 신장(身長)이 크고 용모가 아름다워 구경할 가치가 있었는데, 바로 그 때문에 그들이 그렇게 했던 것이다. 병사들은 대열을 이탈하여 마시스티오스를 보러 오곤 했다. 그 후 그들은 플라

타이아이로 내려가기로 결정했다. 플라타이아이 지역이 진을 치기에 에리트라이 지역보다 훨씬 더 적합한 곳으로 보였기 때문인데, 다른 점들에서뿐 아니라 특히 물이 더 풍부했던 것이다. 그래서 그들은 플라타이아이 지역과 그 지역에 있는 가르가피에 샘으로 가서 전열을 갖춰 진을 치는 것이 마땅하다고 결정했다. 그들은 무기를 챙겨 들고 키타이론의 산기슭을 통해 히시아이를 지나 플라타이아이 땅으로 갔고, 플라타이아이에 도착하자 가르가피에 샘과 영웅 안드로크라테스[14]의 성역 부근에서 국가별로 전열을 형성했다. 그곳은 나지막한 언덕들과 평평한 지대로 되어 있었다.

26   그때 전열을 구성하면서 테게에인들과 아테나이인들 사이에 격렬한 언쟁이 벌어졌다. 둘 다 자신들이 마땅히 전열의 다른 쪽 날개 구간[15]을 맡아야 한다고 주장하고, 그들의 최근 및 옛날의 업적들을 그 근거로 제시했던 것이다. 먼저 테게에인이 말했다. "옛날이나 최근에 펠로폰네소스인들이 공동 원정을 벌일 때마다 전체 동맹국 중에서 늘 우리가 이 구역을 맡는 것이 적합하다고 여겨져 왔소. 그것은 에우리스테우스[16]의 죽음 이후 헤라클레에스 후손들이 펠로폰네소스로 귀환하려고 하던 때부터요. 그때 우리는 다음과 같은 일로 인해 그

---

14 플라타이아이를 건설했다는 전설적인 영웅.

15 스파르타군이 최우선적으로 전열의 한쪽 날개 구간을 선택할 수 있는 권리가 있는데, 여기서 '다른 쪽 날개 구간'이란 스파르타군이 선택하지 않은 쪽의 날개 진영을 가리킨다.

16 헤라클레스를 괴롭혀 그에게 12가지 모험을 하도록 강요한 전설적인 미케네 왕. 헤라클레스는 헤라의 미움을 받아 광기를 일으켜 자신의 자식들을 살해하는 만행을 저질렀다. 그는 자신의 죄를 참회하기 위해 델포이 신탁에 따라 에우리스테우스에게 12년 동안 봉사했는데, 이때 에우리스테우스가 그를 몹시 괴롭혔다. 에우리스테우스는 헤라클레스가 죽은 후에도 그의 남은 자식들을 괴롭히고 쫓아냈는데, 헤라클레스 자식들은 아테네로 피신하여 아테네인들과 함께 에우리스테우스를 물리쳤다. 여기서 패한 에우리스테우스는 헤라클레스의 아들 힐로스(Hyllos)에게 죽었다고 전한다.

런 권리를 얻었소. 우리가 아카이에인들 및 당시 펠로폰네소스에 살고 있던 이오네스인들[17]과 함께 이스트모스로 출동하여 귀환자들[18]과 대치하고 있을 때, 전하는 이야기에 따르면, 힐로스[19]는 군대가 군대와 싸우는 위험한 짓을 하지 말고 펠로폰네소스인들의 군대에서 그들이 가장 뛰어나다고 생각하는 전사가 서로 합의된 조건하에 힐로스 자신과 일대일로 싸우도록 하자고 제안했다 하오. 펠로폰네소스인들은 그렇게 하자고 결정했고, 양측은 다음의 조건으로 서약을 맺었소. 즉 힐로스가 펠로폰네소스의 지도자에게 이긴다면 헤라클레에스 후손들이 선조들의 땅으로 귀환하고, 그가 패한다면 반대로 헤라클레에스 후손들이 군대를 이끌고 그곳을 떠나 100년 동안 펠로폰네소스로의 귀환을 시도하지 않는다는 조건이었소. 그리하여 모든 동맹국 중에서 에케모스가 자원하여 뽑혔는데, 그는 페게우스의 아들인 에에로포스의 아들로 우리의 지휘관이자 왕이었소. 그는 힐로스와 일대일로 싸워 그를 죽였소. 이 업적으로 말미암아 우리는 당시 펠로폰네소스인들에게서 지금도 누리고 있는 다른 중요한 특권들뿐 아니라 공동 원정이 일어나면 우리가 늘 다른 쪽 날개 구간을 이끌 특권도 얻게 되었소. 라케다이몬인들이여, 우리는 지금 그대들에게 맞서려는 것이 아니오. 우리는 그대들이 어느 쪽 날개 구간이든 통솔

---

17 '당시 펠로폰네소스에 살고 있던'은 이오네스인들에게만 해당되고 아카이에 인들과는 무관한 것으로 번역했다. 헤로도토스에 따르면 아카이에인들은 펠로폰네소스를 떠난 적이 없다고 하므로(제8권 제73장), 이들에게는 '당시 펠로폰네소스에 살고 있던'이라는 문구가 어울리지 않는다. 한편 이오네스인들은 대부분 펠로폰네소스를 떠나 아테네로 가거나 아테네를 통해 소아시아로 이주했다고 전해진다(제1권 제145장 참조). 따라서 이 문구는 아테네나 소아시아로 가지 않고 펠로폰네소스에 여전히 머물던 이오네스인들을 특별히 지칭하는 것이라 하겠다.

18 펠로폰네소스로 귀환하는 헤라클레스의 자식들.

19 헤라클레스의 아들.

하고 싶은 쪽을 마음대로 선택하도록 해 주겠소. 그러나 다른 쪽 날개 구간은 이전에 그랬던 것처럼 우리가 이끄는 것이 적절하다고 주장하는 거요. 또 방금 말한 이 업적이 아니고도, 아테나이인들보다는 우리가 이 구역을 맡는 것이 더 적합하오. 스파르테인들이여, 우리가 그대들과 싸워 여러 차례 성공을 거둔 바 있고[20] 또한 다른 자들에 대해서도 그런 사례가 많기 때문이오. 그러므로 아테나이인들보다는 우리가 다른 쪽 날개 구간을 맡는 것이 타당하오. 그들에겐 옛날이건 최근이건 우리가 이룬 것 같은 그런 업적이 없기 때문이오."

27   그들의 말은 이러했다. 그에 대해 아테나이인들은 다음과 같이 대답했다. "우리는 이 모임이 이방인들과의 싸움 때문에 열린 것이지 이야기하자고 열린 것이 아님을 잘 알고 있소. 하지만 테게에인이 옛날이나 최근의 모든 기간에 우리 두 나라가 이룬 용감한 업적들에 대한 이야기를 먼저 꺼냈으니, 우리도 부득이 그대들[21]에게 어찌하여 우리가 용감한 전사로서 늘 아르카디에인들[22]보다 더 우선하는 권리를 대대로 갖게 되었는지 밝히지 않을 수 없소. 우선 테게에인들은 자신들이 이스트모스에서 헤라클레에스 후손들의 지도자[23]를 죽였다고 말하는데, 그 헤라클레에스 후손들이 예전에 미케나이인들의 예속을 피해 도망 다닐 때 그들이 찾아간 모든 헬라스인들에게 쫓겨났지만, 오로지 우리만 그들을 받아들였소. 그리고 그들과 함께 당시 펠로폰네소스에 살던 자들에게 싸워 승리하고, 에우리스테우스의 오만을 무너뜨렸소. 그다음으로, 아르고스인들이 폴리네이케스와 함께 테바이로 진격했다가 목숨을 잃고 매장되지도 못한 채 누워 있을

---

20   제1권 제66~68장 참조.

21   스파르타인들

22   테게아는 만티네이아·오르코메노스 등과 함께 아르카디아 지역의 주요 국가였다.

23   힐로스.

때,[24] 우리가 카드모스 후손들[25]에게 원정하여 시신들을 수습한 후 우리의 땅 엘레우시스에 매장했음을 밝히는 바이오. 또한 우리는 아마조네스가 테르모돈 강에서 아티케 땅에 침입했을 때[26] 그들과 싸워 큰 성공을 거둔 적이 있고, 트로이에 싸움에서도 아무에게 뒤지지 않았소.[27] 그러나 이런 일들을 회고하는 것은 별로 득이 되지 않소. 그때 용감했던 바로 그들이 지금은 더 하찮아졌을 수도 있고 또 그때 보잘것없던 자들이 지금은 더 나아졌을 수도 있으니 말이오. 자, 옛날의 업적에 대해서는 이것으로 충분하오. 우리는 다른 어느 헬라스인들 못지않게 성공적인 업적이 많지만, 설사 우리가 보여 줄 다른 업적이 전혀 없다 하더라도 마라톤에서 이룬 업적만으로도 우리는 이 특권과 그 밖의 다른 특권들을 누릴 자격이 있소. 헬라스인 중에서 우리만 혼자 페르시스인과 단독으로 싸웠고, 그처럼 대단한 일을 벌여 결국 46개 종족[28]을 제압하고 승리를 거두었소. 그러니 이 업적

---

24 오이디푸스의 아들인 폴리네이케스의 테바이 공격에 대해서는 제4권 제32장의 옮긴이 주 참조.

25 테바이인들.

26 아테네의 전설적인 왕 테세우스(Theseus)는 과거에 아마조네스의 나라를 공격한 적이 있는데, 그때 아마조네스 여왕 히폴리테(Hyppolite) 혹은 안티오페(Antiope)를 납치해 아테네로 데려왔다고 한다. 후일 아마조네스는 그 보복으로 아티카를 공격했지만 테세우스와 아테네인들에게 밀려나 패퇴했다고 한다. 아마조네스에 대해서는 제4권 제110장과 옮긴이 주 참조.

27 아테네인들이 트로이 전쟁에서 남에게 뒤지지 않는 성과를 거두었다고 보기는 어렵다. 호메로스의 『일리아스』에는 아테네인 메네스테우스(Menestheus)가 배 50척을 거느리고 참전했고 그가 군대를 잘 정렬시킨다는 언급이 나올 뿐이다(『일리아스』 제2권 552~56행). 호메로스의 아테네인 언급에 대해서는 제7권 제161장 참조.

28 크세륵세스 휘하의 그리스 원정 육군을 구성한 모든 종족. 이들 종족에 대해서는 제7권 제61~80장 참조. 그러나 마라톤 전투는 크세륵세스의 원정 이전에 일어난 것이므로, 이들 46개 종족은 마라톤 전투와 무관하다. 따라서 이 대목은 페르시아 육군의 규모를 관행적으로 표현한 것이고 실제 상황에

하나만으로도 우리가 이 구역을 맡는 것이 타당하지 않은가요? 그러나 이런 때에 전열의 구역 때문에 다투는 것은 적절치 않소. 라케다이몬인들이여, 그대들이 가장 타당하다고 여겨 우리를 어디에 배치하고 누구와 맞서게 하든 우리는 기꺼이 그대들의 말을 따르겠소. 우리는 어디에 배치되든 용감한 자가 되도록 노력할 것이오. 우리는 따를 것이니 그대들이 명령을 내려 주시오." 아테나이인들은 이렇게 대답했다. 그러자 라케다이몬 군대는 모두 큰 소리로 아르카디에인들보다는 아테나이인들이 더 그 날개 구간을 맡기에 적합하다고 외쳤다. 그리하여 아테나이인들이 테게에인들을 누르고 그 자리를 차지했다.

28   그 후 헬라스인들은 나중에 합류한 자들과 처음부터 온 자들이 다 함께 다음처럼 정렬했다. 오른쪽 날개 구간은 라케다이몬인 1만 명이 맡았다. 그중 스파르테인들은 5,000명이었고, 헤일로테스 경무장병 3만 5,000명이 스파르테인 1명당 7명이 배속되어 그들을 호위했다. 그리고 스파르테인들은 테게에인들의 명예와 용기를 감안하여, 테게에인들이 자신들의 바로 옆자리에 서도록 결정했다. 그들 중에는 중무장 보병 1,500명이 있었다. 이들 다음에는 코린토스인 5,000명이 포진했다. 코린토스인들은 파우사니에스의 허락을 받고, 그곳에 와 있던 팔레네의 포티다이아인 300명이 자신들 옆에 배치되도록 했다. 이들 옆에는 오르코메노스의 아르카디에인 600명이 섰고 그다음에는 시키온인 3,000명이 섰다. 또 이들 옆에는 에피다우로스인 800명이 자리 잡았다. 이들 다음에는 트로이젠인 1,000명이 배치되었고 트로이젠인들 옆에는 레프레온인 200명, 그 옆에는 미케나이인과 티린스인 400명, 그 옆에는 플레이우스인 1,000명이 배치되었다. 또 이들 옆에는 헤르미온인 300명이 섰다. 헤르미온인들 옆에는 에레트리아

대한 서술은 아니라고 본다.

인과 스티라인 600명이 섰고 그 옆에는 칼키스인 400명, 그 옆에는 암프라키아인들 500명이 섰다. 이들 다음에는 레우카스인과 아낙토리온인 800명이 섰고, 그 옆에는 케팔레니에의 팔레인 200명이 섰다. 이들 다음에는 아이기나인 500명이 배치되었다. 그 옆에는 메가라인 3,000명이 배치되었다. 또 이들 옆에는 플라타이아이인 600명이 자리 잡았다. 그리고 마지막으로 아테나이인 8,000명이 맨 앞에 배치되었는데, 이들은 왼쪽 날개 구간을 맡았다. 이들을 지휘한 것은 리시마코스의 아들 아리스테이데스였다.

이 병력은 스파르테인 1명에게 배속된 헤일로테스 7명씩을 제외하 29
곤 모두 중무장 보병이었는데, 그 총수는 3만 8,700명이었다. 이방인과 맞서기 위해 소집된 중무장 보병의 전체 수는 그 정도였고, 경무장병들의 수는 다음과 같았다. 즉 스파르테인 대열에는 스파르테인 1명당 7명꼴로 병사 3만 5,000명이 있었는데, 이들은 각자 모두 전투 장비를 갖추고 있었다. 또한 여타 라케다이몬인들과 헬라스인들의 경무장병은 중무장 보병 1명당 1명꼴로 모두 3만 4,500명이었다.[29]

그래서 전체 경무장 전투병은 6만 9,500명이었고, 플라타이아이에 30
집결한 전체 헬라스 군대는 중무장 보병과 경무장 전투병을 합해 도합 11만 명에서 1,800명이 부족했다. 그러나 그곳에 있던 테스페이아인을 합하면 그 수가 꼭 11만 명에 달했다. 그 진영에 테스페이아인 생존자들[30]도 함께 있었는데, 그들이 1,800명이었던 것이다. 그러나

---

29 헤로도토스의 서술을 근거로 하면, '여타 라케다이몬인들과 헬라스인들의 경무장병' 수는 3만 4,500명이 아니고 3만 3,700명이 된다. 그는 이때의 그리스 군 전체 중무장 보병 수를 3만 8,700명으로 적고 그중 스파르타인 중무장 보병 수를 5,000명으로 적었다. 그렇다면 스파르타인 중무장 보병들을 뺀 나머지 중무장 보병은 3만 3,700명이 된다. 여기서 말하는 '여타 라케다이몬인들과 헬라스인들의 경무장병'의 수는 이들 중무장 보병 수와 일대일 비율이라고 하므로, 이 경무장 보병 수 역시 3만 3,700명이 되는 것이다. 아마 헤로도토스가 여기서 경무장병을 서술하면서 800명을 누락했을 것으로 보인다.

이들은 중무장 보병의 무장을 갖추고 있지 않았다. 그때 헬라스 군대는 대열을 갖추고 아소포스 강 가에 주둔해 있었다.

31   한편 마르도니오스 휘하의 이방인들은 마시스티오스에 대한 애도를 마친 다음 헬라스인들이 플라타이아이에 있다는 것을 알자, 그들도 그곳[31]에 흐르는 아소포스 강 쪽으로 갔다. 그들이 목적지에 도달하자 마르도니오스는 적에 맞서 다음과 같이 전열을 배치했다. 그는 라케다이몬인들 맞은편에 페르시스인들을 배치했다. 페르시스인들은 그들보다 수가 훨씬 더 많았으므로 열을 더 두텁게 정렬했고 테게에인들 맞은편에까지 늘어섰다. 그는 페르시스인들을 다음처럼 배치했다. 즉 그들 중 가장 강력한 병력을 뽑아 라케다이몬인들 맞은편에 세우고 더 약한 병력은 테게에인들 맞은편에 배치했다. 그는 테바이인들의 제안과 가르침을 받아 그렇게 배치했던 것이다. 그는 또 페르시스인들 옆에 메디아인들을 배치했다. 이들은 코린토스인들, 포티다이아인들, 오르코메노스인들, 시키온인들과 마주 섰다. 메디아인들 옆에는 박트리에인들을 배치했다. 이들은 에피다우로스인들, 트로이젠인들, 레프레온인들, 티린스인들, 미케나이인들, 플레이우스인들과 마주 섰다. 그는 박트리에인들 다음에 인도스인들을 세웠다. 이들은 헤르미온인들, 에레트리아인들, 스티라인들, 칼키스인들과 마주 섰다. 그는 또 인도스인들 옆에 사카이인들을 배치했는데, 이들은 암프라키아인들, 아낙토리온인들, 레우카스인들, 팔레인들, 아이기나인들과 마주 섰다. 그리고 사카이인들 옆에는 보이오티에인들과 로크리스인들, 멜리스인들, 테살리에인들과 1,000명의 포키스인들을 배치

---

30 700명의 테스페이아인들은 테르모필라이 전투에서 스파르타인과 함께 페르시아군에 맞서 싸우다 장렬하게 전사했다. '테스페이아인 생존자들'은 이들 전사자를 뺀 다른 테스페이아인을 가리킨다. 테르모필라이에서의 테스페이아인의 활약에 대해서는 제7권 제202장과 제222장 참조.

31 플라타이아이 지역.

하여 아테나이인들, 플라타이아이인들, 메가라인들과 마주 서게 했다. 포키스인들이 모두 페르시스 편을 든 것은 아니었고 그들 중 일부는 헬라스의 입장을 지원했기 때문이다. 이들은 파르네소스 산 부근에 갇혀 지냈는데, 그곳을 근거지로 삼아 마르도니오스 군대와 그에게 합류한 헬라스인들을 약탈했던 것이다. 또 마르도니오스는 마케도니에인들과 테살리에 주변에 거주하는 자들도 아테나이인들의 맞은편에 배치했다.

내가 이름을 언급한 이 종족들은 마르도니오스에 의해 배치된 종 32
족 중 가장 중요한 종족들인데, 그들 가운데 가장 유명하고 가장 중시되는 자들이었다. 그러나 그 속에는 여타 종족의 병사들도 함께 섞여 있었는데, 프리기에인들, 트레이케인들, 미시에인들, 파이오니에인들과 그 외 다른 종족도 있었고, 아이티오피에인들도 있었으며 아이깁토스인 중에서 헤르모티비에스와 칼라시리에스라고 불리는, 칼을 찬 전사들도 있었다. 아이깁토스에서는 이들이 유일한 전사들이었다.[32] 마르도니오스는 그가 아직 팔레론에 있을 때에 당시 승선병[33]으로 있던 그들을 배에서 내리도록 했었다. 크세륵세스와 함께 아테나이에 진군한 육군에는 아이깁토스인들이 배치되어 있지 않았기 때문이다.[34] 내가 앞서도 밝힌 것처럼,[35] 이방인들 군대는 30만 명이었다. 반면 마르도니오스외 동맹국이 된 헬라스인의 수는 아무도 알지 못한다. 그들의 수를 계산해 본 적이 없기 때문이다. 다만 어림짐

---

32 제2권 제164~68장 참조.

33 '승선병'에 대해서는 제6권 제12장의 옮긴이 주 참조.

34 크세륵세스가 그리스 원정에 나설 때 이집트인들은 해군에만 배속되어 있었다(제7권 제89장 참조). 이집트의 전투병들은 육지에서 싸우지 않고 배에서 싸우는 승선병들이었던 것이다. 여기서 헤로도토스는 이집트 전사들이 해군이 아니라 육군으로서 플라타이아 전투에 나서게 된 내력을 설명하고 있다.

35 제8권 제113장 참조.

작으로, 그들이 5만 명 정도 모였을 것으로 나는 추측한다. 이들은 보병으로 전열에 배치된 자들이었고, 기병은 따로 배치되었다.

33   그들이 모두 종족별과 부대별로 배치되고 나서, 다음 날 양측은 희생제물을 바쳤다. 헬라스인들을 위해서는 안티오코스의 아들 티사메노스가 제물을 바쳤다. 그는 예언자로서 이들의 군대를 따라왔기 때문이다. 그는 엘리스인으로 이아미다이 가문의 [클리티아데스][36] 일원이었는데, 라케다이몬인들이 그를 자신들의 동료 시민으로 삼았다. 티사메노스가 델포이에서 자신의 자식 생산에 관한 신탁을 물었을 때 피티에 여사제는 그가 대단히 중요한 다섯 번의 경쟁에서 승리할 것이라고 예언했기 때문이다. 그런데 그는 신탁을 잘못 이해하고 자신이 체육 경기에서 승리할 것으로 여겨 신체 훈련에 전념했다. 그는 오종경기를 연마했는데, 안드로스인 히에로니모스와 경기를 벌여 단지 레슬링 경기 한 판 차이로 올림피아 경기의 우승을 놓쳤다.[37] 그러나 라케다이몬인들은 티사메노스가 받은 신탁이 체육 경기가 아니고 전쟁을 가리키는 것임을 알고서, 티사메노스에게 돈을 주며 헤라클레에스 후손들인 그들의 왕들과 함께 전쟁의 지도자가 되어 줄 것

---

36 이 대목은 텍스트 원문이 아니고 후대에 잘못 기입된 부분으로 간주된다. 엘리스의 이아미다이 가문과 클리티아다이 가문은 올림피아 제우스 신전의 신탁 사제들을 배출하는 가문이었다. 그런데 여기서 티사메노스를 '이아미다이 가문의 클리티아데스 일원'이라고 표현하면 그가 각기 다른 두 가문에 동시에 속한 것이 되므로 적절한 표현이 될 수 없다(클리티아데스는 클리티아다이의 단수형이다).

37 고대 오종경기는 멀리뛰기, 원반던지기, 창던지기, 달리기, 레슬링으로 구성되었다. 오종경기의 순서에 대해서는 사료마다 진술이 일치하지 않아 확신하기가 어렵지만, 그럼에도 레슬링 경기가 마지막 순서였음은 분명하다. 고대 오종경기의 승자는 다종목 승자로 결정되었다. 따라서 티사메노스가 레슬링 경기 한 판 차이로 우승을 놓쳤다는 것은 티사메노스와 히에로니모스가 레슬링 경기 이전의 전적에서 동점이었음을 말해 준다. 티사메노스는 마지막 순서인 레슬링 경기에서 패함으로써 우승에 실패했던 것이다.

을 설득하고자 했다. 티사메노스는 스파르테인들이 자신을 같은 편으로 삼는 것을 무척 중히 여긴다는 것을 알았고, 그것을 알게 되자 자신의 값을 올렸다. 그는 그들이 자신을 그들의 시민으로 만들어 주고 모든 것에 대한 권리를 부여한다면 그렇게 하겠지만 그 외 다른 대가를 받고는 그러지 않겠다고 그들에게 밝혔다. 스파르테인들은 그 말을 듣자, 처음에는 크게 화를 내고 자신들의 요청을 전부 취소했다. 하지만 이 페르시스 군대의 커다란 위협이 그들 위에 감돌고 있었으므로, 그들은 결국 그를 쫓아가 그의 제안에 동의했다. 그는 그들의 마음이 바뀐 것을 알자, 이제 자신은 그런 조건만으로는 만족 못하고 자신의 동생 헤기에스도 자신과 똑같은 조건하에 스파르테인이 되어야 한다고 말했다.

왕권에 대한 요구와 시민권에 대한 요구를 같이 놓고 본다면, 그의 34 이런 요구는 멜람푸스[38]를 모방한 것이었다. 아르고스 여자들이 광란에 빠졌을 때[39] 아르고스인들이 돈을 줄 테니 필로스에서 와서 자기네 여자들의 병을 멈추게 해 달라고 하자, 멜람푸스가 그 대가로 왕권의 절반을 달라고 요구했기 때문이다. 아르고스인들은 이를 참지 못하고 그곳을 떠났으나, 더 많은 여자들이 광란에 빠지자 멜람푸스가 요구한 것을 주기로 약속하고 그것을 그에게 주려고 갔다. 그러자 그는 그들의 마음이 바뀐 것을 보고 더 많은 것을 요구했는데, 그들이 자신의 동생 비아스에게도 왕권의 3분의 1을 주지 않으면 그들이 원하는 것을 들어주지 않겠다고 말했던 것이다. 아르고스인들은 궁지에 몰려 있었는지라 이것 또한 받아들였다.

---

38 멜람푸스(Melampus)는 필로스의 예언자다. 그는 예언 능력을 부여받은 최초의 인간이었다고 전한다. 헤로도토스는 그가 그리스에서 디오니소스 제식을 처음으로 거행했다고 주장한다(제2권 제49장 참조).

39 아르고스 여자들은 디오니소스 제식을 거부했다는 이유로 신에게 벌을 받아 광란에 빠졌다고 한다.

35   스파르테인들 역시, 티사메노스가 절실히 필요했으므로, 그의 요구를 전부 수용했다. 스파르테인들이 이것도 들어주자, 이제 스파르테인이 된 엘리스인 티사메노스는 자신의 예언을 통해 그들이 대단히 중요한 다섯 번의 경쟁에서 승리하도록 도와주었다. 티사메노스와 그의 동생은 모든 사람 중에서 유일하게 스파르테 시민이 된 자들이었다. 그 다섯 번의 경쟁은 다음과 같은 것들이었다. 첫 번째는 플라타이아이의 이 전쟁이었고, 그다음은 테게에인들과 아르고스인들을 상대로 테게에에서 벌인 전쟁, 그다음은 만티네에인을 제외한 모든 아르카디에인들을 상대로 디파이아에서 벌인 전쟁, 그다음은 메세니아인들을 상대로 이토메에서 벌인 전쟁, 마지막 것은 아테나이인들과 아르고스인들을 상대로 타나그라에서 벌인 전쟁이었다.[40] 이것이

40 헤로도토스가 언급한 다섯 번의 전쟁은 일어난 순서대로 나와 있다. 첫 번째 전쟁은 기원전 479년의 플라타이아 전쟁을 말한다. 그다음의 테게아 전쟁과 디파이아 전쟁에 대해서는 알려진 것이 별로 없다. 네 번째 전쟁인 '이토메의 전쟁'에 대해서는 논란이 많다. 헤로도토스의 『역사』 중세 필사본에는 '이토메'(Ithome)가 아닌 '이스트모스'(Isthmos)로 기술되어 있지만, 슈타인 텍스트에서는 '이스트모스'를 '이토메'로 고쳐 표기하고 있다. 이는 슈타인뿐 아니라 다른 텍스트에서도 일반적으로 수용되는 견해다. 스파르타인이 코린토스의 이스트모스에서 메세니아인들과 전쟁을 벌일 이유가 없다는 것이 주된 이유다. 일부 학자들은 이스트모스가 코린토스의 지명이 아니고 메세니아의 지명이라는 주장도 하지만, 메세니아에 그런 지명이 존재했다는 근거가 없기 때문에 설득력이 없다. 만약 '이토메'에서 메세니아인들과 싸웠다고 보면, 이는 기원전 460년대에 발생한 헤일로테스 봉기와 일치한다. 봉기를 일으킨 헤일로테스는 기원전 464년경부터 이토메 산을 점거하여 스파르타인들에게 저항했다고 한다. 후대의 파우사니아스도 헤로도토스가 말한 네 번째 전쟁이 헤일로테스의 봉기를 가리킨다고 설명한다. 그에 따르면, 이 봉기에 참여한 것은 전체 헤일로테스가 아니고 그중 메세니아인들의 독자적 행동이었다고 한다. 그래서 이 전쟁을 '메세니아인들에 대한 이토메의 전쟁'으로 보아도 별 문제가 없다. 그럴 경우 테게아 전쟁과 디파이아 전쟁은 서술 순서상 기원전 479년과 464년경 사이에 발생했다고 볼 수 있다. 한편 마지막 타나그라 전쟁은 기원전 457년에 발생했다고 전한다.

다섯 번의 경쟁 중 마지막으로 수행된 것이었다.

그리하여 스파르테인들이 그곳에 데려온 이 티사메노스가 바로 그 36
때 플라타이아이에서 헬라스인들을 위해 예언을 해 주었다. 희생제
물의 징조는 헬라스인들이 수비를 하면 그들에게 길하지만 그들이
아소포스 강을 건너가 먼저 싸움을 시작하면 불길하다고 나왔다.

마르도니오스는 자신이 먼저 싸움을 시작하고 싶었지만 희생제물 37
의 징조가 좋지 않았다. 그에게도 역시 수비를 하면 길하다고 나왔
다. 그 또한 텔리에스[41] 후손 중 가장 유명한 자인 엘리스인 헤게시스
트라토스를 예언자로 삼아 헬라스식으로 희생제물을 바쳤던 것이다.
그전에 스파르테인들은 헤게시스트라토스가 자신들에게 부당한 짓
을 많이 저질렀다는 이유로 그를 체포한 후 죽이려고 구금한 적이 있
었다. 그는 이런 곤경에 처하자, 목숨이 위태로운 지경이고 또 죽기
전에 많은 고초를 겪게 될 것이어서, 차마 말로 형용하기 어려운 일
을 저질렀다. 그는 쇠를 붙인 나무 족쇄에 묶여 있었는데, 어찌 된 일
인지 칼이 반입되어 그것을 손에 넣자 즉시 우리가 아는 그 어떤 행
동보다 더 용기 있는 행동을 꾀했다. 그는 자신의 나머지 발이 어떻
게 빠져나올 수 있을지 계산하여 자신의 발을 일부 잘라 냈던 것이
다. 그렇게 한 후에 그는, 간수들에게 감시당하고 있었으므로, 벽을
뚫고 테게에로 달아났다. 그는 밤에는 이동하고 낮에는 숲으로 기어
들어 가 누워 지냈다. 라케다이몬인들이 모두 나서서 그를 찾았음에
도 그는 세 번째 밤에 테게에에 도착했다. 라케다이몬인들은 그의 잘
린 반쪽 발이 놓여 있는 것을 보고 그의 대담함에 크게 놀랐지만, 그
를 찾을 수가 없었다. 그때 그는 그렇게 라케다이몬인들에게서 달아
나, 당시 라케다이몬인들과 사이가 좋지 않았던 테게에로 피신했던
것이다. 그는 상처가 다 낫자 나무 의족을 댔고 공공연하게 라케다이

---

[41] 엘리스의 유명한 예언자. 제8권 제27장 참조.

몬인들의 적이 되었다. 그렇지만 그가 라케다이몬인들에게 품고 있던 적대감은 결국 그에게 득이 되지 못했다. 그는 자킨토스에서 예언자로 일하다가 라케다이몬인들에게 붙잡혀 살해되었기 때문이다.

38 그러나 헤게시스트라토스의 죽음은 플라타이아이 전투 이후에 일어났고, 이때는 그가 마르도니오스에게 적잖은 보수를 받고 아소포스 강 가에서 희생제물을 바쳤다. 그는 라케다이몬인들에 대한 적대감과 자신이 받은 보수 때문에 열심히 제물을 바쳤다. 하지만 페르시스인들 자신이나 그들 편에 선 헬라스인들—이들 역시 레우카스인 히포마코스를 그들 자신을 위한 예언자로 데리고 있었다—에게 모두 전쟁을 위한 길조가 나오지 않고 또 헬라스인들이 계속 모여들어 헬라스 군대가 더욱 늘자, 테바이인인 헤르피스의 아들 티메게니데스가 마르도니오스에게 키타이론산의 고갯길들을 지키라고 조언했다. 그는 헬라스인들이 날마다 계속 모여들고 있다고 말하며, 그렇게 하면 마르도니오스가 그들을 많이 사로잡을 수 있을 것이라고 했다.

39 그가 마르도니오스에게 이렇게 조언했을 때는 이미 양측 군대가 8일 동안 대치하고 있을 때였다. 마르도니오스는 이 조언이 적절하다고 보고 밤이 되자 플라타이아이로 통하는, 키타이론 산 고갯길들—이것들을 보이오티에인들은 트레이스 케팔라이라고 부르고 아테나이인들은 드리오스 케팔라이라고 부른다[42]—에 기병들을 파견했다. 기병들이 파견되어 그곳으로 간 것이 헛수고는 아니었다. 그들은 펠로폰네소스에서 자기편 진영으로 식량을 운반하는 운송용 동물

42 '트레이스 케팔라이'는 '3개의 머리들'이라는 뜻이고 '드리오스 케팔라이'는 '참나무 머리들'이라는 뜻이다. 여기서 헤로도토스는 키타이론 산 고갯길들 가운데 단 하나만 언급한다. 그가 든 고갯길은 아테네 쪽에서 플라타이아로 이어지는 고갯길이었던 것 같다. '3개의 머리들'이라는 이름은 아마 세 갈래 길의 교차점을 나타내거나 머리가 셋으로 갈라진 헤르메스상이 위치한 지점을 나타냈을 것으로 추정된다. 한편 '참나무 머리들'이라는 이름은 고갯길 부근에 참나무 숲이 있었을 가능성을 말해 준다.

500마리가 평지로 들어설 때 그 동물들뿐 아니라 그것들의 멍에를 잡고 따라가던 사람들도 다 함께 사로잡았기 때문이다. 페르시스인들은 이 약탈물을 손에 넣자 운송용 동물이건 사람이건 봐주지 않고 그것들을 가차 없이 죽였다. 그들은 그것들을 실컷 죽이고서, 살아남은 것들을 에워싸고 마르도니오스와 그의 진영으로 몰고 갔다.

이 일이 있은 후 그들은 다시 이틀을 보냈는데, 양측 어느 쪽도 전 40 쟁을 먼저 시작하려 들지 않았다. 이방인들은 아소포스 강까지 전진하여 헬라스인들을 시험해 보곤 했지만 양측 모두 강을 건너지는 않았기 때문이다. 그렇지만 마르도니오스의 기병들은 헬라스인들을 계속 압박하고 괴롭혔다. 페르시스 측을 열렬히 지원하는 테바이인들이 전쟁에 열심히 참가하여 기병들이 싸울 수 있는 데까지 늘 안내해 주곤 했던 것이다. 그러면 그다음부터 페르시스인들과 메디아인들이 이어받아 그들의 용맹을 보여 주곤 했다.

10일이 흐를 때까지 그 이상의 일은 일어나지 않았다. 그러나 양측 41 이 플라타이아이에서 맞서 진을 친 지 11일째가 되었을 때, 헬라스인들 수는 훨씬 더 늘었고 마르도니오스는 지지부진한 상황에 안달이 났다. 그리하여 이때 고브리에스의 아들 마르도니오스와 파르나케스―그는 크세륵세스가 존중하는 몇 안 되는 페르시스인 중 한 명이었다―의 아들 아르타바조스가 함께 이논을 했다. 그들이 협의하면서 제시한 의견들은 다음과 같은 것이었다. 아르타바조스의 의견은 그들이 되도록 빨리 전군을 이동시켜 테바이의 성벽 안으로 들어가야 한다는 것이었다. 그곳에는 그들을 위한 많은 식량과 운송용 동물들을 위한 사료가 비축되어 있으니, 그곳에 편하게 머물며 다음처럼 일을 처리하자는 것이었다. 즉 그들에겐 주조되거나 주조되지 않은 금들이 많이 있고 또 은과 술잔들도 많이 있다고 했다. 그래서 이것들을 아끼지 말고 여러 헬라스인들에게, 특히 나라에서 지도적 위치에 있는 헬라스인들에게 보내자고 했으며, 그러면 그들이 곧 자신들의 자유를 넘겨줄 것이라고 말했다. 페르시스인들이 위험을 무릅

쓰고 전투를 벌일 필요가 없다는 것이었다. 그가 내놓은 의견은 테바이인들의 의견[43]과 같은 것이었는데, 그 역시 특별한 통찰력이 있었기 때문이다. 반면에 마르도니오스의 의견은 그보다 더 강성이고 더 완고하고 비타협적인 것이었다. 그는 자신들의 군대가 헬라스의 군대보다 훨씬 더 강하다고 여겨, 모여든 적들이 이전보다 더 늘어나는 것을 두고 보지만 말고 되도록 빨리 싸움을 벌이자고 했다. 또 헤게시스트라토스의 희생제물에 대해서는 그냥 내버려 두고 억지로 길조를 얻으려 하지 말고, 페르시스인들의 관습에 따라 싸움을 벌이자고 했다.

42   마르도니오스가 이렇게 의견을 밝히자 아무도 반박하지 않아 결국 그 의견이 우세하게 되었다. 왕에게서 군대의 지휘권을 부여받은 것은 아르타바조스가 아니라 바로 그였기 때문이다. 그리하여 그는 소부대 부대장들과 그의 편을 들고 있는 헬라스인 장군들을 소집해, 페르시스인들에 관한 예언, 즉 페르시스인들이 헬라스에서 파멸할 것이라고 한 예언에 대해 아느냐고 물었다. 그러나 그곳에 소집된 자들은, 일부는 그 예언을 알지 못해서 또 일부는 알고 있었지만 말하지 않는 것이 안전하다고 여겨서, 침묵을 지켰다. 이에 마르도니오스가 말했다. "자, 그대들이 아무것도 모르고 있거나 혹은 과감히 말하려 하지 않으니, 내가 직접 말하겠소. 내가 그것을 잘 알고 있으니 말이오. 한 예언에 의하면, 페르시스인들이 헬라스에 와서 델포이의 성소를 약탈할 것이고 그것을 약탈한 후에는 모두 파멸하게 되어 있다는 거요. 그런데 우리는 바로 그 예언을 잘 알고 있어서 그 성소에도 가지 않고 그곳을 약탈하려 하지도 않을 테니, 그렇게 하면 우리가 파멸되지 않을 거요. 그러니 그대들 중에서 페르시스인들에게 호의를 가진 자들은 우리가 헬라스인들을 정복할 것이니 모두들 기뻐하도록

43 제9권 제2장 참조.

하시오."그는 그들에게 이렇게 말한 후에 또 다른 지시를 내렸는데, 다음 날 동이 트면 즉시 전투가 개시될 것이니 모든 것을 준비하고 잘 정돈해 놓으라 했던 것이다.

내가 알기에, 마르도니오스가 페르시스인들에 관한 것이라고 말한 이 예언은 페르시스인들이 아니라 일리리아인들과 엥켈레스인들의 군대[44]에 대해 내려진 것이었다. 하지만 이 플라타이아이 전투에 관한 것으로는 바키스가 내린 예언이 있다. **43**

테르모돈 강 변과 풀이 무성한 아소포스 강 변에
헬라스인들이 모이고 이방인들의 비명 소리가 울릴지니라.
그곳에서, 죽음의 날이 닥쳐오면, 활을 든 수많은 메디아인들이
자신들의 몫과 운명을 채우지 못하고 쓰러지리라.

내가 알기에, 이 예언뿐 아니라 이와 비슷한 무사이오스의 다른 예언들도 페르시스인들에 관한 것이다. 테르모돈 강은 타나그라와 글리사스의 사이로 흐른다.

마르도니오스가 예언에 대해 묻고 지시를 내린 후에, 밤이 되자 보초들이 배치되었다. 그런데 밤이 더 깊어져 진영 전체가 고요해지고 사람들이 깊은 잠에 빠진 것 같았을 때, 그때 마케도니에인들이 지휘관이자 왕인, 아민테스의 아들 알렉산드로스가 말을 타고 아테나이인 보초들에게로 가서 그들의 장군들과 대화하고 싶다고 요청했다. 보초 대부분은 그 자리에 남아 있었지만, 그중 일부가 그들의 장군들에게로 달려갔다. 그들은 가서, 웬 사람이 메디아인 진영에서 말을 타고 왔는데 다른 말은 일절 하지 않고 장군들의 이름을 대며 장군들과 대화하기를 바라고 있다고 전했다. **44**

---

44 엥켈레스인들은 일리리아 지역의 한 부족이다.

45   장군들은 이 말을 듣자, 즉시 보초들을 따라 초소로 갔다. 그들이
도착하자, 알렉산드로스가 말했다. "아테나이인들이여, 내가 그대들
에게 신뢰의 기탁물로 다음과 같은 말을 전하려 하는데, 그대들이 나
를 파멸시키지 않으려거든 이것을 비밀로 하고 파우사니에스 이외에
는 누구에게도 말하지 마시오. 내가 헬라스 전체를 몹시 염려하는 것
이 아니라면 이것을 말하지 않았을 테니까요. 나 자신도 혈통은 본디
헬라스인이고, 나로서는 헬라스가 자유를 누리지 못하고 예속되는
것을 보고 싶지 않소. 그래서 나는 마르도니오스와 그의 군대가 희생
제물에서 그들이 바라는 징조를 얻지 못했다고 말해 주는 거요. 그
렇지 않았다면 그대들은 이미 오래전에 전쟁을 치렀을 것이오. 그러
나 그는 이제 희생제물에 대해서는 그냥 내버려 두고 날이 밝으면 즉
시 싸움을 벌이기로 결정했소. 내가 추측하기에, 그는 그대들의 군대
가 더욱 많이 모이지 않을까 두려워하고 있기 때문이오. 그대들은 이
에 대비하도록 하시오. 그러나 만약 마르도니오스가 싸움을 지체하
고 벌이지 않는다면 그대들은 자리를 지키고 머물도록 하시오. 그들
에게는 단지 며칠분 식량밖에 남아 있지 않으니까요. 만일 이 전쟁이
그대들의 의향대로 끝나게 된다면 나의 자유에 대해서도 잊지 말아
야 하오. 내가 헬라스인들을 위해 이렇게 위험한 일을 성심껏 수행했
으니 말이오. 나는 그대들이 전혀 예상치 못하고 갑자기 이방인들에
게 습격을 받지 않도록 그대들에게 마르도니오스의 의도를 알려 주
고 싶었기 때문이오. 나는 마케도니에인 알렉산드로스라고 하오." 그
는 이렇게 말하고 말을 달려 페르시스 군영과 자신의 구역으로 돌아
갔다.

46   아테나이의 장군들은 오른쪽 날개 구간으로 가서, 알렉산드로스에
게서 들은 말을 파우사니에스에게 전했다. 그는 그 말을 듣고 페르시
스인들이 두려워, 다음처럼 말했다. "그럼 전투가 새벽녘에 벌어질
것이니, 그대들 아테나이인들이 페르시스인들 맞은편에 서고, 우리
는 보이오티에인들 및 지금 그대들에게 맞서 포진해 있는 헬라스인

들 맞은편에 서는 것이 가장 좋겠소. 그 이유는 이렇소. 그대들은 마라톤에서 메디아인들과 싸워 보았기에 그들과 그들의 전쟁 방식을 잘 알고 있지만, 우리는 이 자들을 경험해 보지 못해 그들을 알지 못하기 때문이오. 스파르테인 중 어느 누구도 그들과 맞닥뜨려 본 적이 없으니 말이오.[45] 반면에 우리는 보이오티에인과 테살리에인에 대해서는 겪어 보았소. 그러니 그대들은 무기들을 들고 이쪽 날개 구간으로 오고, 우리가 왼쪽 날개 구간으로 가는 게 가장 좋겠소." 이에 대해 아테나이인들이 대답했다. "우리들 자신도 예전에 페르시스인들이 그대들 맞은편에 포진하는 것을 처음 보았을 때부터, 그대들이 방금 제시한 것과 똑같은 제안을 하려고 생각했소. 그러나 우리는 그대들이 그런 제안에 불쾌해하지 않을까 걱정되었소. 하지만 그대들 자신이 그런 제안을 하니, 우리는 그 제안을 기쁘게 여겨 기꺼이 그리하도록 하겠소."

이에 양측은 모두 그것에 만족하고, 새벽이 밝아오자 서로 구역을 47 바꾸었다. 그런데 보이오티에인들이 그 일을 알아차리고 마르도니오스에게 알렸다. 마르도니오스는 이 말을 듣자마자 그 역시 구역을 바꾸고자 했고, 페르시스인들을 라케다이몬인들 맞은편으로 데려갔다. 파우사니에스는 이와 같은 일이 일어난 것을 알자, 자신의 행동이 간파되어있음을 깨닫고 스파르테인들을 다시 오른쪽 날개 구간으로 이끌고 갔다. 그러자 마르도니오스도 마찬가지로 페르시스인들을 왼쪽으로 이끌었다.

그들이 원래 구역에서 다시 포진했을 때, 마르도니오스는 스파르 48 테인들에게 사자를 보내 다음과 같이 말했다. "라케다이몬인들이여, 그대들은 이곳 사람들에게서 가장 용감한 자들이라는 말을 듣고 있소. 그들은 그대들이 전장에서 도망치지도 않고 그대들의 구역을 이

---

45 그러나 스파르타군은 테르모필라이 전투에서 페르시아군과 싸운 적이 있다.

탈하지도 않고, 자리를 지키다가 적들을 죽이든지 아니면 자신들이 죽든지 한다고 찬탄하고 있소. 그러나 이것들은 다 진실이 아닌 것 같소. 우리가 교전을 벌이고 백병전을 치르기도 전에, 그대들이 도망가고 그대들의 자리를 이탈하는 것을 우리가 보았기 때문이오. 그대들은 아테나이인들에게 우리를 먼저 시험해 보도록 맡기고 그대들 자신은 우리의 노예들 맞은편에 포진해 있소. 그것은 결코 용감한 자들의 행동이 아니오. 우리는 그대들에 대해 완전히 속았소. 우리는 그대들의 명성에 비추어 예상하기를, 그대들이 우리에게 사자를 보내 도전하고 페르시스인들하고만 싸우기를 바랄 것으로 보았기 때문이오. 우리도 그렇게 할 준비를 했건만, 그대들이 그러한 제안을 하지 않고 오히려 움츠리는 것을 알았소. 그래서 그대들이 그런 제안을 제기하지 않았으니, 대신에 우리가 제기하겠소. 그대들은 헬라스인들 중에서 가장 용감하다는 평을 받고 있으니 헬라스인들을 대표해 나서고 우리는 이방인들을 대표해 나서 양측이 똑같은 수로 겨뤄 보는 것이 어떻소? 나머지 사람들도 싸우기로 결정된다면 이들은 그다음에 싸우게 하시오. 그러나 그렇지 않고 우리들만으로 충분하다고 결정된다면 우리 양측이 끝까지 싸우도록 합시다. 그래서 양측 가운데 누구든 승리를 거두면, 그들이 전체 군대를 대신해 승리한 것으로 합시다."

49   사자는 이렇게 말한 후 잠시 기다렸지만, 아무도 그에게 답변을 하지 않자 그곳을 떠나 돌아왔다. 그는 돌아와서 자신에게 일어났던 일을 마르도니오스에게 보고했다. 이에 마르도니오스는 크게 기뻐하고 이 헛된 승리에 고무되어, 헬라스인들을 공격하러 기병들을 내보냈다. 기병들은 돌진하여 창을 던지고 활을 쏘면서 헬라스 전군에 큰 피해를 입혔다. 그들은 기마 궁수들이었고 근접해 싸우기가 매우 까다로웠기 때문이다. 그들은 또 헬라스 진영 전체가 물을 가져다 먹는 가르가피에 샘을 엉망으로 만들고 파괴했다. 그 샘 근처에는 오직 라케다이몬인들만 배치되어 있었고, 다른 헬라스인들이 배치된 모든

곳에서는 그 샘이 멀고 오히려 아소포스 강이 가까웠다. 그러나 이들은 아소포스 강에 가까이 갈 수 없어서 그 샘을 자주 찾아갔다. 페르시스 기병들과 그들의 화살들 때문에 그 강에서 물을 길어 올 수가 없었던 것이다.

상황이 이렇게 되어, 군대에 물이 차단되고 페르시스 기병들에게 50 괴롭힘을 당하자, 헬라스인들의 장군들이 이런 문제들과 여타 문제들을 의논하려고 모였는데, 그들은 오른쪽 날개 구간의 파우사니에스에게로 모여들었다. 그런 문제들 말고 다른 문제들이 그들을 더 괴롭히고 있었기 때문이다. 그들에겐 더 이상 식량이 없었을뿐더러, 식량을 가지러 펠로폰네소스로 보내졌던 그들의 하인들도 기병들에게 차단당해 진영에 도달할 수 없었던 것이다.

장군들은 회의를 열어 만일 페르시스인들이 그날 회전(會戰)을 벌 51 이지 않고 넘어간다면 섬으로 들어가기로 결정했다. 그 섬은 아소포스 강과, 그때 그들이 진을 치고 있던 가르가피에 샘에서 10스타디온 떨어져 있고 플라타이아이 시 앞에 있다. 그것은 육지 안의 섬이라 할 만하다. 즉 위쪽 키타이론 산에서 흘러오는 강이 둘로 갈라져 평지로 내려오는데, 두 강줄기는 서로 떨어져 3스타디온쯤 흐르다가 나중에 다시 하나로 합쳐진다. 그 강 이름은 오에로에라고 한다. 현지 주민들은 오에토에가 아소포스의 딸이라고 말한다. 장군들은 그들이 풍부한 물을 사용할 수 있도록 또 기병들이 서로 맞대고 있는 지금처럼 그들을 괴롭히지 못하도록 이곳으로 이동할 계획을 세웠다. 그들은 또 두 번째 야경 시간[46] 때에 이동하기로 결정했는데, 이는 페르시

---

46 그리스에서 야경 시간이 어떻게 나뉘어 있었는지는 분명치 않다. 전승에 따라 셋 혹은 넷으로 나뉘었다고 하는데, 로마시대처럼 넷으로 구분되었다고 보는 견해가 일반적이다. 그리스의 야경 시간을 넷으로 나눌 때, 그 간격은 밤의 길이에 따라 달라지는데, 보통 2시간에서 3시간 사이였을 것으로 보인다. 여기서 플라타이아이 전투는 여름에 일어난 것이므로 상대적으로 밤 시간이 짧은 편이었다. 한국과 위도가 비슷한 그리스의 여름철 일몰과 일출 시

스인들이 그들이 떠나는 것을 알아채지 못하게 하고 기병들이 그들을 따라와 괴롭히지 못하도록 하려는 것이었다. 그 밖에도 그들은 이곳, 즉 아소포스의 딸 오에로에 강이 키타이론 산에서 흘러와 갈라져서 에워싸고 있는 땅에 도착하면 그날 밤에 군대의 절반을 키타이론 산으로 파견하기로 결정했는데, 이는 식량을 구하러 간 하인들을 데려오기 위해서였다. 그 하인들은 키타이론 산에 갇혀 있었던 것이다.

52   그렇게 하기로 결정한 후, 그들은 그날 내내 페르시스 기병들의 압박을 받아 극심한 고초를 겪었다. 그러나 날이 저물어 기병들이 공격을 멈추고 밤이 되어 군대가 떠나기로 약속한 시간이 되자, 그들 대부분이 행동에 착수하여 그곳을 떠났다. 하지만 그들은 약속한 땅으로 갈 의향이 없었다. 그들은 이동을 시작하자마자 좋아라고 기병들에게서 도망쳐 플라타이아이 시로 향했는데, 그곳으로 달아나다 헤레 신전에 도달했다. 그것은 플라타이아이 시 앞에 있고 가르가피에 샘에서 20스타디온 떨어져 있다. 그들은 헤레 신전에 이르자 신전 앞에 자신들의 무기들을 쌓아 두었다.[47]

53   그리하여 그들은 헤레 신전 주위에 진을 쳤다. 한편 파우사니에스는 그들이 진지를 출발하는 것을 보자, 라케다이몬인들에게도 무기들을 챙겨 들고 앞서 출발한 다른 자들을 뒤따라가라고 지시했다. 그는 그들이 약속한 곳으로 간다고 생각했던 것이다. 이때 다른 부대장들은 파우사니에스가 내린 지시에 따르고자 했지만, 피타네 부대

간을 고려하면, 대략 오후 8시경에서 다음 날 오전 6시경까지를 밤으로 볼 수 있다. 그렇다면 4분된 야경 시간은 각각 2.5시간이 되므로, '두 번째 야경 시간'은 대략 밤 10시를 지난 후부터 새벽 1시 사이였을 것으로 추정된다. 마케도니아의 알렉산드로스 왕이 밤중에 몰래 그리스군을 찾아온 시간도 바로 이 시간이었을 것으로 보인다(제9권 제44장 참조).

47 '무기들을 쌓아 둔다'는 것은 군대가 행군을 멈추고 휴식하거나 주둔하는 것을 의미한다.

의 지휘자[48]인, 폴리아데스의 아들 아몸파레토스는 외국인들[49]에게서 달아나 스파르테를 수치스럽게 하고 싶지 않다고 말했다. 그는 이전의 협의[50]에 참석하지 않았기 때문에 당시 사태를 보고 의아해 했던 것이다. 파우사니에스와 에우리아낙스는 그가 그들의 지시에 따르지 않는 것을 언짢아했지만, 더 언짢아한 것은 만일 그가 계속 거부할 경우 피타네 부대를 남겨 놓고 갈 수밖에 없는데, 그들이 다른 헬라스인들과 약속한 것을 이행하고자 그를 남겨 놓고 가 버리면 아몸파레토스 자신과 그의 병사들이 뒤에 남아 파멸하지 않을까 해서였다. 그들은 이런 점을 감안하여 라코니아 군대를 멈추게 하고, 그렇게 해서는 안 된다고 아몸파레토스를 설득하려 했다.

그리하여 그들은 라케다이몬인들과 테게에인들 가운데 유일하게 54
뒤에 남은 아몸파레토스에게 계속 권유했다. 반면에 아테나이인들은 다음과 같이 행동했다. 그들은 자신들이 배치된 곳에서 움직이지 않

---

48 '피타네 부대'는 '피타네테스 로코스'(Pitanetes lochos), '지휘자'는 '로케고스'(lochegos)를 각각 번역한 것이다. 로케고스는 로코스의 지휘자를 가리킨다. 로코스는 군대의 소규모 부대를 말하는데, 시기와 지역에 따라 그 규모가 다양하다. 크세노폰은 로코스의 구성원 수를 24명 혹은 100명으로 언급하기도 한다. 스파르타의 경우 전군이 6개 모라(mora)로 구성되고 각 모라가 4개 혹은 5개 로코스로 되었다고 하므로, 스파르타군의 전체 로코스는 24개 혹은 30개가 된다. 플라타이아이 전투에 동원된 스파르타인 군대가 5,000명 수준이었다고 하므로(제9권 제10장과 제28장 참조), 그때 로코스의 규모는 166명과 208명 사이가 된다. 스파르타 병력이 후대에 감소하고 또 사안별로 군대의 동원 규모도 달라 로코스의 정확한 규모를 단정하기 어렵지만, 대략 100명에서 200명 사이였을 것으로 추정된다. 한편 피타네는 스파르타의 지구 이름이므로(제3권 제55장 참조), 피타네 부대는 피타네 지구의 부대를 뜻한다고 하겠다. 하지만 투키디데스는 『역사』에서 스파르타 피타네 부대의 존재를 부인한다(투키디데스, 『역사』 제1권 제20장 참조).

49 여기서 '외국인들'(xeinoi)은 '이방인들'(barbaroi)을 가리킨다. '외국인'과 '이방인'의 차이에 대해서는 제1권 제65장의 옮긴이 주 참조.

50 제9권 제50~51장 참조.

고 그대로 있었는데, 생각과 말이 같지 않은 라케다이몬인들의 성향을 잘 알고 있었던 것이다. 하지만 진영이 움직이기 시작하자, 아테나이인들은 그들 중 기수(騎手) 한 명을 보내 스파르테인들이 정말 이동하려 하는지, 아니면 출발할 의향이 전혀 없는지 살펴보게 했고, 또 파우사니에스에게 아테나이인들이 무엇을 해야 할지 물어보게 했다.

55   전령이 라케다이몬인들에게 도착했을 때, 그는 그들이 그 자리에 그대로 정렬해 있고 그들의 지도자들이 서로 언쟁을 벌이는 것을 보았다. 에우리아낙스와 파우사니에스가 아몸파레토스에게 라케다이몬인들 중 그와 그의 병사들만 홀로 남게 되는 위험을 무릅쓰지 말라고 권유했지만 그를 설득하지 못했고, 결국은 언쟁을 벌이기 시작했는데 바로 그때 아테나이 전령이 도착해 그들 옆에 막 들어섰던 것이다. 언쟁을 벌이는 중에 아몸파레토스는 양손으로 바윗돌 하나를 들어 파우사니에스 발 앞에 놓으면서, 자신은 외국인들—그는 이 말을 이방인들의 뜻으로 사용했다—에게서 달아나는 것에 대해 그 돌로 반대 투표를 한다고 말했다. 이에 파우사니에스는 그를 정신 나간 미친 자라고 부르며, 지시받은 대로 질문한 아테나이 전령에게 자신들의 지금 사정을 아테나이인들에게 가서 전하라고 명령했다. 그리고 아테나이인들에게 자신들 쪽으로 와 달라고 요청하고, 출발에 대해서는 자신들이 하는 대로 따라 줄 것을 요청했다.

56   그리하여 전령은 아테나이인들에게 돌아갔다. 한편 라케다이몬인들은 새벽까지도 계속 언쟁을 벌였다. 파우사니에스는 그동안 내내 가만히 있었지만, 이제 신호를 내린 다음 나머지 군대 전체를 이끌고 언덕들을 지나 이동했다. 테게에인들도 그를 따라갔다. 파우사니에스는 나머지 라케다이몬인들이 떠나면 아몸파레토스도 남아 있지 않을 것이라고 생각했는데, 실제로도 그렇게 되었다. 아테나이인들은 명령을 받고 라케다이몬인들과는 다른 길로 나아갔다. 라케다이몬인들은 기병들이 두려워 구릉들과 키타이론의 산기슭에 가깝게 이동했

지만, 아테나이인들은 평지 쪽을 향해 내려갔던 것이다.

처음에 아몸파레토스는 파우사니에스가 과감히 자신의 부대를 남 57
겨 놓고 떠나지는 않을 것으로 생각하고, 그 자리에 남아 제 구역을
떠나지 않겠다는 입장을 고수했다. 그러나 파우사니에스와 그의 병
사들이 전진해 나아가자 그들이 정말로 자신을 남겨 놓고 떠난다고
여겨, 자신의 부대에 무기를 챙겨 들게 한 후 부대를 이끌고 나머지
대열을 향해 보통 속도로 행군했다. 나머지 대열은 10스타디온쯤 진
군한 다음 몰로에이스 강 부근 아르기오피온이라는 곳에 자리 잡고
아몸파레토스의 부대를 기다리고 있었는데, 그곳에는 엘레우시스 데
메테르의 성소가 위치해 있다. 그들이 그곳에서 기다리던 이유는 다
음과 같았다. 즉 아몸파레토스와 그의 부대가 배치된 구역을 떠나지
않고 그곳에 계속 머물러 있으면, 이들에게 돌아가 도와주기 위해서
였다. 그런데 아몸파레토스 휘하의 병사들이 그들에게 합류하자, 그
와 동시에 이방인들의 기병들이 전 병력으로 공격해 왔다. 그 기병들
은 관례적으로 늘 해 오던 일을 한 것인데, 헬라스인들이 이전 며칠
동안 포진해 있던 곳이 텅 비어 있는 것을 보자, 앞으로 계속 말을 몰
아 그들을 따라잡았고 그 즉시 공격에 나섰던 것이다.

마르도니오스는 헬라스인들이 밤중에 떠났다는 말을 듣고 그들의 58
진시가 텅 빈 것을 보사, 데리사의 토텍스 및 그의 형세들인 에우리
필로스와 트라시데이오스를 불러 이렇게 말했다. "알레우아스의 아
들들이여, 그대들은 이곳이 텅 빈 것을 보고서 무슨 할 말이 있소? 그
대들은 라케다이몬인들의 이웃들이고, 그들이 전쟁에서 도망치지 않
으며 전쟁에 대해 제일가는 자들이라고 말해 왔소. 하지만 그들이 종
전에 진영의 구역을 바꾸는 것을 그대들이 보았고 또 이제는 그들이
지난밤에 도주한 것을 우리가 모두 보고 있소. 그들은 세상에서 정말
로 가장 용감한 전사들과 싸워 결판을 내지 않을 수 없게 되자, 그들
자신이 하잘것없는 자들이며 또 역시 하잘것없는 헬라스인들 사이에
서나 두각을 나타낸 것임을 여실히 보여 주었소. 그대들은 페르시스

인들을 경험해 본 적이 없으니, 나는 라케다이몬인들을 어느 정도 아는 그대들이 그들을 칭찬하는 것은 기꺼이 용서할 수 있소. 하지만 나는 아르타바조스에 대해 한층 더 놀라움을 금할 수 없소. 그는 라케다이몬인들을 몹시 두려워했고, 그들을 두려워한 나머지 참으로 비겁한 의견, 즉 우리의 진영을 옮겨 테바이인들의 도시로 들어가 그곳에서 포위되어 있자는 의견을 내놓았기 때문이오.[51] 나는 조만간 그의 의견에 대해 왕께 말씀 드릴 것이오. 이것들에 대해서는 다른 데에서도 이야기하게 될 거요. 그러나 지금은 저들이 하는 대로 놔두면 안 되오. 우리가 라케다이몬인들을 붙잡아 그들이 페르시스인들에게 저지른 온갖 행위들에 대가를 치를 때까지 그들을 추격해야 하는 거요."

59   마르도니오스는 이렇게 말한 후, 구보로 페르시스인들을 이끌고 아소포스 강을 건너 헬라스인들을 추격했다. 그는 헬라스인들이 도망가는 것으로 생각했던 것이다. 그는 라케다이몬인들과 테게에인들만 쫓아갔다. 아테나이인들은 평지 쪽으로 행군했는데, 구릉들에 가려 그가 보지 못했던 것이다. 다른 이방인 부대들의 지휘자들은 페르시스인들이 헬라스인들을 추격하러 나가는 것을 보자, 즉시 모두들 신호기(信號旗)를 올리고, 진형의 질서도 대오도 갖추지 않은 채, 각자 최대한 빠른 속도로 헬라스인들을 추격했다.

60   그들은 헬라스인들을 금방 해치울 것으로 보고 함성을 지르며 우르르 헬라스인들에게 달려들었다. 한편 파우사니에스는 페르시스 기병들이 공격해 오자, 아테나이인들에게 기수 한 명을 보내 다음과 같이 말했다. "아테나이인들이여, 지금 헬라스가 자유를 누리느냐 아니면 예속되느냐를 가르는 아주 중요한 싸움이 우리 앞에 놓여 있는데, 우리 라케다이몬인들과 그대들 아테나이인들은 동맹국들에 배신당

51 제9권 제41장 참조.

했소. 그들이 지난밤에 달아났소. 그러니 우리가 이제 앞으로 무엇을 해야 할지 정해졌소. 우리는 최선을 다해 힘껏 도우며 서로를 보호해 줘야 하는 거요. 만약 기병들이 그대들을 먼저 공격했다면 우리와, 헬라스를 배신하지 않고 지금 우리와 함께 있는 테게에인들이 당연히 그대들을 도왔을 것이오. 그러나 지금 그들이 다 우리에게 진격해 왔으니, 그대들은 부대들 중 가장 극심하게 압박받는 우리 부대를 도우러 와야 마땅하오. 그러나 그대들이 직접 우리를 도우러 올 수 없는 상황이라면, 우리에게 궁수들을 보내 주기를 부탁하오. 우리는 그대들이 지금의 이 전쟁에 누구보다도 단연 열성적임을 잘 알고 있으니, 그대들이 이 요청도 들어주리라 믿소."

아테나이인들은 이 말을 듣자, 최선을 다해 라케다이몬인들을 돕 61
고 지켜 주고자 했다. 그러나 그들이 이미 진군 중일 때, 왕의 편이 되어 자신들의 맞은편에 포진해 있던 헬라스인들이 자신들을 공격했으므로 더는 라케다이몬인들을 도우러 갈 수 없었다. 저들의 공격이 아테나이인들을 몹시 괴롭혔던 것이다. 그리하여 라케다이몬인들과 테게에인들만 홀로 남겨졌는데, 라케다이몬인들은 경무장병까지 합쳐 5만 명이었고 테게에인은 3,000명이었다. 이 테게에인들은 결코 라케다이몬인들과 갈라지지 않았던 것이다. 그들은 마르도니오스와 당시 그곳에 있던 그의 군대에 맞서 교전을 벌이려 할 때 희생제물을 바쳤다. 그러나 그들은 제물의 길조를 얻지 못했으며, 그사이에 그들 중 많은 자들이 죽고 부상당한 자들은 더 많았다. 페르시스인들이 버들가지 방패들로 방책을 치고 수많은 화살을 아낌없이 쏘아 댔기 때문이다. 그리하여 스파르테인들이 곤경에 처하고 희생제물의 징조도 소용이 없자, 파우사니에스는 플라타이아이 헤레 신전 쪽을 바라보며 여신에게 기도하여 자신들의 희망이 어긋나지 않게 해 달라고 청했다.

파우사니에스가 이렇게 기원하는 동안에 테게에인들이 먼저 전진 62
하여 이방인들을 공격했다. 그리고 희생제물을 바치던 라케다이몬인들에게도 파우사니에스의 기원이 있은 후 곧바로 제물의 길조가 나타났다. 마침내 그런 일이 생기자, 라케다이몬인들도 페르시스인들을 공격했고 페르시스인들은 활을 내려놓고서 라케다이몬인들과 맞섰다. 처음에는 버들가지 방패들의 방책 부근에서 전투가 벌어졌다. 그러다 이 방책이 무너지자, 이제 격렬한 전투가 바로 그 데메테르 신전 부근에서 오랫동안 전개되더니 결국은 백병전으로 이어졌다. 이방인들이 헬라스인들의 창을 잡고 부러뜨렸기 때문이다. 페르시스인들은 용기와 힘에서는 뒤지지 않았지만, 중무장 보병의 무장을 갖추지 못했고 더욱이 숙련되지도 않은 데다 책략에서도 그들의 적들과 상대가 되지 않았다. 그들은 혼자 혹은 10명씩, 혹은 그보다 더 많거나 적게 떼를 지어 앞서서 돌진했지만, 그렇게 스파르테인들에게 달려들었다가 오히려 자신들이 파멸하곤 했다.

63   마르도니오스는 페르시스인들 가운데 최정예인 1,000명의 선발된 병력을 주위에 거느린 채 백마를 타고 싸웠는데, 바로 그곳에서 페르시스인들이 적들을 가장 심하게 압박했다. 마르도니오스가 살아 있는 동안에는 그들이 물러서지 않았고 자신들을 지키며 많은 라케다이몬인들을 쓰러뜨렸다. 그러나 마르도니오스가 죽고 그의 주위에 배치되어 있던 최강의 부대도 역시 파멸하자, 나머지 자들도 방향을 돌려 라케다이몬인들 앞에서 달아났다. 그들이 그렇게 파멸한 가장 주된 요인은 그들의 복장에 중무장 보병의 무장을 갖추지 않았기 때문이다. 그들은 경무장 보병 무장을 하고 중무장 보병들과 싸움을 벌였던 것이다.

64   그때 마르도니오스는 신탁이 말한 대로[52] 레오니데스의 죽음에 대한 보상을 스파르테인들에게 이행했다. 아낙산드리데스의 아들인 클레옴브로토스의 아들 파우사니에스는 우리가 아는 모든 승리 중에

52   제8권 제114장 참조.

서 가장 찬란한 승리를 거두었다. 파우사니에스의 조상 가운데 아낙산드리데스 이전 조상들의 이름은 내가 레오니데스에 관한 대목에서 언급한 적이 있다.[53] 공교롭게도 그 조상들은 레오니데스와 파우사니에스의 공동 조상이었던 것이다. 마르도니오스는 스파르테에서 이름이 높은 아에임네스토스에게 죽임을 당했다. 그는 메디아 전쟁의 한참 뒤에 스테니클레로스 전쟁에서 병사 300명을 거느리고 메세니아인들 전부와 싸웠고, 거기서 그와 300명 병사들이 모두 다 전사했다.[54]

페르시스인들은 플라타이아이에서 라케다이몬인들에게 패해 달아 65 날 때, 무질서하게 그들 자신의 진영과 또 자신들이 테바이 영토에 만들었던 나무 방벽 안으로 도망갔다. 그런데 나는 그들이 데메테르의 숲 옆에서 전투를 벌였음에도 단 한 명의 페르시스인도 성역 안으로 들어가거나 혹은 그 안에서 죽은 것으로 나타나지 않고 그들이 대부분 성소 주위의 성화(聖化)되지 않은 땅에서 죽었다는 것이 놀랍기만 하다. 신성한 일들에 대해 부득이 어떤 판단을 해야 한다면, 나는 그들이 엘레우시스에 있는 이 여신의 성소를 불태웠기 때문에 여신이 그들을 받아들이지 않았다고 생각한다.

이 전투는 그때 그런 정도까지 전개되었다. 한편 파르나케스의 아 66

---

53 제7권 제204장 참조.

54 헤로도토스는 이 전쟁에 대해 구체적으로 서술하지 않는다. 아에임네스토스(Aeimnestos)가 메세니아인들과 전쟁을 했다는 진술만 있고 그것이 스파르타인과 메세니아인의 전쟁이었다고는 말하지 않는다. 게다가 헤로도토스 외에는 아에임네스토스를 언급한 자료가 없는 만큼 그가 메세네아인들과 왜 싸웠는지 알 수가 없다. 그가 함께 싸운 300명 병사들이 누구였는지도 불확실하다. 그러나 메세니아인들이 모두 전쟁에 참여했고 그들과 스파르타인이 싸웠음을 감안하면 그 전쟁이 이른바 제3차 메세니아 전쟁(기원전 464~454년)이었을 것으로 추정된다. 한편 후대의 플루타르코스는 마르도니오스를 죽인 스파르타인의 이름을 아에임네스토스가 아닌 아림네스토스(Arimnestos)라고 부른다(플루타르코스, 『아리스테이데스 전기』 제19장 제1절 참조).

들 아르타바조스는 마르도니오스가 왕에 의해 남겨진 것을 바로 처음부터 불만스레 여겼고, 당시에도 교전을 벌이는 데 반대하며 누차 만류했지만 아무 소용이 없었다. 그래서 그 자신은 마르도니오스가 행한 일들에 불만을 품고 다음과 같은 조치를 취했다. 아르타바조스는 4만 명에 달하는 상당한 규모의 병력을 거느리고 있었다. 그는 이들을 이끄는 지휘관이었는데 교전이 벌어지자, 전투에서 어떤 결과가 초래될지를 잘 알고서, 그들 모두에게 자신이 그들을 어디로 이끌고 가든, 또 그들이 보기에 자신이 어떤 속도를 유지하든 꼭 그대로 따라오라고 지시한 후, 그의 군대를 질서정연하게[55] 인솔했다. 그는 이렇게 지시하고, 군대를 전쟁터로 이끌고 가는 체했다. 그러나 앞으로 나아가는 도중에 페르시스인들이 도망쳐 오는 것을 보았다. 그래서 그는 이제 더는 똑같은 대형으로 그들을 이끌지 않고, 되도록 빨리 질주해 달아났다. 그는 나무 방벽이나 테바이의 성채로 도망가지 않고 포키스인들의 땅으로 달아났는데, 되도록 빨리 헬레스폰토스에 도달하고 싶었던 것이다.

67   그리하여 아르타바조스 군대는 그쪽 방향으로 나아갔다. 한편 왕의 편에 선 다른 헬라스인들은 일부러 비겁하게 굴었지만, 보이오티에인들은 아테나이인들과 오랫동안 싸움을 벌였다. 테바이인 중 페르시스에 협력한 자들은 꽤 열정적으로 싸우고 일부러 비겁하게 굴지는 않았는지라, 결국 그들 중 가장 출중하고 용감한 자들 300명이 그곳에서 아테나이인들에게 죽임을 당했다. 그러나 이들도 패주하게 되자 테바이로 달아났는데, 페르시스인들과 다른 모든 동맹국 부대들이 도망갔던 길과는 다른 길로 해서 갔다. 이 동맹국 부대들은 누구와도 끝까지 싸워 보지 않고 무슨 업적을 보여 주지도 못한 채 도망쳤던 것이다.

---

55 슈타인 텍스트에는 "질서정연하게"로 나와 있지만 일부 학자들은 "질서정연하게" 대신 "전투 대형으로"가 더 적합한 표현이라고 본다.

그때에도 이들 동맹국은 페르시스인들이 도망가는 것을 보고서 적   68
과 싸워 보기도 전에 달아났으므로, 내가 보기에는 이방인들의 모든
일이 페르시스인들에게 달려 있었음이 분명하다. 그리하여 그들은
다른 기병들과 보이오티에 기병들만 빼고 모두가 도망쳤다. 그러나
이 기병들은 늘 적들 바로 가까이에 머물며, 도망가는 아군을 헬라스
인들로부터 막아 주었으므로 도망가는 자들에게 대단히 큰 도움이
되었다.

　헬라스인들은 승리를 거두고 크세륵세스의 군사들을 추격했으며,   69
그들을 추격하여 해치웠다. 이러한 추격이 진행되고 있을 때, 전투
가 벌어져 파우사니에스 군대가 승리했다는 전갈이 헤레 신전 부근
에 주둔하며 전투에 참여하지 않았던 다른 헬라스인들에게 전해졌
다. 그들은 이 소식을 듣고서, 대오도 갖추지 않은 채 이동했다. 코린
토스인들과 그들 주변에 배치된 자들은 산기슭과 언덕들을 따라 가
며 위쪽으로 곧장 데메테르 성소로 이어지는 길로 이동했고, 반면에
메가라인들과 플레이우스인들과 그들 주변에 배치된 자들[56]은 평지
를 통해 가장 순탄한 길로 이동했다. 그런데 메가라인들과 플레이우
스인들이 적들에게 가까이 다가갔을 때, 테바이 기병들―이들의 기
병대장은 티만드로스의 아들 아소포도로스였다―은 그들이 무질서
하게 시둘리 다가오는 것을 보고서 말을 타고 그들에게 달려 나갔다.
테바이 기병들은 그들을 공격하여 그중 600명을 쓰러뜨렸고 나머지
자들도 키타이론산까지 쫓아가 분쇄했다.

　그리하여 이들은 하잘것없이 죽었다. 한편 페르시스인들과 다른   70
무리들은 나무 방벽 안으로 피신하자, 라케다이몬인들이 도착하기
전에 미리 성루 위에 올라가고자 했고 그곳에 올라가서는 온 힘을 다
해 방벽을 최대한 강화했다. 그리고 라케다이몬인들이 도착하자, 양

56　코린토스인들과 메가라인들과 플레이우스인들의 주변에 배치된 자들에 대
　　해서는 제9권 제28장 참조.

측 간에 매우 거센 공성전(攻城戰)이 벌어졌다. 아테나이인들이 그곳에 없을 동안에는, 그들이 자신들을 방어하며 라케다이몬인들보다 훨씬 우세했다. 라케다이몬인들이 공성전에 익숙하지 않았기 때문이다. 하지만 아테나이인들이 도착하자, 공성전이 오랫동안 격렬하게 전개되었다. 결국은 아테나이인들이 용기와 인내를 발휘하여 방벽에 올라가 그것을 무너뜨렸다. 그러자 헬라스인들이 그곳을 통해 안으로 밀어닥쳤다. 방벽 안으로 제일 먼저 들어간 것은 테게에인들이었는데, 바로 이들이 마르도니오스의 막사를 약탈한 자들이었다. 테게에인들은 그 막사에서 다른 것들과 함께 특히 말구유도 약탈했는데, 이것은 모두 청동으로 되어 있고 아주 볼만한 것이었다. 테게에인들은 마르도니오스의 이 말구유를 알레에[57] 아테나이에의 신전에 봉헌하고, 그들이 획득한 다른 모든 것들은 헬라스인들의 공동 보관소에 가져다 놓았다. 일단 방벽이 무너지자, 이방인들은 더는 대열을 형성하지 못했고 그들 중 누구도 항거할 생각을 하지 못했다. 그들은 공포에 사로잡혀 좁은 장소에 수만 명이 갇혀 있었는지라 큰 혼란에 빠졌다. 이에 헬라스인들이 그들을 아주 대량으로 학살할 수 있었고, 그 결과 30만 명— 아르타바조스가 도망갈 때 데려간 4만 명은 여기서 뺀다—가운데 3,000명도 채 살아남지 못했다. 스파르테에서 온 라케다이몬인 중에서는 모두 91명이 그 전투에서 죽었고, 테게에인 중에서는 16명, 아테나이인 중에서는 52명이 죽었다.

71   이방인 중에서는 페르시스인 보병과 사카이인 기병이 가장 용감하게 싸웠고, 개별적으로는 마르도니오스가 가장 용감하게 싸웠다고 한다. 반면에 헬라스인들 중에서는 테게에인들과 아테나이인들이 용감하게 행동했지만, 그래도 용맹함에서는 라케다이몬인들이 가장 뛰어났다. 내가 이에 대한 증거로 유일하게 들 수 있는 것은 바로 라케

---

57 '알레에'에 대해서는 제1권 제66장의 옮긴이 주 참조.

다이몬인들이 적들 가운데 가장 강력한 자들을 공격하여 이겼다는 점이다. 헬라스인들이 다 각자 맞은편 적들에게 승리했기 때문이다. 우리의 판단으로는, 라케다이몬인 중에서도 단연 가장 용감하게 행동한 자는 아리스토데모스였다. 그는 테르모필라이에서 300인 가운데 유일하게 살아남았다는 이유로 비난을 받고 모욕당한 바로 그 사람이다.[58] 그다음으로 가장 용감하게 싸운 자는 포세이도니오스와 필로키온, 그리고 스파르테인인 아몸파레토스[59]였다. 그렇지만 그들 중 누가 가장 용감하게 행동했는가를 놓고 논쟁이 벌어졌을 때, 그곳에 함께 있었던 스파르테인들은 판단하기를, 아리스토데모스는 자신이 받고 있던 비난 때문에 명백히 죽기를 바라고서 분연히 대열에서 뛰쳐나가 큰 공을 세운 것이지만, 포세이도니오스는 죽기를 바라지 않고도 용감하게 싸웠다고 보았다. 그래서 그들은 포세이도니오스가 더 용감했다고 판단한 것이다. 하지만 그들은 단지 시기심 때문에 그렇게 말했을지도 모른다. 이 전투에서 죽은 자들 가운데 내가 앞서 언급한 자들은 모두, 아리스토데모스만 제외하고, 명예를 부여받았다. 그러나 아리스토데모스는 앞서 말한 이유에서 죽기를 바랐는지라 아무 명예도 주어지지 않았다.

이들이 바로 플라타이아이에서 가장 큰 명성을 날린 자들이었다. 72 칼리그라데스는 이에 포함되지 못했는데, 그가 전쟁터 밖에서 죽었

---

58 제7권 제229~31장 참조.

59 여기서 '스파르테인', 즉 '스파르티에테스'는 아몸파레토스에게만 적용된다. 그래서 이것을 그대로 받아들이면, 포세이도니오스와 필로키온은 '스파르테인'이 아니고 페리오이코이에 속했을 것으로 보인다. 그러나 페리오이코이의 이름을 '스파르테인들'보다 먼저 서술한 것이 어색하고 또 이들이 함께 매장되었다(제9권 제85장 참조)는 점을 고려하면 세 사람을 다 '스파르테인'으로 볼 수 있다. 그래서 일부 학자들은 '스파르티에테스'를 복수형인 '스파르티에타이'(스파르테인들)로 고쳐 적기도 한다. 스파르티에테스와 페리오이코이에 대해서는 제1권 제67장의 옮긴이 주 참조.

기 때문이다. 그가 군대에 왔을 때 그는 당시 헬라스인들 중에서, 라케다이몬인 자신들뿐 아니라 다른 모든 헬라스인들 중에서도 가장 잘생긴 미남이었다. 그는 파우사니에스가 희생제물을 바칠 때 자신의 대열 속에 앉아 있다가 옆구리에 화살을 맞아 부상을 입었다. 그래서 군대가 교전을 벌이는 동안, 그는 대열 밖으로 옮겨져 내키지 않은 죽음을 맞았다. 그는 플라타이아이인 아림네스토스에게 말하기를, 자신이 헬라스를 위해 죽는 것이니 죽는 것에 개의치는 않지만 한번 싸워 보지도 못하고, 정말 그러고 싶었건만 자신에게 걸맞은 업적을 이루지 못한 것이 마음에 걸린다고 했다.

73   아테나이인들 중에서는 데켈레에 구 출신인, 에우티키데스의 아들 소파네스가 큰 명성을 날렸다고 한다. 그런데 아테나이인들 자신의 말에 따르면, 예전에 데켈레에 주민들이 영원히 남을 유익한 행동을 한 적이 있다고 한다. 옛날에 틴다레오스의 후손들[60]이 헬레네를 되찾아 가려고 대군을 데리고 아티케 땅에 침입하여, 헬레네가 숨겨져 있는 곳을 알지 못하고 여러 촌락을 약탈하고 다녔을 때에, 바로 그때 데켈레에인들이 그들에게 사건의 전말을 모두 말해 주고 그들을 아피드나이로 안내했다는 것이다. 하지만 다른 사람들 말로는, 데켈로스[61] 자신이 테세우스의 오만함에 분개하고 아테나이인들의 나라 전체가 걱정되어 그리했다고 한다. 그러자 아피드나이의 토착민 티타코스가 아피드나이를 틴다레오스의 후손들에게 넘겨주었다고 한다. 데켈레에인들의 이런 행동 때문에 스파르테에서는 데켈레에인들에게 조세 면제와 공공행사에서의 앞자리 특전이 부여되어 지금까지

---

60 틴다레오스는 스파르타의 전설적인 왕이고 그 후손들은 디오스쿠로이인 카스토르와 폴리데우케스를 가리킨다. 테세우스가 그들의 누이 헬레네를 납치해 아티카의 아피드나이로 데려갔기에 그들이 헬레네를 찾아 아티카에 갔다고 한다.

61 데켈레이아의 전설적인 시조(始祖) 영웅.

도 여전히 계속되고 있고, 그 후 여러 해 뒤에 아테나이인들과 펠로 폰네소스인들 사이에 전쟁이 일어났을 때에도 라케다이몬인들이 아 티케의 다른 지역은 약탈했지만 데켈레에는 약탈을 삼갔다.[62]

소파네스는 이 지구(地區) 출신이며 그때 아테나이인들 중에서 가 74 장 용감하게 싸운 자였는데, 그에 대해서는 두 이야기가 전한다. 그 중 하나는, 그가 가슴갑옷 허리띠에 쇠닻을 청동사슬로 묶어 놓고 다 녔다는 것이다. 그래서 그는 적들에게 가까이 접근할 때마다, 적들 이 자신들의 진영 위치에서 나와 달려들면 그들에게 밀려 자신이 자 리를 옮기지 않도록 쇠닻을 내려놓곤 했다 한다. 그리고 적들이 도망 가면 쇠닻을 집어 들고 그들을 추격하고자 했다고 한다. 그 이야기는 이러한 것이다. 그러나 또 하나의 이야기가 전하는데, 이는 앞서 언 급한 이야기와 서로 모순된다. 즉 그가 쇠닻을 가슴갑옷에 묶어 놓은 것이 아니라, 항상 가만히 있지 않고 빙빙 움직이는 그의 방패 위에 닻의 도안을 그려 놓은 것이라고 한다.

소파네스는 빛나는 업적을 또 하나 이루었는데, 아테나이인들이 아 75 이기나를 포위 공격 했을 때, 오종경기 우승자인 아르고스인 에우리바 테스에게 도전하여 그를 죽였던 것이다.[63] 그러나 용감한 활약을 보 인 소파네스 자신도 그 후 얼마 뒤에 죽음을 맞았는데, 그가 글라우 콘의 아들 레아그로스와 함께 아테나이인들의 장군으로 있을 때 금 광을 놓고 싸우다가 다토스에서 에도노이인들에게 죽었던 것이다.[64]

---

62 하지만 스파르타인들은 펠로폰네소스 전쟁 중인 기원전 413년에 데켈레이아 를 점령했다. 헤로도토스가 이 데켈레이아 점령을 몰랐다는 것은 그가 기원 전 413년에는 생존해 있지 않았음을 말해 준다.

63 제6권 제92장 참조.

64 트라키아 암피폴리스 지역에 식민하기 위한 아테네인들의 원정(기원전 465년)을 얘기하는 것으로 보인다. 암피폴리스 부근 팡가이온 산에는 금광 과 은광이 있었다고 한다(제7권 제112장 참조). 한편 다토스는 타소스 맞은 편 트라키아 해안에 위치해 있었다.

76 이방인들이 플라타이아이에서 헬라스인들에게 패했을 때, 한 여성 탈주자가 헬라스인을 찾아왔다. 그녀는 페르시스인인, 테아스피스의 아들 파란다테스의 첩이었는데, 페르시스인들이 파멸하고 헬라스인들이 승리했음을 알게 되었던 것이다. 그녀는 수많은 금장식으로 치장했고―그녀를 수행하는 자들도 마찬가지였다―그녀가 가진 옷 중에서 가장 아름다운 옷을 입고 있었다. 그녀는 마차에서 내려 아직 살육을 저지르고 있는 라케다이몬인들에게로 걸어갔는데, 거기서 모든 일을 지휘하고 있던 파우사니에스를 보자, 전부터 그의 이름과 나라에 대해 자주 들어 잘 알고 있었는지라, 그가 파우사니에스임을 알아보고 그의 무릎을 잡으며 다음과 같이 말했다. "스파르테의 왕이시여, 탄원하오니 저를 전쟁 포로의 예속에서 구해 주시옵소서. 전하께서는 신령들이나 신들을 경외하지 않는 이 자들을 죽임으로써, 지금껏 저에게 도움을 주셨으니까요. 저는 코스 태생으로 안타고레스의 아들인 헤게토리데스의 딸입니다. 페르시스인이 저를 코스에서 강제로 붙잡아 데리고 있었던 것입니다." 이에 파우사니에스가 이렇게 대답했다. "여인이여, 기운을 내시오. 그대는 나의 탄원인인 데다, 그대가 진실을 고한 대로 정말로 코스의 헤게토리데스의 딸이라면 말이오. 마침 그는 그 지역 부근에 살고 있는 모든 자들 중에서 나에게 가장 중요한 빈객이오." 그는 이렇게 말하고서 그때 자리에 함께 있던 감찰관들에게 그녀를 맡겼다가, 나중에 그녀 자신이 가고 싶어 하는 대로 아이기나로 보냈다.

77 이 여성이 찾아온 후, 곧이어 만티네에인들이 도착했는데 그때는 모든 일이 끝나 있었다. 그들은 자신들이 전투보다 뒤늦게 도착했음을 알고서, 크게 애통해 했고 자신들이 처벌받아 마땅하다고 말했다. 그들은 아르타바조스와 함께 도망간 메디아인들에 대해 듣자, 테살리에까지 메디아인들을 쫓아가려고 했다. 그러나 라케다이몬인들은 그들이 도망가는 자들을 추격하지 못하게 했다. 만티네에인들은 자신들의 나라에 돌아온 후, 군대 지도자들을 나라 밖으로 추방했다.

만티네에인들 다음에 엘리스인들이 도착했는데, 엘리스인들 역시 만티네에인들과 똑같이 애통해 하며 그곳을 떠났다. 이들 역시 돌아가서 자기네 지도자들을 추방했다. 만티네에인들과 엘리스인들에 대한 이야기는 이러한 것이다.

플라타이아이의 아이기나인 군대에는 피테에스의 아들인 람폰이 **78** 있었는데, 그는 아이기나의 주요 인물 중 한 명이었다. 그는 몹시 불경한 제안을 가지고서 파우사니에스에게 갔는데, 급히 서둘러 도착하여 다음과 같이 말했다. "클레옴브로토스의 아들이여, 그대는 참으로 위대하고 훌륭한 과업을 이룩했소. 신께서는 그대가 헬라스를 구한 데 대해 우리가 아는 어느 헬라스인보다도 더 큰 명성을 얻게 해주셨소. 하지만 이제 그대는, 그대가 한층 더 큰 명성을 얻고 또 앞으로 어떤 이방인이건 감히 먼저 헬라스인들에게 무도한 행동을 저지르지 못하게, 덧붙여 한 가지 남은 일을 하도록 하시오. 레오니데스가 테르모필라이에서 전사했을 때, 마르도니오스와 크세륵세스는 그의 목을 베어 말뚝에 매달았소. 이제 그대가 마르도니오스에게 똑같이 되갚아 준다면, 그대는 먼저 모든 스파르테인들에게서, 그리고 다음에는 다른 모든 헬라스인들에게서도 찬사를 받게 될 것이오. 그대가 마르도니오스를 말뚝에 매달면, 그대의 숙부 레오니데스에 대한 복수를 히게 될 데니까요."

그는 파우사니에스가 기뻐할 것으로 생각하여 이런 말을 했지만, **79** 파우사니에스는 다음처럼 대답했다. "아이기나의 빈객이여, 그대가 나에게 호의를 베풀고 배려해 주니 그대에게 감사하지만, 그대의 판단은 잘못된 것이오. 그대는 나와 내 조국, 내 업적을 높이 추어올리더니, 나더러 시신을 모욕하라고 권하고, 내가 그렇게 하면 더욱 큰 명성을 얻을 것이라고 말하면서 나를 하잘것없는 자로 끌어내렸소. 그런 행동은 헬라스인들보다는 이방인들에게 더 어울리는 것이오. 우리는 저들이 그러는 것도 맘에 들지 않소. 나는 어쨌든 그런 행동에 관한 한, 아이기나인들이나 그런 행동을 좋아하는 자들에게 호의를 사고 싶지 않소. 나로서는 올바른 행동과 올바른 말로 스파르테인들을 기쁘게 해 준다면 그것으로 만족하오. 그리고 내 말하지만, 그대가 나더러 복수를 하라고 조언한 레오니데스에 대해서는 이미 크게 보복을 했소. 레오니데스 자신과 테르모필라이에서 죽은 다른 모든 사람들이 여기 있는 수많은 자들의 목숨으로 보상을 받았으니 말이오. 하지만 그대는 이제 그런 제안을 가지고 나를 찾아오지도 나에게 조언하지도 마시오. 그리고 아무런 벌도 받지 않은 것을 고맙게 여기시오."

80   람폰은 이 말을 듣고 그곳을 떠났다. 파우사니에스는 누구도 전리품에 손대지 말라는 포고를 내리고서 헤일로테스에게 재화들을 모두 수합하라고 명령했다. 그들은 진영 곳곳에 흩어져서, 금과 은으로 치장한 천막들, 금과 은으로 도금한 와상들, 금으로 만든 혼주용기들, 술잔들과 여타 음주 용기들을 찾아냈다. 또한 그들은 수레들 위에서 자루들을 발견했는데, 그 안에는 금제 및 은제 솥들이 들어 있었다. 그들은 또 그곳에 놓여 있는 시신들에서 팔찌, 목걸이, 금제 단검들을 떼어 냈다. 화려한 자수(刺繡)의 의복에는 아무런 관심을 기울이지 않았다. 이때 헤일로테스는 많은 재화들을 훔쳐 아이기나인들에게 팔아넘겼다. 반면에 그들이 신고한 재화들도 많았는데 이것들은 모두 그들이 숨길 수 없었던 것들이다. 그래서 아이기나인들의 막대한 부는 최초에 여기서 비롯된 것이다. 그들은 진짜 금을 마치 청동인 양 헤일로테스에게서 사들였던 것이다.[65]

81   그들은 재화들을 모두 수합한 후 그중 10분의 1을 델포이의 신을 위해 챙겨 놓았다. 이것으로 황금 삼족의자를 만들어 봉헌했는데, 그것은 머리가 셋인 청동 뱀 위에 놓여 있고 제단에서 가장 가까이에 위치해 있다. 또한 그들은 올림피에의 신을 위해서도 10분의 1을 떼

---

65 '금을 청동인 양 사들인다'는 것은 금을 청동 값에 사들인다는 뜻이다.

어 그것으로 10페키스의 제우스 청동상을 만들어 봉헌했고, 이스트모스의 신[66]을 위해서도 10분의 1을 따로 챙겨 그것으로 7페키스의 포세이데온 청동상을 만들었다. 이것들을 다 제하고 나머지는 분배되었는데, 각자 자신의 공적에 맞게 페르시스인의 첩들, 금은 및 여타 재화들, 운송용 동물들을 분배받았다. 그들 중 플라타이아이에서 가장 용감하게 싸운 자들에게 얼마나 많은 재화가 따로 떼어 부여되었는지 아무도 말하는 자가 없지만, 나는 그들에게도 무언가 따로 주어졌을 것으로 생각한다. 파우사니에스에게는 여자, 말, 탈란톤,[67] 낙타와 여타 재화 모두에서 큰 몫이 따로 떼어 부여되었다.

또 그때 다음과 같은 일도 있었다고 한다. 즉 크세륵세스가 헬라스 82 에서 도망갈 때 마르도니오스에게 그 자신의 비품들을 남기고 갔다. 파우사니에스는 금과 은, 그리고 화려한 색상의 휘장이 갖춰진 마르도니오스의 비품들[68]을 보고서, 빵 굽는 자들과 요리사들더러 마르도니오스에게 해 주던 것과 똑같은 정찬을 마련하라고 명령했다 한다. 이들이 명령을 받고 그렇게 했을 때, 이때 파우사니에스는 멋진 덮개를 씌운 금은제 와상, 금은제 식탁, 그리고 풍성한 진수성찬이 차려진 것을 보고 자신 앞에 펼쳐진 화려한 모습에 깜짝 놀랐으며, 장난삼아 자신의 하인들에게 라코니아식 정찬을 준비하라고 지시했다 한다. 식사가 마련되어 둘 사이에 큰 차이가 나자, 파우사니에스는 웃

---

66 델포이의 신은 아폴론, 올림피에의 신은 제우스, 이스트모스의 신은 포세이돈을 가리킨다. 델포이는 아폴론의 신탁으로 유명하고, 올림피에는 제우스를 기리는 올림피아 제전으로 유명한 곳이다. 코린토스의 이스트모스에서는 포세이돈을 기리는 이스트미아 제전이 열렸다고 한다.

67 탈란톤은 중량 혹은 화폐 단위인 만큼 여기서 탈란톤은 화폐로 주조되거나 주조되기 이전의 금은을 말하는 것으로 보인다.

68 비품들에는 마르도니오스의 막사도 포함되어 있었던 것으로 보인다. 화려한 휘장이 갖춰진 비품은 천막과 연관된 것이라 할 수 있다. 그의 막사는 제9권 제70장에서도 언급된다.

음을 터뜨리며 헬라스의 장군들을 불러오게 했고, 그들이 다 모이자 그곳에 차려진 두 가지 정찬을 가리키며 말했다고 한다. "헬라스인들이여, 내가 그대들을 함께 모이게 한 이유가 무엇인고 하니, 그대들에게 이 메디아 지도자의 어리석음을 보여 주고 싶어서였소. 그는 이런 식으로 살면서도 이렇게 빈약한[69] 우리의 식사를 빼앗으려고 우리에게 왔던 거요." 파우사니에스는 헬라스인들의 장군들에게 그렇게 말했다고 한다.

83   그러나 그 후 한참 뒤에 다수의 플라타이아이인들 역시 금, 은 및 다른 재화가 든 궤짝들을 발견했다. 또 그 뒤 시신들이 백골로 변한 후에, 시신 중에서 다음과 같은 모습이 나타났다. 플라타이아이인들이 그들의 유골을 한곳에 모아 두었기 때문이다. 즉 전혀 이어져 있지 않고 하나의 뼈로 이루어진 두개골이 발견되었고, 앞니와 어금니가 모두 하나의 뼈로 이루어진 이빨들이 위턱에 나 있는 턱뼈도 나타났으며, 또한 키가 5페키스[70]나 되는 남자의 뼈도 나타났다.

84   마르도니오스의 시신은 전투 다음 날 사라졌는데, 나는 어떤 자가 그렇게 했는지 정확하게 말할 수 없다. 그러나 나는 온갖 지역의 여러 사람들이 마르도니오스를 매장했다는 이야기를 들었고, 또 그 일에 대한 대가로 여러 사람들이 마르도니오스의 아들 아르톤테스에게서 막대한 사례를 받았다고 알고 있다. 그래도 나는 그들 중 누가 마르도니오스의 시신을 몰래 훔쳐서 매장했는지 정확하게 파악할 수가 없다. 비록 에페소스인 디오니소파네스가 마르도니오스를 매장했다는 소문이 있기는 하지만 말이다. 어쨌든 마르도니오스는 그런 식으

---

69 여기서 파우사니아스는 두 가지 식사를 교대로 가리키며 말한다. 마르도니오스의 식사를 가리키며 '이런 식으로 살면서도'라고 언급하고, 라코니아식 식사를 가리키며 '이렇게 빈약한'이라고 언급하는 것이다.

70 오늘날 기준으로 1페키스는 약 44.4센티미터이므로, 5페키스는 약 2미터 22센티미터다.

로 매장되었다.

한편 플라타이아이의 헬라스인들은 전리품을 분배한 후, 각기 자 85
신들의 전사자들을 별도로 매장했다. 라케다이몬인들은 무덤을 셋
만들었다. 그중 하나에는 이렌[71]들을 묻었는데, 포세이도니오스, 아
몸파레토스, 필로키온, 칼리크라테스가 그에 포함되어 있었다. 이렇
게 무덤들 중 하나에는 이렌들이 묻혔고, 다른 하나에는 여타 스파르
테인들, 세 번째 것에는 헤일로테스가 묻혔다. 그들은 이렇게 매장한
반면, 테게에인들은 따로 모든 전사자들을 합쳐 매장했고 아테나이
인들도 자신들의 전사자들을 한곳에 묻었다. 또 메가라인들과 플레
이우스인들도 기병들에게 죽은 자신들의 전사자들을 마찬가지로 묻
었다. 이들 모두의 무덤들에는 전사자들이 가득 묻혀 있었다. 그러나
플라타이아이에 있는 다른 사람들의 무덤들은, 내가 파악하기에, 자
신들이 전투에 참전하지 못한 것을 수치스럽게 여겨 후대 사람들에
게 보이려고 각각 만든 텅 빈 봉분들이라고 한다. 그곳에는 아이기나
인들 것이라고 일컬어지는 무덤도 있는데, 내가 듣기에, 그것은 아이
기나인들의 대리인[72]인, 플라타이아이인 아우토디코스의 아들 클레
아데스가 아이기나인들의 요청을 받고 이 전투 후 10년 뒤에 만든 것
이라고 한다.

---

71 이렌(iren, 혹은 에이렌eiren)은 20~30세 사이의 스파르타 청년들을 가리
    킨다. 이들은 전쟁에 나가 실전 경험을 쌓는 세대이고 아직은 완전한 시민으
    로 인정받지 못했다. 스파르타인들은 30세가 넘어야 민회에 참석할 수 있었
    던 것이다. 그런데 이들이 이 장례 과정에서 특별 대우를 받는 이유가 확실
    치 않다. 더욱이 전투에서 가장 용감하게 활약한 자들이 모두 이렌이라는 점
    도 믿기 어렵지만, 이렌의 한 명으로 언급된 아몸파레토스가 스파르타군의
    로코스 부대장으로 나오는 아몸파레토스(제9권 제53장 참조)와 동일인이라
    면 그는 이렌보다 나이가 더 많았을 것이 분명하다.
72 '프로크세이노스'를 번역한 말. 프로크세이노스에 대해서는 제6권 제57장의
    옮긴이 주 참조.

86   헬라스인들은 플라타이아이에서 자신들의 전사자들을 매장한 후, 즉시 회의를 열고 테바이인 원정에 나서기로 결정했으며 또 테바이인 중 페르시스 편을 든 자들, 특히 티메게니데스와 아타기노스를 넘기라고 요구하기로 했다. 이들은 테바이 최고위 인사 중에서도 지도적 인물들이었다. 또한 헬라스인들은 만일 테바이인들이 그들을 인도하지 않는다면 도시를 공략할 때까지 그곳에서 철수하지 않기로 결정했다. 헬라스인들은 이렇게 결정하고 나서, 전투 후 11일째 날에 그곳에 도착해 테바이인들을 포위 공격 했으며 그 자들을 인도하라고 요구했다. 그러나 테바이인들이 그들을 인도하려 하지 않았으므로, 헬라스인들은 테바이인들의 땅을 유린하고 성벽을 공격했다.

87   헬라스인들이 약탈을 멈추지 않자, 20일째 되는 날에 티메게니데스가 테바이인들에게 다음과 같이 말했다. "테바이인들이여, 헬라스인들은 자신들이 테바이를 함락시키거나 그대들이 우리를 저들에게 넘겨줄 때까지는 포위 공격을 그만두지 않기로 결정했다고 하니, 우리 때문에 보이오티에 땅이 더 이상 극심한 불행을 겪지 않도록 하시오. 만일 그들이 돈을 원하면서 그냥 핑계로 우리를 인도하라고 요구하는 거라면, 국고(國庫)에서 그들에게 돈을 내줍시다. 우리가 페르시스 편을 든 것은 우리만의 행동이 아니고 국가 전체의 행동이었으니 말이오. 그러나 만일 그들이 정말로 우리를 원하여 포위 공격을 하는 거라면, 우리가 스스로 그들에게 넘어가 재판을 받을 것이오." 테바이인들은 그의 말이 매우 타당하고 시의적절하다고 여겨, 곧장 파우사니에스에게 사절을 보내 그들을 인도하겠다는 뜻을 밝혔다.

88   양측이 이러한 조건하에 협약을 맺었을 때, 아타기노스는 도시 밖으로 도망쳤다. 이에 그의 아들들이 붙잡혀오자, 파우사니에스는 그 아이들은 페르시스 편을 든 일에 아무 책임이 없다고 말하면서 그들을 무죄로 풀어 주었다. 한편 테바이인들이 인도한 다른 사람들의 경우에는, 그들이 재판을 받을 것으로 생각했고, 그러면 돈으로 매수하여 능히 고소에서 벗어날 수 있을 것이라 믿었다. 그러나 파우사니에

스는 그들을 인도받자, 바로 그 점을 의심쩍게 여겨, 동맹국 군대를 모두 돌려보낸 뒤 그들을 코린토스로 데려가 처형했다. 플라타이아이와 테바이에서 일어난 일은 그러한 것이었다.

한편 파르나케스의 아들 아르타바조스는 플라타이아이에서 도망 89 쳐 이미 멀리 가 있었다. 그가 도착하자, 테살리에인들은 그를 연회에 초대하고 나머지 군대에 대해 물었다. 그들은 플라타이아이에서 일어난 일을 전혀 알지 못했던 것이다. 아르타바조스는 자신이 그들에게 전투에 관해 사실대로 다 말하려 한다면 그 자신과 그를 따라온 군대가 모두 죽을 위험에 빠질 것임을 알고 있었다. 그는 무슨 일이 일어났는지를 그들이 알게 되면 누구나 자신을 공격하리라고 생각했던 것이다. 이를 감안하여 그는 전에 포키스인에게 아무것도 밝히지 않았던 것처럼, 테살리에인들에게 다음처럼 말했다. "테살리에인들이여, 나는 지금, 그대들이 보시다시피, 전속력으로 서둘러 트레이케로 달려가고 있소. 본영으로부터 어떤 용무를 띠고 이 군사들과 함께 파견되어, 급하게 가고 있는 중이오. 마르도니오스 자신과 저기 그의 군대는 바로 내 뒤를 따라 진군해 오기로 되어 있소. 그대들은 그를 환대하고, 그에게 호의를 베풀도록 하시오. 그렇게 하면 그대들이 나중에 후회하지 않을 것이니 말이오." 아르타바조스는 이렇게 말하고, 테살리에외 미케도니에를 지나 곧장 트레이케 쪽으로 황급히 군대를 이끌고 갔다. 그는 정말로 급하게 서둘러 내륙으로 길을 질러갔다. 그는 비잔티온에 도착했지만, 그 자신의 군대는 도중에 트레이케인들에게 살해당하기도 하고 굶주림과 피로에 쓰러지기도 해서 많은 수를 잃었다. 그는 비잔티온에서 배를 타고 건너갔다. 아르타바조스는 그렇게 아시에로 돌아갔다.

한편 페르시스인들은 자신들이 플라타이아이에서 패배를 당한 바 90 로 그날, 공교롭게 이오니에의 미칼레에서도 패배를 당했다. 라케다이몬인 레우티키데스와 함께 항해한 헬라스인들이 델로스에 도착하여 주둔해 있을 때,[73] 사모스에서 그들에게 사절들이 왔던 것이다. 사절들은 트라시클레에스의 아들 람폰, 아르케스트라티데스의 아들 아테나고레스, 아리스타고레스의 아들 헤게시스트라토스였는데, 이들은 사모스인들이 페르시스인들과 참주 테오메스토르 몰래 보낸 자들이었다. 안드로다마스의 아들인 테오메스토르는 페르시스인들이 사모스 참주로 세운 자였다. 사절들이 장군들 앞에 나아갔을 때, 그중 헤게시스트라토스가 이러저런 다양한 말을 길게 늘어놓았다. 그는 이오네스인들이 그들 헬라스인을 보기만 해도 페르시스인들에게 반란을 일으킬 것이고 이방인들은 버티지 못할 것이라고 말했다. 또 혹시 이방인들이 버틴다고 해도 그들 헬라스인이 그와 같은 먹잇감을 달리 찾을 수는 없을 것이라고 말했다. 그는 헬라스인들이 공동으로 숭배하는 신들의 이름을 빌려, 그들 헬라스인에게 같은 헬라스인인 자신들을 예속에서 구하고 이방인을 물리쳐 달라고 간절히 권했다. 그는 그것이 그들에게는 쉬운 일이라고 말했다. 이방인들의 배들은 항해에 열악하고 헬라스인들에게 싸움 상대가 되지 않는다는 것이었다. 또 그는 자신들이 속임수로 그들을 유도하지 않을까 하고 의심한다면 자신들이 그들의 배들에 함께 타서 인질이 될 용의가 있다고 말했다.

91   사모스에서 온 방문자가 이렇게 열심히 간청하자, 레우티키데스는, 아마 그가 어떤 전조를 알고 싶어서 그랬든 혹은 신이 작용하여 우연히 그랬든 간에, 그 사모스인에게 물었다. "사모스의 방문객이여, 그대 이름이 무엇이오?" 이에 그가 대답했다. "저는 헤게시스트라토스입니다." 레우티키데스는 헤게시스트라토스가 무언가 더 이야기를 하려 하자 남은 말을 가로막고 말했다. "사모스의 방문객이여, 나는 그대의 이름 헤게시스트라토스의 전조를 받아들이고자 하오.[74] 이제

---

73 그리스인들이 델로스로 항해한 이유에 대해서는 제8권 제132~33장 참조. 레우티키데스는 스파르타왕 레우티키데스를 가리킨다.
74 '헤게시스트라토스'(hegesistratos)는 '군대의 지도자'라는 의미다.

그대가 출항하기 전에, 그대와 여기 있는 그대의 동행자들은 사모스인들이 우리의 열렬한 동맹이 될 것임을 우리에게 서약해 주시오."

그가 이렇게 말하자, 곧바로 실행에 옮겨졌다. 사모스인들이 즉시 **92** 헬라스인들과의 동맹에 대해 서약하고 맹세했던 것이다. 그들은 그렇게 한 후 출항했다. 그러나 레우티키데스는 헤게시스트라토스의 이름을 전조로 여겨, 그가 자신들과 함께 항해하도록 명령했다.

헬라스인들은 그날은 기다렸다가 다음 날 희생제물에서 길조를 얻 **93** 었는데, 그들의 예언자는 아폴로니에 출신인, 에우에니오스의 아들 데이포노스였다. 이 아폴로니에는 이오니오스 만[75]에 있는 아폴로니에를 말한다. 언젠가 그의 아버지 에우에니오스는 다음과 같은 일을 겪었다. 이 아폴로니에에는 태양에게 바쳐진 가축들이 있는데, 이것들은 낮에는, 라크몬 산으로부터 흘러내려 아폴로니에 지역을 지나 오리콘 항구 옆의 바다로 흘러가는 콘 강 가에서 풀을 뜯는다. 한편 밤에는 그곳 시민들 가운데 재산과 출생에서 가장 명성이 높은 자들이 선발되어 각자 1년 동안 그것들을 지킨다. 아폴로니에인들은 어떤 신탁으로 말미암아 이 가축들을 크게 존중하기 때문이다. 그 가축들은 도시에서 멀리 떨어진 한 동굴에서 잠을 잔다. 그런데 그때 이 에우에니오스가 선발되어 그곳을 지키고 있었다. 하지만 어느 날 그가 경비 **중**에 잠이 들었을 때, 이리들이 슬그머니 동굴 속으로 들어와 가축을 60마리가량 죽였다.[76] 그는 이 일을 알았을 때, 자신이 다른 것들을 사서 그것들을 대체할 생각으로 입을 다물고 아무에게도 발설하지 않았다. 그런데 아폴로니에인들이 그 일이 일어난 것을 알게 되었고, 그것을 알게 되자 그를 법정에 고발했다. 그들은 그가 경

---

75 이오니오스 만에 대해서는 제6권 제127장의 옮긴이 주 참조. 오늘날의 아드리아 해 입구의 만을 지칭한다.

76 여기서 가축들은 이리에게 죽임을 당할 정도이니 양이나 염소 같은 작은 가축이었을 것으로 보인다.

비 중에 잠이 들었다는 이유로 그의 시력을 빼앗기로 판결했다. 그래서 그들이 에우에니오스의 눈을 멀게 하자, 그 후 곧바로 그들의 가축이 새끼를 낳지 못하고 그들의 땅도 예전과 같은 결실을 맺지 못했다. 이에 그들이 현재 재앙의 이유가 무엇인지 신탁 예언자들에게 물었을 때, 도도네와 델포이 두 곳 모두에서 그들에게 예언이 내려졌다. 예언자들은 그들에게 말하기를, 그들이 신성한 가축을 지키는 감시자인 에우에니오스의 시력을 부당하게 빼앗았기 때문이라고 했다. 신들[77]은 바로 자신들이 이리들을 부추겨 그리하도록 한 것이니, 아폴로니에인들이 에우에니오스에게 저지른 일에 대해 그 자신이 원하고 정당하다고 여기는 보상을 해 주기 전에는 에우에니오스를 위한 복수를 멈추지 않겠다고 했다는 것이다. 신들은 또 그런 보상이 다 이뤄진 후에는, 그가 가지면 많은 사람들이 축하해 줄 그런 선물을 자신들이 에우에니오스에게 주겠다고 했다 한다.

94   그들에게 주어진 신탁은 이러한 것이었다. 아폴로니에인들은 신탁을 비밀에 부치고 몇몇 시민에게 그 일을 수행하도록 맡겼다. 이들은 그 일을 다음과 같이 처리했다. 즉 그들은 에우에니오스가 자리에 앉아 있을 때 그에게로 가서 옆에 앉아 이러저런 이야기들을 하다가, 마침내 그의 불행을 위로하기에 이르렀다. 그들은 대화를 그렇게 이끌어, 만약 아폴로니에인들이 자신들이 저지른 일에 대해 보상을 해 주겠다고 약속하려 한다면 그가 어떤 보상을 원할지 물어보았다. 그는 신탁에 대해 아무것도 모른 채 자신이 원하는 것을 말했는데, 그가 알기에 아폴로니에에서 가장 좋은 두 분배지를 소유하고 있다는 도시민들의 이름을 대며 그들의 토지와, 또한 그에 덧붙여 그가 도시 안에서 가장 아름답다고 알고 있는 집을 누가 자신에게 준다면 좋겠다고 했다. 그는 자신이 그것들을 갖게 된다면 차후에는 더 이상

77 제우스와 아폴론. 제우스는 도도네의 신탁신이고 아폴론은 델포이의 신탁신이었다.

분노하지 않고 그러한 보상에 만족할 것이라고 말했다. 그가 이렇게 말하자, 그와 함께 앉아 있던 자들이 그에 대답해 말했다. "에우에니 오스여, 아폴로니에인들은, 자신들이 받은 신탁에 따라, 그대의 눈을 멀게 한 데 대해 그와 같은 보상을 해 줄 것이오." 그는 모든 이야기를 들어 알게 되자 자신이 속았다고 생각하여 격노했다. 그러나 그들은 그가 원했던 것들을 주인들에게서 사들여 그에게 주었다. 그리고 그는 그 직후부터 천부적인 예언력을 갖게 되었고, 그로 말미암아 큰 명성을 얻었다.

이 에우에니오스의 아들인 데이포노스는 코린토스인들이 데려 왔 95 는데, 헬라스 군대를 위해 예언을 하고 지냈다. 그러나 나는 전에 다음 이야기도 들었는데, 데이포노스가 사실 에우에니오스의 아들이 아니고, 에우에니오스의 이름을 이용하여 헬라스 일대에서 보수를 받고 일했다는 것이다.

헬라스인들은 희생제물의 길조를 얻자, 배들을 이끌고 델로스를 96 떠나 사모스로 향했다. 그들은 사모스의 칼라미사 부근에 이르자, 그곳에 있는 헤레 신전 가까이에 정박하고 해전을 준비했다. 반면에 페르시스인들은 헬라스인들이 다가온다는 말을 듣고, 그들도 포이니케의 배들을 제외한 나머지 배들을 이끌고 육지 쪽으로 향했다. 포이니케이 배들은 출항시켜 돌려보냈다. 페르시스인들은 회의를 열고, 해전을 치르지 않기로 결정했던 것이다. 자신들이 헬라스인들과 상대가 되지 않는다고 생각했기 때문이다. 그들은 미칼레에 있던 그들의육군의 보호를 받기 위해 육지 쪽으로 향해했다. 이 육군은 크세륵세스 명에 따라 다른 군대의 뒤에 남아 이오니에를 지키고 있었다. 이들 육군은 6만 명이었고, 용모와 체격에서 어느 페르시스인보다도 출중한 티그라네스가 그들을 지휘했다. 해군 지휘관들의 계획은 이들육군의 보호 아래 피신하여 자신의 배들을 해안으로 끌어 올리고, 주위에 배들에 대한 보호막과 자신들의 피신처가 될 방벽을 두르려는것이었다.

97   페르시스 함대는 이런 계획을 갖고 사모스에서 출항했던 것이다. 그래서 그들은 미칼레에 있는 여신들[78]의 성소를 지나 가이손과 스콜로포에이스[79]—이곳에는 파시클레에스의 아들 필리스토스가 코드로스의 아들 네일레오스와 동행하여 밀레토스를 건설하러 갈 때 세운, 엘레우시스 데메테르의 성소가 있다—에 이르자, 그곳에서 배들을 해안으로 끌어 올리고 재배 수목들을 잘라 돌과 나무로 방벽을 둘러쌓았으며, 방벽 주위에 말뚝들을 꽂아 놓았다. 그렇게 그들은 포위 공격을 당하거나 혹은 승리할 경우에 대비하여 준비를 갖추었다. 그들은 이 두 경우를 다 고려하여 준비했던 것이다.

98   헬라스인들은 이방인들이 육지 쪽으로 떠났다는 것을 알자, 그들이 달아났다고 여겨 분노했고 자신들이 돌아가야 할지 아니면 헬레스폰토스 쪽으로 항해해야 할지 도통 무엇을 해야 할지 몰라 당혹해했다. 결국 그들은 그중 어느 것도 하지 않고, 육지 쪽으로 항해하기로 결정했다. 그리하여 그들은 해전을 위해 건널판들[80]과 여타 필요한 모든 것들을 준비하여 미칼레 쪽으로 항해했다. 그들이 적진 가까이에 이르렀지만 그들을 향해 출항하는 배는 한 척도 보이지 않았다. 대신에 배들이 방벽 안쪽에 끌어 올려져 있고 대규모 육군이 해안을 따라 정렬해 있는 것을 보자, 레우티키데스는 우선 배를 해안에 되도록 가까이 붙여 연안으로 항해하면서 전령을 시켜 이오네스인들에게 다음처럼 포고하게 했다. "이오네스인들이여, 여러분 중에 내 말이 들리는 자들이 있으면 내가 말하는 것을 유념해 들으시오. 페르시스

78 '여신들'은 '포트니아이'(Potniai)를 번역한 말인데, 여기서는 데메테르와 페르세포네를 가리킨다. 고대 그리스에서 '포트니아이'는 분노의 여신들을 지칭하는 용어로도 사용되었다.

79 가이손(Gaison)은 하천 이름이고 스콜로포에이스(Skolopoeis)는 가이손 동쪽의 한 장소 이름이었던 것으로 추정된다.

80 건널판(apobathre)은 해전에서 적선을 붙들어 그쪽으로 건너 탈 때 사용하는 널빤지를 말한다.

인들은 내가 여러분에게 전하는 말을 전혀 알아듣지 못할 테니까요. 우리가 전투를 벌이게 되면, 여러분 각자는 무엇보다도 우선 자신의 자유를 기억하고 다음으로는 우리의 군호(軍號)인 '헤베'[81]를 기억해야 하오. 그리고 여러분 중에 이 말을 듣지 못한 자들에게는 지금 들은 자들이 알려 주도록 하시오." 이런 행동이 의도한 바는 테미스토클레에스가 아르테미시온에서 했던 바와 똑같은 것이었다.[82] 이는 이방인들이 그의 말을 파악하지 못할 경우 이오네스인들을 설득하려는 것이었거나, 아니면 이방인들이 그것을 전해 들을 경우 그들이 헬라스인들을 불신하게 하려는 것이었기 때문이다.

레우티키데스가 이런 제안을 하고 나서, 헬라스인들은 다음과 같 99 이 행동했다. 즉 배들을 육지에 갖다 대고 해안에 상륙했던 것이다. 이들은 전열을 정비했고, 페르시스인들은 헬라스인들이 전투 준비를 하고 이오네스인들에게 권유하는 것을 보자, 우선 사모스인들에게서 무기를 빼앗았다. 그들은 사모스인들이 헬라스인들에게 동조한다고 의심했던 것이다. 아티케 일대에 남아 있다가 크세륵세스 군대에 붙잡힌 아테나이인 포로들이 이방인들의 배에 실려 도착했을 때, 사모스인들이 그들을 모두 해방하고 여행 물자를 주어 아테나이로 돌려보냈기 때문이다. 그들은 크세륵세스의 적 500명을 풀어 주었기에, 특히 그것 때문에 의심을 받고 있었던 것이다. 다음으로, 페르시스인들은 밀레토스인들에게 미칼레의 산봉우리들로 통하는 고갯길들을 지키라고 지시했다. 핑계인즉 밀레토스인들이 그 지역을 가장 잘 안

---

81 일부 학자들은 이를 '헤베'(Hebe)가 아닌 '헤레'(Here)로 읽기도 한다. 헤베 여신은 이 지역과 아무 관련이 없지만 헤레 여신은 사모스에서 숭배되는 신으로 언급되기 때문이다(제9권 제96장 참조). 그러나 헤베 여신은 제우스와 헤레 여신의 딸로 헤레를 모시는 여신이며 특히 신격화된 헤라클레스의 아내로 알려져 있었던 만큼, 그리스 군대의 군호로 사용될 여지가 충분했던 것으로 보인다.

82 제8권 제22장 참조.

다는 이유에서였다. 그러나 사실 그들이 그렇게 한 이유는 밀레토스인들을 진영에서 떨어져 있도록 하기 위해서였다. 페르시스인들은 기회만 잡으면 무슨 불온한 일을 저지를 것으로 생각되는 이들 이오네스인에 대해서는 그런 식으로 미리 예방하는 한편, 그들 자신은 버들가지 방패들을 쌓아 자신들을 위한 방벽이 되게 했다.

100   헬라스인들은 준비를 다 갖추자 이방인들을 향해 진군했다. 그들이 진군하고 있을 때, 그들 진영 전체에 한 소문이 떠돌아다녔고 해안가에 사절의 지팡이[83]가 놓인 것이 보였다. 그들 사이에 떠돈 소문은 다름 아니라 헬라스인들이 보이오티에의 전투에서 마르도니오스 군대에 승리했다는 것이었다. 범사에 작용하는 신의 섭리를 명백히 보여 주는 증거가 많이 있지만, 특히 이 경우도 그렇다. 플라타이아이에서 당한 패배와 미칼레에서 닥쳐올 패배가 동시에 일어난 바로 그날 미칼레의 헬라스인들에게 그런 소문이 전해져, 그로써 그들 군대가 훨씬 더 사기충천해지고 더 열렬히 위험을 감수하려 들었던 것이다.

101   이때 또 다른 일이 우연히도 동시에 일어났는데, 즉 두 전쟁터 가까이에 모두 엘레우시스 데메테르의 성역이 있었다는 것이다. 플라타이아이 전투는, 내가 앞서 말했듯이,[84] 바로 그 데메테르 신전 부근에서 일어났고, 미칼레에서도 똑같은 일이 일어날 참이었던 것이다. 파우사니에스 휘하의 헬라스인들이 승리했다는 소문은 그들에게 올바로 전해진 것으로 나타났다. 플라타이아이에서의 패배는 그날 오전에 일어났고 미칼레에서의 패배는 오후에 일어났던 것이다.[85] 그것

---

83   사절의 지팡이는 사절이 상대편으로부터 보호받을 수 있는 권리를 나타내는 상징적인 물건이었다.

84   제9권 제57장, 제62장, 제65장 참조.

85   '오전에'는 '프로이'(proi), '오후에'는 '페리 데일렌'(peri deilen)을 번역한 말이다. 헤로도토스는 '오후'를 뜻하는 '데일레'를 '데일레 프로이에'(deile

들이 같은 달 같은 날에 일어났다는 것은 그 얼마 후에 헬라스인들이 조사를 벌일 때 명백히 드러났다. 그 소문이 전해지기 전에는 그들이 두려움에 떨고 있었다. 그 두려움은 그들 자신 때문이라기보다는 헬라스인들 때문이었는데, 헬라스가 마르도니오스에게 패하지나 않을까 해서였다. 그러나 그들에게 이 소문이 퍼지자, 그들은 더욱 강력하고 신속하게 공격해 들어갔다. 그래서 헬라스인들과 이방인들은 다 전투를 열렬히 바라고 있었는데, 섬들과 헬레스폰토스가 그들에게 승리의 상품으로 걸려 있었기 때문이다.

아테나이인들과 그들 옆에 배치된 자들은 전군의 약 절반에 달했 102 는데 이들이 나아갈 길은 해안과 평지를 따라 뻗어 있었고, 반면 라케다이몬인들과 그들 옆에 배치된 자들의 길은 계곡과 산지를 따라 뻗어 있었다. 그래서 라케다이몬인들이 우회하는 동안에, 다른 쪽 날개 구간에 있는 자들은 이미 전투를 벌이고 있었다. 페르시스인들은 그들의 버들가지 방패들이 똑바로 서 있을 동안에는, 자신들을 방어했고 전투에서 뒤지지 않았다. 그러나 아테나이인들과 그들 옆에 위치한 자들의 군대가, 라케다이몬인들이 아닌 자신들이 전과를 거두기 위해, 함성으로 서로 격려하며 더욱 열심히 전투에 나서자, 그때부터 전세가 바뀌었다. 이들이 버들가지 방패들을 돌파한 후 모두들 한꺼번에 페르시스인들에게 돌진하자, 페르시스인들은 이들을 맞아 한참 동안 잘 막더니 결국 성벽 안으로 달아났던 것이다. 이에 아테나이인들과 코린토스인들, 시키온인들, 트로이젠인들—이들은 그렇게 나란히 배치되어 있었다—이 함께 추격하여 성벽 안으로 돌격해 들어갔다. 그리고 성벽마저 점령되자, 이방인들은 더는 저항하지 않았고 페르시스인들을 빼곤 모두 도망쳐 버렸다. 이 페르시스인들은

---

proie)와 '데일레 옵시에'(deile opsie)로 구분해 쓰기도 한다. 이 책에서는 전자를 '이른 오후', 후자는 '늦은 오후'로 번역했다(제8권 제6장, 제8권 제9장, 제7권 167장 참조).

소수로 떼를 지어, 성벽 안으로 계속 쇄도하는 헬라스인들과 싸웠다. 페르시스군 지휘관 중 두 명은 도망갔고 두 명은 목숨을 잃었다. 해군을 지휘하던 아르타인테스와 이타미트레스는 도망을 갔고, 반면에 마르돈테스와 육군 지휘관인 티그라네스는 싸우다 사망했던 것이다.

103   페르시스인들이 아직 싸우고 있을 때, 라케다이몬인들과 그들을 동행한 자들이 도착하여 남은 전투를 마무리하는 데 도움을 주었다. 거기서 헬라스인들도 많은 수가 죽었는데, 다른 자들뿐 아니라 특히 시키온인들과 그들의 지휘관 페릴레오스도 죽었다. 그때 메디아군 진영에서 복무하던 사모스인들은 무기를 빼앗긴 상태였는데, 처음부터 바로 전세가 엎치락뒤치락하는 것을 보고서, 헬라스인들을 도우려고 할 수 있는 모든 일을 다 했다. 다른 이오네스인들도 사모스인들이 그렇게 솔선하는 것을 보자, 그들 역시 페르시스인들에게서 이탈하여 이방인들을 공격했다.

104   페르시스인들은 자신들의 안전을 위해 밀레토스인들에게 고갯길을 지키는 임무를 맡겼는데, 이는 만일 자신들에게 실제로 일어난 바로 그런 일이 닥칠 경우 밀레토스인들을 안내자로 하여 미칼레의 산악으로 안전하게 탈출하기 위해서였다. 밀레토스인들에게는 이런 이유 때문에, 그리고 또 그들이 진영 내에 함께 있으면서 무슨 불온한 일을 저지르지 못하게 하려고, 그런 임무가 맡겨졌던 것이다. 그러나 밀레토스인들은 자신들에게 맡겨진 임무와는 정반대로 행동했는데, 도주하는 페르시스인들을 적진으로 통하는 길로 인도했고 결국은 자신들이 페르시스인들의 가장 해로운 적이 되어 그들을 학살했던 것이다. 그렇게 이오니에는 페르시스인들에게 두 번째로 반란을 일으켰다.

105   이 전투에서 헬라스인들 중 가장 용감하게 싸운 것은 아테나이인들이었고, 아테나이인 중에서도 에우토이노스의 아들 헤르몰리코스가 가장 용감하게 싸웠다. 그는 팡크라티온[86]을 연마한 자였다. 이 헤르몰리코스는 그 뒤에 아테나이인들과 카리스토스인들 사이에 전쟁

이 일어났을 때, 카리스토스의 키르노스에서 죽어 게라이스토스에 매장되었다. 아테나이인들 다음으로는 코린토스인들과 트로이젠인들, 시키온인들이 가장 용감하게 싸웠다.

헬라스인들은 싸우거나 도망가는 이방인들을 대부분 죽이고 나서, 우선 전리품들을 해변으로 들어내고 몇몇 재화 창고를 찾아낸 후 이방인들의 배들과 성벽 전체를 불태웠다. 그들은 그렇게 성벽과 배들을 불태운 다음 그곳을 떠나 출항했다. 사모스에 도착하자, 헬라스인들은 이오니에 주민을 소개(疏開)하는 데 대해 협의했고 또 이오니에를 이방인들에게 넘겨줄 경우 자신들이 장악하고 있는 헬라스의 어느 곳에 이오니에 주민들을 정착시켜야 할지도 협의했다. 그들은 자신들이 이오네스인들을 언제나 지키고 보호해 줄 수는 없다고 보았고, 또 그들이 보호하지 않을 경우 페르시스인들이 이오네스인들을 무사하게 그냥 놔두지는 않을 것으로 예상했기 때문이다. 이에 대해 펠로폰네소스인 책임자들[87]은 페르시스 편을 든 헬라스 국가들의 무역지들을 몰아내고 그곳을 이오네스인들에게 주어 살게 하기로 결정했다. 그러나 아테나이인들은 이오니에에서 주민들을 소개하는 것이나 펠로폰네소스인들이 아테나이인들 자신의 식민시들에 대해 협의하는 것에 전혀 찬동하지 않았다. 아테나이인들이 강력하게 반대하자 펠로폰네소스인들이 양보를 했다. 그리하여 헬라스인들은 사모스인들, 키오스인들, 레스보스인들, 그리고 헬라스인들 편에서 함께 싸운 다른 섬 주민들과 동맹을 맺었으며, 서약과 맹세를 통해 이들이 동맹에 충실하고 탈퇴하지 않도록 강제했다. 이렇게 맹세를 통해 강제를 한 다음, 그들은 헬레스폰토스의 다리들을 부수기 위해 항해했

106

<hr />

86 권투와 레슬링이 혼합된 격투기 운동. 이 운동은 기원전 648년에 처음으로 올림픽 경기 종목이 되었다고 한다.
87 이 '책임자들'에는 스파르타의 레우티키데스 왕과 휘하 장군들, 그리고 코린토스와 트로이젠, 시키온의 장군들이 포함되었을 것으로 보인다.

다. 그들은 그 다리들이 여전히 팽팽하게 건재해 있을 줄로 생각했던 것이다. 그래서 그들은 헬레스폰토스를 향해 출항했다.

107   한편 미칼레 산악으로 도망가 그곳에 갇혀 있던 소수의 이방인들은 사르디에스로 향했다. 그런데 그들이 행군하는 도중에, 페르시스 군이 패할 당시 마침 현장에 있었던 다레이오스의 아들 마시스테스가 지휘관 아르타인테스를 잔뜩 비난했다. 마시스테스는 그를 다른 말로도 비난했지만, 특히 그렇게 군대를 지휘한 것은 여자보다 더 비겁하다고 말했고, 또 왕가에 그런 피해를 입혔으니 온갖 벌을 받아 마땅하다고 말했다. 페르시스인 사이에서는 여자보다 더 비겁하다는 말을 듣는 것이 최대의 치욕이다. 아르타인테스는 그 비난을 한참 듣고 있더니, 격노하여 마시스테스를 죽이고자 그를 향해 단검을 뽑아 들었다. 이때 할리카르네소스인인 프렉실레오스의 아들 크세이나고레스가 이 아르타인테스 뒤에 서 있던 중 아르타인테스가 마시스테스에게 달려드는 것을 보자, 아르타인테스의 허리를 잡고 들어 올렸다 땅으로 내리쳤다. 그러는 사이 마시스테스 호위병들이 앞으로 나섰다. 크세이나고레스는 그렇게 행동하여 마시스테스 본인뿐 아니라 크세륵세스에게서도 호의를 입었는데 그가 왕의 아우[88]를 구했기 때문이다. 이런 공적 때문에 크세이나고레스는 왕의 하사를 받아 킬리키에 전역을 지배하게 되었다. 그들이 행군하는 도중에 더는 다른 일이 일어나지 않았고, 마침내 사르디에스에 도착했다.

108   마침 사르디에스에는 왕이 해전에서 패하고 아테나이에서 도망 나와 그곳에 도착한 이후로 계속 머물고 있었다. 그런데 그가 사르디에스에 있을 때, 마시스테스의 아내를 좋아하게 되었다. 그녀 역시 그곳에 머물고 있었던 것이다. 그는 그녀에게 여러 번 전갈을 보냈지만 설득하지 못했고, 또한 그의 아우인 마시스테스를 배려하여 폭력을

---

88 크세륵세스와 마시스테스는 모두 다레이오스와 아토사의 아들이었다. 제7권 제2장과 제82장 참조.

행사하지도 못했다. 그녀를 버티게 해 준 것도 바로 이것이었다. 그녀는 자신에게 폭력이 사용되지 않을 것임을 잘 알고 있었던 것이다. 그리하여 이제 다른 방법이 없자, 크세륵세스는 자신의 아들 다레이오스와, 이 여성과 마시스테스의 딸 사이의 혼인을 주선했다. 그렇게 하면 자신이 그녀를 차지할 가능성이 더 커질 줄로 생각했던 것이다. 그는 관례적인 의례를 수행하여 그들을 혼약시킨 후 수사로 떠났다. 하지만 그가 수사에 도착하여 다레이오스의 아내를 자신의 집안으로 들였을 때, 이제 마시스테스의 아내에 대한 생각을 버리게 되었다. 그는 마음이 변해 마시스테스의 딸인 다레이오스의 아내를 좋아하게 되었고 그녀를 차지했던 것이다. 그녀의 이름은 아르타인테였다.

그러나 시간이 지남에 따라, 그 일은 다음과 같은 식으로 들통이 109 났다. 크세륵세스의 아내 아메스트리스는 화려한 색상의 크고 아주 보기 좋은 겉옷을 짜서 크세륵세스에게 선사했다. 그는 그 옷에 만족하여 그것을 걸쳐 입고 아르타인테에게로 갔다. 그런데 그는 아르타인테에게도 만족하여, 그녀가 그에게 행한 봉사에 대한 보답으로 그녀가 갖고 싶은 것이 있으면 무엇이든 청하라고 말했다. 그녀가 청하는 것을 모두 갖게 해 주겠다고 했던 것이다. 그런데 그녀의 온 집안이 큰 화를 입을 운명이었는지라, 그 말을 듣고 그녀가 크세륵세스에게 말했다. "제가 전하께 청하는 것은 무엇이든 저에게 주실 겁니까?" 그는 그녀가 실제로 청한 것과는 전혀 다른 무엇인가를 청할 것이라 생각하여 그리하겠다고 약속하고 맹세했다. 그가 맹세를 하자, 그녀는 겁 없이 그 겉옷을 청했다. 크세륵세스는 그것을 주고 싶지 않아 갖은 수단을 다 써 보았다. 그 이유는 다름 아니라 그가 아메스트리스를 두려워했기 때문인데, 그녀가 전부터 의심하고 있던 일을 그가 저지르고 있음이 그녀에게 발각되지 않을까 우려해서였다. 대신에 그는 아르타인테에게 도시들과 막대한 황금과 그녀 외에는 아무도 지휘하지 못할 군대를 주겠다고 했다. 군대는 정말로 페르시스식 선물이다. 그러나 그는 그녀를 설득하지 못하고 겉옷을 주고 말았다. 그녀는 그 선물에 너무 기쁜 나머지, 그것을 입고 으스대곤 했다.

110   아메스트리스는 아르타인테가 겉옷을 갖고 있다는 것을 알게 되었다. 그러나 그녀는 일어난 일을 알고서도, 아르타인테에게는 원한을 품지 않았다. 반면에 아메스트리스는 아르타인테의 어머니에게 책임이 있고 바로 그녀가 그런 일을 저질렀다고 생각하여,[89] 마시스테스의 아내를 죽이려고 꾀했다. 아메스트리스는 남편 크세륵세스가 왕궁 연회를 열기를 기다렸다. 이 연회는 일 년에 한 번씩, 왕이 태어난 날에 마련된다. 이 연회는 페르시스어로 틱타라고 하는데, 그리스어로는 텔레이온[90]을 뜻한다. 왕은 바로 그날에만 머리에 기름을 바르고 페르시스인들에게 선물을 하사한다. 아메스트리스는 바로 이날을 기다렸다가, 크세륵세스에게 마시스테스의 아내를 자신에게 하사해 달라고 요청했다. 크세륵세스는 동생의 아내인 데다 이번 일에 아무 책임이 없는 그녀를 왕비에게 인도하는 것은 끔찍하고 부당한 일이라고 여겼다. 그는 아메스트리스가 무엇 때문에 그런 요구를 하는지 알고 있었기 때문이다.

111   그렇지만 결국 아메스트리스가 끈질기게 졸라 대고 또 왕궁 연회가 열리는 동안에 제기된 요청은 거부될 수 없다는 관습에 따를 수밖에 없자, 그는 정말 마지못해 그 요청을 수용했으며 그녀를 인도하고 다음처럼 행동했다. 그는 아내에게 원하는 대로 하라고 일렀고, 자신의 동생을 불러오게 해 이렇게 말했다. "마시스테스여, 그대는 다레

---

89 아메스트리스는 크세륵세스 왕과 아르타인테의 부정을 알아차리지 못한 것으로 보인다. 그녀는 왕이 아르타인테의 어머니를 만나기 위해 아르타인테를 방문했고 그 겉옷도 아르타인테가 어머니에게서 받았다고 생각했던 것 같다. 그래서 그녀는 '아르타인테의 어머니에게 책임이 있고 바로 그녀가 그런 일을 저질렀다'고 생각했던 것이다.

90 '텔레이온'(teleion)은 '텔레이오스'(teleios)의 중성형 표현으로 '완성', '완전'을 뜻한다. 그 연회가 모든 것이 완전히 구비된 이상적인 연회여서 이런 이름이 붙여진 것 같다.

이오스의 아들이고 내 아우이며 게다가 선량한 사람이오. 이제 그대는 지금 함께 살고 있는 이 아내와 그만 살도록 하시오. 그녀 대신에 내 딸을 그대에게 주겠소. 내 딸과 살도록 하시오. 나로서는 마음에 들지 않으니, 그대는 지금의 아내와 갈라서도록 하시오." 그러자 마시스테스는 왕의 말에 깜짝 놀라며 말했다. "전하, 저더러 아내를 버리라고 명하시다니 무슨 그런 당치 않은 말씀을 하십니까. 저는 그녀에게서 한창때인 아들들과 딸들을 얻었고 그중 딸 하나는 전하께서 자신의 아들에게 혼인시키셨습니다. 정말로 아내는 제 마음에 듭니다. 그런데도 전하께서는 저더러 그녀를 버리고 전하의 따님과 혼인을 하라 하십니까? 전하, 제가 전하의 따님 상대로 간주되는 것은 대단히 영예로운 일입니다만, 저는 전하께서 명하신 어느 것도 따르지 않겠습니다. 전하께서는 그러한 일을 결코 강제로 요구하지 않으셨으면 합니다. 전하의 따님에게는 저 못지않은 다른 남편이 나타날 것이니, 제가 제 아내와 함께 살도록 허락해 주시기 바랍니다." 그가 이와 같이 대답하자, 크세륵세스는 격노하여 말했다. "마시스테스여, 그대가 일을 이리 만든 거요. 나는 그대에게 내 딸을 혼인시키지도 않을 거고, 그대는 더 이상 아내와 함께 살지도 못할 것이오. 그리하여 그대는 그대에게 주어진 것을 받아들이는 법을 배우게 될 거요." 마시스테스는 이 말을 듣고, 다음과 같이 말하며 바로 나갔다. "전하, 전하께서는 아직 저를 살려 두셨습니다."[91]

크세륵세스가 그의 아우와 이야기를 나누는 그사이에, 아메스트리스는 크세륵세스의 호위병들을 불러와 마시스테스의 아내를 참혹하게 훼손했다. 아메스트리스는 그녀의 유방들을 잘라 내 개들에게 던져 주고 그녀의 코와 귀들과 입술들도 그렇게 했으며, 또 그녀의 혀도 도려낸 다음 참혹하게 훼손된 그녀를 집으로 돌려보냈다.

112

---

91 자신이 살아 있는 한 왕의 처사에 대해 좌시하지 않겠다는 일념을 드러낸 표현이라 할 수 있다. 이는 마시스테스가 나중에 보인 행동과도 일치한다.

113 　마시스테스는 이 일에 대해 아직 아무것도 듣지 못했지만, 무언가
불행한 일이 자신에게 일어나리라 예상하며 집으로 달려갔다. 그는
몸이 심하게 훼손된 아내를 보자, 즉시 그의 아들들과 협의한 후 아
들들과 일부 다른 사람들을 데리고 박트라로 향했다. 그는 박트리에
구역이 반란을 일으키도록 하여 왕에게 최대한 피해를 입힐 작정이
었다. 만약 그가 먼저 박트리에인들과 사카이인들에게 도달했더라면
바로 그런 일이 실제로 일어났을 것이라고 나는 생각한다. 그들은 그
에게 호의를 갖고 있었고, 그가 박트리에인들의 총독이었기 때문이
다. 그러나 크세륵세스는 그가 그렇게 할 것을 알고서, 마시스테스가
가고 있는 도중에 군대를 보내 마시스테스 본인과 그의 아들들과 그
의 군사들을 죽였다. 크세륵세스의 사랑과 마시스테스의 죽음에 관
한 이야기는 그러한 것이었다.

114 　한편 미칼레에서 헬레스폰토스로 출항한 헬라스인들은, 바람의 영
향으로 항로에서 벗어나 처음에 렉톤 앞바다에 정박했다가 그곳을
떠나 아비도스로 갔다. 그들은 그곳 다리들이 여전히 단단히 매어 있
을 것으로 생각하고 정말 바로 그것 때문에 헬레스폰토스에 갔던 것
인데, 그곳 다리들이 이미 해체된 것을 보았다. 그러자 레우티키데스
휘하의 펠로폰네소스인들은 헬라스로 귀항하기로 결정했지만, 아테
나이인들과 그들의 장군 크산티포스는 그곳에 남아 케르소네소스를
공격하기로 결정했다. 그래서 펠로폰네소스인들은 그곳을 떠나 귀항
했지만, 아테나이인들은 아비도스에서 케르소네소스로 건너가 세스
토스를 포위 공격 했다.

115 　이 세스토스의 요새는 그 지역에서 가장 굳건한 요새여서, 헬라스
인들이 헬레스폰토스로 향하고 있다는 소식이 들리자, 세스토스 인
근 도시들에서 사람들이 세스토스로 모여들었다. 그중에는 특히 카
르디에 시에서 온 페르시스인 오이오바조스도 있었는데, 그는 다리
들에 쓰인 밧줄들을 세스토스에 가져다 놓은 자였다. 세스토스는 현
지민인 아이올레스인들이 차지하고 있었지만, 그때는 페르시스인들

과 다른 동맹국들의 많은 주민들도 그들과 함께 지내고 있었다.

이 구역을 다스리는 자는 크세륵세스의 총독 아르타익테스였다. 116
그는 페르시스인으로 교활하고 사악한 자였는데, 왕이 아테나이로
진군할 때 왕을 속여 엘라이우스에서 이피클로스의 아들 프로테실레
오스의 보화들을 훔친 바 있다. 케르소네소스의 엘라이우스에는 프
로테실레오스의 무덤이 있고 그 주위에 성역이 있는데, 그곳에는 많
은 보화와 금잔, 은잔, 청동, 의복 및 여타 봉헌물이 있었던 것이다.
아르타익테스는 왕의 하사를 통해 이것들을 탈취했다. 그는 다음 말
로 크세륵세스를 속였다. "전하, 이곳에 한 헬라스인의 집이 있사온
데 그는 전하의 땅에 침입했다가 응분의 벌을 받아 죽은 자[92]입니다.
이제 전하의 땅에 침입해서는 안 된다는 것을 누구나 알 수 있도록,
저에게 이 자의 집을 주시옵소서." 그는 이런 말로 크세륵세스를 쉽
게 설득하여 왕이 자신에게 그 자의 집을 하사하게끔 했는데, 왕은
아르타익테스의 의중을 이해하지 못했던 것이다. 그런데 프로테실레
오스가 왕의 땅에 침입했다고 그가 말한 것은 다음과 같은 이유에서
였다. 즉 페르시스인들은 아시에 전역을 그들 자신과 그들 당대 왕의
것으로 여기기 때문이다. 그는 왕에게서 하사를 받자, 보화들을 엘라
이우스에서 세스토스로 가져갔다. 그는 또 성역에 파종하여 농사를
짓고, 엘라이우스에 갈 때마다 성소 안에서 여자들과 교합하곤 했다.
그가 이때 아테나이인들에게 포위 공격을 당했는데, 그는 사전에 포
위 공격에 대한 대비를 전혀 하지 않았고 또 헬라스인들이 올 것이라
곤 전혀 예상치 못했다. 그래서 그는 그들의 공격을 피할 길이 없었다.

---

92 프로테실레오스(Protesileos)는 테살리아의 필라케(Phylake) 출신으로 트로
    이 전쟁 때 그리스군으로 참전한 전설적인 인물이다. 그는 트로이 해안에 그
    리스군 가운데 가장 먼저 상륙하여 맨 먼저 전사했다고 하는데, 후일 영웅으
    로 숭배되고 엘라이우스에는 그의 성소도 있었다고 한다. 여기서 그가 '전하
    의 땅에 침입'했다는 것은 그리스군의 트로이 원정을 가리킨다. 트로이는 소
    아시아에 위치해 있었기에 페르시아 왕의 영토에 속한다고 보는 것이다.

117   그러나 포위 공격을 하는 동안 가을이 닥쳐오자,[93] 아테나이인들은 자신들이 고국에서 멀리 떨어져 있고 성벽을 공략하지도 못한지라 마음이 조급해졌다. 그들은 장군들에게 자신들을 이끌고 귀국해 주기를 요청했다. 그러나 장군들은 그들이 그곳을 점령하거나 혹은 아테나이 국가가 그들을 소환하기 전에는 그러지 않겠다고 거부했다. 그래서 그들은 현재의 상황을 감내했다.

118   한편 성벽 안에 있던 자들은 이미 극심한 곤경에 처해, 침상의 가죽끈들을 삶아 먹을 정도였다. 그러나 이제 그것마저 바닥이 나자, 페르시스인들과 아르타익테스, 오이오바조스는 밤중에 적병이 가장 적은 성벽 뒤편으로 내려가 달아났다. 날이 밝자 케르소네소스인들은 성루들에서 신호를 하여 아테나이인들에게 무슨 일이 일어났는지 알려 주고 성문을 열었다. 아테나이인들 대부분은 저들을 추격했고 나머지는 도시를 점령했다.

119   오이오바조스는 트레이케로 도주했는데, 트레이케의 압신티오이인들이 그를 붙잡아 그들의 토착신 플레이스토로스[94]에게 그들의 방식에 따라 제물로 바쳤다. 그러나 그들은 그와 함께 온 자들은 다른 방식으로 죽였다. 한편 아르타익테스와 그 휘하 무리는 좀 더 나중에 도망치기 시작했다. 이들은 아이고스 포타모이를 약간 지난 곳에서 따라잡혀 오랫동안 공격을 막아 냈지만, 일부는 죽고 일부는 생포되었다. 헬라스인들은 그들을 함께 묶어서 세스토스로 이끌고 갔는데,

---

93 9월 중순경.

94 플레이스토로스는 그리스의 아레스 신에 해당하는 것으로 추정된다. 헤로도토스에 따르면, 일부 트레이케인들(압신티오이인들도 포함)이 아레스, 디오니소스, 아르테미스 신만을 숭배했다고 하므로(제5권 제7장 참조), 이 가운데 남신인 아레스나 디오니소스가 플레이스토로스에 해당한다. 그런데 일단의 군대를 이끌고 자국에 들어온 외국인을 붙잡아 제물로 바친 것이므로, 포도의 신 디오니소스보다는 전쟁의 신 아레스에게 바친 제물이었을 것으로 추정된다.

아르타익테스 자신과 그의 아들도 그들과 함께 묶여서 갔다.

케르소네소스인들 말에 따르면, 포로들을 지키는 자들 가운데 어 120
떤 자가 절인 생선들을 굽고 있을 때 그에게 기이한 일이 일어났다고
한다. 즉 불 위에 놓여 있던 절인 생선들이 마치 막 잡힌 물고기들처
럼 뛰어오르고 몸부림치기 시작했다는 것이다. 주위에 몰려든 자들
은 깜짝 놀랐지만, 아르타익테스는 그 기이한 일을 보자 절인 생선들
을 굽고 있는 자를 불러 말했다. "아테나이에서 온 외국인이여, 그대
는 이 기이한 일에 대해 두려워 마시오. 이것은 그대에게 보내는 것
이 아니기 때문이오. 그것은 엘라이우스의 프로테실레오스가, 비록
자신이 죽어서 절인 생선처럼 말라 있어도, 자신에게 부당한 일을 저
지른 자에게 복수할 힘을 신들에게서 부여받았음을 나에게 알려 주
는 것이오. 그래서 이제 나는 나 자신에게 다음과 같은 벌금을 부과
하고자 하오. 내가 그의 성소에서 빼앗은 보화들에 대한 보상으로
신[95]에게 100탈란톤을 바칠 것이고, 또 내가 살아남는다면 나 자신과
내 아들의 목숨에 대한 보상으로 아테나이인들에게 200탈란톤을 지
급하겠소." 그는 이렇게 약속했지만 장군 크산티포스를 설득하지 못
했다. 엘라이우스인들이 프로테실레오스를 위한 복수심에서 크산티
포스에게 그를 죽이라고 요구했고 장군 자신의 생각 또한 그러했기
때문이다. 그리하여 그들은 크세륵세스가 해협을 다리로 연결했던
곳으로 아르타익테스를 끌고 가―일부 사람들의 말로는, 그를 마디
토스 시 위쪽에 있는 언덕으로 끌고 갔다고 한다―, 그를 널빤지에
박아 매달았다. 그들은 또 아르타익테스의 아들을 그의 눈앞에서 돌
로 쳐 죽였다.

---

95 '신'은 프로테실레오스를 가리킨다. 하지만 헤로도토스는 그를 신이 아닌 인
   간으로 묘사하기도 한다. 바로 앞 대목에서 프로테실레오스는 '죽어서 절인
   생선처럼 말라 있고' '신들에게서 부여받은' 힘을 통해(즉 신들의 도움을 받
   아) 복수를 하는 존재로 언급되는 것이다.

121   그들은 이렇게 행한 후 헬라스로 출항했다. 그들은 다른 보화들도 가져갔지만 특히 다리의 밧줄들도 함께 가져갔는데, 이것들을 그들의 성소에 봉헌하기 위해서였다. 그해에는 더 이상 다른 일이 일어나지 않았다.

122   널빤지에 매달린 이 아르타윅테스는 아르템바레스[96]의 손자였다. 아르템바레스가 페르시스인들에게 어떤 제안을 한 적이 있는데, 페르시스인들이 그의 제안을 받아들여 다음과 같이 키로스에게 건의했다. "키로스 전하, 제우스께서 페르시스인들에게, 그리고 남자들 중에서 전하께 지배권을 주셨으니, 전하께서 아스티아게스를 폐위한 이상, 우리가 지금 갖고 있는 이 좁고 험준한 땅에서 이주하여 더 나은 다른 곳을 차지하도록 하시옵소서. 우리 이웃에도 그런 곳이 많고 더 멀리에도 많습니다. 우리가 그중 한 곳을 차지한다면 우리는 더 많은 것들에서[97] 더 큰 감탄을 누릴 것입니다. 누구를 지배하는 자들은 그렇게 하는 것이 당연합니다. 우리는 지금 수많은 사람과 아시에 전역을 지배하고 있는데, 언제 우리가 지금보다 더 좋은 기회를 갖겠습니까?" 키로스는 이 제안을 듣자 그 말에 놀라워하지 않고, 그렇게 하라고 명령했다. 그러나 그는 그런 명령을 내리며, 그럴 경우에는 앞으로 그들이 남을 지배하지 못하고 남의 지배를 받을 준비를 해야 할 거라고 훈계했다. 그는 부드러운 땅에서는 으레 부드러운 사람들이 생겨나는 법이라고 말했던 것이다. 놀랄 만한 수확과 용감한 전사들이 같은 땅에서 생겨날 수는 없기 때문이라고 했다. 그래서 페르시

---

96 이 아르템바레스는 메디아인 아르템바레스와는 다른 인물인 것으로 추정된다. 메디아인 아르템바레스는 키로스가 축출한 메디아 왕의 신하로만 언급될 뿐이고(제1권 제114장 참조), 그에 대한 전승은 더는 전하지 않는다. 일부 학자들은 이 아르템바레스를 메디아인 아르템바레스와 동일시하고 아르타윅테스를 메디아인 아르템바레스의 손자로 보기도 하는데, 이는 근거가 불확실한 추론일 뿐이다.

97 '더 많은 것들에서'(pleosi)는 '더 많은 사람들에게'로 번역되기도 한다.

스인들은 그의 말에 수긍하고 그 앞에서 물러났다. 그들은 키로스의 견해에 설득되어, 평원을 경작하며 남들에게 예속되느니보다 척박한 땅에 살면서 남들을 지배하기를 택했던 것이다.

고대 지중해 세계 연표

* 이하의 연대는 모두 기원전임

3000년경	고대 이집트 문명 탄생
2500년경~1400년경	크레타 문명
2000년경~1100년경	미케네 문명
1200년경	트로이 전쟁(추정)
800년경	그리스의 폴리스 등장
8세기	페니키아 문자 전래, 호메로스 서사시
700년경~550년경	메디아 왕국
7세기~546년	리디아 왕국
7세기 전반	스파르타의 개혁(리쿠르고스의 개혁)
680년경~645년	리디아의 기게스 지배
664~610년	이집트의 프사메티코스 1세 지배
657~582년	코린토스의 참주정(킵셀로스, 페리안드로스)
632년경	아테네 킬론의 참주 시도 실패
630년경	키레네 건설
625~585년	메디아의 키악사레스 지배
624년경~546년경	밀레토스의 탈레스

620년경	그리스인의 나우크라티스 정주
594년	아테네 솔론의 개혁
585~550년	메디아의 아스티아게스 지배
570~526년	이집트의 아마시스 지배
560~546년	리디아의 크로이소스 지배
550년경~330년	아카이메니다이 왕조 페르시아
558~529년	페르시아의 키로스 2세(대왕)
550년	페르시아의 메디아 정복
546년	페르시아의 리디아 정복
546~510년	아테네의 참주정(페이시스트라토스, 히피아스)
529~522년	페르시아의 캄비세스 2세
535~522년	사모스의 참주 폴리크라테스
525년	페르시아의 이집트 정복
522~486년	페르시아의 다레이오스 1세
520년경~490년경	스파르타 왕 클레오메네스의 재위
513년경	다레이오스의 스키타이 원정
512~510년	페르시아의 메가바조스의 트라키아 일부 정복
508년	아테네의 클레이스테네스의 개혁
499~493년	이오니아 반란
492년	페르시아의 그리스 침입(제1차): 마르도니오스의 원정 실패
490년	페르시아의 그리스 침입(제2차): 다티스와 아르타프레네스의 원정, 마라톤 전투
489년	아테네의 밀티아데스 사망
487년경	페르시아에 대한 이집트의 반란
486~465년	페르시아의 크세륵세스 1세
485년	페르시아의 이집트 반란 진압

484년경	헤로도토스 출생(420년대 사망)
484~481년	페르시아의 그리스 원정 준비
482년	테미스토클레스의 함대 건조
480년	페르시아의 그리스 침입(제3차): 크세륵세스의 친정, 테르모필라이 전투, 아르테미시온 전투, 살라미스 전투, 크세륵세스의 퇴각
479년	플라타이아 전투, 미칼레 전투
478~404년	델로스 동맹
465~424년	페르시아의 아르토크세륵세스 1세
462~429년	아테네의 페리클레스 시대
449년	칼리아스 평화
447~432년	아테네의 파르테논 신전 건립
444년경	투리 건설
431~404년	펠로폰네소스 전쟁
338년	카이로네이아 전투
334~323년	알렉산드로스 대왕의 페르시아 원정
332년	알렉산드로스 대왕의 이집트 정복
330년	아카이메니다이 왕조 페르시아의 멸망

도량형 및 화폐 단위[1]

가. 길이

1닥틸로스(daktylos)=1/16푸스	(약 1.85센티미터)
1팔라이스테(palaiste)=1/4푸스	(약 7.4센티미터)
1스피타메(spithame)=3/4푸스	(약 22.2센티미터)
1푸스(pus)=4팔라이스테	(약 29.6센티미터)
1피곤(pygon)=5/4푸스	(약 37센티미터)
1페키스(pechys)=1.5푸스	(약 44.4센티미터)
1오르기이에(orgyie)=6푸스	(약 1.77미터)
1플레트론(plethron)=100푸스	(약 29.6미터)
1스타디온(stadion)=600푸스	(약 177.6미터)
1파라상게스(parasanges)=30스타디온	(약 5.328킬로미터)
1스코이노스(schoinos)=60스타디온	(약 10.656킬로미터)

---

1 도량형 및 화폐 단위에 대한 요약·정리는 헤로도토스의 『역사』 서술 내용
과 R. Waterfield, *Herodotus. The Histories*, Oxford Univ. Press, 1998, pp.
592~93; R. B. Strassler, *The Landmark Herodotus*, N.Y., 2007, pp. 773~
80을 참조했다. 또 여기서의 도량형 환산은 추정치임을 밝힌다.

나. 무게 및 화폐 단위

(1) 무게

1오볼로스(obolos)	(약 0.72그램)
1드라크메(drachme)=6오볼로스	(약 4.3그램)
1므네아(mnea)=100드라크메	(약 430그램)
1탈란톤(talanton)=60므네아	(약 26킬로그램)

(2) 화폐

1오볼로스(obolos)

1드라크메(drachme)=6오볼로스

1므네아(mnea)=100드라크메

1탈란톤(talanton)=60므네아=6,000드라크메

다. 부피

(1) 액체

1키아토스(kyathos)	(약 0.045리터)
1코틸레(kotyle)=6키아토스	(약 0.27리터)
1쿠스(chus)=12코틸레	(약 3.25리터)
1암포레우스(amphoreus)=144코틸레	(약.39리터)

(2) 고체

1코틸레(kotyle)	(약 0.27리터)
1코이닉스(choinix)=4코틸레	(약 1리터)
1메딤노스(medimnos)=48코이닉스	(약 51.8리터)

참고문헌

1. 텍스트

Stein, H., *Herodoti Historiae*, 5 vols., 제5판, Berlin, 1883~93.
Hude, C., *Herodoti Historiae*, 2 vols., 제3판, Oxford, 1927.

2. 주석서

Asheri, D., 외, *A Commentary on Herodotus Books I~IV*, Oxford, 2007.
Bowie, A. M., *Herodotus. Histories Book VIII*, Cambridge Univ. Press, 2007.
Flower, M. A., *Herodotus. Histories Book IX*, Cambridge Univ. Press, 2002.
How W. W. & Wells, J., *A Commentary on Herodotus*, 2 vols., Oxford, 1957.
Macan, R. W., *Herodotus, The Fourth, Fifth, and Sixth Books*, 2 vols., London, 1895.
Macan, R. W., *Herodotus, The Seventh, Eighth, and Ninth Books*, 2 vols., London, 1908.
McNeal, R. A., *Herodotus Book 1*, London, 1986.

3. 번역본

Godley, A. D., *Herodotus*, 4 vols., Harvard Univ. Press, 1966~71.
Grene, D., *The History. Herodotus*, The Univ. of Chicago Press, 1987.
Selincourt, A de, *Herodotus. The Histories*, Harmondsworth, 1954.
Strassler, R. B., *The Landmark Herodotus*, N.Y., 2007.
Waterfield, R., *Herodotus. The Histories*, Oxford Univ. Press, 1998.

천병희, 『역사』, 숲, 2009.

4. 연구서

(1) 단행본

Boedeker, D., ed., *Herodotus and the Invention of History, Arethusa* 20(1987).

Dewald, C. 외, ed., *The Cambridge Companion to Herodotus*, Cambridge, 2006.

Fehling, D.(J. G. Howie 영역), *Herodotus and His 'Sources': Citation, Invention and Narrative Art*, Leeds, 1989.

Gould, J., *Herodotus*, N.Y., 1989.

Green, P., *The Greco-Persian Wars*, Univ. of California Press, 1996.

Harrison, T., *Divinity and History. The Religion of Herodotus*, Oxford, 2000.

Immerwahr, H., *Form and Thought in Herodotus*, Cleveland, 1966.

Lateiner, D., *The Historical Method of Herodotus*, Toronto, 1989.

Powell, J. E., *A Lexicon to Herodotus*, 제2판, London, 1938.

Pritchett, W. K., *The Liar School of Herodotus*, Amsterdam, 1993.

Romm, J., *Herodotus*, Yale Univ. Press, 1998.

Thomas, R., *Herodotus in Context*, Cambridge Univ. Press, 2002.

Waters, K. H., *Herodotos the Historian*, London, 1984.

(2) 논문

Momigliano, A., "The Place of Herodotus in the History of Historiography", *Studies in Historiography*, London, 1966.

김경현, 「헤로도토스를 위한 변명」, 『서양고전학연구』 24, 2005. 12.

김봉철, 「헤로도토스의 『역사』의 사료비판 사례」, 『서양고전학연구』 9, 1995. 12.

김봉철, 「헤로도토스의 판단사례 분석」, 『인문논총』(아주대학교) 7, 1996. 12.

김봉철, 「고대 그리스인의 이집트 여행」, 『서양사연구』 32, 2005. 5.

김봉철, 「헤로도토스와 그리스 신화서술: 제우스 서술을 중심으로」, 『서양고대사연구』 27, 2010. 12.

김봉철, 「지중해세계 최초의 역사서, 헤로도토스의 『역사』」, 『서양사론』 109, 2011. 6.

김봉철, 「헤로도토스의 역사서술과 그리스 신화」, 『서양고대사연구』 32, 2012. 9.

김진경, 「헤로도토스에 있어서의 歷史의 原因」, 『서양사론』 16, 1975.

윤진, 「헤카타이오스(Hekataios)와 헤로도토스(Herodotos)」, 『대구사학』 75, 2004. 5.

윤진, 「헤로도토스의 『역사』에 나타난 문학적 장치로서의 신탁과 꿈」, 『서양고대사연구』 17, 2005. 12.

이형의, 「헤로도토스의 이집트史 敍述의 意味」, 『서양고대사연구』 1, 1993. 9.

조의설, 「헤로도토스. 歷史理解의 態度」, 『서양사론』 1, 1958. 11.

찾아보기

클레오메네스 딸 5.48, 51; 7.239
고르고스(Gorgos) 5.104, 115; 7.98; 8.11
고르디에스(Gordies)
　미데스 아들 1.35, 45
　미데스 아버지 1.14; 8.138
고브리에스(Gobryes)
　다레이오스 아들 7.72
　마르도니오스 아버지 3.70, 73, 78;
　　4.132, 134-5; 6.43; 7.2, 5, 10, 82, 97;
　　9.41
고이토시로스(Goitosyros) 4.59
곤노스(Gonnos) 7.128, 173
과두제(과두정, oligarchia) 3.81-2
군주제(군주정, mounarchia/monarchia)
　3.80, 82
궁수(toxophoros/toxotes) 1.103, 215;
　3.39, 45; 6.112; 7.158; 9.22, 49, 60
그누로스(Gnuros) 4.76
그린노스(Grinnos) 4.150
그립스(Gryps) 4.13, 27, 79, 152
글라우코스(Glaukos)
　리키아인 1.147
　스파르타인 6.86
　키오스인 1.25
글라우콘(Glaukon) 9.75
글리사스(Glisas) 9.43
기가다스(Gygadas) 1.14
기가이에(Gygaie)
　마케도니에인 5.21; 8.136
　호수 1.93
기게스(Gyges)
　리디에인 3.122; 5.121
　리디에인(왕) 1.8-15
기고노스(Gigonos) 7.123
기병(hippos/hippeus) 1.80, 84, 103, 215;
　3.90; 4.121-2, 126, 128, 134, 136; 5.14,
　63-64, 98; 6.29, 58, 102, 112; 7.21,
　40-1, 55, 84-8, 100, 141, 146, 154,

158, 173, 177, 184, 208; 8.28, 113, 138;
　9.13-4, 17-8, 20-5, 32, 39-40, 49-52,
　56-7, 60, 68-9, 71, 85
기잔테스(Gyzantes) 4.194-5
긴다네스(Gindanes) 4.176-7
긴데스(Gyndes) 1.189-90, 202; 5.52
길로스(Gillos) 3.138
길리가마이(Giligamai) 4.169-70
김노파이디아이(gymnopaidiai) 6.67

| ㄴ |

나사모네스(Nasamones) 2.32-3; 4.172-
　3, 175, 182, 190
나우크라티스(Naukratis) 2.97, 135,
　178-9
나우플리에(Nauplie) 6.76
나파리스(Naparis) 4.48
낙소스(Naxos) 1.61, 64; 5.28, 30-4, 36,
　37; 6.95-6; 7.154; 8.46
네레이데스(Nereides) 2.50; 7.191
네사이오이(Nesaioi) 3.106; 7.40; 9.20
네사이온(Nesaion) 7.40
네스토르(Nestor) 5.65
네스토스(Nestos) 7.109, 126
네에폴리스(Neepolis)
　아이깁토스 2.91
　팔레네 7.123
네오클레스(Neokles) 7.143, 173; 8.110
네온(Neon) 8.32-3
네우리스(Neuris) 4.17, 51, 100, 102, 105,
　119, 125
네일레오스(Neileos) 9.97
네일로스(Neilos, 나일Nile) 2.1-99, 113,
　124, 127, 138, 149, 154-5, 158, 179;
　3.10; 4.39, 42, 45, 50, 53
네코스(Nekos)
　프삼메티코스 아들 2.158-9; 4.42

프삼메티코스 아버지 2.152
넬레우스(Neleus) 5.65
노나크리스(Nonakris) 6.74
노에스(Noes) 4.49
노톤(Nothon) 6.100
누디온(Nudion) 4.148
니노스(Ninos)
　도시 1.102-3, 106, 178, 185, 193; 2.150
　벨로스 아들 1.7
니사(Nysa) 2.146; 3.97
니사이아(Nisaia) 1.59
니시로스(Nisyros) 7.99
니칸드로스(Nikandros) 8.131
니케(Nike) 8.77
니코드로모스(Nikodromos) 6.88-91
니콜레오스(Nikoleos) 7.134
니테티스(Nitetis) 3.1-3
니토크리스(Nitokris)
　바빌론인(여왕) 1.185-7
　아이깁토스인(여왕) 2.100
님포도로스(Nymphodoros) 7.137
닙사이오이(Nipsaioi) 4.93

| ㄷ |

다나에(Danae) 2.91; 6.53; 7.61, 150
다나오스(Danaos) 2.91, 98, 171, 182;
　7.94
다디카이(Dadikai) 3.91; 7.66
다레이오스(Dareios)
　크세륵세스 아들 9.108
　히스타스페스 아들 1.130, 183, 187,
　　209-10; 2.110, 158; 3.12, 38, 70-3,
　　76, 78, 82-3, 85-9, 90, 95, 96, 101,
　　117-19, 127-60; 4.1, 4, 7, 39, 44,
　　46, 83-143, 166-7, 204; 5.1-27, 30,
　　32, 37, 65, 73, 96, 98, 103, 105-8,
　　116, 124; 6.1-4, 9, 20, 24, 25, 29-30,
40-1, 43, 48, 49, 70, 84, 94-5, 98,
100-1, 104, 119; 7.1-4, 5, 7, 8, 10,
11, 14, 18, 20, 27, 32, 52, 59, 64,
68-9, 72-3, 78, 82, 97, 105, 133-4,
186, 194, 224; 8.89; 9.107, 111
다레이타이(Dareitai) 3.92
다르다나이(Dardanai) 1.189
다르다노스(Dardanos) 5.117; 7.43
다마소스(Damasos) 6.127
다마시티모스(Damasithymos)
　카리에인 7.98
　칼린다인(왕) 8.87
다미에(Damie) 5.82-3
다스킬레이온(Daskyleion) 3.120, 126;
　6.33
다스킬로스(Daskylos) 1.8
다우리세스(Daurises) 5.116-8, 121-2
다울리스(Daulis) 8.35
다이달로스(Daidalos) 7.170
다토스(Datos) 9.75
다티스(Datis) 6.94, 97-8, 118-9; 7.8, 10,
　74, 88
다프나이(Daphnai) 2.30, 107
다프니스(Daphnis) 4.138
데마레토스(Demaretos) 5.75; 6.50-1, 61,
　63-75, 84; 7.3, 101-5, 209, 234-7, 239;
　8.65
데마르메노스(Demarmenos)
　킬론 아버지 6.65
　프리네타데스 아버지 5.41
데메테르(Demeter) 2.59, 122-3, 156,
　171; 4.53; 5.61; 6.91, 134; 7.200; 9.57,
　62, 65, 69, 97, 101
데모낙스(Demonax) 4.161-2
데모노스(Demonoos) 7.195
데모스(demos)
　구(區)/지구 1.60, 62, 170; 3.55; 4.99;
　　5.69, 74, 81, 92; 9.73

| ㄹ |

메나레스 아들 6.65, 67-9, 71-3, 85-7;
8.131; 9.90-2, 98-9, 114
아낙실레오스 아들 8.131
레이톤(leiton) 7.197
레이프시드리온(Leipsydrion) 5.62
레토(Leto) 2.59, 83, 155-6
레프레온(Lepreon) 4.148; 9.28, 31
렐레게스(Leleges) 1.171
렘노스(Lemnos) 4.145; 5.26-7; 6.136-40;
8.11, 82
로도스(Rhodos) 1.174; 2.178; 7.153
로도페(Rhodope) 4.49, 8.116
로도피스(Rhodopis) 2.134-5
로이코스(Rhoikos) 3.60
로이티온(Rhoition) 7.43
로크리스(Lokris)
에피제피리오이 6.23
오졸라이 8.32, 36
오푸스 7.132, 203, 207, 216; 8.1, 66;
9.31
로토파고이(Lotophagoi) 4.177-8, 183
록시에스(Loxies) 1.91; 4.163
리기에스(Ligyes)
서부 에우로페 5.9; 7.165
아시에 7.72
리노스(Linos) 2.79
리도스(Lydos) 1.7, 171; 7.74
리디에스(Lydies) 7.127
리디에(Lydie) 1.6-94, 103, 141, 142,
153-7, 159, 171, 207; 2.167; 3.90, 122,
127; 4.45; 5.12, 36, 49, 52, 101-2; 6.32,
37, 125; 7.27, 30-1, 38, 74
리메네이온(Limeneion) 1.18
리비에(Libye) 1.46; 2.8, 12, 15-20, 22,
24-6, 28, 30, 32-4, 50, 54-6, 65, 77,
91, 99, 119, 150, 161; 3.12-3, 17, 91,
96, 115; 4.29, 41-3, 44-5, 145, 150-
1, 153, 155-61, 167, 168-205; 5.42-3;

7.70-1, 86, 165, 184
리사고레스(Lysagores)
밀레토스인 5.30
파로스인 6.133
리사니에스(Lysanies) 6.127
리소스(Lisos) 7.108-9
리시마코스(Lysimachos) 8.79, 95; 9.28
리시스트라토스(Lysistratos) 8.96
리시클레스(Lysikles) 8.21
리카레토스(Lykaretos) 3.143; 5.27
리케스(Liches) 1.67-8
리코메데스(Lykomedes) 8.11
리코스(Lykos)
리키에인 1.173
스키티에인 4.76
아테나이인 7.92
티사게타이의 강 4.123
프리기에의 강 7.30
리코페스(Lykopes) 3.55
리코프론(Lykophron) 3.50-3
리쿠르고스(Lykurgos)
스파르테인 1.65-6
아르카디에인 6.127
아테나이인 1.59-60
리키데스(Lykides) 9.5
리키에(Lykie) 1.28, 147, 171, 173, 176,
182; 3.4, 90; 4.35, 45; 7.76, 77, 92, 98
리팍소스(Lipaxos) 7.123
리폭사이스(Lipoxais) 4.5-6
릭다미스(Lygdamis)
낙소스인 1.61, 64
할리카르네소스인 7.99
린도스(Lindos) 1.144; 2.182; 3.47; 7.153
링케우스(Lynkeus) 2.91

말레스(Males) 6.127

말레에(Malee) 1.82; 4.179; 7.168

메가도스테스(Megadostes) 7.105

메가라(Megara) 1.59; 5.76; 7.156; 8.1, 45,
  60, 74; 9.7, 14, 21, 28, 31, 69, 85

메가바조스(Magabazos)
  메가바테스 아들 7.97, 108
  페르시스 장군 4.143-5; 5.1-2, 10, 12,
    14-7, 23-4, 26, 98; 6.33; 7.22, 67

메가바테스(Megabates) 5.32-5; 7.97

메가비조스(Megabyzos)
  조피로스 아들 3.160; 7.82, 121
  조피로스 아버지 3.70, 81-2, 153; 4.43

메가시드로스(Megasidros) 7.72

메가크레온(Megakreon) 7.120

메가클레에스(Megaklees, 메가클레스
  Megakles)
  알크메온 아들 1.59-61, 6.127, 130
  알크메온 아버지 6.125
  히포크라테스 아들 6.131

메가파노스(Megapanos) 7.62

메기스티에스(Megisties) 7.219, 221, 228

메나레스(Menares) 6.65, 71; 8.131

메넬라오스(Menelaos) 4.169

메넬레오스(Meneleos, 메넬라오스
  Menelaos) 2.113, 118-19; 5.94; 7.169,
  171

메니오스(Menios) 6.71

메데이에(Medeie, 메데이아Medeia) 1.2-
  3; 7.62

메디아(Media) 1.16, 72-4, 91, 96-130,
  134-5, 156-7, 162, 185; 3.62, 65, 84,
  92, 106, 126; 4.1, 3-4, 12, 37, 40; 5.9;
  6.84, 94; 7.8, 20, 62, 64, 67, 80, 86, 96,
  116, 184, 210-11; 8.89, 113, 130; 9.31,
  40, 43

메로에(Meroe) 2.29

메르발로스(Merbalos) 7.98

메름나다이(Mermnadai) 1.7, 14

메사피아(Messapia) 7.170

메삼브리에(Mesambrie)
  사모트레이케 7.108
  흑해 4.93; 6.33

메세네(Messene) 7.164

메세니아(Messenia) 3.47; 5.49; 6.52;
  9.35, 64

메이오네스(Meiones) 1.7; 7.74, 77

메키베르나(Mekyberna) 7.122

메키스테우스(Mekisteus) 5.67

메타폰티온(Metapontion) 4.15

메트로도로스(Metrodoros) 4.138

메티오코스(Metiochos) 6.41

메팀나(Methymna) 1.23, 151

멘데(Mende) 7.123

멘데스(Mendes)
  도시 2.42, 46, 166
  신(神) 2.42
  하구 2.17

멜라니포스(Melanippos)
  레스보스인 5.95
  영웅 5.67

멜라스(Melas)
  강(테르모필라이) 7.198-9
  강(트레이케) 7.58
  만 6.41; 7.58

멜란토스(Melanthos) 1.147; 5.65

멜란티오스(Melanthios) 5.97

멜람푸스(Melampus) 2.49; 7.22; 9.34

멜람피고스(Melampygos) 7.216

멜랑클라이노이(Melangchlainoi) 4.20,
  100-2, 107, 119, 125

멜로스(Melos) 8.46, 48

멜리보이아(Meliboia) 7.188

멜리사(Melissa) 3.50; 5.92

멜리스(Melis) 7.132, 196, 198, 201, 213-
  6; 8.31, 43, 66; 9.31

멤논(Memnon) 2.106; 5.54; 7.151

멤블리아레오스(Membliareos) 4.147-8

멤피스(Memphis) 2.2-3, 8, 9, 12, 13, 14, 97, 99, 112, 114-5, 119, 150, 153-4, 158, 175-6; 3.6, 13-4, 16, 25, 27, 37, 91, 139

모멤피스(Momemphis) 2.163, 169

모스코이(Moschoi) 3.94; 7.78

모시노이코이(Mossynoikoi) 3.94; 7.78

모이리스(Moiris)

　아이깁토스인(왕) 2.13, 101

　호수 2.4, 13, 69, 148-9; 3.91

모피(Mophi) 2.28

몰로소이(Molossoi) 1.146; 6.127

몰로에이스(Moloeis) 9.57

몰파고레스(Molpagores) 5.30

무니키에(Munychie, 무니키아Munychia) 8.76

무리키데스(Murychides) 9.4-5

무사이오스(Musaios) 7.6; 8.96; 9.43

므네사르코스(Mnesarchos) 4.95

므네시필로스(Mnesiphilos) 8.57-8

미노스(Minos) 1.171, 173; 3.122; 7.169-71

미노에(Minoe) 5.46

미니아이(Minyai) 1.146; 4.145-6, 148, 150

미데스(Mides, 미다스Midas) 1.14, 35, 45; 8.138

미라 2.67, 69, 85-90; 3.10, 16

미론(Myron) 6.126

미르소스(Myrsos)

　기게스 아들 3.122; 5.121

　칸다울레스 아버지 1.7

미르실로스(Myrsilos) 1.7

미르키노스(Myrkinos) 5.11, 23-4, 124, 126

미리나(Myrina) 1.149; 6.140

미리안드로스(Myriandros) 4.38

미소스(Mysos) 1.171

미스(Mys) 8.133-5

미시에(Mysie) 1.28, 36-7, 160, 171; 3.90; 5.122; 6.28; 7.20, 42, 74-5; 8.106; 9.32

미우스(Myus) 1.142; 5.36; 6.8

미칼레(Mykale) 1.148; 6.16; 7.80; 9.90, 96-107, 114

미케나이(Mykenai) 7.202; 9.27-8, 31

미케리노스(Mykerinos) 2.129-34, 136

미코노스(Mykonos) 6.118

미코이(Mykoi)인 3.93; 7.68

미키토스(Mikythos) 7.170

미트라(Mitra) 1.131

미트라다테스(Mitradates) 1.110-17, 121

미트로바테스(Mitrobates) 3.120, 126-7

미틸레네(Mytilene) 1.27, 160; 2.135, 178; 3.13-4; 4.97; 5.11; 37-8, 94-5; 6.5-6

믹도니에(Mygdonie) 7.123-4, 127

민(Min) 2.4, 99-100

민주제(민주정) 3.80-2; 4.137; 5.37; 6.43, 131

민회 3.142; 5.29, 79, 97; 7.134; 9.5

밀라사(Mylasa) 1.171; 5.37, 121

밀레토스(Miletos) 1.14, 15, 17-22, 25, 46, 74, 92, 141-3, 146, 157, 169, 170; 2.33, 159, 178; 3.39; 4.78, 137-8, 141; 5.11, 23-4, 28-38, 49, 54, 65, 92, 97-9, 105-6, 120, 124-6; 6.1, 5, 6-11, 13, 18-22, 25-6, 28-9, 31, 46, 77, 86; 7.8; 9.97, 99, 104

밀론(Milon) 3.137

밀리아스(Milyas) 1.173; 3.90; 7.77

밀리타(Mylitta) 1.131, 199

밀티아데스(Miltiades)

　키몬 아들 4.137-8; 6.34, 39-41, 103-4, 109-10, 132-7, 140; 7.107

　킵셀로스 아들 6.34-8, 103

비산테(Bisanthe) 7.137
비살테스(Bisaltes) 6.26
비살티에(Bisaltie) 7.115; 8.116
비스토니스(Bistonis) 7.109
비아스(Bias)
　프레에네인 1.27, 170-1
　필로스인 9.34
비잔티온(Byzantion, 비잔티움
　Byzantium) 4.87, 138, 144; 5.26, 103;
　6.5, 26, 33; 9.89
비톤(Biton) 1.31
비티니아(Bithynia) 1.28; 7.75
빵(artos) 1.51; 2.2, 40, 77, 92; 3.22; 5.92;
　8.137; 9.82

| ㅅ |

사가르티오이(Sagartioi) 1.125; 3.93; 7.85
사가리스(sagaris) 1.215; 4.5, 70; 7.64
사나카리보스(Sanacharibos) 2.141
사네(Sane) 7.22-3, 123
사디아테스(Sadyattes) 1.16, 18, 73
사랑가이(Sarangai) 3.93, 117; 7.67
사르다나팔로스(Sardanapallos) 2.150
사르도(Sardo, 사르데냐Sardegna) 1.170;
　2.105; 5.106, 124; 6.2; 7.165
사르도니온(Sardonion) 1.166
사르디에스(Sardies, 사르디스Sardis) 1.7-
　94, 141, 152-7; 2.106; 3.5, 48-9, 120,
　126, 128-9; 4.45; 5.11-3, 23-5, 31,
　52-4, 73, 96, 99-103, 105-6, 108, 116,
　122-3; 6.1, 4-5, 30, 42, 125; 7.1, 8, 11,
　26, 31-2, 37-8, 41, 43, 57, 88, 145-6;
　8.105, 117; 9.3, 107-8
사르테(Sarte) 7.122
사르페돈(Sarpedon)
　곶 7.58
　에우로페 아들 1.173

사모스(Samos) 1.51, 70, 142, 148; 2.134-
　5, 148, 178, 182; 3.26, 39-49, 54-60,
　120-2, 125, 128, 131, 139-50; 4.43,
　87-8, 95, 138, 152, 162-4; 5.27, 99,
　112; 6.8, 13-4, 22-3, 25, 95; 7.164;
　8.85, 130, 132, 9.90-2, 96-7, 99, 103,
　106
사모트레이케(Samothreike, 사모트라키
　아Samothrakia) 2.51; 6.47; 7.95, 108;
　8.90
사미오스(Samios) 3.55
사바코스(Sabakos) 2.137, 139-40, 152
사빌로스(Sabyllos) 7.154
사스페이레스(Saspeires) 1.104, 110; 3.94;
　4.37, 40; 7.79
사우로마타이(Sauromatai) 4.21, 57, 102,
　110-17, 119-20, 122-3, 128, 136
사울리오스(Saulios) 4.76
사이스(Sais) 2.28, 59, 62, 130, 152, 163,
　165, 169, 172, 175, 176; 3.16
사카이(Sakai) 1.153; 3.93; 6.113; 7.9, 64,
　96, 184; 8.113; 9.31, 71, 113
사타기다이(Sattagydai) 3.91
사타스페스(Satastes) 4.43
사트라이(Satrai)인 7.110-111
사트라페이에(satrapete) 1.192, 3.89
사포(Sappho) 2.135
산도케스(Sandokes) 7.194, 196
살라미스(Salamis)
　아티케 7.90, 141-3, 166 168; 8.11,
　　40-2, 44, 46, 49, 51, 56-7, 60, 64-5,
　　70, 74, 76, 78-9, 82-97, 121-2, 124,
　　126, 130; 9.3-6, 19
　키프로스 4.162; 5.104, 108, 110, 113,
　　115; 8.11
살레(Sale) 7.59
살목시스(Salmoxis) 4.94-6
살미데소스(Salmydessos) 4.93

삼단노선(trieres) 2.158-9; 3.4, 44, 136;
    5.32, 38, 47, 85, 99; 6.5, 8, 39, 41, 95,
    133; 7.22, 24, 36, 89, 158, 168, 181-2;
    8.46, 48, 82-3, 87, 121
삼십노선(triekonteros) 4.148; 7.97; 8.21
세게스타(Segesta) 5.46-7; 7.158
세르레이온(Serreion) 7.59
세르밀레(Sermyle) 7.122
세르보니스(Serbonis) 2.6; 3.5
세리포스(Seriphos) 8.46, 88
세멜레(Semele) 2.145-6
세미라미스(Semiramis)
    문(門) 3.155
    바빌론인(여왕) 1.184
세벤니토스(Sebennytos) 2.17, 155
세소스트리스(Sesostris) 2.102-11, 137
세스토스(Sestos) 4.143; 7.33, 78; 9.114-
    6, 119
세토스(Sethos) 2.141
세피아스(Sepias) 7.183-4, 186, 188, 190,
    195; 8.66
셀레네(Selene) 2.47
셀리누스(Selinus) 5.46
셀림브리에(Selymbrie) 6.33
소스트라토스(Sostratos) 4.152
소시메네스(Sosimenes) 8.82
소클레에스(Soklees) 5.92-3
소파네스(Sophanes) 6.92; 9.73-5
속도이(Sogdoi) 3.93; 7.66
솔로에이스(Soloeis) 2.32; 4.43
솔로이(Soloi) 5.110, 113, 115
솔론(Solon) 1.29-34, 86; 2.177; 5.113
수니온(Sunion) 4.99; 6.87, 115-6; 8.121
수사(Susa) 1.188; 3.64-5, 70, 91, 129,
    132, 140; 4.83-5; 5.24-5, 30, 32, 35,
    49, 52, 106-8; 6.1, 20, 30, 41, 119; 7.3,
    6, 53, 135-6, 151-2, 239; 8.54, 99-100;
    9.108

스메르도메네스(Smerdomenes) 7.82, 121
스메르디스(Smerdis)
    마고스 3.61-80
    키로스 아들 3.30, 32, 61-2, 65-9, 75,
    88; 7.78
스미르나(Smyrna) 1.14, 16, 94, 143,
    149-50; 2.106
스민디리데스(Smindyrides) 6.127
스밀라(Smila) 7.123
스카만드로스(Skamandros) 5.65; 7.43
스카이오스(Skaios) 5.60
스캅테실레(Skaptesyle) 6.46
스코파다이(Skopadai) 6.127
스코파시스(Skopasis) 4.120, 128
스콜로스(Skolos) 9.15
스콜로토이(Skolotoi) 4.6
스콜로포에이스(Skolopoeis) 9.97
스키드로스(Skidros) 6.21
스키라스(Skiras) 8.94
스키로스(Skyros) 7.183
스키론(Skiron) 8.71
스키아토스(Skiathos) 7.176, 179, 183;
    8.7, 92
스키오네(Skione) 7.123; 8.8, 128
스키톤(Skiton) 3.130
스키테스(Skythes)
    스키티에인 4.10
    장클레인 6.23-4; 7.163
스키티에(Skythie, 스키티아Skythia) 1.15,
    73-4, 103-5, 201, 215-6; 2.22, 103,
    110, 167; 3.134; 4.1-142; 5.24, 27;
    6.40-1, 84; 7.10, 18, 20, 52, 59, 64
스킬락스(Skylax)
    민도스인 5.33
    카리안데우스인 4.44
스킬레스(Skyles) 4.76, 78-80
스킬리에스(Skyllies) 8.8
스타게이로스(Stageiros) 7.115

스테니클레로스(Stenykleros) 9.64

스테사고레스(Stesagores)

  키몬 아들 6.38-9, 103

  키몬 아버지 6.34, 103

스테세노르(Stesenor) 5.113

스테실레오스(Stesileos) 6.114

스텐토리스(Stentoris) 7.58

스트라티스(Strattis) 4.138; 8.132

스트리메(Stryme) 7.108-9

스트리모니에스(Strymonies) 8.118

스트리몬(Strymon) 1.64; 5.1, 13, 23, 98;
7.24-5, 75, 107, 113-5; 8.115, 118, 120

스티라(Styra) 6.107; 8.1, 46; 9.28, 31

스티락스(styrax) 3.107

스틱스(Styx) 6.74

스팀팔리스(Stymphalis) 6.76

스파르가페이테스(Spargapeithes)

  스키티에인 4.76

  아가티르소이인(왕) 4.78

스파르테(Sparte, 스파르타Sparta) 1.65,
68, 69, 141, 152; 2.113, 117; 3.46, 148;
4.147, 149; 5.39, 48-50, 55, 65, 75-6,
90, 92, 97; 6.49, 51, 61-86, 105-6, 108,
120; 7.3, 104, 133-4, 136, 149, 169,
204, 206, 209, 220, 228, 229-30, 232
234; 8.114, 124, 131-2, 142, 144; 9.10,
12, 53, 70, 73, 76

스파코(Sapko) 1.110

스페르케이오스(Spercheios) 7.198, 228

스페르티에스(Sperthies) 7.134, 137

스펜달레(Sphendale) 9.15

스핑크스(Sphinx) 2.175; 4.79

승선병(乘船兵, epibates) 6.12; 7.100,
180, 184; 8.83, 90; 9.32

시게이온(Sigeion) 4.38; 5.65, 91, 94-5

시긴나이(Sigynnai) 5.9

시노페(Sinope) 1.76; 2.34; 4.12

시돈(Sidon) 2.116, 161; 3.136; 7.44, 96,
98-100, 128; 8.67, 92

시레쿠사이(Syrekusai, 시라쿠사
Syrakusa) 3.125; 7.154-63, 166

시로모스(Siromos)

  키프로스인 5.104

  티로스인 7.98

시로미트레스(Siromitres)

  마시스티오스 아버지 7.79

  오이오바조스 아들 7.68

시르기스(Syrgis) 4.123

시르티스(Syrtis) 2.32, 150; 4.169, 173

시리스(Siris)

  이탈리에 6.127; 8.62

  파이오니에 8.115

시리에(Syrie, 시리아Syria) 1.6, 72, 76,
105; 2.11-2, 20, 30, 104, 106, 116, 152,
157-8, 159; 4.39; 5.49; 7.63, 72, 89,
140

시리오파이오니에(Siriopaionie) 5.15

시링그스(syringgs) 1.17

시메(Syme) 1.174

시모니데스(Simonides) 5.102; 7.228

시바리스(Sybaris) 5.44-5, 47; 6.21, 127

시삼네스(Sisamnes)

  오타네스 아버지 5.25

  히다르네스 아들 7.66

시시마케스(Sisimakes) 5.121

시아그로스(Syagros) 7.153, 159-61

시에네(Syene) 2.28

시엔네시스(Syennesis) 1.74; 5.118; 7.98

시카니에(Sikanie) 7.170

시카스(Sikas) 7.98

시켈리에(Sikelie, 시칠리아Sicilia) 1.24;
5.43, 46; 6.17, 22-4; 7.145, 153-68,
170, 205; 8.3

시키온(Sikyon) 1.145; 5.67-9; 6.92, 126,
129, 131; 8.1, 43, 72; 9.28, 31, 102-3,
105

사미오스 아들 3.55

사미오스 아버지 3.55

아르킬로코스(Archilochos) 1.12

아르타네스(Artanes)

강 4.49

페르시스인 7.224

아르타바노스(Artabanos) 4.83, 143;
7.10-8, 46-53, 66, 75, 82; 8.26, 54

아르타바조스(Artabazos) 1.192; 7.66;
8.126-9; 9.41-2, 58, 66-8, 70, 77,
89-90

아르타바테스(Artabates) 7.65

아르타이오스(Artaios)

아르타카이에스 아버지 7.22

아자네스 아버지 7.66

아르타이오이(Artaioi) 7.61

아르타익테스(Artayktes) 7.33, 78; 9.116,
118-120, 122

아르타인테(Artaynte) 9.108-10

아르타인테스(Artayntes)

아르타카이에스 아들 8.130; 9.102, 107

이타미트레스 아들 7.67.

아르타카이에스(Artachaies)

아르타이오스 아들 7.22, 117-8

아르타인테스 아버지 8.130

오타스페스 아버지 7.63

아르타케(Artake) 4.14; 6.33

아르토크세륵세스(Artoxerxes, 아르타
크세륵세스Artaxerxes) 6.98; 7.106,
151-2

아르타프레네스(Artaphrenes)

히스타스페스 아들 5.25, 30-3, 35, 73,
96, 100, 123; 6.1-2, 4, 30, 42, 94;
7.74

위 아르타프레네스 아들 6.94, 119; 7.8,
10, 74

아르테미스(Artemis) 1.26; 2.59, 83, 137,
155-6; 3.48; 4.33, 35, 87; 5.7; 6.138;

7.176; 8.77

아르테미시에(Artemisie) 7.99; 8.68-9,
87-8, 93, 101-3, 107

아르테미시온(Artemision) 7.175-7, 183,
192, 194-5; 8.2-23, 40, 42, 44-6, 66,
76, 82; 9.98

아르테스코스(Arteskos) 4.92

아르템바레스(Artembares)

메디아인 1.114-6

페르시아인 9.122

아르토바자네스(Artobazanes) 7.2-3

아르토조스트레(Artozostre) 6.43

아르토크메스(Artochmes) 7.73

아르톤테스(Artontes)

마르도니오스 아들 9.84

바가이오스 아버지 3.128

아르티비오스(Artybios) 5.108, 110-3

아르티스토네(Artystone) 3.88; 7.69, 72

아르티피오스(Artyphios) 7.66-7

아르폭사이스(Arpoxais) 4.5-6

아리돌리스(Aridolis) 7.195

아리마스포이(Arimaspoi) 3.116; 4.13, 27

『아리마스페아』(*Arimaspea*) 4.14

아리스타고레스(Aristagores)

밀레토스인 5.30-8, 49-51, 54-5, 65,
97-9, 103, 105, 124-6; 6.1, 3, 5, 9,
13; 7.8

사모스인 9.90

키메인(참주) 4.138; 5.37

키지코스인(참주) 4.138

아리스테에스(Aristees)

코린토스인 7.137

프로콘네소스인 4.13-6

아리스테이데스(Aristeides) 8.79, 81, 95;
9.28

아리스토게이톤(Aristogeiton) 5.55;
6.109, 123

아리스토니모스(Aristonymos) 6.126

아리스토니케(Aristonike) 7.140

아리스토데모스(Aristodemos)

   스파르테인 7.229-31; 9.71

   스파르테인(왕) 4.147; 6.52; 7.204;

      8.131

아리스토디코스(Aristodikos) 1.158-60

아리스토마코스(Aristomachos) 6.52;

   7.204; 8.131

아리스토크라테스(Aristokrates) 6.73

아리스토키프로스(Aristokypros) 5.113

아리스토필리데스(Aristophilides) 3.136

아리스톤(Ariston)

   비잔티온인 4.138

   스파르테인(왕) 1.67; 5.75; 6.61-9; 7.3,

      101, 209, 239

아리스톨라이데스(Aristolaides) 1.59

아리아람네스(Ariaramnes)

   페르시스인 7.11

   페르시스인(크세륵세스 조상) 8.90

아리아빅네스(Ariabignes) 7.97; 8.89

아리아조스(Ariazos) 7.82

아리아페이테스(Ariapeithes) 4.76, 78

아리안데스(Aryandes) 4.165-6, 200, 203

아리안타스(Ariantas) 4.81

아리오마르도스(Ariomardos)

   다레이오스 아들 7.78

   아르타바노스 아들 7.67

아리오이(Arioi)

   메디아인 옛 이름 7.62

   아레이오이와 동명 7.66

아리온(Arion) 1.23-4

아리프론(Ariphron) 6.131, 136; 7.33;

   8.131

아마시스(Amasis)

   아이깁토스인(왕) 1.30, 77; 2.43, 134,

      145, 154, 162-3, 169, 172-82; 3.1, 4,

      10, 14, 16, 39-41, 43, 47, 125

   페르시스인 4.167, 201, 203

아마조네스(Amazones) 4.110-17; 9.27

아마투스(Amathus) 5.104-5, 108, 114

아메스트리스(Amestris) 7.61, 114; 9.109-

   13

아메이노클레스(Ameinokles) 7.190

아메이니에스(Ameinies) 8.84, 93

아모르게스(Amorges) 5.121

아몸파레토스(Amompharetos) 9.53,

   55-7, 71, 85

아문(Amun) 2.42

아미르기온(Amyrgion) 7.64

아미르타이오스(Amyrtaios) 2.140; 3.15

아미리스(Amyris) 6.127

아림네스토스(Arimnestos) 9.72

아미안토스(Amiantos) 6.127

아미테온(Amytheon) 2.49

아민테스(Amyntes, 아민타스Amyntas)

   마케도니에인(왕) 5.17-20, 94; 7.173;

      8.136, 139-40; 9.44

   페르시스인 8.136

아밀카스(Amilkas, 하밀카르Hamilcar)

   7.165-7

아바리스(Abaris) 4.36

아바이(Abai) 1.46; 8.27, 33, 134

아브로니코스(Abronichos) 8.21

아브로코메스(Abrokomes) 7.224

아비도스(Abydos) 4.138; 5.117; 6.26;

   7.33, 37, 43-5, 95, 147, 174; 8.117,

   130; 9.114

아사(Assa) 7.122

아세소스(Assesos) 1.19, 22

아소니데스(Asonides) 7.181

아소포도로스(Asopodoros) 9.69

아소포스(Asopos)

   보이오티에 5.80, 6.108; 9.15, 19, 31,

      36, 38, 40, 49, 51, 59

   트레키스 7.199-200, 216-7

아스마크(Asmach) 2.30

악발로스(Agbalos) 7.98

악시오스(Axios) 7.123-4

안논(Annon, 하노Hanno) 7.165

안드레에스(Andrees, 안드레아스 Andreas) 6.126

안드로다마스(Androdamas) 8.85; 9.90

안드로메데(Andromede) 7.61, 150

안드로불로스(Androbulos) 7.141

안드로스(Andros) 4.33; 5.31; 8.66, 108, 111-2, 121; 9.33

안드로크라테스(Androkrates) 9.25

안드로파고이(Androphagoi) 4.18, 100, 102, 106, 119, 125

안타고레스(Antagores) 9.76

안탄드로스(Antandros) 5.26; 7.42

안테무스(Anthemus) 5.94

안텔레(Anthele) 7.176, 200

안티도로스(Antidoros) 8.11

안티오코스(Antiochos) 9.33

안티카레스(Antichares) 5.43

안티키레(Antikyre) 7.198, 213-4; 8.21

안티파트로스(Antipatros) 7.118

안티페모스(Antiphemos) 7.153

안틸라(Anthylla) 2.97-8

알라로디오이(Alarodioi)인 3.94; 7.79

알라반다(Alabanda)
카리에 7.195
프리기에 8.136

알라제이르(Alazeir) 4.164

알라조네스(Alazones) 4.17, 52

알랄리에(Alalie, 알랄리아Alalia) 1.165-6

알레에(Alee) 1.66; 9.70

알레우아다이(Aleuadai) 7.6, 172

알레우아스(Aleuas) 7.130; 9.58

알레이온(Aleion) 6.95

알렉산드로스(Alexandros, 알렉산더 Alexander)
마케도니아인 5.17, 19-22; 7.173, 175;

8.34, 121, 136-44; 9.1, 4, 8, 44-6
트로이에인 1.3; 2.113-8, 120

알로스(Alos) 7.173, 197

알로페케(Alopeke) 5.63

알리아테스(Alyattes) 1.6, 16-26, 47, 73-4, 92-3; 3.48; 8.35

알릴라트(Alilat) 1.131; 3.8

알카이오스(Alkaios)
레스보스인 5.95
헤라클레스 아들 1.7

알케노르(Alkenor) 1.82

알케이데스(Alkeides) 6.61

알케테스(Alketes) 8.139

알콘(Alkon) 6.127

알크메네(Alkmene) 2.43, 145

알크메오니다이(Alkmeonidai) 1.61, 64; 5.62, 66, 70-1, 90; 6.115, 121, 123, 125, 131

알크메온(Alkmeon) 1.59; 6.125, 127, 130

알키마코스(Alkimachos) 6.101

알키비아데스(Alkibiades) 8.17

알페노스(Alpenos) 7.216

알페노이(Alpenoi) 7.176, 229

알페오스(Alpheos) 7.227

알피스(Alpis) 4.49

암몬(Ammon) 1.46; 2.18, 32, 55

암몬인(Ammonioi) 2.32, 42; 3.17, 25-6; 4.181-2

암페(Ampe) 6.20

암펠로스(Ampelos) 7.122-3

암프라키아(Amprakia) 8.45, 47; 9.28, 31

암피므네스토스(Amphimnestos) 6.127

암피사(Amphissa) 8.32, 36

암피아레오스(Amphiareos, 암피아라오스Amphiaraos) 1.46, 49, 52, 92; 3.91; 8.134

암피온(Amphion) 5.92

암피카이아(Amphikaia) 8.33

암피크라테스(Amphikrates) 3.59
암피트리온(Amphitryon) 2.43-4, 146;
　6.53
암픽티온(Amphiktyon) 7.200
암필로코스(Amphilochos) 3.91; 7.91
암필리토스(Amphilytos) 1.61
압데라(Abdera) 1.168; 6.48; 7.109, 120,
　126, 137; 8.120
압신티오이(Apsinthioi) 6.34, 36-7; 9.119
앙가레이온(angareion) 8.98
앙그로스(Angros) 4.49
앙키몰리오스(Anchimolios) 5.63
에게스타(Egesta) 5.46; 7.158
에기스(Egis) 7.204
에나레스(Enarees) 1.106; 4.67
에네토이(Enetoi) 1.196; 5.9
에니에네스(Enienes) 7.132, 185, 198
에니페우스(Enipeus) 7.129
에도노이(Edonoi)인 5.11, 124; 7.110,
　114; 9.75
에라시노스(Erasinos) 6.76
에레트리아(Eretria) 1.61-2; 5.57, 99, 102;
　6.43, 94, 98-102, 106-7, 115, 119-20,
　127; 8.1, 46; 9.28, 31
에렉테우스(Erechtheus) 5.82; 7.189;
　8.44, 55
에로코스(Erochos) 8.33
에륵산드로스(Erxandros) 4.97; 5.37
에리네오스(Erineos) 8.43
에리다노스(Eridanos) 3.115
에리테이아(Erytheia) 4.8
에리트라이(Erythrai)
　보이오티에 9.15, 19, 22, 25
　이오니에 1.18, 142; 6.8
에릭소(Eryxo) 4.160
에릭스(Eryx) 5.43, 45
에에로포스(Eeropos) 9.26
에에티온(Eetion) 1.14, 5.92

에오르도이(Eordoi) 7.185
에와고레스(Euagores) 6.103
에우노모스(Eunomos) 8.131
에우로페(Europe, 에우로파Europa)
　대륙 1.4, 103, 209; 2.16, 26, 33, 103;
　　3.115-6; 4.36, 42, 45, 49, 143, 198;
　　5.1, 12, 14; 6.33; 7.5, 8-10, 20, 33,
　　50, 53-7, 73, 75, 126, 148, 172, 174,
　　185; 8.51, 108-9; 9.14
　여성 1.2, 4, 173; 2.44; 4.45, 147
에우로포스(Europos) 8.133, 135
에우리다메(Eurydame) 6.71
에우리데모스(Eurydemos) 7.213
에우리마코스(Eurymachos)
　레온티아데스 아버지 7.205
　레온티아데스 아들 7.233
에우리바테스(Eurybates) 6.92; 9.75
에우리비아데스(Eurybiades) 8.2, 4-5, 42,
　49, 57-64, 74, 79, 108-9, 124
에우리스테네스(Eurysthenes) 4.147;
　5.39; 6.51; 7.204
에우리스테우스(Eurystheus) 9.26-7
에우리아낙스(Euryanax) 9.10, 53-5
에우리클레이데스(Eurykleides) 8.2, 42
에우리토스(Eurytos) 7.229
에우리포스(Euripos) 5.77; 7.173, 183;
　8.7, 15, 66
에우리폰(Euryphon) 8.131
에우리필로스(Eurypylos) 9.58
에우릴레온(Euryleon) 5.46
에우메네스(Eumenes) 8.93
에우보이아(Euboia) 1.146; 3.89, 95; 4.33;
　5.31, 77; 6.100, 127; 7.156, 176, 183,
　189, 192; 8.4, 6-8, 13-4, 19-20, 25,
　68-9, 86
에우아이네토스(Euainetos) 7.173
에우알키데스(Eualkides) 5.102
에우에니오스(Euenios) 9.93-5

오레스테스(Orestes) 1.67-8

오레스테이온(Orestheion) 9.11

오레이티이아(Oreithyia) 7.189

오로메돈(Oromedon) 7.98

오로상가이(Orosangai) 8.85

오로이테스(Oroites) 3.120-9, 140

오로탈트(Orotalt) 3.8

오로포스(Oropos) 6.101

오르게우스(Orgeus) 7.118

오르네아이(Orneai) 8.73

오르데소스(Ordessos) 4.48

오르시판토스(Orsiphantos) 7.227

오르코메노스(Orchomenos)

   보이오티에 1.146; 8.34; 9.16

   아르카디에 7.202; 9.28, 31

오르토시에(Orthosie) 4.87

오르토코리반티오이(Orthokorybantioi)
3.92

오르페우스(Orpheus) 2.81

오리코스(Orikos)

   도시 9.93

   스키티에인 4.78

오사(Ossa) 1.56; 7.128-9, 173

오시리스(Osiris) 2.42, 144, 156

오아로스(Oaros) 4.123-4

오아리조스(Oarizos) 7.71

오아시스(Oasis) 3.26

오악소스(Oaxos) 4.154

오에로에(Oeroe) 9.51

오이노네(Oinone) 8.46

오이노에(Oinoe) 5.74

오이노트리에(Oinotrie) 1.167

오이누사이(Oinussai) 1.165

오이디푸스(Oidipus) 4.149; 5.60

오이바레스(Oibares)

   다레이오스 마부 3.85-8

   메가바조스 아들 6.33

오이에(Oie) 5.83

오이오르파타(Oiorpata) 4.110

오이오바조스(Oiobazos)

   페르시스인(다레이오스 대) 4.84

   페르시스인(장군) 7.68

   페르시스인(크세륵세스 대) 9.115,
    118-119

오이올리코스(Oiolykos) 4.149

오이테(Oite) 산 7.176, 217

오케아노스(Okeanos) 2.21, 23; 4.8, 36

오키토스(Okytos) 8.5, 59

오타네스(Otanes)

   스메르도메네스 아버지 7.82

   시삼네스 아들 5.25-28, 116, 123

   아나페스 아버지 7.62

   아메스트리스 아버지 7.61

   파르나스페스 아들 3.68-72, 76, 80-1,
    83-4, 88, 141, 144, 147, 149, 6.43

   파티람페스 아버지 7.40

오타스페스(Otaspes) 7.63

오트리스(Othrys) 7.129

오트리아데스(Othryades) 1.82

오포이에(Opoie) 4.78

오프리네이온(Ophryneion) 7.43

오피스(Opis)

   도시 1.189

   히페르보레오이인 4.35

옥타마사데스(Oktamasades) 4.80

올렌(Olen) 4.35

올로로스(Oloros) 6.39, 41

올로픽소스(Olophyxos) 7.22

올리아토스(Oliatos) 5.37

올린토스(Olynthos) 7.122; 8.127-8

올림포스(Olympos)

   미시에 1.36, 43; 7.74

   테살리에 1.56, 65; 7.128-9, 172-3

올림피아(Olympia)(제전/경기) 1.59;
   5.47, 71; 6.36, 70, 103, 125-6; 7.206;
   8.26, 72; 9.33

카이코스(Kaikos) 6.28; 7.42

카타르렉테스(Katarrektes) 7.26

카파도키에(Kappadokie) 1.71-3, 76; 5.49, 52; 7.26, 72

카페레우스(Kaphereus) 8.7

칸다울레스(Kandaules)

리디에인 7.98

리디에인(왕) 1.7-12

칼다이아(Chaldaia) 1.181-3; 3.155; 7.63

칼라미사(Kalamisa) 9.96

칼라시리에스(Kalasiries) 2.164, 166, 168; 9.32

칼라테보스(Kallatebos) 7.31

칼라티아이(Kallatiai) 3.38

칼란티아이(Kallantiai) 3.97

칼레(Kale) 6.22-3

칼레스트레(Chalestre) 7.123

칼리드니오이(Kalydnioi) 7.99

칼리마코스(Kallimachos) 6.109-110

칼리베스(Chalybes)인 1.28

칼리스테(Kalliste) 4.147-8

칼리아데스(Kalliades) 8.51

칼리에스(Kallies)

아테나이인 6.121-3

위 칼리에스의 손자 7.151

엘리스인 5.44-5

칼리크라테스(Kallikrates) 9.72, 85

칼리폰(Kalliphon) 3.125

칼리폴리스(Kallipolis) 7.154

칼리피다이(Kallippidai) 4.17

칼린다(Kalynda) 1.172; 8.87-8

칼카스(Kalchas) 7.91

칼케도니에(Kalchedonie) 4.85, 144; 5.26; 6.33

칼키디케(Chalkidike) 7.185; 8.127

칼키스(Chalkis) 5.74, 77, 91, 99; 6.100, 118; 7.183, 189; 8.1, 44, 46, 127; 9.28, 31

캄비세스(Kambyses)

키로스 아들 1.208; 2.1, 181; 3.1-38, 44, 61-8, 73, 75, 80, 88-9, 97, 120, 122, 126, 139-40; 4.165-6; 5.25; 7.1, 8, 18

키로스 아버지 1.46, 73, 107-8, 111, 122, 124, 207; 3.69; 7.11, 51

캄프사(Kampsa) 7.123

케라메이코스(Kerameikos) 1.174

케르소네소스(Chersonesos) 4.137, 143; 6.33-4, 36-41, 103-4, 140; 7.22, 33, 58; 8.130; 9.114, 116, 118-9

케르시스(Chersis) 5.104, 113; 7.98; 8.11

케르카소로스(Kerkasoros) 2.15, 17, 97

케르코페스(Kerkopes) 7.216

케르키라(Kerkyra, 코르키라Korkyra) 3.48-50, 52-3; 7.145, 154, 168

케오스(Keos)

살라미스 8.76

섬 4.35; 5.102; 8.1, 46

케옵스(Cheops) 2.124-7, 129

케이도로스(Cheidoros) 7.124, 127

케크로피다이(Kekropidai) 8.44

케크롭스(Kekrops) 7.141; 8.44, 53

케팔레니에(Kephallenie) 9.28

케페네스(Kephenes) 7.61

케페우스(Kepheus) 7.61, 150

케프렌(Chephren) 2.127

케피소스(Kephisos) 7.178; 8.33

켈라이나이(Kelainai) 7.26

켈레에스(Kelees) 5.46

켈토이(Keltoi) 2.33; 4.49

켐미스(Chemmis)

도시 2.91, 165

섬 2.156

코니온(Konion) 5.63

코드로스(Kodros) 1.147; 5.65, 76; 9.97

코라스미오이(Chorasmioi) 3.93, 117;

7.66

코레소스(Koresos) 5.100

코로네이아(Koroneia) 5.79

코로비오스(Korobios) 4.151-3

코리달로스(Korydallos) 7.214

코리스(Korys) 3.9

코리키온(Korykion) 8.36

코린토스(Korinthos) 1.14, 23-4, 50, 51;
2.167; 3.48-53, 134; 4.162, 180; 5.75,
87, 92-3; 6.89, 108, 128; 7.154, 195,
202; 8.1, 5, 21, 43, 45, 59-61, 72, 79,
94; 9.28, 31, 69, 88, 102, 105

코본(Kobon) 6.66

코스(Kos) 1.144; 7.99, 163-4; 9.76

코아스페스(Choaspes) 1.188; 5.49, 52

코에스(Koes) 4.97; 5.11, 37-8

코이니라(Koinyra) 6.47

코이레아이(Choireai) 6.101

코이레아타이(Choireatai) 5.68

코일라(Koila)

　에우보이아 8.13-4

　키오스 6.26

코일레(Koile) 6.103

코티스(Kotys) 4.45

코파이스(Kopais) 8.135

콘타테스도스(Kontadesdos) 4.90

콜라이오스(Kolaios) 4.152

콜락사이스(Kolaxais) 4.5-7

콜로사이(Kolossai) 7.30

콜로폰(Kolophon) 1.14, 16, 142, 147, 150

콜리아스(Kolias) 8.96

콜키스(Kolchis) 1.2, 104; 2.104-5; 3.97;
4.37, 40, 45; 7.62, 79, 197

콤브레이아(Kombreia) 7.123

콤프산토스(Kompsantos) 7.109

쿠리온(Kurion) 5.113

쿠파고레스(Kuphagores) 6.117

크노소스(Knossos) 3.122

크니도스(Knidos) 1.144, 174; 2.178;
3.138; 4.164

크라나스페스(Kranaspes) 3.126

크라나오이(Kranaoi) 8.44

크라티스(Krathis)

　아카이에 1.145

　이탈리에 1.145; 5.45

크란논(Krannon) 6.127

크레스토니아(Krestonia) 5.3, 5; 7.124,
127; 8.116

크레스톤(Kreston) 1.57

크레테(Krete) 1.2, 65, 171-3; 3.44, 59;
4.45, 151, 154, 161; 7.92, 99, 145,
168-71

크레티네스(Kretines)

　레기온인 7.165

　마그네시에인 7.190

크렘노이(Kremnoi) 4.20, 110

크로노스(Kronos) 8.77

크로미오스(Chromios) 1.82

크로사이에(Krossaie) 7.123

크로이소스(Kroisos) 1.6-94, 130, 141,
153, 207-8; 3.14, 34-6, 47; 5.36; 6.37-
8, 125; 7.30; 8.35, 122

크로코데일론폴리스(Krokodeilonpolis)
2.148

크로톤(Kroton) 3.125, 129, 131, 136-8;
5.44-5, 47; 6.21; 8.47

크로피(Krophi) 2.28

크리사이온(Krisaion) 8.32

크리니포스(Krinippos) 7.165

크리오스(Krios) 6.50, 73; 8.92

크리탈라(Kritalla) 7.26

크리토불로스(Kritobulos)

　키레네인 2.181

　토로네인 8.127

크산토스(Xanthos) 1.176

크산티포스(Xanthippos) 6.131, 136; 7.33;

키코네스(Kikones) 7.59, 108, 110

키클라데스(Kyklades) 5.30-1

키타레(kithare) 1.23-4, 155

키타이론(Kithairon) 7.141; 9.19, 25,
38-9, 51, 56, 69

키테라(Kythera) 1.82, 105; 7.235

키트노스(Kythnos) 7.90; 8.46, 67

키톤(chithon) 1.50, 155, 195; 2.81; 5.88,
106; 6.125; 7.61, 75, 90-1; 9.22

키티소로스(Kytissoros) 7.197

키프로스(Kypros) 1.72, 105, 199; 2.79,
182; 3.19, 91; 4.162, 164; 5.9, 31, 104-
16; 6.6; 7.90, 98; 8.68, 100

『키프리아』(Kypria) 2.117-8

킨디에(Kindye) 5.118

킬레오스(Chileos) 9.9

킬론(Chilon)
스파르테인 1.59, 7.235
스파르테인(데마르메노스 아들) 6.65

킬론(Kylon, 아테나이인) 5.71

킬리리오이(Kyllyrioi) 7.155

킬리키에(Kilikie) 1.28, 72, 74; 2.17, 34;
3.90-1; 5.49, 52, 108, 118; 6.6, 43, 95;
7.77, 91, 98; 8.14, 68, 100, 9.107

킬릭스(Kilix) 7.91

킴메리에(Kimmerie, 킴메리아Kimmeria)
1.6, 15-6, 103; 4.1, 11-3, 28, 45, 100;
7.20

킵셀로스(Kypselos)
아테나이인 6.34-6
코린토스인(참주) 1.14, 20, 23; 3.48;
5.92, 95; 6.128

| ㅌ |

타기마사다스(Thagimasadas) 4.59

타나그라(Tanagra) 5.57, 79; 9.15, 35, 43

타나이스(Tanais) 4.20-1, 45, 47, 57, 100,
115-6, 120, 122-3

타라스(Taras) 1.24; 3.136-8; 4.99; 7.170-1

타르기타오스(Targitaos) 4.5, 7

타르테소스(Tartessos) 1.163; 4.152, 192

타마나이오이(Thamanaioi) 3.93, 117

타발로스(Tabalos) 1.153-4, 161

타비티(Tabiti) 4.59

타소스(Thasos)
섬 2.44; 6.28, 44, 46-8; 7.108-9, 118
포이니케인 6.47

타우로스(Tauros) 4.3

타우로이(Tauroi) 4.99-100, 102-3, 119

타우리케(Taurike) 4.20, 99-100

타우케이라(Taucheira) 4.171

타이나론(Tainaron) 1.23-4; 7.168

타콤프소(Tachompso) 2.29

탁사키스(Taxakis) 4.120

탄니라스(Thannyras) 3.15

탄원(자) 1.35, 73, 159; 2.113, 115; 3.48;
4.165; 5.51, 71; 6.108; 7.120, 141; 8.53;
9.76

탈라오스(Talaos) 5.67

탈레스(Thales) 1.74-5, 170

탈티비오스(Talthybios) 7.134, 137

탈티비아다이(Talthybiadai) 7.134

태양의 식탁 3.17-9, 23

테게에(Tegee, 테게아Tegea) 1.65-7;
6.72, 105; 7.170, 202; 8.124; 9.9, 26-8,
31, 35, 37, 54, 56, 59-62, 70-1, 85

테네도스(Tenedos) 1.151; 6.31, 41

테노스(Tenos) 4.33; 6.97; 8.66, 82-3

테라(Thera) 4.147-8, 150-6; 5.42

테라스(Theras) 4.147-50

테라프네(Therapne) 6.61

테람보스(Therambos) 7.123

테레스(Teres) 4.80; 7.137

테론(Theron) 7.165-6

테르메(Therme)

도시 7.121, 124, 127-8, 130, 179, 183

만 7.121-3; 8.127

테르메라(Termera) 5.37

테르모돈(Thermodon)

보이오티에 9.43

흑해 2.104; 4.86, 110; 9.27

테르모필라이(Thermopylai) 7.175-7,

184, 186, 200-2, 205-7, 213, 219,

233-4; 8.15, 21, 24-5, 27, 66; 9.71,

78-9

테르밀라이(Termilai) 1.173; 7.92

테르산드로스(Thersandros)

스파르테인 4.147; 6.52

오르코메노스인 9.16

테릴로스(Terillos) 7.165

테메노스(Temenos, 아르고스인) 8.137-8

테메노스(Temenos, 지명) 6.101

테미손(Themison) 4.154

테미스(Themis) 2.50

테미스키레(Themiskyre) 4.86

테미스토클레에스(Themistoklees, 테미스

토클레스Themistokles) 7.143-4, 173;

8.4-5, 19, 22-3, 57-63, 75, 79-80, 83,

85, 92, 108-12, 123-5; 9.98

테바이(Thebai, 테베Thebes)

아이깁토스 1.182; 2.3, 9, 42, 54-57, 69,

74, 143, 166; 3.10, 25-6; 4.181(이상,

도시), 2.4, 91(이상 주(州))

헬라스 1.52, 61, 81; 5.59, 67, 79-81,

89; 6.87, 108, 118; 7.132, 202, 205,

222, 225, 233; 8.50, 134-5; 9.2, 13,

15-7, 27, 31, 38, 40-1, 58, 65-7, 69,

86-8

테바이스(Thebais) 2.28

테베(Thebe)

도시 7.42

여신 5.80

테살로스(Thessalos) 5.46

테살리에(Thessalie) 3.96; 5.63-4, 94;

6.72, 74, 127; 7.6, 108, 128-9, 132,

172-4, 176, 182, 191, 196, 198, 208,

213, 215, 232-3; 8.27-32, 113-5, 126,

129, 131, 133, 135; 9.1, 17-8, 31, 46,

77, 89

테살리오티스(Thessaliotis) 1.57

테세우스(Theseus) 9.73

테스모포리아(Thesmophoria) 2.171; 6.16

테스테스(Thestes) 4.159

테스페이아(Thespeia) 5.42; 7.132, 202,

222, 226-7; 8.25, 50, 66, 75; 9.30

테스프로티아(Thesprotia) 2.56; 5.92;

7.176; 8.47

테아로스(Tearos) 4.89-91

테아스피스(Teaspis) 4.43; 7.79; 9.76

테아시데스(Theasides) 6.85

테오도로스(Theodoros) 1.51; 3.41

테오메스토르(Theomestor) 8.85; 9.90

테오스(Teos) 1.142, 168-70; 2.178; 6.8

테오키데스(Theokydes) 8.65

테오파니아(Theophania) 1.51

테오폼포스(Theopompos) 8.131

테우크로이(Teukroi) 2.114, 118; 5.13,

122; 7.20, 43, 75

테우트라니아(Teuthrania) 2.10

테이게톤(Teygetos, 타이게톤Taygeton)

4.145-6, 148

테이스페스(Teispes)

아카이메네스 아들 7.11

키로스 아들 7.11

테트람네스토스(Tetramnestos) 7.98

테트로니온(Tethronion) 8.33

테티스(Thetis) 7.191

텔라몬(Telamon) 8.64

텔레마코스(Telemachos) 2.116

텔레보아이(Teleboai) 5.59

텔레사르코스(Telesarchos) 3.143

크로톤인 5.47

4.59, 127

히시아이(Hysiai) 5.74; 6.108; 9.15, 25

히아킨티아(Hyakinthia) 9.7, 11

히아타이(Hyatai) 5.68

히암페이아(Hyampeia) 8.39

히암폴리스(Hyampolis) 8.28, 33

히에로니모스(Hieronymos) 9.33

히에론(Hieron) 7.156

히엘레(Hyele) 1.167

히텐나이(Hytennai) 3.90

히파니스(Hypanis) 4.17-8, 47, 52-3

히파르코스(Hipparchos) 5.55-7, 62;
    6.123; 7.6

히파카이오이(Hypachaioi) 7.91

히파키리스(Hypakyris) 4.47, 55-6

히페란테스(Hyperanthes) 7.224

히페로케(Hyperoche) 4.33-5

히페르노티오이(Hypernotioi) 4.36

히페르보레오이(Hyperboreoi) 4.13, 32-6

히포니코스(Hipponikos)
    칼리에스 아들 6.121
    칼리에스 아버지 7.151

히포마코스(Hippomachos) 9.38

히포보타이(hippobotai) 5.77; 6.100

히포코온(Hippokoon) 5.60

히포크라테스(Hippokrates)
    겔레인 6.23; 7.154-5
    시바리스인 6.127
    아테나이인(클레이스테네스 형제)
        6.131
    아테나이인(페이시스트라토스 아버지)
        1.59; 5.65; 6.103

히포크라티데스(Hippokratides) 8.131

히포클레이데스(Hippokleides) 6.127-9

히포클로스(Hippoklos) 4.138

히폴라오스(Hippolaos) 4.53

히피에스(Hippies) 1.61; 5.55, 62, 91,
    93-4, 96; 6.102, 107-8, 121

힐라이에(Hylaie) 4.9, 18-9, 54-5, 76

힐레스(Hyllees) 5.68

힐로스(Hyllos)
    강 1.89
    헤라클레에스 아들 6.52; 7.204; 8.131;
        9.26